KB161802

성호 이익(1681~1763)

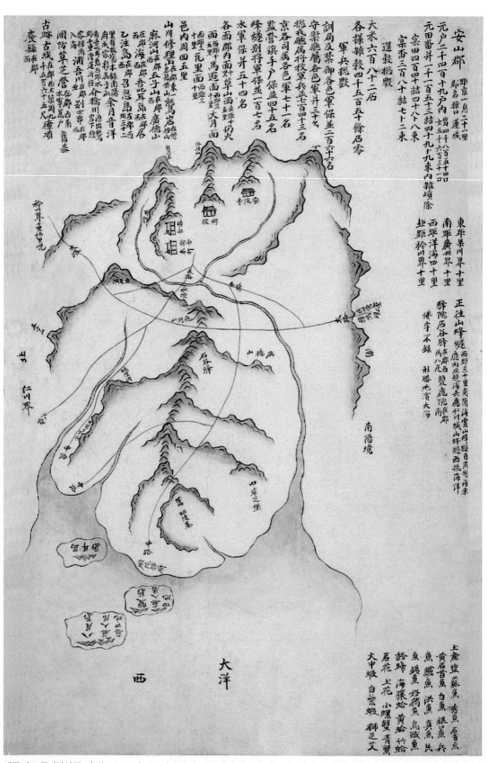

해동지도 중 〈안산군 지도〉 1750년 초. 서울대학교 규장각한국학연구원. 이익은 아버지의 유배지 평안도 운산에서 태어났으나 두 살 때 아버지가 죽자 선영인 안산에서 자랐다.

성호 사당　안산시 상록구 일동(옛 첨성리)

성호 묘소　안산

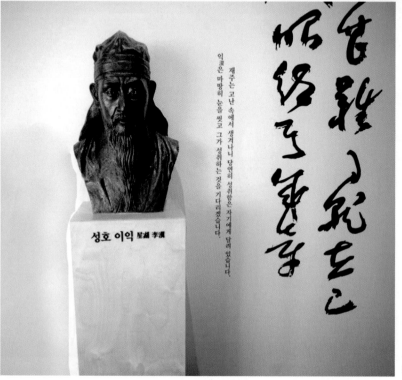

재주는 고난 속에서 생겨나니 당연히 성취함은 자기에게 달려 있습니다.

얼굴은 마땅히 눈물을 씻고 그가 성취하는 것을 기다리겠습니다.

성호 이익 星湖 李瀷

순암 안정복(1712~1791)　조선의 실학자. 성호 이익의 문인(제자).《성호사설》을 다시 정리하여 《성호사설유선》(필사본)
을 펴냈다.

백두산 장군봉에서 바라본 천지 '백두산은 우리나라 산맥의 머리이다. …철령에서 태백산과 소백산에 이르러 하늘 높이 솟았는데 이것이 본줄기이고, 그 중간 여러 갈래는 서쪽으로 뻗어갔다.'

〈금강전도〉 정선. 1734. '장안사 비문에 "금강산에서 담무갈 보살이 1만 2천 보살과 더불어 《반야경》을 설법했다" 하니 1만 2천의 숫자는 보살의 수이지 봉우리가 많다 한들 그리 많을 수가 있겠는가?'

단군 영정 '우리나라의 단군은 요임금과 같은 시기에 나라를 세웠다. …기자(箕子)가 나라를 계속 이어나갔고, 그 후
손인 조선후 시대에 와서 연나라와 힘을 겨루었다.'

선각국사 도선(827~898) 신라 끝 무렵의 고승으로 풍수설의 대가. '고려 태조(왕건)가 태어나기 1년 전 삼한을 통합할
임금이 송악(개성)에서 태어날 것'이라는 예언을 했다.

모당평생도(8폭 병풍) 중 〈응방식(應榜式)〉 김홍도. 1781. 국립중앙박물관. 과거급제 뒤 사흘 동안 거리를 도는 행사.
'급제를 하면 머리에 꽃을 꽂고 거리를 순도는 것은 명종으로부터 시작되었다.'

백사 이항복(1556~1618) '임진년 난리로 어수선한 즈음 백사만이 주상의 좌우를 떠나지 않았으며, 주상이 압록강을 건너려고 두루 물을 때에도 따르기를 원한 이가 공을 비롯한 세 사람뿐이었으니 이것이 곧 수훈이 되는 것이다.'

퇴계 이황(1501~1570) '남북의 큰 환란이 아침 아니면 저녁에 곧 닥칠 터인데, 우리의 방비를 돌아보면 믿을 만한 것이 하나도 없다. …이 때문에 혼자서 매우 걱정한다.'

領議政 西厓 柳成龍 像

서애 유성룡(1542~1607) '서애가 세상을 떠나게 되었을 때 집에는 남은 재산이 없어 여러 아들이 추위와 굶주림에 시달려 거의 살아갈 방도가 없었다.'

목은 이색(1328~1396) 고려 후기 학자·문신. '목은 이색의 뛰어난 절조는 중국의 화산이나 숭산에 비유하지만 그의 "노부는 앉을 곳이 없다"는 말을 두고 사람들은 오히려 나라가 망한 뒤에 구차하게 생명을 연장하였다 의심하니 이것은 완전하여 한 가지 허물도 없기를 바람의 논의이다.'

최치원(857~?) 신라 학자. '신라 시중 최치원이 고려 태조에게 "계림(신라)에는 누른 잎이요 곡령(송악, 고려)에는 푸른 솔"이라는 글을 보냈다. 뒤에 그가 고려 왕업에 협찬했다 하여 문묘에 배향했다 하니 이는 패역에 해당되어 신하답지 못한 행동이다.'

楊萬春將軍像

고구려 안시성주 양만춘 '당 태종이 영명하고 신무한 불세출의 임금으로서 오랫동안 안시성을 포위하고 온갖 계책으로 공격하였으나 이기지 못했다.'

World Book 241

李瀷

星湖僿說

성호사설

이익/고산고정일 옮겨엮음

동서문화사

디자인 : 동서랑 미술팀

성호사설 새로 펴내면서

《성호사설星湖僿說》은 조선 후기 실학자 이익(李瀷 : 1681(숙종 7)~ / 1763(영조 39))이 쓴 책이다. 성호(星湖)는 이익의 호이며 사설(僿說)은 자질구레한 논설이라는 뜻으로 이는 이익이 붙인 책이름이다. 이익이 40대 들어 흥미 있는 이야기를 듣거나 책을 읽을 때마다 적어둔 감상과, 제자들 질문에 답변한 내용을 그의 나이 80세에 이르러 집안 조카들이 정리한 것이 《성호사설》이고, 이를 다시 그의 제자 안정복이 간추린 것이 《성호사설유선星湖僿說類選》이다.

조선시대에는 필사본이 여럿 있었으나 인쇄되지 못하다가 1915년 비로소 조선고서간행회에서 안정복의 정리본인 《성호사설유선》을 상·하 2책으로 인쇄하여 세상에 내놓게 되었다. 그 뒤 1929년 문광서림에서 정인보(鄭寅普)가 교열하여 간행했는데 이때의 대본은 《성호사설유선》이었다. 문광서림본에는 저자 이익과 변영만(卞榮晚) 정인보의 머리글이 덧붙여졌다. 그 뒤 이익의 조카 이병휴(李秉休)가 소장했던 30책 원본 《성호사설》을 경희출판사에서 상·하 2책으로 영인·출판했고, 1977년 정부지원사업으로 민족문화추진회에서 이병도, 김동리 등이 11권으로 발행함으로써 학계에 널리 보급되었다.

《성호사설》은 크게 〈천지문天地門〉·〈만물문萬物門〉·〈인사문人事門〉·〈경사문經史門〉·〈시문문詩文門〉 다섯 부문으로 모두 3007편의 글을 싣고 있다.

〈천지문〉에는 천문과 지리에 대한 223편의 글이 실려 있다. 해와 달과 별, 바람과 비, 조수·역법과 산맥 및 옛 국가들의 강역에 대해 이야기한다. 〈만물문〉은 실생활과 관련된 주제에 대한 글 368편을 싣고 있으며, 복식·음식·농상(農商)·가축·화초·화폐·도량형·병기(兵器)·서양 기기(機器) 등에 대해 논한다. 〈인사문〉에는 정치와 제도, 사회와 경제, 학문과 사상, 인물과 사건에 대해 서술한 990편의 글이 수록되어 있다. 1048편의 글이 실려 있는 〈경사문〉에서는 육경과 사서를 고찰하고, 우리나라 역사책 가운데 잘못된 부분들을 지적하며 이익 자신의 견해를 밝히는 한편 역사적 사실들에 대해 직접 논하기도 했다. 끝으로 〈시문문〉에는 중국과 우리나라 역대 문인들의 시와 문장에 대한 평론 378편이 실려 있다. 이처럼 방대한 분야를 두루 다루면서도 주제별로 세분화하여 기사들을 실었기 때문에 《성호사설》은 백과사전으로 분류되기도 한다.

이익은 서양의 새로운 지식을 광범위하게 받아들였으며, 당대의 사물과 세태 및 학문적 경향을 개방적인 자세로 파악하고 있다. 또한 학문을 현실에 이용하고자 했고, 묵수적 태도가 아닌 비판적 태도로 사회현상들을 바라보았다. 애정을 가지고 우리 국토와 국민을 살피고자 한 그의 자의식은 실학정신의 발로라고 할 수 있으리라. 이런 점에서 《성호사설》은 실학사상의 분수령에 빗대어지기도 한다. 반계(磻溪) 유형원(柳馨遠) 이래 면면히 발전되어 온 실학정신이 그의 저술에 이르러 통합되고 이어서 여러 분야로 갈라져 더욱 깊이 있게 연구되었다 할 수 있다.

3000편이 넘는 방대한 원작에서, 성호 이익의 실학사상과 사회개혁 정신, 그리고 우리 역사와 국민에 대한 애정이 더욱 두드러지거나 함축된 글을 가려뽑아 한 권의 책으로 엮었다. 독자들이 한국학 대백과라 할 수 있는 이 책 《성호사설》을 재발견하고 앎의 즐거움을 느낄 수 있기를 기원한다.

고산고정일 씀

성호사설

차례

제5부 시문문 詩文門

제1부

천지문

天地門

기(箕)는 곧 우리나라
箕指我東 기지아동

맹자가, "기자(箕子)·교격(膠鬲)·미자(微子)·미중(微仲)·왕자 비간(王子比干)이다" 하였는데, 분명히 기(箕)·미(微)·왕(王)은 땅 이름이고, 자(子)는 작(爵)의 칭호요, 교격·미중·비간은 사람 이름이다.

맹자는 또, "교격은 고기 잡고 소금 굽는 사람들 속에서 등용되었다" 하였는데 고기잡이와 소금 굽는 것을 함께 말한 것을 보면 이는 해변을 가리킨 것이니, 그가 과거에 서민이었던 까닭인가 보다.

은(殷)나라 제도에 임금의 아들일지라도 그를 먼 곳으로 내보내어 민간의 고통을 체험하게 한 일이 있으니, 무정(武丁)의 사적에서도 볼 수 있다. 그러니 기자도 고기 잡고 소금 굽는 곳에서 등용되지 않았을 것이라고 어찌 단언할 수 있으랴? 기(箕)라는 나라는 곧 우리나라를 가리킨 것이다. 분야(分野)*1로 따진다면 우리나라가 기(箕)와 미(尾)의 지점에 해당되고 서쪽 지역이 기의 위치가 된다. 그러므로 내 생각에는 단군왕조 끝무렵에 기자가 이 기성(箕星)의 지점을 돌아다니다가 마침내 이 땅에서 봉작을 받은 듯하다. 그렇지 않다면, "고기 잡고 소금 굽는 바다"라는 것이 무엇을 지적한 것이란 말인가? 또 기가 다른 지방이라면 어째서 자기가 봉작 받은 곳을 버리고 그 칭호를 썼겠는가? 은(殷)나라 역사에서 쓴 칭호는 봉작을 받은 것을 가지고 말하는 것이지, 봉작을 받기도 전에 이 칭호를 쓴 것이 아니다. 그렇다면 우리나라는 주(紂)가 멸망하기 이전에 이미 기자의 교화 은택을 받았다고 할 수 있다.

도읍지
都城 도성

맹자는, "3리(里)의 성(城), 7리의 곽(郭)"이라 하였다. 성을 굳게 지키려 한다면 넓은 것은 매우 곤란하다. 한퇴지(韓退之)가 "줄을 맞잡고 잡아

---

*1 분야는 중국 고대에 하늘의 이십팔수(二十八宿) 이외의 방위에 따라 전 중국을 지역별로 배치해, 별의 변이와 그 해당 지역의 재난 사이에 상관관계가 있다고 추정하였음.

당기면 반드시 끊어지는 데가 있다" 한 것이 좋은 비유이다. 줄이 아무리 질기다 할지라도 십 척 백 척 정도로 긴 것을 잡아당긴다면 어찌 끊어지지 않을 수 있겠는가?

지금 서울의 성이나 고려의 개성은 지금껏 1000년 가까이 되는 동안 외부에서 적의 침입을 당했을 때 한 번도 앉아서 지켜본 적이 없었으니 과거의 경험을 통해서도 알 수 있다. 송(宋)나라 변도(汴都) 같은 곳은 튼튼하고 완전하지 않은 것은 아니었으나 지금까지 모두가 이강(李綱)을 비난하고 충사도(种師道)의 계책을 받아들이지 못한 것을 유감으로 여기고 있으니, 지혜가 있는 사람이라면 생각해 보아야 될 것이다.

내가 생각하기에는, 예컨대 성벽이 튼튼하고 병사들이 많다 할지라도 그 성 안에 사는 사람 8~9할은 축적된 식량이 없고 아침에 벌어 저녁에 먹고, 오늘 마련해야 내일을 살 수 있는 형편이라면 그 많은 사람을 모두 나라에서 먹여 살릴 수 있겠는가? 반드시 며칠 만에 굶주림과 아우성이 일어날 것이고, 이렇게 된다면 성문을 열고 적을 맞아들이게 될 것은 뻔한 일이다. 마침내 성을 도저히 지켜낼 수 없는 지경에 이르러서야 비로소 도성을 버릴 것을 계획한다면 임금을 적에게 그냥 내어 주는 것과 무엇이 다르랴?

이전의 예로 보면, 난리를 만나서 임금이 피란길에 오를 때에 더러는 성문을 닫아 버려 성 안에 남아 있는 백성들을 나오지도 못하게 만들고 또 아무 세력도 없는 대신을 유도대장(留都大將)이라고 임명해 남겨 놓으니, 이게 대체 무슨 꼴이란 말인가? 나라에서 버림받은 처지에 저 병사들도 없는 외톨박이가 무슨 재주로 허물어진 판국을 수습하겠는가?

당 명황(唐明皇)이 피란을 떠날 때에 백성들을 모두 주작교(朱雀橋)까지 건네주었으니, 지난 일은 그만두고라도 백성을 건네주었다는 이 한 가지 사실이 백성들의 마음을 수습하게 된 것이다. 그러니 당(唐)이 망하지 않은 것은 선심을 베푼 데서 기인한 것이 아니겠는가?

고려 때 홍두적(紅頭賊)의 난에 공민왕(恭愍王)이 복주(福州 : 안동(安東)의 옛 명칭)로 피란을 가면서 경성(京城)의 부녀자와 늙고 어린 사람들을 먼저 성 밖으로 내보냈으니, 후대에 성문을 닫고 자물통을 채운 것과는 상당한 거리가 있다 하겠다. 어떤 이는 말하기를, "태조(太祖)가 처음에 도성(都城)이 지나치게 큰 것을 문제삼지 않은 것은 평시에 안팎을 방호하기 위한 것이지, 비상시에까지 결사적으로 이곳을 지키고 버리지 않겠다는 계책은 아니었을 것이다"
하는데, 그것은 옳은 말이다.

병주와 영주의 영역
幷營 병영

중국 고대 순임금이 12주(州)를 처음으로 설치하였다. 유주(幽州)는 청주(靑州)와 연주(兗州)의 북쪽에 있고, 병주(幷州)와 영주(營州)는 또 그 밖에 있었다. 그렇다면 현재의 요동과 요서는 반드시 그 지역 안에 들어 있었을 것이다. 은나라의 주(紂)가 통치한 지역은 청주·연주·서주(徐州) 세 주에 불과하였는데, 고죽(孤竹)이 제 환공(齊桓公)에게 정벌당한 것을 보면 제나라와 가까이 있었던 지역이다. 그러므로 "백이(伯夷)가 폭군 주(紂)를 피하여 북해(北海) 근처에 살았다"는 기록에서 그 동북쪽으로 바다에 접해 있는 곳이 우리나라가 아니고 어디겠는가?

기자(箕子)가 조선(朝鮮)에 봉함을 받았다 했는데, 이때 조선 땅은 압록강 안팎을 포함하였고 요양(遼陽)도 기자의 영토 안에 들어 있었으니, 어찌 순임금 시대의 병주와 영주가 아니겠는가. 따라서 이 땅에는 기자 이전에 벌써 문화를 소유한 사람들이 있었던 것이다.

그러나 백이는 이 땅을 봉해서 받은 것이 아니요, 단군 왕조 시대에 한동안 와서 살았던 것뿐이다. 생각건대, 처음에 단군이 해변에서 나라를 건설한 뒤로 그 어질고 착한 풍속이 바뀌지 않고 역대로 전승되었다는 소문을 듣고 이곳에 몸을 의지했다가, 문왕(文王)이 늙은이를 잘 대우한다는 말을 듣고 다시 서쪽으로 이동해 주(周)나라로 돌아간 듯하다.

이것은 모두 역사의 기록이 빠뜨린 것이므로 여기에 기록해 둔다.

흑룡강의 근원
黑龍江源 흑룡강원

백두산 북쪽으로 흐르는 물이 혼동강(混同江)이고, 그것이 흑룡강(黑龍江)과 합류한다. 흑룡강은 멀리 국경 밖에서 흘러내려오기 때문에 그 근원이 어디인지 알 수 없으나, 그 물은 동해로 흘러들어간다. 왕기(王圻)의 《삼재도회》를 살펴보면 "사막 지역은 중국 서북에서 시작되어 동북쪽으로 비스듬히 뻗어나갔다. 이는 분명히 옛적에 황하(黃河)가 흐르던 길이다. 사막 밖에 있는 여러 강물이 한데 모여 서쪽에서 동쪽으로 흘러내리는데, 가장 멀리 흐르는 것은 아로찰리(阿魯札里) 지역에서 장청(長淸)과 새남(塞南)을 경유하여 북두(北斗) 밖으로 흘러간다. 이 강줄기도 동쪽으로 흘러내리므로, 그 물이 얼마나 큰지 알 수 있다" 하였으니, 이것은 반드시 흑룡강의 근원일 것이다. 또 《외이고(外夷考)》를 살펴보면 "유주(幽州) 북쪽 700리에 유관(渝關)이 있고, 그 아래에 유수(渝水)가 있는데 바다로 흘러들어간다" 하였다.

무릇 백두산 북쪽의 여러 강물은 모두 흑룡강으로 들어간다. 옹주(雍州)에 유엽하(楡葉河)가 있는데, 그 하수를 건너면 다리가 모두 검게 물든다. 유수도 물수변[氵]을 썼으나, 이것은 아마 유엽(楡葉)의 물이 밴다는 뜻에서 생긴 명칭일 것이니, 이 또한 흑룡강의 상류일 듯하다. 이 물이 바다와 가까워지는 지역은 옛날 실위족(室韋族)이 자리를 잡았던 터전이며, 왈개(曰介)·거한(車漢) 등 여러 나라들도 거기에 있었다. 거한은 곧 신류(申瀏)가 전쟁을 치렀던 곳이니, 이 사실은 그의 부장(副將)이었던 배시황(裵是榥)의 일기에 상세히 기록되었다. 대개 곤륜산(崑崙山) 동쪽의 물들은 모두가 서쪽에서 동쪽으로 흐르니, 따라서 그 산세 또한 알 수 있다.

철령위 문제
鐵嶺衛 철령위

《고려사》에 "명나라 태조가 철령위를 설치하려 하는데 요동(遼東)에서 철령(鐵嶺 : 강원도 안변·회양 사이에 있음)에 이르기까지 70개소의 참(站 : 역참)을 설치하고 참에는 100호를 배치한다는 것이다. 그러나 요동도사(遼東都司)가 군사를 거느리고 강계(江界)까지 왔다가 박의중(朴宜中)에 막혀 계획을 취소했다. 그때의 조서에 이르기를 '장주(長州)·정주(定州) 등은 본디 고려에 속한 땅이라……' 했다" 하였다.

장주·정주·화주(和州)는 지금의 정평(定平)·영평(永平) 지방으로 철령 밑에 있다. 그들의 의도는 철령에서 서쪽 지역을 자기네 영역으로 함께 집어넣으려 한 것이다. 그렇지 않고서야 저 북방의 몇몇 고을을 위하여 천여 리를 넘어와서 점령할 필요가 있었겠는가. 절령 너머 지역이 과거에 더러 요동에 포함된 적이 있었기 때문에 그러는 것이다. 또 최영전(崔瑩傳)에 살펴보건대 "요동도사가 받은 황제의 명령에 '철령에서 북쪽·동쪽·서쪽은 본디대로 개원(開原)에 포함시키고 이를 관할하는 군인인 중국인·달단인·고려인은 그대로 요동군에 소속시키라' 했다" 하였다. 여기서 북쪽이란 것은 장주·정주·화주 이외의 지역이요, 동쪽은 현재 영동 지방의 여러 고을이요, 서쪽은 곧 절령(岊嶺 : ^{황해도 황주·봉산·
서흥 사이에 있음}) 이북인 현재의 평안도 지역이다. 만일 그렇다면 조서에서 어찌 다만 몇 개의 고을만을 일컬었는가? 폐왕 신우전(辛禑傳)에는 이미 '동쪽과 서쪽'이라 해놓고, 또 이르기를 "문주(文州)·고주(高州)·화주(和州)·정주(定州)·성주(盛州)에서 공험진(公嶮鎭)까지는 우리나라의 강역이었다" 하고, 먼저 이 지역을 잃게 된 유래를 설명했다.

그러므로 명나라 황제의 조서에서도 그렇게 말한 것이니, 사실은 동쪽과 서쪽이 모두 포함된 것이다. 철령 아래에 있는 몇몇 고을만이라면 앞으로 70개소의 참은 어디에다 설치할 것인가? 이것은 역사를 기록하는 사람이 내용을 소홀히 다룬 것이라 하겠다.

진실로 박의중이 단독으로 대응하지 않았다면, 우리나라 영토의 절반을 잃어버렸을지 모른다. 공자가 이르기를 "사신이여, 사신이여!"라고 강조한 말은 박의중에게 들어맞는다.

만주의 흥경
興京 흥경

만주의 흥경은 오늘날 청나라가 일어난 땅이다. 우리나라 역사에서 말하는 파저강 야인(婆豬江野人)이 그것인데, 두 갈래 강 사이에 놓여 있다. 그 북쪽에 있는 강은 요하(遼河)로 들어가고, 남쪽에 있는 강은 압록강으로 들어가는데 이것이 바로 파저강이다.

흥경은 창성(昌城)에서의 거리는 400여 리고, 우리나라 만포(滿浦)에서의 거리는 440리이다. 그 사이에 만차령(萬遮嶺)이라는 고개가 있는데, 강과 고개 사이가 60, 70리나 되며, 이곳은 방목장(放牧場)이다. 의주에서 솔고 (率古)를 거쳐 가는 다른 길로는 민치령을 거치지 않고 갈 수 있다.

만포와 강계(江界)가 비록 중요한 땅이기는 하나 적유령(狄踰嶺)의 잔도 (棧道)가 대단히 길게 막히고 험준하므로 곧장 휘몰아쳐 갈 지역은 아니다. 다만 창성(昌城)·삭주(朔州)·의주(義州)가 염려스럽기는 하지만 창성에서 시경(時梗)을 거쳐 가면 운산(雲山)에 이를 수 있고, 삭주에서 대삭주(大朔州)를 거쳐 구성(龜城)에 이를 수 있다. 또 의주에서 용천(龍川)을 거쳐 철산(鐵山)에 이르게 되므로 이 세 군데의 길이 가장 중요한 지역이다. 병자호란 때 청나라 대군이 의주에서 우리나라 수도까지 곧장 쳐내려온 것만 보아도 그것을 알 수 있다. 현재 시경·대삭주·구성·철산에는 모두 옛날의 성터가 있다고 한다.

우리나라 지도
東國地圖 동국지도

내가 지도 한 첩(帖)을 얻었는데 서북쪽의 저쪽 나라와 우리나라의 경계가 세밀히 기재되어 있어, 직접 답사하여 눈으로 보는 것과 같았다. 요즘 사람의 식견이나 역량으로는 이렇게 작성할 수가 없다. 옛적에 윤영(尹鍈)이라는 사람은 윤씨 집안의 서자로 충무공 이순신의 외손이며, 완평부원군(完平府院君) 이원익(李元翼)의 서녀(庶女)를 아내로 삼았다. 그는 유달리 이원익의 총애를 받았고 본실에서 난 그의 아우도 이르기를 "형의 문장은 나보다 낫다" 하였으며, 언젠가 〈항부도기(恒符睹奇)〉 1첩을 제작했으니, 이는 조간(趙簡)의 사실에서 나온 명칭인데, 그 자손들이 잃어버려 전해지지 않지만, 이 지도는 아마 그가 남긴 것인 듯하다.

그의 말에 의하면 "영고탑(寧古塔)은 숙신(肅愼)의 옛터이다. 한(漢)·당(唐) 이전에는 동북 지방에 강대한 나라나 큰 부족이 없었고 우리나라만이 세력을 형성하고 있었다. 그때에는 요동과 요서 지역이 거의 다 우리의 소유였고 백두산 안팎의 여러 많은 부락들이 우리나라에 속하였는데, 여진(女眞)·만만(滿萬)의 종족이 경박호에서 일어나면서부터 마침내는 송나라를 대신해 중국을 차지했으니, 이것이 금나라이다. 그러다가 원나라 사람에게 쫓겨 그 잔당들이 압록강과 두만강 서북쪽에 흩어져 살면서 야인(野人)이라는 이름으로 우리의 변경을 침략하기 시작했다. 북쪽에 사는 것은 이탕개(尼湯介)였고, 서쪽에 사는 것은 이만주(李滿住)였으며, 또 그들은 생여진(生女眞)·숙여진(熟女眞)으로 나뉘었다.

명나라 만력(萬曆) 이후에 여진의 동산(董山) 일파가 건주위(建州衛)에서 차차 커져 모련위(毛憐衛)·좌위(左衛)·우위(右衛) 등의 부족들을 모조리 통합하자, 우리의 폐사군(廢四郡)*1이 가장 큰 타격을 받았다. 이로 인해 그 지역을 비우고 폐사군을 폐지하게 된 것이다. 그리고 청나라 세조(世祖) 이후 심양을 성경, 요양을 동경, 건주를 흥경이라 부르고, 영고탑 서쪽 지역을 모두 차지했으며, 북경에 들어가 중국을 차지 한 뒤에, 건주는 그들의 선대 무덤이 있는 곳이고 노성(老城)은 그들의 종족이 살고 있는 지방이므로 그 제도를 성경과 같이 하였다.

요하 동쪽에 장군 셋을 배치했는데 하나는 봉천 등지를 진수(鎭守)하면서 심양에 주둔하고, 하나는 영고탑 지방을 진수하면서 선창(船廠)에 주둔하고, 하나는 흑룡강 지방을 진수하면서 애호(艾滸)에 주둔하였으며 각 장군에게 만주 지역을 통솔하는 요직의 관리 네 명씩을 배치했다. 강희(康熙) 연간 끝무렵 흑룡강 북쪽의 몽고를 가장 염려하여 다시 백도눌장군(白度訥將軍) 한 명을 더 설치했다 한다. 몽고의 48개 부족 가운데서 동북 지방의 종족이 가장 강성하였는데 대비달자(大鼻㺚子)는 흑룡강 북쪽에 있었다. 그리하여 동쪽으로 흑룡강에서부터 장성 밖에까지 북쪽이나 서쪽이 모두 몽고의 영토이며, 그 넓이는 중국의 몇 갑절이나 된다. 서로 강대한 세력을 가지고 한 지역을 차지하고 있으며 동·서·남·북의 황제라고 부른다. 이른바 황태극(黃太極)과 청태극(靑太極)은 중국 서남쪽에 있으며, 액라사(厄羅斯)라는 것은 곧 대비(大鼻)이고, 객이객(喀爾喀)이라는 것은 동북쪽에 있다고 한다.

우리나라의 지형은 대체로 북쪽은 높고 남쪽은 낮으며 중앙은 뾰족하고 아래쪽은 파리하다. 백두산은 머리가 되고, 대령(大嶺)은 등성마루가 되어 마치 사람이 머리를 기울이고 등을 굽히고 선 것 같다. 그리고 대마도(對馬

---

*1 폐사군 : 평안도 지역에, 조선 태종~세종에 걸쳐 자성(慈城)·여연(閭延)·무창(茂昌)·우예(虞芮)의 네 군(郡)을 설치했다가 세조 때에 폐지했음.

島)와 제주도는 양쪽 발 모양으로 되었는데, 북쪽에 앉아서 남쪽으로 향했다고 하니, 곧 풍수가의 정론이다.

서울을 중심으로 하여 사방 방위를 정한다면 온성(穩城)이 북동쪽, 해남이 남서쪽, 풍천(豊川)이 서북쪽, 강릉이 동남쪽이 된다. 근세에 이른바 지도라는 것을 보면 대개는 종이 넓이에 따라 위치를 배정하고 위치에 따라서 그림을 그렸기 때문에, 길이와 너비가 서로 어긋나고 좁고 넓은 것도 제대로 맞지 않는다. 예컨대 두만강이 온성으로 들어오는 곳만 보아도 동쪽으로 흐르다가 다시 북쪽으로 흐르고, 미전보(美錢堡)에 와서는 다시 남쪽으로 흘러 서수라(西水羅)로 들어간다. 압록강은 삼수(三水)와 갑산(甲山) 및 폐사군을 지나는데, 여러 번 구부러져 강계(江界)와 위원(渭原)을 스쳐 서남쪽으로 향하다가 창성(昌城)을 지나 남쪽으로 곧장 빠져 내려 통군정(統軍亭)의 서쪽을 싸고 돌아서 대총강(大總江)으로 들어간다.

나의 친구 여일(汝逸) 정상기(鄭尙驥)가 세밀히 연구하고 정력을 기울여 백리척(百里尺)을 만들어 가지고 정밀한 측량을 거쳐서 지도 8권을 작성했는데, 멀고 가까운 거리와 높고 낮은 지형까지 모두 틀림없이 묘사되었으니 정말 진귀한 보물이며, 내가 얻은 지도와도 대체로 들어맞는다. 그가 이르기를 "변경 저쪽 지역의 산천이나 평탄하고 험한 실태까지도 눈으로 직접 보는 것과 같다" 하였는데, 나 또한 그 지도를 간직하여 언젠가 공을 세울 군자를 기다리는 바이다.

호리병 주둥이
葫蘆項口 호로항구

중국 수나라 양제(煬帝)가 고구려를 정벌할 때에, 이밀(李密)이 양현감(楊玄感)에게 말하기를 "천자가 멀리 요동 밖에 출정하는데 이곳은 유주(幽州)에서도 천 리나 떨어져 있으며, 남쪽에는 큰 바다가 있고, 북쪽에는 강대한 오랑캐가 있으며, 중간의 한 길은 매우 험난하다. 공이 휘몰아 계(薊: 나라이름)로 들어가서 중요한 길목을 지키면, 고구려가 그 소문을 듣고 반드시 그 뒤를 밟을 것이다" 하였다. 이것은 산동(山東)에 오랫동안 있어서 연(燕)과 계의 지세를 평소부터 잘 알고서 한 말이니, 빠져나올 수 없는 책략이었다.

《통감강목》에는 남해(南海)니 북호(北胡)니 하는 말을 빼버렸으니, 아마도 주자가 이 내용을 자세히 파악하지 못한 때문인 것 같다.

현재 의주(義州)에서 산해관(山海關)까지가 모두 1천 328리인데, 광녕(廣寧)으로부터 서쪽은 호리병 주둥이[葫蘆項口]처럼 생겼고 남쪽은 바다요, 북쪽은 책문(柵門)이요, 책문 밖은 모두 몽고 땅이다. 이러한 길을 500여 리쯤 가야만 산해관으로 들어가게 된다.

금나라는 영고탑 동쪽에서 일어났으며, 《고려사》에서 말한 '동여진(東女眞)'이다. 서쪽으로 2천여 리를 달려 호로항구를 거쳐 산해관으로 들어가고, 또 남쪽으로 가서 변경(汴京)에 수도를 정했다. 그 뒤 그들이 망할 때에는 송나라가 남쪽에서 공격해 오고, 원나라는 북쪽에서 쳐들어왔다. 원나라는 바로 몽고이다. 이러니 금나라가 어찌 이 호로항구를 빠져나갈 수 있었겠는가? 그 무리들은 모두 순절하여 씨도 남기지 못하였다.

그 뒤에 경박호에 살던 포선만노(蒲鮮萬奴)가 그 험준한 지대를 본거지로 하여 황제라 칭하고 국호를 동진(東眞)이라 하였다. 동진은 '동쪽 여진'이라는 뜻이다. 이때의 원나라 군사력으로도 그들을 어찌 할 도리가 없었다. 그들은 여러 번 우리나라 국경을 어지럽히고 공갈과 위협을 그치지 않았으나, 원나라의 위세가 두려워서 감히 우리나라 깊숙한 곳까지는 쳐들어오지 못했다. 우리나라는 늘 원나라에 구원을 요청하여 그에 힘입어 왔다. 그러니 영고탑 동쪽만 하더라도 수천 리 땅이 되므로 충분히 큰 나라를 이룰 수 있었던 것이다.

발해 대씨 이후 장령(長嶺)의 동서 지역을 통합했으니, 장령은 곧 백두산맥으로 국경 밖에서 들어온 것이다. 이 지역의 험준함은 하늘이 베푼 바로서, 쉽게 헤아릴 수조차 없다. 청나라가 처음 일어난 곳이 장령 서쪽이었으니, 우리나라 초기에 파저(婆豬)라고 하던 곳이다. 그 거리가 우리나라의 서쪽 국경인 이산(理山)에서 400리에 불과하지만 지대가 험준하여 들어가기가 어렵다. 그러므로 명나라의 두송(杜松)·유정(劉綎) 군대가 한 사람도 살아오지 못하였고, 우리나라 장군 강홍립(姜弘立)도 심하(深河)에서 포로가 되었다. 더욱이 장령을 넘어서 오라와 영고탑을 어떻게 들어가겠는가. 현재 청족이 중국에 들어가서 주인 노릇을 하니 연경(燕京 : 북경)은 북쪽에 가깝고, 흥경(興京)과의 거리 또한 멀지 않다. 그러므로 저 금나라에 비해 도로와 거리가 가까워서 내왕하는 데 편리한 점은 있으나, 만일 청족이 형세가 불리하여 달아나게 될 때에는 그들이 호로항구를 무사히 벗어날 수 있을지 또한 반드시 기약할 수 없다. 중세 이후 중국은 국방 문제에서 언제나 책문 밖에 있는 몽고에 역점을 두어 왔다. 그들은 그 목을 지키면서 이쪽을 견제하기에 지혜나 역량이 충분하였다.

금나라의 잘못된 전철을 다시 밟아선 안 된다. 그러므로 옛 소굴로 다시 돌아간다거나, 동진(東眞)과 같은 사태가 다시 일어날 때에는, 우리나라의 큰 걱정거리가 아닐 수 없다. 요즘 들어보니 압록강 저쪽에서 인삼을 캐는 사람들이 폐사군 지역으로 함부로 들어와 나무를 베어 배를 만들어 물을 거슬러 올라온다 하니, 그 지역이 얼마나 험난한 곳인지 알 수 있다. 그 곳에는 오곡이 생산되지 않아 곡식이 드물고, 오직 사냥으로 생업을 삼고 있으니, 결단코 부귀를 누리고 그 자리에 앉아서 편안히 지낼 곳은 못 된다.

수십 년 전에 청나라 황제는 오라총관 목극등(穆克登)을 보내어 압록강을 따라 올라가며 백두산에 오르는 길을 탐색하게 하였는데, 그 조칙에 "저쪽으로 가다가 안 되거든 이쪽 길로 가라" 하였으므로, 목극등은 마침내 우리 영토를 통해서 백두산에 올랐다고 한다.

강화와 정주
江華貞州 강화정주

현재의 강화부는 고려 시대의 혈구군(穴口郡)으로서 바다 가운데 있는 섬이며, 소속된 고을로는 진강(鎭江)과 하음(河陰)의 두 현이 있었는데 현재 합쳐 하나의 부(府)가 되었고 그 둘레가 300리이다. 고종 19년(1232)에 몽고의 난을 피하여 권신인 최우(崔瑀)가 왕을 겁박하여 이곳으로 수도를 옮기자고 하였다. 그때 유승단(兪升旦)은 "작은 나라로서 큰 나라를 섬기는 것이 사리에 맞다. 예로써 그들을 섬기고 신의로써 그들과 교제한다면 그들인들 또한 무슨 명목으로 우리를 괴롭히겠는가? 지금 섬 안에 쫓겨 들어가서 구차하게 세월만 끈다면 변경의 백성들은 모조리 희생당하고 노약자들은 포로가 될 터이니, 결코 좋은 계책이 아니다" 하였으나, 최우는 받아들이지 않았다. 도리어 왕이 먼저 승천부(昇天府)에 들어가서 섬 안에 수도를 정하고 그곳에서 28년 동안을 지내더니, 몽고가 군사를 내성·외성에서 모두 철거하게 하자 원종(元宗) 원년(1260)에 다시 송도로 환도하였는데 이는 몽고의 압력에 따른 것이었다.

강화도가 비록 천연의 요새로서 산천이 험준하고 방비가 견고한 성채라 할지라도 천도는 일시적 계책에 불과하며, 버텨야 할 시간이 길어진다면 끝내 지킬 곳이 못 된다. 유승단의 옳은 말은 다시 평론할 여지가 없다.

당시에 우복야(右僕射) 박송비(朴松庇)도 말하기를 "혈구(穴口 : 강화)는 흉산(凶山)이다" 하였으니, 그것은 여기에 있다가는 마침내 패배하여 망한다는 뜻이다. 그러나 송경(松京 : 개성(開城))은 평지로서 바로 적의 침략을 받을 곳이며 도성을 지킬 계책도 없었기 때문에 최우의 계책대로 하게 된 것이다.

내가 일찍이 보건대, 대흥산성(大興山城 : 개풍군 소재)은 천마산(天磨山)·성거산(聖居山) 중간에 있는데 사면이 철벽이요, 동문으로 통하는 한 길만이 수레로 이동할 수 있었으니, 참으로 하늘이 만들어 놓은 견고한 성곽이었다.

그런데 그 무렵 사람들은 조운(漕運 : 배로 물건을 실어 나름)이 불편하다 하여 이곳을 포기하였던 것이다. 만일 나라 안에서 조운이 편리한 위치라면 외적 또한 공격·함락하기도 편리할 텐데 어떻게 외적을 방어할 수 있겠는가?

송도는 조선조의 한양과 장단점이 같다. 평상시에는 은부(殷富 : 풍성하고 넉넉함)함을 누리고, 전쟁 때에는 구차스럽게 산성이나 바다의 섬 가운데로 도망쳐 고식지계(姑息之計)만을 할 뿐이니, 관중·제갈량과 같은 지략이 있다 하더라도 어찌할 도리가 없었을 것이다.

지금 속담에 '승천(昇天)' '갑곶(甲串)'이라는 말이 있다. 이 두 곳은 모두 강화로 가는 길목이니, 이 속담은 '쓸데없는 허무맹랑한 짓'을 비유한 것이다. 대략 고려 때부터 이런 속담이 있었던 듯싶다.

우리나라는 군사력이 미약하고 하찮아서 저 중국 고대 춘추 시대의 한 작은 나라에 불과하니, 맹자라 할지라도 등나라를 위한 계책은 내놓지 못한 것과 같으며, 한때에 지모(智謀) 있는 장수가 형세를 타서 유리한 방법을 만들어 놓더라도 뒷날의 근심이야 어찌할 수 있겠는가.

유승단의 계책은 원숙한 것이었다. 이제현(李齊賢)은 이르기를 "고종이 옛적에 유승단에게 글을 배워서 조심성 있게 지위를 보존하여 오다가 유승단이 죽고 난 다음에 권신에게 견제를 당하여 큰 나라에 대항하려는 어림없는 시도를 해 보았으나, 마침내 자신의 잘못을 깨달았다. 말년에 이르러서는 끝내 내항할 수 없음을 깨닫고, 여러 사람의 의견을 버리고 홀로 결정을 내려 태자 전(倎 : ₍元宗₎)을 시켜 표문을 받들고 몽고에 가게 했으며, 나라 재산을 싹 쓸어서 예물에 충당시켰다.

원나라 세조(世祖)가 직접 송나라를 공격할 때에는 2년 동안 그곳에 머물러 있으면서 먼저 그의 신하를 보내어 촉산(蜀山)을 넘어 섬주(陝州)까지 따라가게 하였다. 원 세조가 세자에게 '혼자 와서 조회하라' 하므로 양초(梁楚)의 교외에 이르렀을 때 세자가 길가에서 인사를 드렸다. 그 무렵 원나라는 헌종(憲宗)이 죽고, 임금의 자리를 넘보는 사람이 있어 정세가 매우 위급할 때였으므로 그는 세자를 보고 놀라는 한편 반가워 말하기를 '고구려는 당 태종이 몸소 가서 정벌했는데도 굴복하지 않았던 나라인데, 이제 스스로 나에게 돌아와 주니 이는 하늘의 뜻이다' 하였다. 마침 또 고려에서 고종(高宗)이 죽자 원나라에서는 마침내 세자를 세워 왕으로 삼고 호송하여 본국에 돌아왔는데, 그가 곧 원종(元宗)이다. 충렬왕(忠烈王) 때 이르러 원나라 공주에게 장가들면서부터는 특별한 사랑을 받아서 무슨 말이든지 모두 들어주었고, 정동행성(征東行省 : 원에서 고려의 행정과 군사문제를 처리하기 위해 설립한 관청)의 여러 관리들도 또한 두려워했다. 이때부터 고려가 조금 편안해졌으니 '이는 유승단의 지혜가 남겨준 영향이었다' 하였다.

저 강도(江都 : 강화도)란 하나의 작은 섬이니, 참으로 실력이 모자란다면 여기에 들어와 있은들 무슨 소용이 있으랴. 저 산적이나 해적들도 걱정거리가 되기는 마찬가지다. 한(漢)나라 누선장군(樓船將軍) 양복(楊僕)이 동쪽으로 들어왔을 때 우거(右渠 : 위만조선의 마지막 왕)는 목숨을 바쳤고, 원나라 때 홍두적(紅頭賊 : 요동에서 일어난 원의 반란군)이 개경까지 쳐들어왔을 때에는 임금이 안동(安東) 땅으로 도망쳤다. 이밖에도 해적선이 뜻밖에 출몰하여 쳐들어오는 경우도 헤아려 볼 수 있겠다. 어떤 사람은 이르기를 "강화보다는 자연도(紫燕島)가 낫다" 하는데, 그것은 섬이 작아서 지키기가 쉽다는 뜻이다. 그러니 오래도록 쓸 계책은 못 된다.

이른바 승천부(昇天府)란 곧 오늘날의 풍덕부(豊德府)이니 옛날의 정주(貞州 : 개풍의 옛 지명) 땅이다. 《고려사》 지리지에서는 "풍덕은 정주인데 또한 승천부라고도 부른다" 하였다. 그 옛터가 승천포(昇天浦)의 옛 성에서 북쪽으로 2

리 밖에 있고, 따로 옛 정주(貞州)가 그 옛터의 서쪽에 있었으나 지금은 바다에 묻혀서 그때 임금이 머물던 곳이 어느 곳인지, 옛 정주의 터가 언제 바다에 묻혔는지도 알 수 없다. 지리지는 정인지(鄭麟趾)가 만든 것으로 거기에 이런 사실이 기록되지 않은 것을 보면, 묻힌 지가 그다지 오래지 않은 듯하며, 물속에 아직도 주춧돌들이 남아 있다고 한다.

우리나라 인재
國中人才 국중인재

우리나라는 압록강 이남으로부터 한강 이북의 면적이 사방 1천 리가 되지 못하므로 여기다가 함경도까지 넣어 평균을 낸다면 가까스로 그 면적이 될 것이며, 압록강과 한강 이하는 강원도 지역까지 합해도 사방 1천 리에 지나지 않는다. 현재에 개성(開城) 서쪽은 풍속이 미련하고 도덕을 모른다 하여 그곳 출신을 배척하고 등용하지 아니하며, 함경도 또한 교화가 이뤄지지 못하여 인재가 거의 없다. 그러나 상황이 이렇게 된 것은 이미 고려시대부터였다. 《동국여지승람》을 살펴보아도 그쪽에서는 유명한 인물이 매우 드물었으니 이것은 무슨 까닭인가?

평안도 지방은 옛 성인(聖人 : 기자(箕子)를 이름)이 처음으로 문물을 개척한 고장이요, 고구려가 그대로 자리잡고 있었기 때문에 큰 인물들이 대를 이어 수없이 쏟아져 나온 곳이다. 이때에 삼남(三南) 지방은 미개지로 버려두다시피 했던 것인데, 조선왕조가 세워진 뒤부터 인물과 문물이 혁신하여 바뀌었으니 그 까닭은 무엇인가?

생각건대 고려가 태봉을 이어받았고, 태봉은 신라에서 출발하였다. 신라 문무왕(文武王)이 당나라를 끼고 삼국을 통일하였으나 그 세력이 서북 지방에까지 미치지 못하여, 요동 이남 지역은 다시금 숙신(肅愼 : 기원전 6~5세기 중원 북계를 비롯 산동반도 및 만주 동북부에 살았던 종족)의 여러 종족들에게 점령당했다.

궁예왕(弓裔王)이 흑금(黑金)으로 달아나서 황무지를 개척하여 도읍을 세운 곳이 바로 오늘날의 철원이다.

고려 태조가 옛 영토를 수복하려 했으나 압록강 밖으로는 더 나아가지 못하고 요동 지역이 모두 거란(契丹)에 흡수되었다. 또 고려 태조가 무력으로 나라를 차지했으므로 문학을 숭상하는 기풍은 부족하였으며, 비록 일시적으로 뛰어난 인물이 있었으나, 힘이 세고 용맹할 뿐 거칠고 비속하여 후세에 전할 만한 사람은 없었다. 기자가 후세에 전한 팔조(八條)의 교화는 모두 없어지고 말았으니, 고려 중엽 이후에야 비로소 문치의 교화가 다소 열렸을 뿐이다.

호남은 곧 마한이며 옛 성인의 후손이다. 옛 수도는 벌써 북상투^(아무렇게나 막 끌어올려 짠 상투) 종족인 위만(衛滿)에게 빼앗겼으나, 한 줄기 은나라의 풍속이 이 남부 지역에서 없어지지 않았다.

장량(張良)이 한(韓)나라의 왕업을 복구하려 할 때에 창해(蒼海 : ^{장량이 진시황을 죽이기 위해 창해에 가서 역사를 구했다함. 창해는 우리나라를 칭한 것})에 와서 힘을 빌렸으니, 우리 한(韓)이란 명칭은 대체로 진나라의 난리를 피해 온 한(韓)나라 백성들에게서 연유된 것이다. 또한 진(秦)나라에서 피란해 온 사람들에게 동쪽 지역을 떼어서 빌려 주었으니, 진나라에서 망명한 자들에 의하여 진한(辰韓)이 형성된 것이다. 진(秦)은 본디 기산(岐山)에 있던 주나라의 옛 땅이었으니, 주나라의 한 가닥 풍속이 죽령의 동쪽에서 없어지지 않았고 그것을 유지 계승한 것이 곧 신라이다. 그러므로 예절의 풍속이 현재까지도 남아 있는 것이다. 경주(慶州)의 농지 구획은 미개민족으로서는 결코 창안할 수 없는 것으로 진나라의 농지 구획법과 일치한다. 혹자는 농지 구획선을 갈라 나누어 놓은 것을 파괴했다고 하는데 이는 잘못된 생각이다.

그러므로 삼남(三南)의 문풍(文風)이 조금 성하면서도 평안도보다 뒤떨어진 것은 위만으로부터이다. 위만이 우리 동방으로 와서 맨 먼저 북상투를 따라 올리도록 했으니, 그 교화가 어떻다는 것을 짐작할 수 있다. 그 습속이 이미 오래되어 비록 몇 세대를 지나도 끝내 변혁되지 못하여 고려 시대에 이르러서도 아직 그대로였다.

또한 지금 무신들 대부분이 평안도·황해도 지방에서 나오는 것도 다 북상투를 틀어 오던 습속에서 비롯된 것이니, 이는 우리나라 풍속의 시말(始末)이다. 평안도·함경도 사람들의 풍습을 변혁하는 것은 두 도의 감사(監司)에게 달려 있다.

따라서 감사 선발을 이조(吏曹)에 맡길 것이 아니라, 임금이 직접 유신(儒臣) 가운데서 명망이 두터운 이를 선발하되 10년을 그 재임 기간으로 하여 반드시 그 안에 효과를 거두도록 해야 한다. 또 큰 도시권에 드는 각처 10여 고을에도 또한 감사로 하여금 조정에 있는 유신 중에 명성이 높고 현달한 이를 재량껏 선택하여 목사나 수령으로 삼되, 자주 옮기지 말고 그 성과와 잘못에 따라 상벌(賞罰)이 돌아가게 한다면, 어찌 기자(箕子)가 끼친 풍속을 되돌리지 못하겠는가? 삼국 시대에 대해서까지는 논할 것이 없지만, 고려 시대 이후까지도 이 점에 대해 깊이 생각하는 사람들이 없었으니 그저 개탄스러울 뿐이다.

우리나라 지맥
東國地脈 동국지맥

유주(幽州)와 병주(幷州)에 있는 물이 옥하(玉河)인데, 옥천산(玉泉山)에서 발원하여 북경으로 흘러들었다 나와서 대통하(大通河)와 노구하(蘆溝河)와 합류한다. 노구하는 대동부(大同府) 상건산(桑乾山)에서 출발하여 태항산(太行山)을 경유하여 순천(順天) 경내로 들어왔다가 노구교(蘆溝橋)로 나와 통주(通州)까지 이르러 백하(白河)를 경유, 바다로 들어간다.

지금의 백두산은 중국의 국경 밖에서 동남쪽으로 내려왔다. 그 큰 줄기의 서쪽으로 흐르는 물은 모두 발해로 들어간다. 이곳은 우리나라의 서해이다. 유주·정주(井州)는 북경의 동북방에 위치한다. 《서경》 주에 "기주(冀州) 동쪽에 항산(恒山)이 있는 지역이 정주요, 그 동북방인 의무려산(醫巫閭山)이 있는 지역이 유주이다" 하였고, 또 "청주(靑州)의 동북 지방인 요동(遼東) 지역을 따로 떼어서 영주(營州)를 만들었다" 하였는데 그것이 정확한 것인지는 알 수 없다.

지금 몽고의 국경 밖은 곧 거란(契丹)의 경내이다. 그런즉, 순(舜) 시대의 12주는 거란과 선비(鮮卑) 지역까지를 포함했던 것이다. 요동에서부터는 하나의 국면이 형성되었다. 한 갈래는 뻗어나와서 바다 속으로 들어가 서향의 국면이 되었는데 그 큰 줄기는 두류산(頭流山)에서 끝났고, 바닷가를 따라 내려간 한 줄기는 빙빙 돌아서 두류산의 동쪽 갈래와 모여졌는데, 물은 한 줄기도 갈라져 나가지 않았다. 이곳은 또 우리나라의 별개의 국면으로 개성과 서울의 왼쪽 방위선이 되었고, 그 서북방으로 뻗친 큰 줄기는 압록강을 따라 서남방으로 달려서 의주까지 갔으며, 그 한 가닥은 설한령(薛罕嶺)에서 갈라져 대동강을 따라가다가 삼화현(三和縣)까지 갔으며, 가장 남방으로 뻗친 줄기도 설한령에서 갈라져 저탄강(猪灘江)을 따라가다가 해주(海州)에서 멈추었다. 구월산에서 나오는 물은 모두 북쪽으로 흐르니, 그 산기슭이 모두 북쪽으로 꺾여서 개성과 서울 두 수도의 국면을 이루었음을 알 수 있다. 이것이 지리적인 맥락의 대강이다.

백두산의 출발점
鮮卑山脈 선비산맥

백두산의 줄기는 유주(幽州)·영주(營州)·병주(幷州)의 3개 주의 밖에서 왔고, 선비산(鮮卑山)은 또 그 밖에 있다. 오호 시대(五胡時代)에 선비족이 제일 강했는데, 산 이름으로써 그 종족의 명칭을 붙인 것이다. 아마 이것이 백두산의 출발점이 된 듯하다. 백두산 내외에 있는 종족을 모두 숙신(肅愼)이라 하며 그 서남방의 줄기는 조선이다. 그 영역이 처음에는 요동 전역에 걸쳤으며, 요동의 땅은 모두가 선비산의 지맥이었다. 조(朝)라고 한 것은 "아침에 해가 떠오른다"는 뜻으로 아침을 가리키고, 아침이란 곧 동쪽이란 말이니, 천하에서 동쪽의 끝이 곧 조선(朝鮮)이다.

요(堯) 시대에, "공공(共工)이 힘을 모아서 공적을 나타냈다(서경 요
전(堯典))" 하였다. 공공은 사공(司空)에 소속된 관리이다. 그의 직무는 토지를 관장하는 것이니, 본디 황무지를 개간하는 관리이다. 그런즉 그가 "힘을 모아 공적을 나타내었다"는 것은 국토를 개척한 것이 아니고 무엇이겠는가?

순(舜)이 창설한 12개의 주는 그 이전에는 없었던 것이었으며, 기주(冀州) 동북방에 따로 유·병·영의 3주를 설치하였으니, 이것이 곧 그가 나타냈다는 공적이다. 우공(禹貢) 9주에 와서는 이 세 개 주는 제외되었다. 그 이유가 무엇이었겠는가? 아마도 무력으로 토지를 넓히고 보니 영토만 넓고 백성들은 피폐하였을 것이다. 그의 죄상은 곧 "이론으로는 성립되나 실제 운영에는 맞지 않아 제(帝)의 명령을 어긴 결과가 된다"는 것이었다. 그러므로 우(禹)는 이 지역을 폐기하였다. 네 사람의 죄를 처벌할 때에 공공(共工)은 유주에 유배하였으니, 그 지역에 유배한 것은 "실제 운영에 맞지 않으며 국가의 의도가 아니었다"는 것을 백성에게 보여주기 위함이었다. 그러나 후세로 내려오면서 차츰 잘 따르게 되니 본토 사람과 다름없게 되었다. 그리하여 주(周)가 천하를 차지했을 때에 황제(黃帝)의 후손을 유주에, 기자(箕子)를 조선에 봉하였으니, 이것은 그 공적을 나타낸 성과라 할 것이다.

백두산은 우리나라 산맥의 머리
白頭正幹 백두정간

백두산은 우리나라 산맥의 조종이다. 철령(鐵嶺)에서부터 서쪽으로 뻗은 여러 산맥이 모두 서남쪽으로 뻗어갔다. 철령에서 태백산과 소백산에 이르러서 하늘에 닿도록 높이 솟았는데, 이것이 정간(正幹 : 봇줄)이고 그 중간에 있는 여러 갈래는 모두 서쪽으로 뻗어갔으니, 이것은 풍수가들이 말하는 '버들가지〔楊柳枝〕'이다. 그들의 말에 의하면 "오동나무 잎에는 반쪽 씨가 달리고 버들가지 끝에는 알맹이가 맺는다" 하였으니, 이른바 알맹이의 위치는 바로 영남 지방에 해당될 것이다. 생각건대, 이것은 안동(安東)과 예안(禮安) 사이를 벗어나지 않을 듯하다. 태백산·소백산의 산세가 이러하므로, 물이 모두 여러 갈래로 갈라져 흐르고 오직 영남 지방만은 동래(東萊)와 김해(金海)를 좌우로 감싸고돌아 문막이가 되었다. 이것은 곧 산이 끝난 곳에 물이 합류된 형국으로, 거칠고 사나운 기운이 흔적 없이 제거된 것이다. 왼쪽으로는 동해를 옆으로 끼고 있어 큰 호수와 같아 백두산의 큰 산맥과 더불어 그 출발점과 종착점이라 할 수 있다.

거북과 자라, 교룡과 물고기들이 생산되며 모든 물자가 번식한다. 그러므로 많은 인재가 양성되었다. 밖으로는 일본으로 돌아간 큰 산맥이, 남쪽으로 또는 서쪽으로 뻗어가면서 물의 어귀〔水口〕를 안고 도니 산맥이 뛰어 건너가서 크고 작은 섬들이 만들어졌다. 오른쪽 산맥은 지리산에 이르러 끝났는데, 그 산세가 바다를 가로질러 나온 듯이 웅장하고 기운차서 어마어마하게 내려왔다.

태어난 인물로 말하자면, 고려 이전까지는 문화가 미개해서 무지함을 면치 못하다가 조선왕조에 들어와서 중국 문화를 훌륭하게 받아들여 태백산과 소백산 아래서 퇴계 이황이 출생하여 우리나라 유학자의 우두머리가 되었다. 그 학통을 이어받은 인물들은 깊이가 있고 그 분야에 공헌한 바가 크며, 예의가 있고 겸손하며 문학 방면에 뛰어나 수사(洙泗 : 수(洙)와 사(泗)는 노나라의 물 이름. 곧 공자와 그 제자들이 태어난 곳이 라는 뜻)의 유풍이 있었다. 또한 남명(南冥) 조식(曺植)은 지리산 아래서 출생하여 우리나라에서 기개와 절조로써 그 이름을 가장 높이 드높였다. 그 후 계자들은 그의 정신을 이어받아 강직하고 실천 앞에 용감하며 정의를 좋아하고 목숨을 아까워하지 않아 이익을 위해 뜻을 굽히지 아니했으며, 위험이 닥쳐와도 지조를 지키는 뛰어난 절개를 보여 주었다. 이것은 영남 북도와 남도의 다른 점이다.

대체로 그 하나의 곤은 큰 산맥이 백두산에서 시작되어 중간에 태백산이 되었고 지리산에서 끝났으니, 당초에 이름을 붙인 것도 역시 의미가 있었던 듯하며 인물이 배출된 것으로 보아도 이 지역은 인물의 창고라 할 수 있다. 그러므로 결국 나라가 의존할 인재를 다른 데에서 찾을 수는 없을 것이다.

옛날 중국 전국 시대에 위(衛)나라에는 훌륭한 인물들이 많았으므로, 서로 물고 뜯고 하는 판국에서도 나라를 유지하다가, 진(秦)나라 이세(二世 : 호해) 무렵에 이르러서 망했다. 위나라가 유지될 수 있었던 것은 《시경》 간모시(干旄詩) 한 편에서 보듯이 많은 인재를 양성한 데에서 기인한다. 우리나라 삼국 시대 영남의 가야(伽倻)는 조그마한 나라였으나, 어쨌든 신라와 백제가 아귀다툼 하는 틈바구니에서도 버티어 나갔고 오랜 세대를 이어나갔으니 그 사정이 매우 서로 비슷하다. 천년 만년 지난 뒤에 국가가 위태로운 국면을 맞게 될 경우라도 여기에서 지략가가 나올 것이며, 충절도 여기에서 나올 것이다. 이는 장담하고 기다려도 틀림없을 것이다.

평안도(1)
西關 서관

평안도는 3대 조선(단군·기자·위만조선) 왕조의 터다. 산물이 풍부하고 주민이 많으며, 산과 물이 서로 둘러싸고 있으니 사방에서 선박이 모여든다. 평양은 그 중심 지이다. 우리나라의 평안도는 중국의 북경과도 같다. 북경은 만리장성이 막아주지 않으면 잠시도 지켜내지 못할 곳이다. 이른바 내삼관(內三關)이란 거용관(居庸關)·자형관(紫荊關)·도마관(倒馬關)을 이른다. 북경 가까이 있기는 하나 모두 험준하여 통과하기가 어렵고, 사방으로 외적을 방어하며 전쟁 또는 수비의 체제가 생활화되도록 갖추어졌기 때문에 크게 염려할 일이 없다.

우리나라는 한결같이 중국과 반대 형세를 이루고 있어, 절령(岊嶺: 황해도에 있는 고개 이름. 자비령)을 넘어서면 그 다음부터는 침입해 들어옴에 막힘이 없다. 더구나 중세 이래 천하의 전쟁은 언제나 동북 지역에서 일어나고 있으니, 이러다가 평안·함경 두 도는 마침내 우리의 영토가 되지 못하게 될 듯싶다.

명나라 태조가 철령위(鐵嶺衛)를 설치하려다가 우리 사신의 대처로 중지한 일이 있는데, 이 사실이 역사에 상세히 기록되지 않아서 그 내용이 어떠했는지 알 수는 없으나, 철령위의 위치는 대체로 "절령을 경계선으로 삼아 함경도에까지 이르는 곳"이었으리라.

만일 압록강 밖의 지역이었다면, 우리와 무슨 상관이 있어서 끊임없이 중지할 것을 요청했겠는가. 역사를 기록하는 사관은 조서 안에 장정(長定)과 고화(高和)라는 구절이 있는 것만 보고, 이것이 곧 철령 밑에 있는 몇 개의 고을이라 생각한 것이다. 장정과 고화는 지금의 영흥(永興)·안변(安邊) 지역이니, 중국 땅과는 파저강과 장령의 험준함으로 막혀 있다.

명나라에서 무엇 때문에 천 리 길을 넘어와 이 몇 개의 고을을 떼어 다스리려 했겠는가? 철령위 안에 있는 70여 개소의 역참은 명나라 태조가 직접 지정한 것이며, 철령위라고 한 것은 중국 땅에서 가장 먼 곳으로 이름을 붙인 것이다. 조서에 또 "본디 개원(開元)에 속했다" 하였는데, 개원은 요나라 땅에 있다. 저 철령이 어찌 우리 평안도를 버리고 멀리 떨어진 개원에 속하겠는가? 요나라 땅에도 또한 철령이란 명칭이 있으므로, 사람들이 얼떨결에 함경도 철령인 줄로 넘겨짚어 이러한 착오가 생긴 것이다. 우리나라 사람들의 침착하지 못함이 대체로 이러하다.

평안도(2)
西關 서관

우리나라 평안도는 산이 높고 들은 넓으며, 풍속이 용맹스럽고 성품은 호협하여 훌륭한 인물이 많이 배출된 곳으로서, 우리나라가 창업한 기지이다.

조선 시대에 들어와서는 개성에 있는 백성 이외에는 어리석고 못난 백성이라 하여 버리고 쓰지 않은 지 거의 400년이 되었으니, 그 슬퍼하고 한탄하며 원망함에도 아랑곳없이 아무런 배려도 하지 않았다.

그들은 벼슬길을 쫓아 아부할 필요가 없으므로 무예에는 능하나 문학에는 부족하였다. 괴로운 부역에 익숙해져서 마음을 가다듬고 환란을 염려함이 깊었으니, 국가에 변란이 닥쳤을 때에 그 사람들을 채용하면 반드시 무술과 지혜가 남보다 뛰어난 점이 있었을 것이다.

오늘날 사대부의 고장이라 이르는 곳은 경상도가 으뜸이 되고, 그 다음은 충청도와 전라도다. 그러므로 임진왜란 때에 경상도에서부터 의병이 일어나 나라에서 또한 이에 힘입었고, 서북(^{평안도·황해}_{도·함경도}) 지방은 조용했다.

평안도에서 의병을 일으킨 자로 조호익(曺好益)이 있었으나 다른 도에서 귀양 온 사람이요, 함경도에는 정문부(鄭文孚)가 있었으나 이는 평사(評事 : ^{무관}_직)였고, 그 지방 사람들 가운데에서는 한 사람도 기개를 떨치고 일어난 자가 없었다. 오히려 왕자와 대신을 잡아 왜적에게 투항한 자가 있었으니, 그 지방 민심을 대략 엿볼 수 있는 것이다.

그런데도 오히려 간교하고 사특한 자의 큰 환란이 없었던 것은, 명나라의 구원병이 하루 아침 저녁 사이에 나오게 되었으므로 그 위세를 두려워했기 때문이니, 만일 국운이 불행하여 임금의 수레가 갈 곳을 잃었다면 반란은 반드시 이 지방에서부터 시작되었을 것이다.

중국 한(漢)나라 때 양웅(揚雄)은 말하기를 "백성을 다스림에 그 도를 얻으면 천하의 간사한 자도 모두 부릴 수 있고, 백성을 다스리되 그 도를 잃으면 천하의 간사한 자는 모두 적이 된다" 하였는데, 오늘날을 말함에 백성을 통치하는 도를 얻었다고 할 수는 없을 것이다.

평상시에는 인재를 초개(草芥)와 같이 버리고, 나라의 기강이 무너진 다음에 간악한 무리가 반란을 일으킨다면 이를 누가 막을 수 있겠는가?

옛사람의 말에 "솥에 보리밥만 있고 장롱에 해묵은 솜만 있다면 비록 소진(蘇秦 : ^{전국시대의 유세가.}_{합종설 주장})·장의(張儀 : ^{연횡설}_{주장}) 같은 유세가가 있더라도 도적이 되지 않게 하지 못한다" 하였는데, 평안도와 황해도에 도둑이 많은 것은, 대개 살아가는 데에 핍박을 받았기 때문이다. 조정의 관원이 수령으로 나갈 때에 반드시 개성 밖을 선호하는 것은, 재물을 많이 얻기 때문인데, 재물은 하늘에서 떨어지는 것이 아니요, 백성의 재물을 토색질하는 것이니, 백성들이 어떻게 악한 데로 흐르지 않겠는가?

오늘날의 계책은 그 지방의 뛰어난 인재를 등용하여, 차츰 문명에 젖어들게 하고, 변방의 풍속을 사대부의 고장으로 변하게 하여 삼조선(三朝鮮)의 옛 풍속을 회복시키는 것이 상책일 것이다.

그리고 민간에 은자를 대부하여 이익을 취하는 악습을 금지해 근절시키고, 10분의 1의 조세를 받는 외에 잡부금을 함부로 거두지 못하게 하여 백성들을 안도하게 한다면, 오늘날 도둑이 근절될 뿐만 아니라 훗날까지 힘입는 바가 클 것이다.

우리나라 문화
東方人文 동방인문

단군 시대는 천지 자연의 원기가 아득하니 사물을 분별할 수 없었고, 천백여 년을 지나서 기자가 동쪽 지방에 봉함을 받게 되면서 비로소 암흑이 걷혔으나, 그것도 한강 이남까지에는 미치지 못하였다. 900여 년을 지나 삼한(三韓) 시대에 이르러 이 지역의 경계선이 모두 정해져 삼국의 영토가 정해졌고, 또 천여 년을 지나 조선 왕조가 창건되면서 비로소 문화가 열렸다.

중세 이후에는 퇴계 이황이 소백산 밑에서 태어났고, 남명 조식이 지리산 동쪽에서 태어났다. 모두 경상도의 땅인데 북도에서는 인(仁)을 숭상했고, 남도에서는 의(義)를 내세워 유교의 감화와 기개를 숭상한 것이 넓은 바다와 높은 산과 같았다. 이에 따라 우리나라의 문화는 절정에 이르렀다.

나는 두 분의 후대에 출생하였다. 그런대로 아직은 도가 땅에 떨어지지 않았으나 지금 이후로는 여울을 내려가는 배와 같이 걷잡을 수 없게 될 것이다. 다시 몇 겹의 격랑의 소용돌이나 험한 웅덩이가 있을지 모른다. 후대 사람들은 반드시 나를 발돋움하고 일어설 것이다.

단군과 기자의 영토

檀箕疆域 단기강역

중국 고대 순임금이 처음으로 12개의 주를 설치하고 12개의 산을 봉했으며, 또 12개의 목(牧)을 임명할 때에 유주(幽州)도 그 가운데 하나였다. 《한서》 지리지를 살펴보면 "유주에는 의무려(醫巫閭)산이 있으며 그곳에서 수산물과 소금이 많이 생산된다" 하였으니, 이곳이 현재의 요양(遼陽)과 심양(瀋陽)이다.

우리나라의 단군은 요임금과 같은 시기에 나라를 세웠으니, 12개 주를 설치했을 때는 이미 건국한 지가 100년이 넘은 뒤였다. 비록 영토의 범위와 경계를 알 수는 없으나 기자(箕子)가 나라를 계속 이어갔고, 그의 후손인 조선후(朝鮮侯)의 시대에 와서 연나라와 힘을 겨루었는데, 연나라가 그 서쪽 지역을 공략, 2천여 리의 땅을 빼앗아 만반한(滿潘汗)까지를 경계삼자 조선이 드디어 약해졌으니, 연나라에서 동쪽으로는 본디 땅이 얼마 없었던 것이다. 만반한은 바로 지금의 압록강이다. 만(滿)은 만주(滿洲)요, 반(潘)은 심(瀋)이 잘못된 것이다.

압록강 밖에서 산해관(山海關)까지의 거리가 1천여 리에 지나지 않다고 보면, 연나라에게 빼앗긴 지역은 요양과 심양이 아니고는 다시 그런 지역이 없다. 그렇다면 단군 시대에 벌써 순임금의 통치권 내에 들어간 것이니, 우리나라가 중국의 문화를 받아들인 지가 이미 오래임을 알 수 있다. 순임금도 본디 동이족 사람이었으며, 저풍(諸馮)과 부하(負夏)는 모두 동방 9개 종족 안에 속해 있었을 것이다.

기자의 수도가 평양이었으나 연나라와 국경이 붙어 있었고, 고죽(孤竹)도 또한 그 가운데에 있었을 것이다. 요순시대부터 중국 안의 영토로 다루어 왔고, 단군·기자나 백이(伯夷)·숙제(叔齊)의 교화가 이루어졌으니, 문명의 영향을 받음이 이만한 곳도 없었다.

오늘날 압록강 이외의 지역은 지리적인 조건이나 인간관계로 보아 다시 우리나라에 합칠 수 없게 되어서, 마침내 압록강을 국경선으로 삼게 되어 영토의 일부가 완전히 없어지고 일부 지역만을 보존하고 있으면서도 오히려 문명의 전통인 옛 문화를 잃지 않고 있으니, 그런대로 천지간에 한 낙원이라 할 것이다.

옛 탐라국
濟州 제주

제주는 옛날에 탐라국(耽羅國)이었다. 육지에서 970여 리에 위치하며 주위는 400여 리가 된다. 산꼭대기는 오목하게 생겼는데 봉우리마다 모두 그러하다. 날씨가 활짝 개었을 때 올라가서 서남쪽을 바라보면 하늘가에 산이 보인다. 남방에서 온 중국 상인의 말에 의하면, 그것은 송강부(松江府)의 금산(金山)이라 한다. 춘분과 추분에는 남극 노인성(南極老人星)이 보인다. 산세가 험준한 것이 다른 산과 다르다. 제주는 앞쪽에서 북으로 향해 있고 대정(大靜)과 정의(旌義)는 산 뒤에 있는데 정의는 서쪽이요, 대정은 동쪽이다.

서복(徐福)*¹과 한종(韓終)*²이 바다에 들어갔다는 것이 꾸며댄 말이긴 하나 그의 말이, "지부산(芝罘山)*³에 올라가서 신산(神山)을 바라본다" 하였으니, 지부산은 동해가에 있는 것으로 시황(始皇)이 직접 올라가 본 곳이다. 올라가면 바라보인다는 곳이 아마 이 산을 가리킨 듯하다. 송강의 금산은 서남쪽에 있으니 저쪽에서 이곳을 바라보면 반드시 동북이 될 것이다. 섬 안에 또 영주(瀛州)라는 이름이 있으니 묘하기도 하다.

고려시대 주와 군
高麗州郡 고려주군

고려 성종(成宗) 13년에 개주(開州)를 개성부로 고치고 6개의 적현(赤縣)과 7개의 기현(畿縣)을 관장하게 하였으며, 또한 10개의 도를 확정하였다.

---

*1 서복은 진 시황(秦始皇) 때의 방사(方士). 삼신산(三神山)에 들어가서 불사약(不死藥)을 가져오겠다 하다가, 마침내 바람을 핑계하고 가지 못하고 바라보고만 왔다고 보고하였음.

*2 한종은 전국시대의 방사로 한중(韓衆)이라고도 함. 열선전(列仙傳)에 한중이 불사약을 구하여 제왕(齊王)에게 바쳤으나 왕이 먹지 않으므로 자기가 먹고 신선이 되었다 함.

*3 지부산은 산동성(山東省) 동래현(東萊縣)에 있음.

모두 191개의 현과 652개의 주로, 주와 현이 모두 843개이다. 이때는 여진 (女眞)과 말갈(靺鞨)이 아직 통합되지 않았는데도 우리나라의 8도에 비해 그 관청의 수가 갑절이 넘었으니 백성의 피해가 크지 않을 수 있었으랴?

비류수는 어디
沸流水 비류수

우리 역사에서도 비류수가 어느 지역인지 정확히 알지 못한다. 상고하건 대, 관구검(毌丘儉)이 현도(玄菟)로 나와 고구려 임금 궁(宮)과 비류수에서 크게 싸워 연이어 격파하고 마침내 환도(丸都)로 올라갔다고 했다. 환도는 압록강 서쪽에 있었으니 비류수가 우리나라 경내에 있지 않은 것만은 분명 하다. 그때에 요동 지방은 고구려에 속해 있었다.

두만강 국경 분쟁
豆滿爭界 두만쟁계

함경도의 국경은 두만강을 경계선으로 삼고 있다. 그런데 고려 시대 윤관 의 비가 선춘령(先春嶺)에 있고, 선춘령은 두만강 북쪽 700리 밖에 있는데 무엇 때문에 숙종 38년(1712)에 국경선을 협정할 때 두만강의 원류(源流)를 찾았는지 알 수 없다. '두만'이란 곧 바다로 들어가는 위치를 말한 것이니, 토문(土門)이라는 곳이 바로 여기인데 발음이 비슷해서 와전된 것이다.

백두산의 물이 이리로 모여드는데, 만일 토문에서 여러 물의 근원을 따라 올라간다면, 이제 강 북쪽에 있는 지역은 모두 우리나라의 땅이며 선춘령도 그 안에 포함된다. 어떤 사람들이 말하기를, 경계선을 다툴 때에 세밀히 따 지지 못한 것을 탓하는데 그 말 또한 옳다.

그러나 오랫동안 내버려두었던 것을 갑자기 찾는다 하여 얻어낼 수 없으 며, 방어하여 지키는 노력에 있어서도 반드시 앞날에 큰 걱정거리가 되므로 반드시 영토를 넓히는 것만을 능사로 삼을 일이 아니다. 현재 중국과의 관계 가 나쁘지 않아 국경에 걱정이 없는 상황이니, 쓸데없이 일을 벌려 문제가 일어나는 일은 경계해야 한다.

옛적에 한(漢)나라 광무제(光武帝)는 옥문관(玉門關)을 폐쇄하고 서역에서 보내는 인질을 사절하였으며, 송나라 태조는 도끼로 대도하(大渡河)를 그으면서 말하기를 "이 밖은 우리의 소유가 아니다" 하였는데 사람들은 말하기를, 이는 원대한 계책이라 하였다. 토지가 넓다 하여 이것만으로 영구히 안정된 계책이라 할 수 없으므로 서혜비(徐惠妃)*1의 상소가 실상은 깊이 헤아린 것이니, 우리의 땅덩어리는 한 곳도 건드리지 못한다고 하면서 다른 사람의 말은 거절한 양나라 무제(武帝)가 잘못된 것이다.

고죽국과 안시성
孤竹安市 고죽안시

우리나라 해주(海州)에 수양산(首陽山)이 있다. 《수서(隋書)》 배구전(裴矩傳)을 살펴보면, 거기에 "고구려는 본시 고죽국(孤竹國)이다" 하였다. 이첨(李詹)은 이르기를 "수양산은 지금 해주에 있다" 하였는데 이것은 배구전에 의하여 잘못된 것이다.

고죽국은 영평부(永平府)에 있다. 고죽국 세 임금의 무덤과 백이·숙제의 사당도 역시 그곳에 있다. 생각건대 요동은 본디 고구려의 땅이며, 고죽국의 땅도 그때에 고구려에 포함되어 있었으므로 배구전에서 혼동하여 말한 것이다.

《고려사》를 살펴보면, 성종(成宗) 12년(993)에 거란(契丹)의 소손녕(蕭遜寧)이 침략했을 때에 서희(徐熙)가 국서(國書)를 가지고 거란의 진영에 갔다. 소손녕이 고려가 자기네의 영역을 침범한 것을 문책하자, 서희가 대답하기를 "만일 국경을 가지고 따진다면 귀국의 동경(東京)까지도 모두 우리의 영토이며, 압록강 안팎 또한 우리의 영토인데 어째서 우리가 침범하였다고 하는가?" 하니 소손녕은 대답을 못하였다.

또 고찰해 보면, 안시성(安市城)은 곧 현재의 봉황성(鳳凰城)이다. 봉황을 우리나라 말로 '아시새[阿市鳥]'라 한다. 이 '아시'와 '안시(安市)'가 음이

---

*1 당 태종의 후궁인 현비(賢妃) 서혜(徐惠). 그는 태종에게 글을 올려 "요해(遼海)에 군대를 주둔하여 곤산을 토벌하는 것은 유한한 농업 생산품을 소모하여 무한한 욕심을 채우려는 것이다" 하였음.

비슷하므로 그렇게 명칭이 붙여진 것이다. 현재 평안도 중화군(中和郡)에 안시성(安市城)이 있는데, 명나라의 사신 진가유(陳嘉猷)가 시를 지어 이 사실을 기록하였다. 이것은 곧 우리나라 사람들이 잘못 전한 것을 그대로 따라 부른 것인데, 그 잘못을 바로잡지 못했으니 우스운 일이다. 후세 사람들이 잘못된 것을 이어받아 쓰는 것에 이와 같은 것이 더러 있다.

춘천의 난공불락 지세
春川保障 춘천보장

중국의 고대 삼대(三代) 이전에는 천하가 또한 편안했기 때문에 수도가 모두 기주(冀州)와 예주(豫州) 사이에 있었으나, 삼대 이후로는 전쟁이 계속하여 일어났기 때문에 관중(關中)이 지리적으로 가장 유리했다. 진(秦)나라나 한(漢)나라가 천하를 견제할 수 있었던 것도 바로 이 때문이다. 그렇지 않았다면 적이 공격해올 때에 뿌리가 먼저 기울어지고 가지와 잎이 따라서 꺾어지고 떨어져 수습할 수 없었을 것이다.

우리나라 삼국 시대에 고구려는 수도를 여섯 번 옮겼으니, 졸본(卒本)·국내(國內)·환도(丸都)·평양(平壤)·황성(黃城)·장안(長安)이었고, 백제는 다섯 번 수도를 옮겼으니, 위례(慰禮)·한산(漢山)·북한(北漢)·웅진(熊津)·부여(扶餘)였다. 이때에 전쟁은 그치지 아니하고, 땅은 막아 지킬 험준함이 없었으므로, 외적의 침략이 일어나면 유리한 방법을 취하여 정착하지 못하고 이렇게 옮겨 다녔다.

오직 신라만은 동남쪽이 바다로 막혀 있고 서북쪽은 큰 산을 기대고 있어서 우리나라 영토에서 특별한 지세를 이루었으므로, 그 관방(關防)을 구축하고 가장 오랫동안 나라를 누렸으니, 국운의 융성함은 비록 덕과 은혜를 베푸는 데 있는 것이지만 지리적 조건의 영향이 적다고 할 수는 없겠다. 삼국을 통합한 뒤에는 전쟁이 조금이나마 멈추었다.

고려의 태조는 수도를 송악산(松嶽山) 아래에 정했는데, 이때에는 여진족(女眞族)도 바야흐로 복종하여 따랐고, 거란도 아직 커지지 않았다. 바다를 끼고 있어서 배가 사방에서 모여들고, 남북의 중간 지점에 위치하여 하류 지역의 비옥한 토지를 차지했으니, 저 중국의 낙양(洛陽)과도 같다고 할 수 있다.

그러나 얼마 안 가서 요나라와 금나라가 서로 교대로 일어나고 북원(北元)이 간간이 다시 침략해 들어왔다. 거듭된 위협이 외부에서 들이밀고 간악한 무리들이 내부에서 분란을 일으켰으며, 일개 사신이 국왕을 잡아가는데도 머리를 숙이고 고분고분했으며 누구 한 사람 이렇다 말 한 마디 못 했으니, 500년 동안에 나라는 제 구실을 하지 못하였다.

조선왕조에서는 한양(漢陽)에 수도를 정했는데, 이때는 명나라 황제가 금나라와 원나라를 쓸어버리고 천하가 평화를 누리게 되었다. 동북 지역의 여러 족속들도 모두 중국에 복종하여 섬겼다. 이러므로 예언서도 들어맞았고 신술을 가진 중도 방법을 제시하여 한양에 자리잡았다. 그러나 이곳은 문명 사회를 조성하기에는 적당하나, 국방상의 이로움은 기대하기 어렵다. 그러므로 외적이 갑자기 침략해 오기만 하면 먼저 도성을 버리고 피란할 것부터 꾀했다.

강화(江華)는 조그마한 섬이요, 남한산성(南漢山城)은 높은 산꼭대기다. 이를테면 임금이 무사히 그곳에 이르러 머무를 수 있다 할지라도 이곳을 통하는 길은 막힌 곳이 없으며, 물자의 수송이 되지 못하고, 또 모든 백성은 죽도록 내버려 둘 수밖에 없게 된다. 계책은 항복하는 길밖에 없었다. 요컨대 장구한 방법과 원대한 계획을 세울 곳이 못 된다.

어쩔 수 없이 한양의 성곽을 증축하고 결사적으로 이곳을 떠나지 않을 방도를 세워 보았으나, 이렇게 큰 성이 사면으로 적을 받아들일 수 있는 위치에 놓여 있으니 이른바 "줄을 잡아당겨서 끊으면 어느 한쪽이든 반드시 끊기게 마련이다"라는 것이다. 이뿐만 아니라 성 안의 백성들이라고는 늙은이와 어린 사람이 대부분인데, 성 안에는 축적해 놓은 물자도 없다. 그들은 대다수가 시장에 다니면서 벌어먹는 사람들인데 사방의 성문을 닫아버리니 나라에서 먹여 살려 주기만을 기다리고 있을 뿐이다. 국가에서 앞으로 무엇으로 이들을 전부 먹여 살릴 수 있겠는가? 이러다가는 사람끼리 서로 잡아먹다가 마침내는 모두 다 살아남지 못하게 될 것이니 저절로 무너지지 않을 수 없다.

예컨대 참화가 일어나 전쟁이 계속될 경우에 보루가 될 만한 곳을 생각한다면 춘천부 한 곳이 있을 뿐이다. 춘천은 곧 옛날의 맥국(貊國)이다. 내가 이익(李瀷)의《박천집》을 살펴보니 다음과 같이 기술되어 있다.

"현재의 서울은 비유하자면 중국의 낙양(洛陽)과 같고, 강원도는 관중(關中)과 같고, 춘천은 관중의 장안(長安)과 같다. 중첩한 산이 사방을 둘러싸서 옹호하였고, 두 강물이 뒷면에서 합류되었고, 가운데에는 비옥한 들판이 열려서 주위가 수백 리나 된다. 삼면을 막아 지키되 한 사람이 관문을 막고 있으면 만 명도 뚫고 나가지 못할 것이니, 참으로 이른바 난공불락(難攻不落)의 유리한 지리적 조건이다. 당연히 삼면에 병영을 설치해야 하는데 김화(金化)의 길목은 함경도로 통하는 요충이며, 가평(加平)의 길목은 황해도로 통하는 요충이며, 홍천(洪川)의 길목은 남도로 통하는 요충이어서 명령을 사방으로 전달할 수도 있다. 혹은 깊은 시내 오목한 골짜기에 돌층계를 놓고 혹은 산맥이 끊어진 곳, 꾸불꾸불한 산길의 험준한 요지를 이용하여 병영을 설치하여 문에 빗장을 걸어 놓는다면 안방에 들어앉은 것처럼 안정감을 느끼게 될 것이다. 그 밖에 주둔병을 두고 서로 호응하게 하며, 창고를 설치하여 조운(漕運)을 이용하는 등 여러 가지로 헤아려 볼 수 있을 것이다."

내가 직접 가서 눈으로 보지는 못했으나, 생각건대 매우 유리할 듯하므로 아울러 여기에 수록하여 국사를 도모하는 사람들에게 참고가 되기를 기대한다.

조선의 강역
朝鮮地方 조선지방

기자(箕子)가 동쪽으로 가서 홍범(洪範 : ^{서경의} 편 이름)의 원리를 베풀고 윤리를 바로잡아 놓았으니 그 공적이 매우 크다. 그러므로 자작에 봉해졌다(^{후한서}조선전). 그의 후손인 조선후(朝鮮侯)는 주나라가 쇠미해지자 연나라가 왕이라는 칭호를 쓰고 동쪽으로 토지를 경략하려는 것을 보고는 자기도 왕이라 일컫고 군사를 일으켜 연나라를 정벌하고 주나라를 높이려 했는데, 대부인 예(禮)가 충고해서 그만두었다는 말이 있으니 이미 이보다 앞서 후국(侯國)이 되었고, 조선이 왕이라 칭한 것은 이때부터 비롯되었다. 그러다가 후손이 교만하고 포악해지자 연나라에서 장군 진개(秦開)를 보내어, 그 서쪽을 공격하여 2천여 리의 땅을 빼앗고 만반한(滿潘汗)까지를 경계로 삼으니, 조선은 마침내 쇠약해졌다.

그런즉 당초에 봉한 지역은 사실상 연나라와 맞닿아 있었으니, 오늘날 만리장성 밖으로 요양과 심양 지역이 모두 조선 영토 안에 들었던 것이다. 이른바 만반한은 어디를 가리킨 것인지 알 수 없으나, 연나라의 동쪽에는 이렇게 큰 땅이 없다. 지금 의주(義州)에서 산해관(山海關)까지가 1,400리에 불과하니, 생각건대 만(滿)은 지금의 만주(滿洲)로 청나라가 왕업을 일으킨 곳이요, 반(潘)은 아마도 심(瀋)의 잘못인 듯하다. 곧 우리나라의 강계(江界) 이북과 백두대간(白頭大幹)의 서쪽이 모두 연나라의 통치하에 들어간 것이다. 그런데도 오히려 연나라와 패수(浿水)를 경계로 삼았다 했으니, 여기서 말하는 패(浿)는 아마도 취(溴)의 잘못으로 곧 압록강인 듯하다.

위·만(衛滿)이 취수(溴水)를 건너와서 위와 아래의 방어선을 아울러 소유했으니, 이곳은 곧 단군과 기자의 옛 영토이며 남으로는 삼한(三韓)과 국경이 되었다. 이것이 조선 지방의 연혁이다. 나중에 고구려가 또 요양·심양의 지역을 차지했으니 곧 조선의 옛 터전을 수복한 것이었으며, 그 쇠퇴한 말기에 와서 발해가 이곳을 점령했다가 그대로 요나라에 편입되었고, 고려 태조는 이 땅을 수복할 뜻은 있었으나 이루지 못하였다.

밀물샘
潮汐泉 조석천

문경현에 밀물샘[潮汐泉]이 있는데 하루에 두 번씩 물이 솟아올라서 논에 관개(灌漑) 되는 양이 상당히 많다고 한다.

나의 생각으로는 땅 속에는 텅 빈 곳이 많은데 더운 김이 엉기어서 물이 된다. 그것은 소주를 내리는 것과 같은 이치다. 지금 여러 곳에 샘이 나오는 물줄기는 모두 그것이 흘러나오는 것이니, 만일 속에 축적된 것이 없다면 어떻게 끊임없이 그렇게 흘러나오겠는가?

그러나 축적된 수량이 얕은 곳도 있고 많은 곳도 있어 깊이 있는 것은 높은 곳까지 올라오게 할 수 없다. 그러므로 우물을 파보면 물줄기가 솟아나오는 것이 반드시 그 한도가 있어서 한도가 차면 한 푼도 더 넘지 못한다. 이것은 그 지면이 땅 속에 있는 수심의 위치와 평행되는 선이기 때문이다.

아마 밀물샘은 땅 속에는 본디 축적된 물이 있는데 땅의 토양이 다져진 곳과 엉성한 곳이 고르지 않으며 따라서 기운도 막히고 유통되는 차이가 있어, 마치 바다의 밀물이 하루에 두 번씩 들어오는 것과 같은 듯하다. 땅의 기운이 막히고 유통되는 것이 시기가 일정한 것은 언제나 바다의 밀물과 서로 통하기 때문인데 샘의 물줄기가 축적된 것이 우연히 조수와 그 기운이 일치된다면 그 물이 어떻게 넘쳐 나오지 않을 수 있겠는가?

《동국여지승람》에는, "흙 구멍이 있는데 하루에 세 번씩 물이 넘쳐 나온다" 하였으니 이것은 과연 무슨 이치인가? 혹은 기운이 쌓인 것이 한도가 있어 차면 반드시 새어나오게 마련이니 그릇에 물을 부을 때에 가득히 차면 반드시 넘치는 것과 마찬가지인 듯하다. 그러므로 기운이 흙주머니 속에 쌓였는데 주머니는 작고 기운이 팽창되면 곧 다시 갈아 넣기 위해 하루에 세 번씩 넘치게 되는 것일지도 모른다.

해랑선이 출몰한 섬
海浪島 해랑도

근세에는 바닷가에서 고기잡이하는 해랑선(海浪船)이 자주 출몰하는데 그 정확한 숫자는 알 수 없다. 지난번에 우리나라에 크게 흉년이 들었었는데 쌀을 싣고 왔다는 배가 들어와 "황제의 명령이다" 하며, 대관이 직접 나와서 물건과 바꾸어 가라 하는데 정작 물어보니 쌀이 없었다.

이것은 반드시 이곳의 사정에 정통하고, 바닷길에 익숙한 이곳 무뢰배들이 농간을 부렸던 것이리라.

저 해랑은 섬 이름인데, 중국 동북해 가운데에 있다. 명나라 말기에 정지룡(鄭芝龍)의 무리들이 섬에 있는 도적과 연결하여 큰 세력을 형성하였고, 그의 아들인 정성공(鄭成功)과 손자인 정경(鄭經)이 섬으로 들어가자 우리나라에서도 이를 걱정하게 되었으며, 뜬소문으로 소동이 있을 적마다 반란자의 문초에서까지 말이 나왔다. 그 사실 여부는 비록 알 수 없으나, 정경이 바다 섬을 점령한 것만은 사실이다. 그러니 지금의 해랑선이라는 것이 그들의 후손이 아님을 어떻게 장담하겠는가?

연산군 6년(1500)에 바다로 나갔던 사람이 해랑도에 이르렀는데, 섬 안에 사는 사람은 대다수가 우리나라에서 도망쳐서 들어간 자들로 자손들이 불어서 차츰 번성해 가고 있었다. 이 사실을 중국에 보고하고 이점(李坫)·전림(田霖)·조원기(趙元紀) 등을 보내어, 요동 사람 64명을 색출하여 사람을 시켜 명나라로 돌려보내고 우리나라 사람 48명도 데려왔다. 고봉(高峯) 기대승(奇大升)이 일찍이 임금에게 아뢰기를 "선왕 때에 전림에게 명령하여 해랑도를 토벌하고 돌아오니, 개성부(開城府)에 명령해 음악과 위로연을 크게 베풀어 주도록 하였다" 한 것은 곧 이 사실을 지적한 것이니, 해랑도의 얘기는 오늘에 이르러 처음 생긴 것이 아니다.

동여진과 서여진
女眞 여진

말갈이 여진으로 명칭을 고쳐서 동쪽에 가까운 지방은 동여진(東女眞), 서쪽에 가까운 지방은 서여진(西女眞)이라 하였다. 금나라의 목조(穆祖)*1 영가(盈歌)는 서여진 사람이었는데 경박호 사이에서 일어났다.

윤관이 구성을 설치할 때에 여진의 요불(裹弗)과 사현(史顯)이 우리나라에 와서 "옛적에 우리 태조(太祖) 영가가 말하기를 '우리의 선조는 당신네 나라에서 나왔다' 하였으니, 그 자손의 대에 와서 귀국 아래로 들어가는 것은 당연하며, 또 지금의 태사(太師) 오아속(烏雅束) 또한 당신네 나라를 '부모의 나라'라고 했다" 하였다. 대개 평주(平州) 출신의 승려 금준(今俊)이 여진으로 들어가서 바로 그들의 선조가 되었다는 것이다. 어떤 이는 "승려 금행(金幸)의 아들 극수(克守)가 여진의 여자와 결혼하여 아들 고을(古乙)을 낳았는데, 그가 영가의 선조다" 하였다.

이때 여진은 고려에 항복하고 귀속되어 간절히 앙모했고 스스로 완안(完顔)이라 성을 붙였다. 《엄주집(弇州集)》을 살펴보면 "완안은 곧 왕(王)의 성씨이다" 하였으니, 아마 고려의 성을 따른 것 같다. 《동국여지승람》에는 평주(平州)를 평산(平山)이라고 했는데 이는 잘못인 듯하다.

---

*1 조선 이성계의 고조부. 고려 고종 때 지의주사(知宜州事)를 지냈다. 원나라에 귀화하여 다루가치(達魯花赤)가 되어 여진을 다스렸다. 조선 개국 후 목조에 추증되었다.

지금 영흥(永興)에 평주성의 유지(遺址)가 있는데 이 성은 옛적부터 큰 성이었다. 조선 왕조에 이르러 영흥이라고 칭호를 고쳤는데 아무래도 같은 곳인 듯하다.

우리나라 역사서에 또 북여진(北女眞)이 있는데 이는 흑수부(黑水部)의 생여진(生女眞)인 듯하며, 그쪽에 철리국(鐵利國)이 있어 언제나 여진을 통해 자기 나라의 특산물을 바쳐 왔으니, 철리국 또한 북여진 밖에 있었을 것이다. 조선 왕조 때에 동여진을 오디개〔兀狄介〕·오랑캐〔兀良介〕·이마거〔尼麻車〕 등으로 불렀으나 이들은 서여진족처럼 강대하지는 못했다.

물의 이용
水利 수리

이용의 가치는 수리(水利)보다 더 큰 것이 없다. 백성의 생명은 옷과 음식에 달렸고 옷과 음식은 기후에 달렸다. 하늘이 하는 일은 백성이 어떻게 할 도리가 없으나 그런대로 사람의 힘으로 할 수 있는 길이 있다. 비에 괸 물이 있고 우물물이 있고 시냇물이 있다. 비가 내릴 때 넘쳐흐르는 물을 잘 받아두어 대비하지 못하는 것이 안타깝고, 우물물은 늘 괴어 있으나 그것을 잘 퍼올리지 못하는 것이 안타깝고, 시냇물은 아래로 흘러가는 것을 잘 터서 갈라 쓰지 못함이 안타깝다. 만일 쓸 수 없는 것을 쓸모있게 잘 사용할 수 있게 한다면 어찌 백성들이 추위에 떨며 굶주릴 것을 염려하겠는가.

조선조 초기에 제방을 쌓고 물을 저장하게 했는데, 지금도 그 남아 있는 터가 여러 곳에 보인다. 그러나 지금은 벌써 메워지고 무너진 것을 다시 보수하지 않아 모두 토호들의 경작지가 되고 말았다. 물을 끌어올리는 작업은 무자위에 달렸다. 용미차(龍尾車)와 같은 방식은 서양에서 나온 것으로 그 이로움이 큰데 우리나라에서는 아직 이것을 모르고 있다. 물꼬를 터서 옆으로 흐르게 하는 방법은 실시하는 사람이 어쩌다 있으나, 개인의 재산으로 시도하기 때문에 힘이 떨어지면 멈추고 말게 되니 대개는 재산만 거덜 나고 성과는 거두지 못하게 된다.

김제의 벽골제(碧骨堤) 같은 것은 신라 흘해왕(訖解王) 때에 처음으로 쌓았고 조선조에 이르러 태종(太宗) 때에 다시 쌓았다. 봇도랑을 다섯 곳으로 나누어 논 1만 결(結)에 물을 댄다. 반계 유형원은 이르기를 "만일 벽골제 같은 것을 두세 곳만 만들어 놓는다면 노령(蘆嶺 : 갈
재) 밖은 흉년이 없을 것이다" 하였다. 지금은 모두 없어져 이용하지 못하니, 나라가 가난하고 백성이 못살게 되는 것이 마땅하지 않은가.

평안북도 철산군에 있는 섬
椵島 가도

가도는 가죽섬〔皮島〕이다. 가수(椵樹)는 우리말의 '가죽나무'다. 현재는 삼화현(三和縣)에 소속되어 있으며 50리 밖의 바다 가운데 있다. 고려 원종(元宗) 10년(1269)에 임연(林衍)이 왕을 쫓아내고 안경공(安慶公) 창(淐)을 세웠을 때 최탄(崔坦)·한신(韓愼)·이연령(李延齡)·계문비(桂文庇)·현효철(玄孝哲) 등이 임연을 치겠다는 명목 아래 무리들을 모집하여 들어가서 이 섬의 병영을 점령하고 분사어사(分司御史) 심원준(沈元濬)·감창(監倉) 박수혁(朴守奕)과 경별초(京別抄) 등을 죽이고, 몽고에는 허위로 보고하기를 "고려에서 북계(北界) 여러 성에 있는 사람들을 모조리 죽이려 한다" 하였다.

몽고의 황제는 그에게 금패(金牌)를 내려주고 조서로 명령하기를 그곳을 몽고 영토로 귀속시키고 명칭을 고쳐 동녕부(東寧府)라 하고, 자비령(慈悲嶺)을 경계선으로 획정하여 최탄을 총관(總管)으로 삼아 군사 3천 명을 서경(西京)에 보냈다. 나중에 원종이 복위하여 여러 성을 돌려줄 것을 요청했으나 허락하지 아니하다가, 충렬왕 16년(1290)에 이르러 황제는 동녕부를 폐지하고 서북 지방의 여러 성을 모두 반환하고 최탄은 처형하였다.

이곳이 곧 근세에 명나라의 모문룡(毛文龍)*1이 점거했던 땅이니 고려 때부터 벌써 병영을 설치했다가 반란군들에게 빼앗긴 곳이다. 현재 《동국여지승람》에 그 전말을 기술했어야 할 터인데 빠져 있기 때문에 일부러 수록한 것이다.

---

*1 모문룡은 명나라 장군으로, 청병(淸兵)에게 패하자 가도를 점령하고 청과 항전하며 우리나라에 대해서도 물자 공급을 강요하는 등 괴롭혔는데, 명나라 어사인 원숭환에게 살해되었음.

역법
曆象 역상

《한서》율력지(律曆志)에 "황제(黃帝)가 역서(曆書)를 만들었다" 하였고,
《세본(世本)》에는 "용성(容成)이 역서를 만들었다" 하였고, 《시자(尸子)》
에는 "희·화(羲和)가 역서를 만들었다" 하였다. 용성은 곧 황제의 신하요,
희·화는 또한 요임금의 신하다. 요임금이 희·화에게 명령하여 "해와 달과
별이 다니는 것을 측정해 민간에 시기를 알려 주어라" 하였으니, 생각건대
역법(曆法)은 황제 때에 시작되어 요임금 때에 와서 정밀하게 된 듯하다.
요임금은 제곡(帝嚳)의 아들이다. 《예기》제법(祭法)을 살펴보면 "제곡이
별의 궤도를 측정해 그 형상을 나타냈다" 하였으니, 제곡 이전에는 측정한
사람이 없었던 것을 알 수 있다. 요임금이 제곡의 공부를 배워 해·달·별을
측정하고 이를 더 정밀하게 연구한 것이며, 요임금이 지혜를 짜서 창안한 것
은 아니다. 무릇 기계와 수리의 법은 후대로 내려올수록 더 정교한 것이며,
아무리 성인의 지혜를 가진 자라도 모자라는 것이 있다. 후대의 사람이 그것
을 토대로 더욱 보태고 연수해 오래될수록 더욱 정밀해진다.

한(漢)나라는 400년 동안 다섯 번 역법을 고쳤고, 삼국 시대 위나라에서
수나라까지 열세 번, 당나라에서 후주까지 열여섯 번, 송나라는 300년 동안
열여덟 번, 금나라 희종(熙宗)에서 원나라가 끝날 때까지는 세 번 고쳤고,
명나라가 개국해 유기(劉基)의 건의로 대통력(大統曆)을 실시했는데, 이것
은 국초에 감정(監正) 원통(元統)이 수정한 것이지만 사실은 원나라의 태사
(太史) 곽수경(郭守敬)이 만든 수시력(授時曆)이다. 오늘날의 시헌력(時憲
曆)은 서양사람 아담 샬(湯若望 : 독일 가톨릭 선교사로 명(明)에 들어왔다가
청조(淸朝)에 흠천감정이 되어 역법을 변경한 사람)이 만든 것인데
이로써 역법은 완전해졌다. 해와 달의 교차나 일식·월식이 정확하다. 성인
이 다시 나오더라도 반드시 이를 따를 것이다.

금강산 1만 2천 봉우리
一萬二千峯 일만이천봉

가정(稼亭) 이곡(李穀)이 지은 장안사 비문에, "금강산의 뛰어난 경치는

온 천하에 이름났을 뿐만 아니라 실제로 불경에도 기록되었으니 《화엄경》에서 말한, '동북쪽 바다 가운데 금강산이 있으니 담무갈보살(曇無竭菩薩)이 1만 2천의 보살과 더불어 항상 《반야경》을 설법했다'는 바로 그 곳이다" 하였으니, 1만 2천이라는 숫자는 곧 보살의 숫자다. 그런데 우리나라 사람들은 1만 2천 봉우리가 있다고 하여 말 그대로 따르기 때문에 바꿀 수가 없다. 나도 일찍이 이 산을 구경했는데 아무리 봉우리가 많다고 해도 어찌 그렇게 많을 수야 있겠는가?

내 생각으로는 옛날사람들은 너무 어리석고 순진하여 1만 2천이라는 글자만을 보고 그저 봉우리의 숫자려니 여기며, 장안사 비문을 자세히 보지도 않고 덮어놓고 이야기하니 우스운 일이다.

이 산의 본 이름은 풍악(楓嶽)이었는데 중들이 불경의 말을 따다가 고의로 '금강'이란 이름을 붙였고, 또 불경에 "동해 가운데까지는 8만 유순(由旬)[*1]이 된다"는 말이 있어서, 하륜(河崙 : 고려 말 조선 초 문신, 1347~1416)이 풍악을 지목한 것이 아님을 변명해 놓았다.

내가 상고해 보건대 《곤여만국전도(坤輿萬國全圖)》(선교사 마테오 리치가 1602년에 중국에서 제작한 세계지도, 조선에는 1603년 도입되었다)에, "지구의 둘레가 9만 리에 지나지 않는다" 하였으니, 어찌 또 8만 유순이 있을 수 있겠는가? 이것은 불씨(佛氏)의 과장하는 말에 지나지 않으니 반드시 증거로 믿을 것은 못 된다.

백두산 꼭대기
白頭山 백두산

일찍이 전씨(田氏)란 손님이 찾아와서 말하기를 "국내의 산천은 두루 다녀 깊숙한 데라도 가보지 않은 곳이 없다. 또한 일찍이 백두산 꼭대기에 올라가 보았는데 무산(茂山)에서 그 거리가 멀지 않더라" 하면서 나에게 자못 자세히 말해 주었다.

《동국여지승람》을 살펴보건대 "백두산은 회령부(會寧府) 서쪽에 있으니 7, 8일 걸리는 거리다. 그 산꼭대기에 큰 못이 있는데 남쪽으로 흐르는 물은

[*1] 유순(由旬) : 천축국(天竺國)에서 쓰는 이수(里數)의 단위. 《유마경》 주에, '상유순(上由旬)은 60리, 중유순(中由旬)은 50리, 하유순(下由旬)은 40리라고 보임.

압록강이 되고, 북쪽으로 흐르는 물은 송화강과 혼동강이 되고, 동북쪽으로 흐르는 물은 소하강과 속평강이 되고, 동쪽으로 흐르는 물은 두만강이 된다” 하였다.

《대명일통지(大明一統志)》에는 “동쪽으로 흐르는 물은 아야고하(阿也苦河)가 되었다” 하였으니, 아마도 속평강으로서 분계강(分界江)이라고 일컫는 것을 가리킨 것 같다.

이제 홍세태(洪世泰)의 《유하집》에 있는 백두산기(白頭山記)를 보면 “장백산을 우리나라에서는 백두산이라 하는데, 중국과 우리 두 나라에서 산 위의 두 강을 놓고 경계를 정했다. 임진년(1712, 숙종 38) 여름에 중국에서 오라총관 목극등 등을 보내서 직접 그곳에 가보고 국경을 정했으니, 대개 이 산은 서북쪽에서 오다가 뚝 떨어져 큰 평원이 되었고, 여기에 와서 갑자기 우뚝 솟았으니 그 높이는 하늘로 솟아서 몇천 몇만 길이나 되는지 모르겠고, 그 꼭대기에는 큰 못이 있는데 사람 정수리의 숨구멍 같고 그 둘레는 20~30리나 되며, 물은 검푸른 빛이어서 깊이를 헤아릴 수 없으며, 한여름에도 얼음과 눈이 쌓여서 바라보면 은빛 바다와 같다. 산 모양은 멀리서 바라보면 독을 엎어놓은 것 같고, 올라가 보면 사방은 조금 솟아오르고 가운데는 파여서 마치 동이를 젖혀놓은 것 같으며, 겉은 희고 속은 붉은 돌이 사면으로 벽처럼 깎아지른 듯이 둘러쌌는데, 북쪽으로 두어 자쯤 터져서 물이 넘쳐흘러 폭포가 되었으니 이것이 곧 혼동강이다. 동쪽으로 전진하여 3, 4리쯤 내려와서 비로소 압록강의 근원이 있는데, 이는 샘이 산의 구멍 가운데로부터 콸콸 솟아서 급류를 이루고 몇천 보 내려가지 않아서 산이 잘라져 큰 구렁이 생긴 그 가운데로 흘러들어간다. 여기서 또 동쪽으로 조그마한 산을 넘어가면 샘물이 있는데 30, 40보쯤 서쪽으로 흘러가다가 두 갈래로 갈라졌으니, 한 갈래는 흘러가다가 서쪽의 물과 합치고, 한 갈래는 동쪽으로 내려가는데 그 흐르는 물길은 아주 작다. 여기서 또 동쪽으로 한 등성이 넘어가면 샘이 있어서 동쪽으로 백여 보쯤 흘러가다 먼저 동쪽으로 갈라져 내려오는 물과 합류한다. 목극등은 물이 두 갈래로 갈라진 사이에 앉아서 말하기를 ‘여기는 분수령(分水嶺)이라 할 만하니 비석을 세워 경계를 정해야 하겠다. 그런데 토문강(土門江)의 원류가 중간에 끊어져서 땅 속으로 흐르므로 경계가 분명치 않다’ 하고, 이에 비석을 세우고 쓰기를 ‘청나라의 오총관 목극등은 황제의 명령을 받들어 변경을 조사하다가 여기에 이르러 자세히 살펴보니, 서쪽은 압록강이 되고 동쪽은 토문강이 되었으므로 분수령에 돌을 세우고 글을 새겨 기록한다. 강희(康熙: ^{청 성조의 연호}_{1662~1722}) 51년(1712) 5월 15일이다' 하고 우리나라 사람에게 이르기를 '토문강의 원류가 끊어진 곳에는 하류까지 잇따라 담을 쌓아서 표시를 하라' 했다" 하였다.

이 말은 홍세태가 직접 그때에 목격한 역관(譯官) 김경문(金慶門)에게서 들은 것이니 거의 믿을 만하다. 토문강은 두만강이다.

옛날에 윤관이 속평강까지 이르러 국경을 넓히고 그 일을 기록한 비석이 아직도 그곳에 있는데, 김종서 때에 이르러 두만강으로 경계를 정한 것을 나라 사람들이 오히려 분하게 여기고 있다. 그런데 이번에 윤관의 비를 가지고 다투어 경계선을 따져 정하지 못한 것은 임금의 명령을 받들어 경계를 획정한 사람의 잘못이라는 사람도 있다. 그러나 오래 전에는 함경도는 모두 말갈의 땅이었다. 지금에 와서 국경을 정한 지가 오래되었고 우리 영토 안에 있는 폐사군(廢四郡: ^{강계 동}_{쪽 일대})도 아직 가끔 외적에게 침범을 당해 모두 이민을 시키고 버려두었는데, 하필이면 다시 쓸모없는 땅을 가지고 외국과 분쟁을 일으킬 것이 무엇인가? 지금의 국토는 완전하게 되었으니 손상시켜서는 안 될 것이다.

윤관이 설치한 경계비
尹瓘碑 윤관비

윤관의 비는 선춘령(先春嶺)에 있는데 두만강 북쪽으로 700리가 된다. 그 비에 새겨진 글은 비록 호인(胡人: ^{북방 이민족,}_{몽고인 등})들이 깎아버리기는 했으나 여전히 그 흔적이 남아 있다.

윤관이 육성(六城)을 설치하고 공험진(公嶮鎭)도 개설했는데, 고령진(高嶺鎭)으로부터 두만강을 건너 소하강 가에 이르면 옛 터전이 그대로 있으니, 곧 선춘령의 동남쪽이요 백두산의 동북쪽이다. 그는 이와 같이 국토를 멀리까지 개척해 놓았으며, 현재 두만강으로 경계를 정한 것은 김종서로부터 비롯되었다.

연전에 청나라 목극등이 와서 국경을 정할 때에, 우리나라의 대표로 나갔던 감계사가 윤관의 비를 가지고 옛날에 서희가 소손녕에게 따졌듯이 말이나 해보았는지 모르겠다.

윤관이 병마영할사(兵馬鈴轄使)인 임언(林彦)으로 하여금 그때의 일을 기록하되 "이 땅은 동쪽으로 대해(大海)까지 연접했고, 서북쪽으로는 개마산(蓋馬山)까지 들어갔으며, 남쪽으로는 장주(長州)와 정주(定州) 두 고을과 인접했으니 산천도 빼어나고 토지도 비옥하다. 본디 고구려의 영토로 고비(古碑)의 유적이 아직도 존재하고 있다" 하였다.

현재 그곳이 어디인지는 모르겠으나, 두만강 밖에 있는 것만은 틀림없다. 그러면 윤관 비만 있는 것이 아니고 윤관 이전에 벌써 고구려에서 새겨 세운 비가 있었던 것이다.

신라 풍속이 그대로
羅風未泯 나풍미민

영남의 풍속은 예나 지금이나 변함이 없다. 《통고》를 살펴보면 신라의 관작은 친속으로 상품을 삼았는데, 그 족속에는 제1골(骨)이 있었다. 제1골은 제2골의 딸에게 장가들지 않으며, 혹시 데려와야 할 때는 언제나 첩으로 삼을 뿐이었다.

일은 반드시 여럿이 모여 의논하였으니 그것을 '화백(和白)'이라고 불렀다. 한 사람이라도 반대하면 그만두었다 한다.

요즘 들으니 영남의 사족(士族) 중에는 상·중·하의 세 품계가 있으며 서로 통혼하지 않는다 한다. 또한 그 낮고 못한 것은 관작으로 따지는 것이 아니라 반드시 선현의 자손이거나 그 문하에서 수학한 사람들의 자손들로 상품을 삼아 오히려 골이 되는 양반이라고 이르니, 양반이란 사족을 부르는 말이며, 사족이 아니라면 비록 조정의 벼슬아치라도 참여할 수 없다는 것이다.

또한 유림들이 함께 모여 의논할 때에도 중의를 따라 일을 결정하는데 본디부터 영외(嶺外)에 살던 사람이 아니면 참섭(參涉)하지 못했다고 한다.

40~50년 전에는 오히려 서울 사람들과 혼인을 맺었는데, 요즘에는 모든 사람들이 약속이나 한 듯 한결같이 혼인하기를 허락지 않는다 하니, 이것들은 다 없어지지 않은 신라 풍속들이다.

평안도 관문의 험준함
西道關阨 서도관액

참판 이민환(李民寏)은 순무어사(巡撫御史)가 되어 서관(西關 : 평안도)을 두루 돌아다녔고, 또한 책중(柵中 : 국경에 접한 변경 지역)에 갇히기도 했으므로 변방의 정세를 고루 알았다. 그가 국경 방어에 대해 논한 것에 이르기를 "창성(昌城)으로부터 시경(時梗)을 지나 운산(雲山)에 다다르고, 삭주(朔州)로부터 대삭주(大朔州)를 지나 구성(龜城)에 다다르며, 의주(義州)로부터 용천(龍川)을 지나 철산(鐵山)에 다다르는 이 세 길은, 외적 방어에 가장 중요한 곳이다. 고려 시대에도 거란·몽고·홍건적이 모두 이 구성·삭주·의주·철산의 길을 따라 쳐들어오지 않았던가? 더욱이 구성은 세 길의 중간에 있어 지형과 지세가 적을 막기에 대단히 좋으므로 고려 때에도 박서(朴犀)가 지키던 땅이다. 시경과 용천 사이에도 또한 마땅히 지형과 지세를 헤아려 골라 성을 수축하는 것이 좋겠다. 자모성(慈母城)은 비록 천혜의 험준한 곳이라 하나 요충지는 아니다" 하였는데, 그가 논한 것은 이와 같으나 내가 몸소 다녀보지 못해서 어떠한지는 자세히 모르겠다.

그 밖의 강계(江界)·이산(理山) 등의 길도 우리나라를 치러 올 때 그 길로 쳐들어오는 경우가 많았으니 이 또한 고려하지 않으면 안 될 것이며, 정묘호란과 병자호란 때에는 모두 의주의 길을 따라왔으니, 이는 그 형세로 보아 당연하다 할 것이다.

대개 백두산의 큰 줄기가 바다를 끼고 남쪽으로 뻗어가는 그 사이, 철령은 북관(北關)의 좁고 험준한 곳이 되었고, 조령은 동남쪽의 좁고 험준한 곳이 되었는데, 철령 이북으로부터는 산의 형세가 다 서쪽으로 뻗어 그 산맥의 맥락을 찾으려면 모름지기 물에 의거하여야만 한다.

서울 서쪽에는 송도, 그 뒤에 서강(西江)이 있고, 그 서쪽에 저탄(猪灘 : 예성강 지류)이 있으며, 또 그 서쪽에 대동강이 있고, 그 서쪽에 청천강이 있으며, 또 그 서쪽에 압록강이 있는데 이것은 대강 따진 것이다.

두 줄기 물 사이에는 반드시 한 줄기의 산이 있는데, 이른바 청석령(靑石嶺)이라는 한 줄기는 서강과 예성강 사이에 있어 경기도와 황해도의 경계가 되고, 정방산성(正方山城)의 한 줄기는 예성강과 대동강 사이에 있어 황해

도와 평안도의 경계가 된다. 이 두 줄기는 실로 험준하게 막혀 있으므로 이
곳이 나라를 시킬 수 있는 지점이다. 대동강과 청천강 사이는 산맥이 낮고
평탄하나, 평안도 안의 청천강과 압록강 사이는 산세가 험준하게 막혀서 곳
곳이 침략을 지킬 만하니, 이른바 청천강 북쪽 여러 고을이 이곳이다.

　　강계는 북쪽으로 폐사군(廢四郡 : 강계 동쪽 일대의 여
연·무창·우예·자성)과 인접해 있고 함경도와도
거리가 멀지 않으며, 이로부터 압록강 가를 따라 위원(渭原)·이산·벽동(碧
潼)·창성(昌城)·삭주로부터 의주에 다다르기까지는 모두 왼쪽의 강과 오른
쪽의 산맥이 내지를 보호하고 있으니, 대체로 사람이 없음을 걱정할 일이요,
관액(關阨 : 험준한
관문)이 없음을 걱정할 일이 아니다.

여연·무창·우예·자성을 없앰
廢四郡 폐사군

　　압록강의 남쪽, 강계부의 동쪽에 폐사군인 여연(閭延)·무창(茂昌)·우예
(虞芮)·자성(慈城)이 있다. 무창·여연·우예는 북쪽에 있고 자성은 남쪽에
있는데, 애초에는 함경도 갑산부(甲山府)에 속해 있었으며, 조선 태종 16년
(1416)에 분할하여 여연군을 만들어서 평안도에 소속시켰다가 뒤에 네 군으
로 나누었다. 파저강(婆豬江 : 압록강 중류,
일명 동가강)의 야인(野人 : 여진
인)들이 약탈과 살인을
일삼으므로 세조 원년(1455)에 그 지역을 비웠는데, 여연·무창의 백성들은
구성으로 이주시키고, 우예·자성의 백성들은 강계로 이주시켰다.

　　이제《동국여지승람》에 의거하건대, 무창은 동쪽으로 갑산의 경계와의 거
리가 160리이고 서쪽으로 여연의 경계와의 거리가 133리이며, 여연은 동쪽
으로 무창의 경계와의 거리가 45리이고, 서쪽으로 우예의 경계와의 거리가
65리이다. 우예는 동쪽으로 여연의 경계와의 거리가 30리이고, 서쪽으로 강
까지의 거리가 1리라고 하니 동서가 합계 434리이며, 자성은 세 군의 남쪽
에 가로놓여 여연에서 남쪽으로 자성 신로현(新路峴)까지의 거리가 이미
150리이니, 남북으로는 반드시 수백 리가 되는 것이다.

　　"토지가 비옥하고 살 만하다" 하였으니, 처음에는 비록 야인들 때문에 백
성들을 옮겼다 하나 현재에 있어서는 큰 나라를 섬기고 이웃 나라와도 화목
하니 다시 침략해 오는 환란도 없을 것이다. 또한 놀고먹는 사람들을 이주시

켜도 안 될 것이 없는데, 요즘 사람들은 서로 도모할 줄을 모를 뿐만 아니라 그 땅이 어떤 땅인지 또 무슨 까닭으로 비어 있는지조차 까마득히 모르고 있으니 안타깝다.

또한 들으니, 청천강 북쪽 여러 고을은 조정 의론에서도 국경 지역이기 때문에 무관에게 전적으로 맡긴다 하니, 무관은 가렴주구가 더욱 심한 법인데 백성들이 어떻게 살아갈 수 있겠는가? 토지는 많으나 내버려 두어 사람의 자취는 쓸쓸하며 뿌리를 내려 대대로 사는 사람들이 거의 없다 하니, 이것은 장법(贓法 : 장물에 관한 법규)이 밝지 못하여 멋대로 형벌을 더하고 수탈하기 때문에 빚어진 일이다. 그러므로 이것을 개혁하지 않고는 비록 다시 4군을 설치한다 해도 아마 소용이 없을 것이다.

내가 말하건대, 청천강 북쪽 고을 수령은 또한 마땅히 문관과 무관을 교대로 보내고 오직 그 재략대로만 뽑는다면 혹 외적의 침략을 당할 때라도 문사가 반드시 무관보다 못하지만은 않을 것이며, 고금에 이미 그러했던 사람들이 있어 이를 증명할 수 있다.

문사는 명예를 고귀하게 여기고 재리(財利)보다 무겁게 여기므로 청렴한 자가 많고, 무관은 품행의 방정을 요구하지 않아 재리를 명예보다 무겁게 여기므로 욕심 사나운 자가 많다. 특별히 인재를 등용시키는 길을 열어 명예의 이로움을 재물을 탐내는 이익보다 도리어 무겁게 한다면 저들도 앞으로 부끄러움을 알고 스스로를 문사와 다름이 없도록 할 것이다. 만일 그렇게 된다면 비록 문사와 무관을 교대로 보내지 않아도 변방 백성들은 안심하고 모여들 것이다.

신라의 건국과 종말
新羅始末 신라시말

삼국 시대에 신라는 가장 먼저 나라를 세우고 가장 나중에 망했다. 그 말기에는 신라가 삼국을 통일했으나, 처음에는 강토가 가장 작았는데 지금의 경상도가 곧 신라의 옛 강토이다.

도내의 군(郡)과 현(縣)은 합계 67개였다 하나 《고려사》의 지리지(地理志)를 고찰해 보건대, 그 동북쪽의 영천(榮川)·예안(禮安)·순흥(順興)·봉화(奉化)·청송(靑松)·진보(眞寶)·영해(寧海)·영덕(盈德)·청하(淸河)의 아홉 고을은 곧 고구려 땅이며, 그 서남쪽의 진주(晉州)는 곧 백제 땅이었다 하니, 백제가 당연히 사천(泗川)·하동(河東) 등 여러 고을을 지나 진주를 소유했던 것이 아니겠는가. 〈지리지〉에 "진주의 속군은 둘인데, 강성(江城)과 하동(河東)이다" 하였으니, 강성은 지금의 단성(丹城)으로 사주(泗州)·악양(岳陽)·영선(永善)·진해(鎭海)·곤명(昆明)·반성(班城)·의령(宜寧) 등 일곱 고을이 그 속현이었다.

사주는 지금의 사천이고, 악양은 하동을 거느린 현이며, 영선은 고성(固城)이 거느린 현이었고, 곤명은 지금의 곤양(昆陽)이다.

그렇다면 의령·진해·고성·사천·곤양·단성·하동 및 진주의 여덟 고을은 신라가 소유했던 고을이 아니니, 합계 67개에서 17개 고을을 빼면 남는 것은 50개 고을이며, 지금의 충청도 경계의 청산(靑山)·보은(報恩)·옥천(沃川)·영동(永同)·황간(黃澗)의 다섯 개 고을이 신라의 군현이라고 해도 합계 55개 고을이 될 뿐이다.

또한 신라 유리왕(유리이사금, 신라 3대
왕. 재위 24~57) 19년(42)에 수로왕이 김해에서 일어나 육가야(六伽倻)로 나뉘니, 김해는 가야국(伽倻國)이 되고, 고령(高靈)은 대가야(大伽倻), 고성은 소가야(小伽倻), 성주(星州)는 벽진가야(碧珍伽倻) 혹은 성산가야(星山伽倻)가 되고, 함안(咸安)은 아라가야(阿那伽倻), 함창(咸昌)은 고령가야(古寧伽倻)가 되어 동쪽으로는 황산강(黃山江)으로 경계를 삼고, 서남쪽으로는 바다에까지 다다랐으며 서북쪽으로는 지리산, 동북쪽으로는 가야산으로 경계를 삼았다고 했는데, 지금의 가야산이란 성주의 남쪽에 있으니 자못 의심스럽다. 생각하건대, 가야산으로부터 동쪽으로 뻗어 금오산(金烏山)이 된 것을 예전에는 통틀어 가야산이라고 했던 것이니, 그렇다면 신라가 처음 나라를 세웠을 때는 낙동강으로 경계를 삼았을 따름이므로 동쪽은 신라, 서쪽은 육가야의 땅이 될 것이다.

또한 그 처음 역사에 이른바 비지(比只)·다벌(多伐)·초팔(草八) 등은 어느 곳인지 모르겠으나 신라 중세에 얻은 것이고, 또한 지금의 청도(淸道)는 이서국(伊西國)이었는데 유리왕이 취한 것이며, 경산(慶山)은 압량국(押梁國)이었는데 지미왕(祇味王)이 취한 것이다. 의성(義城)은 소문국(召文國)이었고 동래(東萊)는 장산국(萇山國)이었다. 〈지리지〉에 나와 있는 것은 다만 이뿐일 따름이다. 날마다 개척해 나가서 차츰 낙동강의 서쪽에 이르고, 육가야의 땅을 병탄(並呑)하게 되었으며 삼국을 통일하기에 이르렀으니, 이것이 신라가 나라를 세운 시작과 종말이다.

그러나 파사왕(婆娑王: 파사이사금, 신라 제5대) 8년(87)에 "서쪽으로 백제와 이웃하고 남쪽으로 가야와 인접했다" 하였으니, 이때는 가야가 일어난 지 40여 년밖에 되지 않은 때이다.

생각건대, 가락(駕洛) 이외의 다섯 나라도 일어나자마자 망했거나, 혹은 신라에 부속되어 자립할 수 없었기 때문에 그렇게 말한 것 같다. 또한 실직(悉直)은 지금의 삼척부(三陟府)로 신라에 항복했던 것이니, 지세를 비교하여 고찰해 보건대, 마땅히 동북의 모든 고을을 넘어 그 땅을 소유한 것이 아니라면 동북의 모든 고을은 그 처음에는 고구려 땅이 아니었다.

고구려 태조왕 4년(56)에 "동옥저를 쳐서 그 땅을 얻어 읍으로 삼고 국경을 개척하여 동쪽으로 창해에 이르렀다" 하였으니, 그렇다면 고구려가 경상도 동북쪽의 모든 고을을 취한 것은 반드시 신라가 동북 모든 현을 정복한 뒤일 것이다.

신라가 삼국을 통일했다고는 해도, 고구려와 백제의 남은 불씨가 다시 타오르는 것을 끌 수가 없었고, 그 말년에는 북쪽에서 궁예가 죄어들고, 남쪽에서는 견훤이 죄어들었으며, 견훤은 또한 거창(居昌) 등 20여 성을 빼앗으니, 낙동강의 서쪽 땅은 이미 잃었고 통할한 것은 겨우 낙동강 동쪽에 지나지 않았다.

미약하기가 이와 같았으니, 왕씨가 궁예와 견훤의 땅을 통합했을 때에 신라가 비록 항복하지 않았다 하나 무슨 버틸 힘이 있었으랴?

고구려와 백제가 망하자, 서북쪽의 두 변방은 발해에 흡수되었으며, 궁예가 일어나 흥할 때에도 압록강 안팎까지밖에 미칠 수 없었으니, 그 강하고 약한 것에 현격한 차이가 있었던 듯싶다. 발해가 진(震)이라는 국호를 썼기 때문에 궁예는 처음에 국호를 마진(摩震)이라 하여 분별했다.

고려가 수복한 땅도 압록강 동쪽에 그쳤고, 요동의 옛 땅은 모두 거란에게 빼앗겼다.

삼한과 마한

三韓金馬 삼한금마

최치원(崔致遠)은 이르기를 "마한이 고구려가 되고, 변한이 백제가 되고, 진한이 신라가 되었다" 하였는데, 후세 사람들은 사실이 그렇지 않다고 의심한다. 그러나 최치원은 곧 그때의 사람인데 어찌 틀리게 말했겠는가?

《후한서》에는 "변한은 남쪽에 있고, 진한은 동쪽에 있고, 마한은 서쪽에 있는데, 뒤에 신라가 실로 진한의 지역에 의거했다" 하니, 지금의 경상도가 그 지역이다. 그러나 진주 등 여덟 고을은 백제의 땅이었으며, 또한 남쪽 끝에 있으니 이것이 아마 변한의 지역이었던 것 같다. 그러나 진한과 변한이 처음에 다 마한의 동쪽에 있었다 하니, 경계는 경상도 안에 있어야 하는 것이며, 백제가 마한을 병탄하므로 변한은 백제와 신라 사이에 끼여 있었다고 한다면, 변한은 비록 처음에는 신라에 부속되었으나 나중에는 백제로 편입되었을 것이다. 그렇지 않다면 최치원이 어찌 "변한이 백제가 되었다" 하였겠는가?

양촌(陽村) 권근(權近)은 《신당서》를 인용하여 말하기를 "변한은 낙랑군(樂浪郡)에 있었다" 하였는데, 대개 당나라가 백제를 멸하여 신라에 병합시키고 낙랑왕을 봉했은즉, 낙랑이라는 것은 한(漢)의 낙랑이 아닌 것이다.

마한이라는 것은 기준(箕準)을 가리키는 것으로, 본디 고구려 땅에 살다가 뒤에 남쪽으로 달아났으니, 고구려를 가리켜 마한의 옛 땅이라고 한 것도 아마 그래서였던 것 같다.

백제는 마한의 경내에서 일어났으며, 마한이 통할하던 50여 나라 가운데 백제국(伯濟國)이라는 나라가 있었으니, 아마도 애초에 이 땅에 기반했던 것이 아닌가 의심스러우며 후세 사람들이 "십제(十濟)로부터 백제(伯濟)에 이른 것이다"[1] 한 것은 터무니없는 말이다.

마한이 금마군(金馬郡)에 도읍하고 견훤 또한 백제라 하며 금마산(金馬

---

[1] 이 대문은 《삼국사기》 백제본기에, "……비류(沸流)는 듣지 않고 오던 백성을 나누어 미추홀(彌鄒忽)로 돌아가 살았고, 온조(溫祚)는 하남 위례성(河南慰禮城)에 도읍했는데 오간(烏干)·마려(馬黎) 등 십신(十臣)으로 보익(輔翼)하도록 했으므로 국호를 십제라 했다"는 데에 바탕을 둔 백제 시조 온조설을 말하는 것임.

山)에서 개국한 것은 어째서인가? 나는 생각하건대, 옛날에는 우리나라를 반으로 나누어 현재의 서울 이북을 조선이라 하고, 이남을 한(韓)이라고 했다 하니, 한의 지역을 반으로 나누어 경계삼되 동쪽은 진한·변한이 되고 서쪽은 마한이 되었으며, 마한의 땅을 통틀어 금마(金馬)*²라 했으니, 기준의 익산(益山)이나 온조의 직산(稷山) 중에 어느 것이 금마의 고을이 아니었겠는가? 이로써 말한다면 문창후(文昌侯) 최치원과 견훤의 말도 잘못된 것이 아니다.

오늘날 사람들은 이미 없어진 흔적들을 좇아 확실하지 않은 것에 의거하여 추단(推斷)하면서 오히려 당시에 눈으로 본 사람의 말을 의심하니, 위박(衛朴)이 자기는 눈도 없으면서 온 세상 사람이 본 것을 부정하는 것과 무엇이 다르겠는가.

낙랑과 예맥
樂浪濊貊 낙랑예맥

낙랑의 지역을 오늘날 사람들은 경주에 있었다 하기도 하고, 또는 평양에 있었다 하기도 하며, 요동에 있었다 하기도 하는데 "신라와 고구려를 다 낙랑왕으로 봉했다" 하였으니, 그렇다면 경주와 평양을 낙랑이라고 일컬은 것도 이로부터 비롯된 것이다. "낙랑태수가 요동에 살았다" 하였으니 그렇다면 요동을 낙랑이라고 일컬은 것도 이로부터 비롯된 것이다.

"백제의 경계 북쪽에는 말갈이 있고 동쪽에는 낙랑이 있다" 하였으며 "예맥의 경계 동쪽은 큰 바다이고 서쪽은 낙랑이다" 하였다. 또한 "자주 삼국과 서로 침범했다" 하였으니, 현재의 강원도 내에 있었던 것은 틀림없다.

생각건대 강원도 전체를 놓고 볼 때 동쪽에 가까운 곳은 예맥이 되고 서쪽에 가까운 곳은 낙랑이 되는데, 예맥이란 또한 동쪽 바닷가라는 뜻이니, 현재 영동(嶺東)의 모든 고을과 서쪽으로 춘천에 이르기까지가 모두 그 지역이었다. 나중에 낙랑이 고구려에 항복했으므로 강원도 지역은 모두 고구려

---

*2 금마는 개마(盖馬)·고마(固麻)·구만(寇蔓)·금미(今彌)·웅심(熊心)·금(金)·검(儉)·웅(熊)·현(玄)·흑(黑) 등으로 표시된 것들과 함께 '곰·굠·검' 등의 원음(原音)을 표기한 것이며, 신성(神聖)의 의미로 쓰였다는 설이 유력함.

의 옛 영토였다.

대체로 한사군(漢四郡) 때에 평안도는 낙랑이 되었고, 강원도는 임둔(臨
屯)이 되었다가 이부(二府) 때에 이르러 임둔이 낙랑에 통합되었으므로 강
원도를 통틀어 낙랑이라고 일컬었던 것이고, 고구려 때에 "낙랑왕이 동쪽으
로 피해 가서 살았다" 하였으니 강원도가 바로 그 나라였던 것이다. 대저 우
리나라에는 문헌 기록이 없으므로 다만 중국의 기록만을 믿을 수밖에 없으
나, 일찍이 눈으로 보지도 못하고 천리 만리 밖의 사실을 기록한 이야기니
어찌 다 사실과 맞아떨어지겠는가?

역사를 기술하는 사람들 또한 이 틀린 것을 기준삼아 문자를 고쳤으므로
혼란스럽고 어긋남이 더욱 심하여, 이따금 다시 설명하지 않으면 안 되니 안
타까울 따름이다.

옥저와 읍루
沃沮邑婁 옥저읍루

옥저는 숙신(肅愼)의 다른 부류로 북옥저·동옥저·남옥저가 있었으며, 두
만강 서쪽으로부터 철령(鐵嶺 : 강원도 회양과 안변 사이) 안팎에 이르기까지가 모두 그 땅이
었다. 한 부족은 남쪽에 있고, 한 부족은 북쪽에 살고 있었는데, 그 중간에
살던 부족이 동옥저였다.

북옥저에는 "숙신이 늘 배를 타고 침략해 왔다" 하였고 "숙신은 불함산
(不咸山)*1 북쪽에 있었다" 하였으니, 불함산은 백두산이다.

생각건대, 현재의 무산(茂山) 바깥쪽 두만강 안팎이 모두 옥저 땅이었으
며 무산으로부터 남쪽의 모든 고을이 바로 북옥저였기 때문에, 경원(慶源)
밖에 있던 여러 종족이 배를 타고 침략해 올 수 있었던 것이다.

"동옥저는 개마산(蓋馬山) 동쪽에 있었다" 하였는데 개마산은 백두산의
줄기로 함흥(咸興) 이북의 큰 산인데, 그 땅이 동서로는 좁고 남북으로는
길어서 천 리는 된다.

"남옥저는 남쪽에 가장 가까웠다" 하였으니, 철령의 남쪽이 그 땅이었던

---

*1 불함산은 옛 말의 훈(訓)으로 '붉음' 비슷한 소리라고 하며, 뜻으로 쓴 것이 백두(白頭)라는 설
이 있음.

것이다.

고구려의 동천왕이 "관구검(毌丘儉)의 난을 피하여 남옥저로 달아날 때 죽령(竹嶺)에 이르자……" 하였으니, 죽령은 또한 현재의 허항령(虛項嶺)·후치(厚峙)·설한령(薛罕嶺) 가운데 한 고개가 아니었는지 의심스러우며, 또한 이르기를 "동옥저는 북쪽으로 읍루(邑婁)·부여(扶餘)와 인접해 있고, 남쪽으로 예맥과 인접해 있다" 하였는데, 동쪽과 남쪽을 말한 것은 곧 북쪽의 두 종족을 포함한 것이다.

읍루는 《대명일통지(大明一統志)》에 "개원성(開元城)은 삼만위(三萬衛) 서문 밖에 있다" 하였고, 《원지(元志)》에는 이르기를 "개원 서남쪽을 영원현(寧遠縣)이라 하고 또 서남쪽을 남경이라 하며, 또 남쪽을 합란부(哈蘭府)라 하고, 또 남쪽을 쌍성(雙城)이라 한다" 하였으니, 쌍성은 오늘의 영흥부(永興府) 삼만위로서 바로 옛 읍루 땅이다.

압록강 서쪽으로부터 파저강 등의 지역과 백두산 동북쪽 두만강 안팎이 그 지역과 서로 인접해 있었으므로 통틀어 말갈이라고 일컬었던 것이며, 오늘의 폐사군과 강을 끼고 있는 모든 고을이 그들이 점거한 곳이었다. 그들은 신라와 백제를 침략할 때에 육진(六鎭)으로부터 들어와 내려온 것이 아니라 바로 청북(淸北)으로부터 고구려의 동쪽 지역을 노략했으므로 남쪽으로 달아날 수 있었던 것이다. 우리 조정의 《국조정토록》에도 야인들을 토벌할 때에 모두 강계부로부터 길을 잡았으니, 이것으로 알 수 있는 것이다.

그러나 "고구려의 대무신왕이 개마국(蓋馬國)을 멸망시켰다" 하였고, 《한서(漢書)》에도 "현도군 서쪽 개마현에 마자수(馬訾水)가 있다" 하였으니, 마자수란 압록강이다. 고려 때 임언(林彦)의 《구성기(九城記)》에 "동쪽으로는 바다에 이르고, 남쪽으로는 장정주(長定州)에 이르며, 서북쪽으로는 개마산을 끼고 있다" 하였는데 구성은 오늘날 함경도에 속해 있으니, 그렇다면 개마는 아마도 백두산을 가리키는 듯싶다.

그러나 수나라의 12군(軍) 가운데 1군은 "개마도로 나와서 압록강 서쪽에서 만났다" 하였으니, 이것을 참고해 보면 개마국은 이 산 서북쪽에 있던 것으로, 현재의 폐사군과 압록강 밖 야인들의 지역이 모두 그것이며, "현청 소재지가 강 바깥에 있었다" 하니, 당연히 현도에 속했을 것이다.

압록강 밖과 두만강 밖이 비록 산령(山嶺)으로 막혀 있다 하나 모두 말갈의 땅으로 개마·구다(句茶) 등이 다 말갈의 별명인 것이다.

그러나 "백제가 망하자 그 땅은 신라·발해·말갈로 나뉘었다" 하였으니 이 것 또한 중국의 기록을 좇아 잘못 적은 것이다. 백제의 땅이 언제 말갈에 들어간 때가 있었는가.

고주몽과 졸본부여
卒本扶餘 졸본부여

"동부여가 도읍을 동쪽 바닷가로 옮겼다" 하였으니, 동쪽 바닷가는 다 옥저 땅으로 그 사이에는 발붙일 곳도 없으니, 생각건대 그 동쪽으로 가까운 곳은 옥저와 통하므로 그렇게 말한 것이요, 반드시 궁벽한 옥저의 경계까지 이른 것은 아니다. "고주몽이 재난을 피하여 서쪽 졸본으로 들어갔다"고도 했는데, 주몽은 해모수의 아들로 그 아비가 이미 부여의 옛 땅에 도읍하고 있었는데, 어찌하여 반드시 아비의 나라를 넘어서 다른 곳으로 갔겠는가. 주몽은 달아나면서 빌기를 "나는 천제(天帝)의 아들인데……"라고 했으니, 천제라는 것은 그의 아비를 이르는 것이며, 틀림없이 그의 아비를 찾아가는 길이었을 것이다.

《백제기》에 이르기를 "고주몽은 재난을 피하여 졸본부여에 이르렀는데, 그 왕은 아들이 없고 딸만 셋이었으므로 둘째 딸을 고주몽의 처로 주었으며 왕이 죽자 고주몽이 계승했다" 하였으니, 백제의 시조 온조 또한 주몽의 아들인데, 그 설화가 어찌 주몽이 나라를 세운 사실과 다른가?

어떤 이는 "주몽이 나라를 세운 뒤에 부여왕의 딸을 맞아 아내를 삼았고, 그 뒤에 그 땅을 병합하여 그곳의 왕이 되기까지 했는데, 온조는 곧 그 나라의 외손이므로 그의 유래를 별도로 기록했다" 했으니, 《고구려기》에서 빠진 것도 이치로 보아 그럴 듯하다.

"고주몽이 처음 졸본에 도읍한 것은, 교사(郊祀 : 풍작을 기원하기 위해 교외에서 하늘과 땅에 지냈던 제사) 지낼 돼지를 잃어버림으로써 국내성을 얻었기 때문이다"라고 했으니, 돼지를 놓친 지역이 어찌 멀리 떨어진 곳이었겠는가?

당나라 총장(總章 : 당 고종의 여 섯 번째 연호) 2년(669)에 "압록강 북쪽의 항복한 성이 이미 11개였다"고 했는데 국내주(國內州)가 가운데 하나였으니, 졸본은 역시 압록강의 북쪽에 있었음을 알 수 있다. 《문헌통고》에 "마자수(馬訾水)의 다른 이름은 압록수인데 그 근원이 말갈 백두산에서 나와 국내성의 남쪽을 지난다" 했으니, 압록강에서 멀리 떨어지지 않았음을 알 수 있다. 《성경지(盛京志)》에 "옛날 부여국이라는 것도 현도의 북쪽 천 리에 있었으며, 남쪽으로는 고구려와 인접해 있었다" 하고, "동명왕(東明王)의 무덤은 개평현(蓋平縣) 동병산(東屛山)에 있다" 했으니, 이로써도 증명할 수가 있다.

대개 해부루가 처음 졸본으로부터 성천(成川)으로 옮겨 갔으므로 해모수는 실상 졸본의 옛 땅에 웅거했으며, 주몽 또한 성천에서 재난을 피하여 졸본으로 들어가 아비를 계승하여 임금이 되었던 것인데, 똑같이 부여라는 국호를 썼기 때문에 후세 사람들이 잘못 이해하고 성천을 졸본이라고 했던 것이다.

조선에 설치한 한사군
朝鮮四郡 조선사군

한나라가 조선 땅을 빼앗아 사군(四郡)*¹을 만들었으니, 사군은 본디 우리나라에 속했던 것이다. 위(魏)나라의 관구검(毌丘儉 : 위나라 유주자사로 있으면서 246년에 고구려에 침입했음)이 현도로 나와 고구려를 침범하자 왕이 옥저로 달아났다. 위나라 장수가 숙신(肅愼)*² 남쪽 경계까지 추격하여 돌에 공적을 새겨 기록하였다.*³ 또 환도(丸都)를 무찌르고 불내성(不耐城 : 함흥 북쪽에 있던 성 이름)에다 공적을 새기고 낙랑에서 물러났다. 환도는 국내성(國內城)*⁴이다. 환도에서는 전란을 겪어서 다시 도읍할 수 없었으므로 마침내 평양성(平壤城)으로 옮겼으니, 평양은 왕검성(王儉城)이다. 환도는 압록강 서쪽에 있는데 현도로부터 나왔다가 낙랑으로부

---

*1 기원전 108년 한 무제(漢武帝)가 위만조선을 멸하고, 낙랑·임둔·현도·진번의 사군을 두었음. 성호는 조선사군이라는 명칭을 쓰고 있지만, 흔히 한사군이라는 말로 표현됨.

*2 숙신은 고조선 시대에 만주 동쪽에 있던 부족. 뒤에 읍루·말갈 등으로 일컬어졌음. 여진족의 먼 조상이 됨.

*3 이 말은 관구검이 환도(丸都)를 점령한 기념으로 불내성에 비석을 세운 것을 말함. 관구검기공비가 1906년 만주 봉천성(奉天省) 집안현(輯安縣) 판석령(板石嶺)에서 발견되었음.

*4 국내성의 위치에 대해서도 학자들 사이에 견해의 일치를 보지 못하고 있지만, 만주 집안현 통구(通溝) 부근으로 보는 견해가 많음.

터 물러났으니(^{《삼국사기》 고구려} 본기 동천왕조), 두 군이 요동에 있었음을 알 수 있다(^{《자치통감》 한기 13} 세종 휴무 황제 상지상).

《문헌통고》에 이르기를 "조선은 진번을 종속시켰다(^{《사기》 조선전})" 하였으며, 또 이르기를 "우거(右渠)가 들어와 천자를 뵈오려 하면서도 일찍이 진번으로 들어오지 않았다(^{《한서(漢書)》 조선전})" 하였으니, 진번이 한나라로 들어가는 경계에 있었음을 알 수 있다. *5 또 수나라 동정(東征) 때(^{《자치통감》 수기 (隋紀) 양제 상지하}) 우문술(宇文述)은 부여도(扶餘道)로 나오고, 우중문(于仲文)은 낙랑도로 나오고, 형원항(荊元恒)은 요동도로 나오고, 설세웅(薛世雄)은 옥저도로 나오고, 신세웅(辛世雄)은 현도도로 나오고, 장근(張瑾)은 양평도(襄平道)로 나오고, 조효재(趙孝才)는 갈석도(碣石道)로 나오고, 최홍승(崔弘昇)은 수성도(遂城道)로 나오고, 위문승(衛文昇)은 증지도(增地道)로 나와서 모두 압록강 서쪽에서 모였다. 《문헌통고》를 살펴본다면, 수성·증지는 곧 낙랑군의 속현이고, 양평은 요동군에 속했으니, 이는 모두 압록강 동쪽과는 상관이 없다. 다만 임둔은 기록에 보이는 것이 없다.

내 생각으로 낙랑군 지역은 조선현이니 그 읍치(邑治)가 비록 요동에 있었지만, 평양의 서쪽 지역은 모두 그 속현이었다. 현도군 지역인 옥저성은 설세웅이 나온 길로서 반드시 이렇게 일컬었으나 우리나라 동북 지역의 옥저는 아니다. 진번군 지역의 삽현(霅縣)은 수나라 군대가 동쪽으로 나온 아홉 길 안에 들어 있지 않으니, 요하의 서쪽으로서 중국 본토에 가장 가까운 곳이다.

한나라 소제(昭帝) 때에 이르러 사군을 합쳐서 둘로 만들었는데, *6 평나(平那)가 있을 뿐 진번이 없으니, 진번이 곧 평나군인 것이다. 오직 임둔지

---

*5 이 말은 《한서》 조선전에, "요동태수가 위만을 외신(外臣)으로 삼아 새외(塞外)의 오랑캐들이 변경을 침범하지 못하게 할 것과 오랑캐 군장이 들어와 천자를 뵈려 하면 이를 금하지 않을 것을 약속하고 이를 천자께 아뢰니, 이를 허락했다. ……손자 우거에 이르러서 천자를 뵈려 하면 또 이를 가로막아서 통하지 못하게 했다" 하였음. 진번군은 기원전 82년 폐함되어, 그 존속 기간이 극히 짧았다. 위치에 대해서도 성호는 자기 나름대로의 해석에 따라서 압록강 서북쪽에 있었음을 주장하고, 특히 진번군치의 삽현은 요서에 있었다고 논했음.

*6 이 말은 《한서》 소제 본기(昭帝本紀)에, "시원 5년 여름에 진번군을 파했다"는 기록이 보임. 그리고 《후한서》 동이열전에, "소제 시원 5년에 이르러 임둔·진번을 파하여 낙랑·현도에 합병시켰다. 현도는 다시 고구려로 옮겼다" 하였음. 4군을 합쳐서 둘로 만든 것임.

역인 동이현(東曬縣)을 우리나라 사람들이 오늘날의 강릉부(江陵府)로 추측하고 있으나 확실하다고는 볼 수 없다. 이 한 부(府)는 패강(浿江 : ^{대동}강)의 동남쪽 지방과 강원도 안의 예맥(濊貊)의 서쪽 지역이 모두 이 지역이니, 혹시 그 무렵 강릉에 수부(首府)가 있었는지도 모른다.*⁷ 한나라 소제 때 사군을 고쳐 이부(二府)로 만들어서 임둔을 낙랑에 합쳤으니, 이부가 된 뒤로는 압록강 밖과 임둔지역을 통틀어서 낙랑이라고 일컬었다. 오늘날 평안·강원 두 도(道)가 모두 낙랑의 지경이었다.

삼국 시대에 이르러서 평안도가 고구려에 점령당해 낙랑주(樂浪主)는 백제의 동쪽과 예맥의 서쪽으로 물러나 있었으니, 그 압록강 서쪽에 있던 지역은 중국의 군현으로 들어갔으므로 태수라 일컫고 주(主)라 일컫지 않은 것이다.*⁸ 무엇을 가지고 밝힐 수 있는가. 처음에 백제왕이 이르기를 "백제의 동쪽에는 낙랑이 있고, 북쪽에는 말갈이 있다(^{삼국사기} 백제 본기
시조 온조 왕조)" 하였으며, 또 예맥 지역은 동쪽이 큰 바다에 막히고 서쪽은 낙랑에 이르렀으니, 예맥과 백제 두 나라 틈에 끼어 있었음을 알 수 있다. 이것은 곧 고구려에 쫓겨서 강원도에 물러나 있을 때이다.

그 뒤 고구려 태조왕(太祖王) 때 한나라의 요동을 습격하여 대방령(帶方令)을 죽이고, 낙랑태수의 처자를 약탈해 돌아왔다(^{삼국사기 고구려}
본기 태조왕 94년조). 동천왕(東川王) 때에 위(魏)나라의 관구검(毌丘儉)이 낙랑태수 유무(劉茂)와 함께 현도로 나와 고구려를 침략했는데, 이는 곧 고구려에게 패망해 압록강 밖으로 달아나 살고 있을 때였다. 다만 이때에 백제가 낙랑의 빈틈을 틈타 이를 습격, 변경의 백성을 빼앗아갔기 때문에 유무가 노했다고 한다.*⁹ 그러나 백제가 고구려의 지경을 넘어서 요동을 습격했을 리는 없었을 듯싶다. 생각건대,

---

*7 이 말은 《위서》 동이전 예(濊)에, "단단대령에서 서쪽은 낙랑군에 속하고, 동쪽 일곱 현은 도위(都尉)가 맡아 다스렸다"는 기록이 보이고, 그 주에, '임둔군치 동이현은 예의 땅에 있었다. 처음에 창해군을 만들었으나 뒤에 다시 임둔군을 만들었으니, 지금의 강릉이 실로 동이현이다' 하였음.

*8 이 말은, 낙랑군이 우리나라 안에 있을 때에는 낙랑주(樂浪主)라고 일컬었지만, 우리나라에서 물러가고, 압록강 서쪽의 남은 고을들이 중국 군현 속에 들어간 뒤에는 낙랑태수로 일컬어진 까닭을 밝힌 것이다.

*9 이 말은 《삼국사기》 백제본기 고이왕(古爾王) 13년조에, "왕이 공허함을 틈타 좌장 진충(眞忠)을 보내서 낙랑을 습격하여 변민을 빼앗아 왔다. 무(茂)가 이를 듣고 노했다. 왕이 침경을 두려워하여 그 백성을 돌려보냈다" 하였음.

이 전쟁은 낙랑이 고구려에 복수하기 위하여 관구검을 이끌고 와서 공격하니, 고구려의 왕이 바닷가로 달아났으므로 이에 낙랑이 그 옛 땅을 회복하게 되고 백제가 그 빈틈을 타서 백성을 약탈한 것일 듯하다. 여기에서 '낙랑'이라고 말한 것은 고구려왕이 멀리 달아나고, 옛 낙랑주가 와 있었기 때문에 한 말이다. 고구려왕이 유유(紐由)의 계교[10]를 써서 위나라 군대를 물리치고 그 나라를 회복하니, 유무 또한 마침내 요동의 고을로 돌아갔다.

또 살펴보건대, 고구려의 대무신왕(大武神王)이 낙랑을 습격하여 멸망시켰을 때는 (《삼국사기》 고구려본기 / 대무신왕 20년조) 한나라 건무(建武 : 후한 광무제 연호 25~55) 13년(37)이다. 건무 20년(44)에 이르러 한나라에서 군사를 보내 바다를 건너서 낙랑을 치고 그 땅을 빼앗아 군현을 만들었으니, 살수(薩水 : 청천강) 이북이 모두 한나라에 속했다. 이때에 고구려가 비록 낙랑의 터전을 차지했지만 그 국도는 아직도 압록강 서쪽에 있었으며, 낙랑주가 비록 요동에 도망가 있어서 옛 지역과 떨어져 막혔고 또 고구려가 그 사이를 가로막고 있었지만, 한나라가 군사를 이끌고 바다를 건너와서 옛 지역을 회복했던 것이다.

이 전쟁은 낙랑의 옛 땅을 친 것이고 낙랑주를 친 것은 아니니, 그 사실에 있어서는 고구려를 친 것이다. 낙랑은 이미 멸망한 지 오래인데 또 누구를 치겠는가. 하나하나 조사하여 바로잡아 귀결을 밝혀야 한다. 뒷날 역사가가 나와서 낙랑세가(樂浪世家)를 짓는다면 반드시 여기에서 취할 것이 있을 것이다. 살수는 곧 청천강을 말한다.

발해와 황룡 지역
渤海黃龍 발해황룡

백두산의 근원이 서북으로부터 뻗어나간 것을 장령(長嶺)이라 하고, 백두

---

*10 이 말은 유유가 동천왕에게 "사세가 심히 급박해졌습니다. 헛된 죽음을 할 수는 없습니다. 신이 음식을 가지고 가서 위(魏)나라 군대를 호궤(犒饋)하고, 틈을 노려서 그들의 장수를 죽이겠습니다. 신의 계교가 이루어지거든 왕께서는 분발하시어 공격하여 승리를 거두십시오" 하니, 왕이 이를 허락했다. 유유가 위나라 진영으로 가서 항복을 청하고 칼을 식기 속에 감추어 가지고 적장 앞으로 다가가서 적장을 찔러 죽이고 자신도 죽었음. 위나라 군대가 혼란에 빠지니, 왕이 군대를 세 길로 나누어 맹렬하게 공격하여 크게 깨뜨렸음. 계교는 위나라 군대가 마침내 낙랑으로부터 물러간 것을 이르는데, 《삼국사기》 고구려 본기 동천왕 20년조에 보임.

산의 물이 북쪽으로 흘러 흑룡강으로 들어가는 것을 혼동강이라 하며, 백두산의 남쪽 물이 동북쪽으로 흐르는 것을 두만강이라 하고, 서남쪽으로 흐르는 것을 압록강이라고 한다.

두만강 안쪽은 모두 다 옥저로, 북옥저·동옥저·남옥저가 있는데, "동옥저는 동서로 좁고 남북으로 길어 천 리가 되며, 동쪽으로는 큰 바닷가이고 북쪽으로는 읍루·부여와 인접해 있고, 남쪽으로는 예맥과 인접해 있다" 하였으며 "읍루는 불함산 북쪽에 있다" 하였으니, 동쪽 바닷가와 예맥은 오늘날 영동 땅이므로, 그렇다면 동옥저는 철령 바깥쪽과 북청(北靑) 남쪽에 자리하고 있었던 것이다.

"북옥저에는 늘 숙신(肅愼)이 배를 타고 침략해 왔다" 하였으며, "숙신을 혹은 읍루(邑婁)라고 일컫기도 한다" 하니, 대개 두만강 밖에 있던 것으로 북옥저가 바로 이원(利原) 밖이었다면 숙신이 배를 타고 침략해 올 수 있었을 것이다.

남옥저는 현재의 영동인 예맥 이외에는 다른 지역이 없으니, 한(漢)나라가 사군(四郡)을 설치할 때에 "옥저는 현도에 속하고 예맥은 임둔에 속했다" 하였으나 사실은 남옥저였던 것이다.

발해의 전성기에 "옥저는 동경이 되었다" 하였는데, 그것은 두만강이 동북쪽으로 흘렀기 때문에 옥저는 동쪽에 있다고 한 것이다.

숙신·읍루·물길(勿吉)·철리(鐵利)·말갈은 모두 두만강 바깥 백두산 북쪽에 있던 여러 종족으로 "철리가 가장 멀고 흑수에 가까웠다" 하였으니, 그렇다면 뒤에 흑수말갈·동여진이 모두 그의 별칭이며, 장령 서쪽에 살던 종족들도 또한 말갈·여진이라고 같이 일컬었으니, 오늘날 평안도의 압록강 안팎으로부터 대동강 원류에 이르기까지가 모두 그 땅이었던 것이다.

백제의 경계가 강원도 서쪽 신라에까지 이르러, 비록 큰 고개로 막혔다 하나 당시에는 버려 두어 묵는 땅이 많았으므로 말갈이 그 틈을 타서 침략해 들어왔던 것이다.

부여는 발해가 "부(府)를 설치하고 거란을 방비했다" 하였으니, 그렇다면 요서(遼西)의 연나라에 가까운 지역인 것이며 "그 왕 해부루가 동해로 천도하여 동부여가 되었다" 하였으니, 그 바닷가에는 단지 옥저가 있었을 뿐이므로, 대체로 바다에 가깝다는 말인 것이다. 이른바 가섭원(迦葉原)이라고 한 것은, 오늘날의 양덕(陽德)·성천(成川) 등지가 아닌가 한다.

고구려의 영류왕(榮留王)이 성을 쌓을 때 "부여성으로부터 시작했다" 한 것이 곧 이곳을 가리킨 것이며 "고주몽이 난을 피하여 졸본부여에 이르니, 비류와 서로 인접하여 있었으므로 그 왕은 '나는 구석진 바닷가에 있다' 하였다" 하고 또 "교제사 지낼 돼지를 놓침에 따라 국내성을 얻었다" 하였으니, 돼지를 놓친 지역이 아주 먼 곳은 아니었을 것이므로 국내성은 분명 압록강 서쪽이며, 현재의 의주에 가까운 곳이었을 듯하다. 바닷가라고 한 것은 곧 압록강이 바다로 들어가는 곳에서 가까운 땅이라는 것이며, 그가 건넜다는 엄호수(淹㴲水) 또한 압록강 원류인 듯싶다.

본디 부여에서 옮겨왔으므로 혹은 동부여라 일컫기도 하고, 혹은 졸본부여라 일컬으나 그 본토는 아니며, 나중에 백제의 도읍을 부여라 하고 따라서 부여씨(扶餘氏)가 된 것이 그 한 증거이다.

요즘 사람들이 성천을 졸본이라고 하는 것은 잘못이며, 발해의 졸빈(卒賓)이 아마 그 땅이 아닌가 싶다.

나중에 "고구려가 국내성으로부터 도읍을 평양으로 옮겼으나 처음에는 압록강 서쪽에 있었으며 황룡국(黃龍國)을 멸망시켰다" 하였으니, 악비(岳飛)가 "곧바로 황룡부(黃龍府)에 다다랐다"고 일컬은 것이 그것이며 용강현(龍岡縣)이라 하는 것은 잘못이다.

지금도 요서에 황룡성(黃龍城)이라는 것이 있으니, 고구려는 아마 의주 바깥 말갈 서쪽 지역이 아니었던가 싶다.

고구려의 '구(句)'자는 '태백구오(太伯句吳)'의 구자와 같은 것으로 깊은 뜻이 있는 것이 아닌데, 주몽이 국호로 삼아서 그 가운데 덧붙이고 스스로 높여 '고(高)'자를 얹었으며 아울러 성으로 삼은 것이니, 오늘날 사람들이 말하는 "산이 높고 물이 곱다〔山高水麗〕"는 뜻은 지어낸 말이다.

중국 한(漢)나라 왕망(王莽) 때에 반항한다고 하여 하구려(下句麗)로 강등시킨 것만 보아도 증명할 수 있는 것이다.

나중에 자칭 '고신(高辛)의 후예'라고 한 것은 더욱 터무니없는 소리이며, 왕씨(王氏)가 고구려를 계승하여 '고려'를 국호로 삼았으니 우스운 일이다.

고려 때 비밀스런 기록
高麗秘記 고려비기

우리나라에는 예로부터 비기(秘記 : 인간의 길흉화복 등을 예언한 비밀스런 기록)가 많았다.

당나라가 고구려를 칠 때 가언충(賈言忠)이 일을 계획하고 돌아오니, 태종(太宗)이 군사(軍事)를 묻자 가언충이 대답하기를 "반드시 고구려를 제압할 것입니다. 그 나라 비기에 '900년이 되기 전에 80세 대장이 고씨를 멸하리라'고 했다. 한(漢)나라가 한사군을 둔 지 이제 900년이고 장수 이적(李勣)의 나이가 80세입니다" 하였는데, 그 이른바 비기라는 것이 사군(四郡) 때에 나왔다고 하니, 900년을 거꾸로 계산한 것이며 과연 증험했던 것이다.

고려 숙종 때에도 김위제(金謂磾)가 올린 글에 도선(道詵)의 〈답산가(踏山歌)〉를 인용하여 이르기를

송악의 뒤가 떨어졌으니 어디로 갈까
삼동에 해가 뜨니 평양이 있네.
松岳後落向何處 三冬日出有平壤

하였으니 "삼동에 해가 뜬다" 한 것은 손방(巽方)의 목멱(木覓)으로, 목멱은 송경(松京)에서 동남쪽에 있기 때문에 그렇게 말했던 것이며, 또한 《신지비사(神誌秘史)》를 인용하여 "마치 칭추(秤錘)·극기(極器)와 같으며 칭간(秤幹)은 부소(扶疎)이다" 하였으니, 칭추라는 것은 오덕(五德)의 땅이요, 극기는 백아강(白牙岡)으로, 이것은 저울로써 삼경(三京 : 송경(松京)·서경(西京)·남경(南京)으로, 현재의 개성·평양·한양을 가리킴)을 비유한 것이다. 송악(松岳)이 중앙이 되고 목멱이 남쪽이 되며 평양이 서쪽이 되므로 극기라는 것은 머리요, 추(錘)라는 것은 꼬리이며, 칭간이라는 것은 벼리를 거는 곳이니, 송악이 부소가 되어 칭간에 비유되고, 평양이 백아강이 되어 칭수(稱首)에 비유되며, 삼각산(三角山)의 남쪽이 오덕구(五德丘)가 되어 칭추에 비유된 것입니다. 오덕이라는 것은 가운데 있는 면악(面嶽)이 원형(圓形)으로 토덕(土德)이 되고, 북쪽에 있는 감악(紺嶽)이 곡형(曲形)으로 수덕(水德)이 되며, 남쪽에 있는 관악(冠嶽)이 첨예(尖銳)하여 화덕(火德)이 되고, 동쪽에 있는 양주(楊州) 남행산(南

行山)이 직형(直形)으로 목덕(木德)이 되고, 서쪽에 있는 수주(樹州)의 북악(北嶽)이 방형(方形)으로 금덕(金德)이 되므로……" 하였다. 극기라는 것은 저울 머리에 물건을 담는 그릇을 가리키는 것으로 저울대의 가볍고 무거우며 처지고 솟는 것이 모두 다 저울추에 달려 있으니, 지금 우리 한양의 도읍이 삼경 중에는 가장 중요한 곳이 되는 것이다.

《신지비사》라는 것을 누가 지은 것인지 모르겠으나 우리 조선의 문명지치(文明之治)를 예견했으니 기이하다 하겠다.

고려 숙종이 삼각산 면악(面嶽) 남쪽 원줄기 중심 대맥(大脈)에 임좌병향(壬坐丙向)으로 남경(南京)을 세우고 때때로 와서 머물다가 미처 옮기지 못했었는데 우왕 8년(1382)에 한양으로 도읍을 옮겼고 공양왕 2년(1390)에 다시 도읍을 한양으로 옮겼으나 이미 운이 다 했으니 도읍을 옮긴들 무슨 소용이 있었겠는가.

근세에 또 의상(義相) 남사고(南師古)의 기록이 있어 어리석은 사람들이 더러 믿으니, 이것은 다 어리석은 자의 망령된 말을 믿는 것이다. 하나같이 증험이 없으니 우습다 하겠다.

조선이 때를 만남
朝鮮得歲 조선득세

옛날 장신(將臣)들은 반드시 건상(乾象)을 잘 이해하고 시기를 잘 관찰할 줄 알아야 바야흐로 온전한 재목〔全材〕이라 했는데, 임진년 난리에 찬획경략 병부원외랑(贊劃經略兵部員外郞) 유황상(劉黃裳)의 주사(主事) 원황권(袁黃勸)이 조선 의병들을 가르쳐 깨닫게 하는 자문(咨文)에서,

"왜인들이 기세를 부리나 그 형세는 반드시 멸망할 것이요, 조선은 비록 미약하나 그 형세는 반드시 흥왕할 것이다. 나와 더불어 셈〔籌〕하여 보자. 먼저 천도를 논하자면 조선 분야는 석목(析木 : 기(箕)·두(斗) 별에 해당되고, 황도십이궁 중 인마궁에 해당되며, 십이지의 인(寅)에 해당됨)의 자리이니 지난해 목성(木星)이 인(寅)에 자리〔躔〕했을 때 왜인이 침노해 왔으니, 이것은 우리가 세(歲)를 얻은 것이요, 저들은 하늘을 거슬렀으니 비록 강하나 또한 약한 것이 첫째 이유이다. 왜인의 성품은 추운 것을 두려워하는데, 금년은 궐음풍목(厥陰風木 : 오운 육기(五運 六氣) 중의 하나)이 하늘을 맡고 양명조금(陽

明燦金)이 기세를 얻을 시기이다. 입춘이 지난 지 20~30일이 되었는데도 한기가 가시지 않으니 천시(天時)를 탈 수 있는 것이 둘째 이유이며, 조선의 임금과 신하가 모두 이 성(城)에 모여 있는데, 새벽에 일어나 천기를 살펴보면 울울총총(鬱鬱葱葱)하기가 희게 바랜 명주 같기도 하고 이불 같기도 하여 왕성한 기운이 우리에게 있으니, 형세는 반드시 회복될 것이 셋째 이유이다" 하였는데, 대개 이 몇 가지 모두 우리나라 사람들이 몰랐던 것이었으나 저들이 사실에 의거하여 자세히 알려 주었으며, 마침내 거적(鉅敵)을 소탕하고 옛 땅을 되찾았은즉 그 말이 과연 증험이 있다. 우리나라 사람들은 부끄러운 줄을 알아야 하겠다.

생여진과 숙여진
生熟女眞 생숙여진

우리나라 동쪽 육진(六鎭)*¹의 땅은 옛날 숙신의 강역이니, 그 곳에 남아 있는 석노(石砮 : 석기 시대에 쓰던, 돌로 만든 화살촉)로써 징험할 수 있다(《삼국지》 위서(魏書) 동이전 읍루 조). 뒤에 이들을 여진으로 일컬었다. 신라 말기에 발해가 5천 리의 땅을 통합했으니 서쪽으로는 온 요동을 모두 차지했고, 동쪽으로는 바다에 이르렀다.

여진은 생여진(生女眞)과 숙여진(熟女眞)의 분별이 있다. 옛날에 속말(粟末)·흑수(黑水)의 두 부(部)가 있었으니, 흑수는 생여진이고 속말은 숙여진이다. 속말은 혼동강(混同江 : 지금의 판주 송화강)의 다른 이름이기도 하다. 그 근원은 백두산에서 나와서 북쪽으로 흐르다가 새외(塞外)에서 나오는 한 흐름과 합쳐 꺾이어 동쪽으로 흐르고 다시 흑룡강과 합류해 바다로 흘러들어간다. 내 생각으로는 흑룡강에 가까운 것이 생여진이 되고, 속말에 가까운 것이 숙여진이 되는 듯하다. 속말은 뒤에 발해를 세워*² 흑수를 복속하고, 혼동강을 경계로 삼아 남쪽에 가까운 쪽이 생여진이 되고, 북쪽에 가까운 쪽이 숙여진이

---

*1 육진이란 세종 16년(1434)에 시작하여 약 10년에 걸쳐서 김종서 등이 함경도 두만강 유역의 여진 거주지를 개척하고 설치한 회령(會寧)·경원(慶源)·경흥(慶興)·종성(鍾城)·온성(穩城)·부령(富寧)의 여섯 진(鎭).

*2 이 말은 《당서》 북적전 발해 조에 "발해는 본디 속말말갈이다. 고구려에 붙었던 것은 성을 대씨라고 하니, 고구려가 망하자 무리를 거느리고 읍루의 동모산의 땅을 보전했다"는 기록이 보임.

되었다. 그러므로 남여진(南女眞)·북여진(北女眞)으로 일컬어지기도 했다. 또 그중에는 동·서의 분별이 있었다. 《고려사》에서 이른바, 동·서여진이 그 것이다(《고려사》세가(世家) 《숙종(肅宗) 7년 조》). 금나라의 선조가 경박(鏡泊 : 경박호, 지금의 만주 길림성 영안현에 있음)에서 일어났으니 혼동강 동쪽, 흑룡강 서쪽에 있었다. 성종(成宗 : 고려 제6 대 국왕) 때에 이르러 서희의 말에, "거란의 동쪽이 이미 생여진의 웅거한 바 되었다"[3] 하였으니, 흑수부가 이미 남쪽을 개척했던 것이다. 청나라의 선조가 흥경(興京)에서 일어났으니, 이것이 이른바 건주여진(建州女眞)[4]이다. 분묘와 종족이 모두 백두산 서쪽에 있었으며, 뒤에 생여진과 숙여진을 통합하여 하나로 만들었다.

백두산 줄기가 북막(北漠)에서 나와 남쪽으로 달려 분수령(分水嶺 : 백두산)에 이르고, 다시 꺾이어 동쪽으로 나와 가로 천 리에 뻗쳤으니, 옛날에 불함산(不咸山)이라고 일컬은 곳이다. 그 속칭이 가이민상견아린(歌爾民商堅阿鄰)이니, 가이민(歌爾民)은 장(長)이고, 상견(商堅)은 백(白)이며, 아린(阿鄰)은 산(山)이다. 이렇게 해서 장백산(長白山)이라고 했다.

동가강(佟家江)[5]의 여러 흐름은 분수령에서 나와 압록강으로 흘러들어간다. 동가강을 혹 통가강(通加江)으로 일컫기도 하는데, 우리나라에서 이르는 바 파저강(婆猪江)인 듯 하며, 흥경과 가까이 접근하고 있다.

산맥이 여진의 지경으로 들어가서 분수령에 이르는 그 사이에 장령(長嶺)[6]이 있으니, 그 속칭이 가이민주돈(歌爾民朱敦)이다. 가이민은 장이고,

---

[3] 이 말은 《고려사》 서희전에 "거란의 동경에서부터 우리의 안북부에 이르기까지 수백 리의 땅이 모두 생여진의 웅거한 바 되었다"는 기록이 보임.

[4] 건주여진 : 명 성조(明成祖) 때에 만주 길림성(吉林省) 일대에 건주위(建州衛)를 설치하였으니, 여기에 살던 여진족을 건주여진이라고 불렀음.

[5] 동가강 : 만주 요녕성(遼寧省) 임강현(臨江縣) 서북에 있는 삼차자(三岔子)에서 발원하여 압록 강으로 흘러들어간다. 한대(漢代)에는 비류수(沸流水)로 불렸으며, 명말(明末)에 와서 동성(佟姓)이 이 유역에 많이 살았기 때문에 동가강으로 불리게 되었다. 우리나라에서는 파저강(婆猪江)으로 불렸으며, 오늘날에는 혼하(渾河) 또는 혼강(混江) 등으로 불린다. 기타 문헌에 동가강(佟佳江)으로 나오기도 함.

[6] 장령 : 만주 길림성(吉林省) 이통현(伊通縣) 동남쪽에 있으며 합달산맥(哈達山脈)에서 시작된다. 많은 물이 여기에서 발원하여 일대 분수령을 이루고 있다. 이 글 다음에 나오는 "흥경의 여러 물이 모두 분수령에서 나온다"는 분수령은 앞에서 나오는 분수령을 말하는 것이 아니고, 바로 장령을 말하는 것으로 보임.

주돈은 영인 것이다. 장령은 남쪽은 납록와집(納綠窩集)에 접하고, 북쪽은 고로눌와집(庫魯訥窩集)에 접하였으며, 와집이라는 것은 수림(樹林)이다. 흥경의 여러 흐름은 모두 분수령에서 나와 납록에 이르고 요하로 흘러들어 간다. 장령에서 고로눌에 이르는 사이의 여러 흐름으로서 그 서쪽에서 나오는 것은 모두 서북으로 흘러 요하로 들어가고, 그 동쪽에서 나오는 것은 모두 동북으로 흘러 혼동강으로 들어가니, 그 형세가 남쪽이 높고 북쪽은 낮다. 백두산에서부터 북쪽은 곧 북향의 국세를 이루어 물이 모두 북쪽으로 흐른다. 혼동강 동쪽의 경박(鏡泊) 및 오소리강(烏蘇里江 : ^{우수리}강)이 그 가장 큰 것이다.

요하는 거류하(巨流河)라고도 하며, 장령의 여러 물과 합쳐지는데, 그 근원이 새외(塞外)*7에서 나오는 것은 상고할 수 없다. 이들 물이 합쳐져 남쪽으로 흐르니, 이른바 요서·요동이 이것으로 경계삼는다. 성경(盛京)*8·흥경이 모두 요동에 있으며, 동쪽은 봉천부(奉天府)가 되고, 서쪽은 금주(錦州)가 된다. 오늘날 목책을 설치했으니, 서쪽은 산해성(山海城 : ^{산해관(山海關)}을 말함)에 접하고, 비스듬히 동북으로 뻗쳐 있다.

요하 및 북쪽에서 오는 산맥을 넘고, 또 혼동강을 넘으면 몽고의 경계가 되니, 몽고는 호(胡)*9다. 중국의 북막(北漠)에서부터 동쪽으로 흑룡강 밖에 이르는데, 합하여 48부가 되니, 이른바 청태극(靑太極)·황태극(黃太極)이 이것이다. 서액라사(西額羅斯)에 사는 것을 합이합(哈爾哈)이라 하고, 동액라사(東厄羅斯)에 사는 것을 대비달자(大鼻㺚子)라 한다고 한다. 《통고》에 본다면, 실위(室韋)의 9부가 숙신의 북쪽에 있다고 했으니(^(문헌통고) ^{사예고} _{(四裔考) 실위 조}), 지금의 달자(㺚子 : ^{달단(韃靼)과 통하여} _{몽고 민족을 일컫는 말})가 그 유종(遺種)인 것 같다. 실위의 서쪽 천여 리 되는 곳에 지두우(地豆于)·오락후(烏洛侯)가 있고, 실위의 북쪽에 구도매(驅度寐) 등 여러 종족이 있으니(^{《문헌통고》 사}_{예고 실위 조}), 혹 가깝고 혹 멀지만 요는 모두 지금의 이른바 달자인 것이다. 이제 들으니, 흑룡강과 혼

＊7 새외란 중국에서 만리장성 밖을 일컫는 말.

＊8 성경은 지금의 요녕성치(遼寧省治)인 심양임. 청 태조가 요양에서 이리로 도읍을 옮기고 성경이라고 일컬었음. 세조(世祖)가 연경으로 도읍을 옮기고서 여기를 유도(留都)로 만들고 봉천부를 설치하였으며, 뒤에 성경을 봉천성으로 고쳤음.

＊9 호(胡) : 진(秦)·한(漢) 이전에는 흉노에 한하여 일컫는 말이었으나, 뒤에 와서 새외민족(塞外民族)의 범칭으로 되었으며, 북적(北狄)이라고도 불렸음.

동강 사이에 특별히 애호장군(艾護將軍)을 두어서 이에 대비한다고 했다.

그 요하에 가까운 것으로는 거란이 가장 강성하다. 거란을 비롯해 오환(烏桓 : 동호(東胡)의 별종)·선비(鮮卑)*10는 곧 동호(東胡)의 유종으로서 모두 중국의 동북에 자리잡고 있었으며, 뒤에 원(元)에 병합되어 몽고로 불리다가, 목책이 설치되어 한계가 정하여졌다.

성경에서 선창(船廠)·오랄(烏剌)을 거쳐 영고(靈古)*11에 이르기까지 1,130리인데, 그 길이 곧장 다다르지 못하고, 중간에 목책 밖으로 나갔다가 다시 들어와 장령의 북쪽 큰 줄기를 넘어 비로소 선창에 다다른다. 그 조운(遭運)은 요하의 근원에서 이둔하(易屯河)에 이르는 두 물 사이의 백 리 거리에 수로가 없으므로 거운(車運 : 수레를 이용한 교통수단)을 이용하여 큰 줄기를 넘게 되니, 또한 목책 밖으로 나가서 육로의 북쪽에 있게 된다. 조운은 반드시 물에 말미암는 것이니, 이치상 반드시 이와 같을 것이지만, 분수령에서부터 고로눌·장령에 이르는 사이에 반드시 여러 통로가 있을 것인데도, 육로를 또한 목책 밖으로 좇아감은 어찌된 것인가? 산세가 남쪽으로 향할수록 더욱 험준해서 그쪽 길에 평이함만 같지 못한 때문일까? 이것은 알 수 없다.

의주에서 성경에 이르기까지 450리, 성경에서 산해관에 이르기까지 870리이니, 이것이 우리나라에서 연경으로 들어가는 이정(里程)이다. 산해관에서부터 동해에 이르기까지 5천여 리인데, 영고의 동쪽이 이미 3천 리이다. 그 수세를 살핀다면 모두 동북쪽으로 흐르고 있으니, 아마도 바다에 접한 낮고도 평탄한 땅인 것만 같다.

이제 왜국 동북의 하이(蝦蛦 : 왜국 혼슈 북부에서 홋카이도에 걸쳐 살았던 아이누족 또는 홋카이도의 옛 이름) 또한 넓고 평탄하며 비습한 곳으로서 북쪽을 향해 뻗어서 혹 끊어지기도 하고, 혹 이어지기도 하면서 위로 숙신의 땅에 접하였다. 이렇게 해서 우리나라의 동해를 평평한 호수로 만들었다. 이 때문에 동해에 호수가 없는 것이다. 그 접해 있는 것이

---

*10 선비 : 종족 이름. 흥안령 동쪽에서 일어나 뒤에 흉노의 옛 땅으로 옮겨왔음. 진(晉)나라 때에 이르러 모용씨는 중국 북부에 걸쳐 전연·후연을 세웠으며, 탁발씨는 강북을 통일하여 북위를 세웠음.

*11 영고는 만주 길림성 관내의 영고탑인 것으로 보임. 영고(靈古)와 영고(寧古)는 글자와 음이 서로 비슷하고, 또 두만강에서 거리가 600리에 불과하다는 뒤에 나오는 글이 고증이 될 수 있음. 《청사》 지리지 길림 조에 "영고탑을 부도통에 예속시켰다"는 기록이 있는 것으로 보아도 이 지역의 중요성이 인정됨.

어느 곳으로 통했는지 알지 못하겠는데 신숙주의 《해동제국기》에, "흑룡강 북쪽에 있다" 하였다. 오랄은 두만강과의 거리가 720리이고, 영고는 600리에 지나지 않는다고 한다.

국초에 이만주(李滿住)·범찰(凡察)의 무리가 모두 강계부에 가까이 접근했으니, 만주(滿住)라는 것은 이름이 아니고, 곧 가한(可汗)의 호칭과 같은 것이다. 할아비 아합출(阿哈出) 및 아비 석가노(釋家奴) 때부터 명나라에서 성명을 하사받았으니, 이른바 이사성(李思誠)은 곧 아합출이고, 이현충(李顯忠)은 곧 석가노이다. 사성의 아들 맹가불화(猛哥不花)와 손자 초만답실리(椒滿答失里)는 우리나라 변경의 큰 근심거리였다. 뒤에 만주는 유자광(柳子光)에게 격참(擊斬)되었다 (《세조실록》 13년 10월 조에, 기록이 보임. 그러나 유자광이 이 만주 부자를 격참했다는 기록은 찾아볼 수 없음). 내 생각으로는, 그 성이 이(李)로 된 것은 우리나라를 인연한 때문이라 본다. 《통고》에 "금성(金姓) 완안(完顔) 곧 왕성(王姓)*[12]이다. 이때에 고려에 복속한 때문이다" 하였으니, 사성의 성이 이(李)로 된 것도 또한 우리나라를 우러러 사모하였기 때문에, 중국에서 이로 인하여 왕성을 내려준 것이 아니겠는가?

범찰은 맹가첩목아(猛哥帖木兒)의 아들이니, 그 아들 동창(童倉)에게 전했고, 동창은 그 아우 동산(童山)에게 전했으며, 동산은 그 아들 탈라(脫羅)에게 전했다. 그 뒤 누전(累傳)하여 규장(叫場)·타실(他失 : 탈실(塔失)의 오기(誤記))에 이르렀으니, 천명제(天命帝 : 누르하치가 후금을 세우고 연호를 천명(天命)으로 했다)는 곧 타실의 아들이라고 한다.

경상도 풍속
嶺南俗 영남속

사람은 재물이 없으면 살지 못하고, 재물은 부지런하지 않으면 생기지 않는다. 재물이 있다 하더라도 사치스러우면 곧 다 없어지고 만다. 재물의 요체는 부지런하고 검소한 데 있다. 부지런하면 게으르지 않고 검소하면 사치스럽지 않다. 이것은 흔히 기풍과 습속에 따라서 이루어진다. 부지런하고 검소하려 한다면 게으름과 사치를 멀리하지 않고서는 할 수 없으며, 게으르고

---

*12 이 말에서 금(金 : 여진족)나라 황제의 성은 완안(完顔)임. 완안은 중국 성(姓)의 왕(王)과 통함.

사치하는 풍조는 몸이 고귀하고 집이 부유한 자가 앞장선다. 서울은 곧 몸이 고귀하고 집이 부유한 자기 모인 곳으로서, 서울에 가까운 지방에서는 빈천한 자 또한 모두 이들을 보고 본뜬다. 그러므로 선비가 농사에 힘쓰지 않고 부녀자가 길쌈하기를 부끄럽게 여기고, 복장을 화려하게 꾸미며 혼인과 상장(喪葬)에 많은 비용을 쓴다. 그렇지 않은 것을 치욕으로 여긴다. 분수를 지켜서 마음이 곧지 않은 자가 아니고서는 이에서 벗어날 수 없다.

나는 빈천하게 사는 데 이골이 난 사람이다. 가난은 선비의 떳떳한 길이고, 가난이 극도에 이르면 반드시 굶주리고 춥고 병들어서 죽음에 이른다. 농사에 힘쓰고 비용을 절약해서 생활이 궁색한 지경에 이르지 않도록 하는 것 또한 사람의 일로 당연한 것이니 어찌 이를 소홀히 할 수 있겠는가. 그렇지만 이익만 따르고 의리를 잊어서는 안 된다. 열 식구나 되는 집도 논밭에서 거두어들이는 것 약간만 있다면 입에 풀칠은 할 수 있으나 몸은 가릴 수가 없다. 겨울의 가죽옷과 여름의 삼베옷이 곡식에서 마련됨은 틀림없는 것이니 어찌 생활이 넉넉할 수 있겠는가.

경상도는 서울과 멀리 떨어져서 풍속이 완연히 다르다. 누에를 치고 삼으로 길쌈하며 아울러 무명을 생산하여 부녀자는 밤잠을 줄여가며 사철 동안 입을 옷을 장만한다. 상장과 혼인에 필요한 물자는 집안에서 마련하지 않음이 없으며, 또 서로 구휼하는 일에 돈독하므로 집안이 가난해서 의식을 갖출 수 없는 자는 친척과 벗이 함께 도와 파산을 면하게 한다. 가난한 선비의 낙토(樂土)라고 이를 만하다.

경상도 풍속의 근원은 신라에서 나왔다. 유리왕(儒理王) 9년(32) 육부(六部)를 반으로 갈라 둘로 만들어 왕녀 두 사람을 시켜 각각 한 부의 여자들을 거느리게 하고는, 7월 16일부터 이른 아침마다 대부(大部)의 뜰에 모여 길쌈을 시작해 한밤중에 끝내고, 8월 15일에 이르러 그 실적의 많고 적음을 살펴 진 편이 술과 음식을 장만하여 이긴 편에게 사례하고 함께 노래하고 춤추며 온갖 놀이를 했으니, 이를 일러 '가배(嘉俳)'라 하였다. 이 때에 진 편에서 한 여자가 일어나 춤추며 슬퍼하기를 '회소회소(會蘇會蘇 : 모이소·모이소·곧 단결을 호소하는 뜻임)' 하였는데, 그 소리가 구슬프면서도 맑았으므로 뒷사람이 그 소리를 따라서 노래를 짓고 '회소곡(會蘇曲)'이라 이름 붙였다. 이 풍속이 흘러 오늘날까지 전해져 아직도 사라지지 않은 것이다. 유리왕 또한 본받은 데가 있었다.

혁거세(赫居世) 8년(서기전 50)에 왕이 육부를 두루 돌아다니면서 농사와 양잠을 권장하고 독려했는데, 왕비 알영(閼英)이 이에 따랐다. 역사가는 부인이 바깥일에 참견했다고 비난했지만, 뽕나무를 심고 삼을 기름에 힘쓰는 일이 실로 이에서 비롯되었다. 이는 그 옛날 공상친잠(公桑親蠶 : 천자나 제후의 뽕밭에서 후비가 몸소 누에를 치는 것)의 뜻에 맞는 것이다. 유리왕 때 일은 또한 경강(敬姜)의 사부건벽(社賦愆薜)[*1]의 교훈과 대략 같으니, 마땅히 신라가 이때 나라 부강의 기본을 세웠다고 할 것이다.

내가 영남의 선비를 보면, 모두 삼으로 삼은 신을 신었기에 물으면 답하길 "집에 있으면 짚신을 신을 뿐 삼으로 삼은 신은 신지 않는다" 하였다. 그 검소함이 이와 같다. 경기(京畿)에 이런 검소함을 본받는 선비가 있다면 사람들은 분명 그와 혼인하는 것을 수치로 여길 것이다. 《안씨가훈》에 이르기를 "백성의 근본은 곡식을 심어서 먹고, 뽕나무와 삼을 가꾸어서 입는 것이다. 채소와 과실은 원장(園場)에서 산출되는 것이고, 닭·돼지 등의 진미(珍味)는 둥지와 우리에서 나오는 것이다. 가옥·기계·땔감·등불에 이르기까지 심어서 가꾸고 번식시키는 물건이 아닌 것이 없다. 능히 그 산업을 지키는 자는 문을 닫고서 생활의 도구를 만들어서 충족하며 다만 집에 소금샘이 없을 뿐이다" 하였는데, 오늘의 경상도 풍속이 이와 같다. 《시경》 위풍(魏風) 갈구(葛裘)에 이르기를

엉성한 칡신으로 서리를 밟네.
가냘픈 여인네 손으로 옷을 꿰매네.
糾糾葛屨 可以霜履
摻摻女手 可以縫裳

하였다. 《시경》 당풍(唐風)의 부지런함과 검소함도 경상도 풍속과 비슷함이 있다.

무릇 선비로서 조정에 벼슬하지 못한 자는 물러가 글을 읽고 의리를 이야

[*1] 사부건벽은 남녀가 모두 부지런히 일하되 게을리할 수 없는 옛날 제도, 사부는 봄의 사제(社祭) 때 백성들에게 농상(農桑)의 일을 부여한 것이며, 건벽은 겨울 증제(烝祭) 때 곡식과 직물 등 만든 물건을 바쳐서 남녀별로 성적을 평가해 잘못이 있게 되면 벌을 주는 것.

기하여 선왕의 도를 즐길 뿐이다. 오늘의 시대는 그렇지 않다. 벼슬의 높고 낮음을 인덕(人德)의 가볍고 무거움으로 삼아 여러 대 동안 관직이 없는 자는 깊고 뛰어난 제주와 행실이 있다 하더라도 천역(賤役)으로 몰아넣고, 문벌 있는 집에서는 함께 나란히 서는 것을 부끄럽게 여긴다. 이것은 몸이 귀하고 부유한 자가 많아짐에 따라 가난이 용납되지 못하는 것이니, 어찌 침체되고 쇠잔하여 몰락하지 않겠는가. 경상도의 풍속에는 벼슬살이 외에 따로 세족(世族)이라는 것이 있으니, 진실로 학문이 해박하고 몸에 아무 흠이 없다면 비록 10대가 벼슬이 없다 하더라도 자연히 고을에서 인망이 높아지게 마련이며 이를 대대로 전해 내려갈 수 있다. 이것 또한 아직까지 남아있는 신라 골품제(骨品制)의 풍속에 바탕을 둔 것이다. 서울과 가까운 지방에 비교하면 좋고 나쁨이 뚜렷이 밝혀질 것이다. 닭이 우는 새벽부터 부지런히 일하는 자는 마땅히 다른 점이 있을 것이다. 그러므로 나는 예전부터 가난한 선비가 살 곳을 택함에 있어 경상도 만한 데가 없다고 했다.

김해지방의 순후한 풍속

金海俗 김해속

김해부 동쪽에 도요저(都要渚 : 도요
나루)가 있으니, 《여지승람》*¹에 보면, 주민 200여 호가 어업과 상업을 생업으로 하고, 그 풍속이 순박하여 어느 한 집에 손이 있으면 여러 집에서 술과 안주를 가지고 가서 예를 베풀며, 혼인과 상제(喪祭)에도 모두 그와 같이 하고, 어느 집에 음행(淫行)이 있으면 여러 집이 모여 의논해서 이들을 마을에서 추방하는데 마휴촌(馬休村)도 그 풍속이 또한 마찬가지라고 했다. 또 학업에 힘써서 과거에 오르면 학당을 열어서 사람들이 모여 글을 읽는다고 한다. 국초까지도 풍속이 그와 같았던 것이다. *² 김해부는 수로왕(首露王 : 가락국의 시조임. 가락국은 금관가야
라고도 하며, 김해가 그 중심지임)이 나라를 연 곳이다. 아직도 그 유풍이 남아있는 것인지 모르겠다.

---

*1 《여지승람》: 여기서는 중종(中宗) 25년에 이행(李荇) 등이 왕명을 받들어 《동국여지승람》을 증보개정해 만든 《신증동국여지승람(新增東國興地勝覽)》을 말함.
*2 이익은 이 글에서 《여지승람》의 기사를 인용해 김해지방의 순후한 풍속을 논하고 정부의 풍속에 순응하는 정책을 촉구하고 있음.

이제 들으니, 영남의 풍속에 크게 좋지 못한 것이 있다고 한다. 향당에서 폄론(貶論 : 나쁘게 논평함)을 하면 사람들이 떼지어 모여 이 자를 마을에서 추방하는데, 감히 물러서는 자가 없다고 한다. 옛날에는 향당에서 선(善)하면 승진시키고, 선하지 못하면 선을 권장하고, 악을 징계함에 모두 그 도리가 있었다.*3 맹자의 이른바, "향인(鄕人)을 면치 못한다(맹자 이루 하)" 함은 비록 물리칠 만한 악이 없지만, 승진시킬 만한 선도 없다는 것이다. 후세에 와서 이 도리가 사라져 끊어졌으니, 시대가 쇠퇴하였다 할 것이다. 그러나 승진시키는 것은 비록 여항(閭巷 : 향간. 일반 사람들 사이)에서 할 수 없는 것일지라도, 선을 권장하고 악을 물리치는 것은 중의에 따라서 할 수 있는 것이다. 나라에서 마땅히 풍속에 따라 법을 마련한 뒤 온 향당이 버리는 자가 있으면 중의에 의한 버림을 허용하고, 득죄한 자 또한 엄하게 다스리며, 사사로이 복수(復讐)하지 못하게 하고 이를 범하는 자는 용서치 않고 죽여야 할 것이다. 이것이 또한 정교(政敎)의 한 방법이다.

내가 경사에 가까운 지방의 풍습을 보니, 일상생활에 있어 말과 행동이 이해(利害) 두 글자를 벗어나지 않는다. 오직 영남은 옳고 그름이 있어서 사람이 하는 일에 한계가 정해져 있고, 사람을 평가하는 기준이 정해져 있어서 아직도 스스로 한 번 변하면 도(道)에 이르는 노나라 땅*4임을 잊지 않고 있으니, 도요(都要)와 마휴(馬休)의 풍속이 아직도 다 사라지지 않아서 그런 것인가 알 수 없는 일이다.

---

*3 《예기》 왕제(王制)에 "향에 명하여 교화에 따르지 않는 자를 가려서 고하게 한다. 기로가 모두 상(庠 : 향교)에 모여 원일(元日 : 길일임)에 사례(射禮)를 행함으로써 공을 높이고, 향음주례(鄕飮酒禮)를 행하여 나이를 높인다. 대사도가 나라의 준사를 거느려서 집사(執事)에 참여케 한다. 이렇게 해서도 변치 않으면 나라의 우향(右鄕)에 명하여 교화에 따르지 않는 자를 가려서 좌향(左鄕)으로 옮기고 나라의 좌향에 명하여 교화에 따르지 않는 자를 가려서 우향으로 옮기고서 처음의 예와 같이 한다. 또 변치 않으면 교(郊 : 기내에서 백 리 떨어진 곳)에 옮기고서 처음의 예와 같이 한다. 또 변치 않으면 수(遂 : 교에서 또 멀리 떨어진 곳)로 옮기고서 처음의 예와 같이한다. 또 다시 변치 않으면 먼 곳으로 물리쳐서 종신토록 치(齒 : 여기서는 국민으로 인정하는 것)하지 않는다" 하였음.
*4 이 말은 《논어》 옹야(雍也)에 "제나라가 한 번 변하면 노나라가 되고, 노나라가 한 번 변하면 도에 이른다"는 공자의 말을 인용한 것임.

벽골제 내력
碧骨堤 벽골제

반계 유형원이, "호남에서 만약 황등(黃登 : 황등제, 익산군 황등면 소재)·벽골(碧骨 : 벽골제, 김제군 부량면 소재)·눌제(納堤 : 정읍군 고부면 소재)를 수축한다면 노령(蘆嶺) 밑으로는 흉년이 없을 것이다" 하였다. 셋 중에서도 벽골제가 그 가장 큰 것이다. 신라 흘해왕(訖解王) 21년에 처음으로 축조했고(《삼국사기》 흘해이사금 21년 조), 고려 시대에 이를 늘려서 수축했는데, 길이가 6만 8백여 척에 둘레가 7만 7천여 보(步)였으며, 다섯 도랑이 모두 걸쳤으니, 전지(田地) 9,840결(結)에 물을 대었다. 그 후 인종(仁宗)이 병이 들자 무당의 말을 듣고 내시(內侍)를 보내서 터뜨려 버렸다(《고려사》 세가(世家) 인종 24년 조). 본조(本朝)에서 비록 중수(重修)는 했으나, 마침내 회복할 수 없었으며, 오늘날에는 이미 폐기되었다. 인종은 천명(天命)을 알지 못하였다고 할 수 있다. 토지에서 나는 곡식에는 백성의 생명이 매어 있는 것인데, 그 하찮은 병으로 인해서 생령(生靈)의 큰 이익을 버렸으니 하늘이 돕겠는가? 아 슬프도다.

동해 한가운데 있는 섬
鬱陵島 울릉도

울릉도는 동해 가운데 있는데, 일명 우산국(于山國)이라고도 한다. 그 거리가 700리 또는 800리나 되고 강릉이나 삼척에서 높이 올라가 바라보면 세 봉우리가 아득히 가물거린다.

신라 지증왕(智證王) 12년(511)에 이곳 사람들이 힘을 믿고 복종하지 않자 하슬라주(何瑟羅州)의 군주 이사부(異斯夫)가 나무로 만든 사자의 위력으로 이를 정복했으니, 하슬라는 현재의 강릉(江陵)이다.

고려 초기에는 토산물을 가져와서 바쳤으며(고려 태종 13년(930)), 의종(毅宗) 11년(1157)에 김유립(金柔立)을 우릉도(羽陵島)에 보내 상세히 조사하게 하였는데, 산꼭대기에서 동쪽으로 가면 바다까지 1만여 보요, 서쪽으로 가면 1만 3천여 보이며, 남쪽으로 가면 1만 5천 보요, 북쪽으로 가면 8천 보였다.

부락의 빈터가 일곱 곳인데, 그곳에는 석불(石佛)·철종(鐵鐘)·석탑이 있었으며, 그 섬에는 바윗돌이 많아 사람이 살 수 없었으니, 그렇다면 이때에 벌써 공한지가 되었던 것이다.

조선 시대에는 죄인들이 많이 도망해 들어가서 살았으므로 태종(太宗)과 세종(世宗) 때에 모두 다 수색하여 이들을 잡아온 일도 있었다.

《지봉유설(芝峰類說)》에 이르기를 "울릉도는 임진왜란 뒤에 왜적의 분탕질과 노략질을 당해 다시 사람들이 살지 않았는데, 근자에 들으니 왜적이 의죽도(礒竹島)를 점거했다 하며, 어떤 사람은 이르기를 의죽도는 곧 울릉도라고 한다" 하였다.

어부 안용복(安龍福)이 월경(越境)한 일로 쫓아가 따질 때 왜인들은 《지봉유설》과 예조(禮曹)의 회답 가운데 '귀계(貴界)'니 '죽도(竹島)'니 하는 말이 있는 것을 증거로 삼았다.

이에 조정에서 무신 장한상(張漢相)을 울릉도에 보내 낱낱이 조사하게 했는데, 그가 보고하기를, "남북은 70리요, 동서는 60리이며, 나무는 동백·자단(紫檀)·측백·황벽(黃蘗)·괴목(槐木)·유자·뽕나무·느릅나무 등이 있고, 복숭아·오얏·소나무·상수리나무 등은 없었습니다. 날짐승은 까마귀·까치가 있고, 짐승은 고양이와 쥐가 있으며, 물고기로는 가지어(嘉支魚)가 있는데, 바위 틈에 서식하며 비늘은 없고 꼬리가 있습니다. 몸은 물고기와 같고 다리가 넷이 있는데 뒷다리는 아주 짧으며, 뭍에서는 잘 달리지 못하나, 물에서는 나는 듯이 빠르고, 소리는 어린아이와 같으며, 그 기름은 등불에 씁니다" 하였다. 이에 조정에서 여러 차례 왜국으로 서신을 왕복시켜 무마했던 것이다.

나는 이르건대, 이 일은 어려울 것이 없으니, 그 담판할 무렵에 어찌 "울릉도가 신라에 예속된 것은 지증왕 때부터 일이며, 그때 귀국은 계체(繼體: 왜국 게이타이왕, 재위 507~531) 6년(신라 지증왕 13년(512))이었는데, 위덕(威德)이 멀리까지 미쳤는지 나는 들은 적이 없으니, 역사서에 상고할 만한 특이한 기록이 나타나 있는가? 고려로 논한다면 토산물을 바친 일이나 그 섬을 비운 일도 역사서에 기록이 끊어진 적이 없는데, 1천여 년이 지나온 오늘날에 와서 무슨 이유로 갑자기 이 분쟁을 일으키는가? 또한 우릉도라고 하건 의죽도라고 하건 호칭을 막론하고 울릉도가 우리나라에 속하는 것은 너무나도 분명한 일이며, 그 부근의 섬 또한 울릉도의 부속에 지나지 않는 것이다.

귀국과는 거리가 멀리 떨어져 있는데 그 틈을 타서 점령한 것은 마땅히 이치에 어긋난 일이며 자랑할 것이 못 되는 것이다. 중간에 귀국이 약탈한 적이 있더라도, 두 나라가 신의로써 화친을 맺은 뒤에는 모두 마땅히 옛 경계에 의해 서둘러 돌려주어야 하는데, 더구나 일찍이 귀국의 강역에 속한 바 없음이 뚜렷함에 있어서랴. 이미 우리나라의 영토인 이상 우리 백성들이 오가며 고기잡이하는 것이 진실로 이치에 마땅한 것인데 귀국이 어찌 관여할 것이 있는가?"라고 말하지 못했는가? 이와 같이 말했다면 저들이 아무리 교활한 자들이라 할지라도 다시는 이러쿵저러쿵 지껄이지 못했을 것이다.

안용복은 동래부 전선(戰船)에 예속된 노군(櫓軍)으로, 왜관에 출입하여 왜말에 능숙했다.

숙종 19년(1693) 여름에 풍랑으로 울릉도에 표류했는데, 왜선 7척이 먼저 와서 섬을 다투는 분쟁이 일고 있었다. 이에 안용복이 왜인들과 서로 따지고 다투니 왜인들이 성내며 그를 잡아가서는 오랑도(五浪島)에 가두었다.

안용복이 도주에게 이르기를 "울릉·우산(宇山)은 그전부터 조선에 귀속되어 있으며, 조선은 가깝고 일본은 멀거늘 어찌 나를 잡아 가두고 돌려보내지 않는가?" 하니, 도주가 저 백기주(伯耆州)로 돌려보냈다.

이에 백기도주(伯耆島主)가 빈례(賓禮)로 대우하고 은자를 많이 주니 모두 사양하고 받지 않았다. 도주가 묻기를 "그대는 무엇을 하고자 하는가?" 하니 안용복이 전후 사정을 설명한 뒤 이르기를 "침략을 금지하고 이웃 나라끼리 친선을 도모함이 나의 소원이다" 하니, 도주가 이를 승낙하고 막부〔江戶幕府 : 에도
막부〕에 아뢰어 계권(契券 : 증명
서)을 만들어 주고 드디어 돌아가게 하였다.

이에 출발하여 장기도에 이르니, 도주가 대마도와 부동(符同 : 옳지 않은 일을
서로 결탁함)하여 그 계권을 빼앗고 대마도로 압송했다. 대마도주가 또 잡아 가두고 막부에 보고하니, 막부에서 다시 서계(書契)를 만들어 보내고 울릉·우산 두 섬을 침략하지 못하게 하였으며, 또 본국으로 호송하라고 했다. 그런데 대마도주는 다시 그 서계를 빼앗고 50일을 가두었다가 동래부 왜관으로 보냈는데, 왜관에서 또 40일을 붙들어 두었다가 동래부로 돌려보냈다.

이에 안용복이 이 사실을 모두 호소하니, 부사가 상부에 보고하지도 않고 월경(越境)한 일로 2년의 형벌을 내렸다. 을해년(숙종 21년
(1695)) 여름에 안용복이 울분을 참을 수 없어 떠돌이 중 5명, 사공(沙工) 4명과 배를 타고 다시 울릉도에 이르니, 우리나라 상선 3척이 먼저 와서 정박하고 고기를 잡으며 대나무를 벌채하고 있었는데, 왜선이 마침 당도하였다.

안용복이 여러 사람을 시켜 왜인들을 포박하려 했으나, 두려워하여 좇지 않았으며, 왜인들이 이르기를 "우리들은 송도에서 고기잡이를 하다가 우연히 이곳에 왔을 뿐이다" 하고 곧 물러갔다. 안용복이 이르기를 "송도도 원래 우리 우산도이다" 하고 다음날 우산도로 달려가니, 왜인들이 돛을 달고 달아나거늘, 안용복이 뒤쫓아 옥기도(玉岐島)로 갔다가 백기주에까지 이르렀다.

이에 도주가 나와 환대하니, 안용복이 자기를 울릉도 수포장(搜捕將)이라 자칭하고 교자를 타고 들어가 도주와 대등한 예로 대하고 전후의 일을 아주 소상히 이야기하였다.

그리고 또 이르기를 "우리나라에서는 해마다 꼭 쌀 1석은 15두요, 면포 1필은 35척이며, 종이 1권은 20장씩으로 숫자를 맞춰 실어 보냈는데, 대마도에서 빼먹고 쌀 1석은 7두, 면포 1필은 20척, 종이는 3권만 막부로 올려 보냈으니, 내가 곧장 이 사실을 관백(關白 : 일본의 벼슬 이름. 막부의 장군이 겸직하는 일이 많았음)에게 전달하여 그 속여먹은 죄상을 다스리게 하겠소" 하고 동행 가운데 문자를 해득하는 자에게 소장을 짓게 하여 도주에게 보여 주었다.

대마도주의 아버지가 이 말을 듣고 백기주로 달려와 용서해 주기를 애걸하므로 그 일은 이로써 마무리되었다. 그리고 과거의 일을 사과하고 돌려보내며 이르기를 "섬을 가지고 다툰 일은 모두 그대의 말대로 행할 것이요, 만일 이 약속을 어기는 자가 있으면 마땅히 중벌에 처하겠소" 하였다.

가을 8월에 양양에 돌아오니, 방백(方伯 : 감사)이 이 사실을 장계로써 보고하고 안용복 등 일행을 서울로 압송하였다. 서울에 이르러 여러 사람이 올린 진술이 한결같자, 조정에선 국경을 넘어 이웃 나라와 분쟁을 일으켰다 하여 참형에 처하려 하였다.

오직 영돈령 부사(領敦寧府事) 윤지완(尹趾完)이 말하기를 "안용복이 비록 죄는 있으나 대마도주가 예전부터 속여 온 것은 다만 우리나라가 막부와 직접 통하지 않은 때문이었습니다. 이제 달리 통하는 길을 알았으니, 대마도에서 반드시 두려워하고 겁낼 형편인데, 오늘날 안용복을 참형에 처하는 것은 좋은 계책이 아니옵니다" 하였다.

또 영중추 부사(領中樞府事) 남구만(南九萬)은 말하기를 "대마도에서 속여 온 일은 안용복이 아니었다면 폭로되지 않았을 것이니, 그 죄상이 있고 없는 것은 아직 논할 것이 없고, 섬을 다투는 일에 대해서는 이 기회에 명백히 가려내고 준엄하게 물리치지 않을 수 없습니다. 그런즉 대마도에 서계를 보내어 '앞으로는 조정에서 막부로 직접 사신을 보내 그 허실을 탐지하겠다' 한다면 대마도에서 반드시 크게 두려워하여 복죄(服罪)할 것입니다. 안용복의 일은 그 다음에 천천히 그 경중을 논의하더라도 늦지 않을 것이니, 이것이 상책입니다. 그렇지 않다면 동래부를 시켜 대마도에 서계를 보내, 먼저 안용복이 제멋대로 글을 올린 죄상을 말하고, 다음에 울릉도를 죽도(竹島)라고 가칭한 것과, 공문을 탈취한 도주의 과실을 밝혀 그 회답을 기다릴 것이요, 안용복을 죄줄 뜻은 서계 가운데 들먹이지 않아야 될 것이니, 이는 중책입니다. 만일 대마도에서 속여 온 죄상을 묻지도 않고 먼저 안용복을 죽여 그들의 마음을 즐겁게 해준다면 저들이 반드시 이를 구실 삼아 우리나라를 업신여기며 협박할 것인데, 앞으로 저들을 어떻게 감당하겠습니까? 이것은 좋지 않은 방책입니다" 하였다.

이에 조정에서 중책을 채용하니, 대마도주는 과연 스스로 복종하여 허물을 전 도주(前島主)에게 돌리고, 다시는 울릉도를 오가지 않았으며, 조정에서는 안용복을 죽이지 않고 변방으로 귀양을 보냈다고 한다.

내가 생각건대, 안용복은 곧 영웅호걸이라 할 것이다. 미천한 일개 군졸로서 만 번 죽음을 무릅쓰고 국가를 위하여 강적과 겨루어 간사한 마음을 꺾어 버리고 여러 대를 끌어온 분쟁을 그치게 했으며, 한 고을의 영토를 회복했으니, 저 부개자(傅介子 : 한 소제(漢昭帝) 때 무신)와 진탕(陳湯 : 한 원제(漢元帝) 때 무신)에 비하여도 더욱 어려운 것이며, 걸출한 자가 아니면 할 수 없는 일이다. 그런데 조정에서는 상은 주지 못할망정, 앞서는 형벌을 내리고 뒤에는 귀양을 보내어 그 기상을 꺾어 버리기에 급급했으니, 참으로 안타까운 일이 아닐 수 없다.

울릉도의 토지가 비록 척박하다고 하나 대마도 또한 한 조각의 농토도 없는 곳으로서 왜구의 소굴이 되어 대대로 내려오면서 우환이 되고 있는데, 울릉도를 빼앗긴다면 이는 또 하나의 대마도가 불어나게 되는 것이니, 앞으로 닥쳐올 재앙을 어찌 이루 다 말하겠는가.

이로써 논하건대, 안용복은 한 시대의 공적을 세운 것만이 아니었다. 고금에 장순왕(張循王)을 호걸이라고 칭송하나, 그는 자기 수하에 큰 역량을 가진 화원노졸(花園老卒)이 있었다는 것을 알지 못하였으며, 그가 이룩한 일은 대상거부(大商巨富)에 지나지 않았으니, 국가의 큰 계책에는 도움이 되지 못했던 것이다.

국가가 위급한 상황에 처했을 때, 군졸에서 안용복과 같은 자를 발탁하여 장수급으로 등용하고 그 뜻을 실행하게 하였다면, 그 이룩한 바가 어찌 이에 그쳤겠는가?

마한·진한·변한
三韓 삼한

기준(箕準)이 마한 땅을 빼앗아 임금이 되었으니, 기씨(箕氏) 이전에 이미 한(韓)나라가 있었던 것이다. 진(辰)은 진(秦)과 음이 같은데, 《춘추전(春秋傳)》에 진영(辰嬴)이 이 증거이니, 진한은 진(秦)나라 사람들이 와서 세운 것이 분명하다.

다만 한(韓)의 이름은 어디에서 유래된 것인지 모르겠다. 장량(張良)이 진시황을 저격하려 할 때에 동쪽으로 와서 창해군(滄海君)을 만나 보았는데, 해설자의 말에, "창해는 곧 예맥(濊貊)이다" 하였으니, 지금의 강릉에 해당하는 것이다.

그러나 한 무제(韓武帝) 때에 예군(濊君) 남려(南閭)가 요동에 예속되어 그 땅으로써 창해군을 삼았는데, 응당 작은 고을 하나로 군을 삼지는 않았을 것인즉 그 땅이 반드시 남쪽으로 멀리 미쳤을 것이다.

육국(六國)*1 가운데 한(韓)나라가 진(秦)나라에 가장 가까우므로 진나라를 피한 일은 반드시 한나라에서 먼저 시작했을 것이다. 《사기》에 즉묵대부(卽墨大夫)가 제왕 건(齊王建)에게, "삼진(三晉)*2의 대부들이 진나라를 피

---

*1 육국은 중국 전국 시대 칠국(七國)에서 진(秦)나라를 제외한 초(楚)·연(燕)·제(齊)·한(韓)·위(魏)·조(趙)를 뜻함.
*2 삼진은 진(晉)나라가 멸망하고 그 땅을 삼분하여 한(韓)·위(魏)·조(趙) 세 나라가 되었으므로 이를 삼진이라고함.

하여 아(阿)와 견(甄) 사이에 와 있는 자가 몇백 명에 이르렀습니다" 하였으니, 이것으로 증거삼을 수 있는 것이다.

장량이 한나라 사람으로서 진나라에 원수를 갚기 위하여 반드시 동해로 달려와 창해군을 만나 보았을 것이요, 또 창해 역사(滄海力士)*3가 죽음을 무릅쓰고 철퇴를 품에 간직하여 한 번 보복할 것을 승낙했으니, 평소부터 마음이 통하지 않았다면 어찌 이럴 수가 있겠는가? 그렇지 않다면 장량이 어찌 만 리 밖에 이런 자가 있음을 미리 알고 익숙한 친구를 찾아가듯 급히 달려올 수 있었겠는가?

창해가 어느 지방이건 간에 중요한 것은 이곳이 중국에서 멀리 떨어진 곳이라는 점이다. 장량이 바다 길을 이용하여 왕래함에 있어 반드시 우리나라 서해의 해변에 정박했을 것이니, 창해는 곧 그 지방일 것이다.

생각건대 그 무렵 우리나라는 대수를 경계 삼아 남북으로 나뉘어 있었을 것이니, 대수는 지금의 한강이다. 오늘날의 황해·평안 양도는 그때 삼조선(三朝鮮 : 단군조선·기자조선·위만조선)의 땅이 되었고, 한수(漢水) 이남은 통솔하는 자가 없어 중국에서 다만 창해라고 불렸으며, 한(韓)나라 사람들이 진(秦)나라의 난리를 피하여 동으로 와서 웅거했으므로 국토를 한(韓)이라고 했으니, 이는 장량이 그들과 함께 진나라의 원수를 갚으려 했던 이유이다. 《한서》교사지(郊祀志)에 곡영(谷永)이 임금에게 아뢰기를, "진시황이 처음으로 천하를 겸병하고 서복(徐福)·한종(韓終) 등을 시켜 동남동녀 3천 명을 싣고 바다에 나가 삼신산(三神山) 불사약을 구하게 했는데, 모두 달아나 돌아오지 않았습니다" 하였으니, 그런즉 서복 외에 한종이 있었고, 한종은 반드시 한(韓)나라의 후예로 장량과 원수를 함께한 사람이리라.

변진(弁辰) 또한 반드시 그 뒤를 쫓아 나온 자들인데, 진나라 사람이므로 이름을 진(辰)이라고 한 듯하니, 이는 비록 상고할 수는 없으나, 이치로 미루어 짐작되는 것이다.

마한이 기준에게 쫓겨난 뒤 마한과 진한 두 나라 사이에 별도로 변한(弁韓)이 있었으니, 또한 변진(弁辰)이라고도 하는데, 마(馬)는 금마(金馬 :

---

*3 창해 역사는 장량이 진(秦)나라에 원수를 갚기 위하여 창해군에서 창해 역사를 얻어 박랑사(博浪沙)에서 진시황을 철퇴로 저격했는데 부거(副車)에 맞아 목적을 이루지 못했으며, 창해 역사는 하루에 천 리를 달리므로 붙잡히지 않았다 함. 《史記》卷五十五 留侯世家

^{지금도 금마면})에서 유래한 것이다. 쫓겨나서 옮긴 자는 마땅히 별다른 칭호가 있
^{(金馬面)이 있음}
을 것이나 한(韓)의 명칭은 반드시 고치지 않았을 것이니, 생각컨대, 변한
이 이것인 듯하다. 변(弁)은 혹시 그때의 지명인지도 알 수 없는데, 마한과
는 구별이 있으니, 아마도 마한에 예속된 나라가 아닌가 한다.

물의 근원과 나무의 줄기
水根木幹 수근목간

신라의 명승 도선(道詵)의 《옥룡기(玉龍記)》에, "우리나라의 산맥이 백두
산에서 일어나 지리산에서 그쳤으니, 물 근원과 나무 줄기 땅의 푸른빛을 몸
으로 삼고 검은빛을 어미로 삼았으므로 빛깔은 청흑(靑黑)을 숭상해야 한
다" 하였다.

충렬왕(忠烈王) 원년에 태사국(太史局)이 아뢰기를, "동방은 목(木)에 속
하여 마땅히 푸른빛을 숭상함이 옳은데, 나라의 풍속이 흰빛을 숭상하니, 이
는 목이 금(金)에 절제를 받는 형국입니다. 청컨대 백의(白衣)를 금지하시
옵소서" 하니, 이를 따랐다.

그 뒤 공민왕(恭愍王) 6년에 사천감(司天監) 우필흥(于必興)이 아뢰기를,
"흑(黑)으로써 부모를 삼고 청(靑)으로써 몸을 삼으니, 풍토에 순하면 창성
하고 풍토에 거스르면 재앙이 오기 마련입니다. 청컨대 문무백관에게 흑의
(黑衣)와 청립(靑笠)을 착용하게 하고 중은 흑건(黑巾)을 쓰게 하며 부녀자
는 흑라(黑羅 : ^{검은색}_{비단})를 착용하게 할 것이요, 또 산마다 송백(松柏)을 많이
심게 하고 그릇은 유기(鍮器)와 와기(瓦器)를 쓰게 하여 풍토에 순종하시옵
소서" 하니, 이를 따랐다.

나는 생각컨대, 기자(箕子)는 은나라 사람이니 흰빛을 숭상하는 것은 은
나라 제도인 것이다. 기자는 미자(微子)와 같은 처지인데, 미자가 백마(白
馬)를 탔으니 어찌 기자라고 그러지 않았겠는가? 천년이 지나도록 옛 풍속
을 잊지 않는 것은 자랑스러운 일이요, 미워할 것은 되지 않는다. 이민구(李
敏求)가 명나라 감군(監軍) 황손무(黃孫茂)에게 화답한 시에

의관은 오히려 은나라 풍속 본받아 희었고

초목은 멀리 대악에 잇따라 푸르렀네.
衣冠尙效殷人白
草木遙連岱畎靑

라고 하였으니, 황손무가 크게 칭찬하였다.

한양의 도읍
漢都 한도

고려 태조가 남긴 유훈(遺訓)에 "차령(車嶺) 이남과 공주강(公州江) 밖은 산수의 형세가 모두 배역(背逆)으로 향했다" 하였는데 공주강은 곧 금강(錦江)이다. 이 강은 전라도 덕유산(德裕山)으로부터 거슬러 흘러 공주의 북쪽을 둘러 나와 금강으로 합류하고, 계룡산(鷄龍山) 또한 덕유산에서 떨어져 나온 산맥으로 임실(任實)의 마이산(馬耳山)을 거쳐 회룡고조(回龍顧祖 : 산맥이 되돌아와서 태조봉(太祖峰)을 바라보는 기지가 됨을 말함)가 되어 공(公)자의 형국이 되었다고 한다.

그렇다면 금강은 풍수가의 이른바 반궁수(反弓水 : 강물이나 냇물이 이쪽을 감싸지 않고 굽은 활과 같이 이쪽을 등지고 흐르는 것)이니, 송도와 한양 두 도읍을 등졌을 뿐만 아니라 계룡산의 신도(新都)와도 또한 아무런 관련이 없게 되었다. [*1]

조선 초기에 자초상인(自超上人) 무학(無學)이 신도를 돌아보고 나서 조운(漕運)에 불편하다 하여 금강을 버렸다고 하는데 실상은 형국이 좁고 힘차기가 장원하지 못하며, 이곳으로부터 호남의 산수가 등지고 뻗어 옹호해 주는 뜻이 없어서였다.

한강은 오대산(五臺山)에서 발원하여 네 고을을 거쳐 거슬러 흐르다가 소양강 하류 두미(斗尾)에서 합수하고 삼각산을 둘러서 서해로 흘러들어간다. 또한 한강 남쪽의 여러 산맥은 속리산에서 뻗어나와 모두 서울로 머리를 숙여 조회한다.

서울의 산맥은 백두산에서 남쪽으로 뻗어나온 큰 줄기가 철령에서 갈라지

[*1] 금강이 계룡산 신도와 별 관련성이 없다고 했는데, 실상은 신도를 감싸는 태극수(太極水)가 되고 현무수(玄武水)가 되어 계룡산을 안고 빙 돌아 흐르니, 천하에 드문 명승지를 형성하고 있음.

고, 그 남쪽 줄기가 금강산과 오대산을 거쳐 태백산·소백산에 이르러 다시 한강 남쪽으로 뻗어 올라와 바다에서 그치고, 산맥이 또 바다를 건너 강화도의 나성(羅星 : 산이 멀리 성같이 둘러 있어 그곳을 옹호하여 감싸고 있는 것)이 되었으니, 가슴이 넓고 배가 커서 요해지(要害地)를 촘촘히 함께 남은 힘을 아끼지 않았다.

참으로 이른바 만세 제왕의 도읍이요, 풍수가가 말하는 오덕구(五德丘)이니,*² 어찌 하늘에서 만들어 낸 것이 아니겠는가?

영호남의 산수 형세
兩南水勢 양남수세

산수를 살펴보면 바람과 공기의 모이고 흩어짐을 알게 되는 것이니, 산의 형세가 겹겹으로 돌아 옹호해 주고 있다면 물이 어찌 흩어져 흐를 수 있겠는가?

우리나라의 산맥은 백두산으로부터 서남방으로 달려 두류산(頭流山 : 지리산)에 이르러 전라·경상 두 도의 경계선이 된다. 물은 황지(黃池)에서 남쪽으로 흘러 낙동강이 되는데, 동해를 따라 산이 있어 바다를 막아 주고, 지리산의 지맥이 또 동쪽으로 달리니 여러 고을 냇물이 낱낱이 합류하여 김해(金海)와 동래(東萊) 사이에 이르러 바다로 들어간다. 그러므로 교화가 이루어져 기질과 습성이 모여 흩어지지 않아, 옛 풍속이 아직도 남아 있고 명현을 배출하여 인재의 창고가 되었다. 또한 태백산·소백산 아래와 안동(安東)·예안(禮安) 사이에는 도처에 명당이 열려 있으니, 훗날 국가에 변란이 있을 때에는 반드시 이곳 인재의 힘을 입게 될 것이다.

전라도는 한 도의 물이 무등산(無等山) 동쪽의 물은 모두 동쪽으로 흘러 바다로 들어가고, 무등산 서쪽의 물은 모두 남쪽으로 흘러 바다로 들어가며, 전주(全州) 서쪽의 물은 모두 서쪽으로 흘러 바다로 들어가고, 덕유산 북쪽의 물은 모두 북쪽으로 흘러 금강과 합류하여, 비유컨대 머리를 사방으로 풀

---

*2 풍수지리에서 서울을 오덕구의 땅이라고 하는데, 중앙의 면악이 원형으로 토덕(土德), 북쪽의 감악이 곡형으로 수덕, 남쪽의 관악이 뾰족하여 화덕, 동쪽의 남행산이 직형으로 목덕, 서쪽의 북악이 방형으로 금덕이 된다고 한다. 곧 오방위·오형·오행의 산봉우리가 갖추어진 지형을 말한다.

어 흩뜨린 것과 같아 형세를 이루지 못했으므로, 이에 재주와 덕망 있는 자가 드물게 나오니, 사대부로서는 삶의 터전으로 삼을 곳이 못 된다. 또한 차령(車嶺) 이북은 그 산수가 배역(背逆)하는 정도에서 그치지 않는다.

제2부

만물문

萬物門

임금이 기르던 고양이
金猫 금묘

송나라 함평(咸平 : 제3대 임금 진종(眞宗)의 연호)·순화(淳和 : 제5대 임금 태종(太宗)의 연호) 연간에 합주(合州)에서 공물로 바친 도화견(桃花犬)이라는 개는 늘 어탑(御榻 : 임금이 앉는 걸상) 앞에서 길들여지게 되었다. 태종(太宗)이 병석에 누웠을 때는 그 개가 밥을 먹지 않고, 태종이 죽을 때에는 울부짖고 눈물을 흘리면서 파리해지기까지 하였다.

장성(章聖 : 송 진종)이 즉위할 때는 그 개가 슬픈 모습으로 앞에 다가와 인도하면서 머뭇거리는데, 불안한 생각이 있는 듯하다가, 태종을 장사 지내던 날에는 꼬리를 설설 치면서 비로소 전날과 같이 밥을 먹었다. 조칙(詔勅)으로 큰 철롱(鐵籠)을 만들고 그 속에 흰 요를 깐 다음, 개를 들여앉혀서 노부(鹵簿 : 임금이 행차할 때 따르는 모든 의장) 속에 두도록 했는데, 보는 사람마다 눈물을 떨어뜨렸다. 나중에 개가 죽으니, 희릉(熙陵 : 송 태종의 능호) 곁에 장사 지내 주었는데,[*1] 그 무렵 사대부들은 모두 도화견시를 읊어 개를 찬양했다.

우리 숙종대왕도 일찍이 금묘(金猫 : 고양이) 한 마리를 길렀는데, 숙종이 세상을 떠나자 그 고양이도 밥을 먹지 않고 죽으므로, 명릉(明陵 : 숙종의 능호) 곁에 묻어 주었다.

대체로 '개와 말도 주인을 생각한다'는 말은 옛적부터 있지만, 고양이란 성질이 매우 사나운 것이므로, 비록 여러 해를 길들여 친하게 만들었다 해도, 하루아침만 제 비위에 틀리면 갑자기 주인도 아는 체하지 않고 가버리는 것이다. 그런데 이 금묘 일화는 도화견에 비하면 더욱 가상하다.

누에 치는 기구와 실 뽑는 기구
蠶綿具 잠면구

내가 《삼재도회(三才圖會)》를 보니, 누에 치는 따위를 모두 그림으로 그리고 설명했는데, 기계가 정교하고 세밀함에 따라 공력이 갑절이나 덜게 되므로 특히 볼 만한 것이 있고 또 기계 이름이 여러 가지라 반드시 알아야 될

[*1] 이상은 《고금시화(古今詩話)》에서 간추려 인용한 것임.

점이 있는 까닭에 대충 뽑아서 기록해 놓겠다.

잠박(蠶箔)이란 것은 누에를 담는 기구로 각 상자에 담아 층으로 된 시렁에 벌여 두는 것이고, 잠족(蠶簇)이란 누에가 고치를 짓는 기구로 모양새가 촘촘하기도 하고 엇비슷하기도 한 것이 그물처럼 되어 있는데, 누에가 늙으면 솔섶을 잠족 위에 올려놓고 한 구멍에 한 마리씩 들어가도록 한다.

왕이(軖車)란 것은 고치를 켜는 물레인데, 동이(盆) 속에서 켜진 실이 바로 왕이에 감겨져서 실빛이 더욱 윤이 난다.

《자휘(字彙)》에 살펴보니, 계(繫 : 두레박)는 음(音)이 '계'인데, 두레박줄 끝에 쓰이는 나무이며, 풀샘대(斜線)란 자그마한 방망이를 실 끝에 매어서 아래로 내려뜨리면 빙빙 도는 모양이 마치 북치는 방망이처럼 보인다. 이것이 오늘날 세속에서 이르는 가락(鐵筳)이란 것인데, 위는 갈고리처럼 만들고 아래는 방망이처럼 만든다. 이것은 고치 가운데 번데기가 나고 나비가 나버린 것과 쌍번데기가 들어 있는 고치만 가려서 물에 삶아 솜으로 만든 다음, 손으로 솜을 돌려서 실을 뽑아내는 것인데, 두정(斜筳)이라고도 불린다.

자새(絲籆)란 실 감는 기구다. 오늘날 풍속에 정월 보름날 아이들이 종이연(紙鳶)놀이 할 때에 반드시 이 자새를 쓰게 되는데, 말고삐(繝)라 하기도 하고 혹은 얼레(軒)라 하기도 한다.

씨아(攪車)란 오늘날 목화씨를 빼는 기구인데, 굴대 끝에 달린 굽은 자루는 이름을 씨아손(掉拐)이라 한다.

이미 씨를 뺀 목화는 활로 타서 수숫대 끝줄기로 마는데, 이는 이름을 말대(捲筳)라 하며, 물레(紡車) 가락은 줄을 따라 빙빙 도는데, 이는 실톳(筈纑)이라는 것이다.

물레를 발로 돌리면서 왼손으로는 솜통을 잡고 실톳 위에 연이어 놓은 다음, 오른손으로는 끌어당기면서 실을 뽑고 왼손으로는 고르게 비벼 꼰다. 많이 뽑는 경우엔 둘이 아울러 하루에 세 톳씩 뽑는데, 모두 질긴 실로 만들어지게 된다.

우리나라 물레는 문익점(文益漸)의 장인 정천익(鄭天益)이 처음으로 만든 것이다.

물레 하나에 실톳도 하나로 되었으며, 물레를 다루는 법은 한 사람만이 오른손으로 손잡이를 쥐고 돌리면서 왼손으로는 실을 뽑아 가락에 감게 되어 있는데, 도는 속도가 재빠르다. 중국 물레와 비교하면 일을 갑절로 할 수 있으니, 또한 교묘하게 만들어졌다 하겠다.

담배
南草 남초

우리나라에 담배가 널리 유행한 것은 광해군 끝무렵부터였는데, 세상에서 전하기로는 담배가 남쪽 바다 가운데 있는 담파국(湛巴國)이란 나라에서 들어온 까닭에 속칭 담배라 한다는 것이다.

어떤 이가 태호선생(太湖先生 : 이익(李瀷))에게 "지금 이 담배란 것이 사람에게 유익한 물건입니까?" 묻자 그가 대꾸하기를 "담배란 가래침이 목구멍에 붙어 뱉어도 나오지 않을 때 유익하며, 구역질이 나면서 점액이 뒤끓을 때 유익하며, 먹은 것이 소화가 안 되고 잠자리가 나쁠 때 유익하고, 가슴이 답답하고 신물이 올라올 때 유익하며, 한겨울에 추위를 막는 데 유익한 것이다" 하였다.

어떤 이는 또 "그러면 담배는 사람에게 유익하기만 하고 해는 없는 것입니까?" 묻기에 대꾸하기를 "해가 더 심할 것이다. 안으로 정신을 해치고 밖으로 듣고 보는 것까지 해쳐서 머리가 희게 되고 얼굴이 파리하게 되며, 이가 일찍 빠지고 살도 여위게 되니, 사람을 빨리 늙도록 만드는 것이다. 내가 유익한 것보다 해가 더 심하다고 하는 것은 담배는 냄새가 나쁘므로 재계(齋戒 : 몸과 마음을 깨끗이 하고 부정(不淨)한 일을 멀리함)하여 신명(神明)을 사귈 수 없는 것이 첫째이고, 재물을 까먹는 것이 둘째이며, 세상에 일이 많은 것이 진실로 걱정인데, 지금은 누구를 막론하고 해가 지고 날이 저물도록 담배 구하기에 급급해 한시도 쉬지 않으니 이것이 셋째이다. 만일 이런 마음과 힘을 옮겨 학문을 한다면 반드시 대현(大賢 : 어질고 지혜로운 사람)이 될 수 있을 것이고, 글에 힘쓴다면 문장도 될 수 있을 것이며, 살림을 돌본다면 부자가 될 수 있을 것이다. 《주역(周易)》*¹에 이르기를 '상륙(上六)은 오르는 이치에 눈이 멀었으므로, 곧고 바른 데에 한

---

*1 《주역》은 만상(萬象)을 음양의 원리로 설명하고 64괘에 맞추어 철학·윤리·정치상의 해석을 덧붙인 책이다. 《주역》의 괘(卦)를 설명하는 글을 효사(爻辭)라고 하는데 여기서는 담배 구하는 힘으로 학문에 힘쓰라는 비유로서 이 효사를 인용한 것이다.

결같이 쉬지 않는 것만이 이롭다' 했다" 하였다.

여덟 가지 보물
八寶 팔보

세상에서 전하는 팔보는 기물(器物)에다 수놓은 것이 많으나, 또한 무슨 물건인 줄을 몰랐는데, 《설부(說郛)》(명나라 도종의(陶宗儀)가 지은 일종의 총서)에 그 이름들이 적혀 있기에 지금 기록해 본다.

당나라 개원(開元 : 당나라 제6대 임금 현종(玄宗)의 연호) 시대에 어떤 이씨(李氏)란 여자가 하약씨(賀若氏)에게 시집갔다. 남편이 죽은 뒤에 중이 되어 호를 진여(眞如)라 하고, 초주(楚州) 안의현(安宜縣) 지대를 떠돌아다녔다. 숙종(肅宗 : 당 현종(唐玄宗)의 아들, 이름은 형(亨)) 원년에 진여는 신인(神人)이 되어 조정(朝廷)으로 불려 갔는데, 그가 지닌 팔보를 나라에 바쳐서 여기(沴氣 : 요사하고 독한 기운)를 소멸시키도록 했다.

진여가 바친 것 중에 현황천부(玄黃天符)란 것은 길이는 여덟 자, 넓이는 세 치로서 홀(笏)처럼 생기고 위는 둥글고 아래는 모나며 둥근 쪽에 구멍이 있는데 누른 옥이다. 빛깔은 찐 밤과 비슷하고 윤기는 엉긴 기름처럼 번지르르한데, 세상에서 일어나는 병역(兵疫)을 물리칠 수 있다.

옥계(玉鷄)란 것은 털 무늬가 모두 갖춰졌는데 흰 옥빛이다. 이는 왕자(王者)가 효도로써 천하를 다스리면 나타나게 된다는 것이다.

곡벽(穀璧)이란 것 또한 하얀 옥으로서 길이는 5~6치쯤 되고 좁쌀 같은 무늬가 저절로 생겼는데, 사람이 새겨 만든 것이 아닌바, 이는 왕자가 지니면 오곡이 모두 풍년 든다는 것이다.

여의보주(如意寶珠)란 것은 크기가 계란만 한데, 사방이 둥글고 빛은 아주 깨끗해서 방 안에 두면 보름달처럼 밝다는 것이다.

홍말갈(紅靺鞨)이란, 크기가 큰 밤만 하고 빛깔이 붉은 앵두와 같아서 볼 때는 손으로 만질 수 없을 듯하나, 만져 보면 매우 단단하여 깨뜨릴 수도 없다는 것이다.

낭간주(琅玕珠)라는 것은 고리처럼 생겼는데, 4분의 1은 이지러졌고 길이는 5~6치쯤 된다는 것이다.

옥인(玉印)이란, 크기는 손바닥 반만 하고 문채는 사슴이 인(印) 속에 빠져 있는 듯한데, 종이에 찍으면 분명하게 나타난다는 것이다.

황후채상구(皇后採桑鉤)라는 것은 두 개가 있는데, 모두 다섯 치쯤 되는 길이에 젓가락처럼 가늘고, 구부리면 금 같기도 하고 은 같기도 하며, 또 구리 같기도 하다는 것이다.

뇌공석(雷公石)이란 것이 두 매(枚)가 있는데, 모양은 도끼처럼 생기고 길이는 네 치쯤 되며, 넓이는 두 치쯤 되고 구멍은 없고 푸른 옥처럼 윤기가 난다는 것이다.

이 모든 보물은 한낮이 되면 광채가 하늘로 뻗친다고 하는데, 진여가 나라에 바쳤다. 숙종은 이미 병들어서, 대종(代宗 : 당나라 제8대의 임금. 이름은 숙(俶))을 불러 이르기를, "너는 초왕(楚王)으로서 태자(太子)가 되었는데, 지금 하늘이 초주(楚州)에 있는 보물을 내려주니, 이는 하늘이 너에게 복으로 주신 것인바, 잘 간직해야 한다" 하므로, 대종은 이 보물을 받은 그날, 연호를 고쳐 보응(寶應)이라 하였다. 이미 국사를 맡아 본 뒤에는 진여에게 보화(保和)란 호를 내리고 초주란 고을 이름은 보응으로 고쳤는데, 이로부터 병화가 그치고 나라가 조금 편하게 되었으니, 이는 바로 보물의 응험이었던 것이다. 대개 여기(沴氣)를 피하기 위해 수를 놓을 때 많이 쓰인다.

안경
靉靆 애채

애채란 것은 세속에서 이르는 안경인데, 《자서(字書)》에는, "서양서 생산된다" 하였으나, 서양 사람 이마두(利瑪寶)는 만력(萬曆 : 명 신종(明神宗)의 연호) 9년 즉 신사년(1581)에 비로소 중국에 왔던 것이다. 내가 장녕(張寧 : 명나라 사람. 자는 정지(靖之), 호는 방주(方洲))이 쓴 《요저기문(遼邸記聞)》을 상고하니, "지난번 내가 경사(京師)에 있을 때 호농(胡籠)의 우소(寓所)에서 그의 아버지 종백공(宗伯公)이 선묘(宣廟 : 명 신종(明神宗)의 묘호(廟號))로부터 하사받았다는 안경을 보았다. 큰 돈짝만한 것이 두 개인데, 형태는 운모(雲母)와 비슷하고 테는 금으로 만들었으며, 자루와 끈도 있어서 사용할 때에 그 끝을 합치면 하나로 되고 가르면 둘로 된다. 노인들이 눈이 어두워 작은 글자를 분별하지 못할 때에 이 안경을 양쪽 눈에 걸면 작은 글자도 밝게 보인다' 하였으니, 대개 이 애채라는 것은 명나라 선종

(宣宗) 때부터 중국에 들어왔던 것이다.

또, "서양이 비록 멀다 할지라도 서역 지역 천축(天竺) 모든 나라는 중국과 물화(物貨)를 서로 통한 지 오래고 천축은 또 서양과 거리가 멀지 않다. 지금 형세로 보아 이 애채란 안경이 앞으로 중국으로 전해 오게 될 것이고 가정에 있어서도 반드시 갖출 것이다" 하였으니, 이는 서역 만리(滿利)라는 나라에서 생산된다.

임금에게 바치는 자기
秘色磁器 비색자기

《수중금(袖中錦)》(작자미상)에, "고려의 비색자기는 천하에서 제일 간다. 그러나 우리나라 자기는 결백하게 만드는 데는 장점이 있어도 그림을 수놓아서 만드는 일에는 능란하지 못하다' 하였으니, 이는 곧 결백한 것을 지칭한 말이다.

지금 사옹원(司饔院 : 임금 및 대궐 안의 식사 공급, 왕실 자기 제작 감독을 맡은 관청)이 궁중에 바치는 자기가 지극히 아름다운 바, 지난해 청국 사신이 우리나라에 왔을 때에 한없이 칭찬하였다. 그러나 충렬왕(忠烈王 : 고려 제25대 임금) 15년에 원나라 중서성(中書省)에서 고려로 통첩을 보내 청사(靑砂)로 만든 독·동이·병 등을 구해 갔다하니, 이는 혹 예전에만 만드는 이가 있었고 지금은 능히 만들 수 없는 것인지, 또는 왜국과 무역함에 따라 그렇게 되었는지 알 수 없다. 육귀몽(陸龜蒙 : 당나라 시인)이 월나라 그릇을 보고 읊은 시에

구추의 찬바람 찬이슬에 월나라 옹기가마를 열어젖히니
일천 봉우리 푸른빛을 앗아 오는 듯하도다.
마침 높은 하늘을 향하여 항해기(沆瀣氣)*1를 움켜 담으니
신선이 남긴 술잔을 혜중산(嵇中散)*2과 함께 다투는 듯하도다.

―――――――――

*1 항해기(沆瀣氣) : 한밤중에 내리는 이슬 기운. 도가(道家)에서 이 항해기를 들이마시는 것으로써 수양하는 약을 삼는다 함.
*2 혜중산 : 이름은 강(康), 자는 숙야(叔夜), 중산은 그의 벼슬. 진(晉)나라 죽림칠현(竹林七賢)의 하나. 저서에는 《양생론(養生論)》이 있음.

九秋風露越窰開　奪得千峯翠色來
好向中霄盛沆瀣　共稱中散鬪遺盃

하였으니, 이것이 바로 송나라 사람이 이른바, 비색자기라는 것이다.

여기에 대해 해설자는, '오월왕(吳越王) 때에 신하와 서민은 비색자기를 사용할 수 없었던 까닭에 이름을 비색(秘色 : 빛을 감추는 뜻)이라 했다' 하였으니, 이는 곧 월주(越州)에서 오월왕에게 공물로 바쳤다는 것인데, 이 설은 서조(徐兢)의 《만소록(漫笑錄)》에 나타나 있다.

지금 세상에는 이런 자기가 또한 많은데, 금조(禽鳥)·초목·산악·충수(虫獸) 등 여러 생김새의 그림을 놓아 만든 것이 푸르고 곱기가 모두 절기(絶奇)하다. 이는 곧 회회청(回回靑)*3이라야 그릴 수 있는 것이고 딴 채색으로는 이룰 수 없는 것인데, 왕원미(王元美 : 왕세정(王世貞))는, "혹 석청(石靑)*4으로도 그릴 수 있다" 하였다. 우리 집에도 옛날에는 이런 자기가 몇 개쯤 있었는데, 선인(先人) 외가에서 궐내로부터 전해 왔기 때문에 나의 할머니께서 몹시 소중하게 생각하셨다.

병자년(인조 14년, 1636년) 난리 때에도 잃어버리지 않고 온전히 보호했던 바, 나도 본 적이 있다. 그러나 지금 사대부의 집에 보통 쓰는 그릇에 비교해도 오히려 품격이 낮다는 것을 알 수 있다. 지금은 귀천을 막론하고 집집마다 이런 자기를 쌓아 놓고 쓰는데, 거의 질그릇과 구별 없이 흔하게들 쓰고 있으니, 이로써 세상의 사치함과 검소함을 점칠 수 있겠다.

먹을 수 있는 곤충
昆虫可食 곤충가식

곤충 따위에도 먹을 만한 것이 많다. 《예기》 내칙에는, "참새〔爵〕·종달새〔鷃〕·매미〔蜩〕·벌〔范〕을 모두 반찬으로 만든다" 하였는데, 정현(鄭玄)의 주에 '조(蜩)란 것은 매미〔蟬〕, 범(范)이란 것은 벌〔蜂〕이다' 하였고, 《회남자(淮南子)》 설산훈(說山訓)에, "매미를 잡는 자는 불을 밝게 비추는 것에 힘

---

*3 회회청 : 도자기에 푸른 채색을 올리는 원료, 아라비아에서 생산된다 함.
*4 석청 : 그림 물감의 일종. 중국 남해에서 나는 청록색인데, 오래 되어도 변치 않는다 함.

쓰고, 물고기를 낚는 자는 미끼를 향기롭게 하는 것에 힘써야 한다" 하였으니, 이는 아마 반찬을 마련키 위해 불을 밝히고 매미 잡는 방법이 있었던 것 같다. 또 달팽이로 만든 젓[蝸醢 : ^와_해]과 개미알로 만든 젓[蚳醢 : ^지_해]이 있는데(^{예기}_{내칙}), 와(蝸)란 것은 달팽이[蝸牛]고, 지(蚳)란 것은 개미알[蚍蜉子]이다. 그리고 《주례》에도, "연향[饋食]하는 그릇에 조개[蜃]·개미알[蚳]·메뚜기새끼[蝝]로 만든 반찬을 담아 놓았다(^{천관(天官)}_{해인(醢人)조})" 하였는데, 연(蝝)이란 것은 메뚜기새끼[蝗子]이고, 지(蚳)란 것은 개미집 속에 흰 좁쌀처럼 생긴 알이다. 이 개미 알은 잘아서 모으기가 매우 어렵다.

그러나 《시경》에 이른바 "황새가 개미둑에서 운다[鸛鳴于垤](^{빈풍(豳風)}_{동산(東山)장})"고 한 그 주에, '황새는 개미가 나오면 잡아먹으려고 기다리는 까닭에 개미둑에서 운다' 하였으니, 대개 북쪽 지방에는 보통 개미보다 훨씬 큰 것이 있어서 황새에게 잡아먹히는가 보다. 그런 까닭에 주자도 이것을 인용하여 "모든 행동을 개미처럼 조심해야 한다[折旋蟻封]"라는 말을 증명하였다. 그런즉 개미알 또한 구해서 반찬을 만들어 먹을 수 있겠다.

《이아》 석충(釋虫) 조에, "메뚜기새끼[蝝蝮蜪]"라 하고, 그 주에, '이 연(蝝)·복(蝮)·도(蜪) 따위는 메뚜기새끼[蝗子]로서 날개가 미처 생기지 않은 것이라' 하였다. '황(蝗)'이 곧 메뚜기[螽]란 것인데, 메뚜기도 크고 작은 것들이 한 종류뿐이 아니다.

뿔이 길고 다리가 길어 뛰기를 잘 하는 것도 있고, 빛이 푸르기도 검기도 아롱지기도 한 것 등 여러 종류가 있는데, 바로 지금 풀 속에서 날아다니는 벌레들이 바로 그것이다. 우리나라에서도 남주(南州) 사람들은 메뚜기를 잡아 날개와 다리는 떼어 버리고 기름에 볶아 반찬으로 만드는데, 맛이 매우 좋다고 한다.

그러나 《자서》에 또, "떼지어 날아다니면서 벼싹을 파먹는다" 하였다. 우리나라 메뚜기는 비록 벼싹과 나물 잎을 갉아먹기는 해도 재앙이 되지는 않으니, 이는 이상한 일이다. 《자서》에 또, "풍뎅이[蜚蠊 : ^비_렴]와 메뚜기[負蠜 : ^부_번] 따위가 있는데, 모두 먹을 만하다" 하였다.

순나물국의 맛
千里蓴羹 천리순갱

《세설신어(世說新語)》에, "육기(陸機)[*1]가 왕무자(王武子)[*2]에게 가니, 그의 앞엔 양락(羊酪 : 양젖)이 있었다. 그는 육기에게 가리켜 보이면서, '경 (卿)이 살고 있는 오중(吳中)에선 이 양락을 당할 만한 것이 무엇인가?' 하자, 육기는, '천리 순갱이라는 게 있는데, 다만 소금과 간장을 치지 않았을 뿐이다' 하고 답했다" 하였다. 노두(老杜)[*3]가 방공(房公)의 서호(西湖)에서 뱃놀이할 때 지은 시에

간장을 치니 실처럼 잔 순나물 익고 　　　　　　　　　　豉化蓴絲熟

칼 소리 쟁쟁 울리니 실오라기처럼 가는 생선회 휘날린다. 　刀鳴鱠縷飛

라고 했는데 그 주에서는, 엄유익(嚴有翼 : 송나라 때 사람)이 지은 《예원자황(藝苑雌黃)》에, "순나물국은 소금과 간장을 알맞게 치면 맛이 더욱 좋다"라는 말을 인용하였고, 《자서》에는, "맥면(麥麵)과 미두(米豆)를 모두 독에 넣어 누르게 뜸들인 다음, 소금을 알맞게 치고 볕에 말려서 간장을 만들면, 식물독(食物毒)을 능히 제어할 수 있다" 하였으니, 이는 지금의 이른바, 된장〔豆醬〕이란 것이고 옛날의 이른바 메주〔豉〕라는 것인데, 약국〔醫局〕에서 쓰는 담두시 (淡豆豉)와는 조금 차별이 있다.

매성유(梅聖兪)[*4]의 시에

소금과 메주를 넉넉히 가지고 붉은순나물을 끓인다. 　剩將鹽豉煮紫蓴

하고 또,

붉은간장으로 순나물을 끓이니 향기로운 맛이 완전하다. 　紫豉煮蓴香味全

---

*1 육기 : 자는 사형(士衡). 진(晉)나라 문장가.

*2 왕무자 : 무자는 진(晉)나라 왕제(王濟)의 자.

*3 노두 : 두자미(杜子美)를 가리킴. 같은 두씨(杜氏)에 또 문장가로 유명한 두목지(杜牧之)가 있기 때문에 자미는 노두, 목지는 소두(少杜)라 하였음.

*4 매성유 : 성유는 송나라 시인 매요신(梅堯臣)의 자.

라고 하였으며, 또 산곡(山谷)*5의 시에도

소금과 간장이 순나물 익기를 재촉한다. 　　　　鹽鼓欲催蓴菜熟

라는 것들이 바로 그것이다.

천리(千里)란 것은 호수 이름이다. 두자미 시에 또

나는 민하의 토란을 먹고 싶은데 　　　　　　　　我戀岷下芋

그대는 천리의 순나물을 생각하는구나. 　　　　　君思千里蓴

하였다. 이는 민하와 천리로 대(對)를 맞추었으니, 천리가 호수 이름이라는
것을 알 수 있고, 《유양잡조(酉陽雜俎)》*6에 적힌 주식 품미(酒食品味) 중에
도 천리순(千里蓴)이 있다.

육기의 생각은 천리호에서 생산되는 순나물국이 양락을 당할 수 있는데,
다만 소금과 간장을 치지 않았을 뿐이며, '만약 소금과 간장을 친다면 어찌
양락보다 도리어 낫지 않겠느냐'라는 것이었다.

《상소잡기(緗素雜記)》*7에는, 미(未)자는 말(末)자로 만들고, 단(但)자는
없애고 말하(末下)라고 하였으니, 역시 지명이다.

장구산(張矩山) 시에도

한번 수문(修門 : 성문) 밖 길을 떠나오니, 　　　　　　一出修門道
말하의 순나물국 다시 맛보겠구나. 　　　　　　　　重嘗末下蓴

라고 하였다. 그러나 원본에는 분명히 단(但) 자가 있는데, 이 《상소잡기》에
서 없앤 것은 후인들이 단 자의 뜻을 깨닫기 어렵다고 일부러 빼버린 것인
듯하다.

그러나 순나물을 좋게 여김은 그 맛이 시원한 데에 있는 것이다. 오미자를
담갔던 물에다 벌꿀을 탄 다음, 순나물을 적셔 먹으면 달콤하고 시큼하며 맑
고 시원한 맛이 마치 선미(仙味) 같은지라, 이를 당할 맛이 없다. 육기·장
한(張翰)*8 제공도 지혜가 오히려 여기에 미치지 못했으니, 이는 한 꾀가 모

---

*5 산곡 : 황정견(黃庭堅)의 호. 자는 노직(魯直). 소동파(蘇東坡)와 같이 치던 송나라의 문장가.
*6 《유양잡조》: 당나라 단성식(段成式)이 지은 책 이름.
*7 《상소잡기(緗素雜記)》 : 왕균(王筠)이 지은 책 이름.
*8 장한 : 자는 계응(季應), 진(晉)나라 사람.

자랐다고 해야 마땅하겠다.

팽연재(彭淵材)의 오한(五恨)*9에 상고하니, 그가 셋째 번에 이르기를,

"순나물은 성분이 냉하고 국은 냉하지 않기 때문에, 맛을 내자면 반드시 갖은양념을 고루 넣어 알맞게 해야 한다" 하였으니, 이는 예전 것에 비하면 더욱 좋을 듯하다.

제주에서 나는 과일
耽羅果品 탐라과품

《탐라지(耽羅志)》(조선조 효종 때 이익한(李翊漢)이 저술한 제주도의 읍지)에 몇 가지 이상한 과실이 적혀 있다.

첫째는 연복자(燕覆子 : 으름)인데, 목통(木通 : 으름덩굴) 가운데 특이한 종류로서 열매는 크기가 모과(木瓜)와 같고 맛은 아주 향기롭다.

지금 목통 열매라는 것은 모과에 비하면 아주 작은데, 《본초》에 "작은 모과와 같다" 하였다. 생각건대, 이것이 제일 진품이고 세상에서 쓰는 것은 다만 열품일 뿐이다. 그런데 연해(沿海)의 모든 고을에도 이 열매가 있다고 한다.

둘째는 오미자(五味子)이다. 빛은 새까맣고 크기는 새머루[蘡薁]와 같으며 맛도 달다. 주민들은 이를 주안상에 쓰는데, 말릴수록 맛이 더 진기가 있으니 이상하다.

셋째는 청귤(靑橘)이다. 가을과 겨울철에는 너무 시어서 먹을 수 없으나, 겨울을 지나고 2~3월에 이르면 신맛이 조금 가신다. 5~6월이 되면, 농익은 묵은 열매와 싱싱한 새 열매가 한 가지에 같이 달렸는데, 묵은 열매의 맛은 달기가 마치 텁텁한 초에다 꿀을 타 놓은 것과 같으며, 7월에 이르러서는 열매 속의 씨가 변해서 물이 되는데 맛은 여전히 달다.

8~9월이 지나고 겨울철이 되면 열매는 도리어 푸르러지고 씨는 다시 맛이 생겨서 신맛이 새로 연 열매와 다름없다. 맨 처음 신맛이 생길 때는 사람

---

*9 팽연재의 오한 : 팽연재는 송나라 사람. 그는, "다섯 가지 한스럽다[五恨]"는 것을 다음과 같이 표현하였다. "첫째는 준치[鰣魚]가 뼈가 많고, 둘째는 금귤(金橘)이 너무 시고, 셋째는 순나물의 성분이 냉하고, 넷째는 해당화(海棠花)에 향기 없고, 다섯째는 증공(曾鞏)이 시에 능하지 못하다."

들이 모두 천하게 여기고 먹지 않으니, 대개 과실 가운데 이상한 것은 이 청귤에 앞설 것이 없다.

지금 《본초》 중에 모두 적혀 있지 않으니, 이는 혹 풍토가 저마다 달라서인지, 아니면 빠뜨려서인지? 생각건대, 의가(醫家)에서 쓰는 청피(靑皮)는 곧 이 청귤의 껍질인 듯하다.

옛날 돈
古錢 고전

《문헌통고》에는, "고려에서 발행된 돈에 삼한통보(三韓通寶)·해동통보(海東通寶)·해동중보(海東重寶)라는 세 가지가 있는데, 그들 풍속은 편리하게 여기지 않았다" 하였다. 옛날 우리 증왕고(曾王考 : 돌아가신 증조 할아버지) 산소를 금천(金川)으로 이장할 때에 광토(壙土) 속에서 삼한통보와 해동통보라는 두 가지 돈을 발견하였다. 그런데 그 돈에 새겨진 글자가 혹은 전자(篆字 : 한문 글씨체 의 하나)로, 혹은 예서(隷書 : 중국 진나라 때 만들어진 글씨체)로도 되어 분명히 알 수 있었다고 하니, 《문헌통고》에 기록된 것도 틀림없다 하겠다.

또는 민간 전야(田野)에서도 조선통보(朝鮮通寶)란 돈을 많이 발견하였다. 그런데 그 돈 모두 구리로 만들었으니, 이는 삼조선(三朝鮮) 시대에 발행한 것인 듯하며, 지금 세속에서 점을 칠 때엔 반드시 개원통보(開元通寶)란 것을 쓰게 되니, 이는 우리나라에 대개 많이 있기 때문이다.

《신당서(新唐書)》(송나라 구양수(歐陽脩)와 송기 (宋祁)가 지은 당나라 역사책) 식화지(食貨志)에는 "고조(高祖 : 당나라 첫 임금. 이연(李淵).) 무덕(武德) 4년에 낙양(洛陽)·병주(幷州)·유주(幽州)·영주(營州) 등에 감(監)을 설치하여 개원통보를 만들었다. 그 직경은 8푼, 중량은 2수(銖 : 1백 서(黍 : 기장)의 무게임) 4유(絫)가 되니, 10전(錢)을 쌓으면 무게가 1냥이다" 하였다.

그러나 이 돈이 무엇을 좇아 해외까지 이처럼 많이 유포되었으며, 또 지금까지 없어지지 않은 이유를 알 수 없다. 추측건대, 그 무렵 온 천하에 전방(錢坊 : 주전소(鑄錢所)) 두는 것을 허락했고, 우리나라에서도 이 개원통보를 자유자재로 만들어 낸 듯싶다. 수심(水心) 섭적(葉適)은, "개원통보란 돈은 너무 가볍지도 않고 너무 무겁지도 않은 것이 꼭 알맞도록 만들어졌기 때문에 천하에 널리 퍼지게 되었고 지금도 오히려 많다" 하였으니, 이는 대개 중국에도 많았던 것이다.

지금 통행되는 상평통보(常平通寶)는 5전이 1냥이 되니, 개원통보에 비하면 실상 갑절인 것이다. 개원통보를 《삼재도회》의 도식에 비교하면, 크고 작은 것이 정도에 알맞으니 지금 저울에 달면 10전이 1냥이 조금 안 된다. 오래도록 전해져 온 옛 물건이라, 닳아서 그 형세가 혹 그럴 수도 있으려니와, 지금 돈도 1문(文:돈의 단위) 무게가 당연히 20푼이 되어야 할 것이다. 그러나 전방에서 만드는 것이 무게가 날로 줄어들어서 20푼이 차지 않으니, 이는 예전이나 지금이나 다 그렇다.

그렇다면, 지금 돈은 대략 개원통보에 비하면 갑절 커서 무게가 4수 8유가 되나 오수전(五銖錢)에 비하면 2유가 모자라는 셈이다. 《삼재도회》에는, "해동통보·해동중보·삼한통보 이 세 가지 돈은 직경은 9푼, 무게는 3수 6유이다" 하였으니, 이는 개원통보에 비하면 크고, 지금 상평통보에 비하면 조금 작은 것이다. 또, "개원통보 가운데 큰 것 또한 개원통보라고 새겼으며 직경은 2푼, 무게는 12수 6유이다"라고 하였으니, 대개 24수가 1냥이 된다면 그 무게는 반 냥 조금 넘는 것이다. 무덕 시대에 만든 것과 비교하면 아주 커서 꼭 같지 않은데, 우리나라에는 없는 것이다.

옛날의 벼루
澄泥硯 징니연

구양공(歐陽公)의 《연보(硯譜)》(송나라 구양수(歐陽脩)가 벼루의 생산 및 관련 사실을 기록한 책)에, "지금 사람은 고운 진흙으로 기와를 만들어 흙 속에 오래 묻어 두었다가 파내서 벼루를 만들어 쓰는데, 모두 먹이 잘 갈리는 것이 돌벼루보다 낫다" 하였고, 《승암집(升庵集)》(명나라 양신(楊愼)의 문집)에는, "강현(絳縣)에서 만드는 징니연(澄泥硯:옛날 벼루 이름. 진흙을 물에 씻어서 정결하게 한 다음 불에 구워서 만든다 함)은 비단 주머니를 꿰매서 콸콸 흐르는 물 속에 묻어 두었다가 한 해를 넘긴 뒤에 파내면 고운 진흙과 모래가 벌써 주머니에 꽉 담겨져 있다. 이것을 불에 구어서 벼루를 만들면 물이 잦아지지 않는다" 하였다.

생각건대, 이른바 징니(澄泥)란 것은 지금의 수비(水飛:그릇 만들 흙을 물에 넣어 휘저어서 불순물을 없애는 일)라는 뜻과 같은 듯하다. 비록 콸콸 흐르는 물이 아닐지라도 진흙을 비단 주머니에 넣어 열 번쯤 수비하는 과정을 거치면 숙련(熟鍊)된 진흙이 될 것이고, 또 조금 마른 다음에 다시 물을 타서 이리저리 이기면 차츰 차지게 될 것이다. 이와 같이 대여섯 차례를 한 뒤에 구워서 기와를 만들면 반드시 좋은 재료가 될 것이다. 저 동작와연(銅雀瓦硯 : 중국 삼국시대 조조(曹操)가 지은 동작대(銅雀臺)의 기와로 만든 벼루)이란 것 또한 어찌 비단을 꿰매서 만들었던 것이겠는가? 반드시 고운 진흙을 차지게 이겨서 흙 속에 오래 묻어 두는 과정을 거쳤을 뿐이리라.

우륵의 가야금
伽倻琴 가야금

신라 진흥왕 때에 가야국왕 가실(嘉悉)이 당나라 악부(樂部)의 쟁(箏)을 본받아 12줄 거문고를 만들었는데, 이는 1년을 본뜬 것이다. 그의 악사(樂師) 우륵(于勒)은 나라가 뒷날 어지러워질 줄 알고 악기를 가지고 신라로 투항, 그 이름을 '가얏고'라 했다. 이규보(李奎報)는 "가얏고는 대개 옛날 진쟁(秦箏) 따위인데, 다만 줄 하나가 없을 뿐이다" 하였다.

《급취편(急就篇)》주를 살펴보니 "쟁은 슬(瑟 : 거문고) 따위로서 본디는 12줄이던 것이 지금은 13줄로 되어 있다. 이는 대개 진나라에서 만든 것이므로 이름을 진쟁이라 하며, 또는 진나라 풍속이 각박하고 악독하여 부자간에 슬을 가지고 다투는 자가 있어 저마다 반씩 쪼개 갖게 되었던 까닭에, 그 무렵 쟁이란 이름이 붙게 되었다. 슬이 본디 25줄이었다면, 12줄 혹은 13줄 따위는 슬에 비해 반밖에 되지 않는데, 쟁이란 이름은 변하지 않았다" 하였으니, 이로 본다면 가얏고란 것과 진쟁이 무엇이 다르겠는가. 이규보는 이런 사실을 상고하지 않은 듯하다.

또 한무제본기(漢武帝本紀)를 살펴보건대 "태제(泰帝)가 소녀(素女)에게 50줄의 슬을 타도록 했는데 그 곡조가 구슬펐다. 태제는 차마 들을 수 없어 연주를 금하였으나 사람들이 따르지 않았다. 그래서 그 슬을 깨뜨려 25줄로 만들었다" 하였으니, 태제가 곧 황제(黃帝)이다. 그런즉 슬은 처음 50줄이던 것이 그 반인 25줄로 되었고, 또 그 반인 13줄의 쟁이 되었으니, 쟁과 가얏고란 처음부터 다를 것이 없다.

그러나 이상은(李商隱)의 시에 "금슬은 까닭없이 오십 줄로 되었구나〔錦

瑟無端五十絃)" 하였으니, 옛날 슬도 또한 없어진 것이 아니다. 다만 명칭을 금슬로 바꾸어 구별했을 뿐이다.

비단 종이
繭紙 견지

옛날부터 전해 오기를 "왕희지는 잠견지(蠶繭紙)와 서수필(鼠鬚筆)로 《난정첩(蘭亭帖)》(진나라 왕희지가 지은 난정기(蘭亭記)를 쓴 서첩) 서문을 썼다" 하였다. 송나라 조희곡(趙希鵠)이 지은 《동천청록(洞天淸錄 : 기물(器物)·서화(書畵) 따위를 종류별로 기록한 책)》을 살펴보니 "고려지(高麗紙)란 것은 곧 면견(綿繭 : 풀솜을 뽑는 허드레 고치)으로 만들었는데, 빛은 비단같이 희고 질기기는 명주와 같아서 먹을 잘 받으니 사랑할 만하며, 이는 중국에 없는 바이니 또한 기품(奇品)이다" 하였다.

면견은 곧 잠견(蠶繭)이다. 《난정첩》을 썼다는 것도 이 고려지를 가리킨 듯하다. 오늘날에는 견지가 일본에서 들어오는데, 내가 구해서 시험 삼아 글씨를 써보니 참으로 뛰어나게 좋은 것으로, 우리나라에서는 잘 만들 수 없는 것이다. 추측컨대, 조희곡이 본 것도 일본에서 온 것인 듯하다.

쥐수염으로 만든 붓
鼠鬚筆 서수필

왕희지는 서수필(鼠鬚筆 : 쥐수염)로 《난정첩》을 썼으며, 위부인(衛夫人)의 필진도(筆陣圖)에는 토호필(兎毫筆 : 토끼털)로 상품을 삼았으나, 두 가지는 다 부드럽기만 하고 탄력성이 떨어진다.

쥐수염은 비록 억세고 질긴 듯하지만, 그 털끝이 너무 뾰족하고 가늘다. 뾰족하고 가늘면 반드시 부드러우므로 이 쥐수염만으로는 붓을 잘 만들 수 없는 바, 반드시 족제비털로 심을 박고 쥐수염은 겉만 둘러싸야 붓이 좋아진다. 그렇게 하지 않으면 너무 부드러워서 쓸 수가 없다.

내가 일찍이 이 서수필을 시험 삼아 써 보았더니, 족제비털로 넣은 심은 오히려 남아 있는데 겉에다 둘러싼 쥐수염은 이미 무지러져서 족제비털로만 만든 붓만 못했다. 그런데 옛사람은 대부분 부드러운 털로 만든 붓을 좋다

했으니, 이것은 옛날과 지금이 숭상하는 것이 달라서 그런 것일까? 또는 높은 산 절벽 속에 서리 맞은 토끼털이 족제비털보다 더 억셌던 까닭에 이위(李衛 : ^위) 가 토호필을 취하게 되었던 것일까?

소식(蘇軾)의 서수필에 대한 시에 "시렁 위에 꽂은 붓은 창칼처럼 억세다〔揷架刀槊健〕" 하였으니, 이 말대로라면 옛사람 또한 억센 붓을 사용했던 것이다.

비처럼 쏟아진 벌레
雨虫 우충

몇해 전, 온 나라에서 떠들썩하게 전하기를, "무슨 벌레가 하늘에서 비처럼 쏟아져서 온갖 음식물 속으로 섞여 들지 않는 일이 없었다. 생선이나 고기 속에서 흔히 발견되었는데, 하얗고 가늘며 긴 것이 마치 흰 말의 갈기처럼 생겼다. 사방이 온통 벌레였지만 무슨 벌레인지는 알 수가 없었다. 이 해에 지독한 병이 많이 퍼지자, 사람들은 모두 이 벌레에 중독되어 병에 걸린 것이라고 한다" 하였다. 이런 일이 참으로 있었는지는 알 수 없으나 따지고 보면 이런 이치 또한 있을 법도 하다.

《고려사》에 상고하니, "고종(高宗) 33년 5월에 독충이 비처럼 쏟아졌다. 벌레 몸뚱이가 가는 그물에 싸였는데, 쪼개면 마치 흰 털을 쪼개는 것과 같았다. 음식에 묻어서 사람의 뱃속에 들어가기도 하고 혹은 사람의 살을 빨아 먹기도 하다가 죽으므로, 그때 이 벌레를 식인충이라고 하였다. 여러 가지 약을 써도 죽지 않다가 파즙〔蔥汁〕을 벌레 몸에 바르니 저절로 죽었다" 하였으니, 이것은 마땅히 기록해 두어야 하겠다.

말똥구리
蛣蜣 길망

《자서》에, "길망은 똥덩이를 둥글게 만들어, 암컷과 수컷이 함께 굴려다가 땅을 파고 넣은 다음, 흙으로 덮고 간다. 며칠이 되지 않아 똥덩이는 저절로 움직이고 또 1~2일이 지나면 말똥구리가 그 속에서 나와 날아간다"

하였다.

그런데 내가 일찍이 징험해 보니, 자못 그렇지가 않다. 처음에는 여러 벌레가 함께 더러운 똥 속에 있는데 벌레는 많고 똥이 적으면 다 빨아먹고야 말고, 그렇지 않으면 서로 나눠 갖되, 두 벌레가 한 덩이씩 차지해서 굴리는데 이리저리 뒤섞여 구별이 없으니, 이는 우연히 서로 만난 것이지, 그 암컷과 수컷은 아니었다.

그 똥덩이를 흙 속에 묻어 두는 것은 다음날 먹으려고 쌓아 놓는 것이다. 까마귀와 까치가 먹을 것을 얻으면 반드시 남모르게 우거진 숲 속에 간직해 두었다가 조금 지나면 파헤쳐 먹는 것과 무엇이 다르겠는가? 사람들은 그 벌레가 땅 속에서 나오는 것만 보고 똥덩이가 변해서 벌레가 되었다고 하는데, 이런 이치는 없을 듯하다. 나는 일찍이 다음과 같은 시를 읊었다.

> 뜰에 영통(舲通 : 말똥 또는 돼지똥) 있는 것을 용하게 알고 찾아와서
> 뒤에서 밀고 앞에서 당겨 애써 가져가는구나.
> 우연히 서로 만나 같은 이익을 구하는 거지
> 본디 두 벌레가 한마음 되는 것은 아니네.
> 庭有舲通聖得尋　後推前拒苦駸駸
> 偶然相値求同利　未必雙虫本一心

이는 내가 직접 눈으로 보고 알아낸 것이다.

또 한 가지 웃을 만한 일이 있다. 벌레가 똥덩이를 굴릴 때에 다른 한 벌레가 그 뒤를 따르면서 곁눈질을 하여 감추기를 기다려서 몰래 훔칠 계획을 한다. 따라가는 거리가 가까우면 엎드려 숨고 멀면 가만히 엿보며, 거리가 아주 멀어지면 나는 듯이 달려가서 이리저리 찾았으니, 그 모습이 몹시 미웠다. 하루는 내가 아이들과 한가히 거닐다가 희롱 삼아 절구 한 수를 지었다.

> 잔 벌레가 굴리는 똥은 소합환보다 가벼운데
> 두 마리가 욕본 것이 한 덩이뿐이구나.
> 함께 흙 속에다 몰래 감추려 하오마는
> 어찌 알리 훔치려는 딴 벌레 있는 줄을.

微虫轉糞輕蘇合　二介辛勤只一丸
共向泥沙藏欲密　寧知別有待甘餐

또 조금 크게 생긴 종류도 있다. 이는 혼자서 똥덩이를 굴리는데, 《본초》
에는 적혀 있지 않다. 사람들은 또, "그 배를 쪼개면 실처럼 생긴 흰 가닥이
있는데, 종기에 붙이면 그 기운이 살을 뚫고 들어가게 된다. 아픔을 참기 어
려우나 조금 지나면 실 같은 가닥이 변해서 물이 되고 종기의 독도 가신다"
하였다. 나도 경험해본 결과 과연 그러하였으니, 또한 이상하다.

송골매와 해동청
海東靑 해동청

송골매〔鶻〕는 우리말로 나치〔那馳〕라고 하는데, 송골매를 큰매〔鷹〕에 비
하면 새매〔鷂〕를 농탈(籠脫 : 비둘기나 까치를 잡아
먹는 새매의 일종)에 비하는 것과 같다. 해동청이란
매는 송골매 따위인데, 송골매와 큰매는 구별이 있다. 송골매는 꼬리가 짧고
눈방울이 검으며 똥을 급하게 갈기지 않는데, 큰매는 모두 그렇지가 않다.
옛날 우리 세종대왕이 명나라 황제에게 해동청을 바쳤더니 받지 않고 농기
구〔鎡器〕를 하사하였다. 이는 《명사(明史)》에 나타나 있다.
지난번에 근교에서 송골매 한 마리가 기러기를 잡아채니, 뭇 기러기가 다
투어 날아와서 송골매 날개를 물어뜯었다. 송골매는 양쪽 죽지가 축 처져서
날지도 못하였다. 그래서 마을 사람이 붙잡아다가 치료해서 길렀는데, 꿩사
냥을 나가면 백발백중 한 마리도 놓치지 않았다. 송골매의 빠르기는 큰매보
다 갑절이나 빨랐다. 이것이 소위 말하는 해동청이란 것이었는지 모른다.

성황신을 모시는 제단
城隍廟 성황묘

나에게 성황(城隍)의 뜻을 묻는 이가 있었다. 나도 그 유래를 몰라서 《국
조오례의(國朝五禮儀)》에서 찾아보니, 여제축사(厲祭祝辭)에 "의탁할 곳 없
는 귀신에게 제사를 드린다. 사람의 죽고 삶이 만 가지로 같지 않은 바, 예

부터 지금까지 제 명대로 살지 못한 자가 적지 않았다. 전쟁에서 나라를 위해 죽기도 하고, 다투다가 맞아 죽기도 하고, 수화(水火)나 도적에게 죽기도 하고, 굶주림과 추위, 염병을 만나 죽기도 하며, 담과 집이 무너져 깔리거나, 벌레와 짐승에게 물려 죽고, 죄 없이 사형을 당하고, 재물로 말미암아 협박을 받아 죽으며, 처첩으로 말미암아 목숨을 잃고, 위급한 경우에 목매어 죽고, 자손이 없이 죽으며, 아기를 낳다가 죽고, 벼락을 맞아 죽고, 벼랑에서 떨어져 죽기도 한다. 이와 같은 경우가 얼마나 되는지 모른다. 외로운 혼이 의탁할 곳이 없고 제사도 받아먹지 못하니, 죽은 혼이 흩어지지 않고 맺혀서 요사스러운 짓을 한다. 이러므로 성황에 고하여 뭇 귀신을 불러 모아서, 맑은 술과 여러 가지 음식을 권해 올리니, 너희들 온갖 귀신은 여기에 내려와서 이 음식을 잘 먹고 여역(厲疫)과 재앙으로써 사람의 화기(和氣)를 해치지 말라" 하였다.

또 성황발고축(城隍發告祝)에 "오는 모월 모일 북교(北郊)에 제단을 베풀고 의탁할 데 없는 온 경내 귀신을 제사하려 한다. 성황신은 힘껏 불러 모아서 제단으로 나아가라" 하였으니, 성황이란 여제(厲祭)로서 큰 것이기 때문에 뭇 귀신을 불러 모아서 함께 흠향하도록 한 것이다.

정자(程子)는 "지금 성황신 따위에게 제사 지내는 것은 모두가 부당한 일이다" 하고, 또 말하기를 "성황신이란 토지를 맡은 귀신이 아니고 사직(社稷)을 맡았을 뿐인데, 어찌 토지신으로 대우할 수 있겠는가?" 하였다. 이런즉 정자가 비록 비례(非禮)라고 말했으나 후토신(后土神) 따위를 가리킨 듯하니, 우리나라의 축사(祝辭)와는 조금 다른 것이다.

성황이란 글자는 본디 《주역》 태괘(泰卦)의 상륙(上六) 효사(爻辭)에 나오는데 성지(城池)를 일컫는다. 전(傳)에 이르기를 "해자의 흙을 파서 높이 쌓아 성을 만든다"라는 것이 바로 이것이다. 생각건대, 성지란 사람들이 모여 사는 곳이므로 그 신에게 제사를 지내 사람으로 태어났다가 제명대로 죽지 못한 뭇 귀신을 통솔하도록 한 것인 듯하다.

육유(陸游)의 〈진강부성황충우묘기(鎭江府城隍忠祐廟記)〉에, "한(漢)나라 장수 기신(紀信)이 그 지방의 성황신이 되었다. 이미 성황신이라고 하였으니, 어찌 또 다른 귀신이 있다고 주장하겠는가?" 하였고, 또〈영성현성황사기(寧城縣城隍祠記)〉에 이르기를 "성황신이란 백성을 보호하고 간통을 금하며 내외를 분별 있게 하는 것이니, 사람에게 베푸는 공이 가장 크다. 당나라 때부터 각 고을에서 모두 성황의 제사를 딴 신사(神祠)보다 높이고 있었으니, 그 예가 또한 중하지 않으랴" 하였으니, 육유의 말은 이처럼 앞뒤가 맞지 않는다.

《동국여지승람》에 "장절공(壯節公) 신숭겸(申崇謙)이 죽어서 곡성현성황신(谷城縣城隍神)이 되었고, 김홍술(金洪術)이 의성성황신(義城城隍神)이 되었고, 소정방(蘇定方)이 대흥성황신(大興城隍神)이 되었다" 하였으니 이런 따위는 이루 기록할 수 없으며, 기신이 진강(鎭江)의 성황신이 되었다는 것과 같으니, 괴이한 일이다.

대개 사직이란 것은 토곡(土穀)을 맡은 귀신이다. 《좌전》에 "공공씨(共工氏)의 아들 구룡(句龍)은 죽어서 후토신이 되었으니, 후토란 사(社)를 맡은 것이고, 열산씨(烈山氏)의 아들 주(柱)는 죽어서 직신(稷神)이 되었는데, 하나라 이전부터 제사 지내 주었고, 주기(周棄)도 죽어서 직신이 되었는데, 이는 상나라 때부터 제사 지내 주었다" 하였다.

이는 추측컨대, 구룡과 주기가 죽어서 사직을 맡은 귀신이 되었다 할지라도 그는 본디의 토곡신에게 배향했을 뿐이고 참으로 토곡신이 된 것은 아니다. 생각건대, 앞서 말한 기신 같은 무리도 처음에는 모두 성황신에게 배향한 것인데, 후인들이 그 본디의 사실을 모르고 망령되이 사람 죽은 귀신을 성황신으로 만든 것인 듯하다.

내가 안산(安山) 고을에 살 적에 하루는 군수 아무개가 향좌수(鄕座首)를 보내서 "여제(厲祭) 날짜가 임박하기에 위패를 열어본즉 절충장군(折衝將軍)이라고 씌어져 있으니, 이를 어떻게 해야 되겠습니까?" 하기에, 나는 다만 그 무렵 《국조오례의》에 의거해서 대답했을 뿐이다. 절충이란 칭호는 아마 잘못된 것을 답습한 듯싶은데, 그 사람은 뒤에 과연 어떻게 처리했는지 모르겠으나, 이는 분명 곡성(谷城)·의성(義城)의 규례를 따라 잘못 사용하고 고치지 않은 것이리라. 비록 사람이 죽어서 토곡신에게 배향한다 할지라도 어찌 성황신 위패에다 바로 쓸 리가 있겠는가.

우리나라 풍속은 귀신 섬기기를 좋아하여 혹은 꽃장대에 종이로 만든 돈을 어지럽게 걸고 마을마다 무당이 돌아다니면서 성황신이라고 말한다. 백성을 현혹시켜 재물을 내게 하는 계책을 쓰는데, 어리석은 백성은 이것이 두려워 앞을 다투어 갖다 바친다. 관청에서도 이를 금하지 않으니 이상스런 일이다. 또 마을 무당들은 만명신(萬明神)을 높이 받들고, 백성은 질병이나 재앙이 있으면 이 만명신에게 빈다. 어떤 이는 "만명신이란 신라 김유신(金庾信)의 어머니로, 야합해서 서현(舒玄)에게 달아난 자이다" 하였다. 이를 받드는 자는 반드시 큰 거울을 비축하여 거울이 꼭 온 모습을 보이게 하니, 이것은 아마도 신라 풍속이 그랬던 것 같다. 저 야합하여 달아난 여자의 귀신이 어찌 천년이 되도록 없어지지 않을 이치가 있겠는가.

섬 백성들은 더욱 음사(淫祠)를 숭상한다. 제주 같은 데는 이 음사가 없는 마을이 없다. 이를 지키는 자는 이익이 많은 까닭에 관세 또한 많았다. 참의 이형상(李衡祥)이 제주목사로 있을 때에 음사를 모두 불태워 버렸더니, 백성들은 매우 놀라고 두려워하였다. 그가 임기를 마치고 돌아갈 때에 모두들 그가 반드시 물에 빠져 죽을 것이라고 했는데, 그가 바다를 무사히 건너자 이상하게 여기지 않는 이가 없었다 한다.

일본의 풍속에서는 음사가 더욱 심하니, 웅야(熊野)의 서복(徐福)이 가장 오래 된 것이고, 신라 사람 일라(日羅) 같은 이는 애탕(愛宕)의 권현신(權現神)이 되었는데, 복을 구하는 자들이 몰려들어 그 신문(神門)이 저자와 같다고 한다.

우리나라의 화폐
銀甁 은병

《사기》 평준서(平準書)에 "순임금·우임금 때의 화폐는 금으로 된 것이 세 가지였는데, 황금·백금·적금(赤金)이었고, 그 명칭이 전(錢)·포(布)·도(刀)·귀패(龜貝)·전포(錢布) 따위로 전해 내려온 지가 오래다" 하였다.

한(漢)나라 무제(武帝) 때에는 백금으로 세 종류의 돈을 만들었는데, 하늘에는 용(龍)처럼 쓰이는 것이 없고, 땅에는 말〔馬〕처럼 쓰이는 것이 없으며, 사람에게는 거북〔龜〕처럼 쓰이는 것이 없다 하여, 이 세 가지 물형을 넣어 세 종류로 만들었다. 그 첫째는 둥글게 만들어 용의 무늬를 새겼는데 무게가 여덟 냥이고, 둘째는 조금 작고 모났는데 말의 무늬를 새겼으며, 셋째는 더 작은 것이 타원형으로 생겼는데 거북 무늬를 새겼다.

왕망(王莽)은 계도(契刀)를 만들었는데 둥글기는 대전(大錢)과 같고 모양은 칼과 같으며, 다시금 십포(十布)를 만들었는데 그 소포(小布)의 길이는 1치 5푼, 무게는 15수(銖)로서 위는 뾰족하고 아래는 갈라졌다. 옛날에 통용된 화폐는 이와 같은 것에 지나지 않았다.

우리나라의 돈에는 통보(通寶)·중보(重寶)·소보(疎寶)란 명칭이 있다. 또는 삼한·해동·동국이라고 일컬었는데, 옛 서적에 기록된 것이 이와 같다. 《고려사》에 살펴보니 "고려 숙종 때에 비로소 돈을 만들었다. 처음에는 은병(銀瓶)을 돈으로 삼았는데, 은 1근으로 만들고 우리나라 지형을 본떴다. 세속에서는 활구(濶口)라고 불렸는데, 공민왕 5년(1356)에 이르러 그것을 없애고 은전을 만들어 썼다" 하였다.

대개 은병은 백금으로 만든 세 가지로서 지형을 본뜬 것인데, 그 허리를 가늘게 만든 까닭에 병처럼 아가리가 넓어 활구라고 한 듯하다. 그러나 이 제도는 전해지지 않으니, 옛일에 해박한 자라야만 알 수 있을 것이다.

자
尺척

《경국대전》에 이르기를 "주척(周尺)을 황종척(黃鐘尺)과 비교하면 주척이 6푼(分) 6리(釐) 더 길고, 영조척(營造尺)을 황종척과 비교하면 영조척이 8촌(寸) 9푼 9리가 더 길고, 조례기척(造禮器尺)을 황종척과 비교하면 조례기척이 8촌 2푼 3리가 더 길고, 포백척(布帛尺)을 황종척과 비교하면 포백척이 1척 3촌 4푼 8리가 더 길다" 하였다.

이 주척이 바로 황종척인데, 치수가 서로 다른 것은 무엇 때문일까. 이른바 조례기척이란 것 또한 무엇을 표준해서 만든 것인지 모르겠다. 포백척에 표준하면, 주척은 4치 남짓 더 길다. 세상에서 전하는 말에 "세종(世宗)이 앞으로 율려(律呂 : 국악의 가락)를 만들려고 할 적에 진리(陳理)·명승(明昇)이 우리나라에 귀양 와서 살았다. 세종은 그가 가져온 신주(神主)를 기준으로 길고 짧은 척수를 마련하도록 했다" 하였다. 그의 신주는 주척의 치수를 쓴 것이 아니었던가.

반계(磻溪) 유형원(柳馨遠)은 이르기를 "현재 서울 수표교(水標橋)에 세운 바 수표석(水標石)에 새긴 주척이 바로 이것이다" 하였고, 또 이르기를 "지금 강원도 삼척부(三陟府)에 소장된 구리로 주조한 포백척에 새긴 연호와 월일이 함께 있다. 이는 세종 때 각 고을과 명산에 감추어 두라고 명하였던 것인데 지금 딴 데 것은 남아 있는 것이 없고 오직 삼척의 것만이 다행히 보존되었다. 오늘날 공사 간에 통용하는 포백척은 이와 비교하면 일곱 치가 넘게 더 길다" 하였다.

재앙과 상서
雀餳작당

예전이건 지금이건 재앙과 상서는 이치로도 분별하기 어렵다. 덕성(德星)이 있으면 재성(災星)도 있고, 서성(瑞星)에도 왕봉예(王逢芮)·소명(昭明)·사위(司危)·지유장광(地維藏光) 따위가 있는데, 《진지(晉志)》에는 이것을 객성(客星) 또는 요성(妖星)이라 일렀으니, 누가 구별할 수 있겠는가.

감로(甘露 : 천하가 태평할 때에 하늘에서 내린다고 하는 단 이슬)가 있다면 작당(雀餳 : 붉은 엿)과 목례(木醴)라는 것도 있다. 이 작당은 빛이 깨끗하고 구슬처럼 생겼는데, 공보(貢父) 유반(劉攽)은 이것을 여기(戾氣)라고 했다. 송나라 왕도(王陶)가 지은 《담연(談淵)》에 이르기를 "한림학사 두호(杜鎬)는 도성 밖에 분암장(墳菴莊)을 두었다. 하루는 감로(甘露)가 숲속에 내렸다. 그의 아들이나 조카들은 놀라며 기뻐했으나 두호는 맛을 보더니 슬퍼하면서 말하기를 '이것은 작당이다. 크게 아름다운 조짐이 아니니, 우리 가문이 쇠퇴할 것이다' 했는데, 한 해가 지나자 두호가 죽고 여덟 사람이 잇따라 죽었다" 하였다.

진(陳)나라 말기에도 복주산(覆舟山)과 장산(蔣山)의 송백림에서 겨울철에 늘 목례가 났다. 후주(後主)는 이것을 감로라고 했는데, 얼마 안 되어 진나라가 망했다고 한다.

우리나라에도 광해군 말기에 유몽인(柳夢寅)의 선영이 흥양(興陽)에 있었는데, 향기로운 이슬이 송죽 숲에 내렸다. 찹쌀술처럼 손에 닿으면 끈적끈적 붙고 해가 비치면 빛이 반짝반짝 났으며, 단맛이 꿀과 같으므로 사람들이 모두 나무를 휘어잡고 핥기까지 하였다. 그 무렵 유씨의 벼슬과 지위가 높아지자 이것을 자랑하며 상서로 여겼으나 얼마 되지 않아 유씨의 친족은 무너지고 말았다.

대저 사람에게 참으로 충성하는 듯하면서 간사한 자가 있는 것처럼 사물 또한 상서인 듯하지만 재앙인 것이 있는 것일까.

또 생각하건대, 한때의 별 기운이 엉기어 이루어지는 것은 우연히 이렇게 될 뿐인데 사람과 무슨 상관이 있겠으며, 더구나 여항(閭巷)의 보잘것없는 사내로서 상서와 재앙을 어찌 감응할 수 있겠는가. 이것을 상서로 여기는 자만의 잘못이라 할 수 없으며, 이것을 재앙으로 돌리는 자 또한 반드시 옳다고 볼 수는 없는 것이다.

세종 8년(1426)에 우리나라 황주(黃州)에 감로가 내렸고, 세종 18년(1436)에도 정평(定平)·영흥(永興) 등지에 감로가 내렸다. 빛은 백랍(白蠟)과 같고 맛도 매우 달았다. 대신이 임금에게 하례를 청하자, 세종은 말하기를 "상서가 내릴 만한 시기가 아니므로 나는 재앙으로 여긴다" 하였으니, 훌륭하도다 임금의 말씀이여! 후세 임금이 마땅히 교훈삼아 경계할 일이다.

개미 기르는 자
養螘 양의

옛날 팔사(八蜡 : 옛날 농사가 끝나면 여덟 가지 신에게 제사 지내던 일)에서 범과 고양이에게 제사 지낸 것은 그가 곡식을 해치는 돼지와 쥐를 잡아먹기 때문이다. 이런 점에서 천하에는 쓰지 못할 물건이 없음을 알았다. 남쪽 지방에 개미 기르는 자가 있는데, 그 개미 이름은 양감의(養柑螘 : 귤 기르는 개미)라고 한다. 귤(橘)을 심으면 잔 벌레가 생겨서 열매를 먹는 것이 걱정인데, 개미만 많으면 벌레가 생기질 못한다. 그래서 과원(果園)을 가진 집은 개미를 사게 되므로 과연 파는 자도 있는 것이다. 돼지와 염소의 오줌통에 기름을 담은 다음 아가리를 벌려서 개미 구멍 옆에 놓아두었다가, 개미가 그 속에 많이 들어가면 가져가게 되니, 그 술법 또한 교묘하다. 왕자(王者)가 세상을 다스리는 데 버릴 인재가 없다는 것을 이로써 추측할 수 있겠다.

좋은 붓을 만드는 비법
筆妙 필묘

붓을 만들 때에는, 걸(桀)한 것은 앞에 세우고 취(毳)한 것은 뒤에 세우며, 강(強)한 것은 심으로 넣고 정한(要) 것으로는 겉을 입힌다. 어저귀〔檾 : 섬유작물로 재배하는 한해살이풀〕로 묶어서 붓대에 끼운 다음, 칠액(漆液)으로 단단하게 하고 해조(海藻)로 윤을 낸다. 먹을 찍어 글씨를 쓰면, 바른 획은 먹줄처럼 곧고, 굽은 획은 갈고리처럼 구부려지며, 모난 획과 둥근 획은 규구(規矩)에 맞는다. 종일 쥐고 글씨를 써도 그 획이 흐트러지지 않는 까닭에 필묘(筆妙)라고 한다.

추측컨대, 걸(桀)이란 곧 털이 긴 것이다. 털을 가지런하게 하는 방법은, 긴 것을 앞으로 하고 부드러운 것을 뒤로 하여 서로 섞어 만드는 것인데 조금씩 층이 있도록 해야 하는 듯하다. 내가 일찍이 서적을 상고해 보니, "사람의 머리털 수십 개를 그중에 섞어 넣으면 아주 좋다" 하였는데, 이것도 한 방법인 듯하다.

요(要)란 것은 털을 정하게 가린다는 뜻이다. 털을 묶을 때는, 강한 것은 안으로 넣어 심을 만들고, 정한 것은 겉으로 두루 입힌다. 털을 일정하게 만든 다음, 그중에 더 강한 털을 가려서 심을 박고 부드러운 털로 겉을 둘러 마는 것이다.

어저귀란 오늘날 경마(苘麻)라고 하는 것인데, 물에 씻으면 흰빛이 실과 같다. 붓의 심을 일정하게 만든 다음, 이 어저귀로 단단히 동여서 풀어지거나 흩어지지 않도록 하는 것이다. 지금도 붓을 만들 때에 밀랍으로 굳게 붙이는 것 또한 이와 같은 방법이다. 굳게 하는 데는 우교(牛膠)만한 것이 없는데 칠액으로 한다고 하였으니, "중국에서 만든 붓은 물에 넣어도 털이 풀어지거나 흩어지지 않는다"고 하는 것이, 이 칠액을 쓴 까닭인 듯하다. 해조(海藻)란 붓을 간직해 두는 기구인 듯한데 자세히 알 수가 없다. 듣건대, "붓을 제조한 뒤에는 항아리에다 물을 담고 붓끝이 물에 닿지 않게 항아리 속에 붓을 매달아 두었다가 열흘이 지난 뒤에 내어 써야만 좋은 붓이 된다" 하니, 해조란 것은 이런 따위인 듯하다.

고려 시대에는 낭미필(狼尾筆)은 천하에서 보배처럼 여겼는데, 이 낭미란 것은 바로 족제비 꼬리이며, 족제비를 서랑(鼠狼)이라고도 한다. 이미 중국에서까지 칭찬하게 된 것을 보면, 그 기술 또한 서투르지 않았던 것이다. 낭미필을 만들 때는 족제비의 꼬리털 가운데 강한 털만을 가려서 심을 넣은 다음, 조금 부드러운 털로 그 심을 둘러싸고, 다시 더 강한 털을 겉에 입혀서 거의 심과 가지런하게 하는데, 모두 밀을 녹여서 일정하게 붙인 다음 아교로 굳게 붙이기만 하면 된다.

당나라 장족(張鷟)은, "구양통(歐陽通)은 순(詢)의 아들로서, 이리털로 심을 넣고 가을에 잡은 토끼털로 겉을 싸서 붓을 만들었다" 하였으니, 이것은 반드시 묘품(妙品)이 되었을 것이다. 한번 시험 삼아 만들어 봐야겠다.

위에서는 들리지 않는 천둥소리
雷不上聞 뇌불상문

소동파 시에

산 위에서 듣는 천둥 어린애 울음 같건만
세상에는 젓가락 잃은 사람 한량없으리. *1
山頭只作嬰兒看　無限人間失箸人

하고, 자기가 직접 주(註)를 달았는데, "그때 당도인(唐道人)이란 자가 말하기를, '천목산(天目山) 위에서 천둥소리와 비 오는 것을 내려다보매, 매양 천둥이 크게 칠 때에도 구름 속에서는 어린애 소리처럼 들릴 뿐 크게 들리지 않는다' 하였다. 그리하여 이 도인의 말대로 표현하게 되었다" 하였다. 천목산의 높이가 3천 9백 길밖에 되지 않는다면, 20리에 지나지 않는 것이다. 천둥은 땅에서 생기는 것이 아니고 공중에서 일어나는 것인데 이런 높이에서도 오히려 잘 들리지 않았으니, 이보다 더 높은 데서는 들리지 않는다는

---

*1 이 글귀는 《삼국지》의 촉지(蜀志)에, 유비와 조조가 서로 영웅을 겨룰 때 한자리에서 술을 마셨는데, 갑자기 천둥소리가 들리자, 유비는 들었던 젓가락을 갑자기 떨어뜨리고 조조에게, '성인(聖人)도 갑자기 천둥소리가 나고 바람이 불 때는 반드시 얼굴빛이 변하였다'고 변명한 데에서 인용되었음.

것을 알 수 있다. 유건(劉健 : 명나라의 학자, 희현)이 왕명을 받고 화산(華山)에 가서 제사 지낼 때 산 밑으로 흰 안개가 큰 바다처럼 덮이는 것을 보았다. 또 갑자기 연기가 푹 솟아오르는데 혹 한 길 남짓하기도 하고 한 자쯤 되기도 했으나 아무 소리도 들리지는 않았다. 그리고 산에서 내려오니 남들의 말에, "소나기가 천둥과 함께 수백 번을 지나갔다" 하니, 이는 동파의 시로써 본다면 진실로 그러할 것이다.

내가 일찍이 백보 밖에서 도끼로 나무 찍는 것을 보았다. 찍는 도끼는 벌써 높이 위로 치켜들었는데 울리는 소리는 비로소 들리게 되니, 이는 먼저 운행이 있은 다음이라야 바로 소리가 나기 때문이다. 무슨 물건이든 운행할 때 위로 올라가기는 어렵고 아래로 내려가기는 쉬우니, 이는 만물이 그러하다. 《주역》 소과괘(小過卦)에, "나는 새가 소리를 남기니 소리가 위로 올라감은 좋지 않고 내려가야만 좋다" 하였으니, 올라감은 역리(逆理)이고 내려감은 순리(順理)이기 때문이므로, 그 이치가 바로 그러한 것이다.

내가 또 포구에서 조수 소리를 들었다. 밀물〔潮〕이 불어 오를 때는 양쪽 언덕에서 모두 소리가 들리더니, 밀물이 빠질〔退潮〕 때에는 소리가 없었으며, 밤에는 소리가 먼 데까지 들리던 것이 낮에는 다르게 되니, 이는 습기가 땅 위에 꽉 차서 소리가 흩어지지 못하고 밀물이 넘쳐서 멀리 들리는 것이다.

대개 소리 퍼져나가는 힘이 화살처럼 공중을 찔러 곧게 나가지 못하는 때문에 그 형세가 늘 아래로 내려지게 된다. 아래에 언덕이나 구렁이 막히면, 소리는 퍼져나가는 형세가 자연 어려워지니, 밀물이 불어오르거나 밤에 습기가 있을 때를 보아 그 이치를 추측할 수 있다.

콩으로 만든 식품
豆腐 두부

오늘날의 음식 가운데 두부라는 것이 있다. 콩을 맷돌에 갈아서 끓여 익혀 포대에 넣어 짜낸 다음 간수를 넣으면 바로 엉기게 되고, 간장은 조금만 넣어도 짜지고 엉기지 않는다. 간수란 것은 소금에 물기가 있으면 흘러나오는 붉은 즙이고, 간장 또한 끓인 콩을 소금에 섞어서 만든 것이다. 그런데 간수를 넣으면 두부가 제대로 엉기고 간장 물을 넣으면 삭아서 엉기지 않으니, 그 이치를 깊게 연구하기 어렵다. 쌀뜨물〔米泔〕또한 삭아지게 하는 까닭에 두부를 먹고 체한 자는 쌀뜨물을 마시면 바로 낫는다고 한다.

《군쇄록(群碎錄)》에 이르기를 "두부는 바로 회남왕(淮南王) 유안(劉安)이 만든 것이다" 하였는데 소동파의 주에 이르기를 "증중수(曾仲殊)가 화식(火食 : 익혀 먹음)을 않고 꿀만 먹었는데, 두부·국수·우유 따위를 꿀에 적셔 먹고, 이름을 밀수(蜜殊)라 했다" 하였다.

근래에 어떤 사람이 해수병(咳嗽病)을 앓았는데, 뜨거운 순두부 물에 꿀을 타서 오랫동안 먹으니 나았다고 하므로, 의술하는 자로서는 마땅히 알아야 할 것이다.

창과 몽둥이
殳棒 수·봉

지금 향병이 지니고 있는 칼은 모두 호미를 펴서 만든 것이어서 찍어도 베어지지 않고 몽둥이와 맞서도 반드시 꺾어지게 되니, 그 쓰임에 있어서는 도리어 나무 몽둥이만도 못하다. 옛날 이주영(爾朱榮 : 후위(後魏) 명제(明帝)의 신하)은 갈영(葛榮)과 싸울 때에 창과 칼을 쓰지 않고 나무 몽둥이로 승리를 거두었으니, 사람도 훈련한 사람이 아니고 병기도 날카로운 병기가 아닐 바에는 차라리 몽둥이를 쓰는 것이 나을 것이다.

순의 신하로 수(殳)라는 자가 있었는데, 이 자는 창을 쓰는 기술이 있었다 하여 이름을 수라 하였다. 수라는 창은 길이가 1장 2척으로서 적죽(積竹)으로 만든 것인데, 적죽이란 대나무 속의 흰 것은 버리고 단단한 껍질만 모아서 강하게 만든 것이다. 《시경》에, "백(伯 : 춘추 시대 위 선공(衛宣公)의 신하)이 창을 잡고 임금의 앞잡이가 되었다" 한 것이 바로 이것이다. 이 창으로 앞잡이를 삼았다면 반드시 그 전에 시험해 본 일이 있어서 그랬을 것이다.

이렇게까지 만들 수는 없다 할지라도 단단한 나무로 쓰기에 편리하도록 만들고, 향병을 훈련시켜 쓰도록 한다면 보다 유익하지 않겠는가?

말굽에 박는 징
蹄鐕 제잠

우리나라에서는 말굽이 쉽게 닳을까 염려하여 징〔區鐵〕을 만들어 말굽에 대고 날카로운 못으로 박는다. 이것을 방언으로는 대갈〔多竭〕이라 하는데 어느 시대에 처음 만들어진 것인지는 알 수 없다. 어떤 이는, "윤관의 천리마에서 비롯되었다" 하는데, 말을 부리는 데는 매우 편리하여 자갈길〔石磴〕에서건 빙판길에서건 말이 엎어지거나 미끄러지지 않는다. 그러므로 말은 한시도 휴식할 수 없게 되어 힘이 빠지고 쉽게 늙는다.

어떤 이는 이르기를, "우리나라 풍속은 말을 기르는 데 반드시 겨죽만 먹이는 까닭에 말굽이 약하여 쉽게 뚫어져 중국과 다르다" 하는데, 과연 그러한지는 모르겠다. 내가 누구의 묘문(墓文)을 짓는데, 이 이야기를 써 넣은 적이 있었으나 말이 아름답지 않아 깎아 없애 버렸다. 그러나 이 대갈이란 것이 간혹 사책(史册)에도 실려져 있으니 나타내지 않을 수 없어서, 내가 이 대갈을 한자로 '제잠(蹄鐕 : ^{말굽에 편자를} 박을 때 쓰는 징)'이라고 이름했다.

이 잠(鐕)이란 것은 즉 못이다. 음은 잠으로 되었는데, 고주(古註)에는, "무슨 물건이든 부착시킬 수 있다" 하였고, 《예기》의 〈상대기(喪大記)〉에는, "임금의 관(棺) 속에 주록(朱綠) 비단과 여러 가지 금잠(金鐕)을 사용한다" 하였으니, 이는 못으로 널에다가 꼭 박아 붙인다는 것이다. 널 안의 사방과 사각에 비단을 넣은 다음 겉에는 금잠을 대고 못을 박아서 꼭 붙게 한다는 것인데, 지금 말굽에 박는 징과 비슷하다 하겠다.

사람과 말은 한마음
人馬一心 인마일심

두자미(杜子美)의 호청총가(胡靑驄歌)에

전진(戰陣)에서 이 말을 대적할 이 없구나
사람과 한맘되어 큰 공 세우네.
此馬臨陳久無敵　與人一心成大功

하였다. 이는 말이 사람의 뜻을 알아, 가고 그치고 더디고 빠름을 오직 사람의 지휘에 따른다는 것을 이른 말이었다.

참판 이민환(李民寏)*1은 건주(建州)에 오래 갇혀 있었으므로, 그 물정을 터득한 자다. 그의 말에, "말을 타고 달리려면 몸을 구부리고, 그치려면 바르게 앉고, 왼쪽으로 가려면 왼쪽 발을 더 디디고, 오른쪽으로 가려면 오른발을 더 디딘다. 그러면 고삐를 잡고 채찍질할 것 없이 종일 마음대로 달릴 수 있다. 그리고 말을 기르는 데 있어서도 콩이나 조를 자주 먹이지 말고, 안장이나 굴레를 벗겨 방목하여, 풍설(風雪)이나 한서(寒暑)를 가리지 않는다. 한 사람이 말 10필을 몰고 다녀도 서로 발로 차거나 입으로 물어뜯지 않으며, 혹 시장하고 갈증이 있어도 피곤해하지 않는다. 말을 길들이는 것이 대략 이와 같았다" 하니, 두자미의 시도 말을 자세히 보고 밝게 기록한 것이다.

내가 북쪽 사람의 이야기를 들으니, "경원(慶源)에 초목이 우거진 큰 늪이 있어 노루와 사슴 등이 많은데, 그 지방 수령이 사냥을 가려 하면 지방 사람들이 먼저 알고 강가에 와서 기다린다. 그러다가 달아나는 짐승이 있으면 사냥하는데, 혹 짐승이 없으면 말을 방치하여 붙잡아 매지 않은 채 그 곁에 누워서 잠을 잔다. 그래도 말은 몇 걸음도 떠나지 않고 잠자코 서 있다. 그러나 해질 무렵에 타고 나서면 나는 제비처럼 달린다" 하였다.

또 들으니, "북쪽 사람들은 배고픔과 추위를 아주 잘 견딘다. 행군할 적에도 쌀가루만 물에 타서 마시는데, 6~7일 동안 먹는 식량이 쌀 4~5승에 불과하다. 그리고 바람이 불건 비가 오건 눈서리가 내리건 밤새도록 한 데서 지낸다. 무릇 전투가 있으면 군사들은 저마다 전구(戰具)를 준비하게 되는데 나르는 군량이나 무거운 짐이 없으므로 출병할 시기가 되면 기쁘게 여겨 날뛰지 않는 이가 없으며, 그들의 처자들 또한 그렇게 여긴다. 오직 노략질을 능사로 삼기 때문에 심지어 노복(奴僕)까지도 다 전투에 나가기를 희망하고, 여자들도 달리고 사냥하는 것이 남자와 다름이 없다. 남자는 열 살만

---

*1 이민환 : 자는 이장(而壯), 호는 자암(紫巖). 광해군 10년(1618) 명나라에서 원군을 요청할 때, 이민환은 평안관찰사(平安觀察使)로 원수(元帥) 강홍립(姜弘立)의 막하(幕下)가 되었는데, 부차(富車) 싸움에서 패하여 청나라에 포로가 되었음. 17개월 동안 건주옥에 갇혀 있으면서 《건주견문록》을 지었음.

넘으면 능히 활과 화살통을 갖게 되고, 말을 타고 활을 쏘고도 남은 시간이 있으면 여럿이 떼지어 들로 사냥을 나간다. 전쟁에 있어서는 수급(首級 : 전쟁에서 베어 얻은 적군의 머리)을 중히 여기지 않고, 다만 용감히 진격하는 것을 공으로 삼으며, 겁내어 물러나는 것을 죄로 삼는 때문에 이와 같이 사나운 것이다" 하였다.

옛 것을 익히려면 기록하라
手板 수판

　배움은, 옛 것을 익혀 새 것을 아는 것보다 더 좋은 방법이 없다. 그런데 새것을 알기는 오히려 쉽지만 옛것을 연구하기란 더욱 어렵다. 무릇 배우는 이들이 누구인들 옛것을 익히지 않으려고 하겠는가만, 기억하는 재주가 모자라는 데 어쩔 수 있겠는가? 혼(魂)이란 오는 것을 알고 넋[魄]이란 지나간 것을 간직하는 까닭에 쉽게 잊어버리는 것은 넋의 기운이 부족하기 때문이다.

　성인(聖人 : 공자를 가리킴)도 매양 훌륭한 말을 들으면, 곧 "소자(小子)야, 기록해 두어라" 하였으니, 이 말은 성인 자신이 혹 잊어버릴까 두려워하는 것이 아니라, 곧 그 문인(門人)들이 이 기록한 말에 힘입어서 깨닫도록 권면한 것이다. 이런 까닭에 책(策)에다 기록한 자도 있고 좌우(座右)에다 기록한 자도 있고 심지어는 큰 띠[紳]에 기록한 자도 있었다. 그러나 이 책이란 것도 혹 갖고 다니지 않으면 눈에 보이지 않을 때가 있고, 좌우에 기록한 것도 혹 거처를 옮기면 잊어버리기 쉽지만, 오직 이 큰 띠에다 기록한 것만은 어디를 가건 늘 몸에 지니게 된다. 이렇게 하면 어찌 잊어버릴 걱정이 있겠는가?

　홀(笏)이란 것도 생각했던 일을 갑자기 잊을까 대비하는 것으로, 조회하고 제사 지낼 때에 이용하게 되는 것이니, 이는 매우 좋은 방법이다. 지금도 만약 이 홀 모양에 따라 나무를 깎아 수판(手板)을 만들고 거기다 연분(鉛粉 : 여자의 얼굴에 화장할 때 바르는 분)을 칠해서 옛날의 연참(鉛槧 : 붓과 종이)이란 것과 같게 하여 늘 몸에 지니는 물건으로 삼는다면 곧 학문에 힘쓰는 데 큰 도움이 될 것이다.

말 기르기

養馬 양마

말을 기를 때에는 북쪽 지방의 풍속을 본받아야만 제대로 기를 수 있다. 변방에서는 말을 기를 때 콩을 삶아 먹이거나 죽을 끓여 먹이지 않고 스스로 뛰어다니며 풀을 뜯어먹도록 놓아둔다. 그리고 산과 들에 갈대가 많이 있어도 지붕을 덮거나 자리를 깔아주지 않고 찬 데서 자도록 내버려 둔다. 그래서 비록 살찌고 윤택한 모습은 없을지라도 성질이 억세고 사나워져 배고픔과 추위를 잘 견디게 되므로 배부르게 먹이지 않아도 더 멀리까지 달릴 수 있다.

수컷은 모두 거세를 시키므로 쉽게 길들여 부릴 수 있고, 굴레를 벗겨놓아도 달아나거나 서로 물고 차지 않는다. 따라서 한 사람이 수십 필씩 몰고 다녀도 혼란이 일어나지 않는다. 타고 달릴 때면 재갈을 물리거나 굴레를 씌우지 않아도 사람의 지휘에 따라 달린다. 호랑이나 승냥이가 앞을 가로막는다 할지라도 무서워하지 않고 앞으로 나가 맞선다.

우리나라에서는 말을 기를 때 따스하게 하고 배부르게 먹이며, 먹이고 재우기를 꼭 사람처럼 하는 까닭에 반나절만 빨리 몰아도 입에서 거품을 토하고 온몸에 구슬땀을 흘린다. 성질이 나빠서 싸우기를 좋아하고, 대오를 어지럽히고 떼지어 울부짖으니 제어할 방법이 없다. 북쪽 지방 사람들은 일이 없을 때면 자연 상태로 기르는 까닭에 아무리 빨리 달려도 말굽이 이지러지지 않는다.

우리나라에서 말굽에 편자를 대고 대갈을 박는 방법은 누가 처음 만들어 냈는지 알 수 없으나 편자를 대지 않은 말이 없다. 이로 인해 대갈이 질기지 않아 이지러지면 걷지 못하니, 만일 이런 말을 전쟁에서 이용한다면 어느 겨를에 대갈을 박을 수 있겠는가? 이뿐만 아니라 장사치가 부리는 말은 하루도 쉴 새가 없어 쉽게 늙고 오래 살지 못하며, 신분 높은 사람의 마구간에서 기른 말은 달리기에 익숙하지 못해서 급한 일이 있어도 사용할 수 없다.

제주에서 생산되는 말은 본디 대완국(大宛國)에서 들어온 것인데, 몸집이 높고 크며 번식도 잘 된다. 오늘날 그 가운데 조금이라도 좋은 말은 모두 몰아다가 병마로 쓰고 있으니 남아 있는 말은 모두가 우둔하고 용렬하며 몸집도 작아서 말들이 갈수록 약해지고 나빠진다. 북쪽 지방의 저자에서는 암컷이나 거세시키지 않은 수컷은 일체 매매를 금한다. 이는 뛰어난 종자를 외국으로 내보내고 싶지 않기 때문이다. 그러나 어떤 이는 가끔 사오기도 한다. 평안도와 함경도의 변경은 집들이 서로 가까우니 어찌 구해 올 방법이 없겠는가.

만일 암컷과 수컷 몇 필만 사들여서 섬 가운데에서 별도로 기르되 과하마 (果下馬 : 사람을 태우고서 과실나무 가지 밑으로 지나갈 수 있는 말이라는 뜻으로, 키가 몹시 작은 말을 이르는 말)와 서로 섞이지 않도록 하면, 10여 년 뒤에는 반드시 큰 말과 살진 말을 크게 번식할 수 있을 것이다. 그러나 우리나라에는 이런 계책을 내놓는 이가 없다. 제주에서 생산되는 말도 원나라 때부터 들어온 것이니, 지금도 이런 이유를 들어서 청나라에 요청한다면 반드시 허락해 줄 것이다. 정축년(1637) 조약은 오늘에 와서 고치지 않은 것이 없는데 홀로 이것만 굳게 지키는 것은 무슨 까닭인가.

한나라 환관이 지은 경제서
鹽鐵論 염철론

내가 《염철론》을 고찰해 보니 그 무렵에 초빙된 어질고 착한 사람과 학자들은 반드시 정치의 도리를 아는 높은 선비였을 터인데, 안타깝게도 파직시켜 돌려보내고 다시 초빙하지 않았다.

이 《염철론》의 주요 내용은 대체로 검소함을 숭상하고 부정함을 금하여 백성과 좋고 나쁨을 함께 한다는 것으로서, 가의(賈誼)의 상소인 〈치안소(治安疏)〉와 뜻이 서로 같다. 그 무렵 한(漢)나라는 일어난 지 오래지 않아 문제(文帝)의 절검함을 이어받았지만, 무슨 까닭으로 풍속의 사치함이 이 지경에 이르렀을까.

《염철론》에 이르기를 "지난날의 상민(常民)은 집에 들어가도 연락(宴樂)하는 소리를 듣지 못하고 문 밖에 나가서도 편히 노는 모습을 볼 수 없었으며, 군역에 나갈 때면 식량을 짊어져야 하고 집에 있을 때면 호미로 김을 매야 했다. 쓰임새를 아껴 재정을 넉넉히 하고 근본을 닦아 백성을 부유하게 만들었다. 상사(喪事)를 당하면 슬픔을 앞세우고 화려하게 하지 않았으며, 부모를 봉양함도 정도에 알맞게 하고 사치하게 하지 않았다. 오늘의 상민들은 술잔에 무늬를 넣고 식탁에도 그림을 그려 넣는다. 종이나 첩도 비단옷을 입고 실로 만든 신을 신으며, 필부와 서민도 쌀밥과 고기를 먹는다. 없으면서 있는 체하고 가난하면서도 잘사는 체하며, 부모가 살아 있을 때는 봉양하지 않으면서 죽으면 장사만은 두텁게 지낸다. 부모의 장사를 치르자면 집안 살림이 거덜 나고, 딸을 출가시키려면 의복과 음식을 수레에 가득 실어 보내게 되는데, 부유한 자는 지나치게 하려 하고 가난한 자는 부자를 따라 하려 애쓴다.

이러므로 백성들은 흉년을 만나면 명대로 못살고 굶어 죽게 되어 부끄러움과 염치를 조금도 알지 못한다. 부유한 자는 말 한 필 먹이는 것에 중산층 여섯 식구의 식량을 없애면서도 그저 마구간에 그대로 매어 두니, 장정 한 사람의 일도 채 하지 못한다. 예전의 서민들은 겨우 좁쌀 밥과 나물국으로 끼니를 잇고, 향음주례(鄕飮酒禮)나 누랍(膢臘 : 8월에 곡신(穀神)에게 지내는 제사와 섣달에 선조(先祖)에게 지내는 제사)의 제사 때가 아니면 술과 고기를 먹지 못하였는데, 오늘날 시골에서는 아무 까닭도 없이 짐승을 마구 잡아 야외에서 서로 모여 놀며, 곡식을 짊어지고 가 고기를 사서 메고 돌아오는데, 돼지 한 마리 고깃값은 평년 수확 열다섯 말의 곡식과 맞먹고 있으니, 장정 한 사람의 반 달치 식량이 된다.

예전에는 사람이 죽으면 장사는 지내지만 봉분도 만들지 않고 나무도 심지 않았으며, 정침(正寢)에서 제사를 지내고 사당의 위패도 없었는데, 후세에 와서는 서민의 봉분도 그 높이가 반 길이나 되어 사람이 숨을 만하며, 부유한 자는 흙을 쌓아 산더미처럼 만들고, 나무를 줄지어 심어 숲을 이룬다. 부모 생전에는 사랑과 공경을 하지 않으면서도 부모가 죽으면 무덤을 화려하게 만드는 것을 서로 뽐낸다. 슬퍼하는 마음은 없으면서 장사를 두텁게 지내고 폐백을 무겁게 하는 것을 효도로 삼는다.

궁실을 사치하게 함은 수목의 좀이고, 도구를 사치하게 만듦은 재화의 좀이고, 의복을 화려하게 함은 포백의 좀이고, 개와 말에게 사람의 밥을 먹임은 오곡의 좀이고, 입맛에 맞도록 제멋대로 먹는 것은 어육의 좀이고, 수확물을 넘치도록 소유함을 금하지 않는 것은 전야의 좀이고, 비용을 아끼지 않음은 나라 창고의 좀이고, 초상과 제사에 절도가 없이 함은 삶을 해치는 좀이다. 눈으로는 오색을 다 보고, 귀로는 오음을 다 듣고, 몸에는 가볍고 화려한 비단만 입고, 입에는 맛있고 연한 음식만 먹으며, 일은 쓸데없는 것들이 많아지고, 재물은 급하지 않은 데에 함부로 소진되는 까닭에 나라가 병든다" 하였다.

그 말을 다 기록할 수가 없으나, 이것은 오늘날 우리나라 풍속과 비교해 마땅히 경계하여 살피고 자세히 알아보아야 한다.

대추는 찌고 밤은 가린다
棗烝栗擇 조증율택

예부터 과실 가운데 대추와 밤을 소중히 여긴 것은, 제사 지낼 때에 없어서는 안 되는 과실이기 때문이다.

그래서 "대추는 찌고 밤은 가린다" 하였다. 그 주에, '증(烝)과 택(擇)자는 호문(互文)으로, 과실이란 물품은 껍질과 씨를 버린 것이 우수하다' 하였다. 이 글 뜻을 자세히 따지면 대추와 밤은 반드시 쪄서 익혀야 하는데, 대추는 씨를 빼고 밤은 껍질을 깎아야 우수하다는 것이며, 그중에 벌레가 먹었거나 혹 썩어 상한 것이 있을 때는 반드시 껍질과 씨를 버린 뒤에 깨끗한 것만 가려서 써야 한다는 말이니, 그 뜻이 아주 정밀하다.

그런데 상례(喪禮 : 《의례》 사상례편(士喪禮篇)을 말함)에는, "밤을 가려서 쓰지 않는다" 하였다. 이는 무슨 까닭인가? 그 소(疏 : 가공언(賈公彦)의 소(疏)를 말함)에, '저것은 시동(尸童 : 옛날에 제사 지낼 때 신위(神位) 대신 앉히던 어린아이)이고 이것은 귀신이니, 시동은 직접 먹으나 귀신은 먹지 않으므로, 정하게 가리지 않아도 귀신의 흠향에는 해로움이 없기 때문이다' 하였다. 그러나 전(奠 : 장례 전에 주과(酒果)를 간단히 올리는 일)도 또한 조상께 음식 드리는 도인데, 가려 써야 할 것이 있다면 어찌 그냥 쓰겠는가?

그러나 초상의 전에는 꼭 하룻밤을 묵히고 거두지 않으므로, 밤을 쪄서 정하게 만들면 상하기 쉬우므로 그냥 쓰게 된 듯하고, 또는 밤을 가려서 쓴다고 했으니 찐다는 뜻은 그 가운데 포함되어 있는 것이다.

병거 대신 목책을 쓴다면?
兵車木拒馬 병거목거마

나의 친구 정여일(鄭汝逸)은 늘 나를 위해 병거제도를 이야기하였다.

그가 말한 방법은 대개 송나라 이강(李綱)에게서 나온 것인데, 이강 무렵에는 총탄(銃彈)이 나오지 않았던 까닭에 거기에 총탄 방비하는 방법을 덧붙인 것이다.

이강의 말은 "두 개의 장대에다 쌍바퀴를 달고 장대를 밀면 바퀴가 구르는데, 두 장대의 사이에는 횡목을 고정시켜 시렁을 만들고 큰 쇠뇌〔巨弩〕를 실은 다음, 그 위에 가죽을 빙 둘러서 시석(矢石)을 막되, 가죽에는 이상한 짐승을 그리고 짐승의 입을 뚫어서 활을 그 짐승의 입구멍 밖으로 쏘게 하며, 양쪽 눈도 뚫어서 구멍을 만들고 역시 수레 안에서 적을 엿보게 한다. 그 아래에는 갑군(甲裙 : 허리에 치마처럼 두르는 갑옷)을 사방으로 둘러서 사람의 발을 방비하고, 그 앞에는 창과 칼을 두 겹으로 설치하는데, 한 겹에 각각 4매씩 하여 위는 긴 것을, 아래는 짧은 것을 단다. 긴 것으로는 사람을 방비하고, 짧은 것으로는 말을 방비한다. 수레의 양쪽 옆에는 쇠붙이로 갈고리를 만들어 그칠 때면 딴 수레와 연결시켜 장막으로 만드는데, 차체가 간편하고 운행이 빠르다. 수레마다 보졸 25명씩 타는데, 네 사람은 장대를 밀어 수레를 운전하고, 한 사람은 수레에 올라서서 적이 보이면 활을 쏘고, 20명은 방패·궁노·장창·참마도(斬馬刀) 따위를 잡고 수레의 양쪽에서 겹으로 벌여서는데, 한 줄에 5명씩 갈라선다. 적군과 맞설 때는 방패잡이가 맨 앞에 서고, 활 쏘는 이가 그 다음에 서며, 창과 칼 가진 이가 또 그 다음에 선다. 적이 백 보 이내에 있을 때는 방패를 숙이고 활을 간혹 쏘다가, 서로 맞닿게 되면 활 쏘는 이는 물러서고 창과 칼 가진 자가 앞으로 다가선다. 창으로는 사람을 찌르고 칼로는 말 정강이를 쳐 버리며, 장좌(將佐 : 장군과 장군의 보좌)와 치중(輜重 : 군수품을 실은 수레)은 모두 수레 가운데에 둔다" 하였다.

옛날 위청(衛靑 : 한 무제(漢武帝) 때의 장수)은 무강거(武剛車 : 뚜껑을 씌운 수레)로 둘러싸고, 마수(馬燧 : 당 현종(唐玄宗) 때의 장수)는 사자〔狻猊〕의 가죽으로 수레를 덮어 군사가 천하에 으뜸갔는데, 방관(房琯 : 당 숙종(唐肅宗) 때의 장수)이 적의 수레를 불태운 뒤로, 논자들은 수레는 전쟁에 이용될 수 없는 것이라고 말한다.

그러나 이는 예전 병거를 혁거(革車)라고 부른 뜻을 모르기 때문이다. 수레에 가죽을 덮는 것이 곧 불을 방비하는 것이며, 지금은 총탄을 만들었으니 마땅히 이에 맞게 변통해야 할 것이다. 그리하여 정군(鄭君)은 "수레 전면에 가죽을 사립(簑笠) 모양으로 덮어 씌워, 중앙은 두두룩하게 하고 사방은 낮게 하면, 총탄이 맞는다 하더라도 반드시 빗겨나 힘없이 내려갈 것이며, 베로 휘장을 만들어 치되, 단단히 당겨 매지 말고 조금 펄렁거리게 하면 총이 바로 뚫고 들어오지 못할 것이며, 또 사방으로 망보는 구멍과 활쏘고 총탄 쏘는 구멍도 많이 만들어야 한다" 하였으니, 수레에 대한 연구 또한 상세하다고 하겠다.

임진왜란 때에 왜놈들이 대나무를 엮어서 책문(柵門)을 만들었는데, 대나무는 둥근 것이라서 총탄이 뚫을 수 없었다. 왜놈들은 대나무 틈으로 총을 쏘아 성 위의 사람을 맞혔으니, 이로 보아도 또한 징험할 수 있다. 우윤문(虞允文 : 송 효종(宋孝宗)의 신하)은, "목거마(木拒馬)를 이용하는 방법도 수레와 같은데, 편리하고 재빠름은 수레가 미치지 못한다" 하였으나, 우리나라에서 사용하여 그 묘한 방법을 얻을 수 있을는지 모르겠다.

동지에 버선을 지어 드림
冬至獻襪 동지헌말

지금 풍속에 새로 출가한 부인은 매양 동지가 되면 시부모에게 버선을 지어 드린다. 《여동서록(餘冬序錄)》(하맹춘(何孟春)의 저서)에 최호(崔浩)의 《여의(女儀)》를 인용했는데, "근고(近古)에는 부인들이 해마다 동지가 되면 시부모에게 신과 버선을 지어드렸다. 이는 장지(長至 : 동지부터 해가 점점 길어지므로, 그같이 장수(長壽)를 누리라는 뜻)를 밟고 다니라는 뜻이다" 하였고, 또 조자건(曹子建 : 삼국시대 위 문제(魏文帝)의 아우인 조식(曹植))의 동지헌말송표(冬至獻襪頌表)에는 "엎드려 옛날 의전(儀典)을 보니, 국가에서 동짓날 신과 버선을 임금께 바치는 것은 수복을 누리라는 것입니다" 하였다. 이는 동지에는 해가 극남(極南)으로 가서 그 그림자가 동지 전보다 한 길 세 치나 긴 까닭에 장지라고 한 것이니, 신고 다니는 물건을 어른에게 드림은 복을 맞이하라는 것이다. 이것이 풍속으로 되었는데 무슨 의미인 줄도 모르고 부인들은 지금까지 풍속에 따라 폐하지 않는다.

강정과 관련된 풍습
元陽繭 원양견

　원양견이란 것은 왕세정(王世貞)의 〈변중절식기(汴中節食記)〉에서는 "정월 초하루에 만들어 먹는 찬이다" 하였고, 동래(東萊) 여조겸(呂祖謙 : 송나라 유학자)이 지은 《제식(祭式)》에도 또한 "정월 초하루에 견(繭)을 사당에 드린다"는 글이 있다. 그리고 축목(祝穆 : 송나라 학자)이 엮은 《사문유취》에는 "당나라 현종 시대의 풍속은 수도 장안에서 정월 초하룻날이 되면 면견(麵繭)을 만드는데, 관위(官位 : 벼슬 자리) 첩자(帖字 : 증명하는 문서)를 그 속에 넣어, 높고 낮은 것으로써 서로 이김을 판가름하면서 한때의 놀이로 삼았다" 하였으니, 이는 분명 오늘날 풍속에 정월 초하룻날이면 강정을 만들어 먹는 것과 같은 것이리라.

　이 강정이란 것은 좋은 술로 찹쌀가루를 반죽하여 여러 번 치고 두들겨서 떡을 만든 다음 잘게 썰어서 볕에 말린다. 그것을 냄비에 기름을 붓고 뜨겁게 튀기면 잘게 썬 떡이 부풀어올라 둥그렇고 크게 되는 까닭에 '높고 낮은 것으로써 서로 이김을 판가름했다'는 것이다.

　《주례》에 "해인(醢人 : 주나라 때 제향 음식을 맡았던 벼슬아치)은 이사(酏食)를 맡는다" 하고, 그 소(疏)에 "이사란 것은 술과 미음으로 만든 떡인데 오늘날의 기교병(起膠餠)과 같은 것이다" 하였으니, 기수(起溲 : 반죽에 술을 부어 부풀어 오르게 한 것) 곧 증편이 아니면 반드시 이 원양견 따위였을 것이다.

화전
漢宮棋子 한궁기자

　한궁기자에 대해 왕세정은 "밀가루 전병에 꽃을 박아서 구워 만든 떡이다" 하였는데, 이는 오늘날 세속에서 화전(花煎)이라 하는 것으로, 봄에는 두견화(杜鵑花), 가을에는 국화(菊花)로 지져 만들어서 삼짇날이나 중굿날에 조상에게 올리게 되었다. 동래 여조겸(남송의 문학가)의 《제식》에 적혀 있는 유국고(蕕菊糕)란 것이 곧 이것이다.

거여와 밀이
粔籹蜜餌 거여밀이

초혼부(招魂賦 : 송옥(宋玉)이 그의 임금인 초 회왕(楚懷王)의 원혼(冤魂)을 불렀다는 글. 또는 굴원(屈原)의 저작이라고도 함)에 이르기를 "거여와 밀이에 장황(餭餭)도 있다" 하였는데, 왕일(王逸)이 주 달기를 "장황이란 것은 엿이다. 쌀가루를 꿀에 타서 구워 만든 것이 거여이고, 기장쌀로 만든 것이 밀이이며, 또 미당(美餳)이 있는데 이는 여러 가지 맛을 달게 갖추어서 만든 것이다" 하였다. 그리고 주자는 "한구(寒具)"라고 했으며, 가산(可山) 임홍(林洪)은 "이것은 세 종류로서 거여는 밀면(蜜麵)을 말린 것이니, 10월에 먹는 간로병(間爐餅)이고, 밀이는 밀면보다 조금 윤기가 있는 것이니 칠석에 먹는 밀병(蜜餅)이며, 장황은 한식(寒食)에 먹는 한구이다" 하였다. 이 말에 따르면, 밀면으로 만든 떡을 기름에 튀겨서 말린 것인데 지금의 박계(朴桂)가 아니고 무엇이며, 조금 윤기가 있다는 것은 겉에 엿과 꿀을 바른 때문이니 지금의 약과(藥果)가 아니고 무엇이겠는가.

이런 따위를 우리나라 사람은 통칭 조과(造果)라고 하는데, 대개 진짜 과일이 아니고 가짜로 만든 것을 우리말로는 모두 조과라고 한다. 생각건대 처음에 밀면으로 과일의 모양을 본떠서 만든 것인 듯하다. 그래서 이러한 이름이 있게 되었으며, 뒷사람들이 그 모양을 본떠 만들었는데 둥글어서 그릇에 높이 쌓아 올릴 수 없었으므로 모나게 끊어서 만들었지만 과일이라는 명칭은 여전히 남아 있는 것이다. 오늘날에도 나라 제사 때면 이 조과를 과일 사이에 차려놓는 것으로 보아 그것을 더욱 잘 알 수 있다.

옛날 충선왕(忠宣王)이 세자로서 원나라에 들어갔을 때 그들의 잔칫상에 우리나라 유밀과(油蜜果)를 썼다고 하니, 그 맛이 좋은 것을 미루어 알 수 있고, 세속에 전해 온 지가 오래되었다는 것도 짐작할 수 있다. 도곡(陶穀 : 송 태조(宋太祖) 조광윤(趙光胤)의 신하. 자는 수실(秀實))의 《청이록(淸異錄)》에 "주 영왕(周靈王 : 주나라 19대 임금. 이름은 설심(泄心)) 이전에는 과일에다 모두 무늬를 새기고 향긋하게 만들었는데, 모양과 색깔이 천연 그대로인 것과 같았다" 하였으니, 이도 조과와 비슷한 것이다.

사계(沙溪) 김장생(金長生)은 "무릇 미숫가루는 기름에 튀겨서 먹지 않는다"는 말을 인용하여 "제사에 밀과와 유병을 쓰는 것은 예가 아니다" 하였다. 그러나 내가 생각해 보니, 예의 본뜻에 미숫가루를 기름에 튀기는 것은 대단히 더러운 짓이지만, 다른 제사 음식도 옛날부터 기름에 튀기지 않은 것이 없다. 변두(籩豆 : 제사 때 쓰는 그릇인 변(籩)과 두(豆)를 아울러 이르는 말)에 담는 이사(酏食)와 삼사(糝食) 같은 것도 모두 쌀가루에 고기를 섞어서 기름에 튀긴 것이다. 또 반찬에 있어서도 사시(四時)로 차려 내놓는 것이 철따라 저마다 다른데, 만일 기름으로 튀겨서 만들지 않는다면 앞으로 무엇으로 맛을 좋게 할 것인가.

지금 우리나라 예전(禮典)에도 약과와 중박계(中朴桂)·소박계(小朴桂) 등이 있는데, 이를 전혀 제사에 쓰지 못하게 하는 것은 옳지 않은 듯하다. 만일 이 유밀과는 더러울 뿐 대갱(大羹)이나 현주(玄酒)처럼 깨끗한 뜻이 없고, 또 가난한 집에서는 장만하기가 어렵기 때문이라고 한다면 정말 그럴듯할 것이다.

뿔난 떡
角黍 각서

각서란 《풍토기(風土記)》에 이르기를 "단오에 줄잎〔菰葉〕으로 찹쌀을 싸서 먹는 것은 옛날 멱라수(汨羅水)에서 굴원(屈原)의 혼을 조상하던 풍속이다" 하였다. 우리나라 풍속도 단오절에 밀가루로 둥근 떡을 만들어 먹는 것인데, 고기와 나물을 섞어서 소를 넣은 뒤 줄잎처럼 늘인 조각을 겉으로 싸서 양쪽에 뿔이 나게 한다.

이것이 바로 각서로, 옛날에 밥을 서직(黍稷)이라고 했으니 각서란 것은 밥을 싸서 뿔이 나게 만들었다는 말이다.

오늘날 풍속에 또 조각(造角)이라고 하는 떡이 있는데, 각(角)의 음(音)이 바뀌어 악(岳)이 되었다. 이 조악(造岳)이란 쌀가루로 만든 떡에 콩가루 소를 넣은 것으로, 역시 양쪽으로 뿔이 나게 하고 기름에 튀겨 만드니, 이것도 각서를 본떠 만든 것이다.

유몽인(柳夢寅)의 《어우야담(於于野談)》에 "내가 일찍이 명나라 송응창(宋應昌)의 군문(軍門)에 종군할 적에 어떤 이가 각서를 선물로 보내 왔는데 모양이 쇠뿔과 같았다. 찰밥에 대추와 꿀을 섞어 덩어리로 만든 것으로, 우리나라의 정월 보름날 약밥과 똑같았다" 하였으니, 이 말은 웃을 만하다. 약밥이란 것이 곧 찰밥인데 신라 소지왕(炤智王)이 까마귀에게 제사 지내던 풍속으로서 요즘은 대추와 밤을 섞어 만든다.

생각건대, 중국에서도 줄잎을 싸서 만드는 방식이 바뀌어 손으로 눌러서 뿔이 나게 만든 것이니, 이 각서란 것은 그 뜻이 뿔에 있는 것이지 밥에 있지 않은 것이다. 유몽인이 이런 것을 보고 밤과 대추를 섞은 찰밥을 각서라고 하였으니, 이는 북소리를 듣고 피리를 만지고서 해[日]라고 의심한 것과 무엇이 다르겠는가.

술떡에 대하여
棗糕 조고

《예원자황(藝苑雌黃)》에 이르기를 "조고란 한식날 밀가루로 증편을 만들어 둥글게 뭉쳐 대추를 붙인다" 하였다. 오늘날 우리나라 풍속에도 또한 이를 증편이라고 부르는데, 팥가루로 소를 넣고 겉에 대추로 붙인 것은 고명이라 일컫는다.

생각건대, 이는 처음에는 대추를 썰어서 떡 위에다 글자를 만들어 붙였던 까닭에 떡 이름을 고명이라고 한 듯하다. 현재는 글자를 붙여 만들지는 않지만 고명의 이름만은 남아 있으며, 또 이보다 작게 만든 동그란 떡도 있는데, 이는 겉에다 잘게 썬 대추를 꿀에 이겨서 뒤섞어 붙인 것으로 잡과병(雜果餅)이라고 한다.

떡에 관한 풍속
糗餌粉餈 후이분자

《주례》에 '후이분자'라 했는데, 그 주에 "합쳐 찌는 것이 이(餌), 떡으로 만드는 것이 자(餈)이다. 그리고 후(糗)란 것은 볶은 콩이고 분(粉)이란 것은 콩가루이므로, 이(餌)에 후(糗)를 붙여 후이(糗餌)라 하고, 자(餈)에 분(粉)을 붙여 분자(粉餈)라 한 것은 서로 관련성이 있기 때문이다" 하였으니, 대개 이(餌)는 먼저 쌀을 빻아 가루로 만든 다음에 반죽을 하므로 "떡으로 만든다" 하였으며, 자(餈)는 쌀을 쪄서 매에 문드러지게 치는 까닭에 "합쳐서 찐다" 한 것이리라.

찹쌀과 기장쌀로써 먼저 가루를 만들어 떡을 만들기도 하고, 또는 먼저 쌀을 쪄 쳐서 만들기도 하는데, 또 그 위에 콩을 볶아 가루를 만들어 떡에 묻히니, 오늘날 세속에서 이르는 인절미(印切餠)라는 것이다. 후세에 풍속이 차츰 사치하여져 이것을 제향(祭享)에 쓰지 않고, 또 저자에서 파는 장사치도 줄어들었다.

오늘날 흔히 쓰는 것은 미고(米糕)로서 《주자가례》에서 말하는 자고(粢糕)가 이것이다. 혹은 쌀가루를 축축하게 하여 시루에 넣고 익히면 제대로 떡이 되는데 이는 설기떡(雪餠)이고, 혹은 껍질을 벗긴 팥을 중간에 드문드문 넣어 만드는데 이는 두고(豆糕)이다. 그리고 떡 속에 콩가루 소를 넣고 솔잎을 깔고 쪄서 만드는데 이는 송병(松餠 : 윤)이라는 것이다.

또는 솔잎으로 찌지 않고 무늬가 있게 얇게 만들어 익히기도 하는데 이는 산병(散餠)이라 한다. 또 안에다 소를 넣어 찐 다음, 겉에 콩가루를 묻히기도 하는데 이는 단자(團子)이고, 간혹 푸른 쑥을 섞어서 만들기도 한다. 《문헌통고》에 살펴보니, 이런 것이 모두 한 시대의 풍속이었다.

떡이름의 유래
糤子 산자

산자란 것은 볶은 벼를 말한다. 말려서 볶는 것을 '오(熬)'라고 하는데, 찰벼(糯)를 껍질 그대로 솥에 넣어 볶으면 속에 있던 쌀이 튀어 꽃처럼 흩어지는 까닭에 산자(糤子)라고 한다. 오늘날 풍속에 기름을 넣고 볶은 찹쌀을 흔히 산자라고 부르는데, 이는 제대로 되지 않은 말이다. 떡을 네모지고 얇게 만들어 기름에 볶고, 엿을 발라서 튀밥을 붙인다. 이 떡을 산자라고 부르는 뜻은 솥에 볶은 쌀에 있는 것이지 떡에 있는 것이 아니다.

그런데 양신(楊愼)은 이 산자를 한구(寒具)라고 일컬었으니, 쌀 튀긴 것을 붙여서 떡으로 만든 모양이 한구와 비슷하긴 하나 이 산자라는 뜻과 무슨 상관이 있겠는가. 양신 같은 박학(博學)한 이도 이것은 미처 생각지 못했던 것이다. 그런데 쌀을 솥에 볶아 만든 튀밥에 붉은 물을 들여서, 비녀 모양으로 만든 떡에다 엿을 발라 붙인 것을 요화병(蓼花餠)이라고 하는데, 이것은 그 모양에 따라 이름 붙인 것이다. 동월(董越)의 〈조선부(朝鮮賦)〉에 "여러 가지 안주에 삼사(糝食)도 끼어 있다" 하고, 스스로 주 달기를 '조선에서도 중국의 미고(米糕)와 요화병 따위를 잘 만든다' 하였으니, 이로 본다면 요화병이란 이름은 중국에서 온 것이다.

산무와 산삼
山蘦산삼

신라의 오엽삼(五葉蘦)은 비록 우리나라 토산물이기는 하지만 대단히 귀하여서 가난한 선비로서는 구하기가 어려워 병 고치는 데 쓸 수가 없다. 그리하여 세속에서 이른바 사삼(沙蘦)이라는 것으로써 대용하지 않는 이가 없으나 《본초강목(本草綱目)》에 살펴보니 "사삼은 싹이 있고 줄기가 곧다" 하였다. 지금 세속에서 쓰는 것은 덩굴이 뻗어나가니 결코 사삼이 아닌 것이다.

사람들은 이를 만삼(蔓蘦)이라고 말하지만, 만삼은 《본초강목》에 보이지 않는다. 그리고 오늘날 사람들은 냉이〔薺苨〕를 만삼으로 잘못 알고 부인들 산후증을 치료하는 데 쓰고 있다. 그러나 이 냉이란 것은 해독(解毒)시키는 풀이다. 온갖 약을 그 본성에 따라 쓰지 않으면 그르칠 것이 분명하다. 그 만삼이라고 하는 것은 산삼〔山蘦〕이 아닌가 싶다. 동월의 〈조선부〉에 "송기 떡과 산삼의 과자"라고 하고, 스스로 주 달기를 "산무는 약으로 쓰는 것이 아니고, 그 길이는 손가락만 하며 생김새는 삼과 같다" 하였다.

요동 사람은 산무를 산나복(山蘿葍)이라 하는데, 멥쌀에 섞어서 절구에 찧은 다음 구워서 떡을 만든다. 그리고 이 산무는 살결이 아주 부드럽기 때문에 쌀가루에 섞어 기름에 튀겨서 동그란 떡을 만들기도 하니, 이는 세속에서 말하는 산증(山蒸)이란 떡으로, 오늘날에도 이 방식을 본떠 만들고 있는데 이는 반드시 이 산무를 이용한 것일 게다. 나도 일찍이 이 산무를 시험해 보았는데 꺾으면 흰 진액이 나오고 오래 되면 그 진액이 불그스름한 빛으로 바뀐다. 인삼의 종류로서 보혈하는 효력이 있으므로 만삼이라고도 하는데 부인병을 치료하는 데에 적당하다고 한다.

옛날의 남자 예복
道袍 도포

예전 도복(道服)은 우리나라 풍속에서 이르는 도포인데, 이것이 또 후세에 와서 제사 지낼 때 입는 옷으로 정해졌다. 《예기》 주에 "포(袍)란 것은 옷에 솜이 있다" 하였으니, 솜이 있다면 이것은 윗옷이 아니다. 그러나 백포(白袍)·청포(靑袍)라는 이름은 전해 온 지 이미 오래다.

《자서》에 이르기를 "포(袍)란 것은 겉에 입는 옷에 대한 통칭이다" 하였고, 세속에서는 직신(直身)이라고들 했으며, 양경(兩京)에서는 도포라 하고 조복(朝服)도 또한 포라고들 했으며, 수·당나라 시대에는 풍익(馮翼)이라 했고, 현재는 직철(直裰)이라고들 하니, 곧 옛날 봉액(逢掖)이다. 그런즉 노나라 봉액 또한 현재의 도포에 지나지 않았을 뿐이다.

오늘날 세상에 사대부는 평상시에는 모두 도포를 입고, 무관(武官)은 모두 철릭(裰翼)을 입는다. 무릇 심의(深衣)는 저고리와 바지가 이어진 까닭에 바지 끝이 좁아졌어도 주름〔襞積〕은 없고, 현단(玄端)은 바지가 저고리에 이어지지 않고 주름이 있다. 그런데 철릭은 양쪽 옆이 터졌으며, 그 위와 아래를 이어서 주름이 있게 만들었다. 예전에는 이런 제도가 없었으니, 이 철릭이란 것은 아마도 풍익과 비슷한 것인 듯하다.

여왕벌의 순행
蜂巡 봉순

나는 벌을 기르면서 옛날에 천자가 순수(巡狩)한 것에 뜻이 있었다는 것을 알게 되었다.

벌 가운데 임금이 있음은 그 지혜와 힘이 능히 여럿을 덮어 주고 외적을 막아 낼 수 있어서가 아니라, 혼자만 편히 살면서 아래에 여러 벌들이 먹여 줌을 기다리는 것뿐이다. 그러나 아래에서 받드는 여러 벌들은 위를 위해서 죽기까지 하는 것을 좋아하고 또 그렇게 하고 싶어하는 듯하다. 이렇게 됨은 임금이 없으면 벌도 또한 떼를 이룰 수 없고 목숨을 보전할 수 없기 때문이다.

날마다 그 하는 일을 좇아 보면, 소위 임금이란 벌은 아무것도 생각하는 바가 없는 듯하다. 그러나 임금의 동정(動靜)에 있어서는 여러 벌들이 꼭 지켜보는 모양이다. 떼지어 날아 휩쌀 때에는 그 임금이 그 안에서 순행(巡行)을 하고 있다는 점을 알 수 있는데, 날마다 한낮이 지나면 반드시 그렇게 들 한다.

이런 뜻으로 미루어 보건대, 임금이란 것도 또한 한 마리의 벌로서 한 구멍에 처박혀 있기만 하고 아무 하는 일이 없다면, 뭇 벌들이 무엇으로 그 임금이 있고 없음을 알겠는가. 따라서 임금으로서도 반드시 때로 나와서 순행하고 경계한다. 마음과 뜻이 서로 통하고 위와 아래가 서로 굳어지도록 하는 것인데, 그저 가만히 있기만 해서는 그렇게 되지 않기 때문이다.

이렇게 하지 않고 흙을 뭉치거나 나무를 깎아서 임금의 모습만 그려 허수아비처럼 세워 놓는다면, 아무리 벌일지라도 여럿이 함께 높이면서 깨닫지 못하겠는가. 이런 이치는 반드시 없을 것이다.

감과 인재
柿 시

해안 지방에서 감이 많이 나는데, 그 품질의 좋고 나쁨은 같지가 않다. 그러나 서리를 맞아 무르익으면 과즙이 많고 달지 않은 게 없으니, 다른 과실에 비교하면 가장 맛이 좋다. 해안 사람들은 모두 맛본 뒤 그 가운데 좋은 것만 취하고 나쁜 것은 버린다. 그 나쁜 것을 가지고 산골에 가면 산골 사람들은 더없이 좋은 감이라고 칭찬한다. 이보다 더 좋은 감이 있는 줄은 깨닫지 못하고 자기 앞에 있는 것만 마음에 만족하게 여기니, 이 나쁜 감이 제일 좋은 감이 되기에 이른다.

나는 예나 지금이나 사람의 장점과 단점도 이와 마찬가지라고 생각한다. 옛날 손무(孫武)·오기(吳起)로부터 한신(韓信)과 제갈량(諸葛亮)을 거쳐 이정(李靖)·곽자의(郭子儀)의 무리에 이르기까지 모두 제 나름대로 한 시대의 영웅이 아닌 이가 없었고 온갖 계책도 남김없이 다 썼다.

오늘날 사람이 그들의 자취를 가지고 저는 이러이러하고 이는 저러저러하다 평론하니, 이는 모두 산골 사람이 감 이야기를 하는 것과 마찬가지다. 그러니 어찌 참으로 그들을 안다고 할 수 있겠는가.

만일 이상 몇 사람이 한 시대에 함께 태어나 기지를 비교하고 역량을 겨루었다면 전대 사람도 반드시 낫다 할 수 없을 것이고, 후대 사람도 반드시 못하다 할 수 없을 것이며, 지혜를 다하여 더욱 드러내려 하면 할수록 옹졸함을 가리기 어려웠을 것이다. 꽃과 과실을 심는 데에도 반드시 뛰어난 품종을 구해야 하고 또 잘 번식시켜야만 더 아름다워지는 것이다. 어찌하여 인재만이 언제나 옛날보다 못하다 하겠는가. 이는 나로서는 이해하지 못할 바이다.

이끼가 푸른 이치
苔 태

흙에 나는 이끼가 푸른 것은 나무가 능히 흙을 이기는 이치가 있기 때문이고, 나무에 나는 이끼가 흰 것은 쇠가 능히 나무를 이기는 이치가 있기 때문이며, 쇠에 생기는 이끼가 붉은 것은 불이 능히 쇠를 이기는 이치가 있기 때문이고, 사람의 몸에 생기는 이끼가 검은 것은 물이 능히 불을 이기는 이치가 있기 때문이다.

물에서 생기는 이끼 또한 푸른 것은 물과 흙이 동궁(同宮)인 까닭에 이끼도 또한 나무빛이며, 돌에서 돋는 이끼가 푸른 것은 돌 또한 흙과 같기 때문이다.

무릇 이끼란 것은 굳게 뿌리를 박는 까닭에 파고들지 않는 곳이 없다. 쇠와 돌에 증험해 보니, 칼이 오래 되면 붉은 녹이 나고 삭아지는 바, 아무리 갈아도 녹을 없앨 수 없고 마침내 못 쓰게 되니, 이른바 "수 놓은 문채는 없어지고 이끼가 생긴다"는 말이 이것이다. 돌도 또한 이끼가 오래 끼면 저절로 부서지게 된다.

사람의 몸에 생기는 이끼란 이른바 검버섯이라는 것인데, 얼굴의 붉은 빛은 화기(火氣)가 주장하기 때문에 검버섯이 생긴 것이고 그 뿌리가 대단히 깊어 마치 쇠가 녹슨 것처럼 된다. 마음이란 형체가 없는 것인데도 이런 이끼가 있을까? 물욕(物欲)이 있는 게 바로 이끼라는 것이다. 이 물욕 또한 배꼽 밑 단전(丹田)에 있기 때문에 없애기가 가장 어렵다.

재는 물을 끌어 들인다
灰 회

불의 성질은 물을 끌어들인다. 까닭에 우물 파는 방법은 땅을 깊게 판 다음, 구덩이에 불을 많이 피워서 위를 덮고 연기가 새어 나가지 않도록 하면 불 기운이 옆으로 통하여 수맥(泉脈)을 끌어 오게 된다. 또 재(灰)를 그릇에 담고 그 가운데 물을 부으면, 한 되들이 그릇도 재와 물 두 되를 능히 용납할 수 있으니, 재가 화기(火氣)를 지니고 물을 흡수하여 물이 새 나가지 않는다.

석회(石灰) 또한 물을 능히 끌어들인다. 어떤 지관(地官 : 풍수설에 따라 집터나 묏자리의 좋고 나쁨을 가려내는 사람)이 나에게 이야기하기를, "구유를 석회 위에 설치하면, 구유에 늘 습기가 있고, 재는 또 화기를 띠어 물을 끌어들이므로 구유가 쉽게 썩는다. 묘를 쓰는 자로서는 이를 삼가야 한다" 하니, 그의 말 또한 일리가 있는 듯하다.

농가에서는 밭에 거름을 주는 데 목회(木灰)를 제일로 삼는다. 목회란 불이 다 꺼진 중에서도 새로 살아나는 이치가 있고 또 수기(水氣)를 능히 끌어들일 수 있기 때문이다.

이 목회가 흙 속에 있어서는 날씨가 가물면 늘 축축한 성질을 지니기 때문에 곡식을 자라게 하는 데 더욱 좋다. 다만 비가 자주 오는 장마철에는 도리어 곡식에 해를 끼치게 된다. 목화를 심는 집에서는 마땅히 이런 이치를 알아야 할 것이다.

타고난 기운과 수명
元氣 원기

어떤 생물이건 처음 생겨날 때 기(氣)를 타고 나는데, 타고난 기에 따라 길고 짧은 운명(運命)이 있다. 풀 같은 것은 1년도 채 넘기지 못하고 사람은 백 년을 넘기지 못하는 따위가 그것이다. 그러나 이런 가운데서도 풀에는 저마다 오래고 빠른 수명(壽命)이 있고 사람에게는 수요(壽夭)라는 정함이 있으니, 이는 타고난 기수(氣數)가 저마다 다르기 때문이다.

이 기란 것은 나는 데 따라 크고, 크는 데 따라 늙고, 늙는 데 따라 죽는 바, 저마다 태어난 한도가 있으므로 이를 원기(元氣 : 만물(萬物)이 이루어지는 근본의 힘)라고 한다. 이 원기를 처음 타고날 때는 형(形)이 작은 데 따라 기(氣)도 작다가 차츰 형과 기가 아울러 커짐에 따라 기가 형에 가득 차게 된다. 형이 한껏 커지고 기가 줄어지게 되면 유행(流行)하는 기가 이리저리 뒤섞여 부서져서, 형은 이지러지지 않는다 해도 원기의 분수(分數)는 저절로 줄어지는 바, 더 채울 수 없다.

천지 또한 마찬가지이다. 천지 사이에 가득 찬 것이 원기 아님이 없지만, 이 또한 반드시 줄어들 시기가 있는 바, 소위 12만 9천 6백 년이란 것이 즉 하나의 큰 한도이다. 하늘의 이치를 잘 이야기하는 자는 반드시 사람에게 징험하는데, 사람의 태어난 이치를 알면 하늘의 이치 또한 알기 때문이다. 그러나 저 철에 따라 순환하는 것은 생물과 같지 않고 낮과 밤, 겨울과 여름에 서로 계속 번식시키는 것도 사람의 유혼(游魂 : 넋이 본체(本體)에서 떨어져 떠도는 것)이 사라져 흩어지는 것과는 같지 않다.

대개 밤이 서늘하고 낮이 따뜻한 것은 해가 돋고 지는 데에서 연유되는 것이지, 원기가 변해서 그런 것이 아니고, 겨울이 춥고 여름이 더운 것은 해가 멀고 가까운 데서 연유되는 것이지, 이 원기가 변해서 그런 것이 아니다. 추위와 더위가 서로 교대됨에 따라 그 사이에 온갖 물(物)이 생겨나는데, 이 원기가 쌓여 엉키고 길러서 자라게 한다. 정기가 모이는 데서 육성(育成)되고 정기가 흩어지는 데서 사라져 없어진다. 그러나 온갖 물이 천지원기(天地元氣)를 벗어나지 않는 바, 서로 통하지 않음이 없다.

마치 한 덩어리 향(香)이 방 안에 있으면 향냄새가 온 방 안에 풍기고, 한 발쯤 되는 촛불이 뜰에 있으면 밝은 광채가 온 뜰을 빛나게 하는 것처럼 된다. 이것이, "하늘과 사람은 원기가 서로 합쳐진다[天人氣合]"는 말이다.

어떤 이는 묻는다. "그렇다면 모든 생물은 타고난 원기에 따라 정해진 수명의 장단이 있는 것인가?" 나는 대답하기를, "그렇지는 않다. 비유해 말하면, 여기에 한 개의 새는 병(瓶)이 있는데, 주둥이를 막으면 물이 줄지 않고 그냥 두면 흔들기만 해도 꽉 차게 담겼던 물이 쉽게 새어 버린다. 이와 무엇이 다르겠는가? 나의 소견으로는, 세상 일에 자극을 받고 이리저리 쪼들리면서 타고난 수명을 제대로 살지 못하는 자가 늘 많은 듯 여겨진다" 하였다.

식수 얻는 방법
龍華 용화

서양 사람은 말하기를, "물맛은 본디 싱겁다. 지금 샘물이 비록 달고 톡 쏘는 맛이 있다 할지라도 이것은 물의 본맛이 아니고 토기(土氣)가 섞여서 이루어졌기 때문에 나는 맛이다. 이러므로 물은 장마철 빗물보다 더 나은 것이 없고, 또 사람이 마셔도 병이 없는바, 그래서 물을 창고에 저장하는 방법이 있는 것이다. 물을 창고 속에 많이 저장하여 오래 지나면 더러운 찌꺼기는 다 가라앉는다. 이렇게 한 뒤에 그 찌꺼기는 버리고 깨끗한 물만 쓴다" 하니, 그 기술이 지극히 교묘하다.

나는 살고 있는 전장〔庄土 : 전답과 장원〕이 들 한복판에 있기 때문에 수맥(水脈)이 없어 샘을 파지 못했다. 이러므로 사람들이 모두 늪에 괴어 있는 장마철 빗물을 식수(食水)로 먹으면서 물 이름을 용화(龍華 : 미륵불(彌勒佛)이 용화라는 나무 아래에서 성도(成道)한다는 말이 있는데, 여기에는 물을 용화라 하였으니 어디에서 유래됐는지 알 수 없음)라 한다.

기러기와 거위, 황새와 오리 따위가 모두 모여서 장난치는바, 이리저리 내깔긴 똥오줌이 물가에 가득하고 물벌레와 물풀이 서로 섞여서 썩게 되므로 물빛은 흐리고 맛은 냄새가 나서 보기만 해도 구역질이 난다.

그러나 이 물로 밥을 짓고 술을 빚으면 아름답지 않음이 없고 때 묻은 옷을 빨면 아주 깨끗하게 된다. 대개 바닷가에 사는 사람은 수종다리〔重腿 : 다리가 퉁퉁 붓는 것〕 병이 많은데, 이 용화를 마시는 자만은 이런 증세가 없다. 이로 보아 서양 사람의 경험이 매우 익숙하다는 것을 비로소 알겠다.

제주의 목장
耽羅牧場 탐라목장

탐라(耽羅 : 제주도) 목장에서 귀가 높고 몸집이 큰 말은 몰아내어 팔아 버리고 남겨 두었다는 말은 모두 걸음도 제대로 못 걷는 하찮은 말들뿐이다. 대원(大宛 : 한(漢)나라 때 서역(西域)의 나라 이름)에서 수입해 온 좋은 종자가 지금은 머리만 휘휘 저으며 내두르고 제자리에서 뛰기만 한다. 기르는 데는 추운 겨울철이 되면 옷을 두껍게 입히고 더운 여름철이 되면 그늘에 세워 두며, 쉴 때는 먹이는 꼴과 콩을 밤낮으로 걷어치우지 않고, 길 갈 때는 1식(息 : 30리)도 채 못가서 배가 꽉 차도록 먹이는데, 꼴과 콩만으로는 모자라서 오히려 더운 죽까지 먹인다.

이러므로 말이 달리는 데 3백 보도 못 가서 땀을 흘리고 주저앉는다. 그냥 마판(馬板)에 매어 두면 발굽을 물어뜯기도 하고 오줌을 철철 싸기도 하면서 멍에를 벗어 버리고 사람을 다치게 한다. 평상시에 타고 달리는 것도 오히려 감내하지 못하거늘, 하물며 바람이 불고 모래가 날리는 저 변방 밖에서 외적을 막을 때에 있어서랴?

대개 호중(胡中 : 충청도)에서는 암말은 반드시 교미를 붙여 주고 수말은 반드시 거세를 시킨다. 교미를 붙여야만 씨가 많이 퍼지고 거세를 시켜야만 성질이 순하게 됨은 필연의 이치인 것이다.

《시경》에, "키 큰 암말이 삼천 마리이다" 하였으니, 키 큰 암말이 이렇게 많았다면 어찌 좋은 말이 많이 번식되지 않았겠는가? 내가 서양 이야기를 들으니, "말에게 보리를 먹일지언정 콩은 먹이지 않는다. 콩을 먹이면 살만 찌게 되어 억세고 날랜 성질이 없어진다" 하니, 이 말 또한 일리가 있다.

사람도 흉년이 든 해에 콩을 맷돌에다 갈아서 죽을 쑤어 먹으면 반드시 몸이 더 무거워지고 자꾸 꿈을 꾸게 되니, 이 콩이란 곡식은 쌀·보리 따위와 같지 않아 성분이 무겁고 흐리기 때문이다.

박연의 악률
朴堧樂律 박연악률

세종대왕은 음악을 만드는 데 뜻이 있었다. 그 무렵에 거서(秬黍 : 검은 기장)는 해주(海州)에서 생산되었고 경석(磬石 : 경쇠 만드는 옥돌)은 남양(南陽) 땅에서 산출되었다. 세종이 박연(朴堧)에게 명하여 편경(編磬 : 아악기의 하나로 경쇠를 8개씩 두 줄로 매단 것)을 만들도록 하였다. 박연은 이 거서라는 기장알을 가지고 적분(積分)하여 황종(黃鐘)이라는 관(管 : 피리)을 만들었다.

그런데 그 소리가 중국 율관(律管)에 비해 조금 높게 만들어진 것은 땅의 비옥하고 척박한 정도가 다르고, 기장에도 크고 작은 것이 있기 때문일 것이다. 그래서 밀〔蠟〕을 녹여 붙여서 만들었다는 것이다. 중국 기장은 우리나라 해주 기장보다 조금 커서 한 개만 해도 1푼이 되고 열 개만 쌓아도 한 치

〔寸〕가 된다. 이러므로 아홉 치로 황종 길이를 만들고 서 푼씩 덜기도 하고 보태기도 해서 12율(律)을 만들었다 하니, 이 말은 아주 웃을 만하다.

옛날 이조(李照)는 종서(縱黍)로 측정을 했으니 구멍 지름이 3푼으로서 기장 1730알이 담기게 되었고, 호원(胡瑗 : 송나라 학자)은 횡서(橫黍)로 측정했으니 기장 1200알이 담겨지게 되었다. 그런데 그 구멍 지름이 3푼 4리(釐) 7호(毫)였다 하니 이는 모두 1200알의 기장이 담겨야 한다는 법에는 맞지 않는다.

방서(房庶)는 "1200알의 기장이 담겨야 아홉 치가 되는데 90분의 1이다. 이 1이란 것은 1푼이란 말인데, 후세 선비들은 이 말을 잘못 알고 기장 한 알로써 1푼이라 한다" 하였으니 이 말이 좀 맞는 듯하다. 기장을 담는 것은 기장 자체가 매끄러워서 '쌓아올릴 수 없기' 때문이다. 밀을 녹여 만든 기장은 매우 깔끄러워서 여러 개를 쌓을 수 없을 것이다.

참기장을 쌓는다 해도 자빠지고 엎히게 되어 허공에 빠질 염려가 있는데, 하물며 밀을 녹여서 만든 기장임에랴. 또 밀을 녹여 만든 기장이 참 기장보다 조금 컸다면 뭐 거서를 꼭 필요로 하였겠는가. 이는 박연이 자기의 추측으로 만든 데에 지나지 않는 것이다. 세상에 사광(師曠 : 춘추시대 진(晉) 나라의 악사)만큼 귀 밝은 이가 없는데, 그것이 음률에 맞는지 안 맞는지를 누구라서 알겠는가.

해주에서 생산되었다는 기장도 이처럼 믿을 수 없으니, 남양에서 산출된 옥 또한 옥과 비슷한 민석(珉石)에 지나지 않았을 것이다. 활석(滑石)에 비교하면 조금 굳기는 하지만 사빈(泗濱)에서 나는 부석(浮石)은 아니었다. 그리고 나중에 성현(成俔)이 지은 《악학궤범》 서문에 "박연이 얻었다는 경석은 흙부스러기〔土苴〕였던 것이다" 하였으니 그는 정말 경석을 보았던 것일까.

우륵이 남긴 음악
俗樂 속악

속악에는 낙시조(樂時調)·하림(河臨)·최자(嗺子)·탁목(啄木) 등의 곡조가 있다. 신라 역사를 살펴보니 "진흥왕이 가야국 사람 우륵(于勒)을 하림궁(河臨宮)으로 불러들여 하림·눈죽(嫩竹)이란 두 곡조를 부르도록 했는데,

이것이 우리나라 악조의 시초였다" 하였다. 생각건대, 이 이름이 오늘날까지 전해 내려온 것이다.

현재 《악학궤범》에는 이를 일명 청풍체(淸風體)라 했으며, 탁목 또한 하림이라 일컬었으니, 청풍체와 탁목조는 모두 우륵이 남긴 풍류이다.

조선먹
朝鮮墨조선묵

우리나라 백추지(白硾紙 : 호남에서 생산되는 흰 빛깔의 종이)와 낭미필(狼尾筆 : 이리 꼬리털로 만든 붓)은 천하에서 보배로 여기는 것이다. 그러나 먹에 있어서는 오로지 유연(油烟 : 기름이나 가스가 탈 때 생기는 그을음)만으로 만들기 때문에 송매(松煤 : 소나무를 태운 그을음)로 만든 먹에 비교하면, 짙게 검은빛은 모자라면서 반지르르한 윤기만 너무 지나친다. 중국 먹은 모두 송매로 만든 것인데, 소동파는 이르기를, "유연과 송매 이 두 가지를 합쳐서 만들어야 좋은 먹이 된다" 하였다.

나는 이런 먹은 일찍이 시험해 본 적이 없다. 그러나 한자창(韓子蒼 : 송나라 한구(韓駒))의 시에

왕경이 나에게 선물로 준 삼한지라는 종이는
비계〔肪〕를 끊어 놓은 듯 반질반질한 빛이 책상에까지 비치고
전후가 또 나에게 보내온 조선묵이라는 먹은
칠 같은 검은 광채가 벼룻물 위에 빙빙 돈다.
王卿贈我三韓紙　色若截肪光照几
錢侯繼贈朝鮮墨　黑若點漆光浮水

하였으니, 우리나라 먹도 또한 시가(詩家)에서 소중히 여긴 것이 이와 같았다.

어린아이의 눈으로 헤아려 보더라도 짙게 검은 것이 뭐 해롭겠는가? 달걀 흰자를 섞어서 만들면 먹의 광채를 도우니 이것이 그 윤기를 곱게 하는 방법이다.

그림에는 정신이 나타나야
論畫形似 논화형사

소동파의 시에 이르기를

그림을 그릴 때 겉모습만 같게 하면 된다고 하니
이런 소견은 어린아이와 다를 것이 없다.
시를 지을 때 눈에 보이는 경치만 읊는 것도
시의 본뜻을 아는 이가 결코 아니다.
論畫以形似 見與兒童隣
賦詩必此物 定非知詩人

하였다. 후세에 화가들은 이 시를 근본으로 삼고 엷은 먹물로 거칠게 그리니, 이는 그 물체의 본질과 어긋나게 된 것이다.

이제 만일 "그림을 그릴 때 겉모양은 같지 않아도 되고, 시를 지을 때 눈에 보이는 경치를 읊지 않아도 된다"고 한다면, 이치에 맞는 말이라 할 수 있겠는가. 우리 집에 동파가 그린 묵죽(墨竹) 한 폭이 있는데, 가지와 잎이 모두 살아 있는 대나무와 꼭 같으니, 이것이 이른바 틀림없는 사진(寫眞)이란 것이다. 정신이란 모습 속에 있는 것인데, 이미 모습이 같지 않다면 그 속의 정신을 제대로 전해 낼 수 있겠는가.

동파가 시에서 말한 것은 대개 "겉모습은 비슷하게 되어도 속 정신이 나타나지 않으면 이 물체는 있다 할지라도 광채가 없다"는 것을 말한 것이다. 나도 이르기를 "그림이란 정신이 나타나야 하는데, 겉모습부터 같지 않다면 어찌 같다 할 수 있겠으며, 또한 광채가 있어야 하는데 딴 물건처럼 되었다면 어찌 같은 물건이라 할 수 있겠는가?"라고 하겠다.

도둑고양이
偸猫투묘

떠돌아다니는 고양이 한 마리가 밖에서 들어왔는데 천성이 도둑질을 잘했다. 더구나 쥐가 드물어서 잘 잡아먹을 수 없었다. 단속을 조금만 태만히 하면 문득 상에 차려 놓은 음식을 훔쳐 먹곤 했다. 사람들이 모두 미워하면서 잡아 죽이려 하면 또 잘 달아났다. 이 고양이가 얼마 뒤에 다른 집으로 옮겨 들어갔다. 그 집 식구들은 본디 고양이를 사랑했으므로 먹이를 많이 주어 배고프지 않도록 하였다. 또 쥐도 많아서 사냥이 잘되니 배가 불렀으므로, 드디어 다시는 도둑질을 하지 않고 착한 고양이라는 이름을 얻었다.

나는 이 소문을 듣고 탄식하기를 "이 고양이는 반드시 가난한 집에서 기르던 고양이일 것이다. 먹을 것이 없었기 때문에 하는 수 없어 도둑질을 하게 되었고, 도둑질을 했기 때문에 쫓겨났다. 우리 집에 들어왔을 때도 그 본성이 착한 것은 모르고 또 도둑고양이로 대우했다. 이 고양이는 그때 형편으로는 도둑질을 하지 않으면 앞으로 목숨을 이어 갈 수 없었을 것이다. 비록 사냥을 잘하는 재주가 있었다 할지라도 누가 그런 줄을 알았겠는가. 주인을 잘 만난 다음에 좋은 본성이 나타나고 재능도 또한 제대로 쓰게 되었다. 만일 도둑질하고 다닐 때에 잡아서 죽여버렸다면 어찌 애달프지 않았겠는가. 아아! 사람도 세상을 잘 만나기도 하고 못 만나기도 하는 자가 있는데, 저 짐승도 또한 그러함이 있다" 하였다.

벼루의 등급
鴝鵒眼 구욕안

문방구로 아름다운 것은 반드시 중국 단계연(端溪硯)을 일컫는데, 구욕새의 눈(鴝鵒眼)처럼 생긴 무늬가 있어야만 최상품인 것이다. 대개 단계(端溪 : 중국 광동성 중부에 있던 옛 현(縣)의 이름. 좋은 벼룻돌이 나는 것으로 유명함.)에서 나는 벼룻돌에는 세 종류가 있는데, 암석(岩石)이 상품, 서갱(西坑)이 중품, 후마(後磨)가 하품이다.

빛깔은 짙게 붉고 반질반질한 윤이 나며 두드리면 맑은 소리가 멀리 울리게 되고, 푸른빛과 누른빛으로 된 두 둘레와 동그란 점이 있는 것을 '구욕새의 눈'이라 이르는데, 이것이 상품으로 치는 암석이라는 것이다. 빛깔은 붉고 입으로 불면 습기가 차며 구욕새의 눈처럼 생긴 붉은 무늬가 이리저리 흩어져서 크게 된 것은 중품으로 치는 서갱이라는 것이며, 빛깔은 푸르기도 하고 붉기도 하며 별을 향해서 비스듬히 보면 별빛처럼 퍼져 나가는 점이 있고 모래 속의 운모처럼 조금 윤기가 있는 것은 하품으로 치는 후마라는 것이다.

또 자석(子石)이 있는데 이는 큰 바위 속에 들어 있다는 것이다. 공장(工匠)은 산의 이치를 알고 굴을 파는데, 동그란 무늬와 푸르고 붉은 빛깔의 것은 값이 천금(千金)이나 되는 바, 이는 중국에서 값진 보배로 여긴다.

우리나라는 안동(安東)과 남포(藍浦)에서 벼룻돌이 생산되는데, 안동에서 나는 돌은 빛깔은 붉어도 품질이 나쁘고 남포에서 나는 돌은 푸르스름하면서 검은 빛깔을 띠어 온 나라 사람이 모두 귀중히 여긴다.

그러나 모두 무늬가 없고 바윗돌로 만든 벼루는 구덩이 속의 돌을 캐서 만든 벼루보다 윤기도 없고 먹도 잘 갈리지 않는다. 어떤 이는 "물 속에 넣어 두었다가 오래 지난 뒤에 내어 쓰면 더욱 좋아진다" 하니, 사물의 성질이 서로 어긋나는 것이 이와 같다.

가지를 꺾으면 나무는 썩는다
披枝傷心 피지상심

어느 시골 마을에서 어떤 사람이 과수(果樹)를 심는데, 처음부터 아주 촘촘하게 심었다. 남들이 이르기를, "나무를 너무 촘촘하게 심으면 열매가 맺히지 않는다" 하니, 그가 말하기를, '처음에 촘촘하게 심으면 가지가 많이 생기지 않고, 가지가 많이 생기지 않으면 반드시 더 높게 자라게 된다. 더 자라나기를 기다려 그중 나쁜 것은 골라서 얼마쯤 간격을 두고 없애 버린다. 이와 같이 하면 나무가 오래 살고 열매도 많이 맺으며 재목으로 쓰는 이익도 있게 된다. 만약 이렇게 하지 않고 간격을 넓게 심으면 자라기 전에 가지만 많아지고 반드시 높게 크지 않는다. 따라서 옆으로 돋는 가지를 쳐 버리면 이로 인해 병충해가 생겨 나무가 저절로 말라 죽게 된다' 하였다.

내가 이 소문을 듣고 직접 심어 보니 과연 그렇다. 무릇 가지를 쳐 버린 곳은 반드시 썩게 되고 썩은 데로 물이 따라 들어가면 그 속까지 상하게 된다. 차츰 썩어들어감에 따라 그 틈에 좀이 저절로 생기니, 어찌 나무가 오래 살 수 있겠는가.

내가 우연히 범수전(范雎傳 : 사마천의 《사기》 중의 한 편명. 범수는 전국시대 위(魏)나라 사람)을 읽다가 이런 말을 보았다. "나무는 열매가 많으면 가지를 꺾게 되고 가지를 꺾으면 그 속까지 썩는

다." 이는 대개 나무에 열매가 많으면 가지를 꺾는다는 것인데, 이 '꺾는다
[披]'는 것은 나뭇가지를 꺾어서 부러뜨려 버린다는 것이다. 이렇게 하면 나
무가 갑자기 썩게 되어 좀이 저절로 생기고 속까지 썩어 말라 죽는다는 이치
를 옛사람들은 이미 깨달았던 것이다.

조총과 화포
火砲 화포

우리의 화포는 고려 말기에 처음 만든 것인데, 그 무렵 왜인들은 이런 기
술을 몰랐던 것이다. 우왕 3년(1377)에 화통도감(火㷁都監)을 설치했을 때
판사(判事) 최무선(崔茂宣)이 원나라 염소장(焰焇匠) 이원(李元)과 한 마을
에 살게 되었다. 그에게 대우를 잘하고 슬쩍 화포 만드는 기술을 물은 뒤,
가동(家僮) 몇 사람으로 하여금 익혀서 시험하게 했던 것이다.

얼마 되지 않아 왜구가 고려에 침입했을 때 나세(羅世) 등이 진포(鎭浦)
싸움에서 최무선이 제조한 화포를 사용하여 왜구의 배를 불태웠으며, 또 정
지(鄭地)도 이 화포로써 왜구의 배를 불태우고 큰 승리를 거두었다. 그러나
배를 불태웠다고만 일렀으니, 오늘날의 조총(鳥統)과는 달랐던 것이다. 조
총이란 구준(丘濬)의 《대학연의보(大學衍義補)》에 나와 있고, 척계광(戚繼
光)의 《기효신서(紀效新書)》에는 더욱 자세하게 적혀 있다. 왜인은 이것을
보고 따라 만들기도 잘 했고 이용도 교묘하게 했다. 우리나라는 임진왜란 이
후에 비로소 제조하는 방법이 있었고, 그 이전에는 잘 만들지 못했기 때문에
임진왜란 때 방어에 실패하기에 이르렀다.

진주성을 지키던 김시민이나 해전을 하던 이순신도 모두 저들의 총탄을
맞고 죽었으니, 이 조총이란 것은 병기 가운데 아주 잔인한 것이다. 이 조총
을 이용하면 하늘도 화기(和氣)가 줄어들고 땅도 근심하는 빛이 더해지는
바, 인간 세상에 더 할 수 없는 재앙인 것이다.

공자가 이르기를 "허수아비를 창조한 자에게는 자손이 없을진저(《맹자》
양혜왕장(梁惠王章))"라 하였으니, 조총 만든 자에게 죄를 따진다면 어찌 허수아비 만든 자
와 같겠는가.

새매와 짐새
鷓鳩 음짐

《당국사보(唐國史補)》(당나라의 이조(李肇)가 지은 사서)에, "송진(松脂)이 땅 밑으로 흘러들어 천 년을 묵으면 복령(茯苓 : 버섯 이름)이 되고 또 천 년을 묵으면 호박(琥珀)이 되며 또 천 년을 묵으면 예석(瑿石)이 되는데, 이들은 오래 묵을수록 더욱 깨끗하게 되지만 새매〔鷓 : 음. 수릿과의 새〕라는 새는 천 년을 묵으면 짐새〔鳩 : 독이 있는 새. 배설물이나 깃이 잠긴 음식물을 먹으면 즉사한다고 한다〕가 되는데, 이는 늙을수록 더욱 악독해진다. 남쪽 산천에 짐새가 있는 지방에는 반드시 물소〔犀〕가 있고, 사충(沙虫 : 별레)과 수노(水弩 : 물여우. 날도랫과 곤충의 애벌레)가 있는 곳에는 반드시 산까마귀〔鸜〕와 독수리〔鵰〕 그리고 약초가 있다" 하였다.

이 말은 도(道)에 비유할 만하다. 선과 악이 한 번 갈라지면 길이 두 갈래로 나뉘는 것과 같아서, 익(益)과 목(繆), 순(舜)과 척(跖)*¹의 분별이 있는 것이다. 세상에서 궁흉(窮兇 : 성정이 음침하고 흉악함)이니 거특(巨慝)이니 하는 별명을 듣는 자들도 처음 가진 마음은 반드시 이와 같이 나쁘지 않았을 것인데, 다만 마음 씀을 한 번 잘못함에 따라 차츰 나쁜 쪽으로 빠져들어, 어떤 이는 아비와 임금을 죽이는 것도 두려워하지 않으니, 이것이 '새매가 짐새 된다'는 말과 같은 것이다.

세상일이 만 가지로 변해서 해결할 수 없는 환경에 처할지라도 지혜 있는 자는 반드시 해결할 방도를 생각하여, 막다른 상황도 헤쳐 나간다. 그러나 사람이란 재주가 미치지 못함이 있기 때문에 《주역》에, "천지의 바른 이치를 살펴서 법과 예〔典禮〕를 행한다" 하였다. 지금 세상을 살면서 다만 어쩔 도리가 없다고 핑계만 하는 자는 이런 이치를 깜깜하게 모르기 때문인데, 이것은 '산까마귀와 독수리도 병을 치료할 수 있다'는 말과 같다 하겠다.

---

*1 익·목·순·척(益繆舜跖) : 익은 순(舜)의 신하, 목은 춘추(春秋) 때 연나라 목기(繆蟣), 순은 오제(五帝)의 하나인 유우씨(有虞氏), 척은 노나라 도척(盜跖).

신라의 거문고

新羅琴 신라금

미수(眉叟) 허목(許穆)은 신라 때의 거문고를 가지고 있었다. 만력(萬曆 : 명 신종(明神宗)의 연호) 무렵에 학림공자(鶴林公子 : 조선조의 화가 이경윤(李慶胤))가 관동(關東)을 유람할 때에 신라 경순왕(敬順王)이 쓰던 거문고를 얻어 전해 왔는데, 이것이 마침 내 허씨(許氏)에게로 돌아갔다는 것이다. 맨 처음에는 진(晉)나라 사람이 칠현금(七絃琴)을 신라에 선물로 주었는데, 그때 제이상(第二相) 왕산악(王山岳)이 줄 하나를 줄이고 휘(徽)를 바꾸어서 과(棵)로 만들었다. 이 거문고는 타기만 하면 현학(玄鶴)이 날아와서 춤을 추기에 그 이름을 현학금(玄鶴琴)이라 했다는데, 지금 이 신라금도 반드시 그와 같은 악기일 것이다.

경순왕이 고려에 항복하자, 고려에서는 경순왕을 낙랑왕 정승(樂浪王政丞)으로 봉한 다음 신라국을 혁파, 경주(慶州)로 삼아서 그의 식읍(食邑)을 삼고 조금 지난 뒤에 부호장(副戶長) 이하 여러 관직에 대한 일을 맡아 보도록 하였으니, 왕은 반드시 고국(故國 : 신라를 가리킴)에 머물러 있었을 것이다. 이 때에 왕자는 부르짖고 울면서 왕에게 작별하고 개골산(皆骨山)으로 들어가서 삼베옷을 입고 나물로 끼니를 삼다가 한세상을 마치게 되었다.

추측컨대, 왕자는 이 거문고를 갖고 은둔하여 줄을 어루만지며 그 원통하고 민망한 마음을 풀었고, 그 뒤 거문고는 마침내 동쪽 고을에 묻혀 있었던 것인가? 신라가 망한 것은 후당(後唐) 청태(淸泰 : 폐제(廢帝)의 연호) 2년이었으니, 만력 무렵에 이르기까지는 거의 8백 년이나 되었는데, 이 거문고가 공자(公子 : 지체 높은 집안의 아들)에게 발견되었으니, 또한 이상한 일이다.

내가 지금 서울 수표교(水標橋)에 새겨진 주척(周尺)의 옛 제도로 징사(徵士 : 학행(學行)이 높고 임금의 부름에 나가지 않는 선비) 허지(許址)에게 주어서 거문고의 장단(長短)과 광협(廣狹)을 세밀히 재어 지금 《악학궤범》(조선 성종 때 성현(成俔)·유자광(柳子光) 등이 왕명으로 지은 음악서)에 있는 현금(玄琴)과 비교케 하니, 조금 큰 것만이 아니다. 이 《악학궤범》은 경순왕 때부터 5백 년이 넘은 뒤에 이루어진 것으로, 그 무렵 악방(樂坊)이 간수한 거문고에 따라 기록한 것에 지나지 않으니, 그 같지 않음을 괴이하게 여길 것이 없다. 추측컨대 이것이 진짜이고 저것은 가짜인가?

천 걸음이나 나가는 나무활

木弩千步 목노천보

중국 당나라 태종(太宗)이 고구려를 칠 때 화살에 맞아 눈이 멀게 되었는데, 중국의 사관(史官)은 그 사실을 숨겼다. 그런데 목은 이색이 지은 시에 "흰 깃 화살에 검은 눈동자 떨어진 것을 누가 알 것인가〔誰知白羽落玄花〕"라고 하였으니, 이는 고려 말기에도 반드시 그 고증할 만한 기록이 있었기 때문에 이른 말이다.

무릇 활과 화살이 날카롭기는 우리나라가 제일인데, 숙신(肅愼)에서 만든 싸리나무에 돌살촉을 붙인 화살은 천하에서 보물로 여겼으니, 숙신은 바로 우리나라 동북쪽에 있던 속국이었다.

그러나 오늘날 우리나라에서는 화살을 만들 때 물소 뿔을 쓰지 않아서 강하게 되지 않는다. 물소 뿔이란 재료는 중국에서 생산되는 것이고 아교 또한 우리나라에만 있는 것이 아니며, 힘차게 당겨서 멀리 쏘는 것도 우리나라에서만 잘하는 것이 아니다.

함경도에 속명 서수라(西脩羅)라는 나무가 있는데, 이것을 잘게 쪼개서 물에 담근 다음 돌을 끝에 달아 다리 난간에 매어 드리워 두었다가 제대로 곧아진 뒤에 다듬고, 그 굽은 데와 둥근 곳을 깎아 바르게 만들면 화살대로 쓸 수 있는데 뾰족하고 날카로운 돌로 칼을 대신할 수 있다.

생각건대, 그 싸리나무 활과 돌살촉이 이와 같을 뿐이라면, 이는 반드시 쉽게 무뎌져, 대로 만든 화살과 쇠로 만든 화살촉을 당할 수 없었을 것인데, 이는 확실히 알 수 없다.

조선 태조 이성계는 늘 대우전(大羽箭)을 사용했는데, 싸리나무로 화살대를 만들고 학의 날개로 깃을 달았다 하니, 이는 반드시 뛰어난 용기에서 나온 것이리라.

당나라 고종 총장(摠章) 때(668~669) 황제가 우리나라 노사(弩師)를 징발해 갔는데, 나무로 쇠뇌를 만들어 쏘아도 30보밖에 더 나가지 못했던 바, 고종이 이르기를 "너의 나라에서 만든 쇠뇌는 1천 보 거리까지도 나간다던데, 이제 그렇지 못함은 무슨 까닭이냐?" 하였다. 대답하기를 "이 재료가 좋지 않으니 우리나라 재료를 들여오는 것이 좋겠습니다" 하자 우리나라 재료를 가져다 만들었는데 60보밖에 나가지 않으므로 꾸짖었다. 또 대답하기를 "신 또한 그 까닭을 알 수 없으나 아마 이 나무가 바다를 넘을 때 습기가 차서 그런 것 같습니다" 하였다. 고종은 그가 기술을 다 발휘하지 않는가 의심하고 위협하면서 심지어 벌까지 주었으나, 끝내 재주를 제대로 제공하지 않았다고 한다.

이로 본다면 틀림없이 우리나라 활이 능히 1천 보를 쏠 수 있다는 것을 태종은 우리나라를 칠 때에 알았던 것이리라. 그런데 오늘날 강한 쇠뇌와 가벼운 화살로 멀리 쏜다 해도 수백 보밖에 나가지 못하니, 저런 말이 전해온 것을 반드시 믿을 수도 없는 일이다.

그러나 태종은 그때 삼군 가운데 있었으매, 반드시 몸소 위험한 지대를 밟지 않았을 터인데도 빠른 화살이 능히 그의 눈을 맞추었던바, 이로 인해 태종은 우리나라 활 만드는 노사(弩師)를 징발해서 꼭 활을 만들어 보려고 했던 것이다.

오늘날도 군중(軍中)에 가는 화살이 있는데, 400보 거리는 능히 맞출 수가 있다. 비록 나가는 힘은 세차지 못할지라도 족히 사람의 눈을 다치게 할 수는 있으니, 당 태종의 눈에 맞았다는 것도 아마 이런 화살이었을 것이다.

요즘 들으니, 무고(武庫)의 군기(軍器)는 모두 품질이 나빠서 하나같이 쓸 수가 없다고 한다. 임금과 온 조정이 이를 걱정하고 탄식하여도 능히 변혁시키지 못하니, 이는 아랫사람이 직분을 제대로 수행하지 못할 뿐 아니라, 그 법이 편리하지 못하기 때문이다.

《주례》 하관(夏官) 고인직(藁人職)에 "활 만드는 성적을 봐서 녹봉을 올리기도 하고 낮추기도 한다" 하였으니, 이것이 이른바 "녹봉을 일에 맞도록 한다"라는 것이다. 만일 활을 만들되 잘 만드는 것과 못 만드는 것을 가리지 않는다면, 누구라도 힘을 들이지 않을 것은 당연하다.

《예기》 월령(月令)에도 "맹동(孟冬)에 공사(工師)에게 명해서 한 해 동안 만든 기물을 바치도록 한다. 그 기물에는 꼭 만든 자의 이름을 새기게 해서 그들의 성의를 되새기는데, 잘못 만든 것이 있으면 반드시 그에게는 죄를 준다" 하였으니, 옛사람의 용의주도함이 이와 같았다.

오늘날 중국에서 들어온 기물이든 일본에서 들어온 기물이든 거기에는 이와 같이 하지 않은 게 없으며, 서책일지라도 반드시 그 만든 자의 이름을 기록했다. 오직 우리나라만이 그렇지 않을 뿐더러 때로는 패도(佩刀) 위에다 왜인의 이름을 본떠 새겨서 그 진품을 어지럽히니 비웃을 만한 일이다.

오늘날 이에 따라 공장(工匠)에게는 녹봉을 올리기도 하고 낮추기도 하며, 병기에는 반드시 그 책임자의 성명을 새기도록 하고, 또 차례에 있어서도 천일(天一)·천이(天二)·지일(地一)·지이(地二)의 순서로 기록하여 과거 시험장 시권(試卷)의 예와 같이 한다. 이렇게 한 뒤에는 점고하는 자가 반드시 다 열람할 것이 아니라, 그 가운데 몇 개만 제비를 뽑아서 잘못 만든 자에게는 예외 없이 벌을 준다.

이미 만들어진 것은 또한 사람을 파견시켜서 낱낱이 살펴본 다음 쓸 수 없는 것은 버리고, 그 나머지는 또한 검열한 자의 성명을 새기도록 한다. 각 지방 고을도 모두 이와 같이 하되, 대장(大將)이 그때에 또 각 고을의 무고에 쌓아 둔 병기를 제비를 뽑아 검열한 다음 못 쓰게 만든 자에게는 예외 없이 벌을 준다. 이렇게 하면 일이 번거롭지 않고 공효가 잘 이루어질 것이다.

또 《신당서》 병지(兵志)를 살펴보니 "무릇 복원노(伏遠弩)라는 쇠뇌는 제대로 늦춰지기도 하고 죄어지기도 하는데, 300보 거리에다 세워 놓은 과녁을 네 발 쏘아서 두 발을 맞히고, 벽장노(擘張弩)라는 쇠뇌는 230보 거리에서 네 발 쏘아 세 발을 맞히고, 단궁노(單弓弩)라는 쇠뇌는 160보 거리에서 네 발을 쏘아 두 발을 맞히면 이는 모두 급제(及第)가 된다" 하였다.

먼 300보 거리에서 과녁을 맞힌다면 이는 조취총(鳥觜銃)에 비교해도 손색이 없는 것인데, 지금 세상에는 이런 활이 있다는 말을 듣지 못했으니 무슨 까닭인가.

무기를 재정비하자
兵器 병기

병기는 성인이 신중히 여긴 것이다. 그것은 병기가 사용하기 편리하고 날카롭게 정비되어 있지 않으면 전쟁할 때에 그 군사를 적에게 그냥 넘겨주는 격이 되기 때문이다.

《주례》 동관(冬官)이라는 한 편에는 군사에 쓰이는 기구가 많이 적혀져 있다. 수레·갑옷·창·화살 따위와, 그 재료의 좋고 나쁜 것, 제도의 길고 짧은 것, 가볍고 무거운 것, 두껍고 얇은 것, 퉁퉁하고 뾰족한 것, 굽고 꼬부라진 것, 가늘고 굵은 것에 있어 그 작은 차이까지도 미세하게 살펴서 신중히 기록하였다. 그런데도 혹시라도 제대로 쓰지 못할 것을 염려하였으니, 그 마음 씀이 참 지극하고도 깊었던 것이다.

지금 우리나라는, 각 고을은 말할 것도 없고, 서울 무기고에 쌓아둔 병기도 하나 쓸 만한 것이 없다.

우선 화살을 시험 삼아 말해 보겠다. 평상시 활쏘기 연습을 할 때에 모두 촉이 없는 화살을 쓰므로 집집마다 그것을 간수하게 되니, 이는 좋은 대나무만 헛되이 버리는 셈이다. 옛날에는 이런 일이 없었으니, 너무도 안타까운 일이라 하겠다.

또는 유엽전(柳葉箭)이란 화살이 있는데 이는 모두 대나무를 불에 달궈 껍질을 버리고 만들기 때문에 갑자기 비가 오거나 이슬이 내리면 굽고 틀어져서 쓸 수 없게 된다. 심지어 군중(軍中)에서 쓰는 호창(虎韔)이란 화살은 독수리 날개로 아롱지게 꾸민 것인데, 이름을 대우전(大羽箭)이라 한다. 이는 값으로 따지면 보통 화살의 10배도 더 되는데 멀리 쏜다 해도 그 거리가 백 보 거리에 못 미친다. 이런 물건으로 도대체 무엇을 하려고 귀한 돈을 허비하는가?

태조(太祖)도 동정(東亭)과 황산(荒山)에서 왜를 공격할 때 모두 대우전을 썼다. 용비어천가(龍飛御天歌 : 이조 세종 때 권제(權踶)·정인지(鄭麟趾) 등이 왕명에 의해 이조의 창업을 찬양한 노래)에 상고해 보니, "태조는 초명적(哨鳴鏑 : 화살에 방울을 달아서 날아 갈 때 소리가 났다 함)이라는 큰 화살을 잘 이용했다. 이는 싸리나무로 화살대를 만들고 학의 날개로 넓고 길게 깃을 달았으며 사슴뿔로 화살촉을 만들었는데 크기가 배(梨)와 같다. 촉이 무겁고 대가 긴 것이 보통 화살과 같지 않다" 하였으니, 이는 힘과 용맹이 뛰어난 사람만이 썼던 것이고 보통 사람은 어차피 쓸 수 없는 것인 듯하다.

무릇 화살이란 것을 많이 달면 나가는 힘이 둔하고 깃을 적게 달면 나가는 힘이 빠른 것이다. 그러므로 활을 쏠 때 화살이 흔들리는 것을 보면 그것이 많고 적음을 알게 된다. 그러나 옛날과 지금은 풍속이 다르고 시대에 따라 사람의 하는 일도 갈수록 교묘하게 되는 바, 싸리나무로 만든 화살과 돌로 만든 촉도 지금에 와서는 하등의 화살이 되었으니, 이런 이치는 깨달을 수 없겠다.

그럼에도 반드시 해야 할 것은 무신으로 하여금 좋은 재료를 가리도록 하고 솜씨 좋은 수공업자를 뽑아서 나쁜 것은 버리고 날카로운 것만을 취해 쓰도록 하는 것이다. 옛 서적을 참고하여 고공기(考工記 : 《주례》 편명. 각종 병기(兵器)의 제도와 만드는 방식이 기록되었음)의 말처럼 별도로 글 한 편을 만들어서 왕부(王府)에 간수하고 가끔 보여주면 반드시 이 제도와 방법을 표준 삼아 병기를 잘 만들게 될 것이다. 그리고 쓸데없이 만들고 있는 병기들은 규칙을 정하여 아예 만들지 못하도록 금한다면 어찌 국가에 도움이 되지 않겠는가.

학사 김응조의 짤막한 편지
鶴沙短簡 학사단간

무슨 일에서든 그 근본을 잊지 않는 것은 예를 그대로 지키기 때문이다. 대체로 물건이란 옛날 검소하던 것이 지금 와서 사치해지는 까닭에 옛것을 생각하면 사치한 마음이 줄어들고 지금 것만 따르면 사치할 마음이 차츰 많아져 앞으로 못할 짓이 없을 것이다.

옛날에는 글자를 쓸 때 대쪽에다 옻칠로 썼기 때문에 글자 모양이 올챙이처럼 되었으니, 그 어렵고 괴로웠던 것을 상상할 수 있겠다. 오늘날 사람이 쓰는 문방구를 보면 너무 지나쳐서 종잇조각을 조금도 아끼지 않고 마음껏 쓰니 이는 옛것을 생각지 않는 데서 생기는 폐단이다.

나의 할아버지〔李志安〕가 성천부사(成川府使)로 있을 때에 그 도의 감사(방백(方伯))는 바로 학사(鶴沙) 김응조(金應祖)였다. 그가 우리 할아버지에게 편지 한 장을 보내온 것이 지금까지 상자 속에 간수되어 있었는데, 주척(周尺 : 주례에 규정된 자로서 한 자가 23.1cm)으로 재면 세로는 아홉 치, 가로는 한 자 두 치에 지나지 않으며 종이 또한 품질이 얇고 나쁘다. 평안도는 서쪽이 부유한 지방이었고 감사란 존귀한 벼슬인데도 재정을 이처럼 아꼈으니, 그 무렵 풍속도 짐작할 수 있다.

지금 수령들이 친구에게 보내는 편지를 보면 종이 품질이 가장 나쁘다는 것도 크기나 두께가 이와 비교하면 갑절도 더 되니 종이 값만 따져도 옛날에 비하면 일고여덟 배가 넘는 셈이다. 또 상관에게 보내는 편지 종이는 이보다 더 좋은 것을 쓰게 되니 값을 따져도 몇 갑절이 될 것이다. 나는 중국 사람이 쓴 편지 종이도 보았으나 이렇게 좋고 큰 것은 일찍이 보지 못하였다.

대개 종이란 것은 사대부가 몸소 만드는 것이 아니니 만들자면 그 재정이 반드시 민간에서 나와야 하는데, 위에서 쓰기만 하는 자는 이를 걱정하지 않으니, 백성을 못살게 한다는 것은 이 종이 한 가지만 봐도 알 수 있다. 이 정치를 밝게 하지 못함은 공정하지 못하기 때문이고, 공정하지 못함은 청렴하지 못하기 때문이며, 청렴하지 못함은 검소하지 못하기 때문이며, 검소하지 못함은 자기의 분수를 편안히 지켜 나가지 못하기 때문이다.

진실로 자기의 분수를 편히 지키려고 한다면, 근본을 생각하는 것이 가장 중요하다. 일은 반드시 검소함을 근본으로 삼고 몸은 반드시 천함을 근본으로 삼아야 한다. 귀하게 되어도 지난날 천할 때를 생각하고, 사치하게 되어도 옛날 검소했던 마음으로 살아 나가면 공정하고 밝음은 자연히 그 속에 있는 것인데, 나라를 다스림에 뭐 어려움이 있겠는가.

옛날 진시황이 저울로 글을 달았다 하였으니, 이는 반드시 가볍고 무거움에 제한이 있었던 때문이리라. 지금도 가볍고 무거움에 따라 한도를 정해 이것을 어기는 자에겐 가차 없이 죄를 준다면 백성에게 반드시 이익이 있을 것이다. 우연히 옛날 소장품을 보다가 느낀 점이 있어서 적어 놓는다.

짐승도 도리를 안다
禽獸五倫 금수오륜

명나라 학자 승암(升庵) 양신(楊愼)이 이르기를, "염소는 제 새끼에게 젖을 먹이고 까마귀는 제 어미에게 먹을 것을 물어다 먹이니 이는 부자(父子)의 인(仁)이고, 벌은 집을 만들고 개미는 구멍을 뚫으니 이는 군신(君臣)의 의(義)이며, 비둘기와 원앙새는 절개를 지키니 이는 부부(夫婦)의 분별이고, 보우(鴇羽:너새)와 기러기는 항렬을 지어 다니니 이는 형제의 질서이며, 꾀꼬리는 깊은 골짜기에서 나와 높은 나무로 옮겨서 살고, 닭은 먹을 것이 있으면 서로 불러서 함께 먹으니 이는 붕우(朋友)의 정(情)이다" 하였으니, 이 말은 생물의 이치를 자못 해박하게 밝힌 것이라 하겠다.

그러나 "닭에게도 오덕이 있다〔鷄之五德〕"*¹는 것은 옛날에도 있었던 말이지만, 내가 보기로는 닭이 서로 부르는 것은 수컷이 암컷을 부르고 어미가 새끼를 부르는 것뿐이다. 다른 때에는 일찍이 서로 불러서 함께 먹는 것을 보지 못했으니, 어찌 붕우의 정이 있다 할 수 있겠는가? 《가어》에 상고하니, 공자가 이르기를, "관저(關雎 : 《시경》주남(周南)의 장명)는 새에게서 흥(興)을 일으킨 것인데, 군자가 아름답게 여긴 것은 그 암컷과 수컷에 분별이 있기 때문이고, 녹명(鹿鳴 : 《시경》소아(小雅)의 장명)은 짐승에게서 흥을 일으킨 것인데, 군자가 훌륭하게 여긴 것은 그가 먹을 것이 있으면 서로 부르기 때문이다" 하였으니, 지금 양신이 말한 끝 구절을 고쳐서, "꾀꼬리는 벗을 부르고, 사슴은 먹을 것이 있으면 서로 나누어 먹으니 이는 붕우의 정이 있다" 한다면 그 말이 더욱 이치에 가까워질 것이다.

맛살조개, 문어 그리고 도미
蟶八梢鮫鱲 정·팔초·교력

우리나라에서는 새나 짐승, 벌레, 물고기를 가리키는 말을 잘 몰랐다.

임진년 난리 때 천장(天將 : 사대사상에서 명나라 장수를 천장이라 하였음)이 편지를 보내 맛살조개를 구해 달라고 요청하였는데, 우리나라에서는 그 맛살조개가 가리합(嘉里蛤)인 줄을 모르고 다만 대답하기를, "우리나라에서는 이런 물건이 나지 않는다"고 하자, 천장은 자기를 속인다고 몹시 성을 내기까지 하였다.

하루는 천장이 계두(桂蠹)를 바쳤는데, 이는 바로 계수나무 속에서 생긴 좀으로 빛깔은 붉고 맛은 매우면서도 향기로웠다. 남월왕이 중국에 공물을 바칠 때 비취(翡翠 : 반투명체로 된 짙은 푸른색의 윤이 나는 구슬)는 40쌍까지 바쳐도 계두는 겨우 한 그릇 밖에 바치지 않았다 하니, 그 계두란 희귀한 것임을 짐작할 수 있다. 그런데 그때 주상(主上 : 선조(宣祖))은 오래도록 망설이며 젓가락 대기를 즐겨하지 않았다.

조금 뒤에 문어갱(文魚羹 : 문어국)을 올렸는데, 문어란 것은 바로 팔초어(八梢魚)다. 그런데 천장 또한 난처한 빛을 보이고 먹지 않았다. 사람들이 전하는 말에, 이 문어는 우리나라에서만 생산되는 까닭에 천장이 처음 보게 된

---

*1 계지오덕 : 머리에 갓을 쓴 것은 문(文), 발에 며느리발톱이 생긴 것은 무(武), 적을 만나 용감히 싸우는 것은 용(勇), 먹을 것이 있으면 서로 부르는 것은 인(仁), 꼭 새벽으로 우는 것은 신(信)이라는 것이다. 《韓詩外傳》

것이라고 한다.

내가 천사 동월이 지은 조선부를 보니, 그가 주석에, "문어는 중국 절강(浙江)에서 나는 망조어(望潮魚)이다" 하였다.

그렇다면 임진년 난리 때 이여송(李如松) 무리들은 대부분 중국 북쪽 지방의 사람이니, 남쪽의 절강과는 멀리 떨어진 곳이므로 강회(江淮)의 어물을 보지 못한 것은 당연한 일이다.

《본초》 오적어(烏賊魚 : 옥정) 조에 상고하니, "어족 가운데 뼈 없는 물고기는 유어(柔魚)라 하고, 이것에는 장거(章擧)와 석거(石距) 두 종류가 있다" 하였다.

이는 문어와 비슷하게 생겼는데 조금 크고 맛이 썩 좋아서 귀중한 식품으로 꼽히고, 오적어도 팔초어와 비슷하지만 다리가 아주 짧기 때문에 약간 구별된다.

추측컨대, 이 장거와 석거란 것은 우리나라에서 나는 문어와 낙지〔絡蹄〕 따위처럼 생긴 것인 듯한데, 중국서도 진귀하게 여긴다. 낙지는 속명 소팔초어(小八梢魚)라는 것이다.

인묘(仁廟 : 인조대왕) 정해년에 중국 사람 임인관(林寅觀)·진득(陳得) 등이 풍파에 표류되어 제주에 정박하자, 우리나라에선 연경으로 돌려 보내 주었는데, 그들이 제주에 오래 머물면서 속명 도미어(道尾魚)라는 것을 보고 이르기를, "이것이 교렵어(鮫鱲魚)다"라고 하였다.

그러나 《본초》에 상고해 봐도 이런 종류가 없으니, 그의 말이 옳은지 그른지 알 수 없다.

목화에 대한 기록
木棉 목면

우리나라 면화(棉花)는 고려 문익점이 중국에서 수입해다가 퍼뜨린 것이다. 우리나라 사람들은 이 면화를 목면(木棉)이라고들 하나 그 실은 목면이 아니고 초면(草綿)이다. 우공(禹貢)의, "그 광주리에 담은 공물(貢物)은 직패(織貝)이다"라고 한 그 주에, "직패는 비단 이름인데 자개 무늬를 놓아서 짠 비단이다. 《시경》에, "이 패금(貝錦)을 이루었다"라는 것이 바로 이것이다. 지금 남쪽 오랑캐도 목면이 정하고 좋은 것은 역시 길패(吉貝)라고들 한다" 하였다.

《광지(廣志)》에 상고하니, "오동나무 잎에 끼어 있는 흰털을 모아 가는 실〔毳淹〕을 뽑아서 베를 짜낸다" 하였고, 배씨(裵氏)의 《광주기(廣州記)》에는, "남쪽 오랑캐는 누에를 기르지 않고 목면을 따서 솜을 만든다" 하였으며, 《남사(南史)》*¹에는, "고창국(高昌國 : 중국 신강성(新疆省) 지방에 있던 옛 나라)이란 나라에 실올처럼 생긴 풀 열매가 난다. 그 이름을 백첩자(白疊子 : 면포의 일종)라고 하는데, 베를 만들 수 있다" 하였다.

중국에서는 이 백첩자를 외국 물산이라 하여 다른 털을 보태서 가는 모직을 만든다. 《사기(史記)》에, "탑포(罽布)·피혁(皮革)이 천 필이다" 하였는데, 배인(裵駰)은, '탑포는 백첩자다' 하였고, 안사고(顔師古)는 '백첩자가 아니다' 했고, 장수절(張守節)은 '백첩은 목면으로 짠 것이니 중국에 있는 것이 아니다' 하였다.

동(桐)은 동(橦)과 통하고 일명 반지화(斑枝花)라고도 하니, 즉 목면이다. 《촉도부(蜀都賦)》(진(晉)나라 좌사 (左思)가 지었음)에, "베 중에 동엽포(橦葉布)도 있다" 한 것 또한 이것이다.

엄(淹)자는 즉 엄(繩)자인데, 손으로 실올을 뽑아낸다는 것이다.

《통감》에, "양 무제(梁武帝)는 목면으로 검은 장막을 만들었다" 하였고, 사조(史炤 : 송나라 사람. 자는 자희 (子熙). 소동파의 스승)의 《석문(釋文)》에는, "강남 지방에는 목면이 많이 생산되는데, 2~3월이 되면 씨를 뿌린다. 싹이 난 뒤 한 달 지나서 세 차례만 김을 매면 꽃이 피어 열매를 맺는다. 열매가 익으면 껍질은 네 조각으로 찢어지고 그 속에서 솜처럼 생긴 흰 숭어리가 제대로 터져 나온다. 지방 사람들은 쇠로 만든 씨아로 그 씨를 빼버리고, 솜과 같은 것만 모아서, 자그마한 대나무 활로 활줄을 잡아당기면서 뭉실뭉실하게 탄다. 모두 일정하게 타진 뒤에 솜을 말아서 대통처럼 속이 비게 만든다. 물레〔紡車〕 가락에 대고 돌리면 저절로 실오리가 뽑혀 나오는데, 베틀에 짜서 베를 만든다" 하였으니, 이것이 바로 지금 면화라는 것이다.

이로 본다면, 중국서도 이 초면(草綿)을 더러 목면이라고 했던가 보다.

---

*1 《남사》: 중국 남조(南朝)의 170년 동안 사실을 적은 역사서.

나의 의견으로는, 이 면화란 것이 본디 두 종류가 아닌 듯하다. 남쪽 지방은 기후가 따스한 관계로 겨울에도 얼어 죽지 않고 높이 커서 목면으로 되지만, 중국에 들어가면 기후가 고르지 않은 관계로 해마다 심기 때문에 초면으로 되었을 것이다.

옛날 명당(明堂 : 옛날 천자가 제후(諸侯)에게 조회받던 집 이름)은 쑥대(蒿)로 기둥을 만들었다 하니, 《계해우형지(桂海虞衡志)》(중국 영남 지방의 물산을 기록한 책. 송나라 범성대(范成大)가 지었음)에서 살펴볼 수 있다.

교·광(交廣) 지방에는 가자(茄子)가 나무를 이루므로 사다리를 대고 올라가서 열매를 따게 된다. 한 5년쯤 지나면 나무가 늙고 열매가 잘 열지 않으므로 베어 버리고 새로 심는다 하니, 초면(草綿)이 목면(木綿)이 되는 것과 뭐 다르겠는가?

번우(番禺) 지방에는 본디 푸르고 붉고 흰 세 종류의 목면이 있었는데, 지금은 특히 그 흰 것만 전한다고 한다.

명나라 학자 경산(瓊山), 구준(丘濬)은 이르기를, "면화는 원나라 때 비로소 중국에 들어왔다" 하였으니, 무엇에 의거해서 그렇다고 했는지 가소로운 일이다. 《속박물지》*² 에는, "면화 종자는 번우 사신 황시(黃始)가 갖고 온 것이라 하여, 지금 광주(廣州) 지방에 그의 사당을 세우고 제사를 지내 준다" 하였으니, 광주에서 황시의 공로를 대우하는 것이 우리나라에서 문익점을 대우하는 것과 똑같다.

우리나라의 은광
銀鑛 은광

우리나라 평안도·함경도 지방에는 은광이 많다. 고려 때엔 중국에서 거의 모든 은을 공물로 바치게 했다. 계속 바치기란 어려운 일이었기 때문에 포은 정몽주가 사신의 명령을 받들고 중국에 갔을 때, 은의 양을 크게 줄이고 다른 토산물로 대신 바치게 해줄 것을 요청했다.

조선에 들어와서는 명나라 만력 무렵에 단천(端川) 은광만 남아 있었다. 조정 신하들이 건의하기를 "은광을 민간에 맡겨 채굴하도록 하고, 세금을

---

*2 《속박물지》: 진(晉)나라 장화(張華)의 《박물지》에 빠진 것을 채워서 기록한 책. 송나라 이석(李石)이 지었음.

받아 국가의 재정을 넉넉하게 하는 것이 좋겠습니다" 하였는데, 선조는 비답(批答)을 내리기를 "혼돈(混沌)을 파헤치면 혼돈이 죽고, 은혈(銀穴)을 파헤치면 인심이 죽는다" 하였으니, 아아, 훌륭하신 말씀이여! 그 염려하신 생각이 깊고 멀도다. 많은 신하들은 여기까지 생각이 미치지 못했던 것이다.

부채에 다는 고리
摺扇墜 접선추

사조제(謝肇淛)가, '취두선(聚頭扇)이라는 부채는 바로 동남 지방 외국의 물건이므로 중국에도 옛날에는 있지 않았던 것이다. 원나라 이전엔 둥근 부채〔團扇〕만 있고 접는 것은 없었는데, 원나라 초기에 외국 사신이 가진 접선(摺扇)을 처음 보았다. 사람들이 모두 우습게 여겼지만 이것이 풍속으로 되어 천하에 두루 퍼지기까지 하였다. 둥근 부채는 출입할 때 소매 속에 넣고 다니기가 불편하기 때문이었다. 부채에 장식으로 고리를 달게 된 것은 궁중에서부터였다. 이는 대개 부채를 사용하지 않을 때 옷 사이에 걸어 두기 편하도록 하기 위한 것인데, '송 고종(宋高宗)이 대신을 불러 잔치할 때 장순왕(張循王)이 가진 부채에 옥해아추자(玉孩兒墜子)가 있는 것을 보았다'라는 것이 바로 이것이리라. 더러는 합향(合香)을 써서 여름철에 나쁜 냄새를 피하기도 하였으니, 중국에서 전래한 풍속은 이같은 데에 불과했던 것이다" 하였다.

그러나 《강목》에, "제 고제(齊高帝) 원년에 저연(褚淵 : 자는 언회(彦回). 송나라가 망한 뒤엔 제나라에 벼슬했음) 이 조정으로 들어올 때 요선(腰扇)을 갖고 얼굴을 가리니, 유상(劉祥 : 자는 현징(顯徵). 남제(南齊) 고제(高帝)의 신하) 이, '부끄러운 얼굴로 남을 보는데 부채로 가린들 무슨 소용이 있겠는가?'라고 했다" 하였다.

그리고 그 주에서 원나라 학자 매간(梅磵) 호삼성(胡三省)은, '요선은 허리에 차게 만든 부채인데, 지금 소위 접첩선(摺疊扇 : 접는 부채)이라는 것이다' 하였다.

만약 그렇다면 이 접는부채가 중국서도 유행된 지 역시 오랜 것이나, 다만 이 요선이 반드시 접첩선이었던 것인지는 알 수 없다.

소동파는 "고려의 백송선(白松扇)이란 부채는 펴면 넓이가 한 자 넘고 접으면 다만 두 손가락 부피밖에 되지 않는다" 하였다.

이로써 본다면 북송 시대에 이미 이 접는부채가 있었음을 알 수 있다.

우리나라에서는 오직 접는부채만 사용하는데, 추자에는 투서(套署 : 둥)를 만들어 찍게 되었는바, 그 한복판을 비워서 전문(篆文)으로 새긴 자그마한 도장을 간수해 두었다가 봉함과 낙관으로 쓰도록 한다. 또 별도로 향추(香墜 : 향추(香珠))라는 것이 있는데, 이 또한 그 한복판을 비워서 이쑤시개[刺齒]와 귀이개[掮撾] 따위를 간수해 둔다. 이는 반드시 관작이 있는 자라야 갖게 되는 것인데, 더러는 부채 하나에다 두세 개의 추자를 만들어 단 자까지 있다.

거미가 뱀을 얽어 잡다
蛛胃蛇 주견사

내가 일찍이 정원을 거닐다가 뱀이 거미줄에 걸려든 것을 보았다. 매우 단단하게 얽혔는데 거미가 그 뱀을 빨아먹었다. 나는 그것이 우연한 일이라고 여겼었다. 그 뒤에 어떤 시골 사람이 와서 말하기를, "거미가 입으로 실을 내어서 뱀을 얽는 것을 직접 보았다" 하니, 대개 물성(物性)이 궁구해 알 수 없는 것이 이와 같다.

또 어떤 자는 뱀에게 물려서 독이 퍼지기 전에 왕거미를 잡아 그 물린 곳에다 붙여서 뱀의 독을 빨아내도록 했는데, 여러 차례 시험한 결과 모두 효력을 보았다 하니, 이로 미루어 본다면 시골 사람의 말이 자못 미덥다.

말의 걸음걸이
馬步 마보

말을 타야 먼 길을 갈 수 있는 것은 옛날부터 그러했다. 가정이건 국가이건 반드시 말의 도움이 필요하므로, "육지에서 쓰는 데는 말보다 나은 것이 없다[地用莫如馬]" 하였다.

대개 말의 힘이 억세고 약함은 생긴 골격에 달렸고 성질이 순하고 포악함은 생긴 모습에 달려 있다. 힘이 억세지 않으면 믿고 부릴 수 없으며, 성질이 순하지 않으면 멍에를 벗어 버리는 때가 있으므로 이는 모두 쓸모없는 말일 뿐이다.

오직 말의 상을 잘 보는 자는 좋고 나쁜 구별을 환히 알기 때문에 비록 손양(孫陽 : 춘추 시대 진목공(秦穆公) 때 말을 잘 알아보던 백락(伯樂)의 성씨)과 구방(九方 : 역시 백락과 동시 대인 고(皐)의 성씨) 같은 안목은 없다 할지라도 타고 달릴 때에 말의 걸음이 빠르고 느린 것은 분별할 수 있다. 그러나 말이 발굽을 옮기는 것과 빨리 달려가는 것에도 여러 가지 명목(名目)이 있는데, 보통 사람으로서는 역시 자세히 알 수 없는 것이다.

《좌전》에, "좌사(左師)는 사람들이 말을 걷게 하는 것을 본다" 하고 그 주에, '우사는 말을 연습시키는 사람이다' 하였으니, 이는 바로 《초사(楚辭)》에서 "나의 말은 난고(蘭皐)에서 걷게 한다"라는 것이 이것이다.

걸음이란 것은 사람으로 말하면, 두 번 발을 들어 옮기는 것인데, 왼발과 오른발을 모두 들어 옮기면 몸은 저절로 앞으로 나아가게 되는 것이다.

말이란 네 발굽이 있기 때문에 앞발굽은 비록 들어 옮겼다 할지라도 뒷발굽이 아직 디딘 자국에 그냥 있으면 앞으로 나아갈 수 없다. 까닭에 반드시 왼쪽 두 발굽이 함께 옮겨지기를 기다려서 오른쪽 두 발굽을 따라 옮겨 놓은 다음이라야 한 걸음이라고 하게 된다.

이 걸음 연습은 어떻게 시키느냐 하면, 무릇 어느 말이든지 느린 걸음으로 다닐 때는 한 발굽만 늘 들고 세 발굽은 땅바닥에 멈추도록 해야 한다. 기를 내서 빨리 달리려면 양쪽 발굽을 늘 들어야 하는 까닭에 힘을 쓰지 않으면 반드시 자빠지게 된다.

이것이 가장 잘 달리게 하는 방법인데, 앞쪽 두 발굽을 가지런히 들고 뒤쪽 두 발굽을 따르도록 하는 것은 뛰게〔躍〕하는 것이고, 왼쪽 두 발굽을 가지런하게 들고 오른쪽 두 발굽을 따르도록 하는 것은 걷게〔步〕하는 것이다.

대개 말이란 앞뒤는 길고 좌우는 좁은 까닭에 뛰어 가면 앞과 뒤가 낮았다 높았다 해서 등에 탄 사람이 뒤흔들리게 되지만, 왼쪽과 오른쪽이 낮았다 높았다 하는 것은 사람에게 아주 편하다는 것이다.

또는 앞의 왼쪽 발굽과 뒤의 오른쪽 발굽을 가지런히 들고 앞의 오른쪽 발굽과 뒤의 왼쪽 발굽을 따르도록 하는 것은 속칭 가탈(假脫)이라고 하는 것이다.

이는 전후건 좌우건 낮게 하고 높게 하는 움직임이 없고 다만 오르막과 내리막에만 주춤거릴 뿐이니, 말 중에 가장 나쁘다는 것이다. 뛰는 것〔躍〕과

가탈은 뒷발굽이 앞발굽 자국을 넘겨 디디지 못하지만, 오직 보(步)만은 넘겨 디디게 된다.

또 보(步)와 비슷한 것이 있는데, 앞뒤 두 발굽을 능히 가지런히 딛지는 못해도 앞뒤의 차이가 적다. 이는 속칭 장행(長行)인데, 비록 아주 빨리 걷지는 못할지라도 보 다음은 족히 될 수 있다. 소위 연습시킨다는 것은 재갈을 입에 물리고 굴레를 머리에 얽어서 왼쪽과 오른쪽으로 이끌고 다니면서 걸음을 가지런히 재빠르게 걷도록 하는 것이다.

이런 방법으로 말을 택한다면, 비록 몸소 타고 다니면서 자세히 실험해 보지 않더라도 그 택함에 잘못이 없게 될 수 있을 것이고, 또는 《상마경(相馬經)》에 한 보탬이 될 수도 있을 것이다.

말 빛깔에 따른 이름
馬形色 마형색

옛사람은 말 기르기를 소중히 여겼으나 그 빛깔을 구별하지 않아 무엇이라고 지적해서 이름할 수 없는 것이 대단히 많다.

이는 《이아》석축(釋畜)조에서 살펴볼 수 있다. 그 가운데서 오늘날 속칭에 가까운 것을 뽑아서 적어보려 하는데, 우리가 날로 쓰고 있는 한 가지 일에나마 필요할 것이다.

빛깔이 흰 말은 다만 백마(白馬)라고 했는데, 빛깔이 희면서 검은 털이 섞인 말을 세속에선 설라(雪羅)라 일컬었고, 빛깔이 검은 말은 여마(驪馬)라 했는데 세속에서는 가라(加羅)라 부른다. 빛깔이 철색(鐵色)이 나는 말은 철마(鐵馬), 적색(赤色)이 나는 말은 유마(騮馬)라 일컬었는데, 세속에서는 적다마(赤多馬)라 하며, 붉은 털과 흰 털이 섞인 말은 하마(騢馬)라고도 부르고 또는 자백마(赭白馬)라고도 일컬었는데, 세속에서는 불로마(不老馬)라 한다.

검붉은 빛깔이 나는 말은 오류마(烏騮馬), 자흑색이 나는 말은 자류마(紫騮馬)라 일컫고, 푸른 털과 흰 털이 섞여 총청색(葱靑色)이 나는 말은 총마(驄馬), 푸른 털과 검은 털이 섞인 말은 철총마(鐵驄馬)라 일컫고, 푸르고 검은 빛깔이 엷고 짙게 물고기비늘처럼 얼룩진 말은 연전총(連錢驄)이라고 일컬었다.

그리고 여백잡모(驪白雜毛)가 섞인 말은 보마(鴇馬)라고도 하고 또는 오
총마(烏驄馬)라고도 일컬었으며, 음백잡모(陰白雜毛)가 섞인 말은 인마(駰
馬) 또는 이총마(泥驄馬)라고 일컬었는데, 음(陰)은 엷은 검은빛이라 했고,
창백잡모(蒼白雜毛)가 섞인 말은 추마(騅馬)라고 일컬었는데, 창(蒼)은 엷
게 푸른빛이라고 했다.

누른 털과 흰 털이 섞인 말은 비마(駓馬)라고 일렀고 또는 도화마(桃花
馬)라고도 일렀으며, 누른 빛깔에 흰빛이 나타나는 말은 표마(驃馬)라 일컬
었다.

등마루가 검은 말은 세속에서 골라마(骨羅馬)라고 하였고 갈기와 몸뚱이
빛깔이 다르게 된 말은 세속에서 표마(表馬)라 일컬었으며, 눈이 누른 말은
세속에서 잠불(暫佛)말이라 일컫고, 이마가 흰 말은 구마(駒馬)라 일컫기도
하며 또는 대성(戴星)이라고도 일컬었다.

갈기가 어설프고 이가 성긴 말은 세속에서 간자(間者)라 하였고, 주둥이
가 흰 것은 세속에서 거할(巨割)이라 하였다.

쑥을 캐두었다가
採艾 채애

바다쑥〔海艾〕으로서 약에 쓰이는 것은 오직 경기(京畿)의 서해(西海) 및
황해도의 바닷가 몇 고을에만 있었고, 충청도 연안에서 남해와 동북쪽 여러
연안 고을에 이르기까지엔 모두 없다. 왜냐하면 우리나라는 온갖 냇물이 서
해로 모이므로 그 물로 인해 짠기가 줄어들기 때문이다. 쑥은 바다가 가깝고
염분이 많은 지대에서 생산되지만, 염분이 너무 많아도 나오지 않고 자라지
못한다. 예를 들면, 공주(公州)의 금강(錦江) 지방은 바다와 거리가 멀지
않으나 오직 한 가닥 물이 바다로 들어가고 그 흐르는 물 또한 얕기 때문에
쑥이 생산되지 않는다. 중국의 동해 연안도 또한 이와 같은 것이다. 이런 이
치로 미루어 본다면, 중국의 강회(江淮) 지방 남쪽에 있는 경뢰(瓊雷)·안남
(安南) 지방 같은 데도 반드시 쑥이 생산되지 않을 것인데 과연 그런지 모르
겠다.

내가 안성(安城)과 광주(廣州) 접경 안산(安山)에다 살 만한 곳을 정하고 보니, 여기가 바로 쑥이 많이 생산되는 지대라, 쑥을 구하려는 자들이 사방에서 몰려든다. 해마다 5월이면 종들을 모아 쑥을 많이 캐서 저장해 두었다가 구하는 자가 있으면 먼 친척이나 먼 고장을 따지지 않고 모두 주었다.

대개 쑥이란 것은 병을 치료하는 물건인데, 온 나라 사람에게 흩어 주었으니, 반드시 이로써 고통스런 병을 고친 자도 있으리라. 나는 그들이 어느 지방에 사는 어떤 사람인지는 알지 못하나 그들은 실상 나의 힘을 입게 될 것이다. 이는 곤궁한 선비로서 여러 사람들을 구제해 보자는 마음에서 한 것인데, 무엇을 꺼려서 하지 않으리오.

나중에 《이정전서(二程全書)》를 보다가 "약을 모으면서 스스로 웃는다"라고 한 구절에서 나도 정자(程子)처럼 혼자 낄낄 웃은 적이 있다.

제주말
濟馬 제마

제주가 충렬왕(忠烈王) 때부터 목마장(牧馬場)이 된 것은 대개 방성(房星 : 28수의 하나) 분야(分野 : 중국 전국 시대에, 천문가가 천하를 하늘의 28수에 따라 나눈 것)에 그곳에서 말[馬]이 잘된다고 했기 때문이었다.

대원(大宛)에서 나는 말과 같은 좋은 종자를 해마다 상국(上國)에 조공하게 되었는데, 그 생긴 모양과 성질이 딴 고을 소산과 달랐기 때문에 보는 자마다 알고 구별할 수 있었다.

우리나라 태종(太宗) 때도 이 제주 말을 명나라에 조공했는데, 성조(成祖 : 명나라 제3대의 임금 주체(朱棣))가 이르기를, "이는 천마(天馬)로구나! 너의 임금이 나를 사랑하는 까닭에 이렇게 좋은 말을 바친다" 하였다.

허균(許筠)*1은, "내가 일찍이 증자계(曾子棨 : 명나라 증계(曾棨)의 자(字))의 문집에 천마가(天馬歌)가 있는 것을 보았다. 그 소서(小序)에 이르기를, '영락(永樂) 무렵 조선에서 조공한 황류마(黃騮馬)가 매우 재빠르고 좋았던 때문에 임금이 이 천마가를 지으라고 명령하였다'고 했다" 하였으니, 이 천마란 바로 제주말을

---

*1 허균은 조선 광해 때 문신. 자는 단보(端甫). 호는 성소(惺所)·교산(蛟山) 또는 백월거사(白月居士)라고도 함. 그가 지은 홍길동전(洪吉童傳)이 그 무렵 사회 제도의 모순을 비판한 걸작임.

가리킨 것인 듯하다.

옛날에는 이 제주말을 상국서도 이처럼 칭찬했는데, 요즈음 와서는 말이
점점 나쁘고 왜소해져 족히 취할 만한 것이 없게 되었다. 이는 말을 기르는
정신이 차츰 해이해졌을 뿐만 아니라, 재빠르고 좋은 말은 여기저기서 뽑아
가 버리고 느리고 어리석은 말들만 남았기 때문이다.

동사(東史 : ^{우리나라}_{역사})에 상고하니, "신라 성덕왕(聖德王)은 절영산(絶影山 :
^{부산 앞바다 섬}_{영도에 있는 산})에서 생산되는 말 한 필을 김윤중(金允中 : ^{김유신}_{의 손자})에게 하사하였다"
하고, "고려 태조 때에 견훤(甄萱)은 절영도에서 생산되는 총마(驄馬) 한
필을 태조에게 바쳤다가 나중에, '절영도에서 이름난 말이 나오면 백제가 망
한다〔絶影名馬至百濟亡〕'라는 비결을 듣고, 고려로 사람을 보내어 총마를 되
돌려 달라고 요청하자, 태조는 웃으면서 되돌려 주었다" 하였다. 이 총마란
말이 매우 좋았다는 것을 미루어 짐작할 수 있다.

지금은 이 절영도를 동래부(東萊府)에 소속시켰으나 옛날 목장은 그대로
남아 있으니, 말 기르는 기술만 있다면 제주에서 기르는 것과 무엇이 다르겠
는가?

우리나라 초기에는 목장이 120군데나 되던 것이 지금 와서는 겨우 몇 군
데만 남아 있을 뿐이다. 그런데도 또 백성에게 목장을 농지로 개간하라 하고
있으니, 말 수효가 차츰 줄어들게 되는 것이다. 말에 대한 정사〔馬政〕가 국
가에 얼마나 소중한 것인데 고금의 차이가 이와 같으니 이것이 바로 세상 변
고의 하나라 하겠다.

저고리에 치마를 이어 단 옷
襴衫 난삼

난삼이란 옛날에는 없던 것이다. 《주자가례》에는 관례(冠禮)에 쓰도록 되
어 있으나 대체로 풍속을 따른 것이리라. 《완위여편(宛委餘編)》에 이르기를
"중국 후위(後魏) 시대에 말 타는 데는 북쪽 오랑캐의 옷이 편리하다 하여,
드디어 저고리에다 가로나비로 된 치마를 이어서 통옷을 만들게 되었다. 이
것을 '난삼'이라고 했는데, 오늘날 흔히 말하는 공상(公裳)이란 것이 이것이
다. 이 오랑캐의 옷을 학사(學士)나 대부(大夫)도 모두 편안히 여기고 고치

지 않은 것은 풍속이 같아졌기 때문이다" 하였다.

우리나라에는 이 제도가 없어서 《주자가례》를 따라 누구든지 아들을 관례시키려면 반드시 북경 장터에 가서 사오게 되니, 어처구니없는 짓이다.

만일 주자가 오늘날 태어났다 할지라도 반드시 풍속을 좇아 멀리 가서 사다 쓰기까지 하진 않았을 것이다. 그래서 나는 우리 집안에서만 쓰는 가례를 만들게 되었다.

아이들을 관례시킬 때 처음에는 심의(深衣)와 복건(幅巾)을, 두 번째는 유건(儒巾)과 청삼(靑衫)을, 세 번째는 입자(笠子)와 도복(道服)을 씌우고 입히도록 했다. 이렇게 하면 옛날의 삼가례(三加禮 : 옛날 관례 때 세 번 갓 / 을 갈아 씌우던 의식)라는 것에 타당할 듯하고, 이것도 갖출 수 없는 자는 세 번 갈아입히는 형식을 줄여서 입자와 도복을 한 번만 입히고 씌워도 괜찮을 것이다. 시대의 형편을 잘 알고 있는 자라면 스스로 헤아려서 해야 할 것이다.

나막신
木屐 목극

안지추(顔之推 : 남북조 때 북제(北齊)의 학자)의 《가훈》에 "굽이 높은 나막신을 신는 것을 고상한 취미로 여겼다" 하였으니, 옛날 사람도 늘 나막신을 신었던 것이다.

사안(謝安 : 진(晉)나라 재상)은 나막신 굽이 끊어지도록 신었고 사영운(謝靈運 : 진나라 문장가 사안의 손자)은 나막신 굽이 없어질 때까지 신었다고 하니, 이것이 모두 나막신을 신은 증거이며, 또한 진흙탕 길에서만 신었던 것도 아니다. 나도 말을 타고 먼길을 가지 않을 때면 평소에 늘 나막신을 신으니, 이 또한 은로(殷輅 : 고대 은나라의 나무로 만든 소박한 수레)의 뜻이다.

그러나 나무의 성질은 마르면 터지기가 쉽기 때문에 완부(阮孚)의 납극(蠟屐)을 본받아 만들어 신기도 한다. 납극이란 것은 밀랍을 녹여 겉에다 발라서 말라 터지지 않도록 하는 것이다.

어떤 친구에게 선물로 받은 굽 없는 나막신도 있는데, 이는 모양이 가죽신과 같아서 신고 다니기가 더욱 편리하다.

《자서》에 살펴보니 "석(*)이란 글자는 음이 석이고 나무를 신 밑에 대서 젖어도 걱정이 없도록 한 것인데, 석(舃)과 같은 것이다" 하였다.

가죽신 밑을 나무로 받치면 오래도록 신을 수 있다. 그러나 가죽이란 비에 젖거나 햇볕을 쐬거나 하면 모두 썩고 터지기 쉬우며 간수하기에도 매우 불편하기 때문에 밀랍을 발라 만든 나막신만 못할 것이다.

짚신과 미투리
草屩 초략

왕골로 삼은 신〔菅屨〕과 짚으로 엮은 신〔芒屩〕은 늘 가난한 이가 신는 것이지만, 옛사람은 이를 부끄럽게 여기지 않았다. 중국 한(漢)나라 문제(文帝)는 짚신을 신고 신하들에게 조회를 받되 상구(喪屨)와 이름이 같은 것도 꺼리지 않았다 했으니, 그 짚신 또한 나쁜 재료로 만들었다는 것을 알 수 있겠다. 그런데 오늘날 선비들은 고운 삼으로 만든 미투리〔麻屨〕도 오히려 부끄럽게 여기거든, 하물며 이 나쁜 짚신을 신음에 있어서랴.

경상도 풍속은 집에 있을 때는 늘 짚신을 신고 미투리는 외출할 때만 신으니, 그 검소한 풍속은 본받을 만하다. 《주자가례》에는 비록 삼년상을 당한 상제일지라도 나쁜 미투리는 신도록 했는데, 남들은 감히 이렇게 못하고 다만 나쁜 짚신만 신고 있다. 그러나 이는 "상(喪)이 애(哀)에 지나친다"라는 뜻에 해로울 것이 없으니, 풍속에 따르는 것 또한 무난하겠다.

승려의 사리
舍利 사리

부처의 사리는 옛날에도 얻는 일이 드물었다는데, 오늘날에 와서는 조금만 이름 있는 승려가 죽어도 반드시 사리가 있다 하여 부도(浮屠)를 세우게 된다. 큰 절이건 조그마한 암자건 줄지어 벌여놓았으니, 부처의 교리란 벌써 허망하게 된 지가 오래인데 이 사리만은 어찌 이처럼 많아졌을까.

고려 때 승려 보제(普濟) 같은 이는 사리가 100여 개나 되었다 한다. 내가 일찍이 여주 신륵사(神勒寺)에 갔을 때 마침 탑이 무너져서 사리가 나온 것을 직접 보았는데, 굵은 녹두처럼 생긴 것이 겨우 두 개 있었을 뿐이고 나머지는 보통 모래와 다름없었으니, 그것 또한 진짜인지 가짜인지 어찌 알겠는가.

몇해 전에도 충청도 내포(內浦)에서 어떤 승려가 죽은 뒤에 사리가 나왔다 하면서 즉시 부도를 세우고 그 사리를 발견했다는 승려는 언제나 자기가 부처와 인연이 있다고 자랑했다. 그러자 여러 승려들은 속임수를 의심했으며, 나중에는 싸우기까지 하다가 관아에 소송까지 했다. 관아에서 부도를 헐어서 증명해 보라는 판결을 내려, 그 판결대로 해보았으나 역시 모래와 다름이 없었다는 것이다.

만일 이런 소송이 없었다면 이 헐어버린 사리탑도 먼 세대를 전해 가면서 높이 떠받들어지게 되었을 것이다. 세상에 헛이름을 거짓으로 꾸며서 남을 속이는 자는 모두 이런 따위들이라 하겠다.

벌의 역사
蜂史 봉사

쏘는 벌레로서 어질고 착하기는 꿀벌 만한 것이 없다. 더구나 이 꿀벌은 다른 벌레와 서로 다투는 일도 없다.

모든 벌레는 나무나 풀을 찾아다니며 혹 잎도 깎아 먹고 껍질도 파먹으며 뿌리도 파먹고 열매도 갉아 먹는 등 해를 끼치지 않는 것이 없는데, 오직 이 꿀벌만은 꽃에서 떨어지는 가루와 풀잎에서 떨어지는 이슬 따위, 곧 초목에 해를 끼치지 않는 것들만 모으고 혹 딴 벌레를 만나면 옆으로 피하는 바, 일찍이 서로 다투는 것을 보지 못하였다.

임금이란 벌은 위에서 하는 일 없이 편하고, 신하란 벌들은 밑에서 온갖 노력을 해야 한다. 하지만 그 생긴 모습들이 모두 달라서 비록 반란을 일으키려고 해도 할 수 없다.

그러므로 임금의 은택이 신하에게 미치는 것이 없어도 원망도 배반도 할 수 없게 된다. 성을 내서 쏠 때면 반드시 죽게 되지만, 그 용맹은 제 자신을 위해서가 아니고 부지런히 임금만 섬기기 때문에 서로 의심도 불평도 시기도 하지 않는다.

내가 꿀벌을 기른 지 수십 년이 넘는 바, 벌들의 습성과 행동을 잘 알므로 봉왕(蜂王)이란 글제로 다음과 같은 절구를 지은 적이 있다.

후(侯)와 왕(王)은 씨가 있어 위치는 자못 다르지만	侯王有種自殊科
꾀가 깊고 힘이 많아서 그렇게 됨은 아니지.	不是謀深與力多
단군 신라 시대처럼 서로 양보하는 기풍을 갖는다면	一道檀羅熙皥在
옛날이건 지금이건 찬탈하는 신하가 있겠는가?	古今聞有篡臣麼
잘 다스리는 정치란 할 일이 없게 되고	
교화가 저절로 깊게 되지.	至治無爲化自深
모퉁이에 있는 나라 작아도 임금은 역시 군림한다.	偏區雖小亦君臨
도끼와 창으로 겨누면서 위협하고 성내지 않는데도	誰知不怒威鈇鉞
모두가 나라 위하는 마음 품고 있음을 누가 알랴?	個個皆懷死長心
봉왕은 종자 있어 봉신이 복종하니	蜂王種子蜂臣服
권좌에 높이 앉아 중생을 굽어본다.	王座高居俯衆生
어진 은택은 널리 골고루 입히지 못해도	未必仁恩覃被廣
높고 낮은 질서는 제대로 지키고 있다.	尊卑天得理分明
사발만한 한 나라를 통 속에다 벌였어도	金甌天地隙中開
위엄과 덕이 행해져서 온갖 군사 몰려든다.	威德風行四到來
이르거나 늦거나 우레같이 뒤끓으니	早晏喧聲雷若沸
궁부에 내린 명령을 각 기관에서 재촉하는 듯하구나.	應知宮府放衙催
입이 있으니 누구나 벌어먹어야 할 몸이 아니겠는가?	有口誰非食力身
노력하여 임금을 섬기는 것도 떳떳한 도리이지.	勤勞事上亦天倫
전심으로 지키기만 하고 침략이 없게 되어	專心保守無侵畧
강토 밖의 백성들은 차가운 눈초리로 보는구나.	冷視封疆以外民
바글바글한 자손들까지 모두 군왕이 되어	雲仍蟄蟄總君王
나눠 받은 영토(茅土)*¹에서 각각 제대로 주장한다.	茅土分封各主張
하늘이 주는 이 번화로움은 모두가 내 것이라고	天賦繁華吾自有
봄철이 들면 온갖 꽃향기 차지하는구나.	春來專掌百花香
봉왕이 명령을 내리면 파발보다 빠르고	王居渙號置郵傳

* 1 나눠 받은 영토 : 옛날 천자가 제후에게 영토를 봉해 줄 때에 그 지방 토색(土色)에 따라 흰 띠 [白茅]로 싸서 주었다 하여 제후의 영토를 모토(茅土)라고 함.

우두머리 벌이 문을 지켜 자물쇠를 단단히 잠근다.	冠范司門鎖鑰堅
나다니는 가다리와 놀기만 하는 나나니는 다 외구이니	過螟遊贏皆外寇
누구냐고 묻는 무봉의 호통 소리 용감히 터져 나오네.	誰何賈勇武蜂宣
마음과 힘은 억만 벌들이 모두 같이 쓰니	心力惟應億萬同
임금과 신하 일체 되는 길에 통하지 않는 것이 없다.	君臣一路物能通
분수대로 따르는데 항복과 반항이 있으랴	自從分定無降叛
죽는 한 있어도 기공*²되기는 부끄럽게 여겨야지.	抵死猶羞作寄公

벌에 대해 능숙한 경험이 있는 자가 아니면 이런 내용을 잘 알 수 없을 것이다. 또 벌을 기르는 데는 방법이 있다. 그 통은 둘레가 크고 길이가 긴 것은 피해야 한다. 통이 너무 크고 길면 벌이 잘 되지 않고 실패가 많기 때문이다.

그 받침돌은 키가 높고 바닥이 골라야 한다. 키가 높지 않으면 나쁜 벌레가 침입하기 쉽고, 바닥이 고르지 않으면 습기가 차서 벌레가 많이 생기기 때문이다.

그 위와 밑을 바르는 데 있어서는 아주 세밀히 해야 한다. 이는 벌의 성질이 바람을 두려워하기 때문이다.

세우는 데는 굳게 세워야 하고, 얽어매는 데도 튼튼히 해야 한다. 굳게 세우지 않고 튼튼히 얽어매지 않으면 혹 무엇에 받쳐서 엎어지기 때문이다.

또 그 뚜껑은 두껍게 해야 한다. 두껍게 하지 않으면 겨울철에 벌이 얼어 죽을 염려가 있기 때문이다.

그 통 이마에는 뾰족한 나무를 세워야 한다. 그렇게 하지 않으면 혹 닭이 올라가 발로 차서 쓰러뜨리기 때문이다.

드나드는 문에는 촘촘한 발[密簾]을 둘러서 밤나방[夜蛾]과 땅벌[土蜂]을 막아야 하고, 받침돌과 통이 연결되는 부분은 겨울철이 되면 두껍게 발라서 바람을 막아야 하며, 여름철이 되면 발랐던 흙을 다시 헐어 버리고 시원하게 만들어서 생기는 벌레를 막아야 한다.

대개 벌을 해치는 벌레가 많은데, 땅벌과 밤나방 이외에도 습기 찬 흙덩이

---

*2 기공(寄公) : 나라를 남에게 빼앗기고 다른 나라로 망명한 군주.

에서 벌레가 가끔 생기게 된다. 꿀을 훔쳐 먹고 그물을 이리저리 얽어 놓으면서 벌이 제대로 드나들지 못하도록 하니, 그 해가 가장 큰 것이다.

납거미〔蠨蛸〕·집게벌레〔蠼螋〕 같은 것은 통 밑에 숨어 있으면서 아침 저녁으로 벌을 잡아먹고, 거미〔蜘蛛〕는 벌이 드나드는 길에다 그물을 쳐놓기 때문에 이슬 내린 아침이면 벌이 거미 그물에 많이 걸리게 되므로 가끔 잡아서 멀리 던져 버려도 밤이 되면 반드시 되돌아온다.

그리고 두꺼비〔蟾蜍〕·사마귀〔螳螂〕·개미〔穴蟻〕·모기〔土虻〕·파리잡이거미〔蠅虎〕 따위도 벌을 엿보지 않는 것이 없고, 또는 닭도 배고프면 쪼아먹고 제비도 새끼를 기를 때면 잡아다 먹이게 된다.

그중에 가장 막기 어려운 것은 귀뚜라미〔蜻蜊〕와 개구리〔蝦蟆〕이다. 이 귀뚜라미는 공중으로 날아다니면서 나는 벌을 잡아먹는데, 수없이 몰려 와서 제 배를 채워야 그만둔다. 이는 자그마한 활과 촉을 박은 가는 화살 여러 개를 준비해 두었다가 귀뚜라미가 모여서 쉬는 시기를 기다려 쏘아 잡으면 조금은 없앨 수 있다.

그러나 개구리는 벌을 따라 뛰어오르면서 혀로 잡아 삼키는 데 사람만 보면 피해 가기 때문에 없앨 수가 없다.

그러므로 오직 개구리가 벌통 근처에 오지 못하도록 풀을 베어 버리고 아침 저녁으로 꼭 지켜보아야 한다.

무릇 이 열다섯 종류의 벌레는 벌 기르는 집으로서 마땅히 알아야 할 것이다. 대개 임금이 있고 신하가 있는 것을 국가라 하고, 국가가 있으면 역사도 있어야 하기에 이 임금과 신하의 사실을 합쳐 적어서 1부(部)의 봉사(蜂史)를 만든다.

순흥부의 은행나무 전설
鴨脚 압각

옛날 단종(端宗)이 임금에서 물러날 때에 안평대군(安平大君) 이용(李瑢)은 즉시 죽임을 당하였고, 금성대군(錦城大君) 이유(李瑜)는 순흥(順興)으로 귀양 가서 격문(檄文)을 돌리고 군사를 일으키려다가 미처 일으키기 전에 고발한 자가 있어 역시 죽임을 당하고 말았다.

이리하여 순흥부를 없애게 되었는데, 그 고을 백성들이 노래하기를 "은행나무가 다시 살아나면 순흥이 회복되고 순흥이 회복되면 노산(魯山 : 단종)도 복위(復位)된다" 하였다.

그 뒤 230여 년이 지나서 순흥부 동쪽에서 은행나무가 갑자기 저절로 나서 자라게 되었는데, 세속에서 전하기를 옛날에 이 나무가 있었기 때문에 이 노래가 있었다는 것이다. 이 은행나무가 다시 난 지 오래지 않아 백성들의 소원에 따라 순흥부를 다시 설치하게 되었다. 이때 신규(申奎)란 이가 단종은 복위되어야 한다는 상소를 올리자 조정(朝廷) 의론도 모두 찬성하게 되었으니, 옛날 순흥 백성들의 노래에 있던 말이 과연 들어맞았다는 것이다.

내가 일찍이 순흥에 갔을 때 그 은행나무가 벌써 대여섯 길이나 자라 있었는데, 그곳 사람들이 이 사실을 분명히 이야기하는 것을 직접 들었다.

호랑이가 개를 움켜가다
虎攫狗 호확구

천하에는 맡은 직분을 제대로 못 하는 자가 역시 많다.

개는 도둑을 막는 것이 제 직분이고 성질이 예민하므로 도둑만 보면 반드시 짖게 됨은 그 맡은 직책을 이행하는 것이다.

개란 사람이 길러 주어야만 살게 되나, 그렇다고 해서 개가 꼭 짖는 것으로써 길러 주는 은혜를 갚는다고 여기는 것은 아니다. 태어난 성질대로 천기(天機)가 저절로 움직이게 되는 까닭에, 기르는 집 주인이 친구나 높은 손님을 반갑게 맞아들일 때 개는 반드시 쫓아와서 어지럽게 짖어댄다. 막대기로 쳐서 쫓아 버려도 그냥 짖고만 있으니, 이는 짖는 성질만 있고 구별하는 지혜는 없는 것이다.

대체로 사람이 살다보면 반드시 감추는 것이 있게 되고, 감추어 두면 반드시 엿보는 이가 있다. 이 엿보는 자는 반드시 밤으로 다니지만, 밤이 되면 사람은 반드시 잠을 자야 한다. 개가 아니면 그 자를 깨닫지 못하는 까닭에 이 개는 기르지 않을 수 없는 것이다.

요즈음 우리 고을에는 호랑이가 제멋대로 활보하면서 가끔 개를 움켜간다. 밤이 되면 개는 도둑을 엿보는데 호랑이는 또 개를 엿보게 된다. 그러나 개는 용맹으로도 호랑이를 대적할 수 없고 지혜로도 호랑이를 삼가서 잘 피할 줄 모른다.

그러므로 호랑이만 나타나지 않으면 밖에서 잠자기를 꺼리지 않으나 호랑이를 만나면 반드시 죽게 된다. 주인으로서는 늘 개에게 그렇게 하지 말라고 타이르긴 하나, 개가 능히 제대로 깨달아 알게 할 수는 없다. 가까운 이웃과 멀리 떨어진 마을에서 모두들 개가 호랑이에게 물려 갈까 걱정하는데, 이 개는 저 혼자 들은 척도 않다가 마침내 호랑이에게 잡아먹히고 말았다.

아! 개란 늘 사람과 한집 안에서 살기 때문에 알고 깨닫는 성질이 아주 꽉 막힌 짐승은 아니다. 그런데도 어째서 날마다 타이르는 주인의 말을 능히 깨닫지 못하고 죽음을 피할 줄도 모르느냐? 전부터 기르던 개를 잃고 나서 내 마음을 적어 둔다.

어진 정사를 행하면
敏樹 민수

나라에서 어진 마음으로 어진 정사를 행하면 북을 치면 소리가 나듯 백성들이 따르게 된다.

그러므로 "덕화가 널리 퍼지는 것은 파발마〔置郵〕로 왕명을 전하는 것보다 더 빠르다(맹자 공손추상)" 하였다. 그러나 그 요령은 혈구(絜矩 : 자로 잰다는 듯)에 있으니, 자신부터 먼저 실천해야 한다.

이는 무엇으로 징험하느냐 하면, 지금 한 그릇에 물을 담아 놓고 검은 먹한 방울만 던져 넣어도 순식간에 온 그릇이 검게 되고, 방 안에 향 한 조각만 있어도 온 방 안에 향냄새가 가득 차게 된다. '어진 정사와 착한 덕화'가 어찌 이와 다르겠는가?

정사가 있어도 백성이 따르지 않는 것은 모두들 진실한 덕과 진실한 행동을 제대로 못하기 때문이다.

공자가 말하기를 "산으로 10리만 가도 오히려 쓰르라미〔蟪蛄〕 소리가 들린다" 하였으니, 이는 대개 정사란 백성이 따르도록 하는 것만 같음이 없다는 것을 비유해서 한 말이다.

《중용》에도, "사람의 도는 정사를 어질게 하여 백성이 따르도록 하는 데 민첩하고, 땅의 도는 나무를 잘 자라게 하는 데 민첩하다" 하였으니, 이 민첩하다는 것은 재빨리 한다는 뜻이다.

땅에 있는 나무도 봄비를 맞아야만 싹이 터서 날로 자라게 된다. 날씨가 가물면 나무는 말라 죽게 되는데 그 잎과 가지가 마르는 것은 뿌리에 벌써 병이 생겼기 때문이다. 가지와 잎이 마르기 전에 그 뿌리에다 물을 주어야 한다. 그렇게 하지 않고 나무가 거의 마른 뒤에서야 살피려고 한다면 비록 서강(西江 : 시장강. 중국 남부에서 가장 긴 강)의 물을 다 옮겨 댄다 할지라도 아무 효과가 없을 것이다.

백성들이 못살겠다고 나라를 원망하는 것도 바로 이 나뭇잎이 병드는 것과 마찬가지이다. 임금이 된 자로서 당장 자기가 편한 것만 생각하고 백성은 돌보지 않다가 나중에 반란이 일어나고서야 온갖 혜택을 베풀어 봐야 무슨 소용이 있겠는가?

또는 가지가 이리저리 뻗고 잎이 이들이들하게 무성한 큰 나무도 그 뿌리를 끊어 버리면 얼마 안 되어서 말라 죽는 것과 같은 것이다. '땅은 나무를 잘 자라게 한다'는 이 민수(敏樹 : 《중용》의, "땅의 도는 나무에게 그 효과가 빠르다[地道敏樹]"는 데에 보임)의 한 증거를 여기에서 볼 수 있으니, 두려워해야 할 것이다.

정승벌
相蜂 상봉

늘 통 속에만 있는 검은 벌을 '상봉(相蜂 : 정승벌. 왕봉(王蜂)을 돕는다는 뜻)'이라 한다.

옛날에는 상봉이 꿀을 잘 짓는다고 하였으나, 이는 믿을 수 없는 말이다. 상봉이란 벌은 잘 쏘지도 못하고 꽃도 잘 따들이지 못하기 때문에 꿀을 다 짓게 되면 여러 벌들이 이 상봉을 쫓아 버린다.

그러나 이듬해에 이르러 새끼를 치면 또 딴 상봉이 여전히 생기게 되니, 이런 이치는 다 알 수 없다.

내가 일찍이 경험해 보니, 한여름에 새끼를 나눠서 딴 통에다 옮기게 되면, 상봉이 맨 먼저 나와 떼지어 울면서 이리저리 어지럽게 날아다니니, 추측컨대 이는 옮겨갈 만한 장소를 미리 정해야 한다는 뜻인 듯하다.

또는 벌통을 딴 곳으로 옮길 때에는 상봉이 앞에서 인도하고 왕봉(王蜂 :

^{장수벌, 뭇 벌을
통솔하는 우두머리})이 그 뒤를 따라가게 된다.

뭇 벌들은 한 덩어리로 뭉쳐서 왕봉을 휩싸고 있는데, 이 상봉은 반드시 그 속으로 뚫고 들어가니, 이는 추측컨대 왕봉을 옆에서 반드시 보호해야 한다는 뜻인 듯하다. 이로 본다면, 그 이름을 상봉이라 한 것이 또한 마땅하지 않겠는가?

상봉이란 벌은 무슨 벌레가 변해서 생긴 것인지도 알 수 없고 또는 가을이 되면 어디로 가 버리는지도 알 수 없으니, 이 또한 저 풀 속에서 생기는 나비가 겨울철이 되면 그 먹을 것을 축내지 않으려고 반드시 죽어 버리는 것과 같은 이치인 듯하다.

이 상봉도 꿀 짓는 데에 있어서 아무 공이 없었다면 제힘으로 만들지 않은 남의 꿀을 차마 먹을 수 없다는 이유로 어디론가 가 버리는 것이니, 그 이치로 보아도 역시 타당하겠다.

후세에 경상(卿相)의 지위에 있으면서 아무 하는 일도 없이 백성의 고혈을 짜내어 자기만 잘 살려고 하는 자는 이 상봉 이야기를 들으면 그 부끄러움을 깨달을 수 있을 것이다.

백성을 괴롭히는 짐승
惡獸殺人 악수살인

맹자가 일치(一治) 일란(一亂)을 논하고 난세(亂世)를 논할 때에도 모두 금수(禽獸)를 이야기했고, 치세(治世)를 논할 때에도 금수를 이야기했으며, 그 밑에 내려와서도 조수(鳥獸)를 이야기하였다.

호랑이와 물소와 코끼리 따위는 모두 사람을 해치는 짐승이지만, 새는 반드시 사람을 죽이거나 물거나 하지 않는다. 그런데 왜 이렇게 여러 번 이야기하게 되었을까?

새도 온갖 곡식을 쪼아 먹고 손상시켜 백성의 먹을 것이 없도록 한다면 역시 한 차례 난리가 날 염려가 있기 때문에 여러 번 이야기한 것인 듯하다.

대개 금수란 천지의 기후를 사람보다 먼저 알게 되며, 또한 사람과 더불어 음과 양의 구별이 있는 것이다.

양기가 쇠하면 음기가 왕성해지므로 괴상한 새와 짐승들이 떼지어 모이게 된다. 이렇게 되면 백성이 제대로 살 수 없기 때문에 성인(聖人)이 그 중간에 일어나서 모든 금수를 휘몰아 내면 사람이 사람처럼 살 수 있게 된다는 것이다.

아주 옛날에는 사람과 귀신이 한데 섞여서 살았으니, 이 또한 한 시대의 혼란이었던 것인데, 금수가 사람을 해친다는 것이 곧 이와 마찬가지라는 것이다.

주나라 이후부터는 귀신과 금수가 난을 일으켰다는 말은 듣지 못했으나, 중국과 오랑캐가 한데 뒤섞여 살게 되었으니 이보다 더 큰 혼란이 없었다는 것이다.

이러므로 맹자는 또 이단(異端 : 양주(楊朱)·묵적(墨翟)의 학설을 말함)을 가지고 이야기하였으니, 아마도 이단의 해가 앞으로 금수와 같은 격으로 돌아갈 것이라 이른 것이리라.

지금 수십 년 동안에 사람을 해치는 악한 짐승이 온 나라에 두루 퍼져 있는데, 무신(武臣)은 웃으면서 앉아 바라보기만 하고 백성들이 목숨을 잃는 것은 불쌍히 여기지 않으니 왜 그럴까?

모두들 이 악한 짐승을 잡을 계책이 없다고 하나, 나는 이르기를, "각 고을에서 기르는 군사와 창고에 쌓아 놓은 병기는 무슨 일이 생기면 쓰려고 대비한 것이다. 이 백성을 구제하는 것보다 더 좋은 일이 없는데 저 숲 속으로 기어다니는 짐승도 잡을 능력이 없다는 것인가? 만약 그렇다면 억센 외적이 날카로운 칼을 휘두르고 포탄과 화살을 쏠 때는 무엇으로 막아내겠는가. 웃을 일이다" 하였다.

술
酒 주

나는 저 술이라는 음식이 사람에게 유익하다는 점을 한 가지도 알지 못하겠다. 우임금은 이미 후세에 이 술로 인해 나라를 잃게 될 것이라고 싫어하면서도, 다만 의적(儀狄)에게 술을 자주 만들지 말라고 타이르기만 했을 뿐이다. 왜 그때에 일체 금지해 버리지 않고 다만 자주 만들지 말라고만 했었는가. 《서경》주고(酒誥)라는 글에서도 역시 엄금은 하지 않은 편이다. "부모의 경사가 있으면 술을 마셔야 하고, 조상 제사에도 술을 올려야 하며, 늙은이를 받드는 데는 술이 있어야 한다" 하였으니, 이렇게 하고서 어떻게 그 법이 제대로 행해질 수 있겠는가.

착한 임금이 이미 백성들에게 해롭다는 것을 알아 법을 만든다면 여러 제후나 백성들도 감히 어길 수 없게 되는데, 늙은이니 어린이니 귀신이니 하면서 어찌 헤아릴 겨를이 있었겠는가. 우나라·하나라 이전에는 술이 없었어도 나라가 참으로 잘 다스려졌다. 백성도 오래 살 수 있었고 귀신도 얼마든지 흠향할 수 있었는데, 이 나라를 망하게 하는 물건을 써야만 하겠는가. 그리고 관중(管仲)도 이르기를 "술이 입에 들어가면 혀가 나오고 혀가 나오면 몸까지 버리게 된다. 사람의 몸을 버리기보다는 차라리 술을 버리는 것이 좋지 않겠는가?" 하였다.

술로 말미암아 생긴 병을 훙(酗)이라고 하는데, '훙'이란 곧 '훙(凶)하다'는 뜻이다. 술을 훙주(凶酒)라고 하는 것은 병기를 훙기라고 하는 것과 똑같은 것이다. 이런 나쁜 물건을 없애려면 곧바로 없애야 하는데, 잠시나마 머뭇거리며 재앙을 기다려야 옳겠는가.

사람들은 천지·산천 제사에 술이 없어서는 안 되기 때문에 없애기가 어렵다고들 한다. 그러나 천지의 산천에 제사 지내는 것은 기(氣)로써 말하는 것에 지나지 않는데 어찌 꼭 술이라야만 시장기를 면하게 되겠는가. 반드시 이 술로써 예를 삼는다는 것은 아무리 생각해 보아도 이해할 수 없다. 종묘(宗廟) 제사에 있어서도 진실로 대의(大義)로써 빌고 고한다면 선왕(先王)께서도 백성 사랑한다는 뜻을 알고서 반드시 그렇게 하지 말라고 할 까닭이 없을 것이다. 이 술을 금하지 않는다면 더 말할 필요도 없거니와, 꼭 금해야 한다면 반드시 유비(劉備)처럼 술 빚는 기구를 만든 자까지도 함께 형벌을 주어야만 비로소 효과가 있을 것이다.

공자가 이르기를 "술이 사람을 피곤하게 만들지 않으면 나에게 무슨 관계가 있으랴?" 하였다. 성인도 오히려 이와 같이 말했으니, 우리로서는 깊이 박힌 못과 뿌리를 싹 끊어버리고 미련이라도 남아 있지 않을까 두려워해야 할 것이다.

옛날 유을(劉乙)이란 이는 술로 잘못을 저지르고 재앙을 일으킨 사실을 모아 《백회경(百悔經)》이란 책을 만들고 몸이 마치도록 술을 입에 대지 않았다고 한다. 이로 본다면 술이란 처음부터 마시지 말아야 옳았을 것인데 왜 여러 번 뉘우치기까지 했었을까.

나도 젊었을 때에는 술을 많이 마셨는데, 나중에 와서 아주 끊어 버렸다. 남들이 마주 앉아서 술잔을 서로 주고받는 것을 옆에서 보아도 지난날에 많이 마시던 생각조차 나지 않으니, 이는 마음이 꽉 정해졌기 때문이다. 마침내는 자식과 손자에게 유언하기를 "내가 죽거든 제사에 단술만 쓰고 술은 쓰지 말라" 하였다. 왜냐하면 이 술이란 정신을 어지럽히는 것이 걱정될 뿐 아니라 재물도 손실되기 때문이다.

나라에 큰 흉년이 들었을 때에 반드시 술을 금하게 되는 것은 식량을 축내지 않기 위한 것이다. 우리들은 가난한 선비로서 논밭도 없으니, 참으로 어느 해든지 흉년 아닐 때가 없다. 마음속에 맹세를 엄하게 세우지 않는다면 얼마 안 가서 집안이 엎어지고 못살게 될 것이다.

어떤 이는 이르기를 "제사에 강신(降神)할 때는 술이라야만 향기로운 기운이 치솟아서 귀신이 흠향하게 된다"면서 핑계를 댄다. 나는 말하기를 "우나라와 하나라 시대에는 제사에 술이 없어서 귀신이 와서 흠향하지 않았겠는가. 울창주(鬱蒼酒)도 변하여 청주(淸酒)가 되었으니, 이 청주를 바꾸어서 단술로 만들어 쓴다 해도 괜찮을 것이다" 하였다.

은의 중요성
銀貨 은화

《서경》 우공(禹貢)에는 주옥(珠玉)과 금은(金銀) 따위가 모두 바쳐야 할 토산물에 들어가 있으니, 잘은 모르겠으나 이 금은과 주옥이 없으면 나라의 살림살이를 어떻게 할 것인가? 노리갯감이나 좋아하여 가까이하고 사치한 풍속에 빠져든다면 그 해로움이 클 것이다. 그러나 후세에 와서는 흔히 무력(武力)으로 세상을 유지하게 되는 바, 군사들에게 권장하고 상을 주는 데 오로지 가벼운 보배를 귀중히 여기다 보니 곡식과 베는 모두 천하게 되었다.

우리나라에는 산이 들보다 더 많아서 은광이 바둑판처럼 여기저기 퍼져 있다. 그러나 백성이 사사로이 채굴하는 것은 금지하고 관청에서 거두는 세금이 무겁기 때문에, 백성들은 번번이 가리고 숨기게 된다.

이러므로 국내에서 필요로 하는 은과 옥은 모두 일본으로부터 들여오는

데, 이것은 모두 다시 북경 저자로 빠져나가 버린다.

만약 전쟁이 일어나서 군사를 집결시키게 되면 앞으로 무엇으로써 장수와 군사의 마음을 격려할 것인가. 지금부터라도 마땅히 밖으로 흘러 나가는 구멍을 미리 막고 백성들이 사사로이 은을 캘 수 있도록 허가해 주어야 할 것이다. 이렇게만 하면 앞으로 공사 간에 쌓이는 것이 있어 넉넉히 쓸 수 있을 것이다.

은광이란 오래 캐면 굴이 깊어지므로 많은 사람이 그 속에 묻혀 죽기도 한다. 이 죽을 곳이라도 백성들이 굳이 들어가 캐는 것은 제 이익을 챙기려 하기 때문인데, 나라에서 여기에 무겁게 세금을 매긴다면 그 누가 죽음을 돌보지 않고 굴 속으로 들어가기를 즐겁게 여기겠는가.

북경에서는 사신을 보낼 때 이 은화에 대해 금령(禁令)이 있다. 법을 어긴 자는 무거운 벌을 받게 되는데, 장사치와 통역관은 죽기까지도 한다.

따라서 모두 은화를 숨겼다가 압록강을 건널 때에는 옷자락을 따고 넣기도 하고 신창에 깔기도 하며, 말 안장에 감추기도 하고 가마와 상자에 감추기도 한다. 어디든 감추지 않는 곳이 없다. 이뿐만 아니라 정해진 인원수 이외에도 멋대로 상류로 건너와서 어두운 밤을 틈타 섞여 들어가는 자도 많다.

몇 해 전에 의주부윤으로 있던 한씨(韓氏)란 이는 사람마다 지니는 은화의 액수를 정하여 그 한도를 넘는 것은 압수하도록 하였다. 그러나 이는 월양(月攘)*1 따위에 가까울 뿐이니, 마침내 무슨 이익이 있겠는가. 더구나 지금 와서는 이런 법도 시행하지 않는다는 것이다.

그리고 우리나라에서 사들여오는 물품 가운데 가장 해로운 것은 비단이다. 이 밖에도 약재나 식품이나 기이한 노리개 등 모든 물건을 끊임없이 수레로 실어 들임으로써 이 소중한 은화를 순식간에 써버리니 어찌 애석한 일이 아니겠는가.

나는 "비록 병에 쓰는 약물일지라도 사오지 못하도록 막아야 된다" 하겠

---

*1 월양 : 《맹자》 등문공(滕文公) 하에 대영지(戴盈之)가 "백성에게 부세를 조금 경감해 주어야 하겠으나 올해는 할 수 없고 내년부터 해야겠소" 하자, 맹자는 부당한 줄 알면 즉시 고칠 것이지 왜 미루느냐는 뜻에서 "지금 어떤 사람이 날마다 남의 닭을 한 마리씩 훔치니, 누가 그에게 '이는 점잖은 짓이 못 됩니다' 지적하자, 그는 '그러면 횟수를 줄여서 한 달에 한 마리씩만 훔치다가(月攘) 내년에는 그만두겠다'는 격이다"라고 비유했다.

다. 오늘날 서울 사람은 걸핏하면 달여 먹는 보약을 사들이지만, 저 먼 지방 산골에 사는 백성들은 의원과 약방이 어디에 있는 줄도 모르고, 병이 들면 누워서 앓기만 하다가 혹 죽기도 하고 살기도 한다.

이 보약을 먹고 죽는 이나 앓기만 하다가 죽는 이나 결국 따지고 보면 죽는 것은 누구나 똑같지만, 약이 병에 이로운지 해로운지도 잘 모르는 의원에게 속아서 잘못 죽는 사람이 오히려 많을 것이다. 하물며 우리나라에서 생산되는 약품만 갖고도 얼마든지 사람을 구제할 수 있음에랴.

오늘날 듣건대, 교주(交州)·광주(廣州)에서 나는 육계(肉桂)와 촉(蜀) 지방에서 나는 주사(朱砂 : 경련·발작을 진정시키는 데 쓰는 홍적색의 광물질)는 북경 저자에도 이미 절품이라 하니, 30년이나 50년 전보다 병들어 죽는 사람의 수가 갈수록 더 많아졌다고 하겠는가. 이는 절대로 그렇지 않을 것이다.

백성과 병아리
鷄雛 계추

정자(程子)가 이르기를 "나는 병아리를 볼 적마다 '갓난아이를 보호하듯 한다'라는 뜻을 늘 마음속에 간직하면서 보고 싶다" 하였으니, 이는 참 좋은 말이다.

병아리에게 털과 날개가 생기기 전에는, 위에서는 솔개와 매가 엿보고 있고 아래에는 생쥐와 족제비가 숨어 있다. 살쾡이와 고양이는 둥우리를 뚫고 철모르는 아이들은 기왓장과 돌멩이로 이리저리 휘갈긴다. 이들은 모두 병아리를 잡아먹으려고 한결같이 엿보면서 병아리 주인이 어떻게 할까 두려워한다.

이러므로 병아리를 돌보아 주는 사람의 마음이 조금만 게을러지면 온갖 걱정이 이틈저틈으로 들이닥친다. 그리고 이런 걱정을 없애주어도 잘 자라지 않는 것은 굶기고 따뜻하게 해 주지 않아서이다. 정말로 성심껏 보살펴준다면 어찌 잘 번식되지 않을 까닭이 있겠는가?

병아리란 그 수가 많은 까닭에 먹을 것이 궁핍하고, 털이 얇기 때문에 추위를 두려워하는데, 추위를 못이겨 발발 떠는 것 또한 먹을 것이 없어 배를 채우지 못했기 때문이다.

만약 쌀과 곡식 가루를 자주 먹여서 배고픈 지경에 이르지 않도록 해준다면 암탉도 힘껏 날개를 펼쳐 병아리를 덮어 주기도 하고 안아 주기도 할 것이므로 추위를 면할 수 있고, 먹을 것을 구하려고 바삐 쫓아다니지 않게 되어 고달픔을 면할 수 있을 것이다.

먹을 것이 뜰 안에 있으면 멀리 나가지 않아도 되므로 바깥 걱정도 적게 될 것이다. 먹을 것을 보면 서로 뺏으려다가 약한 놈은 배불리 먹지 못하게 되어 피곤한 병이 차츰 심하게 되나, 쌀을 넉넉히 흩어 주어서 모두 배부르게 먹도록 하면 병든 것도 나을 수 있을 것이다.

어떤 이는 말하기를 "혹 남은 밥을 던져 주면 똥이 막혀서 죽는다" 하나, 실은 그렇지 않고 똥은 도로 물러진다. 그러나 꽁무니 밑 보드라운 털에 똥이 많이 맺히면 똥구멍이 막혀서 죽게 된다.

나는 이 남은 밥알이 병아리에게 해로운 줄 알아도 자주 먹이고 부지런히 보호해 준다. 똥구멍이 막혔을 때는 그 보드라운 털을 가위로 잘라주면 똥이 바로 터져나오는 바, 이렇게 하면 반드시 병아리가 더 수월하게 자란다.

대개 백성들이 여러 가지로 고통을 겪는 것은, 잘 살고 귀히 된 자로서는 깨닫지 못한다. 이미 온갖 고통을 받고 또 배도 고프게 되니, 어찌 이곳저곳 떠돌아다니다가 도랑과 구렁에 엎어져 죽지 않을 수 있겠는가?

닭을 길러보면 편당을 알아
祝鷄知偏黨 축계지편당

관찰을 잘하는 자는 무엇을 보든 깨닫는 바가 있다. 나도 닭을 기르면서 당파에 치우치게 되는 이치를 깨달았다. 뭇 닭은 서로 다투어 가면서 먹이를 찾는데 어떤 때는 방 안에 있는 책상과 돗자리에 어지럽게 모여들기도 하고 지팡이와 짚신을 밟아 더럽히기도 한다. 몰아내 쫓아도 그치지 않으니 때론 하는 수 없이 지팡이로 두들겨대서 상처를 입히기까지 한다.

먹는 것은 이롭고 지팡이에 맞는 것은 해롭지만, 얻어맞는 것은 가볍고 먹는 것은 중하기 때문에 아파도 참으면서 먹이를 다툰다. 휘몰아 쫓으면 잠시 물러가는 체하다가 어느새 다시 돌아서서 서로 다투는데 오직 미처 오지 못할까만 두려워한다. 만일 먹는 것을 가볍게 여기고 얻어맞는 것을 중하게 여긴다면, 놀라면서 흩어져 멀리 달아나 버릴 것이다. 이는 모두 이해와 득실에 얽매인 것이라 하겠다.

사람이 당(黨)에 쏠려서 다투는 것도 벼슬과 녹봉 때문이다. 때로 혹시 죄를 지어 아무리 고통을 겪더라도 바라는 것이 벼슬이기 때문에 벼슬 얻기를 도리어 중하게 여기고 고통을 겪으면서도 죄는 꺼리지 않는다. 앞으로 벼슬을 더하지 못할 줄 안다면 죄를 가볍게 해준다 해도 반드시 죄를 짓지 않을 것이다.

후세 풍속은 대개 자벌레가 허리를 움츠렸다가 펴지기를 바라는 것과 똑같다. 진실로 죄를 지어도 벼슬만 얻을 수 있다면 죽이거나 죽음당하는 것 외에는 무슨 일이든 가리지 않으며 마음속으로 바라는 벼슬을 찾느라 다른 것은 생각할 겨를이 없다.

개구멍을 뚫고 다니면서 좋은 말을 훔치려 하고, 차꼬와 수갑을 팔아서 고관(高官)을 사려고 하니, 무슨 짓인들 마음에 편하게 여기지 않겠는가. 아아! 이는 저 닭들이 하는 것과 똑같을 뿐이다.

또 사람에겐 닭만도 못한 것이 있다. 뭇 닭이 서로 먹이를 다툴 때는 날기도 하고 달리기도 하면서 못하는 짓이 없이 어지럽게 빼앗다가도 그 일만 끝나면 서로 다투던 것은 아무 흔적 없이 되고 전처럼 사이좋게 지낸다. 그러나 사람만은 그렇지 않아 치미는 노여움이 남아 반드시 분풀이를 하고자 하여 상대편을 죽여 없애버리면서도 그 뉘우침이 없으니 또한 잔인한 일이다.

쑥열매
蓬實 봉실

중국 송나라 때의 재상 범순인(范純仁)이 경주(慶州)를 맡아 다스릴 때 흉년이 자주 들어 백성들이 굶주렸다. 해마다 가을철이 되면 쑥[蓬]이 들판을 뒤덮고 열매를 맺는 것이 곡식처럼 되어서 이 봉실(蓬實)을 많이 거두어 저장했다가 흉년에 대비했다고 하였는데, 이 봉실이란 무슨 물건인지 알 수 없다.

명나라 가정(嘉靖) 8년(1529)에 섬서첨사(陝西僉事) 제지란(齊之鸞)이 상소한 말에 "채주(蔡州)와 영천(穎川) 중간부터 동관(潼關)에 이르기까지 메뚜기가 벼이삭을 남김없이 다 갉아 먹었기 때문에 그 지방에 살던 백성들이 유랑하며 돌아다니니 길이 꽉 찰 지경이었다. 어떤 백성이 무엇을 거두어 들이기에 이상스럽게 여기고 물어 보았다. 그의 대답에 '쑥에는 면봉(綿蓬)과 자봉(刺蓬)이란 두 가지가 있는데, 그 속에 들어 있는 씨로 국수를 만들어 먹을 수 있다' 하고 '이 굶주린 백성은 쑥만 바라보고 살아온 지 이미 다섯 해나 되었다'는 것이다. 마침 그때 국수를 먹는 이가 있어서 좀 달라고 하여 먹어 보았더니, 매운맛은 입을 쏘는 듯하고 뱃속이 죄면서 몇 시간이 지나도록 구역질이 났다. 어찌 이로써 가난한 백성의 고달픔을 이루 다 말할 수 있겠는가. 삼가 이 쑥 씨를 담아 봉하여 나라에 바치오니 여러 신하들로 하여금 백성의 고통을 알도록 해야 한다고 애원했다" 하였다.

짐작건대 경주 일대는 모두 섬서 지방으로서 범순인이 거두어 저장했다는 봉실도 이런 따위였던 것인 듯하다.

요즈음 살펴보면, 쑥이란 반드시 가을에는 보얀 솜이 동글동글하게 생겨나니, 이것이 소위 면봉이란 쑥이고 그 중에 열매가 있는 것은 이른바 자봉이라는 쑥인가?

요즘에 충청도 정산(定山)에는 맛이 달콤한 흙이 있어서 가난한 백성들이 쌀가루에 섞어 떡을 만들어 먹기도 하고 저자에 내다 팔기도 하는데, 내가 그 흙을 얻어다가 맛을 보니 보통 흙과는 아주 달랐다. 일찍이 어떤 책에 이런 이야기가 있는 것을 보았으나, 이 말이 어느 책에 적혀 있었는지 지금은 기억나지 않는다. 흉년이 심하여 곡식이 없을 때에 어쩌면 귀신의 재량으로 이런 이상한 식료(食料)를 마련해 주는 것인가?

나는 또 잔디 속에도 붉은 열매가 맺혀 있는 것을 보았다. 이는 흔히 꿩밥〔雉飯〕이라고 하는 것인데, 이 또한 굶주림을 구제할 만하다. 요즈음 몇해 동안에 흉년이 심하여 콩줄기를 가루로 만들어 죽을 쑤어 먹기도 하고 메밀싹을 가루로 만들어 쌀에다 섞어서 구워 먹기도 한다.

이것이 모두 죽음은 면할 수 있으나 역시 "입을 쏘고 배를 더부룩하게 만든다"는 봉실 따위이다. 가난한 백성들은 그래도 먹는 데에 익숙해져서 아주 입에 맞는 것처럼 먹으니 불쌍하다 하겠다.

그러나 음식이란 배고픔을 구제하고 죽음을 면할 수 있으면 만족한 것이지, 어찌 반드시 맛좋은 음식만 먹어야 하겠는가. 죽음을 겨우 모면한 다음에는 맛좋고 사치한 음식을 더욱 구하려고들 하니, 이는 분수를 모르는 이들이다.

이런 욕심에 따라 구한다면 앞에다 푸짐하게 차려 놓은 음식도 여러 가지라야 할 테고, 먼 지방에서 나는 진기하고 색다른 물품도 사들여야 할 터이니, 앞으로 입고 먹는 일이 한량 없을 것이다. 곤궁한 백성은 겨와 찌꺼기를 먹고 가난한 선비는 나물만 먹어도 또한 충분한데 몸을 살찌우고 윤택하게 기력을 양성한들 저 소나 양과 개·돼지와 무엇이 구별되겠는가?

사람들은 이레 동안만 먹지 않으면 죽는다고들 말하나, 이 또한 잘못된 말이다. 기름진 육식만 배부르게 먹는 무리는 이레 동안을 넘기지 못하여 죽을 것이고, 늘 배고픔으로 습관이 된 이는 스무날 동안을 먹지 않아도 목숨을 지탱할 수 있을 것이다.

이는 무엇으로 증명하느냐 하면, 사람은 나물만 가지고도 겨울을 난다. 배를 채우는 일은 태어나 늙어 죽을 동안 빠뜨릴 수 없는 것이니 빠뜨리게 되면 굶주리고 굶주리면 죽음에 이른다.

그러나 언제나 저 날짐승을 보면 얼음이 얼고 눈보라가 치는 겨울철에 한 달이 넘도록 쪼아 먹는 것이 없어도 또한 죽지 않으니, 이는 굶주림에 습관이 되었기 때문이다. 내가 보건대, 남쪽 고을 사람들은 좋은 음식을 잘 먹어서 배가 늘 빵빵한데 흉년이 닥치면 반드시 먼저 죽게 되니, 이는 배부름에 습관이 되었기 때문이다.

이 습관이란 것은 무엇이든 해내지 못하는 일이 없는 까닭에 선정(禪定)에 들어가는 승려는 음식을 끊고 아무것도 먹지 않으며, 태식(胎息 : 고요히 앉아 숨을 가만가만 들이마셔 기운이 배꼽 아래에까지 다다르게 한다는 호흡법)하는 신선도 공기를 뱃속에 가둬두고 새어 나가지 않게 하여 그 수명을 더욱 연장시킨다.

저 봉실만 먹는 미천한 백성도 오랫동안 습관이 되어서 편안해지고 쌀밥과 고깃국은 모두 잊어버렸으니, 큰 솥에다 맛있게 끓이는 소고기와 무엇이 다르겠는가.

제지란이 이 봉실을 담아 봉해서 나라에 바치고 벼슬아치에게 경계하라고 한 말이 참으로 깨달은 말이었던 것이다. 시골에 있는 선비로서도 분수 밖의 망령된 생각은 싹트지 않아야 할 것이니, 이 봉실을 먹고 생활한다 할지라도 해로울 것이 무엇이 있겠는가?

맹자의 '고기가 아니면 배부르지 않다'는 따위의 교훈도 의심스럽지 않을 수 없다. 일반 백성으로서는 아무리 나이가 많다 할지라도 무엇으로 고기를 먹겠는가. 나쁜 음식도 오래 먹어서 습관이 되면 편해지는 것이다.

옛날 선왕(先王)의 제도에 "선비로서는 무슨 까닭이 없이는 개도 돼지도 잡지 않는다" 하였는데, 하물며 일반 백성에 있어서랴. 나도 천한 사람이므로 나의 입장에 근거해서 이런 말을 적어 둔다.

청어가 잡히는 곳
青魚 청어

청어가 옛날에도 있었는지 없었는지 알 수 없지만 지금은 해마다 가을철이 되면 함경도 연안에서 청어가 잡히는데, 아주 크다.

추운 겨울이 되면 경상도에서 잡히고 봄이 되면 차츰 전라도와 충청도로 옮겨 간다. 봄과 여름 사이에는 황해도에서 잡히는데, 차츰 서쪽으로 옮겨 감에 따라 점점 작고 흔해지기 때문에 사람마다 먹지 않는 이가 없다는 것이다.

《징비록(懲毖錄)》*1에, "해주에서 나던 청어는 요즈음 와서 10년이 넘도록 잡히질 않고 요동 바다로 옮겨 가서 그 곳에서 잡힌다는데, 요동 사람은 이 청어를 신어(新魚)라고 한다" 하였다.

이로써 본다면 그 무렵에는 오직 해주에만 청어가 있었다는 사실을 알 수 있다.

이런 물고기 따위는 늘 시대의 풍토와 기후를 따라 다니는데 요즈음 와서는 이 청어가 서해에서 아주 많이 잡힌다고 하니, 또 저 요동에도 이 청어가 있는지 없는지 알 수 없다.

---

*1 《징비록》: 조선 선조 때의 영의정 유성룡(柳成龍)이 임진왜란의 사실을 기록한 야사(野史).

제사 때 쓰는 음식
茶食 다식

우리나라 제사 사전(祀典)에는 다식이라는 게 있다. 다식은 쌀가루를 꿀과 섞어 뭉쳐서 나무틀 속에 넣고 다져 동그란 떡으로 만드는데, 사람들 가운데 이 다식이라는 이름과 뜻을 아는 이가 없다.

나는 이 다식이란 것은 송나라 때 대룡단(大龍團)과 소룡단(小龍團)이라는 떡이 잘못 전해진 것이라고 생각한다.

이 다(茶)란 것이 처음 생겼을 때는 물에 끓여서 먹게 되었다. 《주자가례》에서 쓰는 점다(點茶 : 차를 끓이는 방법의 한 가지)는 차를 가루로 만들어 잔 속에 넣고 끓는 물을 붓고 차솔로 젓는 것인데, 왜국 차(茶)가 모두 이와 같다.

정위(丁謂)와 채양(蔡襄)이 기이한 계교를 내어 다병(茶餅)을 만들어 임금에게 바치자 그때부터 다 같이 만들어 먹는 풍속이 이루어졌다는 것이다. 소동파의 시에

무이산(武夷山) 냇가에 좁쌀처럼 생긴 싹을
앞에 간 정위(丁謂)와 뒤에 온 채양(蔡襄)이 서로 몇 상자씩 따갔느냐?
武夷溪邊粟粒芽 前丁後蔡相籠加

라고 한 것이 바로 이것이다.

오늘날 제사에 다식을 쓰는 것은 바로 점다라는 것인데, 사실은 그 이름만 남아 있고 실물은 바뀐 것이다. 어떤 집은 밤을 가루로 만들어서 다식에 박아 쓰기도 한다. 물고기와 새, 또는 꽃과 잎처럼 예쁘게 만들기도 하지만, 용봉차(龍鳳茶)에 비하면 점점 잘못된 것이다. 모난 그릇이 모나지 않게 만들어지는 일〔觚之不觚〕이 무슨 물건인들 그렇지 않으리요.

콩을 먹는 방법
菽 숙

콩은 오곡의 하나인데 사람들이 귀중히 여기지 않는다. 그러나 곡식의 역

할이 사람을 살리는 데에 있다면 곡식 가운데 콩의 효능이 가장 크다고 할 것이다. 후세에는 백성들이 잘사는 이는 적고 가난한 자가 많으니 좋은 곡식과 맛있는 음식은 다 높고 귀한 자에게로 돌아가고, 가난한 백성이 얻어먹고 목숨을 부지하는 것은 오직 이 콩뿐이었다.

값으로 따지면 콩 값이 헐할 때는 벼와 서로 맞먹는다. 그런데 벼 한 말을 찧으면 넉 되의 쌀이 나게 되므로 이는 한 말 콩으로 넉 되의 쌀을 바꾸는 셈이니 사실에 있어서는 5분의 3이 더해지는 것이다. 이것이 콩의 큰 이익이다.

또한 맷돌에 갈아 진액(津液)만 취하여 두부를 만들면 남은 찌꺼기[비지]도 역시 많은데, 이것을 넣고 끓여서 국을 만들면 구수한 맛이 먹음직하다. 또 물을 주고 뿌리를 내려 콩나물로 만들면 몇 갑절이 불어난다. 가난한 자는 콩을 갈고 콩나물을 썰어 넣어 죽을 끓여 먹기도 하는데 쉽게 배를 채울 수 있다.

나는 시골에 살아서 이런 일들을 잘 알고 있으므로 이 사실을 적어서 백성을 기르고 다스리는 자가 알도록 하려는 것이다.

불을 달아 쏘는 화살
火箭 화전

명나라에서 토목(土木) 공사를 시작했을 때 오랑캐가 경성(京城)을 침범했는데, 그자들은 화전과 화총(火銃)을 사용하여 사람을 많이 죽였다고 하였다. 또 일설에 따르면 명나라에서도 화전을 사용하여 적을 물리쳤는데, 그 불로 태워 거의 다 죽였다고 하였으니, 이 화전이란 것은 성을 지키자면 꼭 있어야 할 무기이다.

요즈음 들으니, 바다 가운데 아란타(阿蘭陀 : 화란. 지금의 네덜란드를 가리킴)라는 나라가 있는데, 홍이(紅夷)라고도 부른다고 한다.

그런데 그들이 만든 홍이포(紅夷砲)라는 총이 임진년(선조 25년, 1592년) 무렵에 이미 우리나라로 들어왔다는 것이다. 또 화전도 있었는데, 그 생김새는 두루마리 서축(書軸)처럼 된 것이 윗머리 구멍에다 심지를 넣어서 불을 일으킨다.

만드는 방법은 총 한 자루에 염초(焰硝) 19냥, 유황(硫黃) 3냥, 마회(麻

灰) 6냥, 납 1냥, 침 2냥, 금은박(金銀箔)은 각각 다섯 조각씩, 이 여러 가지를 모두 합쳐서 만든다.

화살 한 개만 땅에 떨어지면 그 구멍 속에서 한꺼번에 몇십 개씩 쏟아져 나오는 바, 이리저리 흩어져서 몇천만 개가 된다.

동서로 벌여 있는 촌락과 성곽을 순식간에 불태워 버리므로 왜인이 이를 두려워하여 예쁜 기생과 좋은 보물로 꾀어 방법을 알아낸 뒤 따라 만들었는데, 지금은 이 화총이 온 나라에 퍼졌다는 것이다.

무진년(영조 24년.)에 통신사의 대표 통역관 박상순(朴尙淳)이 왜국에 갔을 때, 은 5백 냥을 주고 화총 두 자루를 사들여와 나라에 바쳤다고 한다. 사실인지 아닌지는 자세히 알 수 없으나 국가에서 혹 뒷날을 염려하여 대비해 놓은 것이 아닐까?

이 말이 사실이라면 성지(城池)를 높고 깊게 할 필요도 없고 갑옷과 병기를 단단하고 날카롭게 만들 필요도 없이 편히 앉아 적을 물리칠 수 있을 것이다. 그러나 우리나라 사람들은 편한 것만 너무 좋아하기 때문에 이런 기계가 있어도 연구해 보려 하지 않고 내버려둔다.

또 듣자니, 관백(關伯 : 일본의 벼슬 이름. 천황을 보좌하여 정치를 집행하던 중직(重職))은 무도(武道)를 좋아하여 먼 나라에서 무기(武技)가 있는 자를 두루 불러들여 배우고 연습하는 까닭에 그들의 쏘는 기술이 지금은 옛날보다 훨씬 나아졌다는 것이다.

또는 교묘하게 생긴 기계로서 풍류(風流 : 수신기(受信機)를 지칭한 듯함)라는 것이 있으니 이 또한 아란타에서 왔는데, 길이는 다섯 자쯤 된다. 막힌 곳이 없는 바다 가운데서나, 또는 먼 들판에서 그것을 입에다 대고 말을 하면, 50리 거리가 떨어진 곳에서도 서로 말을 전할 수 있다고 하나, 이는 그런 이치가 없을 듯하다.

사람의 음성(音聲)은 기(氣)로써 전해지는 것인데, 다섯 자쯤 되는 기계가 어찌 50리나 먼 거리에서 말을 전할 수 있겠는가? 이는 모두 안정복(安鼎福)의 편지 속에 있는 말인데, 우선 이렇게 적어 두었다가 다시 살펴보아야 하겠다.

과거법과 천거법의 합치

科薦合一 과천합일

과거시험을 치르게 하는 것은 장차 등용하려는 것이다. 과거시험을 치러 급제시켜 놓고 등용하지 않는다면, 과거를 치르는 의도가 어디에 있겠는가. 우리나라 과거제도는 자(子)·오(午)·묘(卯)·유(酉) 네 해로 식년(式年 : 과거를 치르는 시기를 지정한 해. 3년마다 한 번씩 돌아옴)을 삼아, 문과(文科)에 33명, 생원과(生員科)와 진사과(進士科)에 각각 넉넉히 100명씩을 뽑는다.

과거 합격자가 벼슬에 오르고 벼슬에서 물러날 때까지를 대략 30년으로 잡으면, 30년 동안 2천 330명이 된다. 현재 내직은 병조(兵曹)의 소관을 제외하고, 이조(吏曹)가 추천하는 것이 400자리가 못 되고, 외직도 또한 이와 맞먹는데, 무과(武科)·선음(先蔭)·천문(薦聞)·유품(流品) 따위 300자리가 또 거기에 끼어 있고 보면, 나머지는 500여 자리에 불과하다. 따라서 이 500여 자리를 기다리고 있는 2천 330명을 두루 대우할 수는 없는 형편이다. 그러므로 생원·진사는 오직 고귀한 자리에 있는 이와 친근히 하여야 벼슬을 얻고, 비록 문과 급제자라도 이끌어 주는 세력이 없으면 한 번 벼슬을 갈아 치운 다음에는 다시 진출하지 못한다.

요즈음 항간에는, 벼슬한 사람도 백성도 아닌 생원·진사로 늙어 죽는 자의 수가 이루 헤아릴 수 없이 많다. 그래도 목을 늘이고 침을 흘리면서 나머지 벼슬자리나마 얻으려고 기대하며, 농무(隴畝 : 밭이랑. 민간을 비유하여 이르는 말)에 처한 자신의 분수를 편히 여기지 못하는가 하면, 그의 자손 또한 그 그늘을 빙자하여 민역(民役)을 면하게 되니 이것이 그 첫 번째 피해요, 또 간혹 벼슬길에 나가는 자도 더러 재물을 뇌물로 바치거나 아니면 아첨하여 이미 선비의 습속을 잃어버리고, 행정(行政)에 있어서는 남의 청탁을 감히 거절하지 못하며, 치민(治民)에도 가렴주구를 면치 못하여 바야흐로 남에게 잘 보이고 자신의 만족을 채우려 하니 이것이 그 두 번째 피해이다. 또 인재를 등용함이 쓸데없이 많고, 시험 보는 횟수가 대단히 많기 때문에 돌려가며 본받으면서 몰래 뜻을 곤두세우니, 마음이 어지럽고 이목이 우매한 자는 조급히 움직이지 않음이 없어, 혹은 재물로 취하고 혹은 붓글씨나 쓴답시고 농사일을 버리고 길거리에 분주하다가 가문을 망치는 지경에 이르고 있으니, 이것이 그 세 번째 피해이다.

지금은 더욱 심한 것이 있다. 식년 외에도 과거의 명칭이 거의 10여 가지나 있어 3년 동안에 문과 급제자가 100여 명에 이르기까지 한다. 조정에서는 오로지 위안을 목적으로 삼고 있으나, 실은 원망을 사는 것이 이보다 심할 수 없다. 이미 두루 다 즐겁게 해 줄 수 없는 일이라, 일은 같은데 자취가 다를 수 있으며, 저 사람은 얻는데 나는 잃게 되는 것이니 그 누가 달게 받아들이겠는가. 힘이 비등해지면 싸우게 되고, 자신의 지위가 위태로우면 시기하게 된다. 그리하여 좌우로 엿보되 이로운 구멍은 오직 하나뿐인데, 그 구멍을 뚫고 들어오려는 사람이 십중팔구이니, 서로 당파로 나뉘는 그 형세는 이상할 것이 없다. 따라서 적게 선발하면서 정선에 힘쓰는 것보다 더 좋은 방법이 없다. 혹은 뽑아 놓은 사람이 이미 많아서 조처할 도리가 없다고 핑계하나, 이는 소위 7년 묵은 병에 겨우 3년 묵은 쑥을 구하는 격이다. 그것이 그르다는 것을 알았다면 즉시 그만두는 것이 옳은 일이다.

만약 부득이하다면 한 가지 방법은 있다. 이미 과거에 뽑힌 사람 중에 인재를 가려 뽑고 덕을 숭상하게 하는 방법을 붙여, 육조(六曹)·경조(京兆)의 장·차관, 양도유수(兩都留守), 팔도감사(八道監司)로 하여금 3년마다 각각 문과(文科) 몇 명씩을 천거하게 하는 동시에 그들의 전공까지 각각 표기하여 올리게 한 뒤에, 임금과 정부관(政府官)이 천거한 추천서를 친히 심사하여 점수를 매겨 모아서 2점 이상을 얻은 문학과 덕행이 있는 사람을 가려서 경연(經筵 : 고려·조선시대에 임금에게 유학의 경서를 강론하던 일)에 끌어들이되 관록(館錄 : 조선시대 홍문관 관원을 선정할 때 작성하는 인선기록)의 규제는 없앨 것이며, 재능이 있고 사무를 아는 사람은 서정(庶政)을 맡긴다. 그리고 오로지 문벌(門閥)의 고귀함이나 숭상하며 노는 자는 법으로 금지시키고, 일단 입선(入選)된 뒤에 죄폐(罪廢)된 자를 제외하고는 내버려두는 일이 없게 하여, 몇 해 동안만 이와 같이 하면 거의 해결되리라고 본다.

무과(武科)의 부정은 더욱 심하다. 서·북은 궁마(弓馬)의 고장이라 집집에 무과 출신이 있으나, 위로는 무장(武將)에 보임되지 못하고, 아래로는 대오(隊伍)에 편성되지 않아 국가에 예속되지 못하여 원망과 분노로 그 일생을 마치게 된다. 이들 또한 3년마다 경술(經術)과 무예(武藝)로 다시 시험을 보게 하여 50~60명을 뽑아 차례로 보직시켜, 일정한 규칙을 정하고 어기는 예가 없게 한다면, 벼슬을 얻지 못하는 자도 감히 억울하다고 원망하지 않을 것이다. 그리고 고을 수령이나 장수 따위도 또한 문과의 예와 같이 천거하여 기용한다면 이것이 곧 과거법과 천거법을 하나로 합치는 과천합일이 된다.

도둑 다스리는 방법
治盜 치도

중국 오대 때 후주(後周)의 두엄(竇儼)이 올린 상소에 이르기를 "도둑으로 하여금 자기들끼리 서로 살펴 고발하게 하고, 그 고발당한 자의 재산 가운데 절반을 고발한 자에게 상으로 줄 것이며, 또는 고발한 자의 친척이 도둑의 우두머리이면 따르는 무리들만 논죄하고 그 우두머리는 용서해 주십시오. 이와 같이 하면 도둑이 모이지 못할 것입니다" 하였는데, 지금 우리나라는 도둑을 다스림에 법도가 없어 양민이 피해를 입고 있다. 그중에는 황해도와 평안도가 더욱 심하여 요사이 일어난 도둑 두목들이 다 여기에서 나왔다. 그리고 끝내 잡히지 않은 도둑들이 작당하여 출몰하므로 국가의 큰 걱정거리가 되고 있으니, 만일 외적이 이 틈을 타서 침범하면 그 걱정이 어느 지경에 이를지 알 수 없다.

이제 두엄이 건의한 방법에 따라, 이미 붙잡힌 도둑에게 나아가 그들로 하여금 자신들의 실정을 실토하도록 유도하고, 그들에게 얻은 재물로 두텁게 상을 주어 놓아 주면서 그 무리에게 신용을 보이고, 자수하는 자는 죄만 면제해 줄 뿐 아니라 재산까지도 가지게 한다면, 그 무리가 자연히 스스로 서로 의심하고 꺼려 작당하지 못하게 될 것이다.

두엄이 또 말하기를 "신정(新鄭) 고을 향촌에서는 단체로 의영(義營)을 만들고 각기 장좌(將佐)를 세운 다음, 한 집이 도둑질을 하면 그 한 마을 전체를 연루시키고, 한 집이 도둑을 맞으면 그 마을의 장좌를 논죄합니다. 그리고 언제나 도둑이 들면 북을 치고 횃불을 들어 장정들이 모여드니, 도둑은 적고 백성은 많으므로 도둑이 능히 탈출하지 못합니다. 따라서 한 지역이 평온해졌으니, 청컨대 다른 고을도 모두 이를 본받게 하소서" 하였으니, 이 방법 역시 좋은 것이다.

그러나 이른바 장좌에게 모름지기 두터운 녹봉을 준 다음에야 그 잘잘못을 문책할 수 있을 것이니, 그로 하여금 향촌 가운데 몇 집이 내는 부세를 받게 하고, 관부(官府)의 부역을 면제해 주되 지금 군병(軍兵)과 보호(保戶 : 군에 복무하지 않으면서 병역 의무를 이행하던 군보(軍保)의 인원)와 같게 한다면 반드시 저마다 자기들의 직무를 충실히 할 것이다. 무릇 도둑이 잡히면 그들이 거주하던 곳을 캐어내 그 한 마을 전체에서 적발하지 못한 죄를 받게 하고, 속전(贖錢 : 죄를 면하고자 바치는 돈)을 거두어 고발한 자와 잡아낸 자에게 상을 주되 차등을 둘 것이다.

또는 외딴 산골 이웃이 없는 곳에는 고을에서 순찰하는 책임자를 각기 몇 사람씩 두어 그들로 하여금 고을 관내를 두루 살피게 하고, 3인 이상의 도둑 잡은 자에게는 장교(將校)로 승진 보임하여 도둑 잡는 데 열성을 다하도록 할 것이며, 그리고 도둑을 잘 살피지 못하는 자가 있으면 속전을 내게 하고, 태장으로 형벌하기를 법대로 하며, 또는 보호(保戶)의 부역군으로 강등시키면 책임 회피하기를 두려워할 것이다. 이와 같이 하면 백성이 떠돌이로 유리하는 걱정이 없을 것이요 도둑질 또한 그칠 것이다.

오늘날 사람들은 항상 평안함을 지킨다 핑계대고 폭력배 금하기를 게을리하니, 이른바 "은혜롭기만 하고 정치는 알지 못한다"는 격이다. 가난한 백성이 의식(衣食)을 빼앗기는 것이 나라가 도성을 잃는 것과 무엇이 다르겠는가? 국가에 있어서는 백성을 몰아 외적을 막게 하면서도, 백성에 대해서는 괄시하고 도둑 방비하기를 생각하지 않음이 옳은 일인가? 방비하여 반드시 모두 제거하기를 생각하는 것이 왕정(王政)에 마땅한 일이니, 두엄의 계책은 자못 시험해 볼 만하다.

당론에 대하여
黨論 당론

당론은 하나의 크나큰 옥송(獄訟 : 형사상의 송사)이다. 흔히 대단히 악한 사람이 참으로 착한 사람을 치며, 대단히 어진 사람이 끝없이 흉악한 사람을 배격하는 것은, 사람마다 손가락질하고 지목하여 시비를 눈으로 볼 수 있는 일인데 어찌하여 편당이 생기는가? 그러나 올바른 가운데도 그릇됨이 있고, 그릇됨 가운데도 올바름이 있으며, 또 올바른 듯하면서도 그릇된 것이 있고, 그릇된 듯하면서도 올바른 것이 있다. 사람들은 다만 자신의 올바름과 남의 그릇됨만을 보기 때문에 편당이 생기게 된다. 한 가지 일은 분별할 수 있거니와 온 세상 일을 어찌 다 분별하며, 당대에는 시비를 구별할 수 있으나 후대에 전해지면 어떻게 될까. 마치 어떤 물건을 촛불이 환히 켜진 집에 두면, 그 물건이 밝은 불빛을 받아 다 붉어지고, 어두컴컴한 굴 속에 두면 그 어두움에 묻혀 모두 검어지는 것과 같다.

그러므로 편당 속에서 생장하면, 비단 남에게 밝히는 것만 어려운 것이 아니라 자신 또한 깨닫지 못한다. 참으로 밝은 지혜와 결단성을 지닌 사람이 아니면 뛰쳐나가 높은 경지에 오르기 어렵다. 비유하면, 마치 술에 취한 사람이 나쁜 일은 술의 탓으로 돌리고, 좋은 일은 술의 덕으로 돌리는 것과 같은 격이다. 그러므로 조그마한 지혜와 사사로운 생각으로 남을 잘못 평가하는 자는, 적을 보고 자식이라 하고, 은혜를 베푼 이에게 원한을 품는 격이요, 모르겠다 핑계하고 구제하려 아니하는 자는 도둑이 나타나도 막아내지 않으며 집이 무너져도 떠받치지 않는 격이다.

재목의 휨과 곧음은 먹줄과 자로 판단하고, 물건의 가볍고 무거움은 저울로 달고, 선함과 악함의 정도는 당연히 경훈(經訓)으로 판가름한다. 《주역》에 감(坎)과 건(乾)을 합한 것이 송괘(訟卦)인데, 감은 험악한 것이요, 건은 강건한 것이라, 험악하고 강건함은 송사(訟事)하는 자의 정상(情狀)이다. 《주역》상구(上九)에 이르기를 "반대(鞶帶 : 큰가죽띠)를 주더라도 하루아침에 세 번 갈게 된다" 하였으니, 이는 강건한 송사에 궁극함이 되어서다. 공자가 《주역》에 괘사(卦辭)를 붙인 의도가 대개 이와 같다. 지금 편당을 인연하여 고귀하게 된 자가 이 어찌 송사로 벼슬을 받았다고 하지 않겠는가.

왕도(王道)란 편당도 반대함도 없이 한결같이 공(公)자로 포괄하는 것이다. 공의 반대가 사(私)이니 사란 단지 자신만 이롭게 하는 것이요, 이로움이 큰 것은 재물과 벼슬인데 벼슬은 그 비중이 재물에 비할 바 아니기 때문에 《주역》구이(九二)에 "읍호(邑戶)는 재물이니 도망치면 재앙이 없으리라" 하였고, 상구(上九)에 "반대는 벼슬인데 그것을 받으면 공경이 아니다" 하였으니, 성인이 송사를 결단함도 이와 같은 데 불과하다.

임금 자리에 있어서는 말로 알 수 없으면 반드시 여러 사례에서 찾고, 사례로도 알 수 없으면 반드시 여러 행적에서 찾아야 한다. 그 사람이 재물에 청렴하고 벼슬을 사양하되, 임금이 그를 취택하면 탐모하는 자가 나오지 못할 것이요, 그 소행이 재물과 벼슬에 벗어나지 못하는 자는 버려서 그들의 추구하는 바를 얻지 못하게 하면 그들 또한 무슨 마음으로 죽음을 무릅쓰고 이득이 없는 송사를 하겠는가. 그렇지 못하면 비록 편당을 그치게 하는 일이라 이름하더라도 그 실상은 격려하는 것이다. 경계하고 타이르며 처벌하고 내쫓아 온갖 방법을 쓰지 않음이 없으되 끝내 강건한 자가 쓰임을 얻게 되니, 이는 곧 자벌레의 굽힘이 펴기를 구하고, 용의 움츠림이 끝내는 떨쳐 일어나게 됨과 같은 것이다.

재물과 벼슬을 아끼지 않고 편당을 금하려 함은, 아궁이에 불을 때면서 끓는 물을 식히려는 것과 같아 어찌 뜻을 이룰 수 있겠는가. 대개 세상이 다스려지지 않는 것은 조정에 떼지어 벼슬을 쟁취하는 난장을 벌여놓고 벼슬 얻기를 걱정하며 벼슬을 얻으면 잃을까 염려하기에 겨를이 없는데, 이런 자가 어떻게 임금을 높이고 백성을 도울 수 있겠는가. 이는 다름 아니라 편당을 지으면 반드시 고관을 얻고, 비록 충의에 나가기를 이욕에 나가듯 하고, 국정 의론하기를 호소하듯 하더라도 결코 사람을 물리치고 정국을 바꾸어 놓을 수 없기 때문이다. 진실로 공로가 없는 사람이 뜻을 얻게 되면 공로가 있는 자는 멀어지는 법이니, 세상일이 그러하지 않을 수 있으랴.

옛 사람들은 40세에 막 벼슬을 시작하여 70세면 벼슬에서 물러났으니, 30년 동안 직책에 있는 셈이다. 그러나 70세까지 벼슬 자리에 남아 있는 것은 나랏일이 바빠서 차마 노퇴(老退 : 늙어 스스로 관직에서 물러남)를 고할 수 없어서다. 어찌 재능과 기력이 다했는데 앉아서 국록을 허비하겠는가. 혹은 지혜와 능력이 멀리 미치지 못하고 질병을 이기기 어려운 처지에 억지로 국록만 허비하며 벼슬을 소홀히 하는 자가 있으면, 그 70세 된 노인에 비하여 얼마나 차이가 있겠는가. 그러므로 관수(官守)나 언책(言責)에 부여된 임무를 달성하지 못하게 되면 노쇠하기를 기다릴 것이 아니라 곧 물러나야 한다.

선비는 마땅히 어려서 배우고, 자라서는 그 배운 것을 실천하는 것인데, 그 조정에 벼슬하여 내외 관직을 역임하면서 10년이나 20년 동안에 뚜렷한 공적이 없는 자는 마땅히 물러나야 한다. 대체로 벼슬을 얻으려는 욕심보다 큰 것이 없고, 벼슬을 잃는 것을 싫어함보다 더 지나친 것이 없을진대, 벼슬을 버리는 것을 원망하지 않는 자라야 편당을 하지 않는다.

옛날 당나라 측천무후(則天武后) 때에 시랑(侍郞) 후지일(侯知一)에게 연로하다 하여 억지로 치사(致仕 : ^{나이가 많아 벼슬을}_{사양하고 물러남})하기를 명했는데, 후지일이 뛰어 달아나며 스스로 경망한 태도를 보이므로 그 무렵 사람들은 치사를 싫어하는 것이라 했으며, 송나라 한견소(韓見素)는 48세에 표를 올려 치사하기를 빌었는데, 이지(李至)의 말이 "이 또한 각박한 속사(俗士 : ^{학예나 견식이 모자라}_{라는 평범한 사람})를 격려할 수 있다" 하고 허락하였다. 이와 같이 기한이 되어도 물러나지 않는 자가 있고, 혹은 중년에 미치지 못하는 자도 있으니, 이는 다만 그 사람의 현부(賢否)에 딸린 것이다. 그 현부의 차이가 어찌 현격하지 않은가.

이제 만일 재능과 학식이 넉넉지 못하고 공로가 뚜렷하지 못하여 물러나기 원하는 자를 모두 다 허락한다면, 반드시 염치를 무릅쓰고 진출하려는 자는 부끄러워할 줄 알 것이요, 그를 본받지 못하는 자는 분기하고자 할 것이다. 나라에서 사람을 올려 쓰고 물리치는 일에 비중을 두고 당에 비중을 두지 않으면, 그 누가 나무를 인연하여 물고기를 구하며, 의관(章甫 : ^{장보 유생}_{이 쓰던 관})을 의지하여 월나라로 가는 듯한 행동을 다시 하겠는가? 이는 쉽게 알 수 있는 일이다. 오늘날 세상에는 한견소의 속사를 격려할 만한 행동은 볼 수 없고, 모두 다 후지일의 치사를 달가워하지 않는 사람뿐이니, 탐욕과 경쟁이 어떻게 없어질 수 있겠는가.

조정에 벼슬하는 신하로 탐욕과 경쟁을 부끄러워할 줄 알고, 벼슬과 재산을 사양할 수 있으면서 오히려 당론에 경솔히 빠져든 자가 있음을 나는 들어보지 못했다. 그러므로 입으로는 밥을 사양하면서 부엌을 흘끔거리는 자는, 그 뜻이 배부름을 기대함인 줄 알 수 있고, 손에 섶나무를 움켜잡고서 허리에는 화살을 차고 있는 자는 그 뜻이 짐승을 잡는 데 있음을 알 수 있으니, 당론의 시비 또한 이와 같다.

그러므로 손발이 당론에 묶여 구습을 탈피하지 못하는 자는, 다시금 따져볼 것도 없이 연한이 되면 직책을 바꾸되 큰 것은 7년, 작은 것은 5년으로 하여 사령(赦令)에 참여하지 못하게 하고, 대신(大臣)과 대간(臺諫)도 함부로 말하지 못하게 하여 편당을 함이 이로울 바 없음을 분명히 알게 하면, 비록 상을 주더라도 편당을 짓지 않을 것이다.

옛날 중국 한(漢)나라 때 병길(丙吉)이 정승이 되었을 때, 하급 관리가 죄를 짓자 곧 그에게 죽을 때까지 장기 휴가를 주고 죄를 다스리지 않았으므로 후세에 이르러서 한 고사(故事)가 되었다. 무릇 하급 관리의 이익은 죄를 모면하는 것보다는 벼슬을 잃는 해로움이 더 큰 것이다. 따라서 처벌을 무겁게 받고도 벼슬을 잃지 않는다면 죄로 벼슬을 바꾸는 사람이 있으리니, 병길은 실로 세속의 실정을 아는 사람이라 할 만하다.

그러므로 나는 형제가 담장 안에서 다투는 것은 재산이 넉넉하지 못한 때문이고, 처첩이 내실에서 싸우는 것은 사랑이 두루 미치지 못한 때문이라고 본다. 신하들이 조정에서 편당을 짓는 것 또한 어찌 작록의 귀천과 선후가 있어서가 아니겠는가. 공자가 말하기를 "송사를 듣는 것은 나도 남과 같으나 나는 반드시 송사가 없게 하겠다" 하였듯이, 나는 《주역》 송괘(訟卦) 상구(上九)에 있는 반대(鞶帶)의 송(訟)자에서 당론의 요점을 알았다.

군사를 훈련시켜 대비함
兵備 병비

군사는 백년 동안 쓰지 않아도 좋지만 하루도 방비를 잊을 수 없으니, 군사란 앞으로 쳐들어올 적을 미리 대비하기 위한 것이다. 적은 반드시 계획을 치밀하게 세워 쳐들어오는데 우리는 엉겁결에 당황하여 대응하게 된다. 그런데 성지(城池)가 완전하지 못하고 군량도 비축되지 않았으며 무기도 날카롭지 못하고 갑옷도 튼튼치 못한 데다가 마음이 해이해진 장수에게 희미한 군사를 거느리게 하면 무슨 요행으로 적군을 물리칠 수 있겠는가.

비유컨대 사람이 능히 강한 것을 씹을 적에는 강철도 부서지지만, 모래알이 부드러운 밥 속에 섞이면 오히려 이가 부서질 수 있으며, 사람이 능히 용기를 내어서 뛰면 넓게 파인 구덩이도 뛰어넘을 수 있지만, 어두운 밤에 실족하면 지척의 구덩이에도 다리를 다칠 수 있는 것과 같으니, 이는 곧 무관심한 것은 관심을 가지는 것에 미칠 수 없음을 뜻한다.

군사 작전에는 기병(奇兵)과 정병(正兵)이 있는데, 뜻밖에 갑자기 출병하는 것을 기병으로 한다. 다 같은 군사지만 기병과 정병으로 충돌하면 삼군(三軍)도 그를 두려워하는 법이니, 이는 무심하였기 때문이다. 무심이란 곧 잊어버리고 그에 대비하지 않는 것이다, 참으로 백년 천년까지라도 군사를 쓰지 않을 수 있게 된다면 어찌 크게 바라는 바 아니리오만, 다만 이웃한 적군이 우리들의 마음과 같지 않은 것이 걱정이다. 이미 큰 나라를 잘 섬기고 이웃 나라와 화목하게 지내 그들의 내침을 막지 못하고, 또 군졸을 훈련시키고 무기를 수선하여 잘 대비하지도 못하니, 또한 어찌 졸졸 흐르는 물이 강물을 이루지 못하며, 두 잎새로부터 자라서 도끼자루가 되지 않을 줄 알겠는가. 《주역》 췌괘(萃卦)의 상(象)에 "무기(武器)를 수선하여 뜻밖에 생기는 변고를 방비한다" 하였으니, 이는 대개 뜻하지 않은 변고에 미리 방비하는 것을 이르는 것으로 공자(孔子)의 뜻도 이와 같다.

옛날에 주나라 강왕(康王)이 새로 즉위하매 태보(太保)가 경계를 올린 그 첫머리에 이르기를 "군사를 크게 유치하여 우리 높은 조상들의 얻기 어려웠던 천명을 무너뜨리지 마십시오"라고 하였고, 강왕이 답한 첫머리에 이르기를 "또 곰과 담비 같은 인사와 두 마음을 갖지 않은 신하들이 있어서 왕실을 보호한다" 하였다. 이때는 천하가 이미 평정되어 형벌을 쓰지 않은 지 오래였으니, 마땅히 무(武)를 억제하기에 겨를이 없을 것 같으나 임금과 신하가 서로 경계하는 것이 이보다 더함이 없었으니, 중간에 주나라가 잘 다스려진 것이 그 군사를 단속함을 게을리하지 않았기 때문임을 알 수 있다.

만일 한두 세대에 다행히 쇠약해짐을 면했다 하여, 무사를 노예와 같이 보고 병기를 똥 묻은 막대기처럼 하찮게 여기며, 조정에서 강론하는 것은 문벌의 높고 낮음에 지나지 않아, 선비들의 하는 일은 문장의 잘되고 못됨을 따지는 데에 지나지 않으니, 이웃 나라에서 이를 듣는다면 어찌 문단속을 게을리하여 도적을 오게 하는 꼴이 되지 않겠는가.

나는 듣건대, 귀중한 보물을 지닌 자는 밤에 다니지 않고, 큰 일을 맡은 자는 적을 가벼이 보지 않는다 하니, 이 말은 곧 겁 없이 위태한 데를 다니지 말며, 안일에 빠져 전쟁을 잊지 말라는 것이다. 그러나 국가의 중함으로써 백년 천년의 장구한 계책을 삼지 않고 우선 안식하는 것으로 다행함을 삼으니 어찌 잘못이 아니랴.

무신들도 대우를 해야
武科 무과

과거의 폐해는 다만 한 세대만 실속 없는 겉치레로 쏠리게 하는 것이 아니다. 한 번 이름이 정해지면 초목을 구별해 놓은 것과 같아서, 문과 출신이라면 비록 눈으로 경전을 분별하지 못하고 손으로 사령(辭令)을 쓸 줄 몰라도 태연스레 자부하여, 입신출세할 좋은 벼슬자리는 자기의 소유물로 보고 있다. 그렇지 않으면 끊임없이 불평하고 성내며 끝내는 얻고야 말기 때문에, 벼슬자리의 내쫓거나 올려 쓰는 권한은 문과 출신자에게 있고 무변(武弁)은 그들의 노예가 되는 것이다.

이리하여 문과 출신은 때로 높은 무직(武職)에 임명될 수 있으나, 무과 출신은 감히 문사(文詞)의 직책을 넘볼 수 없다. 그리고 무과를 한 자는 비록 예악(禮樂)을 말하고 시서(詩書)에 힘씀이 옛날 명장(名將)과 같더라도 자신의 영달에는 조금도 도움이 되지 않으므로, 오래되면 또한 스스로 자신을 멸시하여 임기응변의 무술까지 망각해 버린다. 따라서 전쟁이 일어나게 되면 단지 문과 출신자만 적의 진중에서 장군이 되지 못하는 게 아니라, 무과 또한 진중의 전술에 어둡게 된다.

경내에 든 강한 적군은 창이나 칼로도 가로막을 수 없는데, 하물며 필묵이나 희롱하던 자가 어떻게 하겠는가. 현재의 시국을 비유하면, 마치 넘어가는 해를 보고도 곧 캄캄한 밤이 닥칠 줄 알지 못하는 격이다. 참으로 이를 벗어나려면 마땅히 무신의 권한을 조금이나마 무겁게 해야 하고, 참으로 그 권한을 무겁게 하려면 무신들도 문관 직임에 간간이 등용하여 재기(才器)를 길러 주어야 한다. 그렇게 하지 않고 공연히 무겁게 대우하면 이상하게 될 뿐이다.

조선조 세조 때에 발영시(拔英試)가 있었으니 다시 이 제도를 세워, 시험을 볼 때 사장(詞章)의 재주로 하지 않고 오로지 무경(武經)을 팔고체(八股體: 문체의 이름. 결구가 대구법에 의하여 여덟 가지로 나뉜다. 명·청대에 과시문(科試文)으로 많이 채택되었음)로 제목을 삼아 외고 읽는 번거로움을 없애고, 뜻을 써서 대답하게 한 다음 우수한 자를 뽑아서 벼슬길에 막힘이 없게 하고, 저들도 앞으로 도야하도록 북돋으면 문사(文士)들과 동등한 재식(才識)을 갖출 것이다. 중국 명나라 척계광(戚繼光)이 지은 《기효신서(紀效新書)》와 왕명학(王鳴鶴)이 지은 《등단필구(登壇必究)》 같은 것은 육경을 근본으로 하고 한편으로 백가(百家)를 통한 것이니, 문장의 아름답고 우아함을 보아 알 수 있다. 우리나라 기나긴 역대에 언제 이런 인물이 있었던가? 이는 모두 지도함에 달려 있는 것이다.

청렴한 관리

廉吏 염리

요즈음 청렴한 관리를 뽑는 경우가 있는데, 모두 지위가 높거나 죽은 이에 게만 해당되고, 지위가 낮은 관리들은 견디기 어려운 절조가 있어도 참여하 지 못한다. 이래서야 앞으로 어떻게 세상 풍속을 권장하겠는가.

대체로 보아 백성에게 가까운 것은 낮은 관리로서, 이해가 눈앞에 가깝되 거기에 손을 댈 생각을 하지 않게 하고, 그로 하여금 반드시 지위가 높아지 고 죽기를 기다려 아무 도움도 없는 허명을 얻게 하나, 사람으로 속을 자가 있지 않다.

요즈음 세상에 지위가 높은 이는 비록 맑고 가난하다 하더라도 그 거처· 의복·음식·사령(使令)이 모두 편안함을 누릴 만하다. 그러나 한미한 문족 (門族)은 어쩌다 원님 한 자리를 얻어 지내더라도 해임된 뒤에는, 분명 추위 와 배고픔을 면치 못하며 자손이 떠돌아다니게 될 것을 알지만, 차마 탐욕스 럽지 않으니, 참으로 청렴한 관리이다.

만일 국가가 장려하여 모름지기 지위가 낮은 관리들 가운데 청렴하고 깨 끗한 자를 뽑아서, 벼슬에 있는 자에게는 봉록을 더하고, 이미 물러난 자에 게는 봉급을 계속 주고, 죽은 뒤에는 그 아들에게 녹을 붙여 주어 국가의 은 혜가 영원함을 알게 하면, 사람들은 자중해야 함을 알 것이며, 서민들은 그 덕을 입게 될 것이다.

중국어를 연구하는 학문

漢學 한학

신숙주와 성삼문이 사역원(司譯院) 제조(提調 : 조선 때, 각 사(司)나 청(廳)의 우두머리가 아니면서 각 관아의 일을 다스리던 벼슬)가 되어 사대교린(事大交隣)을 자신의 임무로 삼고 한학강(漢學講)을 베풀어 중국말을 외우고 익히되, 사역원 안에서는 우리말을 쓰지 못하게 하였고, 근 세에 완평(完平) 이원익(李元翼)과 백헌(白軒) 이경석(李景奭) 같은 이가 제조가 되어서는 늘 사역원의 관리들이 일을 여쭐 때 반드시 중국말로 하게 하였으니, 옛사람들의 실제에 힘씀이 이와 같다.

오늘날은 세력과 문망(文望)이 있는 이를 한학 교수로 삼는데, 이는 두터운 이익이 있기 때문이다. 그들이 어찌 일찍이 《노걸대(老乞大)》와 《박통사(朴通事)》의 한 구절을 중국말로 거침없이 잘하였겠는가? 이 모두가 중국말에 대한 지식도 없이 외람되이 높은 자리를 차지하고 있는 것이다. 아아! 자격도 없이 전형(銓衡 : 뭘됨이나 재능을 가려 뽑는 일) 자리를 맡고, 학문도 없이 외람되게 강연(講筵 : 임금 앞에서 경서를 강론하던 일) 자리를 차지하고, 무예도 없이 무관직을 차지하고 있는 실정이다. 어찌 유독 한학뿐이랴.

옛날 성종 때 치적(治績)이 있는 자를 발탁하여 이조참의(吏曹參議)로 삼자 사헌부와 사간원에서 이를 논박(論駁 : 잘못된 것을 공격하여 말함)하므로, 또 발탁하여 참판(參判)을 삼자 사헌부와 사간원의 논박이 드디어 그쳤다. 구종직(丘從直)이 역사 곧 《춘추》에 밝은 줄 알고, 교서관 정자(校書館正字)에서 발탁하여 홍문관(弘文館)에 두자 사간원과 사헌부의 논박이 또 일어났다. 그리하여 모든 강연관을 불러 《춘추》를 외도록 했는데 모두 잘하지 못하였고, 뒤에 이른 구종직은 막힘없이 배송(背誦)하였다. 임금이 이르기를 "능통한 저 사람을 허락하지 않으면, 능통하지 못한 이들이 직무는 어떻게 수행할 것인가?" 하니, 모든 신하들이 부끄러워하며 굴복했다.

세조(世祖) 때에는 역관(譯官) 김유례(金有禮)가 2품의 중추로 부경사(赴京使)가 되고, 참의 이예(李芮)가 부사(副使)가 되었는데, 문충 신숙주가 동좌(同坐)시키기를 아뢰자 임금이 허락하지 않았다. 국초에는 재주를 귀히 여김이 이와 같았으니, 어찌 인풍이 발흥하지 않았으리요.

욕심
欲 욕

흔히 혈기와 감각을 가진 자는 모두 욕심이 있게 마련이다. 생명과 음식, 성관계에 대한 욕심은 사람이나 금수나 다 있는 것인데, 진실로 죽음을 피하고 삶을 따르고자 하면 식욕과 성욕도 없앨 수 있으니, 이것이 삶에 대한 욕심이 가장 심하다는 것이다.

다섯 가지 타고난 욕심은 곧 성(聲)·색(色)·취(臭)·미(味)·안일(安逸)인데, 이는 사치하는 마음으로 말미암아 더욱 활활 타오르기 때문에 금수는 이

욕심이 적으나 사람은 심하게 된 것이다.

부귀의 욕심은 오직 사람에게만 있는 것인데, 고귀함은 높이 여기고 부자를 천하게 여기는 것은 고귀하면 또한 부자를 겸할 수 있기 때문이다. 그러므로 고귀하고자 하는 욕심이 부자가 되고자 하는 욕심보다 심하다.

명예의 욕심은 오직 자중하는 자라야 있는 것인데, 명예는 스스로 대우하기를 미천하게 한 뒤에야 얻을 수 있으니 부귀를 싫어하고 명예를 취하는 자는 천이나 백 명 가운데 한 사람뿐이다. 의리의 욕심은 오직 군자라야 있기 때문에 그 생명을 버리고 의리를 취하는 자는 억만 명 가운데 한 사람뿐이다.

그러나 부귀의 욕심 또한 무거운 것이라, 미련하게 탐하는 자는 더러 생명과 부귀를 바꾸기도 한다. 도교나 불교에서는 오직 장생(長生)을 으뜸으로 여기므로 인륜을 끊고 속세를 초탈하니, 이는 죽지 않기를 바라는 것이다. 이것이 여러 가지 욕심이다.

구관을 보내고 신관을 맞이함
送舊迎新 송구영신

현읍(縣邑)에서 구관(舊官)을 보내고 신관(新官)을 맞이하는 것이 예부터 오늘날에 이르는 폐단이다. 그 인부와 말[馬]의 허다한 비용을 민간에서 거두어들이게 되니 더욱 난감한 일이다. 《고려사》를 상고하건대, 최석(崔碩)이 순천(順天)의 원이 되었다가 임기를 마치고 돌아갈 때에 말 여덟 필을 주었는데, 최석이 극구 사양하였으나 억지로 딸려 보내므로 서울에 돌아와 그 말을 돌려보내므로 고을 사람들이 비석을 세워 그를 칭송하였으니, 그것을 팔마비(八馬碑)라 하였다. 이로부터 말을 주는 폐단은 없어졌으나, 지금은 말을 주는 폐단이 변하여 고마(雇馬 : 조선시대 시골 관아에서 민간으로부터 강제로 징발하여 쓰던 말)가 되고 그 수가 전에 비해 배나 되어 폐단은 아직까지 없애지 못하고 있다. 유형원(柳馨遠)의 《반계수록》에 이르기를 "인부와 말을 다만 도경(道境)까지만 배웅하게 하고 도경 밖은 관역(館驛)에서 차례로 거쳐 보낸다" 하였으니, 이는 백성을 후하게 함이 한 가지 뜻이요, 또 배웅하는 아전들로 하여금 지체하면서 비용을 낭비하는 걱정이 없게 함에 그 뜻이 있다.

공천과 사천

公私賤 공사천

우리나라 풍속에 내노(內奴)·시노(寺奴)·역노(驛奴)·교노(校奴)를 아울러 공천(公賤 : 조선시대 관부에 예속된 남자종과 여자종)이라 하고, 사서(士庶)의 노비를 사천(私賤)이라 한다. 사천의 부역은 공천보다 중할 뿐만 아니라 사천은 반드시 군액(軍額)에 보충하여 그것을 속오(束伍)라 하고 공천은 논하지 않으니, 국내에서 사천처럼 불쌍한 것이 없다. 그러므로 공천에 투신하는 자가 많고 따라서 속오는 그 액수가 줄어든다. 그리고 역노의 일이 가장 경하기 때문에 그 수효가 갈수록 많아지는데, 바치는 돈은 찰방(察訪)의 사탁(私橐)에 불과하되 금하지 않고 계속 취하니 이 무슨 도리인가? 임금이 온 백성을 한결같이 봄에 있어 어찌 고락을 달리 할 수 있으랴? 내 생각에는 공천도 사천과 같이 군액에 보충하면, 백만의 많은 무리를 잠깐 사이에 얻을 수 있을 것이라 보고, 사천의 일도 특별히 법도를 두어 잔학하게 못하도록 하면 민생이 점차 소생하리라고 본다. 만약 어찌할 수 없다 하여 버려두는 것은 백성의 부모 된 도리가 아니다. 자식이 구렁에 빠져 죽는데 그를 건져 주겠다는 생각을 하지 않는 자가 있겠는가?

천인으로 충효를 인정받다

黃戊辰 황무진

황무진(黃戊辰)이란 자는 원주(原州)에 사는 천인이다. 그는 어버이에게 극진히 효성을 베풀었고, 그 주인이 상사를 당하였으나 너무 가난해 장례를 치르지 못하게 되자, 있는 힘과 정성을 다해 장례비를 마련해 주고 또한 석물(石物)까지 고루 갖추어 놓았다. 그리하여 주인은 그를 속량해 내보내 주었으며, 뒤에 그는 관리가 되었다.

인조 때 충효를 인정받아 정려문을 세웠는데, 사람됨이 단정하고 고아해, 비록 무식하기는 하나 재주가 출중하고 의리에 욕심을 부리듯 하였다. 관설(觀雪) 허후(許厚) 선생이 그의 묘지(墓誌)를 지었다고 한다. 내가 원주를 지나는데 아직까지 그 정려문이 서 있었다.

하늘을 원망하고 남을 탓한다

怨天尤人 원천우인

운명이란 자신이 받아서 간직하는 것이다. 나는 즐겁고 남은 근심할 때라도 내가 남의 즐거움을 가로채서 즐거워하는 것이 아니며, 남은 즐겁고 나는 근심할 때라도 또한 어찌 남이 나의 즐거움을 가로챈 것이겠는가. 그러나 남은 고귀하게 되는데 나는 비천하고, 남은 부자인데 나는 가난하고, 남은 편안한데 나는 수고로운 것은 사람에게 달린 것이다. 반면, 남은 오래 사는데 나는 일찍 죽고, 남은 건장한데 나는 허약하고, 남은 슬기로운데 나는 어리석은 것은 하늘에 달린 것이다.

보통 사람들의 심정은 근심 걱정으로 고생이 극도에 이르면 몰래 남을 탓하고 하늘을 원망하는데, 이는 운명이 저마다 다르고 으레 바뀌지 않는다는 것을 모르기 때문이다. 하늘과 땅이 사귀어 그의 왕성한 원기(元氣)로 만물을 생성하는데, 물(物)마다 각기 형체를 부여받게 되고, 기(氣)에는 맑고 흐리며 무겁고 가벼운 분수가 있으므로 물체에는 이 때문에 귀천이 있는 것이니, 어찌 일찍이 하늘이 생각이 있겠는가.

딱딱한 저 흙이나 돌은 말하기를 "하늘이 어찌하여 나에게는 초목(草木)처럼 살고자 하는 마음을 부여해 주지 않았는가?" 할 것이고, 초목은 말하기를 "하늘이 어찌하여 나에게는 새나 짐승의 지각(知覺)을 부여해 주지 않았는가?" 할 것이고, 금수는 말하기를 "하늘이 어찌하여 나에게는 사람의 존귀함을 부여해 주지 않았는가?" 할 것인데, 만약 하늘에게 입이 있다면 또한 어찌 말이 없겠는가.

만일 진흙 한 움큼을 바구니 안에 넣어 두고 무심코 손으로 돌리면 그 뭉쳐진 덩이가 혹은 크고 혹은 작고 혹은 매끄럽고 혹은 거칠고 할 것이니, 이는 진흙덩이 자체가 서로 같지 않게 된 것인데 돌린 사람을 어찌 나무라겠는가. 사람에게 준 것도 또한 그러하다. 사람마다 비록 자신을 고귀하게 만들고 부자로 만들고 편안하게 할 권리는 있지만, 남은 되는데 나는 되지 않는 것은 역시 운명이다. 내가 만일 처음부터 남달리 좋은 운명을 부여받았다면 남들이 비록 나의 운명을 바꾸려고 해도 되겠는가. 마치 나와 같은 사람도 많은데 또 어찌하여 무겁고 가벼운 차이가 이토록 나는가? 여기에서 자신의 운명은 본디 타고난 것임을 분명히 알 수 있다. 그러므로 활 쏘는 데에 비유하자면, 쏘아서 맞지 않았을 경우 비록 시기하는 마음이 들어도 감히 남을 탓하지는 못한다. 내가 무엇을 구하려다 얻지 못했을 경우도 활을 쏘아서 맞히지 못한 것과 같은 것이니 또 누구를 탓하겠는가. 순경(荀卿 : 순자. 중국 전국시대 조나라의 사상가)이 말한 바 "자신을 아는 자는 남을 원망치 않고, 운명을 아는 자는 하늘을 원망치 않는다"고 한 것이 바로 이것이다.

옛날에 공자가 천하를 두루 돌아다니면서 진(陳)·채(蔡)의 재앙을 당할 때도 하늘을 원망하지 않았고, 곤욕을 당하면서도 남을 탓하지 않았다. 당시에는 비방하고 배척하며 그에게 정치를 맡기지 않았으므로 공자가 "나를 알아줄 이가 없다" 한 것이다. 그를 알아주지 않는다는 것은 무엇을 말함인가? 그것은 "하늘은 위에 있고 사람은 아래에 있는데, 내가 자연의 이치를 통달했으니 이는 위로 천리를 통달한 것이요, 평탄하건 험하건 변치 않고 어디에 가나 도움을 주었으니 그 덕은 아래서 배운 것이요, 쉴 새 없이 천하를 주유한 것은 천하를 위한 것이지 자신을 위한 것이 아니다"라는 생각이었다. 그 마음을 하늘은 모르지 않았으련만 사람은 미처 몰랐던 것이다.

아버지가 경계할 일
慈父戒 자부계

전해 내려오는 말에 "사람이란 자기 자식의 나쁜 점을 모른다" 하였는데, 이것이 꼭 자식 사랑 때문만은 아니다. 골육지친(骨肉之親) 사이인 것을 알면 다른 사람들은 그 식구에게는 나쁜 점을 말하기 어렵기 때문에 말을 삼가는 사람은 그것을 숨겨 버리고 아첨을 잘하는 사람은 꾸며대는 것이니, 참으로 말만 들어도 알고 그림자만 살펴도 알 수 있는 지혜를 가진 이가 아니면 자식의 실상을 얻어내지 못할 것이다.

요임금의 아들은 어리석어 방자하게 놀고 거만하고 포악하여 밤낮으로 쉴 새 없이 뱃놀이나 하고 떼를 지어 집에서 음탕하게 지냈으니, 그야말로 어지러운 자식이었다. 그러나 요임금이 인재를 등용할 것을 묻자, 요임금의 아들 단주(丹朱)를 슬기와 지능이 밝게 열렸다 하여 천거한 자가 있었다. 단주의 포악하고 다투기 좋아하는 자취를 요임금만이 깨닫고 있었고 제후를 통솔하던 장관과 제후들은 감히 판별할 수 없었으니, 이것이 족히 아버지의 경계라 하겠다.

대화보다 나은 편지 토론
書牘勝面論 서독승면론

학문을 하는 데는 끊어짐 없이 공부를 이어 나감이 중요하다. 혹시 한번이라도 단절이 있게 되면 정신이 새어나가 버리고 흩어져 없어질 것이니, 어떻게 학문의 깊은 뜻을 꿰뚫어볼 수 있겠는가. 벗들끼리 서로 도와서 학문과 덕을 닦는 데에 함께 모여서 학문을 읽고 토론하는 것보다 나은 것이 없다.

그러나 퇴계 이황은 말하기를 "가슴속에 가득 찬 의심스럽고 어려운 것에 대해서는 반드시 서로 만나보고 질문하고 싶은 마음이 있지만, 만나고 나면 말로 형언할 수 없고 보름만 지나면 마음과 입이 서로 맞지 않는다" 하였고, 또 "얼굴을 마주하고 읽고 토론하는 것이 비록 좋기는 하나 언제나 뜻을 다 말하지 못하니, 의문스러운 것을 뽑아 적어서 벗에게 부쳐 보내 보여 주어 두 사람이 한마음으로 자세히 따져보는 것만 못하다" 하였으니, 그 뜻이 훌륭하다.

대개 말이란 하기는 쉬우나 자취가 없고, 편지란 신중히 생각해서 깊이 생각할 수 있으므로 그 도가 심오한 경지에 이를 수 있다. 만날 수 있는 때는 적고 떨어져 있을 때는 많으니, 날마다 의문스러운 것을 주위 모아 글로 지어서 서로 되풀이해 가며 토론한다면 공부가 자주 중단되는 걱정은 하지 않아도 될 것이다. 그러므로 "헤어진 뒤에 끝없이 헤아려 생각함이 있다"는 것이다.

이는 유학자(儒學者)들이 마땅히 새겨야 할 일이다. 시골 서당에서도 그래야 하는데, 하물며 임금과 공부하는 자리에서는 어떻겠는가. 지위와 세력이 훨씬 높다 하여 삼가고 두려워하는 마음에만 치우쳐서, 비록 아는 것이 있더라도 감히 다 말하지 못하니 이미 그 자리가 끝난 다음에는 나와 내가 말하고자 한 것과의 거리가 하늘과 땅처럼 멀어져 버린다. 혹은 3일이나 5일 동안에 걸쳐 보고 들은 바가 있다 하더라도 그것들이 모두 책 속에 들어 있는 것이 아니니, 어떻게 실마리를 뽑아내어 나와 빈틈 없이 임금에게 올릴 수 있겠는가.

임금과 함께 공부한 신하가 옛일에 대한 기록을 써서 올리는 규정이 있기는 했으나 또한 폐지되어 시행하지 않으니, 임금이 받아들이는지도 또한 알 수 없다. 그런 규정이 없다면 갑자기 만들 수도 없는 것이니, 임금과 공부하는 자리가 비록 열리지 않더라도 임금은 마땅히 질문 목록을 적되 꼭 강의하는 글이 아닌 경전이나 역사서에서라도 날마다 두어 가지씩 꼭 질문하여 숙직하는 자로 하여금 저마다 자기 의견으로 답변하게 할 것이요, 꼭 질문을 받지 않더라도 경연관(經筵官)은 반드시 그때그때 글을 올려야 할 것이다. 임금은 이를 받아서 판별하여 받아들이거나 버리기를 마치 서로 마주 앉아 묻고 답하듯이 하고 이를 모아 기록하여 대신이나 중신에게 두루 보이는데, 만일 여기에서 정도에 어긋난 것이 있으면 대신은 마땅히 이를 임금께 아뢰어야 한다. 이렇게 하면 임금의 학문이 날로 깊어질 뿐 아니라, 여러 신하들도 감히 공부하지 않고 헛되이 세월만 보내지 못할 것이다.

수확량으로 토지측량
結負之法 결부지법

"정치 행정을 펴는 데 정전(井田)제도를 쓰지 않으면 그저 모두 군색스러울 뿐이다" 하니, 그 주장이 옳다. 그러나 주나라가 정전을 시행한 뒤로 밭두둑과 봇도랑이 응당 쉽게 없어지지 않았을 것이요, 상앙(商鞅)이 그 제도를 폐지한 것도 진(秦)나라에 그쳤는데 맹자는 그때 사람인데도 제(齊)·등(勝)의 지역에서 이미 정전의 형체조차 알 수 없었으니 어째서인가? 이는 짐짓 법만 이렇게 세웠을 뿐, 역시 천하에 두루 시행하지는 못했던 것 같다.

우리나라 평양에는 기자(箕子)의 유지(遺址)가 있고, 경주에는 신라의 유지가 있는데, 비록 구부(九夫)의 제도*¹와는 같지 않으나 그 경계를 나누어 놓은 것은 거의 짐작할 수 있는데, 더구나 밭두둑 내고 냇물 막아 돌린 큰 규모이랴?

근세에 반계 유형원은 "사구(四區)의 법*²을 시행해야 한다" 하였는데,

─────────────

*1 구부의 제도는 정전법(井田法)을 말한다. 정전제도에 의해 여덟 집(八家)에서 저마다 사전(私田) 1백 묘(畝)씩을 받아 농사를 짓는데, 여기에다 공전(公田) 1백 묘를 합해서 구부가 된다.

전(佃)의 사구가 정전(井田)의 구구(九區)에 비교하면 쉽기는 하나 역시 할수 없을 듯하다. 하물며 땅을 깊이 파서 봇도랑을 내는 것은 한전(旱田)에나 마땅함이랴? 지금 들판에 조금 반반한 땅은 다 수전(水田)으로 변하여 두둑으로 경계를 만들고 반드시 바닥을 고르고 물을 싣는데, 땅이 반반한 데도 있고 비탈진 데도 있기 때문에 두둑도 구부러지게 되니 어떻게 방정(方正)한 경계를 만들 수 있겠는가?

나는 생각하건대, 지금 결부(結負)의 법*3은 곧 공(貢)의 제도이다. 만일 보충해서 잘만 처리한다면 행하지 못할 리가 없다. 이는 오직 옥토(沃土)와 박토(薄土)를 가늠하여 고르게 조정하는 데에 달려 있다. 그렇지 않고 모두를 가볍게만 한다면 옥토에는 너무 가볍고, 모두들 무겁게만 한다면 박토에는 너무 무겁다. 조가(朝家)에서야 어떻게 알아서 '가볍게 하라 무겁게 하라' 명령하겠는가? 애당초 지방 수령들이, 측량하는 법을 잘 시행하지 못한 때문에 가지런히 하기가 어려운 것이다.

만일 백성을 이롭게 하는 데에 중점을 두려고 한다면, 밭을 측량할 때에 치수[分寸]도 틀림없이 하여 모두 합해서 통계를 낸 다음 국용(國用)을 헤아려서 세금을 가볍게 거두어들이면 될 것이다. 채우거나 작게 취하는 것으로부터 먼저 하는 것은 백성을 이롭게 하는 것이 아니다. 맹자가 말하기를 "걸(桀)은 너무 많고, 맥(貊)은 너무 적고 십일세(什一稅)만이 선왕(先王)의 적중한 제도이다" 하였다. 이 땅에 살며 이 백성을 다스리면서 십일세만 받으면 정치하는 데는 역시 넉넉할 것이다. 그런 뒤에 다시 백성들에게 침범하여 뜯어내지만 않는다면 이보다 더 큰 관정(寬政)이 없을 것이다.

지금의 세금은 십일세도 다 못되는데 잡부(雜賦)가 한정이 없으니 세금 가볍다는 의미가 어디에 있는가? 끝내 정부에서 써 나갈 재용은 반드시 다 백성에게서 나오는데, 일정한 세금만 가볍게 해 주고는 '잡부로' 한없는 욕

---

*2 사구의 법은 밭 전자[田] 형식으로 토지를 경계 지어, 한 사람마다 한 구역을 맡아 농사짓는 일.
*3 결구의 법은 옛날 우리나라에서 수확량을 표준으로 하여 토지의 면적을 측량하던 법이다. 신라 때는 벼 한 줌을 1파(把), 10파를 1속(束), 10속을 1부(負), 10부를 1결(結)이라 하였다. 고려 때에는 6치[寸]를 1푼(分), 10푼을 1척(尺), 6척을 1보(步)로 하여 35보 평방을 1결(結)로 하였는데, 조선조에 들어와서 1결을 35보 평방으로 확대하고 보척(步尺)의 기준을 주척(周尺)으로 정하였으며, 전제상정소(田制詳定所)를 두어 전분육등법(田分六等法)에 따른 양전척(量田尺)을 정하였다.

심을 부리므로 관리들도 이를 인해서 농간하니, 백성을 못살게 하는 것이 바로 이에서 시작된다. 지금의 세금은 대개 너무 가볍다. 그러나 국중의 전답이 호족(豪族)들의 소유 아닌 것이 없으니, 또한 무슨 도움이 되겠는가? 송곳 하나 꽂을 땅도 없는 백성에게 살갗〔膚〕까지 벗겨낸다는 것을 생각하지 않는가? 그러므로 나는 이렇게 말한다. "백성을 다스리는 데는 전지를 고르는 것이 가장 좋은 방법이요, 십일세가 그 다음이요, 수입을 헤아려서 재용을 아끼고 모든 까다롭고 자질구레한 잡부를 일체 면제하는 것이 또 그 다음이다. 큰 근본이 이미 정해지면 기타는 다 가만히 앉아서 정할 수 있다."

구제와 물가 조절을 위한 제도
賑貸和糴 진대화적

환곡(還穀)은 진대(賑貸 : 재난이나 흉년이 든 해에 나라의 곡식을 어려운 백성들에게 꾸어 주던 일)라는 뜻이다. 꾸어 주면 반드시 갚아야 한다. 흔히 백성의 인정은 가난을 견디지 못하는데, 가난을 견디지 못하면 꾸어 쓰는 것을 일삼게 된다. 궁핍할 때에 꾸어 주면 즐거워하지 않는 백성이 없지만, 꾸어 준 것을 갚지 않을 수는 없으므로 다시 원망을 갖게 된다. 너무 너그럽게 하면 창고가 비게 되고, 너무 각박하게 하면 백성이 곤란하며 위에서는 성내고 아래에서는 분개하여 형장(刑杖)이 매우 가까워지게 되니, 진대한다는 의미가 어디에 있는가? 고을에 어떤 가난한 선비가 있어서 오로지 이 꾸어온 양곡만으로 생활하는데, 가을이 되면 마을에서 그의 빚을 대신 갚아 주었다. 이것이 해마다 관례가 되어 오래되니 한 번은 마을에서 관아에 호소하여 그에게 환곡을 내주지 못하게 했는데, 그런 다음에야 그 선비는 오히려 세(稅)를 거르는 일이 없어졌고 생활 대책을 세워 오히려 형편이 좋아졌으니, 여기에서 비로소 환곡제도가 가난한 백성에게 아무 이익이 없다는 것을 알았다.

반계 유형원은 환곡제도*1를 폐지하고 상평제도*2를 실시하려 했는데, 상

---

*1 환곡제도는 백성을 구제하기 위한 제도. 봄에 곡식을 백성들에게 나누어 주어 구제를 하고, 가을에 약간의 이자를 보태어 받아들인 제도. 고구려·고려·조선조에 걸쳐 이 제도를 써서 백성들을 구제하였다.

평이란 곧 화적(和糴 : 팔고 사는 양쪽의 값을 협의 결정하여
손해가 가지 않도록 사들이는 것)이다. 땅에는 좋고 나쁜 것이 있고 곡식 값도 오를 때도 있고 내릴 때도 있으니, 관리들이 이를 이용하여 농간을 부리면 어떻게 다 밝혀낼 수 있겠는가? 법을 시행함이 적절치 못하면, 부자는 더욱 부자가 되고 가난한 자는 더욱 가난해진다. 가난한 자는 굶어죽음을 면치 못하는데 부잣집은 창고가 언제나 넘치며, 투매할 만한 틈을 보아 곡식을 내고 들여 이익을 꾀하므로, 시중의 곡식 값은 큰 흉년이 아니면 봄에도 조정하여 내릴 수 없으니, 이 때문에 화적제도를 시행하기 어렵다.

옛날에는 10분의 1세를 거두고도 나라 씀씀이를 절약하고 허비하지 않아서 해마다 세금의 4분의 1을 저축하니, 3년이면 1년 쓸 것이 남고, 9년이면 3년 쓸 것이 남으므로, 묵은 곡식은 나누어 주고 새 곡식만 저축하여 백성 또한 구제할 수가 있었다. 이미 이 숫자가 확보되어 있기 때문에 돌려 받지 않아도 국가 재정이 넉넉하고, 백성에게 줄 경우에는 백성들이 증서만 가지고 가면 환곡을 얻어올 수 있으니, 비록 부세는 늘어난 것 같지만 실상은 백성의 저축이 남아도는데 궁핍한 때에 갚기를 독촉한들 무엇이 해롭겠는가?

대체로 백성의 마음이란 있으면 낭비를 하게 된다. 풍년일 때에 저축할 줄 모르다가 흉년이 들면 반드시 곤궁하고, 가을에 절약할 줄 모르다가 봄이면 반드시 굶주리는 것이니, 이는 그 넘쳐난 것을 빼앗아 두었다가 궁핍한 때에 도와주는 것에 지나지 않는다. 《주례》에 "여사(旅師)란 직위는 들판에 모아 둔 서속(鋤粟)·옥속(屋粟)·한속(閒粟)*3을 맡아 그를 운용하며, 증서를 가지고 온 백성들에게 그 모아 둔 곡식을 고루 분배하여 혜택을 베풀고 그 이익을 나누어 주는 것이다" 한 것이 바로 이것이다.

---

*2 상평제도는 고려 때 물가를 조절하기 위한 제도. 생활필수품을 물가가 내릴 때 비싼 값으로 사들였다가 오를 때 싼 값으로 팔아 물가를 조절하는 것.

*3 조속·옥속·한속 : 조속은 정전(井田)을 경작하는 여덟 집이 공동으로 중앙의 공전(公田)을 경작하여 그 수확을 공조(公租)로 바치는 것이고, 옥속은 토지가 있는데도 농사를 짓지 않는 사람에게 세 사람 몫의 세금을 벌책으로 받은 곡식이며, 한속은 아무 일없는 한가한 사람에게 물린 한 사람 몫의 세금을 말한다.

백성을 구휼하는 뜻

拯捄 증구

어린아이가 위태로운 경우를 당하면 그 부모로서는 아이를 구해내기에 급급하여 하지 못할 짓이 없다. 비록 물이나 불에 떨어지는 위태로운 지경일지라도 오히려 아이를 혹시나 살릴 수 있을까 온갖 방법을 생각하게 되고, 반드시 '어떻게 할 방법이 없다' 하여 가만히 앉아서 죽기를 기다리지는 않을 것이다.

만일 어떤 사람이 어딘가를 꼭 가려고 할 때, 수레가 있으면 수레를 타고 갈 것이고, 수레가 없으면 말을 타고 갈 것이고, 말이 없으면 걸어서라도 달려갈 것이고, 앉은뱅이일 경우에는 기어서라도 갈 것이다. 기어코 가겠다고 마음먹었다면 끝내 이르지 못할 리가 있겠는가.

오늘날은 바야흐로 백성이 곤란에 빠져 어린아이가 우물에 들어가려는 찰나보다 더 위태로운 형편인데, 조정에서 정치를 한다는 사람들은 방법이 없다고 핑계대고 눈을 감고 모른 체하니 어찌 옳겠는가. 그들의 처사 또한 가지와 잎만 다루고 있을 뿐이므로 뿌리와 기둥은 움직이지 않는다. 이는 쇠붙이를 주조하는 일과도 같다. 시원찮은 불꽃으로 겉만 스치니, 생판 무쇠를 어떻게 둥그렇게 또는 편평하게 두드려 만들 수 있겠는가. 모름지기 큰 불속에 집어넣어 빨갛게 달구어야만 쇳물이 쏟아져 내릴 것이다.

하늘과 땅이 생활하는 도구로서 만물을 만들어 냈으니, 순리대로 변화시켜 새로운 것을 만드는 것은 곧 하늘과 땅의 본심이다. 그러나 폐단이 쌓이는 것은 곧 사람이 올바른 방법을 잃었기 때문이다. 폐단이 그 가운데서 생겨났으니 변통해 나가는 계책 또한 반드시 그 가운데 있을 것이다.

어떤 사람이 닭을 기르는데 닭이 번식되지 않아 살펴보니 돌맹이가 날아와 닭을 해치거나, 쥐와 너구리가 닭을 잡아먹거나, 사료를 부지런히 주지 않았기 때문이었다. 닭 기르는 늙은이를 찾아가 보면 그렇지 않다. 먹여 기르는 것이나 다른 짐승들로부터 보호하는 것에 다 그 계책이 있었다. 그러니 어찌 닭이 잘 자라지 않겠는가. 그러므로 다스리는 데 있어 세금을 각박하게 거두어들이는 것은 닭이 돌맹이에 맞아 다쳐도 돌보지 않는 것과 같고, 탐관오리를 징계하지 않는 것은 쥐나 너구리가 마음대로 물어가게 하는 것과 같고, 홍수나 가뭄이 든 흉년에도 백성을 진휼하지 않는 것은 사료를 아끼고 주지 않는 것과 같다. 어찌 방법이 없다고 하겠는가.

공자가 한번 편히 쉬어보지도 못하고 정처 없이 천하를 돌아다녔던 것은, 그 뜻이 도(道)를 행하는 데 있었기 때문이다. 무엇을 도라고 하는가? 그 뜻은 온 천하에 곤궁한 백성이 없게 하는 것, 바로 그것이다. 그리하여 "한 사람이라도 제 살 곳을 얻지 못하면, 마치 자신이 저자에서 매를 맞는 것처럼 부끄럽게 여긴다" 하였으니, 하물며 한 나라에서 폐해를 받음에랴. 아아 슬프다!

문무를 아울러 써야
文武并用 문무병용

평화스러운 때에는 글 잘하는 관리를 진출시키고, 위급한 때에는 갑옷 입은 장수를 등용하는 것은 예나 지금을 막론하고 공통된 잘못이다. 성왕(聖王)의 도(道)는, 편안할 때에도 위급함을 잊지 않고, 보존될 때에도 망함을 잊지 않는다. 평화스러운 때에는 문관이 붓끝으로 무관을 지휘하다가, 난리가 난 뒤에 원망을 품었던 무관을 데려다가 종사(宗社)를 의탁하면 되겠는가?

또한 보통 사람의 심정은 반드시 남들이 나를 대우하는 것을 보고 나서 처신하는 것이다. 세속에서 이미 천대하기 때문에 자신이 자질구레하다고 생각하여, 탐욕스럽고 야비하며 어긋난 행동을 거리낌없이 하는데, 사람들도 이상하게 여기지 않는다.

이른바 "무(武)를 쉬고 문(文)을 숭상한다(《서경》 무성편(武成篇))"는 것은, 전쟁을 겪은 뒤에 와서 무를 좀 더 억누르는 것을 말한다. 그러므로 "문과 무를 아울러 쓰는 것은 장구(長久)히 갈 수 있는 계책이다"라는 것이다. 더구나 이웃 나라와의 외교와 정치에 있어 잘못이 많아, 장수와 군사가 울분을 품고, 백성들이 미워하고 원망하는데도, 당장에 탈없이 편안하다 하여 "잘 다스려진다" 한다면, 이것은 비유하면 물건을 잃었다가 요행히 찾고서 "길에 흘려도 주워가지 않는다" 하며, 물이 새는 배를 탔다가 우연히 화를 면하고서 "바다에도 빠져 죽지 않는다" 하는 것과 같으니, 이것이 옳겠는가.

그러므로 오랑캐는 큰 적이요, 남의 나라를 침략하는 것은 이익만을 중히 여기는 것이며, 간직하기를 허술하게 하는 것은 도적을 오게 하는 것이요, 전쟁을 망각해 버리는 것은 적을 부르는 것이니, 이런 일은 나라의 큰 꺼림이다. 이러므로 혈기(血氣)가 완전하면 질병이 침투하지 않고, 안으로 방비가 충분하면 외침이 그쳐서, 백성들이 이 때문에 잘살게 되고, 마침내 나라가 이 때문에 편안해지는 것이니, 신성한 무는 죽이지 않고 창(戈)을 그치는 것이 무가 된다. 그러므로 난리를 평정하는 재주는 전쟁이 싹트는 것을 꺾어 없애는 것만 같지 못하다. 따라서 무와 문은 어느 것이 중요하고 가볍다는 구별이 있을 수 없다.

백발로 풍진을 무릅썼으나
白大鵬 백대붕

천인(賤人) 백대붕[1]의 시에 "백발로 풍진을 무릅썼어도 전함사(典艦司 : 선박·군함의 관리를 맡아본 관청)의 노비로세〔白首風塵典艦奴〕" 하였으니, 나는 이 자를 매우 가엾게 여긴다. 국법에, 노비는 과거에 응시할 수 없게 되어 있으니 비록 뛰어난 재주가 있어도 끝까지 천인에 머물 따름이다. 이 시 한 구절에서도 그들의 원통함과 억울함을 엿볼 수 있다.

대붕이 유희경(劉希慶 : 1545~1636 조선시대 시인)과 벗으로 사귀면서 시를 주고받아 책 한 질(帙)이 되었고, 그 무렵 경대부들이 대붕과 모두 터놓고 지냈다. 학사(學士) 허성(許筬)이 왜국에 사신으로 갈 때에 대붕과 함께 갔으며, 뒤에 또 이일(李鎰)이 '왜국의 일을 잘 안다' 하여 데리고 가다가 군사가 패하여 군중(軍中)에서 죽었으나, 그의 출신이 변변치 못한 탓으로 알려지지 않았다.

유몽인(柳夢寅)이 "서기(徐起)·박인수(朴仁壽)·권천동(權千同)·허억건(許億健) 등이 모두 학문과 덕행으로 유명했다" 하였지만, 오직 고청(孤靑) 서기만 이름이 나 있고 나머지 사람들은 누구인지 알지도 못하니, 이처럼 역사 속에 인멸된 자가 어찌 끝이 있겠는가.

---

*1 조선 선조(宣祖) 때의 천인으로 시에 능했으나 등용되지 못했으며, 임진왜란 때 순변사 이일을 따라 전지(戰地)인 상주(尙州)에서 전사하였음.

진정한 후배나 제자
門生 문생

공자를 따른 무리가 3천 명이란 것은 말할 것도 없고, 그 가운데 70제자라고 하여 전해 오는 자 가운데에도 우스운 자가 많다. 그 때에 실제로 공자를 떠받드는 무리가 이처럼 많았다면, 공자의 제자라 하여 대우받는 것도 꼭 지금과 같지는 않았을 것이다. 공백료(公伯僚)나 공손룡(公孫龍) 같은 무리는 왜 공자를 모신 사당에 모셔진 것인가? 맹자의 문하에서도 두어 사람을 제외하면 공손추(公孫丑)나 만장(萬章) 같은 무리는 어리석고 망령되며 공손치 못하여 조금도 배움 받을 뜻이 없었으니, 이들이 지금 세상에 태어났다면 보통 사람도 되지 못했을 것이다.

근세로 거슬러 오면, 퇴계 이황이 덕이 높고 지위가 영화스러웠으니, 찾아오는 손님들과 오고가는 편지들이 마땅히 잦았을 것이다. 이들을 하나하나 문생록(門生錄)에 기재하고는 "모두 식견을 열어 주어 앞으로 나가게 한 보탬이 되었다"고 일컬었는데, 사실 그렇지만도 않다.

공자가 어찌하여 "꿋꿋한 마음이 있는 자를 얻어 보았으면(논어 술이편)" 하고 탄식했겠으며, 퇴계가 어찌하여 "바람이 불면 풀이 움직이듯 한다"는 놀림을 받았겠는가. 벼슬로 굳이 이름을 높이지 않고 재주가 굳이 특이하지 않으며 이름이 굳이 드러나지 않고 도가 굳이 높지 않더라도, 오직 한결같은 마음으로 그 문하에서 깊이 있게 배워야만 군자의 문도(門徒)라고 하겠다.

내가 생각하건대, 알맞은 때에 내린 비처럼 제자를 교화했다는 자를 후세에서는 들을 수 없으니, 덕을 이루고 재주를 통달하게 한 것으로 한 조목을 만들고, 묻고 답한 것으로 한 조목을 만들고, 사숙(私淑)한 것으로 한 조목을 만들어서 문생의 목록을 만들어야만 비로소 유감이 없을 것이다.

임금이 제사 지낸 고기
君之祭肉 군지제육

임진왜란 때 선조 임금이 용만(龍灣 : 의주)에 있으면서 귀빈(貴嬪)에게 제사를 지내고 그 음식을 여러 재상들에게 먹게 했더니, 정승 정철(鄭澈)이 큰

소리로 말하기를 "내가 비록 못났지만 어찌 궁빈(宮嬪)이 먹고 남은 음식을 먹겠는가?" 하였다. 이로부터 사대부들이 이야깃거리를 삼고는 임금이 어쩌다가 사묘(私廟)에 제사를 지내고 나서 그 제사 음식을 나누어 주면 대개 먹지 않는 것으로 고상하다 여겼으니, 이것은 의리를 정밀하게 가리지 못한 허물이 된다. 무릇 임금이 내려주는 것에 어찌 감히 그 내력을 따질 수 있겠는가. 공자는 반드시 좌석을 바루고 먼저 맛보았으니(《논어》 향당편), 그 내력을 따졌다는 말은 듣지 못했다.

《주례》 천관에 "선부(膳夫 : 왕의 음식을 맡은 관리)가 모든 제사에 음복(飮福)한 음식을 받아서 임금의 반찬으로 한다" 하였는데, 그 주석에 "여러 신하들이 제사 지내고 그 나머지 고기를 임금에게 바치면, 선부가 받아서 임금의 반찬으로 사용한다" 하였으며, 또 《좌전》 소공(昭公) 16년(BC 526)에 "자산(子産)이 '제사에는 제삿고기를 받기도 하고 제삿고기를 돌리기도 한다' 하였다" 하니 그 주에 "제삿고기를 받는다는 것은 임금이 제사 지내고 나서 대부들에게 제삿고기를 하사하는 것이요, 제삿고기를 돌린다는 것은 대부가 제사 지내고 나서 공(公)에게 제삿고기를 바치는 것이다" 하였다.

또 《주례》 하관 제복(祭僕)에 이르기를 "모든 제사에 음복한 음식을 바치면 펴놓고 받는다" 하였는데, 주에 "신하가 제사를 지내면 반드시 제삿고기를 임금이 있는 곳에 바친다" 하였으니, 만일 그렇다면 신하가 제사 지내고 남은 고기도 받아서 임금의 반찬으로 하는데, 하물며 임금이 제사 지낸 고기임에랴!

임금을 공경한 나머지, 임금의 말이 먹는 꼴을 발로 차는 것에도 형벌이 있는데(《예기》 곡례상), 임금이 제사 지낸 고기를 버리는 것은 대단히 불경하기 짝이 없는 것이니, 이 뜻을 밝히지 않을 수 없다.

게의 암수 구별

蟹雌雄 해자웅

옛날에 한 장로(長老)가 해변 고을의 원님으로 임명되자 친구들에게 게를 두루 선물했다. 나중에 서울에 오니 친구들이 모두 모였다. 이때 한 사람이 말하기를 "게는 어찌하여 수컷이 많고 암컷이 적은가?" 하니, 누군가 "게의 암놈과 수놈을 알 수 있는가?"라고 묻자, 온 좌중이 웃음을 터뜨렸다. 이어 온 좌중에게 물어보았지만 누구 하나 아는 사람이 없었다.

이때 한 벼슬아치가 뒤늦게 참석했는데, 그는 본디 사물을 잘 알기로 소문이 나 있었다. 여러 사람들은 그때까지 의문을 풀지 못해 누군가는 엄지발로 분별한다 하고, 또 누군가는 무릎으로 한다 하고, 또는 게딱지로 한다 했는데, 오직 게눈만은 말하지 않았다. 벼슬아치가 그제야 "그 구별은 어렵지 않으니 바로 눈으로 한다" 하자, 사람들은 또 한 차례 배를 움켜쥐고 웃었다.

어쨌든 이런 것으로도 그 무렵 사대부들의 풍습이 거칠고 고상하여 자질구레한 일을 살피지 않았던 것을 볼 수 있는데, 오늘날 사오십 년 사이의 젊은 선비들은 여러 가지로 영리하여 문학에는 힘쓰지 아니하고, 치사한 공리(功利)나 자질구레한 일에 대해서는 모르는 것이 없어서, 밤낮으로 모색하는 일이 이해에서 떠나지 아니하니, 《시경》에 "장사가 3배나 이익이 남는 것을 군자가 안다" 하였으니, 이와 같다면 사회 도덕이 어찌 경박해지지 않겠는가.

그러나 《광아(廣雅)》에 "게의 수놈을 낭의(蜋螘)라 하고, 암놈을 박대(博帶)라 한다" 하였는데, 주에 "배꼽이 둥근 놈은 암컷이고, 배꼽이 뾰족한 놈은 수컷이다" 하였으니, 사물에 해박한 사람은 마땅히 식별할 수 있을 것이다.

《주례》 천관에 "포인(庖人)의 직책은 제사에 쓰는 맛있는 음식을 장만하는 것이다" 하였는데, 정현은 "청주(靑州)의 해서(蟹胥)와 같은 것이다" 하였다. 해서란 게젓으로, 암컷은 맛이 좋고 수컷은 맛이 없으니, 맛있는 음식을 장만하는 일을 맡은 사람은 게의 암컷과 수컷을 분별하지 않을 수 없을 것이다.

사치하는 풍속
侈俗 치속

옛날에는 사치가 욕심에서 생겼는데 후세에는 사치가 풍속에서 생기고 욕심이 사치에서 생겼다. 《서경》에 이르기를 "저 하늘이 사람을 낳았는데 누구나 욕심이 있다" 하였으니, 욕심이란 귀·눈·입·코와 팔다리, 몸의 욕심을 가리키는 것으로 이것은 막아 끊어버릴 수 없는 것이다. 그러므로 재물을 바라며 살아가지 않을 수 없으니, 환경에 따라가다 보면 때로는 분수에 지나쳐 사치에 빠지게 됨을 벗어나지 못하게 되는 것이다.

그러나 오늘날에는 그렇지 않아서 거마(車馬)·의복·궁실(宮室)·음식이 남을 따라가지 못하는 것을 큰 수치로 여겨, 자기는 아무것도 없으면서 겉치레에만 힘쓰기에 급급하여 오직 부족할까 두려워한다.

가난한 선비가 집에서는 채소만을 먹다가도 남을 대하게 되면 성찬(盛饌)을 먹는다거나 또는 가난한 집의 여자들이 평상시에는 때묻은 옷을 입다가도 손님을 보게 되면 화려한 치장을 하는 따위는 모두 겉치레에만 힘쓰는 습관이다.

현재는 문벌을 숭상하여 재상의 아들은 반드시 재상이 되고, 교만스런 부잣집에서 태어나면 죽을 때까지 교만한 부잣집이어서 더욱 더 사치를 늘리면서도 스스로 깨닫지 못하게 된다.

비록 토지가 없고 녹봉이 없는 집안들도 그들과 벗으로 사귀고 혼인하면서, 죽어도 질박하고 검소한 것을 꺼리고 반드시 귀족들의 사치를 따르려고 한다. 만일 이렇게 하지 않으면 뭇 사람들이 비웃는다.

사치하는 것은 반드시 재물을 필요로 한다. 그렇기 때문에 재물이 부족하면 온갖 수단으로 구하여 결코 불의라는 것을 따지지 않는다. 이래서 "사치가 풍속에서 생기고 욕심이 사치에서 생긴다" 하는 것이다.

옛날에는 높은 벼슬아치들 대부분이 가난하고 미천한 신분에서 나왔으며, 비록 임금이라 하여도 또한 임금이 되기 전에는 소인(小人)으로 만들어 어려운 일을 하나하나 직접 겪어 알게 했다. 그러므로 지나치게 사치함에 이르지 않았는데, 저 고귀하고 부유한 집안에서 호강으로만 큰 자식들이야 어떻게 이런 것을 알겠는가.

《서경》주서(周書)에 이르기를 "대대로 녹봉을 받아온 집안은 능히 예를 따르는 사람이 적다. 방탕하고 교만한 것으로 덕이 있는 사람을 업신여겨 천도(天道)를 어기며 사치하고 화려한 폐단이 생겨 온 세상이 함께 따른다" 하였고, 또 "은나라의 여러 선비들이 은총을 빙자한 지가 오래되어 사치한 것을 믿고 정의를 없애며 아름다운 옷을 남에게 자랑하여 교만하고 방종하며 자랑하고 과시하여 앞으로 악으로 끝날 것이다" 하였다.

저 탕임금이 덕으로 소중하게 여긴 것이 어진 사람을 쓰는 데 문벌을 구별함이 없는 것이었는데도 말류(末流)의 폐단이 또 이에 이르렀으니, 이것이 은나라가 멸망하게 된 원인이다.

국가가 의지하는 것은 백성이며 백성이 의지하는 것은 재물이다. 재물을 풍족하게 하려면 탐욕을 제거하는 것보다 좋은 것이 없고, 탐욕을 그치게 하려면 검소한 것을 숭상하는 것보다 좋은 것이 없으며, 검소한 것을 숭상하는 길은 또한 어진 사람을 중요시하고 문벌을 버려, 재물을 만들기가 몹시 고생스럽다는 것을 알게 해야 한다.

내가 일찍이 절에서 닥나무로 종이 만드는 것을 보았는데 무척 애쓰고 고달팠다. 그 다음부터는 종이를 사용할 때마다 반드시 그 만들기가 어려운 것을 생각하곤 했다. 종이 하나 만들기도 이렇게 어려운데, 하물며 농사짓기나 베 짜는 일은 어떻겠는가.《시경》갈담(葛覃)에 이르기를 "굵은 갈포(葛布)를 만들고 가는 갈포를 만들어 입으매 싫음이 없다" 하였으니, 이 시를 지은 사람은 도를 안 것이다.

학문하는 것과 살림 잘하는 것
爲學治生 위학치생

가난한 선비들은 학문에 뜻이 있어도 언제나 배고픔과 추위에 부딪쳐 그 공부를 마치지 못한다. 오직 생지(生知)한 사람, 곧 성인 이외에는 반드시 학문으로 말미암아 완성하는 것인데, 그 완성에 이르지 못하면 모두 순수하다고는 할 수 없다. 맛있는 음식을 먹지 못하고 곤란하고 괴로운 것이 먼저 나를 깎아내리는데 어떻게 학문에 정신을 집중할 수 있겠는가.

내가 보건대, 요즘 세상의 훌륭한 선비들이 하나같이 문학에만 뜻을 두고, 집안 살림살이를 내팽개쳐 버려 어떻게 수습할 수 없는 지경에까지 이르러, 조상을 받들고 부모를 봉양하지 못하여 아내와 자식들이 헐벗고 굶주리게 되면 뜻마저 따라서 옮기고 변하니, 비록 후회하나 어쩔 수 없다.

허형(許衡)이 이르기를 "학문하는 사람은 살림을 잘하는 것이 가장 급선무가 된다. 생활이 어려워지면 학문을 하는 길에 방해가 된다. 선비는 마땅히 농사로 생활 대책을 삼아야 하며, 장사는 비록 말리(末利)를 좇는 것이 되지만 의리를 잃지 않게 대처한다면 또한 나쁠 것이 없다" 하였다. 이에 대해 역사가는 "그가 가르침을 베푼 방법이 천고에 뛰어난 견해였다" 평하였는데, 이것을 왕수인(王守仁)이 비판했으니 매우 옳다.

학문을 하는 것은 십분 의리에 맞는 일이요, 살림살이를 하는 것은 이해에 관계되는 일이니, 이해란 사람마다 제각기 스스로 얻으려 하기 때문에 굳이 권장할 필요가 없으며, 학문을 하는 것은 비록 살림에 의지하지만 만일 살림을 급선무로 삼는다면 옳지 않다.

공자가 이익에 대해서 말을 적게 한 것은(논어자한) 도를 해칠까 두려워해서이며, 호향(互鄕)의 동자(童子)가 뵙자 깨끗하고 진보하는 것을 허여(許與)하였을 뿐이니(논어술이), 성인의 널리 포용하는 국량이 대개 이와 같았으며, 또 일찍이 생활 대책을 세우는 것이 좋지 않다고 단정지어 말하지는 않았다. 군자는 오직 학문에 힘쓰지 못하는 것을 걱정하고 살림을 잘하지 못하는 것을 걱정하지 않았다.

만일 말하기를 "이 두 가지는 음양이나 밤낮과 같아서 절대로 둘 다 할 수는 없다"고 한다면 어찌 이런 이치가 있겠는가? 이러므로 백성이 많아진 다음 잘살게 하고 잘살게 한 다음 가르치는 것이니(논어자로), 잘살게 한다는 것은 정치를 잘해서 저절로 이룩되는 것이지, 백성들로 하여금 저마다 그 이익을 꾀하게 하여 얻어지는 것이 아니다.

성왕(聖王)이 세상을 떠난 지 오래 되어 빈부의 격차가 너무 심하다. 재물이란 노력에서 산출되는데, 어떤 사람은 쓸데없는 곳에 써버리기도 하고 어떤 사람은 죽음을 면하기에도 부족하니, 진실로 적당히 요리하지 않는다면 어떻게 살 수 있겠는가. 그러나 생활 대책을 세우는 것은 딴 방법이 없다. 무더운 여름철 농사일이란 몹시 어려우니 갑자기 익숙해지기 어려우며, 장사는 실패가 많고 성공이 적으니 모두 할 수 없는 일이며, 이 밖에는 모두 의리에 맞지 않으니, 아무리 생활 대책을 세우려 한다 하여도 방법이 없다.

본디 재산이 없는 사람은 앉아서 굶을 수밖에 없지만, 조금이나마 토지가 있는 사람은 절약하고 검소하게 사는 것이 상책인데, 절약을 감내하지 못하며 남의 비웃음을 두려워하는 사람은 마침내 성공할 수 없다.

공자가 안연(顔淵)에게 "도에 가까우며, 여러 번 끼니를 굶는다(논어선진)" 하였는데, 여러 번 끼니를 굶는 것이 가난을 편안히 여기는 것이 아니라, 다만 여러 번 끼니를 굶어도 가난을 편안히 여기는 것이 어려운 일이니, 안자(顏子 : 안회) 자신은 비록 편안히 여긴다 해도 다른 사람의 처지에서 본다면 반드시 안타까워할 사람이 있을 것이다. 더구나 그의 아버지 안로(顏路)가 집에 있는데 한 그릇 밥도 잇기 어려웠다면 안자인들 어찌 힘을 다하여 가난을 벗어나려 하지 않았겠는가. 그가 가난을 편안히 여긴 뜻은 '도에 가깝다'는 한 구절에 포함되어 있으며 '여러 번 끼니를 굶는다'고 한 것은 공자가 안타깝게 여긴 말일 것이다. 일반 대중으로서는 달려가 길거리에서 구걸하여 죽음을 면하기에도 부족하니, 어찌 학문에 걸림돌이 되지 않겠는가. 요즘의 선비는 이와 같은 사람이 많으니 애처로울 뿐이다.

무과 출신을 추천함
武弁注擬 무변주의

인재를 쓰는 방법은 마땅히 먼저 심한 경쟁을 없애야 한다. 현재 무사(武士)들의 숫자가 너무 많아 세도가에 청탁하지 않으면 벼슬을 얻지 못한다. 이 때문에 무관의 발탁을 관장하는 문전에는 청탁꾼들이 날마다 몰려들어 오직 혹시라도 남에게 뒤질까 두려워한다. 무관(武官)도 또한 양반의 집안인데 어찌 천한 아전들 사이에 뒤섞여서 청렴과 체면을 차리지 않는단 말인가.

이와 같이 하여 벼슬을 얻으니, 백성들을 마주 대하고 군대를 다스려 나라를 위해 충성을 바치겠는가.

나는 언제나 이르기를 "오늘날 세상에선 문예(文藝)는 무기(武技)만 못하다" 하였다. 무관의 재주로는 오히려 새나 짐승을 사냥하고 도적들을 막을 수 있는데, 나는 비록 하루 종일 가만히 생각해 보아도 표(表)·부(賦)를 써먹을 만한 곳이 생각나지 않는다. 사람들은 말하기를 "큰 나라와 외교를 하려면 표문(表文)을 사용해야 한다" 하지만 그러나 표문이 없으면 일반 문장을 쓰면 되지, 표문이 없다 해서 능히 큰 나라와 외교를 못한다는 말은 듣지 못했다. 이리 말할 수 있다면 무가 어찌 문만 못하겠는가?

그런데도 무를 이처럼 천대하니, 예컨대 화살이 우리나라로 향하고 외적이 쳐들어오게 되면 앞으로 먹물이나 붓으로 맞설 것인가?

이제 만일 다시 제도를 만들어서 무예로 시험을 보고 병서(兵書)를 외우도록 하여 높고 낮은 등급을 매기고 차례에 따라 추천하고 음사(蔭仕: 고려·조선 때, 과거에 의하지 않고 부조(父祖)의 공으로 얻어 하던 벼슬)처럼 장부에 따라 차례로 승진시키며, 합격하지 못한 사람은 그 사이에 끼지 못하게 하고, 이미 벼슬하여 임기가 찬 사람도 또한 장부를 만들어 앞뒤의 순서가 어지럽지 않게 하며, 국경 지역 보루(堡壘)의 빈 자리도 또한 장부를 만들어 한결같이 앞뒤의 차례를 따라서, 사람마다 아직 추천하기 전에 추천에 해당하는 차례를 모두 알게 한다면 사람들은 마음 속으로 반드시 크게 기뻐할 것이다.

지방의 모든 사람들도 또한 감사(監司)로 하여금 앞서 말한 방법으로 시험을 치러서 때맞추어 상부에 보고하고, 합격자의 높고 낮은 등급에 따라 벼슬을 시키되 서울과 지방의 구별이 없다면, 벼슬을 임명함에 인재를 잃지 않을 뿐만 아니라 반드시 재능과 기예도 바야흐로 크게 일어날 것이다.

퇴계의 선견지명
退溪先見 퇴계선견

중국 한(漢)나라 태부(太傅) 가의(賈誼)가 통곡할 일과 눈물 흘릴 일에 대한 논설을 지었다. 그때 상론(尙論: 옛사람의 한 일을 거슬러 올라가 논함)하는 자들이 너무 지나쳤다고 하였으나 나는 그렇지 않다고 여긴다. 천하의 일은 워낙 행과 불행이 있어서, 비유하건대 집을 짓는 것과 같다. 혹은 담을 튼튼히 하지 않거나 면밀하게 지키지 않으면, 남이 반드시 해를 입을 것이라고 말하게 되는데, 그 뒤로 그렇겠다는 것을 깨달아 스스로 차츰 잘 경비하면 면할 수 있다. 면했으면 다행한 일이지 처음 말해 준 자가 틀린 것은 아니다. 한나라의 일이 진실로 제후를 분열시키지 않았더라면 태부의 말이 반드시 맞았을 것이다.

우리나라가 명종·선조 때에 이르러 소강(小康) 상태였다고 말할 수 있었다. 그러나 퇴계 선생은 황준량(黃俊良)에게 답한 편지에 말하기를 "남북의 큰 환란이 아침 아니면 저녁에 곧 닥칠 터인데, 우리의 방비를 돌아보면 믿을 만한 것이 하나도 없다. 그러니 산림(山林)의 즐거움인들 어떻게 반드시 지킬 수 있겠는가? 이 때문에 혼자서 매우 걱정한다" 하였다.

조야(朝野)가 편안한 때에 선생이 혼자 이런 말을 했으니, 모두들 반드시 세상 물정에 어두운 선비가 으레 하는 말이라고 했을 것이다. 그러나 40년이 못되어 임진왜란이 일어났고, 인묘(仁廟 : 인조(仁廟)) 초기에 이르러서는 국세(國勢)가 무너진 집이나 물이 새는 배와 같아서 곧바로 망할 지경이었는데도 여전히 도탄(塗炭)에 빠질 것을 깨닫지 못했다. 이제 생각해 보면 퇴계의 근심과 걱정이 끝내 모두 들어맞았다.

동파 소식이 이르기를 "천 리 밖을 염려하지 않으면 환란이 눈앞에 닥치게 된다. 눈앞에 닥쳐서야 뉘우치는 자는 가장 못난 사람이다. 세상의 일시적 향락을 탐내는 자들은 그물에 걸린 제비나 솥 속에 든 고기와 무엇이 다르겠는가?" 하였으니, 산림의 즐거움도 지킬 수 없다는 말은 퇴계가 매우 마음 아파할 만한 것이다. 조정의 계책이 잘못되었는데 그 폐해가 백성에게 치우쳐 구렁에 뒹굴고 도탄에 빠진 자가 모두 죄 없는 사람이었으니, 이것이 어찌 하늘의 뜻이겠는가?

한훤당 김굉필
寒暄堂 한훤당

어떤 사람이 묻기를, "공자께서는 어찌하여 정치를 하지 않으십니까?" 하니 공자가 이르기를 《서경》에 이르기를 '효로다! 효를 하며 형제 간에 우애가 있어 이것을 정치에 베풀도다' 하였으니, 이것 또한 정치를 하는 것이다. 어찌 정치를 하는 것 자체만을 따지겠는가? (논어(論語)爲政篇)" 하였고, 《효경》에 이르기를 "부녀자의 거처에 예(禮)가 갖추어져 있으니, 엄한 부형과 처자와 신첩의 사이가 백성이 부역(賦役)에 나아가는 관계와 같다. 치국(治國)·평천하(平天下)는 본디 수신(修身)·제가(齊家)에서 시작되고, 예가 규문 안에 갖추어져 있으니 이를 들어서 천하를 다스리는 데에 적용하면 되는 것이다. 그 이치가 이러하니 다만 크고 작은 구별이 있을 뿐이다" 하였다.

그러나 내가 증험한 것에 따르면, 나라의 영록(榮祿)은 모든 사람의 기대가 집중되는 것이요, 집에서 사역하는 것은 시키는 것을 받아 면할 수 없는 것이다. 벌만 있고 상이 없는 것은 재화가 모자라기 때문이고, 수고로움만 있고 편안함이 없는 것은 사람이 적기 때문이다. 이것과 저것을 비교한다면 서로 크게 같지 않으니, 그 사이에 나아가 의식을 넉넉히 하고 곡진히 돌봐 주어 원망함이 없도록 하는 것이 마땅한 일이지만 그 출척(黜陟 : 못된 사람을 내쫓고 착한 사람을 올리어 씀)을 어느 겨를에 말할 수 있으랴?

국조(國朝)의 한훤당 김 선생이 집에 거처할 적에, 안팎의 비복(婢僕)들에게 저마다 이름을 지어 주고 직책을 나누어 맡겨, 그들의 근면과 태만을 관찰해 승진시키고 강등도 시켜 격려도 하고 벌도 주었으며 봉급도 이로써 가감하였다. 또 1일과 15일에 법을 읽고 교훈을 듣는 규칙을 두었으니, 선생은 어떻게 일을 처리해 중용(中庸)을 얻을 수 있었을까? 선생에게는 모아둔 곡식이 많았고 심부름꾼 아이들도 많았기 때문이었을까? 그러나 가난한 사람이 본받을 바는 아니다.

가난과 천함을 잊지 않음
不忘貧賤 불망빈천

재물이 있는 것을 부(富)라 하고 벼슬이 있는 것을 귀(貴)라 하는데, 사람이 세상에 태어날 때에는 한 등급의 벼슬도 없고 한 이랑의 땅도 없이 가난하고 미천할 따름이며, 이는 천자로부터 일반 백성에 이르기까지 마찬가지이다. 예(禮)라는 것은 그 근본을 잊지 않는 것이다. 그러므로 몸이 더욱 귀해질수록 마음은 더욱 겸손하고, 집이 더욱 부자가 될수록 뜻은 더욱 겸허해져야 하는 것이니, 이렇게 해야 가난과 미천을 잊지 않을 수 있는 것이다.

옛 속담에 이르기를 "미천하면 배우지 않아도 공손하고, 가난하면 배우지 않아도 검소하다" 하였는데, 사람의 본성이 저마다 다른 것이 아니라 형세가 본성을 만드는 것이니, 부귀하고도 공손하고 검소한 자는 곧 그 근본을 잊지 않은 것이다. 공손하면 사람이 붙좇고 검소하면 재물이 풍족하게 되는 것이니, 이는 나라를 다스리는 요점이 되는 일이다. 공손의 반대는 교만이고 검소의 반대는 사치인데, 교만하거나 사치하면서 망하지 않는 자는 거의 드물다.

옛날에는 자식을 낳아 3개월이 되면 머리를 깎아 타(鬌)를 만들어 장식을 삼았으며, 부모가 돌아가서 빈소를 차린 뒤에 모(髦)를 떼어 내는 것도 또한 근본을 잊지 않는 뜻이다. 어버이가 돌아가셨으니 버려야 하겠으나 응당 물에 던져 버리거나 불에 태우지 말고, 반드시 잘 간직했다가 때로 살펴보아야 할 것이다. 효자는 일생 동안 사모하는 것인데, 어찌 돌아가신 것과 살아 계신 것에 따른 구별이 있겠는가. 나는 말하건대, 협신오달(挾頤午達)의 예*1는 다시 회복할 수 없다 하더라도, 모름지기 3개월 되어서 깎았던 머리털을 거두어다 가꾸며 패용(佩用 : 몸에 달거나 참)을 만들면 길이 어버이를 추모하는 정성도 되고, 한편으로는 처음 태어날 때의 가난과 미천함을 잊지 않는 것도 되니, 아마도 세상을 살아가며 교훈을 얻는 데에 도움이 될 수 있으리라.

다섯 가지 고르지 못한 일
五不均 오불균

《시경》에 이르기를 "나라를 다스릴 권리를 가졌으니, 사방을 잘 다스리고 천자를 도와 백성으로 하여금 혼미(昏迷)하지 않게 하여야 한다" 하였다. 백성의 부모가 되어서 모든 백성을 자식같이 기르려면 어찌 가볍거나 무겁게 또는 멀거나 가까운 구별을 용납하겠는가. 그러므로 백성 부리기를 마땅히 고르게 해야 한다. 참으로 한쪽은 수고롭게 하고 한쪽은 편하게 한다면, 비록 아버지가 자식들에게 한 것이어도 원망을 금할 수 없는데, 하물며 나라의 많은 백성에 있어서랴. 고르게 부리려면 먼저 명목(名目)이 번거롭게 많지 않아야 한다. 명목이 같으면 부림이 고르게 되고 부림이 고르게 된 뒤라야 원망이 없다.

오늘날의 군졸들은 명색이 대단히 많아서, 고을의 군졸들이 어영청(御營廳)과 금위영(禁衛營)에 소속된 것 따위에 이르러서는, 장수는 서울에 있고 군졸은 지방에 있어서 남도(南道)의 고을마다 몇 명씩 널리 흩어져 있게 되므로, 군졸들이 장수만 모르는 것이 아니라 같은 대오(隊伍)에서 같이 보초 서는 자들끼리도 서먹서먹하여 서로 얼굴을 익히지 못하고 있으니, 장차 급한 일이 벌어질 때는 어떻게 그들의 힘을 얻을 수 있겠는가. 그들이 번(番 : 백성이 맡은 일을 치르는 것)을 드는 것이 3년에 한 번이며, 번을 들 때마다 세 사람이 힘을 모아 한 사람의 군장(軍裝)을 갖추어 보내는데 3개월이 되면 끝나므로, 번을

＊1 협신오달의 예 : 아이가 태어나서 3개월이 되면 머리를 깎아 모를 만들고, 깎지 않은 부분을 상투 모양으로 묶던 옛 예, 협신은 남자의 머리에 2개를 묶는 것이고, 오달은 여자의 머리에 3개를 묶는 것이다.

드는 사람은 매우 편하고 보내는 사람은 대단히 고통스러우니, 이것이 첫 번째로 고르지 못한 일이다.

육지에는 병영(兵營)이 있고 바다에는 수영(水營)이 있다. 지금 병마사(兵馬使)가 통제하는 것은 기수(旗手)와 취수(吹手) 따위에 지나지 않고, 그 나머지 사천(私賤 : 개인의 종)과 속오(束伍 : 속오병(束伍兵)의 준말)는 모두 본 고을의 수령이 통제하므로, 기수와 취수 따위에게 전포(錢布)를 받아들여 진영의 갖가지 경비를 충당한다. 이미 받아들였으면 거듭 군역을 시킬 수 없으므로, 모든 군사 훈련에 다시 참여시키지 않는다. 그래서 깃발과 나팔이 어떻게 생겼는지도 모르고 고작 훈련을 시키는 것은 각 고을 속오병들에 지나지 않으니, 이름과 실제가 어긋남부터 이미 옳지 않은 일이다. 수군에 이르러서도 돈과 군포를 바치는 일은 저들과 같지만 수군의 훈련에는 다른 시킬 자가 없기에 부득이 거듭 군역을 시키고 있으므로, 이 때문에 수군은 더욱 잘 살아갈 수가 없게 된다. 이것이 두 번째로 고르지 못한 일이다.

나라의 법이 문벌을 중요하게 여기므로 그 흘러온 폐단이 고질이 되어, 증조와 고조의 벼슬도 없고 글도 못하고 무예도 없으면서, 편안히 앉아서 안락을 누리며 서민과도 구별이 된다. 또 이를 서로 본떠 재산이 있는 호민(豪民)은 도포를 입고 갓을 쓰고서 억지로 유사(儒士)라 일컬으면서 평생 군역을 빠져 나가니, 이것이 세 번째로 고르지 못한 일이다.

현재 양역(良役)이라는 것은 양민을 뽑아서 군대를 편성한 것이다. 그런데 실제로는 군사 장비가 없고 군사 훈련에 참여하지도 않으며 단지 군포(軍布)만 바친다. 따라서 본인이 내지 못하는 경우에는 이웃 사람이나 친족 또는 죽은 사람과 어린아이의 명목으로 부담을 매겨 징수하는 폐단이 있으니 이미 이것은 옳지 않은 일이다. 경병(京兵)은 면포와 쌀을 급여하면서 두텁게 기르느라 겨를이 없는데, 향병(鄕兵)은 지쳐서 떠돌게 되는데도 구휼하지 않으니, 전란을 만나면 적과 싸울 임무는 다 같이 지녔거늘 고통과 즐거움이 뚜렷이 다르다. 이것이 네 번째로 고르지 못한 일이다.

속오병(束伍兵)은 개인의 노예이므로, 비록 관아에서 군포를 거두어들이지 않고 주인에게 맡긴다고 하나, 한집의 부부를 두 주인이 교대로 침탈하니 반드시 재산이 거덜 나고야 말 것이다. 세상의 가난한 백성에 이보다 더한 자가 없는 것은 법이 그렇게 만든 것이다. 이것이 다섯 번째로 고르지 못한 일이다.

그러므로 한 사람이 돌아앉아 눈물 흘리면 온 집안사람이 그 때문에 즐겁지 못하다고 하였다. 임금이 세상을 다스리는 것 또한 한집안을 다스리는 것과 같은 것인데, 어찌하여 이와 같은 것을 알면서도 구제할 길이 없다고 핑계 대고 앉아서, 도탄에 빠져 허덕이는 것을 보고만 있을 수 있겠는가. 이런 것은 곧 어린아이가 병들어 곧 죽게 되었는데도 약을 써서 구원하기를 생각하지 않는 것과 같다. 오늘날의 정치는 구제하지 않을 뿐만 아니라 채찍질까지 더하여 어서 죽기를 재촉하고 있다.

인재를 양성함
養才 양재

재능 있는 자가 태어나기는 매우 어렵고 태어난다 하더라도 그것을 알아내기는 더욱 어렵다. 때로는 젖먹이 어린아이 때 물·불·질병·주림으로 인한 재난을 벗어나지 못하여 죽으니, 귀신이 있다 하더라도 알아낼 수 없다. 또 비천하고 어리석은 자의 집안에 태어나 보고 듣는 바가 더럽고 비열한 것에 지나지 않거나 추위와 배고픔에 시달리고 부림을 당하는 데 지쳐, 글을 읽고 이치를 밝히는 것이 무엇하는 것인지조차 알지 못하므로, 자신의 재능을 잘 깨닫지 못하는 경우도 있다.

그렇지 않으면, 작은 나라에 태어나서 못난이들이 모여 있는 때를 만나 고장 사람들이 추천하여 주지 않고, 요직에 있는 사람들은 그 재능을 꺼림으로 인해 말단 관리에 묻혀버리거나 가난하게 살다가 죽게 되기도 하니, 이렇게 되면 비록 친척이나 벗이라 할지라도 어떻게 알 수 있겠는가.

어쩌다가 기회를 만난다 하더라도, 맡기기를 공정하게 하지 않고 시험하기를 타고난 재능과 어긋나는 것으로 하므로, 혼자서 터득하고 외로이 행하여 온 탓에 경험과 단련을 쌓지 못한 경우도 있고, 또 일할 때가 말할 때와 같지 않으며 남의 마음이 내 마음 같지 못한 경우도 있어, 일이 어긋나서 미처 손도 써보지 못한 채 쫓겨나는 사람도 있는데, 오직 지혜로운 자만이 그러한 것을 알 수 있을 따름이다.

현명하고 유능한 사람이 뜻을 얻는 것은 간사한 소인에게는 이롭지 않으므로, 한 가닥 길이 열리면 많은 화살촉이 떼지어 그를 노린다. 비유하자면, 산의 정상을 가리키면서 "내가 기필코 오르리라. 오르고 또 오르면 못 오를 리 없다" 하지만, 가시덩굴이 길을 막고 독사나 호랑이가 득실거리니, 산에 불을 놓아 짐승을 쫓아버리지 않으면 올라갈 수 없는 것과 같다. 그러니 임금이 어떻게 이것을 알겠는가.

이 때문에 성왕(聖王)의 시대에는 인재를 기르는 것을 중요하게 여겼고, 인재를 쓰는 것은 그 다음이었다. 큰 종은 작은 막대로 쳐서 소리를 낼 수 없고, 큰 집은 한 손으로 떠받칠 수 없다. 《시경》에 이르기를 "훌륭한 많은 선비가 이 나라에 났다" 하였으니, 비유컨대 배로 물을 건네주고 수레로 태워 데려다 주며 자기가 앞섰으면 뒷사람을 끌어 주고 남이 앞섰으면 그를 밀어 주는 것과 같은 것이다. 그러므로 이르기를, 흙은 흙이 아니면 높아질 수 없고, 물은 물이 아니면 흘러가지 못하고, 말은 말이 아니면 달리지 못하며, 사람은 사람이 아니면 이루어질 수 없다. 따라서 높은 지위에 올라도 위태롭지 않고, 천하에 무슨 일을 맡겨도 막히지 않는다. 이런 일은 하·은·주 삼대 이래로 보지 못하였다.

오늘날 변변찮고 못난 자들을 부리면서 담장에 얼굴을 대고 서서는, 더듬거리며 입을 벌려 말하기를 "세상에는 인재가 없다" 하는 지경에 이르렀으니, 아아, 참으로 인재가 없는 것인가! 아니면 있는데 보지 못하는 것인가. 땅도 이미 넓고 또한 사람도 많으니, 한 시대의 사람들을 속일 수는 없는 것이다. 그러므로 과녁을 세워 놓으면 화살이 이르고, 숲이 무성하면 도끼가 이르고, 식혜가 시면 모기가 모여들고, 나무 그늘이 드리우면 새가 깃들이고, 복잡하고 곤란한 일을 당하면 사람의 생각이 트인다고 했다.

오랜 관습을 던져버리고 성심으로 찾고 슬기로 헤아린다면, 재능 있는 인재가 가난한 집에 태어나서 나의 가장 가까운 주변에 와 있게 될는지 어찌 알겠는가.

인재란 혼란스러워지기 전에는 드러나지 않는 것이고, 반드시 크게 잘못되어 낭패를 당한 뒤에 드러나게 되니, 그때는 뉘우쳐도 늦으리라. 우연히 역사책을 읽다가 느낀 바가 있어 적는다.

오늘날 사람들은 재능을 천대함

今人賤才 금인천재

옛날에는 벼슬 자리를 재능 있는 자에게 맡기고, 일은 도(道)로 성취시켰다. 그러므로 백성이 그 은택을 입었고 나라는 복을 받았다.

사사로운 간사한 마음이 자라남으로써 문벌을 숭상하는 풍습이 이루어졌으며, 임금의 마음이 간혹 한쪽으로 치우치게 되면 아랫사람이 본받아, 모든 벼슬자리에 있는 이들이 모두 한집안 사람이거나 인척(姻戚)이었다. 참으로 적격자라면 또한 무엇이 나쁘리요만, 이미 사사롭게 주고받은 벼슬자리인지라 공적(公的) 원칙에 어긋나며 비루하고 용렬한 사람이 모두 차지하게 된다.

한 사람이 권세를 잡게 되면, 많은 한집안 사람들이 반열에 참여하게 되는데, 스스로 이를 이상하게 여기지 않을 뿐만이 아니라 세상에서도 또한 그러려니 여기고 있다. 용렬한 사람이 높은 지위에 있게 되면 어진 사람은 숨게 된다는 것을 알 수 있으며, 어진 사람이 숨어 버리면 혜택이 백성에게 내려가지 않는다는 것을 알 수 있고, 혜택이 내려가지 않으면 백성이 곤궁에 허덕이게 된다는 것을 알 수 있다.

그런데도, 근심과 원망을 어루만져 복종시키는 것을 화평(和平)이라 하고, 요행히 난리를 모면하는 것을 예안(乂安)이라 하나, 이것은 급한 여울목을 배로 거슬러 올라가는 것과 같아서, 앞으로 나아가지는 못하고 차츰 밀려나게 되는 것이다. 하루 이틀 바둑알 위에다 바둑알을 쌓는다 해도, 끝내 무너지는 것을 면할 수 있겠는가?

이 때문에 성왕(聖王)이 자나깨나 어질고 착한 이를 찾아서, 높은 벼슬에 두터운 녹봉을 주는 것은, 어진 이를 위하여 특별히 두텁게 하는 것이 아니라, 장차 그들을 써먹기 위해서이다. 이 뜻을 뉘라서 모르랴마는 다만 구하는 데 있어서 그 방법을 잃었을 뿐이다.

어진 이를 널리 전국에서 찾지 않고 대대로 벼슬한 가문에서 찾고, 그 어짊과 재능은 묻지 않고 말단인 문장으로 취하며, 그렇게 하며 인재를 얻지 못하면 곧 '사람이 없다' 하니, 이는 백락(伯樂)의 '말 그림을 가지고 시장 가운데서 천리마 찾는 격'이다. 오늘날의 재능을 천대하는 것이 또한 극에 이르렀다.

내가 옛날을 보지 않았지만, 본다면 반드시 이와 같지 않았을 것이고, 내가 천하를 보지 않았지만 본다면 반드시 이와 같지 않았을 것이다.

이는 다름이 아니라 문벌의 사사로움과 과거제도의 비루함에 얽매여, 사람들이 모두 손발이 묶여 벗어나지 못하기 때문이다. 예전에도 이런 점이 있었으나 오늘날은 더욱 심하다.

우연히 서책을 보다가 "어진 이가 도를 행하지 못하면 못난 자가 무도함을 행하게 되고, 재능 있는 자가 예를 행하지 못하면 벼슬 자리에 있는 자가 무례를 행하게 된다. 무례와 무도 때문에 폐해를 받는 것을 어찌 한정할 수 있으랴"는 말이 있는데, 느낀 것이 있어 기록한다.

서울 사람과 산간 사람
京輦山林 경련산림

백사 이항복이 늘 말하기를 "마소새끼는 마땅히 시골로 내려보내야 하고 사람 자식은 마땅히 서울로 올려보내야 한다" 하였다. 마소는 살찌고 건강한 것을 으뜸으로 삼으니 마땅히 먹이가 많은 곳으로 보내야 하고, 사람은 행실과 사업을 으뜸으로 삼기 때문에 마땅히 예절과 문화가 있는 곳으로 보내야 한다. 참으로 궁벽한 마을에서 태어나서 늙은 사람은 아무리 빼어난 재주가 있더라도 조정에 올려다 벼슬을 시키면 어쩔 줄 모를 것이다. 그러므로 말하기를 "3대 동안 벼슬하지 못한 사람은 옷 입고 밥 먹는 예절도 모른다" 하는데, 그 말이 또한 그럴 듯하다.

나는 이렇게 이르겠다. 이미 세상에 태어나서 사람이 되었으면 마땅히 사람의 일을 알아야 하는데, 서울에는 온갖 일이 모여 있으니 여기서 깨닫지 못하면 다시 무슨 사업을 일으키랴. 그러나 일이 모이면 잇속이 모여들고, 잇속이 모여들면 마음이 흔들리고, 마음이 흔들리면 마음의 본체가 혼란스럽다. 가장 뛰어난 지혜의 자질을 지니고 태어났다면 어디에서건 스스로 깨닫겠지만 중간 이하의 사람이라면 변하지 않기가 어렵다.

중세 이전에는 역시 예절을 도탑게 하고 교화를 숭상하여 천하고 지저분한 것을 부끄럽게 여겼으나, 이 근래는 온 세상이 이욕(利欲)의 시끄러운 마당이 되었으니, 사람이 많으면 잇속이 뻗어나고 일이 모이면 욕구가 늘어난다. 그러므로 서울의 귀족은 모두가 용모를 예쁘게 하여 임금의 마음에 들려고만 하고 근본이 되는 일에는 소홀하여, 입으로는 성명(性命: 인성(人性)과 천명(天命))을 말하나 마음은 순박함과 성실함을 저버렸으니, 이렇게 하는 것은 겨우 풍속을 그대로 따르는 인재는 이룰 수 있으나, 뛰어나게 품위가 높은 재능을 길러낼 수는 없는 것이다.

군자는 세상에 빌붙는 것을 비천하게 여기고 도를 지키는 것을 고귀하게 여겨서, 반드시 산림에서 경적(經籍)을 연구하고 행실을 가다듬는데, 이는 고상하게 되려고 힘쓰는 것이 아니라, 참으로 공자가 간직한 것을 연구하고 잘 다스려졌던 역사의 자취를 밝히려면, 이렇게 하지 않고서는 안 되기 때문이다. 구습에 따라 세상일을 그럭저럭 메워 나가자면 산간 사람이 서울 사람만 못하고, 세상이 난리를 당하여 일이 얽히고 꾀었을 때에는 서울 사람이 산간 사람만 못하다. 그러므로 《서경》에서는 미천한 사람을 말하고 《시경》에서는 큰 골짜기를 말하였으니, 이것을 보아 이해할 수 있을 것이다. 그러니까 이항복의 말은 마소를 길들이는 것에 관한 투의 말에 지나지 않는다.

내가 일찍이 우리나라 안을 두루 돌아다녔는데, 깊은 두메의 외딴 마을은 백성의 풍속이 순미(純美)하나, 고을이 조금 커서 사대부가 사는 곳이면 그만 못했다. 고을의 수령이 있는 곳은 또 더 못하고, 감영이나 진영의 관찰사나 병수사가 있는 곳은 또 더욱 못하고, 서울은 또 더욱더 못했다. 지위가 더 높을수록 교양은 더 천박하고, 도회지에 가까운 곳일수록 풍속은 더 떨어지니, 이 때문에 서울이 마침내는 인재를 기를 곳이 아니라는 것을 알았다.

헐뜯기는 것과 칭찬받는 것
毁譽 훼예

퇴계 이황이 정유일(鄭惟一)에게 답장한 편지에 이르기를 "한 가지 행동이나 한 마디 말도 칭찬을 받거나 그렇지 않으면 반드시 헐뜯음당하게 되는데, 헐뜯음 당하는 것은 참으로 두려워할 일이나 칭찬 받는 것은 더 근심할 일이다. 옛사람이 후배를 훈계한 말에 '오늘 임금 앞에서 한 가지 표창을 받고 내일 재상에게 한 가지 칭찬을 받게 되면, 따라서 잃게 되는 것이 많다'

하였고, 또 '부귀(富貴)는 얻기 쉬우나 명예와 절조(節操)는 지키기 어려우며, 말세에는 높아지기 쉬우나 험난한 길은 끝나기 어렵다' 하였다. 어렵건 쉽건 간에 눈 붙일 데를 밝히고 발 디딜 데를 살펴야 배운 것을 저버리지 않을 것이다" 하였는데, 이는 주자(朱子)의 뜻을 적은 것일 터이다.

주자가 석응(石應)에게 답장한 편지에 말하기를 "부귀는 얻기 쉬우나 명예와 절조는 지키기 어렵다" 하였다. 비록 얕고 속된 뜻이기는 하나, 어찌 소홀히 여길 수 있으랴. 또 정감(鄭鑑)에게 답장한 편지에서 말하기를 "종래 선배들이, 젊어서는 한때의 명망을 조금 지녔다가도 늙어가면서 가끔 사람들의 뜻을 만족시키지 못하니, 그것은 정좌하여 학문을 강구하는 태도가 정성스럽지 못하여, 공자나 맹자의 큰 뜻을 보지 못하기 때문이다. 조금이라도 뜻을 세운 것이 있으면 곧 자기의 사업은 이뿐이라 하며 더 길게 발전하려 하지 않으니, 형공(荊公)의 이른바 '말세에는 높아지기는 쉬우나 험난한 길은 끝나기 어렵다' 한 것을 또한 뒷받침하게 된다" 하였다.

풍속이 이미 말세이니 높아지기는 쉬우나 실제로 높다는 것이 아니라 이른바 "하찮은 백성을 대함으로써 절로 높아진다"는 것이다. 표창 받고 칭찬 받으면 제 몸이 문득 높아져서 어려운 것이 없다고 이르고 온갖 사악(邪惡)이 바로 앞에 감춰져 있다는 것을 스스로 깨닫지 못해, 구렁텅이로 떨어져 거꾸러지는 일을 피하지 못하니, 표창하고 칭찬함으로써 바로 밀어 떨어뜨리는 셈이 되는 것이다. 그러므로 "선비가 집에서는 몸을 잘 닦았으나 천자의 조정에서는 무너진다" 하는 것이다.

진실로 내 마음이 내 지위를 분명히 알기만 한다면 헐뜯더라도 그것이 사사로운 감정을 둔 것이 아니면 더 조심할 것이요, 칭찬하더라도 그것이 참된 것이 아니면 더욱 두려워할 것이니, "높아지기는 쉬우나 지키기는 어렵다"는 것을 어찌 새삼스레 다시 말할 것이 있으랴. 그렇지 않으면, 바람만 불면 풀이 흔들리듯 크게 놀라고 아주 소심해져 한길이 변하여 꼬불꼬불한 길이 되듯 할 것이니, 다른 사람의 천거로 높은 벼슬에 오르는 것을 그만두고, 자기 집에서 몸을 일으켜 솟구치려 한들 그것이 되겠는가. 옛 시에 이르기를 "하루만 과거를 보아도 3년 동안 도심(道心)을 손상한다" 하였는데, 아마도 출세하려는 사람에게 분명한 훈계가 되기 위해서일 것이다.

몰래 백성의 실정을 살핌
暗行御史 암행어사

암행어사가 몰래 다니면서 백성의 실정을 살핀 것은 중국 한(漢)나라 화제(和帝 : 후한 제4대 황제. 재위 88~105) 때부터였다. 화제가 즉위하여 시자(侍者)를 나누어 보내되, 모두 옷차림을 바꾸어 혼자서 각각 고을에 이르러 풍요(風謠)를 살펴보고 채집하게 했다. 미복으로 출몰하여 숨겨 있는 것을 엄밀히 살피는 것이 왕정(王政)의 광명에 균등하지 않은 듯하지만, 그러나 말세의 풍속으로 살펴보면 아마도 도움이 되는 듯하다.

비록 감사(監司)와 도사(都事 : 조선 시대 감영의 종5품 벼슬. 규찰하는 일을 맡았다)의 고을 순력(巡歷)이 있기는 하나, 큰길에서 큰 소리로 외쳐 번거롭게 각 고을의 지공(支供)과 역전(驛傳)만 낭비할 뿐이요, 그 시골 마을에서 일어나는 횡포와 부부(夫婦)의 억울함을 자세히 살필 길이 없으며, 수령이 백성들을 함부로 부리고 부세(賦稅)를 마구 거두어들인 것이 있다 하더라도 가난한 백성들이 감히 글을 올려 사정을 드러낼 자가 있으리요. 조정에서 거듭 타이르고 경계한 것은 쓸데없는 말로 돌아갈 뿐, 백성을 해치는 해묵은 폐단은 예전대로이며 제거되지 않는다. 더러 암행어사가 돈다는 소문을 들으면 큰 고을 작은 고을 할 것 없이 두려워서 벌벌 떨고, 시골의 호강(豪强)한 무리들도 모두 숨기에 겨를이 없으니, 비록 탐욕스럽고 교활한 관리라 하더라도 마침내는 벗어난다. 이렇듯 한 시대를 진작시키는 것은 암행어사만한 것이 없다.

대개 말세의 정치는 순박했던 옛날과 다르니, 참으로 끝없이 조사해서 악함을 징계함이 없으면, 사람들이 반드시 보고 본받아서 선량한 백성들이 해를 받게 될 것이요, 염탐하여 발각해 냄이 없다면 임금이 어떤 방법으로 백성들의 실정을 얻어 들을 수 있으리요. 그러므로 옛날 신명(神明)한 수령으로 일컬어지는 이는 모두 이런 방법을 택했으니, 나라가 아랫사람을 거느리는 것도 이와 무엇이 다르랴.

옛날 중국 제나라 아대부(阿大夫)는 왕의 측근에게 잘 보여 칭찬을 얻었으나, 토지가 개간되지 않고 백성이 가난으로 고생하는 것을 덮어버리지 못하여, 임금이 몰래 염탐하여 그것을 알아냈다. 오늘날은 갖은 방법으로 속이는 때이므로 일상의 제도만 지키는 것은 고지식하다 하겠다.

저 미복으로 다녔다는 말은, 강구(康衢)에서 비롯되었다. 탐문해도 되지 않자 또 반드시 자신이 친히 보고자 했는데,[*1] 하물며 후세에는 착함은 적고 악함이 많음에랴.

뇌물 받는 자는 백성의 도적이다. 도적을 막는 데에는 반드시 염탐을 하고, 도적을 다스리는 데에는 반드시 기찰(譏察)하여 체포하는 것은, 소송의 금지만 바라는 조정과 똑같으나, 암행어사를 내보내 염탐하는 일은 아마 잠시도 폐지해서는 안 될 듯하다. 도적을 다스리는 법은, 도적을 잘 잡는 자는 벼슬을 더 올려서 상 주고 숨겨 주는 자는 죄를 주며, 암행으로 조사하여 밝혀낸 사람은 그 가볍고 무거움을 살펴서 좋은 벼슬자리에 승진시키는 것으로, 임무를 받은 자는 반드시 장차 쇄신될 것이다. 감사 및 비호하는 사람에게도 역시 죄에 마땅한 벌을 주면 사람들이 감히 방자한 뜻으로 변명하여 구해 주지는 못할 것이다. 제나라에서 아대부를 삶아 죽이고, 일찍이 아대부를 칭찬했던 사람도 아울러 삶아 죽였으니, 그 요체를 알았다고 하겠다.

당나라 때 유공작(柳公綽)의 가훈에는 뇌물 받는 관리를 용서하지 않았고, 주자는 뇌물 받은 사람을 보고는 낯빛에 노기를 띠며 말하기를 "얼굴에 자자(刺字 : 옛날 중국에서 얼굴이나 팔뚝에 흠을 내어 죄명을 먹칠하여 넣던 일)하고 귀양 보내겠다" 하였고, 범중엄(范仲淹)은 말하기를 "한 집에서 우는 것이 한 도(道)가 우는 것과 비교하여 어떻겠는가?" 하였으니, 옛날 군자의 마음가짐이 이와 같았다.

오늘날은 한 번 죄를 드러내는 경우가 있어도 감사가 덮어 줄 뿐만 아니라, 대신이 반드시 애써 변명하여 죄를 벗겨 주니, 세상의 도덕이 어떻게 날로 그르쳐지지 않겠는가.

어떤 사람은 말하기를 "도사(都事)는 늘 시종(侍從)의 직함을 띠어 마음대로 감영을 떠나지 못하게 하고, 감사가 시기에 구애받지 않고 도사를 암행시켜 그 봉고파출(封庫罷黜 : 어사나 감사가 나쁜 수령을 파면시키고, 관가의 창고를 잠그는 일)을 한결같이 암행어사처럼 하고, 사실의 이유를 갖추어 글로 써서 바치게 하며, 또 조정에서는 별도로 암행어사를 보내어 감사 이하를 모두 파면하는 권한을 주고, 관하의 수령을 살펴서 발각하지 못하는 감사도 그 죄의 가볍고 무거움에 따라 벌을 주면 뇌

[*1] 요임금이 천하를 다스린 지 50년 만에, 천하가 잘 다스려지는지, 백성들이 자신을 임금으로 받들기를 원하는지 좌우에 알아보았으나 아무도 모르므로 미복을 하고 중심거리 강구에 노닐면서 알아보았다는 데서 나온 말.

물 받는 풍습이 조금은 그칠 것이다" 하였는데, 그 말에 일리가 있다.

설제 스님
雪霽上人 설제상인

사촌형님인 양계(良溪) 이진(李濃) 선생이 나를 위해 이렇게 말했다.

"일찍이 설제상인(조선 숙종 때의 승려.)이 불도를 강론하는 모습을 보았다. 상인_{(上人)은 중의 존칭.} 은 늘 구석방에 거처하고 방에는 지게문이 있어 강당과 통하였다. 여러 신도들이 아침밥을 먹은 뒤에 경쇠 소리가 세 번 울리면 저마다 불경을 가지고 강당에 모인 뒤에 상인을 강석(講席)으로 맞아오는데, 궤(几 : 자리에서 팔을) 와 지팡이를 가진 이가 앞에서 인도하고, 꺾어져 돌아갈 때에는 모두 경쇠를 울린다. 자리에 이르러서 신도들은 모두 알정례(謁頂禮 : 이마를 땅에 대고)에 참여하고, 공양을 올린 다음 신도들은 불경을 쥐고 엎드려서 기다린다. 먼저 불경 하나를 상인의 앞에 있는 궤 위에 올려놓는다. 불경의 뜻이 얕은 것에서 부터 깊은 것에 이르기까지 모두 갖추어져 있는데, 깊은 것은 밑에 두고 얕은 것은 위에 올려놓는다. 상인이 먼저 맨 위의 불경을 펼쳐서, 아무개가 있느냐고 물어봐서 없다고 하면 그만두고, 있다고 하면 시원스럽게 한 차례 읽은 다음 그 뜻을 아주 자세하게 해석하면 신도들은 함께 들으며, 또 두 번째 불경을 들어서 문답과 해석을 관례대로 행하고, 맨 아래의 불경까지 강설한다. 그런 뒤에 상인이 곧 일어나서 곡방(曲房 : 밀)으로 돌아가는데, 궤와 지팡이를 잡은 이가 경쇠를 치며 인도하는 것은 올 때처럼 한다. 그러고 나서 승도들은 강당으로 돌아와 서로 더불어 강론하되, 역시 얕은 것부터 시작해 서로 토론한다. 강론이 끝나면 저마다 의심스러운 곳에 쪽지를 붙여 차례로 다시 구석방으로 찾아가 질문한다. 그들의 모든 동작이 다 볼 만하여 유가 (儒家)에서는 미칠 수 없는 것이었다."

나 또한 절에 갈 적마다 스님들과 어울려 말해 보면, 그들의 부처를 신봉하는 태도가 매우 성심스러우니 이른바 "좋은 여색을 좋게 여기는 것과 같이 하여 자신을 속임이 없다(대학)"는 것이다. 유생들이 선성(先聖)을 겉으로는 숭배해 받드는 듯하나 승려들처럼 깊이 신봉하지 않으니, 이는 밖으로 물욕의 유혹을 받기 때문이다.

물욕과 성심은 서로 승제(乘除)되므로 그 얕고 깊음으로 나누어지는 것은 물욕이 9분이면 성심이 1분이고, 물욕이 1분이면 성심이 9분이니, 그 얽매임을 온통 씻어버린 자를 본 적이 있는가? 저 신도들은 이에 얽매인 바가 없어서 정일(精一)하면서 의혹이 없는 것이다. 그 9분과 1분의 사이에서는 그래도 옳거니와, 또 벼슬에만 급급하고 재물을 사랑하는 자는 경전의 가르침을 매개로 하여 일체 사물을 얻기에 뜻을 두었다가, 사물을 얻으면 그 그릇을 버리고 여러 사람을 따라 성(聖)을 말할 뿐이지만 막상 성이 어떤 일을 하는지 모르니, 그 현명함과 불초함의 차이가 과연 어떻겠는가? 이는 실로 승도의 죄인이다.

아내를 내쫓음
出妻 출처

우리나라 법에 개가(改嫁)한 사람의 자손은 청직(淸職)에 임명하지 않으므로 양반 집안에서는 개가하는 것을 부끄럽게 여긴다. 그로 인해 아내가 비록 대단히 어그러진 행실이 있더라도 함부로 아내를 내보내는 법조문이 없음을 핑계하여 이혼을 허락하지 않는 폐단이 전해오게 되었다. 이로 인해 여자의 권리가 너무 중하여 가정의 도덕이 이루어지지 못한다.

나는 성질이 사납고 못된 아내를 둔 자를 많이 보았는데, 무슨 일을 하건 아내에게 억눌려서 감히 기를 펴지 못하는 자는, 그 사람 됨됨이는 보잘것없으나 끝내는 집안을 보전하는 주인이 되고, 성품이 괄괄하여 서로 어울려 싸움질하여 사이가 나쁘다는 꾸짖음을 듣는 자는 죽을 때까지 고민하고, 자녀들의 혼인을 지내지 못하며 어그러지고 어지러움을 숨기기 어려우니 그 이로움과 해로움이 이와 같다.

옛날 이조판서 아무개가 한 무관을 추천하여 수령으로 삼으려 하니, 참의(參議)가 말하기를 "이 사람은 정실 아내를 구타한 적이 있는데, 어찌 감히 목민관(牧民官)에 임용할 수 있겠습니까?" 하자, 판서가 조용히 말하기를 "정실 아내는 진실로 배필이오. 그러나 술이 있는데도 없다 하고, 첩이 없는데도 있다 하며 거스르고 소란을 피우니, 장부의 마음에 어쩌다 때리고 싶어지기도 할 것이오. 저 무부(武夫)를 어찌 몹시 나무랄 수야 있겠소?" 하니 참의가 웃으면서 따랐다. 이는 비록 우스갯소리나 또한 그때의 병통을 꼬집어 낸 것이다.

나라에서 악을 징계하는 데에 가르쳐도 따르지 않으면 벌을 주고, 벌을 주어도 따르지 않으면 죽여버리는 것은 그 위엄이 행하여지도록 하려는 것이다. 저 여자들은 천성이 어질지 못하나 또 내쫓는 법도 없으니, 비록 성인의 지혜라도 어찌할 수가 없다. 그 투기하는 마음은 참으로 이상할 것이 없으나 불효한 데에도 감히 내보내지 못하니, 세상의 도덕이 어찌 떨어지지 않겠는가.

어떤 이는 "그렇게 하지 않으면 여자들은 죄없이 내쫓기는 자가 많을 것이다" 하는데, 이는 아녀자를 편들어 하는 말이다. 성인이 어찌 이것을 생각하지 않고서 아내를 내보내는 7가지 조목을 세웠겠는가. 법이란 폐단이 없지는 않겠으나, 불효 불순하고 도덕을 무너뜨리고 집안을 어지럽히는 것이 더욱 해롭다는 것을 보지 못했겠는가.

선비의 사회 이바지
儒者補世 유자보세

선비는 사회 교화에 큰 도움이 된다. 광해군 말엽에 강홍립(姜弘立)이 사로잡혀 돌아오지는 못했으나 그의 비밀 보고서는 잇따랐다. 뒤에 인조반정이 일어나 한명련(韓明璉)이 반역의 무리로 몰려 죽음당하자 그의 아들 한윤(韓潤)이 후금으로 도망쳐 들어가서 말하기를 "강씨 일족이 다 죽었다" 하였다. 이 때문에 정묘호란(丁卯胡亂)이 일어났는데, 강홍립의 뜻은 가족과 나라를 위한 것이었다. 강홍립이 우리나라 땅에 들어와서 모든 강씨들이 탈 없음을 알고 또 여헌(旅軒) 장현광(張顯光), 우복(愚伏) 정경세(鄭經世) 등 여러 훌륭한 관리들의 진퇴에 대해 물으니, "모두 다 조정에 벼슬한다" 고 하므로, 강홍립은 "이들 몇몇 사람은 결단코 좋지 않은 일을 할 사람이 아니니 실정을 대개 알 수 있다" 하고는, 전쟁을 그만두고 근신하여 우리 조정에 돌아왔다.

예컨대 그 무렵에 이런 일이 없이 단번에 청나라 군대가 우리나라 깊숙이 들어왔더라면 백성의 재난이 어떠했겠는가. 높은 산과 큰 강은 사람에게 은택을 베풂이 눈에 띄지 않으나 만물이 그에 힘입어 생육되니, 이는 여헌·우복 두 선생도 그렇다는 말이다.

관직 팔아 비용 마련이라니
私覿官 사적관

한유(韓愈 : 자는 퇴지(退之). 당나라 문인)가 위단(韋丹)의 묘지(墓誌)를 지었는데, 그 묘지에 이르기를 "위단이 마침 신라에 사신으로 가게 되었다. 고사(故事)에, 외국에 사신으로 가는 이에게는 주현관(州縣官) 10명을 내려주되, 이름을 써서 올려 자기 편의대로 하게 했으니, 그것을 '사적관'이라 하였다. 위단은 말하기를, '내가 천자의 관리로서 외국에 사신을 가는데 비용이 부족하면 마땅히 위에 청해야 할 일이지 어찌 관직을 팔아서 돈을 받겠는가' 하고 곧 소용되는 바를 갖추어 상소하였더니, 임금이 어질게 여기고 담당 관아에 명하여 그 필요한 비용을 주도록 하였다" 한다. 이는 아마 당나라 말엽에 전쟁이 자주 일어나 재용(財用)이 고갈되어 멀리 사신 가는 이에게 비용을 대줄 수 없었기 때문이었을 것이다.

우리나라는 북경과 인접하여 사신의 행차가 끊이지 않는데, 비용을 늘상 사신 가는 이에게 위임하여 사적으로 열읍(列邑)에 요구하게 하니, 그것을 '구청(求請)'이라 한다. 이 폐단이 어느 때부터 시작되었는지 알 수 없으나 단정컨대 조선 초기에 정해진 제도는 아니다. 이러니 수령들의 사적인 뇌물을 금지할 수 있겠는가. 사적으로 구청하고 사적으로 주는 것이 끝내는 어디서 나오느냐 하면 백성에게서 나온다. 이것이 곧 이른바 세외방원(稅外方圓 : 세금 이외에 제 물을 바치는 것)이니, 이것이 나날이 늘어나 다른 것도 다 본받는다. 그래서 무릇 경사(京司)에 일이 생기면, 반드시 지방 고을에서 공공연히 징수하는 것을 관례로 삼으니, 참으로 개혁하는 대책을 세우지 않으면 앞으로 망국의 단서는 반드시 이로 말미암아 일어날 것이다.

이는 사적관과 무엇이 다르랴. 당나라는 위단으로 인하여 사적관의 폐해가 그쳤는데, 오늘날 위단처럼 할 수 있는 사람이 누구일지 모르겠다.

문관 무관 가리지 않고
文武無拘 문무무구

태평 시대가 오래 되어 문·무관의 귀천이 아주 달라졌다. 무관의 극선(極選)은 승지(承旨)를 허락하는 데 그치고, 2품에 오른 뒤라야 좌윤·우윤·공조와 형조의 참판만 허락하므로, 무관의 원망이 매우 심하다. 그런데 그들의 마음가짐이 외잡(猥雜)하여 괴란(乖亂)하고 간활한 짓을 마구 하며, 조금이라도 긍지가 있으면 또한 벌떼처럼 일어나서 나무란다.

도대체 왜 문관으로서 지모와 방략이 있는 자는 병사(兵使)·수사(水使)·대장(大將)에 임명하는 데는 구애되는 바가 없는데, 무관으로서 단아하고 문학이 있는 자는 홀로 문직에 임용할 수 없단 말인가. 국조(國朝 : 조선조를 말함)로 말하더라도, 송당(松堂) 박영(朴英)*1은 유종(儒宗)으로 이름이 드러났고, 박원종(朴元宗)*2은 정국(靖國)하기 전에 이미 이조참판이 되었으니 알 수 있다. 지금은 마땅히 그 재품(才品)에 따르고 문무에 구애하지 않으면 무신의 원망을 그치게 할 수 있고, 추솔하고 사나운 풍습도 조금 그치게 될 것이다. 또 저 무신들이 비록 활쏘기와 말타기의 무예로 발신(發身)하였으나 그 사람을 알아보고 사무를 아는 것이 어찌 꼭 문장과 자구나 다듬는 속유(俗儒)들만 못하겠는가. 문관은 표(表)나 부(賦)로 얻는데, 국사를 계획하고 백성을 다스리는 데에는 애당초부터 표나 부에서 나오는 것은 아니니, 무관의 활쏘기나 말타기도 이와 무엇이 다르랴. 만약 방도 있게 거느리고 구애없이 임용하면 임금을 돕는 훌륭한 계책과 국가의 귀중한 책문(策文)이 과연 누구에게서 나올지 알 수 없는 일이다. 마소 따위 가축도 놓아서 기르면 사

---

*1 박영 : 조선 중종 때의 무신. 자는 자실(子實). 무과에 급제하여 선전관(宣傳官)이 되었다가 사직 후 정붕(鄭鵬)의 문하에서 특히 《대학》 공부를 하였다. 중종반정 후 동부승지(同副承旨) 등을 역임하고 경상도 병마절도사를 지냈다. 무신으로 유학(儒學)에 종사하였으며, 황간(黃澗)의 송계서원(松溪書院), 선산(善山)의 금오서원(金烏書院)에 제향(祭享), 시호는 문목(文穆)이다. 저서로는 《송당집(松堂集)》·《백록동규해(白鹿洞規解)》 등이 있다.

*2 박원종 : 성종·연산·중종 때의 무사. 연산군 12년(1506)에 유순정(柳順汀) 등과 함께 연산군을 폐하고 중종반정을 이룩하는 데 주동 역할을 하여 정국공신(靖國功臣) 1등으로 우의정이 되고, 뒤에 영의정에 올랐다가 이듬해 평성부원군(平城府院君)에 봉해졌으며, 중종 묘정(廟庭)에 배향되었다. 정국(靖國)이란 중종반정을 말한다.

나워지고, 매나 새매 따위 들새도 얽매어 두면 길들여지니, 이는 인재를 기르는 데 대한 말이다.

물을 막아 농토에 대어야
壅水漑田 옹수개전

세상에서 가장 아까운 일은 쓸데 있는 것을 쓸데없는 것으로 돌려버리는 일이다. 재물은 농사에서 나오고, 농사에 해를 끼치는 것으로는 가뭄이 가장 심하니, 만일 시냇물을 농토에 대어주면 흉년을 거의 벗어나게 될 것이다. 사방의 들판이 말라서 타는데 시냇물은 그대로 바다로 흘려보내니, 어찌 안타깝지 않겠는가.

지금 물을 막아 농토에 관개하는 자는 언제나 물이 낮고 들판이 높음을 걱정하고, 혹은 물살이 빨라서 쉬 무너짐을 걱정하는데, 이는 모두 힘을 들이지 않았기 때문이다.

물은 산으로부터 내려오므로 그 근원이 반드시 높을 것이니, 오래되면 패여서 형세가 낮아질 것이다. 만일 오랜 세월을 두고 돌을 쌓아 구덩이를 메워서 차츰 흐르는 물살을 막으면 모래와 흙이 쌓여서 물길도 갈수록 높아질 것이니, 높아지는 대로 더 높이 쌓으면 어찌 관개하지 못할 리가 있겠는가. 다만 여러 해를 두고 기약해야만 일이 제대로 된다.

그 쉬이 무너진다고 하는 것도 또한 그렇지가 않다. 중국은 비록 양자강·황하처럼 큰 강도 수문이 있어서 때로 모았다 뺐다 하는데, 우리나라가 비록 나라는 작으나 어찌 수력에 다름이 있겠는가. 다만 재물을 들이는 데는 매우 인색하고 걱정을 막는 데에는 방법이 없어, 구차스러운 방법으로 영원히 튼튼하고자 하니 되겠는가.

또 비가 오면 물이 넘치고 가물면 문득 가뭄을 타니, 또한 쓸데 있는 것이 쓸데없는 것이 되고 만다. 저수(瀦水)하는 정책은 조선 초기에 세웠던 것인데 오늘날은 모두 폐지되고 말았으니 한스럽다.

서자의 벼슬 길을 막음
庶蘗防限 서얼방한

근래에 판서 이무(李袤)가 서얼(庶蘗 : 서자)의 방한(防限 : 한정지어 막음)에 대해 상소하여 말하였으니 그 대략은 다음과 같다.

"왕자(王者)가 임금 자리에 오르면, 온 천하가 임금의 신하가 아닌 것이 없는데, 어찌하여 새삼 비천한 무리 가운데서 귀천을 따질 것이 있겠습니까? 고귀하게 하고 미천하게 하는 권한을 진실되고 당연하게 총괄하되 그것을 아래에 빌려 주어서는 안 되는 것이 분명합니다. 그런데 현재는 총괄하지 않을 뿐만 아니라, 도리어 그들과 함께 문벌을 논의하기를 마치 저 중국 당나라 때 명문인 최(崔)·노(盧)가 혼인 의론하듯(문벌을 따짐. 이 두 성은 중국 육조 때와 당나라 때 명문) 합니다. 그러나 문벌은 벼슬함을 말하고, 벼슬을 시키는 권한은 누구의 손에 있기에, 근본을 버리고 지말을 거행하는 이런 정사가 있으십니까? 훌륭하십니다! 우리 선조대왕(宣祖大王)께서 교서에 이르기를 '해바라기가 해를 향하는 것은 곁가지도 마찬가지인데, 신하로서 충성하고자 하는 마음이 어찌 반드시 정실의 적자(嫡子)뿐이겠는가?' 하셨습니다.

지금 서얼로서 일컬을 만한 이를 말씀드리겠습니다. 은나라에 삼인(三仁 : 어진 신하인 미자(微子)·기자(箕子)·비간(比干))이 있는데 서자가 둘을 차지하였고, 제나라의 양저(穰苴)는 이름이 천하에 드러났습니다. 동한(東漢) 이래 대대로 녹을 받는 집이 고귀하게 되었으나, 왕부(王符)의 어짊이 역사책에 나타났으며, 위·진(魏晉) 사이에는 허무(虛無)를 학문으로 삼았으나 배외(裵頠)만이 숭유론(崇儒論)을 지었으며, 진대(晉代)의 의관(衣冠)으로는 매번 강좌(江左 : 강동)의 인물을 논하는데, 문득 백인(伯仁)의 정직함을 으뜸으로 삼으니, 백인은 곧 주준(周浚)의 첩 낙수(絡秀)의 아들 주의(周顗)이며, 환석건(桓石虔)은 사공(司空) 환활(桓豁)의 서자였으되 위명(威名)이 진동하여 그 이름만 들어도 학질이 떨어지기에 이르렀습니다.

이 밖에도 한(漢)나라 위청(衛靑)은 현리(縣吏) 위정계(衛鄭季)의 창기 소생이었으되 대장군의 지위에 이르렀고, 곽거병(霍去病)은 현리 곽중유(霍仲儒)의 천첩 소생이었으되 표기장군의 지위에 이르렀습니다. 진(晉)

나라 배수(裵秀)는 상서령 배잠(裵潛)의 천첩 소생이었으되 후진의 영수가 되었고 지위는 사공(司空)에 이르렀으며, 도간(陶侃)은 곧 도단(陶丹)의 첩 기씨(淇氏)의 아들로 지위는 인신으로서 제일 높은 자리에 이르렀으며, 완부(阮孚)는 완함(阮咸)의 천첩 소생으로 그의 어미는 선비(鮮卑)의 여종이었으되 이부상서의 지위에 이르렀으며, 조로(曹老)는 곧 폐성(廢姓 : ^{중국 삼국 시대 위(魏)}_{나라 왕실인 조씨(曹氏)})의 서자로 지위는 견성공(甄城公)에 이르렀습니다.

수나라 이원통(李圓通)은 졸례(卒隷) 이경(李景)의 창기첩(娼妓妾) 흑녀(黑女)의 아들이었으되 지위는 대장군에 이르렀으며, 최색(崔瀺)은 견주사마(沂州司馬) 최자원(崔子元)의 서손이었으되 지위가 태상경(太常卿)에 이르렀습니다.

당나라 소정(蘇頲)은 소괴(蘇瓌)의 비첩(婢妾) 아들이었으되 명상이 되고 허국공(許國公)에 봉해졌으며, 효자 두고(杜羔)는 어머니가 적실(嫡室)이 아니었으되 지위가 공부상서에 이르렀으며, 이소(李愬)는 이성(李晟)의 첩의 아들이었으되 지위가 우복야에 이르고 곽국공(霍國公)에 봉해졌으며, 두순학(杜荀鶴)은 두목지(杜牧之)의 창기첩 아들이었으되 지위가 이부상서에 이르렀습니다.

송나라 주수창(朱壽昌)은 경조윤(京兆尹) 주혁(朱奕)의 첩의 아들이었으되 지위가 대부에 이르렀으며, 한기(韓琦)·범중엄(范仲淹)은 모두 어머니가 천하기로 일컬어졌으나 송나라 명상이 되었습니다. 진관(陳瓘)의 아버지는 반양귀(潘良貴)의 아버지 반영(潘榮)과 정의가 매우 친밀하였는데, 진관의 아버지가 반영에게 자식이 없는 것을 안타깝게 여겨 아들 낳을 여종을 빌려주어 반양귀를 낳았습니다. 나중에 그의 어머니가 두 아들의 집을 오가니, 사람들이 한 어머니가 명유(名儒) 둘을 낳았다 하였습니다. 호인(胡寅)은 문정(文正) 호안국(胡安國)의 서자로 대유(大儒)가 되었는데, 주자가 말하기를 '내가 일찍이 모셨던 적이 있는데, 그는 호걸스런 선비라고 할 만하다' 하였습니다. 송나라 최도고(崔道固)는 벼슬이 현달한 뒤에 청주(青州)로 사명(使命)을 받들고 갔더니, 그의 모든 적형(嫡兄)들이 최도고의 어머니를 다그쳐서 손님 앞에 술을 따르게 하므로 최도고가 놀라 일어나서 말하기를 '집에 사람들이 없어서 늙은 어머니께서 애쓰십니다' 하니, 여러 손님들이 모두 그 어머니에게 절을 하였습니다. 그 어머니가 최도고에게 이르기를 '내가 천하여 귀한 손님을 일어나게 할 수 없으니 네가 답배(答拜)하라' 하였습니다. 여러 손님들이 그 모자를 훌륭하게 여기고 그의 형들을 천하게 여겼으며, 사우(師友) 사이에서도 이 때문에 낮추어지지 않았습니다.

사람들이 말하기를 '서얼은 외가가 바르지 못하기 때문에 선이 적고 악이 많다' 합니다. 만일 그렇다면 미자(微子)의 후손과 맹손(孟孫)의 후예를 모두 존경하여 높일 까닭이 없다는 말입니까.

선유(先儒)가 말하기를 '사람이 정신과 심술을 바르게 쓰지 않으면 간사하게 쓴다' 하였습니다. 대개 현재 서자들이 여러 사람들의 사이에 나란히 끼지 못하고 하나의 죄인이 되어, 몸을 옹송그려 살살거리고 종처럼 굽실대어야 굴욕을 면하고 동정을 받습니다. 물려받은 재산이 없어서 스스로를 봉양할 여지가 없으므로, 편협하고 강개한 무리는 더러 슬피 노래부르며 세상을 피해 살고, 칼을 어루만지며 무리를 불러모으고, 호탕하고 방일한 기개를 시장에서 개 잡는 천한 일에 붙여버리며, 중재 이하는 가난하여 제대로 살아가지 못하매 일정한 성질을 잃어서 모두 모리하는 가운데로 들어가니, 이러한 데도 착한 사람이 많지 않음을 나무라는 것은, 사람을 똥구덩이에 밀어넣고서 더럽다고 침 뱉는 격입니다.

왕자(王者)는 평등하게 사랑하는 것이며, 모두가 왕의 백성입니다. 비유하자면, 부모가 여러 아이를 기르되 한 이불 밑에 같이 있어 강자는 약자를 짓누르고 약자는 채이는데도 부모가 말리지 않을 뿐만 아니라, 도리어 억센 자를 두려워하고 약한 자를 깔보는 것을 두고 과연 《시경》에서 말하는 '시구(鳲鳩)의 의리'*1가 과연 이런 것입니까? 벌열(閥閱)이나 한미한 씨족을 막론하고 다 같은 서민인데 서민으로써 서민을 제어하니, 약한 자는 강한 자에게 먹히기 쉬워지지 않습니까?

어떤 이는 조종(祖宗)의 옛 제도라고 평계합니다. 그러나 200년 동안 금고(禁錮 : 죄과 혹은 신분상의 허물이 있어 벼슬길에 오르지 못하게 하던 일)되었던 것이 선조 때에 이르러 소통(疏通 : 서자를 일반 관리에 임용하는 것)을 허가하였으며, 또 인조 때에 이르러 3조(曹)에 소통하는 것

---

*1 시구의 의리는 군자의 마음씀이 균평전일(均平專一)함을 말한다. 시구(鳲鳩)는 조풍(曹風)의 편명인데, 뻐꾸기가 일곱 마리의 새끼를 균평하게 기르는 인애(仁愛)와 군자가 지닌 전일(專一)한 위의(威儀)를 대조해서 읊은 것이다.

을 허락하였으니, 이 또한 그른 일입니까?

《역경》에 '궁하면 변하고 변하면 통한다' 하였으니, 궁함이 극도에 이르렀으므로 이제야말로 바로 변통할 때입니다."

이 상소는 명백하고 절실하여 사람들로 하여금 눈물을 흘리게 하니, 참으로 상도를 굳게 지키는 사람이 있다면 누가 그를 그르게 여기겠는가. 그런데도 오히려 시행하지 않는 것은 무슨 까닭인가.

한정지어 막는 법은 우대언(右代言) 서선(徐選)에게서 비롯되고, 강희맹(姜希孟)·안위(安瑋)가 《경국대전》을 편찬할 때에 심해졌다. 선조 초년에 신유(申濡) 등 1천 6백여 명이 소장을 올려 서얼 방한의 억울함을 호소하였더니, 비답(批答)에 '해바라기가 해를 향하는 것은 곁가지도 마찬가지다'라는 말이 있었고, 율곡 이이가 변방의 난리 걱정으로 인하여, 납미허통(納米許通)[*2]하는 규정을 시행하여, 과거에 오른 뒤에는 으레 봉상시(奉常寺)나 교서관(校書館) 서너 자리를 줄 뿐이었다.

인조 때에 이르러 홍문관 부제학(副提學) 최명길(崔鳴吉) 이하 심지원(沈之源)·김남중(金南重)·이성신(李省身)·이경용(李景容)이 임금의 하교에 따라 논열(論列)하고, 이조판서 김상용(金尙容)이 회계(回啓)하였더니, 대신에게 수의(收議)하도록 명령하였다. 그때에 정승 이원익(李元翼)·윤방(尹昉)·오윤겸(吳允謙)의 수의에도 모두 이의가 없으므로, 바야흐로 요직은 허가하고 청직(淸職)은 허가하지 않기로 하였으니, 요직이란 곧 호조·형조·공조의 낭관(郎官) 및 각사(各司)의 관원이다. 그리고 참판 김수홍(金壽弘)도 상소를 하여 청하였으나 마침내 시행되지 못하였다.

숙종 을해년(1695)에 영남 사람 남극정(南極井) 등 988명이 또 소장을 올려 서자의 억울함을 호소하였으나 승정원에 의해 저지되었다. 이듬해 병자년에 이조판서 최석정(崔錫鼎)이 상소해 논하기를 "요직에 허통한 뒤로 서너 명을 주의(注擬)하는 데 지나지 않을 뿐 제대로 시행되지 못하였습니다. 비록 예전의 폐단을 갑자기 고치지는 못하겠지만, 정해진 제도에 의해 상당

[*2] 납미허통은 선조 16년(1583) 육진에서 오랑캐의 난이 일어나자, 병조판서였던 이이(李珥)가 "서얼로 하여금 북쪽 변경에 곡식을 바치고 문·무과에 응시하도록 하라"는 데 따라 실시한 제도이다.

한 직책으로 처리하소서" 하였다.

남극정의 상소에 "《경국대전》을 반포한 뒤에 한 해가 지나도록 크게 가물어서 굶어 죽은 사람이 잇따르니, 의론하는 이는 서얼을 금고한 탓으로 돌렸습니다. 성종께서 불쌍히 여겨 개혁하려 하다가 미처 하지 못하고 승하하셨습니다" 하였다. 이 말이 어느 책에 나오는지 모르겠으나, 한 지어미가 원통하게 죽었을 때 3년 동안 가물었는데,*3 하물며 천 사람 만 사람이 백년 천년의 원통함을 품었음에랴!

후세에 이 일에 대해 임금에게 의견을 올린 사람이 또한 많았으니, 국정을 시행하는 이가 만일 나라 일을 자기 집 일처럼 여기고 백성의 원통함을 자기의 원통한 것처럼 보았다면, 어찌 끝내 허통을 시행하지 못할 리가 있겠는가.

이미 재능에 따라 임용한다 하고서 다만 3조(曹)의 낭관에 국한함은 막힌 것이요, 납미허통으로 말하면 구차스러울 뿐이다. 이는 실로 고금천하에 없는 바로서 마침내는 한번 행하고 말 것이므로 갖추어 기록한다.

또 살펴보건대, 성조(聖朝)에서 서자에게 요직에 통할 자리를 허용하지 않은 것을, 사람들은 유자광(柳子光)이 법을 제정한 것이라 하나 그것은 그른 말이다. 유자광이 권세를 잡은 것은 세조 때였고, 태종 15년 을미(1415)에 우대언 서선(徐選)의 말을 따라서, 서자의 자손은 요직에 서용하지 못하게 하였다. 《경국대전》은 예종 기축(1469)에 이루어졌는데, 역시 이르기를 "재가(再嫁)하였거나 실행(失行)한 부녀의 아들 및 손자와 서자의 자손은 문과·생원·진사 시험에 응시하는 것을 허용하지 않는다" 하였고, 또 이르기를 "실행한 부녀 및 재가한 여자의 소생은 동서반(東西班)의 직을 서용하지 않고 증손에 가서야 비로소 허용한다" 하였다. 그러나 재가한 여자의 소생에 대한 금고는 손자에 그치는데, 서자는 백 대까지도 허용하지 않으니 너무 심하지 않은가. 만력(萬曆 : 명나라 신종 연호. 1573~1620) 연간에 칠서(七庶)의 변*4이 대개 이

---

*3 이 말은 한(漢)나라 때 제(齊)의 효북이 원통하게 죄를 받아 죽어 유사(有司)의 밝지 못함을 책망하니, 하늘이 3년 동안 비를 내리지 않았다는 고사임.

*4 광해군 4년(1612) 서얼 금고에 불만을 품은 서자 출신인 서양갑(徐羊甲)·심우영(沈友英)·박응서(朴應犀)·박치의(朴致毅)·김평손(金平孫)·이경준(李耕俊)·허홍인(許弘仁) 등 7인이 강변칠우라 자처하고 죽령(竹嶺)에서 행인의 은돈을 강탈하였다가 이듬해 잡히자, 소북(小北)파에서 영창대군을 옹립, 모반을 꾀한다고 허위로 고변하여 계축옥사(癸丑獄事)가 일어났다.

때문에 분격하여 일어난 것이라 한다.

근래에 홍만종(洪萬宗)의 《역대총목(歷代總目)》에서 "《경국대전》은 성화 (成化) 7년 신묘(1471)에 이루어졌고, 그 뒤 중종 4년 기사(1509)에 와서 비로소 '개가한 여자의 자손은 동·서반의 정직(正職)에 서용하지 못한다'라 고 고치게 하고 '증손에 이르러서야 허가한다'는 문구를 빼버렸다" 한 것은 잘못이다.

당파의 폐습이 난을 일으킨다
黨習召亂 당습소란

판서 윤국형(尹國馨)이 말하기를 "동·서가 분당하여 서로 흥하기도 망하 기도 하면서 마치 대대로 맺힌 원수처럼 여기고 협조하고 삼가는 미덕이 없 었으므로, 국세가 쇠퇴해지고 풍속이 경박해졌으며, 끝내는 그런 틈에 왜적 이 침범하여 종묘와 사직이 폐허가 되었으니, 어찌 유독 당고(黨錮)[1]와 청 담(淸談)[2]의 폐해가 한(漢)나라와 진(晉)나라에 재난을 끼쳤던 그 일뿐이 겠는가?" 하였으니, 그 말이 또한 일리가 있는 듯하다.

대개 나무는 썩으면 좀이 생기고 사람은 피곤하면 병이 침범한다. 나라가 난을 부르는 것도 무엇이 이와 다르겠는가? 예컨대 모든 신하들이 공경하고 협동하여 나라가 잘 다스려지게 넓히고, 계책과 시설을 틈이 없이 치밀하게 했더라면, 외적이란 역시 허실을 엿보지 않고 갑자기 이르는 것이 아니니, 임진년의 변란은 반드시 없었을 것이다.

당파의 폐습이 깊이 고질화되면서 굳이 자기 당이면 어리석고 못난 자도 관중(管仲)·제갈량(諸葛亮)[3]처럼 여기고, 가렴주구를 일삼는 자도 공수(龔

---

*1 당고는 당인(黨人)을 금고시킨 일. 중국 후한 말기 환관(宦官)들이 정권을 마음대로 휘둘렀는 데 환제(桓帝) 때 진번(陳蕃)·이응(李膺) 등 기절(氣節)의 선비들을 크게 공격하고 환관의 악 을 지목한 당인들을 종신토록 벼슬에 오르지 못하게 하였다.

*2 청담은 중국 위(魏)·진(晉) 시대에 절개 높은 선비들이 산림에 은거하여 노장(老莊)의 공리(空 理)를 논하던 일.

*3 관중은 제 환공(齊桓公)의 신하로서 나라를 부유하게 하고 군대를 강하게 하였으며, 제후들을 아홉 번 규합하여 천하를 바로잡고 환공을 오패(五霸)의 하나로 만든 지략이 있었다. 제갈량은 한소열(漢昭烈)의 신하로 출장입상(出將入相)의 도량이 있었다.

遂)·황패(黃霸)*⁴처럼 여기나, 자기의 당이 아니면 모두 이와 반대로 했다. 한번 나아가고 한번 물러가는 사이에 붕당 조직에만 전심하고 치민의 조리는 도외시했으니 백성들이 어떻게 보존될 수 있겠으며 나라가 어찌 다스려질 수 있었겠는가.

대마도(對馬島)는 조선과 왜국 두 나라 사이에 끼여 있으니, 우리나라의 모든 실정을 잘 알기 때문에 그가 임진왜란이 이루어지게 매개한 것이요, 그 침범한 일이 일조일석에 일어난 것은 아니다.

옛날 부진(符秦)*⁵이 남침할 때에 양평공(陽平公) 융(融)이 "진(晉)나라가 비록 미약하나 군신 사이에 틈이 없고, 환충(桓沖)과 사안(謝安)이 모두 어집니다(^{자치통감} ^{진기(晉紀)})" 하였는데, 부견(符堅)은 그 말을 따르지 않더니, 끝내는 수수(淝水)에서 대패하였다. 그리고 사성 자한(司城子罕)이 성문지기 병졸이 죽자 조곡(弔哭)하니, 적의 침략 계략이 마침내 저지되었던 것이다(^{예기} ^{하(檀弓下)}).

무릇 남의 나라를 치려는 뜻을 가지면, 반드시 먼저 그 형편을 정탐한 뒤에야 바야흐로 힘을 헤아려 손을 쓰게 되는 것이니, 임진년의 왜적이 바로 그러했던 것이다. 오늘날의 세도와 인심을 보면 위태롭기가 임진왜란 때의 배 또는 다섯 배 이상이니, 앞으로 결과가 어떻게 될지 모르겠다. 아아! 슬프다.

대관이 대신의 죄를 간함
臺諫大臣 대간대신

조선 숙종 때에 어떤 대관(臺官)이 대신의 죄를 상소하여 의론하니, 미수(眉叟) 허목(許穆)이 나아가서 아뢰기를 "신도 또한 대신의 한 사람이니 스

*4 공수는 한(漢)의 순리(循吏). 선제(宣帝) 때 발해태수(渤海太守)로 있으면서 도둑을 없애고 백성에게 농상(農桑)을 전하여 발해가 크게 다스려졌다. 황패도 역시 한의 순리. 무제(武帝) 때에는 하남태수승(河南太守丞)으로, 선제 때에는 영천태수(穎川太守)로 있으면서 옥사(獄事)를 관대하게 처리하고 백성을 잘 보살폈으므로, 한대(漢代)에 치민리(治民吏)를 말할 때는 반드시 황패를 먼저 꼽았다.
*5 부진은 부건(符健)이 세운 오호십육국(五胡十六國)의 하나인 전진(前秦)을 가리킨다. 전진은 부견(符堅) 때에 와서 망했다.

스로 혐의가 없지 않습니다" 하였고, 명종 때에는 간관(諫官) 조사수(趙士秀)가 정승 심연원(沈連源)을 논죄하니, 심연원이 사죄하기를 "그대는 다만 나의 허물을 덜어 주었을 뿐 아니라, 실로 국가의 복이 되게 한 것이오" 하였다.

선조(宣祖)가 조정에 나와서 탄식하기를 "조정에 염치 풍조가 없다" 하니, 간관 강서(姜緖)가 아뢰기를 "윤두수(尹斗壽)를 죄준 뒤에야 선비들이 부끄러워할 줄 알 것입니다" 하매, 윤두수가 땅에 엎드려 사죄하고 죄를 시인하니, 선조는 두 사람을 다 가상하게 여겼던 것이며, 한때 일컫기를 "대신과 간관의 체모는 이와 같아야 한다" 하였다.

송영구(宋英耉)가 사간(司諫)으로 있을 때, 그 무렵 재상 이항복(李恒福)을 탑전(榻前 : 임금 앞)에서 칭찬하자, 이항복이 말하기를 "간관은 대신을 칭찬할 수 없는 것이니, 반드시 쫓아내고야 말겠다" 하였으니, 이런 일들은 사대부가 마땅히 알아야 할 일이다.

학봉(鶴峰) 김성일(金誠一)도 또한 선조 앞에서 소재(蘇齋) 노수신(盧守愼)이 뇌물을 받았다고 말하니, 노수신은 실상 알지 못한 일인데도 오히려 성심으로 사죄하였던 것이다. 이런 풍토를 다시 볼 수가 있겠는가?

도평의사에 대한 기록
都評議司記 도평의사기

정도전의 《삼봉집》〈도평의사기〉에 이르기를 "비유하자면 집은 임금이요, 들보는 정승이요, 터전은 백성이다. 터전은 마땅히 견고해야 하고, 들보는 마땅히 안정되어야 한다. 그런 뒤에야 비로소 집이 튼튼하게 된다. 들보는 위로 지붕을 받들고 아래로 터전에 의지하니, 마치 재상이 임금을 받들고, 백성을 두텁게 대하는 것과 같다. 이 관청에 들어오는 사람은 그 지붕을 보면 우리 임금을 받들 것을 생각하고, 그 터전을 보면 우리 백성을 두텁게 대할 것을 생각하고, 그 들보를 보면 자신의 직책을 알뜰하게 할 것을 생각할 것이다" 하였다. 집과 터전을 가지고 비유한 것이 퍽 많지만, 이 논법은 워낙 완비하여 물샐 틈이 없으니 "세상에 폐기할 사람은 있어도 폐기할 말은 없다"는 설을 믿을 만하다.

옛날 천자를 잘 도운 자들은 이런 방법을 써서, 살아서는 이름을 드날리고 죽어서는 빛나는 공을 드리우지 않은 일이 없었는데, 정도전은 말만 잘하고 능히 실행하지는 못하여, 마침내는 터전이 꺼지고 집이 넘어졌으며 몸 또한 잘 보존하지 못했으니 애석하다.

옛날 중국 하채(下蔡)라는 곳의 위공(威公)이 문을 닫고서 슬피 울어 눈물이 다하고 피가 흐르자 담 너머로 엿보던 자가 우는 이유를 묻자, 대답하기를 "장차 우리나라가 망할 것이다" 하였다. 그러자 그 엿보던 자는 자기 가족들을 데리고 떠나 버렸다. 과연 몇년 뒤 초나라가 채나라를 치게 되었고 담 너머로 엿보던 자는 초나라 사마(司馬) 벼슬에 오르게 되었다. 위공이 포로 가운데 묶여 있자, 엿보던 자가 묻기를 "어떻게 여기에 이르렀는가?" 하니, 위공이 대답하기를 "내가 어찌 여기에 이르지 않을 수 있었겠는가? 말이란 실천의 사역(使役)이요, 실천이란 말의 주인이다. 너는 능히 실천하고 나는 능히 말만 했으니, 너는 주인이 되고 나는 사역이 된 것인데, 내가 어찌 여기에 이르지 않을 수 있었겠는가?" 하였다.

비록 정도전이 사람으로 보아서는 죽어 마땅하지만, 임금을 보좌하는 신하가 만일 그 사람을 놓아두고 그 말만을 실천한다면, 그 또한 말의 주인이 될 수 있을 것이다.

덕교와 형정
刑法 형법

하늘이 네 계절로 나누어서 한 번은 춥고 한 번은 덥게 하듯이 덕교(德教)와 형정(刑政)은 그 어느 하나도 빼놓을 수 없다. 그러므로 봄에 한 사물이 시들면 곧 재앙이라 일컫고, 가을에 한 사물이 꽃피우면 곧 이변이라 일컫는 것이다.

만일 어진 사람이 정치를 함에 있어 형벌과 사형집행이 필요치 않다고 한다면, 요·순이 임금이 되었을 때 법률을 폐지하지 않았던 것은 무엇 때문인가. 또 더구나 후대에 와서는 풍속이 경박해서 착하지 못한 자들이 많을 뿐이 아님에랴. 제멋대로 악을 행하는 무리들은 이해가 마음을 요동시키므로 죽을 일도 과감하게 하는데, 더군다나 용서해 줄 수가 있겠는가?

이러므로 대숙(大叔)이 너무 너그러웠기 때문에 환부(萑符)의 도적이 일어났고, 한(漢)나라 원제(元帝)가 너무 인자했기 때문에 한나라의 운세가 떨치지 못했던 것임을 여기서 살펴볼 수가 있다.

내가 볼 때 시골의 많은 사람들은 매우 가난하고 미천하므로, 얕고 깊은 생각을 다 짜내어 아침저녁으로 생계를 꾀하되, 이욕의 테두리에서 벗어나지 못한다. 그러므로 무릇 가난과 미천에서 벗어나려고 하는 자들은 무엇이든 못할 짓이 없는데도, 오히려 감히 멋대로 간악한 짓을 못하는 것은, 법이 있음을 두려워하기 때문이다.

법(法)과 이(利)는 서로 승제(乘除)가 된다. 그러므로 이익이 무거우면 법이 가볍고, 가벼운 것을 덜어내면 무거운 것이 올라가니, 그 형세는 막을 수 없는데, 어찌 그것을 조금이라도 소홀히 할 수 있겠는가.

또 민심이 얽매이는 바는 풍속이 많은 비중을 차지하고 있으므로, 한 사람이 부정한 생활을 하게 되면 많은 사람들이 보고 본뜨게 된다. 마치 짐승이 산에 있으면서, 물고기가 못에 살면서, 오직 힘으로 이길 수 있는 것은 씹어 삼키지 않는 것이 없으니, 그것은 형벌이 없기 때문이다. 이와 같이 그대로 나아간다면 앞으로 얼마 가지 않아 착함이 변하여 악함이 될 것이다. 그러므로 형벌로 금지하지 않는다면 비록 요임금이 사도(司徒 : 교육을 맡은 벼슬)가 되고 순임금이 전악(典樂 : 음악을 맡은 벼슬)이 된다 하더라도 그들이 짐승과 물고기가 산이나 못에서 씹어 삼키는 것을 막을 수 있겠는가?

지금 갈고리만 한 금을 훔친 자가 있을 때 태장의 형벌에 처한다고 하면, 태장이 훔친 것보다 무거우므로 보고도 그냥 지나칠 것이나, 만일 훔쳐서 부자가 될 수 있다고 하면, 부자가 태장보다 무거우므로 반드시 과감하게 훔치는 자가 있을 것이다.

지금 백금(百金)이 여기 있을 때, 그것을 겁탈하는 자는 그 형벌로 묵형(墨刑 : 다섯 가지 형벌 중의 하나로, 이마에 죄목을 찍어 넣은 형벌)에 처한다고 하면, 묵형이 백금보다 무거우므로 경계하고 겁탈하지 않을 것이나, 가령 겁탈하여 존귀하게 된다면, 존귀한 것이 묵형보다 무거우므로 반드시 과감하게 겁탈할 자가 있을 것이다.

살인한 자는 자신도 또한 죽게 되므로 자신을 억누르고 살인하지 않는다. 만일 살인해도 죽지 않는다고 하면, 도시에서 칼날을 휘두르는 일이 그칠 수가 있겠는가?

이러므로 정치하는 데는 요컨대 위엄이 이로움보다 무겁고, 이로움이 변하여 해가 되게 하여야 백성의 뜻이 안정되고 풍속이 개혁될 것이다.

강태공의 사당
武成王廟 무성왕묘

문(文)과 무(武)는 어느 하나도 빼놓을 수 없다. 그렇지 않으면 마치 새의 한쪽 날개가 떨어지거나, 수레의 한쪽 바퀴가 빠진 것과 같이 나라가 망하지 않을 수 없을 것이다.

공자가 문교(文敎)를 드리웠으므로 강상(綱常)이 이 때문에 무너지지 않고, 강태공(姜太公)이 《육도삼략(六韜三略)》의 병법을 전했으므로 그를 얻어서 화란(禍亂)이 평정되었다. 만일 전략이 갖추어지지 않게 된다면, 비록 예악(禮樂)의 찬연함이 있을지라도 아마 하루아침도 제대로 이어갈 수 없을 것이다.

그러므로 중국 당나라 개원(開元 : 당 현종의 연호) 연간(713~743)으로부터 양경(兩京)과 천하의 모든 고을에 각각 강태공의 사당을 세웠고, 상원(上元 : 당 숙종의 연호) 원년(760)에 무성왕(武成王)으로 추봉하였다. 당시 건의자는 일컫기를 "수시로 제사지내어 무교(武敎)의 주인으로 삼는데, 만일 그 예를 높이지 않으면 그 가르침을 무겁게 할 수 없다" 하였던 것이다.

문교와 무교는 함께 서야 하는데, 우리나라는 무교가 너무 소략하므로 한 번 외적의 침략을 받게 되면 항복하여 붙고 애걸하여 단공상책(檀公上策 : 남에게 굽신거리는 일)을 삼는다. 만일 무교를 떠받들고 권장하여 일으키려면 반드시 먼저 무교의 근원을 높여야 하니, 무성왕의 사당을 어찌 세우지 않을 수 있겠는가.

비록 여러 고을에 무성왕의 사당을 다 세울 수 없다면 마땅히 먼저 경사(京師)에 세우고, 옛 명장 및 우리나라의 김유신·강감찬·이순신을 배향하며, 무경박사(武經博士)를 두어 수시로 익히게 하면 의기가 분발해 일어날 것이다.

지금 먼 지방의 무사(武士)는, 오직 재물이 많은 자가 경성에 머물러 많은 돈을 없애 가면서 온갖 방법으로 청탁해 요행히 얻게 될 뿐이니, 무경(武

經 : 융경(戎經). 군사, 병법에 관한 책)과 무기(武技 : 무예)를 더불어 논할 수가 없다.

따라서 군읍으로 하여금 저마다 무경과 무기를 시험하여 해마다 감사(監司)에게 천거하도록 해야 한다. 그리고 감사는 이를 종합해 재주를 시험한 다음 나라에 천거하고, 나라에서는 이를 종합해 무성왕의 사당에서 양성하면서, 매년 재주를 시험한 다음 장부를 두어 그 등급을 기록하면, 선조(選曹 : 여기서는 병조(兵曹)를 가리킴)는 그 장부에 의거하여 차례대로 그들을 쓰되, 정해진 인원수를 함부로 어기지 않게 하여, 앞으로 무경을 배송(背誦)하고 활을 쏘게 하면 반드시 명중시키는 인재가 나올 것이다.

군사는 힘을 합치는 것이 중요
兵貴同力 병귀동력

천하의 일은 형세를 타는 것보다 더 좋은 것이 없다. 더구나 전쟁은 더욱 그러하다. 비유컨대, 큰 바윗돌이 산꼭대기에 있으면 한 사람의 힘이 그것을 굴려내릴 수 있다. 그러나 바윗돌이 구덩이를 건너뛰고 수풀을 지나치게 되는 형세에 이르러서는 천 사람도 그것을 막아낼 수 없는 것과 마찬가지이다.

그 바윗돌이 산꼭대기에 있을 때 동쪽 사람은 서쪽으로 밀어 굴리려 하고, 서쪽 사람은 동쪽으로 밀어 굴리려 하는데, 동쪽은 한 사람이 손을 쓰고 서쪽은 두 사람이 와서 겨루게 된다면 끝내는 서쪽 사람이 이길 것이다. 바윗돌이 구른 다음에는 비록 백 사람이 손을 쓴다 하더라도 그 형세를 돌이킬 수 없다. 서쪽은 두 사람이 손을 쓰고, 동쪽은 세 사람이 와서 겨루게 된다면 끝내는 동쪽 사람이 이길 것이다. 바윗돌이 구른 다음에는 비록 백 사람이 손을 쓴다 하더라도 또한 그 형세를 돌이킬 수 없다.

또 만일 두 사람이 손을 쓰고 백 사람이 와서 겨루게 된다고 해도, 두 사람은 힘을 같이 쓰고 백 사람은 마음을 각각 쓴다면, 마침내 두 사람이 이길 것이다. 흔히 보통 사람의 힘은 충분히 백 근을 들 수가 있으니, 곧 이백 근은 두 사람이 감당할 만한 것이나, 다섯 사람이 아니고서는 감당할 수 없는 것은 몸이 둘이기 때문이다. 혹은 교대로 들어가서 번갈아 든다면 천만 사람일지라도 들지 못할 것이니, 그것은 마음을 각각 쓰기 때문이다. 그러므로 "열 손가락을 번갈아가며 퉁기는 것은 손바닥을 합쳐서 한 번 때리는 것만 못하다" 한다. 이것이 바로 무왕(武王)의 3천 군사가 마음을 하나로 모으자, 주왕(紂王)의 10만 군사를 이길 수 있었던 이유이다.

그렇다면 군사는 많은 것이 중요한 게 아니고, 오직 힘을 같이하는 그것이 귀중하다. 힘을 같이하는 것은, 마음을 같이하는 것에서 비롯되고, 마음을 같이하는 것은 일을 같이하는 것에서 비롯되는 것인데, 일이란 곧 이해(利害)를 이르는 것이다.

대체로 창검이 앞에 벌여 있고 상벌(賞罰)이 뒤에 놓여 있다는 것을 의식하고 마음과 힘을 같이 한다면, 열 사람이 천이나 백 사람을 당해낼 수 있고, 앞사람이 패하면 뒷사람이 더욱 격려하여, 오히려 왼팔뚝에는 화살을 끼고 오른손으로는 칼을 휘두를 것이다. 이러한 형세에서 상처를 입거나 기가 죽는다면 끝내 목숨을 보존하기 힘들 것이다. 이와 같이 한다면 이기지 못할 사람이 없을 것이고, 재물과 작록(爵祿)으로 가족들도 편안함을 누릴 것이다. 그렇지 않으면 이 사람은 전진하고 저 사람은 후퇴하거나, 저 사람은 일어나고 이 사람은 겁을 먹어 힘이 갈라지고 형세가 나뉘어서 도피할 길조차 없이 마침내는 거마(車馬)의 먼지 속에서 죽을 것이다.

그러므로 "시퍼런 칼날이 가슴에 닿으면 눈에 날아오는 화살이 보이지 않고, 창을 머리에 들이대면 열 손가락이 끊어지는 것을 사양하지 않는다" 하였으니, 이것은 완급에 먼저 할 바가 있기 때문이다.

이렇기 때문에 어진 사람이 대중을 이용할 때는, 두텁게 기르고, 깊이 가르치고, 익숙하게 훈련시키고, 가까운 이웃 군사끼리 서로 돕고 보살펴서 서로 친절해지도록 하고, 상하 간에 어루만지고 받들어서 서로 익숙하도록 한다. 무기는 날카로워야 적을 막을 수 있고, 투구와 갑옷은 튼튼해야 몸을 보호할 수 있으니, 이와 같이 해야 살 방법을 가지고 죽을 땅에 들어갈 수 있는 것이다. 마음에 의지하는 바가 있고 기세가 뻗어가면, 싸우지 않으면 몰라도 싸운다면 반드시 이길 것이다.

현재의 향병(鄕兵)은 한결같이 이와는 반대이다. 장수는 병졸을 학대하고 아랫사람은 윗사람을 원수처럼 여기며, 단속하는 것이 각처마다 그 방법도 다르므로, 칼이나 총을 다루는 것이, 창이나 몽둥이를 다루는 것만도 못하다 (총·칼 다루는 방법을 제대로/가르치지 않음을 말한 것). 평상시에 일찍이 십팔반무예(十八般武藝)*1라는 것이 있음을 알지 못하고 있다가, 전쟁이 일어나면 갑자기 양(羊)을 호랑이 굴에 몰아넣는 것이 옳겠는가?

그러므로 이르기를 "무기가 완전하고 날카롭지 못하면 아예 가지지 않은 것과 다를 바 없고, 갑옷이 튼튼하지 못하면 맨몸뚱이와 다를 바 없으며, 쇠뇌가 멀리 나갈 수 없는 것이면 짤막한 무기와 다를 바 없고, 실제로 쏘아서 잘 맞히지 못하면 화살이 없는 것과 같고, 맞혔으나 뚫지 못하면 살촉이 없는 것과 같고, 실제로 창이나 칼로 멀리서 날아오는 화살을 대처하는 것은 앉아서 죽음을 기다리는 것과 같다. 그리고 무기가 너무 나빠서 날카롭지 못하면 그 군사를 그저 적에게 내주는 것이고, 군사가 제대로 쓸 수 없게 되었으면 그 장수를 적에게 그저 내주는 것이고, 장수가 군사 부릴 줄을 모르면 그 임금을 적에게 내주는 것이고, 임금이 군사 기르는 일에 힘을 쓰지 않으면 그 나라를 그저 적에게 내주는 것이다" 하였다.

오늘날의 상태를 보면, 옛날의 군비(軍備)와 무엇 하나 같은 점이 없으니, 단연코 전쟁에 패한 것이나 마찬가지다. 이것은 한비자(韓非子)가 이른 바 "죽은 사람과 병을 같이 앓는 자는 살 수가 없고, 위태한 나라와 일을 같이하는 나라는 존속할 수가 없다(《한비자》 고분(孤憤))" 하였으니, 앞으로 어떤 결과가 펼쳐질지 모르겠다.

표류한 백성에 대하여
漂氓 표맹

그리 오래되지 않은 옛날에 우리나라 백성 한 사람이 표류하여 유구국(琉球國 : 류큐국. 현 오키나와. 독립왕국이었으나 1879년에 일본에 강제 병합되었다)에 이르렀는데, 그가 슬쩍 속여 말하기를 "만일 나를 돌려보내주면 돌아가서 쌀 600섬으로 그 은혜를 갚으리라" 하자, 유구국 사람들이 그를 배에 태우고 고생을 무릅쓰고 우리나라에 와서 약속을 지킬 것을 요구하였으나, 사실 그는 가난하여 그들의 요구에 보답할 수가 없었다.

이에 조정에서 관곡을 내어 주자고 의론하였는데, 정승 아무개가 그것을

---

*1 십팔반무예는 무예육기(武藝六技)에 죽장창(竹長槍)·기창(旗槍)·예도(銳刀)·왜검(倭劍)·교전 (交戰)·월도(月刀)·협도(挾刀)·쌍검(雙劍)·제독검(提督劍)·본국검(本國劍)·권법(拳法)·편곤 (鞭棍)의 열두 가지 무예를 더한 것.

막았으므로 유구국 사람들은 낭패를 당하고 돌아갔다.

나는 이렇게 생각해 본다. 가령 우리나라 사람이 다른 나라에 포로로 잡혀 있을 때, 쌀 600섬을 가지고 와서 속죄를 하고 그를 데려가라고 그들이 우리에게 요구해 온다면, 나라에서 쌀이 아깝다고 주지 않는 것이 옳겠는가?

옛날 자공(子貢)이 제후에게 사람을 속환(贖還 : _{돈을 받고} _{돌려보냄})하면서 돈을 받지 않았더니, 공자는 그 소식을 듣고 말하기를 "노나라는 부자가 적고 가난한 사람이 많은데, 이제부터는 노나라 사람이 제후에게 사람을 속환하는 일은 다시는 없으리라" 하였으니, 공자의 인명을 소중히 여김이 이와 같았다.

어린아이가 아버지를 잃은 심정은, 비녀나 신발을 잃은 것에 비교할 바가 아닐 터인데, 어찌 쌀 600섬을 아낄 수가 있겠는가. 앞으로 나라 밖에서 살아 돌아올 자가 없을 것이 염려된다.

우리나라 바닷길
海運 해운

우리나라 조운(漕運)은 서쪽이 장산곶(長山串)에 막혔다. 이 때문에 평안도와 황해도의 풍부한 물품을 서울로 수송하지 못한다. 호조에서는 언제나 돈과 베로 대신 내도록 요구하여 마침내 쓸데없는 곳에 소비하고 만다.

남쪽에서 올라오는 배들은 흔히 안흥(安興)에서 침몰하므로 경비가 늘 모자람을 염려하게 되는데, 옛날부터 지금에 이르도록 조정의 대책이 정해지지 못하여 짐을 실은 배가 서로 잇따라 침몰하고 있다.

이른바 암초라는 것은 가까이 있는 틈서리 땅이나 모래더미가 솟아나온 돌부리에 불과할 뿐이고, 해양(海洋)이 서로 잇닿아 있으므로 달통하지 못할 곳이 없는데 어찌 통로를 따라 끝까지 운송할 수 없겠는가. 그런데 앞서의 길을 거울삼지 않고 나귀로 실어 나르는 일을 고치지 않으니, 매우 안타까운 일이다.

모두들 말하기를 "배가 침몰하는 일은 다만 짐을 많이 싣는 데서 연유할 뿐이다. 조정에 올라가는 짐은 약간인 데 비해 사사로운 짐은 반드시 그 곱절이나 된다. 만일 운송을 감시하는 이를 같이 타게 한다면, 그는 반드시 죽음을 걱정하여 살 방도를 생각할 터이니, 결국 염려할 일이 없으리라" 하였는데, 그 말이 일리가 있다.

또 원나라 지원(至元 : 원 세조의 연호 1264~1294) 연간에 해적 주청(朱淸)과 장선(張瑄)을 불러다 금부(金符)를 주어 수송하도록 하여 능히 1만 3천여 리를 수송하였으니, 북경에서는 편리할뿐더러 비용을 절약함도 적지 않았다고 하였다.

명나라에 와서도 오히려 그 제도를 본떴더니, 영락(永樂 : 명 성조의 연호 1403~1424) 연간에 회통하(會通河)가 이루어지자 다시는 그에 대한 것을 의론하지 않았다 한다.

저 주청이나 장선은 곧 망명자로서 억세고 추잡한 무리였는데, 마침내 그들의 힘을 입고 참정도사(參政都司)직을 제수하였으니, 그 인재를 쓰는 데 구애하지 않음이 이와 같았다.

옛날 관중(管仲)이 도둑 두 사람을 구하여 공신(公臣)으로 삼게 하면서 말하기를 "사귄 자들이 간사한 자들이었기 때문이지, 관직에 임용할 만한 사람이다" 하였다. 관중이 죽자, 환공(桓公)은 그들로 하여금 관중의 상복을 입게 하였으니, 과연 그 재주가 나라를 도울 만하다면 쓰지 못할 이유가 없는 것이다.

참으로 상벌을 가지고 인도한다면, 이 나라 천 리에 어찌 재주와 지혜를 펼 만한 자가 없겠는가. 지금 서울은 가장 하류 지대에 자리잡고 있는데, 쌀을 나르는 일을 가지고 걱정한다는 것은 잘못이다.

의술과 약제
醫藥 의약

사람들은 늘 말하기를 "사람에게는 운명이란 것이 있어서 질병이 아무리 괴롭힌다 하더라도 명을 옮겨 놓을 수 없다" 하는데, 이는 어떤 사람은 고질(痼疾)을 앓으면서도 죽지 않고 오랜 세월을 연명(延命)하며, 어떤 사람은 아무 병이 없는데도 갑자기 죽는 것을 보고서, 정해진 명(命)으로 아는 것이다. 옛말에 "약이 사람을 살릴 수 없고, 병이 사람을 죽일 수 없다" 하였다. 약이 과연 도움이 있다면 왕공(王公)들은 명의와 좋은 약이 옆에 있으며, 약을 갈고 달이는 것은 집사자가 서둘러 하여 올리니 낫지 않을 병이 없을 듯하며, 먼 시골의 가난한 백성은 침질과 뜸질을 알지 못하고 음식도 제

때에 먹지 못하며, 육진(六陳)*¹의 양약(良藥)이 밭에 있으나 초자(炒煮)*²
하는 방법을 모르니, 마땅히 나을 병도 낫지 않을 듯하다. 그러나 혹은 살기
도 하고 혹은 죽기도 하여 왕공과 가난한 백성의 수명이 비슷하니, 이것이
허망한 술수(術數)가 판을 치게 된 이유이다.

내가 일찍이 알고 지낸 명의가 있었는데, 그는 말하기를 "좋은 약이 사람
을 살릴 수 없을 뿐만 아니라, 함부로 쓰는 약도 사람을 죽일 수 없다. 용렬
한 의원들이 보잘 것 없는 방법으로 허실을 잘못 진단하여, 인삼(人蔘)·부
자(附子)로 열을 치료하고, 망초(芒硝)·대황(大黃)으로 냉을 치료하는 것을
흔히 볼 수 있으나, 반드시 다 죽지 않는다" 하였으니, 이로써 명(命)에는
정해진 연한이 있다는 것을 알겠다.

근자에 어떤 사람이 변방으로부터 돌아와서 나에게 말하기를 "삼을 캐는
사람들이 삼을 캐면 반드시 먼저 삶아서 그 물을 먹은 다음 다시 말린다. 그
러나 그 사람들은 열이 나지 않는데, 서울의 사대부들은 매양 '삼을 잘못 먹
고서 죽었다' 하는 것은 무슨 이유인지 알 수 없다" 하였다. 나는 곧 말하기
를 "만약 사람의 운명이 정해진 것이라면 성인은 무엇 때문에 《역경》을 만들
어서 사람들이 화(禍)를 피하고 길(吉)한 데로 나아가도록 하였으며, 또 무
엇 때문에 의약을 발명하여 병을 치료하고 목숨을 건지게 하였겠는가? 이치
는 크고 작은 것이 없으니, 만약 병이 치료할 수 있는 것이라면 어찌 생사에
대해서만 방법이 없겠는가?

질병에는 경중이 있고 기혈(氣血)에도 경중이 있으며, 약[藥餌]에도 경중
이 있어서 각각 분수(分數)의 같지 않음이 있는 것이다. 기혈이 10분으로
완전하다면 외감(外感 : 기후가 고르지 못
하여 생기는 병)이 들어올 틈이 없거니와, 혹 기혈이 10분
으로 완전하지 못하고 다만 7~8분쯤인데 10분의 혹독한 병을 만난다면 문
득 10분의 이기는 바가 될 것이며, 또 혹 7~8분의 병에 화타(和陀)·편작
(扁鵲)이 10분의 치료를 한다면 기사회생(起死回生)할 것이며, 병세는 7~8
분인데 치료는 2~3분에 불과할 뿐이라면 끝내 살아나지 못할 것이다. 그
보잘것없는 방법으로 잘못 진단하여 병을 잘못 치료하는 경우에도, 혹 명은

---

*1 육진 : 오래 묵을수록 좋은 여섯 가지의 한약재. 곧 대황(大黃)·진피(陳皮)·반하(半夏)·약애
(藥艾)·복령(茯苓)·죽력(竹瀝)을 말한다.

*2 초자 : 한약재를 굽거나 볶아서 법제(法制)하는 것.

중한데 해침이 가벼우면 죽음을 면할 수 있으니, 비상(砒礵)과 야갈(野葛 : 구문(狗吻)이라 하며 많은 독이 있다)을 먹고도 중독되거나 죽지 않는 데서 증험할 수 있다.

바닷가에 사는 사람에게는 소금 맛으로 대증(對症)할 수 없고, 고기를 많이 먹는 사람에게는 연육(臠肉 : 고기 조각)으로 몸을 보(補)할 수 없는데, 이는 소금과 고기가 저들에게 좋지 않은 것이 아니지만 평소에 늘 먹기 때문에 효험이 없는 것이다. 삼이 많은 고장에서는 삼 삶은 물 보기를 마치 나물국을 한 모금 두 모금 마시는 것처럼 여겨 다반(茶飯 : 차와 밥)처럼 되었으므로, 삼을 먹어도 해를 입지 않는 것이다. 이로써 미루어본다면 병의 해침이 아무리 중해도 품명(稟命)이 완전한 사람은 지탱해 나아갈 수 있지만, 속이 허하고 병이 심한 사람은 바로 죽는 것이 마치 칼로 찌르면 엎어지지 않는 사람이 없는 것과 같은 것이다" 하였다.

어떤 사람이 말하기를 "주색에 절제가 없으며 추위와 더위를 피하지 않으면서도 오래 사는 자가 있고, 음식 대하기를 적처럼 여기며 바람 두려워하기를 화살처럼 여기면서도 일찍 죽는 사람이 있는데, 그것은 어째서인가?" 한다. 이도 명분(命分 : 타고난 운수(運數))과 외양(外養)의 경중(輕重)에 의한 것이다. 속에 10분의 명이 있으면 외상(外傷)이 해칠 수가 없지만, 그렇지 못한 사람은 몸을 조심히 가지면 생명을 조금 늘릴 수는 있으나 오래 살 수는 없다. 공자가 말하기를 "잠자리[寢處 : 여색을 말한다]를 아무 때나 하고 음식을 조절하지 않으며, 근로와 안일이 도에 지나치면 병이 한꺼번에 몰려와서 죽는다" 하였다. 여색은 생명을 해치는 무기이니, 성인이 어찌 모르고서 그렇게 말씀하였겠는가? 이 세 가지 가운데 사람을 죽이는 것은 여색이 가장 심하다. 홀아비로 늙은 사람 치고 건강하지 않은 사람이 없으니, 이로써 타고난 수명을 누리는 사람이 대개 드물다는 것을 알겠다.

재산을 늘림
生財 생재

우리나라는 서쪽으로 요양·심양과 인접하고, 북쪽에는 말갈이 있으며, 남쪽으로는 왜국과 통한다. 삼면의 바다 가운데 강토가 2천 리인데, 한강 서쪽은 삼조선(三朝鮮 : 단군조선·기자 조선·위만조선)의 옛터이다. 기준(箕準 : 기자 조선 마지막 왕)이 뱃길로 남쪽으로 가서 마한의 왕을 내쫓고 스스로 왕이 됨으로부터 삼한(三韓)의 칭호가 있게 되어 남과 북이 서로 교통하지 않았다. 저 삼국이 정립되어서는 전쟁이 그칠 날이 없어 백성이 편히 산 날이 없었으며, 고려가 일어나서 삼국을 통일하고, 한강의 하류 비옥한 곳에 서울을 정하였으나, 공물이 북쪽 원나라로 빠져나가고 전쟁의 변고가 잦아 미처 융성할 겨를이 없었다.

조선조가 수도로 정한 한양(漢陽)은 옛날 백제 땅으로서, 수륙(水陸)의 길이 사방으로 통해 운반되지 않는 물화가 없으니, 거의 요충을 얻었다고 하겠다. 그러나 황해도·평안도의 부세는 대부분이 사신 접대에 쓰이고, 그 나머지는 돈과 베로 바꾸어 거둬서 쓸데없는 곳에 써버리며, 동남쪽의 부세는 태반이 왜국의 구호곡으로 들어가고, 오직 서남쪽(호서·호남·영남)의 부세만을 이용한다. 그러나 조운에 대한 기술이 없어 썩혀 버리는 일이 잇따르고 있다. 따라서 국가에서는 경비가 부족해지고, 백성에게는 저축이 없고, 대부분의 사람들이 장사를 하여 입에 풀칠을 하지만 아침에 저녁을 예측하지 못하는 실정이다.

서울 근방은 토지의 소출이 적은데 부역은 많아지고, 바닷가에는 어염(魚鹽)의 이익이 있으며, 산골에서는 땔나무나 숯과 재목을 팔아 살아간다. 그러나 백성들은 일정한 직업이 없어 도둑질하는 자가 많다. 대개 우리나라는 산과 늪이 국토의 7할을 차지하고 있기 때문에, 메마른 땅이 비옥한 땅에 비해 몇 갑절 정도가 많다. 서남 지역에 바다를 막아서 농지로 만들어서 비록 많은 곡식을 생산하고 있으나, 오랫동안 비가 두루 오지 않으면 흉년이 들고, 조수(潮水)가 넘치면 농사를 망친다.

또 여러 세대에 걸친 벌열(閥閱 : 나라에 공로가 많고 벼슬하는 집안)을 숭상하는 습속이 있어, 한 집안에 높은 벼슬을 한 자가 있으면 온 일가붙이가 농기구를 버리고 노비를 대대로 상속하는 법이 있기 때문에 문관·무관도 아니고 고조·증조할아버지가 벼슬을 하지 못했는데도 종을 부리며 편안하게 앉아서 여유 있는 생활을 한다. 만일 몸소 농사일을 하는 자가 있으면, 대단히 수치로 여겨 서로 혼인도 하지 않는다. 그러므로 놀고먹는 자가 반이 넘었다. 또 녹봉을 받아 먹는 집마저도 그 녹봉이 농사에서 얻는 수입을 대신 채우기에 모자라며, 아전들은 녹봉도 없이 종사하기 때문에 뇌물로 생계를 잇는다. 뇌물은 백성에게서 나오는 것이니, 백성의 힘은 이미 고갈되었다.

또 무릇 공경(公卿)의 아들은 언제나 공경이 되어, 고귀하고 현달(顯達)한 자가, 모두 한미(寒微)한 집안에서 나오지 않으므로 미천한 백성의 어려운 사정을 알지 못하고, 부유한 재산을 물려받아 사치와 교만은 날로 더해가는데, 그것을 보고 따르는 자들이 대단히 많다. 사치하면 부족하게 되고, 부족하면 가난해지며, 가난해지면 그 형세가 부득이 백성을 해치게 된다. 그러므로 백성들은 즐겁게 살 의욕을 잃어 농사일에 힘쓰지 않는다. 그러므로 재물은 개인들에게도 저축되지 않고, 국가에도 저축되지 않아 세상에서 가장 가난한 나라가 되었다. 나라가 가난하면 백성은 더욱 곤궁해지는 것이니, 이는 모두 백성의 산업(産業)을 맡은 이들이 마땅히 알아야 할 것들이다.

경기는 토지가 메말랐는데도 인구가 밀집하였으며, 토지에서 나는 소출이 가장 낮은 데도 서울로 수송하기 때문에, 이곳 백성이 가장 가난하다. 서남쪽 지역은 감이 많이 나고, 동북 지역은 배·밤·땔나무·숯이 많이 난다. 여주·이천 지역은 벼를 심으면 다른 고장보다 먼저 익어 매우 많은 이익을 얻는다. 인천·남양 사이는 그 토질이 붉은 찰흙인데 비록 비옥하지는 않으나, 보리가 잘 되므로 살아가는 데 도움이 된다.

개성은 고려의 옛 수도로서 서울과 가깝고, 서쪽으로 중국의 물화를 무역하여 화려한 것을 숭상하는 풍속이 있으니, 아직도 고려가 끼친 풍습이 있다 하겠다. 조선이 세워진 뒤 고려의 유민들이 복종하지 않자, 나라에서도 그들은 버려 금고(禁錮 : 조선 때, 신분에 허물이 있어 벼슬에 오르지 못하던 일)하였으므로, 사대부의 후예들이 학업을 내버리고 상업에 종사해 몸을 숨겼다. 그러므로 기술 있는 백성들이 많아, 그곳 물건의 편리함이 나라 안에서 으뜸이다.

충청도·전라도는 백제의 땅이다. 김제의 벽골제(碧骨堤)*1는 신라 때 처음으로 만든 우리나라에서 가장 큰 호수이다. 많은 농지에 물을 대어 주므로 백성들은 그 혜택으로 먹고 산다. 이 호수 아래쪽을 호남, 서쪽을 호서라고 부르는데, 지금은 조령(鳥嶺) 이북의 여러 고을까지 합하여 호서라고 부르고, 조령 이남 경상도 지역을 영남(嶺南)이라 불러서 호서·호남과 더불어

＊1 벽골제는 신라 흘해왕(訖解王) 21년(330)에 처음 쌓았다 한다. 고려 인종(仁宗) 때 수축하였다가 인종 24년(1146)에 왕의 병이 벽골제 수축 때문이라는 무당의 말을 믿고 일부를 파괴한 일이 있다. 태종(太宗) 15년(1415)에 대규모의 수축공사를 하여 9천 8백 결(結)에 달하는 농지에 관개하였음.

삼남이라고 한다. 호서·호남에서 거두는 부세는 모두 바다로 운반해 한강으로 들어오고, 영남의 부세는 조령을 넘어 한강으로 들어오며, 조령 이북 여러 고을의 부세도 한강을 거쳐 서울로 온다. 삼남의 부세는 나라의 여러 가지 수요에 쓰인다.

충청도는 서쪽은 바다에 닿고, 남쪽은 호남, 북쪽은 경기와 서울에 인접하였다. 산물과 인구는 경상도·전라도와 비슷하나 풍요함이 미치지 못할 뿐이다.

충주는 한강 상류에 위치하여 영남과 통하는데, 장사꾼의 화물과 공물·부세 등이 또한 이곳에 이르러 수운으로 바뀌므로, 백성 중에는 농업을 버리고 배를 타는 자가 많다. 사대부들이 모여 살기 때문에 미약한 백성이 폐해를 받는다. 세속에서는 이곳을 인색한 고장이라 한다.

공주는 감영이 있는 곳이다. 산수가 아름답고 화전민·야농(野農)이 모두 누에·모시·삼·목화에 힘쓰고 사철 내내 일이 있으므로 부녀들은 밤잠을 제대로 자지 못한다. 웅천(熊川)을 따라 흘러온 작은 배에 실린 곡식을 이곳에 와서 큰 배에 옮겨 싣기 때문에, 품삯이 비싸고 일거리도 많으므로 가난한 백성들은 그것을 의지하여 살아간다. 청산(靑山)·보은(報恩) 사이는 깊은 산중이라서 별다른 산업이 없고 대추가 잘되며 벌레 먹은 것이 적다. 그러므로 사방의 장사꾼이 모여든다. 은진(恩津)은 웅천(熊川) 상류에 위치했는데, 상선이 많이 모여들고 물화가 많이 축적되어 있으므로, 나라 안에서 이익이 가장 많은 곳이라고 한다. 임천(林川)·한산(韓山) 사이는 모시로 유명하다. 대진(大津) 서쪽을 내포(內浦)라고 하는데, 어염으로 유명하다. 섬에는 소나무를 길러 도벌을 엄중히 금하는데 전함을 건조하기 위함이다.

전라도는 서쪽과 남쪽은 모두 바다이고, 동쪽은 대령(大嶺)이 경계이다. 사람들은 방술(方術)을 좋아하고 과사(夸詐)를 잘한다. 볏논이 많으므로 물을 가두었다가 때가 되면 모를 내고, 농사일이 끝나면 백성은 모두 쌀밥을 먹으며 콩과 보리를 천하게 여긴다. 남쪽으로 제주(濟州)와 통한다.

제주는 약물(藥物)과 귤·유자나 단단한 재목과 무늬목 등이 풍부하며 한라산에는 사슴이 많다. 대개 사슴은 바다의 고기가 화하여 되는 것인 듯한데, 가죽과 녹용이 비싸다. 국가에서 목장을 만들어서 많은 말을 길러, 해마다 많은 말을 공마(貢馬)로 바친다. 일반 백성들도 또한 말을 길러 온 나라

를 상대로 장사를 하며, 또 소도 많이 기르므로 고기를 실컷 먹는다. 이 고
장은 토질이 얕고 부석부석하여 반드시 말을 몰아넣어 단단히 밟은 뒤에 비
로소 씨를 뿌린다. 우황(牛黃)과 말총이 가장 값이 많이 나간다. 무명이 귀
하여 개를 길러 그 가죽으로 옷을 만들어 입는다.

전라도에는 대밭이 많으므로 장대·화살대·대부채 등을 공물로 바친다. 수
령들은 대부채를 많이 만들어서 조정의 고관이나 친구들에게 선물로 주는
데, 그 비용이 적지 않아서 백성들이 폐해를 입는다. 우리나라 풍속은 반드
시 테가 넓은 삿갓을 쓴다. 대를 엮어 테를 만드는데, 김제(金堤) 것이 으뜸
이고 제주 것은 그 다음이다. 또 빗을 만드는데, 지금 집집에서 날마다 쓰고
있는 빗은 모두 호남에서 만든 것이다. 행상(行商)을 좋아하는 풍속이 있기
때문에, 제주 가까이 갈수록 말 값이 도리어 비싸다.

전주에는 감영이 있다. 장사꾼이 더욱 많아 온갖 물화가 모여든다. 생강과
마늘이 가장 많이 생산되는데, 지금 우리나라 전역에서 쓰는 생강은 모두 전
주에서 흘러나온 것이다. 풍속이 사나워 나그네가 잠자리를 얻을 수 없는 것
은 전주가 심하고, 습속과 기질이 나약해서 추위와 주림을 참지 못하는 것은
도내(道內)가 모두 마찬가지다. 더구나 곡식이 흔하기 때문에 세력 있는 이
들이 재물 모으기가 쉬워서, 아름다운 옷에 준마를 탄 호족(豪族)들이 곳곳
에서 거드름을 피우며 약한 백성들을 괴롭히지만, 관아에서도 금할 수 없는
상대가 있기도 하다. 그러므로 타향에서 떠돌아온 자를 고용하여 멋대로 종
이라 부르고, 갓 쓰고 도포 입고서 선비인 체하여 점병(點兵 : 군사(軍士)를
점고하는 일)에도
참여하지 않는 자가 3분의 2나 된다. 그 나머지 3분의 1만이 문부(文簿)에
실려 조세를 내므로 조세가 치우치고 혹독하여 가난한 백성들은 생업을 잃
게 된다. 그러므로 3형제를 둔 집에서는 아들 하나는 머리를 깎고 중이 되어
군역을 피하게 하기 때문에 도내 곳곳에는 크고 작은 사찰(寺刹)이 널려 있
다.

중들은 농사일을 하지 않고 일반 백성들에게 얻어먹으니, 농사를 해침이
더욱 심하다. 중들이 하는 일은 신을 삼고 종이를 만드는 것이 고작이다. 종
이는 닥나무가 원료인데, 닥나무는 전주 만마동(萬馬洞) 것이 가장 좋아서
상품의 으뜸이 된다. 바닷가에 위치한 산에는 소나무를 기르고, 제주도처럼
사슴이 많아서 백성들이 그것을 잡아 돈을 마련한다고 한다.

경상도는 동쪽과 남쪽은 바다에 닿고 서쪽은 대령(大嶺)을 사이에 두고 호남과 잇닿아 있다. 낙동강이 경상도 한복판으로 흘러가는데, 옛날에는 신라가 이 강의 동쪽에, 오가야(五伽倻)가 이 강의 서쪽에 자리잡고 있었으나, 얼마 뒤에 가야는 신라에 통합되었다.

경주는 진한의 옛터이다. 언어와 풍습이 중국과 비슷해 예의를 숭상하고 길쌈을 부지런히 하며, 서울보다 더 많은 명현(名賢)이 배출되었다. 그러나 농부는 적고 선비가 많으므로 생활이 갈수록 어려워졌다. 사람들이 너무 인색하여 송사(訟事)하는 것을 부끄럽게 여기지 않고, 아무리 사소한 일이라도 그냥 넘기지 않는다. 벼슬아치도 탐묵(貪墨)이 심하다.

남쪽으로 왜인과 교역하는데, 국가에서 하는 공무역(公貿易)과 개인이 하는 사무역(私貿易)이 있다. 공무역은 우리의 쌀과 베로써 저들의 구리와 주석을 교역하고, 사무역은 우리의 인삼·실·목화로써 저들의 은·칼·거울 등 교묘한 기구와 기이한 물건들을 교역한다.

우리나라 서북 지방의 은광에서 생산한 많은 은을, 쉽게 망가지는 중국 물건을 사들이는 데에 다 써버리고도 부족하여 다시 왜인에게서 수입한다. 구리도 역시 우리나라에서 생산된다. 동맥(銅脈)이 바둑판처럼 널려 있는 산이 왕왕 있으나 제련하는 방법을 알지 못하므로, 하는 수 없이 외국에서 수입해다가 쓰기만 한다. 만일 천금을 들여 솜 표백하는 기술을 구한 것처럼 한다면 되지 않을 이치가 있겠는가? (그런데 그렇게 하지 않고 외국에서 수입만 하고 있으니) 어리석고 못남이 이와 같은 것이다. 누에를 치면서도 비단을 중국에서 수입하고, 철을 생산하면서도 칼과 거울이 왜인의 지혜를 따라가지 못하니, 천하에서 기술이 가장 형편 없다 하겠다. 담배도 또한 왜국으로부터 들어와서 100여 년 만에 전국에 널리 퍼져 그 해를 끼친 것이 적지 않은데, 이는 으레 금했어야 했던 것을 금하지 않았기 때문이다.

경주는 진한의 옛땅이므로 아직도 방전(方田 : 정전(井田)으로 구획한 반듯한 밭)의 모습이 남아 있다. 이는 반드시 기자(箕子)의 남은 뜻이었으리라. 그러나 천하에 옮겨 행하지 못한 것이 안타깝다. 부인들이 길쌈을 부지런히 하는 것도 회소곡(會蘇曲 : 신라 유리왕 때부터 팔월 보름의 가배 때 길쌈내기에 진 편이 탄식조로 불렀다는 노래)의 유풍(遺風)일 것이다.

영남의 여러 고을에서는 감나무를 심어 곶감을 만들어 판다. 밀양(密陽)은 밤으로 유명하지만 상품이 될 수 있는 정도는 아니다. 안동(安東)도 역시 한 도회지인데, 그 풍속이 너무 검소하고 인색하다. 저축이 많아서 흉년에도 유리(流離)하는 사람이 없다. 고을이 매우 넓어서 여러 군(郡)과 들쭉날쭉 맞물려 있다. 그 안동부에 예속해 있는 이들은 화려하고 성함이 반드시 다른 곳 사람과 다르다고 한다.

울산과 장기(長鬐) 사이에서는 청어가 난다. 청어는 함경도에서 처음으로 보이기 시작하여, 강원도의 동해변을 따라 내려와서 11월에 비로소 잡히는데, 남쪽으로 내려올수록 차츰 잘아진다. 생선장수들이 멀리 서울로 수송하는데, 반드시 동지 전에 도착시켜야 비싼 값을 받는다. 대체로 연해에는 모두 청어가 있다. 청어는 서남해를 거쳐 4월에 해주(海州)까지 가서는 더 북상하지 않고 멈춘다. 그러므로 어족이 이곳처럼 많은 곳이 없다.

진주는 옛날 변한의 땅으로서 풍요하고 화려함이 으뜸이다. 해변에는 건어와 생선이 풍부하고, 육지에서는 명주·무명·삼베가 많이 난다. 경상우도가 더욱 풍요하여 잘 입고 잘 먹는 고장으로 이름나 있다. 그러나 문화(文化)에 있어서는 경상좌도에 크게 뒤떨어져 있어서 군자(君子)들은 좌도를 선택하여 살기 때문에 좌도는 실로 동방(東方)의 낙토(樂土)이다. 태백산(太白山)과 소백산(小白山) 사이는 난리가 들어온 적이 없고 서북의 국경과 가장 먼 곳이므로, 만일 외국의 침입이 있게 되면 사민(士民)들은 반드시 이곳으로 피란할 것이다.

강원도는 관동(關東)이라고 부르는데, 옛날 예맥(濊貊 : 중국에서 우리 민족을 부르던 통칭. 강원도 지역을 차지했던 부족임)의 땅이다. 한사군(漢四郡)이 설치될 때에는 임둔(臨屯)이었고, 그 뒤 사군을 통합하여 2부(府)를 설치할 때에는 낙랑(樂浪)에 예속되었으니, 낙랑은 곧 평안도이다. 이때에 와서는 이곳도 평안도와 함께 낙랑이라 일컬었다. 고구려가 일어나자, 낙랑왕(樂浪王)이 이곳으로 도망하여 조금도 굽히지 않았다.

강원도의 지세는 대령(大嶺)이 북에서부터 남으로 뻗쳤는데, 북쪽은 함경 요충로의 관문이 되고, 동쪽은 바다에 닿았다. 영(嶺)에 의거하여 고을이 설치되었는데, 영동(嶺東)의 9군(郡)이란 곳이 바로 이곳이다. 옛날에 살던 실직(悉直 : 고대 삼한의 한 부족국가. 위치는 삼척 지방)·압독(押督 : 압량국(押梁國). 신라 6대 지마왕 때 신라에 병합되었음) 따위는 모두 남옥저(南沃沮)의 종족이다. 평해(平海)·울진(蔚珍)의 남쪽은 곧바로 경상도와 통한다. 영의 서쪽은 영서(嶺西)라고 한다. 모든 물이 서쪽으로 흘러 한강과 합류하여 바다로 들어가는데, 물이 적은 데는 거룻배가 다닐 수 있고 물이 많은 데는 큰 배가 다닐 수 있다.

영동의 바다에는 조수(潮水 : 밀물과)가 없는데, 그 이유는 대개 왜국 땅은 말갈의 흑룡강 밖으로부터 뻗어나온 한 가닥 지맥(支脈)이 동쪽으로 뻗쳐가다가 남쪽으로 구부러져 하이(蝦夷 : 홋카)와 맞닿아서 이룩된 나라이며, 하이는 왜국의 북쪽 경계이다.

왜국은 지형이 동서로 기다랗고, 일기도(壹岐島)와 대마도(對馬島)가 우리나라 영토와 서로 대치하여 바다의 관문이 되었으며, 그 중간에 큰 호수를 이루어 동남에서 오는 조수가 이 큰 호수에 막혀서 올라오지 못하기 때문에 동해에 조수가 없는 듯하다.

그러므로 이 동해는 어족의 소굴이 되어 이곳만큼 해산물이 풍부한 곳이 없다. 늘 파도가 일어 조운이 불가능하므로, 어민들은 작은 배를 만들어서, 고기를 잡고 기타 해산물을 채취하는 것을 생업으로 삼아, 생선·건어·창란젓 등을 마소로 실어낸다. 지금 서울 어시장에 있는 별미(別味)도 대부분이 영동에서 수송하여 온 것들이다. 또한 소금을 굽는데, 소로 갈고 햇볕을 쐬고 소금가마를 만드는 것 등의 일은 하지 않고, 곧바로 바닷물을 쇠가마에 퍼부어 많은 소금을 구워낸다. (농도 등은 서해의 소금과 다름이 없으나) 단지 단맛이 서해의 염전 소금에 미치지 못할 뿐이다. 또 미역도 소중한 산품의 하나이다. 죽은 고래가 자주 표류해 오는데, 그 고래에서 많은 기름을 채취한다.

울릉도(鬱陵島)는 곧 삼척부(三陟府)에 속해 있다. 대나무가 서까래처럼 굵고 미역이 더욱 좋은데, 섬사람들은 일정한 시기가 되면 채취한다고 한다.

영서의 소나무 재목이 좋기는 하나 영동 것만 못하다. 오늘날 전국에서 쓰고 있는 관재(棺材)는 모두 영동과 영서에서 뗏목을 만들어서 떠내려 보낸 것들이다. 영동은 토지는 메말랐으나 가뭄을 걱정하지 않으며, 그 풍속이 호화스러워 잔치를 벌여놓고 놀기를 좋아한다. 영서는 넓은 들이 없고 오직 화전(火田)만이 있으므로 조밥을 먹을 뿐 쌀밥은 없다. 벌을 길러 꿀을 떠서 돈을 마련하며, 재목을 벌채하여 서울로 운반해서 벌어먹는 백성이 많다.

황해도는 서쪽의 관문으로서 서울과 거리가 가깝다. 동쪽은 산골의 산물이 있고, 서쪽은 해산물의 이익이 많아서, 소금 굽는 사람도 소매가 큰 옷을 입고 가죽신을 신으며 놋그릇을 쓴다. 4월이 되면 청어가 바다를 메워, 사방 수백 리 사이에서는 청어를 먹지 못하는 자가 없다.

해주(海州)·연안(延安)·배천(白川)·안악(安岳)·신천(信川)이 가장 부유 하다고 이름이 나 있다. 대체로 소달구지를 사용하여 땔나무를 나르는 것을 생업으로 삼는 백성이 많으며, 먹을 배합하는 기술이 있어서 전국에서 가장 좋은 먹을 만들고 있다. 황주(黃州)·봉산(鳳山)은 목화로 유명한데, 씨가 잘고 솜이 많아서 남쪽 지방에서 생산된 것에 비하여 우수하므로, 장사꾼들 이 교역하여 내다 판다. 신계(新溪)·곡산(谷山)은 맛이 좋은 배로 유명한 데, 일찍 익고 연하고 맛이 좋아서 조정 대신들이 칭찬한다. 문화(文化)는 잣으로 유명하여, 강원도의 회양(淮陽) 잣과 맞먹는다. 무력을 숭상하는 풍 속이 있어 무거운 것을 들고 활을 멀리 쏘기를 좋아하는데, 다른 지방은 모 두 이곳에 미치지 못한다.

평안도는 아직도 고구려와 고조선의 끼친 풍속이 남아 있다. 서쪽으로 중 국과 교통하여 복장이 화려하고, 건물이 크고 화려하며 노래와 춤이 요란하 다.

평양의 부유하고 번성함은 오히려 서울보다도 더할 것이다. 여름이면 파 리가 수저에까지 모여들어 거의 밥을 먹을 수 없다. 이 고장에는 금광이 많 다. 압록강 연안에 사는 백성들은 농사 대신 인삼을 캔다. 강계(江界)의 영 역인 폐사군(廢四郡)*²에는 인삼이 더욱 많이 생산되니, 항간에 강계삼이라 고 일컫는 것이 바로 이것이다. 간사한 백성이 가끔 법을 어기고 압록강을 건너가서 인삼을 캐다가 발각되어 죄를 받기도 하나, 워낙 이익이 많기 때문 에 금해도 소용이 없다.

풍속은 누에 치는 것에 힘써, 가는 명주실을 좋은 산물로 여긴다. 옻나무 가 없어서 반드시 남쪽 지방에서 사다가 옻칠을 한다. 이곳에 옻나무가 되지 않는 것이 아니라, 관아의 부세가 두려워서 백성들이 옻나무를 재배하지 않 는 것이다. 토지에는 일정한 장부(帳簿)가 없고, 수령이 아전에게 맡기므로 흉년의 재앙을 살필 수도 없다. 조정에서는 이 고장을 마치 외국과 같이 취

---

*2 폐사군은 조선 세종 때 서북의 여진족을 막기 위해 압록강 상류에 여연군(閭延郡)·자성군(慈城 郡)·무창군(茂昌郡)·우예군(虞芮郡)을 설치했는데 세조 때 이를 유지하기 어려워 이들 군을 폐 지했다.

급하여 감사에게 맡겨버리므로 정당한 세금도 걷히지 않으니, 이는 국법이 잘못된 것이다. 그러므로 아전은 그것을 이용해 농간을 부리고 수령도 그 이익을 취한다. 그러므로 속담에 이르기를 "원이 되면 모름지기 꼭 평안도 지방의 원으로 나가야 한다" 하였는데, 이는 평안도로 나간 사람 치고 재물을 많이 모으지 못한 자가 드물기 때문이다. 그러므로 평안도 경내(境內)에는 큰 도적이 많아 피폐한 백성들이 살 곳을 잃었다. 화전민(火田民)들도 일정한 거처가 없이 이리저리 옮겨다니기 때문에, 관아에서 부세를 거둘 수 없고 환자곡을 방출해서 이자를 취할 수 없어 결국 집을 지니고 사는 백성들이 그 폐해를 받는다.

함경도는 북관(北關)이라 일컫는다. 함흥(咸興)·북청(北靑) 이북은 여러 번 숙신(肅愼 : 여진·말갈의 전신, 만주 목단강 유역과 연해주에 퍼져 살던 퉁구스족의 일파)에게 함락되었으나, 현재는 모두 우리나라의 군현(郡縣)이 되었으며, 100여 년 동안 국경에 전란이 없어 서민들은 편안히 살며 자기 일에 즐겁게 종사하고 있다. 다만 수령들을 무관에서 많이 임용한 것만은 잘못이다. 무관은 대부분 염치 불고하고 조정 대신들에게 오로지 뇌물을 바쳐 영달의 지름길을 찾기에만 힘쓰기 때문에, 재물을 탐하여 지나치게 거두어들이므로 백성이 안심하고 살 수 없다.

이 고장에서는 담비·수달·염소뿔·사슴가죽·인삼·베와 여러 가지 해산물이 생산된다. 그 무렵 이리의 꼬리털로 만든 붓이 유명하며 서예가들이 소중히 여기는 북황모(北黃毛)가 이것이다.

삼수(三水)·갑산(甲山) 사이의 물은 모두 북쪽으로 흘러 압록강으로 흘러 들어가는데, 쌀과 소금이 생산되지 않는 별개의 지역이다. 육진(六鎭)[*3]은 서울과의 거리가 2천여 리인데, 어린아이들이 말을 타고 달리며 여자들이 강궁(强弓)을 당긴다. 겨울이면 썰매를 타고서 곰이나 호랑이 사냥을 한다. 때로 숙신 지역과 서로 물화를 교역하는데, 소와 철기(鐵器)로 많은 이익을 얻는다. 아교와 닥나무 종이가 없고 칼처럼 예리한 돌과 화살 만들기에 알맞은 나무가 있기로는 서수라(西水羅)가 유명하다. 이것은 옛날에 호시(楛矢)·석노(石砮)라고 일컫던 것인 듯하다. 그러나 대나무 살과 쇠로 만든 화살촉에는 미치지 못한다. 기후가 차므로 개를 길러 그 가죽으로 옷을 만들어

---

*3 육진은 세종 때 동북 방면인 두만강 하류 남쪽에 설치한 진(鎭)으로 종성·은성·회령·경원·경흥·부령 등 6진을 말한다.

입는데, 어린 개의 가죽으로 만든 갖옷은 서울의 귀족들이 소중히 여기는 것이다. 남자들은 날마다 머리를 감으며 머리털을 기르는데, 그 머리가 자라면 깎아서 다리(예전에 여자들의 머리숱이 많아 보이라고 덧넣었던 딴머리)를 만든다. 오늘날 여자들이 머리에 쓰고 있는 다리는 모두가 북쪽 지방에서 생산한 것이라고 한다.

대체로 우리나라는 지역이 좁은 데다가 물길이 사방으로 통하고 있기 때문에 가벼운 돈이 필요치 않다. 그러므로 예로부터 돈을 사용하는 것이 불편하였다. 조선 초기에는 종포(綜布 : 고려시대에 삼베를 가리킨 것으로, 화폐로 쓰던 것인 듯함)와 저화(楮貨)*4를 사용하였다. 현재 돈은 사용한 지 겨우 70년밖에 되지 않았으나 폐단이 더욱 심하다. 돈은 탐관오리에게 편리하고, 사치하는 풍속에 편리하고, 도둑에 편리하나 농민에게는 불편하다. 돈꿰미를 차고 저자에 나아가서 무수한 돈을 허비하는 자가 많으므로 인심이 날로 변하고 있다. 이 문제는 식견이 있는 자와 함께 논할 일이다. 지방 고을에는 저자가 점점 더 많이 생겨나서 사방 수십 리 사이에 장이 서지 않는 날이 없으니, 이는 모두 놀고먹는 자들의 이익이다. 그렇다고 이를 반드시 금지할 것이 아니라 옛날 해시(亥市 : 해일(亥日)에 서는 장시)의 예에 따라 나라 안의 장을 반드시 같은 날에 서게 한다면, 그 중요하지 않은 장은 저절로 없어질 것이다. 이것도 백성의 힘을 넓히는 한 가지 계책이다.

흔히 재물은 하늘이 내려주는 것이 아니라 반드시 백성의 노력으로 생산되는 것이고, 백성이 부유하면 나라도 따라서 부유해지는 것이다. 그러므로 군자가 백성을 다스리는 것은 백성을 이끌어서 가난에서 벗어나 부유하도록 이끌 뿐이다. 그 이끈다는 것도 말로 이르고 손으로 가리키는 것이 아니라, 백성을 해치거나 겁탈하지 않고 죽음을 피하여 살길을 찾게 하고, 선을 행하고 악은 행하지 않게 하는 것에 지나지 않는다. 그렇게 하면 저 백성들은 제각기 지능(智能)이 있으므로 산택(山澤)의 이익을 놓치지 않을 것이다. 이는 마치 물을 도랑으로 인도하면 물 스스로가 웅덩이를 채워가며 멀리 흘러가고, 말을 목장으로 몰아넣으면 말 스스로가 풀을 뜯고 물을 마시는 것과 같은 것이다.

그런데 오늘날은 농토가 모두 권세가의 소유가 되고 호강(豪强)들이 강점

---

*4 저화는 고려 말엽에 원나라의 보초(寶鈔)를 본떠서, 닥나무 껍질로 종이를 만들어 쓰던 지전(紙錢). 이 종이 한 장을 쌀 한 되에 해당하게 하였음.

하여 자기 소유로 삼았기 때문에, 백성은 일 년 내내 부지런히 노력하여도 소작료를 바치고 나면 소득은 겨우 반밖에 되지 않는다. 그 반에서 국세와 잡세를 바치고 나면 농민의 차지는 겨우 4분의 1에 불과하다. 또 남아도는 전지를 얻어 경작하지 못하는 외롭고 가난한 백성은 노력할 땅마저 없다. 그러므로 내가 일찍이 사방 여러 고을을 지나칠 적에 촌가에서 지내며 자세히 살펴보니, 방구석이나 독에 저장된 곡식이 없고 횃대에는 걸린 옷이 없으며, 남녀가 서로 팔베개를 베고 주림을 참고 괴로움을 견디어 가는 사람들이 대부분이었다.

저 보잘것없는 비렁뱅이도 동냥을 주지 않으면 노여움을 품는데, 하물며 피땀 흘려 지은 소출을, 편히 앉아서 민생에는 마음도 쓰지 않는 무리들에게 바치는 데도 그들은 농민이 구렁텅이에 빠져 있는 딱한 처지를 생각지도 않는다면 농민의 원망과 저주가 과연 어떠할 것인가? 국가에서 관원을 두고 있음은 백성을 위해 베푸는 것이다. 관원에게 그 직책을 물으면 백성의 부모가 된다고 한다. 그러나 그 행적을 살펴보면 백성의 원수이다. 백성이 지혜와 힘을 다하여 지은 곡식과 만든 물건으로써 부모처자를 스스로 봉양하지 못하고 두 손을 마주 잡고 원수에게 다 바치니, 이것은 다 익은 곡식을 참새가 쪼아 먹고 창고의 곡식을 쥐가 파먹는 것과 무엇이 다르겠는가? 참으로 슬픈 일이다.

우리나라가 비록 작으나 물산이 풍부하여 자급자족하기에 넉넉하다. 그러나 그 중요한 것은 청렴결백한 관리를 뽑고 탐관오리를 제거하는 것에서 벗어나지 않는다. 진실로 상과 벌로써 착함을 권장하고 악함을 징계하지 않는다면 어떻게 할 방법이 없을 것이다. 살인자를 죽이는 것은 고금에 공통된 법이다. 법으로 사람을 죽이는 것이 칼과 몽둥이로 사람을 죽이는 것과 다름이 없다. 한 탐관오리가 법을 잘못 시행하면 억울하게 죽는 자가 얼마나 많겠는가? 그러므로 중국 고대 제나라 위왕(威王)이 아대부(阿大夫)를 삶아 죽인 것*5은 잘한 일이지 잘못한 일이 아니다. 오늘날 세상에는 대개 제나라

---

*5 이 사실은 《통감절요》 주열왕(周烈王) 6년 기사에 "제 위왕이 아대부(阿大夫)를 불러서 말하기를 '그대가 아(阿)의 태수(太守)가 된 뒤부터 잘한다는 칭찬이 날마다 들리므로, 내가 사람을 시켜 이를 시찰하게 하였던바, 농토(農土)는 황폐하고 백성은 굶주린다고 하니, 이는 그대가 나의 좌우에 있는 사람에게 뇌물을 써서 칭찬을 구한 것이 아니냐?' 하고, 그날로 삶아 죽였다"고

위왕 같은 임금이 없으니, 백성들이 추위와 굶주림에 시달리나 호소할 곳이
없게 되었다.

그러므로 나는 사방의 산물을 대략 기록하고 재물을 생산하는 것에 대해
서는 미치지 못했다. 모든 일이 잘되려면 양리(良吏)를 등용해야 한다는 것
으로 결말을 짓고 이 글을 끝마치려 하니, 이는 곧 "해마(害馬)를 제거하
라"*6는 뜻이다.

벌열을 숭상하는 폐단
尙閥 상벌

벌열(閥閱 : _{나라에 공로가 많고 벼
슬 경력이 많은 집안})을 숭상하는 폐단이 오늘날처럼 심한 적은 없었
다. 사람을 등용함에는 할아버지의 벼슬을 아버지의 벼슬만 못하게 여기고,
대부(大夫)의 자식을 경(卿)의 자식만 못하게 여긴다. 사람을 물리침에는
가까운 조상에 벼슬한 이가 없거나, 친족에 향임(鄕任)이 있거나, 어머니와
할머니의 친정이 뚜렷한 문벌이 아니거나, 먼 조상에 쫓겨나서 버림받은 사
람이 있거나, 혹은 몸소 농사일을 했거나, 몹시 가난하여 비럭질을 했거나,
평안·황해·함경도와 개성 사람은 물리치고, 그 사람의 절조와 재능은 논하
지도 않는다. 그러므로 먼 시골에서 등용되는 사람도 없거니와, 재능이 없다
하여 물리침을 당하는 자도 없으며, 천거하여 끌어올리고 결탁하는 것은 사
돈붙이와 친족이 아님이 없다.

우리나라는 단군·기자로부터 평안도 변방에 나라를 세웠고, 삼국으로 분
열했던 것을 고려가 통합하여 개성에 도읍했으며, 조선은 한양에 도읍을 정
했으니, 이는 문화가 서쪽에서 차츰 동쪽으로 옮겨온 것이다. 그런데 개성
서쪽을 무엇 때문에 이처럼 심히 폐기해 버리는가. 나는 《시경》 소아(小雅)
의 대동시(大東詩)를 거듭 세 번 읽고 탄식했다.

중국 동도(東都) 낙양(洛陽)은 은나라 유민들이 살고 있는 곳인데도 주공
(周公)은 마음과 힘을 기울여 어렵사리 안정시켜 인심이 크게 안정된 뒤에
는 천하가 감히 동요하지 않더니, 성왕(聖王)의 도가 사라지고 문벌을 숭상

---

*6 이 말은 《장자》 서무귀(徐無鬼)에 나와 있는데 말을 해치는 모든 것, 곧 파리·기생충 등을 제거
하면 말은 저절로 잘 자란다는 뜻. 곧 탐관오리를 제거하라는 뜻.

하는 기풍이 강대해지면서부터 가까이 있는 사람을 고귀하게 여기고 멀리 있는 사람을 미천하게 여기며, 친척을 우선으로 하고 소원한 사람을 뒤로 미루어, 그 작위와 신임을 받는 사람이 기주(岐周)·풍(酆)·호(鎬)에서 벗어나지 않고, 낙양의 옛 백성은 마치 헌신짝처럼 버려졌다. 그 공평하지 못함이 이와 같았으니 백성의 풍속이 원망하고 분개하여 노래에 표현된 것이 이와 같다. 《시경》에 이른바

화려한 옷을 입고
백관으로 쓴다.
粲粲衣服 百僚是試

라고 한 것은 풍·호 사람을 가리킨 것이요,

길쌈을 할 수 없어
갈신으로 서리를 밟네.
杼柚其空 葛屨履霜

라 한 것은 낙양 사람을 말한 것이다.

그 뒤 평왕(平王)이 융적(戎狄)에게 핍박을 받아 드디어 낙양으로 수도를 옮겼으나 이는 어쩔 수 없어서였다. 백성의 마음이 이와 같은데 그런 곳에 가서 살았으니, 나는 주나라는 다시 떨치지 못해 마땅했다는 것을 알겠다. 우리나라의 개경이 이와 비슷한데, 저 고려의 절개를 지킨 신하들이 과연 무슨 죄가 있기에 그 자손들을 금고(禁錮)하여 300년이 지나도록 풀어 주지 않는 것인가. 이 밖에 평안·함경도도 또한 단군·기자의 옛터인데, 그곳 사람들 보기를 말갈 땅 사람들 보듯 보는 것은 또 어째서인가. 이것이 모두 벌열을 숭상한 탓이다. 벌열을 숭상하면 재능과 덕행(德行) 있는 사람을 물리치게 될 뿐만 아니라, 벼슬에 있는 자가 교만·사치·방종하지 않음이 없어서, 한갓 좋은 음식과 아름다운 의복만을 일삼아 백성이 폐해를 받게 될 것이니, 《시경》 대동(大東) 장에 "슬프다 우리 수고로운 사람"이라 한 것이 바로 이를 두고 한 말이다. 《서경》 필명(畢命)에 이르기를 "은총을 빙자함

이 오래되어 사치를 믿고 의리를 없애며, 의복의 아름다움을 남에게 뽐내어 교만·방종하며 잘난 체하여 앞으로 악(惡)을 실행하여 끝마치리니, 비록 방일(放逸)한 마음을 수습하려 하나 오랜 습관이므로 고치기 어렵다" 하였으니 이는 쇠망의 조짐인데, 평양 백성들에게 이같은 조짐이 있다. 이러므로 조정에 늘어서 있는 백관이 꾸미기만 하고 실지가 없는 자가 아님이 없어서 마치 "직녀성이 비단을 짤 수 없으며, 견우성이 수레를 끌 수 없으며, 기성(箕星)이 키질을 할 수 없으며, 북두성이 장(漿)을 뜰 수 없다"는《시경》대동의 말과 같으니, 어찌 동방 대소 제후의 비웃는 바가 되지 않겠는가.

나라에서 평안도·황해도와 함경도 백성의 마음을 크게 잃은 지가 오래니, 오늘날의 계책으로는 그 지역을 벼슬할 수 있는 고장으로 변화시키는 것만 한 것이 없다. 함경도의 4릉(陵)·준전(濬殿)과 평안도·황해도의 기자묘(箕子廟)·단군사(檀君祠) 따위에 그 지역 사람을 가려 참봉을 시키고 기간이 채워지면 승진시켜, 옮겨 경관(京官)을 삼기를 상례로 만들어 차츰 사대부의 풍속을 이루게 한다면 어찌 도움이 적겠는가.

무신도 또한 변방의 보루로부터 들어와서 경관이 되는 예를 열어놓으면, 민심이 크게 기뻐하여 유사시에 반드시 그들의 힘을 얻게 될 것이다. 그러나 처음 벼슬을 줄 때에 반드시 그 고장 사람을 써야만 비로소 유익할 것이다.

차한에서 쓴 일기
車漢日記 차한일기

조선 효종 9년(1658) 때에 청나라가 우리에게 군사를 징발하여 청나라를 도와 차한(車漢)을 치라 했는데 차한은 나선(羅禪)이다. 이에 우리나라에서는 혜산첨사(惠山僉使) 신류(申瀏)를 옮겨 북우후(北虞侯)로 삼아 군사를 거느리고 싸우러 가게 했다.

이에 앞서 왈개(曰介)·개부락(介夫落)·팍개(愎介) 등 세 나라가 청나라에 조공을 바치지 않자, 청나라에서 죄를 물으려 하니, 세 나라가 모두 말하기를 "소국이 차한의 침략을 받아 난리를 구제하기에도 재물이 넉넉지 못한 때문이지 어찌 다른 뜻이 있겠습니까. 대국이 만일 위엄을 떨쳐 차한을 섬멸한다면, 대국은 소국을 구제한 은혜가 있게 되고 소국은 대국을 섬기는 정성을 다할 것입니다" 하였다. 이리하여 청나라에서는 해마다 군사를 출동시켜 차한을 토벌했으나 번번이 차한에게 패하였다. 그러자 갑오년(1654)에 우리나라에 사신을 보내 군사를 출동시키라 했으므로, 우리나라에서는 북우후 변급(邊岌)을 장수로 삼아 조총수(鳥銃手) 100명과 기수(旗手)·고수(鼓手)·화군(火軍) 48명을 거느리고 가게 하였다. 후통강(厚通江)에서 적을 만난 우리 군사가 많은 적을 사살하고 호통(好通)·골지(骨地)까지 추격하매 적은 멀리 도망쳤으며, 변급은 단 한 명의 군사도 잃지 않고 돌아온 일이 있었다. 그러므로 이번에도 북도(北道) 변경 9고을 조총수 200명과 표하(標下) 기수·고수·화군 60명을 선발하여 3개월의 군량을 가지고 앞서 가게 하였다.

무술년(1658) 봄 3월 1일에는 두만강을 건너고, 13일에는 어제강(魚濟江)을 건너고, 16일에는 모단강(毛段江)을 거쳐 19일에 영고탑(寧古塔)에 이르렀다. 영고탑까지 지나온 길은 숲이 하늘을 가렸으며, 사람의 발길이 미치지 않아 사슴이 떼를 이루고 물고기가 사람을 피하지 않았는데 고기 크기가 10여 자나 되니, 그것을 잡아 군사를 모두 배불리 먹였다. 영고탑은 성이 높고 해자가 깊으며 인민이 많고 온갖 가축이 들에 가득한데, 농지는 성 10리 밖에 있다.

행군하여 후통강에 이르니, 강의 너비가 10여 리나 되었다. 또 10여 일만에 몽고를 거쳐 4월 19일 가리강(加里江)을 건너서 금천강(金泉江)에 이르렀는데, 여기서 만리장성까지 엿새 길이라고 한다. 팍개국(愎介國)을 지났는데 그 나라 풍속은 남녀가 같은 옷을 입기 때문에 수염으로 남녀를 구별한다. 5월 5일에는 왈개국(曰介國)에 도착하였으니, 이 나라는 본디 청나라의 나머지 종족으로 청나라 종족과 비슷하다. 15일에는 송가라강(宋加羅江)에 도착하였다. 이 강은 흑룡강과 합류하는데, 이 강이 차한이 오가는 요충이다. 차한은 배를 집으로 삼으며 농사와 길쌈을 하지 않고 노략질로 생업을 삼는 무리여서, 수전(水戰)이 아니고는 제압할 수가 없으므로, 전함이 오기를 기다렸다. 기다린 지 8일 만에 전함이 왔는데 큰 것은 길이가 50길이나 되고 작은 것도 길이가 13길은 되며 높이도 3, 4길은 되는데, 내부를 3층으로 만들고 판자로 칸막이를 하여, 맨 밑층에는 군량을 저장했고 가운데 층에는 무기를 두었으며, 위층은 500명을 수용할 수 있었다. 전함마다 작은 배

5척을 거느렸는데, 매우 정교하게 제작되었다. 왈개의 군사가 길이 5발이나 되는 큰 물고기를 잡았는데, 그 절반으로 우리 군사들을 배불리 먹였다.

청나라 원수(元帥)는 왈개·개부락·퍅개와 몽고 등의 군사를 거느리고, 6월 5일에 닻을 풀고 출발하여 10일에 흑룡강에 도착하였다. 흑룡강은 강의 너비가 20여 리나 되고 깊이를 헤아릴 수 없으며, 빛깔은 숯처럼 검고, 물고기와 강가에 짐승들도 모두 검다. 사람들은 말하기를 "송가라강은 만리장성 밖에서부터 흘러온다" 하였다.

10일에는 적이 흑룡강 하류로부터 오다가 청나라 군사를 보고 깜짝 놀라 일자(一字)로 벌여 진을 치고 반은 섬으로 올라가서, 수륙으로 앞뒤에서 공격할 형세를 이루었다. 청나라 원수가 군사를 동원하여 두 번째로 적을 시험하게 하자, 적은 일제히 총탄을 퍼부어 과반수를 죽이거나 부상시켰다. 청나라 원수는 우리나라의 부장(副將) 배시황(裵是煌)의 책략을 사용하여, 큰 배로 강상(江上)의 적이 육지의 적과 통과하는 길을 차단하고 철책으로 성을 만들어, 수륙의 적이 서로 구원할 수 없게 한 다음 먼저 섬의 적을 섬멸했는데, 청나라 군사도 사상자가 많았다. 다시 전진하여 강상의 적을 공격하였으나 전황이 불리하여 5일 동안을 서로 버티게 되자, 군사의 사기가 더욱 떨어지게 되었다. 이때 우리 장수가 화공(火攻)의 계책으로 청나라 원수를 설득하여도 원수는 적군이 가지고 있는 화물(貨物)의 이익을 탐내어 듣지 않다가 궁지에 몰린 뒤에야 허락하고 배시황·유응천(劉應天)에게 겹으로 된 갑옷을 입고 물의 흐름을 따라 내려가게 하였다. 배시황·유응천은 서로 이르기를 "적선은 모두 자작나무 껍질로 겹겹이 덮였으며 화약을 많이 저장하고 있으니, 불화살을 쏜 뒤에 빨리 피하지 않으면 사나운 불길에 죽음을 면치 못할 것이다" 하였다.

적은 이 두 사람이 오는 것을 보았으나 눈을 속이는 가짜 군사라 생각하여 물리치려 하지 않았다. 두 사람이 탄 배가 적선에 가까이 다가가서 불화살을 쏘아 배에 닿자 일시에 불타고 폭약 터지는 소리가 천지를 진동했다. 두 사람은 배를 돌려 도망치다가 경황중에 서로 헤어졌다. 10리쯤 도망쳐 왔는데도 파도는 높고 배는 기우뚱거리며, 전포(戰袍)는 다 젖고 바다는 불꽃과 연기로 어두컴컴해서 꼭 죽을 것으로만 생각했으나, 한나절이 지나 바람이 자고 파도가 그치니 마치 동녘이 밝아오듯 살 희망이 보였다.

며칠 만에 대군(大軍)이 있는 곳에 도달하니, 청나라 원수 연(延)은 "사나운 파도가 갑자기 일어나기에 나는 너희들이 죽은 줄 알았다" 하였다. 그 다음날 배를 몰아 적이 있던 곳으로 나아가 보니, 적선은 모두 잿더미가 되었고 살이 타는 냄새는 차마 맡을 수가 없었다. 여러 나라 군사들은 모두 일컫기를 "적을 이처럼 섬멸한 것은 조선의 힘이다" 하였다.

적군은 신장이 10자나 되고 눈은 길고 움푹하며, 머리털은 붉고 수염은 헝클어져 마치 해초(海草)가 어깨에 늘어진 것 같으니, 이는 아마도 거란(契丹)이 정벌했던 황두실위(黃頭室韋)인 듯하다.

적의 무기는 화포와 장창이고, 총에는 화승(火繩)을 쓰지 않고, 만호석(瓔瑚石)을 화문(火門 : 화승불로 화약을 점화하는 곳)에 움직이지 않도록 고착시키고, 또 용두(龍頭) 위에 금수(金鐩)를 달아 놓았는데, 용두가 떨어지면서 금수와 만호석이 서로 부딪쳐 불똥이 튀어 불이 붙으며, 불이 당겨지면 곧 탄환이 발사된다.

배는 나무판자로 덮거나 서까래를 걸어 떡갈나무로 덮었는데, 밖은 모두 자작나무 껍질로 두껍게 덮고 총을 쓸 수 있는 구멍을 많이 내어 놓았다.

우리나라 군사는 8명이 전사하고 몇 사람이 부상당했다. 7월 10일에 싸움에 이긴 것을 아뢰는 글을 올리고 회군하는데, 열 사람이 들어올리지 못한 쇠로 만든 닻을 포로로 잡은 차한 사람이 그것을 혼자 마치 지푸라기 들듯 들어올리니, 그 완력이 이와 같았다.

9월 27일에는 영고탑에 도착하였는데, 황제가 칙명을 내려 조선 장수에게 용골대(龍骨大)·부골대(副骨大)의 벼슬을 내리고 상을 차등 있게 주었다. 청나라 원수는 배시황을 이끌고 집으로 가서 자기의 세 아내와 인사시켰는데, 세 아내는 한 팔은 올리고 한 팔은 내려 예를 하고서 앞으로 나와 제 얼굴을 배시황의 얼굴에 대었으며, 진수성찬으로 대접했다. 생각건대, 한 팔을 올리고 한 팔을 내린 것은 하늘과 땅을 가리킴이고, 사람의 마음은 얼굴처럼 각기 다르므로 얼굴을 갖다 대면 마음도 합한다는 뜻인 듯하다.

11월 18일에 영고탑을 출발하여 12월 15일에 두만강에 도착했다. 이듬해 청나라에서는 공사(貢使) 편에 부탁하여 전사한 여덟 사람의 집에 각각 은 30냥을 주고 부상한 25명에게는 5등급으로 나누어 차등 있게 은을 주었다. 신류와 배시황은 모두 영남 사람이다.

조선 각 지방의 언어

朝鮮方音 조선방음

양웅(揚雄 : 전한 때의 문인)의 《방언(方言)》(각 지방의 언어·명칭의 동이(同異)를 수록한 책)에는 조선의 열수(洌水) 사이라고 일컬은 곳이 많은데, 열수는 곧 낙랑 땅이고 오늘의 대동강이다. 《방언》에 있는 말은 우리나라의 옛 방언으로서 지금은 남아 있지 않다. 그러나 조선말이라고 일컬었으니, 조선 사람으로서 마땅히 알아야 하겠다.

《방언》에 "어린아이가 울음을 그치지 않는 것을 훤(咺), 검은 눈동자를 간(䀏), 나무의 가는 가지를 책(策)이라 하고, 유포(揄鋪)를 엽수(葉輸)라 하는데 유포는 짐승의 털이다. 속령(速逞)을 요선(搖扇)이라 하고 속령은 빠르다는 것이다. 위와(蔿譌)를 열(涅)이라고 한다. 열은 화(化)하는 것인데 닭이 알을 품어 처음으로 부화(孵化)하는 때이다. 협(協)을 침(斟)이라 하는데 침은 협(汁)이다. 먹거나 바른 약의 독(毒)을 노(癆)라 한다. 비구(屝屨)를 앙각(鞅角)이라고 하는데 거친 신[麤履]을 말한다. 솥[鍑]을 전(鉹)이라 하고 또는 병(餠)이라고도 하는데 가마솥[釜]의 종류이다. 삽(臿)을 조(斛)라 하고, 상(狀)을 수(樹)라 한다. 소와 양의 오장(五臟)을 박(膞)이라 하고, 번만(煩懣)을 한만(漢漫)이라 하며, 전현(顚眴)을 진현(眹眩)이라 한다. 새의 새끼와 병아리를 고(鷇)라고 하는데 이 글자의 음은 고(顧)이다. 시구(尸鳩)를 복비(鵙鴀) 또는 혹(鶷)이라고도 하며, 지주(蜘蛛)를 독여(蠾蝓)라 한다" 하였다.

오늘날 풍속에 병아리를 '구구'라고 부르는데, '구'는 곧 병아리의 이름이다. 이는 마치 강아지를 '요요'라고 부르면서 '요'가 강아지의 이름인 것과 같다. 이상의 여러 가지 가운데에서 앙각과 독여 같은 말은 시(詩)의 재료로 쓸 만하다.

또 《고려사》를 살펴보니 "미후도(獼猴桃)를 달애(怛艾)라 하고, 고양이[猫]를 고이(高伊)라 하며, 잠수장(桳樹杖)을 물푸레나무[水靑木]라 한다" 하였으며, 동월(董越 : 명나라 사신)의 《조선부(朝鮮賦)》에는 "아버지[父]를 아필(阿必)이라 하고, 어머니[母]를 액미(額嬭)라 한다" 하였고, 송나라 손목(孫穆)의 《계림유사》에는 "구름[雲]을 굴림(屈林)이라 하고, 바람[風]을 발람(孛纜)이라 하며, 눈[雪]을 눈이(嫩耳)라 하고, 비[雨]를 비미(霏微)라 하며, 우레〔雷〕를 천동(天動)이라 하고, 무지개를 육교(陸橋)라 하며, 까마귀〔雅〕를 타마귀(打馬鬼)라 하고, 개〔犬〕를 가희(家稀)라 하며, 놀고먹는 사람〔遊子〕을 부랑인(浮浪人)이라고 한다" 하였다. 나머지는 다 기록하지 않는다.

역관 홍순언의 선견지명
洪純彦 홍순언

역관(譯官) 홍순언은 조선 왕가의 세계(世系)를 변무(辨誣: 사리를 따져 억울함을 변명함)하는 데 공을 세워 광국공신(光國功臣)에 오르고 당릉군(唐陵君)에 봉해졌다. 세간에 전해오는 이야기에 따르면, 홍순언은 이에 앞서 명나라 도성에 갔을 적에, 양한적(養漢的)에게 후하게 뇌물을 주고 아름다운 창녀를 얻었다. 양한적이란 창녀를 길러 값을 받는 자들의 칭호이다. 그 여성에게 물어보니 그는 본디 양갓집 딸로서 부모가 죽자 집안이 가난해 장례 모실 길이 없으므로 자기 몸을 팔아 이렇게 되었는데, 사실은 처녀로서 아직 남자를 섬기지 않은 몸이라는 것이었다. 홍순언은 이 말을 듣고서 가엾게 여겨 마침내 돈을 내어 몸값을 갚아 주고도 관계를 맺지 않았다.

그 뒤로 그녀는 상서(尙書) 석성(石星)의 총희(寵姬)가 되었는데 홍순언이 변무하러 갔을 때에 그녀의 도움을 받아 일이 잘 처리되었다. 임진왜란이 일어났을 때 명나라에서 군사를 보내 우리나라를 다시 일으킨 것은 석성의 힘이었는데 이에도 또한 그녀의 도움이 있었다고 한다.

《설부(說部)》의 '갑을잉언(甲乙剩言)'에 이런 말이 있다.

"심유경(沈惟敬)이 불우한 몸으로 북경에 우거하는데, 우사(寓舍) 곁에 방 한 칸이 있어 물장수 심가왕(沈嘉王)으로 하여금 들어 살게 하였다. 심가왕은 본디 낙청(樂淸) 조상길(趙常吉)의 집 종이었는데, 왜적에게 잡혀갔다가 18년 만에 달아나서 북경으로 돌아와 조상길에게 의지했으나 조상길은 그를 쓸 데가 없었다. 그래서 심가왕은 물을 팔아 스스로 살아가는 처지가 되었다. 심유경은 때때로 그와 만나서 왜국에 대한 일을 들었는데 모르는 것 없이 환하였다. 때마침 대사마(大司馬) 석성이 동쪽 일을 요리하는데, 석성의 총희의 아버지 원모(袁某)가 심유경과 늘 가깝게 지내므로 심유경은 그와 더불어 왜국에 관한 일을 말하는데, 마치 그곳에 직접 갔다 온 사람과 다름이 없었다. 그래서 원모가 석성에게 말하자 석성은 심유경을 불러들여 이야기를 나누어 보고 매우 기뻐하며 황제에게 아뢰어 유격장군(遊擊將軍)을 제수하고 왜국에 사신으로 가게 하여, 봉공(封貢)의 설이 나오게 된 것이었다"

무릇 역관으로서 광국공신의 공훈에 참여하게 된 것을 보면 반드시 그 까닭이 있을 것이며, 임진년의 군사 원조는 석성의 총희로 말미암아 이루어진 것이라는 것 또한 전혀 거짓말은 아닌 성싶다. 혹시 원모의 아내가 죽자 장례를 치를 방도가 없어서 마침내 그 딸을 팔아서 치른 것이 아니었던가? 《통문관지(通文館志)》에는 "여자가 바로 석시랑의 계실(繼室)이다"라고 했는데 이것은 잘못된 것이다. 더구나 석성은 시랑이 아니었다.

석성이 동쪽 일을 전담하게 되자 원모는 마침내 심유경을 천거하였다. 심유경은 우리나라의 일에 진실로 열성을 쏟았다. 동쪽으로 올 적에 심가왕과 함께 왔고, 그가 순안(順安)으로 갈 적에는 먼저 그로 하여금 곧장 적의 진영에 들어가 소서행장(小西行長)을 타일러서 50일 동안에는 서로 침략하지 않을 것을 약속하였으니, 대개 그가 일찍이 왜국에 머물러 있어 서로 익숙한 까닭이었다.

세상에 또 전해 오기를 "홍순언이 두 번째 연경에 갔을 때 석성의 총희가 금과 비단을 잔뜩 싣고 와서 은혜에 두텁게 보답하기를 원하자 홍순언은 말하기를 '만일 이렇게 한다면 이는 이익을 노린 것에 지나지 않으니 이것은 나의 본디 마음의 뜻이 아니다' 그러고 모두 받지 않았다. 그 가운데에는 그녀가 손수 짠 채단이 100필 있었는데 거기에는 모두 '보은단(報恩緞)'이란 세 글자가 수놓아져 있었다. 이 채단을 받들고 와서 슬피 호소하므로 홍순언은 차마 전부 물리칠 수 없어서 마침내 받아 가지고 돌아왔다.

지금 서울 서부(西部)에 '보은단골'이 있는데, 이는 홍순언이 사는 곳으로 이로써 이름이 된 것이다" 하였다.

《하담수기(荷潭手記)》에 이르기를 "광해군이 즉위하자 명나라에서는 그가 장자(長子)가 아니라는 까닭으로 엄일괴(嚴一魁)·만애민(萬愛民) 등을 보내어 임해군(臨海君) 이진(李珒)의 신병 여부를 조사하게 하니, 광해군은 뇌물로 은돈과 인삼을 엄일괴와 만애민에게 후히 주었다. 이로부터 뇌물의 문이 한 번 열리자 역관이 그 사이에서 방종하고 아첨해 뇌물이 아니고서는 일이 이루어지지 않았다.

종계(宗系)의 변무(辨誣)를 위해서도 여러 번 갔으나 허락을 얻지 못하므로, 조정의 의론이 '중국의 일은 재물이 아니고서는 성사되기 어렵다'고 여겼다. 이때 홍순언은 말하기를 '외국의 형편은 중국과 같지 않으니 만일 이 뇌물의 길을 열어 놓는다면 그 폐단이 반드시 국가가 퇴폐하는 지경에 이를 것이니, 이 일이 몇 년 더 늦춰진들 무엇이 서럽겠는가!' 하면서 버텨 나갔던 것이다. 마침내 몇년 만에 임진·정유년의 청병(請兵)에 이르러서도 일이 몹시 거창했지만 뇌물을 쓴 적은 일찍이 없었는데, 광해군 이래로부터 국가의 고질병이 되어 약으로도 구할 수 없게 되었으니, 사람들이 홍순언의 선견지명에 탄복했다" 하였다.

말과 침묵
語默 어묵

무릇 말로 옳고 그름을 따질 때 두 쪽이 다 그르다고 하는 것은 헐뜯음에 가깝고, 두 쪽이 다 옳다고 하는 것은 아첨에 가깝다. 만일 옳고 그름을 깨닫지 못할 때에는 아첨보다는 차라리 헐뜯음을 좇겠다. 그러나 어지러운 나라에서 사물에 대응함에 있어 말과 행동을 꼼꼼히 하지 않으면 재앙을 부르게 된다. 그러므로 침묵이 귀중한 것이다.

옥당(玉堂)에 학(鶴)이 있었는데 숙직하는 여러 관원이 모여 이야기하기를, 더러는 꼬리가 검다느니, 더러는 날개가 검다느니 하면서 결정을 못 짓고 늙은 아전에게 가서 물으니, 늙은 아전이 답하기를 "그 말이 참으로 옳지만 이 말도 또한 그르지 않다" 하므로 왜냐고 물었더니, 늙은 아전의 대답이 "학이 날 적에는 날개가 검고, 서 있으면 꼬리가 검다" 하였다. 그러자 듣고 있던 사람들이 배꼽을 잡고 웃었다. 늙은 아전은 둘러맞추기를 잘하는 자라 이를 만하다.

조선 초기에 익성공(翼成公) 황희(黃喜)가 성품이 너그러워 남의 뜻을 거스르지 않아, 누가 "삼각산이 무너졌다"고 말하면, 다만 "너무 높고 뾰족했었다"고 하고, 금세 또 "그렇지 않았다"고 말하면 "기세가 완전하고 굳건했다"고 대답했다고 한다. 반드시 그랬으리라고 믿어지지는 않지만 그 사람됨이 이와 비슷한 점이 있었던 것이다.

옛날 중국 삼국시대 때 사마휘(司馬徽)가 형주(荊州)에 살면서 형주자사 유표(劉表)가 현명하지 못하니 반드시 반란이 있을 것을 헤아리고서 물러나 자중하며 스스로 보전할 것을 생각했다. 그래서 늘 남과 이야기할 때에는 좋다고만 말하매 그 아내가 분별이 없다고 나무라니, 그가 말하기를 "당신의 말도 또한 대단히 아름답다" 하였다. 이는 옥당의 늙은 아전의 대답과 비슷한 것이다.

기인제도의 폐단
其人之役 기인지역

대궐 안에서 쓰는 물품은 모두 기인(其人)에게 책임지고 공납하게 한다. 기인이란 자가 쌀섬(米石)을 한양 사람에게 보내어, 그로 하여금 품목에 따라 갖추어 공납하게 된다.

이렇게 하면 사방에서 각각 그 물품을 직접 가지고 와서 공납하는 것에 비해 백성의 수고가 덜어져 숨 돌릴 겨를이 생길 것처럼 생각하기 쉽다. 그러나 궁궐에 공급하는 일을 편하고 쉽게만 해서는 안 된다. 편하고 쉽게만 하다가 그것이 오래가면 반드시 갈수록 사치해지니 누가 이를 막을 수 있겠는가. 임금의 일상 용도에 대해서는 으레 소속 관청에서 빠짐없이 챙기고 있는데, 어찌 또 기인을 써야 한단 말인가.

오늘날 모든 관청에서 임금에게 물품을 바치는 것은 그대로인데 기인의 명목은 여러 가지로 불어나고 덧붙여서 해마다 쌀 4만여 섬을 쓰고 있으니, 이 또한 큰 낭비이다. 고대의 제도에서는 궁중 일이 모두 총재(冢宰: 이조의 으뜸 벼슬) 대신에게 맡겨져, 술과 간장, 소금과 젓갈, 갖옷, 실과 모시 등속까지 관장하여 다스리지 않는 것이 없었으니, 이 때문에 궁중과 부중(府中)이 일체가 되어 그 다스리는 조리에 법도가 있었다. 그런데 기인제도가 생겨나고부터 내외의 일이 나뉘어져 서로 간여하지 못하니, 그 해로움이 너무 크지 않은가. 폐지할 수는 없다 할지라도 공납은 각 지방에서 관장하게 해야만 비로소 폐단이 적어질 것이다.

이 법이 신라에서 생겨나고, 고려 때에 와서는 향리(鄕吏)의 자제들을 뽑아서 볼모를 만들어 서울에 두고 그 고을에 대한 고문(顧問)의 일에 대비하게 하여 이를 기인이라 했으며, 10년이 되면 정직(正職)과 같이 대우했는데, 충숙왕 이후에는 날짜를 계산하여 값을 요구하니 그 폐단을 견뎌낼 수 없었다.

고려 창왕 때에 조준(趙浚)은 상소하여 아뢰기를 "기인은 그 법이 오래되어 폐단이 생겨서 각처에 나누어 예속시켰으나, 부리기를 노예같이 하매, 그 고초를 견디지 못하여 심지어 달아나는 자까지 있다. 주무 관아가 경저(京邸: 조선시대에, 각 지방 관아에서 서울에 둔 출장소)의 주인에게 도망자의 속포(贖布)를 한 사람에 1필씩 날마다 징수하는데, 되는대로 빌려서 내었다가 갚지 못하면, 바로 주현으로 달려가서 그 배를 징수하는 실정이다" 하였다.

그리고 공양왕 2년(1390)에 중랑장 방사량(房士良)이 시무(時務)에 대하여 11조를 올렸는데 제9조에 이르기를 "기인의 역(役)은 우리 조정에 이르러서도 역은 다르나 이름이 남아 있어, 역을 맡은 자 또한 후한 이익을 받으니, 나라를 좀먹는 것이 너무 심하다. 무릇 백성이 가난하면 병들게 마련이요, 나라가 가난하면 망하는 법인데, 재물의 생산은 한정이 있고 미려(尾閭: 모든 강물의 출구가 되는 곳)는 끝이 없으니, 앞으로 어찌 될지 알 수 없다" 하였다.

살펴보건대, "신라 문무왕(文武王) 때에 임금의 아우 차득공(車得公)이 무진주(武珍州)에 이르렀는데, 신라의 제도에 매번 외주리(外州吏) 한 사람을 수도로 올려보내 지키게 했다. 이것이 바로 지금의 기인이다" 하였으니, 마땅히 참고해 볼 일이다.

양명학의 시작
王陽明 왕양명

퇴계가 말하기를 "양명의 학술이 자못 어긋나서, 그 마음이 강하고 사나워 자기만 제일이며, 그 변론은 장황하고 찬란하여 사람으로 하여금 현혹되어 소신을 잃게 만드니, 인의(仁義)를 해치고 천하를 어지럽히는 것이 반드시 사람이 아니라고는 못하겠다. 궁리(窮理)의 학을 물리치고자 하여 주자의 설을 홍수(洪水)·맹수(猛獸)의 재해와 같이 여기고, 번문(繁文)의 폐단을 없애고자 할 때는 진시황의 분서(焚書)를 들어 공자의 산술(刪述 : 시서(詩書)를 산(刪)하고 예악(禮樂)을 술(述)했다는 말)의 뜻을 체득한 것으로 삼았으니, 그 말이 이와 같고서도 자칭 광혹(狂惑)하여 양심을 잃은 사람이 아니라 한다면 나는 믿지 않겠다. 양명이 이미 주자의 학을 홍수·맹수로 배척하였는데도, 명나라 시대에 주자를 향사(享祀)하지 않을 수 없었는데, 반드시 양명을 아울러 같은 집에 향사하게 하는 것이 옳단 말인가?" 하였다.

우리나라 퇴계의 언론이 이와 같았다. 우리나라 사람이 이미 퇴계를 향사하지 않을 수 없는 이상 양명을 함께 향사할 수 없다는 것 또한 너무도 분명한 것이다. 처음 양명을 종사하자는 의논이 일어났을 적에 북방에서는 모두 종사해서는 안 된다는 논을 따랐고 남방에서는 모두 종사하는 것이 옳다는 논을 주장했던 바, 남방 사람이 많고도 성하여 그 말이 마침내 시행되었던 것이요, 공공(公共)의 논은 아니었다.

《서애집》에 이런 말이 있다. "노인(魯認)이라는 자가 있었는데 임진년 난리에 포로가 되어 왜국으로 들어갔다. 거기서 절강(浙江) 사람을 만나 마침내 왜국으로부터 도망하여 복건(福建)에 와서, 돌고 돌아 무이산(武夷山)에 들어오니, 오곡(五曲)에 주자의 서원(書院)이 있었다. 그 서원 원장이 날마다 생도들을 거느리고 학문을 강하며 예를 행하는데, 학칙이 매우 엄했다. 새벽에 일어나 종을 치면 여러 생도들이 뜰에 나뉘어 서서 서로 읍하며 관저(關雎 : 《시경》 주남(周南) 편) 삼장을 노래하고 당에 올라 강설을 들으며 해가 저물어야 파한다. 저녁에 또 서로 읍하고 녹명(鹿鳴 : 《시경》 소아(小雅) 편)을 노래하는데, 날마다 이일을 상례로 삼는 것이었다. 노인도 함께 강석에 참여해 수삼 삭(數三朔 : 두서너 달)을 함께 지내게 되었는데, 이별에 다다르자 저마다 시와 노래를 지어 증정하며 또 말하기를 '듣자니 조선에서는, 중국이 육자(陸子 : 송나라 금계(金谿) 사람. 이름은 구연(九淵), 자는 자정(子靜))를 숭상한다고 말한다는데 실상인즉 그렇지 않다. 육학(陸學)은 간혹 있을 따름이요, 여기는 오로지 회암(晦菴)의 학만 존숭하고 있으니 조선에 돌아가거든 반드시 본 대로 말해 주기 바란다' 하였다. 그래서 노인이 환국하여 이 사실을 전하였다. 이 두어 조문을 미루어 보면 육(陸)·왕(王)의 학이 중국에서도 그다지 성행하지는 않으며, 그 존숭하는 자는 간간이 있는 모양이니, 어찌 천하를 휩쓸게 되리라는 염려야 있겠는가. 지난번 오경(吳京)과의 문답은 다만 한때의 우연이었을 뿐이다. 명나라 조정에 이미 종사(從祀)의 전(典)이 있은즉, 태학에 있는 자들이 이와 같이 수작한 것은 이 세상에 있을 법도 한 일이니 반드시 천하의 큰 시비가 되지는 않을 것이다."

내가 《감주집(弇州集)》(명나라 왕세정 (王世貞)의 문집)을 상고해 보니 "학사 왕석작(王錫爵 : 명나라 태창 (太倉) 사람)이 양명의 종사를 기롱하여 말하기를 '이 사람은 패유(霸儒)다. 겉으로는 유자(儒者)인 척하면서 속으로는 선(禪)을 한다' 하였는데, 그 딸 담양대사(曇陽大師)가 저지하므로 학사는 그 때문에 초고(草稿)를 삭제했다" 한다.

큰 주발에 놋수저
大鉢鐵匙 대발철시

정운경(鄭運經, 1699~1753)의 《탐라문견록》에 이르기를 "왜국으로 표류되어 간 사람이 있었는데 그 통사(通事)가 하는 말이 '조선은 진실로 낙국(樂國)이다. 그러나 사람들이 탐욕이 많다. 큰 주발에 놋수저로 밥을 다져서 배부르게 먹으니 탐욕을 부리지 않고서 어떻게 견디겠는가? 더구나 왜국의 법은 도주(島主)가 자손에게 대물림되어 재용(財用)이 절로 풍족하므로 다시 착취를 하지 않지만, 조선은 외관(外官)이 3년 만에 한 번씩 교체되니, 가난한 집에서 다행히 수령 자리를 얻게 되면 살림 모으기에만 뜻을 두어 과외(科外)로 세금을 거두는데, 어찌 백성이 가난해지지 않겠는가? 이는 법이 잘못되어 있기 때문이다' 하였다" 한다. 이 설에 대하여 다시 한 번 생각해 보는 것이 마땅하다. 외관을 세전으로 하는 것은 비록 시행하지 못한다 할지라도, 오랫동안 임직하도록 법을 만들어 놓는다면 어찌 지금처럼 백성들을 벗겨 먹는 버릇이 있겠는가?

중세 때에는 벼슬길에 들어간 자가 오히려 적었기 때문에, 사대부가 조정에 오르면 녹(祿)이 몸에서 떠나지 않아 부모 섬기고 자식 기르기에 모자람이 없었으며, 명예와 절조를 재물보다 소중하게 보아서 염우(廉隅 : 행실이 단정하고 의지가 견고한 것)를 기를 수 있었고 공적을 달성할 수도 있었다. 그러나 근세 이래로는 관원이 적은 데다 지원자는 많아서 한번 임기가 지나면 더 끌어나갈 길이 없으니 식솔을 이끌고 집에 돌아오면 얼고 굶주릴 것은 빤한 일이라, 변수(卞隨 : 하나라 때의 고사(高士))와 백이(伯夷)의 청백도 죽음을 구원하는 데는 힘이 없어 도리어 명예나 절조보다 재물이 소중할 수밖에 없다. 그래서 착취로써 능사를 삼는 것이니, 비단 큰 주발 놋수저만 병의 근원이 되는 것은 아니다.

사림의 파벌
朋黨 붕당

옛날 당나라 문종(文宗)이 "하북(河北)의 적은 제거하기 쉽지만 조정의 붕당을 제거하기는 어렵다" 하였는데, 임금이 상벌(賞罰)·생살(生殺)의 권리를 쥐고서도 능히 생(生)을 탐하고 귀(貴)를 즐기는 마음을 바꾸지 못했다면, 이는 반드시 제거해야 한다는 것만을 알았을 따름이요, 어떻게 제거해야 하는 줄은 알지 못한 것이니, 진실로 그 요령에 어두우면 그 제거한다는 것이 도리어 붕당을 키우는 격이 되고 만다.

붕당과 반대되는 것이 바로 탕평(蕩平 : 어느 쪽에도 치우치지 않음)이니, 탕평으로 호칭을 삼았다면 빨리 제거될 것 같기도 한데 근세에는 또 이른바 '탕평당(蕩平黨)'이라는 것이 있어, 이것도 아니고 저것도 아니며 중간에 서서 붕(朋 : 무리를 이룸)을 세운다. 그리하여 사람을 천거하면 양편에서 다 취하고 발언을 하면 쌍방을 다 그르게 여긴다. 마치 조송(趙宋) 때에 삭당(朔黨 : 송 철종(宋哲宗) 때의 원 우삼당(元祐三黨)의 하나)이 낙당(洛黨)·촉당(蜀黨) 사이에 거한 것과 같아서, 암암리에 세상의 환심을 사자는 것이다. 잘라 말해서 편벽됨이 없고 기울어짐이 없는 도는 아니다.

나는 예전에 '붕당론' 한 편을 지어, 좋음과 등짐의 기(機)를 밝히면서 필경에는 이(利)의 구멍이 막히고 백성의 뜻이 정해진 다음에, 상으로써 권장하고 벌로써 시위하는 것으로 귀결지었으니 이것으로 족하다. 상은 반드시 재보(財寶)가 아니라 그 녹질(祿秩)을 더하는 것이며, 벌은 반드시 주극(誅殛)이 아니라 계급을 내려 올라가지 못하게 하는 것이니, 무릇 영달(榮達)을 가져오는 천탁(遷擢)의 길이 일체 폐기되면 아무리 종용하여 당을 만들게 해도 역시 되지 않을 것이다

예전에 여헌(旅軒) 장현광(張顯光)이 상소하여 말하기를 "천지간에는 하나의 도리가 있을 따름이니, 선과 악이 각각 한 가지 유(類)요, 사(邪)와 정(正)이 각각 한 가지 유요, 시(是)와 비(非)가 각각 한 가지 유다. 선악·

사정·시비가 아울러 대립하고 아울러 작용하고 아울러 행세하면서, 이 도와 이 이치가 어긋나지 않는다는 말은 들어보지 못했다" 하였고, 당시에 또 현감(縣監) 정원석(鄭元奭)이 상소하여 말하기를 "군자라면 비록 백 사람이 무리짓는다 해도 나라에 유익하고, 소인이라면 비록 한두 사람이 무리지어도 반드시 정치에 해가 된다" 하였으니, 사흉(四凶 : 순임금 때에 정사를 어지럽히던 네 명의 악인(惡人))·십란(十亂 : 주 무왕(周武王) 때 정사를 잘 보던 열 사람의 신하) 조정을 함께하여 공화(共和)하기란 이미 그 형세가 불가능한 것이다. 그러나 만약 나에게 물(物)을 헤아리는 권도(權度)가 없다면, 군자와 소인을 또 어떻게 구별할 수 있으랴! 명철한 임금이 세상을 제어하고, 어진 정승과 훌륭한 보필이 조종(操從)을 잘하여 운영하기를 자취 없이 한다면, 소인의 취향을 바꾸어 군자의 궤도에 들어가게 하지 못할 리도 없지 않겠는가.

만약 단지 어진 이는 진출시키고 간사한 자를 물리치는 것만으로 마음을 삼는다면, 어진 이를 소인이라 하고 간사한 자를 군자라 하지 않는 자가 적을 것이다. 그러므로 법을 세우는 것만이 상책이 된다는 것이니, 위에 법이 서게 된다면 아래에서 풍기가 바뀌는 것이다. '붕당론'에 있는 것은 여기에 들지 않겠다.

선릉과 정릉의 변고
宣靖陵 선정릉

임진(壬辰)에 당한 양릉(兩陵)의 변고, 곧 성종의 능과 중종의 능이 당한 변고를 생각하면 왜놈들은 잊을 수 없는 원수이다. 옥체(玉體)의 진위(眞僞)조차 지금까지 불명(不明)의 안(案)으로 되어 있는 것이나, 왜놈들이 이미 도굴하고서 다시 먼 곳의 시체를 구해다가 광중에 두었다는 것 또한 그럴 리가 없을 듯하다. 도굴한 것이 원수를 위해서가 아니라 보화를 얻고자 한 짓인데, 반드시 진(眞)은 숨겨 버리고 가시(假屍)로 바꿀 까닭이 어디 있겠는가? 아! 말해 보아야 무익할 따름이다. 그 뒤에 왜국에서 능을 침범한 도둑이라며 두 놈을 잡아 보냈는데, 그중 한 놈은 나이가 젊어서 임진년 도둑이 아니라는 것을 단정할 수 있었으니, 틀림없이 사형수를 보내 우리를 속인 것이리라. 그들의 사형수를 우리에게 넘겨 형을 집행하게 했다면, 그 치욕이 더욱 심한 것이다.

나는 이런 경우라면 마땅히 왜놈과 더불어 앉아 심문하여, 자복하면 베고 불복하면 제 본국으로 돌려보내는 것이 옳다고 생각하는데, 그때에는 아마 생각이 여기까지 미치지 못했던 모양이다. 그 뒤 왜국으로 회답사(回答使)가 가는데, 윤안성(尹安性)이 시를 지어 주기를 다음과 같이 하였다.

회답 사신은 어디로 가는 건가
오늘날 화친이란 내 그 뜻 모를레라.
한강 위로 가거들랑 자네 좀 바라보게
두 능침 송백나무 가지가 있나 없나.
使名回答向何之　今日交隣我不知
君去漢江江上望　二陵松柏不生枝

대동법
大同 대동

조선조 초기에 전세(田稅)는 그해의 풍흉(豊凶)을 보아서 9등으로 나누어, 상지상(上之上 : ^{상등 가운데}_{가장 높은 등급}) 1결(結)에 20두(斗)를 거두고, 하지하(下之下 : ^{하등 가운데 가}_{장 낮은 등급})는 4두를 거두어 경비를 삼았다. 그런데 중기에 와서는 풍흉은 묻지 않고 언제나 하지하를 표준삼아 관례를 만들어 백성의 힘을 펴게 하였으니, 역시 이것이 풍족함을 취하는 길이 되기 때문이다.

임진왜란 때에 군사들의 식량을 위해 1, 2두를 더 거두고 '삼수량(三手糧)'이라 일컬으니 이것이 바로 가부(加賦)였다. 그 뒤로 납공(納貢 : ^{백성이 그 지방}_{토산물을 바침})하는 각 물품이 날로 늘어나고 번거로워서 백성이 견뎌낼 수가 없으므로, 이문성공(李文成公 : ^{이이(李珥)}_{의 시호})이 공안(貢案) 개정을 간절히 서둘렀으나 미처 성취하지 못했다.

정승 김육(金堉)에 이르러서는 4두 경비 이외에 따로 대동(大同)의 공법(貢法)을 만들어, 춘추(春秋)로 합치면 12두가 되었은즉, 이미 이 부세는 가볍고 공물(貢物)은 무거웠으나 백성이 오히려 편히 여겼으니, 지금 각사(各司)의 일진(日進) 및 이른바 기인(其人 : ^{조선 시대에 서울 각 관아에서 쓰는 시탄}_{(柴炭)을 공급하던 역할을 하던 사람들})의 역할

이 이것이다.

그러나 대동 이외에 각도 각읍의 사사로운 각종의 거두어들임이 더욱 많아져서 백성이 또 견디지 못할 지경이었는데, 근년에 수령이 된 자가 잡역(雜役)의 상정법(常定法)을 만들고 다시 6, 7두를 거두어 관아의 비용으로 삼으니 백성이 또 편하게 여겼다. 그렇지만 사방의 시물(時物)의 공납은 본디 있게 마련이라, 무릇 연향(宴饗)이 있으면 거두고, 상위(喪威)가 있으면 거두고, 외사(外使)가 있으면 거두고, 조빙(朝聘 : 조정에 출사하는 일과 사신 가는 일)이 있으면 거두니, 제사(諸司)가 본을 떠서 일만 있으면 거두고, 감사(監司)가 본을 떠서 일만 있으면 거둔다.

거둘 적에는 반드시 각 고을에 책임을 지우고, 고을은 백성에게 책임을 지우는데, 그 자질구레한 것은 이루 다 기록할 수조차 없으니, 조선 초기의 정해진 제도에 비교해 보면 어떻다 하랴?

국가의 경비는 다섯 가지가 있으니, 즉 납공(納貢)·반록(班祿 : 관리들에게 주는 녹봉)·제향(祭享 : 나라에서 지내는 제사)·양병(養兵 : 군사 양성)·조빙(朝聘)이다. 이 가운데 어느 것인들 경비가 아니랴만, 정세(正稅) 이외에 별도로 공물의 명목을 세워 탕장(帑藏)과 같이하는 것은 무엇인가. 이것은 도리어 풍흉을 막론하고 상지상에 한결같이 1결에 20두씩 거두는 제도를 따라서 내외의 크고 작은 수용(需用)에 응하기로 하고, 백성은 다시 끼워 넣지 않게 하는 것만 같지 못하다.

백성을 다스리는 요점은 관부(官府)와 드물게 접촉하도록 하는 데 있거늘, 어찌하여 대동은 봄·가을로 각각 바치게 하고, 각 고을에서는 한 고을마다 각기의 창고에 나누어 바치게 하여 허다한 사사로운 뇌물이 생기게 하는가. 만일 부세와 공물을 합쳐서 동시에 한 창고에 바치게 한다면, 나라도 허비가 없고 백성들도 혜택을 받게 된다.

자신을 잊고 윗사람을 섬김
忘己事上 망기사상

자기를 잊어버리고 윗사람을 섬기는 것을 충성이라 한다. 제일가는 충성은 죽음을 잊는 것이요, 그 다음은 벼슬과 봉록을 잊는 것이요, 그 다음은 돈을 잊는 것이니, 잊는다는 것은 아끼지 않는다는 말이다.

돈을 아끼게 되면 백성들이 옷과 음식을 빼앗기게 되고, 벼슬과 봉록을 아끼면 일을 당해서도 과감하게 하지 못하게 된다. 죽음을 아끼면 권신(權臣)들이 나라를 재난에 들게 만들어도 감히 거스르지 못하게 되고 못난 임금이 나라를 포악하게 침탈해도 감히 말을 못하게 되고 외적이 나라를 뒤엎어도 감히 막아내지 못하게 되는 법이니, 이런 뜻을 알고 신하를 뽑으면 거의 잘못이 없을 것이다. 가렴주구하는 사람을 금하지 못하고, 물러나 사양함을 권장하지 못하고, 정직을 싫어하고 미워하면 나라는 끝내 망하고 만다.

퇴계 이황과 남명 조식
退溪南冥 퇴계남명

금계(錦溪) 황준량(黃俊良)이 퇴계 이황(李滉)에게 상서하여, 남명 조식(曺植)이 의리에 통달하지 못한 점이 어디에 있느냐고 논하자, 퇴계는 답하기를 "이 사람들은 흔히 노·장(老莊)에 병들어 우리 유학에 대해서는 으레 깊지 못한데, 어찌 그 통달하지 못함을 괴이하게 여기겠는가? 요는 그 장점만을 취하는 것이 마땅하다" 하였다.

부제학 개암(開岩) 김우굉(金宇宏)이 이 서한을 얻어보고 크게 놀라서 마침내 퇴계에게 글을 올려 말하기를 "남명 선생은 우도(右道)에서, 선생은 좌도에서, 해와 달 같은 존재로서 사문(斯文)을 흥기시키는 것을 자기 소임으로 삼고 계시니, 선비의 습속이 일변하여 도(道)에 이를 수 있음이 마치 강에서 물 마시고 배 채우는 것과 같아, 비록 말과 행동이 가벼운 소인일지라도 말이 미덥고 행실이 과감합니다. 조 선생으로 말하오면 더욱이 아래서부터 배워 올라가는 것을 주로 삼아서, 항상 말씀하기를 '학(學)'이라 하면 어버이를 섬기고 형을 따르는 데에서 벗어나지 않는다. 만약 이를 힘쓰지 않는다면 바로 인사상(人事上)에서 천리(天理)를 구하지 않는 것이니 끝내 소득이 없을 것이다' 하여 한 마디 말도 허무(虛無)에 가까운 점이 없었는데 지금 말씀하기를 '노·장이 병이 되어 학문이 깊지 못하다' 하시니, 문하의 소자(小子)는 망령되이 생각하기를, 학문이란 인륜(人倫)의 일용행사(日用行事)에서 벗어나지 아니하므로 마음을 보존하여 살피고 또 살펴서 그 일에 익숙한 뒤라야 진실로 소득이 된다고 생각합니다. 감히 여쭈노니 우리의 학문이 이 밖에 어디 있사옵니까? 지금 선생께서 거리낌 없이 저척(詆斥)하시어, 심지어는 이단(異端)에 비하는 지경에까지 이르시니, 아마도 선생의 큰 도량에 손상이 될 듯합니다. 원컨대 잘 알아듣도록 타일러 주시어 심한 의혹을 풀어 주소서" 하자, 퇴계는 답하기를 "나는 모(某)를 너무도 앙모하는 처지인데 어찌 감히 기탄없이 비난할 이유가 있겠는가? 다만 입에 넘치는 예찬을 잘 못하는 까닭으로 하유(下帷 : 깊이 들어앉아 독서에 전념함)의 평(評)과 미순(未醇)의 논이 있게 된 것이다" 하였다.

경오년에 남명이 퇴계가 죽었다는 말을 듣고 슬픔을 못 이겨 눈물을 흘리며 말하기를 "나기도 같은 해에 났고 살기도 같은 도(道)에 살면서 70년을 두고 서로 만나보지 못했으니 어찌 명(命)이 아니랴? 이 사람이 가버렸다 하니 나도 아마 가게 될 게다" 하였는데, 그 후 두 해가 지나서 임신년에 남명이 죽었다.

퇴계가 남명에 대하여 칭찬을 아낀 것이 한 마디 말뿐이 아닌데 남명은 한 구절도 퇴계에 대해 언급한 바가 없었으니, 비단 퇴계만 덕이 순수하여 하자(瑕疵)가 없는 것이 아니라 남명도 한 점의 시기나 혐오가 없었다는 것을 볼 수 있으니 족히 본받을 만하다. 정한강(鄭寒岡)은 말하기를 "남명이 어찌 동방에 재생할 인걸(人傑)이겠는가?" 하였고, 율곡은 말하기를 "세도(世道)를 만회한 공은 아마도 동방 제자(諸子)의 아래에 있지 않을 것이다" 하였거니와, 그 천 길의 벽(壁)이 우뚝 서 있는 기상 같은 것은 탐욕한 자로 하여금 청렴하게 하고, 나약한 자로 하여금 일어서게 하니 이른바 백세의 스승이라 하겠다. 혹자는 퇴계의 평으로 인하여 마침내 이르기를 "유가(儒家)의 유(流)가 아니요 바로 처사(處士) 중에 협기(俠氣)가 있는 자이다" 하였으니, 역시 가소로운 일이라 하겠다.

《대학》에서는 "뜻이 진실한 뒤에 마음이 바르다" 하였지만 뜻은 비록 진실했을지라도 마음은 혹시라도 정당함을 벗어나는 곳이 있으므로 주자는 이르기를 "비록 십분(十分)이 다 맑다 할지라도 그 맑은 이면에는 파랑(波浪)이 움직이고 흔들리는 곳이 있다" 하였다. 남명은 악을 미워하는 것이 지나쳐서 음부(淫婦)의 집을 헐어 없애 버리는 지경에까지 이르렀으니, 음부가 비록 괘씸하더라도 집을 훼철하는 일은 자기 임무가 아니라는 점을 자못 깨닫지 못한 것이다.

그러니 그 뇌룡(雷龍 : 조식의 서실(書室) 이름, 곧 뇌룡사(雷龍舍))·계복(鷄伏 : 조식이 거처하던 정사(精舍) 이름) 등의 문자를 살펴보면 그 공력을 들임이 각고면려(刻苦勉厲)했던 것을 알 수 있다. 그는 일찍이 학자들에게 말하기를 "다만 그 혼수(昏睡)를 깨우치는 것이 중요할 따름이니 이미 눈을 떴을 경우에는 저절로 천지와 일월을 보게 된다" 하였다. 이 한 마디 말은 초학의 정침(頂針)이 될 만하다.

중국과 오랑캐의 분별
華夷之辨 화이지변

이웃 나라와 교제하는 도리에 있어서 작고 약한 자가 크고 강한 자를 당할 수 없으므로 등나라는 제나라·초나라 사이에 끼어 오로지 두 나라 섬기기를 정성스럽게 하였다. 그러고도 화를 면하지 못하면 피하여 멀리하기를 주 태왕(周太王)이 적인(狄人)에게 한 것처럼*1 하면 되는 것이나, 옮겨갈 만한 땅도 없는 자는 멸망을 기다릴 따름이다. 망하기 전에 해볼 수 있는 일이란 오직 피폐(皮幣 : 가죽과 비단)와 견마(犬馬 : 개와 말처럼 자신을 낮춤)로 섬기어 요행히 폐망을 면하기 바라는 것뿐이다. 이 밖에는 별다른 방책이 없다.

우리나라는 병력이 매우 모자라 눈앞의 편안만을 상책으로 삼았는데, 고려 때부터 망령된 고론(高論)을 내어, 무릇 외구(外寇)의 침략이 있으면 한낱 대국의 힘에만 의지했으며 그렇지 않으면 형세가 궁하여 애걸하는 수밖에 없었다. 오늘에 있어서는 양상이 또 달라져서, 명나라가 호원(胡元 : 원나라의 비칭(卑稱))을 소탕한 뒤로는 중국과 오랑캐〔華夷〕의 분별이 더욱 중해짐과 함께 강약의 형세 따위는 수에 들어가지도 못하는 실정이다. 조정에서는 내정을 닦아나갈 생각은 하지 않고 오랑캐를 물리치는 데만 급급하며, 무변(武弁 : 무관)에 대한 대우는 몹시 천하게 하면서 앞으로 변이 나면 그때 가서 수용하려

---

*1 이 말은 주 태왕(周太王), 즉 고공단보(古公亶父)가 빈(豳) 땅에 있을 때 적인(狄人)에게 했던 일을 말함. 즉 주 태왕이 빈 땅에서 선정(善政)을 하고 있을 때 적인이 쳐들어와서 재물을 구하므로 그대로 주었더니, 뒤에 다시 와서 땅과 백성을 요구하므로 백성들이 노하여 싸울 것을 주장하매 태왕이 "백성이 있어 임금을 세우는 것은 백성을 이롭게 하기 위함인데, 이제 적인이 와서 싸우는 것은 백성과 땅 때문이랴, 백성이야 내 밑에 있으나 그 밑에 있으나 상관없는 것이 아닌가, 백성들이 나를 위해 싸우고자 하지만, 나는 남을 죽이면서까지 싸울 수가 없다" 하고, 이에 빈을 버리고 기산 아래〔岐下〕로 옮겨갔다는 고사를 말한다.

고 드니, 그 빛나감이 오늘과 같다.

왕석작(王錫爵)의 말에 의하면 "무관은 부엌방 아래에서 편안함만을 구하며 오직 관새(款塞 : 관문을 두드림. 즉, 국경을 통해 귀순하여 들어옴)의 이득만을 바라보고, 문신은 그 틈에서 싸움을 관망하며 출새(出塞 : 국경을 넘어 변경의 땅으로 감)의 공만을 다투어 이야기하며, 용맹을 파는 곳은 변경이 아닌 조정으로 여기고, 도적을 막는 것은 갑병(甲兵 : 갑옷을 입은 병사)이 아닌 문묵(文墨)으로 여긴다" 하였으니, 과연 시속의 병폐를 꿰뚫는 말이라 하겠다. 게다가 지금은 이보다 더욱 심한 것이 있으니, 병사(兵使)나 수사(水使)는 대개 변방에 익숙한 자가 아닌, 비단옷 입고 쌀밥 먹는 무능한 자제로서, 무경(武經)을 익히지도 않고 궁검(弓劍)을 잡아 보지도 않고, 문벌(門閥)을 터전 삼아 명망을 배양하는 데 지나지 아니한다. 그리고 입곡(笠轂 : 병거(兵車) 위에 귀인의 시자(侍者)가 가지고서 한서(寒暑)를 막는 삿갓)에 앉아 있는 자는, 오직 진신가(搢紳家 : 벼슬아치의 집안)의 둔하고 어리석으며 근성이 부족한 자로서 필묵 옆에 가보지도 못한 자들이니, 자못 옛날의 이른바 '세 가지 짐승'을 면치 못하여, 군(軍)의 고혈을 짜는 데는 범처럼 활개를 펴고, 당로(當路)에 쓰이기 위해서는 여우처럼 애교를 부리고, 큰 적을 만나면 쥐처럼 숨을 것이니, 어찌 절충하고 어모(禦侮 : 외부로부터 당하는 모욕을 막아냄)하는 일을 논할 수 있겠는가?

과거제도의 근본은 고려 시대
科制本高麗 과제본고려

지금의 급제(及第)한 자는 그 홍패(紅牌) 위에다 등수를 써 놓고 또 망(望)자를 써 놓는데 '망'이란 물망(物望 : 여러 사람이 우러러봄)이다. 고려에서 원종(元宗) 때부터 저마다 입격(入格)한 답안지 두루마리의 등 위에다 과차(科次)와 망을 써서 아뢰었는데 이것이 그 근본이 되었고, 지금의 직부전시(直赴殿試)라는 것은 은사(恩賜)라 이르는데, 고려 문종(文宗) 때로부터 은사와 을·병과(乙丙科) 및 명경(明經)·동급제(同及第)가 있었으니 이것이 그 근본이 된 것이다.

그리고 지금 감시(監試)에 생원시(生員試) 즉 승보시(升補試)가 있는데, 의종(毅宗) 때로부터 비로소 설치되어 시(詩)·부(賦)·경의(經義)를 시험하였으며, 지금의 진사시(進士試)는 곧 국자감시(國子監試)로서 덕종(德宗)

때 비로소 설치되어, 혹은 성균시(成均試)라 칭하고 혹은 남성시(南省試)라 칭하여 시·부를 시험하였는데, 지금의 제도에 생원시에서 단지 경의(經義)만 시험하고 시·부가 없는 것은 진사시가 있기 때문이다.

새로 급제를 하면 풍악을 잡히고 거리를 순도는 것은 명종(明宗)으로부터 시작되었으며, 머리에 꽃을 꽂고 일산(日傘)을 펴는 것은 충목왕(忠穆王)으로부터 시작되었는데, 이뿐만이 아니라 서대(犀帶 : 일품의 벼슬아치가 허리에 두르던 띠)도 특사하였으며, 육경(六經)으로 의(義)를 시험하고 사서(四書)로 의(疑)를 시험한 것 또한 충목왕으로부터 시작되었다.

지금의 감시(監試)에는, 액(額)이 이미 정해지면 반드시 봉(封)한 것을 떼고 보아 더욱 당로(當路)의 자제들을 택하여 으뜸을 만들고 있는데, 이 풍조가 어디로부터 온 것인지 모르겠다. 충렬왕(忠烈王) 때에 총승(寵僧) 조영(祖英)이 풀로 봉한 것을 떼고서 그 친속(親屬)을 뽑았는데 혹시 이를 구실 삼아 그대로 습속이 되어 버린 것이 아닌가? 매우 수치스러운 일이라 하겠다.

목화 심는 법
種綿法 종면법

백성은 반드시 옷과 음식에 힘입어 사는 것이다. 옷은 뽕나무와 삼에서 나오나, 뽕나무나 삼을 이용하는 것이 오히려 면화만 못하다. 우리나라에 문익점(文益漸)이 있었던 것은 마치 광중(廣中)에 황시(黃始 : 중국에 처음으로 목화씨를 들여온 사람)가 있었던 것과 같다. 누에를 칠 때 선잠(先蠶 : 누에치기를 처음 시작했다는 신) 제사가 있다면 지금 진주(晉州) 강성(江城)에도 마땅히 문익점의 사당을 세워서 광중에 황시의 사당이 있는 것을 본받아야 할 것인데, 아직껏 세우지 않았으니 우리나라 사람의 두서없음이 이와 같다. 어느 날 나의 친구 남군(南君)이 공주(公州)로부터 와서 나에게 말하기를 "내가 목화 농사를 오래 하다 보니 그 묘한 이치를 터득하여 남들보다 배나 많이 이익을 얻는다. 목화의 성질은 습기를 싫어하는 것이므로 물이 잘 빠지는 메마른 땅을 가려 심어야 한다. 《주례》에 '밭가의 도랑은 깊이와 너비를 두 자로 한다' 하였으니, 이 말을 표준하여 도랑을 만들 것이며, 땅은 붉은 찰흙에 자갈이 섞인 것이 가장 좋다. 봄이 되면 면

저 밭을 세로로 갈아[縱耕] 두 고랑을 합쳐 한 두둑을 만드는데 너비는 도랑과 같이 한다. 그리고 입하(立夏)가 되면 쟁기로 그 높은 두둑을 없애고 가로로 갈아[橫耕] 이랑을 만드는데, 간격은 한 발자국쯤으로 한다. 한 사람이 소의 뒤를 따라가며 고랑에다 구덩이를 만드는데, 직경은 바느질자 반 자쯤으로 한다. 이렇게 한 다음, 똥재를 구덩이 안에 넣고 양쪽 두둑의 흙으로 두세 치쯤 두텁게 덮고 손바닥으로 판판하도록 두드린다. 또 손으로 표시를 해서 씨를 뿌릴 때 알아보기 쉽게 한다. 이렇게 한 뒤에 종자를 뿌리고 흙을 덮는 것은 다른 곡식과 마찬가지로 한다. 모를 세울 때는 성글게 해야 하는데, 척박한 밭에는 한 구덩이에 10포기, 비옥한 밭에는 6, 7포기만을 세우고, 서로 겹으로 붙은 것은 반드시 없애 버린다.

무릇 한 해에 6, 7번 김을 매는데, 처음과 두 번째는 양쪽 흙으로 대강 북만 주고, 싹이 차츰 자라 세 번째는 양쪽 옆 흙을 싹 사이에 두텁게 긁어모아서 가지가 사방으로 벌어지도록 한다. 네 번째는 또 더욱 높게 북을 주어 물이 쉽게 빠지도록 한다. 북을 많이 주어야 뿌리가 깊이 박혀 바람에 흔들려도 열매가 떨어지지 않는다. 똥재는 봄보리 한 마지기를 심는데 소로 6, 7바리를 실어내니, 재는 두엄만 못하다. 대개 목화의 성질은 뿌리를 깊이만 박고, 옆으로 뻗어나가지 않기 때문에 똥재를 두둑 위에 뿌리는 것은 목화의 뿌리와 상관이 없으니 반드시 구덩이를 파고 그 안에 넣어야 그 줄기가 억세어지고 곁순이 나지 않는다. 바람이 불면 뿌리가 흔들리는 까닭에 반드시 두텁게 북을 주고, 장마가 지면 잎이 무성해져서 열매가 썩어 떨어지는 것이 많기 때문에, 상순을 잘라 크지 못하게 하는 반면 옆으로 퍼지게 하여 햇볕을 받도록 한다. 대개 목화는 열매를 맺지 않음은 걱정할 것 없고 다만 열매가 맺혀도 목화송이가 잘 피지 않을까가 걱정인데, 이처럼 가꾸기만 하면 맺힌 열매는 제대로 벌어져 목화송이가 된다.

《시경》 제풍(齊風) 남산(南山)에 '삼을 심을 때 어떻게 하는가? 그 이랑을 가로로 하기도 하고 세로로 하기도 한다[藝麻如之何 衡縱其畝]' 하였는데, 삼 또한 건조한 밭이라야 잘 되기 때문에 이렇게 말했으니, 옛사람의 농사짓는 법의 자세함이 이와 같다. 목화는 그 뿌리를 깊이 박기 때문에 지기(地氣)를 크게 손상시킨다. 한 자리에서 3년 동안을 목화만 심으면 목화송이도 갈수록 작아지고 목화의 섬유도 차츰 나빠진다. 그러나 이 방법을 잘 이용하면 별로 실패가 없을 것이다" 하였다.

또 어떤 이는 "이와 같이 할 뿐만 아니라 산 밑 경사진 밭을 비스듬하게 갈고 오직 이랑에 물만 잘 빠지도록 하고, 싹을 세우는 데는 애초에 아주 드물게 하는 것이 좋다. 조금 큰 뒤에 드물게 세우면 꽃이 가지 끝에만 있게 되므로 목화가 제대로 되지 않는다" 하였다. 이 말 또한 옳다. 이 두 사람의 말이 목화 재배에 요긴하므로 자세히 적어둔다.

관중과 포숙
管鮑 관포

제 환공(齊桓公)의 다스림은 모두 포숙(鮑叔)에게 기본을 두고 있었다. 포숙이 아니었다면 관중(管仲)도 함거(檻車 : 예전에 죄인을 실어나르던 수레)에 실린 한 사람의 사형수에 지나지 않았을 것이다. 환공이 비록 지혜롭다 할지라도 어떻게 관중을 알아보고 등용했을까. 또 관중은 등용된 다음에도 일마다 모두 자기 혼자서 다스린 것이 아니라 어진 이를 천거해 조정에 배치시켜서 그 인물에 따라 할 만한 일을 알맞게 맡겼던 것이다.

관중은 환공에게 "논밭을 개간해 소출을 많이 내는 데는 신이 영척(甯戚)만 못하오니, 영척을 전관(田官)으로 삼으시고, 승강(升降)과 읍양(揖讓)과 진퇴(進退)의 모든 예법을 잘 앎은 신이 습붕(隰朋)만 못하오니, 그를 대행(大行 : 사신을 접대하는 직무를 맡은 벼슬 이름)으로 삼으시고, 일찍 들어와서 늦게 나가고 간하는 데 반드시 충성을 다하며 부귀를 무겁게 여기지 않고 죽음도 피하지 않는 일에는 신이 동곽아(東郭牙)만 못하오니, 그를 간신(諫臣)으로 삼으시고, 또 옥사(獄事)를 판결하는 데 꼭 알맞게 하여 죄없는 자를 죽이는 일이 없도록 하는 데는 신이 현장(弦章)만 못하오니, 그를 대리(大理 : 형벌과 감옥을 맡아 다스리는 벼슬 이름)로 삼으시고, 평원 광야(平原廣野)에서 수레가 잘 통하도록 하고 군사가 되돌아서지 않게 하며 북을 울리면 삼군(三軍)이 죽음을 잊고 싸우게 하는 데는 신이 왕자 성보(王子成甫)만 못하오니, 그를 대사마(大司馬 : 군사를 맡아 다스리는 벼슬 이름)로 삼으십시오. 공께서 나라를 다스리고 군사를 강하게 만들려면 이 다섯 사람만으로도 넉넉하지만, 만약 패왕(霸王)이 되고자 하신다면 신이 여기 있습니다(관자 소광편)" 하였다.

이것으로 미루어 본다면, 관중은 사람을 잘 알아보았고, 환공도 어진 사람을 잘 임용했으므로 패업(霸業)을 이룰 수 있었던 것이다. 그러므로 유사(有司 : 관리(官吏))가 예(禮)를 환공에게 청하자, 환공이 "중보(仲父)에게 물어보라" 하였다. 그때 어떤 이가 "한 가지 일에도 중보에게 물어보라 하고, 두 가지 일에도 중보에게 물어보라 하시니, 임금 노릇하기가 참 쉽습니다(《한비자(韓非子)》 난편(難篇))" 하니, 환공은 또 "중보를 얻기 전에는 어려웠으나, 중보를 얻은 뒤로는 어찌 편히 지내지 않겠는가" 하였다. 관중은 모든 치지(治地)·장례(掌禮)·광군(匡君)·사형(司刑)·군려(軍旅) 등의 정사(政事)를 모두 적임자에게 맡겼고, 그 모든 일의 조목과 질서는 저 다섯 사람이 저마다 처리하였으므로 일이 어렵지 않고 쉽게 된 것이다. 따라서 성인(聖人)이 "의상(衣裳)만 드리우고 편히 앉아 천하를 다스렸다(《주역(周易)》 계사 하)"는 것도 이와 같은 것이다. 그러나 관중은 그의 재주를 적게 이용하여 왕도(王道)를 걷지 않고 패도(霸道)를 걸었기에 증서(曾西)가 노여움을 가졌던 것이다. 《서경》에 "다른 능력은 없어도 남의 말을 잘 받아들인다면 참으로 우리 자손과 백성을 보호해 나갈 수 있다" 하였다. 이것이 재상감이다. 관중이 세 번이나 저자에서 욕을 당했는데도 포숙은 관중을 겁쟁이로 여기지 않았고, 유세를 하여 인정을 받지 못했는데도 포숙은 불초하게 여기지 않았으며, 재물을 나눌 때에 많이 차지했는데도 포숙은 탐욕이 많다고 여기지 않았다. 이처럼 사람을 알아보는 데는 명철했고 포용성이 컸다 하겠다.

어진 이를 천거하면 높은 상을 받는 것은 옛날의 도(道)이다. 그런데 환공은 이미 관중을 얻은 것을 다행으로 여겼으면서 포숙에게 상이 주어지지 않은 것은 무슨 까닭일까? 나는 결코 이런 일이 없었으리라고 생각한다. 포숙의 이름이 아(牙)이니 혹시 동곽아(東郭牙)가 바로 그 사람인가? 혹시 간관(諫官)이 그에게 알맞은 직책이 아니었던 까닭에 한 가지 일만을 맡기지 않고 보필(輔弼)과 의승(疑丞 : 임금을 보필하는 벼슬)의 책임을 맡도록 했던 것은 아닌지 알 수 없다. 《맹자》에 "설류(洩柳)와 신상(申祥)은 목공(穆公)의 곁에 제대로 돌봐 주는 사람이 없으면 그 자신들이 편안케 여기지 않았다" 하였다. 이로 미루어 본다면, 관중과 환공의 밝은 마음이 서로 맞아 떨어져 대업(大業)을 이룩한 바탕에는 포숙의 공이 있었음을 인정해야 한다.

기와집
瓦屋 와옥

모든 일에 있어 원대한 계획은 귀한 것이다. 그러므로 공자가 "은나라 수레를 탄다(_{위령공편})" 한 것도 그 견고함을 이른 것이다. 백성들이 살아가기에 급한 것으로는 먹는 것이 첫째이고 입는 것이 다음이며 거처하는 집이 또 그 다음이다. 집이란 것은 먼저 재목을 먹줄에 맞춰 곧게 다듬고 돌로 주추를 삼은 뒤 지붕을 두텁게 덮어서 비가 새지 않도록 하면 몇백 년은 버틸 수 있다. 그렇게 하지 않으면 썩고 무너져서 재목도 다시 쓸 수 없게 되니, 들인 공력과 비용이 아깝게 된다. 썩고 무너짐을 면하려면 수고를 꺼리지 말고 반드시 지붕에 기와를 덮어야 하지만 시골 형편은 여기까지 미칠 힘이 없다.

반계 유형원이 "각 고을에 와국(瓦局)을 설치해야 한다" 하였는데, 그가 이르기를 "고을 사람들이 기와 만드는 계를 만들면 십수 년 안에 한 마을이 다 기와집이 될 것이다" 하였다.

만일 토목(土木)이 편리하고 가까운 곳에 와국을 설치하여 기와를 구워내고 백성들이 무역(貿易)을 하게 한다면, 원대한 계획을 세우게 될 것이다. 또한 백성을 다스리는 데에는 함부로 이사 다니지 못하게 하는 것이 중요한데 이미 기와집이 있으면 곧 자리잡아 사는 기틀이 되므로 서둘러 시행해야 할 것이다.

육지에서 물품을 수송하는 데는 말〔馬〕만한 것이 없고, 농사는 소가 아니면 이룰 수 없으며, 말과 소를 기르는 데는 풀이나 짚 등 먹이가 중요한데, 가난한 집에서는 먹이가 없어 기르지 못하니, 만일 기와 굽는 제도가 시행된다면 이것이 여러 가지로 큰 도움이 될 것이다.

농사꾼에서 인재를 발탁해야
薦拔畎畝 천발견묘

천자로부터 서인에 이르기까지 사람은 하루도 먹을 것이 없어서는 안 된다. 먹는 것은 곡식을 주로 삼는데, 곡식은 백성에게서 생산되는 것이므로, 심고 거두기가 어려운 것은 오직 백성만이 참으로 알 수 있고, 왕공이나 대인은 지혜가 주밀(周密)하고 생각이 세밀하여 비록 먼 곳의 일까지도 추측하여 안다 하나, 몸이 편안하고 듣고 보는 것이 막혀 있으니, 어떻게 백성들의 살을 에고 뼈를 깎는 듯한 고통을 다 알 수 있겠는가?

무릇 사람의 마음이란, 겨울에 갈포옷을 보고 여름에 털옷을 보면 자기가 입던 옷이라도 오히려 싫어하는데, 하물며 몸소 농사의 괴로움을 겪지 않은 자에게 있어랴. 이러므로 중국 고대 은(殷)나라 때 고종(高宗)은 오래도록 외방에서 괴로움을 겪었고(서경 상서),(열명하) 조갑(祖甲)은 임금이 되기 전에 양민이었는데도(서경 주서),(무일편) 오직 백성들의 실정을 절실히 깨닫지 못할 것을 염려하였다. 지금 세상에는 이러한 일을 다시 볼 수 없게 되었다. 그 무렵 공경대부(公卿大夫)들도 모두 애초에는 미천하다가 나중에 고귀하게 된 자 아님이 없었다. 중세에도 또한 그러하여 사방에서 등용된 인재 가운데 농촌에서 발탁된 자가 많았으므로, 모포(茅蒲 : 대나무로 만든 삿갓)와 발석(襪襫 : 거친 옷) 차림으로 몸뚱이는 땀에 젖고, 발에는 흙을 묻혀 가며 갖은 고난을 다 겪어서 가뭄과 장마, 바람과 서리의 재해가 있으면 굶주리며 떠돌이 신세를 면치 못한다는 것을 모두 알고 있으니, 어찌 차마 백성들의 힘을 손상시키고 백성들의 먹을 것을 빼앗을 수 있었겠는가?

후세에 와서는 그렇지 못하여, 조정에서 인재를 헤아려 뽑는 것이 세벌(世閥)과 관위(官位)의 고하를 벗어나지 않으니 세도 가문에서는 버림받는 자가 없고, 멀리 떨어진 고을에 있어서는 어질고 덕이 있는 이도 버려둔다. 그런데다가 과명(科名)이란 투식(偸食 : 공금이나 공곡을 도둑질하여 먹음)에 따라 교묘한 방법으로 발신(發身 : 천하거나 가난한 처지를 벗어나 앞길이 훤히 트임)을 도둑질하기 때문에, 현명하거나 어리석거나를 가리지 않고 몸뚱이만 있으면 문득 고귀하게 되어서 살찐 고기로 배를 불리고 독한 술로 정신을 잃는다. 심한 자는 간혹 이르기를 "염소로 밭을 갈고 쌀을 심으면 싹이 난다" 하니, 요사이 평범한 사람 이하는 모두 귀신이나 도깨비 같은 놈들이다. 이러니 백성이 어찌 곤궁에 떨어져 죽지 않겠는가? 그러므로 공경(公卿)들에게 백성들의 농사일을 알게 하는 일은, 반드시 벌열(閥閱 : 나라에 공이 많고 벼슬 경력이 많은 집안)이란 칼자루 하나를 깨뜨려 없애고, 몸소 농사의 어려움을 아는 자 가운데 덕망이 있는 인재를 가려 등용해야만 기대할 수 있을 것이다.

또한 오늘날에는 벌열과 당파가 얽혀 한 패거리가 되었으나, 옛날에는 조정에 등용된 모든 신하가 사방 먼 곳에서 모여들었고, 신분이 저마다 다르며 기질과 습관도 같지 않았으니, 애초에 어찌 붕당이란 이름이 있었겠는가? 오늘의 벼슬아치들은 모두 종당(宗黨)과 사돈붙이가 아님이 없어서 마음이 밀착되고 일마다 서로 결탁하여 대를 이어가면서 벼슬을 독차지하니, 원수와 자기편이 갈라진 것은 하루 아침에 이루어진 일이 아니다. 그러므로 이런 고질이 골수에 배어 죽은 뒤라야 그 버릇이 없어질 뿐이니, 아무리 명철한 임금이 다스린다 할지라도 그 어지러움을 해소시키기란 좀처럼 쉽지 않을 것이다. 이러므로 아무것도 모르는 어린애 같은 자들과 어리석은 자들이 벼슬 자리를 차지하여 백성의 질고(疾苦)는 곧 관심 밖의 일이 되었다.

내가 말하건대, 앞으로 이 폐단을 개혁하려면 크게 뛰어난 수단이 아니고는 해낼 수 없다고 생각한다. 옛날에는 농사하는 집안에서 선비가 나왔기 때문에, 먼저 역전(力田 : 농사에 부지런한 사람을 등용하던 제도)이란 과목을 세워서 시골 선비들을 뽑아 벼슬을 시켰으며, 해마다 일정한 숫자가 있고, 비록 책임을 감당하지 못할 자라도 또한 나라에서 혜택을 내려 주고, 그들의 세금과 부역까지 면제해 주어, 보고 듣는 자에게 자랑스럽도록 하였다.

지금 서경(署經)[1]이란 법을 빨리 혁파하고 과거 답안지의 봉미(封彌 : 과거를 볼 때 답안지 오른편 끝에 응시자의 성명, 생년월일, 주소, 사조(四祖) 따위를 쓰고 봉하던 일)에서도 다만 그 조부와 아버지의 이름만 기재하고 관직은 빼버려야 한다. 인재를 씀에 있어서는 오직 그 사람의 현명하고 어리석음만을 가릴 뿐이고, 그 조상의 현달함과 미천함은 개의치 말아야 한다.

이렇게 한 다음에 재상(宰相)의 아들과 손자에게 동시에 좋은 벼슬을 함께 주지 않고, 전형(銓衡)을 맡은 자로서 시골 인재를 추천하지 않은 자에게는 일정한 벌을 주고, 인재를 많이 추천한 자에게는 일정한 상을 주어야만 오히려 폐단을 막을 수 있다. 고려 공양왕 때에 새로 급제한 안순(安純)·강회계(姜淮季) 등 다섯 사람은 모두 권문세가의 자제라고 해서 분관(分館)[2] 시키지 않았으니, 오늘날 풍속에 비교하면 어찌 하늘과 땅 차이뿐이겠는가.

---

*1 서경은 관리를 등용할 때에 거치는 절차로, 벼슬에 임명된 자의 고신(告身)에 사헌부에서 서명하여 동의를 표하는데, 조선 시대에는 당하관에 한해서 서경을 했다.
*2 분관은 새로 문과에 급제한 사람을 승문원(承文院)·성균관·교서관(校書館) 3관에 나누어 배속시켜 권지(權知)라는 이름으로 실무를 익히게 하던 제도.

사창제도
社倉 사창

사창제도는 《주례》 지관(地官)에 의하면 "서속(耡粟 : 정전을 경작하는 여덟 집이 공전을 공동 경작해 그 수확을 공조로 바침)·옥속(屋粟 : 농사짓지 않는 전지 소유자에게 벌금으로 세 사람의 조세를 내게 함)·한속(閒粟 : 일 없이 빈둥거리는 백성에게 한 사람의 조세를 내게 함)을 봄에 나눠 주었다가 가을에 거두어들여 백성의 어려움을 구휼한다"는 뜻에서 창설되었다. 옛날 중국 숭안(崇安) 고을에 흉년이 들었을 때, 주자(朱子)가 관아에서 곡식 600석을 꾸어서 가난한 백성에게 나눠 주었다. 그해 겨울 백성들이 풍년이 들었다 하여 관아에 상환하려 하자, 지부(知府) 왕회(王淮)는 그 곡식을 마을에 쌓아 두고 문서만 관아에 올리도록 하였다(주자대전 연화주차 4).

그 뒤에 주자는 그 곡식으로 사창을 설립해 매석(每石)에 이자로 쌀 2말씩을 거두었는데, 작은 흉년에는 이자를 반으로 덜어 주고 큰 흉년에는 전부 덜어 주었다. 이렇게 14년 만에 원미(元米) 600석은 본 관아에 되돌려 주고, 관리하던 3천 200석은 관아에 신고하여 숫자를 맞춰 본 다음 전일과 같이 출납하되 다시는 이자를 거두지 않고 매석에 대해 다만 모미(耗米 : 곡식을 쌓아둘 동안 감량된 것을 미리 덧붙여 받는 곡식) 3되씩만 거두고 관아의 관원과 사인(士人) 몇 사람이 함께 관리했다. 거두거나 나눠 줄 때마다 곧 관아에 신고, 고을 관리 한 사람이 뽑혀서 출납을 감독하게 했다.

나의 생각에는 이미 사창이라고 불렀다면 이는 사사로운 일에 속한 것이라 여겨진다. 그러나 거두어들일 때에는 위력이 아니면 일이 되지 않고, 위력은 형벌이 아니면 실행되지 않는 것이니, 이는 개인으로서 주선할 수 없는 일이기에 문서를 관아에 올려 관리가 뽑혀 와서 감독하게 하였다. 그렇다면 이는 곧 관창(官倉)이고, 마을에서 맡은 바는 다만 보살펴 지키는 일에 지나지 않을 뿐이니 현재의 외창(外倉)과 무엇이 다르랴.

오로지 관아에만 의존한다면 아전이나 관노들이 손해 끼치는 것이 적지 않을 것이나, 다만 백성들이 오고 가는 수고와 시일을 허비하는 것만은 면할 수 있으니, 역시 약간의 도움은 있을 듯하다. 오직 세상 풍속이 퇴패하지 않고 떠돌아다니는 백성이 적을 때에만 시행할 수 있다. 그렇지 않다면 저 3되의 모미(耗米)로 몇 해나 유지할 수 있겠는가?

또는 남의 곡식을 빌려서 백성에게 나누어 주었다는 것으로만 보더라도 그 무렵 세태와 물정이 지금과는 크게 달랐다는 것을 알 수 있다. 주자가 비록 어질었다 할지라도, 관아 창고의 곡식을 내어 주라고 권할 수는 있으나, 어찌 사사로이 그렇게 많은 곡식을 관부에서 빌려 백성에게 혜택을 베풀 수 있었겠으며, 큰 흉년을 겪은 끝에 비록 풍년이 들었다 할지라도 백성들이 어찌 자진하여 관부(官府)의 곡식을 기꺼이 갚으려 하였겠는가? 그때의 민심이 다 무너지지 않았음을 알 수 있다. 그러므로 주자가 사창에 손을 댈 수 있었던 것이다.

반계 유형원까지도, "사창은 그 지방 사람이 주관하고 관아에서 간여하지 말도록 해야 한다 ^{《반계수록(磻溪隨錄)》 상평 의창 구황(常平義倉救荒)}" 하였으나, 이렇게 하면 반드시 일이 되지 않을 것이다. 또 《수서》 장손평전(長孫平傳)을 살펴보니, 장손평이 아뢰기를 "민간에 조와 보리를 1석 이하로 내도록 하되, 빈부의 등급을 따라 거두어서 마을에 저장해 두었다가 흉년에 대비해야 합니다" 하였으니, 이도 또한 옥속에 근거한 것인데, 그 뜻이 대단히 좋아서 본받을 만하다 하겠다.

도의 이름 바꾸기
改易道名 개역도명

고려 때 충주에서 어떤 자식이 아비를 죽인 일이 생기자, 관리가 그 고을〔州〕을 한 등급 내려서 군(郡)으로 만들기를 청했다. 인종(仁宗)이 좌우의 신하에게 물으니, 대답하기를 "《예기》 단궁(檀弓)에 '주루 정공(邾婁定公) 때 아비 죽인 자가 있었으므로 그 아들을 죽인 다음, 그의 집은 헐어 버리고 그의 집터는 웅덩이를 파서 못으로 만들었다' 하였으니, 등급을 내려 군으로 만드는 것은 옛 법이 아닙니다" 하자 임금도 옳게 여겼다.

오늘날 팔도(八道)의 명칭은 그 도내의 큰 고을 두 개를 합쳐서 일컫는데, 윤기(倫紀 : 윤리와 기강)를 범한 큰 죄인이 있으면 곧바로 도(道)의 명칭을 바꿔 버린다. 예를 들면 충청도(忠淸道)를, 혹은 공홍도(公洪道)라고도 하고 혹은 청홍도(淸洪道)라고도 하여, 그 명칭이 일정하지 않고 몇 해 뒤에는 다시 본디의 명칭으로 되돌아가니, 과연 어떤 유익함이 있겠는가?

어떤 이는 이르기를 "그 도의 이름을 고치되 호남(湖南)·영남(嶺南)·관서(關西)·영북(嶺北) 따위로 만들면 이런 번복이 없을 것이다" 하였다. 사람이 죄를 지은 것으로 어찌 땅에까지 죄를 줄 수 있겠는가? 참으로 고려 인종의 제도를 따르면 이런 걱정은 없을 것이다.

전지제도
田制 전제

귀천을 막론하고 사람은 모두 재물에 의존하는데, 재물은 전지에서 나는 까닭에 정사에는 전제(田制)보다 더 큰 것이 없고, 전제는 정전(井田)보다 더 좋은 것이 없다. 그렇다고 정전을 회복시켜야 하는가 하면 또 그렇지도 않다.

옛날에는 논이 없었으므로 구혁(溝洫)으로써 경계를 만들었으니, 이 구혁이란 것은 깊게 파서 물을 끌어대는 도랑이다. 언덕 지대는 귀가 나고 경사가 져서 다 정전으로 만들 수 없고, 평야는 모두가 논이므로 둑으로 경계를 만들고 논바닥을 소반처럼 판판하게 한 다음이라야 물이 괴게 된다. 그러나 이렇게 정돈하기도 쉽지 않고, 혹 장마가 져서 둑이 무너지면 다시 바르게 만들 수도 없으니, 이는 어쩔 수 없는 일이다.

정전은 진(秦)나라 상앙이 없앴으나, 상앙은 진나라의 정전만을 없앴을 뿐 관문 밖의 것까지는 없애지 못했다. 맹자는 상앙과 같은 시대의 사람으로 진·등·제·노(晉滕齊魯) 사이를 두루 다녔는데, 어째서 그 정전제도가 어떠했다는 것을 알지 못하였는가? 그때 제후가 비록 그 문적을 없애 버렸다 하더라도, 밭이랑에서 도랑까지의 깊이와 너비가 얼마쯤 되었는지는 천백 년을 지났어도 분명히 알 수 있었을 것이다.

우리나라 기자(箕子)의 정전은 은나라 말기에 만든 것인데도 오히려 지금도 그 형체와 제도를 알 수가 있는데, 하물며 정전제도가 온 천하에 시행되었던 것은 어떻겠는가! 주자도 "맹자가 친히 보지 않은 듯하다" 하였으니, 이는 과연 무엇 때문일까? 나의 생각에는 그 무렵에 법만 이와 같이 만들었을 뿐 정전을 두루 다 완성하지는 못한 듯하다. 이에 대한 증거로는 우공(禹貢)에 "전복(甸服) 밖으로부터 사해(四海)에 닿는 끝까지 모두 오장(五長)을 세웠다" 하였으니, 기방(冀方) 이북에 어찌 이런 지대가 있었겠는가? 이또한 제도만 이렇게 세웠을 뿐일 것이다. 또 경계에 두 가지 제도가 있는데,

혹은 9로 하고 혹은 10으로 하여 도비(都鄙 : ^{서울과}_{시골})와 향수(鄕遂 : ^{주(周)나라}_{제도에, 왕기}
(王畿)의 교내(郊內)에는 육향(六鄕)을 두고 교외(郊外)에는 육
수(六遂)를 두었는데 여기서는 도성과 가까운 지역을 나타낸다)에 구일(九一)과 십일(什一)의 구별이 있
어서, 두 가지가 서로 부합되지 않아 더욱 행할 수 없으니, 이는 그만두고
논하지 않기로 한다. 지금 전제에 대해 이야기한다면, 양전(量田)*1이란 것
은 마땅히 20년에 한 번씩 시행하여야 할 것이다. 그렇게 하지 않으면 좋고
나쁘고, 크고 작은 전지가 반드시 서로 섞이게 되기 때문이다. 그 보묘(步
畝)에 있어서도 도(道)에 저마다 사(使)가 있고, 군(郡)에 각각 원[倅]이
있고, 이(里)에 각각 장(長)이 있어서, 형세가 다르고 마음도 다른 때문에
늦추고 빠르며, 후하고 박하게 함이 반드시 모두 똑같지 않을 것이다.

사람마다 이르기를 "다스림은 백성을 잘 살도록 해야 하는 것이니, 차라
리 너그러움 실수가 되어야 한다" 하는데, 비록 다섯 종류의 전형(田形)이
있어도 모두 자세히 살피지 않고, 큰 고을 원은 세력이 있는 까닭에 반드시
너그러움으로 법을 삼고, 작은 고을 원은 상관(上官)을 두렵게 여기므로 오
로지 각박하게 하는 것에만 힘쓴다. 지나간 자취를 되돌아보아도 너그럽고
각박한 것이 동떨어지게 다르니, 이 또한 타당하지 않다. 이로 본다면 마땅
히 한 사람이 도내의 전제를 모두 맡아 결단하도록 하되 먼저 법대로 하지
않은 자를 찾아내어 중한 형벌로써 백성에게 신의를 보이고, 그 결부(結負)
에 대한 수효를 확실히 알아낸 다음, 국용(國用)을 계산하고 부렴(賦斂)을
알맞게 정해서 남고 모자라는 일이 없도록 하면 그 혜택이 백성에게 두루 미
칠 것이다.

글자로써 부호를 만든 것 역시 옛날 제도이다. 글자에는 차례가 있고 다섯
결(結)이 넘으면 글자를 바꾼다. 이 차례란 것은 마치 사람의 항렬 차례와
같아서 한번 정하면 다시는 바꿀 수 없다. 전지에도 동서남북의 표지(標識)
가 있어 그 글자 차례의 부호를 적어 놓으면 경작하던 사람이 죽었을 때 쉽
게 분변할 수 있다. 전지에 주인이 있었다 하더라도 이는 한때의 일이기 때
문에 먼 세대에 오래도록 보증할 수 없다. 대개 전지란 것은 본래 국가 소유

---

*1 양전 : 조선 시대에 모든 토지의 기름지고 메마름에 따라 전지를 6등급으로 나누고, 20년마다 다
시 측량하여 토지대장을 작성해서 호조(戶曹)와 본도(本道)·본읍(本邑)에 비치하던 것을 이른
다. 6등급의 전지에 사용하는 자(尺)가 등급마다 달라서 각 등급에 해당하는 자로 땅 면적을 재
어 사방 1척을 1파(把), 10파를 1속(束), 10속을 1부(負), 1백 부를 1결(結)이라 하였다.

인 만큼 개인으로는 자기의 것이라고 감히 단정할 수 없으니, 예나 지금이나 미워하고 싫어하는 것은 이 사전(私田)에 대한 폐단이다. 사(私)의 반대가 공(公)이라면 어느 것인들 공전(公田)이 아니겠는가? 전주(田主)란 것은 공전을 빌어서 경작하여 나라에 세금을 바치는 땅에 지나지 않는 것이다.

그러므로 서로 전지를 사고파는 것은 바로 사사로운 일이니, 진실로 큰 역량과 수완으로 이것을 개혁시킬 만한 자가 있다면 구애할 필요가 없을 것이다. 옛날 왕망(王莽)은 천하의 전지를 모두 왕전(王田)이라 이름하였다. 왕(王)이란 무엇이든지 공으로 하기 때문에 그가 왕전이라고 이름하여 사가 아니란 것을 밝혔으니, 그 뜻이 매우 컸다. 후인으로서는 그의 역량을 따른 자가 없으니, 그가 찬역(簒逆 : 임금의 자리를 빼앗으려고 하는 반역)했다는 것으로써 이런 큰 역량까지 덮어 없애지는 말아야 할 것이다.

무릇 전지가 묵으면 힘써 개간해야 할 것인데, 어찌 내 것 남의 것을 따져 의논할 수 있겠는가? 마땅히 표지를 붙여서 현재 경작하는 주인의 이름만 적어 두었다가 그 주인이 죽으면 바꾸도록 하여 나중에 조상 세업이라고 핑계 대는 폐단을 막아야 할 것이다. 또 모든 전지에 있어서 한 장의 문서만을 관(官)에 경유시키고 자기의 소유로 만드는 자에게는 벌이 있어야 할 것이고, 값을 치르고 샀다 하더라도 다만 사사로 문서만 만들어서 자기집에 감추어 둔 자에게도 법규에 따라 죄를 주어야 할 것이다. 그런데 여기에 대해서는 내가 따로 적어 놓은 글이 있으므로 거듭 이야기하지 않는다.

조상 묘에 제사 지내는 풍속
俗節 속절

속절*1에서 정월 초하루, 3월 3일, 5월 5일, 7월 7일, 9월 9일을 소중히 여김은 모두 6률(律)*2의 달이기 때문이다. 다만 9월 9일뿐만 아니라 나머지 다섯 가지도 모두 중양(重陽)*3이지만, 그 중 9가 양수(陽數)의 극(極)

---

*1 제삿날 외에 철에 따라 사당이나 선영(先塋)에 차례(茶禮) 지내는 날을 이른다.

*2 6률 : 12율(律) 가운데 양(陽)에 속하는 황종(黃鐘)·대주(大簇)·고선(姑洗)·유빈(蕤賓)·이칙(夷則)·무역(無射)을 이른다.

*3 중양 : 1·3·5·7·9월은 모두 기수(奇數)이고, 1·3·5·7·9일도 모두 기수이므로 일컫는 말이다.

이 되는 까닭에 이 9월 9일을 특별히 일컫는 것이다. 그리고 정월 15일은 상원(上元), 7월 15일은 중원(中元)인데, 만월(滿月) 때문에 이름을 얻었으며, 봄과 가을이 시작되는 날이다.

6월 15일이 유두(流頭)인데, 고려 시대에 재앙을 없애려고 기도하던 풍속이고, 8월 15일이 추석(秋夕)인데 수로왕(首露王) 능묘(陵墓) 제사에서 시작되었다. *4 세(歲)는 동지(冬至)에서 비롯되고, 연(年)은 정조(正朝)에서 시작되니, 마땅히 이단(履端 : 일년이 시작되는 정월 초하루)은 좋은 날로 삼아야 할 것이다. 납(臘)은 자(褚)에서, 사(社)는 토신(土神)에서, 한식(寒食)은 용기(龍忌 : 불을 금 하는 것)에서, 10월 1일은 진릉(秦陵)에서, 4월 8일은 욕불(浴佛 : 부처의 탄생일에 향탕 (香湯)으로 불상(佛像) 을 관욕(灌浴) 함을 이름)에서 시작되었는데, 이런 것을 모두 속절이라 한다.

경사 때 열리는 과거
慶科 경과

《서경》 소고(召誥)에 이르기를 "한없는 복이시나 한없는 걱정이기도 합니다" 하였으니, 임금이 자리를 잇게 되면 정사와 교화가 시작되는 것이니, 증광(增廣)·생원(生員)과를 보이는 것이 도리에 그럴 듯하다. 이때에는 마땅히 지어 바치는 책문으로 역량과 포부를 보아 현량(賢良)한 자를 등용함이 옳을 것이다.

시부(詩賦)만으로 재주를 비교하는 것이 무슨 타당성이 있기에 이것을 풍속으로 삼아, 무릇 나라에 경사가 있을 때마다 문득 과거(科擧)를 베풀고 동경증광과(同慶增廣科)라 일컬으나, 실은 비용이 많이 든다 하여 언제나 정시(庭試)만을 베푸니 급제자는 천이나 만 명 가운데 한 사람뿐이고, 나머지는 모두 눈물을 머금고 되돌아간다. 먼 지방 사람이 천 리가 넘는 길에 발바닥이 부풀도록 온갖 고생만 하고 합격하지 못하니, 이것이 어찌 그들의 마음을 위로하고 기쁘게 한다 할 수 있겠는가. 그 옳지 못하다는 것은 부인과 어린아이도 다 아는 것이다. 그런데도 문벌 있는 집의 자제들은 글 읽기는

---

*4 이 사실은 《삼국유사》 가락국기(駕洛國記)에 "매년 정월 3일과 7일, 5월 5일, 8월 5일과 15일에, 맑고 깨끗한 제물(祭物)을 올렸는데 끊이지 않았다"고 나오고, 8월 15일에만 제사를 지냈다는 기록은 볼 수 없는데, 성호는 어디에서 근거하였는지 알 수 없다.

원하지 않고 요행만 바라는 것이 습관이 되어, 떼지어 다니면서 남모르게 부탁하면 재상도 따라 찬성하니, 먼 지방 사람에게는 이보다 더한 학정(虐政)이 없다.

해마다 대비(大比 : 과거)가 있고 달마다 횡시(黌試 : 학교에서 치르는 시험)가 있으므로, 사람들은 글 읽을 겨를이 없고 미친 듯이 몰려다니면서 실제로 행하는 것은 도외시하니, 이것이 교화와 사람을 해침이 도리어 심하다.

3년마다 한 번씩 보는 과거에서도 오직 읽고 외는 것만 숭상하여 졸렬한 선비에게 과거를 주관하게 하니, 과거 출신(出身 : 문자·이과에 합격했으나 아직 임용되지 않은 자)이 벼슬길에 나가면, 용렬한 것은 고사하고 구두(句讀 : 글을 읽기 편하게 하기 위하여 낱말, 구절에 점 또는 부호 등으로 표시하는 방법)도 제대로 모르는데, 더구나 경의(經義)를 어찌 논할 수 있겠는가.

나는 이런 따위는 모두 빨리 없애 버려야 한다고 서슴지 않고 말하겠다. 그러나 버리고 취함은 재상(宰相)에게 달려 있는데, 재상은 그들의 자제에게 얽매이고 친구에게 흔들리니 이 폐단은 결코 개혁될 이치가 없다. 중국 한나라 때 공손홍(公孫弘)이 이르기를 "쓸데없는 말을 버리면 일이 제대로 될 것이다(《한서》 공손홍전)" 하였으니, 이 한 마디 말은 오늘날 정문일침(頂門一鍼 : 정수리에 침을 놓는다. 즉 따끔한 경계를 이름)이 될 것이다.

오늘날 사람을 쓰는 데는 과목(科目)에서 벗어나지 않으나, 과목이란 말은 모두 다 쓸데없는 것이다. 역량이 과목이라는 범위를 벗어나지 못하여 조정의 공론이나 가정의 교훈이 모두 가만히 소곤거리면서 비루한 짓들만 하니 어찌 세상이 올바른 길로 나아갈 수 있겠는가.

이제 한 가지 방법을 이야기한다면, 전해 내려온 풍속을 그대로 따르면서 대중의 의견에 거스르지 않게 하여 별도로 한 과거를 마련하되, 혹은 재이(災異)를 만나거나 변경의 전쟁에 관계되는 일로 비상한 큰 변고가 생겨 변통(變通)이 있어야 할 때에, 임금이 논변(論辨)하기를 하교(下敎)하여, 마치 지금의 과거장에서 책문(策問)을 반포하여 선비에게 의견을 묻는 것과 같이 해야 한다. 평민으로 있는 사방의 선비들이 저마다 자기의 의견을 올리거든 감사는 그것을 모아 봉해서 임금에게 올린다. 임금은 문학에 널리 통한 자에게 명령하여 많은 것 가운데 쓸 만한 글을 가려 뽑게 한 다음, 감사로 하여금 그들을 빈례(賓禮)로 천거하여 서울로 올려보내도록 한다.

임금은 그들을 대궐 뜰로 불러들여 배치한 좌석에 떨어지게 앉히고 해당 관리를 시켜 종이·붓·먹·벼루 등을 공급한 다음, 한(漢)나라 환관(桓寬)이 편찬한 《염철론》의 예에 따라 어려운 문제를 이것저것 묻기도 하고, 또는 여러 가지를 뒤섞어 책문하기도 하고, 또는 별도로 새 의견을 내어 묻기도 하여, 이에 해당한 답안을 쓰도록 하고 쓸데없이 늘어놓은 황당한 글은 버리게 한다.

또 다음날에도 이와 마찬가지로 하고, 또 다음날에도 이와 마찬가지로 한다. 무릇 세 번 묻고 세 번 대책한 가운데서 쓸 만한 것만 가려내는데, 수효는 결정하지 말고, 많이 뽑기도 하고 또는 적게 뽑기도 한다. 글이 제대로 되지 않고 대답한 내용도 유치하여 처음 대답과 동떨어지게 다른 자는 남의 손을 빌려 나라를 속였음을 알 수 있으니, 이런 자는 다만 쫓아낼 뿐 아니라 유적(儒籍 : 성균관·향교·서원 등에 있는 선비의 명부)에서 깎아 없애고, 영원히 향족(鄕族)에도 끼지 못하게 하여 부러움을 느끼도록 해야 한다.

옛날 "반용(班勇)이 서역교위(西域校尉) 설치를 상서하자, 여러 신하를 시켜 세 번이나 그의 포부를 묻도록 했는데 반용은 세 번 다 대답했다(《후한서》 반용전)" 하니, 대개 한나라 제도도 이와 같았던 것 같다. 이와 같이 하면 지식이 없고 재주가 부족한 자는 처음부터 감히 과거 보려는 생각도 할 수 없을 것이고, 그 가운데 뽑힌 자는 반드시 쓸 만한 인재가 많을 것이다. 또 사제(賜第 : 임금의 명령으로 특별히 과거에 급제한 사람과 똑같은 자격을 내리는 것)와 급제한 자는 누구나 청요직(淸要職)에 나아가게 하고 정체시키지 않으면 사람마다 스스로 힘쓸 것이며, 또 옛날 성왕(聖王)이 남긴 뜻에도 맞을 것이다.

간하는 벼슬
諫職 간직

듣지 못하는 것을 귀머거리라 하고, 보지 못하는 것을 소경이라 하는데, 이것은 천벌이지만, 보여 주어도 보지 못하고 들려주어도 듣지 못한다면, 귀머거리나 소경과 무엇이 다르겠는가? 이런 자를 남들은 귀머거리와 소경이라고 일컬으나 스스로는 깨닫지 못하니 그 병통이 너무나 심하다. 비록 보고 들으려고 해도, 형체와 소리가 막히고 멀어서 그 총명을 쓸 수 없는 것은 무슨 까닭인가? 모두 자신의 마음이 그렇게 만드는 것이다. 참으로 정성만 있다면 또한 형체와 소리 밖의 것도 보거나 들을 수 있는데, 사물의 진짜와 가짜, 길하고 흉함이 어찌 신령하고 미묘한 마음을 막아 가릴 이치가 있겠는가?

옛날에 대단히 큰 귀머거리와 소경이 있었으니 걸(傑)과 주(紂)란 자였다. 처음에는 관용봉(關龍逢)과 비간(比干) 같은 충신이 있었으나, 오히려 그들이 충고하는 것을 보고도 못 본 체 듣고도 못 들은 체하다가, 마지막에는 군자가 멀리 떠나고 소인이 눈과 귀를 가리자, 비록 태산이 무너지고 우레소리가 진동해도 그는 깨닫지 못했으니, 이를 본다면, 세에 나라를 망친 임금들은 소걸(小傑)과 소주(小紂)에 지나지 않으나, 대신들은 은총만을 바라서 간하려 하지 않고, 소신은 위엄을 두려워하여 감히 말하지도 못했으니, 비록 나를 잃지 않고자 하였으나 잃지 않을 수 있었겠는가? 그러므로 《서경》 태서(泰誓)에 "진실로 총명해야만 원후(元后)가 될 수 있다" 한 것은 임금이 신하의 충고하는 말을 잘 받아들여야 한다는 것이다.

대개 사람의 마음은 아첨하는 말을 좋아하고 바른 말을 싫어하며, 바른 말을 하면 반드시 실패하고 아첨하는 말을 하면 이익이 따른다. 그러므로 바른 말이 용납될 때는 간혹 있었으나 아첨하는 말로 죄를 받았다는 말은 듣지 못했으니, 사람들이 누가 자기의 이익을 저버리고 위험한 데로 나아가기를 바라겠는가? 옛날에는 백공(百工)이 맡은 직책에 따라 번갈아가면서 임금에게 간하였으나, 녹을 먹는 신하로서 임금에게 간하는 책임을 가지지 않은 사람이 없었다. 그러므로 말할 길이 널리 열렸던 것이다.

그러므로 《서경》 순전(舜典)에 "사방에 눈을 밝히고 사방에 귀를 기울였다" 하였으니, 이는 세상 사람의 보고 듣는 것으로 자기의 총명을 삼으려고 했다는 말이다. 이를 본다면 간관(諫官)의 제도가 설치된 것은 후세의 잘못이나, 오직 명나라 태조만은 말할 길을 더욱 넓히려고 급사중(給事中)을 81명이나 육부(六部)에 설치하고, 어사(御史)를 13도(道)에 두어 봉박(封駁)*¹을 맡도록 하고, 별도로 도어사(都御史) 6명을 두어 총괄하도록 하였으니, 매우 주밀하다 할 만하다. 그러나 이미 그 언관(言官)이 따로 있다면 언관의 직책에 있지 아니한 자는 간할 말이 있어도 언관의 권한을 침해함을

---

*1 봉박 : 임금이 내린 조서의 내용이 옳지 못하면 그 조서를 봉하여 돌려보내고, 그 옳지 못한 점을 논박하는 것.

꺼려 간하지 않을 것이므로, 도리어 간함을 회피하게 하는 길이 될 뿐이니, 따라서 언관제도를 없애는 것만 못하다. 옛날 요임금이나 순임금은 벌써 감간고(敢諫鼓)*2와 비방목(誹謗木)*3을 설치했으니, 이는 반드시 바른 말만 듣고 그 성명은 묻지 않은 것이다. 혹은 죄를 받을까 두려워해서 감히 말하지 않을까 염려했던 까닭에 이런 제도를 만들어 그 곧은 말을 듣고자 했던 것인데, 후세의 궤함(甌函)*4 또한 이와 같은 것이다.

《주례》지관(地官)에 사간(司諫)이라는 이름이 있으나, 이는 곧 모든 백성을 규찰(糾察)하는 관직이고 언관은 아니다. 오늘날의 사간원(司諫院)은 헛되이 기관만 설치해 놓고 관섭(管攝 : 겸관, 본래 맡고 있는 관직 외에 다른 관직을 겸하여 맡음)하는 사람은 없으니 폐지해 버린들 무엇이 해롭겠는가. 차라리 간직은 겸임시키는 것이 좋을 것이다. 무릇 의정부(議政府)·승정원(承政院)·육조(六曹)·경조(京兆)·성균관(成均館) 등 관직을 지낸 자에게는 모두 어사의 책임을 겸직시키고, 통정대부 이상은 도어사란 명칭을 갖게 하고, 비록 수령이나 관찰사로 나간다 하더라도 이 명칭을 가지고 각자 생각하고 있는 것을 다 아뢰도록 하면 모든 일이 제대로 될 것이다.

또 한 가지 이야기가 있다. 지금 음직(蔭職 : 음사(蔭士). 과거에 의하지 않고 부조(父祖)의 음덕으로 벼슬하는 것)으로 벼슬함을 남행(南行)이라 하는데, 이 남행이란 것은 바로 고려 때의 남반(南班)이다. 문무(文武)는 동서반(東西班)이 되고, 음직은 그 밑에 있었던 까닭에 남(南)이라고 일컬었다. 그러나 재주와 덕이 있어서 유일(遺逸)로 추천된 사람을 어찌 남행이라 할 수 있겠는가? 지금 과거시험에 급제한 자는 학문과 지식이 없으면서 요행으로 된 자가 대체로 많고 무과도 역시 남을 대신시켜 급제된 자가 많다.

따라서 과거에 급제하지 못했다 해서 반드시 그 재주가 용렬한 것이 아니고, 과거에 급제했다 해서 반드시 그 재주가 훌륭한 것이 아닌데, 어찌 남행이라 해서 하찮게 여길 수 있겠는가? 만일 재신(宰臣)에게 추천하도록 하

---

*2 감간고 : 북을 궁문 밖에 달아놓고 아뢸 말이 있으면 누구나 와서 그 북을 치게 한 것인데, 요임금이 설치했다고 한다.

*3 비방목 : 임금의 과실을 써서 붙이는 나무로 순임금이 설치했다고 한다.

*4 궤함 : 궤는 당나라 측천무후가 조당(朝堂)에 설치해 두고 할 말이 있는 자는 의견을 써서 넣게 한 것이고, 함은 양나라 무제(武帝)가 공거부(公車府) 앞에 방목(謗木)과 함을 설치해 놓고 할 말이 있으면 그 방목을 함에 넣도록 한 것이다.

여, 동반·서반·남반과 벼슬이 있고 없는 것을 따지지 말고, 오직 인재(人才)만을 뽑아 근시(近侍)로 불러들여 의견을 물어보고, 도움이 되면 그 재능에 따라 벼슬을 주되, 또한 벼슬길에 막힘이 없게 하여 간직을 겸하게 하면 정사에 도움이 많을 것이며, 이른바 일을 잘하고 못하는 데에 있어서도 분별하기가 어렵지 않을 것이다. 경악(經幄 : 경연^{經筵}을 맡은 신하는 강경(講經)으로 시험하고, 사헌부를 맡은 신하는 헌체(獻替 : 임금에게 선^善을 올려 불선을 막는 것)로 시험하며, 관리의 전형(銓衡)을 맡은 신하는 숨은 인재를 뽑아내는 것으로 시험하고, 호조를 맡은 신하는 재정이 늘고 주는 것으로 시험을 하여 각각 장부에 기록하고, 다른 것도 이 규례와 같이하여 대사헌으로 하여금 그들이 직임에 임명된 지 오래됐는지 얼마 안 됐는지와, 치적이 많은지 적은지를 빠짐없이 아뢰도록 하여, 승급시키고 내쫓는 방법으로 삼는다면 속이려 한들 속일 수 있겠는가?

도적에게 도적을 잡게 한다면
治盜 치도

태평 시대에 도적을 잡는 것이 전란 시대에 적군의 목을 베는 것과 무엇이 다르겠는가? 도적을 다스리지 않으면 양민이 해독을 받게 되니, 나라에 도적이 있으면 반드시 다 잡아 다스리려 하면서, 백성에 도적의 폐해가 있는데도 그대로 내버려 두는 것이 옳겠는가? 그러므로 기근 구제책 열두 가지 조목 가운데 도적을 금지하는 조항을 끼워 넣은 것은 성인(聖人)의 뜻이다 (《주례》 지관^{地官} 대사도(大司徒)).

그러나 도적을 잡기란 위험한 일이다. 도적은 반드시 목숨을 무릅쓰고 달아나 숨기 때문에 온 힘을 다하지 않으면 잡을 수 없고, 혹은 도적이 휘두르는 칼날에 상처를 입기도 하고, 또는 도적의 앙갚음을 당하기도 하여 해를 입는 일이 때때로 있으니, 무거운 상을 주지 않으면 도적 잡는 일을 어찌 권장할 수 있겠는가? 또 이것은 어지러운 세상에 지혜와 용기가 있는 인재를 관찰할 수 있는 방책도 되는 것이니, 그 권장하는 방법을 그만두어서야 되겠는가.

오늘날 도적 잡는 자에 대한 보상이 당상관(堂上官)의 한 품계를 주는 데 지나지 않고 실직(實職)을 주지 않으니, 위험을 무릅쓰는 일의 대가로는 너무 박하기 때문에 사람들은 모두 도적잡기를 원하지 않고 도리어 회피하려고만 한다. 그러므로 도적 잡은 보상을 받는 자들은 모두 공도 없으면서 함부로 녹봉만 취하는 자들이다.

이제 만일 무과 출신 가운데에서 도적을 섬멸시킨 자를 가려서, 공적을 여러 가지 군공(軍功)과 같이 평가하고 문벌을 논하지 말며, 공적의 크고 작음을 따져 우선 변경의 진보(鎭堡)로 내보내 만호(萬戶)나 첨(僉使) 따위에 보직시키거나 경영(京營)의 무관직을 주었다가 차차 영장(營將)이나 고을 수령으로 승진시켜 여러 사람이 부러워하게 하면, 반드시 죽음을 꺼리지 않고 용감히 출세의 발판으로 삼으려고 할 것이다.

소식(蘇軾)이 이르기를 "별도로 이런 과목(科目)을 설치하면 버려진 인재가 모두 나라의 쓰임이 될 것이다" 하였으니, 고을마다 10~20명씩만 뽑아 진출시키면, 각 지방 토호들은 본디부터 모든 실정을 익숙히 보고 들어서 빠짐없이 잘 아는 까닭에 도적이 발붙일 곳이 없게 될 것이다. 또 옛날 영웅 중에 도적에서 나온 사람이 많았으니, 만일 기묘한 방법을 써서 도적에게 도적을 잡게 한다면 도적을 철저히 없앨 수가 있다. 도적을 무조건 없애는 것보다는 도적을 잘 인도하여 그 재능에 따라 등용하는 것이 더 좋다.

주처(周處)는 삼해(三害)*¹ 중의 한 사람이었는데도 순국(殉國)의 절개가 역사책에 나타났고, 이적(李勣)은 무뢰배였는데도 몸소 죽을 끓이다가 수염을 그슬린 행실이 《소학》에 실려 있으니, 올빼미도 우는 소리가 사납지만 오디를 먹으면 좋은 목소리로 변하는 것처럼 무엇이 불가하겠는가. 그러나 지금 시대는 오로지 자신의 영화와 이욕만 취하여 백성의 고혈을 빨아먹는 짓이 날로 심하니, 이는 양민을 몰아 도적이 되게 하는 것이다.

---

*1 중국 진(晉)나라의 주처(周處)는 힘이 센 데다가 멋대로 행동하여 고을 사람들에게 해가 되었다. 주처는 고을 사람들이 자기를 싫어한다는 것을 알고 자신의 행동을 고칠 뜻을 가졌는데, 어떤 사람에게서 남산의 호랑이와 다리 밑의 구렁이와 그리고 자기가 세 가지 해독이란 말을 듣고는, 산으로 가서 호랑이를 잡아 죽이고 물속으로 들어가서 구렁이를 죽이고는 정신을 가다듬어 학문에 열중했다. 그 뒤 진(晉)나라에서 벼슬하여 어사중승(御史中丞)이 되었으며 제만년(齊萬年)이 반란을 일으키자 출정하여 끝내 후퇴하지 않고 싸우다가 순국(殉國)하였다.

관서와 관북 민심

西北民心 서북민심

　관북(關北 : 함경도)은 본래 여진(女眞)의 땅으로서 우리나라 영토에 속하게 된 지 오래 되었고, 관서(關西 : 평안도)의 절령(岊嶺) 이하는 고려 중세에 잃었으나 지금은 다시 통합되어 문화와 교육이 깨어 오랑캐 풍속이 수치스럽다는 것을 알고 있다. 명나라 태조(太祖)가 철령위(鐵嶺衛)를 설치하려고 "철령에서 뻗어나간 북쪽과 서쪽은 본디 개원(開元)에 속했던 것이다" 하고, 요양으로부터 철령에 이르기까지 70참(站)을 설치하고, 참마다 100호씩을 거주시키라 명하였는데, 다행히 박의중(朴宜中)이 전대(專對)를 잘함에 힘입어 그만두게 되었다. 그렇지 않았다면 평안도와 함경도 두 도는 우리나라의 소유가 되지 못했을 것이다. 철령 이북으로는 공험(公嶮)까지, 서쪽으로는 관서까지, 동쪽으로는 영동(嶺東)까지 뻗쳤으니, 지역이 작은 우리나라가 또 이 절반을 잃었다면 어찌 나라라 할 수 있겠는가.

　만일 저 평안·함경도 백성을 잘 어루만져 그들의 마음이 굳게 단결되도록 하면 나라를 보호하고 국경도 지켜낼 수 있을 것이다. 한(漢)나라 안제(安帝) 때 등질(鄧騭)이 양주(涼州)를 버릴 것을 의론하자, 우허(虞詡)는 이르기를 "양주의 군사와 백성이, 아비가 전장에 나가 전사하면 그의 자식을 대신 보내 싸우도록 해도 배반할 생각을 가지지 않는 것은 한나라의 신속(臣屬)이 되었기 때문입니다" 하였다. 그러므로 서주(西州) 호걸들을 불러들여 이속(吏屬)을 삼고, 장리(長吏)의 자제를 제수하여 연리(椽吏)로 삼아 백성의 마음을 위안시켰다.

　송나라 흠종(欽宗) 때에는 삼진(三鎭)을 떼어 금나라에 바치고 강화(講和)를 약속했으나, 삼진 백성은 한사코 복종하지 않고 금나라에 사신으로 간 섭산(聶山)·왕운(王雲)의 무리처럼 가끔 양하(兩河)의 백성에게 죽임을 당하자, 하는 수 없어 해마다 바치는 물품을 늘려 삼진의 부세를 대신하기를 요청했다. 이래서 금나라 사람은 약속을 지키지 않는다는 것을 꾸짖기까지 했어도 백성의 마음은 거스를 수 없었다.

　그런데 오늘날 무슨 이유로 평안도와 함경도 사람들을 버려두고 조정에 등용하지 않는가. 이는 "못과 숲을 위해서 물고기와 참새를 몰아들인다

（^{《맹자》} 이루)"는 격이다. 우리나라 사람으로 저쪽에 도망쳐 들어간 자는 대개 높은 벼슬아치가 많으므로, 토호(土豪)로서 발호(跋扈)하는 자들이 가끔 분노를 품고 남모르게 탄식한다. 또 가난해서 의지할 데가 없는 이곳 백성들 가운데 남모르게 달아난 자가 그지없으나 다 떠나버려 이곳 땅이 텅 비지 않는 것은, 저들과 우리의 법령이 엄격하므로 죄를 입을까 두렵게 여기기 때문이다.

또 듣건대, 저들의 풍속은 사람을 쓰는 데 재능으로써 할 뿐 벌열(閥閱)을 따지지 않으며, 백성에 대한 부세도 일정한 제도 이외에는 관리와 백성이 서로 간섭하지 않는다 한다. 군사를 점고(點考)하는 것으로 말할 것 같으면, 우리나라 백성은 군대에 가는 것을 마치 죽을 땅으로 들어가는 것처럼 여기는데, 그것은 평상시에는 온갖 부역에 시달리고 무슨 전쟁이 있으면 진중(陣中)에서 모조리 죽게 되기 때문이다. 그런데 저들의 풍속은 군사로 뽑히면 좋아하고 싸움터로 나갈 때면 즐거워하여, 성을 공격하고 적의 장수를 죽일 때도 오직 남에게 뒤질까 두려워하면서 전장에서 죽는 것을 병들어 죽는 것보다 영화롭게 생각한다 하니, 앞으로 어떻게 그들을 막아낼 것인가. 나는 "머리털을 풀어헤친 자가 이천(伊川)에 나타남을 보고 100년이 가기 전에 오랑캐가 되겠다（^{《좌전》} 희공
（僖公） 22년조)"는 말이 곧 우리에게 닥칠까 염려스럽다.

적정을 탐지해야
偵探 정탐

병법에 "상대를 알고 나를 알면 백 번 싸워도 위태롭지 않을 것이다（^{《손자》} 모공편)" 하였으니, 자기 힘을 아는 것도 어려운데, 하물며 상대의 힘을 아는 것이랴? 늘 상대하는 백성도 거짓과 간사한 짓을 숨기고 있는데, 비밀히 조사하지 않으면 어찌 다 알 수 있겠는가?

옛날에 상구씨(爽鳩氏)가 육관(六官)*¹의 형관(刑官)이 되었으니（^{《좌전》} 소공
（昭公） 11년), 이 상구란 매〔鷹〕이다. 매의 눈은 멀리까지 잘 보기 때문에 풀과 나무가 우거진 속에 있는 꿩과 토끼들의 동정도 분명히 알아낸다. 그러나 몸

---

*1 주나라 중앙관제인 천관(天官)·지관(地官)·춘관(春官)·하관(夏官)·추관(秋官)·동관(冬官)을 이른다.

뚱이를 깊이 감추고 형적을 나타내지 않는 놈은 사냥개[獵歈]를 써야만 발견해 낼 수 있다. 이와 마찬가지로 적이 우리나라에서 온갖 방법으로 속임수를 쓰는 것은 첩자를 보내어 잘 정탐하지 않으면 무슨 수로 적의 진상을 헤아려 내겠는가? 옛말에 "일을 도모하는 데는 첩자보다 더 가까이할 것이 없고 상을 주는 데도 첩자보다 더 후히 할 것이 없다" 하였으니, 작록(爵祿)과 금백(金帛)을 아껴서 적의 실정을 탐지하려 하지 않는 것은 지극히 불인(不仁)한 것이다.

무릇 나라를 다스리고 군사를 쓰는 데 있어서는 어진 인재보다 더 큰 것이 없는 까닭에, 내가 인재를 얻으면 안심할 수 있고 적이 인재를 얻으면 두려운 생각이 든다. 항우(項羽)에게는 아부(亞父)가 있었으니 한 고조(漢高祖)는 그를 없애지 않으면 전쟁을 이겨낼 수 없다는 것을 알았다. 그러므로 4만 금의 돈을 아끼지 않고 반간(反間)을 놓아 마음먹은 일을 완수하였다.*2 이 4만 금의 돈이 너무 많은 듯하지만 한 고조가 미리 적의 형편을 탐지하자면 이만한 돈이 아니고는 되지 않았을 것이고, 아부의 지위가 흔들리게 할 수 없었을 것이다.

한신도 조나라를 칠 때, 조나라에서 이좌거(李左車)의 계획이 쓰이지 않는 것을 미리 정탐한 다음에 용감하게 진격하였고, 금가한(金可汗)도 요양에서 지포(地砲)를 맞고 여러 장수들에게 계책을 물었을 때, 오직 구영개(九永介)만이 "먼저 원숭환(袁崇煥)을 없앤 다음이라야 중원(中原)을 도모할 수 있습니다" 하므로 드디어 온갖 비단을 위당(魏璫)에게 뇌물로 주어 숭환을 몰아 죽이자, 명나라는 다시 대항할 수 없게 되었다.

이를 본다면 적의 형편을 자세히 정탐하여 먼저 승산부터 결정하여 그것에 따라 대처하고 지혜를 잘 요량할 것이지 군사의 힘만 따져서는 되지 않을 것이다. 그렇지 않으면 비록 풍각(風角 : 사방의 바람을 보아 길흉을 점치는 것)·조점(鳥占 : 해마다 정초(正初)가 되면 새를 잡아 배를 갈라 곡식이 많고 적음을 보아 풍년과 흉년을 점치는 것을 이른다)·고경(枯莖 : 시초(蓍草). 점치는 데 쓰는 풀)·후골(朽骨 : 점치는 데 쓰는 거북이) 따위의 기술이 있다 할지라도 어찌 적의 정상을 추측하여 알아낼 수 있겠는가?

병자·정축년 난리(조선 인조(仁祖) 14년(1636)에 청나라가 침입한 병자호란)에 임경업(林慶業)이 의주(義州)를 지키고 있을 때에 여러 방면으로 적의 내용을 정탐하여 동병(動兵)한다는 날

---

*2 이 말은 형양(滎陽)에서 항우에게 포위된 한 고조가 진평(陳平)의 계책을 들어 4만 금으로 초나라의 군신을 이간한 것을 이른다. 《史記》高祖紀

짜까지 먼저 알고 있었으나 조정에서는 깨닫지 못했었다. 척화사(斥和使)가 갈 때에 경업이 부탁하기를 "여기서 얼마쯤 가면 대병(大兵)을 만나게 될 것이다. 그들이 묻거든 너는 대답하기를 '의주 성 안에는 지금 10만 명의 군사가 진을 치고 군량도 산더미처럼 쌓아 놓았다'고 하라" 하고 드디어 흰 베로 온 성을 둘러싸서 마치 분첩(粉堞)처럼 만들었다. 얼마 후에 대병이 지나갔으나 감히 침범하지 않았다. 그때 오직 의주만이 적에게 함몰당하지 않은 것은 이런 반간술(反間術 : 적의 첩자를 매수하거나 역이용하는 전술)을 썼기 때문이다.

오늘날 사신이 되어 국경을 나가는 자가 누군들 적의 허실을 탐지하려고 하지 않겠는가마는, 재물 아낄 줄만 알아 겉말과 웃음으로 호월(胡越) 같은 적의 심리를 파악하려 하니, 이는 너무도 어긋난 계획이다. 근세에 어떤 민씨(閔氏) 재상(宰相)은 연경(燕京)에서 주씨(朱氏) 한 사람을 만나 그가 명나라의 후예라 믿고 노자를 털어 후히 대접하였고, 그 뒤에 또 사신으로 가는 편에 편지와 폐백을 보냈다. 뒤에 간 사신이 그를 찾아보니, 성도 주씨가 아니고 거지 노릇을 하면서 남을 속이는 자였다.

또 변방에 경보(警報)가 있었을 때, 우리 변방 사람이 저들 백성에게 정보를 탐지해 주면 쌀 7석을 준다고 약속하여 놓고, 정보를 얻고 나서는 쌀 2석을 감하고 주자, 그는 웃으면서 받고 이르기를 "이 다음에는 너희들이 다시 정탐할 수 없을 것이다" 하였으니, 우리나라 풍속이 비루하고 용렬함이 이와 같다.

천하에 오랫동안 혼란은 있어도 늘 편할 때는 없는데, 조금 편할 시기에 혼란해질까 염려하면 사람들은 비웃으면서 괴이하게 여기지 않는 이가 없다. 그러니 이것은 마치 여름이 가면 겨울이 오는 것과 같은 필연한 이치이다. 마을의 어떤 어른이 혼자 떨어진 털옷을 손질하고 솜옷을 햇볕에 쬐어 장차 한겨울 추위를 대비하려 하면, 어린아이들은 반드시 서로 손뼉을 치면서 비웃을 것이니, 앞으로 서리가 내리고 또 얼음이 얼게 되면 갈포옷 입은 것이 도리어 이상하다는 것을 알지 못하기 때문이다. 그래도 추위와 더위는 반드시 반년을 지나야 하지만 외적의 침입은 보무(步武 : 위엄있고 활기 있게 걷는 걸음) 밖에 있는 것인데도, 사람들은 이런 이치에 깜깜해서 걱정하지 않는 것은 어째서인가?

근시는 임금의 부름에 잘 대응해야

近侍宣召 근시선소

퇴계가 이르기를 "서로 만나 의논하는 것이 좋기는 하나 혹 다른 문제가 생기면 생각했던 말을 다 할 수 없게 되니, 의논할 조항을 낱낱이 적어서 편지를 부쳐 주어 마음껏 자세히 상고하여 도움이 있게 하는 것만 못하다" 하였고, 또 "글을 볼 때 의심스러운 데가 있으면 서로 만나서 물어보려고 하다가 급기야 만나게 되면 말로 다 형용할 수 없고, 마음과 입이 서로 맞지 않는다" 하였는데, 이는 실제에 맞는 말이니 임금과 신하의 강연(講筵)도 이와 같다.

당나라 정담(鄭覃)은 고사(故事)를 써 올려 규간(規諫)하였으니, 날마다 이같이 하면 반드시 도움이 있을 것이다. 더구나 근시(近侍)는 고문(顧問)에 응할 것을 미리 대비하였다가 모든 것을 대답해야 하니, 깊이 사색하고 계속 공부하는 것을 그만두려 한들 되겠는가? 오늘날은 경연(經筵)을 날마다 개강하지도 않고, 혹 개강한다 하여도 형식에 그쳐 글 대문에 따라 읽기만 하고 입에 나오는 대로 지껄이기만 하니, 무슨 유익이 있겠는가? 평생에 글을 제대로 읽지 않고 집안 세력에만 의지하여 벼슬에 들고 나는 자들은, 누가 낫고 못한 것을 알 수 없기 때문에 사람을 뽑을 때는 다만 벌열이 좋은 집안의 자손만 찾으니, 심히 해괴한 일이다. 사마광(司馬光)이 이르기를 "시종(侍從)하는 신하는 날마다 돌려가면서 한 사람씩 자선당(資善堂)에 입직(入直)하게 하고, 밤이면 숭문원(崇文院)에서 자며 불시에 있을 선소(宣召 : 임금의 부르심)에 대비해야 한다. 이렇게 하는 이유는 한편으로는 막히는 일이 없게 하고 다른 한편으로는 그들의 어짊과 어질지 못함을 알기 위함이다. 대개 자선당은 임금에게서 거리가 가깝고 숭문원은 거리가 멀다. 모든 숙직 인원들은 다 먼 거리에 있게 하되 한 사람만은 가까이 있도록 하여 임금의 고문(顧問)에 대비하되 꼭 임금에게 찾아갈 것이 아니라 혹 필요하다 싶은 경의(經義)와 시무(時務), 또는 모든 의심스러운 점을 날마다 몇 조항씩 적어 두었다가 중사(中使 : 내시)가 찾아오거든 빨리 대답해 주는 것으로 규례를 삼아야 할 것이다. 임금 또한 이런 점에 대해 잊어버리지 말고 그중 성적이 나쁜 자를 뽑아 도태시킬 뿐만 아니라 이를 추천한 신하까지도 문책한다면 직무에 태만하고 지식이 없는 자는 감히 근신(近臣)으로 들어올 생각을 않을 것이고, 소원(疎遠)한 신하도 또한 그들의 재주에 따라 발탁될 것이니, 어찌 풍속을 진흥시키는 일이 아니겠는가” 하였으니, 옛 사람들의 원대한 염려가 이와 같았다.

밭도랑을 내서 물이 빠지게 해야
田溝滲濕 전구삼습

견·회·구·혁(畎澮溝洫)*1은 가뭄과 장마를 피하기 위함이다. 만약 그 경세만을 정하는 것이라면 무엇 때문에 깊이와 너비를 한 길까지 하였겠는가? 도랑을 내지 않으면 장마철에 습기가 차게 된다. 내가 겪어 보니, 곡식 종자도 같고 뿌린 시기도 똑같았는데 겨우 지척(咫尺) 사이에서 잘 되고 못 되는 것이 아주 판이했다. 이는 모두 밭에 도랑이 없어서 스며드는 습기가 곡식 뿌리를 해쳤기 때문이다.

무릇 산 밑에 있는 밭은 물이 땅속으로 스며들므로 사람은 깨닫지 못하지만 곡식은 제대로 결실되지 않는다. 농사짓는 자로서는 반드시 이런 이치를 알아서 춘경(春耕)할 시기가 되기 전에 먼저 밭도랑부터 파서 물이 잘 빠지도록 해야 할 것이다. 만약 밭 모양이 안으로 오목해서 도랑 파기가 알맞지 않다면 한복판에다 가로 도랑을 내어서 고인 물이 양쪽으로 빠져나가도록 해야 하는데, 어리석은 백성은 밭고랑이 조금 줄어드는 것만 알고 곡식이 많이 손실되는 것은 깨닫지 못한다. 이것을 사람에게 비유하면 은밀한 곳에서 남몰래 도적질을 하여 집안과 나라를 해치고 손상시키는 것과 같다.

넉넉하면 절약하기 어려워
用裕難節 용유난절

일반 백성은 가난하고 미천한 사람이다. 이 백성의 고통은 오직 가난하고

---

*1 밭과 밭 사이에 있는 도랑. 묘(畝) 사이에 있는 너비 1척 깊이 1척의 도랑이 견(畎), 동(同 : 사방 백 리) 사이에 있는 너비 두 길(尋)의 도랑이 회, 정(井) 사이에 있는 너비 4척 깊이 4척의 도랑이 구, 성(成 : 사방 십 리) 사이에 있는 너비 8척 깊이 8척의 도랑이 혁이다.

미천하게 살아본 사람만이 알 수 있는 것이니 저 고귀하고 부유한 자가 어찌 잘 알 수 있겠는가. 하물며 깊은 궁궐에서 자라난 임금에 있어서랴. 지금 상평법(常平法)은 없애고 조적법(糶糴法) 한 가지만 시행하는데, 이 조적법은 백성에게 빚을 짊어지도록 하는 방법이다.

봄철 식량이 떨어졌을 때 값도 정하지 않고 내주니, 어느 누가 가서 받아 오지 않겠는가. 하지만 가을철 곡식 값이 떨어졌을 때 모곡(耗穀)과 잉여곡(剩餘穀)을 덧붙여 마음대로 거두어들이므로 부잣집도 또한 고갈되는데 더구나 피폐한 백성은 어떻겠는가. 내가 겪어 보니, 대개 가난한 집에서는 아무렇게나 먹어도 죽음만 면하면 그것을 족하게 여기고 죽음만 면하면 배부른 것과 마찬가지로 생각한다. 그런데 이 조적을 시행한 뒤로는 부유한 자는 가난해지고 가난한 자는 더욱 가난해져 굶어 죽기도 하니, 이는 모두 빚을 짊어지도록 한 때문이다. 국가에서는 모든 백성을 구휼(救恤)해야 하는데, 이런 빚으로 꾀어 인도해서야 옳겠는가. 이뿐만이 아니다. 비록 이자 없이 빌려 준다 할지라도 백성에게는 도리어 심한 해만 입히는 셈이다. 봄에 빌려 주면 가을까지 갚는 기간이 아주 짧아서 전부터 있던 집안 살림을 계산하면 도로 줄게 된다. 지난해에는 식량이 모자라지 않았어도 빌려 왔는데 하물며 벌써 식량이 모자라는 금년은 어떻겠는가. 지난해에 한 섬이 모자랐다면 올해 와서는 두 섬이 모자랄 것이다. 가난한 백성은 구차스럽기는 하나 밥이 없으면 죽을 끓여 먹고 죽이 없으면 나물만 삶아 먹고도 연명할 수 있다. 가난하면 가난한 대로 지내는 것이다.

재물은 빌린 것이라도 남음이 있다면 넉넉히 쓰게 되고 넉넉하면 절약하기 어렵다. 그러므로 배고픔을 참고 남의 것을 억지로 구하지 않는 자는 살 수 있고 늘 배고픔을 참지 못하여 남의 빚을 얻어 쓰는 자는 반드시 옛 살림을 지키지 못한다. 이자 없이 빌려 쓰는 것도 오히려 징계해야 할 것인데, 갑절로 갚아야 하는 조적은 어떻겠는가.

섭적(葉適)의 말에 이르기를 "몇 대를 내려오면서 부유한 사람은 먹는 식구가 많고 재물을 쓰는 것이 사치스러워서 옛날보다 재산이 줄어든다. 그렇다고 해서 하루아침에 그들 스스로 씀씀이를 줄여 부자가 되기 이전의 생활로 돌아가게 할 수 있겠는가. 그렇게 할 수 있는 사람은 아마 없을 것이다. 그러므로 논밭을 팔고 보물을 팔아서 충당하다가 살림이 보잘것없이 되어도 쉽게 쓰던 버릇을 그만두지 않는다$\binom{섭적의 《수심》}{집(水心集)}$" 하였으니, 이 말은 비유를 잘
한 것이다. 사람의 마음이란 누구나 검소함을 싫어하고 사치함을 좋아하지
않는 이가 없다. 싫어하면 벗어나려 하고, 좋아하면 쉽게 따르는 것이다. 가
난한 사람은 검소한 생활을 하기에도 넉넉지 못한데 빌려 주어서 넉넉히 쓰
도록 하면 무슨 짓인들 않겠는가. 이것은 당장 눈앞에 보이는 이익만 생각하
고 뒷날에 닥쳐올 곤란은 잊어버리는 것이다.

내가 직접 보는 바로도 시골에 패망한 집의 10분의 8, 9는 모두 이 관적
(官糴)과 사채(私債)에서 비롯된 것이다. 《시경》 소아(小雅) 보전(甫田)에
이르기를

저 넓고 큰 밭에서
해마다 많은 수확을 올린다.
내가 그 묵은 곡식을 가지고
우리 농민들을 먹이니
예부터 풍년이 들었다.
倬彼甫田 歲取十千
我取其陳 食我農人 自古有年

라고 하였으니, 이로 본다면 선왕(先王)은 해마다 조세의 4분의 1을 저축하
여 3년이 되면 1년 조세에 해당하는 저축이 되도록 했다가 흉년이 들어 백
성이 굶주리면 백성에게 나누어 주었으니, 어찌 도로 갚게 하는 일이 있었겠
는가.

오늘날은 사채를 금지하고 국가가 그 이익을 독점하며, 심지어 백성에게
강제로 나누어 주고 독촉하여 거둬들이면서 군량(軍糧)이라 핑계하여, 백성
들이 온 집안 살림을 다 털어내도 모자라면 심지어 이웃과 촌수가 먼 일가에
게까지 거두어들여 꼭 충당시키도록 한다.

나의 생각에는 오늘날 세상에서 백성을 보호하는 데는 차라리 이 구제한
다는 방법을 그만두고 백성들이 그들 스스로 살 길을 꾀하도록 맡겨둔다면
반드시 다 굶어 죽지도 않을 것이고 살 수 있는 집도 보전할 수 있어서 백성
의 마음도 편안할 것이니, 큰 흉년이 들어 백성이 굶주리게 될 때에만 창고

의 곡식을 내어 진휼(賑恤)하는 것이 좋을 것이다.

상평법
常平 상평

조적(糶糴 : 환곡을 꾸어 주거나 거두어들이거나 하던 일)이 백성에게 끼치는 해가 이루 말할 수 없다는 것은 내가 이미 한두 번 말한 것이 아니다. 옛사람이 늘 상평법(常平法 : 풍년에 곡기가 떨어지면 값을 올려 사들이고 흉년에 곡기가 올라가면 값을 내려 팔아 물가를 조절하는 법)을 좋다고 한 것은, 봄에 곡식이 귀할 때면 값을 내려서 방출하고, 가을에 곡식이 넉넉할 때면 값을 올려서 사들이되, 국가에는 손실이 없고 백성은 이익을 얻기 때문이다.

그러나 세상 물정은 거짓과 농락이 많아 여러 가지로 부리는 농간을 막아 내기 어렵다. 사방의 곡식 값이 일정하지 않으므로, 고을마다 수령들이 이것을 이용하여 온갖 간사한 수단을 부린다면 무슨 수로 그것을 다 파헤칠 수 있겠는가? 혹은 흉년이 들 때 백성을 구제하지 못하거나, 전쟁이 일어날 때 군량(軍糧)을 보급하지 못한다면 그 폐해가 매우 크다.

저 상평법은 옛 성왕이 남긴 제도이지, 중국 한(漢)나라 때 이회(李悝)·경수창(耿壽昌)이 만들어 낸 것만은 아니었다. 우리나라도 임진년 이전에는 고을마다 상평곡(常平穀)이 있었는데, 지금에 와서는 다 없애고 조적으로 만들었다. 상평과 조적 두 가지 가운데 무엇이 낫고 못한지를 따질 것이 아니라, 오직 백성에게 이로운 것만을 취해야 할 것이다.

무릇 3년 동안에 1년 동안 쓸 것을 비축하도록 하여 고을마다 모두 그렇게 하면 아무리 축나기 쉽다 하더라도 해마다 받아들이는 일정한 부세로 보충할 수 있을 것이고, 갑자기 써야 할 일이 생긴다 하더라도 큰 걱정이 없을 것이다.

또 풍년과 흉년을 겪어 보아도 봄·가을 곡식 값이 대단히 큰 차이가 있는 것은 아닌데, 다만 모리배가 날로 많아져 그들이 곡식을 많이 쌓아 두었다가 농간을 부리는 것이 문제다. 만일 이 상평법을 널리 시행하여 온백성이 따르도록 한다면, 개인의 비축을 막을 수 있고 백성은 이익을 얻게 될 것이니, 어찌 국가에 큰 도움이 아니겠는가. 이 상평법을 단행하는 것이 옳을 것이다.

어진 선비 최진첨

崔震瞻 최진첨

　나라에서 신하를 구하는 데는 탐욕이 없는 것을 첫째로 삼고 재주가 있는
것을 다음으로 삼아야 한다. 재주 없는 자가 끼치는 해는 다만 일을 제대로
실행하지 못하는 것뿐이지만, 탐욕이 많은 사람은 다만 자기에게 이익 되는
것만 엿보고 나라와 백성은 잊어버린다. 백성을 이롭게 하는 것은 바로 국가
를 이롭게 하는 일인데, 오로지 자기만 이롭고자 한다면 나라가 망한다 해도
돌보지 않을 것이다.

　탐하는 자에는, 명예를 탐하는 자, 벼슬을 탐하는 자, 재물을 탐하는 자가
있는데, 명예를 탐하는 자는 염치를 아니 오히려 구하기 어렵고, 재물을 탐
하는 자는 그 비열함이 드러나면 모두 그가 버려야 할 인간임을 알게 된다.
그러나 벼슬을 탐하는 자는 막아낼 수 없다. 권세와 지위를 얻으면 명예와
재물이 함께 생기므로, 생명을 무릅쓰고 벼슬을 구하다가 죽음에 이르러도
후회하지 않는다.

　공자가 말하기를 "능히 예양(禮讓)으로써 행한다면 나라를 다스리는 데
무슨 어려움이 있으랴(《논어》이인)" 하였으니, 탐하는 것의 반대가 곧 양(讓)이
다. 내가 순전(舜典 : 《서경》의 편명)을 상고해 보니, 무위이치(無爲而治)한 것이 도
시 네 개의 양자(讓字)*1에 달렸다. 문왕(文王)이 천명(天命)을 받은 것은
우·예(虞芮)가 화친을 이룸으로부터 비롯하였는데(《서경》대아 면(綿) 편), 또한 길 가는
이는 길을 양보하고, 밭 가는 이는 밭두둑을 양보하며, 사(士)는 대부(大
夫)에게 양보하고, 대부는 경(卿)에게 양보한 데서 연유하였을 뿐이다.

　옛말에 "사람을 뽑는 데는 먼저 나오기를 쉽게 여기는 사람을 버려야 한
다" 하였으니, 이 나오기를 쉽게 여기는 자는 바로 벼슬을 탐하는 자를 이른
다. 그러나 귀한 자로서 분수를 알기는 쉽고, 천한 자로서 벼슬에 나아가지
않기란 어렵지만, 세상 사람들이 높여 주는데도 겸양하는 사람은, 예컨대 처
음부터 가난하여 밑바닥 생활을 하였다 할지라도, 반드시 경망스럽게 벼슬

＊1 이 말은 《서경》 순전(舜典)에 "우(禹)는 직·설(稷契)과 고요(皐陶)에게 사양(讓)하고……수
　(垂)는 수·장(殳斨)과 백여(伯與)에게 사양하고……익(益)은 주·호·웅·비(朱虎熊羆)에게 사
　양하고……백이(伯夷)는 기(夔)와 용(龍)에게 사양한 것을 이른다"고 하였다.

에 나아가지 않았을 것이다.

내가 들으니, 서쪽 변방 삭주(朔州)에 최진첨(崔震瞻)이라는 자가 있는데 그는 3대가 한집안에 살고 있다 하여 어사가 포문(襃聞)한 결과, 침랑(寢郎)을 제수하였다. 그 무렵엔 당의(黨議)가 한창 치열할 무렵이었다. 하루는 여러 동료가 한데 모여 저마다 온갖 이야기를 지껄이는데 오직 이 최 씨 (崔氏)만은 입을 다물고 아무 말이 없었다. 그래서 그의 색목(色目: 조선시대 사색 당파의 파별)을 물어보자 그는 대답하기를 "저 변두리 지방 사람으로서 어찌 동 (東)이니 서(西)니 하는 색목을 지칭할 수 있겠습니까? 하지만 내가 평소 알고 지내는 분은 어진 목대부(睦大夫)*²뿐입니다" 하였다. 이 목(睦)은 바로 그때 시론(時論)에 득죄하여 일찍 삭주로 귀양 간 자였으므로 듣는 자가 모두 깜짝 놀랐다 한다. 그는 또 "목대부가 삭주에서 죽자, 그 부인의 아우가 와서 호상(護喪)을 하였는데, 그가 누구인지 알 수는 없으나 아주 잘난 사람이었습니다" 하였다 하니, 이는 바로 우리 가형(家兄: 맏형)을 가리킨 것이다. 사람들은 더욱 해괴히 여기고 또 그 거취를 묻기까지 했었다. 그는 바로 대답하기를 "비천한 자가 이만한 벼슬을 얻은 것도 어찌 만행이 아니겠습니까? 집안에 숙부가 계신데 여상이 얼마 남지 않았습니다. 만약 이 벼슬에 얽매여 서울서 머뭇거리다 보면 존망을 알 수 없으니, 지금 제 형편으로는 빨리 고향으로 돌아가야겠습니다" 하고, 얼마 안 되어 정말 벼슬을 그만두고 고향으로 돌아갔다 한다. 나의 친구 홍모(洪某)가 그때 한자리에 앉아 이런 말을 듣고 나에게 와서 이야기했기 때문에 내가 이 최진첨이라는 자의 이야기를 알게 되었는데 나는 이를 어진 선비라고 하였다.

대개 먼 지방 사람은 반드시 시론에 아부한다. 그런데 이 사람만은 중초 (衆楚)*³ 가운데서도 대항하면서 남에게 굽히지 않은 뜻이 있었으니, 이것이 바로 그가 처음 가진 마음을 저버리지 않은 것이다. 이미 벼슬을 얻었을 경우에는 오직 힘껏 그 길에 종사하여 고을 수령이라도 더하게 되었다면 영광

---

*2 숙종(肅宗) 때 문신 목창명(睦昌明)을 이른다. 기사환국(己巳換局) 때 남인(南人)으로서 대사간(大司諫)에 복직하여 형조판서를 거쳐 병조판서가 되었으나, 갑술옥사(甲戌獄事)로 서인(西人)이 집권하자 탄핵을 받고 삭주에 안치(安置)되어 그곳에서 죽었다.

*3 《맹자》 등문공(滕文公) 편 하에 "衆楚人咻之"를 간추린 말인데, 한 사람이 뭇 사람의 주장을 이기지 못함을 이른다.

과 은총이 많았을 것이다. 그런데 벼슬은 조금도 돌아보지 않고 아비가 죽었으니 숙부를 아비처럼 섬겨야 하겠다는 마음으로 귀한 벼슬을 버리기까지 하였으니, 이는 효성이 지극했기 때문이었다.

이로 본다면 그가 3대를 한집안에 살았다는 것은 명예를 구하기 위해서가 아니고, 집안 간에 화목하고자 하는 마음이 타고난 천성(天性)이었기 때문이다. 어찌 다른 사람의 착한 마음을 감동시키지 않겠는가? 누가 되었건 마음가짐이 이와 같다면 재주가 있고 없는 것을 뭐 논할 겨를이 있겠는가? 그가 다시 뽑혀서 등용되었다는 소문을 듣지 못했으니, 한탄스럽다.

상·구·반 세 성씨
尙丘潘三姓 상구반삼성

벌열(閥閱 : 공적이 있는 집안)을 숭상하는 풍습이 조선 초기에는 심하지 않았으니, 이는 오직 여러 신하들에 의한 것만은 아니며 반드시 임금의 지도와 통솔에 따라 그렇게 된 것이다. 여기에 대해 한두 가지의 사실을 열거한다.

영의정 상진(尙震)이 그 어떤 조상의 도움도 없이 신하의 지위로는 가장 높은 자리에 이르렀음은 사람마다 듣고 아는 일이다.

구종직(丘從直)은 처음 문과에 급제하고 폐원(廢院)에서 놀 때 성종이 미행(微行)하다가 그를 만나 전공이 무엇이냐고 묻자 그는 "《춘추》입니다" 하였다. 그를 시험해 보니, 과연 훤히 꿰뚫어 알았으므로 다음날 바로 홍문관 수찬(弘文館修撰)에 임명하자 삼사(三司)에서는 그가 출신 성분이 미천하다고 논박했다. 성종은 곧 삼사 관원을 어전으로 불러들여 《춘추》를 외도록 했는데 아무도 잘 외는 자가 없었다. 구종직의 차례가 되자 그는 외고 해설하는 것에 막힐 것이 없었다. 성종은 말하기를 "경서에 익은 자는 경연(經筵)에 있지 못하도록 하고 경서에 익숙하지 못한 자가 어찌 경연을 독차지할 수 있겠는가?" 하자, 모든 신하들이 고개만 숙이고 아무 대답을 못했다. 나중에 구종직은 직위가 판서까지 이르렀고, 문도들 또한 존귀하고 현달한 자가 많았다.

또 반석평(潘碩枰)은 어느 재상의 집 종이었는데, 재상은 그의 재주와 성품을 사랑하여 공부를 가르치고 어느 아들 없는 부잣집에 부탁하여 아들을 삼도록 한 다음, 그의 자취를 숨기고 학문에 진력하여 서로 오가지 말라 하였다. 나중에 문과에 급제하여 직위가 재상의 반열에 올랐고 청렴결백하고 겸손하며 공경하는 마음으로 국가의 충신이 되어 팔도의 감사를 두루 거쳐 판서까지 이르렀다.

나중에 예전 주인집 자손이 쇠잔하고 한미해진 뒤 길에 걸어가는 것을 보고 반석평은 초헌(軺軒)에서 내려 그의 앞으로 달려가 절하였다. 하루는 상소를 올려 자신의 사정을 바로 여쭈고 자신의 벼슬을 깎아 주인집 자손에게 주도록 청했다. 조정에서는 그의 뜻을 의롭게 여겨 그 주인집 자손에게 관직을 제수한 다음, 반석평도 그 자리에 그냥 있도록 했다. 이 사실을 지금까지도 많은 사람들이 찬탄해 마지않는다. 반석평의 일은 보통으로는 해내기 어려운 일이지만, 조정에서 그를 그 자리에 그냥 있도록 한 것도 더욱 쉬운 일은 아니다. 이와 같이 한다면 세상 풍속이 어찌 분발하지 않겠으며 재주 있고 덕 있는 자가 어찌 감동하지 않겠는가.

오늘날의 제도는 서경(署經)이란 규칙이 있어 무릇 처음으로 근시와 수재(守宰)가 되는 자는 반드시 자기의 사조(四祖), 어머니의 사조, 아내의 사조를 차례대로 적어 바치면, 대관(臺官)이 모두 자세히 헤아려 가려낸 다음에 직책에 부임하는데, 이 사조란 것은 증조 이하로 외할아버지까지이다. 다만 문벌만 볼 뿐이고 사람의 재주와 덕은 관계가 없으니, 이런 법은 마땅히 서둘러 없애야 할 것이다. 비록 열두 사람 가운데 조금 결점이 있다 할지라도 또한 어찌 이 문벌만으로 그중 어진 자를 버릴 수 있겠는가. 문벌이 미천한 사람은 그 통로가 막힘이 이와 같은 것이다.

또 부수(副帥) 유극량(劉克良)과 고청(孤靑) 서기(徐起) 같은 이도 모두 남의 집 종이었으나 유극량은 순국(殉國)하는 큰 절개를 세워서 명신(名臣)이 되었고, 서기는 사림(士林)의 종사(宗師)가 되어 사당의 제향을 받게 되었다. 이로 본다면 사람의 어짊과 덕은 대대로 물려받는 것이 아닌데, 오늘날에는 이런 풍속을 다시 볼 수 없게 되었다.

안현과 이준경의 우애

安李友愛 안이우애

우리나라(조선) 중엽에 정승 안현과 이준경은 모두 우애가 있는 것으로 소문난 분들이다. 안현은 그의 형 안위(安瑋)를 섬기는 데 마치 아버지처럼 섬겨 말을 타고 가다가도 형을 만나면 반드시 말에서 내렸고, 집에 돌아와 인사드릴 때면 반드시 의자 밑에서 절을 했으며, 함께 앉아 무엇을 이야기할 때도 한결같이 공경하고 삼갔다. 이준경은 그의 형 이윤경(李潤慶)을 섬기는데 실로 친한 친구처럼 여겨, 앉을 때는 반드시 무릎을 닿게 앉고 누울 때에는 반드시 베개를 가지런하게 하였으며, 어떤 때는 서로 너라고까지 불렀으니 이는 형제 사이에 사랑을 주로 한 것이지, 공경을 주로 하는 것과는 다르다.

나중에 안현이 죽었을 때 그의 형 안위의 울음소리는 보통 사람과 조금도 다름이 없었고, 이윤경이 세상을 떠났을 때 이준경은 몹시 비통해하면서 상복까지 입었다. 이때만 해도 기복(朞服 : 1년 동안 입는 상복)을 입는 신분 아래의 일반 사회에서는 상복을 입지 않았다. 나의 생각으로는 안위의 울음 소리가 보통 사람과 같았던 것은 안위의 잘잘못으로 견줄 수 없다고 본다. 이준경은 장유(長幼)의 질서가 없었으니 앞으로 공경하는 마음이 없어지고 버릇이 없어질까 염려된다.

퇴계가 문원(聞遠) 금난수(琴蘭秀)에게 답한 편지에 "이조판서 안현 선생은 날마다 그의 형님에게 인사를 드릴 때면 반드시 절을 하는데 한결같이 삼가는 모습이더라" 하였다. 안현은 퇴계와 같은 홍치(弘治) 신유년(1501)에 태어났음에도 그를 선생이라고 깍듯이 일컬었으니, 보통의 재상이 아니었던 것을 짐작할 수 있다. 그가 죽은 지 겨우 200년쯤 되었는데 요즘 사람들은 그런 사람이 있었다는 것을 알지 못하니, 애석하다 하겠다.

습관과 풍속은 바꾸기 어렵다

習俗難變 습속난변

나는 밤에 누워 자는 일에서 습관은 고치기 어렵다는 것을 깨달았다. 예전부터 나는 밤에 잘 때면 늘 편한 것을 취하여 북쪽으로 머리를 두었다. 이렇게 하다가 몇 해가 지난 뒤에는 자리를 바꿔서 다시 남쪽으로 머리를 두게 되었는데, 깜깜한 밤중에 잠이 깨면 어김없이 남북의 위치를 착각한다. 마음으로는 그렇지 않다는 것을 알고 있지만 순간적으로는 분별하기 어렵다. 심지어 용마루의 전후와 창문과 담벽의 가깝고 먼 것도 가만히 생각한 다음에라야 비로소 알게 된다. 다음날도 또 그러하니 이는 옛 습관에 젖어 있기 때문이다. 만약 남의 집에 가서 자게 되면 어떻게 깨닫겠는가. 또 만약 어두운 밤에 어떤 산골에 투숙하게 되면, 이리저리 꼬부라진 길이 더욱 심하므로 새벽에 일어나 떠나려 할 때는 완연히 해가 서쪽에서 돋고 달이 동쪽으로 넘어가는 듯하다.

이것으로 세상 일이 변함에 따라 사람 마음 또한 옮겨가게 된다는 것을 비로소 알았다. 자세히 살피고 분명히 아는 자가 아니면 모든 일을 쉽게 판단할 수 없는 것인데, 하물며 옛 자취만을 그대로 따르고 슬기와 생각이 고루한 저 우매한 백성에게 있어서랴. 그러므로 옛말에 "풍속에 따라 다스리면 관리는 일에 익숙해지고 백성은 편하다(《사기》 상군전(商君傳))" 하였으니, 그 말도 더러 이치가 있는 듯하다.

조선시대의 보인
軍兵保 군병보

우리나라 병제(兵制)는 오위(五衛)*¹를 혁파한 이후 삼영(三營)*²을 도성(都城)에 나란히 설치하였다. 훈국(訓局)*³은 임진(壬辰) 이후에 창설했고 어영(御營)*⁴은 계해(癸亥: 인조반정) 이후에 창설하였으니, 이는 모두 난리로 인해 징비(懲毖: 징계하여 삼가는 것)한 뜻으로서 한(漢)나라 남·북군(南北軍)*⁵에 비하면

---

* 1 오위: 조선 문종(文宗) 원년 신미(辛未: 1451)에 군제를 고쳐서 다섯으로 정한 위. 중위(中衛)로 의흥(義興), 좌위(左衛)로 용양(龍驤), 우위(右衛)로 호분(虎賁), 전위(前衛)로 충좌(忠左), 후위(後衛)로 충무(忠武)를 두고, 한 위는 다섯 부(部), 한 부를 네 통(統)으로 나누어 전국의 군사가 모두 여기에 딸리게 하였다.
* 2 삼영: 훈련도감(訓練都監)·금위영(禁衛營)·어영청(御營廳)의 세 군문(軍門).
* 3 훈국: 훈련도감의 별칭. 임진(壬辰: 1592)년 왜란 때 오위 제도가 없어지고 새로 생긴 것.
* 4 어영: 어영청의 약칭. 조선 효종(孝宗) 3년에 설치한 삼군문(三軍門)의 하나이다.

그 의의가 좋다 하겠다. 비록 병농(兵農)*6을 둘로 가른 것이 잘못이라 하겠으나 한나라 때도 친병(親兵 : 임금이 몸소 거느리고 지휘하는 군사)이 있었으니, 뜻밖에 닥칠 화를 대비하지 않을 수 없는 것이다. 저 번갈아 가면서 쉬는 향병(鄕兵)이, 어찌 마음과 힘을 다하여 연습하는 이 친병만 하겠는가? 또 금위(禁衛)가 처음에는 훈국의 별대(別隊)에 불과했는데, 숙종(肅宗) 때에 와서 본병(本兵 : 병조판서)의 장수로 통솔하도록 한 뒤부터 차츰 확대되어 양국(兩局 : 훈련도감과 어영청)과 서로 맞먹다 못해 훨씬 커졌다. 양국의 책임과 계급이 본병과 같기 때문에 형세가 막상막하하여 총일(總一 : 한 사람이 통솔하는 것)의 의의가 없어졌다. 정자(程子)의 말에 "군사는 많을수록 더욱 좋으나 다만 각각 지키는 분수는 분명해야 한다" 하였으니, 이는 질서가 문란하지 않아야 한다는 말이다.

만약 급작스러움을 당했을 때에 반역자가 그 틈을 탄다면 안팎으로 걱정이 생겨 제압할 수 없을 것이니, 이런 일을 염려하지 않을 수 없다. 대략 훈국(訓局)에 속한 마·보병(馬步兵)은 5,200명 남짓한데 마병이 714명이고, 서북(西北) 2도를 제외하고 6도의 포보(砲保)와 향보(餉保)를 합치면 모두 4만 4천 명이며, 어영(御營)에 속한 표하병(標下兵 : 대장에 딸린 군사)과 별파진(別破陣 : 조선 후기 무관잡직(武官雜職)으로 편성된 특수병종)은 모두 1천 8백 명 남짓하고, 향정군(鄕正軍)은 1만 6700명 남짓한데, 6도의 미포보(米布保 : 군사비 충당을 위해 쌀과 포를 납부하며 정군에게 딸린 경제적 보조자. 보인(保人))는 4만 9천여 명이다.

그리고 금영(禁營)에 속한 표하마병(標下馬兵)은 726명이고, 향정군은 1만 6,300여 명이며 보인 역시 1만 6,300여 명인데, 이외에는 다 기록할 수 없다. 이 보인이란 것은, 군용에 쓸 쌀과 베를 바치는 자들인데 옛날에는 양병(養兵)에 대해 해마다 일정하게 받아들이는 전부(田賦)만을 이용했고 별도로 군향(軍餉)을 바쳤다는 말은 듣지 못하였다. 그러나 지금 오래도록 종군(從軍)하는 자를 위해 먹이고 입힐 것을 대비함은 타당한 일인 듯하다. 하지만 금영과 어영에서 번갈아 가면서 쉬는 군사에게도 모두 보를 바치도록 하니, 이는 무슨 이유인가? 만약 그만둘 수 없다면 차라리 다 몰아다가 군사를 만들어서 서로 보가 되도록 하는 것이 나을 것이다. 이렇게 하면 국

*5 남·북군 : 한(漢)나라 때의 금위군(禁衛軍). 성내(城內)에 있는 것을 남군이라 하여 위위(衛尉)가 거느리고, 성외에 있는 것을 북군이라 하여 중위(中尉)가 거느렸다.
*6 병농 : 평상시에는 농업에 종사하고, 유사시에는 군사가 되는 사람을 말한다.

가에도 손실이 없고 백성들도 원망하지 않을 것이며 군사의 수효도 훨씬 불어날 것이다.

다 같은 군사인데 보인이라 해놓고 군사들을 먹이는 일까지 짊어지게 한다는 것은 제도부터가 잘못된 것이다. 진실로 처음부터 수효를 정해놓고 그 전부로써 군사들의 의량(衣糧)을 충당시켰다면 어찌 부족할 이치가 있겠는가?

이미 제도가 이렇다 보니 곡식으로 받아들이는 부세는 모두 잡비로 돌아가 버리는 것이, 마치 수은(水銀) 한 말을 평지에 흩으면 이틈 저틈으로 다 빠져 나가서 그 자취도 보이지 않는 것과 같으니, 아무리 열 말, 백 말을 더 받아들인다 하더라도 결국은 이 흩어진 수은처럼 되어 버릴 것이다. 온갖 틈으로 다 빠져 없어진 뒤에, 군사에게 먹이고 입힐 것이 없다고 한다면 되겠는가? 지금 대추와 고기를 잃어버리고 작은 틈과 큰 틈에 따라 두루 찾아들이는 것처럼 하면 어찌 못 찾을 이치가 있겠는가? 하지만 대부(大府)로 들어가고 궁내(宮內)로 들어가고 부호가(富豪家)로 들어가기 때문에, 이 제도를 하루아침에 개혁하려면 일은 제대로 되지 않고 혼란만 생길 것 같다.

저 놀고먹는 자도 이미 실망하면서 잘못으로 여길 것인데, 하물며 궁속(宮屬 : ^{각 궁에 속한
원역 이하의 종})과 부속(府屬 : ^{각 부에 속한
원역 이하의 종})에 있어서랴?

모든 폐단을 변혁시키려면 마땅히 점차적으로 해야 하며 너무 급히 서둘러서는 되지 않는다. 오늘 한 가지의 폐단을 없애고 또 내일 한 가지의 폐단을 고쳐 가면서, 오로지 윗사람의 녹을 줄이는 것만을 힘써서 오랜 세월을 쌓으면, 마치 배가 물에 떠서 선회(旋回)해도 깨닫지 못하며 물이 물건에 젖어 들어가고 차츰 습기가 차는 것처럼 될 것이니, 그런 다음이라야 비로소 제대로 될 수 있을 것이다.

기인들이 벌여 세우는 횃불
其人列炬 기인열거

지금 선혜청(宣惠廳)*¹에서 1결(結)에 4두(斗 : ^말)를 받아들이는 것은 바

＊1 선혜청 : 대동미(大同米)와 대동목(大同木) 등을 맡아 출납한 관청. 선조(宣祖) 41년 무신(戊申 ; 1608)에 처음으로 두었다가 고종(高宗) 31년 갑오(甲午 : 1849)에 폐지하였다.

로 국가의 경비로 쓰이는 것이고, 대동미(大同米)*² 12두는 모두 공물(貢物)에 해당하는 것인데, 이 공물이란 내공(內貢 : 궁내로 바치던 각종 물품)에 대한 명목이다. 내공은 다른 경비에 비하여 3배가 넘고, 각사(各司)의 내공도 미세한 물품까지 없는 것이 없는데, 또 별도로 기인(其人)이란 명목도 있다.

이 기인이란 것은 신라 때부터 있었는데, 고려 고종(高宗) 때에 이르러 향리(鄕吏)의 자제들을 뽑아다가 인질로 서울에 억류하고 모든 물품의 출납을 맡기자, 온갖 폐단이 생기게 되었다. 그러므로 고려 때 중랑장(中郞將) 방사량(房士良)이 그 제도의 혁파를 청하였으나 되지 않았다. 지금은 이 기인이란 명칭을 가진 자가 326명인데, 이들에게 시·탄·거·유(柴炭炬杻) 따위를 바치게 하고 110섬을 지급하니, 1년에 소요되는 것이 3만 5천여 섬이다. 옛날에는 임금의 녹도 농사 대신으로 주는 하사(下士)의 녹에 비하여 겨우 320배밖에 되지 않았는데,*³ 지금은 모든 기관에 일정하게 바치는 허다한 공물 이외에 이런 일종의 물품이 3만 5천여 석이나 되니, 백성의 피해를 짐작할 만하다. 백성이 어찌 빈곤하지 않을 수 있겠는가?

이외에 본현(本縣)의 잡용(雜用)은 이 숫자에 들지 않았는데도, 많이 내는 자는 23두의 곡식을 내야 한다. 동월의 조선부에 "소로 나흘 동안을 가는 전지가 1결(結)인데 4두의 부세만을 거둔다"라고 하였으니, 이때는 다만 이 4두의 부세만 있었을 뿐이다. 비록 제향(祭享)에 바치는 여러 가지 공물이 있었다 하더라도, 민간에서 내는 비용이 어찌 이 12두까지 되었겠는가?

나중에 와서 모든 부세를 합쳐서 이 대동(大同)이란 명칭을 만든 뜻은 이 대동 이외에는 더 받지 못하도록 하기 위한 것인데, 지금 바치는 공물은 모두 예전대로이고 또 허다한 세월이 지났으니, 그중에 더 보태어진 것을 짐작할 수 있다. 홍치(弘治) 원년 무신(1488, 성종 19)으로부터 지금까지 2백 60년이 조금 넘은 셈인데, 국계(國計)와 민우(民憂)는 지금과 동떨어지게 다르지 않다.

---

*2 대동미 : 효종(孝宗) 때 김육(金堉)이 제안한 대동법에 따라 거두던 쌀.

*3 이 말은 《맹자》 만장(萬章) 편 하에 보이는 "임금은 경록(卿祿)의 10배, 경록은 대부의 4배, 대부는 상사의 배, 상사는 중사의 배, 중사는 하사의 배, 하사는 서인으로서 벼슬에 있는 자와 녹이 같은데, 그 녹이 농사짓는 것을 대신하기에 족하다"는 것을 말하는 것인데, 서인의 농토가 100묘라면 임금은 320배인 3만 2천 묘가 된다.

상고해 보니, 고려 문종(文宗) 12년 무술(1058)에 거란(契丹) 사신 왕종량(王宗亮)이 밤에 이르러 벌여 놓은 횃불을 보고 이르기를 "횃불을 든 도례(徒隸)가 홑옷을 입었으니 불쌍하구나(《고려사》 세가(世家) 문종(文宗) 12년 기사)" 하니, 내사사인(內史舍人) 최상(崔尙)이 문종에게 아뢰기를 "등촉도 역시 백성의 고혈(膏血)입니다. 드는 비용이 너무 많으니, 전하(殿下)의 검덕(儉德)을 손상할까 염려됩니다. 옛날 진경중(陳敬仲)은 환공(桓公)의 불을 밝혀 연회를 계속하라는 명을 거절하면서 '신(臣)은 밝은 낮을 택하지 어두운 밤은 택하지 않습니다(《좌전》 장공(莊公) 22년 조)' 하였으니, 지금부터는 군신(君臣) 간에 연락(宴樂)하는 예를 밝은 한낮으로 택하도록 하십시오(《고려사》 문종 12년 기사)" 하자, 문종도 그 말을 따랐다. 이 연락하는 예는 뜰 안만을 밝히는 것에 지나지 않으니 드는 비용도 많은 것이 아니었는데도 이와 같이 이야기하였다.

이로 본다면 지금 동가(動駕: 임금이 탄 수레가 대궐 밖으로 나감)할 때 큰 횃불을 벌여 세워서 온 천지가 환히 밝도록 하는 것은 필요치 않다. 오직 앞뒤로만 비치게 해도 족히 행차할 수 있을 것인데, 왜 꼭 큰 횃불을 세우도록 하여 백성을 괴롭힐 필요가 있겠는가? 거란 사신의 말이 사람에게 깊은 반성을 하도록 하였다.

노인을 잘 봉양함
養老 양로

효도하는 이로서 공경하지 않는 자는 있어도 공경하는 이로서 효도하지 않는 자는 없다. 이러므로 선왕(先王)의 법은 그 공경이 향당(鄕黨)까지 미치고 도로까지도 미치며 군대에까지도 미쳤다. 그 덕화(德化)의 바탕은 국가에서 늙은이를 잘 봉양하는 것에서 시작되는데, 이것은 순임금 다음으로 누구도 없애지 않았다.

그러나 오늘의 풍속을 겪어 보니, 가정에서는 자제들이 부형을 업신여기고 나라에서는 소년들이 노인들을 능멸하는데, 이런 풍속은 과거 급제에 원인이 있다. 소년으로 과거에 급제하는 것은 여러 사람이 다 원하고 부럽게 여겨 미천한 자만 그것을 우러러 보는 것이 아니라 그 집 부형까지도 억눌리게 만든다. 과거에 급제하지 못하면 비록 안자(顔子)와 민자건(閔子騫) 같은 덕행(德行)이 있다 하더라도, 다른 사람들이 얕볼 뿐만 아니라 처첩이 먼저 업신여기니, 세상의 도리가 어찌 무너져 내리지 않겠는가.

조선 초기의 법은 80세가 된 노인은 남녀를 막론하고 모두 나라에서 잔치를 하사하고 널리 은혜를 베풀었다. 해마다 늦가을에 임금은 80세가 된 노인을 모아 연향(宴享)했고, 왕비는 80세가 된 부인들을 모두 궁중으로 불러들여 연향했다. 이 사실은 동월의 조선부에도 나타나 있으니 헛되이 전한 말이 아닐 것이다.

내가 젊었을 때 마을 사람들이 해마다 연말이 되면 세서연(洗鋤宴 : 호미씻김. 농가에서 음력 7월쯤에 논매기의 끝물을 끝내고 쉬며 노는 일)을 벌였는데, 이는 농사일이 끝났기 때문에 베푼 잔치였다. 나도 어려서 모인 무리들 가운데 끼여 있었는데, 저마다 나이에 따라 옷깃을 여미고 차례로 앉은 모습이 예의가 있어, 사족(士族)의 모임에 비하면 도리어 나은 점이 있었던 것 같다.

차례로 일어나 춤을 추는데, 노인이 앞으로 나오면 그 일가의 자제나 젊은 이들은 감히 그 자리에 끼어들지 않고 옆자리로 비켜 공손히 서 있었다. 더러 예의에 어긋난 자가 있으면 공언(公言)을 맡은 한 사람이 문득 벌을 내린다. 나중에 풍악이 울리면 피리를 불고 북을 치면서 한껏 즐긴 뒤에 그 놀이를 끝낸다. 시골 풍속도 이러한데 국가에서 이 양로란 제도를 시행한다면 민심을 북돋움이 과연 어떠하겠는가.

50년이 지난 이후 백성의 가난이 날로 심해져서 술도 안주도 장만할 여유가 없게 되자, 이런 세서연(洗鋤宴) 놀이도 없어지고 말았으니 또한 한스럽다.

천민 제말의 애국 투혼
諸沫 제말

약천(藥泉) 남구만(南九萬)의 영남기행(嶺南紀行)에 "성주(星州) 〈선생안(先生案)〉에 제말이란 성명이 기록되어 있다. 제말은 바로 고성(固城) 천민으로 임진왜란 때에 분개심을 품고 일어나 적을 공격하는데, 그가 이르는 곳마다 앞에 나서는 자가 없었다. 싸움터에서 곽재우(郭再祐)와 함께 이름을 날렸다. 그런데 곽재우보다 오히려 제말이 더 유명했다. 조정에서 특명으로 제말에게 성주 목사(牧使)를 제수하였으나, 얼마 지나지 않아 병으로 죽었으므로 공적을 크게 드러내지는 못했다" 하였다.

제말은 지체가 미천했던 까닭에 이야기하는 선비들이 그의 사실을 적지 않았으니, 어찌 애석하지 않으랴. 요즈음 듣자니 찰방 정석유(鄭錫儒)가 관아에 있을 때, 어느 날 변소엘 가자니 어떤 사람이 대나무 숲 속에서 나오는데 키는 8척이나 되고 수염은 고슴도치의 털처럼 빳빳했다. 그가 스스로 이르기를 "나는 제목사(諸牧使)인데 세상에서는 나를 아는 이가 없고, 오직 함께 이야기를 나눌 만한 이는 그대뿐이기 때문에 이런 말을 한다"[1]고 했다 하였다.

그의 말에 신령스럽고 이상한 점이 많으므로 호사가가 그의 전(傳)을 지어서 널리 퍼뜨렸다.

나는 이 소문을 듣고 이렇게 생각하였다.

'이것은 귀신에 홀린 것이다. 제말이 아무리 억센 사람일지라도 그의 남은 혼과 나타나는 모습이 어찌 이토록 신기할 수 있겠는가. 만약 꼭 그렇다면 그가 죽은 뒤 100여 년 동안 왜 아무런 소문이 없었던가.'

무릇 귀신의 정상(情狀)은 사람이 높여 받들어 주는 것을 좋아하는 까닭에 온갖 환술(幻術)로 사람을 속인다. 송나라 인종(仁宗)이 관우(關羽)에게 홀렸다[2]는 것이 바로 이것이다. 그가 참으로 제말이었는지 아니면 다른 요귀(妖鬼)였는지 무엇으로 분별했겠는가? 이런 이치를 아는 자라야만 함께 논할 수 있을 것이다.

외적을 미리 대비함

備預外敵 비예외적

고려 원종(元宗)은 원나라 세조(世祖)에게 큰 공로가 있어서(일본 정벌에 필요한 전함 300척을 건조한 것 등) 은총을 받은 것이 보통이 아니었고, 충렬왕(忠烈王)에 이르러서는 원나

---

* 1 이 사실은 《칠원제씨쌍충록(漆原諸氏雙忠錄)》·《정행은기우(鄭杏隱奇遇)》에 기록되어 있다.
* 2 이 사실은 송(宋) 인종(仁宗)의 기록에서는 찾아볼 수 없고, 송나라 휘종(徽宗) 숭녕(崇寧) 연간에 해주(解州) 염지(鹽池)에서 난을 일으키는 치우신(蚩尤神)을 관우(關羽)가 나타나 신도(神刀)로 격파했다는 기록이 있는 것으로 보아, '인종'은 '휘종'의 잘못인 듯하다. 《사요취선》 장수 관우.

라의 부마가 되어 비할 데 없는 총애를 받았으므로, 말만 하면 들어 주지 않는 것이 없었다. 이때는 원나라의 위엄과 명령이 동서에 떨쳐 복종하지 않은 나라가 없었으므로, 원나라 순제(順帝) 이전에는 왜국도 감히 군사를 움직이지 못했고 해적도 감히 침략하지 못했으며, 서쪽 변방에 있는 금나라의 유민인 동진(東眞 : 만주족이 세운 나라)의 포선만노(蒲鮮萬奴)도 큰소리는 쳤으나 감히 깊이 침입하지 못했으니, 이는 모두 원나라가 지탱해 준 공이다. 그 뒤 원나라의 기세가 쇠약해지자 왜구의 침략이 불꽃처럼 일어나고 바람처럼 휘몰아쳐 우리나라 동북쪽과 서남쪽으로 침입하지 않은 곳이 없었으니, 이는 모두 지나간 일에서 징험할 수 있다.

동진은 한때 황제라 자칭한 것에 불과했고 곧 미약해져 떨치지 못했으므로, 우리나라는 오로지 명나라만을 섬길 수 있었다. 그러므로 임진왜란 때에 왜인은 모두 "조선은 명나라의 속국이므로 조선을 치면 명나라가 반드시 군사를 일으켜 구원하러 올 것이니 침략해서는 안 된다" 하였으나, 풍신수길(豊臣秀吉 : 도요토미 히데요시)은 이를 듣지 않고 드디어 큰 전쟁을 일으켰다. 그러나 그때 우리나라는 잘 대처했으므로 오랫동안 일본에 대한 걱정이 없어지게 되었다. 현재 청나라는 파저강(婆猪江 : 파저는 압록강 중류에 있는 야인 부락) 유역에서 일어나 천하를 소유하고 사방 재물을 실어 들여서 그 근거지를 튼튼히 만들기는 했으나, 그 지대가 아주 메말라서 백성은 모두 쌓아둘 곡식이 없으므로 오직 사냥만으로 생활을 하는데, 동쪽으로 오라(烏喇)·영고(靈古)와 금나라의 옛땅에서는 더욱 심하였다.

이 지역에는 소금과 철이 희귀하고, 말은 잘 길러지지만 소는 길러지지 않으므로, 지금 회령개시(會寧開市) 때면 그들은 반드시 토산품(土産品)을 가지고 와서 농기구와 밭을 가는 소를 다투어 사 가고 있으니, 그들의 풍속을 알 수 있다. 오늘날 듣건대 "요하(遼河)를 따라 곡식을 운반해 가는데, 북쪽으로 거슬러 몽고(蒙古)의 책문(柵門) 밖까지 올라가서, 배에 실었던 곡식을 내려 수레에다 싣고 고개를 넘어 역둔하(易屯河)에 이르러, 다시 남쪽으로 올라와 영고까지 간다" 하니, 그들은 본디부터 곡식을 저장하지 않는다는 것을 짐작할 수 있다. 그들은 중국을 차지한 뒤로 모든 것이 풍부하여 사치스러우며, 궁실(宮室)이나 의복·음식도 대단히 아름답게 하는 것이 습관이 된 지 오래되었으니, 하루아침에 운수가 끝나면 결국 그들의 근거지로 되돌아가게 될 것인데, 그 메마른 지대에서 견딜 수 있겠는가? 이런 형세로 본다면 그들은 우리나라를 침략하는 데에서 그치지 않을 듯하다.

옛날 인조 때에 충청도 이북의 여러 고을이 그들의 침략에 시달렸다. 군서(軍書)를 이리저리 띄우면서 모든 백성을 계속 잡아가므로, 인조가 하교하기를 "예부터 망하지 않은 나라는 없으니, 차라리 내가 친정(親征)해서 한번 싸워 보겠다"고까지 하였다. 그 전문은 기억할 수 없으나 그 대략은 이와 같았는데, 더구나 100년이 지난 현재는, 신하로서 그들을 섬긴 지 이미 오래되었고 강약도 어차피 구별되었으니, 어찌 감히 그들의 명령을 거역할 수 있겠는가?

이로 본다면 서북 지방의 여러 고을은 결코 우리의 소유가 되지 않을 것이고, 또 저들이 어느 곳으로 국경을 정하게 될지도 알 수 없다. 또한 근래에는 바다의 선박들이 평안도·황해도 지방으로 몰려들고 있는데, 이는 바로 중국에서 산동(山東) 지방의 해금(海禁)을 풀어놓은 뒤부터 요좌(遼左) 지방을 오가는 어선들이 침범하여 넘어오기 때문이니 그 형세가 그렇게 될 수밖에 없다.

이른바 해랑도(海浪島)*¹란, 한 작은 섬에 지나지 않으나, 조정에서 일찍이 이점(李坫)과 전림(田霖) 등을 파견하여 토벌한 뒤에, 포로로 잡혀 있던 우리나라와 중국의 남녀를 찾아왔으니, 비록 여기에 대한 기록은 상고할 수 없으나 이들이 우리나라에 해로운 존재였음은 알 수 있다. 만일 중국의 기강이 해이해져 섬오랑캐가 제멋대로 욕심을 부려 우리 충청도·전라도의 조운(漕運)을 겁탈해 간다면, 우리나라는 앞으로 앉아서 멸망을 기다리게 될 뿐이다.

옛날 우리 선조(先祖)께서 어떤 이에게 준 편지에 이르기를 "양세(兩稅)를 운반하던 선박 두 척을 해랑도 적에게 빼앗겼다" 하였으니, 이런 징조는 이미 오래된 것이다. 오늘날 사람들은 안일에만 빠져들어 어떤 이는 "해랑도에 대한 이야기는 허황한 말이다" 하니, 이 나라 사람들의 코 앞 밖에 보지 못함이 이와 같다. 만일 그렇다면 무엇 때문에 가서 토벌까지 하였으며,

---

*1 《왕조실록》에 의하면 해랑도는, 평안도 선천(宣川) 서쪽 장록도(獐鹿島) 등을 지나 3~4일을 가야 한다 했고, 또 해랑도는 상국(上國)의 경계에 있다 했으며, 그곳에서는 물소가 생산된다고 한 것으로 보아 제주도 서남쪽에 있는 섬인 듯하다.

또 어째서 포로까지 되었는가? 옛날에는 외적의 침입이 있으면, 반드시 상국(上國)에 호소하여 그들의 구원병에 힘입었고 이는 고려 때부터 이어져 온 것인데, 만일 앞서 말한 것처럼 된다면 앞으로 어떤 곳에 가서 구원을 청할 것인가?

남구만의 《약천집》에 바다의 정세를 논하여 말하기를 "저들이 바다를 건너와 언어도 통하지 않는 나라를 욕심내는 것은 엄두도 내지 못할 것이니 걱정할 것 없다. 그러나 임진년에 풍신수길이 미리 군사를 파병하는 기일까지 통고해 왔는데도, 우리 조정에서는 '극동에 있는 바다 너머 나라가 우리나라를 넘어 명나라를 침범할 일은 자연의 형세로 보아 절대로 없을 것이다' 하였고, 병자호란 때도 청나라에서 군사를 일으킨다는 사실을 통고했는데, 우리 조정에서는 '새로 일어난 오합지중(烏合之衆)은 한모퉁이에 있고, 명나라 총병(摠兵) 조대수(祖大壽)는 많은 군사를 거느리고 산해관(山海關) 밖에 있으니, 그 형세로 보아 절대 감히 움직일 수 없을 것이다' 하였으니, 그 말이 어찌 믿을 만하지 아니하였겠는가? 그러나 결국은 나라가 거의 망할 뻔한 것을 걱정하게 되었으니, 이로 본다면 반드시 걱정해야 한다는 것도 참으로 허망한 말이고, 반드시 걱정할 것 없다는 말 또한 허망한 말이다" 하였으니, 이것은 정확한 의론이다.

임진년 전에 풍신수길이 임금을 죽이고 그 자리를 빼앗았다는 소문을 잘못 전해 듣고, 우리나라 국론이 벌떼처럼 일어나 이르기를 "천하의 악(惡)이란 다 마찬가지다" 하면서 왜와 화친(和親)을 끊고 가서 정벌해야 한다고 하였다. 병자년 이전에도 척화(斥和)를 주장하는 자들이 청나라에서 보낸 사신을 죽이려고까지 하자, 그 사신은 곧 도망쳐 돌아갔으니, 이로 본다면 병자호란은 실상 우리나라에서 끌어들인 셈이다. 현재의 정세도 다만 청나라가 편하면 우리나라도 아무 일이 없고, 청나라가 그 자리를 보전하지 못하면 우리나라도 따라 병들게 되는 것이, 마치 봄이 가면 여름이 오고 가을이 가면 겨울이 오는 듯할 것인데, 여기에 대하여 염려하는 사람을 볼 수 없구나.

공손함과 검소함
恭儉 공검

"가난한 자는 배우지 않아도 검소하고, 미천한 자는 배우지 않아도 공손하다(《삼국지》위서(魏書) 임성진소왕전 주)"는 뜻은 배우지 않고도 잘할 수 있다는 것을 말한다.

오늘날 하인들과 가난한 선비들이 굶주림을 견디고 공손한 것이 어찌 옳은 일만 해야겠다는 마음이 있어서 그렇겠는가. 청렴한 자는 자기 한 몸만을 잘 지키고 부끄러움을 아는 자는 의롭지 못한 일을 부끄럽게 여기므로 옛말에 "부인의 행실이요 시골의 보통 사람일 뿐이다(《후한서》중장통전)" 한 것이니, 비록 높여 줄 만하나 군자의 직분에는 미치지 못한다.

그러나 옛날 특출한 대부가 출세하여 임금을 섬기고 제후를 받들며 백성을 잘 보호하여 그 혜택이 천하 만세에까지 미치게 된 것은 일찍이 이 공손함과 검소함을 기본으로 삼은 것에 힘입지 않음이 없었으니, 어쩌다 진실로 공손하고 검소하며 청렴하고 부끄러움을 아는 자로서 세상에 쓰이지 못한 이는 있었어도 교만하고 사치하고 탐욕스럽고 분수를 모르는 자로서 나라를 잘 다스린 자는 있지 않았다. 이는 바꿀 수 없는 말이다.

그러나 후세에 와서는 유학자와 벼슬아치들이 둘로 갈라져서 서로 헐뜯고 나무란다. 경전을 연구하는 학자와 학생들이 주먹만 쥐고 책상 앞에 꿇어앉아 글이나 읽으면서 천하의 일을 해낼 수 있다(《장자》인간세 경기 곡권(擊跽曲拳))고 한다면 이는 그릇된 것이다.

만일 천하 사물의 이치를 소상히 알고 옛날이나 오늘날 천재지변과 전란을 널리 파고들어 깊이 연구하여서, 시대에 따라 시원스레 결단하지 못한다면, 앞으로 무엇으로 나라의 위태함과 어지러움을 바로잡고 곤궁에 빠진 백성을 구제하겠는가. 그러므로 선비가 평소 글을 읽고 도를 말할 때에 모름지기 천하를 경륜할 것을 생각하여, 등용되더라도 오직 일을 만나서 그릇됨이 있을까 두려워해야만 바야흐로 썩은 선비가 되는 것을 피할 수 있을 것이다.

옛사람이 이르기를 "역사서를 읽다가 국난을 당했던 대목에 이르러서는 모골이 송연하고 가슴이 꽉 막혀서 나 자신이 그 속에 놓여 있는 것 같았다" 하였으니, 마음가짐을 이같이 해야만 선비라고 할 수 있다. 《대학》에 보아도 격치(格致)로부터 치국(治國)·평천하(平天下)에 이르기까지 곧바로 위아래가 이어진 것이니, 어찌 공손·검소·청렴·부끄러움을 아는 일에 그치겠는가.

간관은 서로 볼 수 없다
諫官不相見 간관불상견

중국 송나라의 제도는 간관(諫官 : 사간원·사 헌부의 관리)들끼리 서로 얼굴을 볼 수 없게 하였으므로, 비록 논주(論奏)가 있을 때에도 동렬(同列)의 간관들끼리 서로 알고 있는 자가 없었다 하는데, 이 사실은 홍매(洪邁)의 《용재수필(容齋隨筆)》에 매우 자세히 기록되어 있다. 그런데 후세에 와서는 당론이 습관이 되어 의견이 같은 자만 좋아하고 다른 자는 공격하여 생각이 같은 사람끼리만 서로 부화뇌동(附和雷同)한다.

요즈음 시대에는 합계(合啓 : 사간원·사헌부·홍문관 중 두 군데나 세 군데서 연명하여 올리는 계사(啓辭))할 때, 한 사람이 다른 견해를 제시하면 문득 대론(大論)을 회피한다는 죄로 얽어매려 하므로, 사람들이 감히 말을 하지 못한다. 관학(館學 : 성균관과 사학 (四學)을 이름)에 있어서는 이런 습속이 더욱 심하여 한 번만 일을 같이하면 문득 혈당(血黨)이 되어 버리니, 이런 폐단은 마땅히 빨리 금지하여 단절시켜야 한다. 송나라의 제도는 분명 이런 폐단을 예견하여 마련됐을 것이다.

또 과목(科目 : 과거 시험)을 통하여 출신(出身 : 벼슬길 에 나섬)한 자는 태반이 글을 못하므로, 늘 남의 손을 빌려 문장을 만들고, 또는 좋아하거나 슬퍼하는 뜻을 펴는 것마저 남이 하자는 대로 해서 겨우 그 졸렬함을 모면하고자 하니 또한 좋지 않은 일이다. 사람의 마음이 저마다 같지 않은 것인데 어찌 반드시 합계를 해야 하겠는가? 마땅히 이 제도를 정해야 할 것이다. 비록 대동(大同)의 의론이 있을 때라도, 간관으로 하여금 떨어져 앉아서 각각 계주(啓奏)를 초해 바치되 뇌동하지 못하게 하고, 그 논쟁에 있어서도 반드시 임금 앞에서만 거듭 아뢰고 남이 곁에서 거들지 못하게 하면, 곧 당파를 깨뜨리는 한 방법이 되고, 글을 못하는 자 또한 저절로 사라지게 될 것이다.

유사(儒士 : 유 생)의 장소(章疏 : 신하가 임금에 게 올리던 글)에 있어서는 옛날부터 이어져 온 폐단이 더욱 심각해졌다. 조정의 의론이 잇따라 변하고 이에 따라 관할에서도 국면이 바뀌어서, 저 국가에 무슨 일이 있으면 많은 사람을 거느리고 상소하는데, 혹은 의견이 달라서 동조하지 않는 자에게는 과거도 보지 못하게 하고, 먼 지방 사람도 떼로 일어나 부화뇌동하는 자가 수천 명에까지 이른다.

그러나 그 중 주동하는 자는 한두 사람에 지나지 않고 그 나머지는 모두 풍문에 움직이거나 억지로 따르는 것이니, 이 때문에 옳고 그름이 어지러워지고 편당이 더욱 부추겨지는 것이다. 만일 이에 대해 금령(禁令)을 내려 관학에서 올리는 장소는 오직 유임(儒任)으로 있는 두세 사람만이 같이하도록 하고, 각 지방에 있어서도 역시 그렇게 해야 할 것이다.

그리고 이름이 정해진 한도 이외에 있는 자에게는 모두 과거에 나아가지 못하도록 하고, 자기 의견과 다른 자를 배척하는 자도 하나도 남김없이 적발하여 5년 동안 과거에 응시하지 못하게 하되, 사령(赦令 : ^{사면하는} ^{명령})에도 참여시키지 않도록 하면, 선비들의 습관이 조금은 안정될 것이다.

대저 선비란 아직 신하가 되지 않은 명칭이니, 세상 형편이 위태로우면 멀리 은둔함이 옳고, 혹은 국가의 흥망이 달린 때라면 한 마디로 말할 뿐이지 앞에 닥치는 재앙도 꺼리지 않고 함부로 육식자(肉食者 : ^{후한 녹을 받아 호의호식} ^{하는 높은 벼슬아치})의 노여움을 사서야 되겠는가.

나는 예나 지금이나 나라의 성쇠(盛衰)가 기로에 섰을 때에 유생(儒生)의 상소에 따라 정세가 바로잡혔다는 사실은 한 번도 보지 못했다. 이 성쇠란 것은 운수에 따라 자연히 정해지는 것인데, 유생은 스스로 그 중간에 끼어서 몸을 망치게 되니, 자기 목숨은 비록 아끼지 않는다 하더라도 세상에 무슨 도움이 있겠는가. 간관을 서로 보지 못하게 하는 것은, 시대의 폐단을 없애는 급임무가 될 것이고, 유소(儒疏)에 대해서도 아울러 마땅히 생각해 보아야 할 것이다.

송월재 이시선
松月齋 송월재

세상에는 으레 고상한 행실을 하며 숨어 사는 자가 있으나 사람들은 이러한 자가 있는 줄을 알지 못한다. 송월재 이시선(李時善)의 자는 자수(子修)로 안동(安東) 사람이다. 욕심을 끊고 학문을 좋아하여 글을 읽는데 더러는 만 번에 이르기도 하였다. 60년 동안 세상을 등지고 살다가 90이 되어 죽었으며, 저서에 《명명(名銘)》과 《행명(行銘)》이 있다.

그 《명명》에 "실상이 없으면서 이름을 얻는 자는, 마치 높은 나무에 올라가 사방을 바라보는 것과 같아 비록 유쾌하나 폭풍이 불어오면 두려워하지 않을 수 없는 것이다. 환난이 몸에 닥친 뒤에 근심하는 것은 마치 천리마로 달려가도 미칠 수 없는 것과 같다. 송나라 때 어떤 사람은 유계(遺契 : 남이 잃어버린 어음)를 습득하고는 가만히 그것을 세면서 이르기를 '나는 곧 부자가 될 것이다(열자〈說符(설부)〉)" 하였으니, 이는 헛이름만 있고 실상은 없는 것이다. 그러므로 남월(南越)의 황옥(黃屋)이 기쁨이 되지 못하고, 깊은 방 안의 탁전(槖饘)이 배부른 것이다. *1 어찌 꼭 문 밖에 돈을 까는 척하면서 잘 먹고 지낸다고 자랑할 필요가 있겠는가?" 하였다.

또 그 《행명》에 "내가 남쪽 바닷가에 갔다가 돌아올 때에 해는 저물고 비가 내려서 왔던 길을 모르게 되었다. 어떤 행인에게 물으니 왼편으로 가라고 하기에 그의 말을 의심쩍게 여기면서도 그가 시키는 대로 갔더니 결국은 그의 말이 틀리지 않았다. 내가 또 두 번째 북쪽 지방을 돌아올 때에도 길을 잃었었는데 한 고개를 넘으니 산천이 분명한 듯하므로 묻지도 않고 급히 달렸더니 결국은 옳게 가지 못했다. 그제야 나는 적이 탄식하며 말하기를 '내가 옳다고 여긴 것은 잘못이었고 남에게 물은 것이 옳았었구나. 땅이란 일정한 방향이 있고 의혹은 나 자신으로부터 생겼으니 이는 땅의 죄가 아니다' 했었다.

제나라 임금은 활쏘기를 좋아했는데, 남들이 자기에게 활을 잘 당긴다[握強]고 하면 좋아하였다. 그러나 그가 당긴 활은 3석(石)에 지나지 않았는데 좌우에서는 9석이라고 하였으므로, 그는 종신토록 강궁(强弓)을 당길 수 있다고 믿고 진실을 깨닫지 못했으니(《여씨춘추》 귀직론(貴直論) 과리(過理)), 세상 사람이 오직 자기가 잘한다고 자부하는 자는 모두 이 제나라 임금이 활을 당기는 것과 같은 것이다. 사람들이 흔히 성인의 말씀을 독실하게 믿기만 하고 그 도를 살필 줄을 모르는 것은, 마시고 먹을 줄만 알고 그 맛은 모르듯이 끝내 깨닫지 못하는 것이다. 스스로 고명한 체하여 아랫사람에게 묻기를 부끄럽게 여기고 늘 남을 이기려고 한다면 어찌 그 모르는 바를 다 알 수 있겠는가? 맹자는 영기(英氣)가 너무 지나쳐서 만약 학문이 성숙한 경지에 이르지 않았더라면 다

---

*1 이 말은 먼 곳에 있는 천자 자리보다 가까운 곳에 있는 죽 한 그릇이 배를 채워줄 수 있다는 뜻.

만 남을 이기기만 좋아하는 데 그쳤을 것이니, 어찌 능해도 능하지 못한 자에게 묻고, 많아도 적은 자에게 묻는다는(《논어》태 도(道)와 같을 수 있었겠는가? 요순은 남에게 묻기를 잘했으나 사람들이 꼭 요순보다 훌륭해서 그런 것이 아니다. 요순이 그들에게서 취한 것은 선을 버리지 않으려 함이니 즉 위대하다 하겠다. 사람을 뽑아 쓰는 도리는 마치 강과 바다가 온갖 물을 잘 받아들여서 백곡(百谷)의 왕이 되는 것처럼 해야 할 것이다. 이러므로 지혜 있는 자는 자신의 졸렬한 꾀를 버리고 어리석은 사람의 것일지라도 좋은 계책이라면 선뜻 받아들인다. 옛날 도적떼가 난을 일으켰을 때 어떤 앉은뱅이가 소경에게 피난을 가자고 하자 소경이 그 앉은뱅이를 업고 달아났는데(《회남자》설산 훈(說山訓)), 이 두 사람 모두 살아남았으니, 이는 그들이 서로 능한 바를 깨달았기 때문이다" 하였다. 그의 설명이 매우 많으나 그 대강만을 추려서 적는다.

고려 시대의 과거법
高麗試法 고려시법

조선 시대의 과거제도는 대체로 고려를 따른 것이 많으나, 고려 또한 일정한 법도가 없었다. 맨 처음에 정한 규칙에서는 갑과(甲科)는 없고 을과(乙科) 3명, 병과(丙科) 7명, 동진사(同進士) 23명을 뽑았는데, 시·부(詩賦)를 시험하기도 하고, 시·부·책(詩賦策)을 시험하기도 했다. 또 명경과(明經科)는 육경(六經)·사서(四書)·삼례(三禮)·효경(孝經) 등을 모두 갖추어 시험했다. 과거 응시자는 집안 내력에 결점이 없는가를 조사하며, 향시(鄕試)에 합격한 자를 회시(會試)에 보내는 날에는 향음주례(鄕飮酒禮)를 행하여, 제물에 소뢰(少牢: 나라에서 제사 지낼 때 짐승을 통째로 제물로 바치는 일)를 쓰는데 경비는 관에서 부담했다. 과장에는 책을 끼고 들어가지 못하도록 몸수색하며 시험지의 이름을 풀로 붙이고 역서(易書)하였다.

또 각기 다른 해에 급제한 4품 이하의 관원을 모아 전정(殿庭)에서 대책(對策)하게 하여 합격한 자는 제교(製敎)를 맡도록 하고, 합격하지 못한 자는 좌천시켰다. 나중에는 갑과도 있었고 또는 병과만 있기도 했으나, 그 숫자는 십수 명에 지나지 않았다. 명칭을 모두 급제라 하였고, 전결(田結)과 노비를 하사하고, 머리에 꽃을 꽂고 일산을 받치고서 거리에서 풍악을 울리게 하였다.

그리고 국자감(國子監)에서 진사(進士) 시험을 치르는 것은, 덕종(德宗) 때로부터 시작하여 폐지하기도 하고, 부활시키기도 했는데, 충숙왕은 구재(九齋)의 삭시(朔試)로 대신하였다. 공민왕은 하교하기를 "동몽(童蒙)을 뽑는 것은 경서(經書)에 밝고 행실을 닦은 선비를 뽑는 것이 아니니 없애라" 하였는데, 우왕(禑王 : 신우(辛禑))은 다시 이를 부활시켰다.

충렬왕 때는 사평(四平)·사측(四仄)의 운(韻)으로 율·부(律賦)를 시험했는데, 처음에는 합격자가 30여 명 뿐이던 것이 나중에는 점점 늘어 100여 명까지 되었다. 승보시(升補試)는 곧 생원시(生員試)인데, 의종 때부터 시작되었다. 또한 시·부와 경의(經義)로써 뽑았는데, 처음에는 20 내지 30명에 지나지 않던 것이 나중에는 늘어나 100여 명에 이르렀다.

지금 세상에 시행되는 법은 매우 치밀하지 못하고, 고려에 비해서도 모두 뒤떨어지므로 요행으로 합격하는 자가 더욱 많다. 정시(庭試)와 별시(別試) 따위도 창설한 지가 오래지 않은데 쓸데없이 합격되는 자가 지나치게 많으며, 대비과(大比科)에 이르러서는 오로지 읽고 외는 것만 숭상하니, 모두 용렬해서 쓸모가 없다.

이른바 절일시(節日試) *1·황감시(黃柑試) *2·사학시(四學試) *3 따위도 옛날에는 없던 것이다. 과거시험을 공부하는 자로 하여금 손과 발이 쉴 새도 없이 줄곧 분주하여 겨를이 없게 하므로, 차분히 글 읽을 틈이 없다. 그러므로 조정에는 경서에 능통한 자가 없어서 선비의 기풍이 날로 무너지니, 끝에 가서는 일이 바야흐로 어떻게 될지 모르겠다.

---

*1 절일시는 인일절(人日節)·상사절(上巳節)·칠석절(七夕節)·중양절(重陽節) 등 각 명절에 관청의 모든 당상관들이 성균관에 모여 제술(製述)로써 유생을 시험하여 인재를 뽑는 일.

*2 황감시는 해마다 제주도에서 진상하는 황감을 성균관이나 사학에 내리고 거행하는 과거시험.

*3 사학시는 서울의 중·동·남·서의 사학 유생에게 제술로써 시험하여, 합격하면 진사과 복시에 나아갈 자격을 주었다.

풍수설의 대가

道詵 도선

도선은 영암(靈巖) 사람으로 나이 72세에 광양(光陽)의 옥룡사(玉龍寺)에서 죽었다. 그때가 바로 중국 당나라 광화(光化 : _{당 소종(昭宗),}^{898~900)의 연호})의 원년이며, 신라 효공왕(孝恭王) 2년(898)이다. 현재《동국여지승람》의 영암조〈최씨원기(崔氏園記)〉와 광양의〈옥룡사비(玉龍寺碑)〉에 도선의 사적이 자세히 실려 있다. 흥덕왕(興德王) 2년 정미(827)부터 효공왕 2년 무오(898)에 이르기까지 72년이 되므로, 왕건(王建)이 철원군 태수가 된 지 4년째 되는 해에 도선이 비로소 입적(入寂)한 것이다.

고려 태조(太祖)는 26년간 재위하였고 67세에 세상을 떠났다. 그해가 후진(後晉) 천복(天福) 8년 계묘(943)이니, 태조는 당나라 건부(乾符) 4년, 신라 헌강왕(憲康王) 3년 정유(877)에 태어난 것이다.《삼국사기》에 따르면 "고려 태조가 태어나기 1년 전, 도선이 찾아와서 글을 바치면서 앞으로 삼한을 통합할 임금이라 했고, 태조의 나이 17세 되던 해에 다시 찾아와서는 군사를 움직이고 진(陣)을 배치하는 법과 천시(天時)·지리(地理)의 법을 고했다" 하였다. 이때 궁예가 왕건에게 태수 직책을 주었다. 이 때가 그의 나이 19세요, 도선이 찾아와 고한 지 불과 몇 년이 지난 뒤였다.

〈옥룡사비〉에 이른 "35년 동안 한가히 앉아 말을 잊었다"는 것은 잘못된 말이다. 20년 동안 석장(錫杖)을 날려 천리 밖 송도에 두 번이나 이르렀다. 적멸(寂滅)의 가운데에 기미(機微)가 그윽이 움직여서 하나는 쇠잔하고 하나는 흥왕하려 할 때에 창업을 도와 일으켰다 하였으니, 또한 "설함이 없는 설과 법이 없는 법이다"라고 한 것과는 다르다.

국사(國師)의 성은 김씨(金氏)요, 혹은 태종무열왕의 서얼손(庶孼孫)이라고도 한다. 그 어머니가 오이를 먹고 잉태했다는 것과 꿈에 구슬을 삼키고 잉태했다는 말은 모두 허황된 이야기일 것이다.

나무 기르기

養材木 양재목

국법에 산 중턱 위로 개간을 허가하지 않는 것은 재목을 기르기 위함인데, 요즘에는 이 법이 해이해져 언덕과 골짜기를 파헤쳐서 재목만 부족한 게 아니라 장마가 지면 산사태가 나고 개울이 막혀버려 논밭이 망가지기도 한다.

옛날에는 계곡 사이에 이따금 깊은 웅덩이가 있었는데, 지금은 모두 메워져 평평하게 되었고 산에는 그늘과 습기가 없어졌으니, 이것이 가뭄이 쉽게 오는 까닭이 된다. 산이 있으면 마땅히 도벌을 엄히 금하고 그 부지런함과 게으름을 살펴 상벌을 가해야만 바야흐로 재목이 무성하고 가뭄이 줄어들어 살아 있는 자를 공양하고 죽은 자를 장사지내는 데 섭섭함이 없을 것이다. 또 옛사람들은 남을 위하여 개오동나무[檟]를 심어 관을 만들게 했으니 포포육가(蒲圃六檟) ^{(좌전) 양공(襄公) 4년조에 "계손이 동문 밖 포포에 가나무 여섯 그루를 심었다"고 나온다.} 따위가 이것이다.

《맹자》고자(告子) 상편에 "오동나무와 가래나무를 버리고 대추나무와 가시나무를 기르는 자는 천하고 서투른 원예사다" 하였는데, 대추나무는 열매를 먹을 수 있으나 재목이 될 만큼 크지 않는다. 대추나무를 심어 대추를 먹는 것 또한 좋은 일이나 이를 나쁘게 여기는 것은, 오동나무와 개오동나무는 관을 짜는 재목인데 훗날에 대한 계획 없이 그 가까운 효과만을 취하여 대추나무를 심는 것을 나무란 것이니, 옛사람들이 실속에 힘쓴 것이 이와 같다.

오동나무는 심은 지 50년이 되면 충분히 관재(棺材)가 될 수 있으니, 밭에 심으면 많은 이익을 볼 수 있는 것인데도 생각이 이에 미치는 자가 거의 없다.

내가 조상의 무덤 아래 집을 짓자 조카가 몇 군데 언덕에다 공들여 나무를 키우니 10년 사이 울창한 숲을 이루었는데, 나뭇가지와 잎은 땔나무로 쓰고 재목은 필요한 때 쓰이게 되어 그 혜택이 마을 사람에게 미친 바가 적지 않았다.

내 생각에 나무를 심은 땅은 손바닥만 한 크기에 지나지 않더라도 그 혜택이 이와 같으니, 진실로 백성을 생각하는 자가 윗자리에 있다면 널리 미치는 은혜가 어찌 이뿐이겠는가. 이제는 손쓸 도리가 없다고 말한다면 이는 대단히 어리석은 소견이다.

무신에게도 경서를 강론해야
武臣講經 무신강경

오늘날 문신에게는 시사(試射 : 활을 잘 쏘는 사람을 시험 보아 뽑던 일)를 하나 무신에게는 시경(試經 : 경서(經書)를 시험보는 것)을 하지 않으며, 문신은 장수가 될 수 있으나 무신은 문관이 될 수 없으니, 두예(杜預)*¹의 지략은 마땅히 숭상해야 하지만 극곡(郤縠)*²의 시와 예법은 폐지해도 좋다는 것인가?

해설자는 "무신은 본디 재주가 없다"고 하나, 그 문장이 그들을 그렇게 만든 것이다. 만약 무신 가운데 일을 감당할 만한 자를 뽑아 문관직을 맡긴다면, 장차 재주와 조행(操行 : 태도와 행실)이 문신보다 뛰어난 자가 나올 것이다. 그러나 그렇게 하지 않기 때문에 지금의 무신은 재주와 조행을 헌신짝 버리듯 하는데, 그것은 그 재주와 조행이 출세에 아무 도움이 되지 않는다고 여기기 때문이다. 그러므로 비속하고 패만함이 극도에 이르지 않음이 없게 된 것이다.

무신 말 타고 활 쏘는 것은 편비(偏裨 : 각 군영의 장군을 보좌하는 장수)의 재주에 지나지 않는 것이다. 그러므로 항적(項籍)은 활쏘기와 검술을 배우지 않고 먼저 병법을 배웠는데, 지금은 무신들이 경서에 어두울 뿐만 아니라, 병서마저 전폐하고 있는 실정이니, 이래서야 어찌 만인적(萬人敵 : 군사를 쓰는 전술이 뛰어난 사람)이 될 수 있겠는가? (《사기》 항우 본기(項羽本紀))

나의 생각으로는, 문신의 전강(殿講)*³하는 규례에 따라 무신도 무경(武

---

*1 두예 : 《춘추좌전》의 주를 낸 학자였지만, 진(晉)나라가 오나라를 정벌할 때 진남 대장군(鎭南大將軍)으로 나서 용병을 잘하여 오나라를 평정하였다. 여기서는 문신으로서 무략(武略)이 있었던 사례로 들고 있다.

*2 극곡 : 춘추 시대 진문공(晉文公)의 장수로 예악을 즐기고 시서에 능하였다. 여기서는 무신으로서 문학이 있었던 사례로 들고 있다.

*3 전강 : 성균관의 유생과 문신에게 경학을 권장하기 위하여, 수시로 3~4명씩 선발하여 정전에 불러들여 임금의 참석하에 행하던 강경시험(講經試驗). 사서·오경 중에서 한 대목을 추첨하여 시험하고, 성적은 통(通)·약(略)·조(粗)로 매겨, 유생은 과거시험 성적에 합산하고 문신은 승진에 반영하였다.

經)을 시험하고 이에 통달한 자를 뽑아 채용하며, 강경(講經)을 원하는 자
가 있으면 또한 허락하고 문신과 동등한 실력이 있는 자는 선발하여 문관에
임용한다면 장수의 재목을 양성할 수 있을 뿐 아니라 그 투박한 성향도 차츰
바로잡을 수 있을 것이다. 옛날 한 명제(漢明帝)는 우림군(羽林軍)에게 《효
경》을 가르쳤고(《후한서(後漢書)》 유림전(儒林傳)), 당 태종도 기병에게 경서를 배우게 했으니
(《당서(唐書)》 태종기(太宗紀) 14년 조), 그 뜻이 참으로 심원하여 소홀히 여길 수 없다. 오늘날 장수의
임용은 문벌 좋은 집안을 벗어나지 아니하여 무경의 문자를 도외시하니, 어
찌 장수가 될 재목이라 할 수 있겠는가?

예로부터 갑자기 변란을 당하면 적을 쳐부순 큰 공적이 반드시 휘하의 비
장에게서 나온 것은, 그 장수의 소양이 전쟁에 쓸모 없는 것이 되었기 때문
인데, 하물며 오늘날 사람을 임용하는 것이 옛날보다 뒤떨어져 감에 있어서
랴?

문과 무는 동등한 것이다. 붉은 초피(貂皮 : 담비의 가죽)와 흰여우 가죽으로는 갖
옷을 만들고, 간괴(菅蒯 : 왕골과 띠풀) 창괴(蒼蒯 : 푸른 띠풀)를 눌러서 도롱이를 만드는
데, 좋고 나쁜 것은 비록 다르나 쓰이는 데 적합하기는 같다. 화려한 방에서
는 도롱이가 갖옷만 못하나 눈비 내리는 때에는 갖옷이 도롱이만 못하니, 문
과 무도 이와 같은 것이다.

지금 적국의 침략이 뜸하니, 문신이 우대받고 무신은 푸대접받지만, 변방
이 다시 소요(騷擾)해지면 무관이 득세하고 문관은 위축될 것이다. 그러나
잠시의 득세로써 해묵은 괄시를 씻을 수 있겠는가? 비록 아름다운 실과 베
가 있더라도 간괴와 창괴를 버리지 말라(《춘추좌전》 성공(成公) 9년조)는 것이 이를 두고 이른
말이다.

관서·관북 지방의 무사
西北武士 서북무사

오늘날 무과 출신이 온 나라에 가득한 것은 관서·관북 지방에 청로(淸
路 : 지위가 낮고 녹이 많지 않으나 뒷날 높이 될 벼슬)의 벼슬을 허락하지 않으므로 사대부의 자취가 미치지 않
아 풍속이 추솔해지고, 다만 무예만을 익혀 무과에 급제한 자가 무수하되 그
들을 등용하지 않았기 때문이다. 우리나라는 서울이 중부에 있고 서북 삼도

(三道)가 국토의 반을 차지하고 있는데, 개성 이북 출신에게 300여 년 동안 벼슬길이 막혔던 것은 무슨 까닭인가.

생각건대, 고려 때에는 평양으로 서도(西都)를 삼아 임금이 항상 순행(巡幸)하여 머무는 곳으로 삼고 문무반(文武班)을 설치하여 경기(京畿)와 같이 대우했으며, 이조가 건국한 뒤에 개성 이북은 은나라의 완민(頑民: 《서경》다사(多士) 은나라 사대부로서 무경(武庚)을 도와 주나라에 반항한 사람들)들처럼 이조에 복종하려 하지 않았기 때문에 그렇게 된 것인가. 그렇지 않다면 그곳은 원래 삼조선(三朝鮮: 단군조선·기자조선· 위만조선을 이름)과 고구려의 옛 서울인데, 어찌 이다지도 무디고 거칠어 다른 지방에 뒤떨어졌겠는가. 이는 상식으로 미루어 보더라도 짐작할 수 있다. 주공(周公)이 은나라의 완민을 대우하는 데 매우 주밀했으니, 국토의 반을 잘라버리고 돌보지 않아서야 되겠는가. 서북 사람들의 원망이 쌓인 것은 당연한 형세이다.

임진왜란 때에 경기 이남에는 의병이 헤아릴 수 없이 많이 일어났는데, 서북의 삼도에서는 의병을 찾아볼 수 없었을 뿐 아니라, 당시 북관에서는 왕자와 대신들을 사로잡아 왜적에 항복한 자조차 있었으니, 임금의 수레가 서쪽으로 파천(播遷)하여 창황망조(蒼黃罔措)할 때에 반역의 마음을 품은 자가 없었던 것만도 다행이라 하겠다. 임진왜란으로부터 오늘날에 이르기까지 그 중간에 1624년 이괄의 난, 1627년 정묘호란, 1636년 병자호란 등 세 차례 변란이 있었으나, 서도 사람들은 수수방관할 뿐이었으니, 여기에서 그 지방의 민심을 알 수 있다.

이태조(李太祖)가 위화도에서 회군한 뒤에 곧 의주 사람 장사길(張思吉)을 밀직부사(密直副使)로 삼아 변방 사람을 위로해 준 일이 있었다. 의주는 요동과 인접하였고 장사길은 그 지방 사람으로서 그 아비를 이어 만호(萬戶)가 되어 국경 지대의 실정을 소상히 알았으므로 특별히 칭찬하여 권장했던 것이니, 태조의 원대한 계책이 이와 같았다.

나는 생각건대, 문신의 문벌을 숭상하는 것도 나라를 좀먹는 일인데, 무신의 문벌을 가리는 것이 또한 무슨 보탬이 있겠는가. 평시에는 변방 사람을 이같이 박대하고 변란이 있을 때 나라에 충성하기를 바랄 수 있겠는가. 이제 만일 외방(外方)에서 무과에 오른 자를 모아 재주를 시험하여 칠경(七經)에 통달하고 활쏘기와 말타기에 능숙한 자가 있으면, 그 우수한 자를 뽑아 감사에게 천거하고, 감사는 또 우수한 자를 뽑아 조정에 천거하기를, 숙(塾)·상

(庠)·서(序)·학(學)의 제도와 같이하여 명문(名門)의 무사(武士)들과 아울러 시험을 보여 그 능한 자는 취하고 용렬한 자는 버리며, 편비(偏裨)로부터 장령(將領)에 이르기까지 승천(陞遷)하는 규정을 정하여, 권세 있는 자에게 빼앗기지 않게 한다면 민심이 크게 기뻐할 것이다.

더구나 송도 유민은 모두 왕씨를 위하여 절개를 지켜 곤궁을 겪은 자의 후손들로서, 그 풍속의 향배(向背)를 지금까지도 더러 징험할 수 있는데 서울과 가까운 거리에 있으나 영화와 빈천이 판이하여 임진강이 문득 장벽이 되어 버렸으니, 이는 일을 잘 헤아려 처리하지 못한 것이다. 그러므로 나는 현재의 급선무는 서북 지방의 인재를 가려내서 적재적소(適材適所)에 등용하는 데 있다고 생각한다. 이조나 병조의 판서에게 맡겨 잘하지 못하면 대신에게 맡기고, 대신에게 맡겨도 잘 하지 못하면 임금이 몸소 발탁하여 먼 외방을 사대부의 고장으로 변화시킨다면 뒷날의 근심이 없게 될 것이다.

농사에 힘쓰는 자를 천거함
力田科 역전과

한(漢)나라 때에 효제과(孝悌科)와 역전과(力田科)를 두어 인재를 천거하는 제도가 있었다. 효제는 진실로 덕의 근본이지만 농사를 부지런히 짓는 것[力田]으로 사람을 천거하는 것은 한나라로부터 시작되었다. 옛날에는 입학하여 재능이 없는 자는 귀농시켰으니, 대저 노심(勞心)과 노력(勞力)은 등급이 다르므로 농사에 힘쓰게 하는 것은 사람을 다스리는 방법은 아닐 것이다.

이제 향촌에서 해 보건대, 간혹 어리석은 자도 농사에는 능숙한 자가 있으니, 이들을 등용하는 것은 마땅치 않을 듯하다. 그리고 효제도 그러한 것이므로, 사람됨이 넉넉하다 해서 모두 반드시 벼슬을 감당할 수 있는 것은 아니지만, 그렇다고 이들을 내버려두는 것이 옳겠는가.

당나라 이후로는 오로지 사장(詞章)만을 숭상했으나 이것마저도 매양 떨어졌으니, 역전은 그래도 곡식을 증식하는 공이 있지만, 저 사부(詞賦)의 효용은 과연 무엇에 있는 것인가? 사람이 거만하고 거짓되며 탐욕스럽고 가볍더라도 과거시험 공부에 능숙한 자가 있으므로, 속담에 이르기를 "마음

가운데 글 주머니와 지혜 주머니는 다르다" 하였으니, 문장에 능한 자가 지능도 있을 듯하나 실은 그렇지 않은 것이다. 그러나 후세에 덕망과 지혜 있는 자가 모두 사부의 과거에서 나왔으므로, 동파(東坡) 소식(蘇軾) 같은 이도 오히려 말하기를 "인재를 채택하는 데는 사과(詞科)보다 나은 것이 없다(《동파집》의학교 공거장(議學校貢擧狀))" 하였다. 실제로 이를 외면하고는 벼슬에 나아갈 길이 없으므로, 어질고 유능한 군자도 또한 마지못해 이에 종사한 것이지, 애초부터 사과만을 취택할 만한 방도로 여긴 것은 아니다. 특별히 사과만 아니라 신라 때 원화(源花)*¹나 화랑(花郎)도 또한 대체로 이와 같았던 것이다.

지금 세상의 사대부들은 농사에 힘쓰는 것을 수치로 여기므로, 농사에 힘쓰는 자 가운데는 가려 쓸 만한 인재가 없다. 그러나 만일 한나라와 같이 등용의 길을 터놓는다면, 어질고 재능 있는 군자들이 앞으로 이에 종사할 것이니, 독실한 자를 발탁하여 등용하면 사과와 구별이 없을 것이다.

나의 생각으로는 한나라의 법 역시 절도가 없다고 느껴진다. 관중(管仲)의 〈내정농칙(內政農則)〉에 의하면 "(농부의 아들은 늘 농사 짓는 데 성품이 순박하여 간교하지 않으므로) 재주가 우수하여 선비가 될 만한 자는 반드시 힘입을 것이다" 하였으니, 대개 선비로서 출세하지 못한 자는 농업이 아니면 의지할 곳이 없거늘 하물며 제나라의 사향(四鄕)이 없으니, 빈천한 자가 농업에 종사하는 것은 형세로 보아 당연한 일이다.

주나라의 성세에 있어서도 이따금 이 같은 일이 있었으니, 이른바 《시경》보전(甫田)에 "우리의 준수(俊秀)한 선비를 등용한다[烝我髦士]"라고 한 것이 이것이다. 이 시의 뜻을 자세히 풀이하면, 반드시 농사하는 사람들 중에서 선비를 선택한다는 것이요, 역전(力田)하는 자를 모두 취한다는 것은 아니다. 이제 만일 따로 과거시험을 마련하여 지방의 수령으로 하여금 농사에 힘쓰는 사람을 천거하게 하고, 그 가운데 더욱 드러난 자를 등용하면 이 때문에 농사짓는 것을 천하지 않고 떳떳하게 여기게 되고 호걸들도 차츰 이에 종사하게 되어 국가에서도 마침내 힘입게 될 것이다.

---

*1 신라 시대 화랑의 전신. 처음에는 귀족 출신 여자를 단체의 두령으로 뽑았는데, 진흥왕 때에 남모(南毛)·준정(俊貞) 사이에 갈등이 생기자, 남자를 두령으로 하는 화랑으로 바꾸었다.

장죄를 범한 관리

賍吏 장리

대낮에 재물을 겁탈하는 것이 강도이니, 《맹자》에서 "성문 밖 으슥한 곳에서 사람을 죽이고 재물을 빼앗는다($^{맹자}_{만장 하}$)"고 한 것이 곧 이것이다. 오늘날 백성을 다스리는 자들은 공공연히 제멋대로 재물을 착취함이 사람을 죽이고 재물을 빼앗는 것보다 더 심하니, 이것이 곧 《맹자》 만장(萬章) 편의 이른바 "백성에게 취하는 것이 사람을 죽이고 재물을 빼앗는 것과 같다($^{맹자}_{만장 하}$)" 한 것이다. 그러나 재물을 겁탈하는 것을 보면, 반드시 잡아 죽여야 한다면서 장리(賍吏 : $^{부패한}_{관리}$)가 수탈하는 것을 보고서는 이상스럽게 여기지 않으니 무슨 까닭인가?

그 마음을 미루어 보건대, 필부(匹夫 : $^{신분이}_{낮은 사내}$)는 살림이 구차스러워지고 재물이 없으면, 반드시 팔뚝을 걷어붙이고 남의 재물을 약탈하려 할 것이나 그 피해를 당하는 자는 몇 사람에 지나지 않을 것이다. 그러나 탐관의 경우에 있어서는, 수령이 되면 해독이 한 고을에 미치고, 감사가 되면 해독이 한 지방에 미칠 것이므로, 주자가 얼굴에 노기를 띠고 말하기를 "큰 글자로 얼굴에 자자(刺字)하여 귀양 보내야 한다" 하였는데, 재상까지 뇌물을 한없이 탐한다면 나라의 병폐가 또한 얼마나 크겠는가.

중국 명나라 곽도(霍韜)의 말에 "부패한 관리가 수도에 들어와 대신에게 은자 1천 냥을 뇌물로 바쳤다면, 지방에서는 백성의 돈 수만 냥을 긁어냈을 것이요, 무관이 대신에게 은자 1만 냥을 뇌물로 바쳤다면 외방(外方)에서는 군사의 고혈을 착취한 것이 수만 냥일 것이다. 대개 1만 냥의 뇌물을 사사로이 취하고는 단지 100냥의 은자를 써서 대신에게 미끼로 먹이고는 명예를 사고 결탁하여 응원이 되게 해서 승진을 도모하거나, 혹은 고찰(考察)을 늦추어서 자리를 보전하는 것이다" 하였는데, 이는 뼈를 찌르는 말이다. 이것을 바로잡지 않고 멸망하지 않는 나라는 없었다.

예컨대 사람이 젊었을 때에 몸을 아끼지 않고 방자하게 색욕(色慾)을 탐하다가, 정력과 혈기가 고갈되어 온갖 질병이 침노하여 병석에 눕게 되면, 비록 손가락을 깨물고 뉘우치더라도 어떻게 할 수가 없는 것처럼, 부패한 관리 다스리는 법을 느슨히 해서 백성을 도탄에 빠뜨리게 되면 반드시 이를 수습할 선후책이 없게 되는 것이다.

예컨대 조선 초기에 문충공(文忠公) 신숙주(申叔舟)의 아들 고천군(高川君) 신정(申瀞)이 노비의 일에 관련되어 극형을 받았고,[1] 근래에 송평(宋枰)이 조지서 별제(造紙署別提 : 조선 시대 종이 제조 관리를 담당하던 관청의 잡급직 관리)가 되어 자문지(咨文紙) 한 장을 빼내 기생첩의 전모(剪帽 : 조선시대에 여자들이 나들이 할 때 쓰던 모자의 하나)를 만들었다가 탄로나 형벌을 받았으며, 그 자손까지 벼슬길이 막히게 되었고, 또 강주(姜籒)·채형(蔡衡) 같은 자는 함께 근시(近侍)로 있던 명관이었는데, 권신의 미움을 받자 대관(臺官)을 사주하여 뇌물을 받았다고 탄핵하게 하니, 그 뇌물 준 자가 죽을 때까지 두 사람이 원통하다는 말을 했으나, 3년 동안이나 옥에 갇혀 여러 차례 가혹한 신문을 받았으니, 앞선 조정에서는 법의 엄함이 이와 같았다.

오늘날은 한 번 수령이 되면 문득 집을 화려하게 하고, 전장(田莊)을 풍족하게 하다가도 어쩌다 뇌물받은 것이 암행어사에게 적발되더라도, 백방으로 주선하여 아침에 탄핵하는 장계가 들어가도 저녁에는 어엿이 벼슬자리를 그대로 지키고 있다. 보고 듣는 바로는 뇌물받은 관리라는 죄목을 가진 자는 단 한 사람도 없으니, 온 세상의 수령들이 모두 공수(龔遂)와 황패(黃霸)[2] 같이 청렴하고 삼가고 있는 자들인가. 나는 도저히 믿어지지 않는다.

흉년에 백성을 구제하는 정책
荒政 황정

명나라 가정(嘉靖 : 명 세종의 연호 1502~1566) 8년에 임희원(林希元)이 올린 〈황정총언(荒政叢言)〉에 "기근을 구제하는 데 두 가지 어려움이 있으니, 유능한 사람을 얻기가 어렵고, 집집의 형편을 살피기가 어렵다. 또 세 가지 편리함이 있으니, 대단히 가난한 백성에게는 쌀을 주는 것이 편리하고, 그 다음으로 가난

---

[1] 《성종실록》에 실려 있다. 노비 중금(仲今)의 문제로 거론되어 대간(臺諫)의 탄핵을 받고 장죄(贓罪)로 판결받아 사사(賜死)당했다.

[2] 이 두 사람의 사실은 《한서》 순리전에 보이는데, 공수는 한선제(漢宣帝) 초에 발해태수로 나아가 치적을 쌓았고, 황패는 영천태수로 나아가 치적을 쌓았으며, 한(漢)나라 시대에 백성 잘 다스리는 관리로는 황패를 으뜸으로 쳤다고 한다.

한 백성에게는 돈을 주는 것이 편리하고, 약간 여유가 있는 백성에게는 빌려 주는 것이 편리하다. 여섯 가지 긴급함이 있으니, 거의 죽게 된 가난한 백성에게는 죽을 먹임이 급하고, 질병으로 신음하는 가난한 백성에게는 의약으로 구제함이 급하며, 죽음에서 일어난 가난한 백성에게는 물을 끓여 먹게 함이 급하고, 이미 죽은 가난한 백성은 매장(埋葬)함이 급하며, 내버린 아이는 거두어 양육함이 급하고, 무겁거나 가벼운 죄로 감옥에 갇힌 죄수는 너그럽게 애휼함이 급하다. 세 가지 임시방편이 있으니, 관고(官庫)의 돈을 빌려 주어 곡식을 사고팔게 하며, 토목공사를 일으켜 품삯을 후하게 주어 진휼(賑恤)에 도움이 되게 하며, 소와 곡식의 종자를 빌려 주어 영농(營農)에 구애됨이 없도록 변통케 할 것이다. 여섯 가지 금지할 것이 있으니, 토색질을 금지하고, 도둑을 금지하며, 곡식의 유통을 막는 것을 금지하고, 대출(貸出)의 억제를 금지하며, 농우(農牛)의 도살을 금지하고, 중의 도첩(度牒 : _{중이 되려는 사람에게 일정한 보상을 받고 주는 허가증}) 발부를 금지하는 것이다. 세 가지 경계할 것이 있으니, 일 처리를 한만하게 늦추는 것을 경계하고, 형식에만 구속받는 것을 경계하며, 사신(使臣) 보내는 것을 경계할 것이다" 하였다.

　명나라 도륭(屠隆)이 지은 《홍포》에는 기근을 구제하는 방법 30가지가 있으니, 흉년에 굶주리는 백성을 구휼한 자는 상고(上考)함이 옳을 것이다. 그 말에 "가난한 백성을 한곳에 모아 양곡을 주는 것이 여러 곳에 나눠 주는 것만 못하며, 조금씩 여러 차례 나눠 주는 것이 한 번에 합쳐 주는 것만 못하다. 여러 사람이 한곳에 모이면 숙소가 없어 노숙하여야 하며, 훈기가 찌는 듯하여 전염병이 돌기 쉬우니, 해로움이 적지 않은 것이다. 그러므로 반드시 어진 관속과 선량한 좌수나 별감과 덕행 있는 부자에게 맡겨 여러 곳에서 양곡을 나눠 주게 하고, 수령은 이를 총괄하여 살피는 것이 좋을 것이다. 굶주린 백성으로 하여금 번거롭게 달려와 날마다 하루치의 양식을 받게 한다면 노비(路費)가 소모되고 또 수고로워 이익되는 것이 손해나는 것을 보충하지 못할 것이니, 1개월분의 양곡을 계산하여 한꺼번에 주어 집에서 편안히 앉아 먹게 하는 것만 같지 못하다" 하였으니, 이것이 가장 좋은 방법이다.

　오늘날 관아에서 나눠 주는 양곡은, 언제나 여러 가난한 백성을 번거롭게 하는데, 많이 받으면 많이 먹는다는 핑계로 조금씩 주므로, 관아에서 거리가 조금 먼 자는 언제나 오가는 데에 시달려 노비가 더욱 많이 들기 때문에 모두 한꺼번에 받기를 바라는 것이다.

그러나 관아에서 이를 들어주지 않는 것은 다름이 아니라, 아전 무리들이 그 이익을 갉아먹기 위함으로 오직 자주 일이 있어야만 그 간사한 수단을 부릴 수 있기 때문인데, 수령 가운데 이를 깨닫지 못하는 자가 많다.

정월 대보름날 등불 밝히기
上元燃燈 상원연등

정월 대보름날에 등불을 밝히는 것은 불교에서 전해진 풍속인 듯하다. 서역 마가다국(摩竭陀國)에서는 정월 대보름날 중과 일반인들이 구름같이 모여들어서 불사리(佛舍利)의 방광(放光)을 구경했고, 《열반경》에는 "불사리 항아리를 금상(金牀) 위에 놓아두고 천인(天人)이 꽃을 뿌리며 음악을 연주하면서 성을 돌았는데 매 발자국마다 등불을 밝혀서 12리에 연달았다" 하였다. 한(漢)나라 이후로 중국의 풍속이 되어 마침내 없어지지 않은 것이다.

우리나라에서는 반드시 4월 초파일에 등불을 밝히니, 이는 중국의 풍습과는 다르나 이것 또한 불교의 풍속이다. "석가모니가 이날 그 어머니의 오른편 겨드랑이에서 태어났다" 하기도 하고, "석가가 이날 밤중에 성을 넘어 설산(雪山)에 들어가서 도를 닦았다" 하기도 하고, "설산에 들어가서 6년 동안 음식을 폐하고 도를 닦았는데 이날에 이르러 도를 이루었다"고도 하니, 세 가지 설이 저마다 다르다.

《고승전》에는 "이날 다섯 가지 빛깔의 향수를 부처의 이마에 뿌리는데, 이를 욕불(浴佛)이라 한다" 하였고, '연등'이란 이름은 없다.

고려 공민왕 15년(1366)에 신돈(辛旽)이 4월 초파일 그의 집에서 성대하게 등불을 밝히자 송도 사람들이 다투어 이를 본받았으며, 가난한 이들은 비럭질을 해서라도 이 비용을 마련했다고 하였으니, 이 본받았다고 한 것으로 보면 옛풍속이 아님을 알 수 있다. 이것은 분명 이 일로 인하여 풍습이 되어 굳어진 것이리라.

광해군도 정치의 대체를 알았다

光海識體 광해식체

우리나라의 권신은 오직 세조 때에 홍윤성(洪允成) 한 사람이 있었을 뿐이고, 그 나머지는 나아가고 물러감이 일반 관리와 같았다. 비록 정권을 제멋대로 휘두르는 불행은 없었으나, 또한 의지하고 맡기는 효과도 없었다. 근세에 이르러서는 미관말직에 있는 자가 한 마디 공격만 해도 대신이 벼슬에서 물러난다.

대신은 이미 모든 사람이 함께 우러러보는 자리에 있는 것이니 어떻게 모든 일을 다 훌륭히 처리할 수 있겠는가. 높은 자리에 있으면서 큰일을 경륜하려면 반드시 좋아하지 않는 자가 많은 것이니, 결점을 잡아 헐뜯기로 작정한다면 어찌 트집거리가 없겠는가. 대신은 나라의 정사를 도맡고 있는 위치인데 이같이 쉽게 흔들리니, 이것이 조정의 존엄이 서지 않는 이유이다.

임해군(臨海君)의 옥사에 완평부원군(完平府院君) 이원익(李元翼)이 형제간 은의(恩誼)를 보전할 것을 주장하자, 정인홍(鄭仁弘)의 당파 정승휴(鄭承休)가 소장을 올려 배척하였다. 이에 광해군이 전교하기를 "대신을 소중하게 대우해야만 조정과 국가의 체통이 존엄해지는 것인데, 은의를 보전하라는 의론을 역적을 보호하는 뜻으로 해석한다면 대신이 이로 인해 벼슬에서 물러갈 것이니, 이는 스스로 체통을 깨뜨리는 것이며 따라서 조정도 존엄을 잃게 된다" 하였으니, 이는 체통을 알고 하는 말이다. 그 사람이 나쁘다 하여 그 말까지 없애 버리면 안 되는 것이다.

재상이라면 모든 일에 겁을 먹고 망설이며 회피하기만을 일삼아서는 안 된다. 만일 이같이 한다면 사마안(司馬安)의 벼슬살이처럼 요령껏 하는 데 지나지 않으니, 나라일이 어떻게 되겠는가.

그러므로 끊을 데에는 끊고 뜬소문이 있다 하여 꺾이지 말며, 무엇이든 조금이라도 범연히 넘기지 말아야 한다. 해로움이 없다 해도 소홀히 하지 않아야 바야흐로 실패가 없게 될 것이다. 그러므로 옛말에 "큰 임무를 맡는 것은 마치 높은 장대에 오르는 것 같아서 담력이 크지 않아도 떨어지고 마음이 세밀하지 않아도 떨어진다" 하였다.

사신들의 무역 관행
奉使貿易 봉사무역

고려 공민왕 때부터 사신(使臣)으로 중국에 가는 자들이 은자를 많이 가지고 가서 비단 등 사치품을 사고팔아 왔는데, 식견이 있는 자들도 권세 있는 양반들의 부탁을 물리칠 수 없었다. 그런고로 개인의 짐보따리가 공물(貢物)의 10분의 9를 차지하니, 중국 사람들이 "고려 사람들은 사대(事大)를 내세우나 실상은 무역의 이익을 욕심내어 오는 것이다" 하였다.

임견미(林堅味)와 염흥방(廉興邦) 등이 정권을 잡은 때에 이르러서는 그 폐단이 더욱 심했으나, 오직 박의중(朴宜中)만은 개인 물품을 하나도 싣지 않았다. 명나라 태조가 이 사실을 알고 나서 그를 불러들여 더 높이 대우하고, 마침내 철령위(鐵嶺衛: 고려 우왕 14년(1388), 명나라가 철령(강원도)에서 요양에 이르는 곳에 국경 방비를 위하여 설치한 70개소의 병참 군영) 설치의 의론을 그쳤으니, 그 때 이와 같이 행한 자는 오직 박의중 한 사람뿐이었다.

오늘날에 와서는 그 폐단이 이루 말할 수 없을 정도인데, 어떤 이는 "장복(章服)과 깃발에 사용해야 한다"고 핑계삼는다. 그렇다면 공민왕 이전에는 이런 물품이 없었는데 어떻게 나라를 다스렸을까?

무릇 나라의 재화로는 금과 은보다 더 소중한 것이 없으니, 실제로 전쟁이 일어났을 때 상금을 주어 군사들을 권장함에는 이 보다 나은 물품이 없으며, 이웃 나라와 국교를 맺고 중국을 섬기는 데에 필요한 것 역시 적지 않은데 저축해 둔 금과 은이 이미 다 없어졌으니, 장차 어디에서 이를 마련할 것인가? 천 년이나 백 년을 두어도 썩지 않는 소중한 물건을, 금방 닳아 떨어지는 비단 등 사치품을 사들이는 데 모두 소모해 버리는 것이 어찌 옳겠는가? 명나라 태조 때에 해마다 공물로 금 100근, 은 1만 냥을 바치게 했는데, 그 때에 온 나라의 금과 은을 쓸어 모아도 이 수량을 채울 도리가 없어 거듭 황제의 노여움을 산 일이 있었으니, 이 일을 또한 거울삼아야 한다.

가난함은 선비의 일상사
貧者士常 빈자사상

가난은 선비에게는 당연한 것이다. 선비란 벼슬이 없는 자를 일컬음이니,

선비가 어찌 가난하지 않겠는가.

무릇 재물이 없는 것을 가난이라고 하는데, 선비는 농부가 아니니 여름철 무더위에 농사짓는 괴로움은 본디부터 감당할 수가 없는 것이다. 하물며 농사의 이익은 몇 갑절에 지나지 않는데, 만약 토지가 없어 남의 토지를 경작한다면 먹고 입기에도 늘 부족하며 가난하기만 한 것이 아니다.

선비로서 재물이 있는 자는 세 종류가 있으니, 선조가 재산을 이루어 후손에게 물려준 경우, 경영하여 이익을 남긴 경우, 부당하게 남의 재물을 약탈한 경우가 그것이다. 비록 선대의 사업이 있다고 하더라도 자녀들에게 나누어 주고 혼인과 상사가 있을 때마다 비용을 치르게 되니, 재산이 줄어들기만 할 뿐 늘어나지는 않는다. 이익을 도모하는 자들은 마음을 잡지 못해 저절로 그른 쪽으로 흘러갈 뿐만 아니라, 글 읽기와 이익을 쫓는 일은 병행할 수도 없다. 마음이란 두 곳에 쓸 수 없는 것이어서 이쪽으로 들어오면 저쪽으로는 나가 버린다. 글을 읽지 않을 수 없으니, 이익은 반드시 전심(專心)하는 자에게로 돌아가는 것이며, 반드시 아무 곳에나 버려져 내가 와서 취하기를 기다리지 않는다. 이는 유백룡(劉伯龍)이 만년에 1할의 이익을 경영하다가 귀신의 웃음거리가 된 것과 같다(《남사》유수열전). 또 부정한 재물을 취하면 홀로 내 마음에 부끄러움이 있을 뿐만 아니라, 반드시 재앙이 따르는 것이니, 이른바 간부(姦富)라는 것이다. 그런즉 선비가 어떻게 가난하지 않을 수 있겠는가.

가난하면 벗들에게 버림받을 뿐만 아니라 부인과 첩이 먼저 업신여기며, 남들이 미천하게 여길 뿐만 아니라 자기 마음부터 먼저 옹졸해지는 것이다. 그러므로 가난하면 반드시 뜻을 잃는데, 이는 선비는 본디 가난하다는 것을 알지 못한 데서 오는 걱정이다. 그러므로 "견식이 깊으면 근심이 얕고 지식이 원대하면 환란이 적다"는 말이 있으니, 떳떳한 도리를 버린다면 무슨 짓을 하지 못하겠는가. 옛날 중유(仲由)가 낡은 옷을 입고도 부끄러워하지 않았고(《논어》자한편), 증자(曾子)가 해진 신발을 끌고 거닐며 《시경》 상송(商頌)을 왼 것은 떳떳한 도리를 지킨 것뿐이다.

서리의 승진과 퇴출
胥吏陞黜 서리승출

사람들이 늘상 하는 말에 이르기를 "나라의 정사는 사흘에 그치고, 아전들이 마침내 틀림없이 국가를 망칠 것이다" 한다. 대개 관직을 한 자리에 오래 두지 않으므로, 부중(府中)의 일은 깨달아 알지 못하고 한결같이 아전들에게 맡겨 버리니, 일이 잘 처리되고 안 되는 것이 모두 그들의 손에 달려 있다. 근래에 또 듣건대 "아전들이 나라를 망친다는 말은 또한 지난날의 일이요, 대소 관리를 모두 사사로운 사랑과 미움으로 내치고 승진시키며, 결원이 있으면 모두 그 추종자로서 서투른 자들로 보임하고는 또한 종일토록 심부름을 시켜 부중의 일은 도무지 간여할 수조차 없게 하니, 나라일의 엉성함이 언제나 이와 같다"고 한다. 대개 아전도 또한 서민으로서 벼슬에 있는 자이니, 일개 낭관(郎官)이 임의로 내치거나 승진시킬 수 없는 것이다.

고려 말엽에 이태조가 위화도(威化島)에서 회군한 뒤에 비로소 전선법(銓選法 : 고려와 조선시대 관리의 인사제도를 총칭하는 말)을 회복시키면서 이르기를 "부사(府史)와 서도(胥徒)들은 모두 임명한 연월일을 밝히고 그 공적과 과오를 기록했다가 언제나 세초(歲抄 : 초(抄)는 초(杪)의 잘못. 杪는 나뭇가지, 곧 연말을 뜻함) 때에 승진시키거나 내쫓는다" 하였는데, 이를 도목정(都目政 : 관원의 성적을 고사하여 출척과 이동을 행하던 일)이라 불렀다.

우왕(禑王)이 어린 나이에 임금이 되매, 권간(權奸)들이 국정을 함부로 하여 벼슬의 임명권이 한결같이 사문(私門)으로 돌아가서 도목정이 폐지된 지 오래되었는데, 이때에 와서 그 공로를 추록(追錄)하니, 벼슬하는 자들이 크게 기뻐하였다. 그렇다면 서리를 임명하는 것도 또한 도목정 가운데에 들어서 여러 관리와 규례가 같았던 것이다.

오늘날 비록 이와 같이 하지는 못할지언정 반드시 공적과 과오를 기록하였다가 여러 장관이 모여 앉은 때에 그 공적과 과오의 가볍고 무거움을 헤아려 승진시키거나 내쫓는다면 대체로 잘될 것이다.

내 아들이 말하기를 "여러 관아에서 각기 생도(生徒)를 길러내 오랜 세월을 두고 부중의 일을 익히게 하여 그 높고 낮은 등급을 정했다가 차례로 등용함이 좋을 것이다" 하였는데, 그 말도 일리가 있다.

살인자를 다스리는 법

殺人法 살인법

사람의 욕망은 삶에 대한 욕망보다 더한 것이 없고, 싫어하는 것은 죽음보다 더 지나친 것이 없으므로, 그 원통한 것도 죽임 당하는 것보다 더 지나친 것이 없으니, 살인한 자를 죽이는 것은 법의 가장 첫째인 것이다. 옛날 중국 한(漢)나라 고조(高祖)의 약법삼장(約法三章)*1과 기자(箕子)의 팔조목(八條目)*2에도 반드시 '살인한 자를 죽이는 조문'을 첫째로 삼았다.

그러나 관장(官長)이 법을 남용하여 억울하게 죽어도 감히 보복하지 못하고, 힘있는 자가 재물을 써서 도모하면 감히 보복하지 못한다. 한번 죽으면 다시 살아나지 못하건만 가난한 백성들은 대개 염습(殮襲)과 매장(埋葬)의 경비가 걱정이 되고, 관리들이 검시(檢屍)할 경우에 그들을 대접하자면 재산이 탕진된다. 그러므로 원수의 집에서 뇌물을 받고 사건을 은폐하는 일이 있어 이것을 사화(私和)라고 한다. 자제로서 부형의 원수를 갚지 못하니, 교화의 퇴패함이 이보다 더할 수 없다.

비록 관장이 형벌을 남용하여 잘못 죽였더라도, 또한 그 경중을 살펴 조처함이 마땅하고, 관장에 대한 형벌을 폐해서는 안 된다. 조그만 허물뿐인 자가 억울하게 죽었다면 어찌 원통하지 않겠는가. 비록 상명(償命 : 사람을 죽인 자는 사형에 처한다는 말)은 못할지라도 남의 부형을 죽였으니 종신토록 금고형(禁錮刑)에 처함이 옳지 않겠는가.

백성들이 서로 죽인 데 있어서는 마땅히 휼전(恤典)을 적용하여 염습과 매장에 필요한 물품을 넉넉하게 주어 재산을 탕진하는 데 이르지 않게 한다면, 이른바 사화는 금지하지 않아도 스스로 없어질 것이니, 이는 세상에 교화가 뿌리내리도록 하는 일 중 하나가 될 것이다.

---

*1 이 법은 한 고조가 진왕(秦王) 자영(子嬰)의 항복을 받고, 혹법에 시달린 백성을 위하여 한 약속으로, 《사기》 고조본가에 "여러분과 세 가지 법만 정하겠다. 사람을 죽인 자는 사형하고, 남을 해치거나 도둑질한 자는 죄를 받는다. 나머지 까다로운 진법(秦法)은 모두 제거한다" 하였다.

*2 기자가 조선으로 와서 예의(禮儀)와 잠직(蠶織)을 가르치고, 여덟 가지 법금(法禁)을 세웠다고 하는데, 세 가지만 전해지고 있다. 《한서》 지리지 기자 팔조목 조에 "사람을 죽인 자는 목숨으로 갚는다" 하였다.

약천 남구만의 상소

南藥泉疏 남약천소

약천 남구만(南九萬 : 조선 문신, 문장·서화·시조에 능했다. 시조 (동창이 밝았느냐 노고지리 우지진다외 지은이))의 상소문에 "측천무후(則天武后 : 중국 당고종 의 황후)는 대단히 무도했으나 죽는 해에 이르러서는 오히려 '한 기특한 선비를 얻어 등용할 것을 생각했다' 하니, 육지(陸贄 : 당나라 정치인)는 이에 대해 말하면서 '열성조(列聖朝)에서 많은 선비를 등용한 효과에 힘입었다' 했습니다. 오늘날 조정에서 비록 특채의 규정이 있으나 이는 음직으로 벼슬 시키는 것에 지나지 않고, 삼사 재신(三司宰臣)들을 모두 과거 출신자에서 채용하며 식년시(式年試)에서는 다만 경문을 외우는 데만 중점을 두니 이를 개혁하지 않으면 안 됩니다. 사서(四書) 밖에 《시경》《서경》《역경》《춘추》를 자·오·묘·유(子午卯酉) 네 식년에 배정하고 사서와 한 경만을 외우게 한다면 외우는 공력이 줄어들어 글 잘하는 선비가 많이 합격할 것이니, 어찌 세상에 큰 인재가 그 사이에서 나오지 않겠습니까? 의론하는 이들은 '이와 같이 하면 먼 시골의 변변치 못한 가문에서 강경(講經)만을 오로지 익히는 자들이 반드시 낙망할 것이다' 하지만, 실로 과거를 치르는 본뜻은 인재를 얻는 데 있는 것이지 먼 시골 사람들을 기쁘게 하기 위한 것은 아닙니다. 그러니 경중과 득실이 어찌 현격히 다르지 않겠습니까?" 하였다.

그러나 그때의 여론이 옛 제도를 바꾸기 어렵다 하여 마침내 그만두게 되었다. 내가 생각하기에도 이 말은 분수를 알았다 하겠고, 여러 경서를 네 식년에 배정한다는 말도 또한 옳다. 그런데 지금은 칠경을 겸해 외우게 하므로 선비의 학문이 더욱 엉성하게 되는 것이다. 만일 한 가지 경서만을 택하여 외우게 한다면 반드시 간편함에 따라 그 밖의 것은 폐지할 것이니, 이를 식년마다 배정하면 힘이 넉넉해 학문이 해박(該博)하게 될 것이다.

그러나 과거 급제 여부를 사장(詞章)의 우열로만 판단하는 것도 결국 인재를 얻는 방법이 못 된다. 만일 사장을 그만둘 수 없다고 한다면 중종 기묘현량과(己卯賢良科)와 같은 방식으로 해야만 시행할 수 있을 것이다. 우리나라에서는 기묘년(1519)에만 이 제도가 있었으나 명나라의 제도는 처음 성시(省試)를 치르는 자도 모두 이와 같이 하였다.

또 사과(詞科)에 있어서는 사람들이 알지 못하게 하려고 제자백가(諸子百

家)의 세세한 문구를 모아 출제했던 탓으로 과거 응시자들이 이를 모두 알 도리가 없으므로, 부득이 이를 분류한 뒤 뽑아 모아서 비망(備忘)의 자료로 삼았으니, 사색(思索)하는 데에 힘쓸 겨를이 없었던 것이다. 그러므로 마침 내 그 뜻을 이해하는 이가 없었으니, 이는 선비의 허물이 아니요, 나라에서 그렇게 만든 것이다.

양만리(楊萬里)의 말에 "맹헌자(孟獻子)에게 친구 5인이 있었는데 맹자는 그중에서 3인을 잊어버렸고, 주실 반작록(周室班爵祿)의 책에도 맹자가 그 상세함을 해설하지 못했다(맹자(孟子) 만장(萬章) 하편)" 하였으니, 맹자 또한 오늘날의 문과에는 등제하지 못할 것이다.

아! 오늘날 책들의 호한(浩汗 : 물이 넓은 모양)함이 맹자 시대와 비교해 어떠할까? 한정된 기억력을 가지고 빠짐없이 모두 알 도리가 있겠는가? 나라에서 바라 는 것이 많을수록 선비가 익히는 것은 더욱 엉성하게 될 것이다.

식년과 같은 경우는 반드시 사서와 삼경을 강송하는데, 이 칠서(七書)를 모두 외울 수가 없으므로, 경문(經文)은 끊어서 지적하니, 음토(音吐)에만 전력해 외우기를 잘하는 자는 엉성하기가 더욱 심하다. 그러니 이런 자가 뽑 힌다 하더라도 어디에 쓰이겠는가. 또 오늘날에 와서는 오로지 부·표·잠·명 (賦表箴銘)만으로 선비를 선발하고 있어 전보다도 못할 뿐인데, 과거의 규 칙마저 반드시 한때의 우열만으로 결정하는 것이니 평소에 북돋고 쌓는 공 력이 없게 되는 것이다.

이제 약천의 말과 같이 사서와 한 경(經)으로 식년마다 돌려가면서 선비 를 선발한다면 지금 제도와 비교해 훨씬 나아질 것이다.

그러나 배송(背誦 : 돌아앉아서 경문을 외움)은 마침내 보탬이 없고, 묵의(墨義 : 붓으로 답을 쓰게 하는 것)로 바꾸는 것이 더 낫다. 그런데 묵의는 따로 논한 바가 있으므로 여기에서는 언급하지 않는다.

그러나 만일 이를 모두 없애지 않고 하루아침에 결정짓는다면 명문의 자 제들은 반드시 여기에 요행을 바랄 것이요, 저 실력을 쌓은 선비는 비록 급 제를 하더라도 등용은 되지 못할 것이니 인재 구하는 데 무슨 도움이 되겠는 가? 그러니 먼 지방 사람을 기쁘게 하기 위한 것은 아니라는 말이 옳은 것 이다.

그러나 하늘이 인재를 낼 때에 멀고 가까운 것으로 차별을 둔 것은 아닐진대 사람이 특히 먼 지방 사람을 차별해 써주지 않는 것이다. 사람이 써 주지도 않거니와, 문헌이 없는 시골에서 태어나서 자란 다음 서울 사람과 승부를 겨룰 수 없다는 것 또한 당연한 일이다.

만일 일정한 규칙을 정해 일제히 일정한 수의 선비를 선발하는데 지금의 초시처럼 팔도에 모두 숫자를 정해 준다면 서울과 지방에 무슨 구별이 있겠는가? 이미 선발한 뒤에 삼사(三司)와 재신(宰臣)들이 오직 그 사람의 재주와 능력을 판단해 시골 사람이라 하여 이를 막아버리지 않는다면 문채(文彩)와 능량(能量) 있는 이들이 어찌 시골에서 배출되지 않겠는가. 시골 사람이 서울 사람을 따르지 못하는 것 또한 조정의 잘못이다.

부득이하다면 한 계교가 있다. 경서의 강송에만 능숙하고 문재(文才)가 없는 이와 문재는 있되 강송에 서투른 자는 쓸모가 없게 되니, 두 가지를 겸비하게 할 수 없으면 마침내 좋은 법이 되지 못하는 것이다. 또 억지로 겸비하게 하자면 마침내는 전일의 방법으로 돌아가고 말 것이다. 오늘날 전시(殿試)의 규칙은 한 사람도 낙방하는 자가 없으니, 이 어찌 처음에 제도를 세운 본뜻이겠는가. 인원수가 이미 정해져 있기 때문인 것이다.

만일 회시(會試)의 수효에서 몇 명의 여유를 더해 두었다가 전시 때에 능숙하지 못한 자를 떨어뜨린다면, 강독(講讀)만 하던 자들도 반드시 문사를 겸비해서 허술한 자는 참여하지 못할 것이요, 시골의 풍속 또한 차츰 변해갈 것이다.

오늘날의 초시(初試)도 애초에 마련한 본뜻이야 어찌 아름답지 않았을까마는 오늘날 이렇게 된 것은 문예와 강송의 두 가지를 겸비하지 못하게 한 때문이었다. 그런데 만일 정원수를 많이 늘려서 제술(製述)만을 중히 여긴다면 서울 사람들이 모두 차지해 버리고 시골 사람들은 갈수록 참여하지 못하게 될 것이다.

오늘날 식년과와 증광과(增廣科)의 정해져 있는 수가 33명이고 큰 경과(慶科)에는 40명이니, 이것으로 규칙삼아서 언제든지 40명에서 33명을 선발한다면 7명이 떨어지게 될 것이다.

이는 강독에 중점을 두고 다만 엉성한 자를 떨어뜨리는 것이며, 전시(殿試)에는 《대전통편(大典通編)》에 있는 대로 서로의 거리가 6척이 되게 한다는 법을 따른다면 감히 차작(借作 : 컨닝)을 하지 못할 것이니, 이같이 한다면 영구히 전할 수 있고 폐단도 적어질 것이다.

또 송독(誦讀 : 외워서 ^{읽음})으로 초시를 치른다면 시골의 재주 있는 자들은 반드시 기뻐할 것인데, 초시에서 문사(文詞)로 선발하므로 과장(科場)이 분잡스러워지고 부정행위가 뒤따르는 것이다. 그러므로 초시에서는 마땅히 경서를 전공하는 자를 선발하되 4년마다 경서를 바꾸며 초시의 정원이 100명을 넘지 않게 한다면, 선비들이 한곳에 힘을 기울일 수 있고 들뜨는 풍습도 바뀌어 독실하게 공부한 선비를 권장할 수 있을 것이요, 4년 이내에 다른 과거를 베풀지 않으면 뽑히지 못한 이들도 다시 여유 시간을 얻어 학문에 힘쓸 수 있을 것이다.

오늘날 선비의 풍속은 아침저녁 뛰어다니면서 남의 글을 베끼기를 일삼아 세월이 헛되이 흐르는 것도 알지 못하고 있다. 만일 초시의 정원이 많으면 간사한 자들이 독차지하기를 꾀할 것이므로 선비들이 학문에 열중하지 않을 것이니, 약천과 함께 서로 논의하지 못하는 것이 한스럽다. 그러나 약천은 집정(執政)한 지 오래되었으나 한 사람의 선비도 시골에서 발탁해 청환(淸宦 : 학식과 문벌이 높은 ^{사람에게 시키는 벼슬})에 등용한 적이 없었으니, 어찌 그 무렵 시골에는 한 사람의 인재도 없었단 말인가.

일찍이 듣자니 약천이 무사 한 사람을 북쪽 고장에서 발탁해 변방의 절도사로 삼았다가 마침내 '북구만(北九萬)'이라는 험담까지 들었다. 그러나 시절이 험난해 그대로 두고 논죄(論罪)하지는 않았다고 하거니와 약천이 알아본 것이 고작 한 무관에 그친 셈이니, 대동(大同)의 풍속을 어길 수 없음이 이와 같은 것이다.

퇴계 이황을 헐뜯는 말
誣毀退溪 무훼퇴계

세상의 어리석은 자들 가운데 "퇴계 이황이 상중(喪中)에 아들을 두었다"고 말하는 자가 많은데, 그 말의 근거를 알지 못하겠다. 옛날 인조(仁祖) 때에 문성공(文成公) 이이를 문묘에 배향하자는 논의가 일어나자 임금이 윤허를 보류하고 "그는 상중에 아들을 두었다" 하니, 경연의 신하들이 그 말이 나온 내력을 듣고자 했다. 이에 임금이 이르기를 "그의 문인 이귀(李貴)가 말하였다" 하자, 정승 최명길(崔鳴吉)은 "이는 이황이요, 이이가 아닙니다"라고 했고, 승지 한필원(韓必遠)은 "이는 정인홍(鄭仁弘)의 무고입니다" 하였다.

이때에 영남 유생들이 소를 올려 힘껏 변명하고 퇴계 아들의 생년월일을 적어 증거를 댔는데, 최명길이 또 소를 올려 이르기를 "상소 유생들이 모여 의론하는 것을 정온(鄭蘊)이 막았습니다" 하였다. 이에 동계(桐溪) 정온이 또 소를 올려 말하기를 "어느 해에 아무개가 말하기를 '일찍이 어느 지방을 지나는데 누가 말하기를 퇴계가 상중에 아들을 두었는데 허물을 숨기지 않고 알렸으므로 이 때문에 그를 어질게 여긴다고 했으니, 겉으로는 높이는 체하면서 속으로는 해치려는 정상이 괘씸하다' 했습니다. 신이 이 말을 듣고 선비의 풍습이 정이 없고 불성실함을 깊이 탄식했습니다. 신이 또 정인홍의 집에 출입한 지 20여 년이 되었는데, 정인홍이 이황을 헐뜯음이 이루 형언할 수 없었으나, 이 일에 대해서는 일찍이 한 번도 언급한 적이 없었습니다. 신이 어찌 선비의 공적인 의론을 저지하겠습니까. 이로써 미루어 보건대 다른 말도 모두 믿을 수가 없습니다" 하였다.

이 일은 최명길의 《지천집(遲川集)》과 정온의 《동계집(桐溪集)》에 실려 있는데 내가 그 전문을 기억하지 못하여 다만 그 대강만을 기록하는 바이다.

대개 이 말은 최명길 이전에도 이미 있었으니 중간에서 헐뜯는 자의 소행에 지나지 않는다. 영남에서는 고요히 이런 말이 들리지 않았으므로, 정인홍도 퇴계의 재능을 시기하여 자신이 그보다 낫다는 마음은 있었을지언정 일찍이 입에 올린 적이 없었다.

퇴계의 기품은 봄과 같이 따뜻했으니 그를 원망하고 미워하는 바가 없었고, 덕행을 보고 감화되지 않는 자가 없었는데도 오히려 악독한 마음을 품고 몰래 헐뜯음이 감화에까지 이르게 되었으니, 세상을 살아감의 험난함을 엿볼 수 있다. 이제 평범하고 보잘것없는 재주로써 허물 없이 몸과 명예를 온전히 하려고 해도 방법이 없을 것이다.

법을 바꿈
變法 변법

좋은 법도 오래되면 폐단이 생기고, 폐단이 생기면 반드시 변혁이 있는 것은 당연한 이치이다. 공자가 이르기를 "진실로 나를 써 주는 자가 있다면 1년만으로도 웬만큼 다스리겠지만, 3년이면 다스림이 이루어질 것이다(⟨논어⟩ 자로편(子路篇))" 하였으니, 만일 노나라의 폐단을 개혁하지 않는다면 어찌 다스림을 이루겠는가. 맹자는 이르기를 "그대는 관중(管仲)과 안자(晏子)만을 아는구나(⟨맹자⟩ 공손추(公孫丑) 상)" 하였으니, 만일 제나라의 폐단을 개혁하지 않으면 또한 어떻게 왕도(王道)를 일으키겠는가.

노나라와 제나라는 비록 주공(周公)과 태공(太公)의 후손이라 하더라도, 비유컨대 마치 큰집이 세월이 오래되매 기둥과 대들보가 좀먹고 썩어 앞으로 허물어질 걱정이 있는 것과 같은데, 어떤 자는 말하기를 "구차하게 서투른 공장에게 맡긴다면 망가뜨림이 도리어 심할 것이니, 차라리 버티어 가면서 구차히 지내느니만 못하다" 한다. 이 말이 비록 일리가 있는 듯하나, 그 가운데 거처하는 자는 곧 우리가 가장 존경하고 사랑하는 사람이고, 언제 무너질지도 모르는데 어떻게 편안하게 지내며 한때의 요행만을 바라겠는가. 차라리 이를 고쳐서 영원한 대책을 마련하는 것이 좋지 않겠는가. 좀먹은 기둥과 썩은 대들보가 조금 손질한다고 해서 어찌 그대로 지탱될 수 있겠는가.

옛날 상앙(商鞅)[1]이 법을 변경하여 진(秦)나라를 강하게 했으나 그 사람은 죽어야 마땅했고, 왕안석(王安石)은 법을 변경하여 성과를 거두지 못하여 세상의 징계가 되었으니(⟨송사(宋史)⟩ 왕안석열전), 이로부터 '법을 개혁하자고 하면' 사람들이 모두 손을 내저으며 말하기를 꺼려서, 모두 그때그때 편안할 계책만을 세우게 되었다. 간혹 대담하게 법을 개혁하자고 말하면, 온 세상 사람들이 모두 놀라고 괴이하게 여겨 세상에 없는 이상한 괴물이나 나타난 것처럼 의심하니, 세속 사람들을 깨우치기가 이와 같이 어렵다. 때로는 법을 크게 개

---

*1 《사기》 진기(秦紀)에 보면, 상앙은 전국시대 위나라 사람으로 진나라에 들어가 효공을 도와 법을 고쳐 정전(井田)을 폐하고 천맥(阡陌)을 텄으며, 세법을 제정하여 시행한 지 10년 만에 진나라가 크게 부강해졌다. 그러나 인의를 버리고 가혹한 형법을 숭상하여 온 천하가 원망했으므로, 진혜왕(秦惠王)이 즉위하자 주살되었다.

혁해야 한다고 큰소리치고는 차차 소홀히 다루다가 실패하는 자도 있으나, 이에 질려 환난을 구제할 수 있는 훌륭한 계책이 있음을 알지 못한다면 어찌 옳다고 하겠는가.

주자가 또한 말하기를 "송나라는 문정(文靖) 이항(李沆)과 문정(文正) 왕단(王旦)이 집정한 이래 조정의 공론이 안정만을 주장하여 무릇 건의하는 바가 있으면 문득 일을 만들어 내는 데로 돌려, 온 천하에 폐단이 지극히 많도록 길들여 놓았다" 하였는데, 이 교훈은 깊이 생각할 만한 점이 있다.

이항(李沆)과 왕단(王旦) 등은 당시에 남송을 세운 지 오래지 않아 기강과 법도가 문란하지 않았으므로, 오히려 편안히 앉아서 다스릴 수가 있었으나, 그 뒤에 이르러서는 둥둥 떠 있는, 물이 새는 배를 타고 두 손을 마주잡고, 키〔蛇〕를 잃었는데도 오히려 부수(副手)와 뱃사공의 한 마디 대책도 용납하지 않는 것과 같았으니, 언덕 위에서 바라보는 자들이 어찌 애를 끊이지 않겠는가.

오늘날 우리나라의 일이 대체로 이에 가깝다. 조선조 이래로 시무(時務)를 알았던 분을 손꼽아 보면 오직 율곡 이이와 반계 유형원 두 분이 있을 뿐이다. 이이의 주장은 대부분이 시행할 만하고, 유형원의 주장은 그 근원을 궁구하고 일체를 새롭게 하여 왕정(王政)의 시초로 삼으려 했으니, 그 뜻이 참으로 컸다. 그러나 밭을 모조리 개간하는 것과 서울에서 벼슬하는 자가 가족을 거느리고 농사지어야 하는 따위는 반드시 구애됨이 있어 시행하기 어려울 것이요, 결부(結負)의 부세와 번갈아 숙직하는 규칙은 오히려 이지러짐 없이 시행할 수는 있으나 어찌 꼭 이같이 할 필요가 있겠는가.

이이의 주장에, 감사(監司)는 오래 재임하고,*2 작은 고을은 큰 고을에 합치고, 종은 그 아비를 좇지 못하게 한다는 따위의 말은 하나하나 사리에 합당한데 무엇을 꺼려 시행하지 않았던가. 오직 공안(貢案)을 개정하는 한 가지 일만 결국 시행되었으나 오히려 부역은 가볍고 조세는 무겁다는 아쉬움이 있었으니, 이는 역량이 모자라고 일을 처리하는 국량(局量)이 좁았기 때문이다. 진실로 이이나 유형원을 시켜 시행했더라면 반드시 볼 만한 성과가 있었을 것이다.

---

*2 구임(久任). 문무관은 그 품계나 직책에 따라 일정한 재임 기간이 있으나, 그 직무의 중요도 및 능력을 감안하여 임기에 구애되지 않고 상당 기간 근무하게 하는 것.

오늘날 《반계수록》에 실린 여러 가지 좋은 의론 가운데 단 한 가지도 실제로 시험한 것이 없었으니, 예나 지금이나 지사(志士)가 정력을 쏟아 만든 것을 끝내 세상 사람이 알아주지 않아서야 되겠는가.

형제간의 우애
兄弟友愛 형제우애

숙종 때에 참판 이태귀(李泰龜)와 판서 이징귀(李徵龜) 형제 몇 사람이 한 마을에 살면서 우애가 돈독하고 함께 장수를 누렸는데, 일생 동안 집안에서는 이간질하는 말이 없었다.

내가 다른 사람에게 물어 그 요점 한 가지를 얻어 서로 지킬 것을 약속했는데, 무릇 종들은 저마다 주인이 있으므로 부리고 꾸중하는 것을 서로 간섭하지 않는다는 것이니, 이로써 이미 그 요령을 얻은 것이다.

대개 종들이 주인에게 부림을 당하는 것이 더 없는 고생인데, 한 주인도 받들어 모시기가 어렵거든 하물며 다른 사람까지이겠는가. 그들이 마음에 달갑게 여기지 않는 것은 한결같을 것이다. 그러므로 일일이 간섭하고 그대로 두지 않으면 그로 인해 참소하여 이간질하는 일이 생기기 때문이다. 부녀자는 사사로움이 많아서 참소를 믿으므로 말려들기가 쉬운 데다 부부가 같이 살면서 아내의 말에 흔들리지 않는 자가 대단히 드물고, 그 사이에 오가며 말을 옮기는 것은 종들이니, 종들을 서로 간섭하지 않는 것은 곧 화목을 유지하는 까닭이 되는 것이다.

이것이 어찌 형제간에만 그러하리요. 친척과 이웃을 대하는 데도 이와 같이 하지 않으면 안 될 것이다. 이씨와 같은 자는 세상의 모범이 될 만하다.

여섯 가지 좀벌레
六蠹 육두

사람들에게 간악하거나 방탕함이 없다면 세상이 무엇 때문에 다스려지지 않겠는가. 간악하고 외람함은 재물이 모자라는 데서 생기고, 재물이 모자라는 것은 농사에 힘쓰지 않는 데서 생긴다. 농사에 힘쓰지 않는 자 가운데 그

좀벌레가 여섯 종류가 있는데, 장사꾼은 그 가운데 들어 있지 않다. 첫째가 노비요, 둘째가 과거업(科擧業)이요, 셋째가 벌열(閥閱)이요, 넷째가 기교 (技巧)요, 다섯째가 중이요, 여섯째가 게으름뱅이들이다.

저 장사꾼은 본디 사민(四民 : 사(士), 농(農), 공(工), 상(商))의 하나로서 오히려 재화를 유통 시키는 이로움이 있다. 소금·철물·무명이나 비단 따위는 장사꾼이 아니면 나를 수 없지만, 여섯 종류의 해로움은 도적보다도 더하다. 더구나 노비를 대대로 전하는 것은 예나 지금, 온 세상을 통틀어도 있어선 안 될 일이다. 덕이 없고 재질이 모자라 무슨 계획을 생각하지 못하여 남의 종이 되었는데, 어쩌다 달아나면 사방으로 수색하고 위협하여 마침내는 그들로 하여금 재산 을 탕진하고 삶의 터전을 잃어버리게 하고야 만다.

무릇 사회 도덕이나 심신 수양에 도움이 되지 않는 문예(文藝)는 모든 일 에 해롭다. 과거에 응시하는 유생(儒生)들이 효제(孝悌)를 게을리하고 생업 을 포기한 채 날이 가고 해가 가도록 붓끝이나 빨고 종이쪽만 낭비하는 것은 결국 심술(心術)을 그르치는 재주에 지나지 않는 것이다. 그러다가 요행히 과거에 합격만 하면, 문득 스스로 뽐내어 사치에 한도가 없고 백성의 재물을 긁어내 그 소원과 욕심을 채우려 하며, 또 그 가운데는 요행으로 자리를 차 지하고 있는 자가 많기 때문에 이것을 바라고 본받아 모두들 농사일을 버리 고 바쁘게 날뛴다.

벌열이란 것은 그들에게 전쟁의 공적이 있음을 일컫는 것인데, 오늘날 풍 속이 양반집 자손들을 통틀어 벌열이라 일컬으면서 서민층과 구별한다. 비 록 그 선대의 산업이 다 없어지고 자신의 재주가 부족하더라도 이치에 어긋 난 일을 해가면서 삶을 찾을 뿐, 가래를 잡는 농사일을 부끄러워하여 차라리 굶어죽을지언정 미천한 일을 하려 하지 않으며, 심지어 한 번만 쟁기를 잡으 면 그만 농부로 지목되어 혼인이 통하지 않고 교제에도 늘 남에게 뒤떨어지 니, 이 때문에 혹시 자기 힘으로 살아갈 마음이 있는 자도 또한 어쩔 수 없 게 되는 것이다.

기교란 것은 한갓 구경거리의 기물만이 아니라, 무릇 방술(方術)로 사람 을 속이거나 미혹케 하는 것도 다 여기에 속하는데 그중에도 광대·무당이 더욱 해로운 것이다.

중은 부처를 받들기 위해서가 아니고 다만 여러 가지 부역을 도피할 것을 생각하여 논밭이 없는 깊은 산속으로 달아나서 날마다 기름진 땅에서 나는 낟알이나 축내는 무리들이다.

농사의 이익은 겨우 두어 배에 지나지 않고 여름철 밭고랑의 괴로움이란 그보다 더한 것이 없다. 이 때문에 사람들이 자식을 낳아 그 가장 어리석은 자를 가리켜 농부라 하니, 이것은 다름이 아니라 나라 풍속이 본디 생활의 여러 갈래가 있어서 농사가 아니더라도 또한 잘살 수 있기 때문이다. 만일 선비와 농사를 하나로 합쳐 법으로써 이끌고 교화시켜 마치 고기가 물에서 헤엄치고 새가 숲으로 돌아가는 것처럼 한 다음, 그 가운데 재주와 덕이 있는 자를 시골 농사꾼 사이에서 뽑되 스스로 천거하기를 기다리지 않게 한다면, 백성들이 차츰 농사를 자기 분수로 본받아, 눈으로 보고 손으로 익혀 각자가 그 농사에 안정될 것이다. 오늘날에 있어서는 어려서는 그냥 게으르게 놀고 커서는 이미 어그러져 장기, 바둑놀이나 하다가 입을 것과 먹을 것이 또한 모자라게 되면 남을 속이고 빼앗으며, 울타리 구멍을 뚫고 담장을 넘어 도둑질까지 서슴없이 한다. 이러므로 머리를 숙이고 농사를 지으려 한들 도리가 없으니, 이 몇 가지를 없애지 않는다면 아무리 세상이 다스려지기를 바란들 어려울 것이다.

산사에 이름을 씀
題名山寺 제명산사

청량산(淸涼山)은 이 선생(李先生 : 퇴계(退溪))의 도산장(陶山莊)에서 하룻길쯤 되는 거리이기에 선생이 늘 오가던 곳이었다. 내가 몇몇 손님과 함께 그 산에 갔더니 거기에 조그만 암자가 있는데, 무릇 와서 노는 사람들이 모두들 사방에 자기 이름을 적어 놓아서 들보·기둥·서까래·벽 안팎에 빈틈이 없었다. 나는 이상하게 여기면서 두루 관람하던 차에 오른벽 바깥쪽 흙을 바른 곳에 이르니 사방 한 자쯤의 하얀 데가 있고, 그곳은 모난 판자로 덮여져 있었다. 동행한 손도 따라서 이름을 쓰기 위해 붓을 들고 앞으로 나가는데, 마침 한 중이 따라오다가 우연히 눈이 마주치자 급히 부르면서, "좀 멈춰 서시오, 멈춰 서시오" 하기에, 동행들이 놀라서 왜 그러느냐고 물었더니, "여기는 노 선생(老先生 : 퇴계를 이름)께서 이름을 써 두신 곳이기 때문이오" 한다. 그 당시 선생이 이름을 쓴 것이 벽에 남아 있었다는데, 오랜 세월에 마모되어 이제는 남은 자신의 흔적이 없었다. 그럼에도 판자를 덮어 보호하고, 뒷사람들은 거기에 이어 자신의 이름 쓰는 것을 영광으로 여기는가 하면, 심지어 염불하는 중까지도 노 선생이라 존칭하면서 사람들에게 경고하는 것이 이와 같으니 수사(洙泗 : 중국 산동성(山東省)에 있는 강, 수수(洙水)와 사수(泗水))에 남긴 풍속을 여기에서도 상상해 볼 수 있다. 아! 아름답구나.

향소와 경소
京所 경소

지금 군수를 보좌하는 사람에 좌수(座首)·별감(別監)이란 이름이 있어 이것을 향소(鄉所)라 이르는데 옛날의 이른바, 공조 서좌(功曹書佐) 따위가 이것이다. 고을살이하는 자들이 함부로 매질을 하고 모욕을 주기 때문에 선비들은 몸을 굽혀 취임하려 하지 않는다. 그러므로 다스림에 이로움이 없게 되었지만 그 처음 법을 만든 것은 역시 좋은 뜻에서였다.

향소가 있으면 반드시 경소(京所)가 있기 마련이다. 경소란 그 고을 사람을 골라서 서울에 두는 것인데, 이는 한 고을의 모든 일을 조달하고 주선하기 위해서이니, 그 근원은 고려 때 '기인(其人)'이라는 소임에서 나온 것이다. 그리고 경소의 명칭은 《미암일기(眉庵日記)》를 보면 상고할 수 있고, 《하담록(荷潭錄)》에 세종(世宗)이 충녕대군(忠寧大君)을 함흥경재소(咸興京在所)에 임명한 사실이 있으며, 또 《송와잡록(松窩雜錄)》에, "동래(東萊)의 원이 향소를 처벌하기 위해 관자(關子)를 경소에 보내어 그 소임을 바꿔 주기를 청하자, 그때 경소 당상관(堂上官)인 정 문익공(鄭文翼公)이 '향소가 비록 허물이 있더라도 원의 마음대로 감히 바꾸거나 경솔히 처벌할 수 없다' 하였다" 한 말에서도 볼 수 있으니, 만약 옛 제도를 부활시켜 그 재기(材器)를 시험한 뒤 곧 발탁(拔擢)의 길을 열어서 지식 있는 선비로 하여금 그 사이에 몸을 굽혀 나가게 한다면 어찌 도움이 되지 않겠는가?

붉은색 옷
紅衣 홍의

　화가의 단채(丹彩 : 물갑)가, 왜국에서 사온 것은 불에 사르면 수은〔汞〕이 되
니 이것은 분명히 단사(丹砂)로써 만든 것이고, 중국에서 사온 것은 비린내
만 있을 뿐, 수은이 되지 않으므로 사람들은 성성이〔猩〕 피로써 만든 것이라
고 하는데, 이것은 그림 그리는 물감으로밖에 쓸 수 없다. 실을 염색할 때
에, 처음에 주토(朱土)를 사용한 것은 토홍(土紅)이라 하고, 소목(蘇木)을
사용한 것은 목홍(木紅)이라 하고, 홍람(紅藍)을 사용한 것은 진홍(眞紅)이
라 한다. 목홍은 무명베에 적합하지 않고 빛깔이 선명하지 못하니 지금 숭상
하는 것은 다 홍람으로 염색하는 것이고, 토홍은 주토 물로써 그 찌끼를 없
앤 뒤에 아교에 섞어서 염색하는 것이다. 조정에서는 이것을 최상의 빛깔로
여겼으니, 이른바 토홍직령(土紅直領)이라는 것인데 세속의 음(音)에 '토
(土)'를 '도(桃)'라 바꾸어 발음하면서도 그 와전인 줄을 모른다.
　옛날에, "우리의 연지산을 탈취하니 부녀들이 안색이 없다〔奪我燕支山 婦
女無顔色〕"라는 말이 있었으니, 토홍은 필시 선명한 빛깔로 사랑할 만한 것
이건만 우리나라에서는 그렇지 않다. 세상이 갈수록 교만하고 사치스러워져
서 귀한 사람이나 천한 사람이나 다 홍람을 사용하니 토홍은 마침내 사라졌
다. 임진란 이후 조정의 관료들이 갓과 도포를 갖출 수 없어서 윗사람이나
아랫사람이나 다 군복바지와 겹바지를 입었는데 겹이란 바로 속을 붙인 것
이다. 경자년에 비로소 조복을 갖추어 통정(通政) 이상은 옅은 홍색 비단을
입고 당하관(堂下官)은 짙은 홍색 무명베를 입으니, 식자들이, "임금의 옷
도 홍색인지라, 임금과 신하 사이에 옷이 같을 수 없다" 하므로 비로소 검은
색을 입었다 한다. 그런데 지금 보건대, 제사를 지낼 때와 사은(謝恩)[*1]할
때의 옷은 검고, 입시할 때와 예대(詣臺)할 때의 옷은 붉으니 정말로 무의
미한 것이다. 제왕이 천명을 받아 정삭(正朔)을 고치고 복색을 바꿈에 있어
서 주나라 사람이 붉은색을 숭상했지만 현단(玄端)을 말했을 뿐, 붉은색 옷
이 있었다는 말은 듣지 못했다. 예(禮)에 상고해 보더라도 현단이 바로 조

---

*1 사은 : 조선시대 관직을 제수받은 자, 가계(加階)나 겸직을 받은 자, 휴가·출사의 명을 받은 자
　 등이 공복을 갖추어 왕에게 숙배(肅拜)하고 치사(致謝)하는 일

회 때나 제사 때에 입는 옷이다. 그렇다면 검은색이 가장 옛것이다. 수·당 이후 자비(紫緋) 제도가 있었지만, 천자만이 누른색·검붉은 색·진홍색을 입고 선비와 서민들은 입을 수 없었다. 공자는 "홍색과 자주색으로 평상시 옷을 만들지 않았다" 한 말에 주자가 해석하기를, "조복이나 제복을 만들지 않았다는 것도 알 수 있다" 하였으니, 저 자비를 무엇 때문에 따르겠는가?

나는 생각하건대 등위(等威)*²가 같지 않고 길흉이 다르기는 하나 제사를 지낼 때와 입시할 때 반드시 홍색·흑색의 구별을 할 것이 아니라, 마땅히 옛것을 상고하고 지금 것을 따라서 바꾸지 않을 제도를 자세히 정한 뒤에 오래도록 이어가야 폐단이 없을 것이다. 지금 제도는 주상께서 검붉은색 곤룡포를 입는데, 위로 공경에서 밑으로 액예(掖隷)*³·서도(胥徒 : 서리(胥吏)의 부류)까지 죄다 홍람(紅藍)으로 염색한 홍색·적색을 입으니 귀천의 구별이 없을 뿐 아니라 물자의 허비가 많아 빈한한 집에서는 장만하기도 어려운 실정이다. 옷 한 벌을 염색하려면 쪽[藍]을 심는 밭에 네 식구가 한 달 먹을 곡식이 나는 땅이 필요하니 국내 전체를 계산한다면 손실이 매우 크다. 더구나 고려의 풍속에는 검은색은 물의 근본이고 푸른색은 나무의 근본이란 말로 인해 문관이나 무관이 모두 검은 옷을 입고 푸른 삿갓을 썼으니, 지금 조관들도 다 검은색 단령(團領 : 조선시대에 깃을 둥글게 만든 관복)을 사용하되 가슴과 등에 무늬를 수놓아 그 품질을 구별하고, 유생들과 액예·서도들은 다 푸른색을 사용하되 서도 또한 서인(庶人 : 아전, 관부의 낮은 벼슬아치)으로서 관직에 있는 자이니 단령을 사용함에 있어 가슴에 수놓은 무늬를 없애고, 유생들은 방령(方領 : 넓적하게 단 옷깃)을 사용하게 한다면, 이 제도가 곧 옛것에도 맞고 지금에도 알맞을 뿐 아니라, 물자를 절약하는 데에도 매우 유익할 것이다. 또 동월의 《조선부》를 상고하면, "다섯 빛깔이 각각 그 소용에 따라 다른데, 금하는 것은 홍색뿐이다" 하고, 그 주석에 '임금 옷에 사용되기 때문에 금하는 것이다' 했으니, 그렇다면 토홍의 사용도 국초의 제도가 아니다.

---

*2 등위 : 신분 등위에 따라 규정된 각 등급별 존엄과 권위. 의절(儀節)이나 복색 등에 등급별로 차등을 두어 그 질과 성격을 밝혔음.

*3 액예 : 액정서(掖隷署 : 조선시대 왕명의 전달, 임금이 쓰는 붓과 벼루의 공급, 궁궐 열쇠의 보관, 궁궐 정원의 설비 등에 관한 일을 맡아보던 관청. 갑오개혁 때 폐지됨)에 딸린 종.

과거 시험장

試圍 시위

내가 북경에 사신으로 다녀온 사람에게 들었는데, 그곳의 과거시험장은
담으로 둘러싼 가운데 방 천여 칸을 지어 두고 사람이 각기 한 칸씩에 거처
하는데 음식 또는 변기 따위가 모두 갖추어져 뜻대로 제술(製述)할 수 있
고, 담 둘레의 네 모퉁이에는 단을 만들어 사찰하는 자가 지키는데 응시자들
끼리 혹시 왕래하면서 서로 통하는 일이 있으면, 다만 찾아가는 사람만 벌을
당하는 것이 아니라 맞아준 사람도 또한 죄가 같으며, 중앙에는 가장 높고
큰 단을 만들어 사방을 통틀어 바라보고 여기에 여러 개의 방을 만들어 시관
이 거처하도록 되어 있다고 한다.

그리고 과거응시자들이 제술하는 것은, 사서(四書) 가운데 팔고문(八股
文 : 그 결구(結構)를 대구법(對句法)에 의하여 여덟 로 나눔. 명나라 때부터 과시문으로 채택됨)에 불과한데 마치 우리나라 사서의 의(疑)와
의(義)를 팔단(八段)으로 하여 제(題)로 삼는 것과 같고, 또 당나라 율
(律)·부(賦)의 운(韻)을 다는 제도와도 같다. 한번 향시에 합격하면 비록
급제를 못했더라도 다시 다음 번 시험에 응시할 수 있게 하니, 그 제도가 매
우 완전하다. 대개 명나라 제도를 따른 것으로서 더 치밀하다.

명나라 홍무(洪武 : 명 태조의 연호 1368~1398) 때의 제도를 보면, 향시는 다 해당 관아로부
터 성격과 품행이 돈후하고 문장과 행실이 갖춰진 자를 천거해서, 8월 9일
첫 번째 시험장에서는 사서의 의(義) 세 문제를 시험하되 문제마다 200자
이상으로 답변하고, 경(經)의 의(義)는 네 문제를 시험하되 문제마다 300자
이상으로 답변하는데 잘하지 못하는 자에게는 각각 한 문제씩을 줄여 주고,
8월 12일 두 번째 시험장에서는 논문 한 문제를 시험하되 300자 이상에다가
판정하는 말은 다섯 조목이고, 조(詔)·고(誥)·표(表) 가운데 한 문제를 더
하며, 8월 15일 세 번째 시험장에서는 경(經)·사(史)·시무책(時務策) 다섯
문제를 시험하되 잘하지 못하는 자에게는 두 문제를 줄여 주고 모두 300자
이상으로 답변한다.

감독에 있어서는, 과거시험일 이틀 전에 동쪽과 서쪽의 줄 설 자리와 집
칸수를 그림으로 그려 편성 배치를 공개하되 어느 줄 어느 칸은 어느 곳에서
온 응시자 누구의 자리라는 것을 쓰고, 또 그 칸 안에 성명을 써붙여 두었다

가 새벽에 방문이 나오면, 그 입장할 것을 가리켜 보이며, 과거응시자 한 사람마다 군졸 한 사람을 배치하여 지켜보며 가르쳐 주거나 묻는 것과 대리 시험을 감시하며 어두울 때까지 시권(試卷)을 못 바치는 자에게는 초 세 자루를 주되 초가 다 닳아도 완성하지 못하는 자는 퇴장시키며, 시권·붓·먹·벼루만은 본인이 준비하며, 그 밖의 소지품은 문감(門監)이 다른 것을 품거나 끼고 들어가는 것을 수색하여 단속하니 이것이 그 대략이다.

이상과 같이 명목은 과시라 하나 사실은 향시와 이선(里選)을 합하여 한 방도로 한 것이니, 우리나라 기묘년의 현량과(賢良科 : 조선 중종 때 이론과 실천을 겸비한 관리를 채용하기 위한 과거제도)가 바로 이것이다. 중국에는 이 밖에 수많은 잡시(雜試)의 명목이 없으니 이 때문에 그 식견과 문장이 작은 나라와 비교가 되지 않는다 하겠다. 대개 사람을 과시로써 뽑는 것이 좋은 방법이 아니긴 하지만, 기왕 폐지할 수 없을 바에는 차라리 그 우열을 분명히 밝혀내 그 거짓과 도둑질이 섞여들지 않도록 해야 할 것이다.

오늘날에는 선비를 대접하는 예의라는 구실을 내세우고 거짓을 방치한 채 이것으로 사람을 뽑아서 문득 조정에 올리니, 이렇게 하고서야 선비를 선발한다고 말할 수 있겠는가. 신라 때 화랑제도는 오히려 덕행을 살펴보는 뜻이 있었는데, 이 과거제도는 그보다 떨어진다. 이 때문에 매년 응시자가 늘어나서 시험장에 들어오면 발을 옮겨 디딜 수가 없어서 밟혀 죽는 자가 갈수록 많아지는데 이러한 폐단을 고칠 수는 없는가.

과거응시자란 본디 질서를 정돈하기 어렵다. 옛말에 이르기를 "조정 행사에서 정렬시킬 수 없는 것은 오직 과거응시자와 낙타뿐이다" 하였으니, 만일 그 무질서함을 단속하지 않는다면 끝내 일이 순조롭지 못할 것이다. 그런데 오늘날 사람들은 입만 열면 과거 응시자들의 거짓과 도둑질을 말하면서도 그것을 가려낼 방법을 모르니, 가려내지 못하는 것은 너무나 수가 많기 때문이고, 수가 많은 것은 요행을 바라기 때문이다.

혹은 구두는 통하지 못하고 글자만 익혀서 글을 베끼는가 하면, 혹은 재주와 학력이 뛰어나 남의 것까지 대신하니, 한 사람이 그런 몰염치한 짓을 함으로써 열 사람이 본뜨게 된다. 이 때문에 과거 보는 날에는 소의원〔牛醫〕과 농사꾼도 다 용감하게 달려가고, 종이나 기타 미천한 무리들도 모두 큰 교자를 떠메고 가 과거시험장에 들어가니, 정작 시권(試卷)을 바치는 자가 열에 두서너 명쯤이고, 시권을 바치되 자신이 글을 짓고 자신이 글씨를 쓴 자는 열에 겨우 한 사람 정도이다.

이제 그 많은 무리들을 처음부터 도태시킬 것을 생각하지 않고 한갓 끝에 가서 억제하기를 생각하니 그것이 잘못이다. 명나라에서 시행하는 과거 응시자를 추천하는 제도도 이런 뜻이 있었으니, 빨리 이렇게 시행해야 함은 의심할 여지가 없다. 그런데 지금의 제도는 이미 초시에 합격하고 또 반드시 외우는 것이 있으니 역시 문자의 형식일 뿐이다. 기왕 이 법을 설치했더라도 왜 꼭 다시 외워야만 하는가.

대과에 있어서도 또한 모름지기 이와 같이 이선하여 비록 음직(蔭職: 과거 시험에 의하지 않고 부조(父祖)의 공을 얻어하던 벼슬)으로 벼슬하여 품계가 높은 자라도 이렇게 하지 않고서는 과거에 응시할 수 없게 한다면, 그 세도를 믿고 영화를 노려 학문에 힘쓰지 않는 자는 감히 다시는 과거를 볼 뜻이 싹트지 않게 되고, 먼 지방 선비나 미천한 자도 자기의 재능을 충분히 발휘할 수 있을 것이다. 그런데 현재의 제도는 선발이란 명칭을 내세워 단지 부귀한 집 자제들만을 취하니, 이는 경사를 함께 누린다는 뜻은 있으나 빈궁한 이들을 해치고 학대하는 짓이다.

먼 지방 선비들이 과거에 한 번 응시하려면, 밭을 팔고 곡식을 덜어내 모두가 파산할 것이 분명한데 끝내는 헛걸음으로 집에 돌아가면, 베틀 북은 비어 있고[1] 처자는 슬퍼하고 원망한다. 그러나 진실로 배우지 않은 자는 과거에 참여할 수 없고, 세력 없는 자도 발탁되는 때가 있다면, 역시 누구도 원망하지 않을 것이다. 현재는 이미 그렇지 못하니 그 슬퍼하고 원망함을 어떻게 금할 수 있겠는가. 이렇게 되면 아무리 팔도의 인심을 위로하고 기쁘게 하려고 해도 사방에서 비난만 일어날 뿐이니 안타깝다.

죽은 종을 위로하는 제문
祭奴文 제노문

우리나라의 주인과 종의 관계는 비교하자면 임금과 신하의 관계와 같다. 그러나 임금은 신하에게 벼슬자리로 고귀하게 하고 봉록으로 길러 주니, 은

---

*1 저축이공(杼柚已空):《시경》소아 대동(大東). 가산이 모두 탕진되어 베를 짤 수 있는 재료도 없음.

혜가 이미 크므로 그 은혜 갚기를 생각하지 않는 자가 잘못이지만, 주인은 종에게 잘 먹이고 잘 입히지도 못하면서 고된 노역을 다 시키고, 성이 나면 형벌은 있어도 기쁠 때 상이 없으며, 조금만 허물이 있어도 충성스럽지 않음을 꾸짖으니, 왜 그럴까?

신하가 되는 사람은 벼슬길에 나아가기를 마음으로 흠모하여 어깨를 비집고 뚫고 나가 구차하게 영리를 도모하지만, 종은 그렇지 못하고 달아나 숨을 곳마저 없어서 어쩔 수 없이 매여 있는 신세이다. 또 신하가 윗사람을 섬기는 것은 명령에 따라 겨우 계획을 짜내는 데에 분주할 뿐이지만, 종이 주인을 섬기는 데는 진구렁에 드나들고 매를 맞거나 치욕을 당하는 것이 보통이고 보니 사실은 원수인 것이다.

그런데도 신하는 임금의 상사(喪事)에 머리를 풀지 않는데, 종은 주인의 상사에 반드시 머리를 풀고 꼭 처자와 같이 하며, 신하의 죽음에는 임금이 조상을 하고 제문을 보내는 예가 있는데, 종의 죽음에는 주인이 한 번 슬퍼하지도 않고 술 한 잔 붓는 일이 없으니, 왜 그럴까?

나의 농장에 '관(管)'이란 종이 있었는데 죽은 지가 이미 수년이 지났다. 우연히 그곳을 지나다가 물어보니, 그 무덤에 오래 전부터 제를 지내지 않는다기에, 다음과 같이 제문을 지어 위로한다.

'아무 달 아무 날에 성호일인(星湖逸人)은 죽은 종 아무개의 무덤에 고하노라. 아아, 나라의 옛 풍속에 종과 주인의 분의를 임금과 신하에 비교했다. 그러나 어진 임금에 대해 신하가 반드시 은혜를 갚는 것은 당연하지만, 주인은 박대하면서 종에게 충성을 바라는 것은 어찌 이치라 하겠느냐. 너는 평생 동안 부지런히 윗사람을 받들었으므로 내가 실제로 힘입음이 많았는데 어찌 차마 잊겠느냐. 너의 자식이 불초하기에 내가 일찍이 훈계한 적이 있었는데, 이제 과연 살길을 잃어 떠나버려 그 살던 데서 제사도 못 지내고 너의 무덤에 풀이 우거졌는데도 벌초할 것을 생각하는 자가 없구나. 살아서는 이미 수고로웠고 귀신이 되어서도 늘 굶주리니 어찌 슬프지 않으랴. 내가 우연히 이곳을 지나다가 너를 불쌍히 여기는 마음에서 간단히 떡과 과일을 갖춰 너의 외손을 시켜서 무덤 앞에 술 한 잔을 붓게 하고 변변치 못하나마 몇 마디 고하노니, 네가 비록 문자를 해득하지 못하지만, 귀신의 이치는 느껴서 통하고

정성이 있으면 반드시 깨닫게 마련이니, 너는 흠향하라.'

그런데 이 일을 남들이 보면 반드시 나를 비웃을 것이다. 그러나 인정이 여기에 있으니, 아마 이렇게 함이 옳을 것이다.

억울하게 죽은 계집종이 요귀로 화함
冤婢作妖 원비작요

왕손(王孫) 정(楨)은 바로 인평대군(麟坪大君)*1의 아들이다. 그 부인이 질투가 많아 득옥(得玉)이란 계집종에게 학형(虐刑)을 가하여 죽게 했는데, 득옥이 죽은 뒤에 요귀로 화하여 야차(夜叉 : 사나운 귀신)와 함께 한낮에 그 집에 들어와서 용마루를 타고 다니므로 이것을 보고 달아나 숨지 않는 이가 없었고, 이로부터 온갖 요사와 변괴를 일으켜 끝내 그 일족을 다 멸하고야 말았다. 인평대군은 나라에 공로가 있는 이로서 병자년 당시 연경에 세 번, 요동성에 아홉 번이나 다녀왔고 효종과의 우애가 지극하여, 이른바 장침대피(長枕大被)*2도 비교가 안 될 정도였지만, 자손들이 모두 반역죄로 옥사했고 다만 손자 하나가 벙어리에다 귀가 먹은 천형(天刑)으로써 죽음을 면하고 제사를 받들어 대가 끊기지 않았으니, 역시 기이한 일이다.

태조의 훈요 10조
麗祖訓要 여조훈요

왕 태조(王太祖)가 그 말년에 친히 훈요(訓要) 열 가지 조항을 만들었으니, 그 내용인즉 모든 사원(寺院)에 있어서 도선(道詵 : 신라 말기의 지리술에 정통하던 대사)이 터를 점지한 것 말고 함부로 창건하는 것은 지덕(地德)을 손상시켜 나라 운명을

---

*1 인평대군 : 조선조 인조의 셋째 아들. 호는 송계(松溪). 효종의 아우. 병자호란 후 청나라의 압박이 날로 심해지자 부왕 인조를 도와 외교 사명을 받들고 여러 차례 청나라에 가서 많은 공을 세웠고, 글씨와 그림에도 뛰어났으며, 저서로는, 《송계집(松溪集)》《연행록(燕行錄)》《산행록(山行錄)》등이 있음.
*2 장침대피 : 긴 베개를 함께 베고, 큰 이불을 함께 덮는다는 뜻으로 형제간에 우애가 있음을 비유하는 말.

재촉하며, "차현(車峴)에서 남쪽 공주강(公州江) 밖의 산과 땅은 모두가 반역적인 형체이고 인심도 그러하니, 거기서부터 남쪽 지방의 인사들에게 벼슬을 주어 권세를 부리게 해서는 안 된다" 하였다. 대개 고려 태조가 남긴 훈요는, 모두가 부처에 대한 일로서 도선의 협조와 찬성으로 되지 않은 것이 없으니, 그 일의 잘하고 잘못함을 논하지는 않겠으나, 지금 우리 성조(聖朝)의 기반이 사실 전주에서 시작되었으니, 도선의 말이 과연 헛된 것은 아니라 하겠다. 그러나 그가 한갓 사람을 등용하여 권세를 부리지 못하게 금할 것은 알았으나, 천의(天意)와 인심(人心)이 이미 남모르는 사이에 옮겨질 줄은 몰랐던 것이다. 그렇다면 자(尺)도 짧음이 있고 치(寸)도 긴 것이 있다시피 술법도 때로는 통하지 않는 점이 있어서 그런 것일까?

일본지세변과 격조선론
日本地勢辨及擊朝鮮論 일본지세변급격조선론

얼마 전 왜국에 사신으로 가서 왜인들의 문자 몇 편을 얻어 온 이가 있었다. 후세에 참고가 될 만한 자료이긴 하나 그 말의 연결이 제대로 이루어져 있지 않아, 반드시 바로잡은 뒤에야 이해할 수 있기 때문에, 이제 그 뜻을 살리고 그 글을 갈무리하여, 다음과 같이 적어 둔다.

그 첫째는 '일본지세변(日本地勢辨)'이니, 그 대략에 "저 중국은 사방 나라들이 복종하는 대상이지만, 오직 본국이 그들이 명령을 받지 않는 것은 왜일까? 본국은 동해 속에 위치하여 모양이 마치 비파와 같아 동북은 산을 기대어 넓은 평야가 되고, 서남은 바다를 끼어 좁고 꼬부라졌으며, 사방에 이웃 나라가 없고 다만 서남쪽 한 구석인 구주(九州)가 동오(東吳)와 조선에 가까울 뿐인데 역시 바다로 수천 리 길이다. 만약 남북으로 뻗어 중국과 대치했더라면, 그 형세가 독립할 수 없었을 것이며, 또 주장은 반드시 동쪽 넓은 땅에 자리를 잡아 그 근거를 튼튼하게 한 뒤에, 여러 주(州)에다 영(營)을 설치해 그 안을 지키고, 서쪽에 진(鎭)을 나열해 그 바깥을 막았으므로 나라가 저절로 편안하게 되었다. 중국이 비록 크긴 하지만 힘이 못 미치고, 우리나라도 강하긴 하지만 경내의 땅이 좁아서 바깥을 도모할 겨를이 없으니, 피차가 이 때문에 서로 침범할 수 없었다. 아득한 옛날로부터 우리의 천자를 세우고 우리의 왕명을 높이고 우리의 신명(神明)을 공경하여 실패하지 않은 것은, 사민(士民)의 힘이 아니라 바로 땅의 형세가 그러했기 때문이다" 하였다.

그 둘째는 '격조선론(擊朝鮮論)'이니 그 대략에, "맹자는 '작은 것이 큰 것을 대적할 수 없고 약한 것이 강한 것을 대적할 수 없다' 하였으며, 손무자(孫武子)는, '적을 작게 보면 굳건하고 적을 크게 보면 사로잡는다' 하였으니, 도요토미 히데요시가 이것을 모르고 멀리 큰 명나라를 치기 위해 조선에 길을 빌리려 했으나 조선이 듣지 않자, 13만 군사를 일으켜 조선을 먼저 토벌하는데, 우키타 히데이에(浮田秀家)를 대장군으로, 고바야카와 다카카게(小早川隆景)를 모주(謀主)로, 안코쿠지 에케이(安國寺惠瓊)를 감군(監軍)으로, 고니시 유키나가(小西行長)를 선봉으로 삼고 일기주(壹岐州)에 이르러 배를 타기 위해 바람을 기다리다가 유키나가가 먼저 떠나 부산포에 이르자, 조선 군사 2만 명이 부산성을 지키고 있었다. 유키나가가 급히 공격하여 8천여 군사의 머리를 베고, 나아가 동래성을 함락시켜 9백여 군사의 머리를 베었으며, 드디어 충주에 이르러 비밀히 공격할 계획을 세워 성 밑에서 불을 놓자, 적군이 와해되어 사망한 자의 수가 셀 수 없을 정도였다. 뒤에 건너온 여러 장수가 충주에서 유키나가를 만나 두 갈래로 군사를 나누되, 가토 기요마사(加藤清正)를 남대문 선봉으로, 고니시 유키나가를 동대문 선봉으로 삼아서 바로 왕성(王城)으로 달려가니, 조선왕이 의주로 달아나므로 유키나가가 왕성을 점거하고, 기요마사는 태자 임해군(臨海君)과 둘째 아들 순화군(順和君)이 올량합(兀良哈)으로 달아났음을 알고 급히 뒤를 따라가 사로잡았으며, 히데요시는 명나라 군사가 나와 후원할 것을 염려하여 군사 6만 명을 징발해서 이시다 미쓰나리(石田三成), 오타니 기치류(大谷吉隆), 마시타 나가모리(增田長盛)로 하여금 영솔하게 하였다. 여러 장수가 왕성에 모여 다카카게(隆景)에게 군사 계획을 물으니, '조선은 대명의 속국인지라, 이 난리를 알게 되면 대명 군사가 반드시 출동할 것이니, 우리는 군사가 적은 데다가 백성들이 굴복하지 않고 군량이 다 되어 힘이 빠지면 앞으로 뒷걱정이 있을 것이다. 지금 막 승세를 타고 물러나 부산포에 진을 설치해서 군사를 정비하고 식량을 저장하여 그들이 오기를 기다려야 할 것이니, 우리는 지구전에 유리하고 급전에는 불리하다' 하였다. 그러나 여러 장수들이 따르지 않으며 비겁하고 나약하다 하고는, 모두들 압록강을 바로 건너 대명에 들어가기를 원하므로, 이에 다카카게도 부득이 이시다 미쓰나리[石田三成]의 꾀에 따라 보루[壘]를 쌓아 근본을 튼튼히 하여 주둔하기로 하고, 군사를 몰아 평양에 진입하여 옛 성을 지키되 오토오 요시무네[大友義統]가 먼저 주둔하고 나가마사[長政]와 히데카네[秀包]가 또 주둔하며, 다카카게는 후군[殿]이 되었다. 그리고 히데이에와 미쓰나리[三成]을 왕성에 머무르며 계속 지키게 하였다.

이때 요동 변방을 지키던 조승훈(祖承訓)이 군사 3천 명을 거느리고 안정관(安定館)에 이르므로, 유키나가가 먼저 날랜 군사를 내어 맞서 싸워 승리하고 기뻐하면서, '대명 군사를 겁낼 필요가 없다' 하였다. 대명 장수 이여송이 5만 명 군사를 징발해 와서 후원하는데, 조선 군사를 합하여 20만이 넘는 대군이 평양성을 공격하니, 유키나가의 군사 가운데 전사한 자가 1만 명이고 수하에 겨우 5천 명이 남았을 뿐이었다. 유키나가가 도주해 돌아와서 히데카네[秀包]에게, '대명 군사가 크게 몰려오니 보루를 버리고 달아나야 한다' 하자, 히데카네는 적의 깃발을 보지도 않고 먼저 후퇴하는 것은 무(武)가 아니니, 우리에게는 싸움이 있을 뿐이다' 하였다. 히데이에도 유키나가의 패전 소식을 듣고 크게 당황하여 급히 사람을 보내 다카카게 등으로 하여금 왕성으로 후퇴하게 하니 다카카게가 '후원 군사가 오는 것은 이미 생각했던 일이다. 그러나 우리가 바다를 건너는 날은 곧 적에게 죽겠다는 뜻이니 먼저 물러갈 수는 없다' 하고, 사람을 시켜 올량합 경계에 있던 기요마사를 불러 모두 왕성에 모이게 하였다.

이때 이여송은 이미 평양을 탈환하고 뒤쫓아 개성에 이르러, 조선 군사 수만 명으로 하여금 유격대를 만들어 왕성으로 보내 밤마다 사방에 불을 놓으니, 왜병이 더욱 겁내고 군량 또한 끊어져 군사들이 모두 굶주린 빛이었다. 누군가 이여송에게, '왜병의 강한 군사는 평양 싸움에 다하였으니 이때 진격하면 반드시 승리하리라' 하니, 여송이 이 말을 믿고 고승(高昇) 손수렴(孫守廉)·조승훈(祖承訓)에게 2만 명을 거느리게 하여 선봉으로 삼고, 여송 자신은 중군이 되고, 조선군을 후군으로 삼아 벽제관(碧蹄館)에 이르렀는데, 다카카게가 이를 듣고서 다치바나 무네시게[立花宗茂]·히데카네 등을 인솔하고 선봉이 되어 군사를 정비하여 기다렸다.

1월 26일에 무네시게의 군사와 대명의 군사가 어둠 속에 서로 부딪쳐 화살이 집중되고 무네시게의 그 날랜 용맹으로도 물리치지 못하자, 나가마사가 급히 달려와 구원하여 드디어 무네시게를 데리고 돌아왔는데, 그 이튿날 여송이 또 와서 공격하기에 여러 장수들이 서로 선봉이 되기를 다투니, 다카카게가 '제군들은 그러지 말라. 오늘의 일은 늙은 내가 있지 않은가?' 하니, 히데이에가 이 말을 따랐다. 다카카게가 군사 2만여 명을 내어 세 부대로 나눠 무네시게·히데카네·스쿠시〔築紫〕·고즈케노스케〔上野介〕·다카하시 구로오〔高橋九郎〕와 6천 명으로써 선봉을 삼고, 다카카게는 1만 2천 명으로써 중군이 되고, 모리 모토야스〔毛利元康〕는 6천 명 군사로써 후군이 되어 있었는데, 이 적을 만난 무네시게의 군사가 작은 시내를 사이에 두고 조총을 발사하여 격퇴시키고, 드디어 시내를 건너 교전하다가 히데카네가 말에서 떨어져 곧 사로잡힐 찰나 단도로 올려쳐서 죽음을 면케 하였고, 스쿠시와 다카하시〔高橋〕가 각각 협력하여 싸움을 도우며, 감군(監軍) 안코쿠지〔安國寺惠瓊〕가 아귀정(餓鬼旌)을 휘날리면서 나가 불자(拂子)를 들고서 지휘하여 격파하였다. 한편 다카카게는 이여송의 깃발을 바라보고서 좌군(左軍)·우군(右軍)으로 나눠 바로 그 중군(中軍)과 충돌했는데, 좌군 아와야 사랑〔栗屋四郎〕이 약간 후퇴하자, 이노우에 고로〔井上五郎〕과 모토야스〔元康〕가 달려와 구원하여 사시부터 오시까지 열전을 계속하고, 히데이에는 후군에 있으면서 무너진 군사를 감시하니 여러 장수들이 앞다투어 싸웠다.

이때 이여송도 이여백(李如栢)·이여매(李如梅)·이영(李寧)·이유승(李有昇)·양원(楊元) 등을 거느리고 사력을 다해 싸움을 전개하다가 이유승이 손수 몇 사람을 베다가 탄알에 맞아 죽고, 여송은 말에서 떨어져 곧 정사랑에게 사로잡히려는 찰나 마침 대명 군사 수백 명이 부축해 말에 올려 달아나니 대명 군사 사망자가 만여 명인지라, 이에 다카카게가 개가를 울리며 돌아왔다. 이여송은 대명의 훌륭한 장수이며, 다카카게 또한 일본의 슬기와 용맹을 겸한 자이니 두 영웅이 서로 만나 한판 싸움으로 승부를 결정한 것은 고금에 없었던 일이라 하겠다. 그런데 여송은 개성에서 군사를 거둬 장차 물러나 평양을 확보할 계획이었으나 때마침 남쪽 군사 수천 명이 이르자, 이것을 믿어 움직이지 않고, 왜병도 개성천을 넘지 못한 채 서로 버티기를 오래하였다. 그러나 대명 군사는 날로 늘어나 국민들이 믿어 복종하고 왜병은 후원이 없는 데다가 국민들도 따르지 않으므로, 이에 군사를 증원해 줄 것을 히데요시에게 요청하자 그가 2만 명을 더 보내와 구원했지만, 형세 또한 서로 맞설 수 없는지라, 다카카게가 여러 장수들을 모아 의논하기를, '적군은 날로 편안해지는데 우리는 날로 수고롭고 군량 또한 다 되었으니 물러나 부산포를 지키며 뒷일을 도모하는 것만 같지 못하리라' 하니, 모두들 이 말을 따랐다.

처음 왜병이 왕성을 점거할 때 조선 사람으로서 와서 붙은 자가 왜병보다 많았는데, 누가 말하기를 '그들을 유인하여 다 섬멸해야지, 그렇지 않으면 비밀이 누설되어 우리의 돌아갈 길을 막으리라' 하자 다카카게가 '그렇지 않다. 조선 사람이 아니면 우리의 군수품을 운반할 수 없으리니, 급히 군영을 불사르고 연화(烟火)를 이용하여 퇴병하면 백성들이 놀라고 두려워하여 반드시 뒤에 도모할 수 있는 일이 없을 것이다' 하므로, 모든 일을 그의 계획대로 하였다. 조선의 모신(謀臣)이 이여송에게, '이제 급히 추격하면 적을 다 섬멸할 수 있으리라' 했으나 여송이 듣지 않았다. 우리 군사는 마침내 부산포에 이르러 대명 장수 심유경(沈惟敬)이 와서 강화할 것을 기다렸다. 히데요시가 또 다시 진주를 진격하여 함락시킬 것을 명령했으나 여러 장사들이 싸움에 지쳐 고국으로 돌아가기만을 기다리는가 하면 전염병으로 죽은 자가 매우 많았으며, 이미 유키나가가 평양에서 패하여 사기를 더욱 상실한지라, 삼사(三司 : 여기에서는 대장·모주·감군)와 의논한 끝에 드디어 화의가 성립되어 히데요시에게 고하자 그가 기뻐하며 모든 군대를 철수해 돌아가기를 명령하니 국민 노소 모두 만세를 불렀다.

히데요시가 다카카게의 공로를 장하게 여겨 조정에 크게 알리어 중납언(中納言)에 임명했으나, 다카카게는 은퇴하기를 청하여 벼슬을 돌리면서 축전주(築前州)를 금오중납언(金吾中納言)인 히데야키(秀秋)에게 양보하고, 비후주 삼원읍(備後州三原邑)에 물러나 살다가 경장(慶長 : 일본 후양성(後陽成)의 연호) 2년(1597)에 병으로 죽으니, 향년 62세였다. 히데요시가 그의 죽음을 매우 슬퍼하자, 누군가 히데요시에게, '다카카게가 죽은 것은 모리(毛利)가 후군으로 있어 힘이 떨어졌기 때문이다' 하니 힘이 떨어졌다는 것은 상사(傷死)라는 말이다. 히데요시는, '그렇지 않다. 나라는 어진 이가 있으므로 존립하는 것이다. 모리가 힘이 떨어진 것이 아니고 바로 일본의 힘이 떨어진 것이다' 했다. 그 뒤에 강화가 이뤄지지 않아 다시 군사를 징발해 두 번째로 조선에 대하여 기요마사·유키나가·나가마사가 차례로 군사를 몰아 진격하여 팔행(八行)에 이르렀으나, 왜병이 싸움에 지쳐 깊이 들어가려 하지 않으므로, 바닷가에 보루를 쌓아 지구전의 계획을 세워서 뒤에 여러 장수들이 남원성을 함락하고, 또 울산의 적은 퇴각했으니, 그 공이 또한 큰 것이었다. 그러나 히데요시는 오로지 살벌하기를 좋아하여, 조선을 불모(不毛)의 땅으로 만들려 했기 때문에 조선 백성들이 따르지 않고 원수와 같이 보았으며, 왜군 또한 병역에 시달려 많은 백성이 추위와 배고픔에 허덕였고 사방에서 도적이 일어났으니, 히데요시의 그 영웅다운 재주로써도 불평이 끊이지 않았고 강화의 의논만을 믿었다가, 결국 소호주(召護州)의 군영을 버리고 경사로 돌아가서 복견현(伏見縣)에다 성을 쌓고 살았다. 그리고 조선에 있을 때에 유키나가가 유정(劉綎)의 꾐에 빠져 사로잡힐 뻔했는데 마침 그 꾀를 알려 준 자가 있어서 겨우 벗어났으니, 신명이 나라를 수호한 것이라 하겠다. 히데요시가 경장(慶長) 3년 8월에 죽으므로 곧 이어 출정했던 군사를 돌리자 비로소 우리나라가 위태로운 처지에서 벗어났으니, 아! 그래도 다행한 일이었다. 히데요시는 본래 나라를 다스리고 백성들을 편안히 할 만한 술법도 없으면서 한갓 쓸데없이 군사를 일으켜 멀리 이웃 나라를 쳐 죄 없는 사람들을 죽이고, 군량과 무기를 천릿길에 운수하여 우리의 생령을 못살게 한지라, 이 때문에 신명에 죄를 얻어 그 몸이 죽고 3년이 못 되어 나라가 크게 어지러워졌으며, 그 아들 히데요리마저 원화[元和 : 일본 고미즈노오(後水尾)의 연호. 1615~1623]의 전역에 죽었다. 그러므로 작은 것으로써 큰 것을 치는 자는 앙화를 받는다 하는 것이다. 이 어리석은 나의 말이 허망한 것이 아니니, 코바야카와[小早川]가 능히 오래 지탱할 수 있었던 것은 그가 경계하였기 때문이다" 하였다.

　내가 이 변론을 살펴보니, 간혹 우리나라에서 전해 온 것과 같지 않음이 있기는 하나 전체를 참고해 볼 때 이쪽 저쪽을 다 드러내어 그 사정이 비로소 밝아졌다. 예를 든다면, 벽제의 싸움에 이여송이 실패한 것은 언급을 기피하기 때문에 그 상세한 사실을 들을 수 없었는데, 이 논에서 가장 기이한 공으로 기록했으니 이것이 빠뜨릴 수 없는 사실이며, 우리나라가 7년 동안 서로 버티면서 사신이 계속 왕래했지만, 다카카게[隆景]가 모주가 되고 기요마사와 유키나가는 하나의 편장(偏將 : 대장을 돕는 한 방면의 장수)임을 아는 이가 없었으니 왜정(倭情)을 살피기 어려움이 이와 같다. 그리고 이른바 조선의 모신은 바로

서애(西厓) 유성룡(柳成龍)이었으니, 만약 그의 계획이 시행되었더라면 왜 병을 다 섬멸할 수 있었겠거늘, 당시 여송이 듣지 않은 것을 왜인으로서는 역시 다행한 일이라 했으나, 여송 자신이 실패함을 숨기고 공로를 기피하여 모처럼의 기회를 잃었으니 그 죄가 크다.

대개 왜인은 군사를 통솔하는 기율이 없고, 다만 강한 힘과 간사한 꾀와 날카로운 칼과 빠른 탄환만 믿기 때문에, 경솔히 전진하는 자도 금하지 않고 실패하여 후퇴하는 자도 벌하지 않는지라, 비록 히데이에가 대장이 되고 다카카게가 모주가 되어서도 여러 장수들을 명령으로 제재하지 못하고, 그 군사를 다루는 것과 기율을 쓰는 것이 도리어 비장·편장과 같으니, 이것은 왜의 단점으로 왜를 방어하는 자라면 알고 있어야 할 것이다. 또 기요마사가 북으로 임해군을 쫓아간 것은 임해군을 세자로 잘못 알았기 때문이며, 유키나가가 유정의 꾀에 빠지지 않은 것은 우리나라 사람이 누설했기 때문인데, 이러한 사실은 우리들이 일찍이 깨닫지 못했던 것이다. 모두들 유정이 왜의 뇌물을 받고서 놓아 주었다 하여 분개했지만, 이 역시 곡절이 있어서 그렇게 전해진 듯하다.

명나라의 은혜
萬曆恩 만력은

임진왜란 때 두 능〔兩陵〕이 변을 당한 일*1은 반드시 갚아야 할 일이고, 만력(萬曆)*2 연간에 군사를 보내 구원해 준 명나라의 은혜는 만세까지 잊을 수 없는 덕이지만, 원수는 이미 흔적이 없고 은혜는 갚을 길이 없다. 한스러운 것은 자성(自成)*3의 반란 때 명나라 조정의 뭇 신하들은 타는 가마솥이 물을 기다리는 것처럼 초조했는데도, 우리나라는 구원병을 보내 조금이나마

---

*1 이 말은 성종의 계비(繼妃) 정현 왕후(貞顯王后) 윤씨(尹氏)의 선릉(宣陵)과 중종의 정릉(靖陵)이 임진왜란 때 왜적에 의해 도굴된 변을 이름이다.

*2 만력은 명나라 신종 황제(神宗皇帝)의 연호. 만력은(萬曆恩)은 임진왜란이 일어난 이듬해 (1593)에 명나라로부터 구원병이 와서 왜란을 진압한 은혜를 말한다.

*3 자성은 반란자 이자성(李自成)을 이름. 명나라 의종(毅宗) 4년(1631)에 유적 이자성이 반란을 일으켜 하남(河南)·호북(湖北)을 함락하고 국호를 대순(大順)이라 했는데, 뒤에 오삼계(吳三桂)에게 패하여 죽었다.

은혜를 갚는 정성을 닦지 못한 채 숨을 죽이고 옆에 앉아서 그 망하는 것을 보고 있을 뿐이었으니, 아무리 긴 주둥이와 흐르는 물처럼 막힘 없는 변론이라도 천하 후세에 할 말이 없을 것이다. 그러나 저 왜놈에게 복수하는 데에 있어서는 그래도 할 말이 있다. 원흉의 머리는 이미 베었고 남은 족속들은 허물을 고쳤으니, 오랜 세월이 흐르면 무기를 풀고 백성을 쉬게 할 수도 있다.

비록 주자의 무오당의(戊午讜議)에 "만세까지라도 반드시 갚아야 한다"는 말이 있기는 하나, 누군가 주자에게 묻기를, "본조(本朝)에서 오랑캐에게 당한 화는 백세가 되도록 갚아야 하지 않겠느냐?" 하자, 대답하기를, "이 일은 말하기 어렵다. 원수를 눈앞에 두고도 보복을 하지 못했는데, 그 아들이나 손자에게 보복하려 한다면 일만 부당할 뿐 아니라 저절로 기세(氣勢)가 식어 생각조차 없어질 것이다" 하고, 또 말하기를, "내 아버지와 내 할아버지를 죽인 원수는 반드시 내가 보복하려 하지만, 그가 아닌 그 아들이나 손자에게 보복하려 한다면 무슨 의미가 있겠는가?" 하였다.

그런데 한 무제(漢武帝)는 《춘추》의 '구세 복수(九世復讐)'라는 말을 인용하였으니, 《춘추》 어디에 이런 말이 있는가? 이는 무제가 정벌을 하기 위한 핑계로 궤변을 한 것이다. 주자의 뜻은 대개, 노나라 장공(莊公)으로부터 정공(定公)에 이르기까지 칠대(七代)를 넘지 않았으나 공자는 원수로 여기지 않아 협곡(夾谷)*4의 모임을 가졌으며, 또 진항(陳恒)이 그 임금을 죽이자 공자가 목욕을 하고 그 적신을 토벌하자고 청했던 것을 이름이니, 만약 무제의 말처럼 한다면 진항은 하등의 원수도 아닌데 무슨 토벌을 하겠는가?

대저 이웃 나라와 사귀는 도리는 오직 친목을 중히 여겨 감정을 풀고 정성을 기울여 그 종묘와 사직을 보존하고 백성들을 안식시키는 것을 때에 따라 할 뿐이다. 맹자는 말하기를, "작은 것으로써 큰 것을 섬김은 하늘을 두려워하는 것이다" 하였다. 억지로 융적(戎狄: 중국에서 서쪽 오랑캐와 북쪽 오랑캐를 아울러 이르던 말)을 섬기는 것은 그 세력이 부득이해서 그런 것인데 왜 하늘을 두려워하는 것이라 했는가? 하늘은 이치이고 하늘을 두려워함은 이치에 순응하는 것이기 때문이다. 만약 강약을 헤아리지 않고 함부로 거센 적과 부닥쳐 백성들이 도탄에 빠지고 국가가 멸망에 이른다면, 이것이 어찌 이치라 할 수 있겠는가? 지금 우리들이 밥을 먹고 사는 것도 왜와의 화친과 무관하다고 할 수는 없을 것이다.

이항복의 〈유연전〉
柳淵傳 유연전

완평부원군(完平府院君) 이원익(李元翼)이 정승 백사 이항복에게 부탁하여 〈유연전〉을 짓게 하여 그 전기가 세상에 간행되었다.

유연(柳淵)은 대구(大丘) 사람이다. 유연의 형인 유유(柳游)가 일찍이 산중에 들어가 글을 읽었는데 그가 끝내 집으로 돌아오지 않자, 그의 아버지인 현감 유예원(柳禮源)과 유유의 아내 백씨(白氏)가 모두 미쳐서 달아났다고 하므로 마을 사람들은 그렇게 알고 믿었다. 그런데 사실은 그들이 미친 것이 아니라 집안에 변고가 있었던 것이다.

그러고 나서 5년 뒤에 아버지 유예원이 죽자 유연이 여막을 지키고 상제 노릇을 하는데, 그의 매부인 종반(宗班 : 임금과 성이 같은 친족) 달성령(達城令) 이지(李禔)가 편지를 보내 말하기를 "듣건대 해주(海州)에 채응규(蔡應珪)라는 이가 있는데 사실은 그가 너의 형 유유이다. 가서 데리고 와야 옳으리라" 하였다. 그래서 유연이 종을 보내 모셔오게 했으나, 종은 돌아와서 유유가 아니더라고 말하였다.

이와 같이 두 번이나 했는데도 그 이듬해 이지가 또 사람을 보내 "채응규가 그의 첩 춘수(春守)를 데리고 내 집에 와 있는데 정말 너의 형 유유이더라" 하였다. 그리하여 이번에는 유연이 가서 본즉 역시 유유가 아니었다. 유연이 머뭇거리다가 물러나 여러 사람들과 대책을 논의했더니, 모두 하는 말이 "함께 고향으로 돌아가서 친척과 친구들을 대면시켜 가려내는 것이 좋으리라"는 것이었다.

유연이 그 계책에 따라 채응규를 데리고 고향으로 돌아왔다. 온 집안이 모두 나와 맞이하고 주위에 지켜보는 사람들이 담장을 치듯 둘러쌌다. 그때 백씨(白氏)가 시집 올 때 따라온 계집종이 대중 속에서 꾸짖기를 "네가 어떤 사람이기에 우리의 상전이 되려 하는가?"라고 하자, 그 사람의 낯빛이 변하고 입이 막혀 대답을 못했다. 유연이 계집종을 꾸짖고 나서 그 채응규라는 사람을 묶어서 관아로 보냈다.

이리하여 부사 박응천(朴應天)이 그 친척과 친구들을 모아놓고 채응규라는 자에게 하나하나 따져 묻기를 "저이는 누구이고 저이는 누구냐?" 하였다. 그 낯선 사람이 대답을 못하자, 그제야 삼목(三木 : 형틀의 한 가지)을 채워 굳게 가두고, 백씨로 하여금 와서 가려내도록 했으나 백씨가 이에 응하지 않았고, 그 사람은 얼마 뒤에 병으로 풀려나와서 마을 집에 붙여 지내다가 끝내 달아나 버렸다.

그런데 백씨가 상복을 입은 채 감사에게 하소연하기를 "남편의 불량한 아우가 재물을 탐내는 것이 끝이 없고, 진실을 가리켜 거짓이라 하여 종가를 빼앗을 계책을 꾸미며, 또 옥사쟁이에게 뇌물을 주고 도적이 살해한 것으로 하여 그 흔적을 덮어 버렸다" 하였다. 그러자 감사가 그 억울함을 알고 부득이 유연을 수감해 그를 심문하려 하였다. 그런데 그 때 간관이 이 소문을 전해 듣고 임금에게 건의해 서울의 옥으로 옮기자, 매부 이지가 심륭(沈隆)이란 자를 개입시켜 짐짓 사실을 조작하고 드디어 고문을 가해 거짓으로 자백케 했다.

이 사건의 내용은 유예원이 앞서 좋은 토지를 사위인 이지에게 빌려준 일이 있었는데, 이지가 유연 등으로부터 말이 있을까 꺼린 것이요, 심륭은 유연의 숙모의 사위인데, 그 숙모 또한 집 재산을 심륭에게 빌려주면서 "네가 만일 자식이 없거든 이 재산을 유예원의 아들에게 돌려 주어라"라고 한 때문이다. 심륭과 이지가 이것 때문에 공모해 유씨(柳氏)를 멸망시킬 요량으로 채응규로 하여금 유연의 집에 가서 그 집 사람들이 만일 인정하지 않거든 거짓으로 화를 내어 도망쳐서 화를 일으키도록 했던 것이다.

이때 유연의 집 종 몇 사람도 도적이 죽였다고 거짓으로 진술했다 하여 마침내 유연과 함께 처형되었다. 유연이 죽을 때 그 아내에게 보낸 편지에서 말하기를 "재앙의 근원을 생각해 보니 모두 재산 때문이다. 모름지기 돌아가신 아버지의 별급(別給)과 숙모의 문권을 관가에 알리고서 없애 버려라. 그렇게 해도 밝혀지지 않거든 밤마다 기도를 하면 혹시라도 신명의 도움을 받을는지 모르겠다" 하였다. 이 사실을 전해 들은 이들은 모두 다 슬퍼했다.

그 뒤 16년 만에 수찬 윤국형(尹國馨)이 임금에게 "신이 지난번 순안현(順安縣)에서 걸인 천유용(天裕勇)이란 자를 만났는데, 함께 말을 나누어보니 아마도 유유(柳游)인 듯했고, 그 뒤에 그 고을 사람 박장춘(朴長春)에게 말했더니 박장춘도 놀라면서 '틀림없는 유유라' 하니, 매우 부합되는 점이 있습니다. 바라건대 체포하여 심문하여 주옵소서"라고 아뢰었다.

그리하여 잡고 보니 정말 앞서 사라졌다던 유유였다. 그제야 채응규를 찾아 체포했으나, 채응규는 스스로 칼로 찔러 자살하였다. 채응규의 첩이라는 춘수(春守)를 신문하니 서로 오가면서 못된 짓을 부추긴 상황을 갖추어 자백하였다. 그리하여 이지는 곤장에 맞아 죽고, 춘수는 목매달려 죽고, 유유는 그 아버지 장례를 치르지 않은 죄로 용강(龍岡)으로 귀양 갔다.

그 뒤 유유가 풀려나오자, 부인 백씨(白氏)가 부득이 서울로 들어갔다. 그때 유유가 꾸짖기를 "네가 먼저는 채가놈을 나라고 인정했고, 나중에는 도적놈들로 하여금 나의 아우마저 죽이게 했지!" 하고는 옷을 뿌리치고 가려 하자, 백씨가 말하기를 "이 남편이 전에도 불측한 말로써 나를 덮어씌우더니!" 하였다. 유유가 백씨를 놓아보내고 끝내 백씨와 왕래하지 않았다. 백씨는 그 뒤 아무런 탈이 없었다고 한다.

뒤에 이지의 아들 이언관(李彦寬)이 거짓 글을 지어서 아버지의 악행을 덮으려 했으나 하담(荷潭) 김시양(金時讓)이 냉정하게 변론함으로써 환히 밝혔고, 또 자세한 내용이 판서 윤국형(尹國馨)의 《문소만록(聞韶漫錄)》에도 적혀 있다.

이 사건은 고려조의 영흥군(永興君) 환(環)의 일과 매우 비슷하다. 공양왕 원년에 영흥군 환이 무릉도(武陵島)에 귀양 간 뒤 살았는지 죽었는지 알 수 없게 된 지가 19년이었다. 부인 신씨(辛氏)는 그가 풍파에 휩쓸려 왜국으로 갔다는 소문을 듣고 조정에 간청, 집종으로 하여금 사신을 따라가서 물색해 찾아오게 한 것이 무려 네 번이나 되었다.

네 번째 걸음에 그 종은 이른바 환이란 자를 데리고 함께 돌아왔다. 그런데 그는 사람됨이 매우 어리석고 얼굴도 보잘것없었으며 언어까지 모두 잊어버린 상태였다. 게다가 그 아버지·할아버지의 성명과 전에 살았던 마을을 전혀 모르는 것이었다.

부인 신씨(辛氏)의 동생인 전 판사(前判事) 신윤공(辛允恭)과, 또는 그의 동생의 인척인 전 부사 박천상(朴天祥)과 밀직부사(密直副使) 박가흥(朴可興), 지밀직(知密直) 이숭인(李崇仁), 하륜(河崙) 등이 일제히 증언하기를

"이 사람은 사실 환이 아니다"라고 하였다. 그런데 신씨는 와서 보고 매우 기뻐하면서 말하기를 "다른 사람이 아는 바가 어찌 아내가 아는 것만 하겠는가?" 하고는 드디어 사헌부에 소송했다. 사헌부에서 그 종실과 박천상 등을 집합시키고 환의 두 아들과 그 형인 승려 선수(仙髓)를 상대시켜 변별하도록 하자 모두 말하기를 "영흥군이 틀림없다" 하므로, 이에 박천상 등을 규탄해 무고죄로 처벌하였다고 한다. 세상에는 별 해괴한 일이 많으니 옥사를 판단하는 자는 삼가야 할 것이다.

낙정 조석윤
趙樂靜 조낙정

낙정 조석윤(趙錫胤)은 어려서부터 신중했다. 그는 집이 교외에 있었기 때문에 배를 타고 한강을 건너다녔는데 하루는 풍파가 몹시 거세어서 건너갈 사람들이 많이 밀려 있었다. 이리하여 나룻배는 짐을 무겁게 싣고 떠났으나 반쯤 건너다가 침몰되었다. 그때 마침 그의 친구 한 사람이 언덕 위에서 조석윤이 그 배에 오르는 것을 목격했으므로 틀림없이 함께 빠져 죽었으리라 생각하고 그의 아버지를 찾아가서 그 사실을 말하였다. 그런데 그의 아버지가 믿지 않으면서 말하기를 "우리 아이는 함부로 건널 자가 아니다" 하였다. 과연 잠시 뒤에 조석윤이 뒤따라왔다. 그러니까 처음에 배를 탄 것은 사실인데, 그 위태로움을 헤아리고 곧 도로 내려서 인마(人馬)가 거의 뜸할 때까지 기다렸다가 천천히 건너온 것이었다.

이러한 것도 남의 자식에 대해서는 자기 몸을 조심해야 하는 하나의 교훈이 될 것이다.

남파 홍우원
洪南坡 홍남파

남파 홍우원(洪宇遠)이 친구들과 함께 과거 공부를 할 때, 어떤 사람이 와서 과거시험 문제가 어디에서 나올지 미리 알려 주어 모두가 그 문제에 대한 답안을 준비하였다. 그런데 남파만은 혼자 그렇게 하지 않는 것이었다.

그런데 날짜가 되어 막상 과거시험장에 들어가 보니 정말로 그 문제가 나왔는지라, 남파는 그만 못마땅해하면서 응시도 하려 하지 않았다. 온 좌석의 사람들이 모두 "그대는 미리 준비하지도 않았거늘 무엇이 의(義)에 어긋나는가?"라고 말하자, 대답하기를 "사전에 문제를 유출시켰으니 어찌 응시할 수 있겠는가?" 하고 끝내 따르지 않았다.

그리고 언젠가 또 초시에 합격해 동당(東堂)의 시험장으로 나서려는데, 곧 비가 쏟아질 듯하므로 시험장으로 들어가지 않았으니 그의 자중(自重)함이 이러하였다.

우리 집 아이 맹휴(孟休)도 동당시에 응시하려 과거장에 들어갔다가 비가 내려 도로 나왔는데, 갑자기 날씨가 맑게 개니 사람들이 아깝게 여겼다. 그러나 나는 이 소식을 듣고 기뻐서 편지를 보내기를 "그와 같이 근신해야 하니, 나의 기쁨은 과거에 합격한 소식을 듣는 것보다 더 기쁠 뿐이다" 하였다. 내가 이러한 사실을 적어 두는 것은 자손들이 이를 보고 깨달음이 있기를 바라는 뜻에서이다.

성삼문의 위패
成先生木主 성선생목주

성삼문 선생이 단종의 복위를 도모하다 순절하자, 그 아버지 승(勝)과 아들 다섯 사람이 다 한꺼번에 죽임을 당했는데, 그 뒤에 노량진[鷺湖]에다 원(院)을 세우고 나라에서 그 원의 명칭을 민절(愍節)이라 하사했다 한다. 그런데 앞서 20년 전 임자년에 백악산(白岳山)이 무너지자, 어떤 사람이 그 언덕 밑의 흰 자갈 땅 속에 신주가 하나 묻혀 있는 것을 발견하니, 분을 칠한 전면에 '성삼문 신주(成三問神主)'라는 다섯 글자가 있고, 함중(陷中)[*1]에 '무술생 외손 박호(戊戌生外孫朴壕)'라는 일곱 글자가 있었으니 호(壕)는 바로 선생의 맏사위인 부사(府使) 임경(臨卿)의 아들로서 벼슬이 호조판서인 자이며, 그 신주 전면의 글씨는 선생의 부인 연안 김씨(延安金氏)가 쓴 것이라 하는데, 글자 획을 보아 부인의 글씨가 분명했다. 드디어 판서 엄즙

---

*1 함중 : 신주 뒤쪽 전면을 장방형으로 우묵하게 깎아 파낸 부분. 이는 망인의 성명이나 관직 등을 기록하기 위하여 만든 것임.

(嚴緝)의 집에 봉안하니, 엄(嚴)은 또 박(朴)의 외손인지라, 그 뒤에 홍주(洪州)에 있는 옛집을 수리하여 봉안했다고 한다.

선생이 돌아가신 지가 지금 거의 3백 년이 되는데, 분을 칠한 나무 신주가 언덕 밑 풀 나무 속에 보존되어 있었으니 그 일이 또한 기이하다. 몸은 세상 어디에서도 보전될 수 없었거늘 나무 한 조각이 구중의 땅 밑에서도 썩지 않은 것은 귀신이 보호하여 그런 것일까? 나는 노량진 무덤 앞을 지날 때마다 반드시 말에서 내려 엄숙히 추모했으니, 지금 이 말을 듣고 어찌 쓸쓸한 감탄이 일어나지 않을 수 있겠는가? 이것으로 생각하건대, 사람들은 병화를 당하면, 사당에 모신 신주를 짊어지고라도 떠나가려 하지만, 언제 어디에서 생사를 알 수 없는 즈음에 그 형세가 매우 불편하다 하여 흙 속에 묻어두기만 하고 떠나간다면, 선대의 혼령은 어디에 의지하겠는가? 옛날 군사로 출행할 때 폐백을 싣고 가는 것과, 또는 비단에 묶어 신(神)을 의지하게 하는 제도에 의거하여 비단으로 접기를 지금의 혼백(魂帛)처럼 해서 신을 의지할 것을 축으로 고한 다음 자루에 넣어서 가고, 목주는 그전에 정결한 땅에 묻어 두었다가 다음 돌아와서 또 축으로 고하고 도로 봉안하여도 좋지 않을 것은 없으리라. 실로 잘 간직한다면 더럽히거나 상하지 아니할 것이니, 성씨의 일을 보고 증험할 수 있다.

봉래 양사언
楊蓬萊 양봉래

봉래 양사언(楊士彦)의 글씨는 높이 떠 있어 마치 하늘에 치솟고 허공을 걸어가는 기상이 있으니, 그 글씨 속에 선골(仙骨 : 비범한 풍격)이 묻어남을 속일 수 없다. 그리고 그의 아우 양사기(楊士奇), 양사준(楊士俊)과 아들 양만고(楊萬古)가 모두 문과에 급제하여 벼슬은 그다지 현달하지 못했다 하여도 네 사람이 모두 글씨를 잘 써서 이름을 날렸다.

용주(龍州) 조경(趙絅)의 〈제망우 학동노선문(祭亡友鶴洞老仙文)〉에 "혼령은 봉래 선생의 아들이요 풍고사백(楓臯詞伯)의 조카라" 하였으니, 학동은 곧 양만고이고 풍고는 양사기를 가리킨 말이다. 그 제문의 뜻이 간곡해 적선(謫仙)의 재주로써 추모하고 신선의 연분을 허락하였으니 그 사람됨을 상상하여 알 수 있다.

세상에서는 봉래의 신분이 미천하다고 전해지나, 조경이 양사언을 이처럼 떠받들었으니 옛사람이 그 인재를 사랑함이 이와 같았다.

백사 이항복
李白沙 이백사

임진년의 중흥에 백사 이항복을 수훈(首勳 : 첫째 가는 큰 공훈)으로 정하고, 해설자는, "난리의 어수선한 즈음을 당해 이 재상만이 주상의 좌우를 떠나지 않았으며, 주상이 압록강을 건너려고 두루 물을 때에도 수종(隨從)하기를 원한 이가 역시 공을 비롯한 세 사람뿐이었으니, 이것이 곧 수훈이 되는 것이다" 하였다.

옛날에 조양자(趙襄子)가 진양(晉陽)에 포위되었다가 그 포위에서 벗어나 고혁(高赫)에게 수훈의 상을 주었으니, 그 당시 큰 공을 세운 윤탁(尹鐸) 같은 이들 중에 어찌 고혁만한 사람이 없었으리오마는, 양자가 그에게 상을 준 것은 왜 그럴까? 그의 말에, "진양의 포위는 사직(社稷)과 국가의 위태로운 때인데도, 뭇 신하들이 교만하고 업신여기는 마음이 없지 않았는데 오직 고혁은 군신의 예의를 잃지 않았다" 하였으니, 이것으로 미루어 보더라도 선왕들이 그 뭇 신하들에 처한 것이 참으로 그 권장할 바를 알았다 하겠다.

재상 유관의 우산
柳相手傘 유상수산

문정공(文貞公) 유관(柳寬)은 조선 시대 이름난 재상이다. 청렴결백하고 검소하여 그가 사는 집은 비바람을 가리지 못할 정도였다. 언젠가는 한 달이 넘도록 장마가 이어져 집 안에 비가 주룩주룩 새는 것이었다. 유공이 직접 우산을 들고 비를 가리면서 부인을 돌아보고 말했다. "우산도 없는 집에서는 이 비를 어떻게 견딜까?" 그러자 부인이 "우산이 없는 사람은 반드시 다른 준비가 있겠지요" 하자 유공이 웃었다 한다. 세상 사람들은 이것을 이야깃거리로 삼아 유공의 검소함을 찬양하면서도 유공이 세상 물정에 어두움을 비웃었다. 그렇지만 나는 이것만으로 어떻게 유공을 다 알 수 있겠는가 생각한다. 유공의 이 말로 미루어 그가 남들보다 뛰어난 점이 두 가지 있음을 알겠다. 비가 아직 다 내리지 않았다는 것이 하나이고, 백성들을 아직 다 구제하지 못했다는 것이 또 하나이다. 그러니 오막살이에 사는 백성들이 어찌 속내를 털어놓고 감탄하지 않겠는가.

자기의 괴로움으로 말미암아 다시 남의 가난함을 염려하는 것은 두공부(杜工部)의 이른바 '광하천만간(廣廈千萬間)'과 상통하는 생각이니, 우산 없는 걱정은 온 천하의 백성들을 비호하려는 뜻에서다. 무릇 물질로써 몸을 받드는 자는 자기보다 나은 자를 취하여, 아무리 넓은 집과 부드러운 담요를 누리더라도 부족함을 느끼게 마련이니, 이러한 자는 논할 것이 없거니와 오직 스스로 너그럽게 처신하는 자만이 언제나 자기보다 못한 자와 자신의 처지를 비교할 줄 안다. 집에 비가 주룩주룩 새는 그 속에서 우산 없는 집의 괴로움이 더할 것만을 생각했다면, 자신은 얼마든지 스스로 위로할 수 있는 것이다. 유공이야말로 그 이름을 돌아보고 그 의리를 생각나게 하는 분이니, 이것이 곧 자수(自守)의 요령을 얻은 것 아니겠는가. 만일 자신의 괴로움에만 얽매여 다른 사람의 어려움을 알지 못하는 자가 있다면 유공의 일화는 어리석은 사람 앞에서 꿈을 설명하는 격이 될 것이다.

조선조의 악장
國朝樂章 국조악장

우리나라 풍속 가사(歌詞)에 대엽조(大葉調)가 있는데, 형식이 모두 같아서 길고 짧은 구별이 없다. 그 가운데 또 느린 것, 중간인 것, 빠른 것 등 세 가지 곡조가 있으니, 이것을 본디 심방곡(心方曲)이라 하였다. 느린 것은 너무 느려서 사람들이 싫증을 내 없앤 지가 오래고, 중간 것은 조금 빠르나 또한 좋아하는 사람이 적어 지금에 통용되는 것은 곧 대엽(大葉)의 빠른 곡조이다. 그 이사(俚詞) 한 편이 세 가지 곡조에 통할 만하나 그 말이 저속하고 더러워 이를 만한 것이 없다.

내가 일찍이 대강 《초당시여(草堂詩餘)》[1] 사구(詞句)에 의하여 1편을 지었는데, 그 이름을 〈황엽비(黃葉飛)〉라 하였다. 그 가사는 이렇다.

창 밖의 바람 서리에 누런 잎 떨어져 날고
반 바람벽 등잔에 사람은 서재에 기대었네.
일 년 중 오늘밤 길기도 하고
참다운 즐거움 마음에 있으니 아는 자 드물구나.
저 어느 곳이 백구공곡*²인가
한가롭게 거문고 안고 달빛을 마주 보네.
窓外風霜黃葉倒飛 半壁靑燈人倚書幃
一年今夜永 眞樂關心知者稀
彼何處白駒空谷 閒抱瑤琴對月輝

이는 모두 6구(句)인데, 강조(腔調)*³가 모두 맞고 시속에 어그러지지 않으니 삼첩 양관(三疊陽關)*⁴과 서로 부합된다. 속조(俗調)는 다섯 절(節)이 있고, 그 사이에 또한 장단의 구별이 있는데, 지금은 여섯 구라도 맞지 않는 것이 없다. 음률을 아는 자가 어떻다 할 것인지.

대개 우리나라에는 신라 때부터 악가(樂歌)가 있었는데 조정(朝廷)과 향당(鄕黨)의 음악이 모두 이언(俚諺)을 따르고, 한 사람도 운에 맞게 지어 현가(絃歌)에 올린 것이 없었으니, 습속의 저속함이었다. 내가 만든 가사는 비록 취할 것이 없는 것 같으나, 일을 좋아하는 사람이 이를 이어간다면 또한 어찌 이 시대 전장(典章)의 한 도움이 되지 않겠는가. 생각해 보면《시

---

*1 《초당시여》: 저자의 이름은 정확히 전하지 않으나 남송(南宋) 사람이 지은 것이라는 말이 전해 온다. 사가(詞家)에서 소령(小令)·중조(中調)·장조(長調)의 구분을 둔 것은 이 책으로부터 시작되었음.

*2 백구공곡(白駒空谷)은 《시경》 소아 백구(白駒) 편의 "皎皎白駒 在彼空谷"을 인용한 것으로서, 곧 현인(賢人)의 은둔을 말함.

*3 악곡의 성률(聲律). 율(律)은 조(調)라고도 하니, 궁조(宮調)·상조(商調)와 같은 것이고, 발성(發聲)으로 말하면 강(腔)이라 하니 진강(秦腔)·곤강(崑腔)과 같은 것임.

*4 양관은 곡조의 이름. 당나라 왕유(王維)의 시에 "渭城朝雨浥輕塵 客舍靑靑柳色新 勤君更進一盃酒 西出陽關無故人"이라는 것이 있는데, 뒤에 악부에 올려서 송별곡(送別曲)을 만들었음. 양관구(陽關句)에 이르면 반복하여 노래하기 때문에 양관삼첩이라 하고, 또는 위성곡(渭城曲)이라고도 함.

경》 300편 가운데 가악(歌樂)이 아닌 것이 없다. 고가(古歌)에는 사언(四言)이 많았는데, 뒤로 내려오면서 사곡(詞曲)이 들쑥날쑥하여 반드시 모두 율에 맞지는 않았다.

고려 때의 황풍악(皇風樂)이라는 것은 당나라 때 정악(正樂)의 소리를 본뜬 것인데, 악장은 왕씨가 처음 나라를 세운 공을 칭송하였다. 조선조 초기에 정인지 등에게 명하여 〈용비어천가〉를 짓고 그 가운데서 위 일곱 장(章)과 아래 세 장을 취하여 〈여민락(與民樂)〉을 삼았는데, 이것은 황풍악의 강절(腔節)을 따라서 가사에 맞춘 것으로, 가사는 곧 사언시(四言詩)이며, 옛날의 뜻과 부합된다.

임금께서 언제나 서교(西郊)에서 조서를 맞이할 때에는 언제나 대궐 뜰로부터 풍악 연주를 시작하여 마침내 숭례문(崇禮門)에 이르러서 연주를 끝내고, 다시 연주를 시작하여 모화관(慕華館)에 이르러서야 바야흐로 끝냈는데, 선초 초년에 음악이 차츰 빨라져서, 대궐 뜰로부터 광통교(廣通橋)에 이르면 연주가 끝났다. 아는 사람이 그 성음(聲音)이 다급한 것을 깊이 걱정하였는데, 얼마 지나지 않아 임진왜란이 있었다.

이 말은 허균(許筠)의 기록에 있는데, 오늘날에 와서는 과연 어떠한지 또한 알 수 없다. 대개 지금의 대엽조 또한 느리던 연주가 빠른 쪽으로 나아가고 있으니, 아악(雅樂)이 갈수록 빨라진 것도 그 형세가 마땅히 그러하였으리라.

또한 지금 사람들은 계면조(界面調)를 대단히 좋아한다. 이것은 고려 때 정서(鄭叙)가 지은 것으로서 일명 〈정과정곡(鄭瓜亭曲)〉이라 하기도 하는데, 이는 듣는 자의 얼굴에 눈물이 흘러 흔적을 이루기 때문에 그렇게 부르는 것이다. 그 소리가 슬프고 원망스러우니 곧 상간 복상(桑間濮上)*5의 남아 있는 흐름이다. 만일 사광(師曠)*6으로 하여금 듣게 하였다면 반드시 귀를 가리고 듣지 않았을 것이다. 성세(聖世)가 융성하게 일어나는데, 사연(師涓)의 미미지음(靡靡之音)*7이 무슨 소용이겠는가.

---

*5 복수(濮水) 위에 상간(桑間)이라는 땅이 있는데, 망국의 음조(音調)가 여기에서 나왔다고 전해지고 있음.
*6 사광은 춘추시대 진(晉)나라의 악사(樂師). 음조(音調)를 잘 알아서 한 번 들으면 길흉을 알았다고 한다.

임진왜란 때의 명나라 장수

李如松 이여송

임진년 변란에 선조 임금이 탄 수레가 명나라로 들어가려다가 압록강에 이르러 건너지 않은 것은 다만 평양의 왜적이 한곳에 모여 있을 뿐 움직이지 않았기 때문이고, 왜적이 움직이지 않은 것은 그들 수군(水軍)이 패배하여 소식이 없었기 때문이었다. 그러니 충무공의 한산대첩이 아니었으면 평양의 왜적은 반드시 전진했을 것이다. 그렇다면 당연히 충무공의 공을 으뜸으로 삼아야 한다. 그러나 만일 이여송의 평양 승리가 없었다면 백성들의 산 목숨은 어육이 되기를 기다리고 있을 수밖에 없었을 것인데, 그 공이 도리어 양호(楊鎬 : 명나라의 군인. 정유재란 때 울산에서 벌어진 도산성 전투에서 패하고도 승리로 보고했다 들통나 파면되었음)의 아래로 돌아간 것은 무슨 까닭인가? 이여송이 벽제(碧蹄)에서 패하고 나서 기운을 잃어 싸울 뜻을 잃고 크게 기회를 잃었으니, 참으로 죄가 있으나 대세를 잡아 돌이킨 그 은혜는 잊을 수 없다.

이여송은 영원백(寧遠佰) 이성량(李成梁)의 아들인데, 어떤 이는 "이성량의 할아버지가 우리나라 이산(理山) 땅 독로강(禿老江)에 살다가 살인을 하고 달아나서 철령위(鐵嶺衛)로 들어갔다. 그런데 이성량의 아비가 변방에서 공을 세워 유격(遊擊)이 되었고, 이성량은 음직(蔭職)으로 지휘(指揮)에 보직되어 오랑캐를 친 공로가 많으므로 기용되어 험산보(險山堡)를 지켰다. 허국(許國)이 사신으로 올 때에 이성량이 죄를 얻어 앞으로 탄핵을 당하게 되었다. 이리하여 역관(譯官)에게 애걸하였는데, 곽지원(郭之元)이 중간에서 알선하여 죄를 모면케 되었다. 몇 해 안 가서 총병(摠兵)이 되어 천 리 지역을 개척하고, 아들과 사위로 고관(高官)이 된 자가 10여 명이었다. 곽지원이 일찍이 베이징을 오갔는데, 이성량이 대단히 후하게 대접하여 그것으로 치부하였다" 하니 이 말이 참으로 믿을 만하다. 그러나 임진년 난리 때

---

*7 악곡 이름. 은나라의 악관(樂官) 사연(師涓)이 주왕(紂王)을 위하여 지었는데, 무왕(武王)이 주(紂)를 치자 사연이 동쪽으로 달아나 복수(濮水)에서 익사하였음. 춘추 때 위 영공(衛靈公)이 복수 위에서 자다가 밤중에 거문고 타는 소리를 듣고 악관을 시켜 옮겨 쓰게 하였다. 그리고 조금 뒤에 시혜대(施惠臺)에서 그것을 연주하니 사광이 듣고 중단시키면서 망국의 소리이니 들을 것이 없다 하였음.

에 이여송 형제 몇이 오래도록 우리나라에 있었는데, 끝내 여기에 대하여 한 마디 말도 하지 않은 것은 무슨 까닭인가?

압록강이 막혀서
鴨綠天塹 압록천참

중국 명나라 영락(永樂 : 명 성조의 연호) 이후 연경(북경)에 도읍을 정함으로부터 우리나라와 명나라가 서로 가까워졌으니, 중국 서남쪽 변방에 비교하면 가까울 뿐만이 아니다. 그러나 언어와 의복이 중국과 전혀 달라서 사신(使臣)의 왕래 이외에는 서로 통하지 못하게 하니, 압록강의 한 강물이 문득 천참(天塹 : 요충지)을 이루어 중국 본토의 주현(州縣)과 구별되었다. 그러나 군사력이 대단히 눌리어 위력으로 대적하지 못하고, 다만 대국으로 우러러 섬기면서 뒷구멍으로는 성세를 이루어 헛되이 공갈만 치기 때문에 남쪽 이웃 나라 일본이 두려워하여 감히 움직여 이르지 않은 지 이제 150년이 되었다. 그러므로 국내가 무사하고 한결같이 편안하여 사람들이 게을러졌다.

이에 못난 자는 높이 현달하고, 재주 있고 지혜 있는 자는 물리치니, 비록 관중(管仲)과 제갈량(諸葛亮)이 있어도 쓸모없이 되었다. 그러므로 당장 급한 일이나 얼버무리고, 구습을 그대로 따라 온갖 법도가 해이해지고, 간사하고 외람된 짓이 방자히 횡행하여 백성의 삶은 날로 어려워졌다. 만일 하루아침에 어떤 사건에 부닥친다면, 손도 써보지 못한 채 흙 무너지듯 무너질 것이다.

중세 이전에는 인재를 양성함에 오히려 그 도가 있어, 미천한 데서 일어나 그 몸이 장상이 된 이가 있었으므로, 임진왜란에 이르러 문신에는 서애 유성룡이 있고 무신에는 충무공 이순신이 있어서 나라가 이들에게 힘입어 망하지 않았지만, 현재에 있어서는 다만 나라에서 발탁하지 않을 뿐만 아니라, 비록 쓰고자 하여도 초야에 진실로 발탁할 만한 인재가 없다.

이것이 어찌 인재가 태어나는 것이 시대의 다름과 중국과 우리나라의 구별이 있어서이겠는가? 이것은 진실로 위에서 아랫사람을 어떻게 대우하느냐에 달린 문제이며, 사람들이 움츠러들어 자기 자신 보기를 가볍게 하기 때문에 발탁할 만한 인재를 찾을 수 없는 것이다. 사람들은 혹 국토의 협소함과 기풍(氣風)의 보잘것없음을 탓하나 이것이 어찌 그 때문이겠는가? 만일 문명한 세상을 만나 중국과 내외의 구별이 없게 된다면, 우리도 또한 대국 사람이다. 저 서촉(西蜀)과 강남(江南)이 어찌 높은 산과 큰 강의 한계가 없을까마는 우리나라와 같이 보잘것없고 미개하지 않은 것은 무엇 때문이겠는가. 아아! 아깝구나.

강릉의 풍속
江陵俗 강릉속

강릉 풍속에 예전부터 경로회(敬老會)가 있어 언제나 좋은 때를 만나면 나이 칠십 세 이상의 어르신을 청하여 경치 좋은 곳에서 회합하였다. 조치(趙菑)가 의롭게 여기고 쌀과 베를 내놓아 밑천을 세운 다음 그 자제 가운데 근실하고 부지런한 자를 택하여 염산(斂散)*1을 주관하여 비용을 만들게 했다. 비록 노예와 같은 천한 사람이라도 나이 칠십이 되면 모두 참여하는 것을 허락하고 이름을 '청춘경로회(靑春敬老會)'라 하여 지금까지 이어져 온다고 한다. 방촌(厖村) 황익성(黃翼成)의 시에

예의로 서로 먼저 하는 천고의 땅이다
禮義相先千古地

하였으니, 대개 그 풍속도 유래가 있는 것이다. 근세에 수령들이 그 고을에서 어쩌다가 향약(鄕約)을 행하였으나, 대개 그 수령이 떠나면 그 일도 폐지되어 끝내는 보람이 없었다. 강릉 같은 곳은 그 풍속에 인하여 증수(增修)하고 그 예절을 간단하게 행하기 쉽게 하고 오직 경로(敬老)를 중점으로 삼았는데, 칠십 세의 노인을 높인 다음 육십 세 이하 무릇 늙은이는 나이가 많은 순서에 따라 그 자제로 하여금 술잔을 올리고 절을 한 뒤 꿇어앉게 하여 예의의 근본한 바를 알게 하니 어찌 풍속을 교화함에 도움이 아니겠는가? 대저 백성의 풍속이 효도는 하여도 어른을 공경하지 않는 자가 있으나,

---

*1 염산 : 풍년이 들어 쌀값이 쌀 때 관아에서 쌀을 사들였다가 흉년이 들어 쌀값이 비쌀 때 백성에게 싸게 하는 일. 적렴조산(糶斂糶散).

어른을 공경하면서 효도를 하지 않는 자는 없기 때문에 가르침은 어른을 공손하고 공경하게 대하는 것보다 앞서는 것이 없다. 그러므로 어른을 공경하는 것은 조정에도 통하고, 주항(州巷)에도 통하고, 도로에도 통하고, 수렵에도 통하는 것이다.

우나라·하나라·은나라·주나라에서는 나이를 망각한 적이 없었으니, 천하에서 나이 높은 이를 귀히 여긴 지가 오래다. 천자가 늙은이를 봉양함에 있어 소매를 걷고 고기를 베며 장을 들어서 먹이며, 잔을 잡아서 마시게 하는가 하면 삼공(三公)이 자리를 바루고 구경(九卿)이 신을 정렬하니, 이는 모두 나이를 높이고 공경을 보이는 것이다. 천하 사람으로 하여금 보고 느끼어 흥기하여 움직이게 하니 어찌 하는 일이 없어 하는 것이겠는가? 몸으로 가르치는 것이다. 내가 일찍이 사람을 깨우쳐 이르기를, "제가 아무리 박학하고 문장이 능하고 기예가 많고 상당한 명예가 있고 높은 벼슬에 올랐더라도 내가 혹 힘써 행하면 다시 그 위에 올라갈 수 있지마는, 오직 연장(年長)만은 이런 이치가 없으니, 어찌 감히 소홀히 여길 수 있는가? 강릉의 풍속이 아름답다.

대저 그 밝은 것으로서 깨우치는 것은 쉽게 들어가면서 단단하고, 그 습관으로서 인도하는 것은 기쁘게 행하여 오래간다. 이곳에서부터 서서히 넓혀서 이웃 고을로 하여금 감화하게 하면 마침내 그 감화가 극히 넓어지지 않을 것을 어찌 알겠는가? 《시경》에, '백성을 깨우치기가 심히 쉽다[牖民孔易]'는 것은 이를 이름이다" 하였다.

경상도의 예의
嶺南五倫 영남오륜

오늘날 풍속의 무너짐은 극도에 이르렀다. 사람이 짐승과 다른 것은 오륜이 있기 때문이다. 경기도의 풍습은 오륜에서 겨우 남아 있는 것이 세 가지이고 두 가지는 없어졌으니, 곧 장유(長幼)와 붕우(朋友)가 상실되어 없어졌다. 그 까닭은 무엇인가? 부자는 천륜에 속해서 떼려야 뗄 수 없고, 군신은 녹봉과 벼슬자리로 얽매였고, 부부간은 정으로 좋아하니 서로 배반할 수 없는 것이다. 어려서 과거에 오르면 나라 사람이 공경하고 우러러 노인도 무릎을 꿇게 되었고, 붕우도 권력과 이익으로 잠깐씩 기회를 엿보아 아침에 옷깃을 잡았다가는 저물면 가버리니, 그 형세가 그러한 것이다.

오직 영남은 군자가 끼친 교화를 지켜 어른을 섬기는 예절의 절하고 꿇고 나아가고 물러나는 것을 감히 어기지 못하여, 친척이면 친척이 되는 그 의리를 잃지 않고 친구이면 친구가 되는 의리를 잃지 않고, 대대로 전하는 예전 정의로 기쁘게 성의를 보이며, 다른 좌석에서 만나면 비록 일찍이 얼굴을 알지 못하더라도 반드시 절하고 손을 마주 잡기를 의식과 같이 하고 다른 고을과 마을에 손으로 지날 때에 노인이 있는데도 찾아뵙지 않으면 비난을 받으니, 이것이 신라의 남은 풍속이다.

오늘날에 있어 온 나라 가운데 오륜이 갖추어진 지방을 찾자면 오직 이 한 지역이다. 그 까닭은 무엇인가? 산천 풍기로 증거할 수 있다. 무릇 경상도의 큰 물은 낙동강인데, 사방의 많은 하천이 일제히 낙동강으로 모여들어 물 한 방울도 밖으로 새어나가는 것이 없다. 그 물이 이와 같으면 그 산도 알 수 있다. 이것이 바로 여러 인심이 한데 뭉치어 부름이 있으면 반드시 화답하고, 일을 당하면 힘을 합치는 이치이다. 게다가 유현(儒賢)이 대대로 일어나 스스로 덕행의 감화를 이루어서 멋대로 고칠 수 없었던 것이다. 그러므로 삼국 시대에도 오직 신라만이 마침내 삼국을 통일하여 천 년을 이어왔으니, 이것이 어찌 인심이 흩어지지 않은 까닭이 아니겠는가.

이것만이 아니라 선비를 논할 때에도 관작과 지위로써 하지 않고, 참으로 한 고을의 명망이 아니면 자신이 공경대부를 취했더라도 그것을 등급으로 여기지 않는다. 선현을 매우 좋아하고 사모하기 때문에 퇴계 이황, 남명 조식, 서애 유성룡, 한강(寒岡) 정구(鄭逑), 우복(愚伏) 정경세(鄭經世), 여헌(旅軒) 장현광(張顯光) 등 여러 선생의 문하에 출입한 자는 그 후세 자손을 모두 지체가 높은 씨족으로 일컫고, 조상의 관작이 없는 것은 말하려고 하지 않는다. 그러므로 선비가 행검(行檢)에 힘써서 벼슬에 나아간 뒤에는 백의로 죽령이나 조령을 넘는 것을 욕되게 여기고, 시속에 영합하는 것을 천박하게 여기며, 우리나라에서 문벌을 숭상하는 풍습이 오직 이 한 지방에서는 용납되지 않는다.

이곳의 풍속으로 말하자면 부지런하고 게으르지 않고 검소하고 사치하지 않으며, 부녀는 반드시 밤에 길쌈하고 선비는 모두 짚신을 신으며, 혼인과 상사에 집 형세의 있고 없는 것에 따르고, 벗과 친척이 물품을 보내서 도와주어 가세가 기울고 엎어져 떠돌아다니는 걱정을 모면하며, 백성들은 모두 농토에 달라붙어 농사를 짓고 교활한 도적이 일어나지 않으며, 국가에 일이 있으면 서로 이끌어 전쟁에 나가고 죽고 사는 것을 따지지 않으며, 만일 글을 읽고 도리를 말하여 그 행검과 재능이 겉으로 나타나는 자가 있으면 옷깃을 여미고 스승으로 받들지 않음이 없으니, 이것이 돈후한 풍속, 살만한 고장, 인의(仁義)의 시골인 것이다. 이것을 버리고 앞으로 어디에 기대어 돌아갈 것인가.

무릇 조정 귀족으로써 탐욕하는 사람들은 이로움으로 나갔다가 이로움이 다하면 배반하기 때문에 신하는 모름지기 물러가고 겸양하는 사이에서 구해야 한다. 공자가 "능히 예로 사양하면 나라를 다스림에 무슨 어려움이 있으랴?" 하였으니, 오직 영남만이 이런 것이 있다 하겠다.

화친과 항복하기를 빌다
乞和乞降 걸화걸항

중국 당나라 사람의 시에 "한 장수가 전공을 이루면 만 사람의 뼈가 마른다〔一將功成萬骨枯〕" 하였으니, 이는 뼈를 찌르는 이야기다. 맹자도 "땅을 다투고 성을 다투어 사람을 죽여 성에 가득하면 이것이 큰 죄악이다(맹자 이루 상)" 하였으나 외국의 침략은 막지 않을 수 없다. 뜻밖에 강대한 적의 침입을 당하여 그것을 장차 막으려면, 나라 스스로 막는 것이 아니라 백성들의 힘에 의지해야 하는 것이다. 만일 평소에 기르기를 두텁게 하여 백성의 마음을 맺어놓지 않으면 전란에 다다라 앞으로 어떻게 그 힘을 얻어내겠는가? 옛사람의 말에 "사람을 죽인 자는 죽이는 것이 법이다" 하였는데, 용맹한 장수는 사람을 죽여도 죽음을 당하지 않기 때문에 망령되이 강대한 이웃 나라를 건드려 구차히 공명의 이익을 엿보다가 전군이 전멸하기에 이르니, 그 죄가 용서하기 어렵다. 천 명이나 만 명의 생명을 한 장수의 죽음으로 보상한다면 어찌 너무 가볍다 뿐이겠는가?

그러므로 전쟁에 패한 장수의 목을 베어 효시(梟示)하는 것은, 뒤에 되풀이됨을 경계할 뿐 아니라 백성을 위하여 그 원통하고 분함을 조금이라도 풀어 주기 위함이다. 또는 나라의 명령을 받들고 싸우다가 부득이 그 처지에 이른다면 장수 자신도 원통함이 있을 것이니, 서걸술(西乞術)과 백을병(白乙丙)*¹을 진(秦)나라에서 죄주지 않은 것이 그 때문인데, 경관(京觀 : 시체를 쌓고 그 위에 흙으로 봉하여 전공을 표하는 것)의 원통함은 누가 보상해 주겠는가.

나더러 말하라면, 전쟁의 일은 화친을 요청해서 될 수 있다면 화친하고, 항복을 청해서 될 수 있다면 항복할 뿐, 나라의 체면이 깎이고 약해지는 것은 돌아볼 겨를이 없다고 본다. 왜냐하면, 집안에 대대로 전해 오는 귀중한 보배가 있는데 누가 와서 빼앗으려 할 때, 맞서 싸우면 사랑하는 자식이 반드시 죽게 되고, 순순히 주어 버리면 부자(父子)가 큰 탈이 없을 것이다. 사랑하는 자식의 생명을 집에서 전해 오는 보배와 바꿔야 하겠는가. 아니면 그 형세가 비교되지 못할 것을 헤아려서 순순히 주어야 하겠는가? 나는 오월왕(吳越王) 전씨(錢氏)의 처사에서 얻은 것이 있다. 부득이한 경우에 이르러 항복했으니, 이는 백성을 위한 것이요 나라를 이롭게 함이 아니었다. 임진왜란 1년 전에 왜승(倭僧) 현소(玄蘇)가 경성 객관(客館)에서

매미는 울면서 당랑이 잡으려 하는 것을 잊고
고기는 놀면서 갈매기 졸고 있는 걸 기뻐하네.
이 땅이 어떤 곳인 줄 아노니
다른 해에 거듭 잔치를 열리라. *²
蟬噪忘螳捕 魚游喜鷗眠
此地知何處 他年重開筵

라고 하였다. 또 동래관(東萊館)이라 제목을 붙인 시에는

명년에 만일 동풍이 분다면
예순일곱 개의 주(州)가 웃고 지껄이겠지. *³
明年若得東風便 六十七州談笑中

---

*1 두 사람은 진 목공(秦穆公) 때 대부. 정나라를 엄습하려다가 진(晉)나라 군사에게 사로잡혔음.
*2 이 구절은 조선의 우매함을 비웃고, 왜국이 다시 나와서 승전 축하 자리를 열겠다는 뜻.
*3 이 구절은 다음 해 봄철을 기하여 왜국이 조선을 치겠다는 뜻.

라고 하였다. 우리나라 사람들은 도리어 이 말을 믿지 않고, 다만 척화(斥和)하는 것만 알고 있다가 마침내 급변을 당했고, 병자호란에 이르러서도 조금도 다르지 않았으니 아무 계책도 없었음이 이와 같았다.

덕행과 문장
德行文詞 덕행문사

사회의 도덕 교육이 이미 기울어짐에 따라 사람들은 재능 많은 이를 두려워한다. 재능이 도리어 해가 되므로 재능이 없이 순진한 어리석음만을 온전히 지닌 것이 더 나을 수 있다는 것이다. 정신으로써 교활한 슬기를 쫓고, 재간으로써 이해를 쫓고, 문장의 광채로써 명예를 쫓고, 힘으로써 교유하는 데 복종한다면, 마치 무기는 포악함을 억제하는 것인데 난폭하게 사람을 죽이고, 술은 예를 행하는 것인데 주정(酒酊)하여 도리에 어긋나는 것과 같다. 이는 하나의 마음이 처음부터 그 방향을 잘못 잡은 것에 지나지 않다. 방향을 잘못 잡은 이유는 무엇인가? 이는 가르침을 실천하지 못한 때문이다. 가르침에서 무엇을 우선으로 삼아야 할 것인가? 오직 덕행뿐이다.

후세에는 사람을 선택할 때에 반드시 문장을 우선으로 한다. 그런데 덕행이 있는 이가 반드시 문장에 능하지는 못하므로 문장을 주로 하면 덕행을 내치게 된다. 오늘날 문장을 힘쓰는 자가 어찌 일찍이 덕행을 말하지 않았겠는가마는, 입으로는 덕행을 말하고 마음으로는 덕행에 거스르니 세상이 모두 입을 귀하게 여기고 마음을 하찮게 여기기 때문이다. 만일 마음과 행동이 서로 다르지만 않다면 문장을 주로 해도 좋겠다.

영남지방의 절하는 예절
嶺南拜禮 영남배례

지금 영남 지방의 풍속에 자식이 밖에서 돌아오면 당(堂) 아래에서 절하고 부모를 뵈오니, 이 또한 예부터 전해오는 풍속이다. 《가례》에, "며느리가 뜰아래에서 시부모님께 절한다" 하였으니, 《소학》에 있는 최산남(崔山南)의 조모 당부인(唐夫人)의 일로 증거할 수 있다. 그러므로 정자(程子)도 "며느리는 시부모님에 대하여 의(義)로 합한 것으로 귀천이 있기 때문에 뜰아래에서 절한다" 하였다. 그러나 여기서 의로 합했다는 것은 귀천과 관계가 없는 것이다. 주자가 이회숙(李晦淑)에게 회답하기를, "아들이나 며느리는 동등이므로 분별이 있을 수 없다" 하였으니, 이것이 뒤에 나온 정론이다. 그러나 아비와 자식은 본래 존비가 있으므로 낮은 사람이 뜰아래에서 절하는 것 또한 당연한 일이다.

옛적 후패(侯霸 : 후한(後漢) 때 사람)가 왕단(王丹)과 벗하고자 하는데, 후패의 아들이 왕단을 보고 수레에서 내려 절하였다. 왕단이 답배하므로 후패의 아들이, "아버지께서 바야흐로 서로 친하기를 원하는데 어찌하여 아들인 저에게 절을 하십니까?" 하자 왕단이, "군방(君房 : 후패의 자(字))이 그런 말을 하였으나 내가 아직 허락하지 않았다"고 대답하였다. 전자방(田子方 : 전국 때 위(魏)나라 사람)이 위격(魏擊 : 위 문후(魏文侯)의 아들)에게 예를 하지 않은 일로 미루어 본다면, 옛 도리에, 낮고 어린 사람이 마땅히 수레 아래에서 절하여야 한다. 아비의 친구에게도 오히려 그러하거든 하물며 자식이 아비에게 절함은 어떻겠는가?

영남 지방의 풍속은 옛날 진한(辰韓)으로부터 이어져 온 것이다. 진한은 진(秦)나라를 피하여 왔은즉, 주나라 말년의 운치가 아직 남아 있었을 것이다. 그러므로 신라 풍속에 길에서 서로 만나면 반드시 절하고 경의를 표하였는데 지금도 영남에서는 홀로 사풍(士風)을 지켜 그 풍속을 잃지 않았다.

근세에 승지 조덕린(趙德麟)이 남의 집에 들렀는데 마침 한 조관(朝官)이 서울로부터 와서 먼저 자리에 있다가 조승지를 보고도 본 체 만 체하였다. 조승지가 주인에게, "손님이 서울 분으로 영남 풍속을 알지 못하는 것 같은데 주인은 어찌 일러주지 않아서 실례를 하게 하였는가? 주인의 책임이 없지 않다" 하자 그 손이 얼굴빛을 고치고 공손히 사과한 일이 있다.

대개 선비가 귀중하게 여기는 바는 예(禮)에 있고, 예의 용(用)은 절하는 것을 첫머리로 삼는데 먼저 절하고 꿇는 것부터 행하지 않는다면 그 나머지는 뻔한 것이다. 그러므로 《가례》에 사배(四拜)·육배(六拜)의 문구가 있는데 사배란 네 번 재배하는 것이고 삼배란 여섯 번 재배하는 것이다. 낮고 어린 사람이 먼 곳으로부터 돌아왔을 때 존장(尊長) 3인 이상이 함께 자리에 있다면 먼저 합동으로 재배하고 한훤(寒暄 : 춥고 더움을 말하며 서로 인사함)을 펴며 기거(起居)를 물은 뒤에 다시 3번 재배하고 그치는데, 영남 풍속에는 이런 예법이 있다고 들었다.

또 박씨 성을 가진 조관(朝官)이 서울에 이르러 대궐에 들어가서는 종일 홀로 호젓하게 처해 있었다. 물어보니, "서울 연곡지하(輦轂之下 : 임금과 거리가 가깝다는 뜻)의 풍속이 어른과 젊은이의 분별을 알지 못하는데 내가 왜 그 속에 섞여서 그 무시를 받으랴" 하였으니, 기개가 그와 같았다. 만일 나라에 면체(綿蕝)의(儀)가 있다면 반드시 여기에서 구해야 할 것이다.

어떤 사람이 나에게 말하기를, "일찍이 남의 집에 갔다가 하직하고 당(堂)에서 내려오는데, 마침 주인 아들이 밖에서 돌아오더니 안쪽을 향하여 뜰에서 절하였다. 나에게 절하는 것이라 생각하고 문득 답배하고 나서 살펴보니, 그 아버지에게 절한 것이고 나에게 절을 한 것이 아니었다. 영남을 지나는 사람은 마땅히 이런 점을 알아야 한다" 하였다. 또한 일찍이 들으니, '하늘에 있어서는 일월보다 더 밝은 것이 없는데 높지 않으면 비추는 바가 멀지 못하고, 땅에 있어서는 수화(水火)보다 더 밝은 것이 없는데 쌓이지 않으면 광염(光焰)이 넓지 못하고, 사람에 있어서는 예의보다 더 밝은 것이 없는데 예의가 국가에 가하여지지 않으면 공명(功名)이 밝아지지 못한다' 한다. 그러므로 사람의 명은 하늘에 있고 나라의 명은 예의에 있는데 지금 예의의 말살됨이 이와 같으니, 어찌 다스림이 이뤄질 수 있겠는가?

지고의 노비문서를 불태움
焚地庫隷籍 분지고예적

《죽천한화(竹泉閑話)》에 이르기를 "미암(眉菴) 유희춘(柳希春)이 지고(地庫)에 소장되어 있는 고려조의 사초(史草)를 보았는데, 왕씨(王氏)·신씨(辛氏)에 관해 밝힌 것이 있었다……" 하였다.

지고라는 것은 한양(漢陽)에 도읍을 정한 뒤에 고려의 사초를 옮겨 보관했던 곳인데, 임진왜란이 일어나자 왜적이 도성에 들어오기 전에 난민들이 여러 궁전이나 관사(館舍)와 함께 몽땅 불태워 잿더미가 되어 버렸다. 이때에 먼저 장례원(掌隷院)을 불태웠는데, 장례원은 노비 문서를 보관하던 곳이었다. 그런데 고려 때에도 노예군(奴隷軍)들이 공모하여 먼저 그 문서를 불태웠으니, 이것이 또 예나 지금이나 변하지 않는 한 가지 방식이라 하겠다.

색욕을 다스려야
色欲 색욕

주행기(周行己)*¹는 몸가짐이 엄하고 각고(刻苦)하였다. 어렸을 때에 모당(母黨)의 여자와 의혼(議婚)을 하였는데 일찍 등과하자 여자는 뒤에 두 눈이 소경이 되었으나 드디어 장가들었다. 이천(伊川)은, "나는 서른이 못되었을 때에도 이런 일을 하지 못했다. 그 나아가는 것이 빨랐는데, 물러가는 것도 빠른 것이 대견스럽다" 하였다.

뒤에 주행기가 술자리에서 뜻이 가는 여자가 있어 비밀히 사람에게 고하기를, "윤언명(尹彦明)*²에게 알리지 말라" 하고 또 말하기를, "알더라도 무엇이 해로울 것 있겠는가? 이것이 의리에 해될 것은 없다" 하였는데, 이천이 듣고 말하기를, "이것은 금수만도 못하다" 하였으니, 어째서 그렇게 말하였을까? 사람이 금수와 다른 것은 윤리가 있기 때문이다. 물욕이 이기면 금수와 멀지 않은 것인데, 금수와 멀지 않을 뿐만 아니라 도리어 금수에도 미치지 못하는 것이 바로 음욕(淫欲)이다.

무릇 금수 가운데에도 가축 이외에는 모두 암컷과 수컷이 쌍으로 날고 함께 다니면서도 서로 혼란하지 않고 저마다 정한 짝이 있으니, 이것은 분별이 있는 것이다. 사람은 흔히 그렇지 않아서 집에 처첩(妻妾)이 있어도 반드시 다른 곳에서 간음하고자 하며, 저자에서 얼굴을 단장하고 음란한 짓을 가르치면서도 부끄러워함이 없으니, 이것이 이미 금수에 미치지 못하는 것이다.

우양(牛羊)의 무리는 반드시 새끼를 배는 시기가 있어 새끼를 배면 곧 멈추는데 사람은 또 거기에도 미치지 못한다. 금수의 짝은 곱고 추한 것을 가리지 않는데 사람은 혹 추한 것을 싫어하고 예쁜 것을 좋아하며, 늙은 것을 버리고 젊은 것을 따르는데, 남자는 여자를 좋아하고 여자는 남자를 유혹하

---

* 1 주행기 : 자(字)는 공숙(恭叔). 정이천(程伊川)의 문인이다. 남송의 원우(元祐) 연간에 진사에 올랐고, 벼슬은 본주(本州)의 교수를 지냈다. 저술에는 《주박사집(周博士集)》이 있다.
* 2 윤언명 : 이름은 돈(焞). 정이천의 문인이다. 정강(靖康) 연간에 조정에서 불렀으나 간곡히 사양하고 산으로 들어가자 화정처사(和靖處士)의 호를 주었다.

여 담을 엿보고 쫓아다니며, 날이 다하고 해가 다하도록 미친 듯이 희롱하고 극도로 부끄러운 짓을 하면서도 그칠 줄을 모르니, 더럽고 악한 것을 말할 수 없다. 이것이 무슨 천리(天理)인가?

내가 보건대, 가축 중에는 오직 닭이 음란한 짓을 많이 하는데 그 죄는 수 컷에 있고 암컷에 있지 않다. 오직 사람만이 남녀 할 것 없이 밤낮을 가리지 않으니 이것은 금수에도 미치지 못하는 것이다.

그러므로 덕을 잃고 복을 망치고, 명예를 무너뜨리고 자신을 죽이고, 아름다운 얼굴을 망치고 몸에 병을 가져오고, 목숨을 재촉하고 마음의 영각(靈覺)을 둔하게 하고, 이목(耳目)의 총명함을 어둡게 하고 평생의 학업을 폐하고, 선조의 산업을 파괴하는 등 거기에서 미친 환해(患害)를 이루 다 헤아릴 수 없다.

정욕은 불과 같고, 여색(女色)은 섶〔薪〕과 같다. 불이 장차 치성하려 하는데 색(色)을 만나면 반드시 타오른다. 게다가 술이 열을 도와주니 그 힘을 박멸할 수 있겠는가? 그 까닭은 무엇인가? 금수는 편성(偏性)이어서 지려(智慮)로서 끌어대어 자신을 주장하지 못하지만 오직 사람은 가장 신령하여 오성(五性)이 고루 통한다. 군자(君子)는 이치로 기운을 제어하여 행동이 도(道)에 합하지만 그렇지 않은 자는 이치가 폐색되고 기운이 용사하여 신령한 마음이 도리어 악한 일을 돕는다. 비유하자면 영리한 사람이 더욱 혹독하게 악한 짓을 하는 것과 같다. 이 지경에 이르면 금수만도 못하다 하여도 지나치지 않을 것이다.

용서와 질투
恕妬 서투

군자가 평생토록 말 한 마디로 행할 수 있는 것에는 용서해 주는 것만한 것이 없다. 용서라는 것은 질투의 반대이기 때문에 질투를 그치게 하는 데에도 용서만 한 것이 없다. 일을 할 때마다 자신을 살펴 질투가 있으면 곧 고칠 뿐이다.

어진 사람은 착한 것을 보면 반드시 믿고, 악한 것을 보면 말하기를 "저것은 어쩌다가 겉보기에만 그런 것이다" 하고, 만일 악한 조짐이 있으면 말하기를 "저것은 반드시 본의가 아니다" 하고, 만일 악의가 있으면 말하기를 "이것은 우연히 그러한 것이다" 하고, 어떻게 할 수 없는 지경에 이르면 말하기를 "아마도 어쩔 수 없는 사정이 있나 보다. 나도 혹시 저런 처지에 당하면 반드시 그러지 않을 수 없을 것이다" 하는데, 이것은 남의 악함을 보고 나의 어짊을 늘리는 일이니, 이것은 마치 벌이 꽃이 비록 쓰고 맵더라도 따다가 단 것으로 만드는 것과 같다.

그러나 질투라는 것은 그렇지 않다. 남의 착한 것을 보면 반드시 의심하여 "외양만 그러할 뿐 참이 아니다. 우연히 그러한 것이지 견고한 것이 아니다. 세상이 그렇게 바뀐 것이지 정상적인 것이 아니다" 하여 반드시 구석을 찾아서 더럽히는데, 이것은 남의 착한 것을 보고 나의 악함을 늘리는 일이니, 마치 뱀이 꽃이 비록 달고 향기롭더라도 그것을 먹고 독을 만드는 것과 같다.

그러므로 겸손한 것을 가리켜 천박하다 하고, 참는 것을 가리켜 겁쟁이라 하고, 수행하는 것을 가리켜 겉치레라 하고, 청렴결백한 것을 가리켜 명예를 구한다 하고, 과묵한 것을 가리켜 어리석고 못났다 하고, 밝게 분별하는 것을 가리켜 부박하고 황탄스럽다 하고, 정직한 것을 가리켜 교만하고 자존심이 세다 하고, 인자하고 양순한 것을 가리켜 유약하고 아첨한다 하고, 엄숙히 삼감을 가리켜 굳세고 사납다 하고, 베풀기 좋아하는 것을 가리켜 낭비한다 하고, 절약하는 것을 가리켜 인색하다 하니, 이것이 모두 착한 것을 돌려서 악한 것으로 만드는 조목들이다.

그러나 저와 마찬가지 사람들을 만날 때마다 반드시 악한 것을 돌려서 착한 것을 만들 것을 생각하고, 어쩔 수 없는 데에 이른 뒤에야 용서해 주고, 가벼운 것은 들먹이지도 않으며, 무거운 것을 가볍게 하여, 여기에다 마음을 두고 오래도록 익힌다면 어찌 인(仁)을 구하는 방법이 아니겠는가. 안연(顔淵)이 말하기를 "공자는 한 가지 착한 것을 보고 백 가지 그른 것을 잊는다" 했으니, 곧 이런 것을 말하는 것이다.

경연에 앉아서 강설함

經筵坐講 경연좌강

중국 송나라 때 헌가(獻可) 여회(呂誨)의 소매 속에서 발견된 탄핵하는 글 열 가지의 일이 반드시 모두 타당한 것은 아니다. 말하기를 "임금을 모시고 강설하는 상원(常員)이 경서를 가지고 앞에 있으니, 이는 진설(進說)하는 것이지 전도(傳道)하는 것이 아닙니다. 왕안석(王安石)은 앉아서 강설하기를 청했는데, 이는 장차 제왕의 중함을 굽혀서 스스로 스승의 높음을 취하자는 것이었으니, 상하의 의절과 임금과 신하의 분수를 알지 못하고 임금에게 요구하여 명예를 취하는 것뿐입니다" 하였으니, 이 말이 심히 의리를 해쳤다.

진(秦)나라 이후로 임금의 위세는 대단히 높아졌고, 신하의 형세는 매우 비굴하여져서 죄를 받을까 두려워하며 또 임금을 높고 큰 것으로만 인식하니, 참으로 임금과 신하가 마음과 덕을 합하여 국사를 토론할 수 있는 분위기가 아니었다. 그러므로 진정을 다 말하지 못하기 때문에 마음을 열어서 마음에 투입시키는 실상이 없었다.

선왕의 도(道)를 궁리하여 임금이 마음으로 얻을 것을 바란다면, 아마 진설과 전도에 구별이 있을 수 없을 것이다. 그러므로 군자가 다정하고 간절한 방법으로 임금을 가르고 인도하되, 임금으로 하여금 몸을 낮춰 굽혀서 신하들을 유도하고 격려하여, 그들로 하여금 생각하고 있는 바를 반드시 모두 말하게 한다 해도, 오히려 탄압받을까 두려워 스스로 머뭇거릴 것인데, 하물며 이런 따위 말로 날마다 임금 앞에서 아뢴다면, 위로는 임금의 마음을 교만하게 하고, 아래로는 여러 신하들의 충정을 억제하여 서로 융화되지 않는 근심을 면치 못할 것이 아닌가?

이천 정이가 일찍이 이런 말을 했다. 당시 급사중(給事中) 고림(顧臨)이 "전상(殿上)에서 강독하는 것은 불가하다" 하자, 정이가 상소하기를 "조종 이래로 모두가 전상에 앉아서 강의를 했었는데 인종(仁宗) 때부터 비로소 이영전(邇英殿)에 나가 강관이 서서 강설했으니, 이는 대개 한때의 편의를 따른 것입니다. 지금 고림의 뜻은 임금을 높이자는 뜻을 맞추려는 것에 지나지 않고, 임금을 높이는 도를 알지 못한 것입니다. 만일 그 말을 옳다고 한다면 임금의 식견을 그르칠 것이니 분별하지 않을 수 없습니다" 하였으니, 마땅히 이를 정론으로 삼아야 할 것이다.

만일 이 말이 여회에게서 나오지 않았고 고림에게서 나왔다면, 사람들이 반드시 임금의 뜻을 맞춰서 아첨한다고 말했을 것이다. 또 정이는 임금을 모실 때면 용모가 극히 엄숙했고, 노공(潞公) 문언박(文彦博)은 임금을 모시고 섰을 때면 종일토록 나태하지 않았다. 어떤 이가 선생께 묻자 대답하기를 "문언박은 네 조정의 대신이니 어린 임금을 섬기는 데에 공손히 하지 않을 수 없고, 나는 포의(布衣)로 임금을 보도(輔導)하는 직책에 있으니 또한 감히 자중하지 않을 수 없다" 하였다. 무릇 가르치고 배우는 곳에서 무슨 귀천의 구별이 있겠는가?

만일 공경하고 꺼리는 마음이 없으면 말도 역시 받아들여지지 않는다. 군자가 이미 그 직책에 있으면 차라리 시속에 어둡다는 조롱은 받을지라도 반드시 도움이 될 책임을 생각해야 하니, 이것은 정이도 의심하지 않은 바이다. 무릇 경연에서 강설하는 것과 신하의 예절은 두 가지로 구분된 별도의 일이니 서로 혼동할 수 없다.

그러므로 한(漢)나라 장제(章帝)가 장포(長酺)에게 먼저 사제의 예를 행하고 뒤에 군신의 의식을 행하였다. 만일 다만 존비의 의로만 상대했다면 천자가 직접 팔을 걷고 희생할 제물을 잡고 장(醬)을 들어 먹이고 잔을 들어 마시게 했다는 것 ^{(예기) 악}(기(樂記))은 근거가 없었어야 할 것이다. 이것은 사회 도덕에 관계되는 것이라 분변하지 않을 수 없다.

독서하는 마음가짐
有求讀書 유구독서

탐내는 바가 있어 글을 읽는 자는 아무리 읽어도 깨우침이 없다. 그러므로 과거를 보기 위한 공부를 하는 자는 입술이 썩고 이빨이 문드러질 지경에 이르러도 읽기를 멈추면 캄캄하므로 마치 소경이 희고 검은 것을 말하면서도 그 희고 검은 것을 알지 못하는 것과 같으며, 그 말하는 바가 귀로 들어와서 입으로 나오는 것에 지나지 않으므로 마치 배가 터지도록 먹고서 게워내면 몸에 도움됨이 없을 뿐 아니라 뜻과 의지도 어긋나게 되는 것과 같다.

배우는 도(道)는 스승을 엄하게 대하기가 어렵다. 스승이 엄해진 뒤에 도가 높아지고 도가 높아진 다음에 배움에 대한 공경을 알게 되므로 태학(太學: 서주시대부터 존재했던 중국 고대의 대학)의 예에 비록 천자에게 가르치더라도 스승은 천자를 제자 이상으로 대하지 않았으니, 이는 스승을 존경해야 함을 말하는 것이다.

학업에 눈을 뜨지 못했을 때는 상서로운 봉황이 우연히 산모퉁이에 이르렀는데 걸음이 더뎌서 미처 보지 못할까 두려워하는 것같이 하고, 눈을 뜬 뒤에는 자애로운 어머니를 오랫동안 잃었다가 다시 만난 것같이 하며, 그 뜻을 읽고 논함에 있어서는 마치 자식의 병을 잘 고치는 의원에게 묻는 것같이 하고, 마음으로 깨우친 바가 있을 때면 길에서 더위를 먹었을 때 시원한 음료를 마시는 것같이 하며, 배움을 실천함에 있어서는 보검을 갈아서 시험삼아 베는 것같이 하므로, 이를 이르되 눈으로 보고, 입으로 굴리고, 마음으로 융통하고, 손으로 놀리는 바가 모두 들어맞는다는 것이니, 그 다행함을 알 수 있다. 옛날에 남영주(南榮趎)가 노자를 만나 기러기처럼 뒤따르되 그 그림자를 밟지 않으며 기(蘷: 외발을 가졌다고 하는 상상의 동물)처럼 꼿꼿이 서고 뱀처럼 스르르 나아가서(蘷立蛇進) 한마디의 가르침을 받고는 마치 10일 동안이나 굶주렸다가 큰 성찬을 얻은 것같이 여겼다고 했으니 이를 말한 것이다.

자신을 처신하고 남을 대처함
處人處己 처인처기

이천 선생은, "남을 대처하고 자기 몸을 가지는 것이 한 가지 일이다" 하였다. 그러나 만일 나와 마음이 같다면 일도 또한 함께 할 수 있지만, 혹 좋지 않다면 어찌 함께 일을 처리할 수 있겠는가? 선생은 자신을 단속하기를 매우 엄격히 했기 때문에 남을 대하는 것이 간혹 지나치기도 하였다. 장사를 지낼 때에 어떤 손이 술을 권하매, "남을 죄악에 빠뜨리지 말라" 하였고, 진관(秦觀)이 사(詞)를 지은 것이 있으매, "상천(上天)이 존엄한데 어찌 그럴 수 있는가?" 하였고, 이방직(李邦直)·여대방(呂大防)이 선물을 주었으나 받지 않았다. 이방직·여대방은 화를 두려워하는 속물에 지나지 않으니, 깊이 허물할 것은 없을 듯한데 오히려 이같이 대하였으니, 왜 그랬는지 모르겠다. 버들 꺾은 것을 간한 것은*1 온공(溫公)도 좋아하지 않았고 서감(西監)의 명을 받음에는 문인 윤화정(尹和靖)도 깊이 의심하였으니, 비록 대현(大賢)의 처한 바라 해도 배우는 자는 마땅히 강구하여 그 내용을 알아야 한다. 서감(西監)의 명에 대하여 선생은, "주상께서 즉위하신 뒤 처음으로 큰 은혜를 입었으니, 한 달 봉록만 받은 뒤에 내가 하고 싶은 대로 하겠다" 하였다. 국자감(國子監)을 권판(權判)한 것이 한두 번이 아니었는데 하물며 이 명은 방직(邦直)의 무리가 한 것이니, 어찌 큰 은혜라고 말할 수 있는가? 이미 벼슬을 하지 않기로 결단하였다면, 은명(恩命)이 있으면 은명에 숙배하고 물러남이 족한데, 어찌 봉록에 얽매이어 당초 녹을 말하지 않은 것만도 못하게 되었는가? 부주(涪州)로 귀양 갈 때에 참소와 질투가 조정에 가득하였고, 비록 뒤에 놓여 돌아왔으나 촉당(蜀黨)이 여전히 포열(布列)하여 있었으니 비록 잠깐일지라도 배회하고자 할 수 있었겠는가? 수년 사이에 회복한 관직을 추탈하고 그 문자(文字)를 훼멸시키고, 감사로 하여금 각찰(覺察)하게 하여 일을 하남부(河南府)에 내리어 학도를 모조리 쫓아내고 다시 당적에 매었다. 이때에 선생의 나이 거의 70세인데 조정에서 버려두기를 내버린 것같이 하였다. 새로 찬축(竄逐)으로부터 돌아와서 문득 시랑(豺狼)의 어금니와 독사의 독기 사이에서 뒹굴고자 한 것은 무슨 까닭인가? 당시의 정황으로 미루어 보건대 반드시 까닭이 있어 그렇게 하였을 것이다. 후인이 시세(時世)를 따지지 않고 문득 비교하고 본뜨고자 한다면 앞으로 그 뉘우침을 이기지 못하는 것이 있을 것이다.

외척과는 혼인하지 않는 풍속
母族爲婚 모족위혼

우리나라 풍속에 비록 모족(母族)이라도 대를 전해 가며 친목을 닦아서 형제·숙질을 동종(同宗)과 같이 여겨 혼인을 통하지 않는데, 어떤 자는 이 것이 오랑캐 풍속이라고 의심하니 이것은 가르침을 해치는 의논이다. 아버지의 복을 3년을 입고 어머니도 역시 3년을 입으니, 그 은혜는 지극히 중한 것이다. 아버지의 은혜는 백세까지 미루어서 혼인을 통하지 않으니, 어머니

---

*1 이천이 하루는 진강(進講)하고 아직 물러가지 않았는데 철종(哲宗)이 홀연히 일어나서 난간에 기대어 버들을 꺾었다. 이천은 "바야흐로 화창한 봄에 까닭없이 꺾을 것이 아닙니다" 하였다.

의 은혜도 그 친속의 복(服) 있는 사람에게까지 미루어 미치는 것이 아마도 도리에 합당할 듯하다. 주나라 예에 외삼촌과 이모의 자녀는 모두 복이 있으니, 이것은 친속으로 여기는 것이다. 친속으로 여기면서 서로 혼인하는 것을 허하는 이런 것이 일찍이 삼례(三禮)의 경문(經文) 가운데에 있는 것을 보았는가? 나서부터 친숙하게 놀며 희롱하여 섞여 지내게 되면 음란하고 외설된 짓을 막기 어려우므로 성인이 먼 뒷날을 염려하여 백성의 행동을 절제하는 제도를 만들었으니, 단연코 이런 이치는 없을 것이다. 만약 그렇다면 춘추 시대 증보(烝報)*¹가 어지럽게 행해져서 눈을 뜨고 볼 수 없는 일이 가끔 있었는데도 일찍이 예로써 가취(嫁娶)하지 않은 것은 무슨 까닭인가? 이것은 아마도 주나라가 쇠하여 예가 무너지고 음란한 혼인이 풍습으로 된 것을 인습하고 고치지 않은 것이리라. 《어류(語類)》를 상고하건대, "고모와 외삼촌의 자식이 혼인할 수 있습니까?" 하고 물으니, 주자는, "율(律) 가운데에 의거하면 허락하지 않았으나 인종(仁宗)의 딸이 이장(李璋)의 집에 시집갔으니, 바로 고모와 외삼촌의 자식이었다. 또 노나라 초년에는 송나라와 대대로 혼인을 하였고, 뒤에는 제나라와 대대로 혼인하였으며, 그 사이에는 모두 고모와 외삼촌의 자식이 있었을 것이니 예전부터 이미 그러하였다 _{(《주자어류(朱子語類)》권 89 관·혼·상(冠昏喪)})" 하였으니, 그 대의를 상고해 보면 참으로 합당하다고 말한 것은 아니다. 이 일은 조송(趙宋 : _{조광윤(趙匡胤)이 세운 나라}) 이전에 이미 있었으니, 송나라와 제나라가 혐의를 무릅쓰고 먼저 행하여 사민(士民)에게 풍속이 유전된 것이 아닌지 어찌 알겠는가? 무엇으로써 분명히 말할 수 있는가를 《곡례》에 의거하면, "남녀는 중매(仲媒)가 없으면 서로 이름을 알지 않는다" 하였고, 또, 사혼례(士昏禮)에, "이름을 묻는다" 했으니, '문명(問名)'이란 여자의 성명이 무엇인가를 청하는 것이니, 복이 있는 친속이 아닌 것을 알 수 있다. 외조와 이모의 집에 장가든다면 이름을 묻는 일이 있었겠는가? 혼례는 곧 은·탕(殷湯)이 제정한 것으로 《주역》 태괘(泰卦)와 귀매괘(歸妹卦)에 보이는데, 주나라에서도 혼인에 백마(白馬)를 사용하였으나 사실은 은나라 제도이다. 비괘(賁卦) 육사효(六四爻)에 "백마가 나는 것 같으니, 도둑질하는 것이 아니라 혼인을 구하는 것이다." 하였으니, 근본을 잊지 않은 것이다.

---

*1 증·보(烝報) : 윗사람에게 간음하는 것을 증(烝)이라 하고 아랫사람에게 간음하는 것을 보(報)라 함.

은나라의 정삭(正朔)은 지통(地統) *²이고 빛은 흰 것을 숭상하였으며 《귀장(歸藏)》*³에는 곤괘(坤卦)를 첫 머리로 하였는데, "공자가 송나라에 가서 곤·건(坤乾)을 얻었다(예기 예운)"한 것에서 증거할 수 있겠다. 곤(坤)이라는 것은 모도(母道)인데, 은나라가 예를 제정하고 가르침을 남긴 것이 또한 반드시 곤도(坤道)에 의지하여 법을 만들었으므로 그 예가 질(質)을 숭상하였다. 질(質)이라는 것은 순박하여 문(文)이 부족한 것이니, 이때에 질이 문보다 지나쳐 예의범절을 익히지 않아 야인(野人)들이, "부모를 왜 따지랴" 하였으니, 이는 어머니와 아버지가 똑같음을 이른 것이다. 이것을 가지고 미루어 본다면, 은나라의 예에 비록 외성(外姓)이라도 기혈(氣血)을 함께 받았으니, 친의(親義)를 베푼 것이 그 이치로 보아 마땅하나 다만 본종(本宗)에 비교하면 약간의 차등이 있어 같지 않다. 나의 생각에는, 은나라는 질(質)을 숭상하였으니 모족(母族)도 반드시 먼 후대까지 미쳤을 것이고, 주나라는 문(文)을 숭상하여 방쇄(旁殺)가 엄격하였으니, 내외(內外)의 자매(姊妹)가 유복(有服 : 복제에 따라 상복을 입어야 하는 가까운 친척)이면 반드시 혼인을 하지 않았을 것이니, 후세에 중표(中表) 사이에 혼인한다는 설은 성인의 뜻이 아니다. 무엇으로 증거할 수 있는가 하면, 우리나라는 바로 기자가 처음 나라를 세운 곳으로, 백의(白衣)와 전강(田疆)과 혼인에 수레를 타는 것이, 오히려 은나라 제도를 지키어 백대(百代)에 이르기까지 민멸하지 않았다. 고려 충선왕에 이르러 원나라 공주에게 장가갈 때도 백마 81필로 폐백을 하여 그 풍속이 아직도 그대로 있으니, 대혼(大婚)의 유속을 상상하여 알 수 있다. 그러므로 이성(異姓)의 족척(族戚)이라 말하여 4~5대에 이르기까지 친후한 것이 널리 미쳐서 음란한 풍속이 없어질 수 있었으니, 천하에 없는 좋은 법이다. 이것이 과연 어디로부터 유전되어 왔는가? "천자가 자기의 직분을 잃어 중국이 어지러워지면 학(學)은 사이(四夷 : 예전에, 중국의 사방에 있던 동이·서융·남만·북적을 통틀어 이르던 말)에 있게 된다(좌전 소공(昭公) 17년 조)"는 것이니, 이것이 곤·건(坤乾)이 되는 것이다. 위대하도다, 중간에 비록 고려의 음란하고 추잡한 것을 거치었으나 다 없어지지 않고 성조

---

*2 지통(地統) : 주(周)는 정삭이 자월(子月)이므로 천통(天統), 은(殷)은 축월(丑月)이므로 지통(地統), 하(夏)는 인월(寅月)이므로 인통(人統)이라 함. 《논어》 위정(爲政)에 보임.

*3 삼역(三易)의 하나. 은역(殷易)인데, 만물이 모두 땅으로 돌아간다는 뜻을 취하여 귀장이라 하였음.

(聖朝)가 천명을 받으매 옛 풍속으로 사람의 마음속에 있던 것이 마치 연뿌리가 흙 속에 있다가 때를 만나 싹을 틔워 영화가 밖으로 발하듯 성하고 아름답다. 지금 사람들이 오히려 인몰(堙没)하여 없애려고 하는 것은 근본을 망각하는 심한 짓이다.

장사 지내는 기간
葬月 장월

남녀가 태어나서 가정을 꾸미고 죽어서 다시 땅으로 돌아가게 되는 것은 천리의 당연한 일이다. 천자의 장사 지내는 기간은 7개월이요, 제후는 5개월이며, 대부는 3개월이요 선비는 한 달만 넘기면 된다. 성인(聖人)이 사람의 마음을 헤아리고 절차를 정하여 천천히 하거나 서두르는 근심을 벗어나게 했으니, 이는 옛날이나 지금이나 당연히 지켜야 할 일이다.

그 장례 의식(儀式)과 기물(器物)은 재산의 있고 없음에 따라 알맞게 할 것이요 재산을 헤아리지 않고 반드시 갖추라는 것은 아니다. 사람의 가난하고 부유함은 모두 같지 않으니, 재산이 부유하여 쓰고 남을 자가 있는가 하면, 심히 가난하여 한 가지도 갖추지 못할 자도 있다. 부자의 경우라도 멋대로 지나치게 할 수 없으며, 가난한 자의 경우라도 없는 것을 억지로 채우지 않는 것이 정한 예일 것이다.

《후한서》 양홍전(梁鴻傳)을 살펴보건대, "어버이의 시체를 자리로 말아서 장사지냈다" 하였으니, 역사가가 이 일을 없애지 않고 기록한 것은 가난할 때엔 가난한 형편대로 장사를 지내기 때문이다. 옛날에는 섶을 두텁게 싸서 들판에다 장사를 지냈는데, 후세에 성인이 관곽(棺槨)을 쓰게 했으니, 옛날에 어찌 어진 사람이나 효자가 없어 그러했겠는가? 이는 재물이 모자라 습속이 그렇게 된 것이다.

문물이 발달한 주나라 시대에 이르러서도 오히려 목관과 항석(抗席)을 써서 썩는 것을 헤아리지 않았으며, 환사마(桓司馬)가 석곽(石槨)을 다듬으니 공자는 그것을 보고 "저처럼 사치하느니보다는 차라리 빨리 썩게 하는 것이 나으리라《예기》《 단궁상》"는 탄식을 했다. 참으로 재물이 없을 경우에는 공리(孔鯉 : 공자의 아들)의 장사에 곽(槨)을 쓰지 않았고, 이치에 어긋나게 후장(厚葬)하는 것을 비웃었으니, 어떤 경우건 결국엔 흙속으로 관이 들어가는 것이기 때문이다.

공자는 만약 이 곽(槨)을 쓰고자 했다면 제자 가운데 재물이 많은 자가 없지 않았는데도 재물이 없다고 하며 이를 하지 않았고, 안로(顏路)가 공자의 수레를 팔아서 안연(顏淵)의 장사에 곽을 쓸 것을 요청했으나 역시 듣지 않았다(《논어》 선진편).

그 불의에 편안하지 않은 것은 살아서나 죽어서나 다름이 없는 것이니, 그러므로 양홍(梁鴻 : 후한 초기 학자)이 아버지의 장사에 거적을 썼으나 아버지 된 마음으로써 조금도 불안함이 없었던 것이다. 관재(棺材)를 구하고 공장(工匠)을 시켜 다듬는 것은 급히 마련할 수 없는 것이요, 혹시 더운 때에 날짜가 늦춰지면 도리어 해로움이 많으므로 차라리 섶에 싸서 장사를 지내더라도 유감이 없는 것이다.

오늘날 《의례》에 사상례(士喪禮)는 있으나 서인(庶人)의 제도는 없는데, 가난한 집안에서 부귀한 자를 본떠서 하나라도 빠뜨릴까 부끄러이 여겨 힘에 겨운 것을 개의치 않고 겉으로만 호화롭게 하는 것이 옳은 일인지 나는 모르겠다. 효자의 정리는 한이 없는 것이니 국상(國喪)에 있어 임금의 사사로운 뜻에 맡겨 재정을 낭비하고 금은보화를 산릉(山陵)에 채워 백성을 곤궁에 빠뜨리는 것이 옳겠는가.

주자가 편찬한 《소학》 선행편에 해우령(海虞令) 하자평(何子平)이 친상을 당해 8년 동안 장사를 지내지 못했는데, 형의 아들 하백흥(何伯興)이 집을 수리하려 하자 하자평이 허락하지 않으면서 나는 아직 정리를 풀지 못했다고 했다. 그러다가 채씨(蔡氏) 성을 가진 사람이 장사 지내 주는 것을 받아들였으니, 아아! 참으로 세정에 어둡도다. 그 무렵에 회곽(灰槨)이 없었고 이른바 분묘는 나무를 베어 관을 만들고 흙을 쌓아 봉분을 이루는 데 지나지 않는 것이었다. 숙부와 조카가 있으니 서로 더불어 노력한다면 수개월 내에 시체를 염습하여 장사 지내지 못하겠는가? 오직 다른 사람을 기다려 장사 지내기 위해 바람과 햇볕에 시체가 썩는 것을 돌보지 않았으니 이는 옳지 못한 일이다. 하자평은 그 폐습에 젖어 헤어나지 못한 자가 아니겠는가?

이러므로 내가 일찍이 이르기를 "국가에서 법을 만들 때에는 가장 행하기 쉬운 쪽에 기본을 두어야 가난한 백성들이 제때에 장사를 지내 가정이 파탄에 이르지 않고, 참람한 자에게는 형벌이 있은 뒤에야 어리석은 습속이 바로 잡혀 마음이 안정되고 생업을 지킬 수 있을 것이다. 이렇게 하지 않는다면 물결이 일렁이고 불길이 번지는 것과 같아 마침내 안정될 날이 없을 것이다" 하였다.

장수 선발법
選將之法 선장지법

장수를 선발하는 방법은, 문벌에서 취하는 것이 진영에서 진실한 재목을 찾는 것만 같지 못하며, 기내(畿內 : 나라의 서울을 중심으로 하여 사방으로 뻗어나간 가까운 행정구역 안)에서 찾는 것이 변방에서 경험 있는 이를 얻는 것만 못하다.

만일 체격으로 상(相 : 얼굴이나 체격의 됨됨이)을 보거나 출신 계급을 제한하며, 말 타고 활쏘기를 시험하고, 과실을 살피며 문장으로써 뽑았다면, 백기(白起)의 사나움과 한신(韓信)의 영락(零落)함과 두예(杜預)의 화살이 과녁을 뚫지 못함과, 이정(李靖)의 몸에 죄가 있는 것과 한세충(韓世忠)의 무식함은 모두 등용되지 못했을 것이니, 이 논설이 세속에 경종을 울릴 수 있을 것이다.

오늘날 사람들은 모두 장수의 가문에서 장수가 난다 하여, 장수급에 있는 자들은 명문 자제 아닌 자가 없다.

옛날 일을 역사에서 살펴보건대, 변란이 있을 때에 적군을 물리친 자는 반드시 절충 장군(조선시대 정3품 당상관 무관의 품계. 어모장군의 위임)이나 어모 장군(조선시대 정삼품 당하관 무관의 품계) 휘하의 편장(偏將 : 대장을 보좌하며 소속 부대를 지휘하던 무관직)·비장(裨將 : 조선시대에 감사, 절도사 등 지방장관이 데리고 다니던 막료)에서 나왔고, 비단을 걸치며 고기를 먹는 귀골들이 목숨을 바쳤다는 말은 듣지 못했다.

오늘날에는 무관 집안뿐만 아니라, 문신의 귀족 자제들이 간혹 염치를 무릅쓰고 장수에 천거되며 남의 손을 빌려 활을 쏘아서 무과에 등제하고, 허명을 얻어 중권(中權 : 중앙의 높은 무관직)과 곤수(閫帥 : 지방의 병수사(兵水使))를 역임하여 하루 아침에 변란 있을 것은 깨닫지 못하니, 아아! 딱하다.

군사에게 토지를 주어야

兵必授田 병필수전

유몽인(柳夢寅)의 말에 "일찍이 북경에 가다가 변방을 지키는 기병(騎兵)을 만났는데, 그들의 말은 모두 준수한 용마(龍馬)였으며, 말을 탄 군사도 옷차림이 화려했는데, 수십 일을 가도 끊이지 않으므로 그 까닭을 물으니, '중국에서는 군사들에게 약간의 토지를 나누어 주어 그 밭을 경작하여 준마를 사게 하고 여유가 있으면 생활에 보태 쓰게 한다고 한다'" 하였다.

무릇 군사는 죽을 땅에 있는 것이니, 평상시에 백성들이 즐거이 따르도록 해도 급박한 변란이 있을 때에는 오히려 달아날 염려가 있거늘, 하물며 조그만 이익도 없이 큰 재앙만 있음에랴.

후세에 군정(軍丁)을 강제로 뽑아 세력이 있는 자는 빠져나가고, 가난하고 약한 자는 모면하지 못하니, 어떻게 적을 막아낼 수 있겠는가? 참으로 토지와 시초(柴草)의 이익이 있다면, 백성이 군사 되기를 원할 것이요, 반드시 군사에 용맹 있는 자를 먼저 뽑는다면 잔약한 자는 참여하지 못할 것이니, 이 밖에 다른 방도는 없을 것이다.

이제 군정을 채우기를 강도 잡듯 하고, 이웃끼리 보증을 세우게 하고, 매질과 위엄으로 양이나 돼지를 몰 듯하며, 외침이 없을 때는 온갖 것을 징책(徵責)하되 조그만 혜택도 없으면서 목숨 바쳐 공을 세우기 바라니 어려운 일이다.

옛날 전요(田饒)의 말에 "재물은 임금에게는 가벼운 것이요, 목숨은 군사가 소중히 여기는 것인데, 임금이 그 가벼운 재물은 쓰지 않으면서, 군사의 소중한 목숨만 바치기를 바란다면 어찌 어렵지 않겠는가" 하였으니, 이는 뼈에 맺힌 말이다.

몸이 죽게 되고, 나라가 위태로운 때를 맞아 목숨 바쳐 나라를 구원하는 자에게는 반드시 만금의 상을 줄 것이다 하고, 이에 복종하지 않는다면 반드시 성을 내어 죽여버리려 할 것이다. 환란을 미연에 도모하면 한 병 술이 만금을 당할 수 있고, 눈앞에 전쟁이 박두한 뒤에 도모하면 만금의 무거운 상금도 또한 소용이 없는 것이니, 이 방안을 저 방안으로 바꾼다면 어찌 좋은 도리가 없겠는가?

고려 시대에 이런 정책이 갖추어졌으나, 나중에 점차 없애 버림에 따라 고려의 국운 또한 끝나고 만 것이다.

그러므로 조준(趙浚)의 상서에 "국가에서 비옥한 토지를 떼어내 갑사(甲士) 10여만 명의 봉록을 삼으면, 의복과 군량과 병기가 모두 이 토지로부터 나오므로 나라에서는 양병하는 경비를 지출할 필요가 없게 될 것이니, 이는 조종(祖宗)의 법이 삼대(三代)에 걸쳐 군사를 농사에 붙였던 까닭입니다. 현재는 군사와 군전의 제도가 모두 없어지고, 전쟁이 일어나면 언제나 농민을 몰아 군사에 보충하므로, 군사는 잔약하여 적군의 먹이가 되며, 농량을 덜어 군사를 기르므로 농민의 호구가 깎여 고을이 없어지게 되는 것입니다. 조종조에서 나누어 준 전지(田地)를 한 가문에서 부자(父子) 사이에 물려가며 독점한다면 어떻게 충의를 권장하며, 공적을 바랄 수 있겠습니까? ^{(고려사절요 권33) (신우(辛禑) 4년조)}" 하였다.

이른바 군사를 농민 속에 넣어두는 것은 더욱 절실한 일이니, 군사에게 토지를 나누어 주지 않으면 토지는 모두 권문세가에서 점거하여 나라에서는 간여할 수 없게 되는 것이다.

진실로 조선 건국 초기에 이 방법을 단행했다면, 평상시에는 저마다 그 밭을 경작하다가 전쟁이 일어나면 농민 속에서 쉽게 군사를 징발하여 용맹한 자를 얻을 수 있었을 것이다.

그 요점은 다만 백성으로 하여금 은혜를 품게 해서, 싫어하고 회피하는 마음을 없애는 것이니, 이에 군사와 농민이 하나가 되어야 옛날 제도가 다시 밝아질 것이다.

일생을 미친 척하고
洪裕孫 홍유손

홍유손은 자가 여경(餘慶)이고 호는 조총(篠叢)이며, 본관은 남양(南陽)이다. 서리(胥吏)의 아들인데 세상에 뜻이 없어 미친 척 행동하며 일생을 보냈다.

홍유손이 5세 때 서울로 올라오자 그를 본 여러 공경 대부들이 그를 신동(神童)이라고 일컬었으며, 12세 때에 세조(世祖) 임금이 별전(別殿)으로 불러들여 시를 짓게 하니, 시를 지으면서 초(草 : ^{초고를}_{쓰는 일})하는 일이 없었고, 또한 과거를 보는 일에 뜻을 두지도 않았다.

홍유손은 일찍이 열경(悅卿) 김시습(金時習)과 함께 놀았고 함께 어울리던 친구로는 한훤당(寒暄堂) 김굉필(金宏弼), 백공(伯恭) 남효온(南孝溫), 무풍군(茂豐君) 이총(李摠), 수천정(秀川正) 이정은(李貞恩), 자정(子挺) 안응세(安應世) 등 모두 당대의 유명한 부류들이었다.

홍유손은 집이 가난해 다 떨어진 옷을 걸치고 다녔으며, 영남에 내려가 점필재(佔畢齋) 김종직(金宗直) 선생을 찾아보게 되었다. 선생이 시를 증여하여 촉망함이 깊었고, 그를 두류산에 들여보내 글을 읽게 하니 비로소 불교의 그른 점을 깨닫게 되었다.

그 뒤 서울로 돌아왔을 때는 바야흐로 점필재가 조정에서 벼슬이 현달하였으므로 이에 시정(時政)을 바로잡지 못함을 경계하며 말하기를 "지금 세속이 모두 도교와 불교를 배척하지만 원만함을 좋아하고 모진 것을 미워하는 것은 노자(老子)의 교리요, 홀로 실행해 세상을 잊는 것은 불교의 교리입니다. 실상 그 테두리에서 벗어나지 못하고 있습니다" 하자 점필재가 좋아하지 않았다.

그때는 유자광(柳子光)이 권세를 농락하고 있을 무렵이었다. 홍유손이 유자광을 만나기를 요청하였으나 유자광은 청을 들어주지 않고 시정(時政)을 비방하였다는 구실을 잡아 오히려 홍유손을 제주도로 귀양 보냈다. 그 뒤 홍유손은 중종반정(中宗反正) 뒤에 풀려나 진사에 올랐다.

홍유손은 효성이 지극해 어버이 장례 때에 몸소 흙을 짊어져 나르고 남을 시키지 않았다. 늘그막에 조씨(趙氏)의 딸을 맞아들여 두 아들을 두었으니, 홍지선(洪至善)과 홍지성(洪至誠)이다. 홍유손은 중종(中宗) 24년 기축(1529)에 향년 78세로 세상을 떠나자, 문인인 참의 김헌윤(金憲胤), 도정(都正) 윤진(尹珍), 참판 김홍윤(金弘胤), 의정(議政) 이장길(李長吉) 등이 비용을 내어 양주(楊州) 불암산(佛巖山)에 장사 지냈다. 그의 아들 홍지성은 아버지의 학문을 이었는데 그 문하에서 공부한 제자들이 80여 명에 이르렀다.

창해(滄海) 허격(許格)의 자는 춘장(春長)이다. 그는 기절(氣節)을 숭상하여 사림(士林)들이 경외하는 대상이 되었다.

허격이 일찍이 이렇게 말했다. "우리 아버님께서는 일찍이 홍선생에게서 배우셨다. 선조 30년 정유(1597)에 왜적이 다시 쳐들어오자, 나이 80여 세로 의병을 일으켜 수십여 명을 이끌고 금오평(金烏坪)에 이르러 적병을 무수히 죽이고 마침내 왜적에게 살해되셨다. 문인들이 시체를 거두니 얼굴빛이 그때까지 조금도 바뀌지 않았다고 하더라."

내가 지봉(芝峰) 이수광(李睟光)과 미수(眉叟) 허목(許穆)이 기록한 것을 본 일이 있는데, 전해 오는 말에 와전이 많으므로 근자에 사람을 시켜 그 유고(遺稿)를 구하고 대략을 채택하여 기록하였다. 그 평생에 열경(悅卿)·백공(伯恭)과 출처를 함께했는데, 범상하게 보는 이들이야 어찌 그의 뜻을 알 수 있겠는가?

오늘날 그 행적을 추모하여 김시습·남효온·조려(趙旅)·원호(元昊)·이맹전(李孟專)·성담수(成聃壽) 등 6명의 현인을 함안(咸安) 서산서원(西山書院)에 함께 배향하였다. 그런데 여경(홍유손)이 홀로 빠진 것은 아마도 문벌이 미천하기 때문인 듯하다. 이미 의열(義烈)이 있다고 한다면 문벌이 무슨 상관이 있겠는가.

그 무렵에 또 은사(隱士) 유종선(柳從善 : 작은 여등(如登)임)이 있었는데 홍유손의 제문이 있어서 그 사람됨을 짐작할 수 있다. 비록 지조와 기절은 있었으나 자취를 감추어 세상에 그 모습을 드러내지 않은 자가 아니겠는가.

나는 일찍이 김시습·남효온 등은 그 의지를 굽히지 않고 자취를 드러내어 숨기지 않았으니 중용(中庸)이 될 수 없고, 오직 경은(耕隱) 이맹전(李孟專)은 기회를 살펴 눈멀고 귀먹었다고 핑계를 대고 물러갔으며, 직학사(直學士) 원호(元昊)는 움막에 거처하면서 단종(端宗)을 위하여 복제(服制)를 입었으니 참으로 거룩한 일이라고 생각하였다.

생계를 위해 책을 낸 주자
朱子文字錢 주자문자전

사민(四民) 가운데 오직 선비만은 가난한 것으로써 떳떳함을 삼는다. 농부·공인(工人) 그리고 상인들은 생계를 꾸려가니, 만일 굶주리고 헐벗게 된다면 그 죄책은 그들 자신에게 있거니와, 선비는 서적에만 정신을 쓰므로 한

오리의 실과 한 낟의 곡식도 몸소 마련하지 못하니, 벼슬을 할 수 있는 때에 벼슬을 얻지 못하게 된다면 의식(衣食)이 나올 길이 없는 것이다.

주자가 임택지(林擇之)에게 보낸 글에 있는 이른바 문자전(文字錢)이란 것은 곧 책을 펴내 수입을 잡는 것이니, 역시 부득이한 데서 나온 계책인 것이다.

그 말에 "군색함이 이를 데 없어 모든 것을 절약하여도 오히려 조석의 끼니를 이어나갈 수 없거늘, 남헌(南軒) 흠부(송나라 때 대학자)는 책 박는 일을 못마땅하게 여기고 도리어 이르기를 '별달리 조그만 생계를 경영함이 무방할 것이다' 하니, 이는 도무지 이해할 수 없는 말이다. 별달리 생계를 경영하는 것은 아마도 더 비루한 일인 듯싶다(《주자서절요》 권 20)" 하였다.

모든 일을 직접 경험해 보지 않으면 총명한 사람일지라도 절실하게 깨닫지 못한다. 남헌은 위국공(魏國公) 장준(張浚)의 아들이다. 송나라가 남천(南遷)한 후에 위국공의 사치는 절도가 없어서 임금에 비교하여 도리어 지나침이 있었으므로 역사가들의 나무라는 바가 되었다. 남헌은 원래 부유한 집에서 성장하였기 때문에 가난한 자의 견딜 수 없는 고초를 알지 못했던 것이다.

애시당초 전야(田野)에서 노동을 하거나 돌아다니며 장사를 하지도 못할 터이면 차라리 책을 써서 세상에 반포하고 겸하여 곤궁에 빠진 생계도 펴나가는 것이 또한 한 가지 방법일 것이다. 어찌 별다른 조그만 생업(生業)으로서 무방할 것이 있겠는가? 이 밖에 나무를 심는 것과 약을 파는 일도 있으나 모두가 이 일에 종사한다면 이익을 얻을 수 없을 것이다. 서적을 발간하는 일은 가족의 생계에 보탬이 될 뿐만 아니라 성현(聖賢) 또한 조촐히 여겼던 바이다.

하물며 주자는 사방으로부터 찾아오는 손님이 많았으니, 그 접대의 경비를 장차 무엇으로 충당했겠는가? 당시에 호굉(胡紘)이란 자가 있어 현달하기 전에 일찍이 건안(建安)을 찾아온 일이 있었다. 그때에 주자는 배우는 자들에게 다만 현미밥을 대접했으므로 호굉에게도 똑같이 대접했는데, 호굉이 좋지 않게 여겨 "이는 인정이 아니다. 한 마리의 닭과 한 두루미의 술이 산중에 없지는 않을 것이다" 하였다.

그 후 감찰어사(監察御史)가 되어서는 주자를 공격하는 것으로 임무를 삼

아 심계조(沈繼祖)를 시켜 열 가지 죄목으로써 무함할 적에, 심지어는 "나
물을 먹으며 마귀를 섬기는 요술로 후진(後進)을 미혹시키고 행실 없는 무
리들을 모아 당파를 만들며 형적을 숨기는 것이 귀신과 같다" 하였고, 선인
(選人) 여철(余嚞)은 글을 올려 주희를 베어 위학(僞學)을 근절시키기를 청
하였다.

당시에 한 그릇 현미밥의 화가 종유(從遊)에게까지 미쳐 3천 리 밖으로
귀양 가 죽는 데에 이르렀고, 생전에 그를 스승으로 존앙(尊仰)하던 무리들
도 혹 문 앞을 지나면서도 들르지 않으며, 의관을 변장하고 시장에 돌아다녀
그 당파가 아님을 밝혔으니, 세상의 험악함이 이와 같다.

착한 자 복 받고 악한 자 화를 입는다
福善禍淫 복선화음

하늘과 땅이 교합하여 태괘(泰卦 : 하늘(乾)이 아래에 있고 땅(坤)이 위에 있는 64괘 중의 하나)가 되매 군자의 도는
자라나고 소인의 도는 사라지니, 이는 성왕(聖王)의 세대에 사람이 하늘과
땅에 참여하여 삼재(三才)가 된다는 것이다.

천도(天道)는 운행하고 지도(地道)는 생양(生養)하나 천지의 변화생육(變
化生育)을 돕는 것은 사람에게 있으므로 천지는 자연에 속하고, 과한 것은
억제하고 모자라는 것은 도와서 이루도록 하는 것은 사람이다. 소와 말에 비
유하건대, 다리가 넷이 있음은 천지의 조화요, 코를 뚫고 머리에 굴레를 씌
우는 것은 사람의 공력이다. 그러나 다만 재량(裁量)하여 이루게 할 뿐이
요, 착한 것을 좇고 악한 것을 배척하게 하는 의(義)는 아직까지는 있지 않
았다.

천리(天理)는 본래 바르지마는 물건이 길흉화복에 영향을 받으므로 반드
시 다 바를 수 없다. 천지도 일마다 어긋나는 것은 바로잡을 수 없기 때문에
반드시 성인이 천지를 본받은 뒤에야 마땅하게 되는 것이니, 이를 보상(輔
相)이라고 한다.

그렇지 않으면 비록 소의 코를 뚫고 말에 굴레를 씌웠다 하더라도 가시밭
으로 달리고 곡식을 짓밟는 것을 면하지 못할 것이다. 착한 자에게 복을 주
고 악한 자에게 앙화를 준다는 것은 이런 데서 말할 수 있는 것이다.

성인이 세상을 다스리매 백 가지가 모두 공정하여 착한 자를 인도하고 악한 자를 배척하여 착한 자에게 복이 돌아오고 악한 자에게 앙화가 돌아가는 것이니, 이는 천지의 본연한 이치를 성인이 재성(裁成)하여 마땅하게 하는 것이다.

군자의 도가 사라지고 소인의 도가 자라나서 천지가 사귀지 못하여 비색한 운이 최고에 달하게 되면, 사람이 재성하고 도와주지 못하므로 착한 자가 앙화를 입고 악한 자가 도리어 복을 받게 되어도 하늘도 어찌할 수 없는 것이다.

비유하건대, 사람의 성품이 본래는 착하나 물욕이 가려 혹은 극악무도한 데 이르러 성품이 사람을 다스리지 못하므로 "사람이 도를 넓히는 것이요, 도가 사람을 넓히는 것이 아니다(《논어》 위영공(衛靈公) 편)" 하였다.

간언하기를 다투는 신하
諍臣七人 쟁신칠인

임금은 충고하는 신하가 없음을 걱정할 것이 아니라, 충고하는 말을 받아들이지 못함을 걱정해야 할 것이다. 충고하는 것은 말로써 하는 것이고 받아들이는 것은 실천으로써 하는 것인데, 실천하기는 어렵고 말하기는 쉽다. 임금이 그 어려운 것을 실천한다면 아래에 있는 신하들은 굳이 상을 주지 않더라도 그 쉬운 것을 실천하게 될 것인데, 하물며 말하도록 인도함에 있어서랴.

그러나 충고하여 다투는 것은 헐뜯는 데 가까우며 헐뜯으면 성내지 않을 자가 없을 것이나, 비록 성내더라도 입을 다물지 말아야 할 것이다. 하물며 임금이 아닌 남의 허물을 꾸짖는데 어찌 임금이 직접 충고를 구하는 것을 기다려야 하겠는가.

충고하여 다투다가 임금이 받아들이면 신하에게 세 가지 소득이 있으니, 충신의 명예가 있고 충고한 데 대한 포상이 있으며 벼슬을 보전하는 이익이 있어, 온 천하 사람들이 칭송하고 그 은택이 자손에게까지 미치게 된다.

다만 감히 충고하지 못함은 충고하는 말이 받아들여지지 않고 도리어 노여움을 살까 두려워하기 때문이니, 임금이 충고하는 신하가 없음을 걱정하는 것은 밭이 있으나 곡식을 심지 않는 것과 같은 것이다. 그러나 충고하고 다투는 것도 어질고 어리석음에 따라 선악의 구분이 있으니 또한 가려서 하지 않을 수 없다.

이미 널리 받아들이는 길을 열어 놓으면 가깝거나 멀거나 모두 팔뚝을 휘두르며 들어와 흉금을 털어놓고 충고를 올릴 것이니, 어찌 어진 인재가 나오지 않음을 걱정하겠는가. 임금된 자가 어질고 지혜로운 인재가 없음을 근심하는 것은 곡식이 있어도 거둬들이지 않는 것과 같은 것이다.

공자의 말에 "천자에게 충고하여 다투는 신하(諍臣) 7명이 있으면 비록 무도(無道)하더라도 그 천하를 잃지 않는다" 하였는데, 충고하여 다투는 신하가 있어 그 말을 실천한다면 어찌 무도하다고 하겠는가. 이는 제나라 경공(景公)이나 위나라 영공(靈公)처럼 "기뻐하면서도 실천하지 않고 따르면서도 고치지 않는다(《논어》자한편(子罕篇))"는 자가 아니겠는가.

참으로 기뻐하여 실천한다면 침묵을 깨고 충고하여 다투며 임금의 노여움을 사는 자가 어찌 7명에 그칠 것이며, 또 만일 성내며 벌을 준다면 7명인들 어찌 얻을 수 있겠는가. 그러므로 "무도한데도 오히려 망하지 않는다"고 했는데 하물며 인도하여 충고하게 하고 상을 주어 많은 사람들에게 모범이 되게 함에 있어서랴. 어질고 뛰어난 임금들이 왕성하게 나라를 일으킨 것도 이와 같은 것이다.

쓸데없는 관직의 혁파
罷冗官 파용관

일은 다르나 자취는 같은 것이 있으니, 흥성하는 자와 자취를 같이하면 흥성하지 않음이 없고, 쇠퇴하는 자와 자취를 같이하면 쇠퇴하지 않음이 없으므로 일의 다르고 같음에는 관계되지 않는 것이다. 그러므로 남의 일로써 자신의 귀감을 삼고, 옛일로써 현재의 귀감을 삼으며, 지나간 자취로써 오늘 일을 귀감 삼는다면 도(道)에 거의 가까워질 것이다.

서한(西漢)과 동한(東漢) 시대에는 그래도 벼슬을 위하여 사람을 선택하였으므로, 벼슬자리는 적고 사람이 많은 폐단은 없었다. 그런데 과거제도가 생기면서 벼슬자리는 고려하지 않고 먼저 사람을 뽑아, 벼슬을 제수하되 문권(文券)을 가지고 물건을 독촉하듯 했으므로, 사람은 많고 벼슬자리는 적어 수용할 도리가 없게 되었다.

당·송 시대에도 이 폐단은 여전하였으나 송나라가 더욱 심했으니, 그것은 무슨 까닭이었던가? 당나라는 수나라의 제도를 본받았고, 송나라는 당나라의 제도를 답습하여, 한결같이 사장(詞章 : 시가와)으로써 사람을 뽑았기 때문이다.

한(漢)나라 때의 공경은 아들 하나를 후계자로 삼아 공경을 세습한다는 조롱을 받았으나, 나머지 아들마저 모두 벼슬한다는 말은 오히려 듣지 못했다. 그런데 후세에 와서는 대신을 우대하여 자제들에게 벼슬을 내리고 혹은 그 아들을 스스로 천거하게 하였으며, 더러는 유표(遺表 : 신하가 죽을 즈음에)로써 은혜를 간구하기도 하였다.

송나라 진종(眞宗) 이후에는 은의(恩義)가 점점 넓어져 양성(兩省)의 지잡어사(知雜御史) 이상은 남교(南郊 : 매년 동지일에 원구가 있는)의 제사 때와 황제의 탄생일 때마다 저마다 아들을 아뢰어 경관(京官)에 충원하게 하였고, 소경감(少卿監)은 아들 하나를 아뢰어 과시(科試)에 충원하게 했으며, 관함(官銜)이 정랑(正郎)으로 원외랑(員外郎)을 겸직한 자와 여러 도(道)의 제점형옥(提點刑獄) 이상으로 파견된 자는 남교의 제사 때마다 아들 하나를 아뢰어 재랑(齋郎)에 충원하게 했다. 학사(學士) 이상으로 20년을 경과한 자는 한 집안의 형제와 자손 20여 명이 계속 경관으로 등용되었고, 간혹 자제가 적은 자는 무턱대고 다른 사람들까지 천거하였다.

이러하니 아들을 낳으면 포대기에서 떠나기도 전에 공복(公服)을 만들어 입혀 희롱하기도 하였다. 그러므로 남자는 관례를 치르면 상(殤)*[1]이 되지 않는 것이 예인데,《주자가례》에는 문득 장가드는 것으로써 한계를 삼았으니, 만일 예에 따른다면 남자는 상(殤)이 없기 때문이다.

그러므로 입에서 젖내 나는 아이가 권세를 믿고 벼슬을 다투고, 한미한 자들은 감히 벼슬에 나갈 엄두도 내지 못하게 되어 재주와 덕망 있는 자가 초야에 묻혀 뜻을 얻지 못한다. 이런 무리들을 등용하여 백성을 다스리게 하니 백성이 살아갈 수 있겠는가? 이에 더하여 과거제도가 번잡하고 추천서가 분답(紛沓 : 사람이 많이)하니 벼슬자리에 비교해 사람이 많다는 것이 다가 아닌 것

---

*1 상(殤)은 20세 미만에 죽은 자의 상(喪)이니, 19~16세까지는 장상(長殤), 15~12세까지는 중상(中殤), 11~8세까지는 하상(下殤)이 되고, 8세 이하는 무복(無服)의 상이 된다.

이다.

송나라 때 한림학사 왕우칭(王禹偁)의 말에 "처음에는 제상(濟上)에 다만 자사(刺史)와 사호(司戶) 두 사람만이 있었는데, 나중에 10여 명으로 불어났기에 그 부세를 물어보니 탕갈했다 하며, 그 사람을 물으니 달아났다고 하였습니다. 이러므로 산택의 이익을 모두 거둬들인다 해도 부족할 것이니, 백성들이 어떻게 감당하겠습니까?" 하였다.

이에 의거하건대, 벼슬을 더하려 하여 그렇게 된 것이 아니라 벼슬을 넘겨다보는 사람들이 많기 때문이니, 이른바 "말을 기르는 자가 말먹이가 없어짐을 염려하여 다시 감관(監官)을 두었더니 말은 더욱 수척해졌다"는 것이다. 그러므로 송나라는 오랑캐가 아니라 송나라 스스로가 망친 것이다.

우리나라는 본디 토지는 좁고 벼슬자리는 많다고 이르는데, 토지가 좁으면 재물이 넉넉하지 않고 벼슬자리가 많으면 토색(討索 : 돈이나 물건 따위를 억지로 달라고 하는 짓)이 성행하여 백성은 더욱 곤궁해지는 것이다. 그 까닭은 무엇인가? 중국처럼 넓은 토지가 있는 것도 아니면서 사람을 위하여 벼슬을 늘리는 폐단이 있어서, 내외의 벼슬자리가 문무 출신의 수효를 메울 수 없고, 게다가 유품(流品 : 백관을 이름)의 벼슬길이 또한 크게 넘쳐서 권귀(權貴)의 자제들은 천치 바보를 막론하고 누구 하나 벼슬 없는 자가 없다. 그 친척들과 문객들도 벼슬에 오르지 않는 자가 없어, 한번 사모를 썼다 하면 수령은 따 놓은 당상으로 여기고 오히려 지체됨을 꺼려서 만기도 되기 전에 미리 품계를 건너뛰어 올라갈 것을 도모하며, 문신의 음관(蔭官) 가운데에도 한 번에 벼락부자가 되는 것이 소원인 자가 수천 명이기 때문이다. 그러나 무신들은 이 숫자에 들어 있지 않다. 300 남짓한 고을에서 이 많은 사람의 탐욕을 채우기는 사실상 어려운 일이다.

나라의 형세가 이미 이에 이르렀으니, 반드시 폐단을 개혁하여 편안한 데로 돌려 창업의 정사를 하여야만 앞으로 유익하게 될 것이니, 일은 반절만을 하여도 공적은 갑절이나 되어 다시 무궁한 데 이르게 될 것이다.

법이 궁하면 통하지 않는 이치가 없으나, 다만 사람들이 힘을 쓰려 하지 않을 뿐이다. 힘을 쓰되 각별한 노력을 하지 않으면 마침내 민심을 얻을 수가 없는 것이다. 민심을 얻으려면 재물을 풍족하게 해주느니만 같음이 없고, 재물을 풍족하게 해주려면 부세를 가볍게 하느니만 같음이 없는 것이다. 그러므로 생산하는 자는 많고 먹는 자는 적으며, 일은 빠르게 하고, 쓰기는 서서히 할 뿐이다. 이 네 가지 가운데서 먹는 자가 적은 것이 생산이 많은 것보다 소중하고, 쓰기를 서서히 하는 것이 일을 빠르게 하는 것보다 소중하며, 적게 먹는 것이 쓰는 것을 서서히 하는 것보다 더욱 소중하니, 먹는 자가 적으면 쓰는 것은 스스로 펴게 될 것이다.

그 요령은 또한 용관(冗官 : 쓸데없는 관직)을 제거하는 데 지나지 않으나, 너무 급히 제거하면 또한 해로움이 있을 것이니, 모름지기 결원이 생기더라도 채우지 않으면 점차로 줄어들 것이다.

마땅히 먼저 백성의 재화를 참작하여 송나라 태조(太祖)가 자운루(紫雲樓)의 건축을 정지시킨 것과, 고려 태조가 즉위한 뒤 34일 동안 부세를 경감한 것과 같이 한 다음에, 그 나머지로써 경비에 충당하여야 할 것이다.

맹자의 말에 의거하여, 먼저 경작에 대신할 녹봉을 정한 다음, 320배로써 임금의 녹봉을 삼는데, 환관·궁첩·액례(掖隷 : 액정서(掖庭署)에 딸려 있는 관리와 하인)의 급료가 모두 그 가운데 포함되니, 그 무리가 300여 명에 지나지 않는 것이다.

크고 작은 관서를 모아 두 곳이나 세 곳을 하나로 병합하고, 그 직원을 필요한 자 이외에는 모두 혁파(革罷 : 낡아서 못쓰게 된 것을 폐지함)하며, 5일의 휴가를 제외하고는 모두 숙직을 시키고 간관(諫官)은 혁파하여 다른 관직으로써 겸직하게 하여야 할 것이다.

외방의 고을은 서너 개 현(縣)을 하나로 병합하고, 큰 고을은 50리 밖의 지역을 다른 고을에 할양하며 시과에 배정된 급료도 혁파할 것이다. 그리고 불필요한 관원은 모두 없애고, 남은 관원에게는 녹봉을 후히 주어, 그 용도를 묻지 아니하며, 다시 백성에게 사사로이 거두는 일이 없게 한다면, 백성들은 한 번 부세와 방물을 바치는 외에는 다시 관리들과 서로 접촉하지 않게 될 것이니, 이렇게 하고도 백성이 부유하지 않으며 나라가 편안하지 않다는 것은 아직까지 들어보지 못했다. 과거의 폐단은 전에도 여러 번 이야기했기에 이제 더 말하지 않는다.

왜구 침략의 전말
倭寇始末 왜구시말

고려 충렬왕(忠烈王 : 제25대 왕,
왕거(王昛))이 원나라 세조(世祖) 때 그 나라 공주를 맞아들여 사위가 되었으므로 그 말하는 바를 모두 쫓았으니, 비록 주체적으로 나라를 다스리지는 못했으나 오랫동안 임금자리에 있었던 것은 또한 그 힘이 아니라고 할 수 없다.

이보다 앞서 원나라가 일본에 사신을 보내면서 우리나라 사람을 향도(嚮導)로 삼았는데, 왜인들이 의심하고 모두 죽이려 하여 간신히 살아온 자가 있었다. 이에 충렬왕 7년(1281) 원나라가 왜적을 정벌할 계획을 세워 군사를 크게 동원하여 동정(東征)의 길에 나서니, 전함이 3천 5백 척이요, 만군(蠻軍)이 10여만 명이며, 우리나라에서도 전선 900척과 군사와 뱃사공 수만여 명으로써 이에 협조하였다. 일기도(一岐島)에서 양군이 회합하고 이어 참수하고 포획하는 전쟁이 있었는데, 마침 태풍을 만나 만군이 모두 죽어 시체가 포구를 메워 밟고 다닐 정도였으므로 이에 물러나 돌아왔다.

내가 근래에 《일본외사(日本外史)》를 얻어 읽어보니 거기에 또한 이르기를 "일본이 거의 함몰당하기에 이르렀는데 태풍에 힘입어 요행히 모면했다" 하였으니, 그 징계(懲戒)했던 것을 볼 수 있다.

이로부터 왜적의 우환을 안심하게 되었으니, 이는 왜적이 원나라를 두려워한 때문이다. 원나라가 쇠약해지자 왜적은 또 침략을 일으켰다.

충렬왕 7년으로부터 충정왕(忠定王 : 고려 제30
대왕) 2년(1350)은 원나라 순제(順帝) 지정(至正) 10년인데, 왜구가 고성(固城) 등의 지방을 침략하였다. 왜구의 침략은 이로부터 시작하여 해마다 약탈이 없는 해가 없었다.

우왕(禑王 : 고려 제32
대왕) 원년(1375)에 이르러 왜인 등경광(藤經光)이 무리를 이끌고 귀화하였으므로 순천(順天)·연기(燕岐) 등지에 살도록 하고 관아에서 물자와 양곡을 지급하였다. 얼마 뒤에 전라도 원수(元帥) 김선치(金先致)에게 유시를 내려 등경광 등 왜구를 유인하여 주연에서 죽이려 했으나 기밀이 누설되어 등경광은 무리를 거느리고 바다를 건너 달아나고 겨우 3명만을 잡아 죽였다.

이에 앞서 왜구들은 우리 고을을 침략해도 사람들은 살해하지 않았는데,

이로부터 격노하여 그들은 침입하는 곳마다 부녀자와 어린이를 남김없이 죽여 버리니, 전라도와 양광도(楊廣道) 바닷가 고을은 한결같이 텅 비게 되었다.

이듬해 겨울 나흥유(羅興儒)가 일본에서 돌아오고, 일본에서는 중(僧) 양유(良柔)를 회신사(回信使)로 보내왔으니, 대개 충렬왕 7년에 동정(東征)한 뒤로부터 국교를 단절한 지 거의 100년이 되었다. 이에 이르러 일본의 중 주좌(周佐)가 글을 보내왔는데 말하기를 "오직 일본 서해도(西海道) 고을인 구주(九州)는 난신(亂臣)이 할거하여 공물과 부세를 바치지 않은 지 거의 20여 년이 되었습니다. 이 서해도의 욕심 사나운 백성들이 틈을 보아 귀국을 침략한 것은 우리가 한 일이 아니었으므로, 조정에서 장수를 보내어 그 진영 깊숙한 곳에서 날마다 교전한 끝에 거의 구주(九州)를 되찾게 되었는데, 저들이 해를 가리키며 하늘에 맹세하기를 다시는 해적 행위를 하지 않겠다고 약속했습니다" 하였다.

우왕 3년에 안길상(安吉常)을 일본에 보내서 해적을 금지할 것을 청하였는데 안길상은 병으로 일본에서 죽었다.

또 일본 구주절도사(九州節度使) 원요준(源了浚)이 중 신홍(信弘)을 시켜 군사 69명을 거느리고 와서 왜적을 잡아가게 하였으니, 구주는 곧 서해도(西海道)를 가리킨 것이다. 신홍이 왜구와 더불어 싸워 왜선 한 척을 나포하고 모두 참수하였다. 우리나라에서 또 이자용(李子膺)·한국주(韓國柱) 등을 일본에 보내어 비적을 금지할 것을 청했다. 그들이 돌아오자 해도포착관(海盜捕捉官) 박거사(朴居士)가 군사 186명을 거느리고 계림부(鷄林府)에 침입한 왜적과 싸웠는데, 원수(元帥) 하을지(河乙沚)가 구원하지 않았으므로 박거사의 군이 패전하여 겨우 50여 명이 살아남았다. 이 뒤에 날로 사나워지기 시작하여 바닷가 삼면이 왜적의 피해를 입지 않은 곳이 없었다.

조선 태조(太祖)가 군사를 거느리고 토동(兎洞), 황산(荒山)에서 왜적과 싸워 크게 이겨 국위를 조금 떨쳤으나 저들이 바다에 출몰하여 틈을 타서 침입하니, 이를 어떻게 막아내겠는가.

그 뒤에 대마도를 정벌한 일이 있었으나 완전한 승리를 거두지 못하였고, 삼포(三浦)*1의 왜란 토벌에도 앙화가 남았으며, 임진년(1592)에 이르러서는 극도에 달하였던 것이다. 그러나 왜군들 또한 크게 상처를 입어 풍신수길

(豊臣秀吉)로써 징계하여 삼가게 되었다. 그러므로 우리가 조금 편안한 틈을 얻었으니 다행이다.

포은(圃隱) 정몽주(鄭夢周)가 일본에 사신으로 갔다 돌아올 때 일본에 잡혀 있던 우리나라 사람 수백 명을 데리고 돌아왔고, 또 이도(二島)의 침략을 금지했다 했는데 이도는 어디를 가리키는지 알 수 없다. 살펴보건대 백사(白沙) 이항복(李恒福)의 계사(啓辭)에 이르기를 "오도(五島)에서 사로잡힌 자에 의하면, 오도는 대마도의 오른편에 있는데 땅이 작고 토지가 척박하며 호수는 1천 호가 채 되지 않고, 백성들은 일정한 직업이 없으며 장사로써 생업을 삼는다고 합니다. 이들이 각처에 출몰하여 약탈이 극심하였고 평시에 우리 변방을 괴롭혔던 소수의 왜적은 태반이 이곳에 살고 있는 왜적들이었습니다. 그 침입하는 길목은 동남풍이 불면 오도로부터 배를 타고 삼도(三島)에 이르러 유숙하고, 선산도(仙山島)를 지나 곧장 고금도(古今島)와 가리포(加利浦) 등지에 다다르며, 대마도에서는 동북풍을 타고 연화(蓮花)·욕지(欲智) 두 섬에 이르러 유숙한 뒤 곧장 남해의 미조항(彌助項)·방답(防踏) 등지에 다다르게 됩니다. 물길이 대단히 멀어서 비록 순풍을 만난다 해도 아침에 떠나 저녁에 당도하지 못하며, 순풍도 늘 있는 것이 아니므로 바다 가운데에서 정박하고 다시 순풍을 기다립니다"라고 하였다.

정몽주가 말한 이도는 오도와 삼도를 가리킨 듯한데, 이 두 섬은 곧 서해도 구주의 변방에 속하니 우리나라와 가장 가까우며, 그밖에 크고 작은 여러 섬이 널려 있는데, 모두 구주의 서쪽 변방에 속하는 것이다. 근래에 또한 일본의 새 지도를 얻었는데, 신숙주(申叔舟)와 강항(姜沆)의 두 지도에 비교하면 대단히 자세하니, 이를 살펴보면 알 수 있다.

일본 서해의 구주 가운데에 오직 살마주(薩摩州)가 가장 서남쪽에 있다. 30년 전에 통신사가 바다를 건너 일본에 갔을 때에, 왜경(倭京)에서 전례에 의하여 사신 공궤의 경비를 배당하니, 살마주에서는 이르기를 "조선의 사행이 우리와 아무런 관계가 없다" 하고 명령을 좇지 않았다고 하니, 이들 또한 이도와 다름이 없다.

고려 때 진포(鎭浦) 싸움에서 왜선이 500척에 이르렀다 하는데 저 작은

---

*1 세종 때 왜인들에 대한 회유책으로 설치한 웅천의 제포, 동래의 부산포, 울산의 염포, 이 세 곳에 왜관을 설치하고 왜인들과의 교역 장소로 삼았다.

섬에 어떻게 수많은 함선이 있었겠는가. 주좌(周佐)의 이른바 '서해도 구주에 할거했다'는 말이 믿을 만하다. 나라의 정치를 계획하는 자들은 이런 일을 마땅히 알아야 할 것이다.

또 생각건대, 삼포의 왜구를 토벌한 뒤에도 그 종자가 아직도 많아, 지금도 바닷가에 향화촌(向化村)이라고 이르는 마을이 이루 손꼽을 수 없으니 고려 때의 거란장(契丹場)과 같은 것이다. 이미 우리 강토에 거주하는 이상 마땅히 우리 백성이 되어야 할 것인데, 이제 들은즉 주거가 달리 구분되어 있고, 우리 백성들과 서로 혼인도 통하지 않으며, 예조 서리에 소속되어 부세도 사사롭게 결정한다고 한다.

저들은 우리나라 사람과 마음보가 같지 않으니, 만일 하루아침에 남쪽에서 변란이 일어난다면 흑백이 분명히 구별되어 그들이 단결하여 변란을 도울 것은 불을 보듯 분명한 것이니, 어찌 가슴에 품은 근심거리가 아니겠는가. 진(晉)나라 때 오호(五胡)의 일로써 징험해 알 수 있다. 누군가는 "만일 그 무렵에 우리나라 백성과 섞어서 거주하게 하고 군대에 편입되어 있었다면 인정과 뜻이 서로 성실해져 몇 대 뒤에는 변화하여 우리나라 백성이 될 것인데, 어찌 반드시 구별할 필요가 있으리요" 하였다. 검토해 보건대, 이것 또한 심사숙고하지 않은 것은 아니다.

사람들이 흔히 하는 말에 "왜놈은 성질이 표독하여 원수가 있으면 반드시 보복한다" 하였다. 중종(中宗 : 조선 제11대 왕. 재위 1506~1544) 5년(1510)의 전쟁에서 왜인들 가운데 죽은 자가 대단히 많았고, 또한 삼포 왜란 때 그들을 모조리 섬멸하고 왜관을 폐쇄했으니, 이것이 저들의 골수에 맺힌 원한이 된 것이다. 임진왜란 때에 선릉(宣陵 : 성종의 능)과 정릉(靖陵 : 중종의 능)의 두 능이 참화를 입었고, 그 뒤 통신사가 돌아올 때 국서(國書) 가운데 임금의 이름자가 들어 있어 그 옳지 않음을 쟁론했으나 그들은 듣지 않았으며, 오랜 뒤에 사행을 먼저 떠나게 하고 추후해서 고쳐 보냈으니, 나라의 치욕이 이보다 더할 수 없는데, 이는 또한 무심중에 우연히 생긴 일은 아니다.

임진왜란 때에 풍신수길의 사위가 진주성 싸움에서 전사하였고, 정유년에 재차 전쟁이 일어났을 때 왜인이 비밀히 귀띔해 주었는데, 과연 진주성(晉州城)을 도륙하여 닭이나 개도 씨를 남기지 않았다. 이 두 가지 일로 견주어 헤아려 보더라도 알 수 있는 것이니, 왜적의 정세를 연구하려 하는 자는 마땅히 참고가 될 것이다.

백순(百順) 안정복(安鼎福)의 말에 "오도는 일기(一岐)와 평호(平戶) 두 섬 사이에 있는데, 서해도의 비전주(肥前州)에 속했으니, 남북이 300리요, 동서가 10리 혹은 50리가 된다" 하였다.

서울에 병영 설치
設京營 설경영

우리나라의 오위(五衛)*1 제도는 문종(文宗) 원년(1451) 신미(辛未)에 설치하였는데 《진법(陣法)》 9편을 지어, 용(勇)·겁(怯)·승(勝)·패(敗)의 형세와 28가지의 변화로써 사졸을 가르쳤으나 후에 점차 폐기되었고, 지금 있는 경영(京營)의 여러 아문은 모두 임진왜란 뒤에 설치한 것이다.

근자에 대관(臺官)이 책 1권을 보내왔는데, 자못 상고한 근거가 있기에 대략을 채록한다.

선조 26년(1593) 계사(癸巳)에 훈련도감을 설치했는데, 상신(相臣) 유성룡(柳成龍)이 도제조(都提調)가 되었다.

이때 평양이 수복되었는데 이여송(李如松)이, "이번에 쓴 전술은 척계광(戚繼光)이 지은 《기효신서(紀效新書)》에 있는 병법이라" 하고 책을 비밀히 간직하여 내보이지 않으므로 임금은 역관(譯官)을 시켜 그 휘하 부장에게서 사들였다.

그 후 환도한 뒤 굶주린 백성을 모집하여, 그 가운데에서 무거운 것을 들고 한 길 담을 뛰어 넘는 자 수천 명을 얻어 몇 부대로 나누어 훈련시키니, 수개월 만에 군용(軍容)이 갖추어졌다.

또 통제사를 두어서 이순신(李舜臣)으로 삼도의 수군을 통제하게 하니, 순신은 "육지의 백성이 군수품 조달에 지쳤으니 이제 해변의 일부를 나에게 맡겨 주신다면 군량과 병기를 풍족하게 할 것입니다" 하였다. 이에 이르러 바닷물을 졸여 소금을 만들고 이를 판매하여 곡식 수만 석을 적치했으며 백성을 모아 한 거진(鉅鎭)을 이루었다.

---

*1 오위 : 조선 문종(文宗) 원년에 군제를 고쳐 정한 의흥위(義興衛)·용양위(龍驤衛)·호분위(虎賁衛)·충좌위(忠佐衛)·충무위(忠武衛)를 이름.

또 승통(僧統)을 설치하여서 묘향산의 중 휴정(休靜)에게 주관하게 하였는데, 그 제자인 관동의 유정(惟政)과 호남의 처영(處英)이 또한 의병을 일으켜 많은 전공이 있었으니, 지금의 남한 승장(南漢僧將)이 바로 그것이다.

또 북한산성에 승장을 두었는데, 한갓 쓸모없는 성을 설치하여 팔도 승려가 수자리를 사는 폐단만을 자아냈던 것이다.

인조조(仁祖朝)의 초두에 경기·황해·충청도에 통어좌·우사(統禦左右使)를 설치하였고, 2년 갑자(甲子)에는 이괄(李适)의 변란에 징계되어 어영사(禦營使)를 두어 각도에 분정(分定)하고 주호(主戶)와 자장보(資裝保)를 세웠으며, 효종 3년(1652) 임진(壬辰)에 좌·우사(左右使)를 철폐하고 대장 1인을 두었는데, 숙종 32년(1706) 병술(丙戌)에 1영(營) 5부(部)의 제도로 고쳤다.

인조 5년(1627) 정묘호란(丁卯胡亂)이 나서 대가(大駕)가 강도(江都)로 들어갈 때, 사람들이, "변란을 만나도 즉시 불러들일 군사가 없다" 하므로 비로소 총융청(總戎廳)을 설치하고 경기 우도의 군사를 영솔하게 하였다.

인조 24년(1646) 즉 병술년에 남한산성을 개축하고 수어사(守禦使)를 두어 광주(廣州) 등 지방의 군사를 절제(節制)하게 하였다. 이제 들으니, "오영(五營)은 곧 광주의 본영과 그밖에 수원 독영(獨營)과 경기 좌영·우영 및 원주의 병영이라" 한다.

인조 12년(1634), 즉 갑술년에 여러 도에 진관영장(鎭管營將)을 두어 토포사(討捕使)를 겸임하게 하였고, 경기와 강원도·함경도·평안도에는 방어사(防禦使)를 두어 수령과 변장(邊將)으로서 겸임하게 하였다가 바로 혁파하였으며, 효종 8년(1657)에 와서 다시 영장(營將)을 설치하게 되었던 것이다.

숙종 8년(1682)에 병조판서 김석주(金錫冑)가 군제변통절목(軍制變通節目)을 조목(條目)으로 열서(列書)해 올려, 훈국병(訓局兵) 5천 7백 7명 가운데 감원에 해당하는 5백 7명을 별대군(別隊軍)으로 보냈다.

또 따로 대장을 두는 것이 편리하지 않다 하여 병판(兵判)으로서 겸임하게 하였으니, 이는 그 대략이며 그 뒤에 변동이 많았다.

유민을 구제하는 방법

流民還集 유민환집

《맹자》양혜왕편에 왕도(王道)를 논한 것은 보민(保民) 한 구절에 지나지 않는데, 이른바 보민이라는 것은 좋아하는 바를 주어 모이게 하며, 싫어하는 바를 베풀지 않는 것뿐이며, 집집마다 돌아다니면서 날마다 더 보태어 주는 것은 아니다.

사람들은 제각기 지혜와 역량이 있으므로, 토지를 경작하여 먹고, 우물을 파서 마시며, 자기 삶을 꾀하기에 충분한 것이다. 비록 2, 3년 동안 수재와 한재를 만나더라도 저들이 스스로 길게 생각하고 넉넉히 저축하면 반드시 스스로 연명해 나갈 수 있으니, 어찌 유리표박(流離漂泊 : 유랑. 일정한 집과 직업 없이 이리저리 떠돌아다님)하여 구렁에 떨어지기까지야 하겠는가?

맹자는 또 말하기를 "임금이 흉년을 탓하지 않으면 천하의 백성들이 돌아올 것이다(맹자 양 혜왕편 상)" 하였다.

내가 시골의 의식이 풍족한 자를 보건대, 농사에 때를 잃지 아니하고 계획이 이익에 주도(周到)하므로 흉년도 그를 해칠 수 없으니, 이른바 "백성이 살아가는 방법은 부지런함에 있으니 부지런하면 궁핍하지 않다"는 것이 이것이다. 그런데도 죽음으로부터 벗어나지 못하는 것은, 모두 포학한 정치에 시달려 살아갈 도리가 없기 때문이다.

가령 수재와 한재가 있더라도, 나라에서 창고를 열어 백성들에게 곡식을 나누어 주고, 풍년든 곳의 곡식을 흉년든 곳으로 운반한다면 넉넉히 구제할 수 있을 것이다. 그런데도 백성들이 유리표박하는 것은, 흉년 탓이 아니니 어찌 백성이 불쌍하지 않은가.

내가 하루는 문을 나서니 연소하고 혹은 장성한 거지 네다섯 명이 모여 있었다. 내가 이르기를 "이제 봄이 돌아와 농사지을 시기가 되었는데 너희들은 어째서 고향에 돌아가 농사지을 생각은 하지 않고 타향에서 걸식을 하고 있는가?" 하니, 그 사람들이 나를 눈여겨보고 말하기를 "어떻게 농사를 지을 수 있습니까? 종자도 없고 양식도 없으니 돌아간들 무슨 소용이 있겠습니까?" 하며 나를 미욱하여 세상 물정에 어두운 자로 여기는 듯했는데, 생각해 보니 과연 그러하다. 일을 몸소 경험해 보지 않고서 어찌 깊이 알 수가 있겠는가.

전년에 전염병에 걸린 자가 있었는데 길가에 누워 있으면서 감히 가까운 마을에 들어오지 않았다. 열병은 물러갔으나, 먹을 것이 없어 앞으로 죽게 되매 거적으로 스스로 몸을 싸고 새끼로 허리 아래를 묶은 후에 죽었는데, 이는 개가 뜯어 먹을 것을 염려한 것이다.

내가 이 이야기를 듣고 말하기를 "그 사람은 반드시 군자였을 것이다. 스스로 몸을 묶었으니 지혜가 어둡지 아니하고, 마을에 들어오지 않았으니 남의 싫어하고 꺼림을 피한 것이며, 장차 죽을 것을 분명히 알고 오히려 자신을 다스릴 줄 알았으니 어진 자가 아니라면 어찌 이렇게 할 수가 있었겠는가. 세상을 잘못 만나 불행하게도 길에서 죽는 신세가 되었으니 누가 또 알아주겠는가" 하고 그가 불쌍해서 차마 음식을 먹을 수가 없었다.

근래에 들으니 "동협(東峽)에 떠도는 거지들이 떼지어 모였거늘 임금께서 의복과 쌀을 주게 하고 근시(近侍 : 임금을 가까이에서 모시던 신하)를 시켜 거느려 고향으로 돌려보내게 했는데, 겨우 성문을 나서자 하나가 외치매 여럿이 호응하여 뿔뿔이 흩어져 달아났는데 막을 수가 없었다" 하니, 대개 고향에 돌아가는 것이 걸식하느니만 못한 때문이다.

또 들으니 "온 고을이 텅 빈 데가 있고, 그 가운데 더욱 심한 고을을 가려 근시에게 명령하여 은자(銀子)를 가지고 가서 안집(安集)하게 했는데 모여들지 않아 할 수 없이 그냥 돌아와서 복명했다" 한다. 그러나 도시에서는 쌀값이 매우 싸니 아직도 쌓여 있는 곡식이 많다는 것을 알 수 있고, 흉년을 탓하는 것이 그 실상이 아님을 더욱 분명히 깨달았다.

가난한 자의 말에 "곡식값이 싼 것이 도리어 원망스럽다. 곡식값이 싸면 돈 얻기가 더욱 어려워 굶주림이 더욱 심하게 된다. 재물은 부자에게로 흘러들고 백성의 재산은 이미 고갈되었으니, 설령 풍년이 든다 해도 그 곤란은 여전할 것이다" 하였다. 국가에서 유민을 불쌍히 여김이 지극하지만 형세가 이에 이르렀으니 또한 장차 어찌할 것인가?

저들이 사방으로 흩어져 굶주림과 추위에 쓰러지고 살아난 자가 몇 사람이 되지 않는데, 품팔이로 연명하여 고향 생각도 이미 잊었으며 가족이 남아 있지 않고 이웃도 모두 비었으니, 또한 무슨 마음으로 돌아가려 하겠는가?

내가 말하건대, 그 흩어진 것이 하루 이틀의 연고가 아니니, 단취(團聚 :

^{집안 식구나 친한 사람}
끼리 화목하게 모임)하는 데도 또한 마땅히 10년의 세월이 필요할 것이고, 그 흩어
질 적에는 반드시 눈물을 흘리며 떠났을 것이니, 단취할 때에는 또한 반드시
즐거운 마음으로 돌아가야 할 것인데, 그들을 편하게 해주지 못한다면 충분
히 깨닫게 할 수 없을 것이라 생각된다.

옛날 태산(泰山)의 범*¹과 영주(永州)의 뱀*²에 삼대(三代)가 물려 죽었
어도 오히려 그곳을 떠나지 않았으니, 미워하는 바가 가혹한 정치보다 더 심
한 것은 없다. 만일 학정이 없었다면 그 몇 해의 흉년으로 어찌 온 고을이
비는 데까지 이르렀겠는가.

따라서 폭정을 금지하는 것을 급선무로 삼아야 한다. 폭정을 금지하려면
마땅히 먼저 장법(贓法 : ^{뇌물에}_{관한 법규})부터 엄격히 해야 할 것인데, 뇌물의 실상을
조사하는 방법은 다른 데 있는 것이 아니요, 감사(監司) 및 도사(都事)와
어사(御史)를 고찰하여, 보고 알면서도 고의로 놓아준 죄를 다스리기를 뇌
물 받은 죄와 같이 하고, 뇌물을 적발한 데 대한 상전(賞典)을 전쟁에서 공
이 있는 자와 같게 해주어야 한다. 그런 뒤에 10년의 조세를 면제해 주고,
별도로 근신(近臣)으로 수령을 삼아 일이 있으면 역마를 달려 아뢰게 하고,
그 아뢰어 올린 바를 헤아려 따른다면 큰 조치를 취하지 않더라도 유민들 스
스로 돌아와 모이게 될 것이다.

이혼에 대하여
離婚 이혼

우리나라 법률에는 아내를 내보내는 조문이 없다. 유(兪) 아무개란 자가
그 아내의 음란한 행실을 들어 관가에 고하고 두 번이나 소송을 제기했으나
송사가 이루어지지 않았는데, 아내는 성질이 어그러져 부부의 체통이 없었
다. 그러나 벼슬이 높은 관료들은 모두 국법에 아내를 내보내는 조문이 없다
하여 이혼을 허락하지 않았다.

아내를 내보내는 조문은 없다 하더라도 아내를 내보내지 못한다는 증거는
또 어디 있는가. 아내를 내보내는 것이 참으로 폐단은 있으나, 그러나 부모

---

*1 태산의 범 : 가혹한 정치는 범보다 무섭다는 뜻.
*2 영주의 뱀 : 가혹한 부세를 피하기 위해 목숨을 내걸고 뱀을 잡아 살아간다는 뜻.

에게 불효하고 음란한 행실이 있어 도저히 그대로 놓아둘 수 없는데도 기어이 국법에 따라 내보내지 않아야만 하겠는가.

남쪽 고을에 사는 박(朴) 아무개란 자의 아내는 성질이 악독했는데 하루는 어디론가 달아나 찾을 수 없었다. 이런 까닭으로 옥사가 벌어졌는데, 수령은 그의 아내가 남편에게 피살당했다고 의심하고 박 아무개에게 무거운 형벌을 내려 겨우 죽음만 모면하였다. 그 후에 다시 좋은 집안의 딸을 맞아 장가를 들었는데 그제야 전처가 나타났으니, 이 같은 사건은 또 어떻게 처리되어야 할 것인가.

이 아내를 내보내는 문제를 말하는 자들은 "여자가 아무런 죄없이 쫓겨나는 것을 염려한 것이다"라고 하지만, 죄가 있어도 쫓아내지 못해 교화를 무너뜨리는 끝없는 폐단은 어찌 생각하지 않는가. 풍속이 퇴폐하는 것은 규중의 잘못을 다스림에 달려 있으니, 더욱 금지하고 제약하지 않을 수 없는 것이다.

만일 그렇다고 하더라도 성인이 법제를 만들 때 어찌 부녀자를 위한 깊은 고려가 없었겠는가만, 아내를 내보낼 수 있는 7가지 조목을 말한 것은 또 무슨 까닭이겠는가.

도둑을 다스리는 데는 마땅히 엄히 다루어야 하므로 간혹 형벌을 남용하여 양민들이 피해를 받는 경우가 있다. 그러나 양민이 피해를 받는다 해서 도둑 다스리는 법을 금지했다는 말은 듣지 못했다. 지금의 풍속이 악독한 아내 앞에서 숨을 죽이고 눈을 감기를 마치 하동 사자후(河東獅子吼)*1와 같이 하는 것은 무엇 때문인가?

왜병의 포로가 된 양갓집 아들
梁敷河 양부하

양부하는 동래(東萊) 사람으로 임진왜란 때에 사로잡혀 일본에 머문 지

---

*1 하동 사자후 : 아내가 사납고 투기가 많아 큰소리로 남편을 꾸짖는 것을 말한다. 중국 송나라 때 계상(季常) 진조(陳慥)는 손님과 연회하기를 좋아했는데 아내 하동 사람인 유씨(柳氏)가 남편이 손님을 맞아 연회를 할 때 몽둥이로 벽을 치면서 큰소리로 남편을 꾸짖자 손님이 흩어졌다는 고사가 있다. 소식(蘇軾)이 이를 조롱한 시가 있다.

27년 만에 돌아와 95세까지 살았다. 그는 왜란 때의 일을 모두 목격했기에 자세히 알고 있었다. 근래에 와서 판서 임상원(任相元)이 그 말을 기록해 전기(傳記)를 지었는데 이것이 《염헌집(恬軒集)》에 실려 있다.

양부하는 12세에 왜병들의 포로가 되었다. 그는 양가의 아들이라는 이유로 관백(關白)에게 바쳐졌다. 이때에 관백 풍신수길(豊臣秀吉 : 도요토미 히데요시)은 일도(一島)로 옮겨 성을 쌓고 궁실을 수선하며 군사를 뽑아 조선을 침략할 준비를 서두르고 있었다.

풍신수길이 양부하를 자세히 살펴보고 "조선 아이가 일본 사람과 비슷하다" 하고, 역관에게 일본말을 가르치게 하였는데, 3개월 만에 일본말이 능숙해졌다.

풍신수길의 동정을 살펴보니, 그는 등 뒤에 3층 병풍을 두르고 방석의 높이는 한 자 남짓하며 상투를 틀고 걸터앉았는데, 왼쪽에는 총과 칼, 오른쪽에는 활과 화살을 늘어놓고 위에는 창 따위를 걸어놓았다.

이때에 전쟁을 일으켜 일이 번잡하였으나 풍신수길은 하는 일이 없었으므로 측근 신하를 시켜 옛날 이야기를 하게 하고 손뼉을 치며 즐겼다. 그리고 양부하가 천인 출신이 아님을 알고 각별히 사랑해 늘 곁에 머물게 하였다.

양부하가 우리 사신과 중국 사신이 왔다는 말을 듣고 풍신수길에게 간청해 한 번 만나보았는데, 중국 사신은 심유경(沈惟敬)이었다. 왜병들은 심유경을 객관(客館)에 가두고 엄중히 지켰다. 그때 양부하가 중국 사신의 통곡하는 소리를 듣고 풍신수길에게 보고하자, 풍신수길은 객관에서 궁실에 이르기까지 음실(蔭室)을 만들도록 한 다음 영접해 만나보았다.

중국 사신은 자리에 앉더니 알약 한 개를 꺼내 먹었다. 그리고 다시 회견할 때에도 또한 알약을 꺼내 먹으니 풍신수길은 괴상히 여겨 물었다. 사신은 "바다를 건너올 때에 습기로 말미암아 몸이 불편해졌습니다. 이 약을 먹으면 기운이 솟고 몸이 경쾌해집니다"라고 대답하였다. 그러자 풍신수길은 "거짓말이 아닌가?"라고 되물었다. 사신이 "감히 그럴 리가 있겠습니까?"라고 대답하니, 풍신수길은 "내가 일전에 경도(京都)에서 돌아온 뒤로 몸이 매우 피곤한데 내가 복용해도 좋겠소?"라고 하였다. 사신이 "좋습니다" 대답한 뒤 곧 주머니에서 알약 한 개를 꺼내 주니 풍신수길은 반을 쪼개 주면서 "그대와 함께 나누어 먹으려 하오"라고 하였다. 사신이 받아서 삼키자 풍신수길이 한동안 눈여겨보다가 사신이 팔뚝을 펴며 기운을 내는 모양을 보고 나서야 비로소 입 안에 던져 넣고 물을 마셨다. 그 다음날 아침에도 또 사신을 만나보고 알약 한 개를 구해 나눠 먹었다.

사실 이 약 속에는 독약 성분이 들어 있었는데, 사신은 객관으로 돌아오는 즉시 해독제를 복용했던 것이다. 이로부터 풍신수길은 사지가 파리해지더니 갈수록 상태가 악화되었는데, 의원을 청해 약을 썼으나 효험이 없고 침으로 찔러도 피가 나오지 않으니 괴상히 여겨 말하기를 "어찌 살아 있는 사람으로서 혈액이 없을 수가 있느냐?" 하였다. 또 희첩(姬妾)을 시켜 약쑥으로 뜸을 뜨다가 홀연히 웃으며 말하기를 "내가 다시 일어나지 못하겠다" 하고, 여러 희첩에게 유언하기를 "말총과 맑은 물을 준비하였다가 내가 죽거든 비밀에 붙여 발상(發喪)하지 말고 배를 가르고 창자를 꺼내 오장육부를 깨끗이 씻은 뒤에 다시 말총으로 꿰매고 시체를 술독에 담그라"고 하였다.

여러 희첩들은 이 말에 따라 문병하는 자가 있으면 다만 "조금 차도가 있다"고 대답하고, 일이 있으면 여러 희첩들이 상의한 다음 결정하였는데, 시신 썩은 냄새가 밖으로 풍겨나감에 따라 대신들이 비로소 이를 깨닫고 문지기에게 물어 알게 되었다.

그 아들 풍신수뢰(豊臣秀賴 : 도요토미 히데요리)는 이때 나이 겨우 7세였으므로 대신(大臣)인 덕천가강(德川家康 : 도쿠가와 이에야스)과 모리휘원(毛利輝元 : 모리 데루모토)이 풍신수뢰를 도와 정사를 보좌하였으며, 일본을 둘로 나누어 각기 33주(州)씩을 차지하였으니, 덕천가강은 동쪽을 주관하고 모리휘원은 서쪽을 주관하였다. 제각기 자기네 성으로 돌아갈 때에, 큰일이 있으면 관백의 처소인 대판성(大阪城 : 오사카성)으로 모여 결정하기로 약속하였으며, 양부하는 모리휘원을 따라 서쪽으로 내려오게 되었다.

모리휘원의 막하에 안국사(安國寺)의 주지 스님인 혜경(惠瓊 : 에케이)이 있었는데 모리휘원을 달래어 말하기를 "한 나라에 두 임금이 있다는 말을 듣지 못했으니, 청컨대 군사를 일으켜 자웅을 결정해 이긴 자가 임금이 되게 하옵소서" 하고 7일 동안 잇따라 설득하자 모리휘원이 마침내 이 말을 따랐다.

이에 저마다 33주의 군사를 이끌고 관원(關原 : 일본 중부 지방의 지명)에 들어서 회전(會戰)하게 되었다. 모리휘원의 아래에 한 부장(部將)이 있었는데 용맹스럽고 싸움을 잘해 온 나라가 꺼려했다. 그가 곧 살마주(薩摩主) 의홍(義弘)이었다. 10월 14일 싸움을 벌이기로 약속하였다. 이때 덕천가강이 의홍에게 넌지시 글을 보내어 이익을 내세우면서 달래자 의홍이 이를 받아들여 내응하기로 약속하였다.

바야흐로 싸움이 시작되자 의홍이 서군의 진영 뒤로부터 포를 쏘고 이에 덕천가강이 여러 군사를 독려해 진격하니 서군이 대패하였다. 덕천가강이 드디어 모리휘원과 혜경 및 주모자를 사로잡아 모리휘원은 풀어주고 변란을 주모한 두 사람은 목을 베었으며, 모리휘원은 3주(州)를 봉해 주었다.

이에 양부하가 모리휘원에게 돌아갈 것을 청하자 모리휘원이 말하기를 "나는 강토를 깎이고 식록이 적어 족히 양사(養士)할 수 없다" 하고 허락하였으며 또한 노첩(路帖 : 통행증)을 주었다. 양부하가 이에 길을 떠났는데, 우리나라 사람들 가운데 돌아가기를 원하는 남녀 80여 명을 데리고 뱃길로 대마도에 이르렀다가 도주(島主)에게 말해 고국으로 돌아왔으니 이때 나이 39세였다.

그는 그때의 전쟁과 풍속을 모두 목격했으나 문자를 몰랐기 때문에 그 연월과 인명·지명을 모두 일본어로 써서 알 수 없는 것이 있는데, 수은(睡隱) 강항(姜沆)이 저술한 《간양록(看羊錄)》을 대조해 보면 알 수 있을 것이다. 강항도 또한 포로로서 일본에 머물러 있던 사람인데, 한 사람은 문자로 쓰고 한 사람은 말로 구술했으나 서로 꾀한 바 없이 앞뒤가 맞아떨어지니 어찌 믿을 만한 일이 아니겠는가.

오직 독알약의 일에 대해 달리 본 자가 없으니, 이는 외부에서 살필 수 있는 일이 아니요 밤낮으로 가까이 지냈던 양부하가 정녕 마음에 기억해 잊지 않았으니 또한 허황된 말은 아닐 것이다.

이로써 생각하건대, 심유격(沈遊擊 : 심유경(沈惟敬))은 우리나라에 정성을 다하였으나 마침내는 원통하게 극형을 당했으니 더욱 슬픈 일이다. 당초에 심유격이 평양에서 왜적과 사이에 땅을 그어 50일 동안을 움직이지 못하도록 약속만 정하지 않았더라면 의주에 있는 임금의 수레는 아마 압록강을 건너게 되었을 것이요, 왜적이 경성에 웅거했을 때에 심유격이 소서행장(小西行長 : 고니시 유키나가)을 속여 "명나라에서 군사를 동원해 호서(湖西)로부터 너희들의 돌아갈 길을 끊어버리겠다"고 하였으므로 왜적이 이에 남쪽으로 내려갔으니, 이 말이 아니었으면 임금의 수레가 도성(셜)으로 돌아오지 못했을 것이며, 풍신수길이 죽은 뒤에 부산에 있던 왜적이 철수해 돌아가고 나라가 비로소 평온했으니, 이 또한 독알약이 공적을 이룬 것이다.

다만 풍신수길이 죽기 전에 심유격이 먼저 형벌로 죽었으니, 이렇게 원통할 수가 없다. 이 일이 심유격의 입에서 나오지 않은 것은, 군사기밀은 비밀을 지키는 것을 소중히 여기니 일이 이루어지기 전에 먼저 새 나가면 큰 손실이 있기 때문이었다.

만일 양부하가 일찍이 돌아오고 심유격이 살아 있었더라면 이를 빙자해 공훈으로 삼고 호언장담하지 않았겠는가?

이제 염헌(恬軒) 임상원(任相元)의 기록한 바에 의해 남은 뜻을 밝히고 석성(石星)과 심유격의 억울한 혼령에게 애도하는 바이다.

인삼 판매
蔘商 삼상

지금 왜인과 응접하는 일에 인삼을 판매하는 것보다 더 중대한 것이 없는데, 우리의 풀뿌리를 저들의 은자(銀子)와 바꾸니, 그 이해를 알 수 있는 것이다.

그러나 왜인의 풍속에 병이 생기면 반드시 인삼을 쓰고 인삼을 얻지 못하는 자는 죽으니, 만약 무역을 막으면 죽음을 두고 시비가 벌어지기 쉬울 것이므로 부득이 무역을 허락하였다. 그러므로 나라 안에서는 인삼이 아주 귀하여 얻기 어려운 형편이다.

옛날 사기를 더듬어 보건대 이런 말이 없으니, 예전부터 그러한 것은 아니었다. 일본은 섬나라로서 장기(瘴氣 : 축축하고 더운 땅에서 생기는 독한 기운)가 심한 곳인데 전염병의 기운이 번성하고 쇠약함이 있어 그러한 것인가? 우리나라에도 또한 장기가 심한 곳이 있으나 인삼으로써 치료한다는 말은 듣지 못했으니, 그 나라의 습속이 이미 이루어진 후이기 때문이다.

지금 서울의 실정을 보건대 의원이 많고 약도 구비되어 병세의 경중을 막론하고 모두 약을 써서 효과를 얻으니, 만약 약이 아니라면 살지 못할 것 같다는 생각이 든다. 그러나 먼 시골에서는 약을 쓰는 일이 없는데 죽고 사는 수명이 마침내 서울과 비등하니, 이는 풍속이 다르기 때문이다.

나의 절친한 친구 가운데 병을 잘 앓는 자가 있었는데 늘 인삼을 써서 치료하고 간혹 약이 떨어지면 곧 죽을 것 같으므로 부득이 전답을 모두 팔아 약을 계속 복용하였다. 그리하여 병은 완치되었으나 재산이 탕진되어 심히 가난하므로 몸소 농사를 짓고 간혹 밭에서 노숙하였으나 피곤함을 깨닫지 못했다. 왜인의 일도 또한 이와 비슷한 점이 있는 것이다. 혹은 여역이 유행하고 혹은 인삼이 떨어져 구하지 못하더라도 반드시 죽지 않을 것을 안다면 저들이 이렇게 다투지는 않을 것이다.

얼마 전 조신들이 삼상(蔘商)을 폐지하라고 건의했으나 나라 안에 인삼 값은 갑절로 뛰었으니, 암거래가 있다는 것을 알 수 있다. 풀뿌리를 은(銀)과 바꾸는 것은 막대한 이익이요, 은을 죽지 않을 영약(靈藥)과 바꾸는 것은 큰 욕심이니, 비록 막으려 하나 되겠는가? 묘당(廟堂)의 계책이 아마도 세밀하지 못한 듯하다.

문신들에게 보이는 월과
館課 관과

우리나라에 월과(月課)의 법이 있었다. 반드시 문신을 뽑아 시(詩)·율(律)·표(表)·전(箋)·주(奏)·의(議) 따위로써 그 우열을 시험하는 것을 월과로 삼았는데, 마침내 쓸모없는 제도가 되고 말았다. 월과에 응시하는 자는 모두 남의 손을 빌려 대작했으며, 또한 폐지해서 시행하지 않을 때도 많았던 것이다.

내가 근래에 낡아 떨어진 《황명관과(皇明館課)》 1권을 얻었는데, 곧 왕석작(王錫爵)·심일관(沈一貫 : 명나라 사관(史館). 1531~1615)이 수집한 것이다. 그 의론과 문장이 다 볼 만한 것이 있었고, 태학사(太學士) 이하로 시험에 참여하지 않은 자가 없었으며, 국가 체제에 관계되는 것으로서 공허한 문자를 쓰지 않았으니, 모두 당시의 중요한 사실들이었다.

아아, 우리나라의 월과제도는 이것을 흉내내다가 잘못된 것이다. 만일 이 제도를 밝게 고쳐서 중신(重臣)과 달관(達官)을 막론하고 삼정승 이외에는 모두 응시하게 하되, 그 좋은 글을 가려 차례로 책을 만들어 임금이 보도록 바치고, 합격한 자는 대신이 마땅히 아뢰어 상을 내리도록 하며, 그 시험에 응하지 않은 자와 글이 도리에 맞지 않는 자는 좌천시키거나 파면시키되 마땅히 공정하게 시행한다면 어찌 나라에 큰 도움이 되지 않겠는가.

이렇게 한다면 여러 사람의 대책을 모두 임금에게 알리게 될 뿐 아니라, 조정의 신하들도 또한 여러 직무에 유의하며, 재능 있는 자가 날로 등용될 것이다.

퇴계 이황의 재취 부인
退溪再娶 퇴계재취

아내의 성품이 어쩌다 아름답지 못한 점이 많더라도 남편은 너그러이 용납해 남의 이목에 드러나지 않게 해야 한다. 그렇지 않으면 어진 남편이나 못난 남편이나 그 잘못의 거리는 한 치(寸) 폭도 되지 못하는 것이다.

퇴계 이황 선생이 평숙(平叔) 이함형(李咸亨)에게 보낸 글에 "내가 일찍이 재취한 것은 심히 불행한 일이다. 그 사이에 마음이 산란해 답답함을 견딜 수 없을 때가 있었다"고 했는데, 나는 이 글을 읽을 때마다 의심이 들곤 하였다.

얼마 전 이공(李公 : 이평숙을 이름) 형제의 외손으로부터 선생의 친서를 얻어 보았는데 그 겉봉에 "길에서 은밀히 떼어 보라〔道次密啓看〕"는 다섯 자가 있었다. 그런데 《퇴계집》에는 왜 이 글이 빠졌는지 알 수 없다. 아마 이공(李公)이 도산(陶山)에서 물러나올 적에 좌석이 번거로워 낱낱이 말할 수 없으므로 글로써 은밀히 부탁하기를 혼자만 보고 누설하지 말라고 부탁한 것 같다. 제자가 스승 섬기기를 부모와 같이 하니 스승도 또한 제자를 아들과 같이 여기는 것이므로, 이는 이공이 인륜의 변괴를 당한 것(이평숙의 부인이 부덕함을 이름)을 보고, 마침내 한 마디 하지 않을 수 없었던 것이다.

이공이 죽은 뒤에 그의 부친인 참판 이식(李埴)이 퇴계 선생의 서찰을 일일이 정리해 도산으로 보내 발간케 하였다. 이렇게 하여 후세에 전하게 되었으니, 이는 이공의 뜻은 아닐 것이다.

지금 퇴계 선생의 《어록》 가운데 한 구절에는 "이공의 부인이 선생의 부음(訃音)을 듣고 3년 동안을 소식(素食 : 고기 반찬 없는 식사)했다" 하였다. 이는 분명 이공이 선생의 그 비밀 서찰을 보고 깊이 깨달은 바가 있어 그 부인에 대해 마음을 굽혀 잘 처리한 까닭일 것이다. 선생이 한 번 말하고 한 번 침묵함이 이같이 사람의 도리에 영향을 주었던 것이다.

또 《어록》에는 선생이 그 큰아들 준(寯)에게 보낸 편지 몇 통이 실렸는데, 그 가운데 "너에게는 이미 딸린 식구가 많고 또 머지않아 혼인을 할 아들 몽(蒙 : ^李安_道)이 있다. 나는 성품이 번잡함을 싫어하고 조용함을 좋아하니, 하는 수 없이 부·자·손(父子孫) 가운데 형편에 따라서 누구든 분가하는 게 좋겠다"고 하였다. 또 한 편지에는 "부자간에 살림을 따로 차리는 것은 본디 아름다운 일은 아니다. 그러나 다만 너의 자녀들이 모두 자라 혼인하게 되었으나 거처할 곳이 마땅치 않으니, 가정 사정이 그렇게 하지 않을 수 없게 되었다. 옛날부터 동궁(東宮)·서궁(西宮)·남궁(南宮)·북궁(北宮)의 제도가 있었다. 한 담장 안에 살며 살림을 따로 차리는 것보다, 차라리 거처는 다르더라도 살림을 함께하는 것이 낫지 않겠느냐" 하였다. 또한 편지에서는 "네가 의지할 곳이 없이 남의 곁방에 들어 군색함이 이를 데 없다고 하니, 너의 편지를 볼 적마다 며칠 동안 내 마음이 즐겁지 않다"고도 하였다.

앞서의 글들을 헤아려 보면 '마음이 산란하다'고 한 말은, 그만한 까닭이 있어서 나온 것이다. 준(寯)은 바로 전부인의 소생이다. 아무리 번잡함을 싫어하고 조용함을 좋아하는 성격이라 해도, 어찌 그만한 일조차 처리할 방도가 없어서 남의 곁방에 들어가 군색함을 겪게 했겠는가. 다만 선생의 높은 덕행으로도 마침내 어찌할 도리가 없었을 것이다. 그러니 차라리 재산을 나누어 가정을 안정시키는 것이 나은 것이었다. 선생이 어찌 잘못 생각해 어긋난 처리를 하려 했겠는가.

사람의 가정에는 변고가 적지 않아, 갑자기 불상사가 생길 수도 있으므로 소상히 기록해 두는 바이다.

사육신의 한 사람

河緯地 하위지

육신(六臣)이 무참하게 죽음을 당한 뒤에 박씨(朴氏)는 후손이 있고, 성씨(成氏)는 외손이 있다 하였으나 그 나머지는 후손이 있다는 말을 듣지 못하였다.

장현광(張顯光)의 《여헌집(旅軒集)》에 있는 하위지의 묘갈명(墓碣銘)을
보면 "묘지는 선산부(善山府) 서쪽 고방산(古方山)에 있다. 공의 형인 하강
지(河綱地)가 공보다 먼저 급제하였고, 공과 그 아우 하기지(河紀地)는 함
께 급제하였으며, 막내아우 하소지(河紹地)와 아들 하련(河連)은 모두 생원
(生員)이었는데, 병자사화(丙子士禍) 때 함께 죽었다. 그의 외동딸은 이유
의(李惟義)에게 시집갔고, 이유의의 딸은 현감 김중경(金仲卿)에게 시집갔
으며, 김중경의 증손은 김곤(金崐)이다" 하였다. 《동문선(東文選)》을 살펴
보면 공이 서거정(徐居正) 형제가 수령(守令)으로 나갈 때 그들을 전송한
시에

　나란히 은총 입은 그대 형제 진정 부러워
　곳곳에 흩어 있는 우리 동기 못내 서러워라.
　鶺原前後君堪羨　荊樹參差我獨傷

라고 하였다. 이로 보아 공의 형제가 모두 과거에 급제했다는 것은 잘못 전
해진 것이 아닌가 짐작된다.
　공은 일찍이 명을 받잡고 여러 유신(儒臣)들과 더불어 《역대병요(歷代兵
要)》를 펴냈다. 세조가 수양대군으로, 편찬을 맡은 여러 신하들의 가질(加
秩 : ^{직위의 급수}_{를 올림})을 계청(啓請)하자, 공이 홀로 아뢰기를 "가질의 계청은 그 은
혜가 아랫사람의 뜻에서 나왔으니, 그 농락을 받을 수 없습니다" 하고 끝까
지 사양하였다. 이 사실이 《육신전(六臣傳)》에 실리지 않았고, 허미수(許眉
叟 : ^{미수는 허목}_{(許穆)의 아호}) 〈의총비(疑塚碑)〉에도 빠져 있으므로, 여기에 기록하는 바이
다.

꿈속에 지은 시
夢詩 몽시

　내가 꿈속에서 시를 지은 적이 있는데, 기억하지 못하는 것이 많고 기억나
는 것은 한두 구(句)에 지나지 않는다. 일찍이 꿈에 옛날 장군의 정대(亭
臺)에 올라 하나의 연구를 얻었으니

푸른 물결 만고의 빛 간직했는데
낱낱이 변하여 이끼가 되었어라.
蒼波萬古色 一一變成笞

하는 것이다. 옛날을 서글퍼하고 적이 원망하는 뜻이 글자마다 눈물이니, 귀신의 도움이 아니면 이렇게 짓지 못하였을 것이다. 무릇 꿈이란 사람의 생각에서 나오는 것인데, 무슨 연유로 이러한 꿈이 있었는지 알 수는 없다. 또 근래 꿈속에서 시 한 구를 얻었다.

첫새벽 닭 우는 소리 듣고 베개에서 일어났고
10년 동안 봉을 노래하며 바닷가를 거닐었네.
五夜聞鷄推枕起 十年歌鳳旁溟行

대구(對句)도 잘 되어 훌륭한 작품임에 틀림없으나, 나의 처지에는 해당되지 않는 글이었다.
옛사람의 말에 "사람이 꿈속에서 자신의 운명을 점칠 수 있다" 하였는데 나도 혹시 알지 못하는 사이에 소홀함이 있어 이런 꿈을 꾼 것이 아닌지 매우 두려웠다.
마침내는 아래위로 보충하여 사율(四律) 1수(首)를 이루었으니

상 위의 책들 티끌만 쌓였는데
세상 물정 살피느라 이리저리 좇았네.
牀書一任素塵生 閱眼多應審物情

그리고 위의 구에 이어

백발은 덧없이 찾아오니 마음만 서글프고
근심과 병 끊임없이 침노하니 꿈속에도 놀랐어라.
오직 강호 위에 둥근달 남아 있어
맑은 빛 우리 집에 유난히도 비쳐 주누나.

容華易謝心何賴　愁病交侵夢亦驚
惟有江湖舊時月　流光偏爲自家明

라고 하였다.

뜬 소문으로 사람을 논박함
風聞論人 풍문논인

중국 명나라 때 우신행(于愼行)의 《곡산필주(穀山筆塵)》에 이르기를 "당나라 측천무후(則天武后)가 술책으로 여러 신하들을 제어하여 간관(諫官)이나 어사(御史)가 소문을 듣고 남의 잘못을 말하게 했으므로, 서로 탄핵하여 험악한 언사로 남을 쓰러뜨리려 하였다" 했으니, 이것이 소문으로 남의 말을 하게 된 시초이다.

우리나라는 연산군 때부터 오늘에 이르기까지 여러 간관들이 다만 소문으로써 자신의 책임을 메워나가다가 일이 어그러지고 그릇되면 곧 소문이 잘못 전해졌다면서 혐의를 회피할 뿐이며, 보고 듣는 자들도 습관이 되어 이상스레 여기지 않는다.

사람들이 말하기를 "만일 탄핵이 없다면 여러 관리의 포악한 정치를 앞으로 어찌 조금이나마 그만두게 하겠는가" 하는데, 이는 절대로 그렇지 않다. 소문만 들었지 실제로 본 것은 아니므로, 죄의 자취가 없고 다만 교묘하게 아첨하도록 그 형세만 도와주며, 세력이 있는 자는 반드시 모면하게 된다. 가령 탄핵으로 파면된다 하더라도 세상에서 부끄럽게 여기지 않고 아침에 탄핵을 당했으나 저녁에 다시 벼슬을 지니게 될 것이니, 무슨 이익이 있겠는가.

사람을 비평할 때에는 모름지기 근거를 내세워 함부로 숨기지 못하게 할 것이다. 만약 뜬소문을 듣고 말로 사람을 훼방하여 모함할 기회를 삼는다면 어찌 반좌(反坐 : 무고(誣告)하다가 오히려 자신이 받는 형벌)에 걸림이 없겠는가.

나는 성스러운 임금 시대에는 반드시 이런 풍습이 없을 줄로 안다. 측천무후와 연산군의 악습은 본받지 말아야 할 것이 분명하다.

성균관 감사 벼슬
司業 사업

반정(反正 : 조선 인조(仁祖) 때를 이름) 직후에 맨 먼저 초야에 묻힌 어진 이를 초빙했다.

장여헌(張旅軒) 선생을 지평(持平) 벼슬로 불렀으나 병이 있다 하여 사양하였다.

그러자, 특별히 성균관 사업(司業)을 제수했으니, 본디 이 벼슬이 없었는데 선생을 위하여 설치한 것이었다.

고려 《백관지(百官志)》를 상고하면 사업을 혹은 사예(司隸)라고도 했으니 지금 성균관에 사예가 있는데 또 사업을 두는 것은 그릇된 일이다. 사업의 칭호는 《주례》 악정사업(樂正司業)·부사 사성(父師司成)의 글에서 근본된 것이며(《예기》 문왕 세자(文王世子)에 있는 글인데, 아마 착오된 듯함), 그 벼슬을 설치한 것은 수 양제(隋煬帝)로부터 시작되었다.

업(業)은 악(樂)의 거업(簴業 : 악기 다는 틀과 널빤지)을 가리킨 것으로 사악(司樂)을 말한 것이고, 예(隸) 또한 악에 예속된 이름이니, 사업과 무슨 구별이 있겠는가?

다만 지금의 사예는 지위가 낮아 어진 이를 대우하는 도리가 아니므로 마땅히 그 칭호를 개정하여 사업은 두고 사예는 폐지함이 옳을 것이다.

떡장사까지 한 조기
趙邠卿 조빈경

《맹자》라는 책은 도를 전하는 데 공적이 있었다. 그러나 처음에는 제자백가에 들어 있다가 정자와 주자에 이르러 비로소 안자(顏子)·증자(曾子)·자사(子思)·맹자(孟子)의 반열에 끼게 되었다.

정자·주자 이전에는 한유(韓愈 : 자는 퇴지(退之) 호는 창려(昌黎))가 《맹자》의 글을 알아주었고, 한유 이전에는 빈경(邠卿) 조기(趙歧)가 주해하였으며, 주자의 주석도 그의 말에 의거한 것이 많았다. 그는 식견이 깊어 한갓 눈으로 보고 입으로 말했을 뿐 아니라 마음으로 터득한 바가 있었던 것이다. 조기는 맹자의 어길 수 없는 엄숙한 기상을 추모하여 광세지감(曠世之感)을 가졌던 것이다.

더군다나 나라를 위하여 절의를 지킨 일이 《사기》에 기록되어 널리 사람들에게 알려졌다. 그는 좋은 친구인 손빈석(孫賓碩)을 저버리지 않았고, 마음가짐을 분명히 하였으니 매우 훌륭하였다.

조기는 처음에 피씨(皮氏) 고을의 우두머리가 되었다가 환관인 당형(唐衡)의 해를 피하여 성과 이름을 바꾸고 관사 근처에 숨어 떡을 팔아 연명하고 있었다. 북해 손빈석이 그를 한 번 보고 그의 비범함을 알아차리고 함께 수레를 타고 돌아가 그 어머니에게 말하기를 "오늘 마침내 생사를 함께할 친구를 만났습니다" 하고 맞아들여 그 어머니에게 절을 시킨 다음 복벽(複壁) 사이에 피신시켰다. 그 뒤 당형이 죽자 그는 비로소 고향으로 돌아왔다.

손빈석은 그 뒤 흉년을 만나 남쪽 형주(荊州)로 내려가 머물게 되었다. 그때 조기가 태위(太尉)가 되어 부절(符節)을 가지고 천하를 순행해 백성을 안무(安撫)하다가 형주에서 손빈석을 만나 서로 눈물을 흘렸으며, 형주자사(荊州刺史) 유표(劉表)에게 그 전말을 말하자, 이로부터 손빈석을 더욱 예우하게 되었고, 병으로 세상을 떠나자 또 장례까지 잘 치러 주었다. 이는 그 조행(操行)이 한결같음을 볼 수 있을 뿐 아니라 손빈석이 그를 길가 수레 밑에서 한번 보고 여느 장사꾼이 아님을 이미 알아본 것으로 보아 그의 말과 행동에 반드시 범상하지 않은 점이 있었던 것이며, 마지막으로 손빈석에게 보답한 것도 또한 우발적인 마음으로는 하지 못할 일이었다.

한 번 선악의 자취를 따져 말해 본다면, 오직 성인이라야 변함이 없는 것이요, 중인(中人) 이하부터는 이따금 한때의 의기로 말미암아 억지로 선(善)을 행하고, 또는 그때의 부득이한 형편으로 거짓을 꾸미거나 남에게 짐짓 권하는 것이니 이는 모두 마음이 확고하지 못한 탓이다.

용봉(龍逢)·비간(比干)의 충성과 증자(曾子)·민자(閔子)의 효도는 이른바 "언제나 만물의 위에 있어 가는 곳마다 그렇지 않음이 없다"는 것이고, 조기와 같은 사람은 경전(經傳)에서 터득함이 없었다면 어찌 이와 같이 할 수가 있었겠는가.

선행과 지조
繆肜 목융

《소학》에 목융의 선행이 실려 있는데, 사실 그의 선행은 이 한 가지 일만이 아니다.

목융이 고을의 주부(主簿)로 있을 때 현령이 탄핵을 받아 고문당하게 되자, 아전들이 모두 두려워하여 거짓으로 불었다. 그러나 목융만은 그 일에 결백함을 증언하고 모진 고문 끝에 장독(杖毒)으로 몸에 구더기가 생겼는데, 4년 동안의 쓰라림을 겪은 뒤에 현령은 마침내 죄에서 풀려났다.

태수(太守) 양담(梁湛)이 목융을 불러 연리(掾吏 : ^{고을 관속의} 우두머리)로 삼았는데 양담이 병으로 관아에서 죽자, 목융이 상여를 따라 농서(隴西)로 갔다. 그때 마침 서강(西羌)이 반란을 일으켜 크게 소요하므로 양담의 처자는 모두 피란 가고 없었다. 그래서 목융이 혼자 남아 무덤을 만들었다. 낮에는 옆에 있는 굴 속에 숨고 밤이면 나와 흙을 날라, 오랑캐가 평정될 즈음에 무덤도 완성이 되었다.

양담의 처자들은 목융이 이미 죽은 줄로만 알고 있다가 돌아와 보고는 크게 놀랐다. 관서(關西) 지방에서 함께 칭송이 자자한 가운데 여러 사람들이 말과 수레와 옷 등 재물을 보내 주었으나 목융은 받지 않고 돌아왔다. 그의 지조가 이와 같았으니, 어찌 가법(家法)을 바로잡고 친족을 감화시키지 못했겠는가.

왕상(王祥) 같은 자는 주자가 비록 인정해 주었지만, 위나라를 섬겨 벼슬이 삼로(三老 : ^{천자가 부형(父兄)}처럼 우대한 노인)에까지 이르렀고, 다시 진(晉)나라를 섬겨 태위에 올라 그 절의가 이미 땅에 떨어졌으니, 목융의 처사와 비교해 본다면 그 이치가 아홉 마리 소 가운데 하나의 털만도 못한 것이다.

남명 조식
南冥先生 남명선생

남명 조식 선생은 상신(相臣)인 동고(東皐) 이준경(李浚慶)과 젊어서부터 친분이 있었는데, 동고는 등용되고 남명은 지리산에 은거하고 있었다.

남명은 뒤에 상서원(尙瑞院) 판관으로 징소(徵召)되어 서울에 왔다가 다시 지리산으로 돌아가려고 할 때 동고가 찾아오지 않자 직접 동고를 찾아갔는데, 동고는 한동안 머뭇거리다가 내실에서 큼직한 신을 끌고 나와 인사를 나눈 뒤에 다른 말은 없고 다만 "상서원 판관도 괜찮은 벼슬인데 왜 마다하는가? 반드시 지평(持平)이나 장령(掌令)을 주어야만 만족하겠는가?" 하였다.

남명은 매우 언짢아하면서 돌아갔는데, 동고가 다른 사람에게 말하기를 "남명은 도량이 너무 좁다" 하였다.

남들의 말에는 "이 상국이 앞으로 그 도량을 시험해 천거하려 했다"고 하지만 이는 아마 그렇지 않을 것이다. 부귀한 자리에 있는 자는 도(道)를 즐겨 행하고, 권세를 잊어버려 오직 선비가 가까이 오지 않는 것을 두려워해야 한다. 그런데 자신의 지위가 높다고 자처하면서 천하의 선비를 시험할 수 있겠는가.

무릇 거만한 태도로 사람을 시험해 그 마음을 농락한다면 이는 무식한 백정이나 협객(俠客) 따위를 포섭하는 술책이니 한(漢)나라 고조(高祖)가 역이기(酈食其)와 영포(英布)에게 썼던 수법이 바로 이것이다. 상산(商山)의 채지옹(採芝翁)*1들도 오직 거만함으로는 굴복시키지 못했거늘, 하물며 도(道)를 간직하고 의(義)를 품은 선비이겠는가.

예컨대 남명의 도량이 넓어 언짢아하는 빛을 안색에 나타내지 않았다 하더라도 선비를 천하게 여기고 예의를 무시하는 조정에는 반드시 나서지 않았을 것이다.

옛날 성군 세대에는 산림에 묻혀 사는 어진 이를 초빙할 때 포륜(蒲輪)*2과 폐백을 갖춰 세 번씩이나 일부러 찾아갔고, 하찮은 관직으로 불렀다는 말과 재상이 문득 존귀함으로써 자처했다는 말은 듣지 못했다. 조정에서 맹헌자(孟獻子 : 노(魯)의 어진 대부 중손멸(仲孫蔑))가 자기 친구를 예우한 것처럼 하던 예는 찾아볼 수

---

*1 중국 진(秦)나라 때의 은자(隱者)인 동원공(東園公)·기리계(綺里季)·하황공(夏黃公)·녹리선생(甪里先生)을 말함. 이른바 상산사호(商山四皓)로서 채지조(採芝操)를 지어 세상에 뜻이 없다는 것을 보였고, 한 고조(漢高祖)가 불러도 쉽게 나오지 않았음.

*2 포륜(蒲輪)이란 어진 이를 초빙할 때 수레가 덜커덕거리지 않게 하기 위해 부들잎으로 바퀴를 싸서 썼다는 뜻으로, 곧 어진 이를 맞이하는 데 쓰는 수레를 말함.

없고, 겨우 오두미(五斗米)의 녹봉으로써 도를 즐겨하는 어진 이를 부리려 함은 매우 어려운 일이다.

그러나 동고의 이 행동거지는 그만한 이유가 있었다. 남명이 먼저 찾아간 것이 벌써 자중(自重)의 뜻을 잃은 것이다. 대부가 먼저 찾아오지 않았는데 선비가 대부의 문전을 찾아갔다는 말은 듣지 못했으니, 나는 조 선생에 대해 유감이 없지 않은 바이다.

우리나라의 여덟 가지 폐단
我朝八弊 아조팔폐

우리나라의 폐단을 논하는 자가 말하기를 "첫째 비변사(備邊司)에서 일을 독점하므로 의정부(議政府)는 한가한 기관이 되었으며, 둘째 승정원(承政院)에서는 다만 왕명의 출납만 맡고 있으므로 승지(承旨)가 실무 기관 구실을 하며, 셋째 별사(別司)에서 도감(都監) 노릇을 하므로 본사(本司)는 도리어 남아돌아가는 기관이 되었으며, 넷째 관원을 자주 옮기므로 공무를 일부러 생략해 버리는 것과 마찬가지이며, 다섯째 우사(郵舍 : _{공문을 중계하여 전하고, 공용 여행자에게 말을 제공하던 곳})가 서류를 관여하지 않으므로 서리(胥吏 : _{지방 관아에 딸린 하급 관리})들이 법을 농간하게 되며, 여섯째 벼슬을 많이 겸임시키므로 책임을 전담하는 실상이 없고, 일곱째 일이 조사(曹司)에 돌아가므로 직무를 떼어 맡기는 뜻이 없으며, 여덟째 책임을 지우는 것이 분명하지 않으므로 헛자리만 지키는 것이 습속이 되었다" 하였으니, 이 여덟 가지 조항은 모두 시무(時務)를 아는 말이다.

그러나 예로부터 "고려공사 삼일(高麗三日公事)"이란 말이 있으니, 이는 4일을 버텨 나가지 못한다는 말이다. 비록 좋은 법과 좋은 계책이 있더라도 실행하지 않는대야 어떻게 하겠는가?

나는 이르기를, 특별히 하나의 법사(法司)를 세워, 관원의 성적을 시험하고 법의 조항을 집행하는 것으로 임무를 맡겨서, 법령이 있어도 시행하지 않는 자를 낱낱이 따져 아뢰어, 범죄한 자는 법에 의거하여 일정한 기한이 지나야만 다시 벼슬을 주는 한편, 대사령(大赦令 : _{일반 사면령})에도 해당시키지 않고, 조사하여 밝혀 상주할 수 없는 위치에 있는 자도, 누구나 그 잘못을 말할 수 있게 하고, 10년간 금고(禁錮)에 처하고 또 대사령에도 해당시키지 않았으면 한다. 이러한 앞뒤 조건을 모든 관료들이 모두 1통씩 갖추어 저마다 살피게 한다면, 족히 정문일침(頂門一鍼 : 따끔한 충고)이 될 것이다. 상세한 것은《곽우록(藿憂錄)》에 있다.

한 조정에서 서로 조문함
同朝相弔 동조상조

고려 첨의부 중찬(僉議府中贊) 설공검(薛公儉)이 청렴하고 근신하고 예를 좋아하여, 조관(朝官) 중 6품 이상 가운데 부모 상을 당한 자가 있으면, 평소에 비록 알지 못하는 사이라도 반드시 흰옷[素服]을 입고 가서 조문했으니, 이 또한 상고할 만한 근거가 있다.

옛날 노나라 공행자(公行子)가 아들의 상을 당했는데, 맹자가 찾아가 조문하고 혹자에게 말하기를, "조정에서 남의 자리를 지나거나 뜰을 넘어서 다른 사람과 이야기하지 않는다(맹자 이루 離婁 하)" 하였으니, 개인의 상사(喪事)를 조정이라고 칭한 것은,《주례》춘관(春官)에, "직상(職喪 : 상례를 맡은 사람)이 경·대부·사(卿大夫士) 등 직위 있는 자의 상사를 맡아서, 나라의 상례(喪禮)로 그 금령(禁令)에 임하여 상사를 지휘한다"고 했으니 상주(喪主)에 대하여 알고 모르는 것을 어찌 가리겠는가?《시경》에, "형은 훈(塤)을 불고 아우는 지[箎]를 분다(시경 소아(小雅) 하인사(何人斯))" 하였으니 이는 한 임금을 같이 섬기면 형제의 도로 대해야 한다는 뜻이다.

무릇 한 부모에서 나면 친형제가 되므로 같은 스승을 섬기는 자도 형제의 도로써 미루어 나가야 하며, 군·사·부(君師父)를 한결같이 섬기는 것도 그와 같은 이치인 것이다.

그러나 불초한 자들은 한 부모를 섬기면서 재물을 다투는 자가 있고, 한 스승을 섬기면서 명예를 다투는 자가 있으며, 한 임금을 섬기면서 벼슬을 다투는 자가 있다. 다투면 서로 꺼리고, 꺼리면 원수가 되며, 원수가 되면 서로 죽이는 데까지 이르러 거리끼는 것이 없게 되니 이는 모두 근본을 잊고 사욕만을 채우려는 것이므로, 군자는 이를 부끄럽게 여기는 것이다. 설공의 마음은 본받을 만한 것이다.

임꺽정과 장길산
林巨正 임꺽정

예부터 서도(西道 : 황해도·평안남북도 지방)에는 큰 도둑이 많았다. 그 가운데 홍길의 통칭. 서관(西關)
동(洪吉童)이란 자가 있었는데, 세대가 멀어서 어떻게 되었는지는 알 수 없
으나 지금까지 장사꾼들의 맹세하는 구호에까지 들어 있다. 명종 때는 임꺽
정이 가장 큰 괴수였다.

임꺽정은 본디 양주(楊州) 백성인데, 경기로부터 황해도에 이르기까지 연
도(沿道)의 아전들이 모두 그와 밀통되어 있어 관가에서 잡으려 하면 그 기
밀이 먼저 누설되었다.

조정에서 장연(長淵)·옹진(甕津)·풍천(豊川) 등 너덧 고을의 군사를 동원
해 서흥(瑞興)에 집결시켰는데 적도(賊徒) 60여 명이 높은 데 올라 내려다
보면서 화살을 비 퍼붓듯 쏘아대므로 관군이 드디어 무너지고 이로부터 수
백 리 사이에 길이 거의 끊어졌다.

이에 남치근(南致勤)으로 토포사(討捕使)를 삼아 재령(載寧)에 주둔시키
자 적도가 구월산(九月山)으로 들어가 험악한 땅에 나눠 웅거해 대항하였
다. 남치근이 군마를 집결, 산 아래를 철통같이 포위하니 적의 참모 서림(徐
霖)이 벗어나지 못할 것을 알고 나와서 항복하므로 적의 허실과 정상을 모
두 알게 되었다.

드디어 군사를 몰아 소탕전을 벌이는 한편, 서림을 시켜 적의 무리 가운데
억센 혈당(血黨 : 생사를 같이 대여섯 명을 유인해 죽이자 임꺽정은 골짜기를 건하는 패거리)
너 달아났다.

남치근이 동원령을 내려 황주(黃州)에서 해주(海州)에 이르기까지 백성을
모두 징발해 사람으로 성(城)을 만들고 문화(文化)에서 재령까지 낱낱이 수
색전을 벌이자 임꺽정이 어느 민가로 숨어들었다.

관군이 바로 민가를 포위하자 임꺽정은 한 노파를 위협해 "도적이야!" 하
고 외치며 앞장서서 나가게 하고, 활과 화살을 메어 관군 차림을 하고 노파
의 뒤를 따라가면서 "도둑은 벌써 달아났다"고 외치자 관군들이 웅성거렸
다.

임꺽정은 이 틈을 타 말 한 필을 빼앗아 타고 관군의 무리에 섞여 있다가

잠시 뒤에 또 병든 관군이라 핑계 대고 진중에서 빠져나갔다. 이때 서림이 발견하고 "저놈이 바로 꺽정이다"라고 외쳤다. 이에 사로잡히게 되자 큰소리로 외치기를 "이건 모두 서림의 계책이었다" 하였다.

3년 동안 몇 도(道)의 군사를 동원해 겨우 도둑 하나를 잡았고 양민으로 죽은 자는 헤아릴 수도 없었다.

그 뒤 숙종 때에 교활한 도둑 장길산(張吉山)이 황해도를 횡행했다. 장길산은 광대 출신으로 곤두박질을 잘 하고 용맹하였는데 급기야 도둑의 우두머리가 되었던 것이다.

조정에서 이를 걱정해 신엽(申燁)을 감사로 삼아 잡아들이게 하였으나 잡지 못하였다. 그 뒤에 한 도둑 무리를 잡았는데 그 자들이 장길산이 숨어 있는 곳을 고하였다. 무사 최형기(崔衡基)가 붙잡을 것을 자원하고 파주(坡州)에 닿으니, 장사꾼 수십 명이 말을 몰고 지나갔다. 어떤 사람이 고하기를 "저들은 모두 도적의 무리다" 하므로 모두 잡아 가두었다. 그런데 그 말들은 모두 건장한 암컷들이었다. 그 사람이 다시 고하기를 "적의 말은 모두 암컷이므로 유순해 날뛰지 않는다"고 하였다.

다시 여러 고을의 군사를 징발해 저마다 요소 요소를 지키다가 밤을 타 쳐들어갔다. 그러나 도적들이 이미 염탐해 알고 나와서 욕설을 퍼붓고는 모두 달아나 아무런 자취도 남기지 않았다.

그 뒤 병자년(숙종 22년 1696년)에 이르러 한 적도의 초사(招辭)에 장길산의 이름이 또 나왔으나 끝내 잡지 못하였다.

이 좁은 국토 안에서 몸을 숨기고 도적질하는 자는 마치 새장 속에 든 새와 물동이 안에 든 물고기에 지나지 않는데, 온 나라가 온갖 힘을 기울였으나 끝내 잡지 못했으니, 우리나라 사람들의 꾀가 없음이 예부터 이러하다. 이렇게 해서 어찌 외군의 침략을 막고 이웃 나라에 위력을 과시할 것을 논하겠는가. 슬프도다.

호화로운 연회에 대한 경계
綵棚 채붕

채붕산(綵棚山)이란 고려 때 남은 풍속이다. 고려 태조 원년(918) 겨울

팔관회(八關會)를 베풀 때 두 채붕을 만들었으니, 높이는 각각 다섯 길이 넘었으며 그 앞에서 온갖 놀이와 가무를 바쳤으니, 대개 신라 때의 행사였다고 한다.

예종 11년(1116) 임금이 천수사(天壽寺)에 가서 재(齋)를 올려 낙성을 축하할 때 채붕과 기악이 3일 동안 길에 잇따랐다. 이후부터 그 행사에 대한 역사 기록이 끊어지지 않았다.

고종 32년(1245)에는 최이(崔怡)가 자기 집에 연회를 열고 재상들을 초청했는데, 채붕으로 산을 만들고 비단장막을 둘렀으며, 채색비단을 산더미같이 쌓아 놓고 기악과 온갖 놀이와 팔방상(八防廂)을 베풀었으니, 이에 동원된 공장(工匠)만도 1,350여 명에 이르렀다.

역사가의 논평에 "팔방상은 나라에 태평성사가 있을 때 사용하는 오락이다. 이제 몽고의 침략을 받고 강화섬으로 피란하는 실정인데 최이가 망령스레 호화로운 연회를 열어 조금도 거리낌이 없으니, 그 죄는 죽임을 당함이 마땅하다" 하였다.

이른바 팔방상이란 그 뜻을 상고할 곳이 없으나, 이는 기악과 놀이를 맡은 부서로서 채붕을 주관한 듯하다.

아무리 태평세대가 즐겁다 하더라도 연회에 적합한 오락이 많은데, 이 같은 잡된 놀이로써 마음을 방탕하게 할 필요는 없지 않은가. 위에서 사치하고 낭비하는 폐단이 조금만 있어도 그 해가 반드시 백성에게 미치는데, 시대가 바뀌면서도 이 풍속은 그대로 남아 전해지고 폐지되지 않음은 무엇 때문인가.

오늘날은 도감(都監)까지 따로 두어 중국에서 사신이 올 때마다 좌우 채붕을 만들어 신기함을 자랑하느라고 번번이 비용이 늘어나서 많은 경비를 소모하고 있다. 이것을 차츰 줄여나가 없애버리는 데 이를 수는 없겠는가.

예전에 청나라 규서(揆敍)는 사신으로 우리나라에 왔을 때 단 한 번도 거들떠본 일이 없었다. 만약 그런 기회에 간곡히 임금에게 말하여 없애버렸어도 아무 탈이 없었을 것이다.

그런데 온 나라 사람들이 으레 분주하게 몰려가서 구경하고 재상들 또한 그러하니 어찌 한심스럽지 않은가.

나를 알아주는 친구

知己 지기

예나 지금이나 벗과 사귐을 말할 때에는 반드시 관중(管仲)과 포숙아(鮑叔牙)를 첫머리에 내세운다. 무릇 서로 친밀하게 사귀기를 아교와 칠(漆)같이 하는 자가 어느 시대엔들 없었겠는가마는 권력과 이익으로써 사귀는 자가 더 많았다.

그러므로 이르기를 "하·은·주 삼대에 앞서 친구를 논하는 이는 재상과 귀족들 사이에서 취하고, 삼대에 친구를 논하는 이는 재야의 선비와 농부·공장(工匠)·장사꾼 사이에서 구한다"는 말이 있다. 이는 고대 성왕의 세대에는 어질고 덕 있는 이가 반드시 높은 벼슬에 있었으나 말세에는 그와 정반대가 되었기 때문이다.

관중이 처음에 포숙아와 함께 장사를 하여 이익을 나눌 때 이익을 많이 취했으나 포숙아는 그에게 탐욕스럽다 하지 않았고, 일을 도모하다 크게 실패했으나 어리석다고 하지 않았으며, 세 번이나 벼슬에 나아갔다가 세 번 쫓겨났으나 역시 미련하다고 하지 않았으니, 아아! 이 같아야만 비로소 마땅히 지기(知己)라고 일컬을 수 있는 것이다. 한 번도 어렵거늘 하물며 세 번에 있어서랴!

포숙아는 포로로 곤란에 처해 있는 관중을 임금에게 천거하여, 그가 지혜와 재능을 펼쳐 천하에 사업을 베풀고 후세에 이름을 전하도록 했으니, 만일 포숙아가 관중을 의심하여 깊이 믿어 주지 않았다면 관중은 한낱 탐욕스럽고 어리석은 못난 존재로서 머리가 잘리고 창자가 터져 죽을 보잘것없는 사내 가운데 하나였을 것이다. 그러므로 공자가 "제나라에서는 관중을 버리고 포숙아를 취한다"고 함이 어찌 옳지 않겠는가.

후세 사람들은 한번 실수했다 하면 곧 틈이 생겨 벗과의 사귐을 내던져버리고 또는 죽이기까지 하는 자도 있으니, 이는 무슨 마음인가. 그중에는 재주와 지혜를 품었으나 때를 만나지 못해 기세가 다 꺾이고 힘이, 빠진 채 어리석은 무식자 취급을 당한 이도 많을 것이다.

세상의 장수와 재상, 이름을 떨친 학자들은 고상하게 높은 자리에 올라 세상을 관망하고 자신의 순조로운 운에 기대어 큰소리치면서 행운을 잡았다고 우쭐거리니 슬프도다.

음경을 자른 옥사
割勢獄 할세옥

우리 집에 오래된 종이 있어 성품이 잔인한데, 일찍이 형리(刑吏)가 되어 도둑을 잘 잡기로 이름이 있었다.

하루는 어떤 자가 관에 찾아와 호소하기를, "자식이 남에게 유인되어 깊은 산중으로 끌려 들어가 음경(陰莖)이 잘려 죽었다"는 것이다.

그 종에게 비밀히 체포령을 내려 며칠 내에 범인을 잡아들였더니, 사람들이 모두 통쾌하게 여겼다. 내가 그 종을 불러 물어본즉, "사람의 음경은 천포창(天疱瘡)을 치료하는데, 이날 길가에서 소변보는 자가 있기에 그 병이 있음을 알고 잡아서 엄형으로 고문했더니, 과연 자복했다"는 것이다. 이 넓은 세상에 천포창을 앓는 자도 또한 많을 것인데, 어찌하여 수일 내에 그처럼 공교히 잡을 수가 있었을까? 혹독한 형장(刑杖)의 고통 아래 무복(誣服)하지 않는 자가 드물 것이며, 한번 자복한 뒤에는 백 번 호소해도 아무 소용이 없는 것이다.

세상에 옥수(獄囚)를 심문함이 대략 이와 같은데, 이것은 비록 흔치 않은 일이긴 하나, 사람의 목숨에 관계되는 일이므로, 관에서는 범인을 빨리 잡는 것만 능사로 여겨 애매한 일은 살피지 않으니, 가끔 억울한 자가 있게 되는 것이다.

급제한 자를 희롱함
侵戱新進 침희신진

율곡 이이가 처음 과거에 급제했을 때 승문원(承文院)에서 선배에게 공손하지 않다 하여 파직당했다.

퇴계 이황이 이 소식을 듣고 "새로 급제한 자를 희롱함은 과연 무리한 일이다. 그러나 이미 그런 줄을 알고 그 길로 들어섰으니, 이군(李君)인들 어찌 홀로 모면할 수가 있겠는가. 이군의 일은 무슨 연유로 그런 것인지 모르겠지만 후배 가운데에서 기절(氣節)을 숭상하는 이가 있어 선배를 업신여기고 제멋대로 지시에 따르지 않는다면 보고 듣기에 해괴할 뿐만 아니라 의리상으로도 온당치 못하다" 하였다.

그러나 이 교훈은 타당치 않은 듯하다. 과거에 급제하여 벼슬하는 것은 나라의 법이고, 새로 급제한 자를 희롱하는 것은 풍습의 폐단이다. 비록 풍습의 폐단이 그러함을 알더라도 어찌 그것 때문에 국법에 당연한 길을 들어가지 않을 수 있겠는가.

그러나 공통된 풍습을 군이 억지로 뿌리칠 수는 없다. 춘추시대에 공자가 엽교(獵較 : 사냥감을 많이 잡은 사람이 적게 잡은 사람의 것을 빼앗아 조상의 제사에 쓰던 고대 중국의 풍습)를 한 것도 바로 이런 뜻이므로, 크게 해괴한 일이 아니라면 그런대로 따르는 것도 괜찮겠지만, 이치에 어그러져 해괴한 것이라면 단연 좇을 수 없는 것이다.

퇴계가 큰손자 안도(安道)에게 보낸 편지에 이르기를 "무릇 선배가 시키는 장난을 좇지 않을 수는 없으나 잠깐 하는 체하여 그 꾸중만 벗어날 뿐 너무 난잡하고 무람없는 행동을 하여 사람들의 웃음거리가 되기를 배우(俳優)들과 같이 해서는 안 된다" 하였다.

퇴계 선생의 본의는 이러한 것에 지나지 않는데, 다만 "이미 그 길로 들어갔으니 홀로 모면할 수 없다"고 한 말만을 따진다면 그 사이에는 약간의 곡절이 있는 듯하니, 마땅히 자세히 분석해야 할 것이다.

이런 풍속은 본디 고려 때 분홍방(粉紅榜 : 나이가 어린 권문 자제(權門子弟)가 과거에 급제한 것을 비웃는 말)에서 나온 것이다. 진실로 없애버릴 것은 없애버려야 함이 옳은 일인데, 오늘날까지 그렇게 하지 못함은 힘이 미치지 못하기 때문이다.

외진 시골에서 몸을 일으켜
張可順 장가순

장가순은 해서(海西 : 황해도) 봉산(鳳山) 사람이다. 봉산은 무(武)를 숭상하는 지방이지만 장가순은 홀로 학문에 힘썼다. 장가순은 외진 시골에서 태어나 스승이나 친구의 도움도 없이 좀이 쏠고 낡아 해진 경전 속에서 의리의 귀추를 찾아낸 것이다.

젊어서부터 과거 공부를 그만두고 후배를 가르치는 데 힘썼으므로, 지금껏 봉산과 평산(平山) 지방에는 유교의 도리와 풍습이 남아 있으니, 이는 장가순이 끼친 은혜이다.

장가순은 명종 때 경연관(經筵官)의 건의로 건원릉(健元陵) 참봉에 특채되었으며, 화담(花潭) 서경덕(徐敬德)과는 막역한 친구가 되어 늘 서로 심방하면서 학문을 토론하였다.

장가순의 저술로는 《인사심서목(人事尋緒目)》 한 편이 있다. 그 연구는 하도(河圖)·낙서(洛書)의 상수(象數)와 음양오행의 변천을 근본으로 하여 처음에는 천리를 말하고 다음에는 인사에 미쳤다. 곧 임금이 나라를 다스리고 백성을 사랑하는 도리와, 배우는 이가 자기 몸을 닦고 남을 가르치는 방도, 천하의 온갖 사물에 대한 것 등 구비되지 않은 것이 없었다. 맨 끝에는 안택(安宅)·정로(正路)의 도해(圖解)까지 보였으니 도학에 들어가는 요령에 대해 더욱 유의했던 것이다.

숙종 기사년(1689) 무렵에 판서 권대재(權大載)가 경연 자리에서 그 사실을 아뢰자 임금이 그 글을 정서해 올리게 하고 예조를 시켜 포상을 내리게 하였다. 그의 학문의 깊고 얕음은 비록 알 수 없으나, 그는 또한 훌륭한 선비였던 것이다.

평양의 돈암(遯菴) 선우협(鮮于浹)과 함흥의 동호(東湖) 문덕교(文德教)와 함께 어깨를 겨룰 만한데 장가순 홀로 이름이 없으니 참으로 애석한 일이다.

세 가지 헛된 소모
三費 삼비

《한시외전(韓詩外傳)》 증자(曾子)의 말에 "젊어서 배우고는 장성해서 잊어버리는 것이 첫째 소모함이고, 임금을 섬겨 공로가 있되 가볍게 저버림이 둘째 소모함이며, 오래 사귄 벗을 중간에 절교하는 것이 셋째 소모함이니, 음식과 재물은 그 가운데 들지 않는다"고 했다. 그것도 소모함은 소모함이지만, 군자의 입신(立身)하는 방도로는 거론될 수 없는 것이다.

젊어서 배우고는 장성해서 잊는다면 학문한 소득이 없는 것이고, 임금을 섬기다가 가볍게 저버린다면 성심으로 충성을 다한 것이 아니며, 벗과 중간에 절교한다면 의리로써 사귄 것이 아니니, 어찌 족히 말할 나위가 있겠는가.

군자가 애달파하는 것에 참으로 세 가지 소모함이 있다. 사소한 술수와 이단(異端)에 마음을 쓰는 것은 바로 정신을 소모함이요, 급하지도 않고 이익도 없는 일에 수고하는 것은 바로 근력을 소모함이요, 허망되고 방탕하여 놀기를 탐하다가 덧없이 늙는 것은 바로 세월을 소모함이다.

이 세 가지는 아무리 후회해도 소용없는 것이니, 배우는 자는 마땅히 쇄신하여 그 시기를 잃지 않음이 옳을 것이다.

우리 고유 음악
鄕樂 향악

《악학궤범》에는 속악(俗樂) 가운데 '무애(無㝵)'라는 이름이 적혀 있다.

《고려사》를 살펴보면 "'무애'라는 놀이는 서역(西域)에서 들어왔는데, 그 말에 불경이 많이 인용되었으므로 율동과 박자만 그대로 두었다" 하였다. 자서(字書)에 "애(㝵)는 애(礙)와 같다" 하였으니, 무애는 장애 요소가 없다는 뜻이다.

신라의 승려 원효(元曉)가 요석궁(瑤石宮)이 불탄 뒤에 속세 복장으로 바꾸어 입고 스스로 소성거사(小性居士)라고 이름을 지었는데, 우연히 광대들이 가지고 춤추며 희롱하던 큰 표주박을 얻은 바, 그 모양이 매우 기괴하였다. 그 모양을 흉내내어 춤추는 도구를 만든 다음 《화엄경》의 "일체 걸림 없는 사람은, 죽고 사는 그 길에서 해탈한다[一切無㝵人 一道出死生]"라는 구절을 따서 '무애'라 이름하고 노래까지 지어 세상에 널리 전하게 되었다.

그는 또 일찍이 분황사(芬皇寺)에 머물러 《삼매경》을 저술할 때 붓과 벼루를 소의 두 뿔 위에 올려놓고 각승(角乘)이라 이름하고는

각승은 처음으로 삼매경에 열렸고
무호는 마침내 일만 거리 바람에 걸렸구나.
요석궁에 달 밝으니 봄 졸음 깊었는데
분황사의 문 닫히니 그림자도 비었어라.
角乘初開三昧軸 舞壺終掛萬街風

月明瑤石春眠去 門掩芬皇顧影空

라는 시찬(詩贊)을 지었다.

또 《동경잡기(東京雜記)》를 살펴보면 "원효가 일찍이 목이 굽은 호로병(葫蘆瓶)을 어루만지면서 저자 거리에서 노래하고 춤추었는데, 후세에 일 좋아하는 사람들이 '병 위에는 금방울을 달고 아래에는 채색 비단을 드리워 놓았다' 했으니, 이른바 배[腹]는 가을철 매미와 같고 목은 여름철 자라와 같다는 말이 바로 그것이다.

북소리 둥둥, 바람은 쓸쓸
動動曲 동동곡

'동동(動動)'이란 무엇을 가리킨 것인지 모르겠으나 지금 광대들이 입으로 북소리를 내며 춤추는 것이 그것이니, '동동'은 '동동(鼕鼕)'과 같은 뜻이다.

신라의 향악(鄕樂)에는 금환(金丸)·월제(月題)·대면(大面)·속독(束毒)·산예(狻猊) 등 5가지가 있다. 금환은 옛날 이른바 웅의료(熊宜僚 : 춘추시대 초나라의 용사, 농환의 명수)의 농환(弄丸)이니, 지금 사람들이 혹 4, 5개의 금칠을 한 공을 잇따라 공중으로 날리되, 한 개는 늘 손에 있고, 나머지는 모두 공중에 있는 것이요, 월제는 옛날의 이른바 광대놀음인 듯한데 가면의 이마가 달처럼 둥글다는 뜻이며, 대면은 불상과 같은 황금 가면이요, 속독은 귀신의 모양과 같은 가면이며, 산예는 이사부(異斯夫)의 목사자(木獅子)로부터 시작된 듯한데, 요즘 중국 사신을 맞이할 때 아직 이 놀이가 있다. 이는 최치원(崔致遠)의 시를 보더라도 상상할 수 있다.

그 속독시에

쑥대머리 귀신 얼굴 사람과 달랐는데
무리 거느리고 앞 뜰에 와서 난새춤을 추누나.
북소리 둥둥 울리고 바람은 쓸쓸한데
남북으로 뛰고 달려 그칠 줄 모르누나.
蓬頭藍面異人間 押隊來庭學舞鸞

打鼓鼕鼕風瑟瑟 南奔北躍也無端

라고 하였으니, 동동의 곡조는 틀림없이 이런 종류일 것이다.

공을 넘기면서 부르던 곡조
拋毬樂 포구락

'포구락(拋毬樂 : 대궐 안 잔치에서 춤 출 때)'은 송나라 심괄(沈括)의 《몽계필담(夢溪筆談)》에 "해주(海州) 선비 이신언(李愼言)이 꿈속에 어느 수궁(水宮)에 들어가 궁녀들이 포구(拋毬)하는 것을 구경하였고, 산양(山陽) 사람 채순(蔡純)이 전기(傳記)를 지어 그 사실을 상세히 서술하였는데, 거기에는 〈포구곡(拋毬曲)〉 10여 곡까지 첨부되어 있다" 하였는데 가사가 모두 맑고 참신하다. 내가 지금 두 편을 기억하고 있다.

초저녁 놀이에 모셔 밤늦도록 그치지 않으니
대궐 뜰 고요한 밤에 달빛만 밝았어라.
아침에야 임금의 은혜 입어 취한 줄 깨달았으니
곱게 웃어 주는 옆 사람이 제기 찼다 하누나.

한스럽다 수나라의 몇몇 제왕이
춤추는 방석마다 원앙새를 수놓았던가.
지금 포구하던 곳 다시 와 보았으나
금화로엔 옛날 향기 찾을 길이 없어라.

侍燕黃昏晚未休 玉階夜色月如流
朝來自覺承恩醉 笑齣旁人認繡毬

堪恨隋家幾帝王 舞裀操盡繡鴛鴦
如今重到拋毬處 不是金爐舊日香

오늘날의 이 오락은 고려 때부터 전하여 왔으나, 그 처음에는 반드시 이로 말미암아 시작된 것으로 중국에서 전해져 들어온 것이다.

연꽃놀이
蓮花臺 연화대

연화대란 놀이는 본주(本註)에 의하면 본디 탁발위(拓跋魏 : 탁발은 후위(後魏)의 성(姓))에서 나왔는데, 두 여자아이에게 의복과 모자를 차려입히되 모자에는 금방울을 달아서 움직일 때마다 소리가 나게끔 했다. 그 유래는 두 개의 연꽃 속에 두 여자아이를 숨겼다가 연꽃이 벌어진 뒤에야 모습이 나타나게 되어 있으니, 이는 반드시 화신답가(花神踏歌 : 화신은 꽃의 정령. 답가는 노래를 부를 때 발을 굴러서 박자를 맞춘다는 것이다) 같은 것으로 말미암아 생겨난 듯하다.

염소를 탄 다섯 신선
五羊仙 오양선

오양선은 당나라 이군옥(李群玉)의 〈창포간(菖蒲澗)〉시에 이르기를

다섯 신선이 다섯 염소를 타고
어느 시대에 이 시골에 내려왔던가.
五仙騎五羊 何代降玆鄕

라 하였고, 그 주에는 《환우기(寰宇記)》를 인용했는데 '고고(高固 : 전국시대 월나라 사람으로 초나라에서 벼슬을 지냈음)가 초나라 정승으로 있을 때, 다섯 신선이 다섯 빛깔의 염소를 타고 와서 곡식 이삭을 고을 사람들에게 주었으므로, 그 고을을 오양성(五羊城)이라 하였다'고 했다.

또 《남월지(南越志)》에 의하면 "창포간은 희안현(熙安縣)에 있으며, 요성보(姚成甫)가 창포간에서 덕 있는 장로 한 사람을 만났는데, 그가 말하기를 '이 창포는 진시황 때의 선인(仙人) 안기생(安期生)이 심은 것이니라'고 하였다" 한다.

이 두 가지 말을 종합해 보면, '오양선'이란 희곡은 반드시 이를 가리킨 것이라 하겠다.

수명을 연장시킴
壽延長 수연장

수명을 연장시키는 일은 어디에서 연유했는지 알 수 없으나 고려 성종(成宗, 982~997) 때 최승로(崔承老)는 부처를 받드는 잘못을 상소하여 논하기를 "당나라 덕종비(德宗妃)의 아버지 왕경부(王景附)와 오고염(烏高恬) 등은 덕종의 수명 연장을 위하여 불상을 주조하여 올렸다"고 하였으니, 그런 말이 아마 여기에서 시작된 듯하다. 연화대 또한 채련곡(採蓮曲 : _{노래 가사 가운데 남녀가 서로 그리워하는 애정을 서술한 것이 많은 것})을 따라 만든 것에 지나지 않는다.

허한양(許漢陽)의 말에 "배를 타고 잘못되어 한 계곡으로 들어갔는데 양쪽 언덕은 모두 꽃떨기였고, 앵무새 한 마리가 있어 '꽃아, 피어라'라고 한 마디를 외치자 꽃봉오리가 모두 피고, 그 각각의 꽃봉오리 속에는 키가 한 자쯤 되는 미녀들이 나와 웃기도 하고 말도 했는데, 날이 저물어 꽃이 떨어지자 미녀들도 따라서 물속으로 떨어졌다" 하였다.

신선 복숭아를 바침
獻仙桃 헌선도

헌선도(獻仙桃 : _{신선이 사는 곳의 복숭아를 드린다는 뜻으로 음악 명칭임})는 서왕모(西王母)의 고사에서 나왔다. 고려조에 최충헌(崔忠獻)이 여러 기녀들을 시켜서 봉래선녀(蓬萊仙女)가 임금에게 하례하는 모습을 보여 주었으니, 이런 유래로 말미암아 만들어진 데 지나지 않은 것이다.

곧 고려의 향악(鄕樂)·동동곡(動動曲)·무고(舞鼓)·포구락(抛毬樂)·연화대(蓮花臺)·오양선(五羊仙)·수연장(壽延長)·헌선도(獻仙桃) 등 여덟 가지 음악은 고려의 풍악인데 그중에 〈헌선도〉〈수연장〉〈오양선〉〈포구락〉〈연화대〉〈무고〉 여섯 가지는 조선조에서도 쓰였다.

또 몽금척(夢金尺)·수보록(受寶錄)·근천정(覲天庭)·수명명(受明命)·하황은(荷皇恩)·하성명(賀聖明)·성택(聖澤)·육화대(六花隊)·곡파(曲破) 등 풍악을 첨가했는데, 성택(聖澤) 이상은 고아(古雅)한 제목으로서 이웃 나라 사람들이 듣더라도 부끄러움이 없다 하겠지만, 기악에 지나지 않는 흠이 있고, 육화대는 복사꽃·살구꽃·해당화·배꽃·장미꽃·소도화(小桃花) 따위로 꾸며졌으며, 또 작무(鵲舞)와 향산(香山) 같은 것은 모두 아이들 장난에 지나지 않으니 정말 보잘것없다.

지금까지 이를 사용한 지 300여 년이 되었으나 이에 대하여 다른 방도를 건의한 자가 한 사람도 없었으니 참으로 이상한 일이다.

아! 풍악이란 화평하고 아담한 것을 귀하게 여기는 것이지 음탕한 욕심으로 인도하려는 것이 아니다. 그런데 나라에 경사가 있을 때마다 나라 곳곳에서 기녀를 뽑아 얼굴에 분을 바르고 연지를 찍어 온갖 요염한 차림으로 궁정에 모아서는 묘무비연(妙舞飛燕)이니 석가세존(釋迦世尊)*1이니 하는 찬사를 지껄이니 사람들이 듣기에 부끄러울 지경이다.

고려의 최승로(崔承老)는 글을 올려 향악을 즐기는 것을 놓고 광종의 실덕을 경계하였고, 또 의종 때에 이르러 채붕(綵棚)·화준(花樽)·헌선도(獻仙桃)·포구락(抛毬樂) 등의 기악을 베풀게 된 것은 모두 환관 백선연(白善淵) 등의 주선으로 이루어진 것이라 하여, 역사를 기록한 신하가 사실대로 기록하여 뒷날의 경계로 삼았던 것이다.

그리고 몇 해 뒤에 마침내 정중부(鄭仲夫)의 반란이 일어났다. 거울 삼아 경계해야 할 일이 멀리 있지 않았는데 잘못된 일을 그대로 답습하여 고치지 않는 것은 무슨 까닭인가.

조선의 이태조가 위화도에서 회군한 뒤에 조준(趙浚)이 시무소(時務疏)를 올려 "본조(本朝)의 풍악에는 손님을 대접할 때 반드시 당나라 풍악을 먼저 아뢰고, 다음에는 향악과 광대의 가무로 이어지는데, 이는 중정(中正)과 화평의 뜻에 어긋나 예악의 근본을 잃은 것이다. 중국의 의례를 살피건대, 다만 음악을 맡은 관리를 시켜 음악을 올리게 하고 기생들은 참여하지 않았으니, 원컨대 그 법을 실행하여 궁중의 잔치에 기생들을 들이지 말아야 한다"

---

*1 묘무비연은 기녀들, 석가세존은 임금을 예찬한 말이다. 비연(飛燕)은 전한(前漢) 평제(平帝) 의 후(后)인 조씨(趙氏)의 이름으로, 처음 노래와 춤을 배울 때 그 몸놀림이 날렵하다 하여 그 런 이름이 붙여졌음.

고 하였다. 이 말이 지극히 올바르고 떳떳하니 이를 시행하는 것이 좋았을 것이다.

세종조에 이르러 아악(雅樂)을 새로 제정하고 여악(女樂)을 쓰지 않은 사실은 영릉비(英陵碑)에서도 찾아볼 수 있을 것인데, 지금껏 이를 들어 시행하기를 아뢰어 요청하는 자가 없으니 한심스런 일이다.

세자를 폐함
廢世子 폐세자

연산군(燕山君)이 세자로 있을 때, 사람들은 뒷날 그가 왕위를 보존하지 못할 것을 짐작했던 것이다.

사재(四宰) 손순효(孫舜孝)가 임금의 용상(龍床 : 임금이 앉는 평상)을 어루만지면서 낮은 소리로 "이 자리를 동궁에게 주기는 아깝다" 하였다. 여러 신하들이 "무슨 말이냐?"고 묻자, 성종이 나서서 말하기를 "나의 호색을 경계한 말이다" 하였다. 성종이 두둔해 준 일도 훌륭하거니와, 손순효 또한 말하는 데 거리낌이 없었던 것이다. 세자 또한 어찌 함부로 임금의 폐위를 말할 수 있었겠는가?

양녕대군이 동궁으로 있을 때, 의정부·육조·삼공신(三功臣)과 문무백관이 세자 제(禔 : 양녕의 이름)의 허물을 들어 폐하기를 청하자, 태종이 이를 허락하였으니, 이는 임금의 마음도 반드시 그러할 것을 헤아리고 계청한 것이다.

그러나 이는 부왕의 조처에 달려 있는 것이고, 신하로서 세자 폐하기를 청한다면, 어찌 마침내는 임금을 폐하는 데까지 이르지 않겠는가? 이윤(伊尹)과 곽광(霍光)이 임금을 폐하고 새로 세운 일은, 후인들이 본받을 바가 아닌 것이다.

정승 상진
尙相 상상

1

정승 상진(尙震)은 언제나 남의 허물을 말하지 않았다. 하루는 어떤 손님이 와서 "아무개는 한쪽 다리가 짧습니다"라고 하자, 상진은 "어쩔 수 없이 이야기하려면 한쪽 다리가 길다고 하는 쪽이 좋지 않겠는가?" 하였다. 이는 짧다는 단점을 차마 바로 이야기할 수 없다는 뜻이다. 찬성(贊成) 오상(吳祥)의 시에

> 희황의 좋은 풍속 지금은 쓸어버린 듯한데
> 다만 봄바람 술잔 사이에 있을 뿐이로다.
> 羲皇樂俗今如掃 只在春風盃酒間

라고 하였다. 상진은 여기에 대해 몇 글자를 고치라고 이르면서

> 희황의 좋은 풍속 지금도 남았으니
> 봄바람을 술잔 사이에서 보아라.
> 羲皇樂俗今猶在 看取春風盃酒間

라고 하였으니, 그의 후한 덕은 대개 이와 같았다.

그러나 그가 조정에 들어가서는 간사한 자를 논박하여 공격하고, 세상 풍조를 따르는 일에 얽매이지 않았으므로 마침내 명신(名臣)이 되었다고들 한다.

2
무과에 응시하는 자들은 허위가 많으므로, 이전부터 조관(朝官)을 보거 (保擧 : 신원보증)로 삼도록 하였다.

상진이 서료(庶僚 : 일반관리)로 있을 때 무과에 응시하는 자들이 앞을 다투어 찾아와서 보거가 되어 달라고 요구하자 상진이 모두 허락해 주었다. 그중에는 상진의 집에 찾아가지도 않고 허위로 상진의 서명과 수결을 해온 자들이 많았다.

고시관이 필적이 같지 않음을 확인하고 상진에게 서신을 보내어 묻자, 그 답서에 "혹은 취중에 써주고 혹은 졸면서 써주었으며, 또는 누워서 취중에 써주었으므로 필적이 같지 않다"고 하니, 사람들이 그의 넓은 도량에 탄복

하였다. 상진은 그 뒤 벼슬이 영상(領相)에 이르렀다. 이를 두고 복술가 홍계관(洪啓寬)은 "음덕을 쌓아서 그 도움을 입었다"고 말하기도 하였다.

상진은 임종에 이르러 스스로 명(銘)에 쓰기를 "초야에서 일어나 세 번 상부(相府)에 들어갔고, 늘그막에는 거문고를 배워 언제나 〈감군은(感君恩)〉한 곡만을 탔으며, 나이 73세에 정침(正寢)에서 세상을 떠났다"고 하였다. 〈감군은〉은 그가 직접 만든 곡이었다.

유성룡의 청렴결백
西厓淸白 서애청백

서애 유성룡이 조정에서 불안을 느끼고 물러날 때, 그를 탄핵하는 말에 "세 곳의 전장(田莊)이 미오(郿塢)*¹보다 더 많다"는 말이 있었다.

그 무렵 나라에서 청백리(淸白吏)를 뽑는데 서애가 뽑혔다. 이는 백사(白沙) 이항복(李恒福) 정승의 뜻이었다. 이항복이 어느 사람에게 말하기를 "이 탄핵은 정승 유성룡에게 재물의 경중을 따진 것이 아니라, 다만 다른 간사한 무리들을 경고하기 위해 미오(郿塢) 두 글자를 사용한 것이다"라고 하였다.

그런데 서애 유성룡이 세상을 떠나게 되었을 때 집에는 남은 재산이 없어, 여러 아들들이 추위와 굶주림에 시달려 거의 살아갈 방도가 없었다.

우복(愚伏) 정경세(鄭經世)가 유계화(柳季華 : 유성룡의 아들 진(袗). 계화는 그의 자(字))에게 준 시에

하회의 옛집에는 단지 시서뿐
자손들 나물 찌꺼기 밥도 때우기 어려워라.
십 년의 정승 자리 어떻게 지냈기에
성도의 뽕나무 8백 주도 없었단 말인가.*²

---

*1 중국 산시성에 있는 지명으로 후한(後漢) 말기 동탁(董卓)이 그곳에 성을 쌓고 온갖 보화를 저장했다 한다.

*2 촉한(蜀漢)의 제갈량어 임종시에 후주(後主) 유선(劉禪)에게 성도(成都)에 뽕나무 800주가 있고 박전(薄田) 15경(頃)이 있어 자손들의 의식(衣食)이 넉넉하다고 했다.

河上傳家只墨庄 兒孫蔬糲不充腸

如何將相三千日 併欠成都八百桑

라고 하였고, 또 "참소하는 사람들이 이 말을 듣는다면 그 얼굴이 뜨거울 것이라"고 하였다.

세상에 전해 오는 말에 따르면 "서애가 새로 석갈(釋褐)*³이 되어 정승 동고(東皐) 이준경(李浚慶)을 찾아갔다. 이때 이 정승이 '서울 근교에 장만한 가대(家垈 : 집의터전)가 있느냐?'고 묻기에 '없다'고 대답하자, 동고가 '벼슬하는 사람은 반드시 그것이 있어야 편리하다'고 하였다. 서애가 속으로 의심하면서 자못 불만스럽게 여겼다. 그런데 뒷날 갑작스레 조정에서 물러나와 의지할 곳이 없으므로, 절집에 머물면서 큰 곤란을 겪게 되자, '당시 이 정승의 말이 참으로 진리였다'고 하였다"는 것이다.

천인에서 나라의 충신으로
劉克良 유극량

유극량은 천인이지만 무과에 합격해 벼슬이 부원수(副元帥)에 이르렀고, 임진왜란 때 임진(臨津) 싸움에서 전사해 나라의 충신이 되었다.

《하담수기(荷潭手記)》에 "유극량은 같은 마을에 사는 정(鄭) 아무개네 종의 아들이다"라고 하였고, 《명신록(名臣錄)》에는 "인재(忍齋) 홍섬(洪暹 : 1504~1585 조선 중기의 문신, 영의정을 세 번 지냄)의 집에서 달아난 종의 아들이다"라고 하였는데 어느 말이 옳은지는 알 수 없으나 천인인 것만은 틀림없는 사실이다. 그럼에도 그가 천한 출신임을 숨기지 않은 것은 더욱 훌륭한 일이다.

그 무렵에 임금의 명령으로 저마다 인재를 추천하게 되었는데, 우계(牛溪) 성혼(成渾)은 명성이 있어 조관들이 모두 촉망하므로 천거한 자가 4명에 이르렀다. 그런데 유극량은 이보다 더 많았으니, 그때 여론의 판세를 짐작할 수 있다. 우리나라 풍속은 오직 문벌을 숭상하므로 명문가의 자제가 아니면 비록 학문이 정주(程朱)와 같고, 무예가 곽자의(郭子儀)·이광필(李光

---

*3 천한 사람이 입는 갈옷(褐衣)을 벗어버린다는 뜻으로 처음으로 벼슬길에 나아감을 뜻함.

弼)과 같더라도 사람들이 천하게 여겨 버린다. 우계가 비록 어질다 해도 청송(聽松 : 성수침(成守琛)의 호)의 아들이 아니었다면 세상에서 존경하는 것이 반드시 이에 이르지는 않았을 것이다. 또한 유극량에 이르러서는 종의 아들로서 벼슬이 부원수에 올랐고 또 사람들도 감히 그의 선함을 모른 채 할 수 없었으니, 그의 인품을 알 수 있다. 이 어찌 구구한 지혜와 재능으로써 이룰 수 있는 일이었겠는가. 마침내는 위급한 상황에 이르러 목숨을 바쳐 훌륭한 이름까지 길이 남겼으니, 이 어찌 뛰어난 대장부가 아니겠는가.

이로부터 100여 년이 지난 오늘날에 와서는 인심과 풍속이 날로 퇴패하여 비록 유극량과 같은 훌륭한 인물이 있더라도 군졸들 사이에서 늙어 죽을 뿐이다.

목숨을 구하는 해부도
五臟圖 오장도

오래 전 불초한 사내가 있었는데, 그의 누이동생이 중병을 앓다가 많은 양의 앵두를 씨까지 함께 먹고서 겨우 완치되었다. 사내가 생각하기를, "동생 하나를 희생하여 천만 명의 목숨을 살려냄이 옳겠다" 하고 누이동생의 배를 가르니 간과 격막(膈膜)이 모두 썩었는데도 앵두 씨가 엉켜 새살이 돋아나 있었다. 이에 간을 보호하는 처방은 얻었으나, 그 천만 인을 살린다는 공덕으로도 누이동생을 죽인 죄를 씻을 수는 없을 것이다.

송나라 숭녕(崇寧 : 휘종(徽宗)의 연호) 연간에 사천(泗川)에서 저잣거리로 사형수를 끌고나와 죽일 때 군수 이이간(李夷簡)이 의원과 화공을 보내어 격막을 가르고 고황(膏肓 : 심장과 격막 사이의 부분)을 딴 뒤 그림을 그려 사람의 오장육부를 소상히 알게 되었으니, 의가(醫家)에 도움이 많았다.

또 경력(慶曆 : 송 인종(宋仁宗)의 연호) 연간에 두기(杜杞)가 광남(廣南)의 도둑 구희범(歐希範)을 잡아 배를 가르고 창자를 분해하여 낱낱이 그림으로 남겼으니, 지금까지 전해오는 오장도(五臟圖)가 바로 그것이다.

두기는 항복해 온 구희범을 죽이고서 그 공적으로 승진하여 대제(待制)가 되었는데, 얼마 뒤 변소에 갔다가 갑자기 쓰러져 입과 코에서 피를 흘리며 가느다란 목소리로, "구희범이 주먹으로 때린다" 하더니, 3일 만에 죽었다.

구양공(歐陽公 : 구양수(歐陽脩)를 이름)이 지은 그 묘지(墓誌)에 이르기를, "무릇 항복한 자를 죽이는 것도 의리가 아니거든, 하물며 그 무리를 모조리 죽임에 있어서랴" 하였다.

옛사람이 의방(醫方)을 지어 죽음에서 구제하는 뜻은 간절하지 않은 적이 없었으나, 어찌 일찍이 죽은 시체까지 해부한 일이 있었던가.

왕망(王莽)은 걸핏하면 성인을 인용하여 자신을 빗대곤 했는데, 적의(翟義)의 일당 왕손경(王孫慶)을 잡아 솜씨 좋은 백정을 시켜 배를 가르고 오장을 자[尺]로 재었으며, 대쪽으로 혈맥을 가늠하여 경락(經絡)이 시작하는 곳과 끝나는 곳을 알아냈으니, 이것으로 그 속뜻을 미루어 알 수 있다.

우리나라에서는 참판 전유형(全有亨)이 의술에 밝았고 의서까지 저술하여 후세 사람에게 길이 혜택을 주었으니, 그가 사람의 목숨을 구한 공적이 얼마나 컸겠는가?

그러나 갑자년 이괄(李适)의 난 때에 참형을 당했으니, 허물이 없었음에도 앙화를 면하지 못했다.

사람들이 말하기를, "임진왜란 때 길거리에서 세 사람의 시체를 해부해 본 뒤로 그 의술은 더욱 정통해졌을지언정, 그로 말미암아 비명에 죽는 앙화를 입은 것이다" 하였다.

의서에, 정경(正經) 12맥(脈) 말고도 기경(奇經) 8맥이 있으니, 이 또한 후세에 와서 더욱 정밀해진 것이라고 생각된다. 사람을 해부하지 않고서는 알 도리가 없는 내용인데, 누가 또 이처럼 슬기로운 것을 써냈는지 알지 못할 일이다.

족하의 유래
足下 족하

족하라는 명칭은 옛날부터 있었다. 그 뜻을 미루어 보건대, 천자는 폐하(陛下), 제후는 전하(殿下), 대부는 대하(臺下) 혹은 절하(節下)·합하(閤下)라 하고, 선비는 좌하(座下)라고 한다.

뜰 위에 전(殿)이 있고, 전 안에 합(閤)이 있으며, 합 안에 좌(座)가 있는데, 지극히 존중한 상대를 직접 지칭할 수 없으므로 그 앞에 있는 좌우 집사(執事 : ^{여기서는 귀인(貴人)을 모시고 그}
집안 살림을 맡은 사람을 이름)나 장명자(將命者 : ^{중간에 서서 명을}
전달하는 사람)의 무리를 세우는 바, 상대방의 지위가 높을수록 그 칭호는 폐(陛)까지 더욱 멀어지는 것이다.

발(足)은 신체 가운데에서 가장 아래에 있고, 좌(座)는 발이 직접 닿는 곳이므로 허물이 없는 친구 사이에는 족하라 부르는 것이다. 무릇 하(下)란 것은 모두 시종자(侍從者)를 가리켜 말한 것이니, 사람이 자리 위에 있으면 그 자리 아래에 있는 시종자는 족하가 되는 것이기 때문이다.

어떤 사람의 말에는, "단궁(檀弓)에, '증자(曾子)가 병으로 누웠을 때 증원(曾元)·증신(曾申 : ^{증자의}
두 아들)이 발 아래에 앉았다' 했으니, 대개 침실(燕寢)에서 시중드는 자제들은 반드시 발 아래편에 앉으므로 족하라 한다" 하였다.

채옹(蔡邕)이 쓴 《독단(獨斷)》에 "폐하란, 여러 신하가 지존과 말할 때 감히 그 몸을 지칭할 수 없으므로 뜰(陛) 아래에 있는 자를 불러서 고(告)하는 것이니, 아래에서 높은 데로 전달하는 뜻이다. 여러 신하와 선비들이 전하·합하·족하·시자·집사라고 말하는 것 등도 모두 이 유례다" 하였으니, 상고할 만한 말이다.

임금의 유생 면접
接對儒生 접대유생

정암(靜菴) 조광조(趙光祖) 선생이 중종을 만나서 유교를 크게 부흥시켰다. 하루는 조광조가 경연(經筵)에서 아뢰기를 "태학 생도들을 가끔 면접함이 마땅하다" 하였다. 이에 성균관에서 공부하고 있는 유생 이세명(李世銘)·박광전(朴光前) 등을 불러들여 배우고 있는 경서를 강독하게 하고는 말하고 싶은 바를 물었으나 모두 대답하지 못했다. 선생이 옆에 있다가 이르기를 "유생들이 경서를 배워 나라 다스리는 이치를 외우고 익혔는데, 어찌 하고 싶은 말이 없겠는가" 하였으나 유생들이 끝내 한마디 말도 못 하므로 선생이 한동안 탄식해 마지않았다.

나는 이런 일을 볼 때마다 사회 도덕을 위해 거듭 탄식했다. 과거제도가 생긴 뒤부터 선비들은 헛된 과문(科文)에만 힘써 붓을 잡으면 바로 사장(詞章)을 만들어 내지만 한 가지도 실천할 수 있는 글이 없었다.

그러나 사장 때문에 웃음거리가 되거나 명예가 떨어지는 일은 없었으며, 다행히 문과에 급제하게 되면 조정에 높이 앉아서 고담준론으로 백관의 내쫓고 승진시킴을 뜻대로 하니, 사회 도덕이 어찌 쇠퇴하지 않겠는가. 이세명(李世銘) 등은 대사성 김식(金湜)에게 배웠다. 김식은 당대의 거벽(巨擘)이었으나 그 빈약함이 이와 같았으니, 다른 사람이야 일러 무엇하겠는가.

옛날 당나라 태종(太宗)이 여러 주군(州郡)에서 천거한 효렴(孝廉)을 불러들여 임금 앞에 앉게 한 뒤 황왕(皇王)의 정책을 물었으며, 황태자가 증삼(曾參)의 《효경》을 논설한 것을 물었는데, 한 마디도 답변하지 못했다.

태종이 말하기를 "옛날 초 장왕(楚莊王)이 나랏일에 대해 이야기했는데 여러 신하들이 그 뜻에 미치지 못하자 물러나와 근심하는 표정으로 말하길 '제후가 능히 스스로 스승을 얻는 자는 왕을 하고, 자기 멋대로 하면서 남을 자기만 못하다고 하는 자는 망한다(^{《서경》 상서(商書)} 중훼지고(仲虺之誥))' 하였는데, 지금 나의 부덕(不德)으로 여러 신하가 미치지 못하게 되었으니, 우리나라가 아마 망하려는 것일까. 이제 내가 조서를 내려 천하의 인재를 불렀는데 이같이 쉬운 문제도 모두 대답하지 못하니, 나라 안에 뛰어난 인재가 없다는 말인가. 내가 대단히 걱정스럽다"고 했다.

이와 같이 세속의 더러운 폐단은 예나 지금이나 마찬가지인데 더구나 오늘날 세태가 더욱 떨어졌음에랴. 그러나 어진 인재를 구하는 방법만 얻는다면 이 넓은 천지에 어찌 한낱 시대 현실을 분별할 군자가 없겠는가. 아마도 당나라 태종이 불러낸 자들은 참다운 인재가 아닌 듯하다. 내가 생각건대, 그 때에 외딴 시골에서 사회 도덕을 개탄하는 이가 반드시 있어 인재가 없음을 탄식하기를 당 태종보다 더 하였으리라.

금계 황준량
黃錦溪 황금계

퇴계 이황과 금계 황준량(黃俊良)은 막역한 사이였다.

그 제문(祭文)에 "오늘을 들어 옛일을 생각건대, 어찌 이런 사람에게 비방이 그리 많았던고. 없는 일을 지적해 뼈까지 녹이는 참소를 했으니, 모두 원한에서 나온 것임을 알겠네" 하였으니, 이는 금계가 평일에 비방을 받게 된 까닭을 암시한 것이다.

소재(蘇齋) 노수신(盧守愼)이 지은 주천(舟川) 강유선(康惟善)의 비문(碑文)에 "학정(學正) 황준량이 권신의 지시를 받아 공이 과거에 응시하는 것을 저지시켰다"라는 대목이 있다. 그 무렵에 이 소문이 널리 퍼졌으나 사실이 아니었다.

어떤 사람 말에는 "금계가 일찍이 '순흥(順興)에 왕기(王氣)가 있다'고 말하였다 하여, 군자들이 그것을 결점으로 삼았다" 하였다. 그러나 퇴계가 결코 친구라 해서 괜히 아첨해 그의 단점을 덮지는 않았을 것이다. 만일 그런 소문만 믿고 퇴계를 의심한다면 이는 의심하지 않을 일이 없을 것이다. 또 제문에 "갑자기 배사(盃蛇)*1의 느낌이 있다" 하였으니, 이 또한 까닭이 있어서 한 말이다.

세상에서 전해 오는 말에 "금계는 풍채가 뛰어났으므로, 그가 성주(星州)에 부임했을 때 관속 아무개의 아내가 문틈으로 엿보고 흠모하다가 마침내 상사병으로 죽었다. 하루는 금계가 관아에 앉아 있는데, 흰옷 입은 여자 귀신이 문밖에서 아른거리더니, 차츰 가까이 다가와서 핍박하였다. 이로 말미암아 병이 들었고, 병세가 날로 악화되어 드디어 세상을 떠났다. 그런데 죽을 때까지도 손을 모으는[공읍(拱揖)] 시늉과 사람을 떠미는 시늉을 하면서, 입으로는 '남녀의 분별이 있다'는 말을 그치지 않고 했으니, 굽힐 수 없는 지조가 있었다" 하였다. 이 일을 퇴계가 드러내어 말할 수 없으므로, 다만 배사에 비유한 것이다.

퇴계가 황수량(黃遂良)에게 보낸 답서에 "금계공의 행장 가운데 한두 군데를 고치려 하지만 절대로 그 형적을 드러낼 수는 없으니, 아직 묻어 두는 것이 옳다" 하였다. 이는 무엇을 지적한 말인지 알 수 없으나, 분명 말할 수 없는 점이 있었을 것이다. 또 한영숙(韓永叔)에게 보낸 답서에는 "중거(仲擧 : 황준량의 자)는 본디 문인인데, 만년에 들어 학문에 깊은 취미를 가졌다" 하였고, 구경서(具景瑞)에게 보낸 답서에서는 "성주(星州 : 역시 황준량을 가리킴)는 본디 문인으로서 만절(晩節)이 더욱 아름다운 경지에 이르렀다. 그런데 학업을 마치지 못한 채로 갑자기 죽음에 이르렀다" 하였다. 또 정자중(鄭子中 : 정유일(鄭惟一))에

---

*1 배사 : 옛사람이 술을 마실 때 술잔에 활 그림자가 비친 것을 뱀으로 알고 병이 생겼는데, 뒤에 활 그림자임을 알고 병이 나았다는 고사에서 나온 말이다. 허무한 일을 가리키는 말이다.

게 보낸 답서에는 "중거(仲擧)의 학문이 비록 정밀하지는 못했으나 매우 부지런했는데 이제는 그만이다" 하였고, 조사경(趙士敬 : 조목(趙穆))에게 보낸 답서에는 "중거는 영민하고 명쾌해 만년에 들어 학문을 더욱 좋아하였고 성주에 있을 때는 자못 후진 교육에 힘을 기울였으며, 공무와 학문에 온 힘을 기울이다가 과로로 병이 생겼다" 하였다. 또 말하기를 "이 사람은 문장이 시보다 나았고 성품이 명쾌해 일에 대해 논평을 잘했는데, 평소에 알지 못하던 일도 그 글을 보면 알 수 있었다" 하였으니, 이 몇 가지 말을 종합해 보면 그 평생의 한 일을 알 수 있다.

삼사 관원이 자주 갈리는 폐단
三司數遷 삼사삭천

보통 사람의 정서는 이익을 따르고 손해를 피할 뿐인데, 이익 또한 부끄럽게 여기고 손해도 오히려 좋아하는 사람은 중인 이상의 성품이다. 이런 자는 많지 않으므로 이익만이 있고 손해가 없는 일엔 그 아비도 혹은 자식의 하는 일을 막지 못하는 것이 있으며, 손해만 있고 이익이 없는 일은 임금도 혹은 그 신하에게 권면하지 못하는 것이 있다.

임금이 된 자는 천하의 공통된 정서에 달통해야 한다. 그러므로 그 어려운 점을 요구하지 않고, 그 형세로서 인도하여 사람으로 하여금 덕화에 따라서 나아가되 그 까닭을 모르도록 하게 하는 것이다. 후세에는 그 근원을 바로잡지 않고 지엽만을 조심하여 정신을 허비하니 법은 마침내 세워지지 않는다.

근세의 한 가지 일을 들어 말한다면, 홍문관(弘文館)과 사헌부·사간원을 삼사(三司)라고 일컫는데, 홍문관은 경연(經筵)을 주관하고, 사헌부와 사간원은 간쟁(諫諍)을 주관하는데, 삼사의 관원은 한 시대의 가장 청선(淸選)이며 그 책임 또한 중차대하다. 사헌부·사간원을 거쳐서 홍문관에 이르는 자는 벼슬길에 막힘이 없으므로 모두가 목숨을 내걸고 다투는 것이다. 그러나 벼슬이 맑으면 봉록이 적기 때문에, 일단 그 자리를 차지한 다음에는 회피하는 것이 습속이 되어, 조그만 사단이 있어도 문득 피혐한다 이르고 소패(召牌 : 조선시대에 임금이 관리를 불러들일 때 사용하던 패)가 내려와도 제멋대로 앉아 버티고 있어 견책과 파직으로도 이를 억제할 수 없으니, 살펴보건대 다른 벼슬에서는 이와 같이 심각한 일을 찾아볼 수 없다.

　무릇 경연의 자리는 임금을 바로잡는 절실한 일이고, 간관은 법을 집행하는 요직이니, 비유하자면 여러 벼슬은 몸뚱이와 같고 홍문관·사헌부·사간원은 두 팔과 같으니, 비록 몸뚱이는 갖추어졌어도 두 팔이 병들면 바로 산 시체라고 이를 것이니, 이렇게 되면 일이 실패되지 않음이 없게 되는 것이다. 성군이 세상을 다스림에 있어 금지하는 것이 인도하는 것만 못하고, 인도하는 것이 실천하게 하는 것만 못하니, 실천하게 하여 게으르지 않기를 마치 물이 아래로 흘러가듯 한다면 어찌 꾸짖고 벌줄 필요가 있겠는가?

　홍문관·사헌부·사간원의 관원을 전출시킬 때는 반드시 호군(護軍)·사과(司果) 따위의 군직에 붙이니, 경연과 간쟁을 맡았던 몸으로서 병마(兵馬)와 절충(折衝)의 이름을 띠게 하는 것이 과연 옳겠는가.

　옛날 정이천(程伊川)이 강관(講官)으로 있을 때 등문고원(登聞鼓院)을 겸직하게 하니, 사직하여 말하기를 "들어와서는 도덕을 담론하고 나가서는 사송(詞訟)을 판결하는 것은 사람을 쓰는 체통이 아닙니다. 그 겸직시키는 뜻은 녹봉을 우대하는 데 지나지 않으니, 겸직하는 바가 없이 녹봉을 두텁게 주는 것만 못합니다" 하였다.

　이제 형편에 의하여 군직 약간 명을 감원하고 그 녹봉으로써 삼사의 관원을 후대하여 청직과 요직을 아우르고 부귀를 겸하게 하며, 전출되는 자는 반드시 1년이 지난 뒤에 비로소 서용(敍用 : 죄를 지어 면관되던 사람을 다시 벼슬자리에 등용함)하면 자주 갈리는 폐단을 차츰 개혁시킬 수 있을 것이다.

　사람들이 삼사에 들어가기가 쉽지 않으며 사임에 따른 손실이 많은 것을 알게 한다면 그 자리를 회피하는 것은 다시 걱정할 필요가 없을 것이니, 이와 같이 한다면 사람마다 그 직무를 다하여 모든 일이 다 거행될 것이다.

　그렇게 하지 못한다면 또 한 가지 방도가 있으니, 주세를 받는 정사는 전매의 제도와 달라 실로 말류의 폐단을 막는 한 방도가 되는 것이다. 이제 큰 거리의 즐비한 주점 반 이상이 모두 금리(禁吏 : 조선시대 의금부와 사헌부에 속하여 도성 안의 범법 행위를 단속하던 하급 벼슬)의 사사로운 이익이 되고 국가에는 아무 도움이 없게 되었다.

　마땅히 사헌부를 시켜 빠짐없이 주세를 부과하고 세금 없이 사사로이 판매하는 자에게는 벌금을 부과하면 녹봉이 박한 관원들을 족히 우대할 수가 있을 것이요, 지방 고을에서도 또한 모두 주세를 받아 실질적인 용도에 보충한다면 백성의 부담이 조금이나마 가벼워질 듯하다.

호랑이 잡는 방책
捕虎 포호

선조 4년 신미(1571)에 우리나라에 호랑이가 많아 사람과 가축을 해치는 일이 매우 많았다. 이에 조정에서는 두 대장을 경기 좌우도에 파견하여 호랑이를 잡게 하였으나, 한갓 소란만 피웠을 뿐이었는데, 광주목사(廣州牧使) 이관(李瓘)만은 갖가지 방법을 써서 십여 마리를 잡았다. 팔도에서 잡아 올린 것이 겨우 백여 마리에 그쳤으나 호환(虎患 : 사람이나 가축이 호랑이에게 당하는 화)은 이로부터 서서히 사라졌다.

근래에 호환이 점점 극성스러워지고 있으나 관아에서는 잡을 생각조차 하지 않으니, 죽은 사람만 불쌍할 뿐 아니라 마을마다 도둑을 지키던 개도 거의 없어지게 되었다. 재신(宰臣)의 농장 머슴이 호환을 당한 뒤에야 비로소 경포수(京炮手)를 보내 호랑이를 잡게 했으나, 민폐만 끼칠 뿐 아무런 효과도 없었다.

이에 상금을 걸고 호랑이를 잡게 하니, 시골에서 몇 사람이 지원하여 잡은 호랑이의 수효가 제법 많았다. 이에 산골 사람들이 소문을 듣고 계속 들어와서 조총과 창을 써서 호랑이를 아주 많이 잡게 되자 상금이 줄어들었다. 그러자 호랑이가 다시 기승을 부렸으나 호랑이 잡는 데 힘쓰는 자가 없었다.

대저 국법에 여러 고을에 호랑이를 잡도록 명하고 잡지 못한 때에는 속포(贖布 : 벌 대신 포목으로 바침)로서 대신하도록 했는데, 경사(京司)에서는 그 속포를 더 이롭다고 여겨 호랑이 잡으라는 명령을 늦추었으므로 호랑이는 더욱 번식하였다. 간혹 백성이 호랑이를 잡아도 호피는 반드시 관에서 빼앗고, 상금은 수고의 보상에 못 미치니 누가 목숨 걸고 호랑이를 잡으려 하겠는가?

만일 백성에게 신의를 보이고, 상금도 백성의 마음을 움직일 수 있을 만큼 충분히 준다면, 반드시 호랑이의 머리를 움켜잡고 수염을 뽑는 자가 나올 수 있을 것이니, 이 한 가지만 보더라도 백 가지 일을 미루어 알 수 있을 것이다.

평상시에 군직에 있으면서 녹봉만 허비하는 자는, 모두 경포수로서 호랑이를 잡지도 못하고 소란만 피우며 민폐만 끼치는 자들이다. 또한 나라에 큰 일이 있게 되면 대책은 선비에게서 나오고, 무용(武勇)은 편장이나 비장에게서 나오니, 호랑이를 잡겠다고 지원하는 자들이 바로 이들이다.

그런데 이들을 발탁해 쓸 생각은 하지 않고 세상에 인재가 없다고 탄식만 하니, 이는 호랑이를 놓아 사람을 물게 하는 것과 무엇이 다르겠는가?

물에 말아먹는 밥
澆饡 요찬

밥에는 반드시 찬이 있어 간을 맞추어 먹기 마련이다. 성인도 "비록 고기가 많더라도 밥의 분량보다 적게 먹는다(《논어》 향당(鄕黨) 편)" 하였으니, 식사는 밥을 주로 삼는 것이다. 사치하는 집에서는 하루에 만금을 소비하더라도 오히려 입맛이 없어 수저 갈 곳이 없다[1] 하니, 이는 무슨 마음인가?

무릇 먹는다는 것은 먹지 않으면 죽기 때문이다. 진실로 먹지 않아도 살 수 있다면 성인도 아마 먹지 않았을 것이다. 그러므로 밥은 폐할 수 없고 고기와 채소로써 조미(調味)하는 것이다. 이러므로 검소한 집에서는 비록 여러 가지 찬이 있더라도 오히려 좋게 여기지 않는데, 하물며 가난한 집에 있어서랴?

우리나라의 우상 안현(安玹)이 허술한 의복과 간소한 음식으로 평생을 지냈는데 그 반찬은 오직 콩잎국이었다. 국을 맛보지도 않고 밥을 말기에, 손이, "만약 국맛이 좋지 않으면 어찌합니까?" 묻자 대답하기를, "비록 국맛이 좋지 않더라도 안 먹을 수가 있는가?" 하였다.

대개 밥은 별다른 찬이 없고 오직 물에 말면 맛이 돋워지는 것이니, 이것은 가난한 자의 이야깃거리가 될 것이다.

---

*1 이 말은, 《진서(晉書)》 하증전(何曾傳)에, "날마다 만전어치를 먹으면서도 오히려 수저 댈 곳이 없다〔食日萬錢 猶日無下箸處〕"라고 나옴.

아버지 섬기듯 형 섬기듯

父事兄事 부사형사

《예기》 곡례(曲禮)에 이르기를 "나이가 곱절이 되면 아버지와 같이 섬기고, 10년이 많으면 형과 같이 섬긴다" 하였으니, 20세 때 성인이 되므로 곱절이라는 것은 나보다 나이가 20세나 많다는 것이다. 만일 그렇다면 어찌 20세라고 하지 않았는가.

대개 옛날에는 "20세에 관례(冠禮)를 하고 30세에 장가를 간다" 하였으니 이는 대략을 말한 것이요 반드시 20세에 관례를 지냄이 아니므로 "남자가 관례를 지내면 상(殤 : ^{일찍}_{죽음})이 되지 않는다(^{《예기》}_{상복소기})" 하였으며, 장가드는 것도 반드시 30세에 드는 것이 아니므로 "공자가 20세에 이(鯉)를 낳았다" 하였으니, 15세가 지나면 관례를 갖추고 장가도 들 수 있는 것이다.

관례하고 장가든 성인으로서 나보다 나이가 곱이 되는 이는 아버지와 같이 섬기라는 뜻이다. 왜냐하면 장가를 들면 자식을 낳게 되고 그 자식의 나이가 자기와 비등하면 벗이 되는 것이니, 벗의 아버지는 아버지와 같이 섬김이 마땅한 것이다.

이를테면 그가 자식이 없다 하더라도 두 사람이 나란히 앉았을 때에 그 연세가 비슷하면 아들 있는 자만 받들고 아들 없는 자는 받들지 않는 것이 옳겠는가.

《예기》 곡례에 또 이르기를 "나이가 5년이 많으면 어깨를 나란히 하되 약간 뒤에 따른다" 하였으니, 10년의 차이가 나지 않고 7년이나 8년 사이가 되면 모두 벗을 삼게 된다. 사람이 더러 16세에 자식을 낳고 위아래로 7년 차이이고 자기 나이가 그 둘 사이에 있을 때, 그 위와는 벗을 트고 아래를 하대한다면 위는 부끄러워하고 아래는 노여워할 것이니, 무슨 이익이 있겠는가.

무릇 벗은 그 도(道)를 벗하는 것이니, 노소 따지지 않고 예의바르게 하며, 말을 공손하게 하며 어진 것을 돕는 것으로써 마음을 삼을 것이요, 거만하고 희롱하는 것은 벗이 아니다.

오늘날 풍속에 존장(尊丈)이니 시생(侍生)이니 하는 일컬음이 있으니, 이는 나이가 비슷한 벗을 구별하기 위한 것이다. 내가 젊었을 때에는 오히려 근신하고 돈후한 풍속이 있어 그 아들에 대하여 그 아버지를 말할 때는 그 아버지가 나보다 젊더라도 나는 반드시 존장이라고 불렀는데, 이 풍속 또한 갈수록 찾아볼 수 없게 되었다.

무릇 벗을 형제라고 부르는데 나보다 10년이 많으면 형으로 섬기되 세속에서는 노형으로써 분별한다. 그 예절은 존장에 비하여 조금 거만한 편이다. 나의 생각에는 형으로 섬긴다는 말은 자기 형과 같이 섬기는 것이니, 어찌 거만하게 할 수 있겠는가. 노형이라는 것은 노련하고 성숙함을 말한 것이지, 반드시 자기보다 늙은 자를 말한 것은 아니다.

주자가 상산(象山) 육구연(陸九淵)보다 9살이 많으나 노형이라고 불렀으니 이로써도 알 수 있다. 나는 언제나 벗에게 편지할 때 비록 나이가 같더라도 그를 노형이라고 부르고 나 자신을 우제(友弟)라고 일컫는다.

정상기의 농포문답
車舡 거강

나의 친구 여일(汝逸) 정상기(鄭尙驥)가 시무(時務)에 마음을 두어 언제나 나에게 기이한 술법을 들려 주었으나 내가 본디 이 법에 어두워서 이해가 가지 않았다.

그는 또 《농포문답(農圃問答)》을 지었는데 옛날 문견에 얽매이지 않고 문득 새로운 의견을 구상하여 규모가 크고 빛나며 조리가 정밀하여 참으로 채택할 만한 것이 많았다. 아아, 태평한 시대에 있어 옛일을 옳게 여기면 뜻이 높아지고 복잡한 세상에 있어 현실을 그르다 하면 일이 틀어지는 것인데, 정상기와 같은 자는 빈말로 자랑한 자가 아니니, 이 한 권의 책이 마침내 세상에서 쓰이게 될 줄을 어찌 알겠는가.

이 가운데 배와 수레에 관한 논설 등은 더욱 이치에 맞는데, 전쟁에서 시험해 보면 과연 어떠할까. 그 제도를 조금 추려 기록한다.

수레의 제도는 오늘날의 초헌(軺軒)과 같으니, 바퀴는 하나요 멍에는 둘이며 앞은 짧고 뒤가 길며, 옆에는 받침 기둥을 만들고 기둥 위에는 구멍이 뚫린 쇠돌쩌귀가 있으며 돌쩌귀 위에 쇠꼬챙이를 꽂아 접고 펼 수 있게 되어 있다. 멈추면 기둥이 되어 바퀴와 함께 세 다리가 되며 앞으로 갈 때에는 기둥을 잡고 밀게 되었다. 앞은 쇠가죽으로 가리고 가운데는 전립과 같이 철자형(凸字形)으로 되었는데, 그 위에는 날카로운 칼날을 꽂았으며 좌우에는 그 끝을 조금 구부려 탄알과 화살을 막아 사람이 다치지 않게 했다.

앞에는 총구멍을 많이 뚫고 안에는 대포를 배치하여 대포 한 대에 탄알 4, 5되씩을 놓아둔다. 아래에는 쇠가죽으로 된 발(簾)을 달아 펴고 걷을 수 있으며, 좌우에는 사람이 앉아 칼과 창으로써 인마(人馬)의 다리를 치게 되었고, 위는 판자로 덮어 화살과 돌 또는 빗물을 막게 되었으며 3면에 이어지지 않은 청포장을 각기 달았다.

나아갈 때에는 진세를 이루고 멈추면 병영이 되니, 이른바 다리가 있는 성이요 꼴을 먹이지 않는 말이다. 그 제도가 또한 좋으나 다만 대포의 공격에는 분쇄되지 않는 것이 없으니 쇠가죽으로 막아낼 수 있을지 모르겠다.

또 한가지를 들면 "송나라 양요(楊幺)가 동정호에 배를 띄우고 바퀴로써 물을 저으니 그 빠르기가 나는 듯했으며, 옆으로는 당간(撞竿)을 설치해 관선(官船)과 마주치면 곧바로 부서버렸다" 하였다.

생각건대, 둥근 나무를 배 위에 걸쳐 그 양쪽 끝이 뱃전 밖으로 나왔으며 그 양쪽 머리에 강목(杠木)으로써 십자형(十字形)으로 꿰고 밧줄로 묶은 후에 강목의 주위에 바퀴를 달고 그 끝에 물을 젓는 노를 많이 설치한 것인 듯하다.

그리고 또 배 위에 걸친 둥근 나무에는 그 중간에 두터운 판목을 많이 달아 여러 사람이 판목을 밟으면 둥근 나무가 돌아가고 이를 따라 바퀴가 돌며, 바퀴가 돌면 거기에 달린 노가 물을 젓게 마련이니, 배의 속도가 나는 듯함이 마땅하다.

또 말하기를 "오늘날 조선(漕船)할 때 조운선의 침몰됨이 많고 수군은 훈련되지 않았으니, 만일 전함(戰艦)을 조선으로 삼고, 수군을 조졸(漕卒)삼아 용량에 맞게 양곡을 싣고 형편에 따라 운행하여 경강(京江)에 다다라 조련을 받고 돌아오면 그 편리함이 일거양득(一擧兩得)이 될 것이다" 하였는데 이는 더욱 일리가 있는 말이다.

내가 《송사(宋史)》를 살펴보건대 "우윤문(虞允文)의 답거강(踏車舡)은 중류에서 나는 듯했다" 하였다. 또 이강(李綱)의 소장을 살펴보건대 "양자강과 오호 사이에 있는 거강(車舡)은 당나라 조왕고(曹王皐)가 남긴 제도인데, 그 크기가 30, 40대의 수레를 합친 것만 했고, 두 바퀴가 있어 이것을 밟으며 나아가면 말보다 빠르다" 하였으니, 그 제도가 꼭 이와 같았음을 더욱 증명할 수 있다.

임금의 기쁨과 노여움
人主喜怒 인주희노

임금은 기뻐하고 노여워함을 삼가지 않을 수 없으니 영욕과 귀천의 이해 관계가 여기에 달려 있기 때문이다. 많은 사람이 임금 아래에 있으면서 몰래 살피고 속으로 헤아려 복종하기도 하고 배반하기도 하니, 임금 가운데 그 농락에서 벗어나는 자가 드물다.

옛날 제 환공(齊桓公)이 곽나라의 옛터를 찾아가 노인들에게 묻기를 "곽나라는 무엇 때문에 멸망했는가?" 하니, 노인들은 대답하기를 "착한 자를 옳게 여기고 악한 자를 미워했기 때문입니다" 하였다. 환공은 "그대들의 말과 같다면 이는 어진 임금인데 어찌하여 멸망하는 데 이를 수가 있겠는가?" 하자, 노인들은 대답하기를 "그렇지 않습니다. 곽나라의 임금은 착한 자를 착하다고만 하고 등용하지 못했고, 악한 자를 악하다고 했으나 내치지 못했기 때문에 멸망한 것입니다" 하였다.

무릇 곽나라 임금의 허물은 쓰고 버리는 것을 결단하지 못한 데 있었던 것이요, 선악을 분별하지 못했던 것은 아니었다. 그러나 그 말이 이와 같았으니, 이는 대개 애초부터 선악을 밝게 분별하지 못하는 자에 대해서는 사람들이 오히려 "그 어두운 것만 깨우치면 적절하게 일을 처리할 수 있게 될 것이다"라고 여기기 때문이었다.

교룡도 형세를 잃어 땅에 떨어지면 지렁이와 다름없는 것이다. 건장한 사내라도 칼을 뽑아 들고 용감히 앞서지 못하는 것은 상대에게 신통력이 있어 죽음 당할까 염려하기 때문이요 만일 벌레처럼 꿈틀거려서 두려워할 것이 없다면 부인과 어린아이들도 가서 바로 찍어버릴 것이다.

착한 자를 착하게 여기면서 등용하지 못하면 한갓 꺼려하는 폐단만 조성될 것이요, 악한 자를 악하다고 하면서 멀리하지 못하면 원한만 더해져서 자신들을 보전하는 꾀에만 급급할 것이니, 당연히 곽나라 임금이 멸망을 재촉했을 것이다.

이조 창업을 찬양한 노래
龍飛御天歌 용비어천가

용비어천가는 우리나라 태조(太祖)와 태종(太宗)의 묘악(廟樂)으로서 대제학 정인지(鄭麟趾) 등이 찬술했는데, 민속에서 칭송한 말을 채택하여 시를 지었으니, 무려 125장이 된다.

먼저 옛날 제왕의 유적을 서술하고 다음에 우리 조종(祖宗)이 이룩한 왕업을 서술하여 흥(興)의 체제와 같이 그 유에 따라 비유하고 의를 풍악에 올렸으니, 세상에서 이르는 여민락(與民樂)이란 것이 이것이다.

그러나 그 말이 비속하여 아름답지 못하고, 대개 사저(私邸 : 왕위에 오르기 전을 말한 것)에 있을 때에 활쏘고 사냥하며 격구(擊毬) 등속의 잡회로써 주장을 삼았으니, 이는 무슨 뜻이었던가? 반드시 후세의 조롱거리가 됨이 적지 않았을 것이다.

나는 생각하건대, 이것이 이미 전례(典禮)가 되었으나, 어쩔 수 없는 것은 변통하지 않을 수 없으니, 이제 아악(雅樂)에 능통한 선비를 뽑아서 풍악을 고치는 것이 옳을 것이다.

옛날 노나라 희공(僖公)은 백금(伯禽)의 19세 손인데, 비궁(閟宮 : 〈시경〉 노송(魯頌)의 편명) 1편에 후직(后稷) 이하 여러 선조의 덕을 추술했으니, 그 증거가 없지 않은 것이다.

조선의 왜인 장수 평도전
平道全 평도전

세종 원년(1419)에 왜인이 침략해 오자, 윤득홍(尹得洪) 등에게 명하여 군사를 이끌고 토벌할 때, 평도전을 조전 병마사(助戰兵馬使)로 삼으니 그는 수하의 왜병 열여섯 명을 거느리고 출정하였다.

도전은 본디 왜인이었는데, 왜선을 협공하여 적의 머리 3급을 베고 열여덟 명을 사로잡으니, 상왕(上王)께서 명하여 도전에게 안마(鞍馬 : 안장을 없는 말)를 내리게 하였다.

득홍(得洪)이, "도전은 본디 일본 사람이므로 힘써 싸우려 하지 않다가, 신이 적병과 싸워 적병이 패전하매 도전이 비로소 싸움에 협조하였습니다" 하니, 상왕이 명하여 도전을 평양으로 귀양 보내게 하였다.

이에 드디어 대마도 정벌에 나서 군사를 이끌고 마도(馬島) 부중포(府中浦)에 와 있는 왜인들을 생포하고 그 가운데 흉포한 평망고(平望古) 등 스물한 명을 참수했으니, 망고는 도전의 아들이었다.

곡응태(谷應泰)가 지은 《명사기사본말(明史記事本末)》에, "가정(嘉靖) 4년, 즉 을유년(1525, 중종 20)에 조선 군사가 대마도를 정벌하여 왜적의 괴수 중림(仲林)·망고다라(望古多羅) 등 33명을 잡아 국왕 이모(李某), 즉 우리나라 중종 대왕(中宗大王)에게 사신을 보내 주문(奏文 : 임금에게 아뢰는 글)과 수급(首級 : 전쟁에서 베어 얻은 적군의 머리)을 궐문 아래에 올렸다" 하였다.

또 《고사촬요(攷事撮要)》에, "가정 2년, 즉 계미년(1523, 중종 18)의 일에 있어서 망고다라는 평망고(平望古)가 아니다" 하였다.

임진왜란 뒤에 전관(銓官 : 조선시대에 이조와 병조에 속하여 문무관을 선발하는 일을 맡아보던 벼슬아치) 가운데 평(平) 씨를 벼슬에 의망(擬望 : 삼망(三望)의 후보자로 추천하는 일)한 자가 있었으니 선조(宣祖)께서 비답(批答)하기를, "어찌 다른 사람이 없어 이 성씨로써 의망했느냐?" 했으니, 대개 선·정양릉(宣靖兩陵 : 선릉은 성종(成宗), 정릉은 중종(中宗)의 능임)을 도굴한 죄인을 잡지 못한 관계로 왜적은 절치부심(切齒腐心)하는 원수가 되었기 때문이었다. 그러나 평씨는 본디 중국의 성씨로서 한나라 승상 평당(平當)과 명나라 장수 평안(平安) 등이 있었으니, 우리나라의 평씨가 중국에서 오지 않았는지 어찌 알겠는가? 고려 태조도 평 부인이 있었으니, 그는 좌윤(佐尹) 평준(平俊)의 딸이었다. 또한 수길(秀吉 : 히데요시)도 본성이 우시(羽柴 : 하시바)로서 귀한 성씨를 모칭(冒稱)한 자이니 상고함이 옳을 것이다.

이괄의 반란
甲子之變 갑자지변

조선조 인조 2년 갑자년(1624) 이괄(李适)의 반란은 계해년(1623)에 공신(功臣)들이 만들어 낸 것이다. 거의(擧義 : 의병을 일으킴)함에 있어서는 이괄의 공적이 매우 컸는데, 원훈(元勳) 김류(金瑬)가 이괄과 뜻이 맞지 않으므로 대단히 박절하게 대우했으니, 저 사나운 마음을 품은 자가 압박과 절제를 참으려 했겠는가?

의거를 도모하던 시초에 김류를 대장으로 삼은 것은 연평군(延平君) 이귀(李貴)가 자기의 의견으로 임시 결정한 것에 지나지 않으며, 그 기일에 미쳐 김류는 고변자가 있음을 듣고 망설이며 나아가 자수하려 하다가 기약한 시각에 늦었는데, 심기원(沈器遠)과 원두표(元斗杓)가 이해로써 타이르자 이에 힘입어 비로소 참가하게 되었다.

그가 오기 전에 이미 국청(鞠廳)이 열리고 포졸이 사방으로 퍼지자, 군중의 마음이 흉흉하였는데, 대장된 자도 또한 오지 않으므로 장차 무너지고 흩어지려 하였다. 이때에 이괄이 먼저 도착해서 부득이 이괄을 대장으로 삼았는데, 이괄이 쓴 의자지패(義字紙牌) 수백 장을 여러 군사의 등에 붙이고 대오(隊伍)를 단속하니, 군정(軍情)이 비로소 안정되었다.

이런 뒤에야 김류가 와서 다른 곳에 머물면서 전령을 내려 이괄을 부르니 이괄이 노하여 가지 않았는데, 이 일은 이귀의 임기응변으로 해결되었다.

반정이 성공함에 이르러, 이귀가 또 임금에게 밝히기를 "어제 일은 이괄의 공적이 많으니 병조판서를 제수함이 마땅할까 하옵니다" 하였다.

이괄의 말에 "어제 김류가 뒤에 왔으므로 신이 참수하려 했는데 이귀가 힘써 막았기 때문에 멈추었습니다" 하니, 김류가 이르기를 "이경(二更 : 오후 9시~11시 사이)에 모이기로 기약했으니 먼저 온 자도 또한 마땅히 참형에 처해야 합니다" 하니, 이귀가 말하기를 "오기(吳起 : 오자병법을 이룸)는 그 군사 한 사람이 군령을 기다리지 않고 먼저 적진을 공격했으므로 군령을 어긴 죄로 참형에 처했거니와, 먼저 왔다 하여 참수한 일은 듣지 못했습니다" 하니, 김류가 묵묵히 들을 뿐 아무 대답도 하지 못했다.

이괄은 김류와 사사건건 의견이 어긋났으며, 또 그 아들 이전(李旃)은 의거에 참여했으나 등용되지 않았고, 그 아우는 원래 문관이었는데도 벼슬에 참여하지 못했다. 그리고 그의 공적을 도리어 김류의 아들인 김경징(金慶徵)의 아래에 두었다가 또 평안병사(平安兵使)로 삼아 변방으로 내쫓아 버렸으니 그 불공정함이 이와 같았다.

다행히 국운이 영장(靈長)하여 이괄의 반란이 마침내 섬멸되었으나 임금이 도성을 버리고 파천하여 종묘와 사직이 거의 위기에 빠질 뻔했으니, 국사를 그르친 책임을 모면할 수는 없는 것이다. 이로써 보건대, 신(神)이 도와서 대업을 이룩한 것이요, 유독 여러 좌명공신이 보좌한 힘만은 아니었다.

조선과 화령
和寧 화령

두 글자로 국호를 삼는 것은 오랑캐의 풍속이니, 우리나라의 예의와 문물은 대체로 중국과 같은데 홀로 두 글자의 국호를 바꾸지 못하는 것은 무엇 때문인가. 기자(箕子)가 동쪽에 봉해지자, 단군(檀君)의 후손이 당장경(唐藏京)으로 도읍을 옮겼는데, 당장은 문화현(文化縣)에 있으며 여기서도 오히려 단군이라 일컬었으니, 단(檀)은 국호인 것이다.

《문헌통고》를 살펴보건대 "단궁(檀弓)은 낙랑(樂浪)에서 생산된다" 하였는데, 단(檀)은 활을 만드는 나무가 아니요, 국호로써 활의 이름을 부른 것이다.

기자가 봉작을 받아 자작(子爵)이 되었는데, 기(箕)도 국호니, 생각건대 성토(星土 : 별이 관장하고 있다는 땅. 그 위치에 응하는 성좌에 따라 배당하는 일)의 분야에 기성(箕星)이 그곳에 해당하므로 국호를 기(箕)라 이른 때문이리라.

조선(朝鮮)이란, 한사군(漢四郡)의 통칭으로서 중국을 제주(齊州)라고 이르는 것과 같으니, 아마도 역대의 국호는 아닌 듯하다.

한수(漢水)의 남쪽은 또 별다른 지역으로서 그 당시는 삼한(三韓) 또는 오한(五韓)의 명칭이 있었으니, 한(韓)은 곧 국호이다. 진한(辰韓)은 진(秦)나라 사람들이 와서 나라를 세웠으므로 한(韓)에 진(辰)을 더하여 구별하였고, 변진(弁辰)은 진한(辰韓)에서 거느렸고 변(弁)을 더하여 진한과 구별했으니, 그 실제는 변진한(弁辰韓)이다.

주몽(朱蒙)의 성은 고(高)씨이므로 국호를 고구려라 했는데, 서술하는 자는 이르기를 "산고수려(山高水麗)의 뜻이라" 하였으나, 이는 그릇된 해석이다. 후세에 왕건이 나라를 세워 도리어 고려라고 국호를 삼은 것은 무슨 까닭인가?

이태조(李太祖)께서 천명을 받아 '화령'과 '조선'으로써 명나라에 주청하니 이에 황제가 국호를 조선으로 정했다.

무릇 화령의 뜻은 예전에는 듣지 못하였다. 어떤 이의 말에 "명나라 성조(成祖) 영락(永樂) 연간에 아로태(阿魯台)를 봉하여 화령왕(和寧王)을 삼았는데, 그 뒤에 화령과 올량합(兀良哈)이 모두 와라(瓦刺)에 병합되었다. 성조가 북방을 정벌한 것은 사실은 아로태의 반란을 평정하기 위한 것이니, 화령은 원나라의 옛땅인 것이다. 원나라의 위소(危素)는 원나라 태조(太祖)가 창업한 땅이라 하여 《화령지(和寧誌)》를 지었으니, 족히 그 증거를 삼을 수 있다" 하였다. 그러나 우리나라가 북쪽 오랑캐의 지명으로 국호를 주청할 리는 없을 듯하다.

우리나라 역사를 살펴보건대, 고려 우왕(禑王) 9년(1383)에 이태조가 변방을 안정시킬 계책을 올린 가운데 말하기를 "동쪽 경계에 있는 화령의 땅은 도내(道內)에서 가장 풍요로운 땅입니다" 하였다. 그 이듬해에 원나라에서 사신을 보내 화령부(和寧府)에 오매, 임언충(任彦忠)을 파견하여 간곡히 타일러 돌려보냈는데, 길이 막혀 반년을 머물렀으니, 대개 화령은 쌍성(雙城)에서 요동(遼東)의 개원부(開原府)로 직통하는 요충지이다.

그러니 그 땅은 실로 이태조가 창업한 땅으로서 이른바 적전(赤田)*¹이 이곳이니, 국호를 화령으로 주청한 것은 혹 이 때문이 아니었겠는가?

또 《고려사》를 살펴보건대, 공양왕 3년(1391)에 화령 판관(和寧判官)을 제수했다는 말이 나오고, 또 공민왕 18년(1369)에 동쪽 경계에 있는 화주(和州)를 화령부(和寧府)로 승격했는데, 곧 지금의 영흥(永興) 땅이며, 선원전(璿源殿 : 역대 임금의 초상화를 보관하는 전당)이 이곳에 있다.

부감사를 두어야
副監司 부감사

율곡(栗谷) 이이(李珥)의 말에, "경상 일도(慶尙一道)를 좌우도로 나누는 것이 마땅하다" 했는데, 이는 아마도 그렇지 않을 듯하다. 영남은 탄환만 한 땅에 지나지 않는데, 어찌 반드시 두 조각으로 나눌 필요가 있겠는가?

---

*1 조선 태조 이성계의 증조부 이행리(李行里)가 고려 충렬왕 16년(1290)에 의주(宜州) 곧 덕원(德原)에 돌아와 거주하였는데, 이 거주하던 의주 땅을 적전이라 이름.

나는 생각건대, 무릇 한 개의 도를 한 사람에게 맡겨 재정을 임의로 천단한다면 비록 무한한 탐욕을 자행하더라도 바로잡을 사람이 없을 것이니 이는 법을 세울 때에 잘못한 것이다.

고려 시대에 십도(十道)가 있었는데 충렬왕(忠烈王) 때부터 큰 도에는 안렴 부사(按廉副使)를 두었으니, 이미 장관과 부관이 있은즉 아마도 재정을 임의로 천단하지는 못했을 것이다.

이제 각도에 모두 부감사를 두어 모든 조처를 독단하지 못하게 하고 이를 범하는 자에게 견책이 있으면 백성이 힘을 펼 수 있고 나라의 재정도 넉넉해질 것이다. 어찌 외직(外職)만 그러하겠는가? 내직도 또한 그러한 것이다. 재정에 관한 일은 반드시 장관과 부관이 합의한 뒤에 시행하고 문자로써 서명 압인하여 증거를 삼으며 이에 좇지 않는 자는 형벌로 조처하면 나라가 거의 다스려질 것이니, 지금의 법은 굶주린 호랑이 입에 고기를 던져주는 것과 같은 것이다.

《주자어류》에, "자사(刺史)가 권력을 독단하면 불편한 점이 있으니, 만약 그 사람이 밝지 못하면 그 지방에 손실을 입혀서 백성들이 힘을 펼 수 없다" 하였다.

그런즉 판관(判官)의 권력을 조금 늘려서 품달을 임의로 하게 한다면 그 권력이 중하므로 감사가 임의로 자행하지 못할 것이니, 이 이치는 이미 주자가 말했던 것이다.

승려 도첩제
寺刹度牒 사찰도첩

우리 태종조 때에 서운관(書雲觀)에서 상소하여 "원컨대 밀기(密記 : 남몰래 기록한 글)로써 서울에 있는 총본산(總本山)에 소속된 70개소의 사찰을 제외하고 그 나머지 비보소(裨補所)에 실려 있는 경외(京外)의 각사(各寺)는 전토(田土)의 조세를 영구히 군자(軍資)에 붙여 3년의 저축에 대비하게 하며, 그 노비는 각사(各司)와 주군(州郡)에 나누어 예속시키면 군사와 양식이 넉넉할 것이다" 하였다.

이에 따라 밀기에 있는 중외(中外)의 사찰을 제외하고, 그 밖에 여러 사찰을 모두 혁파하였다.

밀기는, 고려에서 도선(道詵)의 말을 채택하여 산천의 순역(順逆)을 점쳐 사찰을 세우자는 것이고, 사람들이 사사로이 사찰을 세워 지덕(地德)을 손상시키는 것을 금지하는 것을 담당한 관청을 비보소라 하였다. 이로써 살펴보건대, 고려에서 비록 불교를 숭상했으나, 오히려 후일 불교 사찰이 넘쳐날 것을 우려하여 그 수를 한정하고 거기서 벗어나지 못하게 했으니, 그 후환을 염려함이 또한 원대하다 하겠다.

오늘날에 와서는 팔도의 사찰을 빠짐없이 다 기록할 수 없으니, 승도(僧徒)의 많음을 이것으로 미루어 알 수 있다. 이런 형편이니, 군사와 군량이 어떻게 군색하지 않을 수 있겠으며, 백성들이 어찌 곤궁하지 않겠는가. 불교를 일체 금지할 수 없다면, 이와 같이 조치하는 것도 괜찮을 것이다. 지금 세상에 한 사람도 이에 생각이 미치는 자가 없으니, 안타까운 일이다.

조선 초기의 제도에 또한 도첩법(度牒法 : 승려가 출가할 때 국가에서 허가증을 발급하여 신분을 공인해 주던 제도)이 있었는데, 이제 모두 없애 버렸으니 평민들이 멋대로 집을 버리고 중이 되는 것이다.

내가 옛날 남도를 지날 때에, 행인 가운데 중이 거의 3분의 1이 되기에 이상히 여겨 물으니, 모두 이르기를 "부역이 번거롭고 가혹하므로 백성들이 아들 삼형제를 두면 하나는 꼭 절로 보내어 중이 되게 하는 것이 어느덧 풍속을 이루었습니다" 하였다.

내가 일컫기를, 우리나라 1천여 리의 지역에 70개의 사찰이면 넉넉할 것이며, 사찰 하나에 중 100명이면 넉넉히 지킬 것이니, 70사찰에 합계 7천 명이 되는데, 일세(一世)를 30년으로 표준하고 매년 승도 230여 명을 한정하여 도첩을 발급한다면, 해마다 7천 명의 승도를 확보할 수 있을 것이다. 그리고 도첩이 없는 자는 소정의 형벌에 처한다면 대체로 백성이 편안하고 재정이 넉넉해질 것이니, 이 말은 〈용비어천가〉에도 나와 있다.

우리나라의 한글
諺文 언문

우리나라의 언문 글자(한글)는 세종 28년 병인년(1446)에 처음으로 창제했는데, 어떤 소리도 글자로 적지 못할 것이 없었다. 사람들은 이르기를 "창힐(倉頡)과 태사주(太史籒) 이래 처음 있는 일이라" 하였다.

원나라 세조(世祖) 때에 파스파[巴思八]가 범자(梵字 : 산스크리트)를 얻어 몽고 글자를 만들었는데, 평성·상성·거성·입성의 네 가지 음운(音韻)으로써 입술소리·혓소리·목구멍소리·잇소리·어금닛소리·반입술소리·반잇소리 등 칠음(七音)의 자모로 나누어 무릇 그 소리가 있는 것은 표기하지 못할 것이 없었다.

무릇 중국의 글자는 상형을 위주로 하므로 사람들이 손으로 전하고 눈으로 볼 수 있는데, 몽고의 글자는 소리를 위주로 하므로 사람들이 입으로 전하고 귀로 듣게 되어 있다. 그러나 상형이 전혀 없으니 어떻게 잘 전하여 없어지지 않으리요. 이제 그 자세한 내용을 얻어 볼 길이 없는 것이다.

만일 규례를 미루어 문자를 만들었더라면 천하 후세에까지 통용되어 우리나라의 한글과 같은 공효가 있었을 것이니, 생각건대 명나라 초기에는 반드시 그 법규가 남아 있었을 것이다.

우리나라에서 한글을 처음 창제할 때에는 궁중에 관서를 차리고 정인지(鄭麟趾)·성삼문(成三問)·신숙주(申叔舟) 등에게 명령하여 찬정(撰定)하게 했다.

이때에 명나라의 학사 황찬(黃鑽)이 죄를 짓고 요동으로 귀양 왔었는데, 성삼문 등을 시켜 찾아가 질문하게 했으니 그 오고감이 무릇 13번에 이르렀다는 것이다. 그러나 추측해 본다면 지금의 한글이 중국의 문자와 전혀 다른데 황찬과 무슨 관련이 있었겠는가.

이때는 원나라가 멸망한 지 겨우 79년이었으니 반드시 몽고의 문자가 없어지지 않고 남아 있었을 것이며, 황찬이 우리에게 전한 바는 아마도 이 밖에 다른 것은 없었을 것이다.

《고려사》를 살펴보건대 "충선왕 때에 원나라 공주(公主 : 薊國大長公主)가 임금의 총애를 투기하여 외오아(畏吾兒 : 위구르) 글자로 편지를 써서 원나라에 보냈으니, 이는 남들이 알아보지 못하게 한 것이다" 하였고, 《고려사》에는 "외오아 문자는 곧 위구르[回鶻]의 글이다" 하였다.

우신행(于愼行)은 "송나라 가정(嘉定) 3년(1210)에 외오아국(畏吾兒國)이 몽고에 항복했으니, 곧 당나라 때의 고창(高昌) 땅이라" 하였다.

거감주(居甘州)는 곧 서역(西域)에 있는 나라로서 불교를 받들어 믿는데, 파스파가 전한 바에 이미 이르기를 "불교에 의거하여 몽고의 글자를 지어 원나라 시대에 통용했다" 하였으니, 공주가 사용한 문자가 이것이 아니고 무엇이겠는가. 그렇다면 현재의 한글 모양은 다르지만 뜻은 같았을 것이다.

무릇 중국의 문자는 소리는 있으나 문자로써 적을 수 없는 것이 반이 넘는다. 대저 입술과 혀와 목과 이를 여닫아 맑고 흐린 음성이 입에 따라 다른데, 무슨 까닭으로 이를 표기하는 문자가 혹은 있고 혹은 없겠는가.

이제 한글은 반절(反切)이 무릇 열네 모음이며, 모음만 있고 절(切)은 없는 것이 또한 네 가지이니, 세속에서 이르는 입성(入聲)이 이것이다. 그 혀를 윗잇몸에 붙이는 한 가지 소리는 우리나라에도 또한 글자가 없으며, 침(侵)·담(覃)·염(鹽)·함(咸) 4운은 진(眞)·문(文) 등과 절(切)이 같다.

우리나라의 이른바 입성이 중국에는 없는데 다만 아(兒)·이(二) 두 글자가 있으며, 소(蕭)·효(肴)·우(尤) 세 운은 모두 한 글자에 두 가지 음이 나니, 이는 이해할 도리가 없다.

생각건대, 오호(五胡)의 난리 뒤에 원위(元魏)를 거쳐 중국의 음이 다 북방의 음으로 변하여 그런 것이 아니겠는가. 우리나라의 습속이 평안도에 탁음이 많고 서울 가운데 성균관 주변 마을이 또한 그러하며, 함경도의 백성이 제주로 옮겼으므로, 그 음성이 함경도와 비슷하니, 이로써 증험할 수 있다.

서역의 문자는 음성이 갖추어지지 않은 것이 없으나, 옥(屋)·옥(沃) 이하 입성(入聲) 17운밖에는 아마 별다른 음이 없을 것이니, 황찬에게서 얻은 것이 이와 같은 것이다. 그렇다면 이것이 파스파의 끼친 뜻임을 또 상상할 수 있겠는데, 뒷날에 나온 것이 더욱 공교하다고 할 만하다.

다만 그 글자의 모양이 전혀 의의가 없고 오직 1점과 2점으로써 분별하는데, 1점은 모두 혀끝에서 나와 정음(正音)이 되고, 2점은 모두 혀의 오른쪽에서 나와 편음(偏音)이 되는 것이다. 그러나 그 처음의 범례는 이제는 상고할 길이 없다.

수군제도
水軍 수군

우리나라가 국토는 넓지 않으나 삼면이 바다로 둘려 있어 둘레가 거의 5천 리나 된 즉 바다를 방비함이 가장 걱정거리이니, 고려 말엽으로부터 임진왜란 이전까지의 역사[1]를 보더라도 알 수 있거늘, 지금은 오랫동안 전쟁이 없는 것을 다행으로 여기니 방비가 크게 허술하다. 우리나라 사람들은 본디 장구한 계책이 없으니, 예컨대 시대가 바뀌어 위험한 사태가 벌어진다면 앞으로 어떻게 대처하겠는가. 임진년의 큰 난리는 오히려 전쟁하던 끝에 있었지만, 이제 태평한 시대가 이미 오래되매 수군(水軍)을 통솔하는 자들은 군사의 고혈을 짜내어 상부에 바치며 자신을 살찌울 뿐이다.

죽은 아들 이맹휴(李孟休)가 남녘 고을에 부임했을 때 이 상황을 목격하고 걱정이 되어 소장을 지어 올리려 하다가 불행히 세상을 떠났는데, 상소문의 첫머리에 목은 이색의 상소를 증거삼았으니, 그 말에 일컫기를 "육지에서 사는 백성들은 바다에 익숙하지 못한 까닭에 배에 오르기도 전에 정신이 아득해지며 한 번 풍파를 만나면 좌우로 엎어지고 넘어져 배 가운데 서로 나뒹그러지기 일쑤니, 몸을 움직여 적병과 싸우려 하나 또한 어려운 것입니다. 우리나라가 삼면이 바다로 둘려 있어 섬에서 사는 백성이 무려 백만 명이 되는데, 이들은 물에서 헤엄치는 것이 그 장기(長技)입니다. 해변 사람들을 모집하여 상을 두텁게 준다면 수천 명의 무리라도 하루아침에 얻을 수 있을 것입니다" 하였다.

또 《고려사》를 살펴보건대, 정지(鄭地)의 상소에 이르기를 "육지에 깊숙이 사는 백성들은 선박에 익숙하지 못하오니, 다만 섬에서 자라난 자와 수전(水戰)에 자청하는 자를 뽑아 신 등에게 통솔시킨다면, 5년 이내에 바닷길을 맑게 할 것입니다. 그리고 순문사(巡問使)는 헛되이 군량을 소모하고 백성에게 소란만 피울 뿐이니, 파출(罷黜)하기를 바랍니다" 하였는데, 그 뒤 정지가 왜구와 여덟 차례를 싸워 모두 대승을 거두고 수급을 무수히 베었으

---

[1] 이 말은 1587년(선조 20), 경흥 녹둔도(鹿屯島)에 적호(賊胡)가 쳐들어 왔을 때 이순신을 보내 격퇴하였던 일과, 1588년 북변사 이일(李鎰)을 시켜 시전번호(時錢藩胡)를 정벌하였던 일을 가리킴.

니, 이는 수전에 익숙한 자를 사용했기 때문이다.

정지가 또 아뢰기를 "왜인은 그 온 나라가 모두 도둑이 아니요, 그 반민(叛民)들이 대마도(對馬島)·일기도(一岐島) 등 여러 섬을 웅거하고 수시로 침략하니, 만일 그 죄상을 밝히고 군사를 크게 일으켜 그 근거지를 섬멸시킨다면 왜구의 환란을 영원히 근절시킬 수 있을 것입니다. 이제 수군들이 모두 수전에 익숙하여 충렬왕 7년 곧 신사년(1281) 동정(東征) 때 배에 익숙하지 않았던 몽고병이나 한병(漢兵)들과는 비교가 되지 않으니, 적당한 시기를 틈타 순풍을 기다려 군사를 일으킨다면 성공하기가 쉬울 것입니다" 하였는데, 신사년의 동정이란 원나라 세조(世祖)가 군사를 크게 일으켰다가 일기도에서 대패한 것을 지적한 것이니, 몽고병·한병이 비록 강성했으나 수전에 익숙하지 못했으므로 제대로 싸우지 못했던 것이다.

우리나라의 여러 섬과 바닷가에 거주하는 어민들은 물에 익숙하지 않은 자가 없으니, 참으로 모집하는 데 좋은 방책만 쓴다면 수군을 즉시 충당할 수 있을 것이다. 이제 어민들은 징세에 시달려 일정한 거주를 가진 자가 드문가 하면, 그 뜻이 맞지 않아 바다에 떠서 다른 곳으로 옮겨가기도 하니, 누구인들 편히 살며 생업에 종사하고 싶지 않겠는가마는, 떠나는 것은 부득이한 사정이 있는 것이다.

그 잡부의 징수는 관청의 일용잡비에 지나지 않는데, 곡식의 일정한 부세와 달라 해마다 늘어나기만 하는 데다 본디 탐탁한 논밭과 집이 없으니, 어찌 사방으로 떠돌아 도피하려 하지 않겠는가.

만일 나라에서 승도의 도첩과 같이 문권을 작성하여 18세 이상 50세 이하의 건장한 자에게 주어 관노들이 함부로 침학하지 못하게 한다면, 1천 명이나 1만 명쯤은 즉시 얻을 수 있을 것이니, 수시로 조련하여 변방을 방어한다면 어찌 보탬이 있지 않겠는가.

병·수군사들에게 선물을 나누어 줌
閫帥餽遺 곤수궤유

무릇 아랫사람에 임하는 도는 인심을 얻는 것으로 요체를 삼아야 하는 것이니, 평상시에 백성을 다스릴 때 은혜로써 기르고 법으로써 구제하여 선한 길로 인도하더라도 오히려 따르지 않을까 걱정이 되는 것인데, 하물며 군사를 거느리는 임무는, 칼날이 앞에 있고 삶과 죽음이 경각에 있으나 위험을 무릅쓰고 앞을 다투어 나가는 것이니, 참으로 윗사람을 친애하고 그 관장(官長)을 위하여 목숨을 바칠 마음이 없다면, 어찌 이 일을 할 수 있겠는가. 만일 윗사람을 친애하고 관장을 위하여 목숨을 바치게 하려면, 반드시 평상시에 은혜를 베풀어 신의가 골수에 젖어들게 한 뒤라야 비로소 바랄 수 있는 것이다.

이는 한갓 빈말로만 되는 것이 아니다. 재물을 아끼지 말고 넉넉히 주어 그 가족에게 생활의 걱정이 없게 하고, 몸에는 따뜻하게 입고 배불리 먹는 즐거움이 있게 하여, 나아가 싸우면 포상의 권면이 있고 물러가면 형벌의 부끄러움이 있음을 알게 할 것이요, 설혹 전사하더라도 그 처자들은 영화를 누릴 수 있게 한 다음에 이를 도모할 수 있는 것이다.

목숨을 죽은 뒤의 영예와 바꾸기도 어렵거늘 하물며 이와 정반대되는 일은 어떻겠는가?

이러므로 마복군(馬服君) 조사(趙奢)는 장수가 되매 얻은 바 녹봉과 하사받은 상품을 모두 휘하의 장병들에게 나누어 주었고, 위기후(魏其侯) 두영(竇嬰)은 장군이 되매 하사받은 금품을 곁채에 진열하여 군리(軍吏)로 하여금 품하여 쓰게 하고 자기 집에 들이지 않았으며, 오직 군졸과 고락을 함께 하지 못함을 염려했으니, 그러므로 군심(軍心)을 잃지 않았던 것이다.

지금은 곤수(閫帥 : 병·수사(兵水使))로 있는 자들이 윗자리에 편안히 앉아 군리와 군병을 착취하여 일신의 사복을 채우고, 또 온갖 토산물을 널리 거둬들여 공경·재상에게 바쳐 승진을 도모하기에 힘쓰며, 병졸들의 고통은 조금도 돌보지 않고 있다.

대저 군사를 양성함은 앞으로 적군을 방어하기 위한 것인데, 난리나 한번 벌어지길 항상 바라고 있는 백성들에게, 위급한 때를 맞아 목숨을 내걸고 싸우게 한다면 복종할 이치가 있겠는가? 아아! 위태로운 일이다.

내가 이르건대, 현재의 급선무는 먼저 병마사나 수군사들이 공경·재상에게 바치는 뇌물을 금지하고, 또 군졸들을 착취하는 악습을 근절시켜, 무사할 때에 군사가 되기를 즐겁게 여기도록 하는 것이나, 그럼에도 구휼하고 어루만져 그 마음을 위로하고 기쁘게 하는 것은 그 장군된 사람에게 달려 있는 것이다.

강간과 화간
强姦 강간

옛말에 "세상에 강간은 없다" 하였으니, 이는 만약 여자가 목숨을 걸고 정조를 지킨다면 도둑이 범하지 못함을 말한 것이다.

옛날 노영청(魯永淸)이 화간(和姦 : 부부가 아닌 남녀가 육체적으로 관계함)과 강간의 구별을 판결하기 위하여 힘센 종을 시켜 여자의 옷을 벗기게 했는데, 다른 옷은 모두 벗겼으나 오직 속옷 한 벌 만은 여자가 죽을 각오로 반항하여 마침내 벗기지 못했다. 이에 강간이 아니요 화간이라고 판결을 내리니, 사람들이 명판결이라고 일렀다.

나는 생각건대, 이는 정리에 벗어난 논설이니, 여자가 거절하는데 남자가 겁간하려 하는 것은 이미 강간이니, 그 뒤에 딸려 일어나는 일은 굳이 말할 것이 없다.

날짐승에 비유하건대, 암탉이 수탉에 쫓기어 담을 넘고 지붕에 올라 쉴 사이 없이 날다가 마침내는 면하지 못하는데, 그 뒤에 본즉 새끼 딸린 암탉은 모면하지 못할 듯하나 수탉이 마침내 범하지 못하니, 이로써 말한다면 암탉도 또한 죄가 있는 것이다. 그러나 수탉에게 쫓기어 쉴 사이 없이 달아나다가 모면하지 못한 것을 어찌 화간이라고 하겠는가?

죄는 마침내 겁간한 자에게 있으니, 혹 이 같은 송사가 있어 노영청의 판결에 의한다면 폐단이 있을 듯싶으므로 이에 변론하는 바이다.

나무 심고 물을 줌
種樹漑根 종수개근

내가 나무 심는 자를 보건대, 혹 가물은 해를 만나면 나뭇잎이 마르기 전에 그 뿌리에 물을 주므로 나무가 죽지 않고 살아난다. 나무는 말을 하지 못하므로 사람들이 혹 깨닫지 못하는데, 그 나뭇잎이 마르는 것을 본 뒤에 물을 주면 이미 구할 수 없는 것이다.

시골에는 의사와 약이 없으므로 어리석은 백성들은 병이 있어도 치료할 도리가 없는데, 위독한 지경에 이른 후에는 명의가 있더라도 어찌할 도리가 없는 것이다. 저 지각 있고 말 잘하는 사람도 그러하거늘, 하물며 앎이 없는 나무는 어떻겠는가?

이제 듣건대, "사방의 백성들이 거의 흩어져 버리고 남아 있는 자들도 또한 굶주림과 추위에 시달려 세상을 살아갈 마음이 없는 것이다. 이 실정을 비록 호소하고자 하나 구중 궁궐이 심수(深邃)하여 진달할 도리가 없고, 간혹 말하는 자가 있더라도 진담부설(陳談腐說)로 돌려 살피려 하지 않는다" 하니, 이는 이른바 명맥이 끊어지려 하는데도 오히려 고혈을 짜내어 조석에 박두한 목숨을 돌보지 않으매, 다만 한 줌의 촉광(屬纊 : 숨을 거두려는 사람의호흡 유무 / 코에 솜을 대어 를 알아봄)이 없어 죽지 못할 뿐이니, 아! 슬프도다.

주세붕의 백운동서원
書院 서원

중국의 서원은 처음에 네 곳이 있었다. 응천부서원(應天府書院)은 부민 조성(曹誠)이 세웠는데, 송나라 진종(眞宗)이 서원의 이름을 하사하였고, 백록동서원(白鹿洞書院)은 남당(南唐 : 5대 10국 중의 하나. 전국 39 / 년 만에 송나라에 의해 망함) 승원(昇元 : 937~ / 943) 연간에 세웠으며, 송나라 태평(太平) 2년(977)에는 강주지사(江州知事) 주술(周述)이 구경(九經)을 하사해 주기를 청하자 이를 허락하였다. 악록서원(嶽麓書院)은 송 태조(太祖) 개보(開寶 : 968~ / 975) 연간에 담수(潭守) 주형(朱洞)이 세워 이름을 하사한 것이고, 석고서원(石鼓書院)은 당나라 원화(元和 : 헌종(憲宗)의 연호. / 806~820) 연간에 형주(衡州) 사람 이관(李寬)이 세웠는데《사문유취》에 나와 있다.

이들 서원은 그 뒤에 모두 퇴락되었는데, 악록서원은 송 건도(乾道 : 효종(孝 / 宗)의 연 / 호. 1165 / ~1173) 연간에 유공(劉珙)이 중수했으며 남헌(南軒) 장식(張栻)의 기(記)가 있고, 석고서원은 송 순희(淳熙 : 효종의 연호. / 1174~1189) 연간에 약수(若水) 부몽천(傅夢泉)이 확장했는데 회옹(晦翁) 주희(朱熹 : 주 / 자)의 기가 있으며, 백록동서원은 주자가 중건했는데, 동래(東萊) 여본중(呂本中)의 기가 있으니, 살펴본다면 소상히 알 수 있다.

다만 응천서원의 전말은 어떻게 되었는지 알지 못하며, 아호서원(鵝湖書院)이 또 하나 첨부되어 모두 다섯이었는데, 이곳은 주자와 여본중 두 선생이 상산(象山) 육구연(陸九淵) 및 그의 형 육구령(陸九齡)과 함께 도를 강론한 곳이다. 이 서원은 송나라 때에 이미 세워졌고, 명나라 때 이몽양(李夢陽)이 중건하였으나 그 뒤에 다시 퇴락하였는데, 명나라 만력(萬曆 : 1573~1620) 연간에 남창태수(南昌太守) 유왈녕(劉曰寧)이 새로 중창(重創)하였고, 태복경(太僕卿) 비요년(費堯年)이 그 아들에게 보조하도록 명하였다.

장식의 〈악록기(嶽麓記)〉에 이르기를 "유후(劉侯)가 이를 중수한 의도가 어찌 여러 사람이 모여 앉아 담화나 나누고 이록(利祿)을 위해 과거를 도모하며, 또한 언어와 문사(文辭)의 재주나 익히려고 했던 것이겠는가?" 하였으니, 이로 본다면 그때에 이미 습속의 큰 폐단이 있었던 것이다.

우리나라에서는 이뿐만 아니라, 저마다 색목(色目 : 조선시대 사색당파)을 정하여 나가고 물러가는 데도 서로 구별을 하며, 당파를 모으고 다른 당을 공격하는 장소로 이용하고 있다. 또 하급에 속하는 자들은 서원의 명부에 이름을 올리고 부역을 회피하는 곳으로 삼아 학문을 강론하는 것은 도외시하고 있으니, 그 폐단은 이루 말할 수도 없다.

처음에 신재(愼齋) 주세붕(周世鵬)이 백운동서원(白雲洞書院)을 세워 고려의 유학자 문성공(文成公) 안유(安珦)와 안축(安軸)·안보(安輔)를 향사(享祀)하였는데, 주세붕이 죽은 뒤에 또 주세붕을 함께 향사했다.

주세붕이 또 해주에 문헌서원(文憲書院)을 세워 문헌공(文憲公) 최충(崔冲)을 향사하였고, 그 뒤에 퇴계 이황이 풍기(豐基)에 역동서원(易東書院)을 세워 좨주(祭酒) 우탁(禹倬)을 향사하자, 이후 조금이라도 명성이 있는 자는 반드시 각기 서원을 세웠으며, 벼슬이 높고 자손이 번성한 자는 그 유람한 곳과 부임했던 고을마다 향사하지 않는 곳이 없었다.

근세에 판서 서필원(徐必遠)이 충청감사로 있을 때에 그 폐단을 간곡히 말하고, 도내에 여러 서원을 모두 기록하여 경중을 가려 헐어 버릴 것을 청했으나, 조정에서는 시행하지 않았다.

수십년 전에 조정에서 명령을 내리기를, 한 사람을 위해 서원을 거듭 세우는 것을 금지했으나, 권문세가의 경우에는 금지하지 못했으며, 또 금령이 내린 뒤에도 함부로 세운 자는 훼철할 것을 명했으나 또한 훼철을 모면한 자가 대단히 많았으니, 법경의 문란함이 이와 같다.

이미 고을에 향교가 있는 이상 서원은 또 필요하지 않은 것이며, 만일 향사를 폐할 수 없는 향선생(鄕先生)이 있다면, 반드시 조정의 명령을 기다려서 향교의 옆에 사당을 세우고 한두 사람을 향사하는 것이 옳을 것이고, 향교와 거리가 먼 곳에는 응천서원의 규례와 같이 서재를 세우도록 하고 사람은 향사하지 않을 것이니, 이는 금령 밖에 있는 것이다.

퇴계 이황의 세상 개탄
退溪先生慨世 퇴계선생개세

어떤 이가 퇴계 선생에게 "비록 가까운 자서제질(子婿弟姪 : 아들과 사위와 아우와 조카)이라도 엄격히 가르치지 못하는 것은 세상이 말세가 되고 풍속이 각박해 인심이 순박하고 예스럽지 못한 데 원인이 있다"라고 말하니, 선생이 대답하기를 "그렇다. 나도 또한 그러한 실정이다. 다만 세상이 말세가 되었을 뿐 아니라, 내가 박덕해 저희들로 하여금 공경하고 두려워하는 마음을 갖도록 하지 못하고 있다. 옛사람들 가운데에는 비록 소원한 자질배(子姪輩 : 자식들과 조카들)에게도 반드시 신칙(申飭 : 단단히 타일러서 경계함)하는 이가 있었는데, 얼마나 훌륭한 덕이 있기에 그러했는지 알 수 없다" 하였다.

이 구절은 곧 퇴계 선생이 겸손히 하는 말이며 세상을 개탄하는 뜻이라고 간재(艮齋) 이덕홍(李德弘)의 《간재록(艮齋錄)》에 나와 있다. 그런데 이제 새로 펴낸 《도산어록(陶山語錄)》에는 실리지 않았으니, 아마 박덕하다는 겸사와 신칙하지 못했다는 말을 꺼려서 삭제해 버린 듯하지만 이는 그릇된 처사이다. 이것이 어찌 선생에게 꺼림칙한 바가 되겠는가.

그 무렵에는 흔히 퇴계 보기를 후세 사람들이 퇴계를 존경하듯 하지 않았으므로, 명성이 그러하고 덕망이 그러함에도 가까운 자서제질들도 오히려 말을 고분고분 듣지 않았던 것이고, 선생은 사실에 바탕해 말한 것이니, 이 어찌 홀로 선생만 그러했겠는가? 옛날 성인 또한 그러했다.

공자의 맏아들 백어는 아버지의 문하에서 공부하면서도 출모(出母 : 아버지에게 쫓겨난 어머니)의 상사(喪事)를 위해 기년(朞年 : 상복을 입는 1년 기간)이 지난 뒤에도 곡을 했다. 아버지가 이를 듣고 "너무 심하다"고 하자, 백어가 그제야 그쳤으니, 성인이 어찌 처음부터 말하지 않았겠는가. '심하다'는 말로 본다면 백어가 처음에는 따르지 않았던 것임을 알 수 있다.

그 무렵 넓은 세상에 참다운 안목을 가진 이는 오직 공자의 70제자뿐이었다. 그런데 그중에도 제멋대로 하는 자가 있어, 그 지혜가 성인을 알아보지 못했던 것이다. 하물며 성인의 경지에 이르지 못한 자는 약간의 허물이 있을 수도 있는 일이며, 흠모하는 자가 비록 많더라도 자질(子姪)들 가운데에는 간혹 선뜻 복종하지 않는 자도 있을 수 있었다. 만약 이들이 후세의 정론(定論)이 이와 같을 줄을 짐작했더라면 어찌 털끝만큼이라도 이런 기미를 보였겠는가.

선생은 이와 같이 처세하는 도를 깊이 터득해 겸손한 말로 이끌고 따르지 않는 자에게도 결코 강요하지 않았으며, 사물을 받아들이는 이외에 문중의 예절에서도 일찍부터 자신의 의견만을 내세우지 않았다.

그러므로 선생의 증조부 신주에 대해 집안 조카의 아들 대에 이르러서는 주사자(主祀者)가 문중의 의론만 고수하고 조천(祧遷 : 4대조까지 제사를 모시다가 5대조부터는 신주를 자손이 말아 모시게 하는 것)하기를 꺼리면서 선생의 말을 외면하고 듣지 않자, 선생이 고봉(高峰 : 기대승(奇大升)의 호)과 함께 이 일을 여러 번 의논하고 나서 말하기를 "사람을 알아듣게 타일러서 그 사람이 기꺼이 따라 주면 좋지만 만일 사람을 억지로 이끌어 시행하게 하는 것은 왕후(王侯)나 하는 일이요, 필부(匹夫)로서는 선뜻 할 짓이 아니다"라고 했다. 이것이 바로 퇴계가 퇴계다운 점이니, 달리 논평할 수 없는 일이다.

제사의 이치
祭祀之理 제사지리

제사에 대한 이치는 알기 어려움이 없을 듯하다. 공자의 말에 "삶도 알지 못하는데 죽음에 대한 일을 어찌 알며, 사람도 제대로 섬기지 못하는데 어찌 귀신을 섬기겠는가? (논어 선진편)" 하였으니, 그 삶을 미루어 본다면 죽음도 알 수 있는 것이고, 사람을 미루어 본다면 귀신의 일도 대강은 알아낼 수 있는 것이다.

무릇 사람이란 육신이 있어 먹는 것으로 생명을 위하고 뱃속이 비면 굶주리고 굶주리면 몸이 야위어 죽음에 이르지만 귀신은 그렇지 않다. 무릇 사람은 하루에 두 번 먹지 않으면 굶주리므로 열흘을 굶주리면 죽지 않는 자가 없다. 그러나 귀신은 육신이 없고 다만 기(氣)뿐이다. 그 기는 충만하지 않은 바가 없는데 어찌 굶주림이 있겠는가.

과연 굶주림이 있다면 성인이 제정한 제례에 제사지내는 횟수가 뜸하고 잦은 것이 사람이 식사하는 것과 같지 않으므로 귀신은 모두 굶주리고 말 것이다. 다시 말해 제사의 이치를 논한다면 흠향[歆]하는 데 지나지 않는 것이다. 좋은 음식이 앞에 놓여 있다면 그 기가 몸에 젖어 냄새를 맡고 우선 기뻐할 뿐이니 귀신의 흠향도 이와 같은 것이며, 비록 이 흠향이 없더라도 귀신은 기가 충만하지 않음이 없는데, 어찌 사람이 먹고 마시는 것처럼 음식을 먹고 뱃속을 채우는 이치가 있겠는가?

그렇다면 성인이 제례를 만든 뜻은 무엇인가? 인도(人道)로써 그 법칙을 삼은 것이다. 무릇 난초와 혜초는 먹는 것이 아니지만 사람이 반드시 채취하는 것은 그 향기를 좋아하기 때문이요, 음식은 배를 채우는 것일 뿐인데 반드시 제사상을 차리는 것은 그 성찬을 기뻐하는 것이니, 살아서 좋아하던 음식을 어찌 죽은 뒤라 하여 빼놓을 수 있겠는가.

귀신도 그 마음은 사람과 비슷한 것이다. 사람이 받듦을 받는 것을 기뻐하고 물건의 향기로운 것을 취하며, 살아서 음식을 기꺼이 먹었으므로 죽어서도 이 마음이 있는 것인데, 다만 먹지 못하기 때문에 흠향하는 것이니, 흠향은 귀신이 탐내는 바가 아니요 사람의 정성에 감응하는 것이다. 그렇지 않다면 좋은 음식을 집집마다 날마다 올리더라도 무엇이 방해가 되어 꼭 제향하는 때를 기다리겠는가. 그러므로 정성이란 제물이 푸짐한 데 있지 않고 정결한 데 있는 것이다. 마름을 캐고 흰쑥을 캐어 종묘에도 쓰고 공궁(公宮)에도 쓰면서 육류(肉類)는 들지 않았으니, 쓰지 않은 것이 아니라 나물을 소중하게 여긴 것이다. 제후의 비빈(妃嬪)과 경대부의 아내가 시내와 연못가에서 나물을 캐어 제기 첫머리에 올렸으니, 이와 같이 해야만 귀신이 감응하는 것이다.

그러므로 선비가 처음 입학하면 선생에게 나물을 드리고 신부가 시가에 들어가면 사당에 씀바귀를 올리는 법이니 그 정성을 귀히 여기는 것뿐이다.

만일 흠향하지 않아서 굶주린다고 한다면 효자 효손은 그 조상을 받들되 반드시 날마다 제사를 올려 뜸하고 잦은 구별이 없이 할 것이다. 그럼 귀신이 굶주린다는 것은 무슨 말인가. 이 또한 인도로써 미루어 말한 것이다. 귀신은 흠향하기를 기다리는데 제사를 지내지 않는다면 귀신이 굶주린다고 말하더라도 옳은 것이다.

대개 기의 정일한 것을 정신이라 이른다. 기가 모여 형체를 이루어 정신이 어둡지 않다가 죽은 다음에도 기가 존재하는 것이므로, 어지럽게 오르내리는 잡귀와는 다른 것이다. 그러므로 귀신은 반드시 신령스러움이 있는 것이니, 신령스럽다는 것은 곧 정신이 없어지지 않았다는 것이다.

공자가 이르기를 "물은 축축한 데로 흐르고 불은 마른 데로 번진다(^{주역}_{건괘} ^{(乾卦) 문}_{연(文言)})" 하였으니, 같은 기끼리 서로 따르는 것은 당연한 이치이다. 조상은 자손과 기가 같으므로 정신이 서로 통하고 신령이 서로 감응하는 것은 당연한 도리이다. 사당에 혼령을 모시고 제사로써 정성을 펴고 음식으로써 귀신을 의지하게 하는 것은 지극한 의(義)이고 곡진한 예(禮)이다.

너그럽고 준엄한 법
寬猛 관맹

형옥(刑獄 : ^{형벌과}_{감옥})에 대한 논설은 너그러운 것과 준엄한 것 두 가지 구별이 있다. 너그러운 자의 말에는, "성인이 인자한 마음으로 법을 세웠으니 사람을 형벌로 사상케 하는 것은 본의가 아니고 오직 놓아 주는 것에 힘쓴다" 하며, 준엄한 자의 말에는, "인권을 옹호하려면 반드시 포악한 자를 금해야 하는데, 포악한 자를 금하지 않으면 사람의 생명에 위협이 되니, 준엄한 법으로 다스리지 않으면 어떻게 징계를 시키겠는가?" 하였다.

두 가지 논설이 모두 합당한 말이니 달리 논평할 수는 없으나 저마다 자기 쪽 주장만 고집하고 변통할 줄을 알지 못하면 때로는 과오를 저지를 수도 있을 것이다.

《서경》 주서(周書) 여형(呂刑)에, "형벌은 세대에 따라 경하게 할 수도 있고 중하게 할 수도 있다" 하였는데, 《주례》 추관(秋官) 대사구(大司寇)에 의하면, "새 나라의 형벌은 경전(輕典)을 쓰고, 어지러운 나라의 형벌은 중전(重典)을 쓰며, 승평한 나라의 형벌은 중전(中典)을 쓴다" 했으니, 이를 뒤바꾸어 시행한다면 옳지 않다.

후세에는 승평세대가 적고 난시가 많으니, 중형(重刑)을 많이 쓰고 중형(中刑)은 적게 씀이 마땅할 것이다. 난시란 것은 반드시 전쟁만을 말하는 것이 아니고, 기강이 해이하거나 포악한 자가 날뛰거나 금령(禁令)이 시행되지 않아 양민들이 살 수 없는 것이 바로 그것이니, 임금이 비록 인자한 마음이 있더라도 백성들이 어떻게 그 은혜를 입을 수가 있겠는가?

그러므로 옛말에, "임금은 백성을 어린아이처럼 사랑하지만 신하는 백성을 원수와 같이 취급하며, 어진 임금은 하나인데 포악한 신하는 조정에 가득하므로 아전들이 이를 본받고 권력 있는 자는 토색질을 한다"고 했으니, 이는 관후(寬厚)하고 준엄한 법을 알맞게 쓰지 못한 데서 비롯된 것이다.

상말에, "수령은 차라리 준엄한 자가 나으니 윗사람이 준엄하지 않으면 아전의 포학이 더욱 심하다" 하였다. 또 전진(戰陣)에 있어서도 평시에는 군율에 범한 죄가 태장(笞杖)에 지나지 않는 것도 반드시 참수하는 것은 무슨 까닭인가? 군율을 어겨 패하게 되면 수천 명 혹은 수만 명이 단번에 몰사하기 때문인 것이다.

지금 두 아전이 있어 한 사람은 청렴하고 한 사람은 탐욕이 있는데, 청렴한 자는 명예를 얻었으나 그 상이 한 계급을 승진한 데 지나지 않고, 탐욕이 있는 자는 약간의 형벌은 입었으나 많은 재물을 얻어 그 몸이 즐거움을 누리고 자손에 이르기까지 부를 누리게 되었으니, 인정이 앞으로 어디로 쏠리겠는가?

만약 탐학한 자는 반드시 솥에 삶는 형벌을 내린다면 비록 만금이라도 취하지 않을 것이니, 저 만금은 어디서 나왔는가? 반드시 백호(百戶)의 자산(資產)을 파산시키고 얻었을 것이다. 하물며 한 사람을 처형하여 경계시키지 않는다면 백 사람이 이를 본받을 것이니, 백성들이 어떻게 소생할 수 있겠는가?

무릇 뇌물 먹은 관리를 처벌하지 않고 강도를 사형에 처하지 않는다는 것은 모두 관후함을 주장하는 논설에서 나온 것인데, 만약 이 제도를 개혁하지 않는다면 세상이 다스려지기를 바랄 수는 없을 것이다.

그러므로 나는 이르기를, 상앙(商鞅)과 왕안석(王安石)이 법을 변혁시켰다가 중도를 얻지 못했으므로 실패하여 드디어 후인들의 비판을 받고 있으나 그 실상은 죄가 중도를 얻지 못한 데 있는 것이지 법을 변혁시킨 데에 있는 것은 아니라고 하였다. 생각이 여기에 이르자 다시 한번 탄식을 금할 수 없다.

벼슬에서 물러가기를 구함
致仕求去 치사구거

《맹자》 만장편(萬章篇)에 이르기를 "벼슬하는 것은 가난함을 벗어나기 위한 것이 아니지만, 때로는 가난함을 벗어나기 위한 경우도 있으니, 가난함을 벗어나기 위해 벼슬하는 자는 관문(關門) 안을 다니면서 딱따기를 울리며 야경하는 자이다" 하였다. 이는 그 직책을 이행하기가 쉽기 때문인데, 경이나 대부 이상에서는 직책이 무겁고 녹봉도 두터우니, 이는 가난함을 모면하기 위한 것은 아니다.

《예기》 내칙(內則)에 "나이 70이면 벼슬에서 물러난다" 하였으니, 이는 늙어서 일을 감당하지 못하기 때문이다. 몸이 늙어 일은 하지 못하면서 녹봉만 축내므로, 벼슬은 가난함을 모면하기 위함이 아니고 나라를 위한 것이니, 이미 나라에 이익이 없는 이상 어떻게 물러가지 않을 수가 있겠는가?

그렇다면 혹 나이가 70 미만이라도 병으로 일을 감당하지 못하는 자는 마땅히 물러갈 것이며, 혹은 자취가 소원(疏遠)하고 형세가 고단하여 정사에 참여하지 못하는 자도 당연히 물러가야 할 것이고, 혹은 재주가 모자라 일을 제대로 다스리지 못하는 자도 마땅히 물러가야 할 것이다.

사람들이 각기 이런 마음을 가질 뿐만 아니라, 대신과 근신들이 여러 관원의 하는 일을 헤아려, 해마다 사무에 서투른 자 몇 사람을 적발하여 벼슬에서 강제로 사퇴하게 하고, 혹은 나라의 흥망성쇠에 관련되는 큰일에 대해 항론해도 받아들여지지 않으면 스스로 사직하고 물러갈 것이니, 이와 같이 한다면 쇠퇴한 풍속을 경계함이 클 것이다.

이와 같이 하지 않으면, 조정에 가득한 벼슬아치들이, 대체로 이록만을 탐내는 염치없는 무리들이, 앞으로 도탄에 빠진 백성을 어떻게 구제하겠는가? 송나라 역사를 보건대, 이와 같은 일이 매우 많았는데, 꼭 모두 그렇다고는 할 수 없으나 그 시대의 습속은 볼 수 있는 것이다.

요얼과 상서
妖祥 요상

　중국 한(漢)나라 무제(武帝)가 선도(仙道)를 좋아하자, 동방삭(東方朔)이 속임수로 충고하기를, "꿈에 하늘에 다다르니 천제가 묻기를 '아래 세상 사람들은 무엇을 입느냐?' 하기에 '벌레를 입습니다'라고 대답하니, 또 묻기를 '그 벌레는 어떻게 생겼느냐?' 하므로 '빛깔은 알록달록하여 범과 같고 부리는 나불나불하여 말과 비슷합니다'라고 대답했습니다" 하였다.

　갑작스럽게 이 말을 들으면 벌레를 어떻게 입을 수 있느냐고 의심할 것이다. 그러나 알록달록하다는 것은 범의 무늬를 이름인데 누에의 반점이 이와 비슷하고, 나불나불하다는 것은 풀을 먹는 모양인데 누에의 뽕잎 먹는 모양이 이와 비슷하다. 누에가 실을 토하여 명주옷을 만드니 이는 그른 말이 아니다. 누에가 어찌 일찍이 괴상한 물건이겠는가. 이는 재미있는 말이다.

　통달한 자의 안목으로 살펴본다면, 무릇 상서(祥瑞)라는 것은 실용적 가치에 있는 것이고 모양과 빛깔에 있는 것이 아니다. 하물며 이상한 풀과 기괴한 새가 과연 무슨 이익이 있어 보물이 되겠는가.

　《시경》 탕지습(蕩之什) 억(抑)에 이르기를

> 휘청거리는 부드러운 나무에
> 실을 꼬아 활줄을 만드네.
> 荏苒柔木 言絲之緡

라고 했는데, 부드러운 나무는 뽕나무를 가리킨 것이며, 누에가 뽕잎을 먹고 실을 토하면 그것으로 줄을 만들 수 있으므로 비유를 잘 하는 자가 그렇게 말한 것이니, 그 뜻이 서로 비슷하다. 상서라는 것은 사람에게 유익함을 일컬은 것이니, 그 빛깔은 범과 같고 부리는 말과 같은 것이 이상스레 보면 이상스러우나 옷을 만들 수 없다면 어찌 상서라고 일컬을 수 있겠는가. 《시경》 청묘지습(淸廟之什) 사문(思文)에 이르기를

> 우리에게 보리와 밀씨 주시어

하느님은 백성들을 거느리고 기르시네.
眙我來牟 帝命率育

하였으니, 후직의 시대에 처음으로 보리가 있었던 것이다. 오곡은 모두 봄에 싹이 나서 가을에 성숙하는데, 봄에는 가을 곡식이 이미 떨어져 백성들이 모두 굶주리므로 하늘이 백성을 위하여 이 보리와 밀을 끼쳐 준 것이다. 유향(劉向)의《설원》봉사(封事)에 이르기를 "우리에게 끼쳐 준 모맥은 하늘이 내린 것입니다" 한 것도 이 뜻이니, 임금된 자의 상서는 이와 같은 것에 지나지 않는다.

대개 상고에는 짐승의 가죽을 입고 나무열매를 먹었는데, 어느 시대부터 명주실과 삼실이 처음으로 나타나 옷을 입고 오곡이 처음으로 나타나 먹게 되었는지는 알 수 없으나 하늘에 제사를 지낼 때에 제복은 반드시 큰 갖옷을 입었으니, 갖옷은 의복의 시초인 것이다.

치포관(緇布冠)과 심의(深衣)는 반드시 삼〔麻〕을 썼으니 삼이 무명보다 먼저 있었고, 천신(薦新)할 때에는 반드시 기장과 피를 올렸으니 기장과 피가 벼와 보리보다 먼저 있었던 것인데, 이는 모두 한 때의 상서로서 종류가 차츰 변화하여 오늘날에 이른 것이다.

오늘날의 목면(木綿)은 남방으로부터 중국으로 번져 들어왔고 중국에서 우리나라로 들어왔는데, 이는 모든 인간의 상서이니 시대의 쇠퇴함과 융성함에 따라 달라질 수 없는 것이다.

그렇다면 재앙과 상서의 구별은 다만 사람에게 이익이 되느냐 또는 해로우냐에 달려 있는 것이다. 그러므로 의복의 사치를 옷의 요얼(妖孼)이라 이르고, 음식의 진기한 것을 맛의 요얼이라 이르고, 구슬로 꾸민 궁실을 집의 요얼이라 이르고, 물건을 아로새겨 금벽(金碧)을 장식하는 것을 기물의 요얼이라 이르고, 귀를 기쁘게 하는 새로운 소리를 음악의 요얼이라 이르는 것이다.

물건만 그런 것이 아니라, 아름다운 얼굴로 여러 사람을 미혹시키는 것을 여자의 요물이라 이르고, 아양 떠는 얼굴과 애교 있는 말로써 진실한 것을 현란시키는 자를 남자의 요물이라고 이르는 것이다.

이를 미루어 생각건대, 무릇 아무 하는 일 없이 백성을 학대하고 재물을 거둬들이면서 편안히 앉아 따습게 입고 배불리 먹을 것만 생각하며, 자기 몸을 반성하지 않고 인재를 꺼려하며, 사람을 모략 중상하는 무리는 요물 가운데 가장 큰 요물이다.

요물이 곧 재앙인데, 사람들이 바야흐로 떳떳한 이치를 버리고 날로 요얼과 재앙 사이로 달리면서 즐거워하니, 세상이 어찌 평화롭게 다스려지겠는가.

만일 임금된 자가 요얼을 모두 버리고 심덕(心德)을 오래 길러 천지와 합하여 하나가 된다면, 스스로 한 줄기 상서로운 기운이 마음 가운데서 생겨나 위로 신명을 감동시켜 통함으로써 길이 자손에게 내려줄 것이니, 그것을 향기 좋은 덕인 '형향덕(馨香德)'이라고 이름한다.

곧은 말로 극진히 간함
直言極諫 직언극간

사람의 언론은 옳은 것을 옳다고 말하고 그른 것을 그르다고 말하는 것인데, 옳은 것을 옳다고 말하면 듣는 자가 기뻐하고 말하는 자도 기분이 좋으므로 사람들이 모두 즐겨 이에 따르거니와, 그른 것을 그르다고 말하면 대개 듣는 자가 기뻐하지 않으며 말한 자에게는 해(害)가 따르는 것이다.

그러므로 옳은 것을 옳다고 말하는 논설은 반드시 아첨으로 빠지니, 그른 것을 그르다고 말해서 바로잡기를 바라는 것만 같지 못하다. 옳은 것을 옳다고 말하여 기쁘게 하는 것도 사람을 그르칠까 두려운데 하물며 그른 것을 좋다고 칭찬할 수야 있겠는가? 사람과 사람 사이에도 그러한데, 하물며 조정에서야 말할 나위가 있겠는가?

무릇 여러 나라를 살펴보건대, 옳은 것을 옳다고 말하는 자가 그른 것을 그르다고 말하는 자보다 많은 것은, 앞으로 어지러울 징조인데, 하물며 옳은 것을 옳다고 말하는 자만 있고, 그른 것을 그르다고 말하는 자가 없으면, 이는 그 멸망이 머지않은 것이다.

공자의 말에 "천자에게 쟁신(諍臣 : 임금의 잘못을 바른 말로 간하는 신하) 7인이 있으면 비록 무도(無道)하더라도 그 천하를 잃지 않고, 제후에게 쟁신 5인이 있으면 비록 무도하더라도 그 나라를 잃지 않으며, 대부에게 쟁신 3인이 있으면 비록 무도 하더라도 그 집안을 잃지 않는다$\binom{효경(孝經) 간쟁}{장(諫諍章)}$" 하였으니, 간쟁(諫諍 : 군세게$\binom{}{간언함}$)이란 그 그른 점을 따지는 것이다.

한(漢)나라 때에 인재를 천거함에 있어 반드시 "곧은 말로 극진히 간한다" 하였으니, 그 요령을 알았다고 할 만하다. 그러나 곧은 말로 간하는 것은 명예로운 일인데, 신하된 자로서 이와 같이 하지 못하는 것은 죄만 얻고 이익이 없을까 두려워하기 때문이다.

만일 죄를 주지 않을 뿐만 아니라 오히려 상을 준다면, 재상과 여러 관리들이 모두 충성을 다하여 간쟁에 힘쓸 것이니, 그것이 꼭 인재를 천거한 연후라야만 될 일이겠는가?

그러나 이 제도를 쓰는 것은 세상에 간쟁을 권장하기를 명예로써 하는 것이다. 이 제도로써 인재를 천거하면, 부름을 받은 자는 의리상 공손한 말로 아유구용(阿諛苟容 : 남에게 아첨하여$\binom{}{구차스럽게 구는 일}$)하는 데에 그칠 수 없을 것이고, 비록 말이 지나치더라도 조정에서 또한 도리상 망령되다 하여 벌을 줄 수 없을 것이다.

이는 한 세대의 임금에게, 신하가 곧은 말을 꺼리지 않고 할 수 있는 기틀을 제언함이니, 어찌 도움이 적다 하겠는가?

환곡의 폐단과 개혁
耀糴靑苗 조적청묘

우리나라는 본디 백성이 가난하다고 이르는데, 근세에 이르러 더욱 심하니, 이는 반드시 그 원인이 있는 것이다. 열 세대 이상 거슬러서는 소상히 알 수 없거니와, 지금 귀로 듣고 눈으로 보는 바에 의하면 대부분이 대차(貸借) 관계 때문에 더욱 가난하게 되기 마련인 것이다.

환곡(還穀)[1]은 백제 시대에 처음 만들었는데, 당초에는 백성을 위하여 설치된 것이요 나라의 영리를 위한 것이 아니었으니, 무릇 일을 처리할 때에는 그 본뜻을 생각하여야 한다.

《시경》에, "훤한 저 큰 밭에서 해마다 만묘(萬畝)의 조세 받아들이네. 묵은 곡식 가져다 내어 농군들 먹이니, 옛날부터 풍년이라네.$\binom{《시경》 소아(小雅)}{보전(甫田)}$" 하였

---

[1] 환곡 : 국가에서 봄에 곡식을 나누어 주어 백성을 구휼하고 가을에 약간의 이자를 붙여 받아들이는 제도인데, 후세에 관리들의 농간으로 인하여 백성의 막심한 폐가 되었음.

으니, 풍년은 농사를 힘쓰는 데 말미암고 농사에 힘쓰는 것은 식량이 풍족한 데 말미암았으며, 식량이 풍족한 것은 보조해 주는 데 말미암고 보조해 주는 것은 저축에 말미암았으며, 저축은 절약하는 데 말미암았으니, 이밖에는 다른 방도가 없는 것이다.

만약 절약하지 않는다면 무슨 물건으로 보조해 주겠는가? 해마다 조세를 받으면 먼저 약간의 저축할 수량을 계산하여 난리와 흉년에 대비한 다음에 그 나머지로 한 해 경비를 충당할 것이니, 4분의 1을 남겨 3년간 저축하여 1년의 용도를 예비하는 것은 옛날의 제도이다.

그런데 후세에는 먼저 1년의 경비를 계산하고 그 나머지로 백성을 구휼하되 부족하면 다시 조세를 늘리니, 이는 경중의 차례를 잊은 것이다.

진실로 검소함을 위에서부터 시작하여 백성에게 범람함이 없을 것을 보이는 한편, 봄에 밭을 갈 때와 가을에 수확할 때 그 부족함을 살펴 농사에 폐가 없도록 보조해 준다면 큰 가뭄과 홍수가 있는 해를 제외하고는 백성이 추위와 배고픔을 면할 것이니, '옛날부터 풍년이라〔自古有年〕'는 것은 이를 두고 말한 것이다.

이와 같이 보조해 주었는데도 부족한 자가 있다면 저축된 곡식을 무상으로 나눠주되 상환을 책임지우지 않으며, 그래도 부족한 뒤에 비로소 환곡을 시행하여 곡식을 대부해 주되 다음 해에 본액에서 2할을 삭감해서 상환하게 할 것이다. 이같이 한다면 백성이 풍족할 것이니, 어찌 임금이 부족할 수가 있겠는가?

《강목》의 위 문제(魏文帝 : 문제는〔목〕으로 보아 명제(明帝)의 착오임) 경초(景初) 3년 조에 이 뜻이 약간 나와 있으니, 상고해 보면 알 수 있다.

지금 시중에 교활한 거간꾼들이 되와 말을 임의로 변경하니, 관에서 반드시 형벌을 주어야 할 것이다. 국가에서 백성을 상대로 하여 물건을 출납하는 데 있어 두량(斗量)을 크거나 작게 변경한다면 백성에게 어떻게 신의를 보이겠는가?

이른바 모(耗)라는 것은 소모되는 것이 아니라 이식(利息)을 취하는 것이다. 우리나라의 큰 고을에는 수만 석의 곡식이 있고 작은 고을에도 수천 석의 곡식이 있으므로 합치면 수억만 석이 되는데, 그 1할 이자가 7년이 지나면 거의 본액의 수와 비등하게 되며, 그 7년 사이에 과외로 거둬들이는 잡세가 수억만 석이 될 것이니, 이 허다한 물건이 과연 어디로 흘러가는 것인가?

백성들이 봄에 받는 환곡은 15두를 1석이라고 하지만 13두에 지나지 않으며, 반년도 채 못 되는 가을에 상환해야 하는데, 이자와 보충곡(補充穀)과 노비와 운임을 계산하면 거의 곱절이 되는 것이다.

혹은 풍년이 들거나 혹은 길이 멀어서 환곡 받기를 원하지 않는 자에게도 모두 억지로 맡기고 강제로 거둬들이니, 시골의 토호(土豪)보다도 더 가혹한 것이다. 그리하여 한 번 환곡의 상환이 끝나면 마을의 창고가 텅 비게 되고 전부(田賦)와 잡세에 대해서는 대부를 받고도 부족하여 이웃과 친족에게 차대하는 폐단이 분분하게 일어나고 있다. 무릇 국가의 경비는 부과된 조세로서 족한데, 어찌 백성에게 재물을 빌려 주고 그 이자를 취하여 구차히 영리를 도모하겠는가?

유반(劉放)이 왕개보(王介甫)에게 보낸 서신을 읽어본즉, "백성이 관가에서 청묘전(靑苗錢)*2을 빌려 쓰는 것은, 어찌 그 사람이 재산이 풍부하여 관가의 재산을 취리(取利)해 주고 명예를 얻으려 함이겠는가? 다만 공·사 간의 부채에 시달리면서도 자기의 가진 바가 없으므로 이자 있는 대부금을 얻어 그 급한 것을 메우려 하는 것이다. 지금 개보(介甫)가 정사를 맡으면서 백성으로 하여금 집집마다 유족한 혜택을 입어 빌려 쓰는 폐단이 없도록 하지 못하고 특히 대부해 주는 법을 만들어 백성에게 이익되게 한다고 하니 어찌 부끄럽지 않은가"라고 하였다.

슬프다. 이 논설은 백성을 다스리는 요점이 되는 것이다. 백성들은 대부분 빈곤한 것이 그 본능이므로 한 해가 다 가도록 노력하더라도 입에 풀칠하기에 부족한데 하물며 대부해 주어 이익을 취함이겠는가?

내가 민정을 살펴본즉 양식이 있으면 배불리 먹고 없으면 굶는데, 혹 죽과 찌꺼기로 연명하여 얼굴이 노랗게 되면서도 차대하지 않고 굶주림을 참으므로 그 집은 언제나 형편을 유지해 나가지만, 동에서 빌리고 서에서 꾸어 아침 저녁 거리를 메우는 자는 얼마 가지 못하여 반드시 파산하고 만다.

---

*2 청묘전 : 송나라 희령(熙寧) 2년에 왕안석이 청묘법을 세웠는데, 관에서 백성에게 돈을 대부해 주고 이자를 2부로 가산하되, 1월에 대부해 주고 여름에 받았으며 5월에 대부해 주고 가을에 받았다. 이를 청묘전이라고도 하였음.

지금 전곡(錢穀)을 대부해 주는 것으로 미끼를 삼는 자가 있다면 가난한 자들만 달려갈 뿐 아니라 여유 있는 자들도 앞을 다투어 빌리려 할 것인데, 이는 식량이 떨어지기를 기다려 더 높은 이자를 갈취하려는 것이다. 그러나 이것을 쓰지 않으려 하되 안 쓸 수 없는 것이니, 모두 백성을 해롭게 하는 도구인 것이다. 민간의 고리업자도 오히려 법을 세워 엄금함이 옳거든 하물며 국가에서 재물을 농간하여 어리석은 백성을 속이고 후한 이익을 도모할 수 있겠는가?

　또한 돈을 사용하는 폐단은 짐독(鴆毒 : 짐새의 깃에 있는 맹렬한 독)보다 더 심하여 개인 사이에 부채를 독촉함이 더욱 각박하므로, 식량이 거의 바닥이 날 정도로 '방출해도' 쌀값이 내려가지 않는 것은 돈으로 갚아야 하기 때문이다. 어찌 슬픈 일이 아니겠는가? 하물며 지금 서울의 여러 관사(官司)와 지방의 아문에서는 돈을 산더미 같이 쌓아 놓고, 백 가지로 이익을 도모하는데, 이는 재물을 긁어모으는 큰 구덩이요, 부채에 빠지는 함정이니 백성들이 어찌 굶주리고 떨지 않겠는가? 이 폐단을 변통하지 않으면 나라는 마침내 부유해질 기회를 잃게 될 것이다.

　그러나 변통하는 것은 쉬운 일이 아니다. 폐단이 오래 쌓여 습속에 젖었으므로 갑자기 바꾸려 하면 반드시 탈이 생길 것이다. 비유컨대, 부귀한 자가 옷을 입어 추위를 방어하는데, 한 벌로써 부족하면 두 벌을 입고 두 벌로써 부족하면 세 벌을 입는다. 이것이 오래되면 습관이 되는데, 갑자기 벗어버리면 추위 때문에 죽고 말 것이다. 그렇다면 급히 서둘지 말고 서서히 도모하여야만 그 낭패를 면하게 될 것인데, 서서히 도모하려면 또한 반드시 가로막는 자도 생기게 될 것이다.

　지금 세상은 재물이 상류급에 몰려 있다. 국고(國庫)가 비고 백성도 재물이 고갈되어 오직 권력가와 재벌가에만 쌓였는데, 그 좌우에서 추종하는 자들이 모두 권세를 믿고 놀고먹으며 도처에 무리를 이루었으니, 일거에 법을 변경하면 그 목숨이 모두 끊어지게 되는 것이다.

　또한 궁중에 노복과 환관과 궁녀의 무리는 그 수효가 적지 않은데, 이를 한 번에 혁파한다면 난이 일어날 우려도 고려하지 않을 수 없다. 명나라 말기에 일어났던 유적(流賊)을 거울삼을 수 있는 것이다.

　재물이 이미 하층민을 억압하여 백성의 재산이 고갈하고 인심이 동요하기 쉽게 되었다. 아무리 상류층을 억눌러 백성을 유족하게 하려 해도 그 방도가 없으니, 이런 경우에 처하여서는 그 경중과 완급을 살펴 도모함이 마땅할 것이다.

어진 이를 구하여 백성을 다스림
求賢治民 구현치민

성군의 정사는 먼저 그 완악한 무리와 참소하는 말을 제거한 다음에 교화를 펼 수 있는 것이다. 완악한 무리를 제거하지 않으면 법이 해이해지고, 참소하는 말을 물리치지 않으면 어진 이가 용납되지 않는 것이니, 비록 요·순 같은 임금이 위에 있더라도 이 두 가지가 있는 이상 어찌 할 도리가 없는 것이다.

그 제거하는 방법은 형벌이 아니고는 어찌 할 수가 없으니, 그 가벼운 자는 견책하고 중한 자는 형벌에 처하여 모조리 제거한 연후에 비로소 위태로움이 변하여 편안하게 되는 것이다.

그러므로 옛말에, "세상에 어진 이를 구하지 않는 임금은 있거니와 구할 수 없는 어진 이는 없으며, 백성을 다스리지 못하는 아전은 있거니와 다스릴 수 없는 백성은 없다" 하였다.

이런 까닭에 천하가 다스려지지 않는 것은 백성의 곤궁함에서 말미암고, 백성이 곤궁한 것은 아전이 탐학하는 데 말미암으며, 아전이 탐학하는 것은 임금이 어진 이를 구하지 않음에서 말미암는 것이다.

무릇 임금된 이가 어찌 어진 이를 얻어 나라를 다스리려 하지 않으리요마는 돌아보건대, 그 방도가 어긋난 것이다. 진실로 어진 이를 구하는 본뜻을 강구한다면 그것은 백성을 잘 다스리는 데에 지나지 않는다. 이른바 백성을 잘 다스린다는 것은, 역시 백성을 굶주리지 않고 추위에 떨지 않게 하며 그 고장에서 안정된 생활을 하고 직업에 충실하게 하는 데에 지나지 않는 것이다. 이는 평범한 백성들이 살아가는 현실만 보아도 알 수 있는 것이니, 어찌 현명한 자야만 비로소 알겠는가?

그러나 사람들이 매양 어진 이를 얻기 어렵다고 한탄하는 것은 무슨 까닭인가? 이는 참소하는 말이 마음을 어지럽히고 간사한 무리가 총명을 가리며, 임금도 처음부터 어진 이를 얻지 못하면 맡지 않겠다는 정성이 없기 때문이다.

내가 일찍이, 제 위왕(齊威王)은 정사의 요령을 알았다고 말하였다. 좌우가 모두 칭찬하더라도 그렇지 않다 하고, 좌우가 모두 헐뜯더라도 그렇지 않다 하고는 반드시 사람을 시켜 민정을 살피게 하여 그 편안하고 편안하지 않음을 보아 그 고을 수령의 어질고 불초함을 판정한 것이다. 그리고 한 사람을 상주고 한 사람을 죽임에 있어, 상을 줄 때에는 만가(萬家)를 봉하는 데 이르렀고 죽일 때에는 기름솥에 삶았으며, 또한 일찍이 사심으로 칭찬한 자까지도 아울러 삶아 죽였던 것이다(^{《통감절요》 주열왕}
(^{周烈王) 6년 조}). 이러므로 어진 이를 구하는 요령을 얻었다고 한 것이다. 이 어찌 문사를 화려하게 만들고 응대를 민첩하게 하며 취리(取利)에 능숙하고 조그만 지혜와 하찮은 재주를 농락하여, 백성 다스리는 데에 아무런 도움도 되지 못하는 자에게 비유할 수 있겠는가?

그러나 임금이 백성의 실정을 아는 것은 근신에게 달려 있으므로, 좌우에서 숨기면 어찌 할 수 없는 것이다. 제 위왕은 이 이치를 알아 따로 사람을 보내어 살피게 하였으므로 밝은 임금이 된 것이다. 진실로 이를 깨달았다면 그 상벌을 어떻게 할 것인지 충분히 고려해야 할 것이다. 《춘추》의 의(義)에, 먼저 그 도당(徒黨)을 다스린다고 했으니, 숨기고 가린 죄를 먼저 다스려야만 후환을 모면할 수 있는 것이다. 이는 순 임금이 공공(共工)을 귀양 보내고 환도(驩兜)를 내친 바이니(^{《서경》}
순전(舜典)), 제 위왕은 그 요령을 얻었다고 말할 수 있다.

백성과 제일 가까운 관원은 수령인데, 혹은 어리석거나 혹은 탐학하여 민폐가 되었는데도 감사가 이를 살피지 않았다가 대신(臺臣)이나 어사에게 탄로가 났을 때에는 어찌 허물을 숨겨 준 죄에서 벗어날 수 있겠는가? 아대부(阿大夫)만 삶아 죽이고, 사심으로 칭찬한 근신들은 죽이지 않는다면, 이는 정성으로 어진 이를 구하는 것이 아닌 것이다.

주 무왕(周武王)은 문왕(文王)이 아버지가 되고 주공(周公)이 아우가 되니, 세 성인이 함께 있었으나 오히려 가까운 신하와 친해지지 않고 멀리 있는 제후를 잊지 않았으니, 가까운 신하와 친하지 않으면 좌우의 참소에 빠지지 않고 멀리 있는 제후를 잊지 않으면 백성의 고통을 낱낱이 살필 수 있는 것이다.

주공으로 말하면 또 삼왕(三王)의 좋은 점을 모두 겸하여 네 가지 일을 시행할 것을 생각하되, 앉아서 날이 새기를 기다렸으니《《맹자》이루 하(離婁下)》), 그 어진 이를 구하고 백성을 보호하는 데에 급급하여 밤을 낮삼아 겨를이 없었던 것이다. 이같이 한 뒤에야 어진 이는 구해지지 않는 자가 없고 백성은 다스려지지 않는 자가 없을 것이다.

백성이 가난함
民貧 민빈

근세에 백성이 가난하게 된 것은 오로지 과거가 번거롭고 주전(鑄錢 : 돈을 주조함)을 많이 하므로 먹는 자가 많아지고 부세를 거두어들이는 길이 좁기 때문이다. 그러나 이는 잠시의 일에 지나지 않는다.

대개 우리나라는 변란이 드물고 토지가 줄어드는 것도 아닌데, 토지는 날로 거칠어지고 백성은 날로 빈곤해지는 것은 반드시 그 원인이 있는 것이니 자취를 따라 근원을 추구해 보면 어찌 알지 못할 이치가 있겠는가? "백성이 이미 번성하거든 부(富)하게 하라"*1는 것은 성인의 훈계이니, 부하게 한다는 것은 재물을 주는 것이 아니라, 백성들로 하여금 부지런히 일하여 재물을 축적하게 하고 나라에서 탐학하지 않는 것을 말한 것이다.

비유컨대 하늘에 밝은 빛이 있으면 백성의 어두운 것을 근심할 것이 없으니 백성들이 스스로 창문을 내어 밝은 빛을 취할 것이요, 땅에 재물될 것이 있으면 백성의 빈곤함을 근심할 것이 없으니 백성들이 스스로 나무를 베고 풀을 베어 부하게 되는 것과 같다.

한(漢)나라 조정에서는 오직 복식(卜式)만이 이 요령을 얻어, 염소를 칠 때에는, "그 무리에 방해되는 놈을 제거합니다《《한서》복식 전(卜式傳)》" 하였고, 하늘이 가물매 "백성에게 해 끼치는 신하를 삶아 죽여야 비가 내릴 것입니다《《자치통감》 한 무제(漢武帝) 원봉(元封) 원년 신미 조》)" 했으니, 이와 같이 한다면 백성이 어찌 부하지 않을 이치가 있겠는가?

사람들은, "산악과 하천이 많아 경작할 토지가 적다"고 하나, 이것 또한

---

*1 이 말은 《논어》 자로(子路)에, "백성이 번성하면 부하게 하고, 부한 후에는 예의로써 가르쳐라" 하였다.

그렇지 않다. 가령 산을 깎아 전답을 만들고 하천을 줄여서 땅을 넓힌다면 가난한 자가 변하여 부자가 되겠는가? 그 허물은 땅에 있는 것이 아니요, 사람의 그릇된 처사에 있는 것이 분명하다. 이 빈곤의 원인은 재물은 백성에 게서 나오는 것인데 윗자리에서 놀고 먹는 사람이 너무 많기 때문이다.

나도 백성의 한 사람으로써 직접 눈으로 보아 익히 알고 있다. 그 가혹한 조세와 빈번한 부역 등등 온갖 시달림을 받는 이외에 또 환곡의 출납이 백성 에게 가장 뿌리 깊은 폐단이 되고 있는 것이다.

그 처음에는 백성을 위하여 설치한 것이었고, 이를 대출해주어 이익을 도 모하려는 목적은 아니었다. 그러나 나중에 차츰 폐단이 생겨 쥐가 곡식을 축 낸다고 핑계하고 1할의 모곡을 가산하여 봄에 환곡을 나눠줄 때 목곡을 미 리 받아 관용에 충당했으며 백성에게 줄 때에는 작은 두량(斗量)을 사용하 였다.

우리나라 풍속에 15두로써 1석을 삼는데, 가을에 납부할 때는 16두 5승을 바치고 봄에 나눠 줄 때에는 13두에 지나지 않으니, 3두 5승이 축이 나게 되며, 그 외에 보충미(補充米)와 운임 등이 또 첨가된다.

그런즉 백성들은 반년 사이에 허다한 손실을 입게 되는데, 이는 옛말에 이 른바 "넉넉히 받고 박하게 준다"는 것이니, 백성이 어떻게 빈곤하고 굶주리 지 않을 수가 있겠는가?

옛날 안자(晏子)가 진씨(陳氏)의 죄를 들어, "제나라에 두량이 네 종류가 있는데 두·구·부·종(豆區釜鍾)이니, 4승이 1두가 되고 4두는 1구가 되며 4 구는 1부가 되고 10부는 1종이 된다. 그런데 진씨는 곡식을 대출할 때에 모 두 1할을 더하여 집에 있는 두량으로써 대출하고 공가의 두량으로써 거둬들 이니, 물이 아래로 흐르듯 백성들이 모여들었다"고 하였다. 부는 부(釜)이 니, 너비가 1척, 깊이가 1척으로 용량은 6두 4승인데, 오늘날은 도량이 일 정하지 않다. 내가 한성부(漢城府)와 평시서(平市署) 양사(兩司)에 부탁하 여 현재 행공하는 되를 얻었는데, 1승이 옛날 되에 준하면 대략 4승이 되니, 두와 비슷하다. 그런즉 4승이 구가 되고 1두 6승이 부가 되며 16두가 종이 되니, 지금 1석은 종에 비하면 다만 1두가 적을 뿐이다.

진씨가 큰 두량으로 대출하고 작은 두량으로 거둬들여 그 혜택이 10분의 1분을 감해준 셈인데, 오히려 나라를 옮겼거든, 하물며 지금 거둬들이는 것이 대출해 준 것에 10분에 3분을 증가함에 있어서랴? 적은 은혜에도 오히려 저와 같았거든, 큰 원망은 마침내 어떻게 될 것인가?

또 차마 못할 일이 있으니, 옛말에 "국가의 은혜는 삼대보다 후덕한데 사가(私家)의 포학은 망진(亡秦)보다 우심하다" 하였으니, 이 말은 무엇을 뜻한 것인가? 왕도(王道)의 부세는 혹 10분의 1에 미치지 못할 때도 있는데, 폭군으로서 천하를 겸병하는 자들은 언제나 소출의 반을 빼앗는 것이다.

옛날 지주는 경작한 자와 반타작을 하고 조세와 종곡(種穀)은 자신이 부담했는데, 지금 삼남 땅에서는 반타작을 하고 조세와 종곡을 모두 경작자에게 부담시키며 어떤 자는 그 볏짚을 빼앗고 뇌물까지 징수한다.

그 요구하는 것을 다 주고 나면 집안이 텅 비니, 이것이 바뀌지 않는다면 그 결과는 뻔히 알고도 남을 것이다.

바른말이 나라에 유익함
直言利國 직언이국

바른말로 극진히 간하는 것을 국화(國華 : 나라의 영광)라고 한다. 그러나 그 사이에는 명예를 좋아해서 간하는 자, 영달을 구해서 간하는 자, 임금의 허물을 드러내려 간하는 자가 있으니, 이는 그 마음가짐이 잘못된 것이다. 이미 바른말로 일컬어지는 것이라면, 허물은 신하에게 돌아가고 이익은 나라로 돌아가는 것이니, 결과적으로 무슨 해 될 것이 있으랴. 하물며 명예를 좋아한다 해서 반드시 명예가 반드시 얻어지는 것이 아니고, 영달을 구한다 해서 반드시 벼슬이 현달해지는 것이 아니며, 허물을 꾸짖으면 곧 죽음이 따라와 기다릴 수도 있다. 마치 산속에 들어가 범의 꼬리를 밟고, 물속으로 몸을 던져 용(龍)을 때리는 것과 같아, 뜻밖의 복이 오는 일도 있지만 재앙을 모면한 것만으로도 그나마 다행일 때도 있다. 이렇듯 온갖 좋은 방법과 수단을 더해 명예와 출세를 얻으려고 해도 구하기 어려운데, 어찌 차마 더러운 이름을 더하겠는가?

또 임금의 허물을 드러내는 일은 오직 난신(亂臣)으로서 나라를 찬탈하려는 자만이 할 수 있는 것이요, 임금과 신하의 관계를 생각하는 것이 아니다. 이런 까닭에 임금이 이 세 가지, 즉 명예, 출세, 임금의 허물을 드러내는 것을 가지고 의심하는 것은 스스로 눈을 가리는 것이요, 신하가 이 세 가지를 가지고 스스로를 막는 것은 재앙을 자초하는 것이다. 그 얻고 잃음을 논할 것 없이 군자는 오직 그 일의 유익함만 생각할 뿐이다.

옛날에 초나라가 진(陳)나라를 쳤을 때에 장왕(莊王)이 하희(夏姬)*1를 얻고 이를 기뻐했으나, 무신(巫臣)이 간언하여 그만두었다. 그런데 무신이 하희를 따라 달아나니, 장왕의 뒤를 이은 공왕(共王)이 말하기를 "무신이 선왕(先王)을 위해 간언한 일은 충성스러웠으나 자신이 하희를 얻기 위해 간언한 사실이 드러났으니 충성스럽지 못한 행동이라고 할 수 있다. 이것은 선왕에게는 후하고 자신에게는 박한 것이니 선왕에게 이로웠으면 이로웠지 무슨 죄가 되겠는가" 하였다.

또 한(韓)나라가 진(秦)나라를 피폐케 하려고 수공(水工)인 정국(鄭國)을 보내 진나라에게 권하여 경수(涇水 : 중국 섬서성(陝西省)의 강 이름)를 파는 대공사를 하게 했다. 그 일이 중도에 이르렀을 때 진나라는 그것이 한나라의 술책임을 깨달았으나, 오히려 그로 하여금 4만여 경(頃)의 전지에 물을 대는 시설을 완성하도록 하여 더욱 부유해졌으니, 군자는 도리(道理)를 볼 뿐 다른 것은 보지 않으며, 상대편의 마음씀이 어떤 것인지도 반드시 헤아려 따질 것이 없다. 그렇기 때문에 "네 뜻에 어긋나더라도 반드시 도리를 구할 것이다"라는 말이 있는 것이다.

유방은 한(漢)나라를 일으켜 세운 뒤 먼저 바른말을 하고 극진히 간할 선비를 구했으니, 이는 대부가 감염(感染)되어서 부화뇌동(附和雷同)할 것을 두려워해서가 아니었다. 극진히 간하면 족한 것인데, 먼저 바른말을 강조한 것은, 권력을 가진 간신배를 탄핵하기 위해서였다. 어질고 착하며 점잖고 바르면[賢良方正] 마음씀이 공정하여 많은 사람들의 뜻에 어긋나지 않는다. 천하의 공도(公道)를 얻으려면 반드시 민중에게서 이를 구해야 한다. 그러므로 주나라의 제도는 널리 민중에게 묻도록 하였으며, 맹자는 나라 사람의 말

---

*1 하희는 정(鄭)나라 출신의 미인. 진(陳)나라 대부 어숙(御叔)의 아내가 되었으나 행실이 부정했음. 초장왕이 진나라를 쳐서 이기고 하희를 맞아들이려 했으나, 대부 무신(巫臣)이 간해서 그만두었음. 장왕은 하희를 연윤(連尹)인 양로(襄老)에게 주었으며, 양로가 죽은 뒤 정나라로 돌아갔음. 그런데 무신이 정나라 사신으로 가서 하희를 데리고 진(晉)나라로 달아났음. 《春秋左傳 成公二年》

을 쓰고, 가까운 신하나 높은 벼슬아치의 말을 취하지 말라고 했다. 또한 《서경》 여형(呂刑)에 "하민(下民)에게 청문(淸問 : 마음을 비우고 거리낌없이 물음)한다" 하였으니, '청(淸)'의 뜻은 허심탄회하게 백성의 말을 듣고, 측근의 말을 먼저 받아들이지 않음을 말한다. 이것이야말로 간언을 구하는 알맞은 방법이라고 할 수 있다.

착한 사람이 복이 박한 동기
善人福薄 선인복박

세상에서 '선한 사람은 복이 박하다'고 하는데, 이것은 몸이 곤궁하고 집이 가난하며, 자손이 적거나 혹 끊어짐을 이름이다. 선하지 못한 자는 이것에 반대된다. 나의 생각에, 하늘이 사람에 대해, 비록 군자(君子)를 특별히 후대하지는 못할망정 무슨 마음으로 구태여 재앙을 입히는지 그 이유를 하나하나 자취를 찾아서 살펴보면 모두 가난이 빌미가 되는 것이다. 선한 자는 벼슬을 구차하게 구하지 않고 재물을 구차하게 얻으려 하지 않으며, 남과 경쟁하는 것을 수치로 여기고 남에게 은혜를 베푸는 일에 힘쓰니, 어찌 부유해질 수 있으랴. 그 지키는 것은 도의(道義)요, 그 업으로 하는 것은 문자에서 벗어나지 않는다. 일마다 세속에서 숭상하는 것과 상반되니, 그 가난함이 진실로 마땅한 것이다. 또 세상에는 덕을 숭상하는 풍속이 없으니, 양보하고 물러설 수밖에 없다. 처지가 궁하고 집안이 빈곤하니 자제가 학업에 힘쓸 수 없다.

향당(鄕黨)에서는 그 덕행을 찬양하여 드러내 주려 하지 않고, 당연한 이치의 어그러짐을 벗어날 수 없으며, 질병에서도 구제될 수 없다. 형용이 초췌해질 뿐 아니라 풍류의 기상이 완전히 사라지고, 남들이 비웃고 나무랄 뿐 아니라 자신의 몸가짐이 또한 비루하고 절도(節度) 없음을 면치 못한다. 따라서 침체되어 일어나지 못하고 이리저리 굴러다니며 방황하여, 생활은 정해진 방향을 잃게 된다. 이 어찌 가난이 그 동기가 되는 것이 아니겠는가? 이른바, '선한 자에게 복이 오고, 악한 자에게 재앙이 온다'는 말은 그 흔적도 찾아볼 수 없다. 아아, 이것도 또한 천명인가?

그러나 선비가 힘써야 할 것은 여섯 가지를 참는 데에 있는 것이다. 주림을 참아야 하고, 추위를 참아야 하고, 수고로움을 참아야 하고, 몸이 곤궁함을 참아야 하고, 노여움을 참아야 하며, 남을 부러워함을 참아야 한다. 참아서 이것들을 편안히 여기는 경지에 이른다면 위로 하늘에 부끄럽지 않고 아래로 양심에 부끄럽지 않을 것이다.

임진왜란 때의 공적
壬辰再造 임진재조

임진왜란 때 재조(再造 : 거의 멸망하게 된 것을 구원하여 도와줌)의 공적은 마땅히 석성(石星) *1을 첫째로 하고, 이순신(李舜臣)을 다음으로 하고, 이여송(李如松) *2을 그 다음으로 하고, 심유경(沈惟敬) *3을 또 그 다음으로 해야 하며, 그 나머지 조그만 승패는 모두 비교할 것이 못 된다.

석성이 없었으면 명나라 군대가 우리나라로 출병하지 못했다. 처음부터 끝까지 우리나라에 구원병을 보낼 것을 힘껏 주장한 것이 석성이다.

평양의 승첩은 단지 왜의 수군이 이순신에게 꺾인 것이니, 수륙으로 승승장구하던 기세를 잃어 머뭇거리고 나아가지 못하다가 명나라 대군을 만나서 물러났다. 평양에서 의주(義州)까지의 거리가 매우 가까운데도, 몇 달을 나아가지 않고 있다가 이여송에게 함락된 것이다. 마치 높은 봉우리 위에서 돌을 굴려내리는 것처럼 전쟁의 첫 형세가 이미 승패의 국면을 이루었는데도, 왜적은 평양에 머물러 있으면서 끝까지 심유경과의 약속을 지켰다. *4 임금의

---

*1 명나라 사람, 병부상서에 이르렀음. 임진왜란 때 우리나라를 구원할 것을 극력 주장하여 명나라 구원병이 우리나라에 오게 되었음. 심유겸과 화의를 적극 지지했다가 화의가 실패하자 체포되어 옥에서 죽었음.

*2 명나라 사람. 임진왜란 때 구원병을 거느리고 우리나라에 들어와 평양을 수복하였으며, 왜군을 추격하다가 벽제관에서 패했음. 본국으로 돌아가 요동총병으로 있다가 여진족과의 싸움에서 전사했음.

*3 명나라 사람. 어린 시절 부친을 따라 일본을 왕래하여 일본 사정에 밝았음. 석성의 추천으로 일본과 강화(講和)의 사명을 띠고 우리나라에 들어와 화의에 힘썼음. 풍신수길을 일본 국왕에 봉할 것을 건의했다가 실패하자, 죄에 걸려 죽었음.

*4 명나라 구원병이 오기에 앞서 심유경이 평양에 가서 왜장을 만나 강화를 제의했으며, 명 황제의 지시가 있을 때까지 50일 기한으로 평양성에서 서북쪽으로 10리 이상 더 나오지 못할 것을 약속한 것을 이름.

수레가 압록강을 건너지 않고 평안·황해의 두 서쪽 지방이 참혹한 재앙을 면할 수 있었던 것이 모두 심유경의 힘이었다. 왜적이 물러가 서울에 진을 치고 군대를 거두어 돌아갈 뜻이 없었으니, 삼남(三南)에는 아직도 왜적이 가득 들어 차 있었다. 심유경이 소서행장(小西行長)을 속여서 "중국에서 또 다시 큰 군대를 동원하매 서해(西海)를 따라 충청도로 나와서 너희의 돌아 갈 길을 끊으려 하고 있다. 그때에는 돌아가려 한들 돌아갈 수 있겠는가" 하였다. 왜적이 두려워하여 곧 군대를 거두어 남쪽 바닷가로 물러갔다. 삼남이 병화(兵禍)를 면하게 된 것도 모두 그의 힘이었다. 그런데도 우리나라에서는 석성·심유경 두 사람이 재앙을 겪을 때 앉아서 쳐다만 보았을 뿐 그들을 신원하고 구제하기 위한 사신은 한 사람도 보내려 하지 않았으니, 어찌 이럴 수 있었단 말인가. 훗날 우리나라 사람이 지하에서 두 사람을 만난다면 무슨 면목으로 그들을 대할 것인가. 왜적이 부산에 남아 있었고, 우리나라도 지혜와 실력이 있었다면 그들을 쫓아버릴 수 있었을 것이다. 무엇을 꺼려서 그리하지 못했단 말인가. 석성과 심유경이 금하기라도 했단 말인가.

돌이켜보건대, 자기의 할 일을 자기가 하지 못하고 도리어 두 사람에게 허물을 돌렸으니, 이것이 무슨 심보인가. 이것은 뽕나무에 칼을 대고, 곡식 줄기에서 즙을 내는 것과 같은 짓이다. 옳다고 할 수 있겠는가. *5

성곽 축성의 방책, 치와 첩
雉堞 치첩

임진왜란 때 부원수(副元帥) 신각(申恪)은 김명원(金明元)의 부장(副將)이었다. 한강에서 패전하자, 신각은 김명원을 버리고 이양원(李陽元)을 좇아 양주(揚州)에서 남병사(南兵使) 이혼(李渾)과 군대를 합쳐 싸워서 승리를 거두고 적군의 목 60여 급(級)을 베었다. 왜군이 우리나라에 들어오고 난 뒤 최초의 승리인 것이다. 사람들은 모두 기뻐 날뛰었다. 이 때 김명원이 임진(臨津)에 있으면서 신각이 제멋대로 주장(主將)을 버리고 간 일을 아뢰니, 유홍(俞泓)이 목 베기를 청하여 선전관(宣傳官)이 이미 떠났는데 승전

---

*5 나를 이롭게 해 준 자를 해치는 일에 비유한 것임.

한 보고가 도착했다. 사람을 시켜 뒤쫓게 했으나 따라잡지 못했으니, 사람들이 모두 이를 슬퍼했다고 한다. 한강을 지키지 못한 것은 대장의 계책이 없었기 때문이다. 부원수의 직위에 있으면서 기회를 보아 공을 세우려 한 것에 무슨 잘못이 있단 말인가. 공을 이루었으나 몸은 죽음을 당했다. 이러고서야 나라가 위태롭고 뒤틀리지 않겠는가.

임진왜란에 성을 지킨 것은 이정암(李廷馣)의 연안성(延安城)을 으뜸으로 친다. 임진왜란 전에 신각이 이 고을의 원이 되어 성을 수축하고 해자(垓子)를 준설하고 무기를 많이 비축했기에 이정암이 이로 말미암아 전공을 이룬 것이라고 한다.

진주성 싸움 전에 경상우도 감사 학봉(鶴峰) 김성일(金誠一)이 포루(砲樓)를 설치하다가 공사를 마치지 못하고 죽었으므로 그 일이 마침내 중지되었다. 뒤에 진주성이 함락되자 죽은 자를 이루 셀 수 없었다. 공적을 이루거나 무너짐이 나라의 계획과 관계가 있고 행복과 불행은 실로 여기에 달려 있는 것이다. 김성일의 포루 시설은 서애(西厓) 유성룡(柳成龍)의 글에서 나온 것이며, 유성룡의 《징비록》은 척계광(戚繼光)의 《기효신서(紀效新書)》에 의거하고 있다. 치(雉)란 오늘날의 곡성(曲城)·옹성(甕城)이다. 이 법은 50타(垛)마다 1치(雉)를 두어 바깥으로 두세 장(丈)을 내어 두른다. 치와 치의 간격이 50타가 되고, 1치는 각각 25타의 지면(地面)을 차지한다. 좌우에서 서로 돌아보며 포를 발사하기에 편리하다.

유성룡은 또 한가지 방책을 말하고 있다. 성 밖에다 철성(凸城)을 치의 제도와 마찬가지로 쌓는 것이다. 그 중간을 비우고 전면과 좌우에 포혈(砲穴)을 만들며 위에다 적루(敵樓)를 세우되, 적루의 상거(相距)를 1천 보(步)로 한다. 대포 속에다 새알만한 철환(鐵丸) 몇 말을 넣었다가 적이 성밖에 모여들면 두 곳에서 번갈아가며 이를 쏘아대는 것이다. 이 제도는 비록 치를 본뜬 것이지만 그 효용성은 치보다도 뛰어나다고 했다.

그러나 나는 그와 같은 방법은 아직 완전치 못하다고 생각한다. 큰 비가 내리거나 큰바람이 불 때는 대포를 쏘지 못할 경우가 있어서 활과 쇠뇌의 편리함만 못하다. 화살의 힘이 미치는 것을 헤아려 본다면, 수백 여 보 거리에서는 경궁(勁弓)·강노(强弩)가 좌우 어디든지 미칠 수 있는 것이니, 적이 감히 접근할 수 있으랴. 중간 여러 첩(堞)에 비록 지키는 자가 없더라도 또한 근심이 없을 것이다. 비바람 부는 때에는 활과 쇠뇌를 쓰고 맑은 날씨에는 조총(鳥銃)을 쓰는 것도 안 될 것 없다. 이제 들으니, 서울 동대문 밖에 이 같은 제도를 간략하게 설치했는데 그 철성이 몇 간에 지나지 않으며, 공사가 거창했으면서도, 총알과 화살을 쏘아 내보냄이 서로 걸림돌이 되기도 한다고 한다. 그래서 이를 적어둔다.

장수의 임명
命將 명장

시대가 평화스러우면 문관을 등용하고, 세상이 어지러우면 무관을 발탁한다. 문(文)은 구속받지 않기를 꾀하는 것이지만, 무(武)는 전쟁과 직결되니 우리의 원하는 바가 아니다. 그렇기 때문에 편안함에 처해 있어도 위태로움을 생각하여, 언제나 큰 적이 갑자기 쳐들어올 것처럼 해야만 비로소 급작스런 변을 모면하게 된다. 중국 고대의 문왕(文王)은 무를 가르치되 방위를 위주로 했으니, 나라를 방어하지 못하면 문을 베풀 땅조차 없게 되기 때문이다. 그렇기 때문에 아들이 태어나면 현호(懸弧 : 아들을 낳으면 뽕나무 활을 문에 걸어 놓고 활을 잘 쏘게 되길 빌었음) 하고, 어려서는 상(象 : 무무(武舞)를 이름. 손에 방패와 도끼·창을 들고 추는 춤)을 추게 하며, 장정이 되면 먼저 사마(司馬 : 군적(軍籍))에 올렸던 것이다. 어찌 하루라도 무를 잊었겠는가? 더구나 말세에는 혼란스러움이 많고 안정됨이 적다. 따라서 더욱 뜻을 다해야 할 것이다.

장수에게 명령하여 전쟁의 땅으로 가게 하려면, 임금이 수레를 밀고 부월(斧鉞 : 통수권을 위임함)을 주어서 그 예를 극히 중하게 여겨야 하는데, 이는 충성된 마음을 불러일으키고 그 위엄으로 삼군을 진압케 하려는 것이다. 어찌 소홀히 하는 데 그치랴? 한(漢)나라 고조(高祖)의 거만함으로도 오히려 단(壇)을 베풀고 재계했으니, 단을 베풂은 성신(誠信)을 보이는 것이고, 재계함은 하늘에 고하는 것이다. 이것은 군사를 출동시켜 길을 떠남에 임해서 늘 하는 것이 아니라 장수를 임명하는 의식이요, 법례(法例)이다. 예가 간략하면 일이 가벼워지고, 일이 가벼우면 사람들이 안이해져 그 성공을 바라기 어렵다.

옛날에 최윤덕(崔潤德)이 출동했다가 정돈하여 돌아올 때 임금이 예를 갖추어 나가서 맞으려 했으나, 재상 허조(許稠)가 이를 막았으니, 그 식견의 얕음이 이와 같았다. 순임금이 관리를 등용함에 있어, 우(禹 : 사공(司空)에 임명))·익

(益 : 우(虞)에 임명) · 이(夷 : 질종(秩宗) 에 임명) · 수(垂 : 공공(共工) 에 임명)의 사람됨을 어찌 알지 못했으랴 만, 반드시 조정의 신하들에게 두루 묻고 또 반드시 모두 찬동이 있기를 기다려서 이를 임명했다. 장수라는 것은 삼군의 생명을 맡는 자이며, 나라의 존망(存亡)이 그에게 달려 있는 것이니, 어느 한 사람의 의견을 가지고 경솔하게 임명해서는 안 되는 것이다. 마땅히 널리 경상(卿相)의 의견을 묻고 그 득실의 귀추(歸趨)를 살핀 다음에 임금이 취사해서 이를 임명할 것이다. 임명하는 날에, 임금은 반드시 강대한 적군의 침략이 있을 경우에, 오직 이 사람이라면 의지할 수 있을 것인가를 생각해야 하고, 임명을 받은 자는 또 반드시 함성이 하늘을 흔들고 칼과 창이 땅을 가리더라도 부모 처자를 버리고서 죽음을 무릅쓰고 달려갈 것이며, 틈을 노려 한때의 편안함을 도모하지 않을 것을 생각해야 한다.

전쟁이 일어나지 않았을 때에도 장수를 임명함에는 또한 반드시 예(禮)가 있다. 좋은 날을 가려서 교외에서 열병(閱兵)하되, 위엄 있는 몸가짐과 절차는 한결같이 《육도(六韜)》의 조문(條文)에 따르고, 임금이 몸소 가서 예를 행하여야 한다.

장수에 임명된 사람이 눈썹을 펴고 소매를 걷어올리면서 장수가 되었음을 다행으로 여기고 의기양양하여 마을에 자랑하는 자는 나라를 저버리고 먼저 도망칠 자요, 근심하고 두려워하여 마치 물이 새는 배를 타고 있거나 불타는 집 아래 앉아 있는 것처럼 행동하는 자야말로 비로소 은혜에 보답하기를 잊지 않을 자이다. 아아, 어찌 장수를 임명하는 일만이 그러하랴? 재상을 임명하여 임명장을 주는 일 또한 마땅히 그 의식의 절차를 검토해서 정해야 할 것이다. 옛날에 반드시 그 조문이 있었을 텐데 오늘날에 전해지지 않고 있다.

관리의 자격 심사
資格銓衡 자격전형

법에는 폐단이 없는 것이 없다. 폐단이 있다고 해서 이를 버린다면, 이는 목이 멘다고 해서 음식을 먹지 않는 것과 같은 것이다. 법과 폐단을 서로 비교해서 폐단이 무겁고 법이 가벼운 것은 고치면 되고, 법이 무겁고 폐단이 가벼운 것은 다듬어 정리하면 된다.

사람을 쓰는 방법에도, 자격을 주로 하면 재덕(才德)이 손실되고, 전형(銓衡 : 됨됨이나 재능 따위를 가려 뽑음)을 주로 하면 재덕 있는 이의 엄체(淹滯 : 재능이 있으면서도 승진하지 못하고 낮은 자리에 오래 머묾)가 걱정된다. 전형은 사람에게 있고 정체는 법에 있는 것이니, 사람과 법이 조화를 이루고 본(本)과 말(末)이 질서가 있으면 오래갈 수 있는 것이다. 폐단은 일을 주장하는 자가 올바르지 않은 데서 나온다. 자격의 폐단은 어질고 어리석음의 분별이 없는 것이다. 그러나 어진 이도 더러 어리석은 경우가 있다. 전형의 폐단은, 사사로운 생각이 남쪽과 북쪽이 방위를 바꾸게 되니, 해로움이 더욱 심한 것이다. 자격을 바탕으로 해서 전형의 본뜻을 살려 시행한다면 좋을 것이다.

재덕(才德)을 선발하는 데는 구품전최(九品殿最)*1의 예가 있고, 재상이 추천하는 규정이 있다. 현재 조정에 나오는 참하관(參下官)*2은 모두 그 벼슬이 임명된 전후를 기록하여 차례대로 9등(等)으로 만들고, 6월과 12월에 구품전최를 행한다. 고과에는 저마다 제목(題目 : 성적을 평가하는 제사(題辭))이 있어 이를 근거로 하니 상상인 자는 두 급을 올리고, 상중인 자는 한 급을 올리며, 상하인 자는 녹봉을 올린다. 하하인 자는 내보내고, 하중인 자는 한 급을 내리며, 하상인 자는 감봉한다.

해마다 육조(六曹) 및 한성부(漢城府)·삼사(三司)의 장관으로 하여금 저마다 한 사람씩 추천케 하여, 삼공(三公)이 탑전에서 그 제목(題目)을 살펴서 두 등급으로 나누어 규례대로 진급시킨다.

고을에 수령으로 나가는 것도, 한결같이 그 선후의 차례에 따른다. 수령의 결원이 나는 대로 차례로 기록하여 책자 하나를 만들어 놓고, 주의(注擬 : 관리를 임명할 때 세 사람을 추천하여 임금께 올리는 것)에 의거하여 임명하되 어김이 없다면, 사사로운 청탁이 행해지지 않고 인물의 현명하고 현명하지 못함이 구별된다. 측근의 신하로서 고을 다스리는 일을 시험해 보기를 원하는 자, 산반(散班 : 품계만 있고 실적이 없는 문무 관리)으로서 재질이 목민관(牧民官)에 합당한 자 및 수령을 지낸 자로서 치적이 이미 드

*1 구품전최는 고려·조선 시대에 경관 외의 문무 관리의 근무 상태를 고과(考課)할 때, 9품으로 나타내는데 최상등 성적을 '최'라 하여 상으로 나타내고, 최하등을 '전'이라 하여 하로 나타낸다. 상상부터 하하까지로 표시한다.
*2 조선 시대 문무 산계(散階)에서 문관 정7품 무공랑(務功郞), 무관(武官) 7품 이하를 말한다.

러난 자가 있으면 수시로 임명하여, 여름과 겨울 대정(大政 : ^{6월과 12월에}^{고과를 하여}
^{그 성적에 따라 관})이 시작되는 시기에 구애되지 않는다면, 소홀하지 않게 되어 병폐
^{리를 임명하는 것}
가 없을 것이다.

일본 사람의 충성과 의리
日本忠義 일본충의

　일본은 비록 해도(海島)에 있으나 개국한 지가 오래고 전적(典籍 : ^책)도
모두 갖춰졌다. 북계(北溪) 진순(陳淳)의 《성리자의(性理字義)》와 《삼운통
고(三韻通考)》에는 중국이 왜국으로부터 전적을 구했고, 우리나라의 《이상
국집(李相國集)》도 우리나라에는 이미 없어졌으므로, 다시 왜국에서 구해다
가 세상에 간행했다 하였는데, 대개 왜판(倭板)의 글자는 획이 가지런하여
우리나라 것과 비교가 되지 않으니 그 풍속을 알 수 있다.
　대마도 사람은 간사하기가 특히 심하다. 그러나 그곳도 두메의 풍속은 충
실하고 고지식하여 비록 나라의 비밀이라도 숨기지 않으니, 생각건대, 교활
한 풍습은 우리나라가 더욱 심한 것 같다. 요동(遼東)·심양(瀋陽) 사람의
말에 "세상의 온갖 물건은 길들이지 못할 것이 없다. 사나운 금수도 또한 길
들일 수 있으나 오직 고려 사람은 길들일 수 없다" 하였다. 대마도에 간사한
사람이 많은 것은 서쪽이 가깝기 때문이다. 또 땅에 오곡이 없고 상업을 생
업으로 삼으니, 어떻게 순후(淳厚)한 성질을 보전할 수 있으랴? 우리나라의
풍속으로 징험해도 깊은 산골은 반드시 순박하고 서울에 가까울수록 투박하
니, 이것으로도 알 수 있는 것이다.
　우리나라의 서적은 일본으로 들어가지 않은 것이 없으나 그 나라의 문자
는 금지하여 나올 수 없으니 이는 일본은 법을 세움이 잔혹하고 엄격한 까닭
이다. 근래에 듣건대, 그곳 충의(忠義)의 인사가 동무(東武)의 웅강(雄强)
함과 경도(京都)의 쇠약함을 분개하여, 일을 도모하려고 하나 명망과 지위
가 높지 못 한 필부여서 시행할 길이 없었다 한다. 경도는 왜황(倭皇)이 있
는 곳이고, 동무는 관백(關白 : ^{실질적인 정권을 잡았}_{던 막부의 우두머리})이 있는 곳이라고 한다.
　산기암재(山崎闇齋 : ^{경도 사람. 정주 학문을 받들고 윤리를 밝힘}_{에 힘썼다. 군신의 의(義)를 중히 여겼다})와 그 문인 천견경재(淺見絅
齋 : ^{산기암재를 사사(師事)}_{하여 정주학문을 받았음})란 자가 있었는데, 그들의 의론이 과격하여 노재(魯齋) 허

형(許衡 : 송나라 사람으로 정주학을 받들고 원나라에서 벼슬하여 국자좨주가 됨)이 원나라에 벼슬한 것을 그르다고 하니, 이는 대개 까닭이 있어서 한 말이다. 위의 두 사람은 일찍이 그 나라의 부름에 응하지 않았다. 또 천견경재의 문인으로 성은 약(若), 이름은 신요(莘饒), 자는 중연(仲淵), 호는 수재(修齋)란 자가 있는데 학문이 정명(精明)하고 대의(大義)에 대해 논하는 것을 좋아했다. 스스로 무목(武穆) 악비(岳飛 : 송나라의 충신)와 방손지(方遜志 : 명나라의 학자)에게 견주고, 언제나 경도를 부흥시킬 뜻을 품으니 실로 훌륭한 선비이다.

관백은 가장 동쪽 끝에 있으면서 일찍이 왕이라 일컫지 않고 정이대장군(征夷大將軍)이라고 불렀다. 대개 그 동북쪽에는 하이국(蝦夷國 : 옛날 일본 북쪽에 살았던 미개 민족의 종족 이름)이 있는데, 그 땅은 북쪽으로 돌아 흑룡강 밖에까지 잇닿아 있고, 사람들은 대단히 영악하고 독살스러워 제어하기 어렵기가 흑룡강 지역의 오랑캐 대비달자(大鼻撻子 : 서북변의 오랑캐)와 같다. '정이(征夷 : 오랑캐를 정벌함)'라고 하는 것은 이 따위를 진압하기 위함이니, 중국이 베이징[北京]에 도읍함과 같다.

왜황이 권력을 잃은 것이 또한 6, 7백 년에 불과한데, 이것은 백성들이 원하던 바가 아니었다. 차차 충의의 인사가 그 사이에 생겨서 천황을 복권시킨다는 명의가 정당하고 옳으니, 뒷날 반드시 성공이 있을 것이다. 하이(蝦夷)를 연결한 다음 그 천황을 끼고 제후들에게 호령한다면 반드시 대의를 펼 수 있을 것이다. 66주의 태수들 가운데 어찌 서로 호응하는 자가 없겠는가?

이렇게 되면 저편은 천황이요 우리는 왕이니, 앞으로 어떻게 조치할 것인가? 죽은 아들 이맹휴(李孟休)가 일찍이 말하기를 "통신사(通信使)의 경우, 그 서·폐(書幣)와 문자에 있어, 우리의 대신으로 하여금 동등한 예절로 함이 옳은데, 나랏일을 계획하는 자들이 멀리 생각함이 없고 눈앞의 미봉책만 일삼으며, 또 관백이 왕이 아닌 줄도 알지 못하고 이에 이르렀으니, 몹시 애석하다" 하였다.

규룡의 수염잡이
虯髯客 규염객

세상에 전하는 《규염객전(虯髯客傳)》[*1]은 두 본인데 대체로 같고 조금 다르니, 전해들은 설이 다르기 때문이다.

계곡(谿谷) 장유(張維)는 그 그릇됨을 분변하여 이르기를 "양소(楊素)가 죽은 때는 곧 대업(大業) 2년(606)이었은즉 그가 죽지 않았을 때에는 당나라 태종의 나이가 겨우 6, 7세였으니, 비록 영웅의 모습이 있다 하나 어떻게 알 수 있었겠는가. 신요(神堯)가 11년에 이르러서야 비로소 태원유수(太原留守)가 되었고 일찍이 주장(州將)이 되지 않았다" 하였으나, 그 설이 반드시 그렇지는 않고, 전(傳)에 이른바 "길에서 규염(虯髥)을 만났다" 한 것도 꼭 옳지는 않다. 양소가 막 죽었을 때에 규염이 이정(李靖)을 인연하여 태종을 보았다 했으니, 또 처음으로 태원에 온 것은 아니며, 태원 유수는 아마 주장(州將)이란 일컬음이 아닌 듯하다. 태종이 16세에 군사 모집에 응하여 운정흥(雲定興)을 달래어서 마침내 안문(鴈門)의 포위를 풀고, 2년 뒤에 진양(晉陽)에서 군사를 일으켰으니, 조성(早成)함이 이와 같았는데, 만일 양소가 죽은 지 몇년이 지났다면 태종의 천일지표(天日之表)를 상감(賞鑑)하는 자가 어찌 감별하지 못할 이치가 있었겠는가.

우리나라 역사를 상고하건대, 걸걸중상(乞乞仲象)이란 자는 발해 대씨의 조상인데 그 일이 이와 서로 비슷하다. 대씨는 요(遼)의 전부를 통합하여 그 땅이 동쪽으로 바다에 닿았었는데, 뒤에 거란(契丹)에게 멸망당했다. 그 애초에는 부여(夫餘)의 옛땅으로 서경(西京)을 만들어 거란을 방비했으니, 부여란 요해(遼海)에 가까운 나라라 해적이 들어와 웅거할 수 있기 때문이었다. 규염이 중상(仲象)이란 것은 의심이 없다. 그 전(傳)에 또 이르기를 "서쪽으로 향하여 뇌주(酹酒)하였다" 한 것은 분명히 동향(東向)의 잘못이다. 중국의 서쪽에 어찌 일찍이 바다에 가까운 부여국(夫餘國)이 있었던가.

---

*1 규염객은 당나라 장열(張說)의 소설 《규염객전》에 나오는 인물이다. 그 줄거리를 간추리면 다음과 같다. 수나라 말엽 장중견(張仲堅)의 수염이 규룡(虯龍)의 수염같다 하여 규염객이라 하였다. 규염객은 웅재와 대략(大略)이 있었는데, 바야흐로 혼란한 때를 당하여 천하를 다투는 일을 벌이려 하였다. 그때 마침 홍불(紅拂)이라는 기생을 이끌고 영석(靈石)을 지나는 이정(李靖)을 만나, 이정과 함께 태원(太原)에 가서 이세민(李世民)을 만나보고 영주가 될 것을 알고 자기의 집과 재산을 이정에게 주고 떠나며 "앞으로 10년 뒤 동남 수천 리 밖에서 이상한 일이 생길 것이니, 이는 바로 내가 득의(得意)하는 때이다" 하고 홀연히 떠나버렸다. 그 뒤 정관(貞觀) 연간에 부여에서 왕을 죽이고 자립한 사람이 있다는 말을 들은 이정은 그 사람이 규염객임을 알고 홍분과 함께 동남방을 향하여 술을 뿌리며 축하하였다.

별도로 자세한 저작이 있기로 군말하지 않는다.

기병제도
騎兵 기병

병법에 "아군의 장기(長技)로써 상대방의 결점을 쳐야 한다" 하였다. 우리나라는 말이 작고 또 생산이 적으니 어찌 감히 준마를 대적하랴. 들건대, 좋은 말은 다 서역 대완(大宛) 땅에서 나온다고 하니, 극동 지역에는 준마가 많지 않은 것이다. 그러므로 중국에서도 고려의 과하마(果下馬 : 과일나무 밑으로 타고 지나갈 수 있는)를 일컬었으며, 간혹 조금 큰 것은 다 외국에서 들여 온 품종이다. 그런즉 군사를 움직일 때 보병을 쓰는 이익만 같지 못한 것이다.

무릇 구름처럼 치닫고 광풍처럼 달리면서 뒤를 박차고 앞을 짓밟는 것은 말의 장기이고, 거센 쇠뇌와 날카로운 칼날로 10명씩이나 5명씩 나란히 서서 육박전을 벌이는 것은 보병의 장기이다. 그러므로 기병을 쓰는 것이 보병을 쓰는 것만 못하다는 것이다.

하물며 우리나라는 옛날부터 군사를 일으켜 원정한 적이 없고 적이 쳐들어오면 방어한 것에 불과하였으며, 그 방어란 것도 섬으로 도망쳐 들어가거나 산꼭대기로 달아나서 지키는 데 지나지 않았으니, 이전의 역사로 증명할 수 있다. 비록 철기가 있은들 장차 무엇에 쓰겠는가. 그러므로 오직 경영(京營 : 조선 때, 서울에 있던 훈련도감·금위영·어영청·수어청·총융청 등의 군영)에 있는 약간의 기병 이외에는 마땅히 모두 혁파하여 보병을 편성해야 한다. 난시를 당하여 긴 창과 날카로운 칼날도 연발로 쏘는 쇠뇌와 조총에는 미치지 못하므로 만일 잘 방어하지 못하여 적이 5보 안으로 쇄도하면 창과 칼은 아마 아무 도움이 되지 못할 것이다. 그러므로 우리나라의 원대한 계책은 이웃 나라와 화친하는 것이 으뜸이 되고 방어하는 것은 그 다음이 되는데, 방어하는 것은 그 영구히 할 수 없기 때문에 결국에는 화친으로 돌아갔던 것이다.

임진왜란 때에 우리나라 사람들이 유정(劉綎)을 따라 중국으로 많이 들어갔는데, 아주 잘 싸웠으므로 공을 가장 많이 세웠다는 칭찬을 받았으며, 또 그들의 말에 "달자(韃子 : 서북변의 오랑캐라는 뜻으로, 중국 명나라에서 몽골족을 이르던 말)는 가장 하잘것이 없고, 해적은 그 다음이 되며, 왜는 가장 대적하기 어렵다" 하였으니, 왜구는 화구(火

具 : ^{폭발에 사용}_{되는 제구})를 가졌기 때문이다. 그러므로 신익성(申翊聖)이 임종시에 임금에게 아뢰기를 "원컨대 왜와의 우호(友好)를 잃지 말아야 한다" 하였으니, 먼 장래를 염려함이 또한 지극하였다.

우리나라는 삼면이 바다를 끼었고 왜는 수전(水戰)에 능하므로 고려 시대에 입었던 피해는 다 수전으로 인한 것이다. 이제 듣건대, 왜는 큰 바다 가운데 있어서 사방으로 통하지 않는 데가 없고 그 기계(器械)의 정교함도 배워 익히지 않은 것이 없다고 하니, 더욱 당할 수 없게 된 것이다. 그리고 이른바 달자란 지금의 북방 족속을 일컫는 말이다.

용주(龍洲) 조경(趙絅)이 병자호란을 겪고는 "적들의 활은 가죽으로 시위를 만들었기 때문에 10보 밖에서는 사람을 해치지 못하였고, 군사들도 갑옷을 입은 자가 적었으며, 말은 우리의 것을 빼앗아 탔으니 실상은 대적하기 쉬웠다. 그러나 우리의 적수가 아니었다" 하였으니, 그때의 청나라도 그러했거든 하물며 오늘의 왜국은 어떻겠는가. 이러한 사실은 국사를 계획하는 자로서는 마땅히 알아야 할 것이다.

누가 이 원통함을 구원하랴
鄭雷卿 정뇌경

필선(弼善 : ^{벼슬}_{이름}) 정뇌경의 자는 진백(震伯)으로 옛 정승 정순붕(鄭順朋)의 현손이다. 정순붕에게 숨길 수 없는 죄악이 있는 까닭에 정뇌경이 대관(臺官)이 되었을 때 상소해 그 죄악을 탄핵하고 내치기를 청하였으나 왕은 윤허하지 않았다.

정축년(1637) 강화(講和 : ^{병자호란 때 청나}_{라와 화해한 일})할 때 세자가 볼모로 잡혀가게 되었다. 이때 시종들이 모두 수행하기를 회피하였으나, 정뇌경만이 홀로 수행하기를 청하였다.

정명수(鄭命壽)·김돌(金突)은 우리 조선의 천민이었는데 건주(建州)의 전투 때 사로잡혀서 그곳 만주의 방언(方言)을 알았던 까닭에 역관(譯官)이 되었다. 그들은 은총을 받았으면서도 우리나라 사람을 멸시하기를 이루 말할 수 없이 하므로 사람들이 모두 분개하며 이를 갈았다. 그리고 정명수가 우리나라의 방물(方物)을 훔치자, 정뇌경이 그들 가운데에서 정명수를 좋아하지 않는 자를 통해 발설하고 그 사실을 증명하였다가 마침내 죽임을 당하였다.

정뇌경이 죽을 때가 임박하여 쓰기를 "비록 곽자의(郭子儀)와 같은 훌륭한 충성은 있으나 일찍이 그 복(福)이 없어서 마침내 이임보(李林甫)[1] 언월(偃月)의 계책에 떨어졌으니, 누가 그 원통함을 구원할까" 하였으니, 함께 그를 따라간 여러 신하들의 구원함이 강력하지 않았음을 가리킨 것이다.

특이한 선비
河大海 하대해

하대해는 문의(文義)의 교생(校生 : 향교(鄕校)의 심부름꾼)이었다. 용모와 거동이 준수하고 특이하며 완력이 누구보다 뛰어났으며 글을 읽어 두루 통달하였고 의기가 꿋꿋하였다.

정승 허적(許積)이 파직되어 시골로 돌아가 머물 때에 하대해가 찾아가 뵈었는데, 패랭이를 쓴 채 옷은 터지고 찢어졌으며 진흙투성이였다. 그러나 허 정승은 일어나서 정중히 대하고 나서는 문답을 나눈 것이 없었다.

얼마 후에 하대해가 하직하고 나오려는데 허적이 가지고 있던 부채를 주겠다고 하였다. 하대해가 부채를 받아가지고 물러나자 곁에 있던 사람들이 이상하게 여기고 허적에게 그 까닭을 물었다.

허적은 "하대해는 특이한 선비이다. 패랭이로는 내가 임금을 속였다고 꾸짖은 것이고, 터지고 찢어진 데다가 진흙투성이가 된 옷차림을 한 것은 내가 쓸데없이 천하게 지내는 것을 깨우친 것일 뿐이다"라고 말하였다.

감사 이언기(李彦紀)가 문의(文義)의 원으로 있을 적에, 하대해가 찾아뵈었는데, 대청 위에서 절을 하고는 공수(拱手 : 두 손을 맞잡아 공경의 뜻을 나타냄)하고 섬돌 위에 서서 "대청 아래에서 절을 하는 것이 예인데, 지금 대청 위에서 절을 한 것은 너무 불공불손한 것이 아니겠습니까?" 하였다.

이언기가 마루로 올라오라고 명하자, 그가 마루로 올라와 앉았다가 곧 물

---

[1] 이임보는 중국 당 현종(玄宗) 때의 재상으로 아첨을 일삼고 유능한 관리들을 배척함. 당을 쇠퇴의 길로 이끈 인물로 여겨짐. 그의 초당이 초생달(偃月 (언월)) 같아서 당호가 언월당(偃月堂)이었음.

러났다. 이에 그 고을 좌수가 나와서 말하기를 "사또가 지성으로 곤궁한 백성을 구원한 것이 오늘부터 그 효과가 나타나고 있다" 하였다. 이언기가 그것이 무슨 뜻이냐고 묻자 대답하기를 "하(河) 아무개는 특이한 선비여서 평생 동안 발자취가 관가 문턱에 이른 적이 없었습니다" 하였다.

일찍이 하대해가 다른 곳에 나가고 없을 때 그 고을에서 장정(壯丁)들을 모집했었는데, 그의 맏아들도 모집 숫자에 끼어들자 그 가족들이 모두 도피하였다. 하대해가 돌아와서 이 말을 듣고는 곧 자신의 두 아들을 데리고 이언기에게 가서 호소하기를 "소민(小民) 같은 것이 병역을 기피한다면 국가가 어디서 병정들을 얻겠습니까? 다만 큰자식은 몸에 병이 있어 병역을 감당할 수 없으니 둘째 아들이 대신 나가도록 해 주시기 바랍니다" 하였다. 이언기가 둘째 아들을 불러들여 오게 하니, 그는 손에 해진 부채를 쥐고서 말하기를 "이것은 허 정승이 준 것입니다" 하였다.

명판서 이완
李右相浣 이우상완

우의정 이완(李浣)은 무신으로서 형조판서가 되어 옥(獄)에 관한 일을 공평하게 처리하였다.

한 백성이 명관(名官) 이증(李增)을 상대로 소송을 하였다. 이완은 백성이 옳다고 하였는데, 하룻밤 사이에 그 백성이 사라져 버렸다. 아무리 애써 찾아보아도 찾지 못하게 되자, 이증이 죽여서 물에 던져버린 게 아닐까 의심하여 많은 상금을 내걸고 그 시신을 찾으려 하였다. 사람들이 앞다투어 달려가 강을 따라 오르내리며 쇠갈고리 같은 것을 설치한 뒤 열흘이 지나도록 강물을 휘저어 보았으나 아무것도 찾아내지 못하였다.

이완은 따로 사람을 시켜 상세히 살피게 하고는 넌지시 부탁하기를 "행동이 시종여일 한결같은 자가 있거든 잡아오라" 하였다. 고을 백성들은 사나흘 또는 엿새 이레를 헤매다가 지쳐서 돌아가버리곤 하였는데, 어느 한 사람만이 처음부터 끝까지 뭇 사람의 틈에 끼어 있으면서 이젠 찾아내기 어렵다고 큰소리로 떠들어대는 것이었다. 그래서 그 자를 잡아다가 심문을 한 결과 마침 그 자가 살인자로 밝혀져 시체를 찾았고, 이증은 결국 옥중에서 죽었다.

감사가 양반집 딸을 시집 보내다
監司嫁民女 감사가민녀

감사 이세재(李世載)가 경상도 관찰사로 있을 때 사대부집〔衣纓家〕 딸이 있어 얼굴이 아름다웠는데, 혼인을 약속했으나 아직 출가하지 않았다.

어느 날 유모가 바깥 행랑에 있을 때에 주인집 딸이 우연히 이곳을 지나가게 되었는데, 지나가던 장사치가 그 딸을 보고는 많은 재물을 유모에게 주면서 속여 말하기를 "나는 저 처녀 때문에 상사병이 들어 곧 죽게 되었다. 속담에, 처녀가 홀로 잘 때를 틈타서 총각의 허리띠를 그 자리 밑에 몰래 감춰 두면 살 수 있다고 하니, 바라건대 내 목숨을 살려 달라" 하자, 유모가 그 뇌물을 탐내어 그 말대로 했다.

장사치가 새벽에 그 집을 찾아가서 말하기를 "내 허리띠를 자리 밑에 빠뜨린 것을 잊었으니 마땅히 돌려주어야겠다" 하였다. 그 집에서 깜짝 놀라 호통을 쳐서 쫓아버렸는데, 장사치가 드디어 관아에 소송하여 기어코 그 딸을 차지할 계략을 세웠다. 관찰사 이세재가 거짓이 있음을 짐작하고는 유모를 심문하여 그 실정을 밝혀내고 장사치와 유모를 죽인 다음, 또 그 처녀가 시집가지 못하게 된 것을 차마 내버려둘 수 없어 곧 약혼자를 불러 내막을 밝히고는 "네가 아니면 이 처녀가 시집 갈 곳이 없게 되었다. 혼사 비용은 내가 부담할 것이니, 너는 내 말대로 해라" 하며 억지로 따르게 한 뒤 마침내 몸소 택일까지 하고 혼수(婚需)를 갖추어 혼례를 치르게 했으니 그때 칭송이 자자했다.

의기로 아버지의 원수를 갚다
李文雄 이문웅

청흥군(青興君) 이중로(李重老)가 계해년(1623) 인조반정(仁祖反正) 때 이천부사(伊川府使)로서 군사를 거느리고 와서 공훈을 세워 공신이 되고 벼슬이 포도대장에 이르렀다. 그 이듬해 이괄(李适)이 반란을 일으켰을 때에 이중로를 특별히 방어사로 임명하여 마탄(馬灘)을 지키게 하였다. 그때 적들이 대군을 이끌고 와서 엄습하자 이중로는 나서서 싸우다가 물에 빠져 죽었다.

적장 이수백(李守白)은 일찍이 광해군(光海君) 때 이이첨(李爾瞻)의 사주를 받아 큰 옥사(獄事)를 일으켰는데 이중로가 따르지 않자 노하여 가버렸다. 그런데 그 뒤 이중로의 시체를 끌어내어 머리를 자른 일이 있었고 또 이괄의 목을 베어 가지고 와서 조정에 바침으로써 죽을 죄를 용서받았다.

이중로의 아들 이문웅(李文雄)·이문위(李文偉)는 이 원수를 갚으려 하였고, 풍천부사(豊川府使) 박영신(朴榮臣) 또한 그 아버지가 이괄에게 죽었으므로 이문웅 등과 더불어 평복 차림으로 종처럼 가장하고 이수백의 한 시비(侍婢)를 꾀어 아내로 삼고는 기회를 엿보다가 어느 날 대낮에 도성에서 이수백을 죽였다.

조정에서는 의(義)로 원수를 갚았다 하여 그를 용서하였다. 뒤에 이문웅은 벼슬이 군수에 이르고, 이문위는 병사(兵使)에 이르렀다.

윤집이 홀로 아뢰다

尹鏶獨啓 윤집독계

효종(孝宗)의 돈독한 우애는 하늘이 내린 것이었다.

정축년(인조 15/1637) 이후 인평대군(麟坪大君)이 세 차례나 북경[燕京]에 들어가고, 아홉 차례나 심양(瀋陽)에 들어가서 그 공로가 있었다. 우연히 그의 처남 오정일(吳挺一)의 집에 가서 술을 마시게 되었다. 승지 유도삼(柳道三)이 취중에 잘못해 '소인'이라고 일컬어야 할 것을 깜박하여 '소신(小臣)'이라고 말하였다. 그런데 서변(徐忭)[1]이란 자가 어떤 자의 사주를 받아 역적으로 고변했다.

효종이 크게 노해 사주한 자를 국문하려 하는데, 대간(臺諫)에서는 유도삼(柳道三)을 탄핵하였다. 곧 대간을 파직하라고 명하자, 대사간 유철(兪

---

*1 군수로 있을 때 유도삼의 실언을 가지고 한전(韓戬) 윤세교(尹世喬) 등이 변란을 음모한다고 임금에게 고하였다가 심문 결과 근거 없음이 드러나 외딴섬에 안치되었다가 마침내 한전과 함께 장살(杖殺)되었음.

橄)은 너무 과중함을 간쟁하였다. 임금이 그 사주한 자를 밝혀내고자 하던 참이라 곧 끌어내어 고문하라고 명하고는 "내가 임금이 되어 어찌 하나뿐인 아우도 보호하지 못하겠느냐. 너의 파란 낯〔藍面〕과 귀신 같은 얼굴로 간악한 짓이 여기에까지 이르렀다" 하였다.

우의정 심지원(沈之源)이 유철을 구하려고 하자 임금이 "간사한 무리로써 대사헌을 삼은 것은 대신의 죄이니, 경은 의당 대죄해야 한다. 이런 적을 죽이지 않는다면 나라를 다스릴 수 없다" 하였는데, 사간 윤집(尹鏶)*²이 집에 있다가 이 소문을 듣고 홀로 달려가 임금께 아뢰자, 임금의 노여움이 조금 풀렸고, 드디어 유철은 죽을 죄가 감하여져 외딴섬에 안치되었다.

택당 이식
李澤堂 이택당

택당 이식(李植)이 일찍이 완평부원군(完平府院君) 이원익(李元翼)의 막료가 되었다. 하루는 "늘 한 말씀 여쭈려고 하다가 이제야 틈을 내게 되었습니다. 율곡 이이는 어떻습니까?"라고 하자, 이원익이 대답하기를 "몸이 당상에 있어야만 당하 사람의 잘잘못을 아는 것인데, 그 지위에 이르지 못하고서야 어떻게 인품을 평가해 온당함을 얻을 수 있겠는가" 하였다.

이식이 일어나서 다시 "저는 일찍이 그를 태산북두(泰山北斗)처럼 우러러 존모(尊慕)해 스스로 귀의(歸依)할 바를 얻었다고 하였는데, 오늘날 진심으로 일러주시지 않으니, 저는 이 자리에 편안히 있을 수가 없으므로 이로부터 하직을 청합니다" 하였다. 그러자 이원익이 이르기를 "잠깐 앉아 있으시오. 비유컨대, 두 사람이 술에 취해 정신을 잃고는 서로 치고 욕하면서 밀치락달치락 언덕 아래에서 싸울 때 누군가 언덕 위에서 타일러 제지시켜도 취한 자들에게 소용없다 해서, 내가 직접 달려가 서로 떼어놓으려 하다가 도리어 그 혼란 속에 빠져 봉변만 당한다면 어떻게 되겠는가?" 하니, 이식이 비로소 "잘 알겠습니다" 하였다.

나의 집안 조카 중휘(仲暉) 이귀휴(李龜休)가 내게 "율곡을 문묘에 종사

---

*2 윤집의 자는 순보(純甫), 호는 성계(星溪)이다. 1636년(인조 14)에 대사간 유철(兪橄)의 국문을 특별히 구하기 위해 단독으로 임금에게 달려가 계를 올렸음.

(從祀)할 때 택당이 홀로 '이는 나라의 대사(大事)이니 마땅히 온 나라의 정론을 기다려야 한다. 율곡의 도학이 부족한 바가 있어서가 아니라 지금 나라 사람 절반이 따르지 않는데도 억눌러서 시행하려 한다면 이는 공평한 것이 못 된다'고 했다" 하였다. 또 "사계(沙溪) 김장생(金長生)만이 그 학문을 이어받았고, 그 나머지는 당파에 휩쓸렸다" 하였다.

또 박해(朴澥)는 "택당이 신재(愼齋) 김집(金集)에게 주는 편지에 '이전에 퇴계 이황을 문묘에 종사할 때 정인홍(鄭仁弘)이 함부로 날뛰어 합천(陜川) 등 예닐곱 읍(邑)에서 즐겨 따르지 아니함으로써 선현을 욕되게 했으니, 오늘의 일은 신중하게 살피지 아니할 수 없는데, 어찌 존당에게 사뢰지 아니하겠는가' 했다" 하였으니, 존당은 김장생을 가리킨 것이며, 이 편지는 문집 속에 수록되지 않았다.

고청 서기(徐起)
徐孤靑 서고청

서기의 자는 대가(待可)이며 계룡산(鷄龍山) 고청봉(孤靑峯) 아래 살았으므로 자신의 호를 고청(孤靑)이라고 하였다. 그의 집은 미천하였다. 세상에서는 본디 정승 심열(沈悅)의 집 종이었다고 하는데 많은 사람들이 배우기 위해 그를 찾아왔다.

심열의 집을 방문했을 때 서기는 천한 옷차림이었다. 그런데 서울의 대부들이 잇따라 찾아오게 되니 서기가 주인에게 "천한 옷차림으로는 높고 귀한 이들을 접견할 수 없으니, 의관을 좀 빌려 주십시오" 하자, 심열이 의복을 준비해 주고 지극히 예를 갖추어 서기를 대우해 주었다.

그 뒤 유림에서 조두(俎豆 : 나무로 만든 제기의 한 가지)를 마련해 제사를 지냈는데, 권세 있고 지위 높은 이들의 추향(追享)할 자가 많아지자, 한복판의 주된 자리에서 그의 위패를 강등시켰으니 우스운 일이다. 지금은 따로 사당을 세웠다고 들었다.

서산대사

休靜 휴정

스님 휴정의 호는 청허당(淸虛堂) 또는 서산(西山)이라고도 하였다. 선과 (禪科)에 합격해 선(禪)·교(敎) 양종(兩宗)의 판사(判事)가 되었다. 얼마 후에 휴정이 탄식하기를 "무엇 때문에 벼슬에 얽매여 있겠는가" 하고는 곧 벼슬을 내놓고 금강산으로 들어갔다.

휴정이 금강산 향로봉에 올라 지은 시에

만국의 도성은 개미집과 같고
천가의 호걸은 초파리와 같도다.
창문 밖 밝은 달은 나의 베개 비추는데
끝없는 솔바람 멀어지기도 가까워지기도 하네.
萬國都城如蟻垤 千家豪傑若醯鷄
一窓明月淸虛枕 無限松風韻不齊

라고 하였다.

임진왜란(^{선조 25}_{1592년}) 때에는 제자 송운(松雲)·처영(處英) 등과 함께 의승(義 僧) 3천여 명을 거느리고 명나라 군사를 응원하여 자못 공을 세웠다.

명나라 제독(提督) 이여송(李如松)이 서산대사에게 준 시에

공리를 도모하는 데엔 뜻이 없고
도선 배우는 데만 전심하였다가
지금 나라 일 위급함을 듣고
총섭으로 산에서 내려왔네.
無意圖功利 專心學道禪
今聞王事急 摠攝下山巓

라고 하였다.

나이 80이 되어 입적할 때에 서산대사가 자기 초상에 쓰기를

80년 전에는 네가 곧 나였는데
80년 뒤에는 내가 곧 너이다.
八十年前渠是我 八十年後我是渠

라고 하였다.

휴정은 곧 동방 석씨(釋氏)의 조종이다. 그런데 그 시를 보면 한세상을 우습게 여기고 영웅의 기상을 간직하고도 때를 만나지 못하고 화주(華胄 : 귀족의 자손의 이름)로 태어나지 못해 어디에도 발붙이지 못했던 것을 한스러이 여겨 공문 (空門 : 불문(佛門)을 이름)에 몸을 의탁했던 것이리라.

우리나라 풍속에는 구애됨이 너무 많아, 많은 인재들을 감히 성세(盛世)에 나타나지 못하게 하니 통탄할 일이다.

4년 동안 세 번 건넌 한강나루
金德諴 김덕함

판사(判事) 김덕함의 자는 경화(景和)이고 호는 성옹(醒翁)이다. 인목대비의 폐모론(廢母論)을 반대하여 절의를 세우고 해남으로 귀양 갔다가 얼마 뒤에는 북쪽 명천(明川)으로, 또 온성(穩城)으로 옮겨졌다가 무오년(광해 10 1618)에는 다시 영남지방으로 내려갔다. 그는 다음과 같은 시를 지었다.

남으로 갔다 북으로 갔다 또 남으로 옮기니
4년 동안 한강 나루를 세 번이나 건넜네.
사공은 늘 이전 죄 때문인 줄 모르고
가는 곳마다 새 죄를 지었다 하네.
南遷北謫又南遷 四歲三呼漢水船
津吏不知因舊罪 謂言隨處作新愆

일곱 서자

七庶孽 칠서얼

우리나라의 법은 서자(庶子 : 첩에게서 난 자식 서얼(庶孽))를 현직(顯職)에 임명하는 것을 결코 허락하지 않았다. 서자 출신 일곱 명이 나라를 원망함이 있어 서로 모여서 도적이 되었는데, 정승 박순(朴淳)의 아들 박응서(朴應犀)와 심우영(沈友英), 서양갑(徐羊甲), 이경준(李耕俊), 박치의(朴致毅) 등이 있었고, 나머지 두 사람(허홍인(許弘仁)·김경손(金慶孫). 여기 거론한 5명과 함께 강변칠우 또는 죽림칠현으로 일컬음.)은 그 이름을 잊었으나, 모두 정승과 판서의 아들이었다. 이들이 조령(鳥嶺) 아래서 재물을 겁탈하자, 뒤를 쫓아서 박응서를 붙잡았는데, 형벌을 기다릴 것 없이 낱낱이 자백하며 이르기를 "우리들은 도둑이 아니라 앞으로 큰일을 도모코자 하였다" 하고는 그 격문(檄文)을 외었으니, 곧 이경준의 필적이었다. 이경준은 곧 청강(淸江) 이제신(李濟臣)의 아들이었으며, 그 공사(供辭 : 죄인이 범죄 사실을 진술한 말)에는 대군(大君) 의(㼁 : 영창대군 의 이름)를 추대한다는 말이 있었다.

이때에 영창대군(永昌大君)의 옥사(獄事)가 있어 그 무리들이 모두 체포되었으나, 박치의만은 도망쳐 붙잡지 못하였다.

포로가 되었던 강홍립

姜弘立 강홍립

강홍립은 재상으로 심하(深河) 싸움에서 광해군의 밀지를 받고서 힘껏 싸우지 아니하고 청나라에 붙들려 구속되었다. 그는 정묘년(인조 5 1627)에 군사를 이끌고 우리나라에 들어왔다가 곧 다시 귀순하였다. 그가 적인 청군을 이끌고 쳐들어오게 하였다는 것은 옳지만 이것을 청나라에 투항한 것으로 돌리는 것은 사실이 아닐 것이다.

그가 서자 강도(姜璹)에게 준 편지에 "해가 위에서 비치고 귀신이 곁에 있는데 내가 항복하였다는 말이 어찌하여 나왔느냐?" 하였으니, 항복을 하였다면 반드시 머리를 깎고 무슨 벼슬을 가졌다는 소문이 있었을 것인데, 아마 그런 일은 없었던 것 같다. 그가 나올 적에 장옥성(張玉城 : 張晩)이 편지를 보내 "대부인(大夫人)은 천수(天壽)를 누리다가 돌아가셨고 인경(仁卿)은 그때 어느 벼슬에 있었는데 이렇게 외병(外兵 : 청나라)을 데리고 온 것은 무슨 명분인가?" 하였다. 인경은 강인(姜姻)의 자이다. 그가 귀순해 대궐 뜰 아래에서 절을 할 때 왕(인조)이 "경은 선조(先朝)의 옛 신하였다" 하면서 어전(御殿)으로 오르기를 명하자 곧 그 인부(印符)와 절월(節鉞)을 바쳤다.

이에 왕이 "소무(蘇武)*1의 절개도 이보다 더하지는 못하였으리라" 하였으니, 그가 계해년(1623) 이전에는 청나라에서 잇따라 도망쳐 돌아오는 사람들에게 비밀 편지를 주어서 그곳의 형세를 알려 오다가 인조반정 이후에는 그렇게 하지 못하였는데, 구류된 지 9년 만에 돌아왔다.

도산서원
陶山祠 도산사

내가 전에 도산사(陶山祠)를 방문할 때 온계(溫溪)를 지나자니 그곳에 온계사(溫溪祠)가 있었는데, 이는 퇴계 이황 선생의 아버지 진사(進士) 이식(李埴)과 작은아버지 승지(承旨) 이우(李堣)와 형 대사헌(大司憲) 이해(李瀣)를 제향하는 곳으로, 그 의미는 나라의 계성묘(啓聖廟 : 현종 10년(1669)에 중국의 5성(五聖)인 공자·안자·자사·증자·맹자의 아버지를 모신 사당)와 같은 것이다.

다시 작은 산기슭을 거쳐 먼저 애일당(愛日堂)을 지나게 되었는데, 곧 농암(聾巖) 이현보(李賢輔)가 살던 곳으로 분강사(汾江祠)가 있으며, 여기서 말머리를 돌려 왼쪽으로 달려간바 비로소 도산(陶山)에 다다랐으니, 온계 상류로 거리는 5리쯤 된다. 온계 상류란 곧 선생의 본집인데, 이를 퇴계(退溪)라 이르는 것이다.

동쪽 상류는 하나의 산이 가로막혀 마주 바라볼 수는 없으나, 산과 물이 서리고 돌아 시냇물을 임하여 마을이 되었는데, 산은 영지산(靈芝山)의 한 가닥이고, 물은 황지(黃池)에서 발원한 것이다.

또한 산은 청량산(淸涼山)에서부터 뻗어내려 물을 따라 서쪽으로 달리다가 영지산 줄기와 더불어 하류에서 합쳤으니, 이른바 '동·서의 두 취병(翠

---

*1 한(漢)나라 무제 때의 충신. 흉노에 사절로 갔다가 항복하기를 강요당하였으나 거절하였다가 북쪽 사막의 호수 곁에 잡혀 가, 겨울에는 먹을 것이 없어서 깔고 있던 담요를 뜯어 눈에 싸 먹으면서 19년 동안 옥고를 치르면서도 절개를 지켰음.

屛)이라'는 것이며, 선생이 손수 도산서당을 창건했는데, 후세 사람들이 잇따라 서당 뒤에다 서원을 세운 것이다.

내가 말에서 내려 단정하게 공수(拱手)하고 바깥대문에 들어서니 서쪽에는 동몽재(童蒙齋)가 있어 어린 선비들이 학문을 익히는 곳이고, 다시 진덕문(進德門)을 들어서니 좌우로 재실(齋室)이 있는데 동쪽이 박약재(博約齋), 서쪽이 홍의재(弘毅齋)였다. 서남쪽을 향해서 강당을 지었는데, 편액을 '전교(典敎)'라 하였고, 그 서쪽 집은 '한존(閒存)'이라 하여 재임(齋任)의 우두머리가 살던 곳이었다.

원지기를 불러 서원의 바깥 정문을 열어 보니, 사당에는 상덕사(尙德祠)라는 세 글자의 편액이 걸려 있었다. 꿇어 엎드려 절하는 절차를 다 물어본 다음 조심스레 들어가니, 원지기가 남쪽 창문을 열어 주었다. 내가 뜰아래서 경건히 배알하고 종종걸음으로 서쪽 댓돌을 거쳐 몸을 굽히고 문턱 밖에 서서 사당의 제도를 차례로 살펴보니, 다만 왼쪽으로 월천(月川) 조목(趙穆)을 배향하는 신위(神位)만 있었다.

다시 서쪽 담을 통하여 작은 문이 있고, 담 밖에는 집 두 채가 있는데, 하나는 술 곳간이고, 하나는 제기(祭器)를 간직하는 곳이다. 드디어 종종걸음으로 홍의재(弘毅齋)에 이르렀다. 홍의재 뒤에 방이 있는데 이것이 곧 유사방(有司房)이다.

이른바 서당이란 선생이 스스로 마련한 것이므로 나무 한 그루, 돌 한 덩이라도 사람들이 감히 옮기거나 바꾸지 않아, 낮은 담, 작은 사립문, 작은 도랑이며 모난 연못들이 의연히 감상을 돋우어 주었다.

집은 다만 3칸으로서 동쪽이 마루, 서쪽이 부엌이고 한가운데다 방을 들였는데, 방을 완역재(玩易齋), 마루를 암서헌(巖栖軒)이라 하여 이것을 통틀어 '도산서당(陶山書堂)'이라고 한다. 마루 동쪽에는 반 칸을 달아서 마루와 통하는 사다리를 놓아 청사(廳舍)를 만들었는데, 마치 지금의 와상〔臥人牀〕 모양과 같았으니, 이는 한강(寒岡) 정구(鄭逑)가 선생의 유의(遺意)를 받들어 만든 것이었다.

연못은 정우(淨友), 문은 유정(幽貞)이라 하여 싸리를 엮어 만들었고, 뜰 왼편에서부터 산발치에 이르기까지는 소나무와 전나무가 숲을 이루어 모두 한 아름씩은 됨 직한데 선생이 손수 심은 것이라고 한다.

방 안의 서쪽과 북쪽 벽에는 모두 벽장이 있고, 벽장은 각각 두 층으로 되어 있어 유물(遺物)들을 간직했는데, 곧 선기옥형(璿璣玉衡)의 도구 한 벌과 책상·등잔대·투호(投壺)가 각각 하나, 화분대(花盆臺)·타구(唾具)가 각각 하나, 벼룻집이 하나였다. 사람들이 이르기를, 벼루는 부랑배들에게 도둑을 맞았다고 한다. 또 청려장(靑藜杖) 하나가 갑(匣) 속에 간직되어 있는데, 그 마디가 짧아서 마치 학의 무릎과 같았다.

동쪽에는 한 개의 들창을 내어서 이것을 들면 마루와 통하였고, 남쪽에도 작은 창문을 내었는데, 창 안에는 시렁을 가로 매었고, 그 위에 베개와 자리 등 옛 물건을 두었다. 사람들이 이르기를 "이 방이 누추하고 낡았지만 감히 고치지 못하는 것은 선생의 손때가 벽에 남아 있기 때문이라" 하였다.

뒤에 한 원장(院長)이 관찰사에게 말하여 두꺼운 종이를 구해다가 모두 말끔하게 도배했으므로, 지금은 한 글자도 그대로 남아 있는 것이 없게 되다. 그래서 사림(士林)들이 회의를 열어 서원 문적에서 그 원장의 이름을 지워 버리고 지금까지도 그를 조롱하고 배척한다고 한다.

또 걸어서 동쪽 기슭으로 100보쯤 올라가니 천연대(天淵臺)에 이르렀는데, 서쪽 기슭의 천운대(天雲臺)와 같이 우뚝 마주 서 있었고, 물은 넘실넘실 흘러가며, 그 앞에는 탁영담(濯纓潭)도 있었지만, 본기(本記 : _{각 현판에 기록된 기문(記文)을 말함})에 나타난 것은 생략하겠다.

백운동 기행
白雲洞 백운동

내가 순흥부에 이르러 백운동을 방문하였는데, 문성공(文成公) 안향(安珦)의 서원이 여기에 있었다. 순흥부 관아에서 5리쯤 죽계(竹溪)를 따라 내려가다가 동북쪽으로 가서 마을 가운데 이르자, 물을 마주하고 작은 정자가 있는데 이것이 경렴정(景濂亭)이다. 해서와 초서로 된 두 편액이 있었는데, 해서는 바로 퇴계 이황의 글씨이고, 초서는 바로 고산(孤山) 황기로(黃耆老)의 글씨였다.

대(臺)는 취한(翠寒)이라 하였는데 역시 선생이 이름 붙였고, 줄지어 심은 해묵은 소나무도 또한 선생이 심은 것이라고 한다.

드디어 사당에 배알하려고 하는데, 서원의 원노가 검정 유건(儒巾)과 치의(緇衣)를 내게 주어 입게 하더니, 바깥문으로 안내하여 섬돌 아래에다 자리를 편 뒤에 문을 열고 나를 안내하여 자리에 나아가게 하였다. 나는 손을 모아 절하고 몸을 일으켰다가 조금 물러나서 손을 씻고는, 정문으로 들어가 향을 올리고 협문(夾門)으로 나와 뜰에서 배알하였다.

이곳의 규칙과 제도는 모두 퇴계가 보살핀 것이나 도산서원과는 달랐다. 문성공(文成公)을 주벽(主壁)으로 하여 왼쪽 두 자리는 문정공(文貞公) 안축(安軸)과 신재(愼齋) 주세붕(周世鵬)이고, 오른쪽 한 자리는 문경공(文敬公) 안보(安輔)인데 두 안씨(安氏)는 곧 문성공의 질손(姪孫)이라고 한다.

서노의 안내로 강당에 이르러, 협실(夾室)을 열더니 화상(畫像) 3축(軸)을 받들고 나와서 벽에다 걸고 내게 뜰 아래에서 네 번 절하게 했는데, 하나는 곧 공자의 진영(眞影)으로 군현(羣賢)들이 시립한 것이고, 다른 둘은 바로 문성공과 주세붕의 초상이었다.

문성공의 전기에 이르기를 "공이 노자(路資)를 박사에게 주어서 중국 땅으로 보내 공자와 그 제자 70인의 유상(遺像)을 그려 오도록 했는데, 현재 공자의 진영은 아마 이것일 터이다. 그러나 묘정(廟庭)에 종향(從享)된 이들 가운데 한(漢)나라·진(晉)나라의 여러 선비는 들어 있지 아니하고, 다만 당나라의 한유(韓愈)와 송나라의 여러 철인과 원나라의 허형(許衡)과 오징(吳澄)이 70제자의 반열에 참여되었으니, 이는 생각건대 문성공이 원나라 때 사람이므로 혹 원나라 때의 제도를 따라 그린 것인 듯하다. 또한 전손사(顓孫師) 곧 자장(子張)을 10철에 올린 것은 《명사(明史)》에 처음으로 나타났는데, 이 그림에도 그렇게 된 것은 무엇 때문인가. 이는 알 수 없는 일이다.

이 서원은 신재 주세붕이 창건한 것이나, 그 경영한 공로는 퇴계가 많았다. 당시에 신재를 추가로 배향하자는 의론이 있었는데, 퇴계 선생은 "이 서원은 바로 신재가 창건했는데 그 사람을 여기에 배향한다면, 그의 마음이 반드시 편안치 않을 것이므로 옳지 못하다" 하였으니, 퇴계의 뜻에는 그만한 연유가 있었다. 곧 신재가 벼슬하여 이기(李芑)의 문하에 출입하여 더럽힌 자취가 말썽을 일으켰기 때문인데, 뒷사람들이 또한 퇴계의 뜻을 따르지 않은 것은 무엇인가. 대개 젊은 사람들은 의기가 왕성하여 공로에만 뜻을 두므로 권간(權奸)들 가운데 당시에 이름난 자들을 허용해 주는 사례가 있었을 것이다. 이는 마치 유종원(柳宗元)이 왕비(王伾)와 왕숙문(王叔文)에 대해서나 장준(張浚)이 왕백언(汪伯彦)과 황잠선(黃潛善)에게 그러했던 것과 같다. 만일 뒷날의 수습이 조금 좋았다면 반드시 지나간 잘못으로 뒷날을 가려 버려서는 아니되는 것인데, 신재의 잘못이 무엇인지는 알 수 없다. 또한 그가 만일 크게 실각하였다면 영남 사람들의 의론이 매서울 것인데, 어찌 그를 용납하여 지키기를 이렇게까지 하였겠는가?

내가 걸어서 광풍대(光風臺)에 올랐다가 문성공이 살던 옛터를 거쳐 사현정(四賢井)에 이르니, 작은 비석(碑石)이 있었다. 이 비석에 새겨 있기를 "안석(安頓)·안축(安軸)·안보(安輔)·안집(安輯) 등이 모두 여기에서 태어났다" 하였다. 그렇다면 문성공의 아버지 안석과 아들 안집도 또한 어질고 덕이 있었는데, 벼슬이 두드러지지 못하여 민몰(泯沒)되고 세상에 알려지지 않았으니 슬픈 일이다.

백성의 수고로움을 걱정함
聖朝憂民 성조우민

성종(成宗)이 일찍이 몸이 불편했을 때 의원이, "붕어〔鯽〕가 좋다" 하자, 왕이 "지금 장마가 져서 고기를 잡는 사람들이 물에 빠질까 봐 걱정인데 어찌 내 구복(口腹)만을 위하여 백성들에게 누를 끼치겠는가" 하였다.

효종이 몸이 불편했을 적에는, 주사(廚司)*¹에서 경기의 여러 고을에 명령을 내려 메추라기를 진상하라고 하고, 해서(海西)는 어란(魚卵)을 진상하라고 하였는데, 왕이 백성들을 수고롭게 한다고 하여 빨리 멈추라고 명하였으니, 성조(聖朝)에서 백성들을 걱정함이 모두 이러하였다.

---

*1 조선 시대 어선(御膳) 및 궁중(宮中)의 공궤(供饋)를 맡던 기관. 사옹원(司饔院)의 별칭임.

군사는 배불리 먹여야 한다
性命易酒食 성명역주식

오인(吳璘 : 송나라 때 명장)의 첩진법(疊陣法)은 그 요점이 군사를 교대하는 것에 있으니, 군사를 교대하게 되면 힘이 모자라지 않는 것이다. 그러나 이것만이 아니라, 배부른 군사로써 굶주린 적을 맞도록 해야 한다.

장학(張鬶)이 남검(南劍)에, 유기(劉錡)가 순창(順昌)에 있을 때에 군사들에게 음식을 많이 주어서 배부른 군사들이 굶주린 군사들을 위해 대기하였고, 군사의 힘을 교대하여 편안한 군사들이 지친 군사들을 위해 대기하였으니, 승리의 요점은 군사의 실정을 잘 아는 일에 불과한 것인데, 그 실정을 알아 군사들을 후하게 대우하려면 반드시 군수(軍需)가 넉넉해야만 많은 혜택을 줄 수 있는 것이다.

만일 배부르게 먹이지 못한다면 비록 편안하다 할지라도 아무런 이익이 없으니, 무릇 전쟁에서는 먹을 것이 넉넉한 것을 상책으로 삼는 것이다. 조사(趙奢)·이목(李牧)·위상(魏尙)·조충국(趙充國)이 장수가 되었을 때에도 잘 먹이는 것을 요령으로 삼지 않은 적이 없었으니, 그 방법은 상고(詳考)하면 알 수 있는 것이다. 군사는 생명을 주·식(酒食)과 바꾸었는데 어찌 그 비용 따위를 논하겠는가? 그러나 이는 국가의 공급이 아니면 장수로서 홀로 변통할 수 없는 것이다. 그러므로 송 태조(宋太祖)가 변장(邊將 : 변방을 지키는 장수)을 맡길 적에 각각 1주(州)의 모든 세수(稅收)를 다 맡겨 버리고, 그 받아들이고 내는 것을 묻지 않았으며, 소와 술을 사들여 군사를 먹였으므로 한 번도 패하지 않았던 것이다.

또한 피폐하였을 즈음 관부의 창고가 고갈된다면 나라에서는 무엇으로 물자를 충당할 것인가? 그 핵심은 역시 농사를 권장하고 쓰임을 절약하는 것에 불과한 것이다. 농사를 권장하지 않으면 재물을 내는 근본이 없어지고, 그 쓰임을 절약하지 않으면 경비가 고갈되기가 쉽다. 이것은 전쟁의 물자 수급에서만이 아니라 나라를 다스리고 천하를 평화롭게 하는 데에도 근본이 되는 것이다.

월왕 구천(句踐)이 오(吳)에 대한 원수를 갚으려 할 때에 와신상담(臥薪嘗膽)으로 시작하였는데, 섶에 누웠을 때에는 보잘것없는 궁실(宮室)과 좋지 않은 의복이었음은 더 이상 말할 나위가 없었고, 쓸개를 맛보았을 때에는 박한 음식이었음 또한 말할 나위가 없었을 것이다. 이렇게 하지 않으면 재물을 모으지 못할 것이고, 재물이 넉넉하지 못하면 백성들이 기꺼이 따르지 않는 것이다. 기꺼이 따른 후라야 가히 윗사람을 친애하여 그 일을 위해 죽게 되는 것을 말할 수 있으므로, 재물의 넉넉함이 곧 큰 기틀이 되는 것이다.

쇠뇌로 수 양제를 맞히다
弩中煬帝 노중양제

동방의 의협(義俠)은 창해 역사(滄海力士)에서 비로소 나타났는데, 그가 철퇴로 진시황을 친 것은 오히려 거행하기가 쉬웠다고 하겠으나 그 종적을 감춘 것은 매우 어려운 일이니, 장량(張良)의 큰 지혜와 법술이 아니었다면 해내지 못하였을 것이다.

《삼국유사》에, "수 양제(隋煬帝)가 동국(東國)을 정벌(征伐)했을 때, 한 사람이 몰래 품속에 작은 쇠뇌를 간직하고 표사(表使: 표문을 가지고 간 사신)를 따라 양제의 처소에 갔다가 양제가 표문(表文)을 읽을 적에 활을 당겨 양제의 가슴을 맞혔다. 양제가 군사를 돌리려 할 때 좌우에게, '짐이 천하의 임금이 되어 친히 작은 나라를 정벌하다가 불리하게 되었으니, 만고의 웃음거리가 되었다. 지금 이 사람은 형가(荊軻)와 섭정(聶政)과 같은 부류이다'라고 했다" 하였다.

요동(遼東)과 심양(瀋陽) 이외에도 기절(氣節)로써 용맹을 떨쳐 천하에서 당할 자가 없음이 이러하였으되, 이 사실이 정사(正史)에 나타나지 않았으니, 아마 양제가 가슴에 화살을 맞았어도 크게 다치는 데에는 이르지 않았던 까닭에 생략한 것이리라. 마치 고점리(高漸離)[*2]가 연환(鉛丸)으로 진시황을 쳐서 종지뼈를 부쉈으나 진사(秦史)에서 이를 생략한 것과 같은 것이니, 이는 창해 역사와 같은 것으로서, 마땅히 드러내 알려야 할 일이다.

---

*2 고점리는 전국 시대 연나라 사람. 그는 형가(荊軻)와 함께 진왕(秦王)을 죽이려 진(秦)에 들어 갔다가 뜻을 이루지 못하고 죽음당하였음.

강을 준설하는 써레

揚泥耙 양니파

현재 서울 도성 안의 온갖 냇물은 모두 동쪽으로 흘러 한강으로 들어간다. 한강 하류 바닥에는 진흙이 날마다 쌓여 강바닥이 높아지니 흐르는 물이 막혀 장마가 지면 언제나 도성 안의 물이 흘러넘쳐 빠져나가기 어렵다. 요 몇 해 언젠가 시사(試士)들에게 여기에 대해 물었으나, 제대로 대답한 자가 없었다.

내가 일찍이 중국 청나라 곡응태(谷應泰)의 《명사기사본말(明史紀事本末)》에서 황하(黃河)를 다스리는 방법을 자세히 찾아보았는데, 그 하류의 강바닥을 깊게 하는 데 세 가지 방법이 있다고 했다. 그 첫째는 용조(龍爪: 오늘날의 쇠스랑) 따위의 준설하는 도구가 있었다고 했으나 그 제도를 분명히 밝히지 않았다. 또 일찍이 고찰해 본 바 송나라 때에 선인(選人) 이공의(李公義)가 철룡조(鐵龍爪)와 양니거법(揚泥車法)을 바쳐 황하를 준설했다고 한다. 그 방법은 철(鐵) 두어 근으로 쇠스랑을 만든 뒤 밧줄로 배의 뒷부분에 매어서 물에 잠기게 한 다음 뱃사공이 급히 노를 저으면 그 흐름을 따라 계속 내려가는데, 한두 번만 지나게 되면 물의 깊이가 두어 자나 깊어지게 된다.

그 다음에는 그것이 너무 가벼움을 염려하여 하천을 파내는 써레를 따로 마련했는데, 길이 8척 나무에다 2척이 되는 이빨을 아래쪽에 나란히 박아 써레 모양과 같이 하며, 돌로 양쪽 옆을 누르고 굵은 밧줄로 양쪽 끝을 묶어 큰 배에 닻돌질하되 배와의 거리가 80보쯤 되게 한 다음, 각각 활차(滑車: 도르래)를 달고 왔다 갔다 하면서 진흙과 모래를 쳐내고는 또 배를 옮기면서 쳐내는 것이다. 어떤 사람은 말하기를, 물이 얕으면 그 나무이빨이 모래와 진흙에 걸려서 끌어당겨도 움직이지 않고 끝내는 이빨이 위로 뒤집혀져 성공할 수 없을 것이라고 한다.

내가 살펴보건대, 나무써레는 쓰기가 어렵다 해도 쇠스랑의 날카로운 것을 쓰면 실패하지 않을 것이다. 하천이 범람하는 것은 예측할 수 없는 것이다. 동쪽을 다스리면 서쪽이 무너지므로, 이른바 상책이 없다는 것이나, 지금 한강의 한 굽이쯤은 나무써레로라도 반드시 준설해 봄직한데, 이 방책을 임금에게 알려 주는 자가 없으니 한탄스러운 일이다.

적게 먹으며 살아가는 방법
食少 식소

나는 가난한 사람이다. 가난하다는 것은 재물이 없음을 일컫는 것이니, 재물이란 부지런히 힘쓰는 데서 나오는 것이며, 부지런히 힘쓰는 것은 어릴 적부터 익히지 않으면 안 되는 것이니, 내가 어찌 가난하지 않을 수 있겠는가. 나는 쓰임을 절약할 수밖에 없는 것이다.

무릇 생활을 하는 데 있어 충분히 생각하여 적게 소비하지 못할 것 외에는 일체 소비하지 않아야 한다. 비록 한 푼이라도 얼마 안 된다고 여겨 소비해도 괜찮다고 생각함은 옳지 못한 것이다. 비록 하찮은 작은 일이라도 그 쓰이는 바는 모두 재물인데, 어떤 물건인들 아깝지 않겠는가. 여기에 어떤 물건이 있는데 쓰일 데를 기다리지 않고 내버린다면 이는 하늘이 내린 물건을 함부로 없애는 것이 되므로, 어진 사람은 이를 부끄럽게 여기는 것이다. 재물에는 곡식보다 더 소중한 것이 없다. 하루에 두 그릇의 밥은 입이 있는 자라면 모두 다 먹어야 하는데, 반드시 저마다 노력을 다한 데서 나온 것만은 아니므로, 재물이란 언제나 모자라며 없어지는 것이 걱정이다.

손을 부지런히 놀리지 않고 입으로 먹으려고만 한다면 벌레나 짐승과 무엇이 다르겠는가. 그러나 옛적의 군자는 앉아서 도(道)를 논하기도 하고 일어나서 일을 집행하기도 했는데, 이는 부지런히 힘써서 곡식을 생산하는 것과 그 공로가 같은 것이므로, 비록 많이 먹는다 하더라도 섭섭함이 없겠지만, 만일 편안히 앉아서 마음을 쓰지 않고 남들이 부지런히 힘써 생산한 것만 빼앗는다면 옳다고 할 수 있겠는가?

나는 천성이 글을 좋아하여 비록 온종일 끙끙거리지만, 한 올의 베나 한 알의 쌀도 모두 나의 힘으로 생산한 것이 없으니, 어찌 이른바 천지 간의 한 마리 좀이 아니겠는가. 오직 다행한 것은 선대의 유업이 있어서 적으나마 몇 섬 몇 말을 받고 있으므로, 그 가운데서 식량을 아껴 많이 먹지 않는 것으로 첫째의 경륜(經綸)이나 좋은 계책으로 삼았다.

무릇 한 그릇에서 한 홉의 쌀을 덜어내면 남들은 소용없는 일이라고 하겠지만, 그러나 하루에 두 그릇이면 두 홉이고, 한 집이 열 식구라면 두 되이며, 한 고을이 1만 집이라면 2천 말의 많은 식량을 저축할 수 있는데, 하물며 한 식구의 소비가 한 홉의 적음에 그치지 않으며, 또 한 사람의 1년 동안의 식량이 쌓이면 매우 많음에랴. 그 쓸데없는 소비는 한 푼 한 홉도 모두 아까운 것이다.

우리나라 사람들이 많이 먹기를 힘쓰는 것은 천하에서 으뜸이다. 요즘 표류하여 유구국(琉球國)에 이른 자가 있었는데, 그 나라의 백성들이 비웃으며 이르기를 "너희의 풍속이 언제나 큰 사발〔碗〕과 쇠숟갈로 밥을 떠서 실컷 먹으니 어찌 가난하지 않겠는가?" 하였다. 그들은 이전에 우리나라에 표류하여 왔다가 우리의 풍속을 이미 잘 알고 있었던 것이다.

내가 일찍이 살펴보건대, 해변 사람 한 사람이 먹을 것을 세 사람이 나누어 먹어도 굶주림이 없으니 나라가 어찌 가난해지지 않겠는가. 어려서 배부른 것에 습관이 되면 창자가 점차 커져서 채우지 않으면 굶주림을 느끼게 된다. 점차 습관이 들더라도 갈수록 굶주림을 느낀다면 굶주려 죽는 사람도 있을 것이다. 습관이 되어 창자가 커질 수 있다면 반드시 습관이 되어 작아질 수도 있을 것이다. 그러므로 곡기를 아주 끊고 먹지 않은 자도 있었으며, 산과 들의 날짐승이나 길짐승들이 얼음이 얼고 눈이 쌓여도 잘 죽지 않는 것도 그 습성 때문인 것이다.

늘 굶을 수는 없다 하더라도 어찌 너무 지나친 것을 줄일 도리야 없겠는가. 굶주림을 참기 어렵다는 것은 마음에 있는 것이지, 특별히 배〔腹〕가 그런 것만은 아니다. 중은 채소만 먹는데도 수척하지 아니한데, 혹 상사를 당한 상인〔孝子〕이 육식을 끊으면 병이 많아지는 것은 그 기욕(嗜慾)이 병들게 만든 것이다.

이것으로 말미암아 본다면, 오늘날 사람들이 굶주림을 참지 못하는 것은 마음이 안정되지 못한 때문이다. 그 까닭은 무엇인가? 전쟁이 이미 멀어졌고 안일(安逸)한 데 습관이 되었기 때문이다. 삼국 시대 이전에는 전쟁이 끊이지 않던 때여서 안일함을 얻지 못했는데 굶주렸다 해서 반드시 다 죽지는 않았다. 농사를 짓는 데 여유가 없어 곳간이 비어 있으니 언제나 배부르고자 한들 어찌 배부를 수 있었겠는가.

오늘날의 사람들은 일찍 일어나서 흰죽을 먹는 것을 조반이라 부르고, 한낮을 당하여 든든히 먹는 것을 점심이라 부른다. 부귀한 집에서는 하루에도 일곱 차례를 먹으므로 술과 고기가 넘쳐 흐르고 진귀한 음식과 색다른 찬이 높이 쌓여서 그 하루의 소비로도 백 사람을 먹일 수 있다. 하증(何曾)의 교만하고 분수에 넘침이 집집마다 모두 그러하니, 백성의 삶이 어찌 곤궁하지 않겠는가. 대단히 한탄스러운 일이다.

내가 이르건대, 일의 효력이 빠른 것은 굶주림을 참고 먹지 않는 것만 한 것이 없다고 본다. 한두 번 굶는다 하여 반드시 질병이 생기는 것은 아니며, 굶는 것에 따라서 한 되 두 되의 쌀이 불어나게 되는 것이다. 약간의 굶주림을 참지 못하고 쌀이 떨어져 병든 사람과 비교한다면, 그 어리석음과 지혜로움이 어떠하겠는가.

늙어도 학문을 좋아함
老而好學 노이호학

사광(師曠 : 춘추 때 진(晉)의 악사(樂師))이 진평공(晉平公)에게, "어려서 학문을 좋아하는 것은 해가 돋아오를 때의 햇빛 같고, 장성하여 학문을 좋아하는 것은 해가 중천에 오를 때의 햇빛과 같으며, 늙어서 학문을 좋아하는 것은 켜놓은 촛불의 빛과 같다" 하였으니, 이 말은 무엇을 두고 한 말인가? 오직 학문을 좋아하는 사람만이 알 수 있을 것이다.

학문이란 사색(思索)하는 것만 같은 것이 없고, 얻음이란 책만 한 것이 없으니, 사색하여도 얻지 못하면 오직 책이 스승이 되는 것이다. 밤에 사색하여 얻지 못하였을 때에는 분·비(憤悱)[1]하다가 해가 돋은 뒤에 책을 대하면 그 즐거움이 어떠함을 알 수 있을 것이고, 낮에 얻지 못하였을 때에는 생각나는 대로 책을 본다면 얻어지지 않는 것이 없을 것이며, 해가 진 뒤에 생각나는 바가 있을 때에는 촛불을 켜고 책을 보기를 낮과 같이 한다면, 눈이 없어도 눈이 있게 되고 스승이 없어도 스승이 있게 될 것이니, 어떤 즐거움이 이것만 하겠는가? 그렇지 않고는 책을 대하면 정신이 흐리멍덩하여 언제나 밤만 있을 뿐 새벽이 없을 것이니, 평공(平公) 같은 이가 어찌 족히 이를 알겠는가?

---

*1 분·비의 분은 마음으로 통하여 해도 되지 않는다는 뜻이고, 비는 입으로 표현하려 해도 되지 않는다는 뜻이다. 《논어》 술이(述而) 제8장 집주.

앎과 행함의 일치

知行合一 지행합일

왕양명의 지행합일*[1] 설 또한 이유가 있다. 그러나 그의 말에, "무릇 행 (行)이라 하는 것은 다만 착실히 그 일을 하는 것이니, 만일 착실히 학 (學)·문(問)·사(思)·변(辨)의 공부를 한다면, 학·문·사·변이 곧 행이다 (《중용》 제20장). 학은 그 일을 배우는 것이요, 문은 그 일을 묻는 것이요, 사는 그 일 을 생각하는 것이요, 변은 그 일을 변별(辨別)하는 것이니 행도 또한 학· 문·사·변이다. 만약 학·문·사·변을 이룬 뒤에 행동으로 옮긴다면 어떻게 학·문·사·변만 공중에 띄워 놓고 따로 할 수 있을 것이며, 행할 때에는 또 어떻게 학·문·사·변 하는 일을 배울 것인가? 행의 밝게 깨닫고 정하게 살핌 〔明覺精察〕이 곧 지이며, 지의 참되고 간절하며 돈독하고 성실함〔眞切篤實〕 이 곧 행이다. 만약 행하면서 명각정찰(明覺精察)하지 못하면 그것은 곧 명 행(冥行 : 무턱대고 행함)이요, 곧 배우기만 하고 생각하지 아니하면 얻는 것이 없다 〔學而不思則罔〕(《논어》 위정(爲政)) 하는 것이니, 반드시 지를 설(說)해야 하는 것이요, 지하면서 진절독실(眞切篤實)하지 못하면 곧 망상(妄想)이요, 생각하기만 하고 배우지 아니하면 위태롭다〔思而不學則殆〕(《논어》 위정(爲政))는 것이니, 반드시 행 에 대해 이야기해야 하는 것이나 본디는 합일의 공부일 뿐이다" 하였다.

나의 생각으로는 학에는 지·행을 겸해서 말한 것이 있으니 "배우며 때로 익힌다〔學而時習之〕(《논어》 학이(學而))"는 등이 그것이다. 사람 가운데 효제(孝悌)하는 이가 있어서 내가 효제하는 것을 배우는 것은 과연 행이요, 사람 가운데 이 치를 궁리하여 글을 읽는〔窮理讀書〕이가 있음을 보고 내가 궁리독서하는 것 을 배우는 것은 학이 아닌가? 학은 몸으로 배우는 것이 있고 마음으로 배우 는 것이 있으니, 학은 모두 행이라 할 수 있다. 그런즉 효제 같은 것은 몸의 행이요, 독서궁리 같은 것은 마음의 행이다. 이것으로 말미암아 밝게 살피는 데에 이르면 바야흐로 지가 되는 것이니, 행이 지보다 먼저가 될 것도 같다.

---

*1 지행합일설 : 지와 행이 일치됨을 말함. 주자의 선지후행설(先知後行說)에 대하여 왕양명은 치지 (致知)의 지는 양지(良知)라고 하여, 지를 사물의 위에 두지 않고 지와 행은 병진(竝進)하여야 한다는 것으로서, 알고 행하지 않음은 진실로 아는 것이 아니며, 참된 앎은 반드시 실행을 예상 하므로 앎과 행위는 항상 서로 표리(表裏)가 된다는 설.

그러나 몸으로 효제를 행하는 것을 두고 말하면, 먼저 알고 뒤에 행한다는 것에는 원래 의심이 없다. 만약 독서궁리하는 마음을 두고 행이라 한다면, 저 캄캄하게 무식한 사람이 어떻게 바로 독서궁리를 할 수 있겠는가? 능히 독서궁리하는 것은 지의 이치에 먼저 통하는 것이다. 혹 나보다 먼저 알고 먼저 깨달은 자가 있어 그가 나를 지도하여 하도록 하든지, 혹 스스로 합당히 이렇게 해야 할 것을 깨달아서 독서궁리를 할 수 있다면 어찌 지가 행보다 먼저 되는 것이 아니겠는가? 사람들은, "《소학》을 먼저 읽고 《대학》을 뒤에 읽는 것은 곧 행이 지보다 먼저 되는 것이다" 한다. 나의 생각으로는 《소학》도 먼저 안 사람에게 배운 뒤에라야 되는 것이니 곧 지가 행보다 먼저 인 것이다. 만약 지와 행이 두 가지가 아니라 한다면, 사(思)와 학(學)의 사이에 어찌 태(殆)와 망(罔)의 잘못됨이 있겠는가? (논어 위 정(爲政))

맹자는 누구에게 배웠을까
孟子受業 맹자수업

역사서에는 맹자와 자사(子思)가 문답한 말이 실려 있는데 맹자가 자사의 제자에게서 수업(受業)받았다고도 하니 두 주장이 같지 않다. 주나라 경왕 (敬王) 41년 임술(기원전 479)에 공자가 세상을 떠났는데, 이로부터 위열왕(威烈 王) 23년 무인(기원전 403)에 이르기까지는 77년이 되니 《자치통감강목(資治通鑑綱 目)》의 기록은 여기에서부터 시작되었다.

또 현왕(顯王) 33년 을유(기원전 336)에 이르러서는 공자가 작고한 지가 이미 144년이 되는데, 이 해에 맹자가 위나라에 갔고 그 뒤 18년 만인 임인(기원전 319)에 위나라를 떠나 제나라로 갔다. 맹자가 제나라에 있을 때 자신의 나이 40세라 했으니, 그렇다면 그가 위나라에 있을 때는 20여 세에 불과했는데, 양혜왕(梁惠王)이 어찌 맹자를 노인이라 불렀겠는가. 이것이 정말로 의문이다.

경전에 나타난 것으로 보면, 공자의 아들 백어(伯魚)가 죽은 뒤에 안연 (顏淵)이 죽고, 안연이 죽은 뒤에 공자가 세상을 떠났다. 그러므로 자사가 태어난 시기는 경왕(敬王) 임술(기원전 479) 이전임이 분명하니, 현왕(顯王) 을유 (기원전 336)에는 그의 나이가 줄잡아도 145, 6세나 된다. 맹자가 제나라에 있을 때

40세였다는 것으로 미루어 본다면, 그가 10여 세 때에 자사의 나이는 벌써 110여 세가 넘었을 것이다. 정자(程子)의 이른바 "자사가 《중용》을 지어 맹자에게 주었다"는 것이나, 주자의 이른바 "맹자가 자사에게 수업하였다"고 한 것은 아무래도 고증이 잘못된 것이리라.

주자가 《중용》의 서문을 지으면서 말하기를 "자사의 재전(再傳)으로 맹자를 얻었다" 하였으니, 이것은 확실히 후년에 바로잡은 논설이다.

자치통감강목
綱目 강목

진(秦)나라가 10월로 새해 시작을 정한 것은 비록 잘못된 예(例)이기는 하지만, 시황(始皇)이 천하를 통일하여 정삭(正朔 : 정월과 삭일(朔日). 곧 해의 처음과 달의 처음)을 고친 뒤에는 마땅히 그대로 따라 기록해야 할 것이다. 그러나 주나라가 망하고 진나라가 아직 통일을 이루지 못한 동안에는 당연히 주나라의 정삭을 따라야 할 것이요 진나라가 강대국이라 하여 곧 그 그릇된 예를 따를 수 없음이 분명한데, 《자치통감강목》에 진 효문왕(秦孝文王) 원년으로부터 시황 10년에 이르는 사이에 모두 10월을 새해 첫머리로 기록하였으니 무엇인가. 그리고 진나라가 망하고 한(漢)나라가 아직 통일하기 이전에는 오히려 진나라의 정삭으로 기록하였으니, 이것은 어찌 전례와 다른가.

《사기》의 진세가(秦世家)에 의하면 소양왕(昭襄王) 56년 가을에 왕이 죽고 효문왕(孝文王)이 즉위하였으나 3월 신축에 죽고 장양왕(莊襄王)이 즉위하였으니 이때가 소양왕 56년 10월인데, 《자치통감강목》에는 10월을 새해 첫머리로 삼아 기록했기 때문에 나누어 두 해의 일로 기록하였다.

또 시황 9년 4월에 장신후(長信侯) 노애(嫪毒)가 난을 일으켰으므로 사로잡아 죽였고, 10년에 여불위(呂不韋)가 이에 연좌되어 면직되었다 한다. 여불위전(呂不韋傳)에는 "9월에 노애의 삼족을 죽이고 태후가 낳은 두 아들도 죽였으며, 태후를 별궁으로 옮기고 10년 10월에 여불위를 면직시켰다" 하였으니, 노애는 4월에 죽었는데, 그 두 아들은 태후 때문에 곧 죽이지 않았다가 9월에 이르러 비로소 삼족을 멸하는 법을 써서 그 아들을 죽이고 태후를 옮긴 것이다. 《자치통감강목》에서는 노애가 난을 일으킨 것을 9월의 일이라고 기록하였으니 이는 틀린 것이다.

노애가 만일 9월에 죽었다면 당연히 "노애를 죽이고 삼족을 멸하였다" 하였을 것인데, 《사기》에는 그렇지 않다. 글 뜻이 분명하니 다시 자세히 살펴보아야 할 것이다. 또 혜성이 서방에 나타나고 또 북방에 나타나서 북두성을 따라 차츰 남쪽으로 옮겨가는 데 80일이 걸렸다. 이것도 《자치통감강목》에 꼭 썼어야 할 것인데, 무엇 때문에 빠뜨렸는지 알 수가 없다.

장안도의 말투
張安道 장안도

장안도가 말하기를, "진종(眞宗) 이전에는 조정이 존엄하여 기이한 것을 좋아하고 일을 좋아하는 사람들이 감히 조정을 흔들지 못하였으므로 천하의 선비들이 시부(詩賦)를 지어 과거를 보는 것만 알고 다른 것은 몰랐다. 속 담에 '물이 이르면 물고기가 논다' 하였으니, 이미 벼슬에 오르면 정사(政事) 모를 것을 걱정할 필요가 없다" 하였는데 이것은 나라를 망칠 말이다.

태평무사할 때에는 높은 벼슬에 있는 자가 일과 권력을 손 안에 쥐고 있으므로 임시로 미봉책을 써서라도 오히려 그대로 유지해 갈 수가 있지만, 화란(禍亂)이 잇달아서 사람들이 어찌할 바를 모를 때에는 마땅히 널리 물어서 혹시라도 유익함이 되기를 바라야지, 어찌 한 사람의 성급한 생각만으로 결단하겠는가? 고기가 물에 노는 것을 보면, 비록 저마다 놀고 움직이기는 하지만 거기에는 어리석음과 지혜로움의 구별이 있다. 혹은 함부로 행하고 그릇 달아나다가는 위태롭고 죽는 지경에 이르는데, 하물며 세상의 일이 실처럼 엉클어지고 털처럼 많아 자꾸 변하고 바뀌는 것이야 더 말할 것이 있겠는가?

결국 천하의 일은 시부를 가지고 치를 수 있는 것이 아닌데, 그것으로 사람을 뽑는 것은 필경 투자선(骰子選 : ^{박혁(博奕, 장기나}_{바둑 따위)의 명칭})과 같다. 투자선으로서도 혹 능한 자가 뽑힐 수 있다. 그러나 투자선으로 재능이 있는 사람을 뽑을 수 있다는 것은 말이 되지 않는다. 그가 본디 능한 것이지 투자선이 도움이 되는 것은 아니다.

옛사람이, "어려서 배워서 장성하여 행한다(^{맹자 양}_{혜왕 하})" 하지 않았던가? 장성하여 행하려면, 어려서 익히지 않으면 안 되는 것이다. 대저 정령(政令)의 조리(條理)는 선왕(先王)의 전(典)에도 담겨 있고, 고금의 득실은 역사에 갖추어져 있는데, 공부하는 사람이 큰 것을 가지고 연구하지 않았다가 출세하여 임금을 섬기는 일을 맡은 뒤에도 스스로 결단하지 못한다면 "배워서 넉넉하면 벼슬한다(^{논어}_{자장(子張)})"는 말은 헛말이 되는 것이요, 중유(仲由)가 말을 꾸민 것(^{논어}_{선진(先進)})을 공자께서 미워할 필요도 없었을 것이다.

한 편의 글도 읽고 외기를 오래하면 할수록 더욱 깊은 맛이 있다. 높은 재주가 있는 사람은 한번 보면 문득 깨닫지만, 끝내 오래 왼 사람이 깊이 얻은 것만은 못한 법인데, 하물며 민생의 고통과 일의 단서(端緒)를 어찌 하루아침에 쾌하게 막힘이 없도록 할 수 있겠는가? 손을 대어 한 번 그르치면 천하에 상당수가 반드시 그 해독을 받게 될 것이니, 군자는 반드시 신중히 생각하고 오래 계획하여 지난날의 사적에 고증을 하고 여러 사람의 의론을 물어서 오직 백성이 불안할까 국가가 태평하지 못할까를 염려하여야 할 것이다. 주공(周公)의 재주로도 오히려 급급해서 여러 날을 생각하였는데 어찌차마 초초하게 지나치는 말로 나랏일을 하겠는가?

지금 나라 안이 조금 안정되었기 때문에 재상이 향락만 즐겨 전부 장안도의 말투를 따라가고, 당시 송나라의 대현(大賢)이 이미 정강(靖康)의 화(禍)*1를 두고 이문정(李文靖) 등 여러 재상에게 허물을 돌렸던 뜻은 알지못하니, 이것은 짚고 넘어가지 않을 수 없다.

김수로왕과 허왕후
首露許后 수로허후

삼국시대에 사람이 금궤(金櫃)에서 나왔다느니 알에서 태어났다느니 하는 사례는 모두 믿을 수 없다는 것을 이미 단정한 바 있다. 《여지승람》을 살펴보면, 최치원(崔致遠)의 《석이정전(釋利貞傳)》을 인용하여 설명하기를 "가야산신(伽倻山神) 정견모주(正見母主)가 천신 이비가(夷毗訶)와 생각이 통하여 대가야왕(大伽倻王) 뇌질주일(惱窒朱日)과 금관국왕(金官國王) 뇌질청

*1 정강의 화 : 북송 정강 2년에 금군이 남하하여 송나라 수도 변경을 함락하고, 휘종(徽宗)·흠종(欽宗)을 사로잡았던 병란(兵亂). 정강지변(靖康之變)이라고도 한다.

예(惱窒靑裔) 두 사람을 낳았다. 그런데 뇌질주일은 이진아시왕(伊珍阿豉王)의 별칭이요, 청예는 수로왕(首露王)의 별칭이다" 하였다. 또《석순응전(釋順應傳)》에 "대가야국 월광태자(月光太子)는 곧 정견(正見)의 10세손으로 아버지 이류왕(異腦王)이 신라국의 이찬(伊粲) 비지배(比枝輩)의 딸과 결혼해 태자를 낳았다" 하였다. 따라서 이류왕은 곧 뇌질주일의 8세손이 된다. 그런데 이것은 가락국(駕洛國)의 고기(古記)와는 일치하지 않는다.

최치원은 신라 사람으로 그가 남을 위해 전(傳)을 지을 때면 반드시 전해오는 기록에 따랐을 것인데 그가 금란(金卵)의 이야기가 있는 것을 알지 못했단 말인가. 문화가 아직 미개한 지역이라 믿을 만한 정사(正史)가 없고, 어리석은 풍속이 있어 귀신을 말하기 좋아하고 불가(佛家)에서도 엉뚱한 말을 지어냈을 것이다. 신라 말기에 불교가 크게 성행했으므로 허황되고 괴기한 말이 제멋대로 유행하여, 이렇다 하기도 하고 또는 저렇다 하기도 하여 갑의 말과 을의 말 모두 사실이라고 증명하기 어려웠다. 그러니 최치원이 알지도 못하면서 글로 남겨 후세 사람들에게 의혹을 품게 하고 혼란케 했다 하여 어찌 꾸짖겠는가.

김유신(金庾信)은 수로왕의 후손이다. 신라의 박사 설인선(薛因宣)이 그 비문을 지으면서 저 중국 고대의 "황제헌원씨(黃帝軒轅氏)·소호금천씨(少昊金天氏)의 후손이다" 하였고, 신라의 왕실도 또한 소호금천씨의 후손이라고 자칭했으므로 박거물(朴居勿)이 《삼랑사비문(三郎寺碑文)》을 지을 때 역시 그렇다고 했다. 그러므로 《김유신전》에도 이에 따라 "신라와 동성(同姓)"이라고 했다. 신라의 김씨는 알지왕(閼智王)에서 비롯되었다. 알지는 시림(始林:鷄林)의 금궤짝에서 나왔는데 김해(金海)의 알 속에서 나온 것과 무슨 상관이며, 가야산에서 천신과 생각이 통하여 생긴 것과 무슨 관계가 있으랴. 또 소호금천씨와 무슨 상관이 있어서 동성(同姓)이라고 어지럽게 말한단 말인가.

고구려 시조 고주몽(高朱蒙)은 천신 해모수(解慕漱)의 아들이다. 후손 광개토왕(廣開土王)에 이르러 고운(高雲)이란 사람과 한 조상의 자손이라 하여 서로 종족(宗族)의 정의(精誼:친애와 동정)를 폈다. 고운은 고구려의 지파로서 스스로 고양씨(高陽氏)의 후손이라고 말했다. 또 더러는 고구려는 고신씨(高辛氏)의 후손이라고 했다. 시조 비류왕(沸流王)은 곧 북부여왕 해부루

(解夫婁)의 서손(庶孫)으로 그 아버지 우백(優白)이 두 아들을 두었으니 맏이는 비류(沸流)요 다음은 온조(溫祚)라 하였다. 이처럼 그 주장이 여러 갈래이니 앞으로 어느 것을 믿고 따라야 할까.

대개 신라에서는 진흥왕(眞興王)에 이르러 비로소 역사를 편찬하기 시작했고, 고구려에서는《유기(留記)》100권이 있었는데 영양왕(嬰陽王)에 이르러 요약본《신집(新集)》을 만들었다. 백제에서는 계왕(契王)에 이르러 비로소《서기(書記)》가 있었으니, 그 중간의 여러 해 동안은 믿을 만한 역사책이 없었다.

우리 동방에 사람이 살기 시작한 지 오래이니 아마도 이렇게 많은 변화가 있지 않았을까. 김해 허후(許后)에 대해서도 탐라(耽羅) 3녀와 같은 이야기가 전해 온다. 제주 어느 굴 속에서 나왔다는 양을나(良乙那)·고을나(高乙那)·부을나(夫乙那)는 어느 날 동해에 떠오른 나무 상자 속에서 나온 세 처녀와 저마다 결혼했다고 한다. 예컨대 그런 일이 있다 하더라도 바다를 표류하다 우연히 이른 데 지나지 않는다.

우리나라 세종 때에 일곱 살 된 계집아이가 표류하여 제주도에 닿았다. 그런데 배 안에 거문고 하나, 항아리 하나, 《자치통감》 한 질이 있었다. 세종은 궁중에서 그 계집아이를 기르도록 명했는데, 그가 자라 왕손 강양군(江陽君)의 첩이 되었다. 그리하여 지금의 파곡(坡谷) 이성중(李誠中), 단애(丹厓) 이경중(李敬中) 등 여러 사람들이 모두 그 후손이다. 선왕조 때 고기잡이배가 표류하여 서해안에 닿았다. 그 배 안에 네 살 된 사내아이가 있었다. 대장 유혁연(柳赫然)이 그 사내아이를 그의 집에서 기르며 조정에 요청해 성(姓)을 어씨(魚氏)로 정했는데 그 배 안에 고기잡이 그물이 있었기 때문이다. 그 뒤 그 자손은 무과에 합격하여 변방을 지키는 무관이 되었다. 오늘날 어진해(魚震海)·어진연(魚震淵) 등이 그들이다.

이런 일이 만일 삼국시대에 있었더라면 틀림없이 괴상한 말을 보태고 꾸며서 신과 관련 짓고 귀신의 조화라며 황홀하게 만들었을 것이다. 듣지도 보지도 못한 1천 년 전에 얼마나 많은 일들이 있었는지는 헤아릴 길이 없다. 오늘날 사람들은 깊이 고찰해 보지도 않고, 그 후손들마저 자신들의 할아버지가 정말 그러했다고 말하니 이상한 일이다.

한나라 문제의 세 번 사양

漢文三讓 한문삼양

한 문제가 처음 즉위할 때 세 번 사양하였는데 사람들은 그가 "백성에게 거짓 꾸밈을 보여 준 것이라" 했다. 그러나 나는 그렇지 않다고 생각한다. 공자는 "능히 예양(禮讓)으로써 한다면 나라를 다스리기에 무슨 어려움이 있으리오 ^(논어)_{이인편}" 하였으니 그가 사양을 귀하게 여긴 것이 이와 같았다. 그러므로 자로(子路)가 대답을 한 것은 그가 넉넉히 할 수 있는 일이었기 때문이었지만 공자는 웃으면서 "나라는 예로써 다스리는 것인데 자로는 사양하지 않았다" 하였다. 만약 그 일을 마땅히 할 수 있다고 해서 거만스럽게 조금도 사양하지 아니해서야 옳겠는가? 옛적에는 선비들의 상견례가 있었는데 지(贄 : 예_물)는 본디 당연히 가지고 가는 것이고 주인 또한 마땅히 받아야 하는 것이지만 반드시 손과 주인이 세 번 사양하며, 문에 들어가서도 정해진 일정한 순서가 있는 것이지만 문마다 계단에서 또한 반드시 서로 사양한다. 그러므로 "큰 사양은 오만한 것 같고 작은 사양은 거짓 같다" 하였으니 성인(聖人)이 예를 제정한 뜻이 이와 같이 곡진(曲盡)하였다.

문제(文帝)가 임금이 되는 것이 진실로 당연한 것이지마는 한 임금이 폐위되고 다른 임금이 서는 사이에 군자는 반드시 절절히 유의하여야 한다. 그때에 소제(少帝)는 비록 폐위되었으나 아직 종척(宗戚)이 많았으니, 문제는 청함을 받아 장안(長安)에 왔으나 다시금 사양하여 백성들의 마음을 알아본 뒤라야 즉위할 수 있었을 것이다. 그렇게 하였으므로 염치(廉恥)가 흥하고 탐리(貪利)가 멎어져 서경(西京)의 다스림이 융성하였으니, 이것은 세 번 사양한 가운데서 빚어낸 결실이다. "군자의 도는 바람과 같고 소인의 도는 풀과 같아서 풀 위에 바람이 불면 풀이 숙여진다 ^{(논어) 안}_{연(顔淵)}" 이름이 어찌 헛말이겠는가? 《춘추호전(春秋胡傳)》^{(송나라 호안국(胡安國)이}_{저술한 30권의 책이름}에 "계찰(季札)이 나라를 사양하여 난이 일어나게 하였다" 하고 계찰을 그르다 한 것은, 아마도 의(義)를 해치는 말인 듯하다.

고려 태조와 인종
麗祖仁宗 여조인종

고려 태조 25년(942)에 거란이 사신을 파견하여 낙타 50필을 보내왔다. 이때 태조는 "거란이 일찍이 발해와 화친을 맺었다가 갑자기 맹세를 배반하고 발해를 쳐서 멸망시켰으니 거란은 대단히 무도한 나라이다. 그들과 계속 교류하며 이웃 나라로 대접할 수 없다" 하고 마침내 국교를 끊고 그 사신 30명을 해도(海島)로 귀양 보내고 낙타는 만부교(萬夫橋) 밑에 매어 놓아 모두 굶겨 죽였다.

오늘날 송도에 낙타교(駱駝橋 : 원문의 탁타는 낙타의 딴 이름)가 있으니 그곳이 곧 그때 낙타를 매 놓았던 곳이라 한다. 역사가가 논하기를 "거란이 발해를 배신한 것이 우리와 무슨 상관이 있기에 원수와 같이 인연을 끊었는가? 이때부터 변방에 생긴 틈이 더욱더 깊어져 그 재앙을 막기가 마치 언덕 위에 붙은 불을 끄는 것과 같으니 나라의 멸망이 바로 코앞에 닥쳐 있어, 그 원인을 찾으면 모두 고려 태조가 강대한 이웃 나라와의 외교관계를 그르친 때문이다"라고 하였다.

인종(仁宗) 시대에 이르러서는 금나라가 갑자기 일어나니, 인종이 여러 신하들의 반대 의론을 물리치고 금나라에 글을 올려 신(臣)이라 일컬었다. 사신(詞臣)들이 임금의 명에 따라 글을 지을 때 더러 북조(北朝)를 가리켜 호(胡)니 적(狄)이니 하면, 인종은 깜짝 놀라면서 "어찌 대국에게 신이라 하며 섬기면서 이처럼 무례하게 부를 수 있는가?"라고 꾸짖었으니, 마침내 대대로 변방과 우호관계를 맺어 걱정이 없었다. 이로써 보면, 인종이 옳고 태조는 지혜롭지 못한 것이라 하겠다. 옛적 제왕이 대국이면서 소국을 섬긴 것도 또한 그 의미가 있는 것인데, 하물며 소국으로서 대국을 섬기는 것이랴. 국가를 다스리는 이는 마땅히 길이 이러하다는 사실을 거울로 삼아야 할 것이다.

신라 시중 최치원

崔文昌 최문창

신라 시중(侍中)이었던 최치원이 고려 태조가 사저에 머물 때 보낸 편지에 "계림에는 누른 잎이요, 곡령에는 푸른 솔〔鷄林黃葉 鵠嶺靑松〕(계림(신라)는 시들고 곡령(송악 즉 고려)이 일어 난다는 뜻)"이라고 쓴 문구가 있었다. 뒤에 현종(顯宗)이 "그는 고려의 왕업(王業)을 은밀히 협찬했으니 그 공을 잊을 수 없다" 하여 문묘에 배향하고 문창후(文昌侯)로 추봉하였다.

무릇 공자의 묘에 배향하는 기준을 공(功)으로만 한다면 중국 한(漢)나라 소하(蕭何)·조참(曹參)이 마땅히 먼저 배향되었어야 한다. 최치원은 신라의 대신이다. 그런데 이미 고려의 왕업을 은밀히 찬양할 뜻이 있었다면 그것은 패역(悖逆)에 해당되어 신하답지 못한 행위이다.

더구나 최치원이 말한 문구는 참위서(讖緯書)의 투에 불과한 것이니 어찌 그것을 숭상할 수 있으랴. 최치원이 지은 〈난랑비(鸞郎碑)〉에 이르기를 "3교(三敎 : 儒·佛·道)를 포용하여 중생을 교화한다. 들어가서 효도하고 나와서 충성하는 것은 공자의 취지요, 무위(無爲)의 일에 당하여 묵묵히 가르침을 행하는 것은 노자의 종지(宗旨)요, 모든 악함을 짓지 않고 착함을 받들어 행하는 것은 석가의 교화"라고 하였다.

난랑은 화랑이다. 화랑은 비설(鄙媟)하기가 심한 것이다. 비록 덕의(德義)를 갖춘 선비가 있다 하더라도, 어찌 그 사이에 몸을 굽혀 들어가겠는가. 그 식견의 비열함이 이와 같다. 게다가 노자와 부처까지 공자처럼 받들어 이단으로써 유교를 해치는 우두머리가 되었으니, 돌이켜보아 우리 유교와 무슨 상관이 있어서 이처럼 떠받들었겠는가.

퇴계 이황이 일찍이 말하기를 "내가 그의 불교에 아첨하는 글을 보고 늘 통분한 마음을 가졌는데 그의 신주(神主)가 감히 문묘에 배향됨을 어째서 편안히 여기겠는가?" 하였다. 이것이 이미 정론(定論)이다. 지금 사람들이 퇴계를 매사 존모(尊慕)하기 바쁘면서도 오직 퇴계의 이 말만은 채택하지 않는 것은 무엇 때문일까. 내가 일찍이 시를 짓기를

황소의 난에 난적을 토벌하는 데는 마땅히 격문을 지어야겠지만

글을 지어 부처에 아첨한 것은 허물이 크도다.
새벽에 암탉이 울 때 기미를 본 것은 밝았으나
신하로서 외국과 사귀는 것은 과연 무엇을 구함이었나.
계림황엽이라면 옛 신하로서 곡할 일인데
곡령의 왕업을 도리어 걱정하네.
고려의 융성을 은밀히 찬양하는 말은 크게 잘못된 것이요
양무에 배향된 것은 저도 응당 부끄러운 것이다.
상서장 앞에 손뼉을 한 번 치니
문순의 정론이 이제 한없이 크고 유유하네.

廣明討亂檄宜草 作書佞佛多愆尤
牝晨昏德見幾明 爲臣外交果何求
鷄林黃葉舊臣哭 鵠嶺王業還堨憂
隆興密贊語大謬 兩廡血食渠應羞
上書莊前一拍手 文純定論今悠悠

하였다. 이 의론이 충분히 단안이 될 수 있겠다.

야은 길재
吉冶隱 길야은

야은 길재*¹는 공정조(恭靖朝: 공정(恭靖)은 정종(定宗)의 묘호)에서 불러 벼슬을 주었으나 받지
않고 소를 올려 사양하였으므로 태종(太宗)이 공정(恭靖)에게 여쭈어 허락
하였는데, 그 소에 "신이 신조(辛朝)에 벼슬하여……"*²라고 하였다. 그것

---

*1 고려 말 조선 초의 학자. 이색(李穡)·정몽주(鄭夢周)·권근(權近) 등에게서 성리학을 배우고,
1386년 문과에 급제하여, 우왕(禑王) 대에는 청주목(淸州牧) 사록(司錄)에, 창왕(昌王) 대에
는 문하주서(門下注書)에 임명되었으나 모두 부임치 않았음. 정종(定宗) 2년(1400)에 태상박
사(太常博士)에 임명되었으나 두 왕조를 섬길 수 없다 하여 부임하지 않고 고향 선산(善山)에
돌아와 후진 교육에 힘썼음. 저서에 《야은집》이 있음.

*2 《정종실록》 2년 경진(庚辰) 7월조에, "신이 본래 한미(寒微)한 사람으로 신씨(辛氏)의 조정에
벼슬하여, 과거에 뽑혀서 벼슬이 문하주서(門下注書)에 이르렀습니다. 신이 듣건대 '여자는 두
남편이 없고, 신하는 두 임금이 없다' 합니다. 바라옵건대, 놓아 보내 전리(田里)로 돌아가게 하

이 이밀(李密)이 "젊어서 위조(僞朝)를 섬겨서……"*3라 한 것과 말은 비슷하나 뜻은 다르니, 하나는 나가서 벼슬하였고, 하나는 물러나서 벼슬하지 않았다. *4 그러므로 군자가 길재를 깊이 허물하지 아니하는 것이다.

왕소군이 흉노에게 간 까닭
昭君求行 소군구행

왕소군(王昭君 : 전한(前漢) 효 원제의 궁녀)이 모연수(毛延壽 : 한(漢) 시대 인물화가)에게 뇌물을 주지 않았다는 사실은 매우 황당하고 망령된 듯하다. 만약 가려내려고 했다면 비록 후궁이 많다고 하더라도 넓은 대궐 마당에서 한 번 보기만 하면 그 자리에서 바로 가려낼 수 있었을 것인데, 어찌 그림을 기다렸겠는가? 뇌물을 주지 않아 사랑을 얻을 수 없었다면, 그것은 분명 아름다움을 돌려 추하게 만들었으므로 황제가 부르지 않은 것이다.

선우(單于 : 흉노 왕)가 미인을 구하여 알지(閼氏 : 흉노 왕 선우 왕후의 호칭)로 삼으려 할 때에 한나라에서는 이것을 이용, 그 마음을 기쁘게 해 반드시 아름다운 여자를 선택하여 그에게 주려고 했을 것인데, 또 어찌 그림 가운데 추악한 사람을 뽑았겠는가? 《운부군옥(韻府群玉)》에 "유백(劉白)·번청(樊靑)을 같은 날 장터로 끌어내어 베었다"란 말이 있는데 이것이 모두 의심스럽다.

왕세정(王世貞)이 왕소군의 그림을 제사에 썼는데 그 그림에 글을 달기를 '수심과 울분을 이기지 못하여 가기를 청하였다' 하였다는데 이는 사실과 너무나 다르다. 이 말은 《서경잡기》에 나온다. 또 《야객총담》에 《후한서》 흉노전(匈奴傳)을 인용하여 "원제(元帝)가 양가(良家)의 딸을 뽑아 궁녀로 들이게 하였다. 이때에 호한야(呼韓邪 : 선우의 이름)가 찾아오니 원제가 칙명으로 궁녀 5명을 그에게 내려 주었다. 왕소군이 대궐에 들어온 지 여러 해가 지났으나

여, 신의 두 성(姓)을 섬기지 않을 뜻을 이루게 하고, 효도로 노모를 봉양하게 하여 여생을 마치게 하소서" 하여, 그 대강이 실렸음. 신조(辛朝)는 여말(麗末)의 우왕(禑王)·창왕(昌王)을 가리킴.

*3 이 말은 중국 남북조 때 진 무제(晉武帝)로부터 태자 세마(太子洗馬)로 임명된 이밀(李密)이 사양하면서 올린 진정표(陳情表)의 한 구절. 여기서 위조(僞朝)라 한 것은 밀(密)이 젊어서 촉한(蜀漢)에 벼슬한 것을 말함.

*4 이 말은 이밀은 출사하고, 길재는 출사하지 않은 것을 이름.

원제를 모시지 못해 슬픔과 원망이 쌓였다. 그러므로 액정령(掖庭令 : 궁중에서 후궁과 귀인 등을 맡은 내시 벼슬)에게 요청하여 가기를 원하였다. 그들이 떠날 때에 원제가 5명을 불러보니 왕소군의 풍만한 모습과 아름다운 꾸밈새에 대궐 안이 환히 빛나며, 또한 그가 자신의 아름다움을 자랑하면서 머뭇거리니, 좌우의 사람들이 깜짝 놀라 술렁였다. 원제가 크게 놀라 그를 머물러 있게 하려고 생각했으나 신의를 저버리게 되는 것을 곤란하게 여겼다" 하였다.

또 《금조(琴操 : 한(漢) 채옹(蔡邕)이 지은 책)》에 "본디 제나라 왕양(王穰)의 딸로 선우가 사신을 보내어 하례를 올리자 원제가 그들에게 연회를 베풀어 주고 후궁을 모두 불러 '누가 갈 수 있느냐?'고 묻자, 왕소군이 차려입고 가기를 청하였다. 선우에게 말하자 바로 〈원광사유가(怨曠思惟歌)〉를 지어 말하였다.

가을 나무의 쓸쓸함이여	秋木萋萋
그 잎조차 누렇게 시들었구려.	其葉萎黃
새들의 머무름이여	有鳥爰止
뽕나무 떨기에 모였구려.	集于苞桑
짐승과 새를 기름이여	養育毛羽
형용이 빛나는구나.	形容生光
벌써 구름에 오름을 얻어	旣得升雲
장막에 의지하여 노는구나.	遊倚帷房
이궁에 취미가 없어지니	離宮絶嗜
신체도 다 부러져 들어가네.	身體摧藏
생각이 눌리고 답답하여	志念抑沈
버텨 낼 수 없구려.	不得頡頏
비록 공가에서 먹을 수는 있다지만	雖得餧公
마음은 언제나 방황하오.	心有徊徨
홀로 있음이 그 얼마인가	我獨伊何
성격도 바뀌어 여느 때와 다르오.	改性變常
훨훨 날아가는 저 제비는	翩翩之燕
서강에 멀리 모여드누나.	遠集西羌
산들은 삐죽삐죽 높이 솟았고	高山峨峨

저 물은 늠실늠실 흘러가누나.　　　　　　流水泱泱
아빠야 엄마야　　　　　　　　　　　　　父兮母兮
길이 멀고도 길구려　　　　　　　　　　道關悠長
아아 슬프도다!　　　　　　　　　　　　嗚呼哀哉
근심스런 마음 처절함이여.　　　　　　　憂心惻傷

이것은 또 흉노전과 일치한다. 대체로 기록이 전해 듣거나 섞여 나온 것은
꼭 믿을 것이 못 되니, 전기를 버리고 사기를 따르는 것이 옳다. 뒤에 왕소
군이 다시 호한(呼韓)의 아들 주루(株累)에게 시집가서 두 딸을 낳았으니
그때에 가기를 원한 것도 이상할 것은 없다.

고려의 공헌
高麗貢獻 고려공헌

　송나라　진양(陳襄 : 호는 고령선생(高靈先生). 청묘법을 논하여
왕안석 등을 귀양 보내려다가 도리어 펌직됨)의 《문창잡록(文昌雜錄)》에
"원풍(元豊) 3년에 고려국이 사신 유홍(柳洪)과 박인량(朴寅亮)을 보내어
조공하고, 또 왜국의 수레 한 채를 바치면서 유홍이 '제후국은 수레와 복식
을 바치지 않는 것이니, 진실로 예가 아닌 줄 아오나 본국에서 수레를 바치
는 이유는 중국 조정에 왜국의 기교가 졸렬함을 보이고자 함이옵니다' 하니,
중국 조정에서는 그 때문에 그를 머물게 하였는데, 그 예를 아는 것이 이와
같았다" 하였다.
　우리나라 역사를 살펴보니 "문종 34년 봄에 사신을 송나라에 보내어 약물
(藥物)을 내려 준 것을 사례하였다. 사신이 돌아올 때 황제가 칙서를 내렸고
뇌사(賚賜 : 아랫사람에게
내려 주는 물건)가 대단히 많았으며, 또 의사를 보내왔다" 하였고 수레
를 바쳤다는 말은 없다. 그러나 문종 28년부터 왜인들이 가서 토산물을 바
쳤으며, 이때부터 계속되어 끊임이 없었다고 하였은즉 어쩌면 이 일이 있었
다고도 여겨진다.
　문하시랑 유홍은 무인으로서 《춘추좌씨전》과 《병가비결(兵家秘訣)》에 정
통하여, 나라에 근심이 있거나 의심이 있을 때에는 고전을 인용하고 참고해
서 결정하였고, 또 병거(兵車)를 만들어 뜻하지 아니한 근심에 대비하기를

청하였는데, 이 두 가지를 서로 참고로 비교해 볼 때 아마 그런 일이 없지는 않았던 것 같다. 유홍의 어짊은 우리나라의 명신이 될 뿐만 아니라 중화 사람들에게도 칭찬을 받음이 이와 같았으니 그를 높일 만하다.

《주자어록》에 "신종(新宗) 때에 고려에서 선진(先秦)의 고서(古書)와 육경(六經)을 바쳤는데, 일찍이 불타지 아니한 것이므로〔不曾焚書〕(진 시황의 분서갱유. 그때 타지 않은 것) 황제께서 반행(頒行 : 서적을 발행하여 반포함)하고자 하였으나, 왕안석의 제지로 그 책이 전해지지 못하였다" 하였다. 주자는 이 말을 꼭 그렇다고 하지는 않았으나 문득 말하기를, "우연지(右延之 : 송나라 우무(尤袤)의 자(字))가 이르기를 《맹자》의 인(仁)이란 인(人)이다'라고 한 장(章) 밑에 고려본에는, '의(義)란 것은 의(宜)이며, 예(禮)란 것은 이(履)이며, 지(智)란 것은 지(知)이며, 신(信)이란 것은 실(實)이니, 합하여 도(道)라고 한다' 하였으니, 이 말이 옳은 것 같다"라고 하였다.

오늘날 《맹자집설(孟子集說)》에 실려 있는데, 그것이 실제로 있었는지는 알 수 없으나, 또 어찌 그것이 꼭 없었다고 할 수 있겠는가? 본국의 역사는 사실을 잃은 예가 많으니, 살펴 고찰하지 않으면 안 된다.

고려의 동성끼리의 결혼
高麗同姓昏 고려동성혼

《고려사》를 살펴보니, "정종(定宗)이 처음으로 장공주(長公主)를 아우 소(昭)에게 시집보냈으며, 광종(光宗)은 자매에게 장가가 왕후를 삼았다" 하였으니 추잡하고 더러운 일이 세대마다 없던 적이 없었으나, 다만 송나라 왕 유욱(劉彧 : 중국 남조의 송나라 제6대 황제) 외에는 자매로서 왕후를 삼은 자를 보지 못하였다. 사신(史臣)은 "태조께서 습속에 젖어 변경하지 못했다" 하였은즉 그 유래가 멀다. 대개 신라 때에 당내(堂內)의 친척에게 장가를 들어도 당연하게 여기어 수치임을 알지 못하였고, 뒤로도 그대로 인습하여 고치지 않고 바로 맹자의 예를 끌어대어 성씨를 바꾸었다. *¹ 선종(宣宗) 때에 이르러 왕제 금관후

---

*1 이 말은 춘추(春秋) 때 노나라 소공(昭公)이 오나라로 장가갔는데, 노와 오는 같은 희성(姬姓)이기 때문에 그 여자를 오맹희(吳孟姬)라고 하여야 하는데, 성을 자로 바꾸어 오맹자(吳孟子)라 했음.

(金官侯) 비(丕)와 변한후(卞韓侯) 음(愔)과 진한후(辰韓侯) 유(愉)가 간절
하게 간하였지만 듣지 아니하고 마침내 누이를 왕제 부여후(扶餘侯) 수(燧)
의 아내로 삼도록 하였다. 숙종(肅宗) 원년에 이르러 처음으로 동성이 혼가
하는 것을 금하여 대체로 소공(小功 : 8촌을 말함) 이내가 혼인하여 낳은 자식은 벼
슬함을 허용하지 않았다. 의종(毅宗) 원년에 이르러 또 이것을 거듭 금하니
이른바 월양일계(月攘一鷄) *2란 것이다. 왕세정(王世貞)이 완위편(宛委編)
에서 송지(宋志)를 인용하여 "고려의 왕녀가 하가(下嫁)함에 반드시 형제와
종족에게로 시집보냈다. 그 임금 휘(徽)는 글을 읽고 선비를 좋아하였는데
도 풍속 고치는 것을 달게 여기지 아니하여, 그 둘째아들 운(運)이 간하매
노하여 귀양까지 보냈다. 휘는 바로 문종(文宗)의 이름이요, 운(運)은 곧
선종(宣宗)의 이름이다" 하였는데, 뒤에 비(丕) 등의 간함은 듣지 않았다고
말하였은즉 그것은 착오로 전해진 것이 분명하다. 문종 35년에 이부(吏部)
에서 "진사 노준(魯隼)은 그 아비가 법을 범하면서 대공친(大功親 : 9개월 간 복을 입는 친척)
에게 장가들어 낳은 사람이오니, 금고(禁錮)로 종신하게 하시기를 원합니
다" 하였으니, 그렇다면 여염(閭閻) 사이의 선비와 일반 사람의 예는 이와
같지 않았던 것이다. 그렇지만 교화는 가까운 데로부터 시작되는 것이라 임
금의 소행이 벌써 이와 같았으니, 아랫사람이 윗사람 본받는 것을 어떻게 금
할 수 있으랴? 성조(聖朝)에 이르러 그 전의 더러운 것들을 일소하니, 백세
에 혼인을 하지 않을 뿐 아니라 이성(異姓)의 친척 간에도 절대로 서로 통
혼하는 자가 없게 되었으니, 이것은 천하고금에 없었던 아름다운 일이다. 어
떤 사람은 "반드시 세속을 따를 것은 아니다" 하니 어찌 그런 그릇된 말을
하는가?

신라의 화랑
花郞 화랑

오늘의 광대놀음은 옛날에는 정재(呈才)라 말하였던 것이며, 일반에서는
화랑(花郞)이라 한다.

---

*2 월양일계 : 이웃집 닭을 하루 한 마리씩 훔치던 것을, 한 달에 한 마리씩 훔치다가 1년 뒤에 그
  만둔다는 말. 즉 허물을 알고도 즉시 고치지 않음의 비유.《孟子 滕文公上》

화랑이란 이름은 신라로부터 시작되었는데, 화랑은 원화(源花)에서 근원하였고, 원화는 풍월주(風月主)에서 근원하였다. 법흥왕(法興王) 때 사내아이로 용모와 품행이 단정한 사람을 선발하여 이름을 풍월주라 하였고 언행이 바른 사람들을 모집하여 단체로 효제충신(孝悌忠信)을 닦게 했다.

진흥왕(眞興王) 때에 이르러서는 사람의 품성을 알아볼 도리가 없음을 근심하여, 끼리끼리 모아놓고 떼지어 놀리면서 그 행동을 보아 뽑아 쓰고자 하였다. 마침내 미녀 두 사람을 뽑아 원화로 받들었는데, 한 사람은 남모(南毛)라 하고 또 한 사람은 준정(俊貞)이라 하였다.

무리 300여 명을 모았는데, 아름다움을 경쟁하고 서로 질투하여 준정이 남모를 죽이니, 준정도 복주(伏誅 : 형벌을 순순히 받아들여 죽음)되어 마침내 원화 제도는 폐지되고 말았다.

뒤에 다시 미남자를 뽑아 그들을 단장하고 꾸며서 이름을 화랑이라 하니, 그 무리가 날로 많아졌다. 도의를 서로 연마하기도 하고, 노래와 음악으로 서로 즐기기도 하고, 산과 물을 찾아 즐겁게 노닐기도 하여, 먼 곳이라 하여도 가지 않는 곳이 없었다.

세월이 오래 흐르는 동안에 간사함과 정직함이 자연히 나타나게 되자 그 명예와 덕망이 높은 이를 뽑아서 썼으니, 이것이 신라에서 사람을 뽑아 쓰던 법이다. 대체로 여색(女色)에는 사람들이 쉽게 미혹되므로 노래하는 기생들이 있는 장소에 그들을 섞어놓으면 진심을 볼 수 있기 때문에 반드시 이 방법으로 시험한 것이다. 또 반드시 미남자로서 한 것은, 또한 옛사람이 말한 남색(男色)의 종류라는 것이다. 그때의 인사들이 음란하고 추악한 분위기 속에서 그들과 같이 미쳐 날뛰기를 즐겼으니 그들이 강습하고 연마하던 것은 무슨 도였던가?

오늘날 급제 출신자가 반드시 화랑으로 자처하여 노래하고 춤추며 뛰어노는 것을 즐거움으로 삼으니 이것은 그 유풍인 것이다.

신불해와 한비자를 좋아한 제갈량
孔明喜申韓 공명희신한

제갈량은 장량(張良 : 자(字)는 자방(子房))을 닮았다. 장량은 황제(黃帝)와 노자(老子)

를 좋아하였다. 제갈량은 신불해(申不害)와 한비자(韓非子)를 좋아하여 손수 문자를 써서 후주(後主) 유선(劉禪)에게 주어 나라를 다스릴 때 엄격함을 위주로 하도록 하였으니, 이 모두가 형명학(刑名學 : ^{중국 전국 시대에, 한비 등이 법으로써 나라를 다스려야 한다고 주장한 학설})으로부터 나온 것이다. 제갈량의 말에 "덕정(德政)이 거행되지 않고 위엄과 형벌이 철저하지 못하면 군신의 도가 점점 쇠퇴한다. 사랑하기를 벼슬로써 한다면 벼슬이 극도로 높아지면서 그에 따라 잔인해지고, 달래기를 은혜로써 한다면 은혜가 다했을 때는 오만해지기 때문에 폐단이 생기게 된다. 내가 이제부터 위엄을 보이기를 법으로써 할 것이니 법이 행하여지면 은혜를 알게 되고, 한정하기를 벼슬로써 할 것이니 벼슬을 더해주면 영광을 알게 되어, 영광과 은혜가 아울러 이루어지고 상하가 절도 있게 되어 다스리는 요점이 드디어 나타나게 될 것이다" 하였다. 제갈량은 역시 사람 다루는 방법을 알았다.

맹자는 "한갓 착하기만 한 것은 정사를 다루기에 부족하다" 하였으니 못난 사람은 인자한 은혜로 가까이하게 되면 그것을 은혜로 여기지 않고 버릇없이 업신여기게 되며, 무섭게 굴어 꺼리게 하면 정성과 충성을 움직여 일이 이 때문에 이루어지는 것이다. 따라서 제갈량이 어찌 다만 엄하게만 하였겠는가?

이제 《무후심서(武侯心書)》(^{병서(兵書)})를 살펴보건대 "유순하거나 약해 보이면 그 형세가 반드시 깎이고, 순수하면서도 곧거나 강하면 그 형세가 반드시 망한다" 하였으니, 제갈량은 부드럽지도 않고 굳세지도 않은 사이에서 시기적절하게 변통한 사람이다.

선주(先主) 유비(劉備)가 죽음에 이르러 그 아들에게 경계하여 말하기를 "《한서》·《예기》를 읽고 《제자》·《육도》와 《상군》 등 책을 두루 보아 인간의 의지를 더하도록 하라" 하였으니, 역시 그 수준이 제갈량과 다르지 않다.

정치하는 방법은 육경을 근본으로 삼아야 마땅하지만, 인정을 자세하게 살피고 사무를 빈틈없이 처리하는 데 대해서는 《한비자》나 《제자》에도 적지 않게 언급되어 있다. 그의 말에 "엄한 집에는 사나운 종이 없는 법이요, 사랑하는 어미에게는 패망하는 아들이 있는 법이다" 하였다. 여기 못난 아들이 하나 있다고 하자. 부모가 성을 내도 고치지 않고, 마을 사람들이 꾸짖어도 움직이지 않으며, 스승과 어른이 가르쳐도 꼼짝도 않다가, 고을의 아전이

관병을 가지고 공안(公案)에 추고하여 간악한 사람을 찾게 된 뒤에야 두려워서 절도를 바꾸고 그 행동을 바르게 한다. 그러므로 열 길 되는 성루(城樓)를 떨어서 넘지 못하는 것은 가파르기 때문이요, 천 길이나 되는 산에서도 절뚝거리는 숫양을 목축하기 쉬운 것은 그곳이 평탄하기 때문이다. 이러한 것은 요점을 안다고 말할 만하다.

대체로 덕례(德禮)와 정형(政刑)은 서로 안팎이 되어야 한다. 그렇지 못하면 그것은 바로 "인자한 마음과 어질다는 소문은 있는데도 사람들이 그 은택을 입지 못한다(^{맹자}_{이루편 상})"는 것이다.

옛날 잘 다스려진 세상에서 군자의 이론은 교육을 주로 하고 형벌을 천하게 여기는 것이 마땅하였지만, 그들도 어지러운 세상을 만났다면 역시 제갈량의 뜻을 따르지 않을 수 없었을 것이다. 오늘날 강기가 이지러지고 오상(五常)의 어지러움이 극도에 다다랐으니, 《한비자》와 《제자》도 세상에 반드시 도움이 될 것이다.

유비의 아들을 타이름
昭烈戒子 소열계자

촉한(蜀漢)의 소열(昭烈 : ^{유비의}_{시호})이 아들을 경계하여 타이르기를, "악은 작더라도 결코 행하지 말며, 선은 작더라도 반드시 행하라" 하였으니, 이것은 미미한 차이이나 군자와 소인의 갈림길이 된다.

도심(道心)이 이미 나타났고 인심(人心)이 이미 분별되었은즉 그것을 행하는 방법은 마땅히 이 말로부터 시작하여야 할 것이니, 뛰어난 식견이 있다고 이를 만하다. 그러나 그 말은 근본한 곳이 있다. 가 태부(賈太傅)*1의 심세편(審勢篇)에, "선(善)은 작되 이익이 없다 할 수 없고, 불선(不善)은 작되 손상이 없다 할 수 없다. 작은 선을 하나 함으로써 천하를 이롭게 하고, 작은 불선을 하나 함으로써 국가를 어지럽힌다는 것은 아니지만, 대체로 시

---

*1 가의(賈誼)를 이름. 전한(前漢) 문제(文帝) 때의 문신. 낙양(洛陽) 사람. 문제 때 박사(博士)에서 태중대부(太中大夫)가 되었으며, 뒤에 장사왕(長沙王)의 태부(太傅)로 좌천되었다가 다시 양 회왕(梁懷王)의 태부가 되었음. 당시 사람들은 그를 가 태부(賈太傅) 또는 가생(賈生)이라 불렀음.

작을 가볍게 여겨서 남에게 오만히 굴면 그 흐름이 대란(大亂)에 이르게 된다. 그러므로 임금된 이는 마땅히 삼가야 한다. 사람들이 높은 데 오르면 바라보게 되고 깊은 데 다다르면 엿보게 되는 것은, 사람의 천성이 엿보고 바라보는 것이어서가 아니라 형세가 그것을 그렇게 만드는 것이다. 대체로 일은 간악함을 이루고 형세는 화를 부르는 것이 있으니, 일의 적당함과 어지러움은 지형이 사람을 미혹시킴과 같다. 기틀이 차츰 움직여 가게 되면 이윽고 동서가 낯을 바꾸게 되지만, 사람들은 그것을 알지 못한다" 했으니, 가 태부는 먼저 요령을 얻었으며, 그 뜻도 더욱 자세하다.

높은 데 오르고 깊은 데 다다른다 함은 사람이 선한 기미에 있게 되면 길이 스스로 중선(衆善)으로 통함을 이름이요, 사람이 악한 기미에 있게 되면 길이 스스로 중악(衆惡)으로 통함을 이름이니, 차츰차츰 찾아서 들어가는 것이 마치 사람이 높은 데 올라가면 그 형세를 바라볼 수 있는 까닭에 바라보게 되는 것이지 그 사람의 천성이 본디 그러함은 아니며, 깊은 데 다다르면 그 형세를 엿볼 수 있는 까닭에 엿보게 되는 것이지 그 사람의 천성이 본래 그러한 것은 아니다. 이것은 형세의 필연이나 사람은 스스로 깨닫지 못한다. 기틀이 점점 움직이면 낯을 바꾼다 함은, 사람이 운행하는 기계 위에 있어 밀어서 빙글빙글 굴러 돌아가기를 천천히 하여 급하게 구르지 않는 것과 같은즉, 비록 낯을 동서로 바꾼다 하더라도 마음은 오히려 깨닫지 못하는 것이니, 선악의 기미도 이와 같다. 대명(大明)에 이르러 나공교(羅公僑)*²는 "사람은 일어나서 잘 때에 이르기까지 일호의 악한 마음이라도 먹어서는 안 되는 것이니, 악한 생각이 한번 싹트면 이것을 끊어 버려 뿌리와 포기를 송두리째 뽑아야 하고, 잠깐 동안이라도 선한 마음이 없어서는 안 되는 것이니, 선한 생각이 한번 싹트면 바로 확충해 넓혀 샘이 흘러나가며 불이 타오르듯 하게 하여야 한다" 하였으니, 이는 마땅히 겉으로 드러내야 한다.

---

* 2 나공교는 명나라 사람. 직간하다가 파직되었는데, 그 뒤 세종(世宗) 때에 다시 태주 지부(台州 知府)가 되었음.

이색의 크나큰 절개

牧隱大節 목은대절

　목은 이색의 뛰어난 절조는 흔히 중국의 화산(華山)이나 숭산(崇山)에 비유하지만 그러나 그의 "노부는 앉을 곳이 없다〔老夫無坐處〕"는 말을 두고 사람들은 오히려 나라가 망한 뒤에까지 구차하게 생명을 연장하였다고 의심하니, 이것은 책비(責備 : <small>완전하여 한 가지 허물도 없기를 바람</small>)의 논의이다.

　공양왕 2년(1390)에 대간의 요청에 따라, 과거에 이색이 신창(辛昌)을 세웠고 또 신우(辛禑)를 도로 맞이하기 위해 의론한 죄를 국문하여 다스렸다. 목은이 일찍이 사람들에게 "옛날 진(晉)나라 원제(元帝)의 성은 우씨(牛氏)이지만 진나라의 종통을 이어받았다. 호인(胡寅)은 '호갈(胡羯)이 번갈아 침범해 강좌(江左)가 쇠약해져서, 만일 구업(舊業)에 의지하지 않고서는 인심을 붙잡을 수 없었으니, 이것 또한 형세를 타고서 일을 성취하고자 한 것이고 부득이한 것이었다' 하였다. 그런데 이제 와서 내가 신씨를 세우는 데 이의를 제기하지 않았던 것은 역시 이러한 생각에서였다" 하였다.

　호씨의 주장은 분명히 알 수 없으나 우씨와 김씨에 대한 말은 심약(沈約)의 《송서》에 나타나 있으므로 거기에 거짓이 많은 것은 분명하다. 더욱이 김씨는 장군으로 독약을 받고 죽었으니 작은 아전이 아니다. 게다가 그때 강좌에 있던 여러 사람들이 반드시 이것을 알고 있었던 것도 아니다. 만일 그가 타성인 줄 분명히 알았다면 어찌 구업을 빙자하였을 것이며, 그 무렵 또 어떻게 사마성(司馬姓) 가진 사람이 한 명도 없어서 꼭 이렇게 하는 것을 편안하게 여겼을 것인가. 이것은 다만 형세로써 말한 것일 뿐 의리에 대하여서는 한쪽으로 내버려 둔 것이다.

　그런데 이색이 또 이 사실을 들어서 증거로 삼은 것은 무슨 까닭일까. 이때에 신씨 부자는 혼자 떨어진 병아리 신세나 썩은 쥐에 지나지 않았고 종친도 많았다. 그런데 굳이 무엇 때문에 구업에 빙자하였겠는가. 혹시 그때의 일을 뚜렷이 말할 수 없어서 이렇게 빙자하여 말했단 말인가. 뒷사람들이 혹시 이것으로 말미암아 시비의 진실로 여긴다면, 마치 어리석은 자 앞에서는 꿈을 말할 수 없는 것과 같은 것이다. 이제 한마디로 판단할 수 있으니, 고인들은 반드시 허물 있는 가운데에서 허물이 없음을 구하였던 것이다.

이색의 평생 큰 절조는 이미 뛰어났다. 그러니 그 언어의 실수에서 허물을 찾아내려는 것은 옳지 않다. 전겸익(錢謙益)의 《명시주(明詩註)》에 또 호씨의 주장을 인용하고 그 끝에 단정하기를 "멀고 먼 옛날 일을 가지고 누가 우씨와 사마씨의 시비를 가릴 것인가?"라고 하였다. 공자가 《춘추》를 지을 때, 정공(定公)과 애공(哀公)에 대하여 은미한 말을 많이 썼다. 우리나라 역사 기록에도 이런 것이 있으니 역시 가려서 살펴야 마땅하다.

전횡 일삼다가 참살된 모문룡
毛文龍 모문룡

조선 인조(仁祖) 때에 우리나라는 변방의 근심으로 곤란을 겪어 군사 문서의 왕래가 잦았다. 그때 모문룡(毛文龍)*1이 가도(椵島)에 버티고 앉아 갖은 방법으로 공갈을 쳤으니, 지금 생각하여도 이가 갈린다. 모문룡은 항주(杭州) 사람으로 꾀도 없고 용맹도 없으면서 큰소리치기를 좋아하였다. 요동의 순무(巡撫) 왕화정(王化貞) 아래에 예속되어 있었는데, 왕화정이 바다로 나가 탐문할 수 있는 자를 모집할 때, 모문룡이 스스로 가겠다고 청하여 마침내 200명을 거느리고 해구(海口)에 주둔하였다. 이때에 요동의 수재 왕일녕(王一寧)이 혼자 조선에 와서 그들을 도와 함께 요양(遼陽)을 회복할 것을 요구하였다. 마침 사명(使命)을 받들고 조선에 와 있던 한림(翰林) 유홍훈(劉鴻訓)은 왕일녕이 배짱과 지혜가 있다 하여 여비와 양식을 넉넉히 주고, 그로 하여금 섬에 사는 귀화인들을 불러 위로하게 하였다.

왕일녕이 바다로 나가자, 그때 마침 청나라의 진강중군(鎭江中軍) 진양책(陳良策)이 귀순하며 왕일녕에게 말하기를 먼저 모문룡에게 허락을 받으라고 하였는데 모문룡이 이를 허락하였다. 진양책이 밤에 진강을 습격하여 그곳을 지키던 장수 동양진(佟養眞)을 잡아 묶고, 모문룡을 맞이하여 군대의 통솔자로 삼았다. 모문룡이 그 일을 크게 과장해서 왕화정에게 보고하여 조정에 알리도록 하였다. 이때 대신 위충현(魏忠賢)은 변방에서 공을 세워 이름을 떨치고 싶어하던 참이라 이 보고를 듣고 크게 기뻐하며, 모문룡을 참장

---

*1 명나라의 장군. 광해군 14년에 철산 가도에 진을 치고, 우리 조정에 후금을 치도록 강청(强請)하여 외교적으로 막대한 지장을 초래하던 가운데 원숭환에게 피살되었음.

으로 삼고 진강을 지키게 할 것을 청하였다.

그런데 갑자기 대규모 청나라 군사들이 쳐들어와 진강을 불사르자 모문룡은 조선으로 달아나 피섬〔皮島〕에 머물렀다. 피섬은 곧 가도(椵島)로서 삼화(三和) 바다 남쪽 50리에 있는 섬이다. 모문룡은 담비 가죽과 삼과 금과 은을 잔뜩 실어 병부상서 장학명(張鶴鳴)에게 보내고, 그것이 위충현에게까지 흘러들어가도록 하였다. 장학명은 위충현이 천거하여 채용된 사람으로, 두 사람은 밤낮 계교를 세워 패배를 숨기고 봉작을 치켜세워 모문룡을 부총병으로 삼았다.

모문룡은 더욱 방자해져 특별히 상소 한 장을 올려 조선을 정벌하러 온 장사와 조선의 군신, 등래(登萊)의 순무(巡撫) 등 여러 신하를 모두 비판하였다. 왕일녕이 모문룡의 미쳐서 날뛰는 행태와 방자한 상소를 보고 자주 충고하자, 모문룡은 도리어 노하여 왕일녕이 외국과 사사로이 내통하고 있다고 아뢰니, 황제는 왕일녕에게 형구를 씌워 수도로 끌고 와서 서쪽 저자에서 목매달아 죽이라고 명하였다. 다음해에 모문룡이 또 대첩을 보고하여 도독(都督)으로 승진하였는데, 그의 아우 모운룡(毛雲龍)이 그가 천자를 자주 속이는 것을 경계하다가 또 피살되었다. 뒷날 요동순무 원숭환(袁崇煥)이 밀지(密旨)를 받들고 적당한 때를 기다렸다가 모문룡을 습격해 죽였다.

그러나 모문룡이 섬에 있을 때는 청나라 사병도 두려워서 뒤에서 엄습할지언정 감히 깊이는 들어오지 못하였다. 원숭환이 화의(和議)를 이루려고 모문룡을 죽였으나, 모문룡이 죽은 뒤에도 화의는 역시 이루어지지 않아 경사(京師)에 갇히고 말았다 한다. 오늘날 사람들이 입을 열기만 하면 모적(毛賊)에 대하여 말하는데 그 자초지종이 어떠한가는 알지 못하므로 정황을 수집하여 여기에 적는다.

우리나라 제도의 시작
東國制度 동국제도

우리나라의 문물과 제도의 시초를 고찰하지 않을 수 없다. 중국 한(漢)나라 건무(建武 : 후한 광무제의 연호) 9년(33)에 백제의 다루왕(多婁王)이 나라의 남쪽 주군(州郡)에 명령을 내려 처음으로 볏논을 만들었고, 양나라 천감(天監 :

^{양무제의 연호,}
^{502~519}) 원년(502)에는 신라에서 주군(州郡)에 명령하여 처음으로 소를 이용하여 밭을 갈았고, 송나라 태평흥국(太平興國 : ^{송 태종}_{의 연호}) 8년(983)에는 신라(^{연표에 의하면 고려 성종}_{2년 때이므로 신라는 잘못})에서 처음으로 적전(藉田)에서 난 곡식으로 제사를 올렸고, 송나라 원가(元嘉 : ^{남송 문제}_{의 연호}) 15년(438)에는 신라에서 백성들에게 우차법(牛車法)을 가르쳤고, 양나라 천감(天監) 4년(505)에는 신라에서 처음으로 유사(有司)에게 명령하여 얼음을 저장하기 편리한 주거(舟車)를 만들었다.

진(晉)나라 효무제(孝武帝) 영강(寧康) 원년(373)에는 고구려에서 처음으로 율령을 반포했고, 제나라 영명(永明) 8년(490)에는 신라에서 처음으로 저자를 설치하여 사방의 물자를 유통시켰고, 양나라 보통(普通 : ^{양무제}_{의 연호}) 원년(520)에는 신라의 법흥왕(法興王)이 처음으로 백관의 공복을 제정하여 주색(朱色 : ^{누런 빛깔이 섞}_{인 붉은 빛깔})과 자색을 사용했고, 당나라 정관(貞觀 : ^{당 태종}_{의 연호}) 23년(649)에는 신라에서 처음으로 중국의 제도에 따라 관복을 만들었고, 양나라 천감 3년(504)에는 신라에서 상복법(喪服法)을 제정했다.

양나라 천감 13년(514)에는 신라왕 지대로(智大路)가 죽으니 시호를 지증(智證)이라 하니 시호법이 여기에서 시작되었고, 당나라 상원(上元 : ^{당 고종}_{의 연호}) 2년(675)에는 신라에서 모든 관청과 주군에 동인(銅印)을 나눠 주었고, 당나라 개원(開元 : ^{당 현종}_{의 연호}) 6년(718)에는 처음으로 물시계를 만들었고, 송나라 단공(端拱 : ^{송 태종}_{의 연호}) 2년(989)에는 고려 성종(成宗)이 처음으로 태묘(太廟)를 지었고, 한나라 흥평(興平 : ^{후한 헌제}_{의 연호}) 원년(194)에는 고구려의 고국천왕(故國川王)이 처음으로 진대법(賑貸法 : ^{재난이나 흉년이 든 해에 어려운}_{백성에게 곡식을 꾸어주던 제도})을 만들었으니, 오늘날의 환상곡(還上穀 : ^{환곡}_법)이 이것이다.

제나라 영명(永明 : ^{제 무제}_{의 연호}) 5년(487)에는 신라에서 처음으로 우역(郵驛)을 설치했고, 당나라 정원(貞元 : ^{당 덕종}_{의 연호}) 4년(788)에는 경과법(經科法 : ^{강경과}_(講經科))을 세웠는데, 이전에는 단지 활쏘기로 사람을 뽑았었다. 주나라 현덕(顯德 : ^{후주 세종}_{의 연호}) 3년(956)에는 처음으로 시·부·송·책(詩賦頌策)으로 선비를 뽑았고, 송나라 소흥(紹興 : ^{남송 고종}_{의 연호}) 18년(1148)에는 고려 의종(毅宗)이 처음으로 승보시(升補試 : ^{시부(詩賦)·경의(經義)를}_{과하여 생원을 뽑았던 시험})를 설치했고, 송나라 가우(嘉祐 : ^{송 인종}_{의 연호}) 7년(1062)에는 봉미법(封彌法 : ^{수험자의 이름을 풀로 붙하}_{고 앞호로 답안지를 내게 함})을 시행했다.

혼자 있을 때의 삼감

愼獨 신독

　유가(儒家)에서 신독(愼獨)을 말함에 두 가지 양태가 있다. 《대학》소인 한거(小人閒居 : 〈대학〉성의(誠意)장)의 구절 같은 것은 남이 알지 못하는 곳에 홀로 처해 있는 것이니, 이른바 옥루(屋漏 : 사람이 잘 보이지 않는 구석진 곳)에서도 부끄럽지 않다는 뜻이고, 《중용》막현(莫顯)의 구절 같은 것(〈중용〉제1장)은 비록 흔적은 나타나지 않았으나 기미는 이미 움직였다는 것이니, 비록 넓고 사람이 많은 자리에 있다 하더라도 마음에 두고 있는 것은 나만이 아는 것이다. 세상에 전하는 현제(玄帝 : 천제(天帝)를 이름)의 말에, "인간의 사삿말이라 할지라도 하늘의 귀에는 우레 같고, 암실에서 마음을 속인다 할지라도 귀신의 눈은 번개와 같다" 하였으니, 이것은 홀로 있음을 말함이다. 왕매계(王梅溪) 연(演)이 시 한 절(絶)을 짓기를

거실이 밝든 어둡든 두 양태를 어찌 의심하랴?
마음을 항상 보존하여 속이지 말라.
하늘이 높고 귀신이 악함을 묻지 말고
요는 먼저 자신을 두려워할 줄 알아야 한다.

室明室暗兩奚疑　方寸常存不可欺
莫問天高與鬼惡　要須先畏自家知

하였으니, 이것은 독(獨)으로써 지(知)를 말한 것이다. 저기에서는 몸을 가지고 말하고, 이곳에서는 마음을 가지고 말했으니, 공부가 더욱 세밀해지고 말뜻은 뚜렷해져 존경할 만하다. 옛날 양진(楊震)이, "하늘이 알고 신이 알고, 내가 알고 그대도 안다" 하였으니, 합하여 말하면 적확(的確)한 말이다.

임금의 녹봉
君祿 군록

주나라 때 작록(爵祿)의 서열을 말하자면, "임금은 경(卿)의 녹의 10배, 경은 대부(大夫) 녹의 4배, 대부는 상사(上士)의 2배, 상사는 중사(中士)의 2배, 중사는 하사의 2배, 하사는 서인(庶人)으로서 관직에 있는 자와 녹이 같은데, 그 녹으로 농사를 대신하기에 충분하다" 하였다.

하사는 공전(公田) 1백 묘(畝)를 농사지어 먹게 되어 있었는데, 이 1백 묘의 수입을 지금 쓰는 말[斗]로 따지면 가장 좋은 전지(田地)에서도 제일 풍년 드는 해에 나는 곡식이 1천 두(斗)가 채 되지 않는 셈이다. 옛날은 수전(水田)이 없었고 여름·가을 두 철을 합쳐서 두 차례 수확을 해도 보리와 콩 모든 곡식이 이보다 많지 않았다. 만약 벼만 심어서 한 해에 한 차례만 수확했다면 이런 정도에도 미치지 못했을 것이고, 토질이 박하거나 흉년이 들거나 해도 역시 이 정도에 미치지 못할 것이다.

1천 두라는 곡식을 절구에 찧어서 쌀로 만들면 5분의 3은 줄어드니 쌀은 불과 4백 두밖에 되지 않았다. 이것으로써 한 해를 살아가니, 임금의 녹은 하사에 비하면 320배인데, 쌀로 따지면 12만 8천 두를 넘지 않는 셈이다. 우리나라에서는 15두가 한 섬[石]이 되니, 섬으로 따지면 8천 5백 30섬에 지나지 않는다. 이것이 임금의 한 해 녹이었는데 궁궐 안에 있는 여러 관직자가 함께 썼다는 것이다.

《주례》 천관(天官)에 "선부(膳夫 : 《주례(周禮)》 천관(天官)에 속한 벼슬 이름)는 연말이 되면 문서를 회계하는데 오직 왕(王)과 후(后)와 세자(世子)의 반찬값은 회계하지 않으며, 주정(酒正 : 《주례》 천관(天官)의 편명)도 연말이 되면 문서를 회계하는데 왕과 후와 세자의 반찬값은 회계하지 않고, 외부(外府 : 《주례》 천관(天官)의 편명)도 연말이 되면 문서를 회계하는데, 역시 왕과 후와 세자의 반찬값은 회계하지 않는다" 하였고, 그 주에는 '소비액의 많고 적은 것은 따지지 않고 다만 임금이 모든 신하에게 나누어준 것만 회계한다' 하였으니 이 해설은 큰 착오이다.

무릇 임금이 대궐 안에서 거처하는 것도 여러 백성들의 한 집안과 똑같은 것이므로, 각각 그 작위에 따라 녹을 알맞게 마련하여 등분을 넘지 못하도록 한다면 어찌 마음대로 쓰기만 하는 것이 제한되지 않겠는가?

이것이 호씨(胡氏 : 송(宋)나라 학 자 평(玄))가 이른, "진주로 장식한 옷을 입고 옥처럼 흰 밥을 먹으며 밤이 새도록 술을 마시는 폐단이 이로 말미암아 기인되었 다"라는 것이다. 만약 그렇다면 이것은 결코 무왕(武王)과 주공(周公)의 법 이 아닐 것이다.

나는, 임금의 씀씀이는 일반관리가 절제하도록 할 바가 아닌 까닭에, 무릇 궁내(宮內)에서 사용되는 선옹(膳饔 : 잘 차린 맛있는 음식)·주장(酒漿 : 술과 음료)·구복(裘服 : 갖옷과 의복) 등의 지출을 모두 대총재(大冢宰 : 재상(宰相) 의 별칭)에게 맡긴 것이라고 본다. 따 라서 궁궐과 관청이 일체가 되어 잘못이 없도록 엄밀히 예방해야 한다. 선부 (膳夫 : 조선시대에 사옹원에서 문소전(文昭殿)과 대전의 식사를 감독하는 일을 맡아보던 벼슬. 종칠품의 잡직이었음) 등의 모든 무리가 연말에 회계를 하 지 않은 것도 총괄해서 주관하는 자가 따로 있었기 때문이다. 그러나 대소 신린(臣隣 : 모든 신하)은 팔짱끼고 앉아서 보기만 하게 하고 모두 제멋대로 하게 한다면 총재(冢宰)의 맡은 바는 과연 무엇이라 하겠는가?

당나라 태종(太宗)은 경(經)을 해설하다가 그 뜻을 잘못 이해하여, 태자 에게 조칙하기를, 창고의 물품을 쓰는 데 있어 유사(有司 : 단체의 사무를 맡아보는 직무)의 제한 을 받지 않도록 하여, 끝내 승건(承乾)으로 하여금 제 마음대로 쓰게 하다 가 두 달도 되기 전에 7만금이 넘도록 써 버렸다. 교만과 사치를 더욱 제멋 대로 했기 때문에 녹위(祿位)를 보존하지 못했으니, 이는 후세 임금으로서 마땅히 경계해야 할 일이다.

부부 아닌 남녀가 정을 통함
野合 야합

《좌전》정공(定公) 10년에 "제후가 앞으로 공과 함께 연향(讌享)을 벌이 려 할 때 공구(孔丘 : 공자의 이름)가 양구거(梁丘據)에게, "일이 이미 이루어졌는데 또 연향을 벌이려고 하니, 이는 집사를 너무 수고롭게 하는 것이다" 하였고 또, "희·상(犧象 : 술잔. 희준(犧樽) 과 상준(象樽))은 문을 나가지 않고, 가악(嘉樂 : 북과 경쇠를 가리킴. 경사 때 쓰이는 음악)은 들〔野〕에서 베풀지 않는 법인데, 잔치가 이미 갖춰졌다 해도 이는 버릴 예이고 만약 갖춰지지 않았다면 비패(秕稗 : 쭉정이와 돌피) 밖에 되지 않는다" 하였 다.

이 뜻은 '야합'(野合)은 버려야 할 예라는 것이고 '갖추지 않는다'는 것은 비패라는 것이다. 정자(程子)는, "가례(嘉禮 : 길례(吉禮) 즉 혼례)는 야합하지 않으므로 야합하게 되면 비패라고 하였다. 이러한 까닭에 야합해서 난 자는 죽어도 묘제(墓祭)를 지내지 않는다" 하였으니 이는 본뜻과 맞지 않는다. 야합이라는 것은 가악(嘉樂)을 교야(郊野)에 베푼다는 뜻이다.

《사기》에, "숙량홀(叔梁紇)이 안씨녀(顔氏女 : 공자(孔子)의 어머니 안징재(顔徵在))와 더불어 야합하여 공자를 낳고, 이구산(尼丘山)에 기도하였다" 했으니, 이는 아마 기도하면서 제사지낼 때에 들에서 가악을 베풀었던 것인 듯하다.

재상은 치란에 관계된다
宰相關治亂 재상관치란

재상은 치란과 관계가 깊다. 한 마디 미세한 말과 한 가지 사소한 일로도 널리 베풀어지는 공이 온 천하에 미치게 되는데, 착하지 못한 자는 이와 반대가 된다. 사람들은 당나라 헌종(憲宗)이 채주(蔡州)를 평정한 공이 이소(李愬)*¹의 힘으로 된 것인 줄만 알고 실상 이강(李絳)의 한 마디 말에서 연유되었다는 것은 알지 못한다.

그 당시 번진(藩鎭 : 당(唐)·오대(五代)·송(宋)나라 초기에 절도사(節度使)를 최고권력자로 한 지방지배체제)이 아무리 강했다 할지라도 천하의 군사로써 무찔렀다면 어찌 끝내 이기지 못할 리가 있었겠는가? 하북(河北)의 여러 진(鎭)이 서로 번갈아 가면서 근주(根株)가 되고 모두 성세(聲勢 : 명성과 위세)를 연결했기 때문에 움직이기가 어려웠던 것이다. 전홍정(田弘正)이 문서로 보고하고 관리되기를 청할 때에, *² 헌종이 이강의 말에 따라 절도사(節度使)를 제수하고, 또 돈을 주어 백성에게 부세를 면해 주도록 하

---

*1 이소 : 자는 원직(元直). 당 헌종(唐憲宗) 원화(元和) 무렵에 당등절도사(唐鄧節度使)에 임명되어 회서(淮西)에서 반란을 일으킨 오원제(吳元濟)를 사로잡고 회서를 평정하였다. 뒤에 벼슬이 태자소보(太子少保)에 이르렀다.

*2 이것은 문서를 바치고 관리되기를 청하는 것이다. 당 헌종 때 전홍정(田弘正)의 종부(從父)인 승사(承嗣)의 증손 회간(懷諫)이 자기 증조부의 절도사(節度使)를 이어받았으나 나이가 어리므로 그의 사노(私奴)인 장사칙(蔣士則)에게서 모든 정무가 전단 체결되자 이때 전홍정이 병마사가 되어 여러 사람의 뜻에 따라 장사칙을 죽이고 위박(魏博)·상위(相衛)·패단(貝澶) 등지의 곡식 수입을 모두 적어서 헌종에게 바치고 관리되기를 청하자 헌종이 그를 가상히 여겨 위박절도사(魏博節度使)에 제수하였다.

자, 군사와 백성들의 기뻐하는 소리가 우레처럼 들썩였고, 성덕(成德)과 연운(兗鄆)의 사자(使者)가 서로 돌아보면서 이르기를, "고집만 부리고 굴복하지 않으면 과연 무슨 이익이 있을 것인가?" 했었다. 이러므로 회서(淮西)의 힘이 약해져서 정사량(丁士良)·오수림(吳秀琳)·우(李祐)·동중질(董重質) 등이 잇따라 귀순하게 되었다.

이로 인해 이소가 호랑이 굴에 들어가 호랑이 새끼를 잡듯이 마침내 큰 공을 이루었으나 이러기 전에 만약 전홍정의 일착(一着)이 없었다면 아무리 지혜와 힘이 있었다 할지라도 제대로 쓸 수 없었을 것이다. 속담에, "고양이가 있으면 쥐는 저절로 가버리는데, 고양이의 덕은 알지 못한다" 하였으니 이는 이강을 두고 한 말인 듯하다.

목종(穆宗) 초기에 이르러서는 소면(蕭俛)과 단문창(段文昌) 같은 무리들이 천하가 태평하다 하여 임금의 음탕한 마음을 종용하자, 주극융(朱克融)과 왕정주(王庭湊)도 자칭 유후(留後)라고 하였는데, 이로 말미암아 또 다시 하삭(河朔 : 황하의 북쪽지방)을 잃어 당나라는 멸망하기에 이르렀다. 배도(裵度)*3 같은 원신(元臣 : 명상(名相)이라는 말)과 오중윤(烏重胤)·이광안(李光顔) 같은 명장은 각 도의 15만 명이나 되는 군사로써 토벌하였으나 재정이 떨어지고 힘이 다하도록 싸웠어도 능히 이기지 못한 것은 소인이 중앙에 있었기 때문이다. 저 배도와 중윤 같은 사람들은 그때 회·채(淮蔡)의 장상(將相)을 사로잡은 자가 아니었던가? 속담에, "창에 바늘 구멍만 있어도 황소처럼 큰 바람이 들어온다" 하였으니, 이는 소면 같은 무리를 두고 한 말인 듯하다.

간관의 정치 참여
諫官參政 간관참정

중국 당나라에서는 인재를 선발함에 있어 덕행은 밀어두고 문예를 앞세웠으므로 논자들은 이 제도를 졸렬하다고 여겼다. 그러나 그 선발하는 방법은

---

*3 배도 : 자는 중립(中立). 당 헌종 연간에 오원제(吳元濟)가 회서(淮西)에서 반란을 일으키자 도원수(都元帥)로서 장군 오중윤·이소 등을 거느리고 회서를 정벌하여 오원제를 사로잡고 드디어 회서를 평정함. 그 공으로 진국공(晉國公)에 봉해지고, 뒤에 벼슬이 중서령(中書令)에 이르렀음.

역시 아주 치밀하였다.

인재를 뽑는 데는 꼭 신언서판(身言書判)을 가지고 어짊과 공로를 따져 벼슬을 시켰다. 애초에는 여러 사람을 모아놓고 그들의 서판을 시험해 살펴보고, 이를 시험한 다음에는 그들의 신언(身言)을 전형해서 관찰했으며, 이미 전형한 다음에는 주의(注擬 : 과거 급제자를 등록하였다가 심사 후 재능에 따라 관직을 부여함)하여 그들의 편리를 물어보고, 주의를 하고 나서는 이름을 부르고 대중에게 알린 뒤에 종류별로 차례를 정한다. 먼저 복야(僕射 : 상서성(尙書省) 장관)에게 알려서 문하급사중(門下給事中)·독시랑(讀侍良)·성시중(省侍中)에게 올려 자세히 검토한 뒤에 부족한 자는 떨어뜨리고, 이미 검토한 뒤에는 임금에게 알린다. 전형을 주관하는 자는 임금의 뜻을 받들어 그대로 시행하여 각각 부호(符號)를 주는데 이것을 고신(告身)이라 하였다.

이러므로 문예는 당나라보다 더 융성한 시대가 없었고, 재주 있는 자와 재주 없는 자가 아주 분명하게 구별되었다. 지금도 만일 그 주의(主意)를 바꿔서 덕행을 앞세우고 문예를 뒤로 한 다음, 보탤 것은 보태고 줄일 것은 줄여서 이런 제도를 그대로 실행한다면 어찌 인재를 얻는 관건이 되지 않겠는가?

우리나라는 인재 등용하는 일을 오로지 이조(吏曹)에만 맡겨 놓았는데, 이조에는 세 장관(長官)이 있어서 1년에 두 차례의 대정(大政 : 매년 섣달에 벼슬아치들의 성적을 검토하던 일) 이외에도 서로 번갈아 가면서 마음대로 인재를 뽑는데, 한 사람의 애증(愛憎)으로써 승진시키는 것과 좌천시키는 일을 뜻대로 하였으니, 어찌 꼭 실제를 얻기를 기대할 수 있겠는가? 이 때문에 난잡한 무리들이 조정에 가득 차게 되고 백성은 더욱 곤궁에 빠진다.

만일 보통으로 이리저리 옮겨지는 벼슬 이외의 벼슬에 들어올 때나 신망(新望)과 수령(守令)을 임명하는 일 같은 것은, 세 장관이 아니면 주의를 못 하게 된다면 이는 대체로 이치에 가깝겠지만, 이 세 장관 모두 일을 기피하여 출석하지 않는 자가 많아서 이를 또 걱정으로 여긴다. 하지만 그 가운데 애로가 있는 자에게는 정한 규칙에 따라 갈아버린다면 반드시 고의적으로 출석하지 않는 폐단은 없을 것이다.

중국 당나라 헌종(憲宗) 원화(元和) 연간(806~820)에 원진(元稹)이 상소하기를 "옛날 태종은 왕규(王珪)와 위징(魏徵)을 간관으로 삼고 3품 이상을 대정(大政)에 참여하도록 할 때, 반드시 간관 한 사람을 파견 수행시켜 정사의 득실을 의론하게 했기 때문에 천하가 크게 다스려졌습니다. 오늘날 간관은 비록 맡은 직책을 제대로 한다 할지라도, 오직 고명(誥命)이 내려지기만 기다리고 무슨 불편한 점이 있으면 소장을 올리니, 이미 행해진 고령(誥令)을 짧은 편지에 수록하기란 역시 어렵습니다" 하였다.

인정과 사리란 고금이 마찬가지여서 무릇 전형을 맡은 자는 반드시 임금에게 은총을 받는 자이다. 이미 임명한 벼슬을 논박하여 바로잡도록 하면 전형 맡은 자가 불안하게 여길 것이므로 비록 논박이 있다 하더라도 으레 허락하지 않으니, 이미 임명한 다음에 탄핵하는 것이, 주의하기 전에 논박하는 것만 같지 못한 것이니, 이로 본다면 태종의 뜻을 본받아야 할 것이다.

우리나라 역대 명신들
海東名臣錄 해동명신록

정승 김육(金堉)은 《해동명신록》을 편찬했으나 취사 선택할 때 빠뜨린 인물이 또한 많아서 완전한 책을 이루지 못했다. 우리 8세조 병조판서 경헌공(敬憲公) 이계손(李繼孫)은 세조(世祖) 때의 명신이었다. 관찬 역사서와 야사(野史)에 사적이 명백하게 나타났는데도 《해동명신록》에는 실리지 않았으니 아마 그의 보고 들음이 넓지 못했던 듯싶다.

우리나라 북로(北路)는 본디 말갈 지역이었다. 이미 무력으로 평정하여 모두 군현으로 만들었지만 그곳 풍속은 활 쏘고 말달리는 것만 숭상할 뿐이었는데 공이 그곳 관찰사가 되어 문치를 베풀자, 북방이 문명화되어 오랑캐의 풍습을 고쳤으니, 이는 공으로부터 비롯된 것이다. 그러므로 그곳 백성들이 오늘날까지 공을 공자처럼 높이 받드는데, 함흥(咸興)의 문회(文會), 영흥(永興)의 흥현(興賢), 안변(安邊)의 옥동(玉洞)이란 세 서원은 모두 공의 위패를 으뜸으로 모셨으니 공의 남긴 덕을 볼 수 있다. 이를 어찌 후손이라고 크게 과장할 수 있겠는가마는 이미 선배들의 정론이 있었다. 문간(文簡) 김종직(金宗直)은 성종(成宗)에게 여쭈기를 "이계손의 사람됨은 재상도 될 만한 인물입니다. 그가 함경감사가 되었을 때 학교를 세워서 인재를 양성했기 때문에 지금 과거 시험에 합격하는 자가 많습니다" 하였다.

간이(簡易) 최립(崔岦)도 말하기를 "북도 감사는 으레 군사 다스리는 데에만 전념했을 뿐이었는데 오직 공만은 학교를 급선무로 삼고 조정에 요청해서 경적(經籍)을 내려 주도록 하고 문신을 뽑아 교관으로 삼았으며 그 가운데 총명한 자에게는 친히 강습시키기도 했다. 또 도회(都會)에는 일정한 법을 설치하여 네 계절에 시험을 보였는데 한 해가 지나자 한 도(道)의 교화가 크게 이루어졌다. 이러므로 북도 사람들이 공을 부모처럼 사랑하여 오랜 세대를 지나도 사모하는 마음이 변함이 없으니 공은 재상이 될 만한 인물이라 할 수 있다" 하였다.

이 밖에도 사실대로 기록한 말들을 다 적을 수가 없다. 공은 여섯 번이나 감사를 지냈는데 치적이 많았고 직위는 병조판서에까지 이르렀다. 임금에게 특별한 은총을 받았으나 정승 지위까지 이르지 못한 것은 한명회(韓明澮)의 비위에 거슬렸기 때문이다. 세조가 일찍이 하교하기를 "한명회에게 붙지 않은 경의 잘못이겠지?" 하였으니 이는 너무 모나게 굴지 말고 원만히 지내라고 한 말이었으나 공은 그것을 좋아하지 않았다.

나중에 황수신(黃守身) 같은 사람은 한명회에게 한번 찾아갔다가 당장 정승이 되자 세조는 또 공에게 하교하기를 "황수신도 정승이 되었으니 경도 아직 정승이 되지 않은 것을 걱정하지 말라" 하였으니 그 촉망을 짐작할 수 있다.

또 판서(判書) 윤개(尹漑) 같은 사람은 도감(都監)의 제조(提調 : 조선시대 잡무와 기술계통 기관에 겸직으로 임명되었던 고위 관직)가 되었을 때 불탄 경복궁을 중수하게 되었다. 일이 거의 끝나자 윤개가 그 외각(外閣)에 가서 심사를 했는데 창문이 모두 반자(斑子)·주홍(朱紅)·동록(銅綠) 등 좋은 채색만 골라 칠해져 있었다.

윤개는 크게 노여워하면서 해당 낭관 이인건(李仁健)을 잡아들여 사모를 벗기고 목에 차꼬를 채운 다음 꾸짖기를 "오직 대궐 침실에만 좋은 채색을 쓰게 되어 있는데 너는 하찮은 일개 말단 관리로서 감히 법을 무시하고 명예를 구하려 했으니 마땅히 법을 파기한다는 율로써 벌을 주어야겠다" 하였다. 이인건은 바로 정승 심연원(沈連源)의 사위였다. 심연원이 처음에는 들은 척도 하지 않다가 나중에 그가 애걸하며 곤욕이 심해진 다음에야 말하기를 "나의 사위가 젊은 신진으로서 아무것도 모르고 한 짓인데 법을 파기한다는 율을 쓴다면 이는 너무 과하지 않겠소?" 하여 그만두게 되었다.

나는 윤개가 어떤 인물이었는지는 알 수 없으나 이 한 가지 일만 보아도 이름난 대부(大夫)라 할 수 있으니, 이런 사실은 역사에 빠뜨릴 수 없는 일이다. 그런데 김육이 《해동명신록》에 수록하지 않은 것은 웬일인가. 또 무신 중에 전림(田霖)·남치근(南致勤) 같은 사람을 밝게 나타내 준 사람도 없었으니 안타깝다.

사마천은 성인을 몰라보았네
史遷不知聖人 사천부지성인

사마천은 부자(夫子 : 공자)를 높여 세가(世家 : 《사기(史記)》분류의 하나)에 나란히 벌여 놓았으니 그는 성인(聖人)을 매우 몰라보았다. 성인의 문하에 있는 자에게는 아버지와 임금을 시해하는 대악(大惡)이 없을 것인데 그가 자공(子貢 : 중국 춘추시대 위(衛)나라 유학자)을 전(傳)하면서, 자공이 전상(田常)을 유인하여 찬탈(簒奪)한 것은 공자로부터 기인된 것처럼 적었으니, 부차(夫差)를 꾀어 함몰당하게 하기까지 한 것은 그다지 중요하지 않은 일이었다. 솥도 귀가 있는데 천(遷)은 홀로 부자께서 조복청토(朝服請討)*¹한 사실을 듣지 못했던가? 천의 《사기》는 《국책(國策)》*²을 근본으로 삼은 것이 많아서 그중 골계전도 여러 거취에 대해 모두 분명치가 않다. 순우곤(淳于髠)이 이야기를 한 대목에도 세속의 귀를 침으로 찌를 만한 말이 있었는데 빠뜨리고 수록하지 않은 것은 무슨 이유인가?

곤(髠)은 하루에 일곱 사람을 데리고 선왕(宣王 : 전국 시대 제(齊)나라의 임금)을 보았는데 왕이 말하기를, "선비가 1천 리에 하나씩만 있어도 나중에는 어깨를 겨누고 서게 될 것이고, 성인이 1백 세에 하나씩만 있어도 나중에는 발꿈치를 잇따라 이르는 것과 같을 터인데, 지금 자네는 하루아침에 일곱 선비나 찾아오도록 하니 너무 많은 것이 아닌가?" 하자 곤은 대답하기를, "저 새도 날개가

---

*1 조복청토 : 조복을 입고 가서 토벌하기를 청함. 《논어》헌문(憲問) 편에, "진성자(陳成子)가 그의 임금 제간공(齊簡公)을 살해하므로 공자가 목욕재계하고 노애공(魯哀公)에게 가서 고하기를, '진항(陳恒)이 그의 임금을 죽였으니 성토하기를 청합니다' 했다"고 한 데서 인용한 말.
*2 《국책》: 《전국책》의 약칭. 주 안왕(周安王)으로부터 진 시황까지의 전국 시대 여러 나라 사실을 국가별로 기록한 책. 한(漢)나라 유향(劉向)이 지었다고 함.

같은 것끼리 모여 살고 짐승도 발이 같은 것끼리 함께 다닙니다. 지금 시호(柴胡 : 약재 이름)와 길경(桔梗 : 약재 이름)을 저택(沮澤) 사이에 가서 구하면 여러 대를 지나도록 단 한 포기도 얻지 못할 것이지만, 역서(睪黍 : 제나라의 산 이름)나 양보(梁父 : 제나라의 산 이름)의 음지 쪽에 가면 수레에 꽉 차게 실을 만큼 구할 수도 있을 것입니다. 이런 물품도 모두 짝이 있는 것처럼 지금 곤은 어진 자의 짝입니다. 왕께서 선비를 곤에게서 구하신 것은 마치 물을 황하에서 떠오고 불을 봉수(烽燧)에서 취하는 것과 같은 것입니다. 곤이 앞으로 다시 오게 될 것이니 어찌 다만 일곱 선비뿐이겠습니까?" 하였다.

대개 그가 추천한 선비가 반드시 다 어질지는 못하다 할지라도 무릇 선비를 구하는 방법만은 실상 여기에서 벗어나지 않는다. 중요한 것은 가려 쓰기를 어떻게 하느냐에 달려 있을 뿐이니 많은 것으로써 허물할 수는 없을 것이다.

유가의 학술
儒術 유술

세상에서 이야기하는 유가(儒家)의 학술에는 두 갈래가 있다. 글을 읽고 도를 이야기하는 것은 이학(理學)이라 하고 관혼상제(冠婚喪祭)의 의식을 살피고 검토하는 것은 예학(禮學)이라 하는데, 이 둘이 각각 주장하는 바가 있어서 서로 통하지 않는다. 그러나 대개 예란 것은 천리(天理)의 절문(節文 : 예절에 관한 규칙이나 규범)이다. 이(理)와 예(禮)가 어찌 두 길이 될 수 있겠는가?

이(理)란 것은 현묘함 속에서 털끝만한 차이일지라도 찾아내어 분석해야 하기 때문에 온 세상 사람들이 일찍이 유의하지 않는 바이다. 그 옳고 그른 것을 분명히 알려고 하는 사람이 없으니 유가(儒家)의 학술이 어찌 더욱 깜깜해지지 않을 수 있겠는가? 그러나 그 공부에 대한 요령은 반드시 자기의 몸과 마음을 닦는 것에서 비롯되므로, 경(敬)을 절도(節度)로 삼아야 한다.

주 부자(朱夫子)의 경재잠(敬齋箴)[*1]에 보면 그 요령을 깨달을 수 있다. 그 편수(篇首)의 두 대문은 겉으로 드러나는 행동을 가리킨 것이나 실상은

---

*1 경재잠 : 주자가 수양 방법을 한 편의 글로 만들어 서실(書室)에 붙인 것

마음을 수양하는 길이 되었다. 겉으로 행동하는 요령을 이미 알게 되면 속으로 수양하는 공부도 따라서 바로잡히게 되고, 전긍(戰兢)이니 동촉(洞屬)*² 이니 하는 절차도 이로부터 기반이 잡힐 것이다.

세상에서 이것을 외식(外飾)이라고 비방하는 것은 교화를 해치는 말이다. 혹 외식만 힘쓰고 마음 수양을 소홀히 하는 자가 그렇게 된 것은 그 자신의 죄 때문인데, 어찌 겉으로는 혜·완(嵇阮)*³의 행동을 하면서 안으로는 정·주(程朱 : 정자(程子)와 주자(朱子))의 마음을 가질 수 있겠는가? 예(禮)란 것은 일상생활에서 빼놓을 수 없는 것이다. 법교(法敎)가 한번 세워지면 이를 제대로 하지 않고 위반하는 자는 남에게 치소를 받기 때문에, 도박하는 무리와 광대 따위도 혹 혼례(婚禮)와 상례(喪禮)에 변례(變禮)가 있게 되면 지식이 넉넉한 자에게 묻고 참작하며 남의 이목만 미봉하고 오직 죄책을 저지를까 두려워하니, 이로 본다면 옛 성인(聖人)이 세상을 다스린 규모가 아주 컸다. 그러나 고금의 연혁(沿革)과 제유(諸儒)들의 옳고 그른 것이 헝클어진 실이나 삼처럼 어지럽게 되어, 밝은 안목으로 자세히 분석하지 않으면 실상 제대로 알기가 어렵다.

어떤 사람은 말하기를, "예란 것은 모두 시대를 따라 인정에서 나오는 것이므로 꼭 옛것에만 얽매일 필요가 없다"고 한다. 그러나 사람의 마음이란 얼굴과 같아서 1만이면 1만, 1억이면 1억으로 다 차이가 있는데, 지우(智愚 : 슬기로움과 어리석음)와 현불초(賢不肖 : 어짊과 못남)를 각자가 제 마음대로 한다면 천하가 더욱 어지러워지지 않겠는가?

어떤 사람은 또, "《가례(家禮)》(주자가례(朱子家禮))가 이미 법[三尺]*⁴으로 되었으니 고례(古禮)는 다 잊어버려도 해롭지 않을 것이다" 하나 이는 경험이 없는 자의 말이다. 《가례》도 역시 고례에 따라 변통해 만든 것이니, 옛것을 따라야만 근본이 서게 되고 시대의 변함을 참작해야만 풍속을 권장할 수 있어 지

---

*2 전긍이니 동촉 : 경재잠 속의, "벌벌 떨듯이 두려워하면서 감히 혹 쉽게 여기지 말라(戰戰兢兢 毋敢或易)"와 또, "마음껏 확실히 하여 감히 경솔하게 하지 말라(洞洞屬屬 毋敢或輕)"는 두 구절에서 나온 말.

*3 혜·완 : 진(晉)나라 죽림칠현(竹林七賢) 중의 두 사람인 혜강(嵇康)과 완적(阮籍). 예법의 구속을 받지 않고 일생을 보냈음.

*4 법[三尺] : 옛날에 석 자쯤 되는 대쪽에 법률을 기록했다 하여 이 삼척은 곧 법이라는 뜻의 명사가 되었음.

극한 데에 이르게 되는 것이다.

《가례》가 생긴 이후부터 오늘까지 또 5백 년이나 되어 풍화가 변하고 습속도 바뀌었으니, 예법도 변하지 않을 수 없는 것이 있을 것이다. 그러나 만약 그 근본을 전혀 모른다면 앞으로 무엇에 의거하여 그 끝을 통하게 할 것인가? 하물며 역대를 내려오면서 복잡하게 뒤섞인 절차가 더욱 많아져 《가례》이외의 것도 행하는 데 있어서랴? 만일 고례를 표준삼지 않는다면 장차 어디를 본받을 것인가? 이러므로 나는 지금 세상의 예를 행하는 자에게 개탄하는 바이다.

옛 역사의 선과 악
古史善惡 고사선악

1

춘추시대에는 간혹 사람의 언어의 비중이 매우 높아서 후세 사람으로서는 따라갈 수 없었다. 그러나 일을 행할 때에 이르러서는 대단히 해괴함이 있어서 후세의 역사와 차이가 남을 벗어날 수 없었다. 왜냐하면, 그때는 임금의 은택이 아직 사그라지지 않고, 순박한 풍속도 오히려 남아 있었지만 인사의 착하지 못함이 도리어 후세만도 못했기 때문이다.

그렇다고 후세의 착함이 옛날보다 나은 것은 아니다. 곧 이는 공심(公心)으로 쓰고 저는 사심(私心)으로 썼기 때문이다. 역사란 것은 착한 일을 권장하고 악한 일을 징계하는 것이다. 따라서 그 착함을 드러내고, 악함을 숨기지 않은 것은 옛날 역사의 공정함이다. 그런데 후세의 역사가들은 야담(野談)이나 비지(碑誌 : 비글)를 모아 이에 의거하여 국사(國史)를 만든 데에 지나지 않으므로, 착한 일을 권하는 말만 있고 악한 일을 징계하는 말은 없다. 마치 새의 날개 한 쪽이 빠지고 수레의 바퀴 한 짝이 없는 것처럼 사사로운 뜻의 형식에 얽매이고 벗어나지 못했다.

주자가 모아 편찬한 《송조명신록》은, 《송사》즉 국사와 다른 까닭으로, 착함을 다루는 데는 후하게 했고, 악함을 다루는 데에는 간단히 했으니, 이 또한 타당한 것이다. 《주자어류》에 이르러서는 사사로이 서로 일러 준 말에도 모두 그 옳고 그름을 숨기지 않았으므로, 호전(胡銓)이나 공도보(孔道輔)

같은 무리가 더러는 크게 놀라고, 조금은 괴이하게 여겨 대단히 낭패한 자들이 있었으니, 이것이 바로 '공적인 떳떳함'이다. 이는 역사를 지을 때 마땅히 본받아야 할 것인데, 후세 사람은 이것을 핑계삼아 무엇을 기록할 때 자기의 분노를 드러내고, 거짓말을 꾸며서 남의 결점만 꼬집어, 남이 보면 피를 토할 만한 문자를 찬란히 꾸며서 사람으로 하여금 옳고 그름의 진실을 분간할 수 없도록 함은 경계해야 할 일이다.

2

나는 역사책을 읽을 때마다 언제나 의심이 생긴다. 왜냐하면 착한 자에게는 착한 데로만 치우치고 악한 자에게는 악한 데로만 치우치게 기록했기 때문이다. 그 역사가 이루어질 무렵에는 반드시 그렇지 않았을 것이다. 역사책이 악한 일은 경계하고 착한 일은 권장해야 한다는 지극한 뜻에서 나왔다 할지라도, 오늘날 사람이, 기울어지지 않은 평지 위에서 본다면, 착한 자는 진실로 그처럼 착하게 되었는데 악한 자는 왜 이처럼 악하게 되었을까 하는 생각을 하게 된다.

사실상 착함 속에도 악함이 있고 악함 속에도 착함이 있다. 그런데 사람은 그때그때 기준으로 옳고 그름에 얽매어 취사(取捨)를 자세히 하지 못했기 때문에 후세의 비난을 얻는 자도, 죄를 얻는 자도 있으니, 역사책을 읽는 이로서는 이런 것을 헤아려야 할 것이다.

주자가 이르기를, "진 영공(晉靈公)은 조돈(趙盾)을 죽이려고 했으나 마음대로 할 수 없었는데, 이는 그의 힘이 대단히 강했기 때문이다. 지금까지 전하는 수많은 이야기들은 그 뒤 삼진(三晉 : 진(晉)의 대부 위사·조적·한건을 말함. 이들은 진을 쪼개서 각기 한·위·조나라를 만들었음)이 정권을 잡자, 없는 사실을 조작하고 잘못된 점은 가리어 덮은 것이었다. 이는 마치 당 태종(唐太宗)이 이건성(李建成)·이원길(李元吉) 등 자기 형제를 죽여서 형제간에 재앙을 가져온 것과 같다. 그 아비된 자는 무엇 때문에 태연하게 무사한 척했을까? 해지(海池)에 배를 띄우고 놀았으니, 이는 분명 태종이 형을 죽이고 아비를 위협하여 임금 자리를 대신하려고 한 짓이다. 그런데 '날이 밝으면 마땅히 조참(朝參)하겠다'는 말은 모두 역사를 기록하는 신하가 보태고 꾸민 것이다"라고 했다.

또 이르기를, "주량(朱梁)은 오래지 않아 멸망하여 그들을 위해 나쁜 점을 숨기고 덮어 주는 이가 없었기 때문에 모든 악행이 모조리 드러났다. 만일 조금만 오래되었더라도 반드시 그 나쁜 점을 반쯤은 가릴 수 있었을 것이다"라고 했다. 이것은 모두 군자로서 옳고 그름의 진정을 깨달은 말이니 취해서 본받을 수 있겠다.

자공(子貢)이 이르기를, "주(紂)의 악도 이처럼 심하지는 않았을 것인데, 여럿의 악함을 모두 그에게로 돌린 때문이다" 했으니, 주량도 그 악행이 도리어 반드시 이렇게 크지는 않았을 것이다. 아마도 생각마다 일마다 이렇게 큰 잘못이 있고서는 천하를 차지할 수 없었을 듯하다.

착함 또한 이와 마찬가지이다. 주자의 《송조명신록》도 개개인이 모두 어질었다는 사실을 《주자어류》에 의거했으니 어찌 일찍이 한결같이 깨끗하고 결점이 없는 자가 있겠는가?

천하 통일의 기초를 닦은 한신
韓信 한신*1

나의 중씨(仲氏 : 둘째형)가 일찍이 말하기를, "내가 몇 해 전에 한 무사와 이야기를 나누었는데 무사의 말이, '옛날의 영웅도 별것이 아니다. 그저 일에 대처하려고 준비하였다가 좋은 기회를 타서 싸움에 이기게 되면 소문이 떨치게 되어 사람들이 모두 날개와 뿔처럼 와서 붙기 때문에 형세가 차츰 커져서 공을 성취하는 것뿐인데, 이것을 영웅이라 한다. 위엄과 명예가 나타나기 전에는 남들이 자기를 알아주지 않을 뿐 아니라 자기도 자신할 수 없을 것이다. 진실로 화란을 만난다면 우리들도 한·팽(韓彭 : 한신과 팽월(彭越))의 상대가 되지 않을 줄을 어찌 알겠는가' 했다. 이 이야기는 매우 타당한 지언(知言)이니, 너도 마땅히 기억해 두어라" 했다.

내가 지금 다시 생각해 보니, 한신(韓信)의 일 또한 우연인 듯하다. 처음에 항우(項羽)가 그를 쓰지 않았으므로 그가 초나라를 버리고 간 것이다. 만약 용저(龍且)와 종리매(鍾離昧)의 반열에 있게 했더라면 분명 버리고 가

---

*1 한신 : 한 고조(漢高祖)의 공신. 고조의 대장이 되어 조(趙)·연(燕)·제(齊) 등을 차례로 공략(攻略)하여 천하 통일의 기초를 확립했음. 왕으로 피봉(被封)되었으나 뒤에 회음후(淮陰侯)로 폄봉(貶封)되고, 여후(呂后)와 소하(蕭何)의 모계(謀計)로 잡혀 모반죄로 삼족이 멸족되었음.

지 않았을 것이다. 그가 파촉(巴蜀)으로 들어간 뒤에도 등공(滕公)*2을 만나지 않았다면 칼끝에 놀란 혼(魂) 신세를 면치 못했을 것이다.

파촉으로 들어가 또 도망칠 때도 소하(蕭何)의 힘이 아니었다면 끝내 패망하고 말았을 것이다. 이로 본다면 그의 지혜가 족히 항우는 알았으나 유방(劉邦)을 알아보았다고는 할 수 없다. 그가 자리를 잡았을 즈음에 장량(張良)이 잔도(棧道)를 불태워 버리고 오직 한 가닥 옛길만을 남겨 파촉(巴蜀)으로 가도록 했기 때문에 한신은 그 길을 알게 되었고, 진(秦)나라 사람들의 장감(章邯)과 동예(董翳)에 대한 원망이 골수에 사무쳤기 때문에 한신은 형세를 깨닫게 되었던 것이다.

요행으로 장수가 되어 동쪽으로 가기를 생각하는 군사의 뜻에 따라 마치 썩은 나무 꺾듯 삼진(三秦)*3을 평정하였으니 이는 천운으로 그렇게 된 것이지 지혜와 힘으로 도모할 수 있는 것이 아니었다.

후인이 그의 지혜에 탄복하는 것은 환치(換幟)와 낭사(囊沙)*4와 목앵(木罌)*5에 지나지 않는다. 그러나 어찌 그가 조(趙)나라 성이 텅 비워질 것을 미리 알았겠는가?

정경(井陘)에서도 이토록 패전했다면 조나라는 사방이 전쟁 지대였는데 한 번도 이좌거(李左車)의 계책을 썼다는 말을 들을 수 없는 것은 무슨 이유인가? 위에서 물을 막아 놓았다가 적군이 반쯤 건넜을 때에 물을 터 놓는 것은 어린아이가 아니면 절대 넘어가지 않을 속임수이다. 용저(龍且)도 역시 분별이 있고 지혜도 있는 장수였고 다른 장수도 허다했는데, 한신은 무슨 이유로 그를 꼭 사로잡을 줄 확신했겠는가?

또 만약 군사에게 은밀히 강을 건너게 하고 나무를 운반하여 뗏목을 만들

---

*2 등공: 하후영(夏侯嬰)을 이름. 하후영이 등령봉거(滕令奉車)가 되었으므로 등공이라 칭했음. 한신이 항우에게서 도망하여 한왕(漢王)에게로 갔으나 별로 쓰임이 되지 못하고 법에 걸려 참형을 받게 되었는데, 등공은 그를 기이하게 여겨 석방하고 한왕에게 말하여 치속도위(治粟都尉: 중국 한대(漢代)에 농업과 염철(鹽鐵)을 관리한 벼슬)를 시켰음.

*3 삼진: 지금 중국의 섬서성(陝西省). 진(秦)나라 때 관중(關中)을 항우(項羽)가 셋으로 나눠서, 항복한 진나라 장수 장감(章邯)·사마흔(司馬欣)·동예(董翳) 세 사람에게 봉해 주었음.

*4 낭사: 모래를 주머니에 담아서 강물을 막음. 한신이 초나라 장수 용저(龍且)와 싸울 때 짜낸 계획.

*5 목앵: 나무로 만든 병. 한신이 위왕 표(魏王豹)를 사로잡을 때 임진(臨晉)에서 이 목앵을 타고 복병을 건너가도록 한 계획.

었다면 거마와 군량(軍糧)을 모두 운반할 수 있었을 것인데 하필 왜 앵벌(罌筏 : 병(瓶)모양의 뗏목)을 사용했는가? 만약 저들이 먼저 깨달았다면 앵벌로도 건너지 못했을 것이다. 이런 이야기들은 모두 이해할 수가 없는 것이다.

또 그의 지혜와 계책에 대해 이야기하자면, 고조가 사자를 사칭하고 군중(軍中)으로 들어가기를 바꿔칠 때도 한신은 그것을 깨닫지 못했고, 형양(滎陽)에서 고조가 군사를 집합시키자 초나라 군사가 몰려와 습격할 때도 신은 군중 속에 있다가 요행으로 사로잡힘을 겨우 면했으니 그가, "싸우면 반드시 이기고 치면 반드시 빼앗으며 군사는 많을수록 더욱 좋다"[6]라고 한 말이 어디에 부합하는가? 이로써 논한다면 무사가 한 말이 아주 타당하다고 생각된다.

사람이란 누구나 지우(智愚)의 구별이 있으나, 행불행(幸不幸)에는 운명이 많이 작용하는 듯하다. 그 재주와 능력을 품고도 끝내 초야에 묻혀서 이름이 나지 않는 자들은 그만두더라도, 삼군(三軍 : 조선 시대의 군 체제. 좌군(左軍), 우군(右軍), 중군(中軍)을 이름) 가운데 지용(智勇)이 뛰어난 자가 어찌 없겠는가? 다만 누구는 장수가 되고 자신은 졸병이 된 까닭에 아무 말 못하고 남에게 부림을 받아 싸움터에서 죽은 자들이 어찌 한량(限量)이 있겠는가? 이는 참으로 개탄할 일이다.

《삼재도회》[7]에 목앵을 만드는 제도에 대해 실려 있는데 "두 섬 크기의 그릇 하나에 한 사람이 들어갈 수 있으니, 새끼줄을 갈고리에 걸어서 그 위에다 창을 엮어 둔다" 하였다. 이는 아마도 후대 사람이 덧붙인 것인 듯하다. 《강목》에는 이 사실이 실리지 않았으니, 상고해 보아야겠다.

대마도 정벌
征對馬島 정대마도

내가 어느 친구 집의 흩어진 책 속에서 얻은 《국조정토록(國朝征討錄)》(대마도 정벌 때부터 삼포왜란까지의 조선 전기 전쟁 기록을 담은 활자본)은 지금 선비로서는 얻어 본 이가 아마 드물 것이다. 오래되면 더욱 없어져버릴까 염려하여 그 가운데 번잡한 것은 깎아 없애고 간

---

*6 이 말은 한신이 한왕(漢王)에게 대답한 것임.
*7 《삼재도회》: 명나라 왕기(王圻)가 지은 책 이름. 천문(天文)·지리(地理)·인물(人物)을 그림으로 설명한 일종의 백과사전.

추려 적는다.

"세종(世宗) 원년 기해(1419) 여름 5월 신해일(辛亥日)에 왜구가 비인현 (庇仁縣)으로 침입해 왔다. 얼마 뒤에 윤득홍(尹得洪)과 평도전(平道全) 등 이 왜구를 백령도(白翎島)에서 만나 사로잡아 목을 베어 죽이니 남은 자는 모두 물에 빠져 죽었다. 평도전은 본디 왜인이었는데 이보다 앞서 그는 대마 도에 밀통하기를 '조선서 너희들을 대우하는 것이 점점 야박해진다. 만일 침 략한다고 으름장을 놓으면 반드시 옛날처럼 대우할 것이다' 하였다. 이때에 이르러 평도전은 병마사를 도와 싸우게 되었는데, 역시 힘껏 싸우지 않았으 므로 평양으로 유배되었다.

이에 대마도를 정벌하자는 의론이 일어났는데 모두들 말하기를 '적이 돌아 간 후에 하자' 하였으나, 오직 병조판서 조말생(趙末生)만이 '이 빈틈을 타 서 정벌하는 것이 좋다' 하였다. 그리하여 장천군(長川君) 이종무(李從茂)에 명령하여 삼군도체찰사(三軍都體察使)로 삼아 중군을 거느리게 하고 우박 (禹博)·박성양(朴成陽)·황몽(黃蒙)에게 보좌하게 하였다. 유습(柳濕)은 좌 군을 거느리는데 박초(朴楚)·박실(朴實)이 보좌하였다. 이지실(李之實)은 우군을 거느리고 이를 이천(李蕆)·이순몽(李順蒙)이 보좌하였다.

삼군의 임명이 끝난 다음 경상·전라·충청 3도의 병선(兵船) 200여 척과 갑사(甲士)·별패(別牌)·시위(侍衛)·기선군(騎船軍) 등 1만 7천여 명을 일 으켜 11일 뒤인 임술에 이종무 등이 출발을 고하였는데 임금이 친히 백사정 (白沙亭)에서 전송하였다. 또 '포로가 되어 포구까지 끌려온 왜구 590명 가 운데에서 사나운 자들만 목을 베라' 명령하니 죽임을 당한 자와 물에 뛰어들 어 죽은 자가 103명이나 되었다. 평망고(平望古) 등은 나누어서 내읍(內邑) 에 두었는데, 평망고는 평도전의 아들이다.

6월 임진일에 이종무는 모든 군사를 거느리고 50일치 군량을 싣고서 곧바 로 대마도로 향해 달려갔는데, 왜인들은 이를 바라보고 대마도 사람이 돌아 오는 것으로 여겨 술을 가지고 맞이하였다. 우리나라 대군이 잇따라 이르자 왜인은 달아나 험한 곳으로 들어갔다. 우리 군사는 그들의 군함 140여 척을 빼앗고 150명을 참수하였으며, 불태운 집은 이루 헤아릴 수 없이 많았다.

왜구의 포로가 되었던 중국인 남녀 100여 명을 구하고 울타리를 설치하여 오래 머물러 있을 계획을 하니, 왜구는 일기도(一岐島) 상송포(上松浦)에 구원을 요청하여 복병을 설치하고 기다리고 있었다. 좌군 박실은 적의 군사가 적은 것을 보고 높은 곳을 향해 습격했는데, 저들의 복병이 일어나 싸움이 불리하게 되어 편장 박홍신(朴弘信) 등이 죽고 말았다.

왜구가 우리 군사를 추격하자, 우리 군사는 언덕에서 떨어져 죽은 자와 싸우다 죽은 자가 100 수십 명이나 되었다. 이순몽 등이 힘껏 싸우면서 저항했으므로 왜구가 기어이 물러갔는데, 중군은 배에서 내려오지도 않았다. 도주 도도웅와(都都熊瓦)가 편지를 올려 군사를 철수하고 수호(修好)하기를 빌면서 말하기를 '7월에는 태풍이 있으므로 대군이 오래 머물러 있음은 적당치 않습니다' 하였다.

7월 병오에 이종무는 수군을 인솔하고 돌아왔다. 모든 장수에게는 직급에 따라 차등을 두어 상을 주고 임오일에는 임금께서 몸소 동정(東征)에 참가한 장수와 군사에게 잔치를 베풀었다" 하였다.

내가 살펴보니 대마도라는 섬은 예나 지금이나 모두 말하기를 "본디 신라에 소속되었다"고들 하나 《삼국사기》에는 그 명확한 사실이 보이지 않는다. 그러나 그 섬에는 곡식 심을 만한 비옥한 토지가 없고 오직 귤과 유자와 담배만이 가장 잘 되니 그 지방 사람들은 상업을 주업으로 삼고 먹을 것은 조선만 쳐다볼 뿐이다. 이로 본다면 칼자루는 우리가 쥐고 있는 셈이다.

진실로 은혜로 어루만져 주고 위엄으로 다스리고 제어하여 그 방도를 얻었다면 채찍을 꺾어 없애고도 명령만으로 그들을 제압할 수 있었을 것인데, 어찌하여 군사를 수고롭게 하는 데까지 이르렀는가. 우리나라는 창과 칼이 날카롭지 못하고 편안함만 생각하는 것이 습관으로 굳어졌으니, 갑자기 힘껏 싸우기를 도모한다 해도 외국을 상대하여 반드시 뜻대로 되지 않는다.

이 싸움에서도 좌군은 불리하게 되었고, 우군만이 힘껏 방어한 것이다. 이종무 등은 중군만을 굳게 지키며 수레에 앉아 패망을 관망하였으니 그 죄가 죽여도 용서할 수 없는데 돌아와서는 벼슬과 상이 그에게 먼저 미쳤으니, 이러고서야 어찌 백성에게 나라를 위하여 죽으라고 권장할 수 있겠는가.

건주위 정벌

征建州衞 건주위정벌

《국조정토록》에

"파저강(婆猪江) 추장 이만주(李滿住)가 건주위지휘(建州衞指揮)가 되었다. 이에 앞서 이만주는 임합라(林哈剌)·심타납노(沈吒納奴)와 더불어 화라온(火剌溫)의 야인복(野人服)을 덮어쓰고 여연부(閭延府)로 쳐들어와 많은 인원과 가축을 약탈해 가고, 세종 15년 계축(1433) 정월 임술(壬戌)에 남녀 64명만 돌려보내면서 짐짓 속여 말하기를 '화라온이 조선 사람을 약탈해 가므로 내가 수정산(守定山)까지 추격하여 빼앗아 돌려보낸다'라고 하였다.

세종께서는 '파저강 도적이 화라온에게 쫓겨서 그 살던 소굴을 잃고 강가에 머물러 살도록 해달라고 애걸하기에 내가 그렇게 살게 허락하였던 것인데, 지금 와서는 도리어 이와 같이 행동하니 쳐버리지 않으면 나중에 반드시 제어하기 어려울 것이다' 하였다. 그리고 판중추원사 최윤덕(崔潤德)에게 명하여 평안도 도절제사로 삼아 중군을 거느리게 하고, 이순몽(李順蒙)을 부장으로, 호조참의 김효성(金孝誠)을 도진무(都鎭撫)로, 최산해(崔山海)는 좌군, 이각(李恪)은 우군을 거느리게 한 다음, 먼저 박호문(朴好問) 등을 보내 적의 정세를 정탐한 뒤에 본도 군사를 출동시키게 하였다.

3월 경진일(庚辰日)에 최윤덕은 모든 장수를 강계(江界)로 불러모아 쳐부술 것을 맹세시킨 다음 강을 건넜다. 이순몽은 이만주를 향해 나가고, 최산해는 차여(車餘)에게로, 이각은 마천(馬遷)에게로, 이징석(李澄石)은 올라(兀剌)에게로, 김효성은 임합라의 아버지가 주둔한 책문(柵門)으로, 홍사석(洪師錫)은 팔리수(八里水)에게로, 최윤덕은 임합라에게 향했는데, 이 8로(路)의 군사가 모두 1만 5,700명이었다. 이때 노루 네 마리가 갑자기 진영으로 뛰어들었는데 최윤덕이 말하기를 '이는 야인(野人)들이 죽게 된다는 징조이다'라고 하였다. 임인일(壬寅日)에 이르러 임합라를 토벌했는데, 심타납노의 군사가 먼저 무너졌다. 이때 그들의 흩어진 군사를 찾아 사로잡은 뒤에 진영을 석문(石門)으로 물리고 녹각성(鹿角城)을 설치하였다.

이때 들불이 나서 말 먹이가 없었고, 또 큰비가 내렸다. 최윤덕은 하늘에 기도하면서 눈물을 흘리니, 비가 곧 그치고 흰 기운이 한 필의 비단처럼 진영 위에 뻗쳤다. 점을 쳐 보니 '좋은 징조다' 하였다. 드디어 심타납노의 진영에까지 진군하여 그들의 영채에 항복하라는 방을 붙이고 돌아왔는데, 죽인 적군의 수효가 330명이고, 빼앗은 말과 소가 180필이나 되었으나, 우리 군사는 죽은 자가 네 명밖에 되지 않았다. 그리고 5월에, 크게 싸워 이긴 공을 왕께 아뢰었다."
하였다.

내가 살펴보니, 파저강은 호지(胡地)에서 발원하여 이산(理山)까지 이르러 압록강으로 흘러들어간다. 《문헌통고》에는 '소요수(小遼水)는 요산(遼山)에서 발원하여 서남쪽으로 흘러 압록강과 합류하고, 대량수(大梁水)는 고려국에서 발원하여 서쪽으로 흘러 새외 지역에서 소요수로 들어간다' 하였으니, 이 파저강은 소요수의 별명인 듯하다.

고려 공민왕 때 북원(北元)과 외교를 단절하려고 이태조를 동북면원수(東北面元帥)로 삼아 동녕부(東寧府) 올라성(兀剌城)을 격파토록 하였다. 이 올라성은 이산부(理山府)와 270리의 거리인데, 북으로 압록강과 파저강을 건너야 이 성에 이른다. 3면이 절벽이고 오직 서쪽 한 면으로만 올라갈 수 있다.

동지(同知) 이올로 첩목아(李兀魯帖木兒)는 300여 호를 인솔하고 와서 항복하였으나 그의 괴수 고안위(高安慰)는 오히려 성을 점거하고 있었다. 태조가 손수 70여 개의 화살을 쏘아 그들의 얼굴에 모두 명중시키니, 고안위는 밤에 달아났으므로 동녕부 이남이 하나같이 텅 비게 하였다. 《고려사》에 '동녕(東寧)을 진격하여 이겼다'라는 사실이 있으니, 이것이 아마도 이때의 일인 듯하다.

이만주는 이올로 첩목아의 종족인 듯한데, 화라온에게 쫓겨 파저강에 와서 머물러 살고 있었다면 화라온도 또한 반드시 올라성 우두머리를 가리킨 것이다.

이만주의 할아버지 아합출과 그의 아들 석가노는 공이 있다는 이유로 명나라에서 성명을 하사하여, 아합출은 이사성(李思誠), 석가노는 이현충(李顯忠)이라 하였다.

이현충이 죽고 이만주가 그의 뒤를 이었는데, 이만주는 우리나라 장수 유자광(柳子光)에게 공격당해 죽었다. 최윤덕이 돌아올 때에 세종께서 당주

(唐周)의 고사에 따라 몸소 나가 맞이하려고 했으나 재상 황희(黃喜) 등이 저지시켰다. 대저 임금의 형세가 높지 않을까 걱정할 것이 아니라, 신하를 너무 높여 교만한 마음이 생기는 것이 걱정인데, 황희가 임금의 뜻을 잘 받들어 순종하지 않고, 임금의 자만심과 군대를 가볍게 여기는 마음을 열어 준 것은 무슨 이유인가.

또 "세조(世祖) 13년 정해(丁亥, 1467) 여름 4월에, 의주목사(義州牧使) 우공(禹貢) 등이 대창산(大昌山) 밑에 모여서 사냥하다가 적을 만났다. 우공 자신은 겨우 죽음은 면했으나 군사들이 많이 살해당했다. 그러므로 죄를 성토할 것을 의논했다. 가을 8월에, 요동도사(遼東都事)의 이첩하는 자문(咨文)에 '건주삼위(建州三衞 : 건주위·건주좌위·건주우위. 여진족이 살던 만주 지역. 청나라 발상지.)가 변경을 여러 번 침범하므로 오는 9월 27일에 그들의 소굴을 타도하려고 합니다. 이 계획을 이미 조정에 주달한 결과 조선 국왕으로부터 적의 돌아갈 길을 차단시키라는 칙명이 내려왔기에 그대로 보고합니다'라고 하였다.

우리 조정에서는 중추원지사(中樞院知事) 어유소(魚有沼)를 좌상대장(左廂大將)으로, 동지사(同知事) 남이(南怡)를 우상대장(右廂大將)으로, 진북장군(鎭北將軍) 강순(康純)을 서정주장(西征主將)으로, 우참찬(右參贊) 윤필상(尹弼商)을 선위사(宣慰使)로 삼아 모든 군사에 대한 방략(方略)을 지휘하도록 하였다.

병술일에, 강순은 기병과 보병을 부대별로 나눠서 5,400명은 좌상대장 어유소에게 소속시켜 의주를 거쳐 가도록 하고, 4,300명은 우상대장 남이에게 소속시켜 주고, 강순은 스스로 억세고 용감한 600명과 사자위(獅子衞)의 사대(射隊)를 거느리고 강계(江界)를 거쳐 함께 황성평(皇城坪)에 이르렀다. 다른 장수들은 모두 군사를 합치려고 했으나 남이는 말하기를 '여기서 방장(防墻)까지 거리가 200여 리가 넘는데 길은 좁고 험해서 사람도 두 줄로 갈 수 없고 말도 열 지어 갈 수 없다. 만약 치중(輜重)과 2만여 군사가 물고기 꿴 것처럼 진군하는 상태에서 오랑캐가 먼저 안현(鞍峴)을 막는다면, 전군(前軍)이 적의 공격을 받을 경우 후군(後軍)이 응원하기 힘들게 될 것이니 위험하다. 그러니 좌상군은 구랑개동(仇郞介洞)을 거쳐 올미부(兀彌府)를 공격하고, 우상군은 삼기현(三岐峴)을 거쳐 포주(蒲州)를 공격하되 배도(倍道)로 행군하여 갑자기 공격하는 것이 낫다'라고 하자, 강순도 남이의 말이 옳다고 했다.

　신묘일에, 우상군은 파저강을 건넜는데, 남이와 전봉(前鋒) 이극균(李克均) 등은 이두리(李豆里)와 고납합(古納哈)의 부락을 공격하고, 함진장(陷陣將) 유자광은 이만주의 부락을 공격하여 이만주·고납합 등 24명을 목 베고 그 부하와 한인(漢人) 30명과 우마(牛馬) 30여 필과 병장(兵仗)·기계 따위를 수없이 노획했으며, 그들의 집과 재산을 불태워 버렸다. 그리고 큰 나무를 찍어 희게 다듬은 다음 '조선주장(朝鮮主將) 강순이 군사 1만 명을 거느리고 건주위를 섬멸하고 하루를 머물면서 천병(天兵 : 명나라 군사)을 기다렸으나 나타나지 않으므로 회군한다'라고 써놓고 방장으로 군사를 물렸다. 그런데 적은 높은 데로 올라가 우리에게 포로가 된 자의 이름을 부르면서 가슴을 치며 통곡했다. 다음날 적의 기병 100여 명이 가까이 와서 비오듯 화살을 쏘아댔으나 이극균·유자광 등이 역습하여 격퇴시켰다.

　어유소는 다회평(多會坪)을 습격하여 승리하였고, 위장(衛將) 우공(禹貢)과 이숙기(李叔琦) 등은 올미부를 공격하여 큰 승리를 거두어 80여 명을 죽이고 말과 소 70여 필을 노획했으며, 집과 재산을 불살라 버렸다. 또 큰 나무를 찍어 희게 다듬은 다음, '조선 좌상대장(朝鮮左廂大將) 어유소 등은 군사 1만 명을 거느리고 올미부를 섬멸하고 명나라 군사를 기다렸으나 나타나지 않으므로 회군한다'고 써놓고 마침내 군사를 물렸는데 적이 추격해 왔다.

　대장이 전군(前軍)에게 빨리 행군하도록 하자, 적은 우리 군사가 달아나는 줄 알고 평지까지 따라왔다. 어유소는 여러 장수와 함께 군사를 되돌려 역습하여 30여 명을 죽이고 패주시켰다. 그리고 도망치는 적을 쫓아 조월이참(鳥越伊站)에 이르니, 남아 있던 적이 험한 지대를 먼저 차지하고 있었다. 이숙기 등은 밑에서부터 공격하여 승리하고, 해질 무렵에 복병을 설치하여 험한 곳을 막고 있었는데, 적이 과연 나타나므로 무찔러 버렸다.

　그런데 그때 갑옷을 두르고 말을 탄 괴수 세 명이 군사를 거느리고 바로 어유소에게로 달려왔다. 어유소는 앞질러 나가 두 사람을 쏘아 죽였으나 어유소의 말도 화살에 맞아 거꾸러졌다. 어유소가 말을 바꿔 타고 추격하여 남은 한 명도 죽이니 나머지 적들은 모두 달아났다. 10월에 군사를 돌이키고 마침내 승전을 보고하였다.

　13년 뒤 성종 10년 기해(1479) 겨울 10월에, 명나라에서 칙서를 내려 말하기를 '건주(建州)의 여진(女眞)이 여러 번 변경을 침범한 죄는 용서할 수 없으므로 이미 감독(監督)·총병(總兵) 등에게 기한을 정하고 정벌 섬멸하라 하였으니, 조선왕도 약간의 군사를 보내 멀리서 서로 응원하게 한다면 이에 대한 보답은 짐이 반드시 늦추지 않을 것이다' 하였다.

그리하여 조선에서는 우찬성(右贊成) 어유소(魚有沼)에게 명하여 체찰사(體察使)로 삼고 평안(平安)·황해(黃海)·영안(永安) 3도(道)의 군사 1만 명을 일으켜 응원하도록 하였으나, 얼마 뒤에 어유소는 강의 얼음이 굳게 얼지 않았다는 이유로 군사를 해산시키고 돌아왔다. 11월에 명나라 군사는 과연 건주로 들어가 소자하(蘇子河)까지 이르러 남녀 190여 명을 사로잡아 돌아갔다.

성종은 어유소가 제 마음대로 돌아온 죄를 국문하고, 좌의정 윤필상을 도원수로, 평안도 절도사 김교(金嶠)를 부원수로 삼고, 유의(襦衣)와 피견(披肩)을 하사하여 장졸들을 위로하였다. 12월 경신일에 윤필상 등이 군사를 거느리고 압록강을 건너 닷새 뒤인 갑자일에 군사를 두 길로 나눠서 쳐들어 갔다. 적들은 새로 큰 싸움을 겪은 뒤라 모두 띠집을 짓고 사는데 5, 6호, 또는 7, 8호씩 뭉쳐 살면서 또다시 침입할 것을 계획하여, 이웃 영채에 군사를 요청하고 술을 걸러놓고 그들을 기다리던 참에 우리 군사의 수레 소리를 듣고 처음에는 이웃 군사가 오는 줄 알았다가 나중에야 아닌 것을 깨닫고 갑자기 놀라서 흩어졌다.

이때 군사를 내어 급히 공격하자, 적은 기병만이 겨우 달아났고 나머지는 모두 죽거나 포로가 되었다. 17일 뒤인 경진에 개선하였다. 그 뒤 우리나라에서는 어세겸(魚世謙)을 명나라에 보내어 이 사실을 아뢰니, 명나라 황제는 칙서를 내려 칭찬 격려하였다. 어세겸은 헌부시(獻俘詩 : 전쟁에서 승리하고 돌아와 승전을 아뢰는 시)를 아래와 같이 지었다.

백 자나 깊이 판 못, 백 자나 높이 쌓은 성채
어진 임금 오늘날이 깨끗한 시대로구나.
바닷물 흐리는 고래 내 손으로 잡아 없애니
능연각(凌烟閣 : 공신의 초상을 걸어둔 집)에 걸린 이름 부끄럽지 않다.
百尺深池百尺城 聖明千載際時清

手中掣狩鯨鯢首 不愧凌烟掛姓名

내가 살펴보니, 명나라 홍무(洪武 : 명 태조의 연호 1368~1398) 무렵에 여진(女眞)을 이리 저리 나눠서 184위(衛)를 설치하고 그 추장들을 도독(都督)·도지휘(都指 揮)·지휘(指揮) 등 관직에 임명했다. 건주삼위는 바로 요(遼)에 가까운 지 역으로, 이른바 '숙여진(熟女眞)'이니 '파저야인(婆猪野人)'이니 하는 것이 모두 그들의 부락이다.

여진의 남쪽은 우리나라와 인접하였고, 서쪽은 요양·심양과 접경하였으 니, 중국과 우리나라를 침범하여 노략질한 것은 하루 아침의 일이 아니었다. 명나라가 우리에게 군사를 동원하여 함께 싸우자고 하였을 때 달려가 싸우 는 것이 마땅하지만, 첫 번째에는 명나라 군사가 약속을 어겼고, 그 다음에 는 우리 군사가 군율을 잃었기 때문에, 일찍이 서로 협공 섬멸시키지 못하여 남은 불씨가 다시 불꽃처럼 일어났다. 어유소가 자기의 공을 믿고 왕명을 거 역한 죄는 면할 수 없으니, 탄식을 이루 다할 수 있겠는가?

삼포의 왜인들
三浦倭 삼포왜

《국조정토록》에 "대마도를 정벌한 뒤에 왜인 60호가 제포(薺浦)·부산포 (釜山浦)·염포(鹽浦) 등지에 와서 살려고 하므로 조정에서 허락해 주었다. 그 뒤 수효가 점점 많아지자 변장(邊將)들은 그들을 매우 혹사시켰다. 그러 자 왜인은 중종(中宗) 5년 경오(1510) 4월 계사(癸巳)에 대마도에 있는 왜 인들을 유인하여 병선 수백 척을 거느리고 와서 성과 진지를 함몰시켰다.

이리하여 조정에서는 황형(黃衡)·유담년(柳聃年)을 좌우도(左右道) 방어 사로 삼아 경기·충청·강원 3도의 군사를 일으켜 나아가 토벌하도록 하였다. 12일 뒤인 갑진일(甲辰日)에 황형과 유담년은 경상우도 병마사 김석철(金錫 哲)과 길을 나누어 육로(陸路)로 공격하고, 경상우도 수사(水使) 이종의(李 宗義), 부산첨사(釜山僉使) 이보(李俌)는 수로를 따라 진격하자 적은 제포 로 퇴진하였다. 황형이 먼저 적진으로 들어가자 모든 장수도 뒤를 따랐는데, 사람마다 녹각목(鹿角木 : 대나무를 사슴뿔처럼 만들어 적이 접근치 못하도록 하는 것)을 가졌으므로 적은 감히 가까이

오지 못하였다. 또 투석군(投石軍)을 앞세워서 돌을 던지게 하니 적의 방패가 모조리 깨졌다. 적은 '배 있는 바닷가로' 패주하여 서로 먼저 배에 오르려고 저희들끼리 칼로 찌르고 활로 쏘아 바다에 빠져 죽는 자가 얼마인지도 알 수 없을 지경이었고, 침몰시킨 적선이 5척, 죽이고 사로잡은 것이 295명이었다" 하였다.

내가 살펴보니, 세종 때 대마도를 정벌한 것은, 평도전(平道全) 등이 왜인을 이끌고 왔기 때문이다. 그 무렵에 여러 섬에 있는 왜인을 잡아다가 모두 내읍(內邑)에 살게 했으니 그 뒤 필연적으로 차츰 번식하여 더욱 많아졌을 것이다. 지금 또 왜인 대조마노(大趙馬奴) 등이 옛날 평도전이 썼던 술책을 다시 썼는데, 비록 평정은 시켰으나 앞으로 한 번은 크게 소란할 것이다. 그들은 결국 우리와 동족이 아니므로 무슨 틈만 있으면 난을 꾸밀 것이니 곽흠(郭欽 : 후한 왕망 때의 진외
장군(壖外將軍))이 몰아냈던 계책을 쓰는 것보다 더 좋은 것이 없다. 그러나 정현룡(鄭見龍)은 역수(易水) 오랑캐를 섬멸할 때 항복한 왜인을 앞잡이로 삼았는데, 그 왜인은 죽을 힘을 다하였으니 오직 쓰기를 어떻게 쓰느냐에 달려 있을 뿐이다.

지금 듣건대, 해안에 있는 각 고을에는 귀화한 왜인들이 스스로 부락을 이루어 사는 곳이 많으나 읍민들은 그들과 통혼하지 않는다 하니, 이는 그들을 천하게 여기기 때문이다. 언제든 혹시 왜구의 침략이 있게 되면 반드시 그런 기회를 노려 화를 꾸미지 않으리라고는 보장할 수 없다.

중국의 벌열씨족(閥閱氏族)도 본래는 오랑캐에서 나온 자가 많으니 지금 왜인도 전해온 대수(代數)가 오래되어 중국으로 가서 중국 사람이 된 자도 있을 것인데, 어찌하여 유독 우리나라에 있는 왜인에게만 심히 하는가. 지금 왜관(倭館)*1에 살고 있는 남녀가 서로 간통을 하면 목을 베어 죽인다 하니 이는 진실로 좋은 법이다. 그들 중에 귀화한 지 오래된 자의 경우 마땅히 각 고을로 하여금 뽑아 쓸 만한 자를 가리고 그 중 우수한 자를 뽑아서 더욱 출세하게 하여, 차츰 우리나라 사람과 더불어 섞여 살게 해야 바야흐로 따라 굽힐 것이다.

---

*1 고려 말기 이후 조선 초기까지 왜구의 노략질이 심해지자 그 회유책으로 삼포를 열어 왜인이 왕래하며 무역하는 것을 허락하였고, 또 그곳에 왜관을 두어 교역·접대 등에 관한 일을 맡아보게 하였다. 삼포왜란 뒤에는 임신조약(壬申條約)을 맺고 왜관을 제포에만 두었음.

하루하루 새로운 온전한 공부

日新全功 일신전공

중국 고대 탕임금의 반명(盤銘 : 중국 고대 탕임금이 목욕통에다)에 말하기를 "어느 날
몸을 씻어 새롭게 되었으면 날마다 새롭게 하고, 또 날마다 새롭게 하라" 했
으니, 이는 탕임금이 사람들의 말을 듣고 이와 같이 해야겠다는 것을 깨닫고
곧 목욕하는 그릇에 이 글을 기록한 것이다. 《서경》 중훼지고(仲虺之誥 :
(서경)의)에 말하기를 "덕이 날로 새로워지면 여러 나라 사람이 다 따르게 되고
편명
뜻을 자만(自滿)스럽게 가지면 집안 친족도 배반하게 된다"고 했고, 또 이
어서 말하기를 "스스로 거뜬히 스승을 얻은 자는 왕이 되고, 남이 자기만 못
하다고 이르는 자는 망할 것이다. 묻기를 좋아하면 넉넉하게 되고, 자기의
뜻대로만 하면 졸아들게 된다"고 했다. 이 말이 있기 전에 탕임금이 만일 그
런 말을 했다면 중훼(仲虺 : 은나라 탕왕 때의 재상으로 탕왕을)가 반드시 이런 권면은 하지
잘 보좌하여 모범을 보임
않았을 것이다.

그러므로 채전(蔡傳 : 송나라 채침(蔡沈))에 이르기를 "반명(盤銘)은 날마다 새롭
의 《서경》 집주
게 하는 것을 더 넓히는 것이다(서경) 탕)"라고 하였으니 이 말이 그 본뜻을 잘
서편 주
터득한 것이다. 탕임금의 반명은 그가 얻어들은 말에 근본을 두고 있으나 더
욱 깊은 뜻이 있다. "스스로 스승을 얻고 묻기를 좋아한다"는 것은 "덕이
날로 새로워진다"는 뜻이고, "남을 자기보다 못하게 여기고 자기의 뜻대로
만 한다"는 것은 "뜻을 자만스럽게 가진다"는 뜻이다.

꼭 덕을 날마다 새롭게 하려면 모름지기 스승을 얻어야 할 것이고, 꼭 스
승을 얻으려고 한다면 모름지기 묻기를 좋아해야 할 것이다. 이 묻기를 좋아
하는 것이 날로 새롭게 하는 근본 바탕이 되면, 날로 새롭고 또 날마다 새롭
게 되는 공부가 되고, 또 오늘도 묻기를 좋아하고 또 내일도 묻기를 좋아하
게 되어 평생토록 스스로를 만족스러워하는 자만심을 없애줄 것이다.

옛사람은 자기의 몸과 마음 다스리기에 힘쓰기를 마치 나라 다스리듯이
하였으니, 이미 자수(自修)를 밝히고 또 모름지기 환난(患難)을 막는다는
것을 아울러 말해야 바야흐로 면밀하게 된다. 예컨대 날로 새롭게 하는 공부
를 오랫동안 게을리하다가 갑자기 교만하고 인색해지면 문득 자만심에서 나
오는 행동을 하게 된다. 자만심을 가지게 되면 남을 자기보다 못하게 여기게

되며, 남을 자기보다 못하게 여기면 문득 자만심을 쓰게 된다.

이 세 가지가 잇따라 오는 것이 마치 시큼한 냄새가 나는 촛병에 날파리가 꾀어들고 염소 기름에 개미가 모여드는 것처럼 된다. 그러므로 날로 새롭게 하는 공부는 마치 높은 데로 올라가는 것인 듯 기쁘게 여겨서 계속 밝혀야 하고, 자만의 해를 마치 아래로 떨어지는 것처럼 위태롭게 여겨서 경계해야 할 것이다.

그런 다음 의리로써 일을 판단하고 예로써 마음을 절제해야 그날로 새롭게 하는 공부의 절차로서 안을 바르게 하고 겉을 엄숙하게 하는 방법이 갖추어지게 된다. 또 큰 덕을 힘써 밝히고 백성에게 모범이 될 만한 표준을 세우면 꼭 체용(體用 : ^{사물의 본체와}_{그 활동 및 응용})의 도가 구비될 것이니 이것이 날로 새롭게 하는 온전한 공부이다.

우주 만물의 생성 원리
太極說 태극설

주자와 상산(象山 : ^{육구연}_(陸九淵))이 서로 편지를 주고받으며 태극도설(太極圖說)*1을 다투어 변론한 것은 고금의 일대 논쟁이었다. 그러나 이 도설의 본뜻이 만약 상산이 가리킨 바와 같다면 상산만 그르게 여긴 것이 아니라 주자 또한 그르게 여긴 것이며, 만약 주자가 가리킨 바와 같다면 주자는 옳게 여긴 것이 아니며 상산이라고 꼭 그르게 여긴 것도 아니다.

두 사람의 변론은 그 문장을 다룬 것이지 도(道)를 다룬 것은 아니다. 글이란 이렇게 볼 수도 있고 저렇게 볼 수도 있거니와 염계(濂溪 : ^{주돈}_{이?})의 본뜻에는 반드시 일정한 주장이 있었을 것인데 과연 이렇게 보면 염계가 옳고 저렇게 보면 염계가 그르다. 그러나 이제 염계에게 물어볼 수 없으니 글로써 판단할 수밖에 없다.

글을 보고도 확정지을 수 없다면 선현(先賢)*2의 말이 그르다고 증명한 상

---

*1 송나라 주돈이(周敦頤)가 지은 것. 무극(無極)인 태극에서부터 음양·오행의 원리와 우주 및 인류와 만물의 생성과정을 설명하였음.

*2 여기서는 염계를 가리킴. 상산은, 태극설에 무극이라는 두 글자는 노자에서 유래되었다 하여 염계를 순유(純儒)가 아니라고 했음.

산의 말을 따르기보다는 염계를 허물없는 경지로 돌린 주자의 말을 따르는 것이 좋겠다. 상산이 만약, "글은 비록 의심스러우나 과연 자네의 말과 같이 보는 것이 좋겠다" 했었더라면 주자도 반드시 기쁘게 여겼을 것이고, 주자도 반드시, "글은 진실로 좋으나 자네의 말과 같이 하도록 할 수 있다면 문득 자네의 말에 따르겠다" 했었더라면 상산이 아무리 고집스러웠다 하더라도 무슨 마음으로 계속 떠들어 댔겠는가?

무릇 유가(儒家)에서 서로 다투는 말들 가운데 이런 따위가 많으니 경계할 만하다. 주자와 상산이 서로 다툰 것은 다만 "무극이태극(無極而太極)"이란 다섯 글자에 관계된 것뿐인데, 이 다섯 글자의 뜻을 해결하지 못해서 천 마디 만 마디 말에 이르기까지 하였으니 이 또한 너무 지나쳤다.

주자가 이미 반복하여 미루어 밝힌 말은 명쾌하여 가린 점이 없으므로 후학들이 맨 밑바닥에 쌓인 것까지 들여다볼 수 있게 되었으니, 그 글이 과연 훌륭하며 염계도 허물이 없다. 그런데 치우친 마음과 고집스러운 학문으로 자기의 뜻을 내세워, 염계의 뜻을 받아들이지 않고 문장만 가지고 본뜻을 해치면 의심이 없는 데서도 의심이 있게 되는 것인데, 왜 그리 이상하게만 여겼을까?

백성을 얻고 사람을 얻어야
得民得人 득민득인

나라가 나라다워지려면 임금이 있고 백성이 있어야 하는데 임금과 백성도 모두 사람이다. 그러나 혹시 백성만 있고 임금은 없을 수는 있으나 백성 없는 임금은 있지 않다. 임금의 도는 백성을 얻는 것이 으뜸이다. 그러므로 《대학》에 "사람이 있으면 토지가 있게 되며 토지가 있으면 재물이 있게 되고 재물이 있으면 쓰일 곳이 있게 된다" 하였다.

사람을 얻는 근본은 덕에 있다. 덕이란 것이 바로 사람을 얻는 것이므로 《대학》에서 이르기를 "반드시 대중을 얻고 대중을 잃는 것을 잘 다스려짐과 어지러움을 판단하는 요지로 삼았다" 하였다. 그 대중을 잃고 대중을 얻는 이유는 착함과 착하지 못함에 지나지 않는다. 그러나 그 착함과 착하지 못함의 경계는 충성스러움과 교만함에 지나지 않는다.

그렇다면 이른바 "먼저 덕부터 지녀야 한다"는 것도 충성스러움은 지니고 교만함은 버리는 것에 지나지 않는다. 역시 《대학》에 있는 말, 이른바 "사람이 좋아하는 바를 좋아하고 사람이 싫어하는 바를 싫어한다"는 것은 충성의 절도(節度)이고, "사람이 좋아하는 바를 싫어하고 사람이 싫어하는 바를 좋아한다"는 것은 교만한 증거이니, 이것이 백성을 얻는 처음이자 끝이다.

백성이 있다면 다스려야 하는데 위로는 임금을 받들고 아래로는 백성에게 혜택을 베푸는 이는 신하뿐이니 이 신하도 또한 사람이다. 옛날 요순이나 우왕·탕왕·문왕·무왕도 오직 부지런하고 정성스러운 마음으로 사람을 얻는 것을 급선무로 삼았고, 공자가 《서경》을 깎아 다듬을 때도 여러 나라 중에서 오직 진서(秦誓 : 진 목공(秦穆公)이 정나라를 정벌하고 스스로 맹세한 글)만 다룬 것은 그 말이 대체로 대도(大道)에 부합되었기 때문이다.

그 중에서 가장 긴요한 대목을 《대학(大學)》에 뽑아 넣었는데 "남이 지닌 재주를 자기가 지닌 것처럼 여기고, 남의 어질고 성스러움을 마음속으로 좋아하여 자기의 입에서 나온 것과 같이 여긴다면 비록 다른 재주가 없다 할지라도 오히려 이로움이 있을 것이다. 남의 재주 있는 것을 시기하고 미워하며, 남의 어질고 성스러움을 막아 버리고 통하지 못하도록 하면 위태로울 것이다" 하였다.

성인이 이것을 취한 것이 이와 같은 데 지나지 않는다. "어진 이를 보면 반드시 먼저 기용해야 하며 선하지 않은 이를 보면 반드시 멀리 물리쳐야 한다(《대학》 치국 평천하 장)"고 하였으니 이것이 바로 사람을 얻는 처음이자 끝이다. 《대학》의 이 부분에서 세상을 다스리는 것을 논한 것은 마땅히 이런 뜻으로 새겨야 할 것이다.

선천적으로 착한 사람의 본성
性善 성선

성(性 : 인간의 본성)이 선한지 악한지는 맹자와 순자*¹의 입씨름이 있은 뒤로부터 사람들이 오히려 고개를 갸웃거리며 의심스럽게 여겼다. 맹자가, "성선(性

---

*1 순자 : 전국 때 조나라 사람. 이름은 황(況). 사람은 나면서부터 정욕(情慾)이 있으니 사람의 본성은 악하다고 주장하였음.

善)*²을 말할 때는 말끝마다 반드시 요순(堯舜)을 일컬었다” 하였으니, 이 구절은 시비를 판단할 수 있다. “탕무(湯武 : 은탕(殷湯)과 주무왕(周武王))는 본성을 회복시켰다”는 말은 오히려 성(性)에 진선(盡善)하지 않은 점이 있다고 여기도록 하였으며, “요순은 본성 그대로였다”는 말은 억지로 선해지려 힘쓴 것이 아니란 뜻이다.

힘쓰지 않아도 선하므로 그 성이 선함을 알 수 있는 것이다. 사람이란 태어나면서부터 욕심이 있게 마련이고 땅에 떨어지면 곧 배고프게 된다. 이 배고픈 것은 인심에 저절로 있는 것이므로 도심의 절제를 받지 않는 것인데 어찌 선하지 않음이 있겠는가?

사람들이 허물을 악에다 돌리는 것은 다만 인심에서 악이 생겨나기 때문이다. 인심이란 것도 최초의 근원은 선하지 않음이 없으니 이 선하지 않은 것은 음탕한 인욕(人欲)에서 비롯된다는 것을 알 수 있다. 이러므로 “대인(大人)은 갓난아이 때 마음[赤子心]을 잃어버리지 않은 자이다” 하였으니, 이 말로 성선(性善)의 미진한 뜻을 보충할 수 있다.

선하지 못함의 싹은 배고프고 추운 데에서 시작된다. 그러나 아직은 배고프고 추운 마음이 있을 뿐이고 무슨 계교가 생겨나서 배고픔과 추위를 면하려고 하는 것은 아니다. 또한 무슨 계교가 있어서 무리한 짓으로 배불리 먹고 따뜻하게 입으려고 하는 것도 아니다. 이는 모두 나중에 와서 인심이 음탕해져서 그렇게 되는 것이지 본성이 그런 것은 아니다.

대인심(大人心)*³에 이르러서는 도심(道心)이 주가 되어서 비록 여러 갈래의 형상과 기운 위에서 생기는 마음이라 하더라도 모두 도심의 절제를 받아 뒤로 물러나기 때문에 보통 사람의 마음과 같지 않다 하였다. 비유하자면 좋은 진주가 조개 배 속에 들어 있는 것은 바로 적자심(赤子心)이고, 이 진주가 사람의 손에 들어온 뒤에 온갖 진흙과 모래로 더럽혀 지더라도 광채가 변하지 않는 것은 바로 대인심이란 것이다. 고작 진흙과 모래의 더럽힘을 받은 것이 어찌 진주의 허물이 되겠는가?

사람들은 성선(性善)이란 말이 맹자에서 비롯되었다 하나 사실은 순(舜)

---

*2 성선 : 사람의 본성은 선천적으로 착하지만, 물욕의 가림으로 악하게 된다는 맹자의 주장.

*3 대인심 : 성인(聖人)의 마음으로 의리가 갖추어진 본래의 마음을 뜻한다. 《맹자》 이루(離婁) 하편.

의, 위미집중(危微集中)*4이란 말이 있던 것을 맹자가 다만 드러내 밝혔을 뿐이다.

《당감》에 대한 논의
唐鑑議論 당감의론

중국 송나라 때 순부(淳夫) 범조우(范祖禹)가 《당감》이란 역사 논평을 지었는데 이천(伊川) 정이(程頤)가 이르기를 "삼대(三代) 이후에 이런 의론이 없다" 하였다. 이 책은 대개 오로지 이천의 뜻을 써서 인재를 얻어야 한다는 것을 중점으로 삼았다. 세상의 교화가 쇠미해지자 사사로운 정의가 넘쳐흐르고, 지식의 작용이 쓰이게 되자 어진 덕행은 숨어버려서 천하가 다시 다스려지지 않았다.

오늘날 사람들은 다만 실행할 수 없을 뿐 아니라 소견 또한 이런 정도의 의론에 이르지 못한다. 조정의 신하가 경연(經筵)에서 임금에게 아뢰어 권장하거나, 상소하여 정사의 잘잘못을 논하는 경우 또는 유생이 대책으로 의견을 개진할 때에, 어진 보좌를 얻어야 한다고 입에 침이 마르도록 이야기하지 않는 이가 없다.

그러나 다만 말로만 그렇게 할 뿐이니 일찍이 그들의 마음에 한 털끝만큼 인들 이런 올바름이 있었던 것은 아니었다. 마치 도깨비가 울고 마귀가 부르짖으면서 허공에 떠다니는 것처럼 한세상을 지내는 까닭에 옛사람은 이것을 나무랐다. 무엇을 물으면 제대로 이해하지 못하면서도 문장을 그럴 듯하게 만드는 데는 어긋남이 없다. 이른바 어긋남이 없다는 것 또한 옛말을 섭렵한 것에 지나지 않고 그 무엇도 실제로 깨달은 것은 없다.

그 실제로 깨달았다는 말도 보면 스스로 구별이 되니 《당감》과 같은 것이 이것이다. 이와 같은 무리들에서 어찌 세상을 수용할 만한 인재를 얻을 수 있겠는가. 모든 사람들은 이상한 말을 지껄이면서 제각각 하는 것이 마치 시골집 어린아이들이 장기를 두는 것과 같다. 한 번 이기고 한 번 지는 사이에 기량이 조금 나으면 아주 높은 체하면서 뽐내지만 국수(國手)가 한 번 훈수

*4 이 말은 《서경》 우서(虞書) 대우모(大禹謨)에 "인심(人心)은 오직 위태롭고 도심(道心)은 오직 희미하다. 오직 정밀히 살피고 한결같이 지켜야만 중도(中道)로 행할 수 있다" 하였음.

하면 전판이 뒤집히는 것을 알지 못한다.

그러므로 한 치를 얻으려고 한 자를 잃어버리며 손가락을 보호하려고 몸뚱이는 내버린다. 나라가 도탄에 빠지게 되면 이르기를 "세상 운수이니 어쩔 수 없다" 한다. 이런 자에게 뭐라고 하겠는가.

주자가 이르기를 "용렬한 의원이 병을 다스린다 해도 마음으로는 어찌 사람을 살리려고 하지 않겠는가 하지만, 문득 병자에게 비상을 주어 먹였다가 나중에 그가 죽으면 이르기를 '나는 본래 그의 병을 구하려고 했는데 그가 죽은 것은 나의 죄가 아니다' 한다. 이런 의원에게 병자를 맡겨 고치도록 할 수 있겠는가? 넓고 큰 세상에 어찌 약을 주머니에 넣어 놓고 시험을 기다리는 의화(醫和)·편작(扁鵲) 같은 용한 의원이 없겠는가?" 하였다.

공자도 "위 영공(衞靈公) 같이 무도한 이로서도 오히려 사람을 쓰는 데에 꼭 그 재주에 알맞게 쓰니, 이것만으로도 그의 나라가 멸망하지 않는다는 것을 단정할 수 있다" 하였다. 한창 어지러운 춘추 시대를 맞아서도 위나라에는 오히려 어진 이가 많았다. 유장(柳莊)·거원(蘧瑗)·사추(史鰌)·공숙발(公叔發) 같은 무리가 모두 이 시기에 잇따랐다. 《시경》의 간모(干旄)라는 시를 읽으면 선비를 초빙한 예가 이토록 지극했다는 것을 알 수 있고, 또 북문(北門) 장을 읽으면 어진 이를 신임하고 중히 여기기를 오로지 이와 같이 했다는 것도 짐작할 수 있다. 각 열국(列國)에 일찍이 어찌 이런 일이 있었겠는가. 육왕(六王)의 시대가 지나고 온 천하가 한집안이 되자, 범같이 물어뜯고 고래처럼 싸우던 때에 위나라만이 이세(二世 : 胡亥) 때까지 명맥을 유지하였으니, 이는 어진 이를 얻은 효험임이 분명하다.

유생의 학문
儒學 유학

윤유장(尹幼章)이 나에게 와서 이틀 밤을 묵게 되었다.

내가 말하길

"송나라 이후부터 유자(儒者)의 학문은 갈수록 깊고 은미해져, 한 글자 한 구절에 대한 뜻을 깊이 연구하고 지극히 토론한 말들이 상자 가득 쌓이게 되었다. 사람들은 문득 이렇게 하는 데에만 정신이 팔려서 아는 것을 급선무로 삼고 행하는 것은 모두 뒤로 미루니 성인(聖人)이 말한 '행한 다음 남은 힘이 있거든 글을 배워야 한다(논어) 학이(學而) 편)'라는 것과는 그 기상(氣像)이 서로 같지 않음이 이와 같았다. 태극설(太極說)을 읽을 것 같으면, 저 한 구절은 형체가 없음에도 이치가 있다는 것을 알 수 있다. 그러나 주자(朱子) 이래 수많은 사람들이 저마다 다양한 해설을 하였다.

또 《대학》에는 《장구(章句)》*¹와 《혹문(或問)》*²이 있고 《장구어류(章句語類)》*³와 《혹문어류(或問語類)》가 있으며 또 대전제자설(大全諸子說)이 있어서 사람마다 《대학》에 이 한 편에 대해 끝없이 동이(同異) 득실(得失)을 따지느라 딴 데에는 정신이 미칠 겨를이 없었으니 이것이 세교(世教)가 매양 떨어지는 이유이다.

주자도 만년(晚年)에 문인들이 문의(文義)에만 너무 얽매인 것을 걱정하였으니 이것이 바로 우리가 마땅히 깊이 생각해야 할 점이다. 《대학》 첫머리에 격치(格致)니 성정(誠正)이니 하는 구절을 깨닫기 어렵다 하나 나의 생각에는 알려고 하는 것은 장차 행하려고 하는 것이고 행해야 할 것은 효도보다 앞서는 일이 없다고 여겨진다.

한 예로 효도에 대해 이야기한다면 그 마땅히 해야 할 효도를 격치(格致 : 격물치지(格物致知), 실제 사물의 이치를 연구하여 지식을 완전하게 함)하여 미진한 점이 없도록 한 뒤에 그 뜻을 성실히 해야 할 것이다. 뜻을 성실히 하기를 여색을 좋아하는 것처럼만 하면 제대로 잘 행해질 것인데 굳이 다시 정심(正心 : 마음을 올바르게 가짐)을 이야기할 필요가 있겠는가? 만약 이 글이 처음 격물(格物)을 말하지 않고 다만 치지(致知)로써 첫머리를 삼고, 또 정심을 버리고 다만 성의(誠意) 혹은 성심(誠心)이라 말했다면 의(意) 또한 심(心)이니 후대 사람들이 그중에 격물과 정심 이 두 조목을 빼버려야 한다고 지적했겠는가?

또 격(格)이란 이른다는 뜻이니 물(物)을 이르게 하면 물이 이르는 것이, 뜻을 정성스럽게 하면 뜻이 정성스러워지고 물의 이치를 끝까지 궁구하여 이르게 하면 문득 그 이치에 이르는 것과 같다. 주자는, '문조(文祖 :

* 1 장으로 나누고 구로 잘라서 만든 지금의 《대학》. 《대학》은 본래 《예기》 속의 한 편이었는데 주자가 경(經)과 전(傳)으로 나누어 장구로 만들었음.
* 2 어떤 이가 묻는 말에 따라 답하는 식으로 주자가 지은 《대학혹문(大學或問)》이란 글.
* 3 《대학장구(大學章句)》를 어류로 해설한 글.

문덕(文德)이 있는 선조(先祖). 또는 그를 모신 사당)에까지 이른다'라는 글귀로 근거 삼았으니 이는, 다만 예묘(禰廟 : 아버지의 사당)에만 고하는 자도 있고 문조(文祖)와 예조(藝祖 : 문덕(文德)이 있는 조상(祖上))에까지 이르는 자도 있다는 것을 이른 것으로 가까운 세대로부터 먼 세대까지 이른다는 말인데 역시 얕은 데로부터 깊은 데까지 들어간다는 뜻이다.

격(格)을 하면 궁(窮 : 궁구할)은 그 가운데 있게 되는 것이니 문장에 해석한 말은 그 뜻이 정밀하다. 몸속에 마음이 있고 마음속에 지각이 있으니 진실로 치지를 하려면 먼저 격물부터 해야 함은 이치로도 마땅히 그러할 것이다. 그러나 치지란 것도 딴 길이 있는 것이 아니고 하나의 물을 격하고 또 다른 물을 격하여, 격하지 않음이 없는 데에 이르도록 하는 것뿐이다.

성인의 말씀은 본디 간략하니 비록 이 한 조목을 없애 버린다 하더라도 치지만 하고 격물은 하지 않을까 걱정할 필요는 없을 것이다. 또 격이란 궁구하여 이르도록 한다는 뜻이니 다만 격물만 말했더라도 물이 이르게 되면 치지는 그 가운데 있게 될 것이다. 진실로 이렇게 했더라면 후학들이 서로 다투는 일 하나는 없앨 수 있을 것이다"

하고는 한바탕 웃으면서 작별하였다.

예의와 음악도 일으킬 수 있다
禮樂可興 예악가흥

공자가 '예(禮)라 예라' 하는 것이 구슬과 비단을 이르는 것이겠으며, '악(樂)이라 악이라' 하는 것이 종과 북을 말한 것이겠는가? (《논어(論語)》 양화(陽貨) 편)" 하였는데, 이는 의도가 있어서 한 말이다. 그 무렵 사람들이 다만 예와 악이라는 이름만 알고 그 실제는 몰랐기 때문에 무릇 말과 행동에 대해 반드시 옛글을 인용하여 증거로 삼아, "예는 이러이러한 것이고 악은 이러이러한 것이니 어찌 구슬과 비단, 종과 북만이 이런 항목에 해당할 뿐이겠느냐?"라는 뜻으로 한 말이다.

대개 예란 것은 질서 있게 해야 하고 악이란 것은 화기롭게 해야 하는 것이니 이 두 가지는 다만 사람의 마음에 달렸고, 구슬과 비단, 종과 북은 행하는 도구에 불과할 뿐이다. 그러므로 이르기를, "일이 제대로 이루어지지 않으면 예와 악이 행해지지 않는다"[*1] 하지 않았는가? 옥과 비단이 서로 빛나는 데서 모든 계급의 질서가 잡히므로 예가 여기서 일어난다는 것이고, 종과 북이 쟁그랑쟁그랑 울리는 데에서 위아래가 모두 화합하게 되므로 악이 여기서 일어난다는 것이다.

성인(聖人)이 이렇게 말한 것은 세상 사람이 그 근본을 모르기 때문에 나무란 말이다. 이것으로 성인의 말을 깊이 궁구해 볼 수 있다. 예악이란 것은 형정(刑政 : 정치와형벌)의 근본인 까닭에 오직 질서 있고 화기롭게 해야 한다는 것이다. 사사로운 생각은 조금도 마음속에 두지 말고 공평한 정사로 가끔은 죄를 지은 도적을 놓아 주는 것이 바로 이 예악을 행하는 절차이다.

이렇게 하지 않으면 경한 죄도 중하게 만들 수 있고 중한 죄도 경하게 만들 수 있어서, 형벌이 적당하게 시행되지 않을 것이니 백성이 어찌 마음놓고 수족을 놀릴 수 있겠는가? 무릇 사악한 자는 법망을 빠져나가고 무고한 자들만 도리어 걸려들게 되는 것은 모두 예와 악이 제대로 행해지지 않기 때문이다.

또한 이 예와 악 두 가지가 제대로 행해지지 않는 것은 일이 잘 이루어지지 않는 데에서 연유된다. 일이 잘 이루어지지 않음은 말이 순조롭지 않은 데에서 연유되고, 말이 순조롭지 않음은 명분이 바르지 못한 데에서 연유되는 것이니 그 근본은 명분을 바로잡는 데에 달려 있다. 이 명분이란 것은 부자(父子)니 군신(君臣)이니 하는 것들이다.

명분이 이미 바로잡힌다면 모두 정해진 한계를 감히 넘어설 수 없을 것이니, 이를테면 계부(繼父)라도 아비란 명분이 정해졌다면 복(服)이 재최(齊衰 : 오복(五服)의 하나. 조금 굵은 생베로 짓되 아래 가를 좁게 접어서 꿰맨 상복)에 이르러야 할 것이고, 종모(從母 : 이모(姨母))라도 어미라는 명분이 정해졌다면 외숙(外叔)보다는 복을 더 갖추어 입어야 할 것이다. 의리를 따지면 아주 엄격한데 그렇게 하지 않으면 "모난 술잔이 모가 없다"*2는 것과 같아지는 것이다.

이로 미루어 말하면 임금은 임금답고 신하는 신하답고 아비는 아비답고 형은 형답고 아우는 아우답고 남편은 남편답고 아내는 아내답게 되어

---

*1 이 말은 《논어》 자로(子路) 편에 나오는데 자로의 질문에 대해 공자가 답하기를 "명분이 바르지 않으면 말이 순조롭지 않고, 말이 순조롭지 않으면 일이 제대로 이루어지지 않으며, 일이 제대로 이루어지지 않으면 예악이 일어나지 않는다"라고 한 것을 이름.

*2 이 말은 《논어》 옹야(雍也) 편에 나오는데 이름만 있고 실상이 없는 것을 비유한 것이다.

《주역(周易)
가인(家人) 괘》 모든 명분이 바로잡히고 말이 순조롭게 된다는 것이다. 이로 말미암아 베풀어 나가면 모든 정사에 어긋날 염려가 없고 예악이 행해질 수 있을 것이다.

이 예와 악에 일찍이 무슨 형질이 있으랴마는 역시 그것이 없고는 제대로 유지될 수 없다. 그러므로 공경이란 것은 폐백(幣帛 : 임금에게 바치거나 제사 때 신에게 바치는 물건)을 가지기 전부터 마음속에 있는 것이지만 폐백이 없이는 이끌어낼 수 없으니, 악도 또한 그러하다. 이런 까닭에 선왕(先王)이 옥백(玉帛 : 중국의 제후들이 천자를 만날 때 예물로 바치던 옥과 비단)과 종고(鍾鼓 : 종과 북)를 만들어서 간사한 행동을 금지하고 울적한 마음을 펴도록 한 것이다.

노나라 양생(兩生)*3 같은 이는 반드시 백 년으로써 기한을 하였으니 이는 다만 숙손통(叔孫通)을 비루하게 여기고 행적을 더럽히지 않으려 한 것이요, 꼭 그의 본심이라고는 할 수 없다. 진실로 고조(高祖)가 마상(馬上)*4에서 싸움하듯 무력으로 다스리지 않고, 진(秦)나라 정치의 옛 자취를 일소한 다음 천하를 새롭게 만들었다면, 몇 백 년을 지나도록 향국(享國 : 왕위를 누림)할 기반이 거기에서 비롯되지 않을 수 없었을 것이다.

결국 한(漢)나라가 겨우 한나라 정도에서 그친 것은 그 허물이 숙손에게 있긴 하나 양생의 말도 꼭 타당하지는 않았던 것이다. 이 때문에 후세에 나라를 도모하는 이들이 이것을 핑계 삼고 반드시 누구를 기다리기만 할 뿐 자신을 새롭게 할 것은 생각지 않는다. 어찌 해로움이 크지 않겠는가?

정자(程子)는 "공명(孔明 : 제갈량(諸葛亮)의 자)이 죽지 않았더라면 예악이 일어날 수 있었을 것이다"라고 하였다. 제갈(諸葛)이 촉한(蜀漢)을 다스릴 때에 대개 신·한(申韓 : 전국 시대의 형명가(刑名家) 신불해(申不害)와 한비(韓非))의 법을 이용했으니 선왕의 법은 아니었지만 진실로 시대를 봐서 잘 변통한다면 창을 메고 갑옷을 입고 싸우면서도 또한 그 기반을 잘 닦을 수 있다는 것이다. 주나라 800년 문명의 교화는 전쟁에

---

*3 양생 : 두 선비. 《사기》 숙손통전(叔孫通傳)에 "노나라의 선비 30여 명을 등용하려고 불러들일 때, 어떤 두 선비는 가기를 즐겁게 여기지 않으면서, '아침을 해야만 귀한 벼슬을 하게 되니 이는 차마 할 수 없겠다' 하고 끝내 가지 않았다" 하였음.

*4 《사기》 육가전(陸賈傳)에, "육가가 고조(高祖)에게 늘 시서(詩書)를 이야기하니 고조가 꾸짖으면서, '내가 마상에서 천하를 얻었는데 뭐 시서를 배울 필요가 있겠느냐?' 하니 '그렇지 않습니다. 말을 타고 싸움터에서 천하를 얻었다 하더라도 말 위에서 천하를 다스릴 수 있겠습니까?' 하였다" 한 것을 이름.

쓰던 말과 소를 모두 돌려보낸 데에서[*5] 시작된 것이니 배우는 자로서는 마땅히 이를 체득하여 연구해야 할 것이다.

대방국은 어디
帶方 대방

우리나라 사람은 현재 남원군(南原郡)을 가리켜 옛날 대방국(帶方國)이었다 하나 이는 잘못이다. 백제 시조 온조왕 37년(19)에 한강 동북쪽 마을에 모두 흉년이 들자 고구려로 도망쳐 들어간 자가 1천여 호나 되니, 패수와 대방 사이는 텅 비고 사는 백성이 없었다.

이 패수란 곧 저탄(豬灘)이다. 온조가 도읍을 한강 남쪽으로 옮기고 강역을 정했는데, 북으로는 패하(浿河)까지 이르렀다. 또 아신왕(阿莘王) 4년(395)에 고구려와 패수에서 싸움을 벌였다 하니 패수란 저탄이 아니고 어디겠는가? 저탄 이외는 모두 고구려 땅이다. 한강 한 줄기가 회양(淮陽)·금성(金城) 등지로부터 양수(兩水) 사이에까지 흘러내려온다.

평강(平康)·낭천(狼川)·철원(鐵原)·안협(安峽)·김화(金化)·이천(伊川) 등지는 모두 백제 동북쪽 경계였으니, 이 몇몇 고을이 대방국이었다는 것은 틀림없다. 또 마을이라고 하였으니 백제의 속국이 되었던 것인 듯하다. 백제 다루왕(多婁王) 10년(37)에 고구려가 낙랑을 습격하여 섬멸시키자, 낙랑 사람 5천 명은 대방 사람과 함께 신라로 들어갔는데, 신라에서는 그들을 여섯 고을에 나눠 살게 하였다.

만일 지금 남원이 본디의 대방국이었다면, 어찌 신라로 들어갔다고 할 수 있겠는가? 그들은 분명 고구려에 쫓겨서 비로소 남쪽 신라로 옮겨갔을 것이다. 남원은 필시 이른바 이 6군(郡) 지대로서, 그때 신라와 백제가 서로 침략하여 남원은 혹은 신라의 소유로 되어, 대방 사람이 그 지방에 살았던 까닭에 후대 사람이 드디어 이 남원을 옛날 대방국이라고 한 듯하다.

그러나 압록강 바깥에도 낙랑·대방과 같은 이름이 있다. 고구려 태조왕

---

*5 이 말은 《서경》 주서(周書) 무성(武成) 편에, "주 무왕(周武王)이 주(紂)를 쳐서 이긴 후, 말은 화산(華山)의 남쪽으로 돌려보내고 소는 도림(桃林) 들에 놓아먹이면서 다시는 싸움에 이용하지 않겠다는 뜻을 백성에게 보였다" 한 것을 이름.

(太祖王) 94년(146)에 한(漢)나라 요동(遼東) 서안평현(西安平縣)을 습격하여 대방령(帶方令)을 죽이고 낙랑태수(樂浪太守)의 처자를 약탈하여 돌아왔다. 진수(陳壽)의 《삼국지》를 살펴보니 "위만(衛滿)의 손자 우거(右渠)를 치고 그 지대를 나눠서 사군(四郡 : 낙랑·임둔·진번·현도, 한 무제가 위만 조선을 멸하고 이 군들을 설치하였음)으로 만들고 옥저성(沃沮城)을 현도군(玄菟郡)이라 했는데, 나중에는 오랑캐의 침략을 받고 고구려 서북쪽으로 옮겼으니 지금 이른바 현도 고부(玄菟故府)가 바로 이곳이다" 하였다.

이로 본다면 낙랑이 요동에 있다는 것 또한 이와 같은 듯하다. 나중에 와서 남원을 대방군이라 일컫고, 당나라에서 신라를 낙랑왕(樂浪王)으로 봉하면서 사람들이 드디어 경주를 가리켜 낙랑이라 하는 것과 서로 비슷하다. 우리나라 사람은 아무것도 모르면서 하는 이런 따위가 많다.

가락과 다섯 가야

駕洛伽倻 가락가야

영남(嶺南) 지방에는 처음에 진한(辰韓)과 변한(弁韓)이란 두 나라가 있었는데 신라가 일어날 때까지만 해도 이 두 나라는 아직 남아 있었다. 또 가락(駕洛)과 다섯 가야(伽倻)가 가장 강대할 때에는 신라와 병립(並立)했으나 그 뒷일은 고찰할 수 없다.

《문헌통고》를 살펴보니, 왜조(倭條)에 이르기를 "송 문제(宋文帝) 원가(元嘉) 2년(425)에 왜가 사신을 보내면서 '도독 왜 백제 신라 임나 진한 모한 육국제군사 안동대장군 왜국왕(都督倭百濟新羅任那秦韓慕韓六國諸軍事安東大將軍倭國王)'이라고 스스로 일컬었다. 원가 28년(451)에는 송나라에서 '도독 왜 신라 임나 가라 진한 모한 육국제군사(都督倭新羅任那加羅秦韓慕韓六國諸軍事)'라고 더해 주었다. 효무제(孝武帝) 대명(大明) 6년(462)에는 또 왜가 스스로 일컫기를 '왜 백제 신라 임나 가라 진한 모한 칠국제군사(倭百濟新羅任那加羅秦韓慕韓七國諸軍事)'라고 했다"라고 하였다.

신라조에는 이르기를 "수 문제(隋文帝)가 '낙랑공 신라왕(樂浪公新羅王)'이라고 봉해 주었는데 나중에 강하고 번성해져서 가라·임나 모든 나라를 습격하여 섬멸시켰다" 하고 주에 이르기를 "삼한(三韓) 지대를 모두 병합하였다"라고 하였다. 신라 시대에 나라를 세운 자는 다만 가락과 가야란 이 두 나라만이 남아 있었고, 다른 나라는 모두 신라에 병합되었으니, 이 두 나라 이외에는 그런 나라가 없었다. 추측하건대, 모한(慕韓)이란 마한이고, 가라(加羅)란 가락이며, 임나(任那)란 이 가야인 듯하다. 이 모(慕)·마(馬)와 가(駕)·가(加)와 낙(洛)·나(羅)는 음이 서로 비슷하여 잘못 전해진 것이고, 임(任)·가(伽)와 나(那)·야(倻)는 바로 글자가 서로 비슷하여 분간을 잘못했기 때문인 듯하다.

《삼국유사》에 이르기를 "신라 법흥왕(法興王) 19년(532)에 가락왕 김구형(金仇衡)이 신라에 항복하였다(《삼국유사 권》 2 가락국기)"라고 하였다. 이때는 바로 양나라 무제 중대통(中大通) 4년(532)이었는데, 만일 가락이 이미 망하였다면 왜도 반드시 이렇게 이르지 않았을 것이다. 김구형의 후손에 대를 이은 자가 김규림(金圭林)과 김간원(金間元)이라는 두 사람이 있었으니, 비록 신라에 항복하여 속국으로 되었어도 나라는 아직 남아 있다가 수 문제(文帝) 이후에야 비로소 신라에 병합되었고, 마한과 가야 또한 이때에 병합된 것이다. 그렇지 않다면 수나라 때 이르러서는 이미 신라가 개국한 지 600년이 넘었으니, 어찌 마한 이외에 다시 모한이 있고, 가락 이외에 다시 가라가 있고, 가야 이외에 다시 임나가 있었겠는가? 《삼국유사》에는 가락 또한 가야라 하였고, 또 금관국(金官國)이라고도 일컬었으니, 지금 김해(金海) 지방이 바로 그곳이라는 것이다.

그 나머지 다섯 가야는 고령(高靈)은 대가야(大伽倻), 고성(固城)은 소가야(小伽倻), 성주(星州)는 벽진가야(碧珍伽倻), 함안(咸安)은 아라가야(阿羅伽倻), 함창(咸昌)은 고령가야(高寧伽倻)라고 했는데, 가락왕과 함께 모두 여섯 개의 알[六卵]*¹에서 나왔다는 것이다. 그리고 법흥왕 8년(521)에는 가락국왕 겸지(鉗知)가 죽었다(《삼국유사》 권2 가락 국기 겸지왕조).

이듬해에는 가야국왕이 신라에 사신을 보냈는데 이때는 양나라 보통(寶通 : 양무제의 연호 520~536) 3년(522)이었는데, 오히려 이 두 나라의 칭호가 있었다. 추측컨대 여기에 일컬은 가야는 곧 다섯 가야국 가운데 하나이고, 가락은 아닌 것이다. 진흥왕 23년(562)에 이르러, 이사부(異斯夫)에게 명령하여 대가야

---

*1 신라 유리왕 때 가락국 구간이 구지봉에서 여섯 개의 알이 든 금궤를 발견하였는데, 이 알에서 태어난 여섯 동자가 여섯 가야국의 왕이 되었다는 고사.

국을 멸망시켰는데, 이 사실이 다른 곳에는 보이지 않는다. 이로 본다면 다섯 나라 가운데 남아 있었던 것은 다만 대가야뿐이었는데, 역사에 일컬은 가실(嘉實)이 곧 그 나라가 망할 때의 왕이었다.

또 삼한에 변한만이 빠진 것은 왜일까? 아마 이때 변한은 이미 멸망했던 듯하다. "박혁거세 19년(서기전 39)에 변한이 신라에 항복했다(삼국사기)" 했으니, 이같이 항복했다고 쓴 것을 보면, 쳐서 섬멸시킨 것은 아니었다. 그때 변한 지방은 지금 진주(晉州) 등지의 몇몇 고을인 듯한데, 마침내 백제에게 병합되었으니 중국 육조(六朝: 중국의 오·동진·송· 제·양·진(陳)의 6국) 시대에 이르러서는 이미 백제로 들어간 지 오래였기 때문에 여기에 말하지 않은 것이다.

사료에 나타나는 성공과 실패
讀史料成敗 독사료성패

천하의 일이란 대체로 10분의 8, 9는 요행으로 이루어지는 것이다. 역사책에 나타난 바를 보면 고금을 막론하고 성공과 실패, 이익과 손해가 참으로 그 시대의 우연에 따라 많이 나타나게 되고 심지어 착함과 악함이나 현명함과 미련함의 구별 또한 그 실상을 쉽게 터득할 수가 없다.

옛날 역사책을 편력하여 살펴보고 모든 서적을 방증(旁證)하여 이리저리 참작하고 비교해 보니, 오로지 한 서적만 믿고서 단정할 수 없었다. 옛날 정자(程子: 정이천(程伊川))는 역사책을 읽다가 한 번쯤은 문득 책을 덮고 그 성공과 실패의 실상에 대해 한참 동안 생각하여 짐작한 뒤에야 다시 읽었고, 또 사실이 맞지 않는 곳이 있으면 다시금 정신을 가다듬고 깊이 생각해 보았다고 한다.

그 중간에 쓰인 사실이 다행히 성공하기도 하고 불행히 실패한 것도 있어서, 대개 그 사실이 맞지 않는 곳이 많을 뿐더러 맞는 곳도 또한 표준삼아 믿을 수가 없었다. 이 역사란 것은 모두 성공과 실패가 이미 결정된 다음에 지은 까닭에 그 성공과 실패에 따라 단장하여 좇아서 참으로 그것이 당연한 것처럼 해놓았다.

따라서 선(善)에 대해서는 허물을 숨긴 것이 많고, 악(惡)에 대해서는 장점을 반드시 없애버리는 까닭에, 어리석음과 슬기로움, 착함과 악함의 구별에 대해서도 비교하여 고찰할 점이 있을 듯하다. 그 당시에 있어서는, 묘책도 끝내 이루어지지 않고 졸렬한 계획도 우연히 들어맞게 되었으며, 착함 속에 악함도 있었고 악함 속에 착함도 있었다는 것을 도대체 알 길이 없다. 지금 천 년의 세월이 흐른 뒤에 어느 것을 좇아서 참으로 옳고 그름을 알겠는가.

그러므로 역사책에 의거하여 그 성공과 실패를 짐작하면 사실과 그대로 맞는 부분이 많고, 오늘날 목격한 것을 따라 돌아보고 나서 헤아려 본다면 10분의 8, 9는 맞지 않는다는 것이다. 이것은 다만 나의 지혜가 밝지 못해서만이 아니라 바로 요행을 만나 차지한 것이 많기 때문이다. 또 오늘날에는 일이 이치에 어긋남이 많을 뿐만 아니라, 옛날 역사책 또한 진실을 기록하기 어려웠던 것이 사실이다.

나는 이 때문에 천하의 일은 그 시대를 잘 만나는 것이 으뜸이고, 행·불행은 다음이며, 옳고 그름은 맨 나중이라고 하겠다.

고구려에서 오나라 사신을 목 베어 죽임
高麗斬吳使 고려참오사

손권(孫權 : 오(吳)나라를 세운 임금)이 가화(嘉禾 : 오나라 손권의 연호) 2년 계축에 공손연(公孫淵 : 연(燕)나라 왕의 이름)에게 사신을 보냈는데, 연은 그 사신의 목을 베어 위나라에 바치니 그의 군사 진조(秦朝) 등은 고구려로 도망쳤다. 고구려 동천왕(東川王)이 그들을 오나라로 돌려보내면서 올리는 표문(表文)에 오나라를 신(臣)이라고 일컫자, 손권은 매우 노하여 스스로 군사를 거느리고 요동을 치려 했으나 여러 신하들이 간하여 그만두었다.

그가 거병하기만 한다면 "분기가 산더미처럼 치밀어오르니, 쳐들어가 엎어지는 한이 있더라도 거병하기만 한다면 한이 없겠다"고 말한 것을 보면, 분노를 참을 길이 없었던 것을 짐작할 수 있다.

우리나라 역사를 살펴보니 "그 이듬해 갑인년에 위나라에서 사신을 보내 화친하도록 했고, 또 두 해를 지난 병진년에는 오나라에서 사신을 시켜 화친토록 하였다. 그러나 고구려 왕은 그의 말을 듣지 않고 오나라 사신을 죽여서 위나라에 바치기를 공손연이 한 짓과 똑같이 하였다" 한다.

추측컨대 이는 오가 분노를 견딜 수 없어서 고구려와 함께 요동을 치려 했던 것인데, 그때 고구려는 위나라에 정성을 바치던 때였으므로 사신을 죽여서 거절한 것이다.

오나라가 이것을 역사에서 언급하지 않은 것은 이 사실을 드러내지 않으려 했기 때문인 듯하다.

최영의 요동 정벌
崔瑩攻遼 최영공요

고려 시대 최영(崔瑩)은 충절과 지혜를 겸비한 인물이었다. 그의 북벌(北伐 : 요동
정벌) 계획이 마침내 낭패 지경에 이르게 되자 의심하고 놀라지 않는 이가 없었다. 그런데 이때 변계량(卞季良 : 조선 태종조
의 문신)이 이렇게 시를 읊었다.

무용 떨쳐 충성하다 머리털만 희끗희끗
말 배우는 거리 아이들도 그 이름 다 아누나.
한 조각 장한 마음 죽지 않고 살아서
천추 영원토록 태산과 함께 비껴 있으리라.
奮威匡國鬢星星 學語街童盡識名
一片壯心應不死 千秋永與泰山橫

또 원천석(元天錫 : 고려 말기의
학자·문인)의 시에도

거울이 빛을 잃고 기둥 주춧돌 무너지니
사방의 백성들이 모두 슬퍼하네.
빛나는 공적 결국 썩어버린다 해도
꿋꿋한 충성심은 죽어도 재가 되지 않으리.
그의 사실 이미 역사책에 가득 실렸건만
새로 이루어지는 황토 무덤 가련도 하구나.
상상하건대 멀고 먼 황천에서 무엇하느냐 하면
뜬눈으로 동문 향해 울분을 참지 못하리.

水鏡埋光柱石頹 四方民俗盡悲哀
赫然功業終歸杇 確爾忠誠死不灰
紀事靑編曾滿帙 可憐黃壤已成堆
想應杳杳重泉下 掛眼東門憤未開

라고 하였다. 이는 그 무렵 신필로서 모두 기리고 탄복하지 않은 이가 없었
으니 이것은 무엇 때문일까?

　내가 《고려사》를 살펴본 결과 대략 다음과 같은 이유를 찾아볼 수 있었다.
우리 태조(太祖)의 위엄과 명성이 날로 강성해지자 국내의 병력으로써는 이
를 도저히 억눌러 막을 수 없었다. 따라서 최영의 무리는 짐짓 원나라에 의
지해 그들의 욕망을 도모해 보려 했다. 이때 대명(大明)은 새로 천하를 평
정시키는 일에 집중해 외국을 도모할 겨를이 없던 때여서 변방 고을에 일을
만들어 원제(元帝)의 분노를 일으키려 했다.

　그 뒤 목은 이색은 사신으로 북경에 가게 되었다. 이색은 돌아오기 전에
무슨 변고가 생길지 몰라 태조와 함께 가기를 요청했다. 그러자 태조는 "내
가 공과 함께 사신으로 가면 나랏일은 누구에게 맡긴단 말이오?" 하면서 태
종(太宗 : ^이방원을^말함)을 서장관(書狀官)으로 삼도록 했다.

　이색은 돌아와서 보고하기를 "원제는 주견이 없는 사람입니다. 내 의견에
는 원제가 반드시 이 사실을 물을 것이라고 예상했으나 원제는 한 마디도 묻
지 않았습니다. 묻는다는 것이 모두 나로서는 생각지도 않던 것들이었습니
다"라고 하였다. 지금까지 전해 오는 말이 "원제에게 동정(東征)을 권했으
나 그가 듣지 않는 까닭에 이렇게 이른 말이다"라고들 하였다. 이 말에 따르
면 이색이나 모든 사람의 마음도 알 수 있다.

　그에 앞서 요동에서 도망쳐 온 자가 "원제가 앞으로 처녀·수재(秀才)·환
관(宦官) 각 1천 명과, 소와 말 각각 1천 필씩을 바치라고 요구할 것이다"
라고 말하자 최영은 "군사를 일으켜 치는 것이 좋겠다"고 하였다.

　또 서북면안무사(西北面安撫使)가 요동도사(遼東都司)를 찾아와서 말하였
다.

　"압록강에 이르러 보니, 방(榜)에 '호부(戶部)에서 성지(聖旨)를 받들어
철령(鐵嶺) 북쪽·동쪽·서쪽은 원나라에 소속시키고, 개원(開元)에서 관할하

는 군인 가운데 한인(漢人)·여진(女眞)·달달(達達)·고려인들은 그냥 요동에 소속시켜 둔다고 씌어 있다."

그러므로 드디어 요동을 공격할 계획을 결정했다.

나중에 조반(趙胖) 등이 북경에서 돌아와 말하였다.

"우리나라 사람인 파평군(坡平君) 윤이(尹彝)와 중랑장(中郎將) 이초(李初)라는 자가 와서 원제에게 '이시중(李侍中 : ^{이성}_계) 모가 왕요(王瑤)를 세워 임금으로 삼았으나 왕요는 종실이 아니고 이시중의 친척입니다. 왕요가 이시중과 더불어 군사를 출동시켜 상국을 침범할 계획을 세우므로 재상 이색 등이 옳지 못합니다'라고 하자, 곧바로 이색·조민수(曹敏修)·이림(李琳)·변안열(邊安烈)·권중화(權仲和)·장하(張夏)·이숭인(李崇仁)·권근(權近)·이종학(李種學)·이귀생(李貴生) 등은 잡아 살해하려 하고, 우현보(禹玄寶)·우인열(禹仁烈)·정지(鄭地)·김종연(金宗衍)·윤유린(尹有麟)·홍인계(洪仁桂)·진을서(陳乙瑞)·경보(慶補)·이인민(李仁敏) 등은 잡아서 멀리 귀양을 보냈습니다. 그 가운데에서 좌천된 재상들이 몰래 우리를 시켜 천자께 고하도록 한 것입니다. 이에 원제가 몸소 군사를 출동시켜 토벌해 달라고 간청했습니다."

이것으로 미루어 볼 때 예컨대 원나라 천자가 병력 동원을 싫어하지 않고 또 조반(趙胖) 등도 적극 변명하지 않았다면, 원나라 군사는 반드시 출동했을 것이다.

윤이라는 자는 곧 윤유린의 사촌 아우였다. 이러하므로 김종연은 달아나고 윤유린은 자살했다. 실제로 이런 사실이 있었으니 최영의 일 또한 이와 마찬가지였음을 알 수 있다. 그 무렵 이리저리 모의하는 일이 아주 심했으니, 철령에서 명령하게 된 것도 꼭 그가 조작한 것이 아니라고 말할 수는 없다.

원제는 윤이와 이초의 말을 믿지 않았을 뿐 아니라 서로 대면까지 시키며 또 본국에서 모든 사람을 국문토록 명했으니, 어찌 운명이 아니라고 할 수 있으랴. 그러나 이색 같은 모든 사람들의 죄는 숨길 수 없을 듯하다.

청주(淸州)의 강물이 불었다는 사태는 신명도 슬퍼했던 일이므로, 모든 죄수가 죽음을 면하게 된 것 또한 천행이었다.

고려의 관직과 제도

高麗官制 고려관제

고려의 관제는 오늘날 제도와 같거나 다른 것이 있다. 삼사(三師)와 삼공(三公)은, 중국 한(漢)나라 제도의 문하(門下)·중서(中書)와 같이 여러 관원을 맡아 통솔하였다. 그 가운데 낭·사(郎舍)는 간쟁(諫諍), 논박(論駁)하는 역할을 맡았는데 첨의부(僉議府)라고도 하였다. 판문하(判門下)가 있었는데 중서령(中書令)·도첨의령(都僉議令)이라고도 했고, 시중(侍中)이 있었는데 첨의중찬(僉議中贊)·좌우정승(左右政丞)이라고도 하였다.

찬성사(贊成事)가 있었는데 내사시랑(內史侍郎)·평장사 문하시랑(平章事門下侍郎)·평장사 첨의시랑(平章事僉議侍郎)이라고도 했고, 평리(評理)가 있었는데 참지정사(參知政事)라고도 했으며, 정당문학(政堂文學)·지문하부사(知門下府事)·상시(常侍)가 있었는데, 상시는 좌·우산기상시(左右散騎常侍)라고도 하였다.

직문하(直門下)·사의대부(司議大夫)가 있었는데 간대부(諫大夫)라고도 불렀다. 그 가운데 헌납(獻納)은 보궐(補闕)·사간(司諫)이라고도 했고, 정언(正言)은 습유(拾遺)·사보(思補)·주서(注書) 또는 중서주서(中書注書)라고도 했으니, 대개 낭·사(郎舍) 이하는 현재의 간원(諫院)이다.

밀직사(密直司)는 현재의 승정원(承政院)과 같다. 좌·우승선(左右承宣)이 있었는데 각각 부관(副官)이 있어서 승지(承旨) 또는 대언(代言)이라고 불렀다. 이조(吏曹)는 선부(選部)·전리(典理)라고도 했는데 그 가운데 상서(尙書)는 판서(判書)라고도 했고, 시랑(侍郎)은 총랑(摠郎)이라고도 했으며, 낭중(郎中)은 정랑(正郎), 원외랑(貟外郎)은 좌랑(佐郎)이라고도 하였다.

호조(戶曹)는 민관(民官)·판도(判圖)라고도 했고, 형조(刑曹)는 언부(讞部), 예조(禮曹)는 의조(儀曹), 공조(工曹)는 우부(虞部)라 부르기도 했다. 그때 도관(都官)은 현재의 장례원(掌隸院)이었고, 사헌부(司憲府)는 어사대(御史臺)라고도 했는데 그 가운데 대부(大夫)는 제헌(提憲)·대사헌(大司憲)이라 부르기도 했다. 중승(中丞)은 집의(執義)라고도 했고, 시어사(侍御史)는 장령(掌令)이라고도 했으며, 전중시어사(殿中侍御史)는 지평(持平)·잡단

(雜端)이라 부르기도 했고, 감찰어사(監察御史)는 규정(糾正)이라고도 하였다.

그때 예문관(藝文館)은 원봉성(元鳳省)·학사원(學士院)·한림원(翰林院)·사림원(詞林院)이라고도 했는데, 그 가운데 대사백(大詞伯)은 대제학(大提學)·대학사(大學士)라고도 했고, 사백(詞伯)은 제학(提學), 직사백(直詞伯)은 직제학(直提學)이라고 부르기도 하였다. 그때 성균관(成均館)은 국자(國子)라고도 했는데, 좨주(祭酒)는 전주(典酒), 사성(司成)과 사업(司業)은 사예(司藝)라고도 했고, 그 가운데 승(丞)은 직강(直講)이라고도 하였다.

그때 전교시(典校寺)는 현재의 교서관(校書館)이다. 그 가운데 통례문(通禮門)은 합문(閤門)이라 부르기도 하여, 사(使)·부사(副使)·지후(祗候)가 있었으니, 곧 현재의 좌우통례(左右通禮) 따위였다. 그때 전의시(典儀寺)는 현재의 봉상시(奉常寺)이고, 통문관(通文館)은 현재의 사역원(司譯院)이다.

그때 도평의사사(都評議使司)는 현재의 비변사(備邊司)와 같은 것인데 도병마사(都兵馬使)라고 부르기도 하였다. 조선 초기에는 그때의 문하(門下)를 합쳐서 의정부(議政府)로 만들었다가 나중에 와서 다시 비변사를 설치하였다.

순군부(巡軍府)는 현재의 포도청(捕盜廳)이고, 금오위(金吾衛)는 비순위(備巡衛)라고도 했는데, 현재의 의금부(義禁府)와 같은 것이고, 안렴사(按廉使)는 현재의 감사(監司)와 같은 것이다.

《동국여지승람》에는 도평의사(都評議司)를 의정부라 하고, 순군부(巡軍府)를 금부(禁府)라 했으니, 아마 틀린 듯한데, 송도(松都)에 있던 정도전(鄭道傳)의 〈도평의사기(都評議司記)〉에서 고찰할 수 있다.

굶주림이 그 속에 있다
餒在其中 뇌재기중

어느 날 내가 잠자리에 누웠으나 잠이 오지 않아 이것저것 생각하다가 우연히 깨달은 것이 있었다.

《논어》위 영공(衛靈公)에 "농사를 지으면 그 속에 굶주림이 있고, 글을 배우면 그 속에 녹봉이 있다"라는 그 문장이 아무리 보아도 옳지 못한 듯하여 다시 깊이 생각해 보았다.

'위(餧)'자는 먹인다는 뜻인데 '뇌(餒)'자와 서로 비슷하니 혹시 기록할 때 잘못 쓰인 듯하고, 옛사람도 또한 '위(餧)'와 '뇌(餒)'를 혼동하여 쓴 예가 있다. 공자의 뜻은, 배우면 반드시 녹봉을 얻는 것은 농사를 지으면 반드시 먹을 곡식을 얻는 것과 같으니 먼저 어려운 일을 겪은 다음에야 수확을 한다는 뜻으로 학문에는 힘쓰지 않고 먼저 녹봉부터 희망하는 뜻을 경계한 것이다.

여섯 종류의 이로운 신하와 사악한 신하
六正六邪 육정육사

사마광(司馬光)의 〈간원제명기(諫院題名記)〉는 읽고 경각심을 가질 만한 글이라 하겠다. 그러나 고려 김심언(金審言)의 말이 절실한 것만은 못하다. 김심언은 성종(成宗) 9년(990)에 《설원(說苑)》에 있는 육정(六正)·육사(六邪)라는 말을 인용하여 이경(二京)과 육관(六官 : 六曹)의 모든 기관 및 12도(道) 주현(州縣)의 각 관청 벽에다 그 글을 써서 붙이고 출입할 때마다 보고 반성하도록 하였다.

여섯 종류의 이로운 신하란 무엇인가.

조짐이 나타나기 전에 혼자서 흥망의 기미를 미리 알아 무슨 일이 생기기 전에 예방하여 임금으로 하여금 고귀한 자리에서 편히 앉아 있도록 해야 하니, 이렇게 하는 자는 성신(聖臣)이다.

마음을 텅 비우고 뜻을 미리 정해서 착한 두리로 진언하여 임금이 예의에 힘쓰도록 하고 멀리 내다보는 계책으로써 임금을 깨우쳐서 앞으로 아름다운 것은 순응하고 나쁜 점은 바로잡아야 하니, 이렇게 하는 자는 양신(良臣)이다.

일찍 일어나고 밤에는 자야 하며 어진 이를 진출시키는 데에 게을리하지 않고 옛날에 훌륭하게 행하여진 일을 자주 칭찬하여 임금의 뜻을 격려해야 하니, 이렇게 하는 자는 충신(忠臣)이다.

일의 성패를 밝게 살펴 예방하고 구제하여 재앙을 바꾸어 복되게 만들고 임금으로 하여금 끝내 걱정이 없도록 해야 하니, 이렇게 하는 자는 지신(智臣)이다.

선대에 이루어진 법을 이어 받들고, 벼슬을 맡을 때는 자리와 봉록을 사양하고 양보하며, 내려주는 음식은 절약하고 검소하게 해야 하니, 이렇게 하는 자는 정신(貞臣)이다.

나라가 혼란에 빠질수록 아첨하지 않고 임금에게 노여움을 사더라도 임금의 잘못을 용감하게 충고해야 하니, 이렇게 하는 자는 직신(直臣)인 것이다.

그러면 여섯 종류의 사악한 신하는 무엇인가.

벼슬자리나 좋아하고 봉록만 탐내며 공사(公事)에는 힘쓰지 않고 시세에 따라 부침(浮沈)하면서 늘 좌우를 돌아보기만 하니, 이렇게 하는 자는 구신(具臣)이다.

임금이 하는 말은 모두 착하다고 하고 임금이 하는 일은 모두 좋다고 하며 남모르게 임금이 좋아하는 바를 찾아다 바치면서 임금의 눈과 귀를 기쁘게 만든 다음에 구차하게 비위를 맞추고 함부로 영합하여 임금과 함께 즐기면서 닥쳐 올 재앙을 돌아보지 않으니, 이렇게 하는 자는 유신(諛臣)이다.

속마음은 실상 어둡고 간사하면서도 겉모습은 조금 부지런한 듯하며 간교한 말과 낯빛을 꾸미며 착한 자와 어진 자를 투기하고 미워하며, 또 누구를 진출시키려면 그의 착한 점만 밝히고 나쁜 점은 숨기며, 또 누구를 물리치려면 그의 허물만 밝히고 좋은 점은 숨겨서 임금으로 하여금 상벌을 부당하게 하고 호령도 시행되지 못하도록 하니, 이렇게 하는 자는 간신(奸臣)이다.

슬기는 충분히 잘못도 꾸밀 수 있고 말은 족히 기쁨을 자아낼 수도 있어서 안으로는 골육지친(骨肉之親)을 이간질시키고 밖으로는 조정의 어지러움을 끌어당기니, 이렇게 하는 자는 참신(讒臣)이다.

권위와 세도를 오로지 제멋대로 하는 것으로써 경중(輕重)을 삼고 사사로운 붕당(朋黨)을 이루는 것으로써 부유한 가정을 이룩해 임금의 명령이라 사칭하고 스스로 고귀하고 현달한 체하니, 이렇게 하는 자는 적신(賊臣)이다.

간사한 말로 임금에게 아첨해 임금을 불의(不義)에 빠지도록 하고 붕당으로 널리 친해 임금의 총명을 가려버리며, 옳고 그름의 구별과 차이도 없어서 임금의 잘못을 전국에 퍼지게 하고 이웃 나라에까지 들리도록 하니 이렇게 하는 자는 나라를 망치는 신하인 것이다.

이 열두 가지 조항은 임금이 된 자라면 마땅히 자신의 자리 여러 곳에 써서 붙여 여러 신하들과 함께 보고 반성해야 할 것이다. 신하가 된 자도 정(正)과 사(邪)라는 두 길이 있는데, 정도 이 여섯 가지에서 벗어나지 않고, 사 또한 이 여섯 가지에서 벗어나지 않는 것이다. 비유해 말하자면 이는 열탕이 아니면 곧 냉수인 것이다.

간사함이 없는 그 중간 입장에서 순수함을 지닌 사람으로 하여금 일일이 그들의 신분을 빠짐없이 조사하여 이 열두 가지 제목에 각각 맞는 대로 분배시키면, 그 육정이란 과목에 해당되지 않는 자는 반드시 그 육사 가운데 하나를 각각 차지하게 될 것이다. 이렇게 되면 어찌 두려워 스스로 경계하지 않겠는가. 이것이 옛 폐단을 일소하는 중요한 비결이다.

서경 유수 조위총
趙位寵 조위총

고려 때 정중부(鄭仲夫)·이의방(李義方)·이의민(李義旼) 등이 의종(毅宗)을 내쫓자 김보당(金甫當)이 군사를 일으켜 복위(復位)를 꾀하다가 피살되었다. 김보당은 이의민이 잡아서 죽였으며 그 시체는 물에 던져 버렸던 것이다. 서경유수(西京留守) 조위총은 군사를 일으켜 정중부의 무리를 토벌, 이때 절령(岊嶺) 서쪽 40여 성이 모두 호응하였다. 그러나 3년이 지나 윤인첨(尹鱗瞻)의 공격을 받고 죽었다.

지금 《동국통감》에는 조위총이 역적처럼 씌어 있는데, 이는 의리로 보아 크게 그릇된 것인 듯하다. 춘추(春秋)의 의리에는 임금을 죽인 역적은 누구라도 죽일 수 있다고 했다. 임금을 죽였는데 그 역적을 토벌하지 않고 그냥 놔둘 수 있겠는가. 중국 춘추시대 진항(陳恒 : 춘추시대 제 나라의 신하)이 그의 임금을 죽였는데 그는 노나라의 역적이 아니었지만 공자는 오히려 조복(朝服)을 입고 노나라 임금에게 토벌을 요청했다.

이에 대해 선유(先儒)도 "일이 이루어지거나 이루어지지 않는 것은 성인에게는 중요하지 않다" 하였으니, 이 조위총의 일도 이른바 "일부터 시작해

놓고 나중에 상문(上聞)한다"는 말과 통한다. 나중에 힘이 모자라서 불행히 죽기까지 했다면 붓대를 잡은 이로서는 마땅히 역사책에 쓰기를 "서경유수 병부상서(兵部尙書) 조위총이 군사를 일으켜 역적을 토벌하다가 이기지 못하고 죽었다"고 했어야 할 것이다. 만일 그의 일이 드디어 성공하게 되었더라면 그 무렵의 국론은 바야흐로 어떻게 되었을 것인가? 이 때 명종(明宗)은 비록 역신(逆臣)의 후원으로 왕위에 올랐으나 중국의 한(漢)나라 헌제(獻帝)나 당나라 소선제(昭宣帝)의 처지나 다름없으니, 임금의 자리만 차지했을 뿐이고 역신들의 절제를 받게 되었으니, 이것이 어찌 명종이 하고 싶어 했을 것이겠는가.

따라서 조위총의 실패는 운수가 나빠 그렇게 된 것이지 군사를 일으킨 것은 잘못이 아니다. 군신의 대의를 천지 사이에 숨길 수 없다 하여 강약을 헤아리지 않고 그의 의성(義聲)을 나타냈으니, 이것이 바로 신하의 절조를 양심껏 했던 것이다. 역사를 기술하는 자로서 다만 일의 성패만 가지고 그의 잘잘못을 논했으니, 이런 말을 써서 후세에 전한다면 세상을 어둡고 위태롭게 하는 것이 아니겠는가. 괴이한 일이다.

제갈량의 남방 정벌
諸葛南征 제갈남정

제갈량(諸葛亮)이 남방을 정벌할 때 왜 그토록 불같이 서두르고 다른 곳보다 먼저 칠 것을 계획했는지 그 이유는 알 수 없다. 중원(中原)도 회복하지 못하고 대의(大義)도 밝히지 못했는데, 어찌 먼 곳의 것을 구할 수 있겠으며, 더구나 5월 한여름에 어떻게 남방 깊이 쳐들어갈 수 있겠는가.

장가(牂牁)·월수(越嶲)·고애뢰(古哀牢)는 지대가 험악하고 멀리 떨어진 곳이다. 이보다 앞서서 남쪽 지방의 도적이 침략해 왔다는 말은 듣지 못하였고, 그 뒤에도 맹획(孟獲) 같은 이가 정벌을 도와 공을 세운 일도 없었다. 일곱 번이나 적을 풀어 주었다가 다시 사로잡아 군사를 괴롭히고 위엄을 손상시켰으니, 그가 병에 걸려 죽지 않은 것만도 다행이었다. 이것은 제갈량의 실책이라고 나는 생각한다.

제갈량의 처음 생각으로는 반드시 남쪽 지방을 정복하고 천하를 크게 평정하려 하였던 것이다. 그러나 옹개(雍闓)를 목 베어 죽인 뒤에 맹획이 또 배반하였으니 이는 한갓 원망만 맺은 셈이다. 그 마음을 복종시키지 못한 채 다만 원망만 맺어 도적을 불러들이는 것은 또한 지혜가 밝은 자로서는 부끄럽게 여기는 일이다.

이러므로 정벌을 조금 물려서 여러 가지 일이 대체로 안정된 뒤에 조용히 실행했어야 할 것인데 이렇게 불같이 바삐 한 것은 부득이해서라지만, 이를테면 금은과 우마(牛馬)를 취하여 군용(軍用)을 넉넉히 만들 수 있었다 할지라도 이런 계획을 갖고 정벌을 일으켰다면, 이것이 바로 잘못된 계책이었다는 것이다.

이는 대체로 마속(馬謖)의 "마음을 공격하는 것이 상책이다"라는 말을 이용했던 것이다. 그러나 그 뒤 9년 만에 제갈량이 죽고 또 6년이 지난 뒤에는 장억(張嶷)을 태수로 삼았다. 그 밑에 "이전에 월수가 자주 배반하여 태수를 죽였다(삼국지 장억전)" 하였으니, 이 '이전에'라는 말로 미루어 본다면 몇 해 동안의 일이 아니었던 것이다. 따라서 남쪽 사람이 다시는 배반하지 않았다고 할 수는 없겠다.

군법이란 먼저 소문부터 낸 다음에 실행하는 것도 있고, 또는 스스로 다스리면서 시기가 오기를 기다리는 경우도 있는 것이다. 천촉(川蜀 : 촉한의 지명으로 사천성 일대) 지대가 중국 땅과 아주 동떨어져 있으니, 그 지세로 본다면 한구석에 있으면서 제대로 영웅 노릇을 할 수 있고, 이로 말미암아 남쪽으로 오랑캐에게 군림하게 되면 적에게도 위엄을 보일 수 있었을 것이다.

적에게 위엄을 보이기도 하고 은혜를 베풀기도 하여 스스로 오도록 하여 그들이 두려워하여 다스려 주기를 바라게끔 한 다음, 한 번에 군사를 일으켜 완전한 승리를 거두는 것이 좋은 계책일 것이다. 그러나 제갈량 또한 사람이니 어찌 백 번 꾀하여 백 번 모두 잘못이 없을 수 있겠는가.

공자의 말씀
聖人之言 성인지언

《논어》 20편이 모두 공자의 말씀과 행실을 적은 것이라면 조금도 의심스러워하지 않아야 마땅할 것이다. 그런데 그중의 어떤 것은 한때 어떤 이유가 있어서 한 말씀인지 모두 깨닫지 못할 곳도 없지 않다. 이런 것은 그 당시에 무슨 사유가 있어서 이렇게 말씀하게 되었다는 것을 반드시 추상해 깨달은 뒤라야 바로 그 말씀한 내용을 깨달을 수 있을 것이다.

그리고 공자의 말씀이란 딴 서적에도 여기저기 나타난 것이 많다. 어찌 이 《논어》에 적힌 것뿐이겠는가. 《맹자》에 나오는 "마음이란 잡으면 있고 놓으면 없어진다(操存舍亡)"라는 한 구절은 바로 마음을 다스리는 데 필요한 말인데 《논어》에는 보이지 않으니 이와 같은 경우가 어찌 한이 있겠는가.

혹은 딴 전기(傳記)에 적혀 있는 것 가운데 더러 깨닫지 못할 곳이 있으면 문득 《논어》에 실린 말이 아니라는 것으로써 거짓말로 돌리고 다시 생각해 보지도 않는다. 어찌 이런 태도를 옳다 할 수 있겠는가. 《춘추좌씨전》의 몇 가지 말도 반드시 의의가 아주 없지는 않을 것이다.

예컨대 조돈(趙盾)이 평하기를 "법을 위하여 나쁜 평을 받는구나"라고 하였으니, 이는 공자도 반드시 마음에 그를 어질게 여기지 않았던 것이다. 조돈은 바로 진(晉)나라의 권신(權臣)이었는데 어째서 바로 배척당하고 칼날을 받았을까. 바로 '법을 위하여서다' 하고 또 '나쁜 평을 받는다'라고 하였으니, 말은 비록 완곡하게 하였으나 속으로는 엄하게 꾸짖는 뜻이 있으니, 이것이 실제로 성인의 지혜로운 말인 것이다.

또 진항(陳恒)의 일에 대하여서도 말하기를 "노나라 여러 사람에다 제나라의 반쯤만 더하면 진항을 물리칠 수 있을 것이다" 하였는데, 정자(程子)는 여기에 대하여 이해를 따진 것으로써 풀이하였다. 그러나 그때 노나라는 이웃 나라로서 제나라에 비하면 훨씬 약한 편이었다. 비록 진항 같은 역적을 치기가 급하다 하더라도 마땅히 다시금 충분히 헤아린 다음에 군사를 동원하여야 했을 것이다. 만일 군사의 많고 적음을 헤아리지 않고 나라의 존망도 걱정할 것 없이 경솔하게 군사를 동원하여 큰 전쟁을 벌인다면, 저들의 혼란도 다스리지 못하고 자기 나라의 종묘와 사직이 먼저 폐허가 될 것이니, 공자라도 이렇게는 하지 않을 듯하다. 어찌 지고 이기는 것을 하찮은 일로 여기는 것을 옳다고 말하겠는가.

무릇 이른바 공자의 말을 배우는 자로서는 그 이치에 어긋나는 얼마쯤은 버리고 나머지는 다 익히고 연구하여서 주석을 붙이고 외워 익히고 잘 지켜 잠시도 잊지 않으면 어찌 보탬이 없겠는가. 나는 늘 공자의 말씀을 모아서 책자 한 권을 만들고 이름을 '논어익(論語翼)'이라 하고 싶었지만 잠시도 그럴 겨를이 없었다.

시를 왜 읽고 외울까
誦詩 송시

경서(經書)를 연구하는 것은 앞으로 세상에 쓰이기 위해서이다. 경서를 이야기하면서도 그것이 세상의 온갖 일에 쓸모가 없다면 이는 경서를 헛되이 읽기만 잘한다는 것이다. "공자가 늘 말하는 것은 《시경》《서경》과 예를 지키는 것에 대한 것이었다(논어 술이편)"라고 하였으니, 이는 《시경》으로써 뜻을 말하고 《서경》으로써 일을 말하며 《예기》로써 행동을 나타내기 때문에 모두가 서로 쓸모가 있으므로 없어서는 안 된다는 것이다.

그런데 후세의 학자들은 시를 읽는 데 있어 오로지 외우기만 하고, 예를 행하는 데 있어서도 오로지 겸손하기만 해서, 국가의 정치를 물으면 까맣게 모르니 어찌 옳다 할 수 있겠는가. 공자가 말씀하기를 "《시경》 300편을 다 외우면서도 정사를 맡기면 옳게 해내지 못하고 외국에 사신으로 가서도 책임을 완수하지 못하면 아무리 시를 많이 읽었다 한들 또한 무슨 쓸모가 있겠는가?(논어 자로편)"라고 하였으니, 이는 대체로 그 폐단을 바로잡아야 한다는 뜻이다.

정사란 백성의 다스림으로 요체를 삼는 것이고, 또 백성을 다스리는 데는 백성의 실정을 잘 파악하는 것보다 더 나은 것이 없다. 그러므로 시(詩)로써 민간의 숨은 실정을 살펴서 모두 안심하고 살게 할 수 있다는 것이다. 예(禮)라는 것은 오직 집에서만 베푸는 것이 아니다. 외부에 나가서 무슨 일을 수용하는 데도 예가 아니면 옳게 될 수 없는 것이다. 하물며 임금의 명령을 받들고 다른 나라로 가는 이 중대한 예에 있어서는 어떻겠는가. 《춘추전》에 보면, 사신을 맞아 베푸는 연회 때에도 시를 읊었는데, 모두 일에 따라 임금의 명령을 욕되지 않게 하는 절차를 매우 명확히 하였으니 옛사람들이 실상에 힘쓴 것이 꼭 이와 같았다. 그런데 오늘날은 학술과 사무가 별개가 되어, 직책이 바뀌면 그만 깜깜해져서 모르게 된다. 왜 이렇게 되었을까.

진시황 때의 도사

徐市 서불

삼산(三山 : 신선이 살고 있다는\n삼신산(三神山))이란 말은 춘추시대의 연나라와 제나라의 임금에서 시작되었다. 《사기》 봉선서(封禪書)에 "추연(鄒衍)이 음양주운(陰陽主運)이란 술법으로 제후에게 나타나게 되자, 연나라·제나라 지방의 해상(海上)에 있는 도사(道士)들이 그의 술법을 전하였으나 능통한 자가 없었다. 그리고 제나라 위왕(威王)과 선왕(宣王), 연나라 소왕(昭王) 때부터 사람들을 시켜 바다로 들어가 봉래(蓬萊)·방장(方丈)·영주(瀛洲)를 찾도록 하였으니, 이 삼신산(三神山)이란 산은 전설에 따르면 발해 속에 있어서 인간 세상과 거리가 멀지 않다는 것이다. 또 나중에 시황(始皇) 때에 이르러 시황이 도사들에게 어린 남녀를 주어 바다로 들어가 불사약을 구해 오도록 하였다"고 했다. 추연이란 자는 연나라 사람이었는데, 연나라 소왕이 스승으로 섬겼었다. 그리하여 연나라와 제나라에서 전해진 이 황당한 이야기는 추연에게서 시작되었던 것이요, 삼신산이란 전설도 시황에게서 나온 것이 아니었다.

이미 "인간 세상과 거리가 멀지 않다" 하였고, 또 "물고기를 지부산(之罘山) 밑에서 활로 쏘아 잡았다"고 하였으니, 이 지부산은 내주(萊州) 문등현(文登縣) 동북쪽에 있는데, 시황이 일찍이 이 산에 올라 돌에다 글까지 새겼었다. 만일 멀리 동쪽 바다로 들어갔다면 길이 꼭 내주 바다를 거쳐야 할 필요가 있었겠는가?

여기서 시작되어 곧바로 닿는 곳은 오직 조선이 있을 뿐이다. 그 사이에 비록 섬들이 여기저기 흩어져 있기는 하나 어떻게 일찍부터 신선이 있어서 그곳에 살았겠는가. 도사가 이야기하였다는 것도 이런 곳을 가리켜서 신선이 있는 듯이 속여 넘긴 것임을 짐작할 수 있다.

왜인은 "삼산은 우리나라에 있는데 열전(熱田)·웅야(熊野)·부사(富士) 등 세 산이 이에 해당된다. 서불(徐市 : 진나라 도사로 불사약을 구하러 동해\n봉래산을 향해 갔으나 돌아오지 않음)의 후손이 진씨(秦氏)로 되었다"는 것이다.

《괄지지(括地志 : 당 태종의 명으로\n만든 지리책)》에는 "서불은 단주(亶州)에 살았고, 진(晉)나라 때 이상한 사람이 무역하러 오기도 했는데, 손권(孫權 : 중국 삼국시대\n오나라의 임금)이 그의 백성을 사로잡으려고 하였으나 거기까지 들어가지 못하였다"고 하였다.

이 단주란 지역이 혹시 단군의 나라는 아니었는지 어찌 알겠는가? 구려(句麗)도 또한 여(驪)라고 일컬었으니, 이와 무엇이 다르겠는가.

조선 사람은 "삼산이 나라 안에 있으니 금강(金剛)·지이(智異)·한라(漢拏) 이 세 산이 이에 해당된다"고 말하였다.

두시(杜詩)에 "방장산(方丈山)은 삼한 밖이로구나(方丈三韓外)"라고 읊고, 그 주에 "대방국(帶方國) 남쪽에 있다"고 하였으니, 이 시와 이 주는 어디에 근거한 것인지 알 수 없다. 저들도 반드시 살펴본 적이 있었을 것이지만 그것이 정확한 증거는 아니다.

《통전(通典 : 역대 제도를 수록한 법전)》에 "백제에는 바다 가운데 삼도(三島)가 있는데 그곳에서 황칠나무가 저절로 자란다. 6월에 황칠나무 즙을 내어서 그릇에다 칠하면 황금빛처럼 된다" 하였다. 이것은 지금의 황칠(黃漆)이란 것으로, 오직 제주에서만 생장한다. 이 삼도는 바로 제주의 칭호이고, 또 어떤 이는 "섬 가운데 삼좌산(三座山)이 있기 때문에 삼도라고 한다"고도 하였다.

고려 조이전(趙彝傳 : 원나라에 들어가 고려가 일본과 우호관계라고 무고함)에 "김유(金裕)란 자가 반란을 일으키다가 도망쳐 원나라로 들어가서 속이기를 '바다 동쪽 삼산에 약물(藥物)이 있는데, 나를 돌려보내 주면 구해 올 수 있다'고 하였다. 원나라에서는 그의 말을 믿고 원나라 승상 안동(安童)의 편지를 주어 고려로 돌려보냈다. 그 편지에는 '듣자니 왕의 나라에는 생산되는 약품이 많다고 하는데 그것을 조금 얻었으면 한다. 삼신산에서 나는 액약(液藥), 방대령산(方大嶺山)에서 나는 향백자(香栢子), 지령동(智靈洞)에서 나는 전밀(全蜜)·유체인삼(有體人蔘), 남해도(南海島)에서 나는 실모송(失母松), 금강산(金剛山)에서 나는 석용(石茸)·관음송(觀音松)·상수풍(上水風)·면송엽(眠松葉)들이다'라고 하였다" 했는데 그밖에 다른 것은 모두 기록할 수 없다.

이것들은 있는 것이기도 하고 또는 없는 것이기도 한 약재들이다. 서불이 후로부터 남을 속이는 것과 같은 그런 투였다. 또 이 삼산이 있느니 없느니 하는 말은 그만두고, 서불이 동쪽 바다를 향하여 배를 타고 나왔다는 것이 거짓이 아니라면 어린 남녀 500명이 탄 배가 과연 어느 곳에 닿아서 끝내 돌아가지 않았을까.

오직 우리 태평한 나라는 아주 옛날부터 기자가 '난을 피하여' 와서 살았고, 공자도 세상에 도를 행할 수 없는 것을 탄식하고 '바다로 배를 타고 나

가겠다(^(논어))' 한 것은 이곳에 와서 살려는 것이었으니, 본디부터 우리나라
는 바다 밖에서 첫째로 치는 낙원이었다. 저 왜인 같은 것은 하나의 섬오랑
캐에 지나지 않았으니 그들의 풍기와 습관에 대하여 말할 만한 것이 없다.

서불이 진(秦)나라를 피해 바다로 나왔다면, 반드시 이 조선을 버리고 왜
국으로 들어가지 않았을 것이다. 그가 이른바 "삼신산에 선약(仙藥)을 구하
러 갔다"는 전설은 다만 거짓말로 남을 속이는 데에 지나지 않았던 것이다.
동사(東史 : ^{동국의 역사란 뜻으로}_{우리나라 역사를 말함})에 살펴보니 "진한(辰韓)은 진(秦)나라 때 피란한
자가 와서 살던 나라이다" 하였고, 《문헌통고》에는 "그들의 언어가 진(秦)
나라 사람과 비슷한 까닭에 진한(秦韓)이라고도 한다" 하였으니, 이 진(辰)
과 진(秦)의 음이 같음은 《좌전》 진영(辰嬴)이란 말을 보아도 인증이 된다.

우선 조선에서 진나라는 풍마우(風馬牛) [*1]처럼 동떨어지게 먼 곳이다. 일
반 백성 가운데에 떠돌아다니는 무리로 어찌 먼 바다를 건너고 오랑캐 지대
를 거쳐서 동국에까지 올 이치가 있겠으며, 또 어찌 요양·심양과 한사군 터
를 지나서 우리나라 동남쪽 한구석까지 올 수 있었겠는가? 그 무렵 형편을
추측해 보아도 바다로 배를 타고 오지 않으면 도저히 올 수 없었을 것이다.

또 관중(關中)에서 동해까지 거리를 따지면 동쪽과 서쪽이 천애지각(天涯
地角 : ^{하늘의 끝이 닿는 곳과 땅의 한 모퉁이라는}_{뜻으로 서로 아득히 떨어져 있음을 말함})처럼 동떨어지게 먼데, 진나라 사람으로서 바
다를 건넌다는 것은 떠돌아다니는 백성의 처지로서는 판단할 수 없었을 것
이고 반드시 나라 힘으로 보내는 방침이 있어야 했을 것이다. 그때 마침 서
불이 바다에 떠서 왔고 우리나라에도 진나라로부터 건너온 자가 있었다면,
진한이 서불의 나라가 되었다는 것을 짐작할 수 있다.

동사에 이르기를 "마한이 동쪽 지대를 베어 진한에 주었다" 하였고, "기
준(箕準)이란 자는 한(漢)나라 초기에 나라를 세웠었다" 하였다. 그러나 두
우(杜佑)의 《통전(通典)》에는 "기준을 쳐서 깨뜨리고 스스로 마한의 임금
노릇을 하였으니, 기준의 전에도 이미 마한이 있었다"고 하였다.

추측하건대 진(秦)나라 때 아이들이 탄 배가 바로 삼산을 가리키면서 마
한 접경에 와서 멈추자, 마한에서 그 동쪽 지대를 갈라 진한에 주었던 것인
데, 얼마 안 되어 마한이 기준에게 쫓겨난 것인 듯하다.

---

*1 발정한 마소가 서로 짝을 구하나 너무 멀리 떨어져서 만날 수 없다는 뜻. 거리가 매우 멀다는 뜻
으로 쓰임.

그런데 《통전》에는 다만 변·진(弁辰)이라고만 하고 진한이라고는 하지 않았다. 또 변·진 두 나라가 거느린 작은 국가의 수효가 스물넷이나 되었는데, 변·진으로 불린 수가 열한 나라나 되었다고 하였다. 이로 본다면 변국(弁國) 또한 진나라 때 같이 온 사람이 살았던 것 같다. 우리나라 사람은 깊이 살펴보지 않고 삼한이란 칭호가 기준으로부터 시작되었다고 하니 이는 잘못이다.

그리고 또 풍악(楓嶽)을 가리켜 봉래(蓬萊)라고 하는 것도 근거가 없는 말이었다. 불경(佛經)에 "1만 2천 담무갈(曇無竭)이 동해 금강(金剛)에 머물러 있다"는 이유로 이 풍악을 봉래로 인증하게 되고, 또는 이 풍악의 많은 봉우리가 "1만 2천이란 수효와 똑같게 되었다"고들 한다. 그러나 담무갈이란 것이 봉우리가 아닐 뿐 아니라 어찌 일찍이 이렇게 많은 봉우리가 있었겠는가.

또 서불의 삼산이라는 말을 그대로 따르고, 두주(杜註)에 말한 "지리(智異)가 방장(方丈)이다"라고 한 것을 그대로 따른다고 하더라도, 봉래는 있는 곳이 없는 까닭에 억측으로 이 풍악을 삼산의 하나라고들 하니, 그 근거가 없는 것이 이와 같다.

《사기》 회남왕전(淮南王傳)에 "진황제가 어린 남녀 3천 명을 보내고 오곡의 종자와 백공(百工)의 기구도 빠짐없이 대주었는데, 서복(徐福 : 서불)은 평원(平原)과 광택(廣澤)을 얻어 거기에서 왕노릇을 하면서 돌아오지 않았다"고 한 말에는 위와 같지 않은 점이 있으니 잘 검토해 보아야 할 것이다.

신라의 탄생
氣化 기화

태고(太古) 시대에는 반드시 먼저 천지가 있고 그 뒤에 사람이 있게 되었을 것이다. 천지 사이에는 본디 사람이 생겨나는 이치가 있으므로, 맨 처음 아무것도 없었을 때는, 기화(氣化)*1로 생겨났다는 것이 그 이치로 보아 마땅히 그러했을 것이지만, 사람이 이미 생겨난 뒤에는 형화(形化)*2로 이어지

＊1 기화는 무형의 기가 열의 작용으로 유형의 체(體)가 된다는 것.
＊2 형화는 유형한 인체에서 잉태되어 난다는 뜻.

게 되는 것이니, 어찌 다시 기화로 형성되는 자가 있겠는가?

고구려·백제·신라의 삼국(三國) 무렵과 진한·변한·마한의 삼한 말기 즈음에 신라의 폭원(幅員)은 1천 리도 채 되지 않았는데 나라의 수효는 20개가 넘었고, 백성들 또한 아주 적지는 않았다. 신라에서 요동과 계주(薊州)까지의 거리는 수천 리에 지나지 않았으니, 때는 서경(西京 : 평양) 말기였다. 서촉(西蜀)과 강남(江南) 같은 변두리에 사는 족속이 한둘이었겠으랴만, 그 중간에서 어떻게 살아 왔다는 전설은 들을 수 없고 어찌 유독 신라에 이르러 기화로 생겨났다는 이야기가 이렇게 많았을까? 이것이 허망하다는 것은 이미 정론이 된 지 오래다.

내 생각에는 우리나라가 옛날부터 낙토(樂土)라는 명칭이 있어서 난리를 피해 바다로 건너온 자는 반드시 신라에 귀의했던 듯하다. 인문(人文)은 미비하고 풍속은 귀신을 믿었기 때문에 지략(智略)이 있는 선비가 어리석은 백성을 우롱하기 위해서는 반드시 무슨 형식을 만들어서 모두 숭배하도록 했을 것이다.

이렇게 해서 사람이 '알에서도 나고 상자에서도 난다'는 것으로써 쉬지 않고 백성을 우롱하여 모두가 믿고 높이도록 하였으니 나라를 세우고 임금을 정하기를 자신의 손안에 있는 것처럼 마음대로 하였다. 이러한 원언(諢言)·패설(稗說)의 잠꼬대 같은 헛소리가 세상에 전하는 데 사기(史記)를 짓는 자는 알지도 못하고 이런 말을 모아 기록해 놓았으니, 어찌 그릇된 것이 아니겠는가?

《통전》을 살펴보니, "신라는 위나라 때 신로국(新盧國)으로 그의 조상은 본래 진한(辰韓) 사람이다. 진한은 맨 처음에는 여섯 나라가 있었던 것이 점점 갈라져서 열둘로 되었으니 신라는 바로 그 중 하나이다" 하였다. 동사에서는, "진한이 통솔한 나라에 사로국(斯盧國)이 있다" 하였으니, 이 사로국이 곧 신라가 되었다고 단정지어야 타당하다.

김유신은 남가야(南加耶) 수로왕(首露王) *3의 자손이다. 그런데 그의 비

─────────────

*3 수로왕 : 가야국의 시조. 《삼국유사》에 "가야국의 9간(干)이 구지봉(龜旨峯)에서 여섯 개의 알이 든 금궤를 얻었다. 이 6개의 알이 사람으로 변해서 6가야국의 왕이 되었는데, 수로가 이 중의 한 사람이었다. 키가 9척이었으며, 제일 먼저 사람으로 변했기 때문에 수로(首露)라는 이름을 갖게 되었다"고 하였음.

(碑)에는 "헌원(軒轅)*⁴의 후예요, 소호(少昊)*⁵의 자손이다" 하였다. 신라 사람은 자칭 금천씨(金天氏 : 소호(少昊))의 후예라고 하니, 가야와 신라는 동성(同姓)인 것이다. 그들이 멀리 선성(先聖 : 헌원(軒轅)과 소호(少昊)를 가리킴)을 인용한 것은 비록 믿을 수 없는 말이나 애시당초 기화로 생겨나지 않았다는 것만은 그때에도 이미 정론이 되어 있었던 것이다.

고구려와 백제의 타다 남은 불기운
麗濟餘燼 여제여신

백제와 고구려는 당나라에 멸망하여 다시 일어날 형세가 아니었다. 그러나 타다 남은 불기운처럼 반란을 일으켰으니 당나라의 힘으로도 제어할 수 없게 되었다. 백제가 망한 후에 부여풍(扶餘豊)이 또 배반하므로 당나라는 부여융(扶餘隆)으로 하여금 백제로 돌아가 그의 동족을 낙마시키도록 하고 조칙을 내리기를, "백제의 옛땅을 모두 반환하고 신라와 다시 맹세를 맺게 하여, 전의 감정은 서로 잊어버리고 평화롭게 지내도록 하라" 하였다.

지금 신숙주(申叔舟)의 《해동기(海東記)》와 수은(睡隱) 강항(姜沆 : 성리학에 밝아서 일본 학자의 원조가 되었다 함)의 《간양록(看羊錄)》에 상고해 보니, "백제가 망할 때 임정태자(臨政太子)가 배를 타고 왜로 들어가 주방주(周防州) 다다량포(多多良浦)에 머물렀다. 그리하여 다다량씨라고 하면서 대대로 대내전(大內殿)에서 살아온 지가 8백 년이 넘었다. 23대인 지세(持世)에 이르러 호를 대내전(大內殿)이라 하였으나, 아들이 없어 조카 교홍(敎弘)을 양자로 삼았다. 교홍의 아들 정홍(政弘)에 이르러서는 그 군사가 구주에서 제일 강하여 감히 그의 명령을 어기는 자가 없었다. 그의 계통이 백제에서 나왔기 때문에 우리나라 사람에게 가장 친절하였다. 산명(山名)이 세천(細川)과 더불어 다툴 때에 대내(大內)는 산명을 도와주었다. 이보다 먼저 대신 적송(赤松)이 난을 일으킬 때, 국왕이 징병령을 내렸으나 소이전 원가뢰(小二殿源嘉賴)만은 응하지 않았다. 왕이 대내에게 명해 토벌시켰는데 가뢰(嘉賴)는 대마도로 달아나 드디어 가뢰의 땅을 다 차지하였다. 이렇게 되자 모두들 대내의 무리를 미워했다. 산명이

---

*4 헌원 : 삼황(三皇)의 하나인 황제 헌원씨(黃帝軒轅氏).
*5 소호 : 오제(五帝)의 하나인 소호 금천씨(少昊金天氏).

가뢰의 아들 뇌충(賴忠)에게 명하여 옛 토지를 모두 되찾도록 하므로 뇌충은 축전(築前)·박다(博多)·재부(宰府) 등의 고을을 모두 복구하였다. 대내는 47대를 전해 온 뒤로는 자손이 없다. 그리고 임정(臨政)에게 종행(從行)한 자의 후손인 휘원(輝元)이란 자는 수길(秀吉)과 함께 신장(信長)의 원수를 갚은 자였다. 처음은 대강씨(大江氏)라고 하다가 나중에 모리씨(毛利氏)로 고쳤는데, 휘원의 조상이 대대로 그 지방에서 전해 왔다. 임진년(1592) 난리 때 휘원은 위협에 눌려 비록 코를 베이기까지 하였으나, 우리나라에서는 조금 불쌍히 여기고 민망하게 생각하였다"고 했다는 것이다.

소위 임정태자란 자는 옛날 왜에게 인질로 잡혀갔던 부여풍인 듯하다. 구려가 망한 후 귀신(貴臣 : 지위가 높은 신하) 연정토(淵淨土)의 아들 안승(安勝)을 세워 임금으로 삼았던 바, 신라는 그를 그냥 구려왕(句麗王)으로 봉해 주었다.

그에게 준 글에 "구려를 이은 아들 안승이다〔句麗嗣子安勝〕" 하였고 또, "선왕을 바로 이은 자는 오직 공(公)뿐이었다〔先王正嗣惟公而已〕" 하였다.

아마도 연정토는, "지난해에 열두 개의 성(城)과 함께 항복했다"는 자인 듯하다. 그런데 어떤 이는 귀족이라고 일컬었으니, 구려의 종척(宗戚)인 듯하다. 옛날 소흥(紹興 : 송 고종(宋高宗) 조구(趙構)의 연호)의 후예로 오래도록 이웃 나라로 지냈는데, 그 당시 신라는 강성하였으므로 절제하였으나 다시 삼국(三國)이란 칭호를 두었다. 신라도 또한 가끔 조칙을 제대로 받을지 않고 도리어 군사를 일으켜 당나라 군사를 공격하였는데, 이것을 《당사》에서는 모두 빼 버리고 쓰지 않았다.

동사에, "고장(高藏)의 외손 안승이다" 하였으니 연정토 또한 고씨(高氏)의 후예로서 사위가 되었던 자인 듯하다.

왜구의 행패
倭患 왜환

원나라 세조(世祖 : 중국을 통일한 원나라 황제. 홀필열(忽必烈))가 왜국을 정벌하려고 했을 때 전함을 만들고 군량을 쌓은 것은, 모두 우리나라에서 공급했던 것이다. 국내(國內)를 모두 쓸다시피 하여 싸움에 협조하였으나, 마침내 이기지 못하고 강한 이웃 나라와 사이만 좋지 않게 되었다.

저 왜국의 지형은 비파처럼 생긴 것이 뾰족한 머리가 서쪽으로 향해 있다. 이러므로 왜국은 그 나라를 나와서 외국을 침략할 수 있지만, 외국 군사는 능히 침략해 들어갈 수 없게 되었기 때문에 왜구들이 중국 강서·절강 지역을 심하게 노략질을 하였어도 또한 어쩔 수 없었던 것인데 하물며 작은 나라에 있어서랴.

고려 충정왕(忠定王 : _{고려 제30대} _{왕. 왕지(王眡)}) 2년(1350)부터 왜구의 재난이 처음으로 일어났는데, 동·서·남 3면으로 침입을 받게 되자 형세가 능히 진압하여 지킬 수 없었다.

그들은 각 고을에 날뛰면서 백성의 집을 불태우고 위협할 뿐 아니라 지방에서 배로 실어 들이는 우리 군량과 마초(馬草)를 차단시키고, 또는 저들이 빼앗아 가지 않으면 배를 엎어 버렸다. 그들의 풍속은 배를 집으로 삼고 수전에 익숙해서, 먼 바다 사이에서도 비오듯이 모이기도 하고 구름 흩어지듯 하여 방어할 계책이 없었다.

이것이 원나라 황제의 계산 착오였고, 우리나라에도 또한 좋은 계책이 아니었던 것이다. 큰 나라에서 내리는 명령을 비록 감히 어길 수 없었다 할지라도, 또한 얼마 뒤에 원나라 임금에게 사랑받는 사위가 되어서 무슨 일이건 따르지 않을 수 없었던 터인데, 군사를 해산시킨 뒤에 방어와 수비를 걷어치우고 두터운 폐백으로 통신사를 보내 서로 저자를 열고 화친을 약속하여, 전날의 일은 우리나라의 본뜻이 아니었다는 것을 알도록 했다면, 그들도 또한 반드시 그 재화를 이롭게 여겨 전날의 원수를 돌이켜 사이좋게 지내게 되었을 것이다.

이런 계책은 내지 않고 종달새가 까불고〔鷃披 : _{안피. 하찮은} _{것에 비유}〕 여우가 속이듯이〔狐假 : _{호가. 남을} _{속인다는 비유}〕 큰 소리로 쓸데없는 위협만 하면서, 저들의 사신이 왔는데도 답례도 하지 않았다. 우왕(禑王 : _{고려 제32대} _{왕. 신우}) 초기에 이르러 등경광(藤經光 : _{왜에서 고려에} _{온 통신사})을 꾀어서 죽이려고 하였다. 그가 기미를 알고 달아나 버리자 이로부터 또 살육의 재난을 불러일으켰다. 이와 같이 스스로 가름할 줄을 몰랐으니 재앙을 취한 것이 마땅하다 하겠다.

이 일은 원나라 세조에게 조짐이 나타났고, 고려 충정왕에게서 재앙의 싹이 돋은 것이다. 이로부터 대를 지나면서 서로 빚어온 화근이 234년 만인 임진왜란(1592)에 이르러 극도에 달했다. 이로 인해 군량도 쌓아두고 군사도 기르면서 보내는 것은 후하게 하고, 받는 것은 박하게 한 결과, 시국이 겨우 안정된 상태에 이르렀다.

그러나 일이 오랠수록 틈이 싹트게 되고 거짓말로써 믿음을 사려고 하는 바, 이런 일은 장차 얼마 못 가고 둑이 무너지게 되는 것이다. 이런데도 나라 사람들은 오히려 지나간 임진년의 위엄만 믿고 저들을 업신여기면서 스스로 큰소리를 친다. 그때의 위엄이 자신에게서 나오지 않았고, 지금 상황도 처음과 다른 것을 왜 모르는가. 한심한 노릇이다.

세 장수의 원통함
三帥冤 삼수원

홍두(紅頭)*¹의 난리에 세 장수[三帥]가 원통하게 죽은 것*²은 고금을 막론하고 모두 억울하게 생각하나, 나는 그때 세 장수도 죄가 있었기 때문에 죽었다고 생각한다. 정세운(鄭世雲)*³의 큰 공은 나라 사람들 모두 알고 있었다. 김용(金鏞)*⁴은 임금의 명령이라고 거짓으로 꾸며 이르기를 "세운은 본래 경(卿)의 무리를 꺼려하니, 나중에 반드시 화를 면치 못할 것이다" 하였다.

이는 그의 간사한 뜻을 따를 수 없다는 것인데, 세 사람은 그에게 의지하여 마음먹었던 일을 모두 행하게 되었던바 그들의 죄가 크다 할 것이다. 또 그때 나라에서는 제멋대로 날뛰는 도적 때문에 골치를 썩고 있었는데 공을 이룬 자가 어찌 죽임을 당할 수 있었겠는가? 안우(安祐)*⁵와 방실(芳實)*⁶

---

*1 홍두 : 고려 말기에 횡행하던 홍건적의 별칭. 머리에 붉은 건을 썼으므로 홍두라 하였음.
*2 고려의 세 장수 안우(安祐)·김득배(金得培)·이방실(李芳實)이 김용(金鏞)에게 살해당한 것이 원통하다는 것.
*3 정세운 : 고려 공민왕(恭愍王) 때 무장. 홍건적이 침입하자 왕이 복주(福州)로 피난할 때 총병관(總兵官)이 되어 적을 물리친 공으로 1등 공신에 올랐는데 그 후 공을 시기하던 김용의 흉계로 안우(安祐)에게 살해되었음.
*4 김용 : 고려의 간신, 반란자. 정세운과 안우가 홍건적을 격퇴하고 공을 세우자 이를 시기하였다. 흉계를 꾸며 안우를 시켜 세운을 죽이게 한 후, 주장(主將)을 죽였다는 죄를 씌워 안우마저 죽였다. 난이 평정된 후에 1등 공신이 되었으나 과거의 음모가 발각되어 유배되었다가 처형됨.
*5 안우 : 고려의 무장. 이방실·김득배 등과 함께 홍건적을 평정한 후, 정세운을 시기하던 김용의 흉계에 빠져 정세운을 죽였다가 일이 탄로될 것을 두려워하던 김용에게 도리어 살해됨.

은 말할 것도 없거니와 득배(得培)[7]에게 있어서 정직한 말로 지극히 간하는 것만이 옳은 일인데, 어찌 함께 임금에게 득죄하여 그 무고한 자까지 형을 당하도록 하니 이것은 차마 못할 일이 아니겠는가?

이 일은 네 사람이 함께 했으나 세운이 주동자였던 것이다. 진실로 공이 있는 자를 꺼려하는 마음이 없었다면 애매한 일로써 그 불의의 짓을 이다지 심하게 저지르지는 않았을 것이다. 행여라도 그때에 하나는 동쪽에, 하나는 서쪽에 있어서 서로 아무런 관계가 없었다면, 공이 있고 죄가 없는 어진 신하를 찢어 죽이라는 임금의 명령이 있었다 하더라도 그가 반드시 따르지는 않았으리라는 것을 짐작할 수 있겠다.

오직 그들의 마음이 이러했던 까닭에 물욕이 본심을 가려 참다운 이치를 볼 수 없었다. 이러므로 이들 세 사람이 김용의 꾀에 빠지게 되었고 제 자신 또한 죽음을 면치 못했던 것이다. 우연히 득배의 김해군시(金海郡詩)를 보았는데 거기에

분성을 관장한 지 스무 해가 넘었으매
그 때의 부로들 반은 티끌이 되었구나.
육전(六塵)에서 시작하여 원수까지 되었으니
세상에 나 같은 자 얼마 되지 않으리.
來管盆城二十春　當時父老半爲塵
自從書記爲元帥　屈指如余有幾人

하였으니, 그는 공명을 자랑스럽게 여기던 자였던 것이다.

---

*6 방실 : 고려의 무장. 상원수(上元帥) 안우, 병마절도사(兵馬節度使) 김득배(金得培) 등과 함께 홍건적을 평정한 후 평소부터 공을 시기하던 김용의 모략에 의해 안우·김득배와 함께 살해됨.

*7 득배 : 고려의 문신 김난계(金蘭溪)의 이름. 홍건적이 침입했을 때 서북면 도병마사가 되어 상원수(上元帥) 안우(安祐)와 도지휘사(都指揮使) 이방실(李芳實) 등과 함께 평정시킨 후, 정세운과 안우가 김용의 간계에 살해되자 상양현(尙陽縣)에 숨었다가 끝내 체포되어 죽었음.

말을 잘 하거나 못하거나
雨無正 우무정

내가 《시경》을 읽다가 우무정(雨無正) 제5장에 이르러, 쇠미한 시대에 있어서 세상을 살아가기 어렵다는 것을 더욱 잘 깨달았다. 마음속에 지닌 뜻은 오직 말로써 표현하여 알릴 수 있는 것이다. 그런데 의심하고 꺼려하는 시대를 만나거나 푸대접하고 멀리하는 처지에 놓였을 때는 몸은 외로워지고 형세는 짓눌리게 된다. 여러 가지 생각이 마음속에 쌓여 있은들 어찌 조금이나마 펼칠 수 있겠는가.

임금 자리는 아홉 길 못보다 깊고 좌우의 참소는 천리마보다 빠른 까닭에 흰빛을 검게도 만들 수 있고 찬물을 뜨겁게도 만들 수 있는 것이다. 《시경》에 이르기를 "아아! 말을 익숙하게 못하는 자는 말을 입 밖에도 내지 않건만 오직 몸이 파리하게 되네. 저 말을 익숙하게 하는 자는 교묘한 말을 흘리는 것처럼 하건만 좋은 벼슬에 있도록 하네" 하였다.

'말을 익숙하게 못한다'는 것은 참으로 말을 잘 못하는 것이 아니라 저 듣는 자가 그의 말을 이리저리 뒤바꿔서 그르게 만들고 또 억눌러서 말을 못하도록 하기 때문이다. 저 '말을 익숙하게 한다'는 것은 참으로 말을 잘하는 것이 아니라 그는 믿는 바가 있기 때문에 말을 교묘하게 잘한다는 것이다. 이 시(詩)는 대개 지혜와 역량을 품고 혀가 있어도 감히 말할 수 없는 자가 지은 것이다.

저 임금이란 자가 오직 믿고 따르는 것이 가까이 모시는 신하의 아첨하는 말에 지나지 않아서 나랏일이 그로 말미암아 날로 잘못된다면 어찌 괴이하고 또 민망스럽지 않겠는가. 여기에 족히 세 번 탄식할 만한 이유가 있겠다.

독서와 세상살이
讀書仕宦 독서사환

어려서 배우는 것은 자라서 실천하기 위한 것인데 글 읽는 것만한 방법이 없다. 성현의 글을 읽고 근본을 캐어 들어가며 그 뜻과 이치를 연구한 사람이라면 누군들 많건 적건 깨우침이 없겠는가. 그러나 옛날부터 벼슬에 나아간 사람들 가운데 평생에 배운 것을 그대로 실천한 사람이 있다는 것은 듣지 못했다. 왜냐하면 일을 실행할 때에는 말할 때와 같지 않고 또 자신의 마음은 남의 마음과 같지 않기 때문이다.

더러는 위엄과 지체에 억눌리고 더러는 여럿에게 꾐을 당하기도 하며, 더러는 시대의 핍박도 받게 되고, 더러는 사사로운 욕심에 이끌리기도 하니, 이는 모두 욕심이 그렇게 만든 것에 지나지 않는다. 물욕이 양심을 이김에 따라 양심이 옮겨지고, 양심이 옮겨짐에 따라 일이 제대로 되지 않는 것이다.

옛 성인의 가르침이 있고 전 시대의 역사가 증명하는 데도 물욕이 늘 마음속에 걸려 있어서, 일이 같지 않고 때가 다르다는 것만 생각하고 양심에 비추어 반성하지 않는다. 이러하니 갑자기 일의 방향이 틀어지고 먹었던 마음도 떨어져나가 바뀌게 된다. 이로 본다면 큰일을 맡아서 옳고 그름을 판단하는 일은 반드시 벼슬과 녹봉을 귀중히 여기지 않는 사람만이 잘할 수 있으니, 이것이 핵심이다.

옛날 송나라 인종(仁宗)이 곽후(郭后)를 폐위할 때 탄부(坦夫) 여이간(呂夷簡)이 힘 있는 주동자로 활약하였다. 그의 어린 시절 벗 왕지청(王至淸)이 편지를 보내 "내가 탄부와 함께 글을 읽을 때 《주역》 가인괘(家人卦)에 대해 토론했었지. 그때 탄부는 공자가 말한 '반신(反身)' 두 글자를 근거 삼아 이야기했는데 지금 탄부는 천자가 위협하여 다스리는 방법을 취해도 '스스로 돌아보아 반성하라[反身]'는 말로 충언할 수 없다는 것인가. 지난날 공자의 한 마디를 들어 말하려고 한 뜻은 무엇이었는가?"라고 하였다.

나는 이것을 보고 비로소 독서와 벼슬살이는 본디 동떨어진 두 가지 일이라는 것을 깨달았다. 이 왕지청의 말은 역사적으로 조정에 나가 벼슬을 지내온 사람들에게 경계가 된다. 우연히 《풍창소독(楓牕小牘)》(송나라 변경(汴京)의 고사를 소설체로 엮은 것)을 펼쳐보고 느낀 점이 있어 썼다.

마한의 시조 호강왕
虎康王 호강왕

우리나라 옛 임금들은 단군과 기자로부터 삼국(三國 : 고구려·백제·신라)을 거쳐 고려에 이르기까지 각각 그 군림한 지대에 시조의 사당을 세웠는데, 삼한의 진한과 변한은 그 시조의 이름을 몰라서 추향(追享)하지 못했었다. 오직 마한의 시조만은 태사(太師 : 기자(箕子)의 직함)의 41대 손으로서 익산(益山)에서 개국하여 명호와 도읍이 지금까지 없어지지 않았는데 사전(祀典 : 제사를 지내는 예전(禮典))이 아직 없었으니 성세(聖世)의 결점이라 할 수 있다.

고구려 역사를 살펴보니, 충숙왕(忠肅王) 16년에, "도둑이 금마군(金馬郡) 마한의 시조 호강왕(虎康王)의 무덤을 발굴하였다" 하였으니, 이것으로 보아 그 이름뿐 아니라 시호까지 있었던 것이다. 그리고《여지승람》에도, "세상에서 전하기를, '무강왕(武康王)은 이미 인심을 얻어 마한에 나라를 세우고 선화부인(善花夫人)과 함께 사자사(獅子寺)에 거둥하였다' 한다" 하였고, 또, "두 능이 오금사봉(五金寺峯) 서쪽 수백 보 거리에 있는데 후조선(後朝鮮) 무강왕과 왕비의 능이다" 하였으며, "백제 무왕(武王)의 속호인 영통대왕(永通大王)의 능이다" 하였으나, 이런 말은 근거가 없다.

고려 혜종(惠宗 : 고려 제2대 왕. 태조의 맏아들)의 이름은 무(武)였는데 고려 사람들이 그 무의 음을 꺼려 호(虎)라 하였으니, 이는 마치 무제(武帝)를 호제(虎帝)라 부른 것처럼 되었다.

그러나 오직 이 호강(虎康)이란 시호만은 확실하게 기록으로 남아 있으니 속일 수 없다. 가야국의 수로왕(首露王)은 전해 온 대수가 가장 멀고 신령의 위엄 역시 가장 높이 나타났으니 또한 향사(享祀)하지 않을 수 없다.

또 혁거세(赫居世 : 신라의 시조 박혁거세)와 고주몽(高朱蒙 : 고구려의 시조)과 온조(溫祚 : 백제의 시조)는 모두 왕자(王者)의 이름이니 이들 이름은 바로 부를 수 없을 것이다. 옛날 당 태종(唐太宗 : 당나라 제2대 임금)은 비간(比干)*1에게 충렬(忠烈)이란 시호를 더해 주고 제향(祭享)하였으니, 이 또한 그의 이름을 바로 부를 수 없었기 때문이다. 나 또한 향사를 한다면, 혁거세·주몽·온조에게도 각각 호강의 예처럼 아름다운 시호를 더해야 타당할 것이라고 생각한다.

---

*1 비간 : 은나라 마지막 임금 주(紂)의 숙부. 주의 음란함을 간하다가 죽음을 당했음.

요·금·원나라와 그 잔 무리들
遼金元支屬 요·금·원 지속

요나라가 망한 후에 그들의 종족인 금산 왕자(金山王子)와 금시 왕자(金始王子)는 대요수국(大遼收國)*¹의 왕이라 자칭하고 천성(天成)이란 연호를 세웠다. 금나라 말기에는 그의 종족인 포선만노(蒲鮮萬奴)가 요동에 웅거하여 천왕이라 자칭하고 국호를 동진(東眞)*²이라 하였으며, 원나라 말기에는 납합출(納哈出)이 심양을 점거하고 행성승상(行省丞相)이라 자칭하였는데, 모두 우리나라의 걱정거리였다.

이 세 나라가 비록 쇠하여 없어짐에 이르렀어도 갑자기 다 멸망되지 않고, 남아 있는 그들의 지속(支屬)이 각각 동북쪽 한 구석을 차지하여 이웃 나라의 걱정을 많이 만들어 왔다. 북원도 역시 그런데, 요와 금에 있어서랴? 생각건대 요동은 요나라와 금나라 사이에 끼어 있는 것이 마치 흉노(匈奴)의 구탈(區脫 : 북쪽 오랑캐가 경계선에 만든 척후용(斥候用)의 움막) 같아서 그곳을 점령하자 우리나라에 접근하기가 쉬웠던 것이다.

이것이 우리나라의 고금을 통한 근심이었으니, 옛것을 상고하는 자는 마땅히 알아야 할 일이다.

소국이 대국을 섬김
小事大 소사대

공민왕(恭愍王) 19년(1370)에 명 태조(明太祖)가 한 조서에, "경신군(庚申君 : 원(元)나라 끝 임금 순제(順帝)를 말함)이 음탕하고 혼암해서 기강이 크게 무너졌으므로 짐이 천명을 받들고 토멸한 후에 천하를 합쳐 하나로 만들었다. 경신군은 이미 죽었고 그의 손자와 후비(后妃)를 사로잡았는데 중서(中書 : 벼슬 이름, 중서성(中書省)의 약칭)는 '이들을 잡아서 태묘(太廟 : 천자(天子)의 조상을 모신 태묘의 별칭)에 드리는 것이 타당하다' 한다. 짐의 마

---

*¹ 대요수국 : 금나라가 약한 틈을 타서 요나라의 유장(遺將)들이 예스부(耶斯不)를 추대하여 만주에 세운 나라. 뒤에 몽고에게 멸망됨.

*² 동진 : 금나라가 쇠하고 몽고가 일어나자 이에 반하여 간도지방에 세운 여진족의 나라. 국호를 대진국(大眞國)·대하(大夏)·동하(東夏)라고도 함.

음으로는 이것은 차마 할 수 없겠다. 짐도 본디 원나라 백성으로서 천하가 그처럼 혼란할 줄은 생각조차 못하였다. 지금 신민(臣民)들이 혹 짐의 뜻을 모를까 염려하여 이 조칙을 선포한다" 하였다.

신우(辛禑) *¹ 14년(1388), 다시 내린 조서에 "탐라(耽羅)란 섬은 원 세조(元世祖)의 목마장(牧馬場)이었는데, 지금 돌아오지 못한 원의 자손이 매우 많다. 짐은 반드시 원나라 자손이 끊어지지 않게 하기 위해 여러 왕들을 섬으로 보낼 것이다. 군사를 파견하여 보호해 주고, 양절(兩浙) 지방에서 식량을 넉넉히 보내 그들의 자손이 바다 가운데에서 걱정 없이 살도록 하겠다" 하였다.

이로 본다면 명나라 황제가 비록 운수를 타고 어극(御極 : 임금의 자리에 오르다)하게 되었으나, 그가 승국(勝國 : 멸망한 전대의 나라. 여기서는 원나라.)을 대우한 것은 지극하였다 하겠다. 또한 그가 반드시 탐라로써 이야기한 것은 이유가 있었다. 공민왕 18년(1369)에 원나라의 자인(梓人 : 목수의 우두머리)이었던 원세(元世) 등을 제주로 불러들여서 공주의 영전(影殿)을 짓도록 했기 때문이었다.

원세가 도당(都堂 : 의정부의 별칭)에서, "원나라 임금은 토목 역사 일으키기를 좋아하다가 민심을 잃고는 끝내 사해(四海)를 보전할 수 없다는 것을 스스로 깨달았던 것이다. 그러므로 우리 무리를 탐라로 보내서 궁궐을 짓도록 하고 피난할 계획을 했었는데, 일이 끝나기 전에 멸망하였다"고 했다. 공양왕(恭讓王) 3년(1391)에는 명나라 황제가 원나라 양왕(梁王)의 자손 애안첩목아(愛顔帖木兒) 등을 모두 탐라에 안치시켰었다.

이에 의거하면 그들을 모두 탐라에 안치시킨 것은 실상 원나라 임금의 뜻에 따라 한 것이다. 우리나라는 성심껏 원나라를 섬겨 여러 대를 지나도록 사랑을 받아 오다가, 그들이 하루아침에 멸망되어 도망쳤다는 소문을 듣고 벌써 명나라와 통사(通使)할 것을 의논한 다음, 갑자기 지정(至正 : 원 순제(元順帝)의 연호(1341~1367))이라는 원나라 연호를 쓰지 못하게 하였다.

9년이 지나 다시 북원(北元)의 선광(宣光)이라는 연호를 쓰다가 이듬해에 또 명나라 홍무(洪武 : 명 태조(明太祖)의 연호(1368~1398))라는 연호를 쓰게 되었다. 이랬다저랬다 하

---

*1 신우 : 고려 제32대 임금 우왕(禑王). 공민왕의 아들로 왕위에 올랐으나 이성계(李成桂)의 위화도(威化島) 회군 후 폐가입진(廢假立眞)이란 명분에 의해 신돈(辛旽)의 자손이라는 이유로 폐위되었다가 살해됨.

기를 이와 같이 했으니 어찌 남을 섬겼겠는가? 이보다 먼저, 인종(仁宗) 5년(1127)은 바로 금나라 천회(天會) 5년이므로 이미 금나라를 섬겼던 것이다.

이때 변보(邊報)에, "송나라 군사가 금나라를 이겼다"는 보도가 있자, 정지상(鄭知常고려 문신, 12시인(詩人) 가운데 한 사람) 등이, "시기를 놓칠 수 없습니다. 청컨대 군사를 내어 송나라 측에 응원하여 큰 공을 이루도록 하고 주상의 공덕이 중국 사기에 실려 만세에 전하게 하소서" 하자, 왕은 이 말을 듣고, 김인존(金仁存 : 고려문신)에게 물었다. 그는, "전해 듣는 말은 늘 사실과 어긋나는 것이 많습니다. 뜬소문을 듣고 군사를 일으켜 강적을 격노시킴은 타당치 않은 일입니다" 했는데, 조금 후에 들으니 과연 헛소문이었다는 것이다.

이렇게 조급하고 흔들려서 먼 계획을 세우지 못하는 것이 바로 우리나라의 풍속이었다. 오로지 하루아침의 이익을 위하여 차마 하지 못할 일을 한다면 천하 후세에 비평이 있을 뿐 아니라 곧바로 닥치게 될 후환은 어떻게 막을 것인가?

소국이 대국을 섬기고, 약국이 강국을 섬기는 데는 마땅히 "하늘을 두렵게 여겨야 한다"는 외천(畏天) 두 글자를 골자로 삼아야 할 것이다. 의복과 주옥 같은 폐백(幣帛 : 임금에게 바치거나 제사 때 신에게 바치는 물건)을 써서라도 강토를 잘 보전하여 진실로 시의(時宜)에 알맞도록 하면 큰 나라로서도 혹 작은 나라를 섬길 수 있을 것인데, 하물며 작은 나라로서 꼭 해야 할 것을 하지 않아서 되겠는가? 만약 한때의 이해만 계산하여 강한 이웃을 거스른다면 이는 지혜로운 일이 아닌 것이다.

고려 문종(文宗) 11년(1057)에 이미 거란[契丹]을 섬기면서 한편으로 재목을 베어 큰 배를 만들어 송조(宋朝)와 통하려고 하였다. 문하성(門下省)에서, "우리나라가 북조(北朝)와 화친을 맺은 후로 변방에 걱정이 없고 백성들도 잘 살게 되었으니, 이로써 나라를 보전하는 것이 상책이다. 전에 글안이 우리나라에 죄책을 물은 편지에 '귀국이 동쪽으로 여진과 강화를 맺고 서쪽으로 송나라와 왕래하는 것은 무슨 일을 도모하려는 것인가?' 하였다. 만약 이 사실이 탄로될 경우에는 반드시 서로 좋지 못한 일이 생길 것이니 앞으로 거란과 교제를 끊으려 하는 것이 아니라면 송조와 통사(通使)함은 타당치 않은 일이다" 하자 그대로 따르게 되었으니 이 말 또한 이치에 맞다 하겠다.

고종(高宗) 8년(1221) 최우(崔瑀 : 고려의 권신·최충헌의 아들)가 집정할 때 몽고에서 사신(使臣)이 왔었다. 그가 돌아갈 때 변수(邊帥)를 시켜 전송했는데 사람들은 "여기서 화가 싹트게 될 것이다" 하였다. 19년(1232)에 이르러 도읍을 강화(江華)로 옮겨 몽고의 침략을 피하려 할 때 유승단(兪升旦 : 고려문신)이 도읍을 옮기는 것은 잘못이라고 강력히 간했으나, 끝내 듣지 않았다가, 나중에는 도성이 다 헐린 뒤에 환도하게 되니 그 화가 극도에 이르렀다.

예종(睿宗) 12년(1117)에는 금나라에서 후한 폐백을 가지고 와서 공손한 말로 오래도록 형제처럼 지내자고 요청하였으나 대신은 강경하게 그럴 수 없다고 하였다. 여기에 대해 김부철(金富轍 : 고려문신)이 상소하여 "금나라가 새로 대요(大遼)를 격파하고 우리나라로 사신을 보내서 형제처럼 지내자고 요청하는데, 송나라는 높은 천자의 지위로서 머리를 숙이고 글안을 섬깁니다. 옛날 성종(成宗)*2 때에 변방을 방어하는 계책이 잘못되어 요(遼)의 침략을 재촉하였으니 이것을 거울로 삼아야 할 것입니다" 하였으나, 재추(宰樞)가운데 비웃고 배척하지 않은 이가 없었다. 그 뒤 인종(仁宗) 4년(1126), 곧 송 흠종(宋欽宗) 정강(靖康) 원년에 송나라에서 사신을 보내 조칙을 내리고 금나라를 좌우로 협격(挾擊)하자 하였으나 왕은 할 수 없다고 거절하였다.

3년이 지나 송나라에서 또 사신을 보내와서, "지금 이 사신이 국서(國書)와 예폐(禮幣)를 갖고 가는 것은 강화를 맺고 싸움을 않으려는 뜻입니다. 귀국은 다만 이 사신 일행을 인도하여 금나라 국경에 이르거든 먼저 금나라에 우리의 뜻을 전하고 그들의 가부를 들어 다른 일이 생기지 않도록 해야 할 것입니다. 만약 귀국의 주선으로 우리 이제(二帝)*3께서 본국으로 되돌아오게 되면 귀국도 200년 동안 충성하고 순응한 뜻을 무너뜨리지 않는 것이고 우리 또한 열성(列聖)께서 대대로 각별히 대접한 은혜에 보답하게 될 것입니다" 하였으니, 그 잇따른 수천 마디의 말이 사람들의 눈에서 눈물이 흐르도록 하였다. 그러나 이것 또한 굳게 거절하고 조칙을 받아들이지 않았다.

전후 10년 동안 해 내려온 일이 모두 이렇게 한결같지 않은 것은 그때 금

---

*2 성종 : 고려 제6대 임금. 요나라의 침략을 받았다가 서희(徐熙)의 외교로 격퇴했을 뿐 아니라 강동(江東) 6주(州)를 환부받아 압록강변까지 국토를 넓혔음.

*3 이제(二帝) : 북송(北宋) 말 휘종(徽宗)과 흠종(欽宗)·정강(靖康)의 변을 당해 금나라로 끌려감.

나라가 갑자기 일어나자 온 천하가 그들의 지배를 받게 되었던 때문이었다.

그런데 송나라는 조그마한 우리나라를 시켜 중간에서 조종하도록 하였으니 이것이 송나라의 망상이었으며 우리나라가 두렵게 여긴 것도 괴이하다 할 수 없을 것이다.

그러지 않았다면 일도 끝내 뜻대로 되지 않았을 것이고 우리나라의 임금과 신하들은 가장 먼저 격퇴됨을 면치 못하였을 것이다.

흰옷을 입는 풍속
白衣 백의

사람들이 말하기를 "우리나라는 푸른 빛깔과 검은 빛깔을 숭상하는 것이 알맞다는 말은 도선(道詵)으로부터 나왔다고 하는데, 고려 태조가 도선을 숭배하고 믿기를 지극히 한 때문이다" 한다. 그러나 그의 훈요 10조(訓要十條)에는 풍수와 불교에 대한 말이 반쯤 차지하는데 이 빛깔에 대해서는 한 마디도 언급하지 않았다.

충렬왕 원년(1275)에 태사국(太史局)에서 아뢰기를 "동방은 목위(木位)이므로 푸른 빛깔을 숭상해야 알맞는데 이 흰 것은 금입니다. 우리나라 사람들이 흰 모시로 등거리를 많이 해 입으니, 이는 목(木)이 금에게 절제를 받는 상징입니다. 청컨대 흰 빛깔은 금하도록 하소서" 하자 왕은 그대로 따르도록 하였다. 여기에도 또한 도선의 말은 한 마디도 언급되지 않았다.

공민왕 6년(1357)에는 사천소감(司天少監) 우필흥(于必興)이 상소하기를 "《옥룡기》에 이르기를 '우리나라 산맥은 백두산에서 비롯하여 지리산에 가서 마쳤는데 그 형세가 수근(水根) 목간(木幹)으로 된 지대이다. 이 때문에 검은 빛깔은 부모로 삼고 푸른 빛깔은 자신으로 삼아야 한다. 풍속도 토(土)에 순응하면 잘 되고 토를 거스르면 재앙이 생기게 된다. 이 풍속이란 것은 군신·백성·의복·관개(冠盖)·악조(樂調)·예기(禮器)·일상용품 등이다' 하였습니다. 이제부터 문무 백관은 흑의(黑衣)와 청립(靑笠), 중은 흑건(黑巾)과 대관(大冠), 여자는 흑라(黑羅)를 입도록 하고 또 모든 산에는 솔을 심어서 무성하게 만들며, 그릇은 놋쇠나 동, 나무로 만들어서 풍토에 쫓도록 하소서" 하였는데 왕이 그대로 따랐다고 하였다. 이 말에 따르면, 비록 이 흰 빛깔을 금한 적이 있었다 할지라도 몇 대를 지나도록 변치 않았던 까닭에 이렇게 말한 듯하다.

그러나 400여 년이 지나도록 나라가 멸망하지 않았는데, 고려 말기에 이르러 반드시 이런 금령을 더하려 한들 새삼 무슨 보탬이 있었겠는가. 내가 역사 기록에 나타난 바를 자세히 살펴보니 고려 태조 이후부터 그런 말이 차츰 자세해지게 되었다. 무슨 이유로 그 전에는 이 도선의 말을 증거한 이가 하나도 없었을까. 추측컨대 《옥룡기》에 있는 말은 나중에 와서 보탠 것이 더 많은 듯하다.

만일 도선 자신이 이런 말을 한 적이 있었다면 마땅히 중들부터 먼저 좇게 되었을 것이다. 그런데 저 중들이 쓰는 흰 장삼〔白衲〕과 흰 고깔〔白巾〕은 예나 지금이나 변치 않았으니 왜 그럴까? 이와 같은 말은 모두 믿을 수 없는 것이다. 천하 지도에 의하면 여러 갈래로 흐르는 물이 모두 바다로 돌아들게 되었고, 오악(五嶽)의 산맥도 목간으로 되지 않은 것이 없다.

그리고 은나라는 흰 빛깔을 숭상하면서 500년을 누렸으니, 나중에 미자(微子)가 주나라에 조회할 때 유객백마(有客白馬 : 《시경》 주송(周頌)의 편명)라는 시가 있었던 것으로 보아 증거할 수 있고, 또 기자(箕子)도 "흰말을 타고 주나라에 조회했다"는 전설이 있다. 이 미자와 기자는 모두 왕자(王者)의 후예로서 옛 제도를 그대로 따랐던 것이다. 우리나라 풍속도 이를 그대로 따라서 또 천년이 넘도록 나라를 누렸다.

이것으로 본다면 목(木)이 금(金)에 절제 받는다는 이치가 어디에 있는 것인가. 경(經)에 이르기를 "악(樂)은 제대로 삶을 즐겁게 여기는 것이고 예(禮)는 그 근본을 잊지 않는 것이다" 하였다.

우리나라에서 흰옷을 입는 풍속은 이런 뜻에도 실상 합치된다고 하겠으니 고칠 필요가 없을 뿐만 아니라 또한 금한다는 것도 옳지 않은 말이다.

나는 목간이란 말은 후세 사람들이 흰 빛깔을 숭상하는 풍속을 보고 이것저것 끌어 붙여서 만든 말이라고 생각한다. 과연 그런 말과 같게 된다면 흰 빛깔의 옷만 금할 것이 아니라 놋쇠나 철로 만든 그릇이나 연장도 흰 것이면 반드시 다 금지한 다음이라야 바야흐로 가능할 것이다.

《논어》 학이편에 대해

論語首章 논어수장

경서를 읽을 때는 비록 자구에 충실하는 것이 합당하다 할지라도 또한 모름지기 이리저리 생각하고 널리 구해서 마침내 바른 길로 돌아와야만 바야흐로 이를 깊이 깨달았다 할 것이다. 그렇지 않으면 입으로 지껄이고 귀로 듣기만 하는 거친 학문을 면치 못할 뿐이다.

《논어》 수장(首章)은 첫머리에서 '학(學)'자에 대해 이야기하였다. 이 '학'이란 것은, 통하지 못한 말을 배워야 한다는 뜻이다. 만일 애초부터 지각이 밝다면 배울 필요가 없을 것이다. 그러므로 더러 경서의 뜻을 따라 깨닫기도 하고, 더러 먼저 깨우친 자의 도움으로 깨닫기도 하는데, 이것이 모두 배움이라는 뜻이다.

무릇 일은 도(道)를 따라 드러나고 도는 배움(學)을 따라 밝게 된다. 이것이 《논어》 첫머리의 근본이 되는 가르침인데 배움은 앎(知)에 속하고, 익힘은 실천에 속한다. 배우기만 하고 익히지 않으면 오히려 기쁨의 경지에 이를 수 없다. 이는 마치 고기가 먹을 만하다고 생각하더라도 많이 씹어본 뒤에 비로소 맛이 좋다는 것을 깨닫게 되는 것과 같다.

친구가 먼 데서 찾아오는 것을 왜 즐거움으로 표현했느냐 하면, 대체로 친구 사이의 즐거운 일은 인(仁)으로 돕는 것만 한 것이 없기 때문이다. 도의(道義)에 대해 함께 이야기하고 착한 일로 서로를 인도하며 잘못을 짓지 않도록 하는 것이 바로 이 즐겁다는 일이다. 비록 배우고 익혀서 기쁘게 여길 줄 안다 할지라도, 또 착한 친구끼리 모임을 기다려서 널리 구하고 깊이 생각한 다음이라야 마음속에 깨달은 것이, 쳐다보아도 하늘에 부끄럽지 않고 내려다보아도 다른 사람에게 부끄러움이 없으니 마음이 넓어지고 몸이 윤택하게 되므로 그 즐거움을 알 수 있게 되는 것이다.

'열(悅)'이란 뜻은 고기를 먹는 것처럼 좋다는 뜻이고, '낙(樂)'이란 뜻은 이미 배부르게 먹고 기운이 꽉 찼다는 뜻이다. '열'은 상대에 속하니 둘로 나뉜 것이고, '낙'은 자신에 속하니 이는 하나로 된 것이다. 공자(孔子)가 "알기만 하는 것(知)은 좋아하는 것(好)만 못하고, 좋아하는 것(好)도 즐기는 것(樂)만 못하다"고 하였으니 이와 서로 비슷한 말이다.

'학(學)'은 안다는 지(知)에 속하고 '열(悅)'은 좋아한다는 호(好)에 속하니, 두 낙(樂) 자가 서로 꼭 맞게 되었다. 배워서 아는 것은 그것을 기뻐함만 못하고 그것을 기뻐함도 스스로 즐기는 것만 못하다는 것이다.

그리고 '온(慍)'과 '민(憫)'은 뜻이 같지 않다. '온'은 상대편에 속하고 '민'은 자신에 속하니 만일 세상에서 자신을 알아주지 않는다고 성을 낸다면 이는 치졸한 남자라는 것이다. 그러나 오히려 성내지 않는 것도 보통 사람에 지나지 않는데, 어찌 군자(君子)라 이를 수 있겠는가.

내가 생각하기로는 "남이 자신을 알지 못한다"는 말은 마치 《시경》 서리(黍離)편에 "나를 모르는 자는 내게 무엇을 구하느냐고 한다" 따위와 같다고 생각한다. 남이 나를 몰라준다면 반드시 나 자신의 실력이 남에게 인정받을 정도가 못 되는 것으로 말미암아 남들이 나를 대우하는 데에 이치대로 하지 않는 점이 있는 것이다. 그러나 나는 모름지기 나에게 있는 것만 다할 뿐 남에게 노여워하지 않는, 이른바 "남이 침범해도 살피지 않는다"는 말과 같이 생활해야 할 것이다. 나를 알아주지 않는 자라 할지라도 나와는 아무 상관 없는 저 길가는 나그네처럼 여긴다면 나를 알아주건 몰라주건 어찌 논할 것이 있겠는가.

옛말은 간단하고 소박하여 친구가 오는 것이 즐겁다 하면서도 그 즐거운 바가 무엇인지는 이야기하지 않고, 남이 몰라주는 것을 노여워하지 않는다 하면서도 그 몰라주는 것이 무엇인지는 이야기하지 않았으니, 이는 모두 이런 예에 따라 미루어 알도록 한 것이다.

《맹자》에 이르기를 "천하의 선사(善士)는 이 천하의 선사를 친구로 삼는다" 하였으니, 이에 대한 주석이 "친구가 찾아오는 것을 즐겁게 여긴다"이고, 《중용》에 이르기를 "너그러움과 부드러움으로써 가르치고 도(道)가 없는 사람의 소행에도 앙갚음하지 않는다" 하였으니 이에 대한 주석이 "남이 몰라주어도 노여워하지 않는다"이다. 이 글 뜻이 꼭 이와 같다는 것이 아니라 다만 그 좁은 길을 더듬어 찾다보니 이것저것 말하게 되었다.

이색의 꿋꿋함
牧隱不屈 목은불굴

목은 이색은 포은 정몽주가 죽음을 당하였다는 소식을 듣고 시를 지었다.

정부의 공격과 대신(臺臣)의 탄핵이 바로 오늘에 이르렀고
오천(^{정몽주의 관향이}
연일군 오천면임)의 기이한 화액이 인심을 놀라게 하네.
이리저리 오가는 게 뭐가 해롭겠는가
나를 깊이 애호해 주던 송헌에게 감사할 뿐.
省擊臺彈直到今 烏川奇禍駭人心
往來屑屑何妨事 更感松軒愛我深

또 일찍이 시가 있었는데

네 무슨 수로 이런 천행을 만났느뇨
다만 송헌이 옛 친구였기 때문이라네.
問渠何以逢天幸 只爲松軒是故人

라고 하고 또 한 시에

송헌이 나랏일 볼 때 나는 그저 떠돌아다녔지
꿈속엔들 어찌 이런 일 있을 줄 생각했으랴.
松軒當國我流離 夢裏何曾有此思

라고 하였으니, 송헌(松軒)은 바로 우리 태조(太祖 : ^{이성계}
(李成桂))의 호이다.
또 시가 있었다.

《중용》《대학》 읽을 때 증자와 자사를 배웠고
영왕이 너의 스승이라고 모두 말했네.
요즈음 장락은 나뿐이 아니건만

귀거래사 읊는 이 그 누구이런가.
中庸大學學曾思 人道瀛王是汝師
長樂邇來非獨我 有誰重賦去來辭

또 있다.

세상의 영욕은 돌고 또 도는구나
푸르른 소나무 잣나무는 또 추위를 겪어야 한다.
중니를 배워 아홉 번째 괘 벌이면서
휘날리는 백발로 장단에서 지내리라.
世間榮悴似循環 松栢蒼蒼又苦寒
且學仲尼陳九卦 白頭身世付長湍

장락노인(長樂老人)은 바로 영왕(瀛王) 풍도(馮道)의 호이다. 자신을 죄
인과 하찮은 신분에 비유했다.
그는 비록 자신의 신세를 몹시 슬퍼하면서도 가마를 타고 태조(太祖)를
찾아가 보았다는 사실로 군색스럽게 산다는 비난을 면치 못하였다. 이것으
로 미루어 본다면 태조에게 굴복하지 않았다는 것은 비슷한 말이지만 그렇
다고 절조를 세웠다고는 말할 수 없다. 《주역》의 아홉 번째 손괘(巽卦)는 권
도를 행하는 것이니 이런 일을 이른 말은 아니었다.
또 전왕(前王)의 아들을 세운다고 선언한 다음에 또

현릉은 갑인년에 책사를 했는데
신조에서 방을 붙여 비로소 출세했다.
玄陵策士甲加寅 放榜辛朝始出身

라고 읊었다.
이런 말은 하지 않았다면 차라리 낫지 않았을까. 여주에 이르러 연자탄
(燕子灘 : 여주의 강이름) 배 안에서 후회를 했지만 이제 어쩔 도리가 없었다.
고려 말기의 인망(人望)은 대체로 세 사람이었다. 양촌(陽村) 권근(權近)

은 목은 이색에 미치지 못하고, 목은은 포은 정몽주에 미치지 못했다. 신하로서는 당연히 포은을 본받아야 하는 것이어서 태종 때 가장 먼저 포은을 찬양 숭배했다.

넓은 강에 뱃사공 없으니
沈彦光 심언광

중종(中宗) 말기에 심언광(沈彦光)*¹이 내쫓겨서 함경도 감사가 되었을 때 지은 시가 있다.

넓은 하수를 건너려 해도 뱃사공이 없고
찬 나무는 시들게 되었는데 기생충이 붙어 있다.
洪河欲渡無舟子 寒木將枯有寄生

사람들은 이 시를 그가 후회하는 마음에서 지은 것이라 했다. 대개 그때 김안로(金安老)*²가 다시 입각한 것은 바로 심언광 형제와 허항(許沆)*³의 뜻이었다. 이들 몇 사람은 기묘년(1519)의 원통*⁴함을 설분하려 하였는데 안로가 꾀를 부려서 이들 비위를 맞추어 주었다. 이 몇 사람들은 동궁을 보필한다고 핑계를 대고 힘껏 김안로를 끌어들였으니 김안로의 아들 연성위

---

* 1 심언광의 자는 사형(士炯), 호는 어촌(漁村). 언경(彦慶)의 아우. 시호는 문공(文恭). 처음에는 형 언경과 함께 유배한 김안로(金安老)를 용서하여 예조판서로 등용하도록 주청하였다. 이런 관련으로 안로가 입각했을 때, 이조판서까지 했으나 안로가 차츰 횡포를 일삼고 그의 외손녀를 세자빈으로 삼으려 하자, 이를 극력 반대한 탓으로 안로의 무함을 받아 함경감사로 좌천되었다.
* 2 김안로의 자는 이숙(頤叔), 호는 희락당(希樂堂)·용천(龍泉)·퇴재(退齋). 기묘사화(己卯士禍) 때 조광조(趙光祖) 등과 함께 귀양갔다가 남곤(南袞) 일파가 몰락한 뒤 다시 등용되어 이조(吏曹)·예조(禮曹)판서를 거쳐 좌의정까지 이르렀으나 전횡무도한 모략을 일삼아 많은 사람을 죽였고, 또 문정왕후(文定王后)를 폐위시키려다가 발각되어 사사되었다.
* 3 허항의 자는 청중(清仲)·김안로(金安老)·채무택(蔡無擇) 등과 함께 정유삼흉(丁酉三凶)이라 하였음.
* 4 기묘년의 원통함(己卯之寃)이란 중종(中宗) 14년(1519)에 홍경주(洪景舟)·남곤(南袞)·심정(沈貞) 등 훈구파(勳舊派)에 의해 조광조(趙光祖)·김정(金淨) 등 신진파가 많이 유배 또 사사(賜死)된 사건을 가리킨 것. 이 당시에 화를 당한 인사들을 후세에 기묘명현(己卯名賢)이라 일컬었음.

(延城尉) 김희(金禧)가 인종의 누님인 효혜공주(孝惠公主)에게 장가들었기 때문이었다.

그 무렵 회재(晦齋 : 이언적(李彦迪)) 선생은 김안로의 불가함을 적극 말하면서 "그의 마음 씀씀이와 행하는 일을 보니 참으로 소인이다. 이 사람이 뜻을 얻게 되면 반드시 나라를 그르칠 것이다"라고 하여, 조정에서 김안로를 쓰지 않았는데, 나중에 그가 다시 쓰이게 되어서는 전날의 원통함도 풀지 못하고 이들 몇 사람은 도리어 그의 조아(爪牙)[*5]가 되어서 조야(朝野)의 미움을 받았다.

얼마 뒤 김안로가 몰락하자 어떤 이는 죽임을 당하고, 어떤 이는 귀양을 갔는데 앞의 심언광의 시는 이런 일을 두고 지은 것이다. 군자가 벼슬길에 들어서서 발걸음을 옮기는데 자세히 살피지 않고 소인의 농락을 당하면서도 미련을 버리지 않는다면, 깊은 구렁텅이에 빠지게 됨은 잠깐 사이의 일이다. 이로 미루어 심언광의 후회는 너무 늦었다는 것뿐이다.

《시경》 관저편
關雎 관저

공자가 이르기를 " 《시경》의 관저편은 즐거우면서도 음탕하지 않고 슬프면서도 마음을 손상시키지 않는다"고 하였다. 음탕하지 않다는 것을 어떻게 말하였는가 하면 "거문고와 비파를 벗으로 삼았다〔琴瑟友之〕" 하였다. 《좌씨전》에 살펴보니, 진 평공(晉平公)이 병들었을 때 진(秦)나라의 의원 화(和)가 말하기를 "이 병은 낫게 할 도리가 없습니다" 하였는데, 이는 여자의 방을 가까이하여 병이 깊어졌다는 말이었다.

평공이 "여자는 가까이할 수 없다는 것인가?" 하자 대답하기를 "절제를 해야 합니다. 선왕(先王)의 음악은 온갖 일을 절제한 까닭에 다섯 가지 절주(節奏)가 있습니다. 더디기도 하고 빠르기도 한 근본과 끝이 서로 잇따라 중성(中聲)부터 조금씩 낮아지게 하여 다섯 번에 걸쳐 낮아진 다음에는 음악이 그치게 됩니다. 이 가운데 너무 번잡한 손짓이나 음탕한 소리가 있어서

[*5] 조아란, 짐승의 발톱과 어금니처럼 적을 막고 임금을 호위한다는 비유.

생각과 귀를 어지럽히고 화평한 모습을 잊게 하면 군자(君子)는 듣지 않았습니다. 군자가 거문고와 비파를 가까이한 것은 의식과 절차에 따른 것뿐이고 마음을 어지럽히게까지는 하지 않았습니다(《좌전》 소공(昭公) 2년 조에 실린 고사)"라고 하였다.

대체로 종과 북은 크게 잔치할 때 쓰는 악기이고, 거문고와 비파는 방 안에서 날마다 쓰는 악기라는 것이다. 음악이란 기운과 마음을 화평스럽게 만드는 것이나 꼭 적당하게 절제하여 방탕한 욕심은 금해야 할 것이다. 저 육기(六氣)의 음·양·바람·비·어둠·밝음 가운데 오직 남모르는, 억제하기 어려운 음탕한 마음과 쓸쓸히 혼자 있을 때에 더 방자해져 점점 불어나는 미혹을 누군들 막아낼 수 있겠는가.

그러므로 군자가 거문고와 비파를 없애지 않고, 아침과 낮으로 절제된 연주에 맞추어서 마음을 완전히 기른 뒤에 어두워지면 편히 쉰 것은 한가할 때 절도를 넘지 않게 하기 위한 것이었다. 즉, 음악을 듣고서 그 사람됨을 알 수 있었다는 것이다. 《시경》의 정풍(鄭風)이나 위풍(衞風)의 난잡한 소리를 듣고 기뻐하면 그가 음탕한 짓으로 풍속을 무너뜨리는 자인 줄 알 수 있고, 절도에 맞는 중성(中聲)을 듣고 기뻐하면 그가 법도에 맞게 신중한 행동을 하는 자인 줄 알 수 있다는 것이다.

그러므로 "아내와 자식이 화합함이 거문고와 비파를 타는 것처럼 화기롭다(《시경》 소아(小雅) 상체(常棣)편)" 한 것은 여러 가지 법도가 규문(閨門)에 합당하지 않음이 없다는 것을 말하는 것이었다. 또 어찌하여 슬프지 않다고 했는지를 생각해 볼 때, 만일 짝을 구하려는 지극한 마음만을 가리켜 말한 것이었다면, 반드시 슬프다고는 하지 않았을 것이다. "마름풀을 이리저리 찾고 다듬는다"는 것은 제사에 쓸 나물을 뜯는다는 것이고, 아내를 데려오는 것은 자신의 짝이 되어 돌아가신 어머니의 뒤를 잇고 밥을 차려내도록 하는 것이기에 "서로 특별하게 예를 차리지 않고 즐겁게 여기지도 않는다"는 말이다.

슬프다는 것은 즐거움의 반대인데, 크고 작은 마름풀을 보면 어진 아내 얻기를 생각하고, 또 선조의 사당에 드려야겠다는 생각도 하였으니 어찌 슬프지 않았겠는가. 군자(君子)는 발을 한번 옮겨놓을 때도 부모를 잊지 않는데, 아내의 소중함이 어찌 다만 살림살이 맡기는 데에만 있을 뿐이겠는가. 이런 관점에서 관저편을 보면 더욱 의미가 있다.

사마천의 《사기》
馬史 마사

중국 송나라 때 정초(鄭樵)가 말하기를 "사마천(司馬遷)의 《사기》는 일곱여덟 가지 서적에만 국한되었으니, 널리 보지 못한 것이 안타깝다" 하였다. 그러나 금궤와 석실*¹에 비장된 서적에서 뽑았을 것인데 어찌 일곱여덟 가지 서적뿐이었겠는가. 《급총서(汲冢書)》는 진(晉)나라 때 발굴된 서적으로 무왕(武王)이 주(紂)를 정벌한 사실이 이미 실려 있었으니, 그 무렵에 전해 오던 이 책자를 사마천도 분명 보았을 것이다.

이런 것은 속일 수가 없는 것이다. 사마천은 가의(賈誼)의 전기를 지으면서 〈치안소(治安疏)〉를 싣지 않고, 동중서의 전기를 지으면서 〈천인책(天人策)〉을 싣지 않았다. 어찌 그것을 몰라서 빠뜨렸겠는가. 다만 그가 취사를 잘못한 것이다. 사마천도 마침내 말세의 풍습에서 벗어나지 못하여 가의와 동중서의 뜻을 세상 물정에 어두운 선비의 이야기로 돌리고 생략한 듯하다.

이런 점은 그의 견식이 어떻다는 것만 가지고 의논해야 타당할 것이다. 만일 이치에 맞고 안 맞는 것, 자질구레한 것과 큰 것을 구별하지 않고 모두 채록(採錄)한다면, 이는 후세에 묘지(墓誌)·묘갈(墓碣)을 적는 비천한 풍습에 불과한 짓이다. 또 구양수(歐陽脩) 같은 이가 범중엄(范仲掩)의 비문(碑文)을 지었는데도 의장(義莊)과 맥주(麥舟)*²에 대한 사실을 싣지 않았으니, 먼 훗날에 드리울 문자를 깊이 생각하지 않을 수 없을 것이다.

가의의 처절한 상소
賈疏 가소

옛날 태부(太傅) 가의(賈誼)는 한(漢)나라 문제(文帝)의 태평한 시대를 만나서도 곧바로 말하기를 "통곡할 만한 일, 눈물 흘릴 만한 일, 길게 한숨

---

*1 금으로 만든 상자와 돌로 지은 집이라는 뜻으로 중국 한(漢)나라의 장서각을 말한다.

*2 의장은 송나라 때 범중엄이 그의 가난한 일가를 위해 토지를 사서 잘 살도록 한 마을이고, 맥주는 범중엄의 아들 범순인(范純仁)이 보리 몇 섬을 배에 실어서 그의 가난한 친구 석만경(石曼卿)에게 보내 준 고사.

쉴 만한 일이 있다" 하였다.

　소식(蘇軾)은 이 말을 잘못 이해하고 말하기를 "군자는 치세를 걱정하고 총명한 임금도 위태롭게 여기기를 마땅히 이같이 해야 한다" 하였으니, 아아, 이것이 어찌 가태부를 충분히 이해한 것이라 할 수 있겠는가.

　만일 그렇다면 옛날부터 나라를 걱정하고 충성을 다한 말들을 다만 쓸모없고 두렵게 여긴 말로 만들어서 임금의 오만한 마음을 자라나게 할 것이니 그 해가 어찌 적겠는가. 그 신하로서는 정사가 이미 닦이고 세상이 이미 다스려졌다는 것을 마음으로 알면서 고의적으로 가당치 않은 걱정스러운 말을 하면서 "임금 섬기는 법은 마땅히 이같이 해야 한다" 하고, 그 임금 또한 마음속으로 저들의 말은 임금에게 고할 때 늘 그렇게 하는 버릇에 지나지 않을 뿐이고 사실에 있어서는 그렇지 않다는 것을 알게 되어, 위와 아래가 서로 속이고 겉과 속이 멀리 동떨어지게 달라 경계하고 권면하는 뜻이 아주 없게 되면 나라가 위태롭지 않겠는가.

　그런데 가태부의 의론은 허공에 띄워 놓고 한 이야기가 아니었다. 그 때에 분명 이런 통곡할 만한 사실이 있었고, 그 기미 또한 이러하였던 것이다. 천하의 일이란 본래 다행과 불행이 있는데, 위태한 데에서 화를 면한 것을 다행이라 하고, 화를 면할 만한 데에서 면하지 못하는 것을 불행이라 한다.

　이제 동쪽 숲속에 호랑이가 사람을 엿보고 있는데, 비록 어떤 당돌한 자가 호랑이 앞으로 달려간다 할지라도 꼭 잡아먹히지는 않을 것이다. 그러나 부모를 공경하고 자식을 사랑하는 효자의 마음이 있다면 이런 광경을 보고 편안한 어조로 "저 호랑이는 갑자기 사람을 죽이지는 않을 것이다" 하는 것이 옳겠는가. 아니면 거듭 경고하고 경계하면서 울타리를 든든하게 하고 문을 굳게 닫아 재앙이 이르는 것을 방비하는 것이 옳겠는가. 저 호랑이 앞으로 달려갔지만 해를 당하지 않은 것은 다행으로 화를 면한 것이고, 거듭 경고하고 경계하는 것은 부모나 자식된 심정으로 당연한 일이다. 만일 "호랑이가 반드시 사람을 죽이지는 않는다" 한다면, 이것은 아버지를 저버리고 자식을 내버리는 심한 행동인 것이다.

　문제가 제후에게 땅을 나누어 주던 일이 어찌 나라를 위태롭게 하고 난을 일으키게 할 징조가 아니라 하겠는가. 다행스럽게도 주보언(主父偃) 같은 이에게 힘입어 끝내 무사하게 되기는 했었다. 그러나 그렇지 않았다면 한

(漢)나라가 한나라로 계속되었을지 알 수 없는 일이었다. 이로 본다면 한 문제(漢文帝) 또한 성지(聖智)는 아니었다. 하나의 가의가 있는데도 잘 대우하지 못하고 물리쳐서 죽게 하였으니, 문제 당시에 베푼 일도 반드시 민정에 맞지 않는 것이 많았다는 것을 가의의 상소를 통해 알 수 있다.

그때 문제가 장수하지 못하였거나 자리를 잇는 임금이 어리석었다면 하루도 지나지 않아 어지러워졌을 것이다. 나라를 걱정하고 백성을 사랑하는 데에 있어서는 여러 가지를 튼튼히 다잡아야 한다는 걱정을 아니할 수 있겠는가. 소식의 설이 나온 뒤로 많은 사람들이 소식의 설을 구실 삼아 깊이 살피지 않으니, 이상하다 하겠다.

호광의 딸
胡廣女 호광녀

하후영녀(夏侯令女)*1에 대한 사실은 《소학》에 실려 있는데, 그녀는 천고에 열부의 모범이 되었다. 그런데 그녀는 다만 개가하지 않았을 뿐이었다. 그 나머지 위 공강(衞共姜)*2·노 도영(魯陶嬰)*3·양 고행(梁高行)*4·진 효부(陳孝婦)*5 따위도 이런 부류에 지나지 않았다. 그 가운데 마음가짐이 더욱 고매한 이는 명나라 호광(胡廣)의 딸이라 하겠다.

호광과 해진(解縉)이 개인적으로 문황제(文皇帝 : 명나라의 3대 임금)를 모시고 있을 때, 문황제가 "호광과 해진은 어려서부터 배우기도 함께하였고 지금도 같은 관직에 올라 있다. 해진은 이미 아들을 두었으니 호광에게 딸이 있으면 서로 결혼시키는 것이 딱 맞겠다" 하자, 호광이 "신의 아내도 임신 중에 있지만

---

*1 일찍이 위(魏)나라 종실 조문숙(曹文叔)의 아내가 되었다가 남편과 사별하고, 시댁이 멸문된 뒤 그 부친 하후문녕(夏侯文寧)이 개가시키려 하자 이에 결사 반대하고 정절을 지켰음.

*2 춘추 시대 위(衞)나라 세자 공백(共伯)의 아내. 《시경》용풍(鄘風) 백주(柏舟)장이 바로 그가 맹세한 시임.

*3 노나라 도영의 딸. 일찍이 과부가 되어 〈황곡가(黃鵠歌)〉를 지어 수절한다는 뜻을 밝혔음.

*4 전국 시대 양나라의 과부. 양왕(梁王)이 그의 자색이 예쁘다는 소문을 듣고 후궁으로 삼으려 하자, 칼로 코를 베고 명령을 거부하였다. 양왕은 그 절조를 높이 사서 이름을 고행(高行)이라 하였음.

*5 후한(後漢) 때 사람. 수자리하러 간 남편을 대신하여 홀몸으로 시부모를 성심껏 모셔 조정에서 황금 40근과 종신 면역(免役)의 은전을 내리어 그 효행을 포상하였음.

딸을 낳을지 아들을 낳을지 어떻게 미리 알 수 있겠습니까?"라고 하였다. 이에 문황제가 "꼭 딸을 낳게 될 테니 의심하지 말라" 하였다.

호광은 몇 달 뒤에 과연 딸을 낳았으므로 드디어 문황제의 말대로 해진과 결혼시키기로 서로 약속하고, 해진도 그의 아들 해정량(解禎亮)을 그때까지 장가보내지 않았다. 그 뒤 얼마 안 되어서 해진은 참소를 받아 죽게 되고 그의 온 집안도 변방으로 나가 수자리를 살게 되자, 호광은 그의 딸을 딴 데로 시집보내려고 하였다.

그러자 호광의 딸은 슬그머니 방으로 들어가 칼로 귀를 자르고 양쪽 볼에 피를 흘리면서 "운명이 기구한 저의 혼인을 임금께서 주장하시고 아버지께서 직접 승낙하셨습니다. 한번 서로 약속했다면 이 목숨 다할 때까지 변하지 말아야 합니다. 더군다나 임금님의 말씀을 배반하고 아비의 명령을 어긴다면 살아서 무슨 소용이 있겠습니까?" 하였다.

두어 해를 지나서 해진의 죄가 풀리고 해정량이 변방에서 돌아오자, 호광의 딸은 끝내 해정량에게 출가하여 시어머니 서씨(徐氏)를 섬기는 데 효도를 다하고 몸가짐을 극진히 삼갔다. 저 호광이란 자는 이름이 보잘것없는 자이다. 그런데 이런 절조 있는 딸을 두었으니, 사람이란 착하고 나쁜 것이 부모와 자식 간에 관계 없음이 이와 같다.

의리를 뒤로 미루고 이익만 앞세운다면
後義先利 후의선리

《맹자》 양혜왕(梁惠王)편에 이르기를 "의리를 뒤로 하고 이익을 앞세우면 다 빼앗지 않고는 만족하지 못한다"고 하였다. 대체로 보면 천승(千乘 : 병거(兵車) 천 대를 낼 만한 힘이 있는, 즉 제후(諸侯)를 말함)이란 본래 많은 것이어서, 백승(百乘 : 병거(兵車) 백 대를 낼 능력이 있는 즉 대부(大夫)를 말함)에 비교하면 당연히 풍족하다고 말할 수 있으나 만승(萬乘 : 병거(兵車) 만 대를 낼 만한 나라, 즉 천자의 나라를 말함)에 비교하면 이욕(利慾)을 앞세우는 한 꼭 빼앗아야 직성이 풀린다는 말이다.

역사상 여러 임금을 죽이고 그 자리를 빼앗던 자들이 원하던 바가 모두 처음부터 반드시 그렇지는 않았을 것이다. 사람이란 지위가 높으면 세력이 커지고, 세력이 커지면 마음이 방자해진다. 마음이 방자해지면 죄가 쌓이고, 죄가 쌓이면 시기 질투하는 자가 모이게 된다.

그렇게 되면 보통으로 배척하고 미워하는 것이 아니고 반드시 그 가족을 해쳐 없애야만 끝나는 것이다. 형편이 이 지경에 이르면 자신을 완전히 보전할 계책이 없고, 다만 임금의 자리를 빼앗아야 하겠다는 한 길만 앞에 보일 뿐이다. 동탁과 조조 같은 간사하고 흉악한 자들도 이와 같은 점이 있었던 것이다.

동탁의 "어리석은 임금을 없애고 명철한 임금을 세운다"는 말이 정말로 이와 같은 점이 있었다는 것이고, 조조가 죽을 때 남긴 한 마디 말도 반드시 그의 마음에서 우러나온 것이 아니라 할 수 없으니, 그때 형세가 휘몰리는 데에 따라 그렇게 되었던 것이다. 그러므로 임금을 두려움에 떨게 하는 세력과 재능이 있으면서도 능히 그 몸을 보전하고 이름을 완전히 한 자는 제갈량(諸葛亮)과 곽자의(郭子儀) 등 몇 사람뿐이었다. 그들도 자신의 이익을 뒤로 미루었지만 그때의 형세가 또한 그러했던 것이다.

유가에서 치는 금지하는 그물
儒門禁網 유문금망

경서를 보기가 어찌 어렵지 않겠는가. 주자 이후로 주석이 가장 잘 갖추어진 경서로는 《중용》과 《대학》 두 편만 한 것이 없다. 그 중 깊고 먼 뜻은 놓아두고 논하지 않더라도 《중용》 제19장 주석의 '賓弟子兄弟之子(빈제자형제지자)'에서 '지(之)'자는 곧 '제(弟)'자를 잘못 쓴 것이다.

《대학》 경(經) 1장 주석의 '止於至善之地而不遷(지어지선지지이불천)'에서 '지(止)'자는 곧 '지(至)'자를 잘못 쓴 것인데, 오늘날과 옛날 모든 선비들이 모두 이를 보면서도 잘못 쓴 것은 발견해 내지 못하고서 다만 말하기를 "한 글자라도 의심스럽게 여기면 망녕되고 이것저것 살펴서 대조하면 죄가 된다" 하였다. 주자의 글도 이와 같은데 하물며 옛 경서에 있어서는 어떻겠는가.

우리나라 사람의 배움은 무디고 거친 풍습을 면하기 어렵다. 조선 중기 때에 회재(晦齋) 이언적(李彦迪)은 《대학》 장구를 고치거나 바꾸어 적어 놓은 것이 있었고, 율곡 이이는 《성학집요》에서 《중용》 장구(章句)의 '氣已成形理亦賦(기이성형리역부)'라는 구절이 이치에 맞지 않는다고 말하였는데, 이것이 모두 이미 책으로 간행되어 임금 앞에서 강론되기까지 하였다. 이로 본다면 유가(儒家)에서 금지하는 그물을 설치하는 일은 후세에 와서 차츰 더해지게 된 것이다.

무례함을 풍자한 시
相鼠三章 상서삼장

상서 삼장(相鼠三章)*¹은 대개 사람으로서 의관(衣冠)도 하지 않고 말과 행동을 아무렇게나 하는 자를 나무란 것이다. 의(儀 : 모습)라는 것은 심의(深衣 : 《예기(禮記)》의 편명)의 행거수이위의(行擧袖以爲儀)*²라는 '의(儀)'와 같은 뜻이다. 말하자면 저 쥐도 가죽이 있는데 하물며 사람으로서 의관을 하지 않고 벌거숭이로 행동한다면 부끄러운 줄 알아야 한다는 비유이다.

치(齒 : 이) 자는 지(止) 자를 따라 글자가 되었다. 입을 열면 말이 있게 되고 입을 닫으면 말이 없게 되니, 이 지(止)란 것도 닫는다는 뜻인 까닭에 '구용지(口容止)'라 하였다. 다시 말해 저 쥐도 이빨이 있는데 더구나 사람으로서 함부로 입을 열고 망령되게 떠든다면 그것을 부끄럽게 여길 줄 알아야 한다는 뜻이다.

또 체(體 : 체련)와 예(禮)는 모두 풍(豊) 자를 따라 글자가 되었고, 음도 서로 비슷하다. 그리고 또 사체(四體)를 절도에 맞게 하는 것을 예라고 한다. 쥐란 것은 꼿꼿하게 서기를 잘하는 짐승이다. 자서(字書)에 "쥐가 사람을 보면 두 앞발을 목에다 걸고 꼿꼿이 서 있는 것이 공손히 읍하는 모습과 같다" 하였으니, 《회남자》*³에 "성인은 꼿꼿이 선 쥐를 본받아 예를 제작하였다"라는 말이 바로 이것이다.

한유(韓愈 : 당나라의 문장가)도 "예는 쥐가 꼿꼿이 선 것처럼 해야 한다" 하였으니, 이것이 모두 근거할 만하다. 저 쥐도 이런 체면이 있는데 하물며 사람으로서 사지를 게을리하여 부지런히 힘쓰지 않는다면 그것을 부끄러워할 줄 알아야

---

*1 《시경》 용풍(鄘風)의 편명. 3장으로 되었음. 위 문공(衛文公)을 나무란 시.

*2 절도에 맞게 행동한다는 뜻. 심의(深衣) 본문에는 "行擧手以爲容"으로 되었음.

*3 《회남자》 : 서한(西漢) 때 회남왕(淮南王) 유안(劉安)이 지은 책 이름. 애초에 회남홍렬(淮南鴻烈)이라던 것이 뒤에 회남자로 바뀌었음.

한다는 말이다.

어진 이의 혜택
仁人之惠 인인지혜

옛날 부자(夫子 : _{공자}(孔子))가 어떤 어부가 선물로 보낸 생선을 받아 제사를 지내면서 "이는 어진 사람의 혜택이다[仁人之惠]〔_{가어(家語)}〕_{치사(致思) 편}" 하였다. 그때 어부의 생각은 날씨가 덥고 저자가 멀어서 그냥 묵혀 썩히기보다는 차라리 군자(君子)에게 드리는 것이 낫다고 여겼던 것이고 부자는 굶주린 때를 당했던 것인 듯하다.

저 어부로서 힘들여 잡은 그 생선을 한 번 포식할 수 있다는 것을 몰랐을까마는 스스로 생각하기를, "나는 그래도 굶어죽는 것은 면할 수 있으니 차라리 군자의 굶주림을 구하는 것이 낫겠다" 하였을 것이다. 자기를 버리고 남의 어려움을 생각하여 그 힘이 타인에게까지 미쳤으니 어진 이의 마음씀이 아니겠는가? 그런데 대개 세상 사람들은 마음대로 먹고 쓰고 온갖 사치를 일삼는다. 광에 곡식이 남고 부엌에는 고기가 남아도 백성들의 굶주림은 조금도 생각지 않으니 이런 자는 도대체 무슨 마음일까?

《기(記)》(_{예기의}_{약칭})에, "돈을 땅에 버릴 수 없지만 반드시 내가 가지려는 것은 아니요, 능력이 나에게서 나오지 않는 것을 좋아하지 않지만 반드시 내 몸을 위하는 것은 아니다" 하였으니, 부자의 이런 말씀은 아마도 어떤 이유가 있어서 이야기한 것인 듯하다.

아랫사람에게 묻는 걸 부끄러워하지 않음
不恥下問 불치하문

문(文)이란 도(道)에 붙어사는 것이다. 위에서 나타나는 일월(日月)과 성신(星辰)은 천문(天文)이라 이르고, 밑에서 나타나는 산천과 초목은 지문(地文)이라 이르고, 이 천지 사이에서 나타나는 예(禮)와 음악(樂)과 형벌(刑)과 정사(政), 예의범절의 법도는 인문(人文)이라 이르니, 《주역》에서 말하기를 "인문을 살펴보아 천하를 잘 되도록 한다"는 말이 이것이다.

공자는 여러 가지 생활의 절도를 꼭 이치에 맞도록 하여 천하를 바른 길로 이끄는 것을 "글로 가르친다"고 했는데, 이는 주나라 문왕(文王)이 그렇게 했던 것이다. 공자가 벼슬은 얻지 못했어도 스스로 목탁(木鐸)*¹이 되어 천하를 돌아다니면서 가르친 결과 도가 다 없어지지 않는다는 희망을 가졌으므로 "문(文)이 여기에 있지 않느냐?"*² 하였으나 그 생각만은 역시 슬프고 간절했던 것이다. 그러나 가까운 것은 꼭 지적하여 깨우칠 수 있고, 먼 것도 이야기로써 전할 수 있지만, 백 세대가 지나고 나면 그 뜻이 없어지게 된다. 그러므로 옛사람이 문자와 글을 지어서 후세 사람들에게 거듭거듭 타이르고 이 문자와 글을 통해 도를 깨닫도록 하였으니, 이 또한 문(文)이라는 것인데 이 문이 곧 도(道)의 그림이다.

그러나 천지는 자연이고 사람의 일은 인위적이기 때문에 옛날과 오늘의 풍속이 다르고 지역에 따라 일과 글이 다르다. 오늘날의 생각으로 저 좀먹은 책과 먹으로 그린 그림 사이에서 옛 성인(聖人)의 마음을 상상한다 하여 그 속에 깊이 쌓인 바를 모두 발견할 수 있겠는가.

그러므로 군자는 정성과 힘을 다해 널리 찾아 옛사람의 본뜻을 깨달으려고, 여러 사람의 말을 모아 가리되 비록 우스갯소리와 허무맹랑한 말일지라도 자세히 살피고, 진실로 어긋나고 잘못되어 이치에 벗어나는 말도 받아들여 허물로 삼지 않는다. 이것이 "아랫사람에게 묻기를 부끄러워하지 않는다(《논어》 공야 장편(公冶長篇))"는 말이 생기게 된 이유이다. 비유하자면 마치 어진 임금이 처음으로 즉위하여 잘 다스리고자 하는 마음이 배고프고 목마른 것보다 더 심하여 직접 글을 써서 조서를 내리고 옳고 그름에 대한 기탄없는 직언을 구한 뒤, 사방에서 몰려든 여러 의견과 이론들 가운데 훌륭한 것은 상주고 훌륭하지 않은 것도 벌을 주지 않는 것과 같은 것이다.

또 비유하자면, 병든 사람이 의술이 용한 의원이 있다는 소문을 들으면 가깝거나 멀거나 개의치 않고 반드시 찾아가 혹 도움이 있을까 바라는 것과 같은 것이다. 또는 어떤 나그네가 해 저문 갈림길에서 이리 갈까 저리 갈까 방향을 모를 때는 나무꾼이건 목동이건 어리석고 굼뜬 부인이건 어린아이건 하나하나 찾아다니며 길을 묻게 된다. 그 가운데 속이기도 하고 잘못 가리키

*1 정교(政敎)를 베풀 때 목탁을 가지고 길로 다니면서 울린다는 것.
*2 이 문장은 문(文)이 공자 자신에게 있다는 뜻.

기도 하는 것을 일일이 따질 수가 없는 것과 같다는 것인데, 그래도 이른바 "꼴 베는 아이에게도 물어야 한다(시경 대아(大雅) 판(板))"는 옛말이 이것이다.

주자는 글을 해설하고 토론하는 데 이처럼 힘을 다했기 때문에 10분의 7, 8분 정도는 능히 깨달았다는 것이다. 그런데도 10분의 2, 3쯤은 의심스럽고 깨닫기 어려운 곳이 있어서 후세의 아는 자를 기다리게 되었다. 이것은 그 뜻이 우주와 같이 공정하고 그 사업이 성인과 같이 커서 한 개의 큰 가르침을 세우고 백 세대 뒷사람들과 그 마음을 같이 한 것이다.

그러나 오늘날 학자들은 그렇게 하지 않고 금기의 그물을 설치해 놓고 형벌로써 사람을 기다리고 있다. 얼마 안 되는 허용된 지식 말고는 입도 열지 못하니, 대추를 씹지도 않고 그냥 먹는 것처럼, 겉모습만 보고 오이를 그리는 것처럼 아무 맛도 의미도 모르면서 억지로 대답하는 것을 고상한 취미로 여긴다. 그 뼈와 살이 어디에 붙었는지는 깨닫지도 못했으므로 이른바 유자(儒者)라 자부하는 자가 쇠털처럼 많아도 그 가운데 참으로 깨달은 자는 기린의 뿔처럼 드물고 귀하니 아아! 안타깝다.

자부심을 갖지 말라
毋我 무아

사(私)와 공(公)은 서로 마주하는 것인데 그 명칭 또한 많다. 기(己)니 아(我)니 하는 명칭은 모두 나 자신에 있는 것이고 다른 사람과 관계되는 것이 아니기 때문에 분별하기 어렵지 않다. 무릇 말이건 행동이건 결국 그 중점을 자신에게 돌리려는 것이 보통 사람들의 상정이다. 이런 폐단을 힘써 없애는 것을 극기(克己 : 자기의 사욕을 지혜로 이겨 없앤다는 뜻. 《논어》 안연(顏淵))라 하고, 금하여 자취조차 없애 버리는 것을 무아(毋我 : 자부심을 갖지 말라는 뜻. 《논어》 자한(子罕))라고 하였다.

인(仁)이란 것은 본디 남과 나의 구별이 없다. 이미 그 기라는 것을 이기면 문득 인이 되므로 무아의 경지에까지 이르는바, 그 효용이 완전하게 된다. 그런데 저 이욕에 빠진 사람들의 태도와 뜻을 자세히 살펴보면 결국은 기(己)와 아(我)라는 것에서 절대 벗어나지 않는다. 어쩌다 그를 꾸짖는 자가 있어서, "일에는 옳고 그름의 구별이 있는 것인데 어찌 꼭 자신[我]부터 앞세우느냐?" 하는 말이 바로 이 '무아'라는 것이다.

이 아(我)라는 것은 반드시 뜻[意]에서 일어나고 뜻이란 마음에서 생기는 것인데, 이는 성인이건 하우(下愚 : 아주 어리석은 사람. 《논어》 양화(陽貨))건 누구에게나 있는 것이다. '기필[必]'이란 성심껏 구한다는 뜻이고 '굳다[固]'는 것은 마음이 흔들리지 않는다는 뜻이다. 군자에 있어서는 《대학》의 '성의(誠意)'*¹와 '정안(靜安 : 마음을 고요히 안정시킨다는 뜻. 《대학(大學)》 경문(經文))이란 말이 바로 이것인데, 오직 이 아(我)자 한 글자를 떼어 버리기가 이토록 어렵다는 것이다.

이러므로 의(意)란 것은 사의(私意), 필(必)이란 것은 사필(私必), 고(固)란 것은 사고(私固)가 되니 모든 일이 마침내 아로 귀착되어 본색이 드러나게 된다. 의론이 당당하고 의리도 이리저리 다 맞는 자라 할지라도 모름지기 그 아(我)란 것이 있고 없음을 잘 살펴 뽑아야 할 것이다.

한 가지로 꿰뚫음
一貫 일관

공자·증자·자사·맹자는 도통을 이어왔다. 공자가 증자에게 전해 준 것은 일관(一貫 : 《논어》 이인(里仁))에 지나지 않았고, 자사가 맹자에게 전해 준 것 또한 이와 같은 것에 지나지 않았다.

공자는 일찍이 일(一)이라는 것이 무엇인가를 말하지 않았으니, 자사에게서 미루어 찾아야 마땅할 것이다. 《중용》이란 글 역시 구경(九經)보다 더 큰 것이 없다. 구경은 오도(五道)에 근본하니, 윤상(倫常 : 인륜의 떳떳하고 변하지 아니하는 도리)이 바로 이것이며, 오도는 삼덕(三德 : 세 가지의 덕. 지(知)·인(仁)·용(勇).)에 근본하니, 지(知)·인(仁)·용(勇)이 바로 이것이다. 삼덕은 한 성(誠)에 근본하였으니, 마치 뭇 잎은 가지에 근본하고 뭇 가지는 줄기에 근본하며, 뭇 줄기는 한 뿌리에 근본하는 것과 같다. 한 가지가 아니고서 이들을 통할 수 있겠는가?

자사는 또 달도(達道 : 천하 사람 모두가 행해야 할 도리)와 달덕(達德 : 천하 사람이 마땅히 지녀야 할 덕)을 말하면서 결론에는, "행하는 것은 일(一)이다" 하였으며, 구경을 말하면서도 결론에는 역시, "행하는 것은 일(一)이다" 하였다. 처음에는 그 일(一)이라는 것이 무엇인가를 말하지 않았다. 그러나 이 말을 받아 듣던 증자가 한 것처럼,

---

*1 성의 : 뜻을 성실히 함. 《대학》 팔조목(八條目)의 하나. 격물(格物)·치지(致知)·성의(誠意)·정심(正心)·수신(修身)·제가(齊家)·치국(治國)·치국평천하(治國平天下)의 여덟 가지.

"예, 그렇습니다"라고 대답하지 못한다면 이리저리 자세히 설명하여 듣는 사람으로 하여금 정성(誠)이란 어디든 통하지 않음이 없다는 것을 밝게 깨닫도록 해야 한다는 것이 곧 "분비(憤悱 : 깨닫지 못하여 성을 내고 말로 표현할 줄 몰라 더듬거린다는 뜻. 《논어》술이(述而) 나옴)한 자를 계발(啓發)시킨다"는 말의 뜻이다. 이 두 가지를 서로 참조해야만 공자가 전한 것과 증자가 받은 것을 의심 없이 스스로 깨달아 밝힐 수 있을 것이다.

그러나 증자는 무슨 이유로 다만 충서(忠恕 : 충실하고 동정심이 많음)만 이야기하였을까? 성(誠)이라는 것은 쉬지 않는다는 뜻이고, 충서라는 것은 성의 경지를 이룬다는 뜻이다. 진실로 충서로 하지 않으면 성은 헛것이 되어 버릴 것이니, 무릇 날로 쓰는 윤상(倫常)도 충서로써 행하여 지성껏 쉬지 않고 힘써야만 성인의 지극한 공부가 된다.

이러한 경지에 이르지 못한 자는 마땅히 힘껏 노력하기를 충서로부터 시작해야 할 것이다. 증자는 그 공부하는 길을 가르쳐 줌에 지나지 않았으니, 이 일관이란 경지까지 이르고 못 이르는 것은 배우는 사람에게 달려 있는 것이다.

그런데 자사는 또 지(知)·인(仁)·용(勇)이란 한 대목을 더하여 더욱 자세히 말하였다. 지가 아니면 알 수 없고, 인이 아니면 본받을 수 없고, 용이 아니면 힘쓸 수 없는데 충서는 그 속에 포함되는 것이다.

이렇게 하지 않으면 일이 급박해져 오히려 도(道)에 해로울 것이다. 천도(天道)는 굳세고 쉬지 않는 길뿐이다. 사시(四時)가 제대로 행하면 백물(百物)은 저절로 생겨나는 것인데, 어찌 하늘이 이런 여러 가지에 마음을 쓰겠는가? 성인이 한 가지 이치로 여러 가지 일에 적용하는 것 또한 이와 같은 것이다. 이것을 어찌 제자(諸子 : 공자의 제자들)로서 쉽사리 깨달을 수 있었겠는가?

성문(聖門)에서 사람을 가르칠 때 반드시 그 사람의 능력을 헤아려 말한 까닭에 공자가 자장의 물음에는, "일을 게을리하지 말며 행동은 충실히 해야 한다(논어 안연(顔淵))"라고 답했고, 자로의 물음에는, "자신부터 먼저 애써 행하며, 게을리하지 말아야 한다(논어 자로(子路))"라고만 답하였다. 이는 일관이나 충서에 견주면 비록 얕고 깊음의 구별이 있긴 하나 역시 같은 뜻이다.

이를 등산에 비유하면, 제자들은 힘껏 올라간 것이 겨우 산중턱인데 부자(父子)는 벌써 산꼭대기에 올라가서 사방을 훤히 내려다보는 것과 같은 것이다. 주석에 나타난 말은 여기에 열거하지 않는다.

공자도 병들면 하늘에 빌었다

病禱 병도

사람의 명(命)은 하늘이 한 번 정해 준 한도가 있어서 다시 보태거나 줄일 수 없다. 백세를 사는 이가 없는 것은 이 명이 한 번 정해진 때문이다. 어떤 사람은 도적에게 해침을 당해 젊어서 죽게 되고, 어떤 사람은 전쟁을 당해 일찍 죽기도 하기 때문에, 자신의 명을 망각하고 욕심을 부리다가 죽는 것을 군자는 부끄럽게 여긴다.

《주역》대유(大有) 상구(上九)에 이르기를 "하늘에서 도우면 길(吉)하여 이롭지 않은 것이 없다" 하였는데, 공자는 이를 해석하기를 "하늘이 도와주는 것은 도리에 따르기 때문이고 사람이 도와 주는 것은 신의가 있기 때문이다. 이 신의를 행동으로 옮겨 도리를 따름을 일러 '하늘에서 도우면 길하여 이롭지 않은 것이 없다'고 한 것이다" 하였다. 신의가 있고 도리를 따름을 지극히 하면 하늘도 도와 주는데 하물며 귀신에 있어서랴. 이 귀신이란 사람을 병들게 하고 사람을 죽이기도 하니 또한 능히 사람을 도와 주기도 하고 사람을 살리기도 하는 것이다.

무왕(武王)이 병들었을 때 주공(周公)이 귀신에게 빌었으니, 이치에 맞지 않는 일이라면 어찌 성인이 하였겠는가. 공자가 병들었을 때 자로가 귀신에게 빌기를 청하니, 공자는 말하기를 "내가 빈 지가 오래다(《논어》술이편)" 하였다.

주공과 공자는 평생 신의가 있고 도리를 따름을 생각하는 범위가 크고 귀신에게 비는 마음도 보통 사람과 달랐기 때문에 하늘도 틀림없이 남모르게 도와 주었을 것이다. 그런데도 죽음을 면하지 못하는 것은 하늘이 한번 정해준 목숨의 한도는 넘길 수 없기 때문이다. 공자도 또한 일찍이 광(匡) 땅에서 두려움을 겪었을 때 이르기를 "문왕(文王)이 이미 죽었으나 글〔文〕은 여기에 있지 않느냐. 하늘이 이 문(文), 곧 유학(儒學)을 없애려 한다면, 나중 죽는 나로서는 이 도에 참여할 수 없지만, 하늘이 이 도를 없애려 하지 않는다면, 광 땅의 사람이 나에게 어쩔 수 있겠느냐(《논어》자한편)" 하였다.

공자는 평생에 유학과 관계가 지극하여 사람으로서는 능히 해칠 수 없게 되었으니, 이것은 하늘이 도와 주었다는 증거이다. 공자가 병들었을 때 하늘에 빈 것은 이와 같았을 뿐이다.

간추린 발해 역사

渤海 발해

　미수(眉叟) 허목(許穆)이 《발해열전》을 지었는데 그 내용은 그다지 소상하지 않다. 발해는 본디 속말말갈(粟末鞨)로 고구려의 별종이다. 속말이라는 것은 혼동강(混東江)의 한 이름인데, 그 근원은 백두산 꼭대기에서 나와 북쪽으로 흘러 흑룡강과 합쳐 동쪽 바다로 흘러간다.

　말갈은 두 종류가 있는데 이른바 흑수(黑水) 부근에 사는 자를 생여진(生女眞)이라 하고, 속말 부근에 사는 자를 숙여진(熟女眞)이라 한다. 대씨(大氏 : 대조^영)는 걸걸중상(乞乞仲象)으로부터 그의 무리와 함께 요수(遼水)를 건너 태백산(太白山) 동쪽에 살았으니, 대씨라는 종족은 본래 요수 서쪽에 있었다. 그러므로 대씨는 요수 서쪽 씨족으로서 애초에는 속말 지역과는 거리가 멀었던 것이다.

　중상의 아들 대조영이 비로소 나라를 세우고 국호를 진(震)이라 하였다. 영토는 5천 리나 되었는데, 부여·옥저·변한·조선의 모든 나라를 다 얻었다는 것이다. 이로 본다면 그때 부여가 압록강 밖 성천부(成川府)에 있었다고 하는 말은 잘못이며, 옥저도 현재의 함경도 육진(六鎭 : 세종 때 김종서를 보내 개척한 두만강 하류의 여섯 진. 경원·경흥·부령·종성·온성·회령을 말함) 등의 지역에 있었던 것이다.

　조선의 옛 경계는 현재 요수의 동서쪽 전부이고, 변한은 현재 경상도 지역이었으며, 진한은 서남쪽에 있었으니 이는 발해가 통할한 지역이 아니다. 어떤 이는 이르기를 삼한은 모두 밖에서 들어온 나라라고 했는데, 마한이 조선에서 들어오고, 진한이 중국 진(秦)나라 땅에서 들어왔다면, 변한도 본디 압록강 밖에 있다가 산융(山戎)에게 쫓겨서 들어온 것이 아닌지 어찌 알겠는가. 그렇지 않다면 분명 기록한 자가 잘못 전한 것이다.

　당나라 중종(中宗) 때에 대조영을 발해군왕(渤海郡王 : 《유선》에 당 중종이 발해왕으로 봉했다 함)으로 삼았고, 그의 아들 대무예(大武藝)에 이르러서는 강토를 더욱 넓히게 되어 동북쪽의 모든 오랑캐가 발해를 두렵게 여겨 복종했는데, 이 동북쪽 오랑캐라는 것이 바로 흑수 따위를 가리키는 것이다. 현종(玄宗 : 당나라 제6대 황제) 개원(開元) 연간(713~741)에 흑수말갈이 당나라에 조회하자, 당나라는 흑수주 장사(黑水州長史)를 설치하였다.

대무예가 말하여 꾀하기를 "흑수는 우리에게 길을 빌려 당나라와 서로 통하게 되었는데도 당나라에만 관리 노릇 하기를 청하고 우리에게는 말도 없으니, 이는 반드시 당나라와 공모하여 우리나라를 공격하려는 것이다" 하고, 그의 아우 대문예(大門藝)로 하여금 군사를 일으켜 흑수말갈을 치게 하였다. 이에 대문예가 말하기를 "흑수말갈이 당나라에 관리 노릇 하기를 청했다 하여 우리가 친다면, 이는 당나라를 배신하는 것입니다. 옛날 고구려가 한창 강성할 때 군사가 30만이나 되었으나 당나라 군사가 한 번 다녀가자 땅을 쓸어버린 것처럼 다 사라졌습니다. 현재 우리 군졸의 숫자는 고구려에 비교하면 3분의 1밖에 되지 않으니 이 계획은 옳지 못한 것이 아니겠습니까?" 하였다. 그러나 대무예는 억지로 그를 보내 치게 하였다. 결국 문예는 무예의 말을 듣지 않고 당나라로 도망쳐 갔는데, 당나라에서는 그를 좌효위장군(左驍衛將軍)으로 임명했다.

대무예는 당나라로 사신을 보내 대문예의 죄과를 폭로하고 그를 죽일 것을 요청하였다. 당나라는 대문예를 안서(安西)에 처하라는 조서를 내리고, "대문예는 곤궁한 처지에서 당나라에 귀순했으니 의리로 보아 죽일 수 없으므로 이미 먼 지역으로 귀양을 보냈고, 사신도 아울러 머물러 있게 하여 돌려보내지 않는다"라는 유지(諭旨)를 이도수(李道邃)를 시켜 발해로 보냈다.

대무예가 표문을 올려 이르기를 "큰 나라는 마땅히 남에게 신의(信義)를 보여야 할 터인데 어찌 속이는 말을 할 수 있겠습니까?" 하자, 당나라 황제는 이도수가 비밀을 누설하였다 하여 좌천시키고, 대문예도 잠깐 영남(嶺南)으로 나가 있게 한 다음 이를 발해에 알렸다.

대문예의 말로 고찰하면, 고구려가 비록 요동과 요서를 모두 차지했다 하더라도, 그것은 수천 리에 지나지 않았고 만일 또 요수의 3분의 1을 차지했다 치더라도 또한 천여 리의 지역에 지나지 않았다.

생각건대, 동북쪽 모든 오랑캐가 두렵게 여기고 복종한 자가 많았다 해도, 그가 점거했던 지역은 고작 이 작은 나라들인 듯하다.

뒤에 대조영의 아우 대야발(大野勃)의 4대손 대인수(大仁秀)가 5경(京)·12부(府)·62주(州)를 두게 되었다.

숙신(肅愼)의 옛 지역은 상경(上京), 그 남쪽은 중경(中京)으로 만들고, 예맥(濊貊)의 옛 지역은 동경(東京), 옥저(沃沮)의 옛 지역은 남경(南京),

고구려의 옛 지역은 서경(西京)으로 만들었다.

부여(扶餘)의 옛 지역은 부여부(扶餘府)로 만들고, 거란(契丹)을 막기 위해 막힐부(鄚頡府)도 만들었다. 읍루(挹婁)의 옛 지역은 정리(定理)와 안변(安邊) 2부로 만들고, 졸빈의 옛 지역은 졸빈부(率賓府), 불날(拂涅)의 옛 지역은 동평부(東平府)로 만들었으며, 철리의 옛 지역은 철리부(鐵利府), 월희(越喜)의 옛 지역은 회원(懷遠)과 안원(安遠) 두 부(府)로 만들었으니, 대개 동서의 거리가 5천여 리 남짓이었다.

당나라 명종(明宗 : 후당의 명제) 천성(天成) 원년(926)은 바로 고려 태조(太祖) 9년이다. 이때 거란 왕 야율아보기(耶律阿保機)가 강성해지자 동북쪽의 모든 오랑캐가 그에게 굴복했으나, 발해는 항복하지 않았다. 거란은 당나라를 침범할 계획이었으나, 뒤에서 버티고 있는 발해를 두려워하여 먼저 발해를 치니, 이에 발해 왕 대인선(大諲譔)이 나와 항복함으로써 발해는 멸망하고 말았다.

발해는 대조영에서 대인선에 이르기까지 햇수는 204년, 계승한 대수는 10대가 넘었다. 거란은 발해를 동단국(東丹國 : 동쪽의 거란국 이라는 뜻)으로 만들고, 그 태자(太子) 배(倍)를 책봉하여 인황왕(人皇王)으로 삼아 주장하도록 했는데, 배는 바로 돌욕(突欲)이었다. 대인선을 임황(臨潢) 서쪽에 유치시키고 이름을 하사했는데, 오로고(烏魯古)라 하였다.

세자(世子) 대광현(大光顯)이 남은 무리를 거느리고 고려에 투항하자, 고려는 대광현의 성명을 왕계(王繼)로 하사하여 종적(宗籍)에 붙이고 그들의 제사를 받들게 하였다. 이보다 한 해 앞서 고려 궁성에서 지렁이가 나왔는데 길이가 70척이나 되었다. 사람들이 말하기를 "발해가 와서 항복할 징조다"라고 했었다고 한다.

고려에 항복하러 온 발해 관민이 수만 호나 되었는데, 그 가운데 은계종(隱繼宗)이란 자를 고려 왕이 천덕전(天德殿)으로 불러 보았다. 은계종 일행이 세 번씩 절하자 사람들은 이를 실례라 하였으나, 대상(大相) 함홍(含弘)은 말하기를 "나라 잃은 사람은 세 번 절하는 것이 예이다" 하였다.

그 뒤 몇 해가 지나 그 우두머리 대난하(大鸞河)가 송나라에 항복하므로 송나라는 그를 발해도지휘사(渤海都指揮使)로 삼았는데, 그는 대조영의 후손이었다. 고려 현종(顯宗 : 제8대 왕 왕순의 묘호) 20년(1029)에 이르러서는 거란의 동경

장군(東京將軍) 대연림(大延琳)이 배반하여 국호를 흥료(興遼), 연호를 천흥(天興)이라 하고, 대부승(大府丞) 고길덕(高吉德)을 보내 와서 구원병을 요청했는데, 이는 대조영의 7대손이다. 이듬해에는 영주자사(郢州刺使) 이광록(李匡祿)이 와서 급한 일이 있다는 것을 알렸는데, 얼마 뒤에 나라가 망했다는 소문을 듣고 고려에 머무르며 돌아가지 않았다.

이것이 발해의 처음과 끝이다. 신라 말기에는 영토가 분열되어 통일을 이루기가 어려웠는데 대씨가 이러한 정세를 이용하여 요동 전체를 점령하니, 조선·고구려의 영토를 거의 절반이 넘도록 잃었다. 이때 고려가 일어났으나 다만 압록강 동쪽만 다시 차지하였을 뿐 나머지 땅은 모두 거란으로 넘어갔다.

처음에는 우리나라 옛 강토가 대씨에게 넘어갔었는데, 거란이 다시 대씨가 가진 영역을 전부 차지하였다. 이때 고려는 건국 초기여서 남쪽에서의 전쟁도 끝나지 않았으니, 먼 지역을 도모할 겨를이 없었다. 후백제 견훤이 멸망에 이르자, 고려의 위엄과 명성이 알려지기 시작하여 거란 사신이 이르게 되었으니, 이는 무엇보다 그들이 고려를 두렵게 여겼기 때문이다.

그러나 고려 태조 왕건은 그 사신을 귀양 보내고 그의 낙타까지 죽였다. 이는 사실상 발해를 위해서 한 것이 아니라, 장차 의리에 따라 강토를 조금 더 넓히려고 했던 것이니, 군사는 곧은 것이 장(壯)하다는 말이 이와 같다. 그러나 불행히도 나라를 다 회복하지 못한 채 이듬해 태조가 죽었으니, 하늘의 뜻은 어쩔 수 없었던 것이다. 그렇지 않으면 대씨의 흥망이 우리와 무슨 관련이 있어서 거란과의 관계를 이토록 심하게 끊어 버렸겠는가.

태조가 남긴 훈요 10조는 간절하였으니 "거란은 금수와 같으므로 풍속을 본받지 말도록 엄금한다(왕건의 훈요 10조 중 제4조)" 하고 조금도 두렵거나 꺼리는 뜻이 없었다. 하물며 발해의 세자와 종척대신(宗戚大臣)·예부경(禮部卿) 대화균(大和勻), 사정(司政) 대원균(大元勻), 공부경(工部卿) 대복모(大福暮), 좌우위장군(左右衛將軍) 대심리(大審理) 등이 아직 살아 있었고, 남은 무리 몇만 명도 섶에 누워 쓸개를 빨며 원수를 갚겠다는 일념으로 가득 차 있었다. 또 요(遼) 지방 백성도 다만 한 줄기 강물만이 서로 막혔을 뿐 언어(言語)와 기질(氣質)로서는 절대 딴 종족에게 복종하지 않았을 것이다. 만일 고려로 들어와 몇 해 살다가 다시 모인 발해 군사들을 고국으로 돌아갈 수 있게 해

주었다면, 바야흐로 그들의 형세를 막을 수 없었을 것이다.

나중에 소손녕(蕭遜寧)이 침략해 왔을 때 서희(徐熙)가 대답하기를 "상국 (上國) 동경(東京)은 모두 우리 영토였는데 어찌 침식했다고 하겠습니까?" 하자, 소손녕도 억지로 할 수 없다는 것을 알고 결국 군사를 철수시켰다.

하물며 거란은 새로 이 영토를 얻었을 때였으니 어떠했겠는가. 이런 기회를 놓치고 물러나 탄환만 한 지역을 보전하면서 천하의 약소국이 되었으니, 지금껏 조롱 속의 새와 우물 안의 개구리 같은 견식에서 떠나지 못하고 사람들의 풍습은 더욱 악착스럽게 되었다.

아! 이 또한 운명이라 해야 하겠는가. 세상에 전해오는 《규염객전(虬髥客傳)》(당나라 장열(張說)이 지은 전기소설의 하나) 끝에 "부여국은 해구(海寇 : 바다로부터 침입하는 외적)가 점거한 적이 있다" 하였으니, 이것이 사실이라면 걸걸중상(乞乞仲象)이란 자가 바로 그 해구인 듯하다.

걸걸중상이 요(遼)로 건너간 것이 어느 때인지 알 수 없으나, 그의 아들 대조영이 개원(開元 : 당 현종의 연호) 원년(713)에 나라를 세웠으니, 걸걸중상은 당나라 초기 때 사람임을 알 수 있다. "바닷가에서 나라 이름을 부여로 한 자는 오직 발해뿐이고, 그 지역도 걸걸중상이 들어와 점거했던 땅 안에 포함된다" 하였으니, 두 기록이 서로 부합되는 것이 어찌 이상하다 하지 않겠는가.

《소설》에는 부여가 동남쪽으로 기록되어 있으니, 이는 동북을 동남으로 잘못 쓴 것이리라. 중국 동남쪽에 어찌 일찍이 부여라는 이름이 있었겠는가. 《패해(稗海)》(명나라 상준(商濬)이 엮은 총서) 가운데도 이러한 기록이 실려 있어서, "동이 가운데에 있다" 하였으니 더욱 믿을 수 있다.

고려의 어리석은 임금
高麗昏君 고려혼군

진한(秦漢 : 진나라와 한나라) 이후로 임금을 높이고 신하를 억누르는 분의(分義 : 자기의 분수에 알맞은 정당한 도리)가 엄격하여 임금은 잘못이 있어도 사관(史官)은 감히 본 대로 쓰지 못하고 그냥 얼버무려 넘겼으니, 후세 기록 어디에서 그 얼버무린 내용을 알 수 있겠는가? 주자는 "주량(朱梁 : 주온(朱溫)이 세운 후량(後梁))이 오래지 않아 멸망하여서 그를 위해 허물을 숨기고 덮어주는 이가 없었기 때문에 모든 과실이 드러나게 되었다. 만약 조금만 더 오래 이어졌다면 반드시 한 번쯤은 숨길 수 있었을 것이다" 하였으니, 이것은 천고(千古)에 공평한 의론이다. 또 모든 악을 다 나타내고 거기에 없는 것까지 더 보태서 꾸며내지 않았다면 주(紂: 주왕(紂王). 중국 은나라의 마지막 임금)의 악도 이만큼 크지는 않았을 것이다. 이렇기 때문에 무성(武成: 《서경》 주서(周書)의 편명)이라는 글에서도 군자(君子: 맹자를 가리킴)는 다만 두세 대문만 뽑았던 것이다.

고려의 용렬하고 어두운 임금들은 족히 나무랄 것도 없거니와 모두 가엾기만 하다. 어찌 5백 년 세월의 보잘것없음이 이 지경까지 이르렀을까? 대개 고려는 그 법을 세움에 있어 오로지 불교만을 숭상하였는데, 불교에는 임금이 없다. 한 대를 지나 혜종(惠宗: 고려 제2대 임금) 때에 이르러 왕규(王規)*¹가 칼을 소매에 숨기고 벽을 뚫었으나 벌하지 않았으니, 이유인즉슨 '대자 대비(大慈大悲)한 부처가 그를 버렸으므로 호랑이에게 먹힐 것[捨身飼虎]'이라 하였다.

임금은 약해지고 신하가 억세지기를 이로부터 시작하여, 정권을 틀어쥔 신하가 대마다 전해 오므로 임금은 팔짱만 끼고 지켜볼 뿐이었다. 중세 이후 외적의 침략이 심해지자, 임금을 폐하고 세우기를, 꼭 바둑알 뒤집듯 하였다. 한 필 말에 왕을 결박하여 먼 지방에 귀양 보내 죽이기도 했다. 이리하여 신하가 임금 보기를 어린애처럼 여기고, 항간의 속된 말로 멋대로 임금을 꾸짖기도 하였다.

역사를 쓰는 자들 또한 이런 것을 모두 직필(直筆)로 훤히 밝혀 놓았다. 다만 그때에 임금이 명령을 내려 시행한 것을 자세히 살펴보니 가끔은 다스리는 정사에 삼가고 도리에 맞는 말이 있으니, 이로써 소인(小人)도 나쁜 일만 하는 것은 아님을 알겠다.

---

*1 고려 권신. 두 딸을 태조(太祖)의 제15비와 제16비로 들여보낸 후, 제16비가 낳은 광주원군(廣州院君)을 왕위에 앉히려고 왕의 아우 정종(定宗)과 광종(光宗)이 딴 마음을 품는다는 무고를 했으나, 왕이 받아들이지 않으므로 밤중에 왕의 침실로 자객을 들여보냈는데 왕에게 맞아 죽었다. 또 얼마 후에 스스로 벽을 뚫고 왕을 해치려 했으나 실패, 혜종(惠宗)이 죽고 정종이 즉위하자, 정종의 명령이라 핑계하고 충신 박술희(朴述熙)를 죽이고 난을 일으켰다가 태조(太祖)의 종제 왕식렴(王式廉)에 의해 참살되었다.

도망쳐 온 피란민의 소굴
逃亂之窟 도란지굴

발해가 망할 때에는 태자와 대신 및 군사와 백성 수만 명이 모두 우리나라로 의탁해 와서 우리 백성으로 편입되었고, 거란이 망할 때에는 서쪽 지방은 금나라에 깎이고 북쪽 지역은 몽고에 깎이어 남은 무리가 돌아갈 곳이 없으므로 금산 왕자(金山王子 : 대요수국의 시조 야사불의 아들)가 그들을 모두 거느리고 우리나라로 의탁해 왔다.

거란은 예부터 고려와 군신의 의리를 가진 것이 발해에 비할 바가 아니었으나 고려를 침략하고 짓밟아 참혹한 해를 입혔었다. 이에 몽고와 동진(東眞) 두 나라가 더불어 좌우로 협공하여 3년 만에 거란을 멸망시켰다. 동진이라는 나라는 금나라에서 떨어져 나온 것인데, 금나라가 없어진 뒤 우리에겐 자주 변방의 걱정거리가 되어 왔다.

원나라 세조(世祖 : 원나라 시조 홀필렬 (忽必烈)의 묘호) 때에는 내안대왕(乃顔大王 : 원나라 왕족)이 난을 일으키자 원 세조가 친히 정벌하여 사로잡기도 하였다. 그의 남은 무리 합단(哈丹)이 철령을 넘어 양근성(楊根城)을 함락하고, 원주와 공주 사이에서 노략질을 하였다. 왕은 전쟁을 피해 강화도까지 피란하였으나, 원나라가 크게 군사를 일으켜 와 그들을 소탕하였다. 그들이 쇠약해져 없어질 즈음에도 나하추(納哈出)가 크게 군사를 이끌고 우리나라로 침입해 왔는데, 다행히 용감한 태조(太祖) 이성계가 있어 몰아낼 수 있었다.

중국에서 명나라가 일어날 때도 홍두적(紅頭賊 : 원 말기에 한산동(韓山童)을 수령으로 하여 일어난 도적. 홍건적)이 요(遼)나라를 통하여 또는 배를 타고 바다를 통하여 침입하였다. 민생은 도탄에 빠지고 왕은 영남으로 파천까지 하였다. 4년 만에 난은 평정되었으나 나라가 작고 힘이 미약하여 외적의 도란지굴(逃亂之窟 : 외국에서 도망쳐 들어온 피란민의 소굴)이 되었으니, 이는 중국에서 이당(李唐 : 당나라, 당 고조의 성이 이씨이기 때문) 이후부터 군사를 일으킨 곳이 주로 동북쪽 한모퉁이였기 때문이다.

이미 지나간 일은 덮어두더라도 앞으로 닥쳐올 일은 염려하여 대비해야 할 것이므로, 나라의 책략을 세우는 자로서는 마땅히 이런 사실을 알아야 할 것이다.

앞 수레 엎어진 것을 경계하지도 않고

前覆不戒 전복불계

요나라가 일어날 때, 고려 태조(太祖 : 왕건)가 그들을 배격하여 구휼하지 않은 것을 역사가는 잘못된 계책이라고 하였다. 금나라가 갑자기 일어나자, 태조 아골타(阿骨打 : 금 태조의 처음 이름)가 겸손한 말로 화친을 청하면서 말하기를 "우리 조상은 고려를 부모의 나라로 여겼으니, 오직 왕께서는 우리가 요청하는 화친을 허락하고 형제의 의를 맺어서 대대로 끝없는 복을 이루도록 하소서" 하였으나, 대신들은 절대 불가한 일이라고 하였다.

어사중승(御史中丞) 김부철(金富轍 : 고려 인종 때의 문신. 김부의(金富儀)의 초명)이 상소하기를 "지금 송나라는 거란과 친형제처럼 대대로 평화롭게 지내려고 높은 천자로서도 그 권위를 굽히고 섬기는 판입니다. 옛날 성종(成宗 : 고려 제6대 임금 왕치(王治)의 묘호) 때에 계책을 잘못썼다가 요나라의 침입을 불러들였으니, 이를 거울삼아 경계해야 할 것입니다. 원컨대 긴 계책을 생각하여 후회가 없도록 하소서" 하였다.

재상이나 나라의 주요한 자리에 있는 이들 가운데 이 말을 우습게 여기고 배척하지 않는 이가 없었으므로 결국 받아들이지 않았다가, 뒤에 인종(仁宗 : 고려 제17대 임금. 왕해(王楷)의 묘호)이 군신(羣臣)들의 의론을 물리치고 금나라에 표문을 올려 스스로 신(臣)이라 일컫고 사이좋게 지내기를 약속하자, 변방에 걱정이 없게 되었다. 그러나 몽고가 강성할 때에 이르러서도 그들에게 주는 예물과 폐백은 모두 질이 낮은 베로 하였다. 또 사신(使臣)이 오면 말하기를 "앞에 온 사신도 응접할 겨를이 없는데 하물며 나중에 온 사신에 있어서랴?" 하고 동북면 병마사(東北面兵馬使)로 하여금 위로하고 타일러서 돌려보내도록 하였으니 사람들은 곧 재난이 싹틀 것을 알게 되었다.

최우(崔瑀 : 고려 권신 최충헌의 아들)가 왕을 위협하여 도읍을 강화(江華)로 옮길 때에 유승조(兪升朝 : 고려 고종 때의 문신. 승단(升旦)이라고도 함)가 홀로 이르기를 "작은 나라로서 큰 나라를 섬기는 것은 이치이다. 예로 섬기고 신의로 사귀면 저들인들 무슨 명분으로 우리를 괴롭힐 것인가? 만일 섬으로 달아나 숨어서 구차하게 세월만 끌어간다면, 장정은 저들의 칼과 창에 다 희생되고, 노약자는 모두 사로잡혀 종이 될 것이니, 이는 잘못된 계책이다" 하였으나 왕은 따르지 않았다. 강화에 성을 쌓고 궁궐도 지었으나, 원나라 군사가 두 차례나 출동하여 육지로 나오도록 협박한 다음, 백성을 시켜 성곽을 헐어버림으로써 성곽도 궁궐도 자취가 없게 되고 온 나라 백성들만 골병이 들었다.

바다로 들어간 지 불과 몇해 만에 그 여독은 10대를 내려오게 되었다. 마침내 안에서는 공주가, 밖에서는 정동행성(征東行省 : 벼슬 이름. 행중 서성의 약칭)이 권력을 틀어쥐자, 임금을 결박하고 귀양 보내기를 마치 가벼운 털을 불고 마른 나뭇가지를 꺾듯 쉽게 했으나, 감히 소리내어 말 한마디 하는 사람이 없었으니, 이는 모두 최우 같은 역적의 망령된 위협 때문이었다.

거란으로부터 몽고에 이르기까지 세상이 세 번이나 바뀌었는데, 앞 수레가 엎어진 것을 보고도 경계하지 않고, 그대로 뒤를 따라가서 함께 빠지게 되었으니 이상한 일이다.

증점의 대답
曾點之對 증점지대

내가 어느 날 잠자리에 누워 증점(曾點)의 무우(舞雩)라는 대답을 생각하던 끝에 깨달았다. 이는 동쪽을 묻는데 서쪽으로 대답한 것에 가깝다. 그때 공자가 물은 것은 "만일 어떤 이가 너희들을 알아주고 쓴다면 어떻게 대응할 것이냐?"라고 질문했기 때문에 저마다 모두 알아주고 등용한 다음의 일로써 대답하게 되었다. 그런데 이 증점이 대답한 "관동(冠童) 몇 사람과 함께 기수(沂水)에 가서 목욕하고 무우에 올라가 바람을 쐬고 돌아오겠습니다(《논어》 선진편)"라는 말은 누구나 할 수 있을 것인데, 남이 자기를 알고 모르는 데에 무슨 관계가 있겠는가.

이는 다만 그의 뜻을 말한 것뿐이고 공자의 물음에 대한 정당한 대답이 아니었는데, 공자가 대단히 칭찬한 것은 무엇 때문인가? 그 대답한 뜻을 자세히 헤아리니, 모두 성인이 세상을 다스려 태평해진 뒤에 만물이 제대로 살 바를 얻어 노래도 부르고 시도 읊으면서 그 삶을 즐긴다는 말이었다. 만일 그 무렵에 공자를 알아준 임금이 있어서 정치를 맡겨 주었다면 반드시 앞으로 태평한 시대를 만들어 천하 사람으로 하여금 어른과 젊은이를 막론하고 모두 대자연의 조화 속에서 제대로 잘 살도록 했을 것이니, 증점의 기약한 바도 이와 같은 것이다.

공자는 일찍이 말하기를 "진실로 나를 등용하는 자가 있다면 몇 달만 되어도 온갖 폐단을 바로잡을 수 있고 3년만 되면 정치가 제대로 이루어질 것이다(논어/자로편)" 하였다. 공자의 제자들도 늘 공자가 세상에 쓰이지 못한 것을 남모르게 탄식했던 것이다. 그 뜻을 이렇게 말할 수 있다면, "저 자로의 무리는 직접 그 자신들이 세상에 쓰이면 이렇게 저렇게 한다는 것으로써 대답한 데에 지나지 않았다. 그러나 증자는 참으로 깊이 아는 자가 있어 정치를 맡겨 줄지라도 공자가 계신데 어찌 반드시 저 자로의 무리가 직접 자신이 하겠다는 것처럼 할 수 있겠는가. 증점의 대답과 같이 한다면 우리 같은 무리는 서로 태화춘풍(太和春風)처럼 살기 좋은 세계에서 마음껏 즐길 수 있을 것이다"라는 뜻으로 말한 것이다.

자공(子貢)도 말하기를 "공자가 나라를 맡아 다스리게 되면 이른바 세움에 따라 서게 되고 인도함에 따라 실행하게 되며, 편함에 따라 오게 되고 움직임에 따라 화목하게 되어, 삶을 모두 영화롭게 여기고 죽음을 모두 슬프게 생각할 것이다(논어/자장편)" 하였으니, 증점의 뜻 또한 이와 같았던 것이다.

그러므로 공자가 그의 대답을 장하게 여겨 탄식했으나, 이 탄식은 증점의 말만을 탄식한 것이 아니고 세상에 도를 행할 수 없음을 탄식한 것이었다. "증점을 칭찬한다"는 말은 또한 증점이 이런 뜻을 안고 있음을 칭찬했다는 것이니, 이와 같이 보면 또한 약간 남은 맛이 있을 것이다.

병들었을 때 기도함

疾病行禱 질병행도

옛사람은 기도를 중히 여겼다. 무릇 기도할 일이 있으면 반드시 무덤에 가서 했기 때문에 무덤 사이로 다니면서 얻어먹는 자는 날마다 술과 고기를 배부르게 먹었다는 것이다. 그리고 귀인들은 천지와 산천에 기도를 하였는데 "두루 달리면서 여러 곳을 바라본다"는 말이 곧 이를 뜻하는 것이다.

기도라는 것은 귀신에게 비는 일인데, 귀신이 사람을 죽이는 이치가 있다면 반드시 사람을 살리는 이치도 있을 것이다. 그러나 사람이 백 세까지 살 수는 없는 것이니 귀신에게 빌어도 살고죽는 일은 마음대로 되지 않을 것이다. 한때의 기수(氣數 : 저절로 오고 가고 한다는 길흉화복의 운수)나 자신의 삼가지 못한 소치가 아닌 하늘이 정해 준 운명이라면 아무리 빈다 한들 무슨 도움이 있겠는가?

공자가 병이 들었을 때 자로가 기도를 청하였다. 공자가 "그런 것이 있느냐?"고 묻자 대답하기를, "뇌(誄 : 한문 문체의 하나. 죽은 이의 생존 당시의 덕행을 적어 놓은 글로 시호(諡號)를 삼는 근거가 되기도 하였음)에 이르기를 '천지의 귀신께 빈다'라고 했습니다" 하였다. 공자는 또 "내가 기도한 지 오래이다" 하였으니 이것을 죄를 뉘우치고 재앙을 없앤다는 의미로 해석하는 것은 맞지 않을 듯하다. 왜냐 하면 앞에서 자로가 대답하기를, "처음 병자에게 청하지 않고 귀신에게 빈다" 했기 때문이다.

무릇 허물을 고치고 귀신에게 도움을 구하는 것은 자기의 일인데 병자의 뜻이 어떤지도 모르고 그저 제삼자의 억견으로 귀신에게 비는 것이 기도가 되겠는가? 이는 거짓말로 귀신을 속이는 짓인데 귀신이 그런 말을 믿겠는가? 성인은 본디 허물이 없는 것이다. 자로가 비록 기도를 한다 할지라도 어찌 감히 허물을 고쳐달라고 빌 수 있겠는가?

무릇 기도라는 것은 신명의 도움이 있기를 비는 것이다. 《주역》에, "하늘로부터 도우니 길하여 이롭지 않은 것이 없다〔自天祐之吉無不利〕" 하였는데 부자(夫子)는 해석하기를, "우(祐)는 돕는다는 뜻이다. 하늘이 돕는 것은 하늘에 순응하기 때문이며, 사람이 돕는 것은 대중에게 신의를 보였기 때문이다. 이런 신의를 행하려면 순응하며 어진 이를 높여야 하기 때문이다. 이러므로 '하늘로부터 도우니 길하여 이롭지 않음이 없다' 한다" 하였다.

성인에게 평생 하늘의 도움이 따른다면 어찌 기도할 필요가 있겠는가? 타고난 수명이 다하는 데에 이르러서는 더욱 기도를 할 필요가 없기 때문에 "정해져 있는 수명을 어찌 늘일 수 있겠느냐?"라는 뜻으로 말한 것이다.

이러므로 자로가, "천지의 귀신에게 기도한다"라는 말로 대답한 것에 대해 말하기를, "나의 기도는 다른 사람들의 기도와 다르다" 하였다.

나는 나의 신의를 행하고 하늘에 순응할 것을 생각하여 기도할 뿐이다. 그렇다면 언제라도 기도하지 않을 때가 없는 것이니, 다시 천지 신명에게 도움을 바란다는 것은 타당치 않다는 말이다. 만약 다만 허물을 뉘우쳐서 기도를 청한다면 주공의 금등(金縢 : 《서경》 주서의 편명. 무왕이 병들었을 때 주공이 그의 조상께 기도한 사실을 적은 글)은 무엇을 뉘우쳐서 기도한 것이겠는가?

남녀의 서로 즐김을 풍자한 시
漆洧 진유

진유 두 장은 남녀가 서로 즐기는 것을 읊은 시임이 분명하다. 중간에 '사왈기차(士曰旣且)'라고 한 것은 '무언가 핑계를 댄다'는 뜻이 있고 또 '차왕관호(且往觀乎)'라고 한 것은 '마지못해 한다'는 뜻이 있는데 이것이 이 한 편의 요점이다. 《주역》에, "얼굴에 예쁜 단장을 하면 그것이 음탕한 짓을 가르친다(_{계사(繫辭)}^{주역})" 하였으니, 여색을 대하기를 군자가 음탕한 음악을 멀리 하듯 해야 할 것이다.

진실로 차츰 물드는 것을 깨닫지 못하면 끝내 빠지지 않을 자가 없다. 《주역》에 상고하니, 사부(士夫), 여처(女妻)의 사(士)와 여(女)는 모두 젊은 청년과 풋풋한 소녀로서 바야흐로 혈기가 왕성하여 정욕을 막기가 어렵다는 것이다. 이러므로 일단 예쁜 남녀가 만나면 처음에는 스스로 조심하는 척하나 결국은 양쪽 모두 정욕을 참지 못하게 된다.

이 진유라는 시가 곧 노는 여자로서 사람을 빠지게 하는 함정인 것이다. 행동을 삼가는 선비로서는 멀리 피하여 그런 함정에 뛰어들지 않아야 할 것이다. 한 번이라도 가서 시험하게 되면 눈이 쏠리고 마음이 꺾여 금세 서로 어울리게 됨은 고금을 막론하고 한가지이니, 시인이 현실을 직접 보고 기록하여 경계한 것이다.

이 편을 읽는 자는 모름지기 그 내용의 골자가 어디에 있는지 알아야 할 것이다. 그렇지 않으면 중간 몇 구절은 그저 군더더기처럼 되어 문맥이 닿지 않는다. 하지만 여색에 대한 경계로서 이보다 더 절실한 것은 없다.

사랑하는 마음
因心 인심

《시경》(_{(皇矣) 편}^{대아 황의})에

진실로 왕계(_{아버지}^{문왕의})야말로
마음이 우애로웠다

維此王季　因心則友

하였으니, 이는 양지(良知)와 양능(良能 : 배우지 않고 알 수 있는 타고난 지능. 《맹자》 진심편)을 가리켜 한 말이었다. 어미가 자식을 사랑하는 것과 자식이 어미를 사랑하는 것은 일부러 생각하기도 전에 저절로 사랑하는 마음이 생기는 것인데 이것이 곧, "마음이 우애로웠다"는 것이다.

그러나 형제간에 있어서는 모두가 꼭 이와 같지 못하니 가르침과 배움에 따라 이런 마음을 깨닫는 이가 많아지는 것이지 저절로 생기는 것이 아닌데, 오직 왕계만은 하늘의 이치가 그의 마음속에 박혀서 배워 넓히기 전부터 깨닫게 되었다는 것이다. 새와 짐승도 어쩌다 한 가닥씩 통하는 이치가 있으나 유독 형제간의 우애라는 것은 짐승에게서도 그 자취를 찾아볼 수 없다.

내가 일찍이 집에서 닭을 길러 보았다. 닭이 병아리를 두 번이나 깠는데 맨 처음에 깐 암평아리 한 마리는 늘 어미닭만 따라다니니 나는 그것을 보고 처음에는, 이는 제 자신의 이익을 위해서이지 제 어미를 사랑함은 아니라고 생각하였다. 어느 날 밤에 산짐승이 닭둥우리를 뚫고 들어와 닭과 병아리를 모두 움켜 갔는데, 오직 맨 처음 깐 암평아리 한 마리와 두 번째에 깐 병아리 두 마리만 남아 있었다.

그 암평아리 한 마리는 다쳐서 오랫동안 고생하다가 조금 나아졌다. 이때 병아리 두 마리는 의지할 곳이 없어 이 다친 암평아리에게로 오게 되었는데, 이 암놈이 두 병아리를 부리로 쪼아서 먹이기도 하고 날개로 덮어 주기도 하기를 그 어미처럼 한결같이 하였다. 밤이 되면 날개로 두 병아리를 한 마리씩 덮어주는데 몸뚱이가 작아서 밤이 새도록 서 있는 것을 보았다.

이토록 근심을 막아 주고 보호하는 것이 어미닭보다 지극한 데가 있었다. 휘몰아 쫓아도 문 밖으로 나가지 않고 사람을 가까이하면서 피하지 않으므로 사람마다 이상히 여겨 가까이 다가와 살펴보는 이가 많았다. 이것이 곧, '마음에서 우러나오는 우애'라는 것인데, 과연 누가 가르친 것이며 누가 했던 것인가? 나는 이 일을 겪고 그 암평아리가 늘 어미닭만 따라다니던 것이 그 어미를 사랑한 마음이었고 제 자신의 사리만을 취한 것이 아니었다는 것을 알게 되었다. 이것이 인심(因心)이라는 두 글자에서 드러나므로 기록해 둔다.

국가의 예산장부
國計簿 국계부

당나라 때 이길보(李吉甫)는 원화(元和 : $_{의 연호}^{당 현종}$) 연간(806~820)에 국가 예산장부를 만들어 바쳤으니, 이런 뜻은 대단히 좋다 하겠다. 세상이 오랫동안 태평하게 되면 재물의 씀씀이가 갈수록 넓어져서 마치 해의 그림자가 길어지는 것처럼 보통으로는 깨닫지 못하게 된다.

재물이란 아무렇게나 얻을 수 없고 반드시 백성에게서 거두어들여야 한다. 한 번 거두고 두세 번 거두면, 백성의 재산은 바닥이 드러나도 위에서 쌓아놓은 것은 보이지 않는다.

비유해 말하자면, 수은 한 잔을 방 안에 쏟아놓으면 모두 티끌과 틈바구니 속으로 흩어져 흔적이 없어지는데, 비록 두 잔, 석 잔, 열 잔까지의 많은 분량을 쏟아놓는다 할지라도 마찬가지인 것과 같다. 진실로 조육(棗肉)이 아니면 무엇으로써 전과 같이 주워 모을 것인가. 국가의 용도가 날로 늘어남에 따라 백성의 세금 부담도 늘어나기만 하고 줄어들지는 않으니 백성의 생활이 어찌 곤궁하지 않을 수 있겠는가.

이길보의 뜻은, 비록 맨처음에 정한 수량에는 비교할 수 없다 할지라도 만일 오늘부터라도 이런 규칙을 정한다면 아랫사람을 해롭게 하고 윗사람을 이롭게 하는 때에 그 잘못을 확실히 알 수 있으니, 정사에 도움이 될 것이라는 것이었다. 송나라 시대에 송상(宋庠)도 이런 의론이 있었던 것이다.

조선왕조에서는 나라를 세운 뒤로 무릇 세금에 대해 풍년이 들면 전지 1결에 곡식 20두를 징수했다. 이를 차츰 줄여서, 1결에 4두씩만 징수하여 한 해의 경비를 썼어도 또한 나라 재정이 넉넉하였다. 그런데 나중에는 또 점차 더 보태어 대동법(大同法) *¹이 있고, 삼수량(三手糧) *²이 있었으며, 잡역미(雜役米)가 있었고, 또 갖가지로 따로 징수하여 심지어 결전(結錢)까지 있게 되자, 백성의 세금 부담이 극도에 이르렀다. 여기에 대해 설명하는 자는 말하기를 "군포(軍布)가 이미 줄었으므로 그 수효를 채울 길이 없기 때문에 이 결전을 받게 됐다"고 하였다.

*1 조선 중기와 후기에 여러 가지 공물을 쌀로 통일하여 바치게 한 납세 제도.
*2 조선 시대에 훈련도감의 사수(射手)·살수(殺手)·포수(砲手) 훈련 비용으로 거두던 세미.

그러나 이 군포도 또한 뒤에 와서 징수하게 된 것인데, 이 군포가 있기 전에는 국가 비용을 어떻게 했단 말인가? 가령 이 군포를 고역(雇役 : 부역을 면제해 준 백성한테서 대신 돈을 받아 그 돈으로 다른 사람을 쓰는 일)에 쓴다 할지라도 고역에 쓰이는 것이 많지 않았을 것인데, 고역 이외로 징수하는 돈은 모두 어느 곳으로 돌아가는 것인가? 이런 이유로 이길보가 국가 예산장부를 만들게 되었던 것이다.

만일 이런 내용을 꼭 밝히려고 한다면, 반드시 지금부터 100년 이상의 것을 모아서 국가 예산장부를 만들어야 할 것이다. 그리고 조육(棗肉)으로 수은 모으는 방법을 써서 나머지 수량을 잘 비교해 봐야만 옛날의 방법을 조금이나마 회복할 수 있을 것이다.

고려가 대국을 섬김
高麗事大 고려사대

승국(勝國 : 멸망한 전대의 왕조. 고려를 가리킴) 시대에는 권간(權奸)들이 서로 영웅 노릇을 하면서 임금을 폐하고 세우기를 제 마음대로 하였다. 그러나 왕조는 32대나 전해 왔고 햇수는 475년을 이어 오면서 능히 나라를 잃지 않은 것은 무슨 이유인가? 이것은 모두 사대(事大)를 통해 얻은 힘으로 가능했던 것이다.

인종(仁宗) 때부터 오로지 금나라를 섬기니 변경이 조금 편하게 되었다.

나중에 몽고가 일어날 때에도 군사를 출동시켜 그들을 도와 주었다. 세조(世祖 : 원나라 시조 홀필렬(忽必烈)의 묘호)가 나라를 세우기 전 남쪽으로 송나라를 치면서 양양(襄陽)에서 군사를 훈련시킬 때, 그의 아우 아리발가(阿里孛哥)가 사막 북쪽에서 변을 일으키자 제후들은 모두 걱정하고 의심스럽게 생각하였는데, 이때 원종(元宗)은 세자(世子)가 되어 원나라에 가서 항복을 자청하였다.

그리고 연몽(燕蒙)으로부터 서리와 이슬을 맞으면서 5천 리 길을 건너 바로 변량(汴梁)까지 이르러 길에서 세조를 만났는데, 세조가 기쁜 얼굴로 말하기를, "하늘이 나를 돕는다" 하였다. 충렬왕(忠烈王)이 위(位)를 잇자 드디어 세조의 사위가 되어 무슨 말이든지 복종하지 않음이 없었고 나라 안의 강신(强臣)들도 감히 마음대로 할 수 없게 되었다.

나중에 충선왕(忠宣王)과 충혜왕(忠惠王)은 비록 서로 잇따라 원나라에 구속까지 되어 스스로 떨칠 수 없었지만, 찬탈의 화를 면한 것은 원나라를 두렵게 생각한 때문이었다. 그때에 동진(東眞)이 공감하면서도 감히 움직이지를 못했고, 일본이 늘 엿보면서도 감히 침입하지 못했던 것은, 모두 고려가 원나라의 힘을 의지했기 때문이었다. 비유해 말하면, 마치 오랫동안 병에 시달리는 사람이 원기가 이미 다하였어도 객열(客熱 : 외부에서 들어오는 사기(邪氣)로 생기는 발열 증상)로 인해 시일을 끌어 나가는 것과 같았다.

충렬왕 이후부터는 시호는 있어도 묘호가 없고, 원종 이전은 묘호가 있어도 시호를 말하지 않았으니, 이것은 대개 시호가 있었어도 국사에 밝히지 않아서이다. 익재(益齋) 이제현(李齊賢)이 원나라 사람에게 준 편지에 상고하니, "고종(高宗)은 충헌왕(忠憲王), 원종(元宗)은 충경왕(忠敬王)이라 이르고, 묘호를 일컫지 않은 것은 참례(僭禮)의 혐의를 염려한 때문이다" 하였다.

추측컨대, 이는 충렬왕 이후부터는 원나라 공주와 원나라 사람이 늘 나라 안에 머물러 있어서 감히 묘호를 쓸 수 없었던 것인 듯하나, 마땅히 다시 상고해 보아야겠다.

시를 배워야 한다
學詩 학시

공자가 이르기를 "시를 배우지 않으면 말을 잘할 수 없다(《논어》 계씨편)" 하였으니, 말과 시가 무슨 관계가 있어서 이렇게 말했을까. 《서경》 우서(虞書)에 이르기를 "시란 뜻을 말하는 것이다" 하였으니, 대개 입에서 나오는 것이 모두 말인데 어찌 꼭 시를 배워야 한다는 것일까. 이는 일일이 말로 다할 수 없는 뜻은 시로 표현해야만 통할 수 있다는 것이다.

옛사람이 자신의 말로 이야기한 뒤 반드시 다시 시를 인용하여 증거로 삼은 것은, 남들이 듣고 믿도록 하기 위함 뿐만 아니라 읊고 노래하는 사이에 말 밖에 포함된 뜻을 전달할 수 있기 때문이었으며, 시가 아니고서는 그렇게 잘 표현할 방법이 없었기 때문이다.

우씨의 사마씨 계승

牛繼馬 우계마

중국 송나라 때 치당(致堂) 호인(胡寅)이 말하기를 "진 원제(晉元帝)의 성은 우씨(牛氏)인데 덮어놓고 진나라 계통을 이었는데도 동진(東晉)의 군신이 무슨 이유로 이를 편하게 여기고 개혁하지 않았을까. 그것은 오랑캐가 번갈아 가면서 침략하여 양자강 남쪽 강동(江東) 지방이 미약하게 되었으므로 만일 구업(舊業)을 잇지 않았다면 어찌 민심을 수습할 수 있었겠는가. 그런 방법을 버리고 초창하려 한다는 것은 그 어려움이 대단하므로 이것은 역시 형세에 따라 일을 결정한 것으로 부득이하여 한 일이라 여겨진다" 하였다. 그러나 이는 분명하지 못한 말이다. 원제(元帝)의 성이 우씨가 아니라는 것은 《문헌통고》에도 이야기했고 양신(楊愼)도 밝게 분변한 것이 있다. 예컨대 이런 일이 있었다 할지라도 국가에서 이미 종통으로 결정하여 진나라의 계통을 잇게 하고 나라를 맡겼는데, 그의 신하된 자로서 감히 밝히기 어려운 사실을 멋대로 들먹일 수 있겠는가.

곽위(郭威) 같은 이는 그의 나라를 시씨(柴氏)에게 전해 주었는데, 곽위의 모든 신하가 시씨를 곽씨가 아니라는 이유로 폐위시키려 했다면 어떻게 되었겠는가. 시씨가 곽씨를 없앤 것이 아닌데 곽씨를 위하여 시씨를 원수로 여긴다면 되겠는가. 더구나 이 말은 심약(沈約)의 《송서》에 나타났으나 그 무렵에는 전파되지 않았고, 선배 학자들도 그 책에 거짓됨이 많다는 것을 허물로 여겼는데, 후인들은 반드시 억측하여 믿으니 또한 이상하다 하겠다.

고려 말기에 우왕(禑王)을 폐한 사실 같은 것도 목은 이색은 "마땅히 전왕(前王)의 아들을 세워야 한다" 하여, 이 때에 창왕(昌王)을 세웠다. 성이 신씨라는 이유로 폐위시키고 또다시 신을 세우는 데 의심이 없었던 것은 무엇 때문인가. 이색은 비록 이런 망발을 했으나 직접 그를 세운 자는 이색이 아니었는데, 앞서 우왕을 폐위한 자들이 그저 이색의 말을 어길 수 없어서 창왕을 세운 것이겠는가.

이색은 일찍이 어떤 이에게 이야기하기를 "진 원제(晉元帝)가 들어가 대통(大統)을 이은 일에 대해 호인이 이러쿵저러쿵한 말이 있었는데, 이제 신씨를 세우는 일에 대하여 내가 감히 이의를 못하는 것도 또한 이런 뜻이다"

라고 하였으니, 이는 특별히 말하기 어려운 일이 있었기 때문이다.

그 무렵 왕씨(王氏)가 온 나라 안에 퍼져 있었는데, 왜 그 가운데 훌륭한 자를 골라 세우지 않고 반드시 이미 폐위한 자의 어린 아들을 추대했는가. 이 때에 우(禑)가 아직 있었고, 아비는 폐위되었으나 아들이 왕위를 이었으니 원제와는 전혀 다르다. 남명 조식은 "포은 정몽주의 죽음은 자못 우스운 일이다" 하였는데, 퇴계 이황 또한 호인의 이론을 인용하여 정몽주의 출처(出處)를 의심스럽게 여겼다. 그러나 이황은 한강(寒岡) 정구(鄭逑)의 물음에 답하기를 "세속 말은 귀를 가리고 듣지 않으려 한다" 하였으니, 이 말이 정론일 것이다. 이색이 한때에 미봉책으로 한 말이 문득 역사가의 이야깃거리가 되었으니 탄식할 만하다.

교만함과 인색함
驕吝 교인

공자가 말하기를 "비록 주공(周公) 같은 아름다운 재주가 있다 할지라도 교만하고 또 인색하면 그 나머지는 더 살펴볼 것도 없다(논어 태백편)"라고 하였는데, 그 주석에 '차〔盈〕고 비〔歉〕다'로 해석한 것이 실로 더할 수 없이 극진하다. 여기서 더 나아가 말한다면 또한 천하를 다스리는 일에도 비유할 수 있겠다.

천하는 한 사람의 어진 것만으로는 다스릴 수 없고, 반드시 재주 있고 지혜 있는 자를 널리 찾아서 함께 다스려야 하는 것이다. 만일 교만하여 아랫사람에게 굽히지 않고, 인색하여 공로가 있는 자에게 상을 주지 않으면 마침내 나라를 잃게 될 것이니 어찌 보잘 것이 있겠는가.

주공은 그렇지 않았다. 선물을 가지고 가 스승으로 섬기던 사람이 열두 명이나 되었고, 시골 구석진 초가집에 찾아가 친구처럼 사귀던 사람이 마흔아홉 명이나 되었으며, 조정에 불러 벼슬시킨 사람이 1만 명이나 되었다. 만일 진실로 교만하고 또 인색하였다면 찾아오는 자는 벼슬이나 탐내고 녹봉이나 먹으려는 무리에 지나지 않았을 것이다. 이는 어진 이를 구하는 일을 급히 해야 한다는 뜻을 절실히 말한 것이니, 이와 같이 보는 것이 또한 마땅할 것이다.

고려 충렬왕 때의 문신

薛公儉 설공검

《주례》춘관(春官)에 "직상(職喪 : 주나라 때 상례를)은 경(卿)·대부(大夫)·사(士)와 모든 관작이 있는 자의 초상을 맡아서 국가의 상례(喪禮)에 따라 그 금령대로 일을 질서 있게 한다" 하였다. 이러므로 공행자(公行子)가 아들의 초상을 당했을 때 맹자가 가서 조문하며, "한 임금을 같이 섬기므로 조정의 예에는 형제의 의(義)가 있는 것이니 같은 조정에 있는 자는 모두 서로 조문하는 것이다" 하였다.

고려 중찬(中贊) 설공검*1은 예를 좋아하였다. 무릇 벼슬이 육품 이상인 자로서 부모의 초상을 당하면 비록 모르는 자일지라도 반드시 소복(素服)을 입고 가서 조문하였으니, 이런 좋은 뜻은 마땅히 본받아 규례로 삼아야겠다. 옛날에는 친상을 당한 자에게는 그의 문앞에 가서 이름을 부르지 않았고, 재최(齋衰)·대공(大功)·소공(小功)을 당한 자에게는 나라에서 역사(役事)를 시키지 않았고, 또 소공을 당한 자에게도 장사지내기 전에는 역시 역사를 시키지 않았는데, 후세에 와서 풍속이 갈수록 박해져 이것을 성심껏 지키지 않았다. 그러나 가르침이라는 것은 불초한 자를 위해 베푸는 것이고, 예라는 것은 어떠한 이유에 따라 일을 일으키는 것이니, 이와 같은 일들을 본받아 행하면 반드시 이것으로 선심을 일으키게 될 것인데 어찌 풍속에 도움이 되지 않겠는가?

오늘날에는 당습(黨習)이 서로 원수처럼 되었으니, 조문하는 예를 전부 이와 같이 할 수는 없을 것이나, 조정에서 또한 경중을 구분하여, 세상이 다 아는, 서로 가까이 지낼 수 없다는 것을 모두가 다 아는, 그런 사람을 제외하고서는, 모두 이 법으로 임하면 거의 예가 지켜질 수 있을 것이다.

---

*1 고려 충렬왕의 문신. 원종(元宗) 때 원나라에 가는 세자 충렬왕을 호종한 공으로 우부승지(右副承旨)가 되었다. 충렬왕 때 찬성사(贊成事)로 치사(致仕)한 후 다시 중찬치사(中贊致仕)가 더해졌다. 시호는 문량(文良).

빠뜨린 사실이 많은 우리나라 역사

東史多諱 동사다휘

고려 우왕(禑王 : 고려 제32대 임금 신왕(辛王))　때, 명나라 태조(太祖 : 주원장(朱元璋))가 조칙에 이르기를 "짐이 역대로 고구려를 정벌한 사실을 살펴보니, 한(漢)나라는 네 차례나 정벌했는데 자주 변경을 집적거린 까닭에 섬멸시켰다 하고, 위(魏)나라는 두 차례나 정벌했는데 남몰래 두 마음을 품고 오나라와 좋아한 까닭에 도읍을 무찔러 버렸다 하고, 진(晉)나라는 한 차례 정벌했는데 그들이 거만한 행동으로 무례한 짓을 한 까닭에 궁실을 불태우고 남녀 5만 명을 사로잡아 노비로 부렸다 하고, 수나라는 두 차례나 정벌했는데 요서(遼西)를 침략하면서 번방(藩邦)의 예를 폐지한 까닭에 쳐서 항복을 받았다 하고, 당나라는 네 차례나 정벌했는데 임금을 죽이고 형제간에 그 왕위를 다툰 까닭에 땅을 빼앗아 9도독부(都督府)로 만들었다 하고, 요나라는 고려를 네 차례나 정벌했는데 그들이 임금을 죽이고 또 엎치락뒤치락하면서 난을 일으킨 까닭에 궁실을 불태우고 난신(亂臣) 강조(康兆) 등 수만 명을 목 베어 죽였다 하고, 금나라는 한 차례 정벌했는데 사신을 죽인 까닭에 그들 백성까지 무찔러 버렸다 하고, 원나라는 다섯 차례나 정벌했는데 도망쳐 다니면서 사자와 조정에서 배치한 관리를 죽인 까닭에 군사를 일으켜 토벌한 다음 제주로 귀양 보냈다가 죽이기까지 했다. 이렇게 서로 불화하게 된 단서는 모두 스스로 자초한 것이다" 하였다.

그러니 우리나라는 한(漢)나라 이후부터 무릇 스물세 차례나 병화(兵禍)를 입은 셈이다. 만일 그런 사실이 없었다면 명 태조가 어찌 이와 같이 말하였겠는가?

우리나라 역사책에는 기재되지 않은 것이 많으니 마땅히 사실대로 써서 전하고 믿도록 해야겠다. 제주에서 일어났던 사실은 무엇을 가리킨 것인지 알 수 없으니, 이는 혹 역사가가 숨겼던 것일까. 전고(典故 : 전거가 되는 고사)를 널리 아는 자로서는 마땅히 낱낱이 살펴 연구해야 할 것이다.

신라의 진덕여왕
新羅眞德 신라진덕

《통고》에, "당 태종(唐太宗)은 소릉(昭陵)에 장사지낼 때, 공신(功臣)과 밀척(密戚)들이 능까지 모셔가기를 청하자 그렇게 하라고 허락하였다. 좌우로 늘어선 문무관(文武官)은 아버지와 할아버지의 능을 아들과 손자들이 나란히 모시는 것 같았고, 또한 그 중간에 오랑캐의 군장(君長)도 끼어 있었는데 신라의 왕녀 진덕(眞德)도 참여했다" 하였다.

이때는 정관(貞觀) 23년인 신라 진덕여주(眞德女主 : 신라 제28대의 여왕) 3년(649)이었다. 신라는 바야흐로 당나라를 상국(上國)으로 섬기면서 김춘추(金春秋)가 그의 아들 문왕(文汪)을 당나라 숙위군(宿衛軍)으로 머물러 있게까지 했으나 왕녀가 들어가 조현(朝見)했다는 글은 없다. 또 진덕여주의 시대라면, 왕녀 진덕이란 말 또한 의심할 만하다.

왕녀가 혹 들어가 조현했다 할지라도 어찌 장사 지내는 능까지 따라갈 이치가 있겠는가? 진덕은 본디 신라의 왕녀로서 임금이 되었으니, 이것이 이상한 일이다. 이는 사씨(史氏)가 신라의 왕녀 진덕의 사신(使臣)이 가서 이와 같이 한 사실이 있었던 것을 왕녀 진덕이 몸소 이르렀다는 것으로 여긴 것이니, 혹 이런 일이 있을 듯도 하다.

더구나 진흥왕(眞興王) 때에는 두 미녀(美女)를 당나라에 바쳤으나 위징(魏徵)도 받아들이는 것을 타당하게 여기지 않았고, 태종도 이르기를, "저 숲속에 앵무새도 오히려 날씨가 추우면 제집으로 돌아가려고 애원하는데 하물며 예쁜 두 여자가 가족과 멀리 이별한 데에 있어서랴?" 하고 사자(使者)에게 붙여 돌려보냈다고 하였으니, 이로 본다면 신라에서 또다시 여자를 바쳤을 리가 있었겠는가?

수 양제가 일본에 사신을 보냄
煬帝遣使日本 양제견사일본

중국 수나라 양제(煬帝)의 대업(大業) 4년(608) 3월에, 왜주(倭主)가 양제에게 보낸 편지에 말하기를 "해가 돋는 곳에 있는 천자로서 해가 지는 곳

에 있는 천자에게 편지를 드리면서 무양(無恙)을 빕니다” 하였는데, 양제는
이 편지를 본 다음 반가워하지 않고 홍려(鴻臚)에 조칙하기를 “만이(蠻夷)
들의 무례한 편지는 받아들이지 말라” 하였다.

김부식(金富軾)의 《삼국사기》에 “백제 무왕(武王) 9년(608)이 곧 이 대
업 4년이다. 그리고 봄 3월에, 수나라 문림랑(文林郎) 배청(裴淸)이 사명
(使命)을 받들고 왜국으로 가는 길에 우리나라 남도를 경유하였다. 양제는
비록 그의 불쾌한 사실을 세상에 널리 공개했다 할지라도, 실제에 있어서는
비밀로 사신을 통해 저들로 하여금 와서 항복하도록 했던 것인데 일본이 듣
지 않았다” 하였다. 《수서(隋書)》에는 이 사실을 숨겼으니 웃을 만하다.

《유기》와 《신집》
留記新集 유기·신집

우리나라 역사는 김관의(金寬毅)·임경숙(任景肅)·민채(閔責)·김부식(金
富軾) 몇 사람이 지었을 뿐인데, 지금 남아 있다는 것은 다만 김부식의《삼
국사기》뿐이다. 관의의 말은 모든 글에 나타난 것이 허황하고 괴이치 않은
것이 없으니 족히 취할 만한 것이 없고, 《삼국사기》또한 사재(史才 : 사관이 될
만한 재능)
를 갖추지 못해 중국에서 전해들은 것을 많이 섞어 썼기 때문에 무슨 뜻인지
분변하기가 더욱 어렵다.

그리고 임경숙과 민채 두 사람은 어떻게 썼는지 알 길이 없다. 백제는 근
초고왕(近肖古王 : 백제 13
대 임금) 29년(374)에 박사(博士) 고흥(高興)을 얻어 처음으
로 쓴 기록이 있었고, 신라는 진흥왕(眞興王) 때 거칠부(居漆夫) 등이 처음
으로 국사를 지었고, 고구려는 예부터 기록한 역사가 1백 권이 있었는데, 이
를 《유기》라 하였다.

영양왕(嬰陽王 : 고구려 26
대 임금) 11년(600)에 수나라에 사신을 보내 조공(朝貢)한
결과, 수나라에서 태학 박사(太學博士) 이문진(李文眞)에게 조칙하여 옛 역
사를 요약해서 《신집》 다섯 권으로 만들도록 하였으나 지금은 모두 없어졌으
니, 문헌을 증거할 수 없는 것이 우리나라와 같은 데가 없을 것이다.

고구려 제일의 으뜸 재상

乙巴素 을파소

중국 한(漢)나라 고조(高祖)는 진평(陳平)을 얻어 천하를 도모하였다. 이
때 먼저 위무지(魏無知 : 진평을 한 고조
에게 추천한 자)에게 상을 주었으니 이것은 400년 왕업의
터전을 이룩할 조짐이었다. 공자가 "자신이 힘껏 노력하는 것을 어질다 하
겠느냐, 아니면 어진 사람을 추천하는 것을 어질다 하겠느냐? 비록 관중(管
仲)이나 자산(子産)같이 어질고 재주 있는 사람도 만일 후계자를 추천하지
않았다면 끝내 국위를 떨칠 수 없었을 것이다. 그러므로 어진 사람을 추천하
면 제일 높은 상을 받는다" 하였으니, 한나라 초기에 인재를 얻은 것이 이
점에서 참으로 훌륭했다 하겠다.

고구려 고국천왕(古國川王)은 사부(四部)에 명령을 내려 아래 있는 사람
가운데 어진 인재를 추천하라 하였다. 이때 모두 동부에 사는 안류(晏留)를
추천하였고, 안류는 또 을파소를 추천하므로, 이에 왕은 비사중례(卑辭重
禮 : 겸손한 말과
두터운 대접)로 그를 맞아들인 결과 나라가 훌륭히 다스려졌다.

왕은 안류에게 "만일 자네의 추천하는 말 한 마디가 없었다면 내가 을파
소를 얻을 수 없었으며, 그와 함께 나라를 다스릴 수 없었을 것이다. 지금
여러 업적이 이루어진 것은 자네의 공이었다"라 말하고, 이에 안류를 대사
자(大使者)로 삼았으니 왕도 또한 요령을 알았다고 할 수 있을 것이다. 처
음 을파소를 우태(于台)라는 벼슬에 등용했으나 을파소는 그런 벼슬로는 정
사를 해낼 수 없다고 판단하여 "신은 명령을 감당할 수 없으니, 어진 인재를
뽑아 높은 벼슬을 주어서 큰 사업을 이루도록 하십시오" 하였다.

왕은 을파소의 뜻을 알고 곧 그를 국상(國相)으로 삼아 정사를 맡겼다.
이것이 《서경》 대우모(大禹謨)의 이른바 "어진 이에게 맡기되 다시 의심하
지 않는다"는 것이다. 후세에 와서도 간혹 어진 인재를 추천하여 뽑기는 하
나 거의 낮고 천한 관직에 앉혀 놓고는 재능이 없다고 한다. 이것이 준마로
하여금 쥐를 잡도록 하는 것과 무엇이 다르단 말인가? 따라서 고국천왕과
같은 이는 매우 지혜롭고, 과단성도 뛰어났다고 할 수 있다.

우리나라에 전해진 불교
海東佛法 해동불법

고구려 제17대 소수림왕(小獸林王) 2년(372)에 부도(浮屠 : 여기서는 스님을 말함) 혜순(惠順)이 부진(苻秦 : 전진)으로부터 와서 이불란사(伊佛蘭寺)를 창건했는데, 이것이 우리나라 불법의 시초가 되었다. 신라 제23대 법흥왕(法興王) 12년(525)에는 사문(沙門 : 출가하여 불도를 닦는 사람) 묵호자(墨胡子)가 고구려로부터 들어오자, 왕은 불교를 일으키려 하였으나 신하들은 모두 믿지 않았다.

근신(近臣) 이차돈(異次頓)이라는 자가 청하기를, "신의 목을 베어 의논을 결정 지으소서" 하였으니, 그의 뜻은 본디 죽음으로써 불교를 일으키고자 함이었다. 그가 죽임을 당할 때, "내가 죽으면 반드시 이상한 일이 일어날 것이다" 하였는데, 과연 그의 목에서 흰 피가 젖처럼 솟아나오자 신하들은 감히 불교를 헐뜯지 못했다.

나는 서방(西方)의 교(敎)란 것은 귀신을 부리며 종잡을 수 없는 것이므로 죽은 이차돈의 몸에서 흰 피가 솟게 된 것도 귀신이 한 짓이라고 생각한다.

지금은 시골 무당도 무슨 물건을 긴 장대에 붙여 세워 여러 사람을 능히 현혹시키는데, 이런 것을 어찌 믿을 만하다 하겠는가? 나중에 그 교가 크게 행하여져 결국 나라가 망하는 데까지 이르렀다.

역사를 논하는 자들이 말하기를, "부도를 받드는 데는 그 폐단도 알지 못했다. 심지어 마을에도 탑묘(塔廟)를 즐비하게 짓고 여러 백성들이 도망쳐 중이 되도록 했기 때문에 국가가 날로 쇠락하게 되었다" 하였으니, 이는 헛된 말이 아니다.

신라의 3대 시대 구분
新羅三代 신라삼대

신라는 삼대로 되어 있다. 박혁거세(朴赫居世 : 신라 제1대 왕 거서간, 박씨의 시조)로부터 진덕여왕(眞德女王 : 신라 제28대 왕)까지의 28왕은 상대가 되었고, 태종무열왕(太宗武烈王 : 제29대 왕, 김춘추의 시호)으로부터 혜공왕(惠恭王 : 제36대 왕)까지 8왕은 중대가 되고, 선덕여왕(善

德女王 : 제37대왕)으로부터 경순왕(敬順王 : 제56대왕)까지의 20왕은 하대가 되었다. 또 진덕여왕 이상은 성골(聖骨), 태종무열왕부터 영왕(永王)까지는 진골(眞骨)이라 하였으니, 무슨 뜻인지 알 수 없다.

어떤 이는 이르기를 "진덕여왕의 혼암(昏闇 : 어리석어 사리에 어두움)한 정사를 태종무열왕이 개혁해 다스렸으나, 혜공왕이 어려서 즉위하자 나라는 거의 망하다시피 되어 끝내 난병(亂兵)에게 죽었다. 선덕여왕은 비록 유신(維新)의 정사는 없었다 할지라도 공경하고 삼가서 왕위를 유지했으며, 나중에 원성왕(元聖王 : 제38대왕)에 이르러 비로소 문치(文治)를 열었다" 하였으니, 삼대로 구분된 것이 혹 이 때문이 아니었을까?

이른바 영왕(永王)이란 자 또한 누구를 가리킨 것인지 알 수 없다. 혹시 경순왕을 지목한 것일까?

고와 김이라는 두 성씨
高金二姓 고김이성

중국 오호 16국 때 북연(北燕) 모용운(慕容雲)은 성이 고씨(高氏)라고도 하였다. 《동사》에 이르기를 "그의 아버지 고화(高和)는 본디 고구려의 지속(支屬)으로서 스스로 고양씨(高陽氏)의 후예라고 하였다"고 한다. 고구려 광개토왕(廣開土王) 17년(407)에 사신을 보내 종족(宗族)이라는 내용을 이야기했고, 모용운 또한 고구려에 사신을 보내 답례하였다.

동명왕(東明王)의 아버지 해모수(解慕漱)는 어디로부터 왔는지 알지 못하고 자칭 천제(天帝)의 아들이라 하였다. 저 고운(高雲)도 과연 그의 지속이었다면 또 어찌 고양씨의 후예라고 하였겠는가. 신라의 금으로 만든 함에서 나온 알지(閼智)는 금천씨(金天氏)의 후예라고 자칭했으나 이는 상고할 수 없고, 가락(駕洛)의 금란(金卵)에서 난 수로(首露)도 또한 헌원(軒轅)의 후예라고도 하고 소호(少昊)의 후예라고도 했으니 무슨 이유였을까?

이 말은 김유신(金庚信)의 비문(碑文)에 나타났는데 《삼국사기》에 뽑아 넣었다. 추측컨대 고씨·김씨 두 성은 처음 중국으로부터 우리나라로 옮겨온 듯하다. 저 금궤에서 나왔느니 알에서 나왔느니 하는 이상한 이야기는 그 때 민간에서 와전되었던 것인가. 상고(上古) 시대에 인물이 처음 태어날 때는 반드시 기화(氣化)로 되었다 할지라도, 차츰 번식하여 형체를 이룬 뒤에는 다시 이런 이치가 없었다.

삼국(三國)이 일어난 것은 서한(西漢) 말기였고, 우리나라 또한 단군·기자 때부터 전해 온 세대가 오래 되었는데, 삼한(三韓)이 솥발처럼 서서 이리저리 서로 변해진 그 시대에 기화(氣化)로 생겨났다는 인물들이 어찌 그토록 많았을까? 이러므로 나는 먼 조상에 대한 신성(神聖)하다는 이야기도 반드시 다 믿을 필요가 없고, 우리나라 역사에 전하는 허황하고 괴상한 이야기 또한 없애버려야 한다고 생각한다.

대개 백제의 역사책이 가장 먼저 나왔으나 역시 개국한 지 400년이 지난 뒤에 있었던 일이니, 그 입으로 전한 말을 적은 것에 어찌 의거할 만한 참다운 사실이 있었으랴. 오늘날 온갖 서적이 다 갖춰진 뒤라 할지라도 만약 수백 년 전의 이야기를 기록한다면, 민간에서 아무렇게나 전하는 말에 따라 외람한 붓으로 허황되게 쓴다면 의론이 모두 잘못되어 버릴 것이다. 하물며 삼국이 처음으로 일어날 즈음에 있어서랴. 붓을 잡은 자로서는 마땅히 취사가 있어야 할 것이다.

고구려 해명 태자
解明 해명

고구려 태자 해명(解明 : 제2대 임금 유리왕의 태자)은 임금이 내린 칼에 죽었다. 역사가는 오로지 해명의 죄라고만 공격할 뿐 그가 유리왕(琉璃王) 때문에 죄를 짓게 되었던 사실은 알지 못하였다. 그에 앞서 유리왕이 도읍을 국내성(國內城)으로 옮기려 할 때 해명은 이를 반대하였으니, 이것이 그의 첫 번째 죄였다. 그런데 만일 그렇다면 유리왕 22년에 도읍을 옮기고 그 이듬해에 해명이 태자에 책봉된 것은 무슨 까닭인가.

황룡국(黃龍國 : 오호(五胡) 16국 중의 북연(北燕))의 왕이 강궁(强弓)을 선물로 보내왔다. 그런데 해명이 그 활을 사신이 보는 앞에서 꺾어버려, 이웃 나라의 원망을 사게 되었다. 이것이 두 번째 죄였다. 무릇 용맹을 좋아하고 덕에 힘쓰지 않는 것이 의리가 아닌 태도라 할지라도 이때는 동명왕(東明王)이 왕업(王業)을 일으키던 때였으니 어느 누군들 용맹스러워짐을 좋아하지 않았으랴.

나중에 부여(扶餘)의 사신이 와서 무휼(無恤)을 꾸짖을 때 왕명을 어기고 그들을 말로써 꺾어버렸는데도 아무 탓도 하지 않은 것은 무엇 때문인가. 왕은 황룡국의 왕에게 해명을 죽이도록 요청했으나, 황룡국에서는 해치기는커녕 도리어 예우까지 해주었으니, 그의 사람됨을 알아볼 수 있는 대목이다.

이런 자질을 가지고 문물이 아직 미개한 그 무렵에 나라를 세우는 사업을 도모하기를 비류(沸流 : 백제 대왕[11])와 온조(溫祚 : 백제 초대왕)처럼 했어도 좋았을 것이다. 그런데 그는 "아버지께서 나를 불효자라 하니 아버지의 명령을 어길 수 없다"고 하고 마침내 스스로 창에 찔려 죽었다. 이로써 해명은 전부터 아버지의 명령에 순종하는 아들이었음을 알 수 있다.

유리왕은 이미 송씨(松氏)를 받아들여 왕비로 삼았다. 이듬해에 송씨가 죽었는데 송씨에게는 무휼이라는 또 다른 아들이 있었다. 무휼이란 조씨(趙氏 : 전국시대 조양자로 이름이 무휼이었음)의 집에서 탈적(奪嫡)한 자의 이름이다. 해명이 백로(伯魯)*1 같은 처지가 된 것은 이미 오래된 일이었다. 이때 무휼의 나이가 26세였다. 해명은 마침내 죄를 얻게 되었고, 6년이 넘어서 무휼은 태자가 되고 왕자 여진(如津)은 물에 빠져 죽었으니 이 무슨 까닭이란 말인가?

제왕(帝王)의 집안이란 애증 관계가 조금이라도 불거지면 나라를 넘보는 자들이 여기저기서 생기게 되고, 세력이나 처지가 서로 비슷한 경우에는 날카로운 칼을 몰래 쓰게 된다. 따라서 해명의 죽음은 애매할 뿐이었다.

꿋꿋했던 문신 김치원
金致遠 김치원

광해군 초기에 정언(正言) 김치원(金致遠)이 정사의 잘못을 낱낱이 고하자, 광해군이 대답하기를 "궁궐의 법도가 엄하지 않아 뇌물이 공공연하게 행해진다는 것은 어느 사람을 지적하는 것인가? 나는 상사(喪事)를 만난 뒤로부터 베옷을 벗지 않고 궁인들도 다들 흰옷을 입었다. 지난번에 상방(尙方)에서 무역을 청한 것은 곧 예복(禮服)의 재료를 사려는 것이다. 궁중에서 사치만을 주창한다는 것은 무슨 일을 가리킨 것이냐? 3년이 지나기 전에

---

*1 전국 시대 조간자(趙簡子)의 맏아들인데 조간자가 그를 태자로 삼지 않고 작은아들인 무휼(無恤)로 태자를 삼았다. 여기 해명(解明)도 백로와 같은 처지가 되었음을 말함.

는 내가 일찍이 내침(內寢)에 들어간 일이 없었다. 폐행(嬖幸)이 나와 잠자리를 함께 했다는 자가 누구냐? 기도하는 일은 내간에 혹 있다 할지라도 어찌 내가 다 알 수 있겠느냐? 이른바 좌도(左道)라는 것은 무슨 도냐?" 하였다.

회계(回啓)하기를 "바깥 잡류들이 나인(內人)을 사귀어 서로 청촉(請囑)하는 것이 있다면 궁궐의 법도가 엄하지 않은 것이고, 비단과 주옥이 비록 예복에 대한 재료라 할지라도 먼 중국의 물품을 사들일 필요가 없는데 무역을 시키고 계시니, 이는 사치의 길을 열어 주는 것입니다. 성상(聖上:임금)임금께서는 비록 별전(別殿)에 계신다 할지라도 근습(近習)들을 앞에 부리고 계시니 이는 내신(內臣)을 사랑하는 것이며, 기도하는 일은 성상께서 비록 알 수 없다 할지라도 이것이 이미 정도(正道)가 아니었다면, 이는 틀림없는 좌도입니다" 하였다. 광해군이 노하여 김치원을 관직에서 물러나게 하였다.

김치원은 부안(扶安) 사람이었다. 그는 풍채가 늠름해 볼 만하였는데, 지금 사람은 이를 아는 이가 아무도 없으니 애석하다. 간관(諫官)이 혹시 이름을 팔고 곧은 체하며, 임금이 마음껏 간하도록 한다 할지라도 말하기 어려운 때에는 오히려 다 간할 수 없을 것인데, 하물며 이토록 꺾음에랴.

이 한 가지의 일만 보더라도 광해군이 족히 왕위를 잃을 만한 한 징조를 점칠 수 있는 까닭에 특히 따서 적는다.

임진왜란 때 나온 명나라 장수
壬辰天將 임진천장

임진왜란 때 명나라 정응태(丁應泰)는 양호(楊鎬)가 공을 세운 바 없다고 명나라 임금에게 속여서 주달하였다. 우리나라에서는 양호를 위해 변명하였으나, 사실에 있어서는 정응태의 말이 옳았다. 금오평(金烏坪)에서 한 번 싸웠으나 본디부터 힘써 싸우지 않았다. 왜적이 두 번째 침입했을 때도 그들의 나라에 내란이 있자 이에 스스로 물러나기에 이르렀으니, 어찌 일찍이 과시할 만한 승리를 거둔 때가 있었던가.

기해년(1599)에 이르러 명나라 군사도 철군하여 돌아가게 되었는데, 많은 장수들이 자신의 전쟁 공로를 자랑하였다. 어사 진효(陳效)란 자가 그들의 속임을 통탄하게 여기고 사실 그대로 보고하려 하니, 유정(劉綎)이 주방 군졸에게 뇌물을 써서 그를 독살케 했다. 유정은 또 싸우기는 겁내면서도 공은 탐을 내었다. 비밀로 소서행장(小西行長 : 왜장의 이름. 고니시 유키나가)을 꾀어 도망치도록 하고 그로써 자기의 공로를 만들려고 했다.

한음(漢陰) 이덕형(李德馨 : 선조 31년 영의정에 오름)이 그 정보를 알아내어 재빨리 충무공 이순신에게 통보하여 소서행장의 군사를 맞아 공격하여 크게 격파하도록 했는데, 이 사실을 누설시킨 자가 있다고 유정은 크게 노여워하였다. 내가 나중에 명나라의 역사를 보매 이덕형을 폐신(嬖臣 : 임금에게 아부하여 신임받는 신하)이라고 일컬었으니, 이는 대개 유정의 무리가 무고한 때문이었고, 진어사(陳御史)는 그의 정직함을 굽히지 않다가 먼 변방에서 원통하게 죽었는데도 천하 후세에 아는 자가 없으니 또한 슬프다 하겠다.

대체로 명나라 장수의 공로는 이여송(李如松)이 평양에서 이긴 것이 첫째가 되었다. 만일 그 무렵에 왜적의 날카로운 기세를 먼저 꺾어버리지 않았다면 나중에 수습하기가 실상 어려웠을 것이다. 비유해 말하자면, 마치 높은 봉우리에 올라가 돌을 굴려 내림과 같아서, 맨 처음은 굴려 움직이기가 어렵지만 돌이 한 번 굴러가게 되면 중간에 나타난 하찮은 장애물은 한 손가락만으로도 굴릴 수가 있다는 것이다. 유정의 무리는 이여송의 명성과 위세에 힘입음이 있었다 하면 옳거니와, 무슨 과시할 만한 특별한 공로가 있었겠는가. 나는 말하건대, 이여송도 이미 벽제(碧蹄) 싸움에서 패배한 뒤부터 왜적을 매우 두렵게 여기고 도망쳐 돌아가는 왜적을 추격하지 않았으니, 참으로 잘못이 있었다고 생각한다. 그러나 그의 큰 공로만은 잊을 수 없다. 그런데 우리나라에서는 양호를 위해서는 사당을 세우고 제사를 지내면서 이여송 같은 이는 빠뜨리게 되었으니 왜 그러한가?

망우당 곽재우
郭忘憂 곽망우

망우당 곽재우(郭再祐)가 물러나기를 구하는 상소문에서 "성지(城池 : 성과 그 주위에 파놓은 못)와 주사(舟師 : 水軍)는 한쪽도 없앨 수 없는 것인데, 지금은 주사만 두고 성지는 없애려고 하니, 신은 실로 이것을 걱정하고 있습니다. 걱정을 아무리 해도 아무 이익이 없으니, 벼슬을 그만두고 물러가야 할 첫째 이유입니다.

적국을 얽매어 놓는 것은 강화하는 것보다 나은 게 없고, 분을 풀고 화를 삭이는 데도 강화보다 나은 것이 없으며, 적의 침입을 미리 막는 것도 강화보다 나은 것이 없고, 군사와 백성을 쉬게 하는 것도 강화보다 더 나은 것이 없습니다. 군사끼리 서로 교섭하자면 사신이 그 중간에 있어야만 하는 것인데, 지금은 왜국 사신을 잡아 가두어서 적의 화근을 불러들이려 하니 신은 실로 이것을 통탄스럽게 여깁니다. 통탄스럽게 여겨도 아무 보람이 없으니, 벼슬을 그만두고 물러가야 할 둘째 이유입니다.

나라가 어지러울 때는 어진 재상을 생각한다고 하였으니, 재상이 진실로 어질면 화를 바꾸어 선치(善治)를 할 수 있는 것인데, 이미 이원익(李元翼)을 영의정으로 삼았다가 얼마 안 되어 갈아치움으로써 조정을 불안하게 만드니, 신은 여기에 대해 실로 민망하게 여깁니다. 그러나 아무리 민망하게 여겨도 조금도 보탬이 되지 못하니, 이것이 벼슬을 그만두고 떠나가야 할 셋째 이유입니다" 하고, 마침내 벼슬을 버리고 시골로 돌아가 버렸다.

임금은 그를 잡아 가두고 국문하라고 명하였다. 그래서 그를 비방죄라 하여 영암군(靈巖郡)으로 귀양을 보냈다가 1년 만에 석방시켜 돌려보냈다.

그 뒤로 곽재우는 끝내 벼슬을 하지 않고 벽곡(辟穀 : 먹지 않고 사는 도가(道家)의 술법)과 도인(導引 : 천지의 공기를 호흡해 자기의 장부로 끌어들이는 호흡법)으로 살았으니, 이와 같은 사람은 신하의 절의를 다하고 또 자신의 만족함도 알아서 초연한 자세로 사물에 대한 얽매임이 없었다 할 수 있으니, 이른바 "영웅도 머리만 돌리면 곧 신선이다〔英雄回首卽神仙〕"라는 것이 아니랴.

그가 말한 훌륭한 재상을 생각한다는 한 마디는 더욱 뛰어난 포부라고 할 수 있는데, 우리나라 사람들은 안목이 좁아서 그런지 여기까지 미치는 자가 아직 없다.

당 태종 능
昭陵 소릉

당 태종(唐太宗)의 소릉은 구종산(九嵕山)에 있는데, 봉우리가 아주 높이 솟았기 때문에 산세에 따라 옆으로 파서 능을 만들었다. 여기에 문덕(文德 : 당 태종의 황후 장손씨(長孫氏)의 시호)을 장사지내고 후(后)의 검덕(儉德)을 칭찬하여 비석(碑石)에 새기기를, "장사를 잘 지내지 말라고 유언하였으므로 간사한 도둑이 무덤을 도굴할 마음을 갖지 않을 것이니, 존몰(存歿)에 아무 거리낌이 없다" 하였다.

나중에 태종도 죽어서 소릉에 같이 장사 지냈는데, 구종산 봉우리를 따라 산 남쪽에 깊이 75척을 뚫어서 현궁(玄宮)을 만들고 암벽 옆으로 다리를 놓아 잔도(棧道)를 만드니 낭떠러지가 백 길이 넘었다. 산을 감돌아 2백 30보쯤 가면 비로소 현궁에 도달하게 되니, 나중 일을 염려하고 미리 대비하기를 이토록 지극히 하였다.

태종이 대왕(大王 : 왕희지(王羲之)의 별칭)의 난정서(蘭亭序 : 왕희지가 쓴 행서첩)를 자신의 능에 순장(殉葬)하도록 하였으므로 옥갑(玉匣)에 넣어 함께 묻어 버렸으나, 나중에 온도(溫韜)*1가 소릉을 발굴하자 난정서는 다시 세상으로 나오게 되었으니, 그토록 튼튼히 하고자 한 태종의 노력 또한 허사가 되고 말았을 뿐이다. 비유하면 좋은 보화를 남모르게 감추면 감출수록 엿보는 자도 더욱 많아지는 것과 같은 것이다.

저 구종산처럼 험한 길까지 가지 않더라도 우러러 공경할 만한 보물들이 어찌 다른 곳에는 끼어 있지 않겠는가? 소릉이 발굴된 것은 역시 난정서가 다시 세상에 나오게 되는 운수와 관련이 있었을 뿐이다.

명나라 마지막 황제
崇禎帝 숭정제

명나라 숭정제가 임종 때에 "내가 망국지주(亡國之主)가 아니라, 여러 신하들이 바로 망국지신(亡國之臣)이다" 하였으니, 어찌 그토록 잘못 알았을

---

*1 후당(後唐) 화원(華原) 사람. 처음에 이무정(李茂貞)으로 섬기니 화원진장(華原鎭將)을 삼았다. 성을 이(李)라고 고치고 이름은 언도(彦韜)라고 하였다. 무정(茂貞)이 요주 자사(耀州刺史)로 삼았고, 양나라에 항복하니 양나라가 정승군 절도사(靜勝軍節度使)로 삼으매 그 성(姓)을 회복하고 이름을 고쳐 소도(昭圖)라 하였다. 진(鎭)에 있을 적에 당나라의 여러 능(陵)을 발굴하였으므로 소릉에 소장된 종왕(鍾王)의 필적이 마침내 세상에 전하게 되었다. 《後唐書》.

까? 내가 살펴보니, 태조(太祖) 주원장(朱元璋)의 사납고 각박한 성질은 마치 진 시황(秦始皇)과 비슷하였다. 진(秦)나라는 육국(六國)을 평정하였고 명나라는 오랑캐인 원나라를 소탕하였으니, 그들은 형법이 엄격하지 않으면 세상에 위엄을 세울 수 없다고 여겼던 모양이다. 진나라는 호해(胡亥 : 진나라의 2세 이름)가 임금이 되자 바로 멸망하였으나 명나라는 문황(文皇 : 명나라의 2대 황제) 같은 사나운 자로도 국운이 이어졌으니, 문황은 제2의 태조이다. 인종(仁宗 : 명나라의 4대 황제) 이하는 조금 너그러운 정사를 펴서 인심이 드디어 크게 안정되어 수백 년의 오랜 세월이 지났으니 이는 시대와 형세가 달라서 그렇게 된 것이다.

중엽 후부터 환관이 정권을 잡자 백성들의 고통이 더욱 더 혹독해졌다. 마치 수령이 혼암하고 용렬하면 서리(胥吏)들이 제멋대로 나쁜 짓을 하는 것처럼 되었던 까닭에 임금은 위에서 허수아비와 같이 앉아 있기만 하고, 뭇 간신(奸臣)은 제멋대로 혹독한 법을 만들어 백성을 못살도록 하였으니, 어찌 나라를 잃지 않을 수 있겠는가. 그들 환관이 권세를 잃을 때 몰수한 재산을 보면, 기주(冀州)의 후추와 보주(普州)의 해산물 등 특산품이 단지 먼지나 지푸라기 따위밖에 되지 않는 셈이었다. 왕진(王振)의 금은은 창고 60여 곳이 넘치도록 쌓여 있었고, 유근(劉瑾)은 금이 24만 덩이에 5만 7800냥, 원보(元寶)가 500만 덩이에 158만 3600냥이나 되었으며, 이광(李廣)의 황미(黃米)와 백미(白米)는 1,100섬으로 세기에 이르렀고, 그 밖의 기물과 보화도 계산할 수 없을 정도였다. 또 위충현(魏忠賢)·강빈(江彬)·주녕(朱寧) 같은 무리가 감추어 둔 보물도 이들과 맞먹게 되었으니, 이런 물품이 모두 어디서 생겼겠는가?

그 무렵 사방의 여러 세공은(歲貢銀)은 243만 냥에 지나지 않았으니, 이 숫자에 비교하면 실제로는 갑절도 더 되었다. 한 사람이 감추어 둔 숫자만 따져도 이와 같은데, 그때 이런 무리들이 또 몇 명쯤이나 되었겠는가? 지금 세상에는 부유하게 사는 집안에서 천금만 쌓아둔 것이 있어도 아주 가까운 일가와 억센 하인들까지도 세력을 부리면서 반드시 재산을 모으는데, 더구나 한 나라의 정권을 잡은 자들이 이익과 권세에 아부하여 이들과 비슷한 정도로 재물을 모은 자들은 또 몇천 몇백 명이 되었겠는가? 이로 미루어 본다면, 그 무렵 세상의 재물과 보화가 민간이나 나라에도 있지 않고 모두 환관에게로 돌아가 있었다. 이러므로 세상의 인심이 물끓듯 일어나서 나라가 멸망하게 되었는데도 숭정은 이를 깨닫지 못했다.

가의(賈誼)의 말에 "예컨대 2세 호해가 평범한 임금의 행실이 있다고 하여도 충직하고 어진 이를 등용하여 정사를 맡겼다면, 나는 상복을 입고 선제(先帝)의 과실을 바로잡았을 것입니다. 감옥을 비우고 창고를 열어서 가난한 백성에게 부여된 무거운 부세를 가볍게 하고 고된 일을 덜어 준다면 세상이 모두 편안히 살게 되어 오직 무슨 뜻하지 않은 변이나 있을까 두려워할 것이니, 간사한 백성이 있다 할지라도 그들이 지혜를 꾸며낼 수 없어서 포학한 무리의 간특하고 교활한 짓도 그치게 되었을 것입니다" 하였으니, 이는 독특한 의견이었다.

숭정도 이 가의의 말처럼 떠돌아다니는 도적(이자성(李自成)을 가리킴)들이 난을 일으켰을 때를 맞아 한번 옛날 정사로 돌아가서 약법 삼장(約法三章)*1으로 하여금 환관의 권세를 빼앗아버리고 장물죄에 대한 법률을 엄격하게 하여 천하와 함께 혁신(革新)을 했다면, 이자성(李自成)과 장헌충(張獻忠) 같은 무리는 군사를 출동시켜 섬멸하기도 전에 자취도 없이 도망쳐 사라졌을 것이 아니겠는가.

《맹자》에 "일은 옛날 사람의 반쯤만 해도 공은 반드시 갑절이 되는 것은 특히 이때만이 그렇게 되었을 것이다"라 하였다. 바로 숭정의 시대가 그렇게 될 수 있는 시기였다. 그런데 숭정은 이런 계책은 쓰지 않고 오직 힘이 넉넉지 못하다는 것만 걱정하다가 끝내 그의 죄를 뭇 신하들에게 돌렸으니 슬프도다!

호해와 이사
胡亥李斯 호해·이사

상지(上智 : 가장 뛰어난 지혜, 또는 그런 지혜를 가진 사람)는 더 이상 변화할 수 없고 중인(中人) 이하는 이해 관계로 인해 그 절조를 지키는 자가 드물다. 이미 변하지 않을 수 없게

---

*1 법으로 정한 세 가지 조문. 《사기》 고제본기(高帝本紀)에 "살인자는 죽이고, 다른 사람을 다치게 하거나 도둑질한 자는 죄에 해당된다"고 하였음. 이러한 내용은 고대법제의 공동적인 현상으로 우리나라 고조선 시대의 법이라는 3조의 금법도 같은 내용임.

되면 이리저리 옮기고 따르는 사이에 혹 낭패가 극한에 이르러 함정에 빠지게 된다.

진(秦)나라가 망할 때 호해(胡亥 : 진(秦)나라 이세황제(二世皇帝)의 이름)와 이사(李斯 : 호해의 신하)의 죄는 가늠할 수 없는 데에까지 이르렀으나, 사구(沙丘 : 지명(地名))의 변을 당하였을 때 호해는 조고(趙高)의 말을 듣지 않고, "명철한 임금은 신하를 알고 명철한 아비는 자식을 아는 것이다. 아버지가 세상을 버렸는데, 아들들에게 봉작(封爵)하지 않은 것을 뭐 이야기할 것이 있겠느냐? 형을 폐하고 아우를 세우는 것은 의리가 아니고, 아버지의 조칙을 받들지 않고 죽음을 두려워하는 것은 효도가 아니며, 능력도 부족하고 재주도 모자라면서 억지로 남의 공을 따른다면 이는 무능한 것이다. 이 세 가지 일은 덕을 거스르는 일이라서 천하의 백성도 복종하지 않을 것이고, 나 자신도 위태하게 될 것이며, 사직(社稷)도 혈식(血食 : 희생(犧牲)으로 제사함)할 수 없을 것이다" 하였으니, 이 말은 지극한 의론이다. 아주 나쁜 조고 같은 자가 아닌 어진 신하가 호해를 보좌하였더라면, 제왕의 자리에 올라 빈틈없이 성을 지킴에 불가할 일이 무엇이 있었겠는가?

상상해 보건대, 그 사람됨이 어둡고 약해서 결단성이 없고 남의 말에 잘 속아 넘어간 듯하니, 이는 그가 만난 환경이 매우 불행했던 것이라 하겠다. 이사는 조고에게, "어찌 나라를 망칠 말을 하느냐? 이는 신하로서 마땅히 논의할 바가 아니다. 나는 임금의 조칙을 받들고 하늘의 명령에 따를 것인데, 충분히 결정할 수 있는 일을 왜 그토록 염려하느냐? 충신은 죽음을 피하지 않아야 충신의 도를 지킬 수 있고 효자(孝子)는 부지런히 노력하지 않으면 위태로운 지경에 빠지게 된다. 우리로서는 저마다 맡은 직분만 지킬 뿐이니 그대는 이에 대해 다시 말하지 말라" 하였으니, 이 또한 신신(藎臣 : 충신(忠臣))의 격언이었다. 비록 옛 철인(哲人)이라 할지라도 어찌 이보다 더할 수 있겠는가?

다만 큰 이해에 얽매여 마음이 흔들려 하늘을 쳐다보고 탄식하다가 마침내 눈물을 흘리며 따랐으니, 가령 태평 시대에 나서 중주(中主 : 현명하지도않은 평범, 어리석지도한 임금)쯤만이라도 만나 그 지혜와 능력을 발휘할 수 있었던들 시대의 완급(緩急)에 따라 알맞도록 변통하여 옛 현보(賢輔 : 어진 보좌, 즉 어진 신하)의 반열에 한몫 낄 수도 있었을 것이다.

그러나 불행히도 처음에는 사납고 포학한 시황(始皇)을 만났고, 그 뒤에는 음흉하고 잔인한 조고를 만났기 때문에, 자기의 의견을 버리고 남의 말을 따르다가 이 지경에 이르게 되었을 뿐이다. 나는 이런 까닭에 좋은 자질과 성품도 보전할 수 없고, 막힘 없는 학술도 믿을 수 없으니, 오직 죽어서 눈을 감은 뒤에야 이런 위험을 면하게 되는 것이라 생각하니, "관뚜껑을 덮어야 비로소 일이 정해진다(蓋棺事卽定)"는 말이 어찌 헛말이겠는가?

《장자》의 저자
莊周 장주

장주(莊周)는 여러 가지 면에서 영특해 세상의 환난을 잘 모면한 자이다. 장주는 "착한 일을 하더라도 명예를 앞세우지 말아야 하고, 나쁜 짓을 하더라도 형벌까지는 당하지 않아야 하며, 중도를 따르는 것을 떳떳한 법으로 삼아야 한다"고 하였으니, 결국 이런 사상이 그를 장자(莊子)로 만든 것이다.

그러나 군자도 난세를 만났을 때에는 그 형편에 따라 융통을 보여야 재앙에서 벗어날 수 있다. 공자 같은 이도 "남루한 차림으로 몰래 송나라를 지났다"는 말이 바로 그것이다. 고지식하여 곧은 마음만 지니고 조금도 피하지 않다가는 세상 환난에 걸려들어 몸을 망쳐 버릴 수 있으니 이를 어찌 옳다 하겠는가. 장주 같은 이도 그의 입신(立身)과 행도(行道)를 온 천하 사람들과 함께 착하게 행하려 하지 않았던가.

다만 장주가 만난 시대가 매우 혼란스러운 무렵이라 세상 풍속이 모두 간사스럽고 시기만을 내세웠으므로, 악한 자가 패망하고 죽는 것은 당연한 일이라 하지만, 착한 자까지도 죽음을 면치 못했었다. 만일 혼자만 고매한 행실을 지니고 여러 간사한 자들 사이에서 우뚝한 척하다가 끝내 미움을 받거나 죽음을 당한다면 이것 역시 중도(中道)는 되지 못하는 것이다.

장주는 이런 관점에서 구차하게도 그의 목숨만을 보존하는 것을 주장하였으나 이것은 한 방편에 지나지 않아, 성인(聖人)도 이런 점은 깊이 배척하지 않은 것이다. 그러나 성인은 나서야 할 때와 숨을 때를 잘 가려, 처신의 중요함과 남과 접촉할 때의 권도를 함께 실천하여 이치에 어긋나지 않게 하였으며, 뜻밖에 밀어닥치는 횡역(橫逆)에 대해서도 애써 따지지 않았다.

주자는 "《노자》《장자》는 끝내 그 본뜻을 그대로 풀어 설명할 자가 한 사람도 없다. 내가 이것저것 따져서 분별할 줄 안다 해도 이런 설명은 하고 싶지 않다" 하였으니, 이 말은 진실로 생각해 볼 만한 점이 있다.

명나라 역사
明史 명사

판서(判書) 이현석(李玄錫)이 《명사강목》을 엮었는데, 그는 정난(靖難)*1 사실을 숨기고 밝히지 않았다가 나중에 그것이 잘못되었음을 깨닫고 특서(特書)하기를, "연왕체(燕王 棣)*2가 군사를 일으켜 배반하였다" 하였으니, 그 의리가 매우 분명해졌다. 조정에서 이를 간행하려 하자 어떤 이가, "우리나라는 대국을 섬겼으니 마땅히 존자를 위해 숨겨야 할 일을 도리어 밝혀서야 되겠는가?" 하였다.

그러나 사가(史家)에 어찌 허물을 숨기는 규례가 있겠는가? 비록 그 무렵 국록을 받던 신하라 할지라도 사관(史官)의 책임을 맡았다면 정직한 단안(斷案)을 내려야 마땅할 것인데, 하물며 몇 백 년 뒤 다른 나라의 사관에 있어서랴?

대저 사신(史臣)이란 치란에 관계됨이 크다. 폭군도 꺼려하고 권신도 두려워하여 감히 마음대로 하지 못하는 것이 사필(史筆)이니, 이것이 곧 예부터 이어져 오는 도(道)라고 생각하였다.

《죽서(竹書)》에, "하계(夏癸 : 하(夏)나라의 끝 임금 걸(桀)) 28년 태사 영종고(令終古)가 상나라로 도망친 뒤 13년 만에 하나라가 망했고, 상신(商辛 : 상(商)나라의 끝 임금 주(紂)) 47년 내사(內史) 상지(尙摯)가 주나라로 도망친 뒤 몇 해 만에 은나라가 망했다" 하였으니, 이것이 분명한 본보기가 될 수 있다. 그런데 지금 사람이 몇백 년 전의 사실을 숨기려고 하니 무슨 이유일까?

---

*1 명 성조(明成祖)가 조카 건문(建文)을 쫓아내고 찬탈한 사실을 올바르게 꾸며서 만든 공신(功臣)의 호. 정난(靖難)은 위난을 평정한다는 뜻이며 이 사건은 정난의 변이라 함.

*2 연왕은 성조(成祖)가 등극(登極)하기 전의 왕호(王號). 체는 그의 이름.

임견미와 염흥방

林廉 임·염

《서경》의 무성(武成)은 주서(周書)의 글이고 맹자도 주나라 사람이었다. 《맹자》진심편(盡心篇)에 말하기를 "서적에 쓰인 것을 다 믿으면 서적이 없느니만 못하다" 하였다. 세상 운수는 시대의 흐름을 따라 돌고, 사람의 마음은 보는 데에 따라 바뀐다. 따라서 사실 그대로 기록하는 붓도 이따금 사실에 어긋날 수도 있다는 것이 군자들의 일반적 인식이다.

세상에서 전하기를 "고려시대의 임견미(林堅味)와 염흥방(廉興邦)은 제멋대로 재물을 탐내며 방종을 일삼다가 죽임을 당했다. 그에 따라 그 무리의 달관이나 관료들로서 죽음을 당한 사람이 50명이 넘었다. 또 자손 가운데 강보에 싸인 갓난애까지도 모두 목숨을 보전하지 못했으며, 가신(家臣)·악노(惡奴)까지 연좌(連坐)되어 죽은 자가 1천여 명이었다" 하니, 어찌 탐종불법(貪縱不法)의 죄가 이토록 심한 데까지 이르렀단 말인가.

이때에 이르러 우리 태조(계성)가 임금을 놀라게 할 위엄과 명성이 높아지자 공명을 시기하는 자 또한 많아져 형세는 둘이 설 수 없는 지경이 되었다. 임견미와 염흥방의 재앙은 조반(趙胖)에게서 시작되었다. 조반은 개국원훈(開國元勳)이 되었으니, 임견미와 염흥방이 어찌 죽음을 면할 수 있었으랴? 우왕(禑王)이 의지하고 믿었던 자는 이인임(李仁任)이었으며, 임견미는 "광평(廣平 : 이인임)이 나를 그르다고 여긴다"고 말하였다.

또 북원(北元 : 원나라)과 교통을 끊고 오직 명나라를 염두에 둔 이는 최영(崔瑩)이었다. 이인임이 귀양을 가게 되자 최영은 "이인임은 결국 사대(事大)를 도모하고 국가를 진정시킨 공로가 있으니 그것으로 허물을 가릴 수 있다" 하였다. 그러다가 발길도 돌리기 전에 요동부터 쳐야 한다는 계책을 굳게 결정했다.

이때는 천자의 분노가 극에 이르렀을 뿐더러 왜구가 3면에서 침입하고 있어 막상 나라를 보존할 겨를조차 없을 때였다. 저 보잘것없는 군사로써 침략을 막고 변경을 방어해 봐야 최영에게 무슨 보탬이 있었으랴? 이는 다만 한 사람에게 그 죄를 돌리고 천자의 무거운 꾸짖음을 막는 데 지나지 않았던 것이다. 또한 요동을 친다는 계책도 사실은 태조(太祖)에게 앞으로의 화를 떠

넘기는 것이었다.

다시 말해 그때의 계획이 좋았느냐 나빴느냐 따지지 않더라도 임견미와 염흥방을 죽인 것은 최영의 본심이 아니었다는 것은 명백하다. 무릇 천하의 큰 운수란 하루아침에 돌아오는 것이 아니니 그것이 유래된 바는 훨씬 더 오래된 것이다.

원나라 세조(世祖)도 반드시 왜구를 치려고 했지만 그 뜻을 이루지 못한 채 작은 나라만 혼란시켰을 뿐이고 그 쇠약한 말기에 이르러서는 남쪽의 환란이 전에 없이 참혹했다. 그러니 태조의 뛰어난 용기가 아니었다면 나라가 앞으로 누구에게 힘입었겠는가?

따라서 그의 위엄과 명성이 드러나게 됨은 태조가 그렇게 만든 것이 아니라 시대가 그렇게 만든 것이다. 위엄과 명성이 드러남에 따라 꺼리는 자가 생기고, 꺼리는 자가 생김에 따라 몸이 위태롭게 된다. 흔드는 자가 여기저기서 모여들고 틈이 여러 갈래로 벌어지게 되었으니, 아무리 집안과 나라를 편안하게 하고자 한들 그게 뜻대로 쉽게 될 수 있었겠는가.

요동을 치러 나갈 때도 태조가 먼저 강을 건너갔다. 그러나 최영과 우왕은 그의 뒤를 따라가야겠다는 뜻이 없었으니 이는 무엇 때문이었을까? 실로 위화도(威化島) 회군이 없었더라면 그때 이미 존망의 기틀이 달라졌을 것이다. 이미 신창(辛昌)을 임금으로 세워 몸소 원나라에 조현(朝見)하도록 재촉한 것은 이색의 계책이었다.

아들이 길을 떠나려 하자 그의 어머니 이씨(李氏)가 그의 어린 나이를 민망스레 여기고 못 가도록 했으니 이 또한 하늘의 뜻이었다.

나중에 대관(臺官)이 이숭인(李崇仁) 등의 죄를 논하면서 "이색의 간계에 따라 창왕(昌王)을 조현하라고 독촉하고 우왕(禑王)을 임금으로 세우려고 했다" 하였으니, 그때의 일로 미루어 본다면 계획이 아주 치밀했던 것이다.

그러나 하늘이 이미 이색의 덕을 싫어했기에 마침내 그는 나쁜 계책을 내게 되었다. 찬찬히 세상의 일을 살펴보건대, 모두 하는 수 없어 하게 되었고 사람의 힘만으로 끝까지 잘 처리됨이 용납되지 않았으니 어찌 이 모두 하늘이 시킨 일이 아니랴.

촉한 형세가 동노와 비슷함
蜀漢似東魯 촉한사동로

성인(聖人)은 때를 알아 변화하는 사람이다. 때는 가하고 불가함이 있으니 형편은 이를 따라 변한다. 성인의 뜻은 본래 온 천하가 왕도를 높여서 문왕·무왕·주공(周公)의 도가 천하에 행하여지도록 하고자 한 것이다. 그러나 그 무렵에 주(周)나라는 이미 미약해져 패도(霸道)만이 온 천하에 꽉 찼으므로 제후국(諸侯國)을 두루 돌아다녀 보아도 다시 큰 일을 할 만한 나라가 없었으나 오직 노나라만은 그래도 선왕(先王)의 법을 지켜 혹시라도 조금이나마 변화하여 도(道)에 이를 수 있었기 때문에 그가 만년에 이르러 탄식하기를, "나는 동주(東周)*¹를 만들겠다" 하였으니, 그의 생각에 중국에서는 이미 어쩔 도리가 없으므로 한 모퉁이에서나마 창도(唱道)로써 도를 밝히고자 했던 것이다. 동도(東都)*²는 사방에서 핍박을 받고 있고, 진(秦)나라는 날로 강해지니, 성인은 이미 주나라가 다시 서쪽으로 환도(還都)할 수 없다는 것을 훤히 알고 있었다.

그 뜻을 헤아려 보면 노나라 군신으로 하여금 천자를 받들고 도읍을 동쪽으로 옮기도록 한 다음, 제나라와 등나라의 임금을 이끌고 중국을 호령하여 한 왕통(王統)을 이어가기를 바란 것이다.

공자는 "제나라가 한 번 변하면 노나라에 이를 것이다(《논어(論語)》 옹야(雍也) 편)" 하였으니, 진(晉)나라를 버리고 제나라를 취한 것은 제환공은 정직하고 속이지 않으며(《논어(論語)》 헌문(憲問) 편), 바른 풍속이 아직 남아 있어서 잘만 인도하면 귀화(歸化)할 수 있음을 예측했던 때문이니, 성인으로서 어찌 헛말을 했겠는가? 나중에 주나라 왕실은 더욱 동쪽으로 옮겨져 과연 동주(東周)라는 칭호가 있게 되었으니, 이미 천하의 형세를 알고 있었던 것이다.

한(漢)나라 제갈량도 이런 뜻을 알고 처음 산을 떠날 때 서촉(西蜀)으로 들어갈 계책과 정족(鼎足 : 세 세력이 솥발과 같이 벌어 섬)의 형세를 정하여 미리 마음속에 갖추어

---

*1 동주 : 주 평왕(周平王)이 도읍을 동쪽 낙읍(洛邑)으로 옮긴 이후의 칭호. 여기서는 주나라의 도를 동방인 노나라에 부흥시킨다는 뜻임.

*2 동도 : 낙읍(洛邑)을 이름. 주나라는 호경(鎬京)을 서도(西都)라 하고 낙읍을 동도라 했음. 평왕이 동천(東遷)한 이후 여기에 도읍했음.

두었다 하였다. 그러므로 형주(荊州)는 취할 수 있었는데도 취하지 않고 익주(益州)는 빼앗기 어려웠는데도 억지로 빼앗은 것은, 조씨(曹氏 : 위 무제(魏武帝) 조조(曹操))는 영웅으로 천자를 끼고 제후에 임하였지만 유선주(劉先主 : 한소열(漢昭烈) 유비)는 묘예(苗裔 : 먼 후대의 자손)의 필부(匹夫)로서 신의(信義)가 인심에 미치지 않아 그 형세가 마치 당비거철(螳臂拒轍)*3처럼 되었어도 파촉의 험하고 막힘으로 족히 외세를 막고 스스로 성교(聲敎 : 임금의 교화가 백성에게 미치는 덕)를 보전할 수 있었기 때문이었으니, 제갈의 서촉은 곧 부자(夫子)의 동주와 같은 것이다. 무엇으로 분명히 알 수 있는가 하면 출사표(出師表)*4를 보면 그가 조씨를 두렵게 여겨 그의 용병을 "손·오(孫吳 : 전국시대 손무(孫武)와 오기(吳起))와 비등하다" 칭찬하여, 비록 가끔 실수가 있었으나 이상하게 생각하거나 의심하여 그의 단점으로 여기지 않는데,*5 하물며 순풍의 편리함을 얻음에 있어서랴? 예컨대 선주(先主)가 계책을 일찍 정하지 않았다면 반드시 그는 천 균(千鈞)의 무게에 눌려 부서졌을 것이다. 나도 일찍이 남모르게 걱정한 적이 있다. 우리나라는 땅덩이가 작고 힘도 약하며 꾀가 적다고 불리는데 억센 나라가 가까이 있어 사방에서 침략하는 자리에 처해 있으니, 도무지 스스로 버티어 안전을 도모할 도리가 없다. 핍박당하고 쫓기어 궁함과 괴로움이 극도에 이른다면 앞으로 어디로 돌아갈 것인가? 영남으로 돌아갈 뿐이다.

영남은 조금 험한 고개들이 있고 신라가 천 년 동안 도성을 옮기지 않았으니, 고구려와 백제에 외환(外患)이 많았던 것과는 비교가 되지 않는다는 것을 알 수 있다. 지혜로운 선비로서 진실로 처신할 방법을 알고 있다면 남쪽으로는 친목하고 북쪽으로는 섬겨, 밖으로는 피폐(皮幣 : 고려 시대에 쓰던 사슴 가죽으로 된 현물 화폐)를 들려 달려 보내고 안으로는 병기를 저축한다면 국조(國祚)를 늘리고 시월(時月)도 연장할 수 있을 것이니, 이때가 곧 뜻있는 선비가 공을 세울 기회이다.

옛날 전국시대에 오직 위(衛)나라에 어진 이가 많았던 까닭에 능히 사직을 지켜 진(秦)나라 이세(二世) 때까지 이르게 되었고, 우리나라 삼국시대에도 미약한 가야 또한 삼국과 종시(終始)를 같이 하였으니, 나라의 유지와

---

*3 사마귀가 제 어깨로 수레바퀴를 떠받음. 약한 사람이 자기의 힘은 생각지 않고 억센 적에게 대항한다는 비유.

*4 제갈량이 촉한(蜀漢) 후주(後主)에게 올린 글.

*5 《고문진보》에 보이는 제갈량의 출사표에 나옴.

멸망은 오직 그 사람에게 달린 것이다.

하물며 영남은 여러 갈래의 물이 한 데로 모이고 구역은 딴 판국으로 생겼다. 대소백(大小白 : ^{태백산과}_{소백산})으로부터 남쪽 두류산(頭流山)에 이르기까지 하늘이 한계를 이루어 놓았으니, 어찌 하늘이 우리나라 보장(保障)을 이렇게 정해 준 것이 아닌 줄 알겠는가?

베 이불에 좁쌀밥
公孫弘 공손홍

흔히 인도하고 권장하는 방법은 정성과 믿음이 제일이고, 명예는 그 다음이 된다. 내가 옛날과 오늘날 인정 추세를 살펴보니 명예를 지향하는 이는 열에 여덟아홉쯤 되는데, 정성과 믿음을 따르는 자는 열에 한두 명도 되지 않는다. 예를 들어, 어린아이의 경우 글을 읽고 외우도록 하면 몹시 싫어하면서 게으름만 피우므로 지금은 매를 들어서라도 독려해야 한다.

그러나 조금 지각이 열린 때에 이르러 그 깨닫는 바에 따라 아이를 격려하면 비로소 공부에 마음을 붙이게 되는데, 이는 명예를 바라고 하는 것이지 정성을 기울여 하는 것은 아니다. 그러나 공부에 마음을 붙여 그만두지 않으면 마침내 학업을 좋아하는 데에 이르기까지 한다. 그러므로 착함을 권장할 때면 애초에는 명예로써 인도하지 않으면 해낼 수 없으니, 양웅(揚雄)의 이른바 "명예로써 높인다"라는 말이 바로 이것이다.

대개 시골의 자제들이 절하고 말하는 태도를 감히 제멋대로 방자하게 하지 않는 것은 패리(悖理 : ^{도리나 이치에}_{어그러짐})하고 거만하다는 지적을 싫어하기 때문이고, 농사 짓는 들판에 물을 대거나 곡식을 거둘 때에 혼자만의 이익을 부리지 않는 것은 억지로 차지한다는 말을 듣기 싫어하기 때문이다. 조정에서 벼슬하는 자가 충성을 다하고 정직한 이름을 얻으려 한다면 반드시 임금에게 정성껏 간해야만 하고, 곧고 고상한 이름을 얻으려 한다면 반드시 행동을 깨끗이 해야 하며, 청렴하고 결백한 이름을 얻고자 한다면 반드시 검소해야만 할 것이다.

이 모두가 남을 속이는 행동이라는 비판을 면치 못한다 할지라도 군자(君子)라면 이에 뜻을 두어야 될 것이다. 만일 간하는 일은 남의 잘못을 들추어

내는 것과 비슷하고 깨끗이 함은 성질이 올곧아 남의 뜻을 잘 거스르는 것과 비슷하며, 검소함은 가식하는 것과 비슷하다고 한다면 착한 일을 해낼 길이 없는 것이다.

옛날 공손홍은 베 이불을 덮고 좁쌀밥을 먹었는데, 급암(汲黯)이 그의 행동이 거짓이라고 논박하였다(《한서》공손홍전). 이로부터 공경대인(公卿大人) 모두가 이것을 핑계로 삼고 오직 사치만을 고상하게 여겨 "겉으로 꾸미는 이름을 싫어하기 때문이다(《한서》공손홍전(公孫弘傳))" 하였으니, 이것은 가르침을 방해하는 너무 심한 말이다.

옷은 추위를 모면하도록 할 뿐이고 음식은 배나 채우면 그만이다. 여기에 조금이라도 더한다면 분수에 넘치는 일이 되고 말 것인데 "한(漢)나라 경상(卿相)들이 반드시 수놓은 비단옷을 걸치고, 맛좋은 음식만 먹어야 옳다"고 한다면 이보다 더 존귀한 제왕(帝王)은 앞으로 어떻게 해야 하는가? 세상에는 빈부와 귀천이 있어 자기 처지에 알맞게 조절하는 것이 바로 순수한 행동이 되는 것이고, 이를 따르지 않으면 이치를 저버리는 것이다. 그러니 사치를 법으로 삼는다면 이 어찌 큰 잘못이 아니겠는가.

공손홍은 객관(客館)을 짓고 동각(東閣)을 열어 어진 이들을 맞아들인 뒤 함께 정사를 의론하도록 하였다. 그런데 친구와 손님들이 입는 것과 먹는 것을 오직 그에게만 의지하였으므로 자신의 봉록(俸祿)을 모두 털어 준 결과 집안에는 여유가 없었으니, 공손홍 또한 어진 사람이었다. 나중에 이채(李蔡)와 석경(石慶) 같은 무리가 잇따라 승상이 되어서는 객관을 헐어 버리고 마구간과 수레창고, 또는 노비의 방을 만들었다. 이들은 검소하지 않았는데도 비난과 벌을 벗어나게 되었으니 공손홍에 비하면 득실이 과연 어떻다 하겠는가?

후세의 벼슬아치로 겨우 한 계급만 올라가도 의복으로 몸을 아름답게 꾸미고, 담박한 것을 달갑게 여기지 않는 자들은 모두 공손홍의 죄인이라 하겠다.

당나라 고종의 후비 무측천
武曌 무조

제왕의 자리에 있으면서 희대의 악을 저질러 천고의 사람들이 모두 분하게 여기는 자는 누구일까? 오직 무조(武曌 : 당 고종(唐高宗)의 후비인 무측천(武則天)의 이름)뿐이다. 이는 신수(辛受 : 은나라 끝 임금 주(紂))와 정·광(政廣 : 정은 진시황(秦始皇), 광은 수양제(隋煬帝))의 무리에 비할 바가 아니다. 신수와 정·광 같은 이는 실상 많이 있었지만, 무조에게 견줄 만한 사람은 아예 없었다. 역사를 읽다가 여기에 이르러 눈을 가리고 길게 탄식하지 않는 사람이라면 곧 그 마음가짐을 알 수 있을 것이다.

비유하자면 마을에 아주 흉악한 사람이 있어 큰 뱀과 사나운 호랑이가 위세와 독을 부리듯 할 때 조금이라도 해를 제거해 줄 수 있는 사람이 있으면 반드시 때맞춰 내리는 비를 만난 듯 여기고, 조금이라도 저쪽을 돕는 자가 있으면 반드시 독한 벌레처럼 여기며, 방해하는 자를 없애려고 하는데 도리어 그를 위해 저지하는 자가 있으면 이 방조자를 주동자보다 더 미워하여 이를 가는 것과 같다.

무조의 시대에 적인걸(狄仁傑)·송경(宋璟) 이하는 모두 군신의 윤리가 끊어졌는데, 열에 여덟아홉쯤은 나쁜 자에게 빌붙어 부끄러움도 모르던 자들이다. 이경업(李敬業)의 거의(擧義)는 깜깜한 밤중의 외로운 촛불처럼 밝았는데, 위원충(魏元忠)이 이효일(李孝逸)을 인도하여 이경업을 쳐 죽이도록 하였다. 무조가 상양궁(上陽宮)으로 옮기게 되자 요숭(姚崇)은 목이 메도록 울면서 눈물을 흘렸고, 그가 죽음에 미치자 원충도 흐느껴 울었다.

이로 미루어 보면 그들이 평생 한 일은 모두 무조를 위해 튼튼한 기반을 도모하자는 것뿐 당조(唐朝 : 당나라 조정)는 조금도 생각지 않았다. 이 몇 사람은 뛰어나다고 일컬어지는 자들인데도 이와 같았으니, 이외에 휘몰려다닌 여러 사람은 더 이상 말할 것도 없다. 그중 가장 공이 높은 것은 길욱(吉頊)의 종용*[1]과 이소덕(李昭德)의 밀언(密言)*[2]이었다.

인걸은 무조의 반역에 대한 마음이 조금 누그러진 뒤에 순풍(順風)에 떠가는 돛대처럼 따르기만 했었다. 그리고 벼슬을 그만두고 멀리 가버린 자는 오직 무유서(武攸緒)뿐이고, 목숨을 걸고 성내서 말한 자는 보궐(補闕) 왕

---

*1 중종(中宗)이 즉위하기 전 황태자일 때 장역지(張易之)와 장창종(張昌宗)이 자안(自安)할 계책을 묻자 길욱이 측천무후에게 여릉왕(盧陵王 : 후일의 중종)을 세울 것을 종용하라고 한 것을 이름.

*2 측천무후가 그의 조카인 무승사(武承嗣)를 문창좌상(文昌左相)으로 삼으려 할 때, 소덕이 무후에게 밀주(密奏)하여 저지시킨 것을 이름. 이로써 무씨 세력의 장구화를 저지할 수 있었으므로 공이 있다 한 것임.

구례(王求禮)뿐이다.

그런데 지금 《강목》의 서법은 납득할 수 없는 점이 많다. 이경업·이소덕 같은 무리는 비록 조그마한 결점이 있었다 할지라도 마땅히 대의로써 가려주었어야 했을 것이다.

그리고 위원충 같은 따위는 그 조그마한 재능과 미세한 공로로는 대의에 그르친 점을 속죄할 수 없을 것이다. 마땅히 사실대로 쓰기를, '이경업은 군사를 일으켜 무씨를 죽이려다가 싸움에 실패해서 죽었다'고 쓰고, 이소덕은 관직을 갖춰 기록하고 '살해당했다'고 써야 할 것이다.

또 원충·인걸 같은 자는 그 관직을 삭탈하고, '사(死)'라고 써야 할 것이고, 왕구례는, '올린 표(表)에 답을 내리지 않으므로 의리를 품고 죽임을 당했다'라고 써야 할 것이다. 서법을 이와 같이 한 다음이라야 충신과 역적의 구별이 분명하고 권선징악의 길이 엄격하게 될 것이다. 그렇지 않으면 앞으로 신하된 자들이 모두 《강목》을 핑계하고, 난적에게 절개를 굽히면서도 마음에 달게 여기고 부끄러워하지 않을 것이다.

이렇게 되면 부월(斧鉞)처럼 삼엄한 《춘추》의 의리와 비교하여 과연 어떻다 할 수 있겠는가?

나는 동사(東史)를 읽고서 '이자현(李資玄)은 무유서와 같고 최유엄(崔有渰)은 길옥과 같으며, 조위충(趙位寵)은 이경업과 같고 윤인첨(尹仁瞻)은 이효일과 같으며, 우탁(禹倬)은 왕구례와 같다. 원충과 인걸 같은 무리는 어느 시댄들 없었겠는가?' 하고 생각하였다.

원나라와의 국교 단절
絶北元 절북원

고려 충렬왕은 원나라 세조(世祖)의 사위가 되어 지나친 사랑과 은혜를 받음이 비할 데 없었다. 이로부터 대대로 공주를 보내 사위로 삼았기 때문에 중국의 내복(內服 : 나라 안, 본국, 본토와 같음)과 같았다. 비록 귀양을 가는 등의 재난이 있었으나 이는 모두 고려 스스로가 만든 화근이었다. 원나라의 운수가 쇠퇴하지 않았을 때에 동여진과 남왜가 감히 침략할 수 없었던 것은 모두 원나라의 힘이었고, 뒤의 임금은 모두 그들의 후손이 되지 않은 이가 없었다.

명나라 홍무(洪武 : 명 태조 의 연호) 원년(1368, 고려 공민왕 17)에 이르러 원나라 순제(順帝)가 도읍을 북쪽으로 옮겼다는 소식이 들렸으나 우리나라는 벌써 중국(명나라 를 말함)에 사신을 통하고 북원과의 관계를 단절한 다음, 먼저 동녕부(東寧府)를 치고 명나라로 귀의한다는 뜻을 드러내 보였으니, 이는 의리로 보나 형세로 보나 모두 옳지 않았다. 저들이 비록 이적(夷狄 : 오랑캐. 예전에 두만강 일대의 만주 지방에 살던 여진족을 멸시하여 이르던 말)이라 할지라도 군신의 의를 맺은 지 이미 100년이 넘었는데, 세력을 잃었다 하여 하루아침에 먼저 배반을 꾀하는 것이 옳겠는가?

더구나 요동은 아직도 원나라가 웅거한 채로 있고, 우리 국경과 서로 맞닿아 있었으니 그들이 남은 힘을 떨치고 일어나 우리나라를 향해 쳐들어왔다면 무슨 수로 대항했겠는가? 그렇게 되지 않은 것은 요행이었을 뿐 장구한 계책은 아니었다. 그 무렵 명나라 황제는 고려 국왕에게 보낸 편지에서 그를 번신(藩臣)으로 대우하지도 않았다.

그 뒤에 보낸 조서에도 이르기를 "짐도 본래 원나라 백성이었다. 천하의 혼란은 실상 나에게서 시작된 것이 아니다" 하였으니, 그 말이 겸손하고 의리도 바르다. 만일 우리나라에서 미리 주달(奏達 : 임금께 아룀)하지 않았다면 먼 바다를 건너 굳이 이런 조서를 꼭 반포하지도 않았을 것이고, 우리의 사정과 형편을 헤아려서 괜히 억지로 위협하지도 않았을 것이다.

예컨대 아주 난처한 일이 있어서 하는 수 없이 사신이 오간다 하더라도 모름지기 이르기를 "신은 바다 한구석 끝에 있으므로 오직 이 사대(事大)를 삼가야겠습니다. 저 원나라 사람은 비록 중국 풍속과 더불어 구별이 있다 할지라도 이미 100년 동안 신하로 복종하여 군신의 분의가 정해졌고, 은정을 베푸는 대우도 두루 흡족합니다. 지금 그들이 천명과 인심이 끊어짐에 어쩔 수 없어 멀리 도읍을 옮기긴 했으나, 아직도 우리나라와는 좁은 강 하나를 사이에 두고 있어서 신사(信使)가 계속 오가고 있으니, 신으로서는 흥하고 쇠한 이유로써 하루아침에 끊어버릴 수 없습니다. 만일 중국을 흠모한다는 생각만 갖고 옛날 은혜를 돌아보지 않는다면, 은혜를 저버리고 부끄러움도 모르는 이 더러운 나라를 폐하께서는 무엇에 쓰겠습니까? 만일 화이(華夷)가 통일(統一)되고 사예(四裔 : 나라 사방의 먼 끝)가 모두 복종한다면 신도 또한 '잇따라 주(周)나라의 훌륭한 덕을 보려고 한다〔紹周見休〕(《맹자》 등문 공편(滕文公篇))'는 말과 같이 원나라를 섬기던 것으로써 폐하를 섬기게 될 것입니다"라고 한다면 명나라 황제도 반드시 의리를 지킨다고 생각하여 우리나라에 갑자기 쳐들어오지는 않을 것이다.

다른 사람은 족히 의론할 필요도 없지만, 포은 정몽주 같은 현명한 이마저도 오로지 공리(功利)만을 위주로 논하였으니 매우 애석한 일이다.

고려의 의종
高麗毅宗 고려의종

널리 은혜를 베풀고 많은 사람을 구제함은 성왕(聖王)도 그렇게 못할까 스스로 걱정한 바이니(論語) 옹
야(雍也) 편), 만약 "나의 정치는 이미 충분하다(吾政已足)"고 말한다면 그는 성인이 될 수 없는 자이다. 내가 보건대 고려 의종(毅宗 : 고려 제18대
임금 왕현(王晛))은 음탕하고 법도가 없어 진숙보(陳叔寶 남북조 시대
진 후주(陳後主))·양광(楊廣 : 수(隋)나라 양제
(煬帝)의 성명)과 흡사했고, 다만 시역(弑逆 : 신하가 임금을,
자식이 부모를 죽임)이란 행동만 하지 않았을 뿐이다.

그는 조하(朝賀 : 동지·정조(正朝)·즉위·탄일 따위의 경축일에
신하들이 조정에 나아가 임금에게 하례하던 일)를 받고 친히 신료(臣僚)의 하표(賀表)를 지었는데 자신의 덕을 극도로 칭찬하여 요순에 견주기까지 하였고, 그 문사(文詞)도 매우 화려한 것이 또한 수광(隋廣 : 수나라
양제(煬帝))에 가까웠다. 연복정(延福亭 : 수나라 궁궐에
있던 정자 이름)에서 잔치를 베풀고 술만 마시다가 갑자기 화가 닥치는 것을 알지 못했으니 이는 강도(江都)의 일*1과 비슷하다.

아무리 나라를 망친 임금이라 해도 어찌 이렇게까지 잘못을 저질렀겠는가? 이는 진실로, 아첨하는 신하들의 옳지 못한 지도 때문이다. 그를 높여 칭찬할 때면 반드시 요순이니 성신이니 치켜세워 그의 마음은 이미 미혹되어 있었는데 무엇으로 자신의 잘못을 자각할 수 있었겠는가? 마침내 그는 자신이 몸소 하표를 짓기까지 했어도 부끄럽게 여기지 않았으니, 북연(北淵 : 경주 곤원사 북
쪽에 있는 연못)의 화*2를 아무리 뉘우치려 한들 그것이 되겠는가?

---

*1 병자호란 때 강도 검찰사 김경징(金慶徵)이 주색에 빠져 청군의 침입을 모르고 있다가 강화도가 함몰된 일을 말한다.

*2 의종(1127~1173)은 1170년 정중부(鄭仲夫), 이의방(李義方) 등이 난을 일으키자 폐위당하여 거제도로 쫓겨났다. 1173년(명종 3) 김보당(金甫當)의 복위 운동이 실패하자 계림(鷄林 : 경주)에 유폐되었다가 그곳 곤원사(坤元寺) 북연(北淵 : 연못)에서 이의민에 의해 살해되었다.

명나라를 칠 때 원군을 보낸 일

助伐南朝 조벌남조

세상에서 적우(赤牛 : 정축의 별칭, 조선 인조 정축(1637)) 때의 청나라의 침략에 항복한 일에 대해 백 사람을 대하여 쟁론하면, 백 사람이 마음으로는 다 이를 옳다 하고 저를 그르다 하며, 백 사람이 입으로는 모두 저를 옳다 하고 저를 그르다 한다. 어떤 이는 또 말하기를 "주나라 태왕(太王)과 월나라 왕 구천(句踐) 같은 이는 마땅히 인용할 바가 아니다. 태왕이 가죽과 비단 예물이나 주옥(珠玉)을 가지고 북쪽 오랑캐에게 바치기는 했으나 어찌 신하로서 섬기기야 했겠느냐. 구천은 오나라에 대해 예컨대 오나라를 도와 주나라를 치라 했다면 의리로 보아 따를 수 없었을 것이다" 한다.

이 말이 이치가 있는 듯하나 또한 그렇지 않은 점도 있다. 작은 나라로써 큰 나라를 섬김은 힘이 약해서이지 마음으로 복종하는 것은 아니다. 신하라 부르고 군사로 돕는다 하더라도 결국은 힘으로 굴복된 것에서 벗어나지 못한 터인데, 더구나 그의 뜻을 거역한다면 나라를 보전할 수 있겠는가. 무릇 번방(藩邦)으로서 천자에게 애초부터 나라를 받은 은혜가 없는 것이다.

병화를 당했는데 천자로서 금할 수 없으면 강대한 이웃 나라에 굴복하게 됨은 그 형세가 곧 그렇게 되기 때문이다. 그런데 임진왜란(1592) 때는 나라가 장차 망하려다가 겨우 보존되었으니 이는 나라를 존속시켜 준 은혜이고, 나라를 받은 것과는 같지 않은 것이다. 비유해 말하자면, 남의 기물을 지키는 데 나의 마음대로만 할 수 없는 것과 같다. 혹 내가 본래 어떤 기물을 갖고 있는데 남에게 겁탈됨을 벗어나지 못할 때, 다른 사람에게 힘입어 깨뜨리지 않게 되었다면, 그의 은혜를 중하게 여겨야 할 것이다. 얼마 뒤 또 어떤 힘센 자에게 위협을 당하게 될 때 애걸하여 받아들여지면 나라를 유지할 길이 있고, 전날의 은혜를 준 이는 다음에 다시 힘이 될 수 없다면 장차 어떻게 처리해야 할 것인가.

우리에게 있어서는 마땅히 "이 깨어지게 된 기물이 전날의 은혜가 아니었다면 오늘날에 이르지 못했을 것이다"라고 해야 할 것이고, 저에게 있어서는 마땅히 "우리가 전날에는 은혜를 주었으나 그 뒤에는 은혜를 주지 못했으니 오늘날 강대국에 애걸하는 것은 전날 우리에게 힘입던 것과 마찬가지다"라고 해야 할 것이다. 그러나 이도 오히려 두 갈래로 이야기하는 것에 지나지 않는다.

더구나 이 기물은 본디 나 자신이 지어 만든 것이 아니고, 곧 우리 조종(祖宗)께서 애쓰고 노력하여 대대로 전해 오는 소중한 보배이다. 그렇다면 자손된 자로서 어찌 남의 은혜만을 무겁게 여기고, 조종께서 몸을 내던져 고생하여 일으킨 일은 소홀히 생각할 수 있겠는가. 청나라에 항복한 정축년의 일이 이와 무엇이 다르겠는가. 또 더구나 이런 의리는 청원(靑猿 : 갑신년(1644)의 별칭. 청 세조가 순치(順治)로 개원하고 연경으로 도읍을 옮기자, 명 의종이 자살하였음) 명나라 의종이 자살한 갑신년(1644) 이전의 의론이었다. 만일 정축년의 일이 갑신년 이후에 있었다면 군자의 의론들은 과연 어떻게 나왔을 것인가.

경(經)에 이르기를 "목숨을 살려 주는 은혜는 죽음으로써 갚고, 선물을 준 은혜는 힘으로써 갚아야 한다" 하였다. 명나라 신종(神宗)이 명나라 군사를 출동시켜 외번(外藩)을 유지시켰으니 이는 반드시 갚아야 할 은혜인데, 얼마 지나지 않아 그의 손자 의종(毅宗) 연대에 이르러 천하의 병화가 구름 모이듯 하여 조석간에 망하게 된 지가 거의 10년이나 되었으나, 우리나라는 국력을 다하여 명나라를 도와 유적(流賊) 이자성(李自成)을 정벌하지는 않고, 조용한 모습으로 편히 앉아서 그들의 싸움만을 구경하여 한 개의 화살도 소비하지 않았던 것이다. 그 무렵 척화(斥和 : 화친하자는 제의를 물리침)를 주장한 신하들도 모두 조정에 있었는데, 이 문제에 대해 언급한 사람이 하나도 없었던 것은 무엇 때문인가. 더욱 한스러운 것은, 그때 남한산성 안에 포위되어 있었을 무렵에도 청나라의 길을 막고 오랫동안 항거한 사실이다.

저들의 생각은 먼저 조선을 안정시키고 앞으로 그 위엄을 천하에 나타내 보이면서 호령하려는 데에 지나지 않았기 때문에, 돌아갈 뜻이 매우 바빠서 심지어 하늘을 가리키면서 맹세까지 하여 겨우 항복을 받게 되었다. 그런데 국서(國書)가 오갈 때에도 어째서 "나라가 작고 힘이 다 없어졌으니 큰 나라를 섬김은 당연한 일이며 다른 것은 근심할 바가 아닙니다. 그러나 우리나라는 이미 명나라에서 입은 재조(再造 : 거의 멸망하게 된 자를 구하여 다시 유지토록 함)의 은혜를 마음속에 새겨 잊기 어렵다는 것은 또한 청나라에서도 환히 알고 있을 것입니다. 이제 무릎을 한번 꿇었으니 무릇 교명(敎命)이든 모두 받들어 아까울 것이 다시 없거니와 '남조(南朝 : 명 난황제가 도읍을 남경으로 옮긴 뒤의 명칭)를 치는 데 조력하라'는 말에 이르러서는 의리에 있어서 죽어도 따를 수 없으니, 이는 고금을 막론하고 공통되는 의리입니다. 만일 위엄과 호령에만 겁을 먹고 하루아침에 되돌아서서 물게 되면 무릇, 모든 혈기 있는 자로서는 반드시 모두 더럽게 여겨 침 뱉기에 겨를이 없을 것이니, 대국(大國 : _청_{나라})에서도 엎치락뒤치락 뒤집는 불의한 사람을 무엇에 쓰겠습니까. 대국에서 만일 참으로 이런 정상을 헤아려 모든 맹서를 극진히 믿어 주시면 물로 뛰어들고 불로 달려가는 일이라 하더라도 또한 마음에 달게 여기겠습니다. 반드시 앞으로 남조를 잊을 수 없다는 마음으로 대국을 섬길 것이니, 어찌 천하에 믿음을 보이는 데에 한 도움이 되지 않겠습니까?"라고 말하지 못했을까. 이와 같이 했다면 저들도 반드시 받아들였을 것이다.

이런 계책은 내지 않고 한갓 칼로 목 찔러 죽고 수건으로 목매어 죽으려고만 했으니, 공자가 이른바 "아무도 모르게 개천 속에서 목매어 죽는다 (구독막지(溝瀆莫知).
(논어) 헌문편)"는 말에 가깝지 않겠는가.

그리고 얼마 안 되어서 등주(登州)를 치는 데에 조력하여 군사를 자주 보냈다. 이때는 아직 명나라 의종이 탈 없이 연도(燕都 : ^{명나라 수도 연경.}_{지금의 북경.})에 있었는데 어찌 차마 이런 짓을 할 수 있었던가. 사람들로 하여금 분노를 금할 수 없도록 했다. 청나라와 맺은 항복 조약에 "남조와 교통하지 않는다"는 말은 있었지만 일찍이 군사를 출동시켜 변방을 침노하기까지 하겠다고 한 적이 있었던가.

왜 이는 조약 이외의 말이라 하여, 한 정직한 신하를 시켜 죽음을 무릅쓰고 조약 이외의 말이며 의리에도 벗어난다고 항의하고 기어코 요청하여 깨우치려 하지도 못하고, 다만 저들의 위엄과 기세만 두렵게 여기고 남조를 치는 데 조력하기를 꺼려하지 않았던가. 이렇게 하고도 오히려 깜깜한 방 안에서 서책을 펼쳐놓고 눈을 부릅뜨면서 "대의를 지켜야지, 대의를!" 하고 외치기만 함이 옳다고 하겠는가.

옛날 요나라가 망할 때에 곽약사(郭藥師)는 송나라에 붙어 있었다. 휘종(徽宗 : ^{송나라 제8대}_{임금 조길(趙佶)})은 곽약사로 하여금 천조(天祚)를 잡아 죽이고, 연인(燕人)들의 희망을 끊도록 했다. 곽약사는 얼굴빛이 변하면서 말하기를 "천조는 신의 옛날 임금입니다. 딴 일은 감히 사양할 수 없으나 이를 만일 명령에 따라 해친다면 폐하를 옳게 섬기는 것이 못 됩니다" 하고 따라서 눈물이 비오듯 하므로 휘종은 그를 충신이라 했다.

남조를 정벌할 당시의 일로 볼 때 나는 우리나라 조정에 곽약사처럼 직언한 사람이 하나도 없었던 것을 흠으로 여긴다.

구영개의 섭정
攝政王 섭정왕

청나라가 왕업을 일으킨 것은 전적으로 섭정왕[*1]의 힘이었다. 이 사람은 바로 《청사》에서 말한 구영개(九英介)라는 자이다. 맨 처음 숭덕제(嵩德帝) 곧 청나라 태종이 요동을 칠 때에 운제(雲梯 : 성을 공격할 때 쓰는 사다리) 위에서 성 안을 엿보려다가 원숭환(袁崇煥)[*2]의 지뢰포(地雷砲)에 맞아 죽었는데 지금 요동에 있는 구혈대(嘔血臺)가 바로 그곳이다.

숭덕제가 그곳에서 피를 토하면서 죽어 갈 때, 여러 장수들에게 요동을 취할 계책을 물어보았다. 그러자 섭정왕만이 "우리나라 사람의 지략으로 원숭환을 당할 만한 자가 없으니 먼저 뇌물을 바치고서라도 원숭환부터 죽인 다음에야 요동을 취할 수 있을 것입니다" 하였다. 숭덕제는 그의 말을 듣고 고개를 끄덕이면서 "그렇지 그렇지, 천하는 바로 너의 천하이다. 나의 아들을 도울 만하거든 돕고, 도와도 해낼 수 없거든 네가 스스로 맡아 다스리도록 하여라" 하였는데 그 뒤에 창업을 한 것은 모두 그의 공로였다.

섭정왕은 청나라 세조(世祖) 7년 경인(1650)에 죽었다. 그의 죽음을 알리는 조서에 "전날 태종께서 승하했을 때 뭇 신하들이 섭정왕을 옹위하고 추대하려 했으나 굳이 짐을 받들어 세우도록 양보하였다. 또 중국을 평정하고 천하를 통일할 때도 뛰어난 덕과 훌륭한 공이 천고(千古)에 둘이 없었는데, 불행히 세상을 떠났으니 상례 절차는 마땅히 제왕(帝王)의 예에 따라야 할 것이다"라고 하였다.

---

*1 섭정은 임금을 대신하여 정치를 한다는 뜻. 청 세조(淸世祖)가 어려서 즉위하자 숙부인 다이곤(多爾袞)이 세조를 도와 정사를 맡아 보았기 때문에 섭정왕의 칭호가 있었음.

*2 진사로 시작하여 병법을 닦아 숭정(崇禎) 초에 병부상서로 우부도어사(右副都御史)를 겸하고, 영원(寧遠)에 진치고 있다가 마침 청병이 계주(薊州)를 건너 경사(京師)를 넘보므로 원숭환이 군대를 이끌고 이를 막으려 후퇴했다. 조정에서는 이를 청병과 내통했다고 의심하여 잡다가 사형에 처하니 명나라에는 이를 대신할 명장이 없어 마침내 망하고 말았음.

우리나라에서는 진위사(陳慰使)와 진향사(進香使)를 보냈는데 도착하기도 전에 섭정왕을 추탈한다는 조서를 잇따라 받게 되었다. 그 조서에 "제왕(諸王)과 대신(大臣)이 합사(合辭)하여 '태종께서 승하했을 때는 섭정왕을 세우려고 한 의론이 전혀 없었습니다. 그때 황상께서 어리신 관계로 조정 일을 정친왕(鄭親王)*3 제이합랑(濟爾哈郞)에게 붙여 주어 함께 다스리도록 하고 드디어 그의 아우 예군왕(豫郡王)*4 다탁(多鐸)으로 하여금 보필하게 했던 것입니다. 그런데 이런 맹세를 배반하고 제멋대로 날뛰면서 자칭 황부(皇父)라고 했습니다. 황상을 세운 것을 모두 자기의 공으로 삼고 조정도 제 것으로 알고서 그의 생모를 태묘(太廟 : 옛날 천자의 사당)에 부위(祔位)까지 하였으니 왕위를 빼앗으려는 마음이 확실히 드러나 있었던 것입니다' 했으므로 짐이 그때의 역모를 꾸민 것을 자세히 물어본 결과 과연 그러한 사실이 있었다 한다" 하였다.

근래에 또 연경에 사신으로 갔던 이가 돌아와 말하기를 "섭정왕을 충제(忠帝)로 높여 태묘에 부묘까지 하였다"고 말하니, 짐작하건대 그는 황제의 숙부로서 큰 공이 있어 섭정하게 된 것이다. 이미 주공(周公)으로 자처하면서 남을 살리고 죽이는 권력이 그의 손아귀에 있었기 때문에 비록 황제로서도 마음대로 할 수 없었으니, 어찌 원망을 불러들이고 화를 이르게 함이 없었겠는가.

섭정 7년 동안에 황제의 마음 또한 싫증나고 얄아지는 생각이 생겼을 것이고, 마지막 죽음에 이르러서는 엿보는 자들이 떼로 일어나 분한 마음을 드러내는 일은 이치로 보아도 마땅히 있었을 듯하다. 강희제(康熙帝)는 현명한 임금이었으니 나중에는 틀림없이 깨닫게 되었을 것이다. 비록 백 가지의 죄과가 있었다 하더라도 그의 큰 공로만은 없앨 수 없었으므로 마침내 추시(追諡 : 죽은 뒤에 시호를 내림)로써 공을 갚는 의전(儀典)이 있었던 것이다.

---

*3 이름은 제이합랑. 어려서 청 태조(淸太祖)의 손에 양육되어 여러 싸움에 종군, 공을 세우고 태종 원년(1627)에 정친왕에 봉해졌다. 태종이 죽은 뒤 세조(世祖)를 도와 천하 통일에 공이 많아 57세로 죽을 때까지 60여 성을 공파하여 청나라의 천하 통일에 큰 공헌을 하였음.

*4 이름은 다탁. 청태조의 아들로 화순예친왕(和順豫親王)에 봉해지고 태종을 따라 병자호란에 종군했으며 세조가 중원에 들어간 뒤 섬서(陝西)·강남(江南) 정벌에 공이 있었다. 뒤에 보정왕(輔政王)에 봉해짐.

누구는 흉보고 누구는 기리랴

誰毀誰譽 수훼수예

공자가 "내가 남에게 누구를 헐뜯고 누구를 칭찬하랴? (《논어》위령 공(衛靈公) 편) 만약 칭찬한 것이 있다면 그에게 시험한 것이 있었을 것이다. 무엇인가 하면 이 백성은 삼대(三代 : 하(夏)·은(殷)·주(周) 세 왕조를 말함) 때부터 정직한 도(道)로써 살아왔다는 것이다" 하였으니, 이는 '사람이 본래 타고난 성품은 누구나 선하다〔性善〕'는 말이다. 헐뜯는다는 것과 칭찬한다는 것을 동시에 말하면서 칭찬한다는 것으로써 결론을 지었으니, 이는 칭찬만을 주로 시험 삼은 내용이 선이라고 하는 것이다.

성인은 선을 좋아하는 것에 더하여 남의 선함을 보고 크게 칭찬하는 것은 그가 선한 본성을 지녔기 때문이다. 이는 삼대 이하의 백성도 다 같이 지녔던 것이지만 저 삼대 시대에는 정치를 정직한 도 그대로 시행한 까닭에 백성들도 정직한 도를 지니고 살게 되었다.

지금 그렇지 못한 것은 정치의 낮고 높음 때문이지, 어찌 사람의 성품이 낮고 못함이 있어서 그렇겠는가? 선하지 못하고 악한 것도 타고난 성품의 죄가 아니다. 나중에 와서 맹자는 "사람은 다 성인이 될 수 있다〔人皆爲聖 : 《맹자》등문공(滕文公) 편〕"는 생각을 가지고 있었다. 대체로 천지 사이에 있는, 날고 달리고 움직이고 머무는 온갖 생물이 고금을 막론하고 모두 같은데, 어째서 사람만이 다르겠는가?

지금 사람도 장단(長短)·비수(肥瘦 : 살찜과 여윔)·총명(聰明)·지력이 모두 옛사람과 비슷한데 어찌 태어난 성품만이 다르랴. 위문정(魏文貞 : 당 태종의 강직했던 신하 위징(魏徵))의 말에, "만약 옛사람은 성질이 순박했는데 점점 시대가 내려옴에 따라 성질이 흐려졌다고 한다면, 오늘에 이르러는 마땅히 모두 도깨비로 변해 있어야 할 것이다" 하였으니, 이 또한 성인이 남긴 뜻이었다.

어떤 이는 "사람의 몸집과 키의 크고 작음이 시대에 따라 차차 달라졌다"고 하는데 이것 또한 그렇지 않다. 옛사람도 7척·8척은 큰 키라 하였고 지금도 역시 그렇다. 하늘이 사람을 낸 지가 오래인데, 만약 시대가 내려올수록 날로 작아졌다면 태고 시대 사람의 키는 반드시 천백 길이나 되었을 것이다. 어찌 이런 이치가 있을 수 있겠는가?

서적을 공경하고 아끼자

敬玩書籍 경완서적

옛 서책을 읽으면 뜻과 지혜가 넉넉해지니 곧 엄격한 스승이다. 어찌 소홀히 여길 수 있겠는가. 판각된 서적이 아무리 많아도 가난한 선비는 쉽게 얻을 수 없다. 손으로 베껴 전하는 것은 베끼기 어려울 뿐 아니라 잘못 씌어지기도 쉽다. 옛 조상의 장서(藏書)가 갈수록 파손되기에 이르니, 자손들이 읽어보고 싶어한들 어찌 마음대로 읽어볼 수 있겠는가.

그러므로 나는 평생에 서책을 볼 때 공경하고 아껴서 손상시키지 않았다. 어쩌다 아는 수령(守令)에게 부탁해서 책을 빌려 보게 되면 책가위와 붙일 종이를 많이 준비하여 헐어지는 대로 보수했고, 남의 서책을 빌려 보되, 그 꿰맨 끈이 끊어졌거나 없어진 것은 반드시 종이를 비벼서 묶어 주었는데 이는 역시 책 매는 실을 장만하기 어려웠기 때문이다.

옛날 문정공(文正公) 범중엄(范仲淹)은 책을 햇볕에 말릴 때 반드시 그 옆에 지켜서서 정성을 다했고, 서책을 다른 곳으로 옮길 때도 반드시 나무 방판(方版)으로 받들었으니, 이는 혹시라도 손의 땀이 서책에 젖어들까 두려웠기 때문이다. 그리고 언제나 책 한 장을 다 보면 반드시 오른손 엄지손가락을 책장 끝에다 대고 다음 손가락으로 덮어서 비벼 넘겼다.

언제나 남들이 손톱으로 책장을 꼬집어 넘기는 것을 보았는데, 이는 서책 사랑함을 금전 사랑하는 것만 못하게 여기는 것이다. 옛날 극선(郤詵)도 사책(射策) 제1호로 합격하자 쓰던 붓을 향해 두 번 절하면서 이르기를 "용수우(龍鬚友)가 나로 하여금 여기에 이르도록 했다" 하고, 또 어떤 이가 금귀보잠(金龜寶簪)을 선물로 보내오자, 그것을 제자에게 주면서 말하기를 "이것으로 붓 300자루를 사오너라" 하였다. 붓이 닳으면 모조리 붓주머니에 넣어 두었다가 그의 자손에게 좋은 향불을 피우면서 경례하도록 하였으니, 그가 문방구를 사랑하고 아낀 뜻 또한 좋은 일이었다.

재주꾼인가 소인배인가
王安石 왕안석

주자는 "《명신록》에 왕안석을 실은 것을 의심스럽게 여기는 사람이 많으나, 이것을 뭐 의심스럽게 여길 것이 있겠느냐" 하였다. 왕안석의 죄과는 그 근원이 공심(公心)이니, 다만 일이 잘못된 데서 비롯된 것일 뿐이다. 마음이 본디 간사스럽고 교묘하여 재주와 지혜로 일을 판단하는 자와 비교하여 어떻다고 하겠는가.

그가 일을 그르친 것은 모두 옛 법을 바꾼 데에 있었으나, 법을 바꾼 것은 다만 세상을 다스리기 위한 것이었을 뿐이다. 법이란 오래되면 폐단이 생기게 마련이고, 그 폐단이 쌓이면 바꾸지 않을 수 없게 되는 것이다. 이에 따라 법을 바꾸는 것은 실로 마땅하다고 하겠으나, 이를 시행하는 일을 점진적으로 하지 않았으니, 그 일이 잘못될 수밖에 없었던 것이다.

그러나 왕안석은 몸가짐이 깨끗했고 소견과 지식도 깊고 분명하였다. 애초부터 동파 소식 같은 이도 그에 미치지 못한다는 것이 주자의 판단이었다. 그 무렵 이항(李沆 : 시호는 문정(文靖))과 왕증(王曾 : 시호는 문정(文正)) 등이 옛 법을 잘 이어나가야 한다는 주장을 내세우자 사방에서 이 주장에 따라 임금께 아뢰어 그만 왕안석의 변법은 중단되었다.

이로부터 폐단이 극에 이르고 잘못된 일이 많아졌는데, 이도 또한 주자가 다 결론지은 것이다. 그런데 다만 왕안석 핑계를 대고 일하기 싫어하고 자신만 편하려고 하는 자들이 이것을 구실삼아 다른 사람까지 한 마디도 못 하게 하였으니, 이는 이항과 왕증 같은 여러 사람이 끼친 폐단이었다. 다만 왕안석이 백성의 마음을 너무 거슬러서 온 세상의 원망을 받게 되고, 또한 책망을 피할 수 없게 되었던 것은 그가 지나치게 고집을 부렸기 때문이다.

사마광(司馬光)이 도읍으로 들어갔을 때 도성 사람들이 길을 메우다시피 하여 말이 지나갈 수 없었고, 또 그 무렵 재상의 사는 집을 찾아갈 때면 장터 사람들이 나무와 지붕에 올라가서 서로 엿보는 바람에 나뭇가지가 꺾어지고 지붕의 기와가 깨지기까지 하였다. 그가 죽었을 때에도 백성들이 의복을 팔아 제사를 올리기까지 하였고, 거리에서는 울면서 수레 앞을 지나는 자가 천 명 만 명도 넘었다. 사방에서 사마광의 초상화를 구하므로 화공(畫

工)이 부자까지 되었으니, 이로 미루어 보아도 어찌 왕안석이 실패하지 않을 수 있었겠는가.

관아에 딸린 기생
官妓 관기

우리나라의 기생은 본디 양수척(楊水尺)에서 생겼는데, 양수척이란 유기장(柳器匠)이다. 고려 태조가 후백제를 공격할 때에도 제압하기 어려웠던 유종(遺種)들로서, 본디 관적(貫籍 : 붙^적)도 부역도 없이 물과 풀을 즐겨 따르며, 늘 옮겨다니면서 오직 사냥만 일삼고 버들을 엮어 그릇을 만들어 파는 것을 생업으로 삼았다.

그 뒤 이의민(李義旼)의 아들 이지영(李至榮)이 삭주(朔州) 분도장군(分道將軍)이 되었을 때, 양수척이 흥화(興化) · 운중도(雲中道)에서 많이 살았는데, 그의 기생첩 자운선(紫雲仙)에게 양수척들을 입적시키고 부세를 한없이 받았다. 이지영이 죽은 뒤에는 최충헌(崔忠獻)이 자운선을 첩으로 삼고, 호구의 수를 따져서 자운선에게 부세를 점점 더 받도록 한 까닭에, 드디어 양수척들이 거란 군사에게 항복하게 되었다.

이 뒤부터 읍적(邑籍)에 예속시켜 남자는 노(奴), 여자는 비(婢)를 만들었는데, 비는 수령(守令)들에게 사랑을 많이 받았기 때문에 얼굴을 예쁘게 꾸미고 노래와 춤을 익히므로 기생[妓]이라고 지목받게 되었다. 이리하여 기악(妓樂)이 점점 번성해지자 상하를 막론하고 음탕한 풍습을 다시 금지할 수 없었다. 조선조에 와서도 그대로 계속되니, 심지어 열군(列郡)에까지 모두 이런 명칭이 있고 추악한 풍문이 가끔 귀를 막게 했다.

조선 초기에는 기악을 혁파하려는 의론이 있었으나, 문경(文敬) 허조(許稠)가 저지하면서 이르기를 "봉사(奉使)하는 신하로서 앞으로 양갓집 딸을 겁탈하게 되면 그 폐해가 더욱 심할 것이다" 하여 마침내 그대로 두었다.

옛날 관중(管仲)은 여자의 마을을 700이나 설치하고 야합(夜合)하여 얻은 재물을 거두었으니, 이는 대단히 해괴한 일이었다. 내버려 두고 금지하지 않는 것은 오히려 좋다 하겠지만 그로 인해 이익을 취해서야 되겠는가.

명나라 초기에는 관기를 금하지 않고 수도에 기관(妓館) 여섯 채를 취보

문(聚寶門) 밖에 세워서 먼 지방 손님을 편안히 접대하도록 했다. 단, 기생을 끼고 술을 마시거나 잠자리를 같이하는 자에게는 규칙이 있었다. 그러나 나중에는 또한 각 관청에까지 물이 들어 재상이나 장수들이 기생을 이끌고 기루(妓樓)에서 술을 마시는데 띠를 풀어놓고 책상 다리를 하고 앉아 창문에 아패(牙牌)를 매달아 걸어놓는 행동이 잇따랐다. 이에 영락(永樂: _{명 성조의 연호,} _{1403~1424}) 말기에 이르러 도어사(都御史) 고좌(顧佐)가 임금께 아뢰어 혁파시켰다.

그러나 저 시골까지 퇴폐해진 풍속을 어찌 갑자기 다 금지시킬 수 있겠는가. 지금 듣건대 북경 거리에 양한적(養漢的 : _{창녀} _(娼女))이라는 것이 있는데, 이는 여자의 미모에 따라 받는 값이 정해져 있다는 것이다. 임진년(_{선조 25년,} ₁₅₉₂) 무렵에 홍순언(洪純彥)이 만났던 석성(石星)의 애희(愛姬) 심씨(沈氏) 또한 기생들 속에서 나왔던 것이다.

내 생각에는 열군의 기생은 바로 관비(官婢)라고 여겨지는데, 관아에는 여비가 없을 수 없다. 신분이 미천해서 예속된 자가 기생 노릇하는 것은 형편이 그러하기 때문이니, 혁파하고 혁파하지 않은들 무슨 관계가 있겠는가. 지금 사대부 집의 여비(女婢)도 절조와 행동을 제대로 지키는 자가 드무니, 관비와 무엇이 다르겠는가.

윤채의 비문
尹垛碑 윤채비

근래에 우리나라 도성 서문 밖에서 땅을 파다가 비석을 발견했는데, 이는 폐왕(廢王) 연산군(燕山君) 갑자년(1504)에 세웠던 것이다.

그 비문은 "성종(成宗)께서 안가(晏駕 : _{임금의} _{죽음}) 했을 때에는 온 나라의 신하와 백성이 아비를 잃은 듯한 슬픔에 잠겼는데, 윤채는 공신 집안의 후예이며 이름이 벼슬아치 명부에 기록되어 있는 자로서, 감히 주육과 음악을 벌여놓고 광대와 기생을 불러들여 중흥동(中興洞) 어귀에서 잔치를 베풀었으니, 이는 왕법(王法)에 꼭 죽이도록 되어 있기에 능지처참(陵遲處斬 : _{목과 사지를} _{자르는 극형}) 하도록 명을 내리고 그의 자식도 죽이고, 그의 재산도 몰수할 것이며, 그의 집도 헐어버리고 못을 판 다음, 그의 나쁜 행동을 비석에 새겨서 후세 불충한

자의 경계가 되게 한다"라는 것이었다.

연산군의 음탕함과 포학한 짓도 반드시 그토록 심하지는 않았을 것이다. 그런데 그런 비석이 있었다면 마땅히 남겨두어서 사람들이 보고 듣도록 해야 할 것인데, 이미 깨어 없애 버렸다 하니 안타까운 일이다.

권단의 묘지문
權㫜誌 권단지

고려 때의 정승 권단은 바로 정승 국재(菊齋) 권보(權溥)의 아버지다. 그는 벼슬에서 물러난 뒤 머리를 깎고 승려가 되었는데, 죽은 뒤 장단(長湍)에서 장사를 지냈다. 근자에 어떤 사람이 우연히 한 무덤을 파다가 지석(誌石)을 발견했는데, 이는 대제학(大提學) 이진(李瑱)이 지은 글을 새긴 것으로서 대제학은 곧 익재(益齋) 이제현(李齊賢)의 아버지라고 한다.

자획이 하나도 이지러진 것이 없으므로 여러 자손들이 의론을 합쳐 다시 봉분을 쌓고 묻혀 있던 묘지문을 비석에 새겨 무덤 앞에 세웠다. 그 지문이 이미 이와 같았다면 처음에는 반드시 이수(螭首)·귀부(龜趺)가 있는 비석(碑石)도 있었을 것인데, 이는 이 산을 점유한 자가 남몰래 없애 버린 듯하다. 생각건대, 그때 권씨(權氏)가 노씨(盧氏 : 고려 공민왕 때의 세도가 노책(盧頙, ?~1356))·기씨(奇氏 : 고려 덕성부원군 기철(奇轍 :?~1356)) 양가와 함께 화를 만나 멸족되었으니, 정승이 집을 나와 승려가 된 것은 아마 깊이 헤아려 멀리 내다보고 그렇게 했던 듯하다.

노씨와 기씨는 모두 대대로 인척(姻戚)으로 좋게 지냈는데, 그 영화롭고 부귀함이 지나치게 왕성했다. 지혜가 밝은 자로서는 마땅히 스스로 억제하고 덜어내야 할 입장이었으나 정승으로서 승려까지 된 것은 다른 사람들도 해괴하게 여겼다. 혹 어쩔 수 없는 이유가 있었던 듯하나 마침내 화를 면치 못했으니, 이는 그 자손들의 허물이라 하겠다.

야율초재의 백성 살리기
楚材好生 초재호생

원나라 세조(世祖) 때에 중원(中原 : 중국(中國))의 관리 가운데 민간에서 세금을 거두어 자신의 사재(私財)로 삼는 이가 많아 관청 창고는 텅텅 비다시피 하였다. 근신(近臣) 별질(別迭) 등이 말하기를 "한인(漢人 : 중국 본토의 재래인(在來人))은 나랏일에 아무 보탬이 없으니 그들의 집은 모두 헐어버리고 그 터를 비워서 목장으로 만들겠다" 하자 야율초재는 "폐하께서 남쪽을 정벌하실 때 온갖 군수품을 중원 지방에 고루 배정한다면, 지세(地稅)·상세(商稅)·염세(鹽稅)·주세(酒稅)·철야세(鐵冶稅)·산택세(山澤稅) 등 각종 부세로 은 50만 냥, 비단 8만 필, 곡식 40여 만 섬 이상을 징수할 수 있는데 왜 아무 보탬이 없다고 하십니까?" 하였다. 그러고는 북경 등에 10로(路)를 세워 부세를 거두게 한 다음, 각 관청의 장관과 부관은 모두 선비를 쓰도록 하였으니, 아아! 야율초재는 천하를 도울 수 있는 사람이라 할 수 있다.

이렇게 하지 않았다면 바야흐로 중원에는 사람도 짐승도 남아 있을 수 없었을 것이다. 이것뿐이 아니다. 9주의 큰 지역에서 거둬들이는 부세가 어찌 여기에 그쳤을 것인가. 이른바 골고루 배정하였다는 것은 절약하려 했다는 말인데, 원나라 시대가 끝나도록 세상에 징수하는 부세가 모두 가볍게 되어 백성이 편히 살 수 있었으니, 이것이 기초가 된 것이다.

또 공자의 자손 구하기를 주청하여 공자의 51대손 공원조(孔元措)를 찾아 연성공(衍聖公)을 습봉(襲封)시킨 다음, 태상(太常)에 예악생(禮樂生)을 수용하는가 하면, 이름난 유학자를 불러들여 구경(九經)을 해석하도록 하였다. 그리고 북경에는 편수소(編修所)를, 평양(平陽)에는 경적소(經籍所)를 설치했는데 이로 말미암아 문치(文治)가 시작되었으며, 중국에 유도(儒道)가 끊어지지 않고 금수의 행동을 모면하게 되었으니 이것이 또한 기초가 되었던 것이다.

세조가 또 서역을 정벌한 지 4년 만에 야율초재가 각단수(角端獸 : 기린)를 들어 임금께 아뢰기를 "천명을 받들어 한 지역 백성의 생명을 안전하도록 해야 합니다" 하고 군사를 되돌리게 하였으니, 이렇게 하지 않았다면 전쟁이 그칠 날이 없었을 것이다. 이보다 앞서서는 성을 공격해 이기면 적군들을 모조리 무찔러 죽였는데 변량(汴梁)이 항복하려 하자 야율초재가 세조에게 달려와 아뢰기를 "장수와 군사들이 수십 년 동안 한데서 잠을 자며 싸운 것은 토지와 인민을 얻기 위함이었습니다. 토지만 얻고 인민이 없다면 무슨 소용이 있겠습니까?" 하였다.

세조가 이 말을 듣고 머뭇거리면서 결정을 내리지 못하니 야율초재는 또 "솜씨 좋은 장인(匠人)들과 돈 많은 집들이 모두 여기에 모여 있습니다"라고 말하였다.

세조가 그제야 완안씨(完顏氏)만 잡아 죽이도록 명령하였다. 병란을 피해 변경(汴京)에 와서 사는 사람들이 47만 명에 이르렀고, 또 세조의 병환 때문에 죄수들을 많이 석방시켰다.

아울러 선비들은 시험을 봐야 한다는 명령을 내려 놓고, 선비 신분에서 사로잡혀 종이 되었는데 그 주인이 숨기고 돌려보내지 않을 경우 그 주인을 모조리 죽이도록 하여, 선비 4,030명을 얻게 되었다. 이는 모두 야율초재의 마음이 한결같이 사람 살리기를 좋아했기 때문이었다. 이런 방편과 술법으로 천지의 생성하는 덕을 도와 공이 있도록 한 자는 고금에 이 야율초재 한 사람뿐이었다. 후세 사람들은 다만 그 사람이 기예(技藝)에만 능한 줄 아니, 이들 모두 못난 장부(丈夫)라고 하겠다.

예의와 염치
四維 사유

예·의·염·치(禮義廉恥)를 사유(四維 : 나라를 다스리는 데 필요한 네 가지의 법. 《관자》)라 한다. 예가 끊어지면 기울어지고, 의가 끊어지면 위태하고, 염이 끊어지면 엎어지고, 치가 끊어지면 멸망하게 된다. 기울어짐은 바로잡을 수 있고, 위태로움도 편하게 만들 수 있고, 엎어진 것도 일으킬 수 있지만, 멸망한 것은 회복시킬 수 없다.

예란 모습으로써 말하는 것이며 의란 마음으로써 말하는 것이다. 이는 몸가짐을 너무 방자하게 하지 말라는 것이고, 청렴하면 남의 것을 빼앗지 않게 되며, 부끄러워하면 남을 두렵게 여기는 것이니, 이는 해가 남에게 미치지 않도록 하는 것이다. 비록 예모(禮貌)는 없어진다 할지라도 의심(義心)만은 있을 수 있고, 비록 의심은 버린다 할지라도 염결(廉潔)은 있을 수 있고, 비록 염결은 변한다 할지라도 수치(羞恥)는 있을 수 있다. 그러나 기탄없이 욕심을 부림에 이르러서는 당장 멸망을 볼 수 있다. 이것이 곧 차례차례 따르는 일인데, 기울어지거나 위태롭거나 엎어지거나 하는 것은 오히려 서기지망(庶幾之望 : 거의 될 듯한 희망)이 있다. 멸망하기 전에 고치기를, 마치 사람의 심한 병환을 황급히 구하고 민망히 여겨 목숨이 끊어지기 전에 낫도록 하는 것처럼 해야 한다는 것이니, 그 뜻이 매우 절실하다.

말을 함부로 하지 말라
磨兜堅 마두견

마두견(磨兜堅 : 명나라 도종의(陶宗儀)의 《철경록(輟耕錄)》에 나옴)은 본래 황제(黃帝) 시대의 사람인데, 황제가 금을 녹여 그의 모습을 만들고 입을 세 군데나 꿰매었다(〈가어〉 관주(觀周) 편). 입을 꿰매면 말을 할 수 없다. 말이란 삼가야 하지만 아예 안할 수는 없는 것인데, 공자가 무엇 때문에 이를 취하게 되었을까?

《시경》에 "말을 쉽게 하지 말며, 함부로 하지도 말라. 사람의 혀〔舌〕는 잡을 이가 없으니, 말을 함부로 하지 말라〔無易由言 無曰苟矣 莫捫朕舌 言不可逝矣〕(《시경》 대아(大雅) 편)라고 하였으니, 여기에서 유언(由言)이란 입이고, 구(苟)란 함부로 함이다. 혀는 입 안에 있어서 잡을 수 없고, 말은 혀로부터 나오는데 쫓아가 자취를 없애려 해도 그럴 수 없지 않은가? 처음 말을 할 때는 모두 거리낄 것이 없다는 듯 여기는 까닭에 함부로 하다가 큰 화를 불러일으키는 것을 깨닫지 못하니, 모두 삼가라는 뜻이다.

마(磨)라는 것은 옥에 티를 갈아 없애는 것처럼 하는 것이요, 두(兜)는 그 입과 혀를 봉해 버리는 것이요, 견(堅)은 금처럼 녹여도 변치 않는 것을 뜻한다. 만약 이와 같이 한다면 가정에는 법어(法語)가 없게 되고 나라에는 사직(司直 : 법에 의하여 시비 곡직을 가리는 재판관)이 막히게 될 것이니, 말을 않는 걱정이 말을 함부로 하는 걱정보다 더할 것이다.

성인이 말을 삼가라는 뜻을 나타낸 것은 《주역》에 열두 대목, 《논어》에 열다섯 대목, 《대기(戴記)》에 여덟 대목인데 이는 다만 말을 함부로 하지 말라고 경계한 것뿐이요, 또한 개인을 위해서이지 나라를 위해서가 아니다. 그런데 후세 사람들은 시골에 있을 때는 허망한 이야기까지 마구 지껄이다가 벼슬길에 나아가 임금을 섬기게 되면 함구무언(緘口無言)만을 능사로 생각하니, 이것은 마두견이 지나치게 높아진 탓이리라.

8월의 갈대

八月萑葦 팔월환위

《시경》에 "팔월에는 갈대를 벤다" 하였으니, 이는 계절로 보아 너무 이른 듯하나 농가에서는 으레 이 갈대로 삿갓을 만들어 쓰는 까닭에 서리가 온 뒤에 베어 쓰는 것을 좋게 여긴다. 그러나 갈대란 한창 무성한 때라야 속이 꽉 차고 결이 단단하여 주렴과 발[簾]을 만드는 데에 적합하다. 이때 갈대는 마치 사람이 장성하여 힘줄과 뼈가 억세지는 것과 같다. 잎이 말라 떨어지고 껍질이 벗겨지면 속이 비고 마디가 약해져서 쉽게 꺾어지니 마치 사람의 피가 마르고 뼈대가 약해져서 아무 것도 감당할 힘이 없는 것과 같게 된다. 옛날 사람들은 무슨 일이든 이와 같이 자세히 알았다.

진풍(秦風 : 시경(詩經) 국풍(國風)의 하나)에 "갈대는 푸르고 흰 이슬은 서리가 되네[蒹葭蒼蒼白露爲霜]" 하였으니, 이는 어진 자를 구하려고 지은 시이다. 군자로서 훌륭한 포부를 갖고도 시대를 만나지 못한 탓으로 구렁텅이에서 늙어 죽음을 면치 못한다면 이 얼마나 애석한 일이겠는가? 이 시를 세 번 외우니 탄식이 절로 난다.

안연의 나아가고 멈춤

顏淵進止 안연진지

공자가 안연에게 "나는 네가 나아가는 것은 보았으나 멈추는 것은 보지 못했다" 하였으니, 공자는 무엇으로써 안연이 나가는 것과 멈추는 것을 확인했을까? 나아감이란 것은 먼저 알기부터 하고 나중에 실천한다는 것인데, 아는 것이 변변치 않으면 실천 또한 변변치 않다는 점을 알 수 있을 것이다.

안다는 것은, 오늘 한 가지 일을 깨닫고 내일도 또 한 가지 일을 깨닫는 것이다. 깨닫는 것이 많으면 아는 점도 진보되는 것이다. 공자가 말하기를 "내가 일찍이 해가 저물도록 밥을 먹지 않고 밤이 새도록 잠을 자지 않으면서 이리저리 생각해 보았으나 유익함이 없었다. 그러니 배우는 것만 한 것이 없다(논어 자한편)" 하였으니 이는 문인들이 학문에 정진토록 하기 위해 한 말이다. 공자의 문하에 있으면서도 배울 것은 생각지 않고 번번이 스스로 단념하려

하는 자들을 안타깝게 여겼기 때문이다.

비유해 말하자면, 멀리 떨어진 곳의 특수한 풍습과 물산은 그저 짐작만으로는 알아낼 수 없는데, 혹시 우연히 아는 사람을 만나면 반드시 배고프고 목마른 자가 먹을 음식을 만난 것처럼 오직 그 아는 사람이 오래 머물러 있지 않을까 두렵게 여겨 반드시 그 즉시 모르는 것을 자세히 알아보아 의문이 없도록 하는 것과 같다. 학자가 스승의 문하에 있는 것 또한 이와 똑같다.

공자가 아무리 귀에 대고 타이르기도 하고, 옆에 끼고 친히 이끌어 주어도 끝내 분발해 깊이 깨닫는 이가 드물었다. 그런데 안씨(顔氏)의 아들만은 날마다 더욱더 배움을 청해 오늘도 한 가지의 일을 깨닫고 내일도 한 가지의 일을 깨달아, 배우지 않을지언정 일단 배우면 배운 것이 능하기 전에는 그만두지 않았으며, 묻지 않을지언정 일단 물으면 물은 것을 알기 전에는 그만두지 않았으며, 생각지 않을지언정 일단 생각하면 생각한 것을 제대로 깨닫기 전에는 그만두지 않았으며, 분변하지 않을지언정 일단 분변한다면 분변할 것을 명확히 하기 전에는 그만두지 않았으며, 실천하지 않을지언정 일단 실천하면 실천한 것을 독실히 하기 전에는 그만두지 않았으니, 이것이 이른바 정진이다.

만일 자기보다 나은 자가 있어도 그를 따르지 않고, 무엇을 일러 주어도 듣는 체도 하지 않으면서 하품과 기지개만 하고 한눈을 팔거나, 심오한 것을 물으면 대답도 하지 않은 채 터득도 못하면서 억지를 부리고 잡류와 더불어 놀기를 좋아한다면, 이것이 이른바 멈춤이다.

예부터 잘 배운 자는 알고도 모르는 자에게 묻고, 많은 지식을 갖고도 지식이 적은 자에게 물었다. 낮은 자에게 묻는 것을 부끄럽게 여기지 않았으니 하물며 스승이 될 만한 자에게 있어서랴. 스승을 찾아 천리길도 멀다고 여기지 않았는데 하물며 가까운 거리에 있어서겠는가.

어떤 이는 다른 일이 있다고 말하면서 스승을 구하지 않고, 또 어떤 이는 타고 갈 말이 없다고 핑계를 대기도 한다. 또 어떤 이는 기력이 달리고 병이 많다고도 핑계를 대니, 이것이 모두 학문이 나아가지 못하는 이유이다. 지금 학문을 한다는 이름을 가진 자로서 선각자를 만나면 바로 말하기를 "다시 다른 어질고 뛰어난 이를 찾겠다" 하니, 이는 그가 죽으면 곧 후회하게 될 것을 깨닫지 못하는 것이다.

스승을 찾을 만한 겨를을 얻고서도 "지금 하는 일을 마친 뒤라야 되겠다"고 말하니, 이는 이 일이 끝나면 또 다른 일이 생긴다는 것을 모르기 때문이다. 장기와 바둑으로 세월을 보내고 이리저리 쏘다니며 놀면서도 정성스레 마음을 쓰지 않아 학문은 날로 퇴보될 뿐이니 애달프구나.

공을 꺼림
忌功 기공

무예(武藝)를 겨루게 하여 장수를 뽑는 데 추첨할 필요가 있겠는가? 호명〔發號〕하기도 전에 활쏘는 시험을 보아 좋은 성적이었다면 여러 눈을 거치지 않아도 될 것이다. 장수가 될 인물에 이르러서는 평소 자세히 아는 자가 아닐 바에는 병서 이외의 다른 시험으로 할 수는 없을 것이다. 예컨대 그 중간에 변통성이 있다 할지라도 이 병서를 제쳐 놓고는 다른 술법이 없을 것이다.

만약 생긴 체구를 보아서 뽑는다면 백기(白起)*¹ 같이 날쌔고 사나운 자가 제외되었을 것이고, 벼슬의 높낮이로 제한한다면 한신(韓信)*² 같이 굴러떨어진 자가 버림받았을 것이며, 말타는 재주와 활쏘는 기술로 비교한다면 두예(杜預)*³같이 종이〔札〕를 뚫지 못한 자가 떨어지게 되었을 것이고, 지나간 잘못만을 세밀히 따진다면 이정(李靖)*⁴ 같은 이가 죄에 걸려들어 역시 물러나게 되었을 것이며, 또 문학만으로 결정한다면 글을 눈으로 보아도 모르는 한세충(韓世忠)*⁵ 같은 이가 그만두게 되었을 것이다.

＊1 백기는 진 시황(秦始皇) 때의 장수. 《사기》 평원군전(平原君傳)에 "백기는 조그마한 더벅머리이다[白起小竪子]" 하였음.

＊2 한(漢)나라 회음(淮陰) 사람으로, 어린 시절에 너무나 빈곤하여 표모(漂母)에게 걸식하는가 하면 회음 소년들의 가랑이 밑으로 기어다니는 곤욕을 당했다 함.

＊3 진(晋)나라 장수. 《진서(晉書)》 두예전(杜預傳)에 "두예가 너무나 약하여 말에 걸터앉지도 못하고 활을 쏘아도 종이조차 뚫지 못한다[預身不跨馬射不穿札]" 하였음.

＊4 당나라 장수로서, 당 고조(唐高祖)가 품은 천하통일의 큰 뜻을 알고 자신이 스스로 죄인이 되어 수 양제(隋煬帝)에게 고변(告變), 후에 고조가 등극하여 이정을 죽이려 하자, 이정은 큰소리로 고조를 꾸짖어 "공(公)이 대의를 들어 천하를 정하는데, 어찌 사사로운 원한으로 나를 죽이려 하는가" 하므로, 고조가 그 말을 장하게 여겨 석방하고 후에 대장(大將)에 등용하였음.

＊5 송 고종(宋高宗) 때 장수로, 어려서부터 용맹으로 이름을 떨쳤다. 원래 집이 가난하였고 술을 좋아하며 기력을 길렀다 함.

대장으로서 공을 이루는 것이 반드시 말달리고 활 쏘는 데만 있는 것이 아니다. 적과 칼날을 맞대고 싸우는 것과 적을 잡아 죽이는 것은 결국 군교(軍校)의 힘에 의지하게 된다. 그러나 군교가 아무리 힘이 세고 용맹이 있다 할지라도 진실로 나라와 윗사람을 위해 목숨을 바치지 않으면 앞으로 실패하게 된다. 그렇다면 일이 없을 때에 인심을 깊이 얻는 자가 바로 장수감일 것이다.

저 변방에서도 시험해 보고 서울 병영에서도 시험하여 어루만지며 보살피기를 알맞게 하여 무리가 그에게 충성을 다하기를 도모한다면 이것이 적을 이기는 방법이 아니겠는가? 적을 엿보며 변통하기도 하고, 군사를 이리저리 옮겨서 겨루기도 하는 데에 이르러서는 결국 예측할 수 없다.

그러므로 만약 병화가 잇따라 일어나게 되면 심원한 지략은 반드시 편비(偏裨 : 각 군영(軍營)에 둔 부장(副將))들 사이에서 나오게 되고, 늘 높은 지위에서 후한 녹을 먹는 자는 기이한 꾀를 내는 이가 별로 없다. 그러나 이런 사람들은 반드시 남의 참소로 미움을 받게 되니, 이는 일을 이루고 공이 높아지기 때문이다. 공이 높으면 남이 미워하고 권세가 중해지면 의심을 받게 되는데, 이는 막아낼 방법이 없는 것이다.

송나라 때 왕덕용(王德用)과 적청(狄靑)은 명장이었고, 공도보(孔道輔)와 구양수(歐陽脩)는 명신이었다. 공도보가 왕덕용을 참소할 때에, "얼굴은 예조(藝祖)와 똑같고 집은 건강(乾崗)에 지었다"*6 하였고, 구양수가 적청을 참소할 때에, "몸은 도참(圖讖)에 해당되고 집에는 화광(火光)이 있다"*7 하고, 또 여럿의 마음을 얻는 것을 걱정하여 주자(朱泚)*8에게까지 비교하였으니, 그의 말이 또한 악독하였다.

---

*6 이 말은 왕덕용의 그 기상과 행동이 장차 찬역을 범하리라는 것. 예조(藝祖)는 송 태조(宋太祖)로서, 왕덕용이 그와 같은 기상이 있다는 말이고, 건강(乾崗)은 집 좌향이 건좌(乾坐)임을 말한 것인데, 옛날 천자의 궁궐을 건좌로 지었다 함.

*7 이 말은 적청이 장차 천자가 되리라는 것을 말한 것. 도참은 비결 따위이며 화광은 이징(異徵)으로서, 《송서》 부서지(符瑞志)에, "한 광무(漢光武)가 기병할 때 그 집에서 화광이 일어나 하늘로 치솟았다" 하였음.

*8 주자(朱泚) : 당나라 창평(昌平) 사람으로, 요영언(姚令言)의 난군(亂軍)과 합세하여 반란을 일으켜 국호를 대진(大秦)이라 하고 제(帝)라 자칭하다가 나중에 이성(李晟)이 경사(京師)를 회복하게 되자 부하 장교에게 피살되었음.

몸이 미천한 데서 일어나면 그의 미천함을 미워하고, 세운 공이 크면 공이 큰 것을 미워하며, 인심을 얻으면 인심을 얻었다는 것으로 헐뜯었다.

그러나 다행히도 송나라 법이 관대하여 죽여 없애기까지 하지는 않았다. 우리나라 임진(壬辰 : 1592, 선조 25)의 일을 보더라도 충무공 이순신은 큰 공을 세웠어도 형을 받고 귀양을 갔다. 서애 유성룡[*9] 같은 이가 발탁하지 않았더라면 개천 속에서 굶어 죽음을 면치 못했을 것이다.

공을 미워하여 남을 해치는 사람이 어느 시대인들 없겠으랴만 이런 경우를 이야기해 봐도 역시 어쩔 수 없는 일이라 하겠다. 내 생각에는, 임진년 때 국운을 존속시킨 것은 모두 충무공 한 사람에게 달려 있었으니, 마땅히 세실(世室 : 종묘의 신실(神室))에 종향(從享)시켜 후인을 권장해야 할 것이다.

상갓집 개
喪家之狗 상가지구

'상갓집 개〔喪家之狗〕'라는 말은 《사기》에 있는데 사람들은 "집을 잃은 개다" 하였다. 《가어》 주에는 '초상집 주인은 슬픈 마음이 심하여 밥도 눈에 보이지 않는 까닭에 어리둥절해하는 모습으로 공자의 불우한 뜻을 비유한 말이다' 하였다. 사람은 비록 슬픔이 앞을 가려 정신이 없다 할지라도, 개가 어찌 제 뜻대로 하지 못할 것이 있겠는가?

《한시외전》에 나타난 것이 조금 소상하게 되어 있다. 고포자경(姑布子卿)이 자공(子貢)에게 "얼굴은 추해도 악기(惡氣)가 없는가 하면, 주둥이는 길어도 수다스럽지 않고, 다시 바라보면 파리하여 마치 초상집 개와 같다" 하므로, 자공이 이 말을 공자에게 일러바쳤다. 공자께서 딴 말은 하지 않고 오직 초상집 개라는 대목만 말했는데, 그 말은 아래와 같다.

"이미 염(斂)을 하여 널에 넣고 제물을 차려 놓고 제사를 지내는데, 아무리 돌아보아도 주인이 없다. 도(道)를 세상에 펴려고 해도 위에는 밝은 임금이 없고 아래에는 어진 선비가 없어서 왕도(王道)가 쇠하고 정교(政敎)가 잘못되었다. 강한 자가 약한 자를 업신여기고, 많은 것이 적은 것을 못살게

[*9] 유성룡은 임진왜란이 일어나던 전해(선조 24, 1591)에 당시 미관말직만을 지내 오던 이순신을 추천하여 전라좌도 수군절도사에 승진시켰음.

하므로, 백성이 제멋대로 방종하여 규율과 질서가 없게 되었다. 이 사람이 구(丘 : ^{공자의} _{이름})로서 당할 자가 없는 것으로 말했으니, 구가 감히 해낼 수 있겠느냐?" 하였으니, 그 뜻은 산 언덕 위에 제물을 베풀어 놓았으나 받아먹을 사람이 없고 오직 개가 바라보면서 소원을 말한다는 의미로서, 세상에 밝은 임금이 없고 오직 성인의 베풂만을 희망한 것을 비유한 것이다. 다만 '얼굴이 추하다', '주둥이가 길다'는 말은 무엇을 가리킨 것인지 알 수 없다.

귀천을 하나로 보다
一視貴賤 일시귀천

"부귀(富貴)보다 더 높은 것은 없다(^{주역(周易)} _{계사에 보임})" 하였으니, 진실로 의리를 해치지 않는다면 어찌 부귀를 누리고 싶지 않으랴? 귀(貴)와 천(賤)을 하나로 본다는 말은 아직 듣지 못했다. 그러므로 나 자신이 부귀를 얻는 것을 기쁘게 여긴다면 남에게도 어찌 다행으로 여기지 않을 수 있겠는가? 맹자가 "기뻐서 잠을 이루지 못했다"는 말은 바로 이 때문이었다.

그러나 반드시 자기의 분수에 넘치지 않도록 알맞게 해야 할 것이다. 심존중(沈存中)이 말하기를, "부귀란 형세가 있을 때는 뭇 개미가 노린 냄새를 맡고 모이듯 하고, 형세가 떨어지면 굶은 매가 구름 위로 솟듯이 흩어진다. 믿을 것 없는 이 혼탁한 세상을 뭐 과히 괴이하게 여길 것이 있겠는가? 유식한 선비로서는 서언(徐偃)의 강장(剛腸 : ^{굳세어 굽히지} _{않는 마음}) 같은 것은 드러낼 필요가 없고, 다만 하숙도(何叔度)의 차가운 눈초리 같은 것은 꼭 씻어야 할 것이다" 하였다.

이는 끝내 부귀를 마음에 잊지 않았으니, 만약 귀함과 천함을 하나같이 보았다고 한다면 조금 부족한 점이 있다 하겠다. 한(漢)나라 때 서언(徐偃)은 제나라 정승이 되었다. 집안 형제와 모든 빈객들을 두루 불러서 돈 500금을 흩어 주고 나무라기를, "처음 내가 가난할 때는 형제들도 나와 의식(衣食)을 함께하지 않았고, 손님 가운데에도 집에 들어오는 자가 없었다. 지금 제군(諸君)은 혹 천릿길도 멀게 여기지 않고 나를 찾아왔으나, 지금부터는 제군과 더불어 끊어야겠다" 하였으니, 이는 너무도 짧은 소견이며 그 허물도 그들과 다르지 않은 것이다.

하숙도(何叔度)의 아들 상지(尙之)가 이부랑(吏部郞)이 되어 정성(定省)을 고할 때 온 조정 벼슬아치가 전송하였다. 하숙도는 이 소문을 듣고 이르기를, "이는 이부(吏部)를 보내는 것이지 하상지를 보내는 것이 아니다"라고 하였으니, 이 또한 오히려 좁은 마음을 견디지 못하여 이렇게 이야기했던 것이다.

황보밀(皇甫謐)의 종고(從姑)의 아들 양유(梁柳)가 성양 태수(城陽太守)가 되어 부임할 때 어떤 사람이 밀(謐)에게 전송할 것을 권하였다. 밀이 대답하기를, "양유가 포의(布衣)로 있을 때에 내가 보내고 맞는 데 문밖까지 나가지 않았고, 음식도 소금과 나물에 지나지 않았다. 이는 가난한 자에게 주육(酒肉)으로 대접하지 않는 것이 예(禮)이기 때문이었는데, 지금 수령(守令)이 되었다 하여 전송한다면 이는 성양 태수를 귀히 여기고 양유는 가볍게 생각하는 것이다" 하였다. 이로 본다면 황보밀 같은 자는 학식과 덕망이 높은 군자라고 할 수 있을까? 군자라고 할 것이다. 그러므로 이를 적어 경계하고자 한다.

충성이 변하면 아첨이 된다
忠變爲諛 충변위유

벼슬살이는 병사(兵士)와 같다. 병사는 집을 떠나면 그의 가정을 잊고, 나가 싸우라는 북소리를 들으면 그의 몸도 잊은 뒤라야 적과 싸워서 이길 수 있다. 싸우기를 두려워하거나 자신을 돌아보는 마음이 있다면 결국 싸움에 져서 머리를 잃고 죽고 마는 것이다. 그러나 병사란 어쩔 수 없이 전쟁터에 나가게 되지만, 벼슬살이란 것은 선비가 좋아서 하는 것인데, 좋아한다는 것은 그 이익을 좋아하는 것이다. 그 벼슬을 이익으로 여기니 목숨을 버려 의리를 취하지 않기 때문에, 임금의 잘못도 충고하지 않아 신하의 절조에 흠이 많아지게 된다.

《시경》에 말하기를 "저 정직한 선비여, 나라의 곧음을 맡았구나" 하였으니, 정직한 도리로 임금을 섬기지 않고 영예를 구하려 하다가는 도리어 해를 당하기도 하는 것이다. 정직하면 아무런 해가 없는데, 왜 정직을 꺼리고 행하지 않는가. 하찮은 목숨으로써 우레와 같은 위엄과 노여움을 건드려서 일에는 유익함도 없이 헛되이 죽게 되는 경우가 많으며, 또한 자신의 이익을 생각하여 정직한 말을 제대로 하지 못하는 것이다.

옛날 춘추 시대 곽군(郭君)이 나라를 버리고 도망치게 되었다. 그때 목이 마르거나 시장할 때마다 마부가 술과 포육을 올리면서 말하기를 "임금께서 도망쳐 나오게 될 줄 알고서 미리 준비해 두었던 것입니다" 하였다. 곽군이 말하기를 "미리 알았으면서 왜 충고하지 않았느냐?" 하자 마부가 "곽(郭)나라보다 임금이 먼저 죽을까 두려웠기 때문이었습니다"라고 했다.

곽군이 노여워하는 기색을 보이면서 말하기를 "내가 도망치게 된 것은 무슨 이유냐?"라고 묻자 마부는 그의 말끝을 돌려서 대답하기를 "너무 어질기 때문입니다"라고 했다. 곽군은 또 말하기를 "어질면 왜 도망치게 되느냐?"라고 하자, 마부는 대답하기를 "천하에 어진 이가 없는데 혼자만 어질기 때문에 이렇게 도망치게 된 것입니다" 하고 그대로 도망쳐 버렸다. 결국 곽군은 혼자 들에서 죽어 호랑이의 먹이가 되었다. 마부가 그 임금에게 충성을 바치려고 하지 않은 것은 아니었으나, 도망쳐 버린 것은 죽음을 두려워했기 때문이다.

진 시황(秦始皇)이 후생(侯生)을 잡아 거열형(車裂刑)으로 죽이려 하자, 후생이 말하기를 "이제 죽게 되었으니 반드시 용기를 내어야겠습니다. 폐하의 음탕함은 단주(丹朱)보다 만 배나 더하고 곤오(昆吾)보다도 천 배나 더하니, 망할 징조는 10쯤 되고 흥할 징조는 1쯤도 없습니다" 하였다. 시황이 말하기를 "왜 진작 이야기하지 않았느냐?" 하자, 후생이 대답하기를 "이야기해 봤자 유익함은 없이 죽음만 당할 것을 두렵게 여겼기 때문입니다. 이제는 신이 꼭 죽게 된 까닭에 아룁니다" 하자, 시황이 탄식하며 그를 놓아 주었다.

이로 미루어 본다면, 곽군은 노여워하는 기색을 보였으므로 그의 마부는 충성심이 변해서 아첨하게 되었고, 후생은 죽게 될 처지에 몰려 정직한 말을 하여 풀려났으니, 임금과 신하 사이에 어찌 지혜와 꾀로써 피하기도 하고 나아가기도 할 수 있겠는가.

이몽양의 상소문

獻吉疏 헌길소

헌길(獻吉) 이몽양(李夢陽 : 명나라)의 상소에 이르기를 "지금 천하에서 지혜롭거나 어리석고, 힘이 강하거나 약함을 막론하고 모두 머리를 숙이며 가슴을 부여잡고 명나라를 섬기는 것은 법으로 얽매어 놓은 때문이고 또한 죽음을 두려워해서입니다. 이제 죽음이 춥고 배고프고 매맞는 것보다 낫다고 생각한다면 그들도 무슨 짓인들 하지 못하겠습니까?" 하였으니 이는 근거가 있는 말이다. 곧 안자(晏子)가 제경공(齊景公)에게 이르기를 "제나라의 5척 동자 이상이면 그 힘이 모두 저와 임금님을 능히 이길 수 있겠지만 감히 그렇게 못하는 것은 예를 두렵게 여기기 때문입니다" 하였으니, 이 또한 근거가 있는 말이다. 《서경》 하서(夏書)에 이르기를 "내가 천하를 둘러보니 어리석은 남자든 여자든 모두 능히 나를 이길 수 있다 했는데 나 한 사람이 여러 번 실수를 했으니, 어찌 백성들의 원망이 분명해지도록 기다리겠는가. 드러나기 전에 조처해야 한다" 하였으니, 다 똑같은 뜻이다.

과연 임금이 뭇 백성들 모두가 그를 배반하도록 한다면 결국 외로운 한 사나이가 될 뿐이다. 한 사나이 대 한 사나이로서 대결한다면 잔치나 하며 편히 지내온 몸으로 어찌 힘만 쓰며 살아온 거칠고 사나운 자들을 당해낼 수 있겠는가. 처음에는 백성들이 배반하고 다음에는 모든 신하가 배반하고 끝내 친척까지도 배반하게 된다. 이러하여도 함부로 대들지 못하는 것은 위아래의 구별이 본래 정해져 있기 때문이다.

그러나 하루 아침에 갑자기 그 자리에서 밀려나게 되면 힘이 있는 자가 힘없는 자를 이기는 것은 당연한 형세인 바 이 밖에 다른 뜻이 있지는 않은 것이다.

주나라 말기에도 오히려 예의로써 세상을 유지했다. 사람들이 예의를 두렵게 여겼기 때문에 어느 정도 부끄러워하는 마음이 있었다. 그러나 어지러움이 이미 극도에 미치자 예의도 대단히 두렵게 여길 게 없다고 여기게 되니 그때에는 오직 법으로 다스려 두렵게 만드는 것만이 가장 알맞을 뿐이다.

하지만 춥고 배고프고 매맞는 데까지 이른다면 법도 두려워하지 않게 되고, 힘으로 대결하여 이길 수만 있다면 반드시 상대를 이기고 자신의 고생을 모면하고자 할 것이니 그 생각은 차츰 더욱 절실해질 것이다.

　이몽양의 상소는 처음으로 그러한 뜻을 드러낸 것이다. 말하자면 임금이 아무리 사리에 어둡고 용렬하다 해도 그런 지극한 말에는 조금이라도 깨닫는 바가 있지 않겠느냐는 뜻이다. 그러나 임금이 깨닫지 못하여 헤아릴 수 없는 지경에 빠질 뻔했다가 다행히 강해(康海)*¹ 덕분에 겨우 장래의 재앙을 모면하였으니, 《시경》 대아(大雅) 억(抑)에 "나는 너에게 순순히 타일러 주는데도 너는 나의 말을 듣는 척도 않는다"는 말과 같다.

악비의 순수한 효심
岳飛純孝 악비순효

　신하의 의리란 여러 가지이다. 공명을 위해 나서는 이도 있고, 은총을 입고 나서는 이도 있고, 의리에 격려되어 일어나는 이도 있지만, 그러나 이런 마음 없이 죽을 때까지 시종여일한 사람이야말로 참다운 충절(忠節)을 지녔다 할 것이다. 이와 같은 것은 반드시 어버이에게 효도하는 데에서 시작되는 것이다. 효도란 사람의 근본이므로 효도하는 이로서 충성스럽지 않은 이가 없고, 충성스러운 자 치고 어버이에게 효도하지 않는 이가 없는 법이다.

　무목(武穆) 악비(岳飛 : 남송의 명장) 같은 이의 충성은 실로 하늘의 이치가 그대로 이루어진 것이니, 어찌 "어버이를 받드는 효도로써 임금을 섬긴다"는 말이 틀린 말이겠는가. 다만 그의 충성이 워낙 뛰어났기 때문에 다른 것은 오히려 가려져서 그의 순수한 효도를 미처 아는 이가 없었으니 안타까울 뿐이다.

　악비는 고종(高宗 : 남송(南宋)의 임금)을 따라 황하를 건널 때 자기의 아내에게 어머니 요씨(姚氏)를 봉양하도록 했었다. 그런데 하북(河北)이 함락되자 몇 해를 찾아도 어머니를 찾지 못하였다. 그러다 갑자기 어머니의 소식을 전하는 사람한테서 "당신 어머니가 말씀하시기를 '나를 위해 내 다섯째 아들에게 성스러운 임금님만을 힘써 섬기고 늙은 어미는 걱정하지 말라고 하라'고 하더라"는 말을 들었다.

---

*1 명나라 홍치(弘治) 때 진사가 되어 수찬(修撰)이 되었고 십재자(十才子) 가운데 한 사람이었다. 유근(劉瑾)이 그를 결탁하려 했으나 만나주지 않다가 이몽양이 하옥되매 구출을 부탁하게 되자 하는 수 없이 유근을 달래어 이몽양을 구출해 주었음.

악비는 가만히 사람을 보내어 어머니를 모셔 왔는데 모시러 가기를 열여덟 차례나 오간 뒤에야 어머니가 돌아왔고, 나중에 양양선무사(襄陽宣撫使)가 되었을 때 어머니가 세상을 떠나자 양자(養子) 운(雲)과 함께 맨발로 고향까지 걸어서 고향 땅에서 장례를 치렀다.

운구할 때도 악비는 한여름 장마와 더위도 피하지 않고 그의 보좌관들이 대신 메고 가겠다고 하는 것을 사양하여 물리쳤다. 길 가던 사람들도 이를 보고 눈물을 흘리지 않는 이가 없었고, 장례가 끝난 뒤에 악비는 산소 옆에 여막(廬幕)을 짓고 살았다. 임금이 사자(使者)를 보내어 상중에라도 출사하기를 권하였으나 계속 글을 올려 슬피 하소연하기를, "효도하는 마음으로 충성을 한다 하지만, 일이란 본말(本末)이 있습니다. 만일 안으로 어버이를 섬기는 도리를 다하지 못한다면 어찌 밖으로 임금을 사랑하는 충성이 있을 수 있겠습니까?" 하였다.

임금이 그의 상소를 계속 되돌려보내고 직접 편지를 보내어 위로하고 타일렀으나 그는 좀처럼 출사하지 않았다. 이어서 다시 감사(監司)와 수신(守臣)에게 명하여 권유하도록 하였으나 그래도 응하지 않았다. 끝내 그곳 지방관을 문책하여 무거운 죄로 다스리는 데까지 이르자 그때서야 비로소 칙명에 따라 다시 양한(襄漢)으로 나가게 되었다. 그러나 3년 동안 최질(縗経 : ^상_복)을 벗지 않았으니, 이는 세상에 가르침이 될 만한 몇 가지 모범으로 꼽을 만하다.

어머니 요씨(姚氏)가 아들에게 "늙은 나 때문에 지장이 있도록 하지는 말라" 하였고, 또 열여덟 번이나 왕복한 뒤에야 아들에게 간 것은 혹시 그의 충성에 방해가 되지 않을까 염려한 것이며, 그가 몸소 널을 메고 가면서 남이 대신함을 허용하지 않은 것은 반드시 자기의 효도에 성심을 다해야 한다는 마음 때문이었다. 또 임금에게 올린 글에 충효의 처음과 끝을 적은 것은 윤리와 행실의 근본적인 큰 맥락을 어지럽힐 수 없다는 것을 밝힌 것이다.

그가 억지로 다시 출사하기는 했으나 3년 동안 상복을 벗지 않은 것은 세상을 교화하는 데 더욱 큰 보탬을 주었다. 상례(喪禮)로는 3년복을 입지 않을 수 없다. 실제 전쟁에 나서거나 방어에 임하지 않을 경우에는 상복을 입고 정사를 처리하는 것도 양편에 방해가 되지 않는 일이다.

상복을 벗고 평상복으로 바꿔 입은 것은 강왕지고(康王之誥 : ^{《서경》 주서}_{(周書)의 편명})로부터 시작되었는데, 이에 대해서는 이미 상기를 짧게 줄이자는 나쁜 예가 여기서부터 시작될까 봐 앞선 선비들도 의심스럽게 여겼다. 후세 명나라 인종(仁宗)이 여러 신하들의 의론을 물리치고 상복 차림으로 조회에 나갔는데, 오직 무신 장보(張輔 : 명 성조(明成祖) 때 우부장군으로 네 변이나 교지(交趾)의 난을 평정함)만이 따랐다. 그의 의리에 바르고 사리에 순한 것은 후세 성인이 본다 해도 의심하지 않을 것이다.

선비의 행실
儒行 유행

어린이로서의 배움은, 반드시 선비의 행실에 대한 글 한 편을 먼저 읽어서 군자는 이와 같은 의지와 행실이 있어야 한다는 것을 미리 안 다음에, 세상에 나가 타인의 요구에 응해야만 바야흐로 몸 둘 곳이 있게 될 것이다. 세상은 이미 조화되지 못하고 간사한 말로 이리저리 둘러붙이는 습관에 젖어 있기 때문에 타고난 기질을 꿋꿋하고 방정하게 펴지 않으면 자립할 수 없게 된다. 그러지 않고서는 바람이 부는 대로 따라 흔들리는 풀과 같이 지레 놀라고 말 테니, 모름지기 자신의 마음부터 굳게 지켜야만 함정에 빠지는 실수를 모면할 수 있을 것이다.

불은 본디 뜨거운 것이기 때문에 얼음이 어는 추운 날씨에도 뜨거운 열이 줄어지지 않고, 쇠가 녹을 듯한 더운 날씨에도 뜨거운 열이 더해지지 않는다. 선비 또한 꿋꿋하게 자립하기를 꼭 이와 같이 해야 할 것이다.

《회남자》에 "까마귀가 우는 것은 '깍깍' 하고 까치가 우는 것은 '찍찍' 하는데, 그 소리가 어찌 기후의 한서(寒暑)와 조습(燥濕)에 따라 변하겠는가? 그러므로 선비도 일정한 의론이 있어야 하고 여자도 변치 않는 조행이 있어야 한다" 하였으니, 이는 세상에 이익이 되는 말이다.

단련된 경서 문장
經文鍛鍊 경문단련

나는 늙어 버린 뒤로 고금의 서적을 펼쳐볼 때마다 우리나라 사람의 글은 반드시 중국 사람의 글만 못하고, 후세 사람의 글은 반드시 옛사람의 글에 미치지 못함을 알게 되었다. 그 뜻의 거짓이나 참됨은 말할 것도 없고, 그 문장의 뼈대가 마치 바람이 휩쓸고 물이 흘러내리는 것 같아서 형세를 걷잡을 수 없다.

나는 평생에 글 읽기를 좋아했다. 나이가 들수록 더욱 재미가 있음을 깨닫고 "지금껏 이 모든 글을 아무 맛도 모르고 헛되이 읽으며 세월만 보냈구나" 생각하게 되었다. 앞으로 다시 5년이나 10년이란 세월이 흐른 뒤에 내가 보고 깨닫는 바가 어떻게 될지는 알 수 없다. 내 나이가 이미 일흔이 넘었으니 죽을 때가 아침 저녁에 달려 있는 셈이다. 몇 해 뒤에는 마땅히 죽게 된다는 이치를 나는 알고 있으니 마침내 나도 모르게 목숨을 마치게 될 것이다. 공자는 성인이었는데도 "몇 해만 더 빌려 준다면! (《논어》 술이편(述而篇))" 하고 탄식했다. 이것으로 미루어 생각해 보면, 나 같은 자는 마땅히 백년이나 천년을 빌린 다음에야 겨우 공자의 학문을 엿볼 수 있을 것이다.

육경(六經) 같은 문자를 누가 감히 헐뜯을 수 있겠는가. 하늘과 땅이 생겨난 지 오래였고 요순 뒤부터 인물과 문물, 곧 문화가 크게 갖춰져, 그 언어가 크게 단련되어 부족함이 없다. 그 가운데 더러나마 뚜렷하게 이해되지 않는 것은 그때의 습속과 산물이 지금과 다르기 때문이며 그 솜씨의 가볍고 무거움이 정교하지 않은 것은 아니다. 사람들은 더러 상고(上古) 시대에는 모든 것이 순박하고 너무 고지식했다고 생각하지만 이는 우물 안 개구리가 하늘을 좁다고 말하는 것과 같다. 진·한(秦漢) 시대 사람들도 사실을 그대로 밝히고 깊이 살펴서 따졌다는 것을 알아야 한다.

옛날 유애(庾敱)는 《장자》를 읽고 "보통 사람과 다름이 없다" 하였고, 설서주(薛徐州)는 제갈량을 읽고 "결국 무엇을 이루었는가" 하였으니, 이른바 속이 텅 빈 자가 의자에 누워 말로만 사치를 부리는 것과 무엇이 다르랴. 사람이 스스로를 헤아릴 줄 모름이 이와 같다.

이성을 추존한 호칭
葛文王 갈문왕

신라 시대에는 이성(異姓)을 추존(追尊)하여 모두 갈문왕이라 일컫고, 본종(本宗)의 정통은 마립간(麻立干)이라 일컬었는데, 갈(葛)과 마(麻)는 상복의 질대(経帶 : 상복을 입을 때의 허리띠)를 말한 것이다. 《주례》를 살펴보면, 왕은 제후를 위해 석 달간 시복(緦服)을 입는데, 머리에는 고깔인 최변(衰弁)에 질(絰)을 더하였다. 동성(同姓)에는 마(麻)로 하고, 이성에는 갈(葛)로 하여 갈질왕(葛絰王)이라 하였으니, 이는 본종과 구별한 것이다.

이로 미루어본다면, 신라 시대에도 처음부터 왕호(王號)가 없었던 것은 아니다. 그 때의 마립간·이사금(尼師今)이라는 것은 속어로서, 지금의 이금왕(尼今王) 따위와 같으니, 역사 기록에서는 왕이라 일컬어도 괜찮겠다.

임진년 석성의 공
石星 석성

지금 사람들은 입만 열면 임진년(壬辰年, 1592)에 중국이, 멸망 위기의 조선을 다시 일으켜 준 은혜에 대해 말한다. 그러나 이것은 헛된 명분일 뿐 진심으로 하는 말이 아니다. 임진년에 명나라 군사가 우리나라로 나오게 된 것은 그 공이 오로지 석성(石星) 한 사람에게 있었으니, 나라를 다시 일으켜 준 은공은 오직 석성에게만 해당되는 것이다.

심유경(沈惟敬) 같은 자는 본디 무뢰배로 왜의 사정을 잘 알았던 까닭에, 석성이 신종(神宗)에게 아뢰어 심유경에게 유격장군(遊撃將軍)을 시켰으니, 그것도 우리나라를 위해서였지 결코 다른 마음이 있었던 것은 아니다. 평양에서 용만(龍灣 : 의주(義州))까지는 아주 가까운 거리이므로, 만일 심유경이 날짜만 약속해 놓고 군사를 움직이지 않았던들 왜는 한 걸음 더 들어오게 되고 대가(大駕 : 선조가 탄 수레)는 반드시 압록강을 건넜을 것이다.

임금이 나라를 버리고 떠나게 되었다면 백성들의 심정은 어느 지경에 이르렀을까. 중조(中朝 : 중국(中國))에는 "중국으로서 변두리에 있는 한 나라를 위해 재력(財力)을 탕진할 수는 없으니 마땅히 조선이란 나라를 둘로 나눈 다음 적을 막을 만한 자를 골라서 맡겨 주는 것이 좋겠다"라는 의견이 많았다. 이는 중국 형편에서 보자면 좋은 계책이 아니라 할 수도 없었다. 그때 만일 석성 같은 이가 죽음을 무릅쓰고 나서서 다투지 않았다면 이 의견은 반드시 이루어졌을 것이다. 이 일을 생각하면 그의 은공이 망극(罔極)하다고 하겠다.

이보다 앞서 우리나라의 종계(宗系)를 고쳐 잡을 때에도 역관 홍순언(洪

純彦)이 석성의 애인에게 부탁하여 나라의 명예를 빛내는 공훈을 이루었으니, 그의 은혜 또한 매우 크다 할 것이다.

그리고 "조선이 왜를 끌어들여 중국을 침략하도록 하였다" 하여, 여러 입들이 떠들어 댈 때에도 석성이 또 그렇지 않다는 것을 역설하고 온 가족의 목숨으로 보증했기 때문에 중국 군사가 비로소 우리나라로 나오게 되었다. 그가 전후로 적극 노력하여 우리나라가 큰 은덕을 입었는데, 나중에 심유경과 함께 죽임을 당한 것은 오로지 우리나라 일로써 죄책을 입은 것이다.

백사 이항복이 북경에 갔을 때 석성의 문인 양씨(楊氏)라는 자가 찾아와서 "귀국에서 그분을 위하여 한 마디의 변명이라도 해주기 바란다"고 간청하였다는 것이다. 그러나 우리나라에서는 비웃으며 지켜보기만 할 뿐, 그의 원통함을 변명해 주기 위해 사신 하나 보내지 않았으니 그것은 무엇 때문이었을까? 생각할수록 눈물이 나는 일이다.

그 무렵에 천자가 절(浙 : 절강)·섬(陝 : 섬서)·호(湖 : 호남)·천(川 : 사천)·운(雲 : 운남)·귀(貴 : 귀주)·면(緬 : 베마) 등 남북 지방의 군사를 출동시킨 것이 21만 명이 넘었으며, 군량을 사들이는 데 쓰인 은(銀)만도 883만 냥이 넘었다. 이로 말미암아 남쪽 백성들의 재력이 거의 바닥이 났으니, 이것이 어찌 우리나라 신하한두 명이 가서 호소한다고 될 일인가. 모두 석성의 힘이었던 것이다.

그런데 석성의 죄는 봉공(封貢) 문제를 성사시키지 못한 것에 지나지 않았고, 우리나라에서 석성을 탓한 것도 그가 나중에 주화(主和)했다는 데 불과하였다. 그러나 아예 크게 승리할 수 없을 바에는 그의 청공(請貢)에 따라 빨리 강화(講和)하여 군사를 물리는 것이 우리나라로서는 다행이었다고 하겠다. 그런데 우리나라는 외적을 스스로 막아내지도 못하면서 남이 힘껏 후원해 주지 않았다는 것만 노여워하였으니, 이는 우리에게 큰 덕을 베푼 것은 잊어버리고 조그마한 원망만 생각하는 데 머무는 것 아닐까.

나중에 우리나라는 혼자 힘으로는 도저히 싸울 수가 없었고, 유적(流賊 : 이자성을가리킴)이 사천·섬서로부터 일어나 명나라까지 마침내 멸망하게 되었으니, 석성이 주화한 것은 잘못이라 할 수 없다.

봉공 문제가 제대로 이루어지지 않은 것은 한때의 불행이었을 뿐, 석성과 무슨 관계가 있었겠는가. 이항복이 양씨(楊氏)의 간청을 받고도 마음이 감동되지 않았던 것은 그 무렵 한창 척화(斥和)의 의논이 벌어져서 서로 통할 수 없었던 까닭이다.

형부상서 소대형(蕭大亨)은 본디 석성과 뜻이 맞지 않았던 사이였다. 그러나 석성을 죽이기로 의논할 때 죽을 각오로 칙명을 받들지 않았는데, 우리나라에서는 끝내 단 한 명의 사신도 보내지 않았으니, 어찌 소대형에게도 부끄러운 일이 아니겠는가.

세상에 전하는 말에 따르면 "명나라 태조(太祖)가 꿈에 볏단을 머리에 인 어떤 여인에게 떠밀려 자빠지는 꿈을 꾸고 나서 왜의 침략에 대비하라고 유언했으므로 정동(征東 : 일본을 정벌한다는 뜻)의 주장이 유행하였다"고 한다. 임진년 난리 때 별사(別使) 왕명학(王鳴鶴)이 우리나라에 와서 해안 방어에 대해 거듭 경고한 것 또한 같은 뜻이었다.

한 귀퉁이를 들면
擧隅反三 거우반삼

공자가 "알고 싶어하지 않는 자에게는 깨우쳐 주지 않고, 뜻은 알면서도 표현하지 못해 어물거리는 자에게는 말해 주지 않으며, 한 귀퉁이를 이야기해도 세 귀퉁이를 쉽게 이해하지 못하는 자에게는 더 가르치지 않는다(《논어》 술이(述而) 편)"라고 하였으나, 이는 뜻이 분명치 않은 듯하다.

공자는 또 "나는 너희들에게 숨김이 없다" 하였다. 이 숨김이 없다는 것은 "용렬한 지아비가 찾아와서 묻는다 해도 나는 다 털어놓아 가르쳐 주겠노라" 하였으니, 이로써 본다면 '깨우쳐 주지 않고 말해 주지 않는다'는 기색은 없는 것 같다. 불가(佛家)에서

원앙으로 수놓은 솜씨는 그대에게 보이겠지만
가진 금바늘을 딴 사람에게 넘겨주진 말라.
鴛鴦繡出從君看　莫把金針度與人

라고 하였으니, 이 뜻을 말하자면 수놓은 솜씨는 남에게 보이지만 그 방법은 이야기하지 않고 보는 자로 하여금 스스로 연구해 알도록 한다는 것이다. 수놓는 방법까지 일러준다면, 배우는 자가 깊이 알지 못하고 대강만 터득할까

해서 한 말이 아니겠는가? 이런 말들도 학문을 하는 자의 입장으로 전환시
켜 연구한다면 또한 이익이 있을 것이다.

'애써 알고 싶어한다'는 것은 알고 싶어하여 마음이 답답하다는 뜻이고,
'표현을 못해 어물거린다'는 것은 마음을 분발하여 표현하려 한다는 뜻이며,
'깨우쳐 준다'는 것은 말로써 표현해 준다는 뜻이다.

분계(憤啓)란 성심을 다하여 그 문(門)을 알아내는 것과 같은 것이고, 비
발(悱發)이란 문을 열고 나가는 것과 같은 것이다.

그러나 이와 같이 한다 해도 사물(事物)의 이치는 매우 정밀하고 넓어서,
두루 다 알고 널리 다 통할 수 없는 것이므로, 네 모퉁이가 있는 물건을 한
귀퉁이만 이야기한다 해서 나머지를 다 알아낼 수는 없는 것이다. 그러므로
다시 세 귀퉁이를 두루 보아야만 한다.

따라서 세 귀퉁이를 두루 다 보아야 한다면 거기에는 이리저리 되풀이한
다는 뜻이 들어 있으므로, 본문의 부(復)자는 입성(入聲)으로 읽어야 할 듯
하다. 왜냐하면 한 물건에 대하여 한 번, 두 번, 세 번쯤 돌아보면 자세히
보이지 않음이 없기 때문이다.

아무튼 이것은 계발(啓發) 이후의 일로서, 모두 배우는 사람을 위해 말한
것이지 가르치는 자와는 아무 관계가 없는 말이다.

또 산을 구경하는 데 비유한다면, 분계(憤啓)란 마치 가고 싶어할 때에
모르던 길을 알아낸 것과 같고, 비발(悱發)이란 마치 용감하게 길을 떠나는
것과 같다는 말이다. 처음 한 귀퉁이만 보고 그만둔다면 산 전체가 어떻게
생겼는지 알 수 없을 것이다. 그러므로 네 귀퉁이를 다 둘러보고 다시 시발
지로 되돌아와야만 바야흐로 다 볼 수 있다는 것이다. 이 '거우반삼(擧隅反
三 : 한 귀퉁이를 들면 세 귀퉁이 이까지 미루어 알아야 함)'의 뜻은 이렇게 보아야 옳겠다.

유정의 요동 출정
劉綎東征 유정동정

유정(劉綎 : 명나라 장수)이 동정(東征 : 요동 출정)할 때 수십 종류의 해귀(海鬼)를 이끌
고 나왔다고 한다. 그들은 남번(南蕃 : 남방의 미개한 나라. 촉중(蜀中)의 땅임.)에서 나왔다는데, 얼굴이
새까만 것이 귀신처럼 생겼고 바다 밑으로 헤엄을 잘 쳤으며, 그중에 키가

거의 두 길쯤 되는 거인이 수레를 타고 오기도 하였고, 또 두 마리 원숭이가 활과 화살을 허리에 차고 앞장서서 말을 몰아 적진(賊陣) 속으로 들어가 적의 말고삐를 풀었다는 것이다.

우리나라 박진(朴晉 : 선조 25년(1592)에 경상좌도 병마절도사로 영천에서 야습하여 승리를 거두었음)은 영천(永川)에서 승리를 거둘 때 진천뢰(震天雷)라는 대포를 이용하였는데, 이것은 무기 만드는 기술자인 이장손(李長孫)이 처음 만든 것이다. 철릉(鐵菱)과 철편(鐵片)에다 인화물질을 더하여 둥근 공처럼 만든 다음 대완구(大碗口)에 집어넣고 불을 이용하여 폭파시키면 500보나 600보의 거리를 날아서 성 안으로 들어갔다.

왜병들이 앞을 다투어 서로 밀어뜨리면서 들여다보다가 포탄이 그 속에서 폭발되어, 철편이 별처럼 부서지는 바람에 그 자리에서 파편에 맞아 죽은 자가 30여 명이나 되었으므로 이것으로써 승리를 거두었다고 한다 하나, 이런 말들은 꼭 믿을 수 없다.

유정은 경주에서 왜군을 공격할 때 한 치의 공도 세우지 못하였다. 왜 바다귀신을 시켜 물속으로 들어가 왜선의 밑을 뚫어 침몰시키지 않았으며, 또 무엇 때문에 원숭이를 시켜 적진 속으로 들어가 불을 놓고 문을 열어 젖히도록 하지 못했는가? 박진 또한 왜 진천뢰를 사용하여 가는 곳마다 적을 쏘아 죽이지 않았는가? 전쟁이 끝나지 않은 그 무렵에도, 그런 새로운 무기가 발견되었건만 그대로 만들 줄 아는 이가 없어서 그 방법이 유실되어 버린 것인가?

원나라가 변경(汴京 : 송나라 수도)을 공격할 때, 금나라 사람에게 진천뢰라는 화포가 있었다. 철관(鐵罐)에 약을 담아서 사용하는 그 포가 터져서 불이 일어나면 그 소리가 100리 밖까지 들렸다. 불에 타는 둘레가 15평 이상이나 되었고, 불티가 날아 붙으면 철갑(鐵甲)도 모두 뚫어졌으니, 박진이 사용했다는 진천뢰도 바로 그것을 본떠 만들었던 모양이다.

금나라 사람에게는 또 비화창(飛火鎗)이라는 게 있었다. 약에 대고 불을 일으키면 앞으로 10여 보의 거리는 모두 불타 버렸다. 이는 분명히 우겸(于謙 : 명(明英宗) 때의 사람)이 쓰던 화창(火鎗)이었을 것이다. 그러나 이것만으로 어찌 대군(大軍)을 다 박멸시켰을 리가 있겠는가? 이런 따위는 다 믿을 수 없다.

풍신수길이 명나라를 침범하려 함

秀吉犯上國 수길범상국

흑룡(黑龍 : 흑룡강) 해구(海寇 : 바다에서 침입하는 도둑때)란 도무지 그 유래를 알 수 없다. 저 조그만 도이(島夷 : 섬나라 오랑캐)가 중국을 삼키려 꾀한 것은 이치로 따져서 도저히 있을 수 없는 일이다. 이는 '가도멸괵(假道滅虢)'*1하려는 수법에 지나지 않았던 것이다. 내가 그 무렵의 왜인들이 의론한 것을 살펴보니 "조선은 대명(大明)의 속국이기 때문에 대명에서 반드시 군사를 일으켜 구원에 나서게 될 것이라고 했으나, 풍신수길(豊臣秀吉 : 도요토미 히데요시)이 그 말을 따르지 않았다"고 하였다.

그렇다면 그들이 대명으로 쳐들어간다는 것은 바로 거짓말로 남을 속이려는 것이지 진심에서 한 말이 아니다. 왜냐하면, 일본은 본디 원씨(源氏)의 나라로서 대대로 이어져 내려와 쉽사리 무너뜨릴 수 없는 터전이 이룩된 나라이다. 풍신수길이 갑자기 틈을 타서 그 지위를 노린다는 것은 여러 사람의 마음이 허락하지 않았을 것이다. 어쩌다 원씨를 이을 아들이 아직 어렸을 때 덕천가강(德川家康 : 도쿠가와 이에야스)의 세력이 차츰 커져서 다시 원씨에게로 복귀하게 될 형편이라 풍신수길로서는 그런 수법을 써 보는 수밖에 없었다.

풍신수길은 일개 필부(匹夫)로서 남의 심부름을 하던 자이다. 그러다가 갑자기 66주를 모두 차지하면서 뜻대로 되지 않는 일이 없었다. 그때 우리나라에서는 문신과 무신 모두가 그저 편안함만을 생각해 당파싸움이 날로 심해 갔다.

더욱이 저들은 대마도에 접근하여 우리나라 사정을 자세히 정탐했기에 그때가 바로 자신들이 노리던 기회임을 간파하였다. 풍신수길은 '명나라를 먹겠다'고 헛 선전을 해놓음으로써 명나라 세력을 얽어매어 우리나라를 돌아볼 수 없도록 한 다음, 우리나라의 당쟁이 치열한 틈을 타서 일거에 집어삼켜, 두 나라를 하나로 합친다면 처음에는 실패할지라도 나중에는 큰 이익을 거둘 수 있다는 속셈이었다. 이때 가등청정(加藤淸正 : 가토 기요마사)이 바로 그의 심

---

*1 길을 빌려서 괵나라를 없앰. 《좌전》 희공(僖公) 5년에 우나라의 길을 빌려 괵나라를 친다고 했고 《맹자》 만장(萬章)편에도 이와 같은 말이 있다. 이는 풍신수길이 우리나라 길을 빌려 명나라를 치겠다는 비유임.

복으로서 부추김을 받아 일을 일으킨 것이었다. 참으로 석성 같은 이가 죽을 힘을 다해 우리나라를 돕지 않았던들 그들의 계획은 반드시 그대로 이루어지지 않을 수 없었을 것이다.

우리나라는 안으로 정사를 닦지 않고 스스로 높은 체만 하면서, 훗날에 닥칠 걱정은 아주 잊어버리고 도리어 섬 오랑캐의 세력만 길러 준 것이다. 저 하찮은 벌도 사람을 쏘는데 하물며 억센 힘이 나보다 앞서는 자에게 있어서랴. 화의(和議)를 함에 이르러서는 나물만 먹고 마귀를 받드는 한낱 중〔僧〕에게 명나라 유격장군 심유경(沈惟敬)을 수행하도록 하였다. 심유경과 명나라 사신이 함께 갈 신사(信使 : 정식(正式) 사자(使者))를 요청한 데 대해 우리 조정에서는 오래도록 결정하지 못하다가, 나중에 왜가 노여워한다는 소문을 듣고서야 이에 황신(黃愼)으로 도정(都正)을 삼아 수행토록 하였다.

그때 황신은 아직 미관말직으로 있었다. 세자를 볼모로 보내고 폐백을 두둑이 쓰지는 못한다 할지라도 어찌 황신 이외의 중신(重臣)을 보내어 조약에 임하도록 하지는 못하였던가. 정유년(1597)의 재란(再亂)은 실로 임진(1592)·계사(1593) 두 해의 일에서 비롯되었던 것이다. 그런데도 오히려 조심하지 않고 망령되게 이유자(夷猶子 : 의심을 품고 어물어물 하는 자를 일컬음)의 구업(口業)만 본받았던 것이다. 만일 풍신수길의 수명이 10년만 연장되었다면 우리나라 형편은 결국 어느 지경에 이르렀을 것인가.

그 가운데도 한스러운 것은 왜병이 침입한 뒤 맨 처음으로 평양에서 겨우 한 번 승리하게 되었는데, 또다시 당론(黨論)이 불길처럼 맹렬해진 것이다. 왜침의 모멸은 잊어버리고 내분(內紛)만 일삼다가, 끝내는 눈물을 흘리면서 조정을 떠나버린 자까지 있었으니, 하물며 세상이 평화스러울 때에야 오죽했겠는가.

이런 것으로 보아 그때의 난리는 풍신수길이 아니라 우리 스스로가 불러들인 것이다. 진실로 임금과 신하 사이에 틈이 벌어지지 않고 정령(政令)이 물샐틈없이 시행되었다면, 아무리 바다 건너 뱀돼지 같은 오랑캐일지라도 함부로 침략할 마음을 갖지 못하였을 것이다.

선조(宣祖)는 이미 명나라에 대응할 대책을 세우고 울면서 다음과 같은 시를 지었다.

나랏일로 허둥지둥하는 오늘날

누가 이광필·곽자의 같은 충성을 보여 줄 것인가.

서울을 떠남은 큰 계책을 생각해서인데

후일의 회복은 제공(諸公)에 힘입어야지.

관산 달빛에 울음이 절로 나고

압록강 바람에 마음이 아프구나.

조정의 여러 신하여, 오늘이 지나고도

또다시 서이니 동이니 할 것인가.

國事蒼黃日 誰能李郭忠

去邪存大計 恢復仗諸公

痛哭關山月 傷心鴨水風

朝臣今日後 寧復更西東

서(西)와 동(東)이란 사색당파를 가리킨 말이다.

포은 정몽주의 스승
金得培 김득배

우리나라의 유학(儒學)은 포은 정몽주에서 시작되었는데, 정몽주는 고려 원수(元帥) 김득배[1]의 문인이었다. 김득배는 정세운(鄭世雲)·안우(安祐)·이방실(李芳實)과 더불어 홍건적(紅巾賊)을 평정하였다.

그때 김용(金鏞)이 정세운을 죽이려고, 임금의 명령이라고 거짓으로 꾸며서 만든 조서를 세 사람에게 내려주면서 정세운을 죽이도록 하였다. 안우와 이방실은 김득배와 공모하려 했으나 김득배가 따르지 않았다.

결국 안우와 이방실만이 세운을 죽였는데, 김용은 또 정세운을 죽인 죄를 이 세 사람에게로 덮어씌워서 모조리 죽이자, 김득배의 문인 정모(鄭某 : 정몽주)가 그 시체를 거두어 장사지냈다는 것이다.

김득배는 비록 원수가 되었으나 문과 출신으로 안우와 이방실의 모의에

---

[1] 고려 때의 문신. 호는 난계(蘭溪). 공민왕(恭愍王) 때 평장사 김용의 간계로 정세운과 안우가 모살되자, 김득배는 상양현(上陽縣)에 숨었다가 체포되어 상주에서 효수되었음.

따르지 않았으니 몸가짐을 곧게 하여 그대로 실천한 것이고, 평생을 저버리지 않은 정몽주 같은 문인을 두었으니 교수(敎授) 역시 제대로 한 사람이다. 문(文)은 충분히 몸을 빛나게 했고 무(武)는 족히 공훈을 세웠으니, 그의 사람됨을 짐작할 수 있다.

뒷날 정몽주의 훌륭한 행적만 보아도 어찌 주고받은 연원(淵源)이 아니겠는가? 정몽주는 정습명(鄭襲明)*2으로부터 핏줄로 물려받은 정신이 있고 밖으로는 김득배의 북돋아 길러줌이 있었으니, 시호를 문충(文忠)이라 한 것도 또한 어찌 알맞지 않은가? 지금 사람은 문충만 높일 줄 알고 김득배가 있었던 것은 모르므로 이를 밝혀 두는 바이다.

소인배는 쓰지 말 것
小人勿用 소인물용

사괘(師卦) 상육(上六 : 〔주역〕육효(六爻) 중 최상의 음효(陰爻)를 이름)에, "국가를 개척하고 가정을 잇는 데는 소인을 쓰지 말라〔開國承家小人勿用〕" 했는데, 부자(夫子)가 해설한 상(象)에는 '반드시 나라를 어지럽히기 때문이다〔必亂邦也〕' 하였다. 국가를 개척할 때는 대개 군사〔師〕로써 공을 이루게 된다. 공이란 무력(武力)으로 이루어지기 때문에 치도(治道)와는 반대인 것이다. 그러므로 소인은 반드시 나라를 어지럽히게 된다는 것이다. 이필(李泌 : 당나라의 어진 재상)의 "그 재주가 아니면 일을 망치고 권세가 중하면 제어하기 어렵다"는 말도 바로 이것을 이름이다.

한 고조(漢高祖)는 천하를 얻은 뒤로 음모에 익숙했던 진평(陳平)과, 사람을 몽둥이로 쳐죽여 매장하고 남의 무덤을 파헤친 번쾌(樊噲) 등을 모두 높은 자리에 두었으니, 이는 진평 같은 문관에게 무공을 주어, 후세에 끝없는 폐단을 열어 놓은 셈이다.

그 중 문에도 능하고 무에도 능한 이는 오직 조참 한 사람뿐이었다. 그는 몸에 70군데의 상처를 입었으니, 싸움의 공로가 가장 많았으며, 나중에 합공(蓋公)*1을 스승으로 삼아 청정(淸靜)을 귀중히 여겼다. 말 위에서 싸우

---

*2 고려 때의 문신. 정몽주의 조상. 지제고(知制誥)로 있을 때 최충·김부식 등과 함께 시폐(時弊)에 대해 10조의 소를 올렸음.

는 무력은 나라를 다스리는 도구가 아니라는 것을 실제로 깨달았던 것이다. 그러므로 조참을 소하의 후계자로 삼았으니, 한 고조 또한 대단한 역량이 있었다고 하겠다.

우리 왕조로 말하면, 개국 초기는 말할 것도 없고, 정난(靖難)*² 뒤로 세 번이나 개옥(改玉 : 반정을 뜻함)을 했는데, 한결같이 훈신(勳臣)들이 정권을 잡았으니, 이 역시 합당한 일이 못 되었다. 우복(愚伏) 정경세(鄭經世) 선생 같은 이는 일찍이, "영남(嶺南)은 예나 지금이나 반정 공신은 한 사람도 없다"고 임금에게 아뢰었다.

성조(聖祖 : 인조를 가리킴)도 그 말을 듣고 얼굴빛이 변하였으니, 그의 정직한 도가 그러하였다. 진실로 영욕(榮辱)에서 벗어난 이가 아니면 어찌 감히 그런 말을 입 밖에 낼 수 있었겠는가?

왜승 현소의 정탐
玄蘇善偵 현소선정

임진년(1592) 병화 때 중국에서는 우리가 왜를 끌어들여 중국을 침략하려 했다고 의심하였는데 여기에는 까닭이 있었다. 명나라의 허의후(許儀後)란 자가 왜의 포로로 잡혀 있으면서 중국에 비밀로 "조선이 일본에 사신을 보내어 조공을 드리는 한편 볼모가 되어서는 관백(關白) 풍신수길(豊臣秀吉 : 도요토미 히데요시)에게 빨리 행군하도록 재촉했다"고 보고하였고, 나중에 왜군의 동병(動兵) 또한 그와 같은 내용을 보고하니, 중국이 어찌 그의 말을 믿지 않을 수 있었겠는가.

대마도의 소추(小酋)였던 귤광련(橘光連)은 일명 강광(康光)이라고도 하였다. 그는 현소(玄蘇)와 함께 사신으로 왔을 때 우리나라에 "일본은 이미 상국(上國 : 중국)을 침범할 계획을 결정하였으니, 지금 나온 왜추(倭酋) 몇 명을 죽여서 큰 화가 일어나지 않도록 해야 한다"고 밀고하였으나 우리는 오

---

*1 황로(黃老)의 말을 좋아하였음. 조참이 재상이 되어 그에게 치도를 묻자, 청정(淸靜)만을 힘쓰면 된다 하였음.

*2 조선 세조(世祖) 때 김종서(金宗瑞)·황보인(皇甫仁) 등을 제거한 공으로 정인지(鄭麟趾) 등 29명에게 내린 훈호(勳號).

히려 그 말을 믿지 않았다.

임진년이 되어 왜가 귤광련과 의지(義智)를 선봉으로 삼자, 귤광련이 "이 군사는 무슨 명분인가. 조선은 좋은 이웃 나라로 200년 동안 아무 어긋남 없이 지내왔는데, 무슨 까닭으로 조약을 배반하는가"라 하고 명령을 받아들이지 않자, 풍신수길은 그를 목 베어 죽이고 그 일족을 몰살하였다.

그 뒤 15년 만인 병오년(1606)에 우리 조정에서 이 사실을 알고 부산에 귤광련의 사당을 세워 그 충성을 표하였다.

현소가 우리나라에 사신으로 온 것은 우리의 허실을 엿보려는 것이었다. 그때 우리나라는 기축옥사(己丑獄事)를 겪고 당쟁의 열기가 하늘까지 닿아 있었다. 나라의 방침이나 백성의 걱정은 내팽개친 채 생각지도 않았으며, 탐욕스런 뇌물이 횡행하여 길 가는 사람마다 못살겠다는 소리뿐이었다.

현소는 이미 한쪽 뺨만 때려도 우리를 쳐부술 수 있다는 것을 환히 알고 있었다. 사실 이것은 풍신수길뿐 아니라 현소와 의지가 뒤에서 조종했던 것이다. 이보다 먼저 일본은 우리에게 편지로 "너희 나라는 방어를 해도 소용 없을 것이다. 우리는 20일을 넘기지 않고 바로 경성(京城 : 서울)까지 들이닥칠 것이다" 하였다.

나중에 과연 그들의 말 그대로 되었으니, 이미 그들은 우리나라가 옥사에 대한 살육만 일삼을 줄 알았지 다른 것은 알지 못한다는 것을 목격했기 때문이다. 어찌 허실을 정확히 정탐한 것이 아니라 할 수 있겠는가. 이로 미루어 본다면, 그 무렵에 우리가 만일 명석한 결단을 내리고 계획을 고쳐서 임금과 신하 사이에 서로 틈이 없고 백성들도 나라를 사랑하도록 했다면, 현소는 감히 그런 흉계를 꾸밀 수도 없었을 것이다.

이런 계책은 세우지 않은 채로 서로 틈을 타 당쟁만 일삼느라 저들이 뒤에서 엿보는 것을 깨닫지 못하고 있다가, 나중에 화를 당하자 스스로 극복할 능력이 없었으니 중국 군사의 후원에 힘입어 요행히 나라가 망하지 않게 된 것이다.

그러나 헐떡이는 숨이 미처 잦아들기도 전에 척화(斥和)의 주장이 또 벌 떼처럼 일어났고, 허물 없이 당하는 석성(石星)을 그대로 앉아서 바라보기만 하였다. 그 큰 은공은 다 잊어버리고 모두 털끝 하나 까딱하지 않았으니, 이게 무슨 도리인가. 천하의 군사를 모두 규합하여 거의 없어지게 된 나라를 존속시킨 것은 그의 힘이 아님이 없었다. 옛날 진 문공(晉文公)은 업(鄴 : 위나라의 수도)을 칠 때 조최(趙衰)의 말을 들어서 싸움에 이기자 조최에게 상을 주려 하였다. 그때 조최가 "이는 말(末)에게 상을 주는 것입니다. 그 말을 한 사람은 따로 있으니, 그 본(本)에게 상을 주소서. 신은 그 말을 극호(郤虎)에게서 들었습니다" 하였다. 문공은 극호에게 상을 주었는데, 극호는 감히 사양할 수 없었다.

이로 본다면 만력(萬曆 : 명 신종의 연호)의 은공도 본디 병부상서 석성에서 연유되었으니 극호의 공보다 더 큰 것이었다. 극호는 다만 조최의 한 마디 말에 힘입어 상을 받았는데, 석성은 자기의 목숨까지 내놓고 우리나라 일을 돌보아 주었는데도 왜 그토록 괄시했단 말인가. 정말로 그가 아니었다면 명나라 군사도 출병하지 못했을 것이고 왜구의 환난도 사라지지 않았을 것이며, 사직(社稷)도 제대로 혈식(血食 : 고기를 익히지 않고 날것으로 쓰는 제물)할 수 없었을 것이고, 척화할 여지도 없었을 것이다.

나는 이 때문에 "지금 사람은 입만 열면 만력 때의 이야기를 꺼내지만 모두들 진심에서 우러난 말이 아니라고 한다"라고 말한다.

정묘호란
丁卯之役 정묘지역

정묘년(1627)의 난리*¹는 강홍립(姜弘立)*²을 내세워 시험해 본 것에 지나지 않았다. 그 형세가 사납지도 않았는데, 여러 고을이 모두 도망치면서 혹은 죽고 혹은 항복하므로, 적은 곧 막힘없이 쳐내려와 세 가지 조건으로 강화(講和)하기를 위협했다. 첫째로 땅을 갈라 주어야 할 것, 둘째는 모문룡(毛文龍)을 잡아 바칠 것, 셋째는 군사 명을 빌려 주어 남조(南朝 : 명나라)를 함께 치도록 할 것 등이다.

임금은 난리를 피해 강화도로 들어갔다가 다시 남하하였다. 이보다 먼저

＊1 조선 인조 5년에 일어난 금인(金人)의 침입. 서인의 친명정책에 대한 감정, 경제의 목적으로 침입하여 고역·세공을 약속하고 형제의 맹세를 맺었음.

＊2 조선 때의 무신으로, 1619년 명나라 유정 휘하에 들어가 부차에서 패전하고 후금에게 항복, 1627년 후금의 앞잡이가 되어 강화에서 화의를 주선한 후 본국에 머물렀으나 역신으로 몰렸음.

이괄(李适)의 무리 한명련(韓明璉)의 아들 한윤(韓潤)이 적중으로 도망가서 강홍립을 속이기를 "본국에서는 너의 집안을 다 죽여 없앴으니, 나와 함께 군사를 빌려 원수를 갚아야 할 것이다" 했었다. 조정에서는 이 말을 듣고 강홍립의 첩자(妾子) 강숙(姜璹)에게 당상관(堂上官)의 의식을 갖춰 홍립에게 보내어 강홍립을 후대한다는 뜻을 보였다.

그리고 또 그때 진창군(晉昌君) 강인(姜絪)까지 회답사(回答使)로 보내어 위로하였다. 그리하여 강홍립이 귀순하게 되고, 유해(劉海) 등도 돌아가게 되었다. 유해는 평산(平山)으로부터 강화도로 들어가 임금을 뵙자고 하였다. 임금은 하는 수 없어 그의 요청에 따라 억지로 상읍례(相揖禮)를 행하게 되었다. 또 그는 명나라의 연호인 천계(天啓: 명 휘종의 연호, 1621~1627)를 없애라고 위협한 다음, 왕자를 볼모로 삼으려고 하였다.

그러므로 종실 원창군(原昌君)을 왕제(王弟)라 하여 보내게 되었는데, 강화도 서문 밖에 단을 쌓고 재신(宰臣)에게 흰말과 검정소를 잡아 하늘에 제사지내고 조약을 맺도록 명했으며, 4월에야 임금이 환도(還都)했다.

유해는 돌아갔다가 다시 군사 수천 명을 거느리고 원창군과 함께 압록강을 건너와서 군사를 주둔시킨 다음, 가정(家丁) 수백 명을 거느리고 곧바로 경성으로 쇄도했다. 임금은 재신에게 문 밖까지 나가 영접하라고 명령한 뒤에 어쩔 수 없이 그를 접견했다. 사간(司諫) 윤황(尹煌)이 "명분 없는 화의(和議)를 적에게 요청하는 것은 어찌 적에게 항복하는 셈이 아니겠습니까?"라고 아뢰었다.

임금은 그를 삭탈관작하라고 명령했으나 사헌부와 사간원에서 간하여 다시 복직되었다. 이런 일이 있은 뒤 10년 만에 병자호란(丙子胡亂: 이조 인조14년 (1636) 청나라의 침략으로 일어난 난리)이 있게 되었다.

만남의 어려움
際遇之難 제우지난

나는 이를 늘 괴이하게 여기는데, 옛날 정치를 논한 자들은 뼈에도 맞고 살에도 맞도록 말도 잘하고 의논도 썩 잘 하였다. 그중에 밝고 지혜로운 임금이 어찌 한둘쯤 없었으랴마는 별로 나타난 행적이 없으니, 이는 일을 실천할 때가 말할 때와 같지 않을 뿐만 아니라, 그 말 역시 월나라의 장보(章甫 : 은나라 때에 머리에 쓰던 예관(禮冠))나 백정집의 예불(禮佛)과 같아, 보는 눈마다 모두 놀라고 지껄이는 입마다 모두 저주하기 때문이다. 하물며 임금으로서 멋대로 안일한 행동만 하는 자에게 있어서랴?

은나라 고종(高宗)은 부열(傅說)에게 "그대의 마음을 활짝 펴서 나의 마음에 물을 대어[灌漑] 달라"고 하였다. 대개 충성스런 말로 고하기는 쉽고 간하는 말을 받아들이기는 어렵다는 것이다. 고종의 말이 이와 같았으니 자신의 마음을 텅 비우고 남의 말을 받아들임에 있어 간하는 자가 마음껏 다하지 않을 것을 두렵게 여겼기 때문에 결국 중흥(中興)의 업적을 이루게 되었다.

이를 비유해 말하면, 깊은 샘을 파서 못에 물을 대면 샘이나 못이 모두 가득차는 것과 같다. 고종 같은 이는 마음도 부열의 마음이었고 행실도 부열의 행실이었으니, 어찌 모든 일이 뜻대로 되지 않을 이치가 있었겠는가?

옛날 진 평공(晉平公)이 숙향(叔向)에게 "제 환공(齊桓公)은 아홉 차례나 제후와 연합하여 단번에 천하를 바로잡았다는데, 그것은 임금의 힘이었겠는가, 아니면 신하의 힘이었겠는가?" 하고 묻자, "관중(管仲)은 옷을 마르는 데 익숙하였고 습붕(隰朋)은 꿰매기를 잘하였고, 빈서무(賓胥無)는 선[純緣]을 제대로 둘렀고, 환공은 옷만 입을 줄 알았으니, 이는 바로 그 신하의 힘이었습니다" 하였다.

사광(師曠)도 옆에 섰다가, "신은 오미(五味)에 비유하여 한 말씀 드리겠습니다. 관중은 고기를 제대로 도막내고 습붕은 잘 지지고 볶았으며 빈서무는 간을 제대로 맞추었는데 이것을 임금에게 올려도 임금이 먹지를 않는다면 누가 어떻게 억지로 먹일 수 있겠습니까? 그러므로 그건 임금의 힘이었습니다" 하였으니, 이것이 잘된 비유이다. 예나 지금이나 정치는 옷을 마르고 국을 끓이는 법과 비교할 수 있으니, 그 옷과 국을 입고 먹는 것은 신하로서 간섭할 수 없는 것이다.

그러므로 임금과 신하 사이의 만남의 어려움은 예나 지금이나 마찬가지이다. 여기에 대하여 지사(志士)와 어진 인물들이 긴 한숨을 내쉬고 늘 탄식하면서 애석하게 여기는 것이다.

관중과 제환공의 사이는 가위 언청계용(言聽計用 : 남을 깊이 믿어 그가 하자는 대로 함)이라 할 수 있었다. 문·무(文武) 이후로는 그러한 만남이 흔치 않았었다. 그런데도 관중은 선왕(先王)의 도를 단행하지 못하고 구차스럽게 패공만을 이루었으니, 한스러운 일이라 하겠다.

그런 까닭에 증서(曾西 : 증서(曾子)의 손자)가 자로는 두렵게 여기면서도 관중에 대해서는 발끈 노하였으니, 이는 그가 왕도를 행할 만한 기회를 만나고도 충분히 해내지 못한 점을 노여워한 것이다. 만약 다른 사람들처럼 과실이 많았다면 증서가 어찌 그처럼 노여워하였겠는가? 그 무렵에는 왕도(王道)를 높이는 것이 으뜸으로 되어 있었기 때문이다.

관중은 비록 힘으로써 인(仁)을 빌렸지만 그의 마음은 실상 그렇지 않았다. 정의를 갖고 초나라를 치면서도 초나라 참왕(僭王)을 꾸짖지 않았으니 "관중의 기국이 작다"는 것을 알 수 있다. 그의 재주와 역량은 제나라에만 국한되었을 뿐 천하는 예외로 여겼으니, 이것이 "오척동자(五尺童子 : 어린아이)도 그의 공을 일컫기를 부끄럽게 여기는" 까닭이다.

부열 같은 이는 세상에 있어도 은나라 고종 같은 이는 만나기 어렵고, 관중 같은 이는 세상에 있어도 제환공 같은 이는 만나기 어렵다. 좋은 임금을 만나서 일할 기회를 놓친 자는 천백 세 이래로 오직 관중 한 사람뿐이라 한다.

단군과 기자
檀箕 단기

우리나라 역사는 단군·기자 이상은 고증할 데가 없다. 단군은 요(堯)와 같은 시대에 나라를 세웠다 하였으니, 역시 순(舜)과 같은 시대이다. 순이 맨 처음으로 12주를 설치했는데, 유주(幽州)·병주(幷州)·영주(營州)는 모두 동북 지대이다. 이를 "순이 맨 처음으로 설치했다(《서경》순 전(舜典))" 하였으니, 요의 시대에는 이런 명칭이 있지 않았던 것이다.

"순임금은 저풍(諸馮 : 《맹자》이루 편에 있음)에서 탄생했는데, 동이 사람이다" 하였으니, 저풍이란 지대는 요동과 심양에서 서로 가까운 지역이었던 모양이다. 《주례》 직방씨(職方氏)에 상고하면, "유주에는 의무려(醫巫閭)라는 산이 있고 생산물로는 어염(魚鹽)이 있다" 하였다. 지금 북경으로 가는 길 오른편에 의무려산이 보이고 어염 또한 요동 바다에서 생산되므로, 유주란 지대가 우리나라와 서로 잇닿아 있었다는 것을 짐작할 수 있다. 맨 처음에는 요동과 심양이 모두 조선의 소유였으니 반드시 저풍과 서로 멀리 떨어져 있지 않았을 것이며, "순은 1년 만에 부락을 이루고 2년 만에 고을을 이루고 3년 만에 도읍을 이루었다(사기(史記)오제기)" 하였으니, 단군도 순에게 따르게 되었던 것은 의심할 여지가 없다.

우공(禹貢 : 《서경(書經)》의한편명)에 유·병·영(幽幷營) 세 고을이 탈락된 것은 무슨 이유였는지 알 수 없으나, 대략 중국과 거리가 좀 멀고 풍속에 큰 차이가 있었던 것이 아닌가 싶다. 세 고을에서 함께 조회를 온다 해도 내복(內服 : 왕성(王城)과 가까운지역을)과 같이 인정하지는 않았기 때문에, "중국에만 부·세를 정한다〔成賦中邦 : 《서경》우공편)" 하였다. 이로 본다면 이 세 고을은 직공(職貢 : 물건을바침)에만 편입시켜 중국과 통하도록 했던 것 같다. 나중에 부루(夫婁 : 단군과태자)가 하나라에 조회한 것으로 보아 증명할 수 있다. 또한 은나라가 지나고 주나라에 이르러 기자가 봉함을 받았다고 했는데, 어찌 미개한 호맥(胡貊) 지대로 그냥 버려 두었다 할 수 있겠는가?

《좌전》 희공(僖公) 12년에 진 목공(秦穆公)이, "당숙(唐叔)을 봉할 때 기자가, '그의 자손은 반드시 크게 될 것이다'라는 말을 했다" 하였는데, 그때 당숙의 사실을 절역(絕域 : 먼 지방, 조선을 가리킴) 밖에서 어떻게 알 수 있었단 말인가? 비록 그런 말이 있었다 할지라도 우리나라에서는 들을 수 없었을 것이다.

나의 손자 이구환(李九煥)이, "《시경》의 〈백구(白駒)〉*1란 시는 유객(有客)*2과 서로 흡사하므로 이는 기자가 주나라에 조회갔을 때 지은 것인 듯하다" 하니 이 말이 그럴 듯하다 하겠다.

또한 이십팔수(二十八宿)라는 이름도 어느 시대에서 시작되었는지 알 수 없으나, 기성(箕星)은 동북 중간에 있어서 바로 우리나라 석목(析木) 분야에 닿으므로, 기(箕)로써 나라 이름을 만든 것도 그만한 의의가 있었던 듯하다.

---

*1 《시경》 소아(小雅)의 편명. 어진 이를 머물도록 잡지 못한 것을 안타까워한 시.
*2 《시경》 주송(周頌)의 편명. 은나라 미자(微子)가 주나라에 조회한 것을 기린 시.

기자의 후손 조선후

朝鮮侯 조선후

《동사(東史)》(조선 후기 이종휘가 지은 역사책. 고조선부터 고려까지의 역사를 기전체로 서술한 통사 서적)에 이르기를 "기자의 후손 조선후가 주나라의 쇠퇴함을 보고 군사를 일으켜 연나라를 치고 주나라를 높이려했으나, 대부 예가 못하게 간하므로 그만두었다" 했다. 후라 일컬었으니 대대로 봉함을 받았다는 것이고, 주나라가 쇠퇴했다 하였으니 춘추 시대라는 말이며, 연나라를 친다 했으니 주나라를 높이려면 먼저 연나라를 치는 것부터 시작한다는 말이다. 조그마한 나라로 동떨어지게 먼 거리에 있으면서, 강한 진(晉)나라와 초나라에 대항할 수 없다는 것을 어찌 몰랐겠는가. 다만 의리상 할 일은 해야겠다 하여 이기고 지는 것은 생각지 않았으니, 조선후의 뜻은, '이웃 나라를 침략하려고 자기의 힘을 헤아리지 않고 덤비는 자'와는 그 의미가 다른 것이었다.

그때 제후들의 풍조는 주나라를 높이지 않았다. 만일 그 의리를 권세의 자루로 삼았다면 이른바 천하의 군사를 능히 움직일 수 있었을 것이다. 그러므로 제 환공(齊桓公)은 초나라를 칠 때 다만 그 포모(苞茅 : '포'는 묶음이란 뜻이고, '모'는 띠로, 제사지낼 때 술을 따르는 데 쓰임)만을 물었고, 공자가 진 성자(陳成子)의 간공(簡公)을 시해한 죄를 성토하라고 노 애공(魯哀公)에게 요청한 것도 (《논어》 헌문 편(憲問篇)) 그 왕을 시해한 때문이다. 오직 조선은 의리를 주창하고 말을 정대하게 하여 멀리서 그 성세(聲勢)를 일으켰다면, 바야흐로 천하 후세에 좋은 말을 남기게 되었을 것인데, 마침 대부가 못하도록 간한 것은 무엇 때문인가? 제 환공은 일찍이 연을 쳐서 크게 이긴 다음, 겉으로는 왕도(王道)를 가장하고 안으로는 패도(霸道)를 쓴 까닭에 주나라를 높인다는 의리로 연나라를 성토했다는 말은 듣지 못했으니 그 속셈을 짐작할 수 있다.

그러나 약소한 나라가 진실로 강대한 나라에 대항할 수 없는 것인데, 어찌 연나라와 제나라를 지나서 억센 진나라와 초나라를 호령할 수 있었으리요. 하지만 조선후가 지킨 의리는 참으로 명확한 것이었다.

그러나 대부로서는 국사를 꾀하는 데에 강한 나라를 함부로 거스르다가 끝내 일이 뜻대로 되지 않고 한갓 스스로 멸망당하도록 해서도 아니되니, 그 대부의 충고함도 충성이 아니라 할 수 없다.

비유컨대, 아비가 벼슬할 때 권세를 부리는 간신이 날뛰어 왕을 억누를 때, 다른 사람들은 모두 말하기를 꺼리는데 그 아비는 아무 이익도 없다는 것을 뚜렷이 알면서도 죽음으로써 막으려 한다면, 그 아들로서 장차 그 아비가 죽든 말든 권해야만 하겠는가, 아니면 그 이익이 없다는 것을 들어서 그 만두도록 말려야 하겠는가. 이로 본다면 대부 예도 어진 사람이라 하겠다.

그 뒤에 점점 틈이 벌어지고 원수가 되어 가다가 마침내 연나라의 침략을 받아 멸망하였으니 또한 경계해야 할 일이다.

임금과 신하는 서로 구해야 함
君臣相求 군신상구

나는 《시경》 국풍(國風)을 읽고, 그 남녀가 서로 좋아하는 말이 많은 것은 비록 그렇다 하더라도, 시를 읽는 방법은 한 장 안의 일부분의 뜻만 가려내서 어진 이를 구하고 임금을 사모한다는 뜻으로 해석해도 옳지 않을 것이 없다고 생각한다. 굴원(屈原)의 황혼(黃昏)이니 미인(美人)이니 복비(宓妃)니 융녀(賊女)니 하는 따위도 어찌 모두 음탕하기를 좋아했다는 것만으로 돌릴 수 있겠는가.

또 시인의 본뜻이 어떻게 되었다는 것은 그만두고, 그 임금과 신하 사이에 대해 간절하고 곡진한 말들이 모두 이치에 부합된다. 나는 늘 읊고 욀 때마다 남녀 간의 음탕함이 참으로 유감이나 감탄은 절로 하게 된다.

예로부터 천하의 잘 다스려짐과 어지러움은 인재에 달려 있으므로 오직 명철한 임금이라야 능히 시골에 숨은 어진 이를 밤낮 정성을 기울여 구해들이는 것이며, 오직 군자라야 자신의 영리를 버리고 도(道)로써 천하를 모두 선(善)으로 만들 수 있다. 이것이 천지가 서로 크게 통하는 즈음이다. 공자(孔子)가 말하기를 "나는 덕을 좋아하기를 마치 색을 좋아하는 것처럼 하는 자를 보지 못했다(《논어》 자한편(子罕篇))"고 했으니, 사람의 정이 지극한 정도로 말하자면 남녀가 서로 좋아하는 것과 같음이 없기 때문에 반드시 이런 말씀으로 비유한 것인데 그 뜻이 더욱 절실하다. 만일 《시경》에 나오는 여러 가지 풀과 나무나 새와 짐승으로써 탁언(託言 : 핑계하는 말)하고 기흥(起興)한 것이 모두 물건만을 표현한 데에 있을 뿐이라고 한다면 이는 시(詩)를 이해하는 법이 너무

고루한 것이다.

대개 선비를 얻지 못하는 임금은 있어도 얻지 못할 선비는 없고, 백성을 다스릴 수 없는 관리는 있어도 다스릴 수 없는 백성은 없는 것이다. 오직 임금만이 신하를 구할 뿐 아니라 신하도 또한 임금을 구해야 한다. 그러나 선비로서는 그 스스로 나설 수 없다. 그러므로 가장 뛰어난 선비가 될 만한 실력을 가졌다 하더라도 자신이 직접 천거할 수 없는 것은 그 처지가 불편한 때문이다.

무엇을 처지라 하느냐 하면, 임금의 높은 섬돌과 전각은 백리 거리보다 더 멀고 궁궐은 천리 거리보다도 더 멀며, 높은 담장을 쌓아 막고, 발을 드리워 가려 놓았으니, 어찌 쉽사리 통할 수 있겠는가. 버드나무의 성질은 가로 심어도 살고 거꾸로 심어도 살고 꺾어서 심어도 또한 산다. 그러나 열 사람이 심어도 한 사람이 뽑아버린다면 살아날 버드나무가 없다. 그러므로 임금도 선비를 구하지 않는 것은 아니지만 좌우에서 질투하는 자가 있으니 어쩔 수가 없는 것이다. 임금으로서 이러한 덮어 가림을 왜 없애지 못하느냐 하면 지혜가 밝지 못하기 때문이다. 아첨하는 자가 먼저 좌우에 있으면서 임금의 즐기고 좋아하는 것을 알아 그대로 인도하고 임금의 좋아하고 싫어함을 더듬어 그대로 비위를 맞추기 때문이다. 교묘한 말과 좋은 얼굴로 굽실거리고 영합하니 어찌 "물이 젖어드는 듯한 남모르는 참소와 당장 다급해하는 하소연(《논어》 안연편(顔淵篇))이 행해 지지 않겠는가.

그러므로 새의 날개가 곱고 부리가 갈고리 같으면 뭇 새가 두려워하고, 물고기가 입이 크고 배가 살찌게 되면 여러 물고기가 두려워하듯이, 사람도 말을 잘하고 문장이 넉넉하면 사람들이 두려워하는 법이다. 여럿이 두렵게 여기는 것을 임금은 도리어 좋게 여기므로, 이것이 후세에 이르러 군자는 있어도 선치(善治)가 없는 것이며, 시인이 보는 대로 읊고 탄식하기를 마지 않았던 까닭이다.

나는 늘 《시경》 정풍(鄭風)의 유녀동거(有女同車)·건상(褰裳)·자금(子衿) 등을 읽고는 치소(徵招)와 각소(角招)의 즐거움을 생각하게 되고, 소아(小雅)의 하인사(何人斯)·교언(巧言)·항백(巷伯) 등을 읽고는 《초사(楚辭)》의 구가(九歌)와 구장(九章)의 원망을 슬프게 여기지 않을 때가 없었다.

육경에 대한 해석
經解 경해

유학에서 가르치는 것은 경서 존중을 최고로 삼는데, 경서를 가르치는 목적은 서로 같으나 경유하는 길은 제각각이므로 성인이 법을 세운 데에는 본뜻이 있다. 이런 이유를 모르는 자를 가르치게 되면 폐단이 따르기 때문에 경해(經解 : 육경(六經)에 대한 해석)는 그런 폐단을 없애고 바른길로 돌아가도록 했던 것이다. 옛날에는 반드시 이런 잘못이 있으므로 이 경해를 지어서 후세에 경계하게 되었으니, 경을 배우는 자로서 어찌 그 뜻을 깊이 연구하지 않을 수 있겠는가? 해석하는 자가 옳게 해석하지 못하고서 도리어 성인에게서 나온 말이 아니라고 의심하니, 이는 반드시 그렇지 않은 것이다. 경서에는 여섯 가지가 있는데 교(敎)자 하나로써 포함시켰으니, 이 교란 것은 악을 버리고 선한 데로 나아간다는 명칭이다.

《시경(詩經)》에서 가르치는 것은, 형법으로써 금하지 않고 시를 읊으면서 스스로 깨닫도록 하고자 하는 까닭에 따뜻하고 부드럽고 돈후한 말을 주로 삼았다. 그러나 사람이란 착하고 착하지 않은 구별이 있으니, 시를 읊으면서도 그의 잘못을 고칠 수 없다면 가르치는 것도 아무 소용이 없고 그 폐단은 우매한 데로 빠지게 된다.

《서경》에서 가르치는 것은 치란(治亂)에 대한 징험을 통달하고, 반드시 먼저 미래의 득실을 깨달아서 이로움을 구하고 해로움은 멀리하도록 하고자 하는 까닭에, 두루 통하여 미래를 아는 것으로써 주장을 삼았다. 그러나 시대가 같지 않고, 또 일도 달라서 한 가지로 판단할 수는 없다. 혹시 옛날 것만 지키다가 죄를 얻는 입장을 면치 못한다면 역시 가르침에 성과가 없는 것이니, 그 폐단은 백성을 속이는 결과만 자아낸다.

《악경(樂經)》에서 가르치는 것은 서로 막힌 점을 없애고, 여러 사람과 함께 마음을 합쳐서 모두 화기롭고 순조로운 경지로 돌아가게 하고자 하는 까닭에 넓고 평이하고 양호한 것을 주로 삼았다. 그러나 제멋대로 음탕한 데에 빠지고 욕심부리기가 쉬우니 그 폐단은 사치한 데에 있는 것이다.

《역경(易經)》에서 가르치는 것은 천원(天元)을 근본으로, 상수(象數)를 강구하여 음양 성쇠의 이치와 진퇴 존망의 뜻을 깨닫도록 하고자 하는 것인데, 이치와 뜻이 지극히 미묘하여 그르치기 쉬운 까닭에 깨끗하고 고요하고 일정한 것을 주로 삼았다. 그러나 모두 길흉(吉凶)으로 판단하여 사람마다 이로운 데로 나아가고 해로운 것을 피하려 한다면, 결국은 반드시 술수(術數)와 참위(讖緯 : 미래의 길·흉·화·복을 예언하는 일종의 술수학)에 빠져서 가르침이 이루어지지 않고 도리어 도(道)를 매우 해치게 될 것이다.

《예기(禮記)》에서 가르치는 것은 겸손하고 절약하는 긍지로써 온갖 행동을 모두 착하게 하고 각각 닿는 바에 착오가 없도록 하고자 한 까닭에 공손하고 검소하고 엄숙한 것을 주로 삼았다. 그러나 3백 가지니 3천 가지니 하는 곡례(曲禮)와 경례(經禮)가 같기도 하고 다르기도 하여 혐의를 결단하고 의혹됨을 분별하는 것이 너무나 번다하니, 그 폐단은 번거롭게 되는 데 있다.

《춘추(春秋)》에서 가르치는 것은 한결같이 경(經)을 존중히 여기고 하나하나 비교해서 한 마디의 말과 한 가지의 행동도 끌어다 증거로 삼지 않은 것이 없어, 사람으로 하여금 감히 착한 테두리 밖에 넘어갈 수 없도록 하려는 데 있어 서로 말을 비추어도 보고 일에 견주어 보는 것을 주장으로 삼았다. 그러나 삼가(三家 : 《춘추전》을 지은 좌씨·공양씨·곡량씨를 가리킴)의 해설과 규례가 모두 달라서 경중과 대소 사이에 서로 다투는 풍습이 이루어지면, 그 폐단은 혼란에 빠지게 된다.

이런 폐단을 그대로 두면 나라를 다스릴 수 없다. 대체로 이러한 폐단은 모두 예가 근본을 잃은 데에서 생기는 것이다. 그러므로 혼인(婚姻)·향음(鄕飮 : 옛날 온 고을 유생(儒生)이 한데 모여 읍양(揖讓)의 예로 술을 마시던 잔치)·상제(喪祭)·빙근(聘覲 : 빙근(聘覲)이란 천자와 제후가 서로 보는 예의)이라는 절차로써 결론지었다. 이 예란 것은 마치 가볍고 무거운 것은 저울로 달고, 굽고 곧은 것은 먹줄로 맞추고, 모나고 둥근 것은 자로 재는 것과 똑같다. 그러니, 한 번 예를 바르게 한다면 이 여섯 가지의 가르침이 모두 제대로 될 수 있을 것이다.

오복에 영귀는 말하지 않아
五福不言貴 오복불언귀

《서경》홍범(洪範) 오복(五福)에 영귀(榮貴)를 말하지 않은 것은 행복이란 사사로이 혼자만 잘 사는 일이 아니기 때문이다. 교화를 위해 교화를 베푸는 데는, 착한 데로 나아가고 악한 짓에 등돌려서 천하의 풍속을 하나로 만드는 일보다 더 큰 것이 없다. 행복이란 하늘이 내려주는 것도 있고 사람이 주는 것도 있는데, 하늘이 내려 준 일정한 운명 이외에 사람의 힘으로 얻을 수 있는 것이 부(富)와 귀(貴)이다.

그러므로 홍범에서 "이미 부유하게 살 수 있어야 착한 일을 하게 되고, 나 자신이 덕을 좋아하면 하늘이 복을 내려 준다" 하였다. 부유함이란 사람이 준 것으로 수고(壽考)나 강녕(康寧)과는 아주 다르다. 하늘이 준다는 것에 대해 말하자면, 오래 살지 않고는 착한 일을 해낼 길이 없기에 애초에 오래 사는 것을 첫째로 삼았다.

공자도 반드시 부유한 다음이라야 가르친다고 했다. 죽는 자를 구제하고 싶어도 넉넉하지 못하면 어느 겨를에 예의를 행할 수 있겠는가. 그러므로 부유함이 다음이 되었고, 혹은 난리와 질병으로 인한 걱정이 있으면 또한 착한 일에 힘이 미칠 수 없는 까닭에 강녕이 그 다음이 되었다.

덕을 좋아한다는 것은 착함을 좋아한다는 뜻이다. 덕을 좋아함은 자신에게 있는 것이지만, 좋아하도록 만드는 것은 하늘이 준 성품으로 그 성품이 아주 어질고 순해야 한다. 그렇지 않은 자는 착함을 행하기는 어렵고 악함을 저지르기가 쉬워서 왕도(王道) 정치에는 쓸모가 없기에, 덕을 좋아함[攸好德]이 또 다음이 되었다.

사람마다 반드시 다 오래 살기란 어려우므로 죽을 때까지 타고난 운명을 바로 갖고 몸을 닦으면서 기다리는 것만이 곧 인사에 대해 아무 유감이 없는 것인 까닭에 제 명대로 살다 죽는 것[考終命]이 오복의 마지막이 되었다. 높은 지위와 부유한 생활을 누리고 사는 것은 한 개인의 일시적 요행에 지나지 않고, 하늘의 베풂과 백성이 지켜야 할 떳떳한 법칙과는 아무 관련이 없는 것이다.

진실로 착함으로써 작위를 얻는 자는 있어도 작위로 인해 착한 일을 보태는 자는 보지 못했다. 그러므로 사람이 주는 복이 두 가지가 있는데, 부유함은 말하고 영귀는 말하지 않았다. 성인의 경전에 드리워진 교훈에 감동하여 발양시키는 곳이 있어 우리를 두려워하게 한다.

그러므로 《서경》 홍범 육극(六極)*¹의 흉단절(凶短折)은 오복의 오래 사는 것과 반대이고, 병듦과 걱정은 강녕과 반대이며, 가난은 부유함과 반대이고, 악과 약은 덕을 좋아함〔攸好德〕과 반대이다.

흉단절이란 형틀에서 죽는다는 것 등과 같아서 애초부터 교화에서는 말할 필요가 없다. 병듦과 걱정도 사람을 해치는 것이 가난하여 초췌함보다 더 심하고, 타고난 성질은 변화시키기 어려우니, 예컨대 험악하고 어리석고 쇠약한 자는 성인도 능히 변화시킬 수 없다.

그러나 위엄을 두려워해서 죄를 적게 짓거나 마음을 고치는 이치가 있기 때문에 이 험악함과 쇠약함을 끝으로 돌렸으니 이 모두가 순서에 따른 것이다. 무릇 이런 폐단이 행여 일의 형세에 따라 휩쓸릴 수 있기 때문에 교화를 주장하는 자로서는 마땅히 형법으로써 대처해야 한다는 것이다. 반드시 징계하여 죄를 못 짓도록 하고 분수에 따라 착한 데 힘쓰게 해야 하는 까닭에 "육극은 위엄으로 다스려야 한다"고 말했으니, 그 정신은 모두 '위(威)'자 위에 있는 셈이다.

도를 듣고 깨달음
聞道 문도

"아침에 도를 듣고 깨닫는다면 저녁에 죽어도 좋을 것이다"라는 공자의 교훈이 있었기 때문에 유가(儒家)에서는 이 '도를 듣고 깨닫는 것'을 마땅히 귀중하게 여겼다. 자공도 말하기를 "공자께서 타고난 성품과 천도를 말하는 것은 들을 수가 없었다(^{논어 공야}_{장편(公冶長篇)})" 하였으니, 이는 자공이 처음으로 이런 말을 듣게 되자 탄식한 것이다.

나중에 증자(曾子)가 한 마디로 '예예'라고 대답한 것도 이 도를 깨달았다는 말에 지나지 않는다. 공자 또한 어찌 이 도에 대해 말을 아끼지 않았으랴. 필시 제자의 배움의 정도에 따라 알 만큼 일러주었던 까닭에 특히 드물게 말한 것이리라. 공자가 말하기를 "이치를 궁구하고 자신의 타고난 성품을 다해서 하늘의 도리를 아는 데에까지 이르러야 한다(^{주역 설}_{괘(說卦)})" 하였고, 이에 이어 자사(子思)는 '천명솔성(天命率性 : ^{중용 수}_{장(首章)})', 맹자는 '지성지천(知性

---

*1 육극은 여섯 가지 극단적인 것으로 ①흉단절 ②질(疾) ③우(憂) ④빈(貧) ⑤악(惡) ⑥약(弱).

知天 : 《맹자》 진심장(盡心章))'이라고 했으니, 이것이 곧 저와 같은 이야기들이다. 그러나 듣기는 쉬워도 직접 깨닫기란 어려운 까닭에 자공은 그렇게 말한 것이다. 주자는 이 성(性)과 명(命)에 대해 매우 잘게 분석하여 밑바닥까지 해석하면서, 사람들이 깨닫지 못할까 두려워했다.

배우는 자로서 진실로 마음껏 자세히 연구한다면 비슷하게나마 깨닫지 못할 리가 있으랴. 다만 공자가 참으로 아는 것과는 같을 수 없다. 그저 도를 들었다고만 한다면 이는 "하고 싶은 것을 마음대로 한다〔從心所欲〕 (《논어》 위정편)"는 것과는 구별이 있으니, 결국 깨닫는다는 것은 배우는 자의 일이다. 그러므로 유학을 공부하는 선비들이 하나같이 어렵다고 말하기를 마치 아주 깊고 높은 무슨 딴 물건이 있는 것같이 하고, 사람으로 하여금 열 번 겁내고 아홉 번 두렵도록 하여 뜻부터 미리 막히게 해서 감히 손도 댈 수 없게 했으니, 이는 어진 사람이 가르치고 인도하는 도리가 아닌 듯하다. 그러나 이미 도를 들은 뒤에도 깨닫기가 매우 어렵기 때문에 안자(顔子)같이 명철한 이도 오히려 힘껏 생각하고 우러러 깊이 연구한 다음에 우뚝 서게 되었고, 이미 깨달은 뒤에도 실행하기는 더욱 어렵다고 했다.

이른바 "천지의 조화와 귀신의 이치도 다 궁구해 알 수 있다〔窮神知化〕 (《주역》 계사)"는 경지는 생각하고 힘쓰는 것만으로는 미칠 수 없는데, 이는 모두 도를 듣고 깨닫고 난 뒤의 일이다. 만일 도라는 것이 배우는 자가 듣고 깨달을 수 있는 것이 아니라면 선함을 실천하는 일에도 태만해질 것이 아니겠는가. "저녁에 죽어도 좋을 것이다 (《논어》 이인편(里仁篇))"라는 교훈은 세상의 속된 유학자들이 이욕에 빠져 허덕이는 것을 보면 도에 어긋나서 사는 것은 죽는 것보다 낫지 않다는 것을 훈계한 것에 불과할 뿐이다.

알고 깨달음
知覺 지각

주자가 그의 스승인 연평(延平) 이동(李侗)의 행장(行狀)을 지었는데, "종일토록 단정히 앉아 희로애락(喜怒哀樂)이 발하기 전〔未發〕의 상태가 어떤 것이었나를 체험하여 소위 중(中)이란 것을 구했다"라고 하였다. 섭하손 (葉賀孫 : 주자의 문인 섭미도(葉味道)의 초명. 주자의 어류를 모아 편찬하였음)은 이 말이 이천(伊川)의 말과 같지 않은 이유를 주자에게 물었다. 주자의 대답은 "옛날 내가 이렇게 한 말이 너무 중하게 되었으나, 지금 이천의 말로써 미루어 본다면 연평의 공부한 방법이 조금 다른 점이 있으니, 늘 이렇게만 하면 입정(入定)하는 중처럼 되는 것이다"라고 하였다.

나는 고찰해 보았다. 이천의 문인 소병(蘇昞 : 자는 자명(子明))이 묻기를 "희로애락이 발하기 전에 중을 구해도 됩니까?" 하니, 이천은 대답하기를 "될 수 없다. 희로애락이 발하기 전에 이미 마음속으로 중을 구한다면, 이는 벌써 생각한 것이고, 이미 생각했다면 이는 희로애락이 이미 발한〔已發〕 것이니, 겨우 생기기만 하면 이는 이미 화(和)라는 것이고 중이라 할 수는 없다"라고 하였다.

이로 본다면 이천은 지각(知覺)을 이발(已發)에 붙여 놓았으니, 이미 지각이 있게 되면 곧 동(動)이라는 것이다(이정전서 어록에서 인용되었음). 그러나 《어류》에는 "이천의 말은 너무 지나친 듯하다. 지각이란 차고 따뜻한 것을 깨닫는 것이다. 무슨 일을 알고 깨닫는 것이 아니라, 다만 지각만 있으면 정(靜)이라 해도 과언이 아니다" 하였다.

여기에 대해 나는 이렇게 생각한다. 귀는 듣고, 눈은 보고, 마음은 알고 깨닫는 것이다. 들으면 소리인 줄 알고, 보면 빛인 줄 알지만, 사랑하고 미워하는 정(情)에 흔들리지 않으면 그 마음은 정(靜)이라 하여도 과언이 아니다. 정이란 이 미발(未發 : 발하기 전)에 속한다 할지라도 만약 듣고 보면서 그것이 소리인지 빛인지 알지 못한다면 막상 나중에 일이 있을 때 어떻게 대응할 것인가?

마음이란 본디 영명(靈明)한 것이 마치 무슨 물건이 거울에 비치는 것처럼 밝은데, 어찌 흑백과 모나고 둥근 것을 모르도록 할 수 있겠는가? 그 흑백과 모나고 둥근 것이란 알면서 사랑하고 미워하는 정(情)이 싹트지 않는다면 미발이 아니겠는가? 사물에 접촉된다고 문득 이발(已發)이라 한다면 마음의 미발 시절은 없는 것이다.

《어류》에, "이천이 이른바 '지각이 곧 동이다'라고 한 것은 너무 지나친 말이다" 하였으니, 이는 지각을 동에 붙일 수 없다는 것이다. 그 밑에도 또 "무슨 일을 알고 깨닫는 것이 아니고 다만 지각만 있으면 정(靜)이라 해도 과언이 아니다"라는 이 말 또한 정밀하지 못하다.

만약 무슨 사물이 눈앞에 직접 보이지 않는다 하더라도 마땅히 지각의 이치란 원래 있어서 무슨 물건이 이미 눈앞에 닥쳐온다면 백(白)은 백, 흑(黑)은 흑이란 것을 자연 알게 된다. 그러므로 이런 지각이 모두 동(動)하기 전부터 마음속에 갖춰져 있는 다음이라야 저 백과 흑이 무슨 물건이며 무슨 이름이라는 것과, 또 어떻게 두고 어떻게 처리한다는 것을 비로소 생각하고 헤아릴 수 있으니, 이것을 발(發)이라 하였다.

이 발은 동(動)이란 뜻인데, 무엇을 생각하고 헤아리기 전에는 비록 알고 깨닫는 이 지각은 있다 하더라도 마음은 그대로 고요할 뿐이다. 그렇지 않다면 허발(許渤)이 창을 사이에 두고 옆방의 글 읽는 소리를 듣지 못한 것을 정자(程子)가 무엇 때문에, "듣지 못하기를 허성인(許聖人)과 같이 해야 한다"라고 했겠는가?

이런 공부는 지극히 세밀하여 한 글자만 잘못 적어도 그 해가 심한 까닭에 주자가 이르기를, "정문(程門)에 이지순(李之純 : 이정(二程)의 문인으로 이지순(李之純)은 자)·여대림(呂大臨 : 자는 여숙(與叔))·유순(游醇 : 자는 질부(質夫)) 같은 이들이 기록한 것은 실로 제대로 되었는데 일찍 죽은 것이 애석하다. 유작(游酢 : 자는 정부(定夫))에 이르러서는 문득 잘못되었고, 상채(上蔡) 사양좌(謝良佐)가 적은 것도 3분 이상은 옳다" 하였으니, 대체로 정문(程門)의 모든 사람이 오로지 존덕성(尊德性 : 덕성을 높임)만을 내세우거나 또는 공적(空寂 : 텅 비고 고요함)에 빠지기도 하였다.

주자의 문인도 반드시 다 옳지는 않으니, "달이 해 밖에 난다면 일식(日蝕)을 아니한다〔月出日外則不蝕〕"는 따위는 분명 주자의 말이 아니니, 마땅히 자세하게 분별하여야 할 것이다.

성현의 도를 서로 전함
聖賢傳道 성현전도

맹자의 제자로 맹자와 묻고 답한 사람은 겨우 17명에 지나지 않았는데, 이들이 모두 내세울 만한 제자였던 것도 아니고, 대체로 학문도 보잘것없어 칭찬할 만한 이가 없었기 때문에 맹자가 "우수한 인재를 얻어 교육하는 것이 하나의 즐거움이다(맹자(孟子) 진심편(盡心篇))" 하였으니, 이는 그가 인재를 얻지 못해서 탄식한 것이다. 무엇을 즐거움이라 하느냐. 즐거움이란 도를 실천하는 것이다.

성현은 도를 잘 알고 있는 몸이다. 이 도를 잘 알고 있는 것은 장차 세상에 쓰임을 기다려서 도를 남에게 가르쳐 남도 또한 나와 똑같게 되어 나와 남의 구별이 없게 하는 데 있다. 몸은 반드시 한번 죽는다 해도, 도는 전해져서 없어지지 않아야 하므로 그 쓰임을 기다리는 마음은 누구나 마찬가지다. 따라서 공자가 안연(顔淵)에게는 도를 전할 만하다고 생각했기 때문에 그가 죽음에 이르자 "하늘이 나를 없애 버린다(《맹자》 선진편(先進篇))" 하면서 슬퍼한 것이다. 이 '나를 없애 버린다'는 말은 도를 말한 것이지 몸을 말한 것이 아니다. 비록 몸은 남아 있다 할지라도 도를 전해 줄 사람이 없어졌으니, 죽은 것과 무엇이 다르겠는가. 그 슬퍼함은 마땅한 것이다.

다른 날 또 말하기를 "먼 곳에서 찾아오는 벗이 있으면 이 또한 즐겁지 않으랴!(《논어》 선진편(先進篇)·학이편(學而篇))" 하였으니, 이 말 또한 이와 같은 뜻이다. 공자가 어찌 많은 사람이 모여드는 것만을 즐거움으로 삼았으랴.

맹자에 이르러 "내게는 있지 않다(《논어》 선진편(先進篇)·학이편(學而篇))" 하였으니, 내게 있지 않다고 한 것은 유독 세상이 말세여서가 아니라 그 제자 가운데 도를 전할 사람이 없는 것을 슬퍼한 것이다.

노륙의 뜻
甘誓孥戮 감서노륙

《서경》 감서(甘誓)에 노륙(孥戮 : 명을 어기는 자는 사직 앞에서 죽음을 받되 처자까지 죽인다)이란 말이 있지만 결코 이런 이치는 없을 것이다. 성인이 천하를 다스림에 있어 죄인에게는 벌을 주어도 그의 아들에게까지 그 죄가 미치지 않는 까닭에, 문왕(文王)이 기읍(岐邑)을 다스릴 때에도 죄인에게 노륙형은 쓰지 않았다. 《주례》 추관(秋官) 사려(司厲)에는 죄지은 남자는 노예로 만든다고 했으니, 훗날 중죄인의 처자들을 몰수하여 노비로 만든 것이 여기서 유래되었다.

이는 세상을 다스리는 하나의 변법인데, 이것이 어찌 처자를 아울러 죽이는 데에까지 이르렀을까. 전쟁이 아무리 위급한 일이라 할지라도 죄를 저지른 자는 그 자신을 죽임에 족하거늘 그의 아들까지 죽이는 것은 너무 지나친 것이다. 어찌 전쟁과는 아무런 상관도 없이 집에 있는 그의 아내와 아들을 죽일 수 있겠는가. 이런 짓은 전국 시대의 사나운 장수와 혹독한 정치로써도 실행하지 않던 일이다.

《한서》 왕망전(王莽傳)에 이 《서경》의 말을 인용했는데, 노(孥)를 바로 노(奴)로 지었으니 더욱 믿겠다. 계(啓 : 하나라 우왕(禹王)의 아들)는 노래하는 자와 송사하는 자들이 모두 그에게 돌아가는 바가 되었는데, 차마 이런 혹독한 짓을 했겠는가. 내가 말하건대, 노(孥)와 육(戮) 이 두 가지의 일은 곧 그 아들은 종으로 만들고 그 자신은 죽인다는 것인데, '노'를 먼저 말하고 '육'은 나중에 이야기했으니, 육이 노보다 더 무거웠던 것이다.

채침(蔡沈)의 채전(蔡傳)에서는 비록 《서경》의 반경(盤庚)을 증거로 삼았으나 이도 또한 그렇지 않다. 나는 일찍이 서합(噬嗑)의 '코를 없애 버린다(滅鼻)'는 뜻을 풀이해 보았다. 이 '코를 없애 버린다(滅鼻(멸비))'는 것은 의형(劓刑), '발꿈치를 없애 버린다(滅趾(멸지))'는 것은 월형(刖刑), '귀를 없애 버린다(滅耳(멸이))'는 것은 이형(刵刑)인데, 《주역》 곤괘(困卦)에서 말한 의월(劓刖)과 《서경》 강고(康誥)에 이른 의이(劓刵)와 서로 참조해 볼 만하다.

"살을 씹다가 코를 없애 버린다(噬膚滅鼻)"는 것은 욕심 때문에 범한 것이니 의형(劓刑 : 중국에서 행하던 오형(五刑) 가운데 하나. 죄인의 코를 베던 형벌)이고, 《예기》에 부정(膚鼎)·석정(腊鼎)이라는 것도 바로 이 서부(噬膚)니 서석(噬腊)이니 하는 것과 같다. 이 모든 말을 서로 비교 조사하여 보면, 의진멸(劓殄滅)이라는 말은 의형(劓刑)으로 코만 베어버리는 것이지 그의 가족을 다 없앤다는 뜻은 아니다. 말하자면 형벌을 당한 자가 많은 까닭에 진멸(殄滅)이라고 한 것이다.

또 "씨도 남기지 않는다"는 것은 말하자면 이런 따위는 다 없애 버리고 다시 길러내지 않는다는 뜻이다. 어디에 그의 아내와 자식을 모조리 죽인다는 뜻이 나타나 보이는가. 만일 정말로 주의 해설과 같다면 계(啓)도 옳다 할 수 없고 반경(盤庚)도 옳다 할 수 없는데, 어찌 후세에 법이 될 수 있겠는가. 저 노(孥)와 육(戮)이란 두 가지 죄는 오늘날도 죄인 자신만을 죽이는 데 그치는데 하물며 삼대 때에 있어서랴.

문득 또 생각하니, 군율이 아무리 엄격하다 하더라도 전쟁에 후퇴하는 자를 죽이는 것은 바로 그 자리에서 하는 일인데, 이미 죽인 뒤에 반드시 죄인의 아들까지 거두어 종노릇을 시킬 리는 없을 것이다.

덕망 있다는 시골인사의 다른 얼굴

鄕愿 향원

공자가 "나의 문 앞을 지나면서 나의 집에 들어오지 않아도 내가 유감스럽게 여기지 않을 자는 오직 향원(鄕愿 : 시골 사람으로 덕이 있다는 칭송을 받으나 실제가 그렇지 않은 사람)뿐일 것이다" 하였다. 향원은 덕을 해치기 때문이다. 착하지 못한 사람에 대해 지적하자면 얼마든지 지적할 게 많을 텐데 왜 꼭 문 앞을 지나면서 들어오지 않는다는 점을 말했을까? 이것은 그의 얼굴을 보지 않는 것을 다행스럽게 여겼던 때문이다.

얼굴만 보면 반드시 그의 추한 태도와 아첨하는 말을 듣고 보게 되기 때문에, 이것이 몹시 밉게 여겨져 차라리 대하려고 하지 않았던 것이다. 증자(曾子)는 "어깨를 궁상맞게 옹그리고 아첨하는 웃음을 짓는 것이 여름철 밭두렁에서 땀 흘리고 일하는 것보다 더 힘이 쓰인다[脅肩諂笑 病于夏畦](《맹자》등문공 편 나옴)" 하였고, 자로(子路)도 "뜻이 같지 않은 자가 억지로 이야기하는 것을 보면 그의 얼굴빛이 빨갛게 된다. 나는 이런 자를 상대하지 않는다[未同而言 觀其色 赧赧然非由之所知也](《맹자》등문공 편 나옴)" 하였다. 이 두 사람의 수양도 이와 같은데, 하물며 성인에 있어서랴?

성인이 미워하는 점은 날카로운 입으로 지껄이는 말이 정체(定體)도 귀착점(歸着點)도 없이 흑백을 변란시키고 시비를 전도시켜 나라를 망치는 데까지 이르게 하는 것이니, 이것이 상나라가 망하게 되었던 까닭이다. 성인은 필명(畢命 : 《서경》주서(周書)의 편명)의 말에 느낌이 있었던 듯하다.

재상도 셋집에 살았다

宰臣賃屋 재신임옥

중국 송나라 제도는 재상(宰相)의 아들은 과거에 나아갈 수 없도록 했다. 여몽정(呂蒙正)의 아우 여몽형(呂蒙亨)과 이방(李昉)의 아들 이종악(李宗諤)은 모두 정시(庭試)에서 합격했으나 부형이 중서성(中書省)에 있다 하여 취소시켰다. 한억(韓億)의 아들 한유(韓維)는 진사라는 이름 때문에 예부에서 정시를 보이지 않고 음직(蔭職)으로 벼슬했다.

또 당개(唐介)의 아들 당의문(唐義問)을 비각(秘閣)으로 불러들여 시험을 보게 하였는데, 당개가 혐의가 있다 하여 취소시켰다. 사람들이 이르기를 "범순인(范純仁)과 여공저(呂公著) 같은 사람이 일찍 등용되지 않은 것이 아깝다"고 했는데, 이는 참으로 아깝다고 할 만하다. 하지만 넓은 천하의 인재를 빠뜨리지 않고 찾아들였다면 어찌 또 다른 범순인·여공저가 없었겠는가.

이런 길을 한번 열어 놓으면 사사로운 길을 막을 수 없으니, 진회(秦檜)의 집안의 진희(秦熺)·진훈(秦塤) 같은 사람들을 앞으로 어떻게 처리했을 것인가. 이로 본다면 송나라 태조(太祖)가 먼 훗날을 염려하는 것이 이와 같았다. 이 때문에 북송 때의 명신은 모두 할아버지나 아버지의 형세를 의뢰하지 않고 여기저기에서 들어와 벼슬을 하게 되었으니, 명분도 바르고 일도 공정했다.

무릇 정사를 하자면 근신(近臣)의 방해가 없어야 한다. 만약 근신이 정사를 방해하면 아무리 좋은 법이 있다 하더라도 끝내는 쓸모없게 되고 만다. 그러므로 송나라에서 얻은 인재가 훌륭했던 것이다. 재상 자리는 적고 천하는 지극히 넓은데, 재상의 아들로서 일찍 등용되지 않음도 아깝다 하겠으나 천하의 수많은 인재를 그냥 빠뜨리는 것이 더 애석하지 않겠는가.

그러므로 그 무렵 벼슬아치들은 모두 자기 집이 없었다. 비록 재상일지라도 셋집에 살게 되었고, 먼 지방 사람으로서도 같은 때에 다 같이 벼슬을 할 수 있었으니, 그때의 형세와 정치를 이로써 짐작할 수 있다. 재상이 자기 집을 호화롭게 짓게 된 것은 신종(神宗) 때부터인데, 이때부터 먼 지방의 재주와 덕행이 있는 인재들이 차츰 진출할 수 없게 되었다. 송나라가 천하를 잃게 된 것도 이로부터 시작되었다.

주자가 이르기를 "지금 벼슬아치들은 큰 집을 짓는다. 옛날 조종(祖宗) 때에는 온 천하를 차지하고 훌륭하게 지낼 적에도 오히려 비용을 줄였는데, 현재는 그때의 천하에 비하면 반도 못 되는데도 씀씀이를 이렇게 허비하니 어찌 국고가 비지 않을 수 있겠는가. 사치란 사람의 감정으로는 모두가 하고 싶어하는 것이니, 국가에서 혹독한 형벌로 엄하게 단속하지 않으면 그 형세가 사치에 길들여져 나중에는 반드시 막아낼 수 없는 지경까지 이를 것이다.

정치가 쇠하면 법이 느슨해지고, 법이 느슨해지면 사치가 기승을 부린다.

사치가 기승을 부리면 백성이 못살게 되고 백성이 못살면 나라가 망하게 된다. 그 형세가 마치 높은 봉우리에서 돌이 구르는 것과 같아서 함부로 막는 자는 몸만 다칠 뿐이다. 사치란 재물이 많아야 하고, 재물이란 반드시 백성에게서 거두어야 한다. 위에서 사치를 좋아하면 아래의 백성은 살 수가 없는 것은 마치 벽돌을 나르는 것과 같아서, 안에다 모두 옮겨두면 밖은 텅 비게 된다. 그러나 벽돌은 밖으로 옮겨지는 때라도 기다릴 수 있지만, 재물이란 위로 한번 흘러들어가면 그것이 다시 아래로 돌아올 리가 있겠는가?" 하였다.

또한 그때의 정치는 한 가지 사실만으로도 증명할 수 있다. 그때 여진(女眞)과 약속하기를 세폐(歲幣) 200만 관씩을 바치기로 했는데, 나중에는 국고가 고갈되어 백성에게서 이를 거두어들였으니 이는 아마 어쩔 수 없었기 때문인 듯하다.

그러나 이를 핑계삼아 해마다 600만 관이 넘도록 부과해 거두어들였다. 이는 모두 일을 맡은 자가 약탈한 것인데, 남송 때 극도에 이른 사치가 모두 이런 식으로 나오게 되었다. 그러므로 옛날 어진 임금은 해진 바지까지도 아꼈다(^(한비자)내저편). 이는 바지가 아까워서 그런 것이 아니라 백성을 보호하는 본보기였으니, 이렇게 하고도 한(韓)나라가 어찌 일어나지 않을 수 있었겠는가.

진정 백성을 편안하게 할 방법을 구하려면 먼저 사치부터 억눌러야 한다. 이 사치를 억누르려면 어진 사람을 구해야 하고 어진 사람을 구하려면 사사로움을 막아야 한다. 이 사사로움을 막는 방법은 송나라 제도보다 좋은 것이 없으니 이것은 이미 분명하게 증명되었다.

우리나라 제도에 서로 피혐(避嫌)하는 규례가 있는데, 이는 내외 종형제(內外從兄弟)에만 그치고 이 밖에는 따지지 않는다.

《시경》 소아(小雅)에 말하기를 "보잘것없는 인척이건만, 하는 일 없어도 녹은 많다오(瑣瑣姻亞 則無膴仕)" 하였고, 또 소아 정월(正月)에 말하기를 "이웃 정리도 범연치 않으며, 인척간에는 더욱 잘 지낸다오(洽比其鄰, 昏因孔云)" 하였으니, 사사로이 사귀는 마음이 서로 밀접함은 친척과 이웃보다 더 가까운 사이가 없다는 것이다. 이런 무리는 모두 금지하여 벼슬길에 나아가지 못하도록 해야 바야흐로 국가에 이익이 될 것이다.

벼슬자리는 남고 인재는 부족하다

官有餘人不足 관유여인부족

《서경》 주관(周官)에 이르기를 "관직에 오를 자는 반드시 다 갖출 것이 아니라 오직 옳은 사람이라야 한다" 하였다. 이는 대개 적합한 사람이 있으면 보충하고 없으면 비록 결원이 있다 하더라도 그냥 둔다는 뜻이다. 결원이 있을 때는 오히려 적합한 인재를 기다려서 쓸 수 있지만, 진실로 적합한 사람이 아닌 자를 쓰면 기강을 무너뜨리고 떳떳한 법을 어지럽혀서 한없는 걱정만 끼치게 된다.

결원이 있다 하여 사람답지 않은 사람으로 충원시킨다면 나무를 깎아서 그 자리에 앉히는 것만 못하다. 허수아비는 오히려 녹봉을 축내거나 백성을 해치는 일은 없기 때문이다. 결원을 걱정하여 호랑이를 천거하여 고을을 맡아 다스리도록 하는 것이 옳겠는가. 나중에는 반드시 사람을 씹어 삼키고 말 것이다.

옛날 요순 시대에는 관원이 오직 100명밖에 되지 않았고 하상(夏商) 시대에는 이보다 갑절쯤 되었으나 역시 나라가 잘 다스려졌다. 또 주나라는 육관(六官 : 주나라 때의 여섯 관직, 천관·지관·춘관·하관·추관·동관·)을 세웠는데 저마다 도속(徒屬)이 있었으니, 세대가 점점 내려올수록 일이 점점 많았던 것이다. 그러나 본래는 적은 것이 원칙인데, 요컨대 적은 수로도 다스릴 수 있다면, 많은 것은 모두 필요치 않은 것이다.

요순 시대에는 처리해야 할 일도 적었을 뿐만 아니라 지붕은 띠로 덮고 섬돌은 흙으로 쌓았으니 어찌 관원을 많이 쓸 필요가 있었겠는가. 세대가 차츰 내려오면서 궁실·거마·의복·음식 등 날마다 쓰는 기구가 증가되어 각각 따로 많은 관직이 있게 되었다. 일이 많아지기 때문에 사람도 많아지게 되었으나 이는 사람이 스스로 일을 만들어낸 것이고 이런 일이 모두 꼭 없어서는 안 될 것은 아니었다. 《주례》에 상고해 보니, 역시 없앨 만한 일인데도 없애지 않은 것이 있는 듯하다. 이는 한 시대의 풍속에 따라 보태진 것인데, 역대의 제도가 달라서 더하기도 하고 줄이기도 하여 서로 같지 않았으나 오직 직위가 무겁고 권세가 높은 자의 사치하는 풍습만은 날로 불어나게 되었다.

그러므로 그들을 높이 받들어야 했기 때문에 이 벼슬이 더욱 많았던 것이니, 실제에 있어서는 쓸데없는 자는 없애버릴 수도 있고 자질구레한 기관은 한데 합칠 수도 있었다. 공자가 일찍이 말하기를 "관중(管仲)은 사치가 분수에 넘었다. 삼귀(三歸 : 관중의 세 부인을 이름)도 있고 반점(反坫 : 술잔을 올려놓는 잔대. 《논어》 팔일(八佾)편)도 있었으며 관사(官事)도 겸하지 않았다" 하였으니, 이것이 바로 쓸데없는 자를 없애지 않고 자질구레한 것을 합치지 않음을 이른 말이다.

비유해 말하자면, 말을 기르려면 반드시 마구간도 있어야 하고 목장도 있어야 하며, 꼴과 콩도 있어야 하고, 굴레와 재갈과 고삐도 모두 없어서는 안 될 것이다. 그러므로 기를 줄 아는 사람에게 맡기면 말이 살찌고 일도 주선할 수 있을 것이다. 만일 제대로 공급하지 못할까 의심하여 물건마다 각각 맡아 지키는 자를 두면, 지키는 자가 많아져 말은 더욱 파리해지고 일도 더욱 어수선하게 된다. 이는 모두 적합한 사람을 얻지 못한 때문인데, 하물며 후세에 와서 관직만 점점 많아지고 사람은 차츰 착실하지 않음에 있어서랴. 처음 관직을 설치한 뜻과는 날로 어긋나게 되어 백성이 학정을 받으면 나라는 따라서 멸망하고 만다.

고려 때 낭사(郞舍) 구성우(具成祐)의 말에 "벼슬만으로 사람을 뽑으면 벼슬자리는 남고 사람은 부족하다" 하였으니, 이는 역사에 뚜렷한 의론으로 마땅히 드러내서 후세에 보여야 할 것이다.

무릇 나라 형세를 정탐하려거든 벼슬자리를 보면 되는데, 사람은 남아돌고 벼슬자리가 부족하게 되면, 이는 사람을 위해 벼슬자리를 설치하는 것이므로 장차 망하게 될 형세임을 알 수 있다.

한(漢)·당(唐) 시대 나라를 중흥한 제왕들은 이런 뜻을 깨달았기 때문에 적합한 인재를 얻으면 혹 10년이나 20년 동안 딴 자리로 옮기지 않았고, 인재를 얻지 못하면 더러 결원이 있어도 보충시키지 않았다. 그러나 후위(後魏) 말기에 이르러서는 열 사람이 한 관직에 함께 있었어도 오히려 부족할까 염려했다. 결국 나라가 다시 일어나지 못했으니, 이러한 지나간 자취를 살펴 경계해야 할 것이다.

임금이 밝으면 신하가 어질다
膚載明良 갱재명량

다스리는 도(道)는 덕교와 예법으로부터 시작되어 정사와 형벌에 이르러 결과가 나타난다. 덕교와 예법이 아무리 밝다 하더라도 정사와 형벌이 제대로 닦이지 않으면 백성을 다스릴 수 없으므로 전·모(典謨 : 《서경》의 요전(堯典)·순전(舜典)과 대우모(大禹謨)·고요모(皋陶謨)를 가리킴) 끝에다 갱재(膚載)라는 노래를 붙여 끝마쳤다(《서경》 우서(虞書) 익직(益稷) 편). 고요(皋陶)는 그 무렵 형관(刑官)이었는데 그의 노래에 "원수(元首 : 제왕의 칭호)가 밝으시면 고굉(股肱 : 임금의 수족 같은 신하)도 어질게 될 것입니다" 하였으니 이는 군신이 일체라는 것을 말한 것이다. 이 한 장의 뜻은 모두 밝아야 한다는 한 명(明)자 안에 포함되어 있다. 밝아야 한다는 것은 보고 듣는 데에 분명히 해야 한다는 뜻이다. 원수로서 분명히 해야 할 것은 오직 듣고 보는 데에 있다. 임금도 오로지 가까운 신하에게만 의지하지 말고 자신이 먼저 자세히 살핀 다음이라야 고굉 같은 신하들이 모두 저마다 그 재능을 나타낸다는 것이다.

또 '어질게 된다'는 이 양(良)은 마치 양능(良能 : 타고난 본능)이라는 양(良) 자의 뜻과 같은데 자연히 순조롭게 이루어진다는 말이다. 보고 듣는 것이 이미 분명하면 마음이 향하는 데에 따라 손은 저절로 가질 줄 알고 발도 저절로 걸을 줄 아는 것은 모두 일체이기 때문이다. 이와 같이 하는 것이 이른바 훌륭한 신하이다.

또 말하자면 타(惰)니 희(喜)니 하는 말도 서로 반대이고 총좌(叢挫)니 기(起)니 하는 말도 서로 반대이다. 이렇게 총좌하지 않고 흥겨운 마음을 가지면 임금도 밝게 되고, 게으르지 않고 좋아하는 마음을 가지면 신하는 어질게 될 것이다. 따라서 이치에 밝지 않을 수가 없고 일도 다스려지지 않을 수가 없어서 왕정(王政)이 제대로 이루어지게 된다.

《주역》 상(象)에 서합(噬嗑)과 비(賁)와 풍(豊)과 여(旅)는 모두 이명(離明 : 불처럼 밝다는 뜻. 임금의 총명을 뜻함)에 대한 괘(卦)인데 형옥(刑獄)을 의미하는 것이다. 첫번에도 '밝아야 한다' 다음에도 또 '밝아야 한다' 하여 혹 마음에 무엇이 가려져서 밝지 않을까 염려한 것이니, 이런 마음으로 여러 번 반성한다면 일을 이루는 데에 어찌 공경으로 하지 않을 염려가 있겠는가?

자신의 허물 찾기에 힘쓴 소하

蕭何求過 소하구과

한 고조(漢高祖 : 유방(劉邦))가 소하를 쓰고 나서 그의 말을 따르지 않은 것이 없었고, 소하도 한(漢)나라를 도우면서 자신의 허물을 찾기에 겨를이 없었다. 심지어는 허물을 일일이 써서 바치는 자리까지 두었는데, 이 말은 최기(崔琦)가 양기(梁冀)를 나무란 편지에 적혀 있다.

승상의 부중(府中)이 이와 같으면 천하의 모든 말이 모두 모이게 되는 것이니, 이것은 한 고조가 세상의 여론이 스스로 자신의 코앞까지 오도록 한 것이라 하겠다.

한나라가 일어난 때에 한신(韓信)과 팽월(彭越)은 군사(軍事)를 총괄하고 장량(張良)과 진평(陳平)은 책략을 운용하였다. 그런데 소하의 공이 그중 으뜸이 된 것은 자기의 허물을 찾기에 애쓴 일이 가장 컸기 때문이다. 위로는 천하를 평정시켰고 아래로는 가족을 잘 보전하게 되었다. 그러므로 포생(鮑生)은 소하에게 임금의 의심을 해소하도록 권하였고, 소평(邵平)은 봉작(封爵)을 사양하라고 권하였는데, 이것이 모두 간하는 말들이 모여들도록 하였다. 또 동중서(董仲舒)도 공손홍(公孫弘)에게 "승상 소하가 어진 사람을 구하는 길을 크게 열어야 한다" 하였으니, 이것도 반드시 그런 사실이 있었을 것이나 역사 기록에서는 빠져 버렸다.

한신을 따라갈 때조차 오직 그를 잃을까봐 두려워하였고, 이미 그를 만나서는 끝내 대장 지위까지 오르게 한 다음에서야 그쳤다. 어진 사람을 구하는 일에 이와 같이 하였으니, 천하의 선비들이 어찌 머리를 치켜들고 발탁되기를 기다리지 않았겠는가. 허물을 찾는 것으로 자신을 다스리고 어진 사람을 구해 세상을 도왔으니 나라를 다스리는 데 어찌 어려움이 있었겠는가?

그러나 이 '서과(書過)'니 '구현(求賢)'이니 하는 사실은 모두 역사가들이 빠뜨린 것이다. 흔히 지위가 높으면 책임이 무겁고 책임이 무거우면 일에 얽매여 총명(聰明)을 두루 쓸 수 없으므로, 여러 사람의 견해를 모아 자기의 총명으로 삼아야만 그 일이 올바르게 실행되는 것이다. 그렇지 않으면 아무리 보고 싶어해도 창이나 벽에 가려져 직접 눈으로 볼 수 없고, 아무리 듣고 싶어해도 산이나 고개에 막혀 직접 귀로 들을 수 없다.

그렇지만 이 창이나 벽, 산이나 고개 밖에서는 하찮은 사람도 이미 먼저 알고 있을 것이니, 오직 이 가운데 유능한 자를 뽑아 쓴다면 먼 천 리 밖도 눈앞에 있는 것처럼 환히 볼 수 있게 된다. 이러므로 순임금 같은 사람도 사방에 흩어져 있는 사람의 눈을 자기 눈처럼 여기고 많은 사람들의 귀를 자기 귀처럼 여겼던 것은 곧 이와 같은 이치이다. 어떤 물건이 있어도 보이지 않는 것을 맹(盲)이라 하고 무슨 소리가 나도 들리지 않는 것을 농(聾)이라 한다.

이 맹과 농이라는 것을 천형(天刑)이라고 부른다. 자기가 직접 본 다음에 보게 되고 자기가 직접 들은 다음에 들리게 되는 것은 서인(庶人)의 총명이고, 만 리 밖에서도 환히 보고 듣는 것은 군자(君子)의 총명이다. 그런데 이 두 가지를 모두 하지 못하는 자는 천형이란 병을 면치 못한 것이다. 이러므로 듣고 보는 범위를 자신의 허물을 찾는 데서 시작해 간하는 말이 자신에게 닥치도록 해야 할 것이다. 이런 방법을 잘 이용해 이롭지 않음이 없었던 자는 소하에 가까운 자라고 할 수 있다.

제갈량은 이르기를 "처음에는 최주평(崔州平)과 사귀어 여러 번 깨우치는 말을 들었고, 나중에는 원직(元直) 서서(徐庶)와 사귀어 부지런히 타이르는 충고를 받았다. 앞서는 유재(幼宰) 동화(董和)의 참사(參事)가 되어 늘 말을 마음껏 하였고, 뒤에는 위도(偉度)의 종사(從事)가 되어 자주 간하여 그만두도록 하였다"고 했다. 또 말하기를 "나의 의견을 버리고 남의 의견을 따라 중도를 얻는 것이 마치 헌신짝을 버리고 구슬을 보호하듯 하였다"라고 했으니, 재상의 사업과 앞뒤의 일이 서로 들어맞는 것이 이와 같았던 것이다.

내가 아는 인재를 들어 쓰다
擧爾所知 거이소지

좋은 말(馬)을 많이 얻는 것도 한 백락(伯樂 : 주나라 때 손양의 별명.)을 얻는 것만 같지 못하니, 말은 죽은 뒤에라도 다시 구할 수 있기 때문이다. 날카로운 칼을 많이 얻는 것도 한 구야(歐冶 : 춘추시대 월나라 사람. 칼을 아주 잘 만들었음)를 얻는 것만 같지 못하니, 칼은 잃은 뒤에라도 다시 만들 수 있기 때문이다. 그러므로 관중(管仲)이

제나라를 다스리고 공을 세웠을 때 환공(桓公)은 반드시 먼저 포숙(鮑叔)에게 상을 주었는데, 한(漢)나라 고조(高祖)도 이 법을 따라서 위무지(魏無知 : 진평을 한 고조에게 추천한 사람)에게 먼저 상을 주었다.

따라서 나라를 다스리는 데에 어찌 인재를 구하는 것보다 중요한 일이 있겠는가. 당우는 고굉(股肱) 같은 믿을 만한 신하 때문에 편했고, 문왕(文王)도 많은 선비를 얻었기 때문에 편안케 되었다. 저 믿을 만한 신하와 많은 선비들이 인재가 될 수 있었던 것은 왕이 능히 천하의 어진 사람들을 빠뜨리지 않고 뽑아 썼기 때문이다.

그렇지 않았다면, 만일 주공(周公) 같은 아름다운 재주가 있다 하더라도 교만하여 선비에게 몸을 낮추지 않고, 인색하여 어진 이에게 책임을 맡기지 않았다면, 보잘것 없었을 것이다(《논어》 태백편(泰伯篇)). 공자가 어진 사람을 천거함에 대한 물음에 대답하기를 "네가 아는 사람을 등용한다면 네가 모르는 사람을 남들이 그만두겠느냐? (《논어》 자로편(子路篇))" 하였다.

그 뜻을 헤아려 보면, 이른바 남들이란 자는 바로 추천해 주는 사람을 말한 것이다. 또 "네가 아는 대로 뽑아 쓴다" 함은, 인재는 재주가 많고 일을 잘 판단한다는 자가 아닌 어질고 덕이 있는 자를 뽑아 써야 한다는 뜻으로, 현(賢) 자를 한 자라도 없애 버려서는 안 된다. 옛사람의 말에 이르기를 "어질지 않고 재주만 많은 자는 나라의 걱정이다" 하였다.

사람이 충후한 마음과 신실한 행동이 없고 지력만 뛰어나면 마치 이리와 승냥이 같아서 가까이 지낼 수 없는 것이다. 그러므로 마음이 혹시 어질지 않고 오직 재주만 있어서 나라를 더욱 해칠까 두려운 것이다. 공자의 교훈에 어찌 빈틈이 있겠는가. 이로써 미루어 본다면 "일은 그 일을 맡은 자에게 먼저 맡기고 작은 잘못은 놓아 준다"라는 이 두 가지 역시 어진 사람을 구하는 절차와 법도가 된다.

무릇 정치를 하는 자로서 재능이 있는 체하면서 자기의 주장을 앞세우면 군자는 반드시 그 쓰임을 즐거워하지 않는다. 반드시 맡은 자에게 먼저 일을 맡겨서 그로 하여금 처리하도록 한 뒤에 잘잘못을 살펴야 할 것이다. 또 사람이란 무슨 일이건 다 잘하기를 요구할 수 없기 때문에 만일 작은 잘못도 용서하지 않고 하나하나 허물을 지적하면 군자는 또 마음과 뜻을 굽혀 가면서 일하기를 달게 여기지 않는다.

그러므로 모름지기 너그럽게 용서하고 따뜻하고 부드러운 마음으로 감싸서 사람을 쓴다면 먼 지방에서 지조를 굳게 지키던 선비도 바야흐로 이 소문을 듣고 그가 품은 보배를 아끼지 않고 높은 값을 받을 자리를 기다리게 될 것이다. 이 글이 품은 뜻은 이렇게 보아야 제대로 깨달은 것이겠다.

고려시대 진휼 정책
高麗賑政 고려진정

고려 때에는 진휼(賑恤 : 흉년에 곤궁한 백성을 구원하여 도와 주는 일)하는 정사가 지극히 갖춰져 있었다. 창고를 열어 곡식을 대여하였다는 사실이 역사에 끊임없이 적혀 있는데, 그 명칭을 발창(發倉)이라고 했으니 지금의 조적(糶糴) *¹과는 달랐던 것이다. 조적이란 것은 고구려 제9대 고국천왕(故國川王 : 을파소를 등용하여 선정을 펼쳤으며, 진대법(賑貸法)을 실시함) 때에 시작되었는데, 시골의 민가에서 채무를 받아내는 폐해와 대략 같았다. 후세에 와서 민호(民戶)가 쇠락한 것의 10분의 8, 9쯤은 이 때문이었지만, 이것으로 고려의 정사가 잘못되었다고 할 수는 없다. 고려 초기에 비로소 흑창(黑倉)을 설치했는데 성종(成宗 : 고려 제6대 왕. 재위 982~997) 때에 이르러 이름을 의창(義倉)으로 고치고 매호에서 쌀과 곡식을 거두어 쌓아 두었다가 뜻밖의 흉년에 대비하였다. 충선왕(忠宣王 : 고려 제26대 왕. 재위 13081~313) 때에는 또 유비창(有備倉)과 연호미(烟戶米)를 설치하였는데, 대개 풍년이 드는 해에 각 호마다 소출의 대소를 헤아려 정도에 맞도록 곡식을 걷어 각 고을 창고에 저장해 두었다가, 이듬해의 흉년에 대비했으니, 바로 《주례》〈지관(地官)〉의 서속(鉏粟)·옥속(屋粟)·한속(閒粟) *²이란 제도를 모방했던 것이다.

그러나 10분의 1만 받는 정식 이외에 가혹한 세금을 끝없이 받았기 때문에 백성의 원망을 막기 어렵고, 이래서 결국은 백성을 구제하는 데 보탬은 없고 한갓 유명무실로 돌아가게 되니 이는 어쩔 수 없는 일이다. 이는 주자

---

*1 풍년에 쌀을 싼 값으로 사들였다가 흉년에 비싼 값으로 내어 파는 것. 이는 관자(管子)의 부국술법인데 후세에 빈민 구제 용어로 쓰임.

*2 서속(鉏粟)은 한 정전(井田)을 아홉 집이 합작하여 농사지어 바치는 부세이고, 옥속(屋粟)은 토지를 묵힌 자에게 벌금으로 세 명의 몫을 받는 부세이고, 한속(閒粟)은 노는 백성에게 한 명의 몫을 받는 부세이다. 《주례》〈지관〉 여사편 주)

가 일찍이 주창해 시행하였던 사창(社倉 : 구황(救荒)을 위해 각 고을에 설치한 곡창)이란 제도에 미치지 못한다. 이 사창이란 제도는 처음에 민간에 꿔준 관속(官粟)을 민간 창고에 쌓아 두고 해마다 10분의 2의 이자를 받는데, 이 이자가 많이 쌓아진 뒤에, 모두 원곡(原穀)을 갚게 하면 그 남은 이자만으로도 충분히 백성을 살릴 수 있다.

내가 고을 곳곳에 다니면서 보니, 지역이 넓은 곳은 관아(官衙)와 거리가 100리도 넘는 데가 많은데 이렇게 먼 거리의 백성에게 관곡을 억지로 주고 10분의 1이 더 되게 거두어들인다. 또 작서모(雀鼠耗 : 새와 쥐가 먹어 축난다 하여 미리 한 섬당 얼마를 여분으로 받는 곡식)를 핑계로 받을 때는 큰 말로 하고 내줄 때는 작은 말로 하였다.

그리고 쥐나 벌레가 먹어 축이 나서 줄어들게 되면 이는 모두 관에서 쓰는 것으로 계산하고 백성을 그만큼 바쳐야 하니 이는 관에서 축내는 것이지 쥐가 축내는 것이 아니다. 또 하물며 왕래에 따른 다리품이나 비용과 두곡(斗斛)에 대한 잉여곡(剩餘穀)과 기타 비용의 손해가 여러 가지로 난다. 그리고 주인이 떠나가고 없는 빈 집에도 전일 꿔 먹은 관곡을 모두 이웃집이나 마을에 나누어 징수하니 빚을 징수하는 해독이 더욱 심하다. 지금 만일 관아와의 거리를 따져서 몇십 리 밖에 다 각기 사창을 설치한다면 반드시 억지로 환자곡을 징수하는 폐단이 없어지고 백성들도 모두 즐겨 따를 것이다.

고려 때에는 관에서 축내는 폐단도 없었고, 정기적으로 바치는 부세도 백성에게 맡겨서 모두 정도에 알맞게 하였다. 말과 섬도 공사 간에 똑같은 제도로 했고, 흉년을 만나 진휼할 때에는 동서에 대비원(大悲院)과 제위포(濟危舖)를 설치하여 질병 환자를 치료하였다. 늙은 홀아비나 과부 또는 부모 없는 어린이에 대해서는 모두 관에서 구휼하고, 이외에 온갖 불구자에 대해서도 다 국가에서 부양했으니, 이로 본다면 백성을 우대하는 정사가 지금에 비해 조금 나은 정도가 아니었다.

연좌법의 폐지
除連坐法 제연좌법

연좌(連坐 : 역모와 같은 중죄를 범하면, 범죄자의 친인척까지 처벌하는 옛 제도)라는 형벌은 성인의 뜻이 아닌 듯하다. 삼족을 모조리 없앤다는 것도 너무 심한 짓인데 더구나 오족(五族)·칠족(七

族)·구족(九族)에 이르기까지 모조리 죽인다는 것은 이 연좌법으로부터 시작되었다. 비록 부자형제라 할지라도 반드시 모두 죄악이 같지 않은데, 더구나 그 자신의 죄가 아니면서 당하게 되니 원통하고 억울한 마음이 어떠하겠는가?

성인은 착함을 좋아하는 마음이 악함을 싫어하는 마음보다 크기 때문에 "상은 대를 이어 주어도, 벌은 자식에게도 미치지 않는다(《서경》우서(漢書) 대우모(大禹謨))" 하였다. 그런데 후세에 와서는 상은 같은 형제에게도 미치지 않으면서 벌은 반드시 따로 사는 친척에까지 미치게 되었으니, 이것이 옳은 일이겠는가. 해설한 자는 이르기를 "극도에 달한 죄악은 그 부자나 형제간으로서 반드시 모를 리 없을 것이므로 이와 같이 하지 않으면 징계할 수가 없기 때문이다" 한다.

그러나 "반드시 모를 리 없을 것이다" 하는 말은 의심스러운 말이다. "죄가 미심쩍으면 벌을 가볍게 한다" 하였는데 어찌 미래의 해가 있을까를 미리 염려하여 이런 애매한 형벌을 덮어씌울 수 있겠는가. 사람의 큰 욕심 가운데 죽음을 싫어하는 것보다 더한 것이 없는데, 죽이는 것까지도 꺼려하지 않으니 다른 것이야 더 걱정해 줄 리가 있겠는가.

고려 공양왕(恭讓王) 때에 사헌부에서 상소하기를 "순임금은 우임금의 아버지 곤(鯀)을 죽였어도 우임금을 정승으로 삼았고, 주나라 무왕(武王)은 폭군 주(紂)를 죽였어도 주의 아들 무경(武庚)을 왕으로 봉해 주었으니, 이는 천지가 만물을 생성하는 마음입니다. 그런데 근래에는 사람 죽이기를 밥 먹듯이 하고 남의 친족을 없애 버리고도 오히려 그의 자손이 남아 있을까 두려워하니, 너그럽지 않음이 너무나 심합니다. 원컨대, 지금부터는 아내와 자식에게 연좌법을 쓰지 말도록 하소서" 하였다.

옛날 한(漢)나라 문제(文帝 : 재위 기원전 180~ 기원전 157) 원년에 죄인의 아내나 자식을 관아 노비로 만들지 않도록 연좌하는 법을 맨 먼저 없앴는데, 문제 이후로 이런 뜻을 깨달은 자는 오직 이뿐이었으니 이런 사실을 드러내어 밝히는 바이다.

직접 집행하는 일로써 간함

執藝以諫 집예이간

《주례》육관(六官 : 주나라 여섯 관직. 총재(冢宰)·사도(司徒)·종백(宗伯)·사마(司馬)·사구(司寇)·사공(司空)을 이름)에는 간사(諫司)를 세우지 않고 오직 보씨(保氏 : 《주례》의 한 편명)라는 한 관직만이 왕(王)의 결점을 간하는 책임을 맡았는데, 이는 사도(司徒)에 소속시켰다. 사도란 관직은 교육을 맡은 기관으로, 백성을 가르치려면 길러내는 기구부터 먼저 갖추어야 하기 때문에 토지와 의식(衣食) 등을 모두 이 사도가 맡았었다. 그러나 후세의 모든 금전과 재산을 관리하는 관청과는 같지 않았다.

가르쳐도 따르지 않으면 꾸짖기도 하고 또 형벌로도 징계해야 한다. 이러므로 "사씨(師氏 : 《주례》의 한 편명)는 고운 말로 임금에게 타이르고, 보씨는 임금에게 나쁜 짓을 못하도록 간한다" 하였으니, 역시 이렇게 하는 것이 알맞은 일이었다. 곤직(袞職 : 임금의 직책)이 잘못된 경우에는 신하 된 자로서 마땅히 간해야 하기 때문에 모든 관원은 모두 자기가 맡은 일로써 간한다. 이는 말하자면 모든 관원이 저마다 맡은 바가 있어서 작은 일이건 큰일이건 모두 자신이 하는 일에 달렸다는 말이다. 하는 일이 혹 잘못되면 반드시 맡은 기관에서 사실 그대로 간해야 한다.

이렇게 한 다음에 대신이 그 간하는 말에 따라 허물은 바로잡고 잘못은 죄를 주는데, 그중 충분히 못하는 자는 대신이 또 직무에 태만한 그의 죄를 벌해야 한다. 제대로 하지 못한 과실이 있을 때는 그 작고 큰 내용에 대해 반드시 딴 사람으로서는 알 수 없고 오직 그 기관을 맡은 자만이 남모르게 숨겨진 사실을 알아낼 수 있으니, 이것이 첫째로 유익한 것이고, 또 하위에 있는 자로서는 정사를 좀먹고 백성을 해치는 일이 있어도 자기에게만 손해가 없으면 자기의 책임이 아니라 하고 우물쭈물하면서 밝혀낼 생각조차 않는데, 만약 이같이 한다면 모두 죄를 면하려고 빨리 간하지 않을 수 없을 것이니, 별도로 쟁신(諍臣 : 임금의 결점을 간하여 다투는 신하) 몇 사람을 두어 하는 일 없이 세월만 보내도록 하는 데에 어찌 비교할 수 있겠는가? (《효경》간쟁장(諫諍章)) 이것이 둘째로 유익한 것이다.

공자가 말하기를 "천자도 쟁신 일곱만 있으면 그 천하를 잃지 않을 것이고, 제후도 쟁신 다섯만 있으면 그 나라를 잃지 않을 것이며, 대부(大夫)도 쟁신 셋만 있으면 그 집을 잃지 않을 것이고, 선비도 쟁우(諍友)가 있으면 몸에 좋은 명예가 떠나지 않을 것이며, 아버지도 쟁자(諍子)가 있으면 몸이 불의로 떨어지지 않을 것이다" 하였다. 이것은 관원을 꼭 이와 같은 수효로 둔다는 것이 아니라 천하와 국가를 다스리는 자로서 여러 관원 속에 이런 쟁신이 있어야만 이익이 있다는 말이다.

그러나 사람이란 모두 맡은 직분을 꼭 그대로 수행하지 못하기 때문에 반드시 잘못을 적발하여 법으로 규정하는 책임자가 있게 된다. 옛날 천관(天官 : ^{《주례》 육관}_{(六官)의 하나}) 총재(冢宰)가 통솔한 기관에도 어사(御史)란 책임자가 있어서 일일이 감독하였다. 그리하여 그중 직책을 제대로 완수하지 못하는 자가 있으면 사실에 따라 임금에게 주달한 다음 정한 규칙에 따라 용서하지 않았기 때문에 거의 모든 관원들도 스스로 징계하여 분발하였다.

또 그것이 오래되면 마음이 해이해질까 염려하여서 해마다 봄철이 되면 추인(遒人 : ^{전령}_관)이 길로 다니면서 목탁을 두드리며 소리치기를, "혹 공손하지 못한 자에게는 국가에서 내리는 떳떳한 형벌이 있다" 하였다.

또 이훈(伊訓 : ^{《서경》 상서(商書)}_{의 한 편명})에는 "신하로서 잘못을 바로잡지 않으면 거기에 해당하는 벌인 묵형(墨刑)을 받을 것이고, 그 사실을 모두 적어서 몽사(蒙士)에게 교훈으로 삼도록 할 것이다" 하였다.

여기에 몽사라 한 것은 형벌이 아주 낮은 자에게도 미친다는 뜻이다. 또 묵형이란 것은 도적을 다스리는 형으로 "우리 임금은 잘할 수 없다고 하는 자는 도적이다" 하였으니, 이 도적이란 사람을 해친다는 것으로 사람을 해친다는 율로써 죄를 다스리는 것을 떳떳한 형벌이라고 한다.

이와 같이 하면 사람마다 간하지 않는 사람이 없고 정사마다 닦이지 않는 일이 없게 될 것이니 이는 나라를 다스리는 요령이다. 《금사만필(金沙漫筆)》에 한 말이 있으니 지극히 옳다. 그 말에 "포악한 진(秦)나라 상앙(商鞅)과 이사(李斯) 따위가 자기들을 나무라는 의논을 듣기 싫어하여 이 간관(諫官)을 설치하여 남모르게 천하 사람의 입에 재갈을 물리듯이 하였으니 시서(詩書)를 불태우고, 비방하는 사람을 무찌른 것과 똑같은 수법이었다. 그런데 후세에서는 이를 깨닫지 못하고 이 쟁신과 간관을 국가의 기강이고 이목이라고들 하니, 그들의 술법이 어리석게 만든 것은 한 시대만이 아니었다" 하였다. 이 의론이 나온 이후로 그 뜻이 더욱 분명하게 되어서 보는 자로 하여금 속이 시원하도록 하였다.

만약 정권을 휘두르고 제 마음대로 행동하려면 교묘하고 주밀한 이 계획보다 더 나은 것이 없었던 것이다. 진나라에서 처음으로 이 관직을 설치했을 때 겉으로 보기에는 마치 간하는 말을 보게 하는 길인 듯했기 때문에 임금도 속임을 당했으나, 다른 사람도 모두 관을 침노하는 혐의가 있을까 봐서 감히 입을 열지 못하였다. 또 반드시 일에 능숙한 자만 뽑아 그 위치에 두었으니 천하의 입과 혀가 다 막히게 되었다. 이는 나라를 망치는 한 수법으로 천고 (千古)를 농락한 짓인데 여기에서 감히 벗어나는 사람이 없었다. 이 이유는 무엇인가? 이로 본다면 바로잡지 못하는 벌이 남을 비난하는 말은 아니다.

무릇 사람의 소원은 부귀와 같은 것이 없고, 싫어하는 바는 빈천과 같은 것이 없다. 만약 그 바로잡지 못하는 간관을 없애서 다시 현달할 수 없게 한다면 물불을 가리지 않고 과감히 간할 자도 반드시 있을 것이다.

염소 다스리는 방법으로
卜式 복식

서경(西京 : 전한(前漢)의 도읍인 장안(長安)) 시대에 정치의 요령을 터득한 이는 복식(卜式)뿐이다. 복식은 염소를 길러 부자가 되었다. 그래서 염소 다스리는 방법으로 백성을 다스리려고 하였으나 마음대로 되지 않았다. 복식의 말에 "백성을 다스리는 것 또한 이와 마찬가지이다. 때에 따라 보살피되 나쁜 놈은 물리쳐 버려서 여러 사람을 해치지 못하도록 한다" 하였으니, 이것은 여러 사람을 해치는 자는 없애야 한다는 뜻이다.

백성을 해치는 자는 포학한 관리보다 덜할 것이 없는데, 백성을 해치는 자를 없애고 백성으로 하여금 제대로 삶을 도모하도록 한다면 어찌 이루어지지 않을 리가 있겠는가. 복식은 선부(船賦 : 선박에 매기는 세금)가 불편할 때에 나라에 아뢰었고, 평준법(平準法 : 물가를 공평하게 조절하는 제도)이 불편할 때에도 "상홍양(桑弘羊 : 전한 무제 때의 관리. 소금·철의 전매 등으로 나라 재정을 풍족하게 했으나 모반으로 죽음당함)을 삶아 죽여야만 하늘이 비를 내릴 것이다"라고 하였다.

이것으로 본다면 상홍양이란 자는 백성을 모질게 해친 듯하다. 제 이익만 꾀하는 무리를 없애야만 백성이 편하다는 뜻이었다. 이때 상홍양은 나라에서 은총을 받고 있었으나, 실은 이보다 앞서 이미 천자의 노여움을 받았었다. 그러면서도 또 바로 간하고 숨기지 않았으니, 이것이 어찌 재물을 팔아 영달을 구하려고 했던 뜻이겠는가.

백성이란 모두 죽음을 싫어하고 살려고 애쓰지 않는 이가 없다. 살리는 방법은 재산을 넉넉히 만드는 데서 벗어나지 않고, 재정을 넉넉히 하자면 백성의 일할 시간을 빼앗지 말아야 한다. 사람이란 저마다 지능이 있기 때문에, 재산을 이룰 수 있는 길이면 인도되고 권유받기도 전에 재빨리 하지 않는 이가 없다. 여기에 어떤 이점이 있어서 두 사람이 다투게 되면 마침내 힘 있는 자가 이기게 될 것이다. 힘은 나라보다 더 강한 것이 없는데 백성들이 감히 거기에 끼어들어 다툴 수 있겠는가. 힘으로 빼앗는 것도 그 모양이 눈에 보이는데 하물며 그 간교한 꾀를 써서 빼앗음에 있어서겠는가.

이는 마치 쥐에게 살을 깎아 먹히면서 차츰 몸에 피가 줄어들어도 그 자신은 깨닫지 못하는 것과 똑같은 격이다. 상홍양의 무리가 백 가지로 하는 일은 모두 위에만 보태는 방법에 지나지 않았으니, 밑에 있는 백성의 재산이 어찌 줄어들지 않을 수 있었으랴.

복식 혼자만이 이런 폐단을 깨닫고 상홍양을 몹시 밉게 보아 심지어 그를 삶아 죽여서 하늘에 보답하려고까지 하였으니, 그 무렵 공손홍(公孫弘) 이 하는 여기에 미치지 못하였다. 무제(武帝)로 하여금 진정으로 뉘우치는 마음이 있은 뒤에 이 복식 같은 사람 몇 명을 더 구해 정치를 맡겨 의심하지 않고 그의 염소 다스리던 방법으로 세상을 다스리도록 하였다면 정말로 나라를 잘 다스리게 되었을 것이다.

다섯 가지 형벌
五刑 오형

오형(五刑 : 묵형(墨刑)·의형(劓刑)·비형(剕刑)·궁형(宮刑)·대벽형(大辟刑))에 대한 조목은 옛날부터 서로 전해 왔으나 혹 세대에 따라 인식이 가볍기도 하고 무겁기도 한 것 같다. 순(舜) 임금은 "귀양살이로 오형을 너그럽게 용서하였다[流宥五刑] (《서경》우서(虞書) 순전(舜典)에 보임)" 하였으니, 이는 그 형벌을 다섯 가지로 나누어서 너그럽게 하여 귀양살이로 처리했던 것인 듯하다. 대체로 형옥(刑獄)이란 모두 관부(官府)로부터 처리되지 않는 것이 없으니, 오형 이외에는 관에서 처리하는 형이 없을 듯하다. 무거운 죄를 이미 용서하여 귀양보냈다면 관부에서는 다만 가벼운 죄만 다스렸을 것이다.

이훈(伊訓 : 《서경》 상서(商書)의 편명)에는, "관에서 형을 제정하여 벼슬하는 자에게 경계했는데, 죄는 묵형으로 다스렸다〔制官刑警于有位而其刑墨〕" 하였으니, 묵형은 오형의 하나라는 것을 알 수 있다. 또 여형(呂刑 : 《서경》 주서(周書)의 편명)에는 다섯 가지의 학형(虐刑 : 코베기·귀끊기·불알까기·자문(刺文)넣기·목베기 등)을 분명히 이야기하였으니, 이는 삼묘(三苗 : 나라 이름. 오학형이 있었음. 《서경》 여형)에서 비롯된 것으로서 순임금 때와는 같지 않았다. 그런데 후세 사람들은 그 사실이 같지 않음을 깨닫지 못한 까닭으로 주해(註解)가 서로 어긋나고 분명치 않다.

묵형(墨刑)이란 것이 정말로 얼굴에 죄명을 불로 찍어 넣는 형이었다면 결코 직위가 있는 신하에게는 행하지 않았을 것이다. 그리고 이는 반드시 가벼운 벌로 그의 마음을 부끄럽게 할 뿐이고 무거운 육형(肉刑)은 아니었다. 《효경위(孝經緯)》(《효경》에 대한 위서(緯書). 서한 말기의 학자들이 지은 일종의 참서(讖書). 위서란 미래의 일이나 길흉화복을 예언한 글이나 책을 말함)에는, "삼황(三皇)은 무문(無文), 오제(五帝)는 화상(畫象), 삼왕(三王)은 육형(肉刑)으로 했다" 하였으니, 화상이란 상등 죄수에게는 묵몽(墨幪)·자의(赭衣)·잡구(雜屨)를 다 갖추고, 중등 죄수에게는 자의와 잡구, 하등 죄수에게는 잡구만을 갖추어 다스리는 것이다. 이 위서(緯書)란 비록 다 믿을 수는 없으나 그중 옛것을 상고한 데에는 반드시 이치에 맞는 점이 있을 것이다. 이미 삼황은 무문이라고 하였으니, 오제 이하는 문(文)이 있었다는 것을 증거할 수 있다.

흔히 사람이 짓는 죄는 모두 물욕으로부터 나온다. 욕심은 심지(心知) 및 칠규(七竅 : 사람의 머리에 있는 일곱 구멍. 곧 귀·눈·입·코)와 사지(四肢)에서 나는 까닭에 화상으로써 형을 제정했으니, 그 죄에 따라 상징하는 바가 마땅히 그 몸에 있게 되었을 것이다. '신하로서 임금의 잘못을 바로잡지 못한다〔臣下不匡〕(《서경》 상서 이훈(伊訓))'는 것은 그 죄가 마음에 있으나 마음을 형벌할 수 없는 까닭에 그 머리에 씌우는 수건을 검게 하여 부끄러운 마음을 갖게 하는 것이니, 이것이 묵형이라는 벌이다. 후세에 죄인들이 모두 검은 수건을 사용한 것은 바로 여기서 유래되었다.

나는 일찍이 서합(噬嗑 : 《주역》의 괘명. 이괘(離卦)와 진괘(震卦)를 합친 것)의 뜻을 해설해 보았다. 살〔膚〕이란 것은 솥의 고기이고, 살을 먹는다〔噬膚〕는 것은 음식을 탐내는 것이니,

보통 음식을 먹을 때는 코로 그 냄새를 구별하고 입으로 그 맛을 가리게 된다. 그러나 입은 형벌할 수 없는 까닭에 코를 형벌하니 이것이 멸비(滅鼻)라는 것이다.

지체(肢體)가 법도를 무너뜨리는 것은 그 죄가 손과 다리에 있는 까닭에 발을 형벌하니 이것이 멸지(滅趾)라는 것이다. 또 이치에 어긋나고 망령된 말을 듣는 것은 그 죄가 귀에 있는 까닭에 그 귀를 형벌하니 이것이 멸이(滅耳)라는 것이다. 멸비란 코를 자르는 의형(劓刑)이고, 멸지란 발꿈치를 끊는 비형(剕刑)이며, 멸이란 귀를 베는 이형(刵刑)이다.

또 여색을 탐내고 추잡한 짓을 저지르는 죄는 눈에 있는 것이지만 눈에게 형벌을 줄 수 없는 까닭에 그 음부를 형벌하니 이것을 궁형(宮刑)이라 한다. 또 편(鞭 : 채찍)으로 관형(官刑)을 만들고, 복(扑 : 매)으로 교형(敎刑)을 만들었는데, 편으로는 그 등을 쳐서 마음에게 죄를 주고 복으로는 그 종아리를 쳐서 걸음걸이에게 죄를 주니, 이것이 이른바 상형(象刑)이라는 것이다.

이 묵형·의형·비형·이형·궁형이란 다섯 가지가 바로 그 당시 형벌의 명칭이었다. 순임금은 또 그 벌을 줄여서 귀양 보내는 것으로 용서해 주었고, 용서할 수 없는 대벽(大辟 : 사형의 별칭) 같은 죄는 이 다섯 가지의 형에 들지도 않았다. 또 다섯 가지의 학형에는 비형을 말하지 않았으며, 궁형은 탁형(椓刑), 묵형은 경형(剠刑)이라 하였으니, 대개 삼묘(三苗)의 형법은 너무 학형만을 숭상한 까닭에 그 음부를 도려내어 없애고 그 얼굴을 불로 지져 글자를 새겼던 것이다. 주나라 사람들은 이처럼 잔인한 짓을 싫어했으므로 이들을 훨씬 가볍게 하여, 귀를 베는 형을 한쪽 발꿈치만 자르는 비형으로 만들고 불알을 없애는 형을 한쪽 불알만 없애는 궁형으로 만들었다. 한쪽 발꿈치만 벤다면 그래도 걸어다닐 수 있고, 한쪽 불알만 없애면 역시 자식을 둘 수 있기 때문이었다. 선대의 유학자들도 그 뒤를 끊는 것은 의리를 해치는 짓이라고 하여 이미 낳은 아들도 오히려 수노(收孥 : 죄인의 처자를 잡아다가 관청 노비로 삼는가 또는 죽이는 것)할 수 없다고 하였는데, 아직 배 속에서 나오지도 않은 아들을 차마 해칠 수가 있겠는가? 이로 미루어 본다면 코 베는 형과 귀 베는 형 또한 학정(虐政)의 하나라고는 하더라도 반드시 전후의 구별이 있었을 것이다.

추측해 보아도 성인의 시대에 형법을 제정한 것은 죄인의 살을 찔러 피가 나게 하는 것으로써 징계시키는 데에 불과했을 것이다. 그런데 저 삼묘(三

苗) 같은 이는 죄인의 살까지 다 도려냈기 때문에 이것을 학형(虐刑)이라고 했던 것이다.

《춘추》에 살펴보니, "송나라 사람은 증자(鄫子)를 잡아 차수(次睢)의 사(社)에 제물로 썼다" 하였는데 공양(公羊)은 '이 제물로 썼다는 것은 그의 코를 쳐서 피가 나도록 한다는 것이다' 하였으니, 이로 본다면 당시 기록한 자는 자신이 본 것을 그대로 이렇게 적은 것인 듯하다.

또 추측건대 그가 명을 거역했다 하여 코 베는 형[劓刑]을 쓰되 마치 반경(盤庚)이 그의 백성에게 하던 것 (반경이 백성에게 경계하던 말 "상명(上命)에 / 불공한 자는 모두 코를 베리라" 《서경》 반경)과 같이 한 듯도 하다. 그렇지 않다면 무엇 때문에 의형(劓刑)이니 이형(刵刑)이니 탁형(椓刑)이니 경형(剠刑)이니 하는 것이 묵·의·비·궁(墨劓剕宮)이란 이 네 가지 형과 그 명칭이 같지 않게 되었겠는가?

또 삼취(三就)와 삼거(三居 : 귀양을 세 곳으로 나아가도록 하고 또 세 곳에 / 서 살도록 함. 《서경》 우서(虞書) 순전(舜典))라고 하였으니, 이는 무슨 이유였을까? 이는 순(舜) 같은 이가 오직 형옥(刑獄)이 너그럽지 않을까 염려하여 극히 조심하고 용서하기를 이렇게 했던 것이다.

《주례》에 살펴보니, "삼자(三刺 : 세 번 / 심문함)로 옥송(獄訟)을 결단하되 첫 번에는 뭇 신하에 묻고, 두 번째는 여러 아전에게 묻고, 세 번째는 온 백성에게 묻는다" 하였으니, 이는 맹자가 이른바 '좌우와 모든 대부(大夫)와 온 국민에게 물은 후에 결정한다(맹자가 제선왕(齊宣王)에게 / 인재등용하는 방법을 이른 것)'고 한 말과 똑같다.

또 왕제(王制 : 《예기》의 / 한 편명)에는, "이(吏 : 사구(司寇)에 / 속한 벼슬 이름)가 옥(獄)에 이루어졌다고 정(正)에게 고하면 정은 그대로 대사구(大司寇)에게 고하며, 대사구는 극목(棘木 : 가시 / 나무) 밑에서 서로 상의하여 옥이 이루어졌다는 것으로써 왕에게 고하고, 왕은 삼공(三公)에게 명하여 함께 결정하도록 한다" 하였다. 우(虞)나라 제도는 자세히 알 수 없으나 반드시 이와 같은 것이 있어서 삼취(三就)라고 한 듯하다.

이미 오택(五宅 : 다섯 군데로 나누어서 귀양 보낸 / 곳. 《서경》 우서 순전(舜典))이라 하고 또 삼거(三居)라 하였으니, 이 택(宅)과 거(居)란 것이 같지 않음을 알 수 있다. 택은 일정한 주택이고, 거는 임시로 있는 곳이었다. 왕정(王政)에, 죄인을 귀양 보내는 것은 죄를 뉘우치고 착한 데로 나아가도록 하려는 법이었다. 그런데 죄가 있어서 멀리 귀양 갔다가 이미 허물을 뉘우친 사람도 돌려보내지 않으니 성인의 법은 반드시 이렇지 않았을 것이다.

다섯 군데로 나누어서 귀양 보낸 곳 가운데 가장 먼 곳이 황복(荒服)이었다. 요복(要服)·유복(綏服)·후복(侯服)이란 이 세 곳은 황복과 전복(甸服) 사이에 있었으며 귀양 가는 자들은 모두 이 삼복(三服) 중에 살게 되었다. 그중 나쁜 행동을 고치는 데 따라 차츰 가까운 곳으로 옮겨 살도록 하였다. 세 번을 옮겨 살다가 가까운 데로 들어오면 결국 전복(甸服)으로 돌아온다는 것이다.

옛날에는 시골서 가르침에 따르지 않는 자는 교(郊)로 옮겼다. 여기서도 허물을 고치지 않으면 또 수(遂)로 옮기고, 여기서도 허물을 고치지 않으면 더 먼 지방으로 물리쳤다. 허물을 고치지 않음에 따라 차차 먼 데로 옮기게 되었으니, 이 중 고친 자를 돌려보냈다는 것은 비록 말하지 않았다 하더라도 역시 말한 것과 마찬가지이다.

이것은 살펴볼 만한 것이 없으나 뜻으로 보아 이와 같이 단정할 수 있다.

고려의 문신 이공승
李公升 이공승

자장자(子張子) 장재(張載 : 송나라 학자)는 오만한 성격을 자라게 하고 잘못된 일을 그대로 두는 해로움이 크다는 것을 매우 경계하여 폄우(砭愚 : 어리석음을 고친다는 뜻. 장재(張載)가 지은 자기 좌우명의 제목)를 지었으니, 허물을 고치지 않는 것보다 더 큰 어리석음은 없다. 《주역》에, "멀지 않아 착한 마음을 그대로 회복하여서 후회가 없게 될 사람은 오직 안씨의 아들〔顔氏子〕(공자의 수제자 안회를 가리킴.《주역》계사(繫辭))뿐이다" 하였다. 그러니, 혹시 미세한 일이거나 또 사사로운 일로서 남들이 크게 나무라거나 책망하지 않는 허물은 고치기가 그리 어렵지 않은 것이다.

그러나 혹시 조정에 나아가 큰일을 담당해 나가다가 잘못 불의에 빠져 여러 사람에게 지목을 받게 될 때 선뜻 잘못을 깨닫고 바른길로 되돌아서는 것은 군자가 아니면 능히 할 수 없는 일이다.

내가 보는 견지로는, 예부터 현명한 자도 우연히 잘못된 행동이 있으면 대개 우물쭈물하여 감추고 덮는 이가 많고, 그 잘못을 스스로 밝혀 음과 양이 바꾸어지도록 했다는 말은 듣지 못하였다. 고려 의종(毅宗)이 환자(宦者) 정함(鄭誠)을 권지합문지후(權知閤門祗候)에 제수하려고 할 때 대관(臺官 :

)들이 해가 넘도록 애써 다투면서 서명하지 않았다.

이리하여 임금은 모든 간관(諫官)을 좌천시키고 승선(承宣) 이원응(李元膺)과 간의(諫議) 이공승(李公升)에게 명하여 문하성(門下省)에 전지(傳旨)를 내리고 서명을 독려하도록 했는데, 그 전지에 "짐은 밥을 먹어도 맛이 없고 잠을 자도 자리가 편치 않다" 했었다. 이렇게 두세 차례나 왕복한 결과 이공승 등은 하는 수 없어 서명키로 하였으나, 얼마 뒤에 후회하였다.

왕은 이공승 등을 불러 "정함은 과인(寡人)이 강보(襁褓)에 있을 때부터 신근(信謹 : 믿음직하며 조심성이 많음)한 마음으로 정성껏 보호해 왔다. 지금 그의 공에 보답하기 위해 합문지후(閤門祇候 : 국가 의식을 맡아보던 합문 소속의 관직)를 시키려고 한 지가 이미 3년이 지났다. 경 등이 그의 고신(告身 : 조정에서 내리는 벼슬아치 임명장)에 서명하지 않으니, 이는 신하로서 임금을 사랑하는 마음이 아니다. 너희들은 모두 잡아서 젓을 담가 버리겠다" 하였다.

여러 신하들이 모두 땀을 흘렸으나 오직 이공승만은 그래도 왕의 뜻을 따르지 않았다. 왕이 "네가 지난번에는 서명하겠다고 하고서 이제 와서 태도를 바꾸어 따르지 않는 것은 무슨 이유이냐?" 하고 꾸짖었다. 공승은 "신은 지난날의 잘못을 깨달았기 때문입니다"라고 대답하니, 왕은 크게 노하여 그를 집으로 돌려보내라고까지 하였다. 그러나 이공승은 늠름한 태도로 끝끝내 굽히지 않았으니, 이는 신하라면 마땅히 본받아야 할 것이다.

하지만 나중에는 이공승도 임금에게 부쩍 영합하여 음탕한 놀이를 함께 즐기다가 사각승선(四角承宣 : 사방을 두루 모나게 하지 않고 임금의 비위나 맞추고 아부하는 것을 말함)이란 손가락질까지 받았다. 어리석고 사리에 어두운 임금의 잘못을 능히 바로잡지 못하고 자신의 복만을 연장시키려고 했던 까닭에 사초(史草)를 쓰는 신하들이 그의 전후 경력에 대해 착한 점까지 아울러 없애 버렸으니, 이는 진실로 그 자신이 그렇게 만든 셈이다.

허물을 뉘우치고 그 허물을 고치기 어려운 것은 마치 언덕을 빨리 내려가다 발을 급히 멈추거나, 우물에 빠진 뒤에 몸을 솟구치려고 하는 것과 똑같으니, 처음 허물이 없을 때에 비하면 백 배나 더 어려운 일이다. 내가 특히 이런 점을 지적하여 선함도 악함도 모두 숨길 수 없다는 것을 밝혀 둔다.

장성을 더 길게 쌓다

增築長城 증축장성

몽염(蒙恬 : 진시황 때 장수, 처음 만리장성 쌓을 때의 총책임자)이 북쪽에 장성(長城)을 쌓은 것은 북쪽 오랑캐를 막기 위해서였다. 북제(北齊 : 남북조 시대에 고양이 세운 나라) 고양(高洋) 3년(552)에는 동북쪽으로 더 이어 쌓아 황로령(黃櫨嶺)으로부터 사평수(社平戍)에 이르기까지 장성을 쌓기 시작하여 400리가 넘었으며, 천보(天保 : 북제 고양의 연호) 6년(555)에는 180만 명의 장정을 보내 장성을 쌓았는데, 유주(幽州) 하구(夏口)로부터 서쪽으로 항주(恒州)에 이르기까지 900여 리나 되었다. 이듬해에는 또 서하(西河) 총진수(摠秦戍)로부터 장성을 쌓아 동쪽으로 바다에까지 이르니, 전후에 쌓은 성이 동서로 뻗친 거리는 모두 3천 리가 넘었다.

수나라 문제(文帝 : 수나라 시조 양견(楊堅)) 원년(581)에도 비로소 장성을 쌓았고, 5년(585)에는 장정 3만을 보내 삭방(朔方)과 영무(靈武)에 장성을 쌓았는데, 동쪽으로 하서(河西)까지, 서쪽으로 유주(綏州)까지 뻗친 거리는 모두 700리가 넘었으며, 4년에는 또 장정 15만을 보내 국경을 빙 둘러 수십 개의 성을 쌓아 북쪽 오랑캐를 방어하였다.

양제(煬帝)의 대업(大業 : 수 양제의 연호) 3년(607)에는 장정 100여 만을 보내 장성을 쌓았는데, 서쪽으로 유림(楡林)까지, 동쪽으로 자하(紫河)까지 이르렀으며, 4년에는 또 장정 20여 만을 보내 유곡(楡谷)에서부터 동쪽으로 성을 쌓았는데, 그 시작하고 끝마친 곳은 자세히 알 수 없다.

대개 제성(齊城)은 동북쪽에 많이 있고 수성(隋城)은 서북쪽으로 많이 있다. 하투(河套 : 중국 유원성 남부 지방) 밖으로 옛 성과 서로 닿지 않는 것은 모두 수나라 때에 쌓은 것이다. 수나라는 장안(長安)에 도읍했기 때문에 북쪽 오랑캐의 침략을 방어하기 위해 그럴 수밖에 없었다. 현재 북경 동쪽으로부터 산해관(山海關)에 이르기까지는 대개 북제(北齊) 때부터 쌓기 시작한 것인데, 북제는 북경에서 가깝다. 이른바 동쪽으로 바다에 이르기까지 쌓았다는 것이 바로 이것이다. 어떤 이는 지금의 산해성(山海城)은 명나라 서달(徐達)이 증축한 것이라고도 한다.

공민왕의 능

恭愍墓 공민묘

고려 공민왕은 원나라 노국대장공주(魯國大長公主)와 결혼했다. 나중에 공주가 세상을 떠나자, 빈전(殯殿 : 국상 때, 상여가 나갈 때까지 왕이나 왕비의 관을 모시던 곳)을 차리고 국장으로 장사를 지냈다. 능을 만들 때도 불재(佛齋)를 베풀고 도감(都監)을 네 명이나 두었으며 열세 고을마다 모두 판사(判事)와 별감(別監)을 두어 장례일을 돕도록 했다.

예하 기관에 명령을 내려 영전에 올릴 물품을 장만토록 하고 풍성하게 장만한 자와 정결하게 만든 자에게는 상까지 내렸다. 많은 승려들을 동원해 시종 염불을 하면서 장례행렬을 따르도록 하였다. 이때 빈전에서 절문 앞에 이르기까지 펄럭펄럭 나부끼는 깃발이 하늘을 가렸다. 그리고 비단으로 불당(佛堂)들을 모조리 덮어씌우기까지 했으니 이처럼 장례 때 극도의 사치가 이루 말할 수 없을 정도였다.

나중에는 또 영전(影殿 : 임금의 초상을 모신 건물)을 세웠다. 이때 백관으로 하여금 품계에 따라 일꾼을 내어 나무와 돌을 나르게 했는데, 나무 한 그루가 몇백 사람이 달려들어 잡아당겨도 좀처럼 움직일 수 없을 정도였다. 취두산(鷲頭山 : 석가가 법화경을 설교했다는 인도의 왕사성 동북쪽에 있는 산)처럼 꾸미는 데는 황금 600냥과 백금 800냥이 들었다. 비용이 이렇게 많이 들었는데도 공민왕은 또 자신이 묻힐 수릉(壽陵)까지 공주의 능 곁에 만들었다.

이러다보니 나라의 곳간과 금고가 거덜나게 되었다. 사람들은 "고려가 망한 것은 대개 이것 때문이다" 하고 수군거렸다. 지금까지 고려의 능이 여럿 남아 있지만 그 가운데에서도 공민왕의 능은 유독 규모가 크다. 고금에 이런 능은 있지도 않았다. 이는 모두 공민왕이 죽은 공주와 자신을 위해서 스스로 만들었던 것이다.

아! 애석한 일이다. 그때 어진 공경(公卿)들이 없지 않았으나 위징(魏徵)이 당나라 고조(高祖)의 능호 헌릉(獻陵)에 대해 충고하던 것처럼 간한 자는 한 사람도 없었다.

옛날 주나라 목왕(穆王)이 성희(盛姬)를 장사 지내고 송나라 문제(文帝)가 은숙비(殷淑妃)를 장사 지낸 것을 두고 '거록(鉅鹿 : 중국 고대 은나라 임금 주(紂)가 그의

에첩 달기(妲己)와
질탕하게 놀던 곳)에서 끼친 냄새'라고 일컬었으니 지금에 와서 어찌 그런 나쁜 일을 본받을 수 있단 말인가.

영전을 세울 때에 주춧돌이 어쩌나 큰지 집채와 같아서 거기에 치여 죽은 자가 이루 헤아릴 수 없었다. 그리고 원나라가 망하자 토목공사는 더욱 크게 일어났다. 공민왕은 원나라 목수 원세(元世)를 제주(濟州)에서 불러들였다. 그러자 원세 등이 와서 재상에게 이렇게 말했다.

"원나라 황제께서 토목공사를 좋아하다가 민심을 잃게 되어 천하를 보전할 수 없다는 것을 스스로 깨닫고 이에 우리 무리를 제주로 보내 궁실을 짓도록 한 것입니다. 이는 피란하려고 한 계획이었으나 공사가 끝나기도 전에 나라가 망하고 말았습니다. 원나라는 그렇게 큰 나라이면서도 백성을 괴롭히던 끝에 멸망하였는데, 고려가 아무리 크다고 해도 위태롭지 않을 수 있겠습니까? 그러하오니 제공(諸公)은 이 말씀을 왕께 여쭈옵소서."

그러나 재상은 차마 이 말을 왕께 아뢰지 못했다. 조정에 그득히 자리만 차지하고 있는 벼슬아치들이 떠돌아다니는 비천한 떠돌이들만도 못했으니 종묘와 사직이 무너지는 것을 앉아 기다리기만 했다. 탄식할 일이다.

문충 이인복의 절개
迎鳳書院 영봉서원

성주(星州) 영봉서원(迎鳳書院)을 세울 때 맨처음에는 문열(文烈) 이조년(李兆年), 문충(文忠) 이인복(李仁復), 한훤(寒暄) 김굉필(金宏弼)을 모두 합쳐 제향(祭享)하려고 했다. 그러나 유생들은 모두 김굉필만 홀로 제향하려 했고, 이인복을 배향하려는 자는 10여 명밖에 되지 않았는데, 또 이조년을 아울러 제향하려고 하자 여러 선비들은 들은 척도 않고 모두 신을 신고 가버렸다. 이조년은 초상화가 한 폭 남아 있었는데 그의 손에 염주(念珠)가 들려 있었기 때문이다.

퇴계 이황은 이르기를 "한 시대에 떠받들어진 습속은 비록 어진 이로서도 벗어날 수 없으니, 그 초상화를 없애버리고 자그마한 결점은 가리는 것이 좋지 않겠는가" 하였다. 내가 《고려사》를 살펴보니, 도학(道學)에 있어서는 이조년과 이인복 모두 일컬을 만한 점이 없었으나, 곧은 충심과 빛나는 절개로 말하자면 이조년이 훨씬 나았다. 이 때문에 이황도 깊이 안타까워했던 것이다.

이조년은 고려 충혜왕 때 벼슬에 올라 죽음을 피하지 않고 과감히 간쟁하였으나 끝내 그의 말이 쓰이지 않으므로 벼슬을 내놓고 시골로 돌아와 죽었으니, 한결같이 깨끗하고 곧은 인물이다. 이인복은 공민왕 때 벼슬을 했는데 역시 강직하다는 칭찬이 있었다. 죽을 때에 그의 아우 이인임(李仁任)이 염불을 권하자 "내가 평생을 부처에게 아첨하지 않았는데 이제 와서 내 마음을 속이고 염불을 할 수 있겠느냐" 하며 거절하였다. 그는 일찍이 두 아우 이인임과 이인민(李仁敏)의 사람됨을 나쁘게 여겨 말하기를 "나라를 망하게 하고 집안도 보전하지 못할 자가 있으니 반드시 두 아우이리라" 하였는데 뒷날 과연 그의 말과 같이 되었다.

대체로 그때 풍속은 불교를 떠받들지 않는 이가 없었기 때문에 이조년 같은 어진 이로서도 불교의 영향을 벗어나지 못했다. 그런데 오직 이인복만은 온 세상이 그르다 해도 홀로 꿋꿋하게 서서 유교를 실천한 분이다. 그때 불교를 배척하여 물리친 공이 이미 유학을 빛나게 하였으니, 그를 기려 제사를 지내게 된 것 또한 마땅한 일 아니겠는가. 이조년 같은 이에 이르러서는 비록 기개와 절조는 추앙할 만하나 한때의 습속을 벗어나지 못하고 불교에 빠지게 되었으니, 작으나마 흠집이 아니라 할 수 없다. 비록 가리고자 한들 제대로 되겠는가. 초상화는 없앨 수 있다 할지라도 마음속에 지닌 어두움은 바꿀 수 없는 것인데 덮어놓고 다 같이 배향한다면 아마도 미안한 일이 될 것이다.

위엄이 귀공자 같았던 무인
田霖 전림

우리나라의 문헌이 거의 다 전화로 유실되어 비록 뛰어난 선비나 명신(名臣)이라 할지라도 그 비문이 어느 문집에 실려 있거나 자손이 훌륭하게 된 집안이 아니면 그 상태를 모두 살펴볼 길이 없다. 전림 같은 이도 역시 한 시대의 명장이었다.

연산조(燕山朝) 때에 전림은 이점(李坫)과 함께 해랑도(海浪島:

17세기 조선을 약탈한 중국 해적의 본거지)를 무찔렀양. 그런데 이 사실을 미덥게 전하는 사람이 없어서 그때 군사를 얼마나 썼는지, 계략이 어떠했는지 알지 못하니 너무도 한심한 일이다. 오늘날에 와서도 해랑도의 적(賊)이 서해에 들락날락하여 30~40년 동안 조정의 깊은 근심거리가 되어 있는데도 그 섬이 어느 곳에 있는지조차 알지 못하니 옛날과 오늘의 실정이 이와 같다.

전림이 일찍이 부장이 되었을 때, 공신재상 홍윤성(洪允成)은 권세가 대단하여 사람을 살리고 죽이기를 제 마음대로 하였다. 홍윤성의 집 종 대여섯 명이 밤에 길거리를 누비고 다니므로 전림은 그들을 잡아 묶어 홍윤성을 찾아가 뵈었다. 홍윤성이 기뻐하여 술상을 떡벌어지게 차려서 대접하자, 전림은 선 채로 먹고 마시고 하였다. 홍윤성은 전림을 발탁하여 선전관(宣傳官)으로 삼았다.

전림이 어느 날 홍윤성을 찾아가자 마침 홍윤성은 젊은 여종을 잡아묶어 놓고 쏘아 죽이기 직전이었다. 전림은 "그를 죽이려 한다면 차라리 소인에게 돌려주면 어떻겠습니까?" 하자 홍윤성은 웃으며 허락했다.

그 후에 전림이 판윤이 되어 왕자 회산군(檜山君)의 집을 지나다 들렀더니 왕자가 바야흐로 집을 짓고 있었다. 전림은 말을 멈추고 집을 짓고 있는 목수를 불러 "칸 수의 다소와 높고 낮음의 기준이 국법에 엄연히 명시되어 있으니 네가 죽음을 두려워한다면 조심해서 그 기준을 어기지 말아야 한다" 하고 저물녘에 돌아왔다.

얼마 뒤 목수가 찾아와서 "이미 그 법도에 넘는 칸 수는 헐어 버리고, 긴 것은 끊어 버렸습니다" 하였다. 그러자 전림은 천천히 "처음에는 비록 죄에 걸렸지만 지금 와서 바로잡았다니 짐짓 용서하겠다" 하였다. 전림은 무인으로서 위엄이 귀공자의 그것에 미쳤으니, 이로써 충분히 그의 사람됨을 알 수 있다.

금오평 싸움과 양호
楊鎬 양호

익산(益山) 금오평(金烏坪) 숲속에 큰 비(碑)가 서 있는데 사람들이 "임진왜란 때 명나라 장수 마귀(麻貴)가 승전한 곳이다" 하여 그의 이야기를 크게 과장하고 있다.

그래서 내가 예전에 그곳을 지나다가 비석이 서 있는 자리를 찾아가서 살펴보니, 바로 고려 시대의 홍경사(弘慶寺) 사적을 기록한 것이었다. 그 시절에는 초목이 우거진 숲이었는데 절을 창건하고서 없애 버렸으니 마귀와 무슨 관계가 있는 것일까? 전해 오는 이야기가 잘못 전해짐이 대체로 이와 같은 것이 많다.

금오평 싸움에 대하여는 《징비록》에 다만 "가등청정(加藤淸正 : 가토 기요마사) 등이 직산(稷山)까지 왔다가 돌아갔다"고만 기록되었고, 조경남(趙慶男)의 야사(野史)에는 "명나라 장수 해생(解生) 등이 왜적과 싸워 이겼다"고 매우 짧게 기록하였으며, 《명사》에는 "가등청정이 화친을 언약하고 물러갔다"고 하였다.

이윽고 정응태(丁應泰)의 상소가 나오자 우리나라는 명나라 장수 양호(楊鎬)를 위하여 극력 신원(伸冤)하였고, 또 양호를 위하여 생사당(生祠堂)을 세워 지금까지 제사를 지내니 정유(1597)의 난리에 무슨 일로 공을 세워 그랬는지 알 수 없다. 우연히 본국 서사관(書寫官) 아무개가 진중에서 기록한 것을 얻어보니, 그 시종이 양호를 수행하여 눈으로 본 것을 낱낱이 기록한 것인지라, 그 실상을 얻은 것이 되므로 뽑아서 기록하려 한다.

정유년에 가등청정 등이 다시 바다를 건너와 서생죽도(西生竹島)의 예전 보루를 수리하고 크게 싸울 계획을 세우므로 명나라 황제가 우첨도어사(右僉都御史) 양호를 파견하여 조선을 경리(經理)하게 하자, 한음 이덕형이 접반사(接伴使)가 되었다.

양호는 평양에 이르러 8월 26일 남원(南原)의 패전 소식을 들었고, 부총병 양원(楊元)도 겨우 남원에서 빠져나와 도망쳐 왔다. 양호는 빨리 달려서 서울에 들어와 먼저 달장(撻將) 부총병(副摠兵) 해생, 참장(參將) 양등산(楊登山), 유격(遊擊) 파새(擺塞)·파귀(頗貴) 등으로 하여금 적병을 맞아 싸우게 하였다.

네 장수는 다만 정예부대만을 거느리고 가서 금오평에서 왜적을 만나자 철기(鐵騎)로 무찔렀는데, 왜적은 미처 포탄을 터뜨릴 틈조차 없었다. 그래서 마침내 왜병 10여 명을 잡아 가지고 돌아왔다. 소서행장(小西行長 : 고니시 유키나가)은 후퇴하여 순천(順天)으로 달아나고 가등청정은 울산(蔚山)으로 달아나 보루를 쌓고 나누어 점거하였다.

12월 6일에 양호는 남으로 내려가 경주(慶州)에 도착하였다. 제독 마귀·유정(劉綎)·동일원(董一元)들은 남·북의 병사들을 통솔하고 진린(陳璘)은 수군(水軍)을 지휘하였다. 23일에 군사를 배불리 먹여 약속을 하고 나서 세 길로 나누어 경주를 떠나니, 울산과의 거리는 90리였다. 1천 여 명의 복병(伏兵)이 중간에 깔려 있었으나 대군으로 덮치어 거의 다 무찔러 버렸다.

왜적은 달아나 울산의 옛 고을을 지키므로, 기병과 보병이 한꺼번에 진격하여 승세를 타니 크게 이기고 해가 저물어서야 멈추었다. 보병이 일제히 호소하며 "마병이 두 진을 격파하였으니 이튿날에는 보병이 당연히 강변의 왜병 진지를 공격해야 하며 그렇게 안 될 경우에는 저희들이 먼저 마병과 함께 싸우고야 말겠다"고 하므로 양호는 허락하였다. 그리하여 여명을 틈타 보병이 왜병 진지를 남강 위에서 크게 격파하였다.

왜장 태전(太田)·갑비수(甲斐守) 등이 달아나서 도산(島山)의 소굴로 들어가자 대군이 전진하여 포위하였다. 그런데 이때 제독 마귀의 군사들이 피곤하다면서 며칠 기다렸다가 공격하자고 청하므로 허락하였다. 이튿날 공격을 다시 개시하였으나 성이 견고하여 쉽게 깨뜨리지 못하였다. 크기가 달걀만한 총알이 날아와 양호의 좌석 앞에 떨어져서 언 땅이 거의 반 자나 패었는데도 양호는 조금도 흔들리지 않았다. 성 안에서는 굶주리고 목이 말라도 수비가 더욱 굳건하므로 목패(木牌)로 쳐다보면서 공격하는 바람에 죽은 자가 많았다.

양호가 처음 내려올 때에 파죽지세로 나오자, 사람들이 모두 기쁨에 넘쳐 남녀노소가 이고 지고 오니 곡식이 산더미처럼 쌓였다. 이에 앞서 청야(淸野 : 적이 이용 못하도록 모두 말끔히 없앰)를 하였기 때문에 적은 30리 밖에서 나무와 마초를 가져오게 되니, 사람이나 말이나 기갈(飢渴)이 심한 데다 눈과 비가 그치지 않아 의장(衣裝)이 얼고 젖으므로 밤에도 눈도 못 붙이고 그대로 죽는 자가 많았다.

왜군의 구원병이 수로와 육로로 함께 다가오므로 여러 장수들은 "잠시 물러가서 군사를 쉬게 한 다음 다시 공격하자"고 청하였다. 양호는 "내가 대군을 이끌고 조그만 성을 포위하여 벌써 10여 일이 지났는데, 지금 물러났다 다시 공격한다면 이는 임금의 뜻을 저버리는 것이다. 죽어도 물러날 수 없다"고 했으나 거듭 청하여 마침내 허락하고 돌아와 경주를 지켰다.

방수장(防守將) 노득공(盧得功)·진우충(陳愚衷)·한명련(韓明璉) 등이 적의 꾀에 빠져 포위되었다가 겨우 포위망을 헤치고 나와 죽임을 모면하였으나 남은 군사는 모두 함몰되고 말았다. 이 전쟁에서 명나라 군사가 비록 사상자를 많이 냈으나 그래도 베고 노획한 숫자가 왜적보다 몇 배 더 많으니 왜적도 감히 움직이지 못하였다.

유정은 평행장(平行長 : 고니시 유키나가)을 순천(順天)에서 포위하였는데도 적의 꾐에 넘어가서 뇌물을 듬뿍 받고 살며시 달아날 길을 열어 주니 듣는 이들이 몹시 분개하였다.

양호는 주사(主事) 정응태(丁應泰)에 의하여 논죄장(論罪狀)이 명나라에 올라갔는데 "병마(兵馬)를 손상하였으나 숨기고서 보고하지 않았고, 공을 기록하는 데도 또한 공정하지 못하였다"는 것이었다. 그래서 양호는 파직되어 처분을 기다리고 만세덕(萬世德)이 그 임무를 대행하였다.

양호는 바로 서울에 와서 9개월 동안 머물다 돌아갔다. 우리나라에 와서 털끝만큼도 어긋남이 없고 예리하게 적을 토벌하였으므로 온 나라 사람이 그리워하였다.

양호는 하남성(河南省) 상구현(商丘縣) 사람인데 양씨의 서자로 태어났다. 젊어서부터 남자답게 활달하였으며, 진사(進士)에 합격한 뒤에 급사중(給事中)으로 발탁되어 첨사(僉事)에 이르고 산동포정사(山東布政使) 벼슬에 올랐다. 계모의 상을 당하여 집에 있는데 각로(閣老) 장위(張位)가 천거하여 상중임에도 다시 벼슬에 나아가 경리도어사(經理都御史)가 되었다고 한다.

내가 확인해 보니 이는 사실임에 틀림없다. 그러나 정응태 또한 군중에서 목격한 자인지라, 사망자를 내고도 보고하지 않았다는 그 말은 아마도 전혀 거짓말은 아닌 것 같다. 금오평 전투에서 그 의기가 매우 예리하였던 것으로 보아 소규모의 군사로써 공격하여 쫓아버린 것은 아닌 것 같다.

이해 7월에 원균이 패하자 이순신이 다시 수군을 편성하여 명량(鳴梁)의 승리를 올리면서 바닷길을 막아 버리는 바람에 왜적은 수륙 어느 쪽으로도 진출할 기세를 잃게 되고, 또 명나라 군사가 크게 출동하므로 가등청정 등은 우선 남해로 물러가 있으면서 본국과 소식을 통하며 다시 출동할 계획을 세웠던 모양이다. 그래서 해생 등의 네 장수가 그 뒤를 밟아 약간의 포로를 잡았던 것이다.

그렇다면 전일에 평양과 의주 사이의 거리는 바로 지척인데 왜적이 계속 몰아치지 못한 것은 바로 수군이 패멸한 까닭이었으며, 지금 또 중도에서 스스로 물러난 것도 왜병의 기술이 수전에 있었는데 여기에서 낙담을 한 것이니, 임진년 중흥의 공은 오직 충무공 한 분일 따름이다.

양호가 비록 매섭게 싸웠다고 하지만 직산에서 이겼을 때 어찌 승세를 타서 계속 몰아치지 않고 백여 일이나 머뭇거리다가 진격하였을까? 이 때문에 그 공이 날아가 버렸고, 유정은 왜적에게 농락당하여 뇌물을 받았으니 그 죄를 덮을 수 없게 되었다. 어사 진효(陳效)가 격분한 언사를 많이 터뜨리자 유정은 죄를 얻을 것이 두려워 마침내 진효를 독살하고 말았다. 그런데 정응태가 유독 이 사실을 언급하지 않은 것은 무슨 까닭인가. 그러니 그 또한 불공평한 일이다.

금오평 싸움은 전혀 마귀의 사실과는 관계가 없는데 우리나라 풍속에 이와 같이 전해지고 있으니, 생각해 보면 파귀(頗貴)라는 이름 때문에 잘못 전해진 것이다.

성현 인종 임금
孝陵 효릉

우리 조정에서 명종(明宗)과 선조(宣祖) 사이에 인재와 영웅호걸이 떼지어 나왔는데 이는 그 유래가 오랜 것이니, 사실인즉 이는 성종(成宗)의 고무(鼓舞)함에서 이루어진 것이다. 이뿐 아니라 효릉(孝陵 : 仁宗)이 세자의 자리에 거의 30년 동안 있었으니 일찍이 성학(聖學)을 터득해 조예가 높고 깊었다. 그 무렵 시강(侍講)하던 여러 신하들이 머리를 쳐들고 요순의 정치를 기다리며 스스로 학문을 닦아 조정에 쓰이기를 바랐던 것이다.

이 때문에 고명한 문장과 심원한 경륜이 어우러져 흥기하였으니, 성인이 일으켜 만들고자 하면 풍속을 변화시키는 것은 손바닥 뒤집기와 같다는 것을 잘 알겠다.

인종은 성현이었으나 우리나라가 복이 없어 즉위한 지 8개월 만에 승하하였다. 이 일을 당하자 깊숙한 산골에서까지도 부모를 여읜 것처럼 여기어 구하는 것이 있으나 얻지 못하는 심정과 같았으니, 인종의 훌륭함이 백성들의 마음 속 깊이 새겨졌음을 알 수 있다.

지금 임금이 지은 글 가운데 〈인체부(人彘賦)〉라는 것이 있는데 무엇을 가리키는 것인지 알 수 없다. 그 내용에, 정(鄭)이라는 성을 가진 사람이 위세에 눌리어 본의 아니게 윤원형(尹元衡)의 데릴사위가 되었으나, 윤원형이 무너지게 되자 《괘일록(掛一錄)》을 지어 원형의 악한 사실을 기록하였다. 그런데 그 말에는 믿을 만한 내용이 많았으니, 궁액(宮掖 : ^{제왕의}_{궁전})의 일을 직접 목격하여 자세히 알았기 때문이다.

그 기록에 의하면 "가정(嘉靖 : ^{명나라 세종}_{(世宗)의 연호}) 임진(壬辰 : ^{중종 27년}_{1532년}) 2월 26일에 동궁(東宮)의 해방(亥方 : ^{북북서}_{방향})에다 불에 그을린 쥐 한 마리를 매달아 놓고 나뭇조각에다 글자를 써서 걸었다. 인종은 을해생(乙亥生)이요 2월 26일은 바로 그가 탄생한 날로서 해(亥)는 돼지에 속하고 돼지는 쥐와 같기 때문이었다. 궁중에서는 박숙의(朴淑儀) 및 그의 아들 복성군 미(福城君嵋)에게 옥사를 돌려 그들을 모두 사형에 처하자 사람들이 모두 원통히 여겼다" 하였다. 그렇다면 '인체(人彘 : ^{돼지 같은}_{사람})'라는 말이 혹시 여기에서 나온 것인가? 그 뒤에 미(嵋)의 아들딸들이 혼기를 잃고 갇혀 있어 사람 꼴이 아니었다. 인종이 그들을 위해 소(疏 : ^{임금에게}_{올리던 글})를 올려 애절히 하소연하였다. 그 글이 또한 어제(御製) 가운데 실려 있다. 이는 읽는 사람으로 하여금 절로 눈물이 흐르게 한다. 정승 노수신(盧守愼)의 국만(國挽 : ^{만사(挽詞), 죽은 이를}_{슬퍼하여 지은 글})에

사당에는 오롯한 심덕을 표하고
능에는 온갖 행실의 근원을 더했네.
廟表全心德 陵加百行源

라고 하였으니, 이 한 연으로써 할 말을 다 했다 하겠다.

이조민(李肇敏)은 바로 《기묘록(己卯錄)》에 실려 있는 홍간(弘幹)의 손자로서 심의겸(沈義謙)·김효원(金孝元)과 친했는데 원형이 또한 그를 사위로 삼았었다. 그가 그때의 일들을 갖추어 기록한 것이 있어 이름을 《파안록(破顔錄)》이라 했다는데 미처 보지 못하였다.

삼천갑자 동방삭
東方朔 동방삭

서양의 과학기술이 중국으로 들어온 것은 서한 시대부터이다. 《한서》에 이른바 "현혹하기를 잘한다"는 따위가 바로 이것이다. 《한무내전(漢武內傳)》에, 서왕모*¹가 궁중에 와서 동방삭*²에게 '이 사람은 우리 이웃집 어린아이로서 세 번이나 와서 반도(蟠桃 : 선도(仙桃). 3000년에 한 번 열매가 열린다 함)를 훔쳐 먹었다. 예전에 태상(太上)의 선관(仙官)이 되었었는데 다시 유희(遊戲)만을 힘쓰므로 태상에서 귀양 보내 인간 세상에 있게 한 것이다' 하였다" 했으니, 이는 이치에 없는 일이다. 동방삭 또한 세상 사람에게서 태어났으니, 이는 곧 불가(佛家)의 윤회설에 지나지 않는다. 설사 이런 일이 있다 하더라도 이미 세속에 태어난 육신인데 어떻게 그 얼굴만을 보고서 선관임을 알 수 있단 말인가? 왕모는 혹시 달아본다 치더라도 동방삭이 어떻게 스스로 알 수 있단 말인가?

한 무제(漢武帝)의 고사(故事)에 따르면 "동군(東郡)에서 난쟁이〔短人〕를 보내왔는데 키가 일곱 치(약 21cm)였다. 그것이 산의 요정인가 의심되어 늘 책상 위에서 걸음을 걷게 하였다. 그리고 동방삭을 불러와서 물으니 동방삭은 난쟁이를 불러 말하기를, '거령(巨靈 : 한무제 때의 난쟁이 이름)아, 네 어찌 갑자기 배반하고 왔느냐? 왕모가 아직 돌아오지 않았느냐?' 묻자 대답을 하지 않고 임금을 가리키며 말하기를 '왕모가 복숭아를 심어 3천 년 만에 한 번 열매를 맺었는데, 이 아이가 불량하여 이미 세 번이나 훔쳐 먹었으므로 마침내 왕모의 눈밖에 나서 이곳으로 귀양 온 것입니다(《태평어람》 인사부 단절) 〔역인(短絕域人) 조〕' 하니, 상(上)은 동방삭이 세상 사람이 아니라는 것을 알고 깜짝 놀랐다" 하였으니, 이는 왕모의 말과 서로 합치된다.

왕모란 서방의 나라 이름으로서 《이아》에 보인다. 《목천자전(穆天子傳)》에 "곤륜산의 허(墟)에 있다. 목왕(穆王)이 일찍이 그 나라에 갔었다" 하였으니, 그다지 먼 곳이 아닌 듯하다. 아마 우공(禹貢)에 나타난 것(서경(書經) 우공(禹貢))

---

*1 서왕모는 중국 곤륜산에 살았다는 최고위직의 여신. 30세 정도의 절세 미녀로 결코 나이를 먹지 않는다고 한다. 성은 양(陽) 또는 후(侯)이며 이름은 회(回).

*2 동방삭은 한 무제(漢武帝) 때 사람. 세상에 전하는 말에 서왕모의 선도(仙桃)를 훔쳐 먹고 장수하여 삼천갑자(三千甲子), 곧 18만 년을 살았다 함.

이 그곳인 듯하다. 비록 비승(飛昇)의 술이 있다 하더라도 선도(仙道)의 유에 지나지 아니하며, 그 술법 또한 연액(煉液 : 불로장생 약인데, 옛날 중국에서 도사가 진사(辰砂)로 만들었다 함)으로서 오래 사는 것에 지나지 않을 따름이다. 어찌 인간에 귀양 와서 태생(胎生)하는 이치가 있겠는가? 반도의 설은 더구나 허무맹랑한 것이다.

3천 년 만에 한 번 열매를 맺는다면 이와 같이 희귀한 것을 동방삭은 이미 세 번이나 훔쳐 먹었고, 승화전(承華殿 : 궁전 이름으로 이기(李頎)의 왕모가(王母歌)에 나옴) 모임에도 역시 일곱 개를 진설하였다 했으니, 그만큼 많이 소비되었음을 볼 수 있다. 그렇다면 주목왕으로부터 지금까지 1천 년이 채 못 되었으니 이로부터 2천 년 사이에는 왕모 자신이 먹으려 해도 먹을 것이 없을 것이다.

나의 생각에는, 이는 반드시 동방삭이 크게 현환(眩幻)의 술을 써서 북궁(北宮)의 일을 실지화하여 한 세상 사람을 속이고 희롱한 것인데 이를 세상 사람들이 모두 깨닫지 못한 것이다.

뒤에 와서 이 술수가 크게 행하여져, 백천 가지의 기변(奇變)을 모두 다 기록할 수 없게 되었으니, 이렇게 된 것으로 보아 동방삭이 황홀한 것을 만들어 내어 은총을 굳혔다는 것을 알 것이다.

왕모가 사는 데는 곤륜산을 벗어나지 않으나 이제는 하수의 근원까지 다 찾았을 뿐 아니라, 서양 8만 리의 먼 곳까지도 길이 다 통하였는데, 그 중간에 이와 같은 선경이 있다는 이상한 소문이 들리지 않는 것은 무슨 까닭인가? 이 한 마디로써 단정할 수 있는 것이다.

무릇 세간의 기이(奇異)함과 떳떳한 도리 이외의 것은 다 마귀가 한 짓이거나 사람이 부적이나 주문을 가지고 조화를 부린 것인데, 예부터 지금껏 속임을 당하고도 깨닫지 못하니 슬픈 일이다.

《주역》의 13괘와 음양의 조화
十三卦 십삼괘

밤에 누워서 《주역》 13괘를 곰곰이 생각해 보니, 만약 이것이 단지 그 이름만을 취하여 나타낸 것이라 한다면 맞지 않는 점이 있다.

오행(五行) 가운데 오직 불〔火〕 하나만이 살물(殺物)이 된다. 나무에 부딪치면 나무가 타고, 흙에 닿으면 흙이 타고, 금에 닿으면 금이 녹아내리고,

물을 달이면 물이 말라 버린다. 두 불이 서로 부딪치면 위에 있는 것이 꺼지기 마련이니, 바로 《주역》에서 말하는 이른바, "불타고 죽고 버리곤 한다"는 것이다. 성인은 사물을 살리는 것을 마음으로 삼지만 때로는 죽이지 않아서는 안 될 것이 있으니, 뭍에서 하는 짐승 사냥과 물에서 하는 생선잡이가 이것이다.

이괘(離卦)는 위아래가 다 불이기 때문에 짐승 사냥과 고기잡이는 이(離)에서 취해 온 것이요, 손(巽)은 들어간다는 뜻이니 곧 나무가 뚫고 들어가는 것이다. "물로 손(巽)하여 물을 위로 한다" 한 것은 샘의 맥을 뚫고 들어가서 그 물을 위로 나오게 한 것을 뜻한 것이니 이것이 바로 정(井)이다.

뇌(雷)는 양(陽)의 발동이니 나무가 땅을 뚫고 들어감으로써 발동한다. 그러므로 익(益)에서 취해 온 것이다. 설괘전(說卦傳)에 "서로 이(離)에서 본다" 하였으니, 이(離)는 대낮에 사람이 모이는 상(象)이 있기 때문이요, '화뢰서합(火雷噬嗑)'의 단(彖)에 "뇌전(雷電)이 합하여 드러난다" 하였으니, 처음에는 번개와 우레가 반드시 서로 뒤따라 합하여 이윽고 번개는 반드시 위로 올라가고 우레는 반드시 아래로 내려온다. 뇌·전은 반드시 음양(陰陽)의 교화(交和)를 기다리므로, 모여서 교역하고 물러가는 상이 있으며, 또 하늘은 장차 번개와 천둥을 몰아 치려고 구름이 뭉치고 비가 모이다가 천둥이 치고 나면 흩어진다. 이것은 서합(噬嗑)에서 취해 온 것이다.

천지가 감싸지 아니한 곳이 없음은 마치 의상이 사람을 감싼 것과 같은데 하늘은 까맣고 땅은 노랗다. 이것은 현의(玄衣)·황상(黃裳)이다. 의상이란 예의 으뜸이니 천하는 예가 아니면 다스려지지 않는다. 이것은 건곤(乾坤)에서 취한 것이다.

손(巽)은 입(入)이요 풍(風)이니, 나무는 속을 파지 않으면 뜨지 않고, 다듬지 않으면 물에 들어가 배로 떠가지 못한다. 나무가 물 위에서 바람에 가는 상이 있다. 그러므로 주즙(舟楫 : 배와노)을 환(渙)에서 취해 온 것임은 참으로 당연하다.

그 뇌(雷)가 택(澤) 속에 있는 것은 바로 용이 못에 숨은 것이다. 움직일 적에는 물이 다 따라 움직이고 올라갈 적에는 아무리 먼 데라도 못 가는 일이 없어, 마치 마소를 이용하여 무거운 짐을 끌고 먼 데를 가는 것과 같다. 그러므로 이것은 수(隨)에서 취해 온 것이다.

뇌(雷)가 봄에 발동하는 것도 가을·겨울에 미리 기른 것이 아니면 아니된다. 그러므로 예(豫)에서 취해 온 것이니 뇌는 나무의 움직임이다. 산은 그냥 땅 위에 놓여 있는 것이 아니라 그 뿌리가 땅 속으로 뻗어 들어간 것이니, 이는 땅이 오목하게 패여 있어 물(物)의 들어옴을 받아들이자는 것이다. 마치 방아확[臼杵]에 곡식을 찧는 상이 있다. 그러므로 소과(小過)에서 취해 온 것이다.

택(澤)이란 아래는 둥글고 위는 편편하여 활(弧)의 활줄을 메운 것과 같고, 화(火)의 형(形)은 반드시 나무에 걸리면 끝이 예리하여 마치 화살을 깎아 다듬은 것 같다. 그러므로 규(睽)에서 취해 온 것이다. 그 활을 먼저 하고 화살[矢]을 뒤로 한 것은 두 물건의 선후를 말할 것도 없으나 또한 윗대문에 먼저 확[臼]을 말하고 나중에 방앗공이[杵]를 말한 것과 같다.

하늘이 만물을 덮어 주는 것은 집이 사람을 덮어 주는 것과 같다. 진(震)이 나무가 되고 우레가 되므로 집채를 마련하여 비바람을 대피하는 상이 있다. 그러므로 대장(大壯)에서 취해 온 것이다.

손은 입(入)이요 풍(風)이니, 바람이란 들어가지 않는 데가 없다. 그러므로 틈 없는 택수(澤水)에도 바람이 깊이 들어갈 수 있고, 또 나무도 되므로 나무를 이용하여 땅속에 깊이 감춰져 있으니 관곽(棺槨)으로 매장하는 상이 있다. 그러므로 대과(大過)에서 취해 온 것이다.

무릇 천하의 쾌락은 큰 가뭄에 비의 은택 같은 것이 없다. 서계(書契 : _{글자로 사물을 표시하는 부호})가 바뀌기 이전에는 백관(百官)을 다스리고 만백성을 보살피는 것이 극진하지 못한 점이 있어, 인심의 미망하고 답답함이 마치 가뭄에 벼폭이 마르는 것 같았다. 그런데 마침내 서계로 바뀌자 세상이 함께 시원해져 비가 하늘로부터 내리는 것 같았다. 그러므로 쾌(夬)에서 취해 온 것이다.

고려 태조의 조세 감면
麗祖減賦 여조감부

《고려사》 식화지(食貨志)에는 밭(田) 1결(結)이 사방으로 104보(步) 3분(分)이었는데, 이를 1경(頃)이라 일렀다.

고려 태조가 즉위한 지 34일 만에 한탄하며 말하기를 "근세에 모질게 거두어들어 1경(頃)에 대한 조세를 여섯 섬까지 받아들이니 백성이 살아갈 수 없으므로, 나는 매우 민망히 여긴다. 지금부터는 마땅히 10분의 1이 되는 제도를 써야겠으니, 전지(田地)가 1부(負)라면 조세를 3승(升)만 내게 하라" 하고, 드디어 백성에게 3년 동안 조세를 면제해 주었으니, 이는 중국 한(漢)나라 고조(高祖)의 약법삼장(約法三章)*¹과 다를 바 없다. 그렇다면 100부에 30말(斗)인즉, 이때에 한 섬이 10말이었으니 그 반을 줄인 것이다.

공양왕 때에 이르러는 조세를 거둠이 점점 많아져서 1결에 쌀 20말씩을 내게 되었으니, 벼로 50말을 바치는 것에 해당한다.

조선 초기에는 풍년과 흉년을 분별하여 9등급을 만들어 상상년(上上年)에는 쌀 20말을 바치되 2말씩을 체감(遞減)하여, 하하년(下下年)에는 해마다 쌀 4말만 바치게 했었는데, 중세(中世)에 와서는 백성을 넉넉하게 만들기 위하여 풍년과 흉년을 따지지 않고 하하년의 예에 따라 4말 이외에는 다른 부세가 없었다.

그 쌀 4말이 곧 벼로는 10말이니, 30말에서 10분의 1이라면 마침내 30에서 1을 취한 것으로 국가의 경비가 다 이를 의지했는데, 나중에 와서는 잡부(雜賦)가 더욱 많아져서 대동법(大同法)이라는 세법(稅法)을 만들어 별도로 쌀 12말을 더 바치게 했으니 4말의 경비에 비하면 3배가 되는 셈이다. 그러므로 조세는 가볍고 잡부가 무겁다는 기롱(欺弄 : 속여 놀락함)이 있었다.

고려 때에는 전시(田柴)의 과세를 주·부·군·현(州府郡縣)이 저마다 전결의 숫자에 따라 정했는데, 현재는 시탄(柴炭 : 땔나무 와 숯) 따위를 하나의 명목으로 정해 놓았으니, 따로 바치는 것 또한 많다. 그 수송비까지 합계한다면 1경(頃)에 100말을 바치는 셈이 되니, 신라 말기에 비하면 다시 반의반이 더 붙었고, 고려 태조의 제도에 비하면 과연 어떻다 하겠는가.

조준(趙浚)의 소(疏)에 이르기를 "나라 운수가 길고 짧은 것은 민생의 고락에서 나오고, 민생의 고락은 전제(田制)가 고르냐 그렇지 않느냐에 있다. 주나라 때에는 정전법(井田法)을 실시하여 백성을 다스림으로써 800년 동안 천하를 유지했고, 한(漢)나라는 전세(田稅)를 적게 매김으로써 400여 년을 누렸고, 당나라는 민전(民田)을 고르게 분배함으로써 거의 300년에 이르렀

---

*1 초한 시대 한 패공이 항우보다 먼저 관중에 들어가 진(秦)의 부로(父老)를 모아 놓고 "살인자는 죽이고, 사람을 상해하였거나 도둑질한 자는 본인에게만 죄준다" 하고 선포한 것.

고, 진(秦)나라는 정전법을 철폐하였다가 2세에 이르러 망하였다. 신라 말기에는 전지가 고르지 못하고 세금 부담이 무거워 도적이 떼로 일어났는데, 고려 태조가 일어나서 즉위한 지 34일 만에 첫머리로 하교한 말이 있었다. 그때는 영웅들이 각축전을 벌여 재정의 용도가 바야흐로 급박한데도 전공(戰功)을 뒤로 돌리고 백성을 걱정했으니, 곧 천지가 만물을 살리는 마음이었다" 하였다.

나는, 고려 태조가 조그만 땅도 남의 힘을 빌려 얻지 않고 삼한을 통합하여 견훤은 손목을 묶고 항복해 왔고, 신라왕은 영토를 바치고 왕위를 사양했으며, 숙신(肅愼)은 자취를 멀리 감추었고, 거란은 화친을 애걸했으니, 그 큰 공업(功業)의 성취가 어찌 그처럼 민첩한지 의심이 갈 정도이다.

이는 모두 근본을 알아서 용감하게 시행한 까닭이니, 참으로 34일의 정사가 아니었다면 비록 지혜와 계책이 깊고 위엄과 명망이 훌륭하여 영웅들을 제어하고 큰 운수를 받았다 할지라도, 손이 가면 막힘이 없고, 마음만 먹으면 그대로 되기가 이와 같이 통쾌할 수 없었을 것이다.

송나라 태조도 처음으로 천하를 평정했을 때, 그야말로 용맹한 군사를 얻어 사방을 지켜야 할 기회인데, 자운루(紫雲樓)에서 잔치하면서 첫머리에 번방(藩邦) 제후들이 어리석은 백성을 잘 양육하고 어루만지지 못할까 걱정했으므로, 식견 있는 자들은 이르기를, 송나라의 국운이 장구하고 민심이 단결된 것은 자운루의 한 마디 말로써 그 기반이 다져진 것이라 하였다. 세상을 구제한 왕이 뜻을 얻은 뒤에 시행한 한 가지 제도만은 모두 드러내어 후세에 보여 줄 만하다.

옛날 탕임금이 그물을 열어놓고 거미에게 빌었던 바, 탕임금에게 돌아온 자가 마흔 개 나라 사람이었다. 사면에 그물을 치더라도 반드시 새가 잡히는 것이 아닌데, 탕임금은 그 삼면을 터놓고도 마흔 개 나라를 얻은 것이다. 그러므로 세상을 다스리는 도는 민심을 얻는 것이 으뜸이다. 만일 무력을 쓰기에만 전념하고 백성의 일을 돌보지 않았다면 서촉(西蜀)과 강남(江南)은 반드시 수일 내에 평정되지 못했을 것이다.

역사가의 은폐

史家掩諱 사가엄휘

중국 초나라 항우(項羽)는 힘이 세어 누구도 제압할 수 없는 유일한 사람으로 오랜 세월 알려져 있었는데, 한(漢)나라 고조(高祖)가 능히 그를 이기고는 이제 천하에 자신에게 맞설 자가 없다고 했다.

진(秦)나라 땅이 앞은 막히고 뒤는 비어 오랑캐 나라와 통하므로, 한나라 고조가 북쪽으로 오랑캐를 없애고 사해를 통합하여 굴복시키고자 했으나, 북쪽 오랑캐의 강성함이 헤아릴 수 없음을 알지 못했다.

그가 평성(平城)에서 흉노에게 포위당했을 때, 모신(謀臣 : 모사에 뛰어난 신하)과 맹장(猛將)과 군사로 항우를 상대하여 승리를 거둔 자들이 모두 참여했으나, 하루아침에 곤욕을 당하여 군사들이 거의 7일 동안이나 먹지도 못하고 포위망을 벗어나지 못하는 지경에 빠졌다.

사마천이 《사기》 흉노전(凶奴傳)을 지으면서 그때의 병마(兵馬)와 군용(軍容)을 표현했는데, 읽는 것만으로도 사람으로 하여금 무서워서 기가 죽게 하거늘 하물며 그 장면을 직접 당해 본 자는 오죽했으랴.

양웅(揚雄 : 자는 자운(子雲))은 선우(單于)의 서신을 받아들이지 않은 데 대해 충고하기를, "고조는 30만 대군을 가지고도 평성에서 곤욕을 당했는데, 그때 기휼(奇譎 : 꾸며서 남을 속임)한 선비와 큰 계책을 가진 신하가 대단히 많았으나, 마침내 그 곤욕을 벗어난 것에 대해서는 세상에서 입 밖에 낼 수조차 없었다"고 했다.

이른바 '기휼'이란 진평(陳平)의 무리를 가리킨 것인데, '그 곤욕을 벗어나게 되었다' 한 것은 진평의 무리가 그 사이에 참여하지 못했음을 이름이고, '입 밖에 낼 수조차 없었다'는 것은 한나라 사관(史官)이 그 사실을 숨긴 것을 일컬음이다. 그 형세로 미루어보면 까닭 없이 풀어 주었을 리가 없다. 마땅히 치욕을 무릅쓰고 애걸하기를 마다하지 않았으나 차마 그 사실을 말할 수 없었던 것이리라.

그러므로 〈진평전〉에 이르기를 "계책이 비밀리에 진행되어 세상에서는 들을 수 없었다" 하였다. 만일 보통의 속임수였다면 어찌 차마 말할 수 없다고 했겠는가. 이 때문에 수도로 돌아와서도 감히 흉노에 대해 분노하지 못하고 마침내 유경(劉敬)을 보내 황금 천 근을 주고 겨우 화친을 맺고 말았던 것이다.

계포(季布)는 그때 직접 본 자이므로 번쾌(樊噲)의 목을 베자고 청했고, 여후(呂后)는 더러운 욕을 달게 받으면서도 감히 성내지 못했으니, 서로 맞서지 못할 것을 분명히 알았던 것이다.

예로부터 애걸함이 지나친 것에는 반드시 신첩(臣妾) 같다 하고, 부끄러운 욕을 말할 때에는 여후를 들먹이는데, 이것으로 그때의 비굴한 말과 추잡한 모습을 짐작할 수 있다.

이로써 미루어 볼 때, 한나라 무제(武帝)의 원수를 갚았다는 것은, 강요된 말이 아닐 수 없다. 북쪽 오랑캐가 비록 조금 쇠약해졌다고 했지만, 군사를 출동시켜 변방에 나가 본들 지친 군사로써 편안한 적을 공격하는 셈인데, 어찌 번번이 이기겠는가? 역사가가 이른 바와 같이 태반은 그 치욕을 숨겨버리고 헛 기세를 과장하고 꾸며서 후세에 전한 것이다.

예로부터 중국은 바깥 변방과의 싸움에서는 온전한 승리를 얻지 못했으며, 비록 한때의 요행은 있었으나 나중에는 상실(喪失)할 죄악만 저질러왔다.

우리나라는 땅도 좁고 힘도 약한 데다 밖으로 강대한 적을 이웃하고 있는데도, 헛되이 물정도 모른 채 고담준론만 떠받들고 있으니, 그 끝이 어떻게 될 것인지 모르겠다. 아! 슬픈 일이다.

반역열전에 오른 우왕
辛禑 신우

정인지는 《고려사》에서 신우(辛禑)와 그의 아들을 반역열전(叛逆列傳)에 편입시켰다. 그런데 그 의의가 공평하다고 할 수 없다. 《통감강목》에 보면 진 시황(秦始皇)은 영(嬴)씨가 아니며 진원제(晉元帝)는 사마(司馬)씨가 아니라고 말하면서도 그들의 위호(位號)는 떼어버리지 않고 그대로 쓰고 있다. 별도로 진·진(秦晉)의 역사를 만들 경우라면, 이 두 임금도 반역의 대열에 넣어야 할 것인가.

왕망(王莽)은 직접 역적질을 했고 나라도 대를 물리지 못한 까닭으로 본기(本紀)에 들지 못했지만, 만일 왕망의 자손이 대를 길게 이어갔다면 그것 또한 그 뒤로는 어떻게 기록했겠는가.

반(叛)이란 나라를 배반한 것이다. 역(逆)이란 시역(弑逆)을 저지른 것이다. 신우로 말하자면 선왕이 자기의 아들로 삼아 아비로서 물려주고 자식으로서 이어받았으니, 그 마음속에 어찌 털끝만큼이라도 나쁜 뜻이 싹텄겠는가? 그런데도 불구하고 반역이라 이른다면 그것이 어찌 차마 할 일이겠는가.

공양왕(恭讓王) 때에 윤회종(尹會宗)이 바로 글을 올려 신우를 참형할 것을 청했으니, 윤회종은 우왕(禑王) 시절에 급제한 자이다. 우왕은 16년 전에 윤회종이 북면(北面 : 임금은 남쪽을 향해 앉으므로 신하로서 임금을 섬김을 이름)하고 섬기지 않았던가. 한(漢)나라 창읍왕(昌邑王)의 폐위는 사실 곽광(霍光)의 소행이었지만 오히려 눈물로 하직하면서 몸을 잘 보전하라고 권했으므로 군자들이 곽광을 좋은 사람으로 여겼다. 《예기》에 보면 "지난 날 섬기던 임금을 위하여 상복을 입고, 계모가 딴 곳으로 출가했어도 제 몸이 따라갔을 경우에는 1년간 상복을 입는다" 하였다. 그러니 제 몸이 비록 따라가지 않았더라도 그 어미를 감히 구타하거나 살해하지는 못할 것이다. 그렇다면 16년 동안이나 신하가 되어 섬긴 임금과 출가한 계모 가운데 어느 것이 더 중하다 하겠는가.

근세에 창해(滄海) 허격(許格)은 자를 춘장(春長)이라 했으니 그는 의열(義烈)이 있는 사람이었다. 그는 언제나 국조(國朝)의 일을 말할 때 연산과 광해 두 폐주(廢主)에 이르면 한껏 높이어 함부로 가벼운 말을 쓰지 않았다. 그 까닭을 물으면 "그분들이 비록 죄는 있지만 우리 조상들이 임금으로 섬겼으니 나도 어떻게 공경하지 않을 수 있느냐" 하였다. 그러므로 회종 같은 짐승만도 못한 자들에 비한다면 어찌 하늘과 땅의 차이뿐이겠는가.

조위총(趙位寵) 같은 자는 서경(西京 : 평양)을 거점으로 군사를 일으켰다가 윤인첨(尹麟瞻)에게 사로잡혀 참형을 당했음에도 《고려사》의 반역열전에 들지 않았고, 의종(毅宗)의 시해(弑害) 사건에서는 정중부(鄭仲夫)·이의방(李義方)이 그 괴수가 되었는데, 명종(明宗)이 즉위하여 정중부 등을 존대하고 총애할 뿐 아니라, 가마솥 속에 들어 있는 의종의 시체를 수습해 매장조차 하지 않다가 위총(位寵)이 이의방 등이 임금을 시해하고 장사도 아니지낸 죄를 성토한 일 때문에 5년이 지난 뒤에야 비로소 발상(發喪)하여 매장하였다. 이는 비단 정중부 등만이 역적질을 한 것이 아니므로, 역사가는 마땅히 명종이 임금을 시해하고 자신이 그 자리에 오른 죄를 낱낱이 기록했어야 할 것임에도 밝히지 않은 것이니, 어찌 위충이라 하여 나무랄 여지가 있었겠는 가. 《고려사》는 사람의 뜻을 약간 분발케 한다.

진평과 병길
陳平丙吉 진평병길

진평이 문제(文帝)에게 "옥사(獄事)를 판정하는 일은 정위(廷尉 : 진(秦)나라 때부터 형벌을 맡은 벼슬)에게, 전곡(錢穀)의 일은 치속내사(治粟內史)에게 책임을 지워야 하며, 재상이란 위로 음양을 고르게 잘 다스려서 사계절을 순조롭게 하고 아래로 만물에 알맞도록 해주며, 밖으로는 사방의 오랑캐를 진무하고, 안으로는 백성이 심복하게 하는 한편, 경대부들로 하여금 저마다 그 직책에 맞도록 하는 것이다" 하였는데, 이 말은 옳지 않다. 재상이란 치란과 흥망을 맡은 것인데, 만일 재부(財賦)의 많고 적음과 송옥(訟獄)의 번거롭고 간략함을 알지 못한다면 어떻게 천자를 도와 정령(政令)을 내어 억조창생(億兆蒼生 : 수많은 백성)을 어루만져 기를 수 있겠는가?

또한 정위나 치속내사가 유독 재상의 통제를 받지 않는다고 하겠는가? 재상이 그들의 능력을 알지 못한다면 어떻게 일을 처리할 것인가? 나라의 흥망은 씀씀이의 사치와 검소에 달렸고, 법령의 보충과 폐지에 달렸으니, 천자도 이를 살피지 않아서는 안 되는데 하물며 재상에게 있어서랴? 문제가 육형(肉刑)을 없애고 노대(露臺 : 천문·기상을 관측하는 곳) 짓기를 그만둔 것은 심극(審克)의 밝은 지혜가 여기까지 미친 것이니 진평 같은 자에게는 아마도 심극의 말을 좋게 여겨 허락해 주지 않았을 것이다.

사마온공(司馬溫公)의 말에도 "구직(九職)·구부(九賦)·구식(九式)·구공(九貢)의 법을 도맡아 재용(財用)과 전곡(錢穀)을 다스리는 것은 모두 재상의 직책이다" 하였으니, 식화(食貨 : 음식과 재물)는 나라의 큰 정사인데 어찌 재상의 일이 아니겠는가? 만약 부고(府庫)가 텅비고 백성들의 살림이 고갈되어 주림을 못 견디고 사방으로 이리저리 헤매다가 죽기에 이르러서도 '나는 그래도 도를 논하고 나라를 경륜하며 음양을 섭리(燮理)한다'고 말한다면 무엇이 옳겠는가? 그의 이 말은 참으로 바꾸지 못할 격언이다.

뒤에 재상 병길(丙吉)이 싸우다가 다친 자는 물어보지 않고 소가 헐떡이는 것을 물었다는 것도 진평의 말과 같은 논법이다. 나라의 민간 풍속이 투박스러워 싸우다가 살상하는 것을 보게 되는 것이 어찌 재상으로서 가볍게 넘길 일인가. 더욱이 시속이 어지러워 생긴 일이 어찌 소가 헐떡이는 것을 보아야만 알 수 있는 일이겠는가. 그 사리를 알지 못하는 실정이 이와 같은데 뒷사람들은 이 말들만 믿고 전범으로 삼았으니 참으로 우스운 일이다.

고려 시대 임금과 신하의 사당
前代君臣祠 전대군신사

경기도 마전군(麻田郡) 숭의전(崇義殿)에서는 고려의 태조·혜종·성종·현종·문종·원종·충렬왕·공민왕 등 여덟 임금을 제사지냈는데, 나중에 종묘(宗廟)의 오실(五室) 제도를 넘었다 하여 혜종·성종·충렬왕·공민왕을 제외한 사세(四世)만을 제사지내고, 16명의 신하를 배향하였는데 복지겸(卜智謙)·홍유(洪儒)·신숭겸(申崇謙)·유금필(庾黔弼)·배현경(裴玄慶)·서희(徐熙)·강감찬(姜邯贊)·윤관(尹瓘)·김부식(金富軾)·김취려(金就礪)·조충(趙沖)·김방경(金方慶)·안우(安祐)·이방실(李芳實)·김득배(金得培)·정몽주(鄭夢周) 등이었다.

나는 임금들의 우열에 대해서는 알 수 없으나 그 세대를 따지는 설에 있어서는 납득이 가지 않는다. 몇몇 임금의 제사는 공훈으로써 하는 것이요, 작(爵)으로써 하는 것이 아니며, 종묘제도에 조(祖)는 공(功)이요, 종(宗)은 덕(德)이므로 단지 오묘(五廟)나 칠묘(七廟)의 제도에 그치는 것이 아닌데 무엇이 서로 구애될 바가 있단 말인가.

그러나 혜종 이하는 그 특이한 공훈과 현저한 덕이 후세에 표시될 만한 것이 있음을 보지 못하였고, 오직 인종(仁宗)은 성심으로 대국을 섬겨 백성을 편히 보호하였으니 제사하지 아니할 수 없는 것이며, 배향된 신하 가운데 조충·김부식·안우 같은 이들은 모두 제향을 폐지해도 된다. 또한 이들은 모두 전쟁의 공로로써 배향되었고 오직 포은 정몽주만 그 빛나는 절의로써 배향되었으니, 문교(文敎)는 대개 무시해 버린 모양이다.

고려 시대의 풍속과 교화가 문헌공(文憲公) 최충(崔沖)에 이르러 비로소 크게 드러났으니, 최충은 12공도 가운데 으뜸이 되었으며, 문성공(文成公) 안유(安裕)와 성균관 좨주(祭酒) 우탁(禹倬)이 모두 의론할 수 있는 분들이다.

최충의 홍경비(弘慶碑)가 세상의 조롱거리가 되어 있지만, 이는 한때 대동(大同)의 습속에 지나지 아니한 것이니 어찌 굳이 흠잡을 수 있겠는가. 퇴계 이황이 문열공(文烈公) 이조년(李兆年)의 사당에 대해 의론했지만 그 초상화의 손에 염주가 들려있다 해서 그것으로 허물삼지 않았으며, 고운(孤雲) 최치원(崔致遠) 같은 이는 부처에 아첨한 문자가 이루 다 손꼽을 수 없었는데도 문묘에 배향된 것은 무엇 때문인가? 김득배 같은 이는 전쟁 공로가 있을 뿐만 아니라 포은이 수업한 스승이니, 그에게는 반드시 높이 살 만한 것이 있을 것이다.

나는 언제나 전시대에 나라를 세운 임금에 대해 사당을 모두 세워야 한다고 생각한다. 이는 고례(古禮)를 보아도 증거할 수 있다. 단군·기자와 삼국은 현재 사전(祀典)에 있으나 오직 마한과 가락이 빠졌으며, 삼한 가운데 변한과 진한은 근거가 없다. 마한은 선성(先聖)의 후손이요 우리나라의 정통으로서 나라를 익산(益山)에다 세웠는데, 시호는 무강(武康)이라 하며, 그 부인의 무덤과 함께 오늘날까지 널리 전해 내려오니, 《고려사》에서 이른바 "도적이 호강왕(虎康王)의 무덤을 파냈다" 한 것이 바로 이 무덤이다. 그 무렵 혜종(惠宗)의 이름자인 '무(武)'자를 피하여 '호(虎)'자를 썼었는데, 《동국여지승람》에 자세히 기록되지 못하여 도리어 의문을 만들어 낸 것은 그릇된 일이다.

가락왕 김수로는 500년 동안이나 세대를 전하면서 삼국과 더불어 병립했으며 매우 특이했고 신령함을 보인 왕이다. 김해가 곧 그 옛 도읍지였다.

무릇 제왕의 사당에는 배향하는 예가 없지 않다. 단군이 아들 부루(夫婁)를 보내어 중국 요임금 때 도산(塗山)의 모임에 가서 참예했은즉 왕을 높이는 마음이 지극하다 하겠으니 반드시 배향되어야 하며, 기자의 후손 조선후가 주제넘게 왕으로 일컫고자 하자, 대부 예가 충고하여 멈추었으니 그 올바름을 지켜 보좌한 공이 영원히 위대하다 할 것이다.

신라에서는 김유신(金庚信)이 가장 두드러졌고, 고구려에서 임금과 신하가 서로 조화를 이루어 능히 태평시대를 이룩한 이는 오직 을파소(乙巴素) 한 사람이니, 그 공적이 관중(管仲)·안자(晏子)를 넘었다 하겠다. 나는 역사를 읽을 때마다 이 대목에 이르면 책을 덮고 깊이 탄식하지 않은 적이 없다.

백제에도 또한 절의(節義)를 위해 죽은 신하가 여럿 있으니 다 배향할 만하며, 마한이 망할 적에 오직 주근(周勤)이 우곡성(牛谷城)에 웅거하여 옛 나라를 회복하려다가 백제에게 살해되었는데 《삼국사기》에는 반역이라 기재했으니 사가(史家)의 공정성을 잃은 것이다. 이제 마땅히 금마저(金馬渚 : 백제 때에, '익산'을 이르던 이름)의 빈터에 사당을 세우고 주근을 배향하여 군신의 대의를 높이 받들어야 한다. 이렇게 한다면 역사를 거의 제대로 깨달은 것이다.

양화사를 지은 한종유
楊花徒 양화도

오늘날 선비를 뽑아쓸 때에 오로지 표(表)와 전(箋)만을 숭상하므로 학문을 한다는 사대부집 자제가 글귀 짝짓는 것밖에는 할 줄 아는 것이 없으니 인품과 풍속의 사라져 버림이 이보다 더 심할 수는 없다.

오늘날에 이르러서는 대체로 사(詞)와 부(賦)를 택하여 쓰는데 이는 대개 시골 선비가 표나 전에 능하지 못한 까닭이다. 이러므로 원칙에서 벗어남은 마찬가지인데 서울이나 시골이 함께 원한다.

고려 우정승 한종유(韓宗愈)는 재상이 될 만한 국량이 있었는데, 왕이 이태백(李太白)·두보(杜甫)의 시를 보고자 하니 한종유가 "추황(抽黃)·대백(對白)은 정사에 도움될 것이 없습니다" 하고 법을 지킬 것이 없음을 핑계를 대 마침내 올리지 않았으니 대개 두시(杜詩 : 중국 당나라 시인 두보의 시)를 이름이다. 이때는 표와 전으로 선비를 뽑아 쓰는 때도 아니었는데 그 말이 이와 같았다. 오늘날이라면 반드시 극렬한 논쟁을 벌여 파직을 시켰을 것이다. 아아! 어찌 이런 인물이 다시 태어날 수 있겠는가.

한종유는 스스로 양화도(楊花徒)라 이름을 붙이고 술에 취하면 일어나 춤을 추었다. 그가 양화사(楊花詞)를 지었는데 거기에 이르기를

여회를 기다렸는데
맑은 바람에 드날리어
황각 아래 이르렀노라.
待如晦 淸風飛揚 到黃閣下

라고 하였다.

여회란 것은 비바람을 뜻한다. 버들꽃은 본디 비바람이 불어 흩어지기를 기다렸는데 맑은 바람이 불어서 뜻하지 않게 땅에까지 이르러 왔다는 뜻이다.

이때에 고려 운수가 종말로 치달으므로 처음 뜻은 벼슬하기에 있지 않았다. 그러므로 암암리에 계명(鷄鳴)의 시를 이용한 것이다. 존귀한 벼슬을 탐내고 연연하지 않았으므로 임금을 섬김에 있어서도 바른 도로써 하였으며, 죄를 받거나 쫓겨나는 것을 두렵게 여기지 않았다. 그러니 문절공(文節公)이란 시호가 또한 마땅하지 않은가.

도목정사
都目 도목

현재 수령의 치적을 고과(考課 : 근태·근무·성적·재능 등을 조사 보고함)할 때에는 반드시 도목정사(都目政事)를 기다려서 후임자를 뽑아 임명한다. 이것은 고려에서 비롯된 풍속인데 이미 경질하였는데도 대신 임명하지 않음은 무슨 뜻인지 알 수 없다. 고려 때의 제도를 살펴보면 "6월을 권무(權務)라 하고, 12월을 대정(大政)이라 이른다. 이부(吏部)·병부(兵部)에서 이를 나누어 관장하여 무릇 9품(品) 이상 및 부·위·대·정(府衛隊正) 이상 부·사·서·도(府史胥徒)를 다 그 직책에 임명한 연월을 기록하고, 그 공적과 허물을 기록하여 매번 연초에 이르러 승진시키고 낮추는 것을 도목정(都目政)이라 이른다" 하였다.

이제현(李齊賢)의 소(疏)에 이르기를 "고공사(考功司)를 설치하여 그 공적과 허물을 기록하고, 재능의 여부를 따져서 매년 6월과 12월에 도목을 받아 정안(政案)을 살펴 그로써 승진시키고 낮추어 이를 표준으로 삼으면 청탁하는 무리를 끊어버리고 요행의 문을 막아버릴 수 있다" 하였으니, 그렇다면 권무가 이미 통한 것을 도목이라 이른 것이다. 도목을 받는다고 했으니, 도목이란 승진시키고 낮추는 정사를 이른 것이 아니고, 곧 공적과 허물을 기록하고 재능의 여부를 따진 목록의 문서이다.

그러므로 《고려사》 선거지(選擧志)에 또한 이르기를 "이부에서는 문관의 전형을 맡고, 병부에서는 무관의 선발을 맡아 그 임명 연월을 차례로 기록하고, 그 수고와 안일을 분간하고, 그 공적과 허물을 기록하고, 그 재능의 여부를 따져서 갖추어 책에 기재한 것을 정안(政案)이라 이른다. 중서성(中書省)에서 승진시키고 낮추는 것을 내정하여 왕에게 아뢰면 문하성(門下省)에서 조서를 받들어 시행한다" 하였으니, 그 사람 쓰는 제도는 당나라와 더불어 서로 같으나 조금 소홀하고 간략한 감이 있다. 생각건대 오대(五代)에서 서로 이어받아 이와 같이 했으므로, 우리나라에서도 이를 본받았던 것이다.

최충헌(崔忠獻)이 정권을 독차지하면서부터 사사로이 정안을 가져다 임명할 것을 미리 내정하여 도당(都堂 : 고려 후기 최고 정무기관)으로 전했다. 그래서 승선(承宣 : 고려시대 왕명의 출납을 관장하는 정3품 관직)을 정색승선(政色承宣)이라 하고, 요좌(僚佐 : 아래에서 일을 돕는 속관)를 정색상서(政色尙書)·정색소경(政色少卿)이라 이르고, 그 모임 장소를 정방(政房)이라 하였다. 그 뒤로 정방을 폐하거나 또는 복구하거나 했으니, 고려가 이 때문에 떨치지 못한 것이다.

오늘날 세상에는 한 해에 대정(大政)을 두 번이나 치르지만, 기실은 정안이나 도목이 전혀 없고 이조판서나 병조판서에게 넘겨 그 승진과 낮춤을 마음대로 하게 하고 있으니, 최충헌이 마음대로 그 도당에게 나누어 주던 것과 무엇이 다르겠는가. 이것은 반드시 건국 초기에 정해진 제도가 아니고, 중세기에 권신이 작용하여 이렇게 잘못된 예를 만들어 낸 것이리라. 또 이조에는 오히려 참판(參判)·참의(參議)의 보좌가 있어 그 정사에 참여하여 듣게 되지만, 병조에 이르러서는 오직 판서 한 사람만이 주장한다. 그러므로 군정(軍政)의 그릇됨이 더욱 심하니, 이는 하나같이 충선왕(忠宣王)의 옛 형식을 답습할 따름이고 개혁하는 사람이 없었기 때문이다.

참으로 개혁하고자 한다면, 반드시 먼저 고공사(考功司)를 설치, 그 정안과 도목을 잘 처리해야 바야흐로 개혁이 될 것이다.

또 서(胥)·도(徒)·군(軍)·교(校)에 대한 정안이 없는 것도 일에 크게 방해가 된다. 정안이 없으면 반드시 뇌물을 쓰게 되는데, 뇌물이란 것은 공적과 허물이나 재능의 여부와는 서로 배치되는 것이니, 정사가 어찌 공평하게 이루어지겠는가. 나라가 이 때문에 날로 피폐해지는 것이다.

서·도 또한 서인(庶人)들이 벼슬에 있는 것이니 어찌 그 고공(考功)이 없어서야 되겠는가. 고공이 있다면 반드시 저마다 직명이 있을 것이니, 부·사·서·도 따위도 한 단계씩 승진이 있을 수 있다. 도는 서로 올리고, 서는 사로 올리고, 사는 부로 올린다. 공적을 쌓으면 벼슬이 없는 이도 벼슬을 갖게 되며, 그 무리들 가운데서 뛰어난 자는 올려서 왕신(王臣)으로 삼으며, 또 반드시 각자 분발하고 격려하여 재능과 덕의 명예가 세상에 나타나게 하면 어찌 아름다운 일이 아니랴.

어진 이에게 다 갖추라고 책망함
責備賢者 책비현자

군자는 한 사람에게 모든 선(善)을 갖출 것을 요구하지 않는다. 그러므로 관중(管仲)이 어질지 못하고 공경스럽지 못했지만 그렇다고 성인이 그 공을 가려 숨기지 않았으니, 이는 인물을 평가하는 절도(節度)인 것이다. 연주래(延州來 : 오나라의 땅 이름) 계자(季子 : 오왕(吳王) 수몽(壽夢)의 막내아들)는 나라를 사양한 지극한 행실이 있으므로 성인이 허락한 바이니 어찌 다시 나라 사양한 것(讓國)을 죄로 삼을 이치가 있으랴? 그렇다면 무엇 때문에 계찰(季札)을 깎아내 말했는가? 그는 진실로 죄가 있다. 그 당시 나라는 그가 차지해야 할 나라이며 요(僚 : 수몽(壽夢)의 서자(庶子))는 애당초 임금이 되기에 마땅치 않다는 것은 나라 사람이 다 아는 바, 합려(闔廬)가 요를 시해한 것은 마땅히 자기가 세워질 것으로 여겼던 것이나 나라를 계자에게 돌린 것은 한갓 인심이 자기에게 따라붙지 않는 때문이었으니, 그 실상인즉 계자를 인연하여 나라를 차지하고자 한 것이다.

그런데 계자는 "내가 네 나라를 받으면 이는 내가 너와 더불어 시역(弑逆 : 부모나 임금을 죽임)을 범한 것이 된다" 하였으니, 이 말은 정말로 당연하지만 그 임금을 시역한 죄는 반드시 토벌하고 말아야 할 것이며, 계자의 포기가 아니었던들 합려가 어찌 그 몸을 보전할 수 있었으랴? 계자는 또 곧 말하기를, "내가 난을 일으킨 것이 아니니, 왕이 된 자를 따르는 수밖에 없다"고 하였다. 그 뜻은 죄를 회피하고 화를 면하자는 것에 지나지 않는다. 그 자신을

위하여 꾀한 것은 잘했다 할 것이나 역적을 토벌하지 않는 예는 계자로부터
비롯된 것이다.

《춘추》의 의에, 죄를 토벌할 때 임금을 죽이고 나라를 빼앗은 죄보다 중한
것이 없으므로 그를 공자라 쓰지 아니하여 폄훼했으니, 계자에게는 나라 사
람의 마음에 따라 임금을 시역한 죄를 바로잡고 여러 공자 중에 어진 이를
택하여 세워 양보하는 것이 정당하다. 그렇지 않으면 그때의 임금 자리는 오
직 지혜와 힘이 있는 자만이 차지하게 되었으니 그 죄를 어찌 그만둘 수 있
겠는가? 그러나 호씨(胡氏)의 말에 "어진 이라 하여 모든 선이 다 갖추어지
기를 책임지우는 것[責備賢者]은 아이들에게 억지로 사리를 알도록 하는 것
과 무엇이 다르랴?" 하였고, 진계유(陳繼儒)는 "어진 이라 하여 모든 선이
갖추어지기를 책임지우는 것은 결코 덕망 있는 어른으로서 할 말이 아니다"
하였으니 그 뜻이 당연하다 하겠다.

노인으로 변한 주먹만 한 돌
黃石公 황석공

옛날에 권모(權謀)와 지능(知能)이 있는 자는 반드시 귀신을 빌려서 그
계략을 씀으로써 사람으로 하여금 믿고 복종하게 하였다. 전단(田單)이 신
(神)을 섬겨 그 영(令)을 받았다는 따위가 바로 이것이며, 장량(張良)이 만
났다는 이상노인(圯上老人 : 황석공(黃石公)
을 말함)에 대해서도 이와 같은 것이다.

무릇 천하의 원리(原理) 이외에는 황홀(慌忽)하여 진정 마귀가 나타나 눈
을 현란하게 하는 것이 아니면 귀신을 빌려서 그 계략을 팔아먹는 것에 지나
지 않는다. 마귀의 허망한 것이 어떻게 아직 돌아오지 않은 13년 뒤의 일을
미리 볼 수 있겠는가?

곡성(穀城)의 황석(黃石)을 장량에게 주어 함께 간직하게 했다고 하였으
니 그것은 반드시 주먹만한 작은 돌이었을 텐데, 그것이 노인으로 변화하여
태공(太公)의 병서를 전해 주었다는 것도 역시 진실이 아닐 것이다. 장량은
본시 권모술수가 많아서 대낮에 진 시황(秦始皇)에게 큰길 위에서 철퇴를
던지고 이내 그 종적을 감추어 버렸으니 그 능란함을 엿볼 수 있다. 어찌 하
루아침에 길에서 패공(沛公)을 만나 그처럼 믿어 의심하지 않도록 할 수 있

겠는가?

그래서 손바닥 위에서 굴리는 신통한 수법을 요량하여 한세상 사람을 속이므로, 한세상 사람이 속임을 받아 주어 그 수법과 지혜를 다 실천하게 되었고, 그 종말에는 또 조그마한 돌로써 믿음을 삼아 천 년 뒤의 사람을 속이므로 천 년 뒤의 사람도 깨닫지 못하게 된 것이다.

이른바 태공의 병법이란 것은 무엇을 가리킨 것인지 알 수 없다. 지금 《한서》 예문지(藝文志)에도 실려 있지 않으니, 매우 괴이쩍은 일이다. 세상에 전하는 육도(六韜) 따위도 역시 예문지에 보이지 않는 것은 무엇 때문인가? 옛일을 넓게 아는 자는 한 번 생각해 볼 일이다.

중자의 궁
仲子之宮 중자지궁

공자는 "나라 임금의 아내에 대하여, 임금은 그를 부인(夫人)이라 일컫고, 나라 사람은 그를 군부인(君夫人)이라 일컫는다" 하였고, 《춘추》에는 "부인이란 정식 아내의 칭호이다" 하였다. 또 "중자(仲子)는 태어나자 손금에, '노부인(魯夫人)이 될 것이다'라고 씌어 있었기 때문에 노나라에 출가하여 환공(桓公)을 낳았다" 하였다. 경(經)에는 다만 "부인 자씨(子氏)가 훙(薨)하였다" 하였으니, 비록 원비(元妃) 맹자(孟子)가 있었을지라도 반드시 벌써 세워서 적부인(嫡夫人)이 되었을 것이며, 반드시 앞으로 천자에게 청을 올려 칭호를 정하여 나라 안에 선포할 터인데, 어찌 헐뜯어 이르기를 성자(聲子)가 다만 후실(後室)이라 일컫는 것과 같이 할 수 있으랴? 아마도 이는 맹자의 잉첩(媵妾 : 예전에 귀인에게 시집가는 여인 이 데리고 가던 시첩(侍妾))으로서 본처의 일을 대행하는 예와 같았던 모양이다.

그러므로 《좌씨전》에 '환공이 태자가 되었을 때'라 하였고, 또 중중(衆仲)의 말에 따라 초헌(初獻)을 육우(六羽 : 육일무(六佾) 舞)를 말함)로 하였으니 이 또한 정식 아내의 예이다. 그러나 당시에는 두 본처(正室)의 예는 없으니 맹자가 이미 사당(祠堂 : 조상의 신주 를 모신 곳)에 들어간 이상 아울러 합사할 수는 없다. 그렇기 때문에 별도로 사당을 만들어 그 신주(神主)를 편안히 모신 것이다. 만약 이것이 첩모(妾母 : 서자의 어머니)의 사당이었다면 경(經)은 무슨 까닭으로 반드시 기재하겠으며, 성자의 죽음에 이르러는 단지 군씨(君氏)라고만 적었겠는가?

《좌전》에 "제후(諸侯)에게 알리지 못하고 신주를 제자리에 모시지 못하였으므로 훙(薨)이라 하지 아니하였으며, 부인이라 칭하지 아니하였으므로 장례를 말하지 못하였으며, 성(姓)을 쓰지 않은 채 공을 위한 까닭으로 군씨라 이른 것이다" 하였으니, 그렇다면 중자의 상에는 반드시 제후에게 알렸고 시어머니에 합사한 것이다. 합사란 것은 지금 사대부 집안에서 맏아들 이외의 아들들이 합사하는 예와 같으니 합사한다 해서 반드시 사당에 들어가는 것은 아니다. 생각건대 시어머니에게 합사하여 따로 사당을 만들되 주(周)의 비궁(閟宮 : 주나라 강원(姜嫄)을 모신 신궁을 말함)과 같이한 것이다.

좌씨(左氏)는 성인과 떨어져 있는 거리가 그리 멀지 않으니 이에 대해 어찌 착오가 있겠는가? 그렇다면 은공(隱公)의 섭정은 아비의 명에 따른 것이다. 천자가 부의를 내린 것 또한 반드시 실례가 된 것은 아니며, 그 실수라고 한다면 그것은 특히 미치지 못함에 있는 것이다.

훗날의 선비들이 중자의 궁을 들어 첩모(妾母)의 사당으로 삼은 것은 그렇지 않다고 생각된다. 그렇지 않으면 은공은 어찌하여 유독 성자의 궁은 짓지 않았겠으며, 성인은 어찌하여 유독 그때 임금의 어머니만 깎아내렸겠는가?

북쪽 오랑캐 융과의 만남
會戎 회융

"노은공(魯隱公) 2년 봄에 공은 융(戎 : 북방 오랑캐)과 잠(潛)에서 모이고 가을에는 융과 더불어 당(唐)에 맹세하였다" 하였는데, 이에 대하여 말하는 자는 "중국의 체통을 잃었다 해서 속이어 농락한 것이다" 이르나 결코 그렇지 않다고 생각한다.

좌씨는 "혜공(惠公)의 화호(和好 : 화평하고 사이가 좋음)를 닦음이다. 융(戎)이 맹세하기를 청하니 공은 사절하였다. 가을에 융이 또 맹세하기를 청하니 당(唐)에서 맹세하였다"고 하였다. 당과 잠은 모두 노나라 땅으로서 저쪽이 와서 이쪽에 모인 것이다.

군자가 융적(戎狄)을 상대할 때에 진실로 예(禮)를 양보하여 해를 멀리한 것이 있으니, 태왕(太王)과 문왕(文王)의 일에서 확인할 수 있다. 그러므로 또한 대국으로서 소국을 섬기면서도 수치로 여기지 않는 경우가 있는데, 하물며 선군(先君)이 닦아 놓은 우호를 하루아침에 끊어버리고 그들이 와서 요구해도 모이지 않아야 옳단 말인가? 처음에는 맹세를 요청해도 허락하지 않다가 마침내는 이를 면치 못했음을 볼 때 이는 어쩔 수가 없었던 모양이다.

그 뒤 7년에, 천왕(天王 : 천자를 이름)이 범백(凡伯)을 시켜 예를 갖추어 방문케 하였는데, 이때에 융이 주(周)에 조회하고 공경(公卿)들에게 폐백을 드렸으나 범백이 손님의 예로써 대우하지 않았다. 그러자 마침내 융이 초구(楚丘)에서 쳐들어와 잡아가지고 돌아갔다. 그 손님의 예우로 대우하지 않은 피해가 끝내 몸이 포로가 되는 지경에까지 이르렀으니 이를 거울삼을 만하다.

한 문제(漢文帝)는 예전 일을 잊고 화친을 닦아 서로 똑같은 예로 대했기 때문에 민생이 편안해졌고, 무제(武帝)는 비록 흉노를 멀리 쫓았으나 천하가 이 때문에 상처를 입었다.

또한 고려 태조는 거란을 배척하여 끊어 버렸고, 정종(定宗)은 별도로 광군사(光軍司)를 신설하여 방어하였다. 그러나 여러 대를 통하여 혹독하게 시달림을 받아 오다가 성종(成宗) 때에 이르러서는 몸을 낮추고 겸손한 자세로 나가 순리로 처리하니 나라가 이로써 편안해졌다.

금나라가 갑자기 흥왕해지자 인종(仁宗)은 모든 논의를 물리치고 글을 올려 신(臣)이라 일컬었으며 마침내 대대로 우호의 맹세를 맺어 변경이 걱정 없었으므로 역사 기록도 옳게 여겼으니 어찌 《춘추》의 '회융의 의(義)'가 아니겠는가?

쌀값을 묻다
米價 미가

백성의 근심과 안락은 빈곤과 부유함에 달렸고, 빈곤하고 부유함은 풍년이나 흉년이냐에 달렸는데, 그 풍년과 흉년은 곳에 따라 같지 않고 전해지는 말 또한 저마다 다르다. 그것은 오직 쌀을 통해서만이 알 수 있는 것이다.

그러므로 백성의 우환과 안락을 알고자 하면 마땅히 먼저 쌀값을 물어야 할 것이니 이 어찌 재상으로서 가벼이 넘길 수 있는 것이랴.

왕도(王導 : 진 원제(晉元帝) 때의 승상. 원제를 도와 어진 사람을 많이 등용했다)가 쌀값을 물었는데 왕술(王述)이 눈을 부릅뜨고 대답을 하지 않았다 해서 세상 사람들이 왕술을 높이 보고 왕도를 고상하지 못하다 하지만 그런 것이 아니다.

이 일에서는 마땅히 먼저 왕도의 목적한 것이 무엇이었는가를 살펴야 한다. 왕도가 자신의 이익만을 취하기 위하여 물었다면 장사꾼의 행위로서 마땅히 지탄 받아야 하겠지만 그 풍년 흉년의 여부를 살피어 그에 맞는 대처가 있어야겠다는 생각에서라면 정치의 체통을 얻었다 할 만하다.

무릇 사람이란 귀천을 막론하고 하루만 쌀이 없어도 주리게 되는 것이니, 백성을 살피는 길은 이것을 무시하고 되는 법이 없다. 따라서 금은·주옥·보화의 물건에 비할 바가 아니다. 팔짱을 끼고 높이 앉아서 한가로운 담론만을 일삼으며, 민천(民天 : 사람이 먹고 사는 식량을 말함)을 하찮게 보고 밤낮 풍류만을 일삼고 있다면 무엇이 옳겠는가?

곽씨의 재앙
霍氏之禍 곽씨지화

《사기》에 이르기를, "곽씨의 재앙이 참승(驂乘 : 후위로서 임금 옆에 모시고 타는 것)에서 싹텄다"고 했다. 곽광(霍光)이 죽은 뒤에 아우 곽산(霍山), 종손 곽운(霍雲)의 무리가 역적 모의를 하다가 멸족당하기에 이르렀으나, 이것은 황제가 되려 마음먹고 한 일은 아니다. 그런데 마침내 참승으로써 징조를 삼은 것은 무엇인가.

무릇 인정이란 대체로 모두 같으니, 영화를 좋아하고 재앙을 두려워하는 마음이야 누구인들 없겠는가. 이미 영리로써 유도하여 허물과 악이 환히 드러난 다음에 위엄과 형벌로 두렵게 하면, 그 형세가 반드시 용서하기 어려운 죄를 범하게 되어 비록 아비와 임금을 시해하는 것이라도 거리낌 없이 하고 말 것이다.

선제(宣帝)가 곽씨의 은혜를 보답하고자 하여 더욱 그의 여러 아들을 총애하여 벼슬에 임명하며 겉으로는 높이고 속으로는 꺼리다가 종말에 가서는 너무 억누르자, 서로 모여 슬퍼하다 어쩔 수 없이 역적이 되기에 이른 것이다. 그러나 실상은 역모를 하지 않았더라도 또한 죽었을 것이다.

대개 임금도 떨게 하는 권세로써 천하에 원망을 들어 왔는데, 하루아침에 권세를 잃고 임금이 마침내 칼날을 쥐고 곁에서 흘겨보는 판세가 되었으니, 어찌 잗다란 조심과 두려움 따위로써 방지할 수 있겠는가. 이 때문에 정나라의 숙단(叔段)과 명나라의 조석(曺石)도 은총이 더욱 증가할수록 허물이 넘치도록 쌓였으니, 끝내는 배반하지 않고 어찌 하겠는가.

역사를 살펴보는 방법은 반드시 요긴한 대목이 있으니, 오직 "참승에서 싹이 텄다"는 한 구절로써 그때의 광경을 상상해 볼 수 있는 것이다.

그 뜻을 말하자면, 악을 저지른 자는 비록 곽씨지만 악을 저지르도록 시킨 자는 선제라는 것이다. 만일 선제가 진심으로 덕에 보답할 마음이 있어 아끼고 보호하여 보전해 주고자 했다면, 반드시 이 지경에는 이르지 않았을 것이다. 그러므로 나는 말하건대, 곽씨의 재앙의 책임은 '여우가 묻고 여우가 파낸 것(선제가 곽씨 종족을 키워오 다가 반역죄로 멸족시킴)'처럼 선제에게 있다고 하겠다.

두예와 이순신
杜預李舜臣 두예 이순신

공명에 뜻을 둔 사람이라면 부귀가 함부로 그 마음을 더럽힐 수 없는 것이다. 그러므로 백 번, 천 번 생각하여 일을 시행할 방침이 완전히 갖추어진 다음에라야 앞으로 나아간다. 그렇지 않으면 틀림없이 소인들에게서 저해를 받아 자기가 지니고 있는 포부를 펼 수가 없기 때문이다.

두예(杜預)[1] 같은 이는 진중(鎭中)에 있으면서 자주 서울 안에 있는 귀관요직에게 선물을 보내므로 사람이 그 까닭을 물었다. 두예가 대답하기를 "혹시 방해를 할까 두려워서이지 이익을 구하려는 것은 아니다" 하였다.

또한 우리나라의 충무공 이순신 같은 이는 임진년의 난리를 당하여 수군을 통제하면서, 역시 틈만 나면 공인(工人)들을 모아 놓고 부채〔扇箑〕 따위

---

[1] 위나라 사람으로 자는 원개(元凱). 박학하기로 유명하였다. 진나라 무제(武帝) 때에 진주 자사(秦州刺史)·탁지상서(度支尙書) 등을 거쳐 뒤에 진남대장군(鎭南大將軍)·형주도독(荊州都督)을 거치는 동안 문무 겸전의 도량으로서 당시 으뜸의 공을 이룩하였고, 벼슬에서 물러나온 후에는《좌씨경전집해(左氏經傳集解)》등 많은 저서를 남겼다.

를 만들어 경·재상들에게 두루 선물하여 마침내 중흥의 공을 이루었다. 이는 천고에까지 지사들의 눈물을 떨어뜨리게 할 일이다.

병란의 다급한 때를 만나 공과 허물이 당장에 나타나는 데도 오히려 이와 같이 빈틈없이 해야 하는데, 하물며 평시에는 관중(管仲)·안자(晏子)의 재주가 있다 할지라도 그 재능을 어디다 쓰겠는가? 두예나 이순신 같은 이는 분명 직접 겪어 본 바가 있어서 그런 것이니, 그 정을 생각하면 슬프기만 할 뿐이다.

태조의 총애를 받은 차원부

車原頹 차원부

세상에 전하는 차원부의 《설원록(雪冤錄)》은 대체로 거짓말이 많지만 채택할 만한 것도 있다. 차원부는 고려 때 간의(諫議)로서 조선시대 태조(太祖)에게 총애를 받았다. 그는 권귀(權貴)인 하륜(河崙)과는 사이가 좋지 않았다. 그래서 하륜은 태종에게 참소하기를 "차원부는 정몽주와 외종형제 사이로 공정왕후(恭靖王后)의 종조(從祖)이오니 앞으로 이롭지 못할 것입니다" 하였다.

태종이 그 말을 믿고서 태조에게 말하려 하자, 하륜은 일이 들킬 것이 두려워, "적당(賊黨)이 내시(內侍)와 내통하고 있으니 상감께 아뢰면 반드시 누설될 것입니다. 일이 급합니다. 제가 환시(宦侍) 두세 사람을 데리고 함께 궁성의 수구에서 변을 기다리는 것이 좋겠습니다" 하였다. 그리고 또 태종의 뜻이라 하여 두 공자(公子)에게 전하기를 "아우와 함께 후원에서 노닐고자 한다" 하였다. 두 공자가 바깥담을 나가자 하륜은 역사(力士)를 동원해 두 공자를 대(臺) 아래로 끌어내어 마침내 간 곳을 알지 못하게 되었다. 하륜은 드디어 사칭하기를 "공자가 적전(赤田)으로 달아났다" 하였다.

적전이란 함경도 덕원군(德原郡)에 있는 지역이다. 일명 용주리(湧珠里)라고도 한다. 목조(穆祖)가 삼척(三陟)에서 이곳으로 이사를 와서 살면서 익조(翼祖)를 낳았다. 뒤에는 경흥(慶興)으로 이사를 하고 또 적도(赤島)로부터 이곳으로 돌아와서 이름을 적전으로 바꾸었다. 또 함흥으로 이사했다가 얼마 안 되어 적전으로 다시 돌아왔는데 이곳이 그 땅이었다.

태조가 드디어 적전으로 거둥하자 하륜은 차씨 집안 사람 80여 명을 죽였다. 이로 인해 자손이 고단해졌으나 세상에서는 아무도 그 일을 아는 사람이 없었다. 오산(五山) 차천로(車天輅)는 곧 그의 7세손이라고 한다.

역사를 저술하기 어렵다
作史之難 작사지난

역사책을 저술하기가 어찌 어렵지 않으리요. 한유(韓愈)가 말한 바와 같은 것은 재난을 두려워한 데에 지나지 않을 뿐이다. 그러나 곧음을 지니고 우뚝 선 자는 오히려 이런 실수를 피할 수 있으나 고금을 통하여 모호하고 비슷한 것에 대해 앞으로 어떻게 단안을 내릴 것인가.

임금을 죽인 역적은 천하의 악독한 이름인데, 진실로 그 실상을 잃어버리고 억측으로 쓰는 것은 군자로서 차마 못할 일이다. 또 만일 참으로 그 죄악이 있는데도 자취가 우연히 뚜렷하지 않아 형벌에서 도망칠 수 있게 된다면 이 또한 크게 옳지 못한 일이다.

《춘추》에서 '나라라 일컫고 임금을 죽인 자'에 대해 말하는 자는 "죄는 임금에게 있다"고 일렀는데 이는 잘못이다. 일이 다른 지역에서 일어나 눈으로 보지 못하였다면 그 전모가 밝게 드러난 것 이외에는 전해 들은 것만으로 함부로 써서는 안 된다. 이미 그 사람을 알고도 오히려 죄를 임금에게 돌린다면 《춘추》의 의의가 어찌 있겠는가.

또 혜공(惠公)·중자(仲子) 같은 일을 《공양전》에 이르기를 "중자(仲子)는 환공(桓公)의 어머니이다" 하였으니, 그렇다면 혜공의 첩이 되는 것이다. 《곡량전》에 이르기를 "혜공 어머니는 효공(孝公)의 첩이다" 하였으나, 좌구명(左丘明)은 분명히 말하지 않았으며, 호씨(胡氏)와 정자(程子)는 《공양전》을 따랐다. 오늘날 살펴보면, 어미를 첩으로 삼는 것은 또한 차마 못할 일인데 예로부터 이미 두 가지 설이 있었으니, 천년이 지난 오늘날 무엇을 따라 단정하겠는가.

또한 명나라 왕지명(王之明)의 옥사(獄事)[1] 같은 것을 혹은 참이라 하고

---

[1] 왕지명의 옥사는 명나라 말엽에 이자성(李自成)이 반란을 일으켜 북경을 함락하자, 왕지명이란 자가 장렬제(莊烈帝) 및 태자(太子)와 함께 북쪽으로 달아났었는데 복왕(福王) 때에 이르러 어

혹은 거짓이라 하니, 거짓을 참으로 삼는 것도 대단히 옳지 못하지만 참을 거짓으로 만드는 것도 천하의 지극히 원통한 일이다. 그 무렵에 목격한 자도 그 설에 대해 이러쿵저러쿵 분명히 단정짓지 못했는데, 이제 와서 무엇으로 그 참됨과 거짓됨을 단정해 알 수 있으랴. 나는 그러므로 역사를 저술하기 어려움은 재난을 두려워함에만 있지 않다고 말하겠다.

신라 시대 왕의 칭호
新羅稱王 신라칭왕

살펴보건대, 신라는 유리(儒理)로부터 실성(實聖)에 이르기까지 16세 동안 왕을 이사금(尼師今)이라 칭하였는데 이사금이란 왕이란 뜻이다. 눌지(訥祗)로부터 지증(智證)까지 4세는 마립간(麻立干 : 신라시대의 임금 칭호)이라 일컬었으니 이는 방언으로 함조(諴操 : 말뚝)이며, 함조는 궐(橛 : 말뚝)이다. 위(位)에 준하여 궐을 두는데 왕궐(王橛 : 왕의 좌석)이 주가 되고 신궐(臣橛 : 신들의 좌석)은 아래에 배열한다.

이후부터는 바야흐로 왕이라 일컬었다. 『동사(東史 : 조선 후기 이종휘가 지은 역사책)』에서는 항상 유리왕·눌지왕이라 일컬으므로 사람들이 옳지 않다고 말한다. 그러나 신라의 추존(追尊 : 죽은 이에게 왕의 칭호를 올림)은 다 갈문왕(葛文王)이라 칭하였고 그때에도 역시 왕의 명칭이 있었으니 왕이라 번역하여 일컬어도 마땅하다.

신라의 풍속
新羅俗 신라속

신라의 풍속을 살펴보면 노래와 음악은 유리(儒理) 때에 시작되었고, 달

떤 자가 북쪽에서 와서 자칭 태자라고 하자 당시에 어떤 사람은 진짜 태자라고 했고, 어떤 사람은 왕지명이 태자로 가장한 것이라 하여 조정의 의론이 결정되지 못한 가운데 일단 그를 태자를 가장했다는 이유로 옥에 가둔 사건을 이른다. 그런데 좀더 부연한다면 그는 그 뒤 영남후(寧南侯) 좌양옥(左良玉)에 의해 감옥에서 풀려나와 왕위에 앉게 되었고 복왕은 태평(太平)으로 도망치고 말았다.

구지는 눌지(訥祇) 때에 시작되었고, 장터는 소지(炤智) 때에 시작되었고, 죽은 이에게 시호를 내리는 것과 소로 밭가는 것은 지증(智證) 때에 시작되었고, 관원의 제복은 법흥(法興) 때에 시작되었고, 역술(曆術) 및 인장(印章 : 도장)은 문무(文武) 때에 시작되었고, 전례(典禮)는 신문(神文) 때에 시작되었고, 각루(刻漏 : 물시계)는 성덕(聖德) 때에 시작되었고, 글을 읽어 출세하는 것은 원성(元聖) 때에 시작되었으니, 다 마땅히 참고해야 할 것이다.

임진년의 왜적장 풍신수길
平秀吉 평수길

임진년 왜적의 침략에 대하여 《명사》 및 우리나라 사람들은 "평수길(平秀吉)이 임금을 시해하고 스스로 임금이 되어 권위를 온 나라에 세우고자 하여 많은 죄인을 죽인 뒤 석천(射天)의 계획*1을 세운 것이다" 하였는데 이것은 잘못된 것이다.

"수길은 본시 미장주(尾張州) 사람인데 가정(嘉靖 : 명세종(明世宗)의 연호, 1522~1566) 병신(丙申)에 출생하였으며 용모는 못생기고 키도 작았으며 얼굴은 원숭이 같았다. 본시 비천하여 농가에 고용되어 있다가 뒤에 관백(關白) 직전신장(織田信長)의 종이 되어 총애를 받았다. 배반한 자를 공격하여 공을 세우자 성(城)을 떼어 봉해 주고 성을 우시(羽柴)로 고쳐 주었다. 휘원(輝元)이란 자가 있었는데 성에 웅거하고 절도(節度)를 듣지 아니하므로 신장은 수길로 하여금 가서 치게 하였는데, 마침 일향수(日向守) 명지(明知)란 자가 신장을 시해하였다.

수길은 마침내 휘원과 더불어 풀고 화친을 맺고서 군사를 이끌고 동으로 올라와 일향수의 목을 군중 속에서 베고 신장의 시체를 찾아서 그 머리를 가지고 산사(山寺)로 올라가 37일 동안 재를 지내며 기도하였다. 그 동안 여러 대신들은 감히 숨도 쉬지 못하였으며, 마침내는 자기에게 붙지 아니한 자를 공격하고 살해하여 거의 씨를 멸했다"

이상은 수은(睡隱) 강항(姜沆)이 사로잡혀 가서 왜국에 있으면서 몸소 들

---

*1 석천이란 하늘을 겨냥하여 쏜다는 뜻으로, 이는 곧 풍신수길(豊臣秀吉, 도요토미 히데요시)의 중국을 집어 삼키려는 계획을 말한다.

고 기록한 것이니 신실하여 의심할 바가 없다. 고금의 역사가들이 제 나라 일을 기록하면서도 차이와 오류를 왕왕 면하지 못하는데, 하물며 동떨어진 바다 밖의 다른 지역이면서 전해 듣는 것이 자상하지 못함에 있어서이겠는가?

임진년에 수길이 조선 땅으로 군사를 출동시키려고 하면서 국서 중에 분명히 실지 상황을 쓰게 하니 그 부하들이 모두 말하기를 "우선 사연을 잘하여 답서를 보내고서 그들이 뜻하지 않을 때에 쳐들어가는 것이 좋지 않겠습니까?" 하자 수길은 말하기를 "이는 잠든 사람의 목을 자르는 것과 무엇이 다르겠느냐? 지금 바른대로 적어 보내어 그들로 하여금 미리 준비하게 하고 그런 다음에 가서 승부를 결단하겠다" 하였다.

이때에 왜인 쪽에서는 대체로 바른 대로 말했는데 우리나라에서는 도리어 허망한 공갈이라 여겨 아무런 조치가 없었다. 학봉(鶴峯) 김성일(金誠一) 같은 이는 걱정 없다고 말을 퍼뜨렸는데*2 사람들이 이에 대하여 인심을 진정하고자 한 것이라고 말하고 있으나 어찌 이런 이치가 있겠는가? 학봉은 실지로 소견이 미치지 못한 것이다.

이때에 중국 사람 허의후(許儀後)란 자가 살마주(薩摩州)에 표류되어 있으면서 자세히 왜국의 비밀을 적어서 본국에 보고하자 그 가까이에 있는 중국인이 그를 밀고하였다. 수길의 좌우에서 모두 허의후를 삶아 죽이자고 청하자 수길은 이렇게 말했다. "그는 본시 명나라 사람이니 명나라를 위하여 일본의 비밀을 알리는 것은 이치로 보아 불가할 것이 없다. 그리고 또 상대방이 뜻하지 않을 때에 쳐들어가는 것은 실로 내 본마음이 아니다. 하물며 예로부터 제왕(帝王)이란 모두 산야(山野)에서 일어났으니 명나라로 하여금 내가 본디 미천했다는 것을 알게 하는 것 또한 해로운 일은 아니다" 하고 드디어 불문에 붙였다. 그러면서 도리어 밀고한 자에게 이르기를 "너도 또한 명나라 사람인데 감히 명나라 사람을 참소하니 흉한 놈이 아니고 무엇이냐?" 하였다. 이로써 보아도 수길은 또한 큰 역량이 있는 자요, 범상한 사람은 아니었다.

---

*2 이 말은 1590(선조 23)년에 학봉 김성일이 통신 부사(通信副使)가 되어 정사(正使) 황윤길(黃允吉)과 함께 일본에 건너가 실정을 살피고 왔는데 정사 황윤길은 일본이 침략할 것을 경고하는 보고를 하였으나, 김성일은 이와 반대로 침략의 우려가 없다고 보고한 것을 말한다.

섬 오랑캐로부터 일어나서 바다를 넘어 큰 나라와 더불어 대항하였으니 그 형세는 반드시 패하고 말 것이나, 만약 그 자가 중국에 나서 그 가슴속에 든 꾀를 마음대로 실행하게 되었다면 반드시 성사하지 못한다고 할 수도 없을 것이다.

소양과 견식은 풍부했건만
柳崇祖 유숭조

연산군이 폐위된 뒤 중종이 그에게 따로 옷가지를 보내려 하자 대신들이 말하기를 "신들과는 대의(大義)가 이미 끊겼으니 이제 도저히 마음을 쓸 수 없사오며, 굶주림과 추위나 좀 면하도록 해주면 그것으로 만족하겠습니다" 하였다.

마침내 연산군의 장삿날에 이르러 중종이 두터운 예로써 장사지내도록 명하자 대신들이 또 말하였다.

"아침 장터까지 막아가며 묘지기를 정하는 것은 옳지 않습니다"

지난날에는 군신의 사이였건만 비록 그가 실덕으로 폐위를 당하였다 한들 어찌 이토록 박절하게 대할 수 있는가. 이렇게까지 할 정도인데 무슨 일인들 못하랴.

참의 유숭조가 상소에서 이렇게 말하였다.

"태갑(太甲 : 상나라 4대왕. 폭군으로서 추방되었다가 반성하고 돌아와 선정을 베품)이 자기 잘못을 뉘우쳐 고치지 못한 채 죽었다면 초상 장사의 예를 어떻게 처리해야 했겠습니까? 유왕(幽王)·여왕(厲王)이 난망(亂亡 : 어지러워져 멸망함)을 가져왔으므로 비록 악한 시호를 더했지만 왕의 칭호는 폐하지 않았습니다. 전왕은 종묘 사직에 죄를 얻었으니 종묘(宗廟)에 부사(祔祀)할 수는 없을망정 초상 장사의 예로서는 이와 같이 할 수 없사오니, 국릉(國陵)의 곁에 장사하고 별도로 신주(神主)를 세우고 상국(上國 : 명나라)에 부고를 내야 하옵니다"

이에 유자광(柳子光)의 무리가 유숭조를 심문해야 한다고 하여 경연관을 교체해 버렸다. 아아, 목숨을 건진 것만도 다행이라 해야겠다.

나는 미암(眉菴) 유희춘(柳希春)의 일기를 살펴본 적이 있는데, 경서에 언해(諺解)가 있는 것은 유숭조로부터 비롯되었다고 하였다. 이것으로 보아도 그가 경학에 소양이 있으며 견식이 확고하고 풍부한 자였음은 속일 수 없는 사실이었으니 애석할 뿐이다. 이 같은 신하를 두고도 능히 발탁해 늘 좌우에 두어 보완을 얻지 못하고 결국은 배척하여 다시는 경광(耿光 : 큰 임금)을 친근히 할 수 없도록 하였으니 이래서야 어찌 신하를 권하고 격려하여 힘쓰게 할 수 있으랴.

그 뒤 정묘년(1507)에 유숭조는 심정(沈貞)·김극성(金克成)·남곤(南袞) 등과 더불어 비밀히 조광조(趙光祖)·이장길(李長吉) 등이 박원종(朴元宗)·노공필(盧公弼)·유자광을 모해한다고 아뢰었다. 그리하여 옥사가 성립되자 심정은 또 유숭조가 그 모의를 알고도 바로 고하지 않았다 하여 곤장을 때려 심문한 끝에 멀리 귀양을 보냈다.

생각해보니 유숭조가 남곤·심정과 더불어 밀고한 것은 마지못해 한 짓이요, 본심은 아니었던 것 같다. 밀고를 했어도 그 뒤의 사태가 그러했는데 아예 고하지 않았다면 어떠했겠는가. 그러나 소인들과 더불어 일을 도모하다가 그 또한 파직을 면치 못하였으니 군자는 이에 대해 유감이 없을 수 없다. 이러하기 때문에 처세하기가 어렵다는 것이다.

우리나라의 형세
東國內地 동국내지

고려 원종(元宗) 원년(1260)에 몽고 황제가 여섯 가지 일을 윤허하며 조서로 이르기를 "의관만은 몽고의 풍속을 따르라" 하였고, 원종 3년(1262)에 또 조서로 이르기를 "무릇 아뢰는 바는 모두 다 들어 주겠으며 의관에 대한 것도 바꾸지 않아도 좋다……" 하였으니, 대개 이미 의관을 바꾸라는 명령이 있었는데 고려에서 간청하여 바꾸지 않아도 된다는 허락을 얻어낸 것이다.

뒤에 원나라가 중국에 들어가 황제가 되자, 중국인의 평상복을 금지하지 않았다. 지금 온 천하가 이미 머리를 깎았으나 오직 한 조각 우리나라만이 오히려 옛 제도를 보전하고 있으니, 이는 힘으로써 스스로를 보전한 것이 아니요, 아마도 하늘의 뜻이 있었던 것인 듯하다.

우리나라는 천하에 가장 약한 나라이다. 지역이 치우치고 백성이 가난할 뿐 아니라 기자가 봉함을 받은 이후로부터 문치로 교화함이 단절되지 않아 모두 예의의 나라라 일컫기는 하나, 문치로 교화를 시행하면 무력으로 방비함이 소홀해지는 것 또한 자연스러운 형세이다. 지키기를 좋아하고, 나가 싸우기를 싫어하며, 큰 나라 섬기기를 힘쓰고, 천명을 두려워하여 상하 3천 년 동안 오직 이를 본보기로 삼았을 따름이다. 진실로 만에 하나라도 이를 거스른다면 쇠잔하고 무너지지 아니한 바가 없었으니, 이들이 모두 역사적 귀감이 되는 것이다.

몽고 황제가 자주 고려가 하고자 한 바를 허락한 것은 아마도 까닭이 있었을 것이다. 그러나 만일 한결같이 몽고 풍속을 좇아 내복(內服 : 왕기(王畿)를 중심으로 주위를 순차적으로 나눈 구역)에 혼합하여 궁마를 익히고 전쟁에 익숙해진다면 우리나라는 곧 하나의 요나라요 금나라가 될 것이니, 원나라와 더불어 다투어 싸운다 해도 반드시 회초리를 꺾어 매질할 형편이 되지는 않았을 것이다. 그렇다면 차라리 압록강을 한계로 삼아 큰 갓과 긴 띠에 붓을 쥐고 책을 읽도록 맡겨 두어, 지혜는 사장(詞章)에 피폐되고, 힘은 시험 과목에 다 없어지도록 하고, 그 조공하는 직무만을 닦아 조회의 반열에 서게 하는 것만큼 득이 될 일은 없다는 것이 원나라 황제의 본뜻이었다.

또 충숙왕 때에 이르러 정동행성(征東行省)을 세우고 고려라는 국호를 없애고 원나라 내지에 비등하게 하기를 청하는 자가 있자, 원나라 진종(晉宗)은 그렇게 하기로 했는데, 이제현(李齊賢)은 원나라 도당에 글을 올려 말하기를 "우리나라는 지역이 천 리를 넘지 못하는 데다 산림(山林)·천수(川藪 : 내와 늪)의 쓸모없는 땅이 10분의 7을 차지하고, 그 토지에 세를 매겨도 조운(漕運)하기에 불편하고, 그 백성에게 부역을 과하여도 녹봉에도 충당되지 못하며, 조정의 용도에도 아홉 마리 소에 터럭 하나 격입니다. 더군다나 지역은 멀고 백성은 어리석어서 언어가 원나라와 같지 않고, 나아감과 머무름이 중국과도 대단히 다르니, 아마도 이 소식을 들으면 반드시 의구심을 자아낼 것이나 집집마다 찾아가 깨우쳐 줄 수도 없는 것입니다. 또 왜국과 더불어 바다를 사이에 두고 서로 바라보고 있으니, 만일 이런 말을 듣는다면 그들이 우리나라로써 경계를 삼지 않겠습니까?" 하자 이로써 의론이 마침내 그치게 되었다.

내 생각으로는 왜국의 땅이 비파 형상이라 뾰족한 머리가 서쪽을 향했으므로 왜놈은 이따금 섬 밖으로 나와 침범하고 약탈할 수 있는 반면 외국 군사는 들어갈 수가 없게 되어 있다. 우리나라에서 왜관(倭館)을 설치하여 후하게 대접하되 영남의 부세를 반이나 실어다가 그들을 어루만져 편안하게 하니 변경이 조금 안정되고 있는 편이나, 만일 상국으로 하여금 그들을 임하게 한다면 이전대로 인습하는 것은 명분이 없고, 제도를 변경한다면 틈이 벌어질 것이니, 이는 우리 동쪽나라 한 구석만 해쳐서 멸망시킴에 그치지 않을 뿐 아니라, 중국의 강회(江淮)까지 이로 말미암아 난리가 계속될 것이다. 지난 일은 놓아두고 논하지 않더라도 앞날의 일은 예측할 수 없는 것이 있으니, 나라 다스리는 계책을 내는 자는 마땅히 알아야 할 것이다.

사당에서 신주를 모시는 차례
昭穆 소목

경전(經傳)의 의문 나는 뜻에 대해서도 추구하기를 오래하면 반드시 통하게 되는 수가 있다. 비록 그 생각한 바가 꼭 미덥다고는 할 수 없어도, 그러나 그 답답한 마음은 안정을 찾게 된다.

오직 좌씨(左氏) 내·외전의 소목(昭穆 : 사당에서 신주를 모시는 차례)을 거꾸로 제사(逆祀)하는 내용만은 젊어서부터 늙도록 아직까지도 그 요지를 터득하지 못했다. 비록 분명히 변파(辨破)하지는 못했지만 확실히 그 옳지 않음은 알고 있었다.

하루는 문득 생각해 보니, 이런 소중한 제사를 고금을 통하여 한 사람도 설파한 자가 없어 종묘의 예로 하여금 반쯤 올렸다가 아래로 떨어지며, 인습도 아니요 개혁도 아니어서 미봉적이고 구차하게 하고 있으니 옳겠는가?

천자는 삼소(三昭)·삼목(三穆)으로 육묘(六廟)가 있는데 묘에는 반드시 곁방이 있다. 소(昭)는 언제나 소묘(昭廟)에 거하며 곁방에 합사한 자는 이 칭호에 가당하지 못하며, 목묘(穆廟)도 또한 이와 마찬가지이다. 무릇 형이 아우를 계승하고 삼촌이 조카를 계승함에 있어 비록 살아서는 군신(君臣)이 되었을지라도 뒤에 존칭이 같게 되면 그 아우나 조카가 어찌 감히 형과 삼촌을 신하로 본단 말인가? 군신의 의미를 여기에 말할 수 없는 것이다.

살아서 군신의 사이였다면 바로 부자(父子)와 같다는 것은 뒷날 선비들의 잘못된 언사이다. 지위로 말하면 임금이요 신하이지만, 친한 것으로 말하면 형이요 삼촌인데 어느 곳에서 부자의 의미를 찾아본단 말인가?

살펴보건대 《예기》에 "제후의 딸이 제후에게 출가하거나, 천자의 딸이 왕자(王者)의 아랫사람에게 출가하면 복제(服制)가 내려가지 아니한다" 하였으니, 출가하지 않았을 적에는 신하로 보아서 내려지지만 이미 출가하여 존(尊)이 같으면 내려지지 않는다는 것이니 어찌 이와 다르랴?

그러나 민공(閔公)은 적자(嫡子)이나 희공(僖公)은 서자(庶子)이므로, 비록 뒤에 지위는 같아졌을지라도 적·서의 명분은 그대로 남아 있기 때문에 희공을 올리는 것은 옳지 않다는 것이다.

무릇 제왕의 예는 사서(士庶 : 사대부와 서인(庶人))와 같지 않으니, 이는 다 신하로서 임금을 보기 때문이며 지위가 같음에 이르러서는 신분이 낮은 사나나 서인과 무엇이 다르랴 하는 것은 장무중(臧武仲)의 뜻이요, 소묘는 마땅히 밝은 자로 하여금 주(主)가 되게 해야 한다는 것은 종유사(宗有司)의 뜻이나, 무릇 소목의 묘에는 마땅히 정주(定主)가 있으니 서를 적으로 올려서는 안 되는 것이어서 희공은 그 사람이 아니라는 것이다. 감히 그 묘에 주가 되지 못하고 곁방에만 머문다면 비록 소목이 아니라 해도 가하다.

그러므로 주자의 협향(祫享)에 대한 의논에 "단지 선유(先儒)의 주장에 의거한 것이니 반드시 쓸 만한 것이 되는지 모르겠다" 하였으니, 역시 결정짓지 못한 말이다. 좌씨(左氏)의 무설(誣說)은 믿지 못할 것이 많으니, "정(鄭)이 여왕(厲王)을 조(祖)로 삼았다(《좌전》 문공 2년 조)"는 주장 같은 데서 증명할 만하다. 소목을 바꿀 수 없음에 대해서는 별도로 분명한 저술이 있으므로 여기에는 덧붙이지 않겠다.

효용은 광대하지만 드러나지 않음
費隱 비은

도(道)를 닦는 교(敎)는 하늘의 명(命)에 근본을 둔 것이다. 그러므로 말하기를 "어버이 섬길 것을 생각한다면 하늘을 알지 못해서는 안 된다" 하였다. 《중용》이란 시중(時中 : 때에 따라 걸맞고 적절하게 하는 일)이다. 마땅히 공자의 말씀으로써 시중을 단정한다면 오륜(五倫) 같은 것이 없으니 오륜이란 하늘의 명에 근원을 둔 것이다.

그러므로 비은(費隱)*1에서부터 이하는 인도(人道)에 대해 말하면서 반드시 하늘의 명을 막바지에 이르러 서로 들어서 밝힌 것이다. 이를테면 부자나 장자의 곳간 속에는 본디 허다하게 많은 일과 수많은 물건들이 들어 있어 용도에 대비하여 항상 떨어지지 않기 때문에 비(費)라 이르나, 그 용도에 대비된 것이 원래 곳간 속에 들어 있어 볼 수 없기 때문에 은(隱)이라 이른 것이니, 은과 비는 당초에 두 길이 아니다.

부부도 더불어 알 수 있고 더불어 거뜬히 할 수 있다는 것은 곧 조단(造端 : 실마리를 냄)의 부부이다. 그러므로 그 지극함에 미쳐서는 성인도 알지 못하고 능하지 못하다는 것은 천지에 드러난 것을 두고 말하는 것이 아니고 무엇이랴? 더불어 알 수 있고 더불어 능할 수 있다는 것은 성인도 또한 이와 같고 부부도 또한 이와 같으므로 '더불어'라고 이른 것이니, 이를테면 물과 나무를 운반하고 배고프면 밥 먹고 목마르면 물 마시는 것과 같으므로 사람의 일 가운데 작은 일들을 말하는 것이다.

성인으로도 알지 못하고 능하지 못하다는 것은 아래 글에 이른바 "오히려 유감 됨이 있다"는 것에 대하여는 곧 그 주각(註脚 : 주(註)에 단 풀이)이니 천도(天道)의 큰 것으로서 바로 한서(寒暑)·재상(災傷) 따위 같은 것이다. 사람이 혹시 선뜻 이해하지 못할까 걱정되기 때문에 일부러 두어 구절을 끌어넣은 것이니, 그렇지 않고서야 자사(子思)가 쓸데없는 말을 이에 이르도록 할 리가 없다.

성인이 비록 그 큰 것에는 밝을지라도 요수(夭壽 : 단명함과 장수함)와 풍흉(豊凶 : 풍년과 흉년) 같은 것을 어떻게 다 알겠는가? 성인은 함께 길러서 해가 없도록 하려고 하지만 그게 그리 쉽게 될 수 있겠는가? 그 알지 못하고 능하지 못한 것은 이와 같은 데에 지나지 않는 것이다.

이 장(章) 안에 '그 지극함에 미쳐서는'이라 말한 것이 세 번이니 마땅히 다른 뜻이 있는 것은 아니며, 끝에 가서 매듭을 지어 말하기를 "천지에 밝게 나타난다" 하였으니, 그 알지 못하고 능하지 못한 것도 역시 천도를 가리킨 것을 서로 증명할 수 있다.

재(載)는 포함(包含)한다는 뜻이요, 파(破)는 제거〔除〕와 같은 뜻이다.

---

*1 성인의 도는 그 효용이 광대하여 두루 미치지만 그 자체는 은미(隱微)하여 드러나지 않음을 뜻함. 《중용》 제12장.

능히 실을 수 없다는 것은, 알지 못하고 능하지 못함을 동시에 말한 것이요, 천하란 부부와 성인을 포함하여 말한 것이니, 천하가 능히 포함할 수 없다는 것은 다 알고 다 능할 수 없음을 말한 것이요, 천하가 능히 제거할 수 없다는 것은 다 뺄 수 없음을 말한 것이다.

"처음을 만든다〔造端〕" 하였으니 부자·군신·형제·붕우가 그 사이에 포함되어 있으며, 아래 장의 사구(四求) 같은 것이 바로 이것이다. 이는 다 하늘에 근본을 두고 도를 닦은 것이니, 이를 이른바 시중(時中)이라 하는 것이다. "솔개가 날고 고기가 뛴다〔鳶飛魚躍〕"는 것은 천지에 드러났다는 말이다. 쳐다보면 솔개가 있고 굽어보면 고기가 있어 부쩍부쩍 끝없이 자라는데 두 물건이 함께 널리 퍼져 가고 있으니 도는 볼 수 없지만 그 자취를 보자면 두 물건이 바로 그것이다. 이는 마치 잎은 바람을 따라 날므로 잎을 보면 바람을 아는 것과 같다.

반드시 천지에 드러나게 된 까닭은 무엇인가? 형제는 함께 아비에게서 나왔고, 씨족은 같은 조상에게서 나왔고 사람과 사물은 함께 하늘에서 나왔으나, 그 사이에는 각각 친소(親疎)·경중(輕重)의 등분이 있으므로 바야흐로 예의가 행하여지게 되는 것이다. 살아서는 봉양을 하고 죽어서는 제사를 지내며, 천지 산천에 대해서도 제사를 올리지 않는 것이 없으니 이는 본바탕에 보답하는 것이요, 본바탕에 보답하는 것은 인을 함께하는 까닭이다. 그러므로 교사(郊社)*²의 예와 체상(禘嘗)*³의 의에 밝으면 나라를 다스리는 일이 그 손바닥을 들여다보는 것과 같다고 말한 것이다.

구월산 삼성사
三聖祠삼성사

《동국여지승람》에 옛 기록을 인용해 이르기를 "천신(天神) 환인(桓因)이 서자(庶子) 환웅(桓雄)으로 하여금 천부인(天符印) 3개와 무리 3천 명을 거느리고 태백산 상봉에 내려가게 했는데, 이때에 곰이 변화하여 여자가 되니,

---

*2 천지에 제사 지내는 일. 동지 때 하늘에 지내는 제사를 교(郊)라 하고, 하지 때 당에 지내는 제사를 사(社)라고 함.
*3 체상이란 임금이 햇곡식으로 종묘에 올리는 제사를 말함.

환인이 혼인을 하여 단군을 낳았다. 단군이 비서갑(非西岬) 하백(河伯)의 딸에게 장가들어 부루(夫婁)를 낳아 그가 북부여왕(北扶餘王)이 되었고, 늙도록 아들이 없으므로 아들 낳기를 기도한 나머지 금와(金蛙)를 얻어 길렀다. 부루가 죽자 금와가 대를 계승했는데, 대소(帶素)에 이르러 고구려 대무신왕(大武神王)에게 멸망당했다" 하였다. 그렇다면 단군 세대는 단지 한 대를 전하고 끊어진 셈이다.

위에서는 "부루가 북부여왕이 되었다" 했고, 아래서는 이르기를 "부루가 도읍을 옮겼다" 하였다. 《삼국사기》에서는 "동부여왕이 되었다" 했으니, 옛 도읍은 북부여이고 가섭(迦葉)은 동부여가 되는 것이다. 또 이르기를 "그 옛 도읍에 천제(天帝)의 아들이라 스스로 일컫는 해모수(解慕漱)란 사람이 와서 도읍했다" 하였으니, 옛 도읍이란 것은 곧 태백산으로 해모수가 도읍한 곳이며, 부루는 태백산의 동쪽에 있었으나 대소에 이르러 나라가 망하자, 그 아우가 도망쳐서 압록곡(鴨綠谷)에 이르러 해두왕(海頭王)을 죽이고 도읍하니 그를 갈사왕(曷思王)이라 하였고, 또 고구려에 항복하였으니 금와의 세대는 끊어진 것이다.

환인이 곰과 더불어 결혼했다면 환웅만 내려온 것이 아니라 환인도 같이 내려온 것이며, 단군이 바로 웅신(熊神)의 소생이라면 곰은 적처(嫡妻)가 아니니, 환웅만 서자가 아니라 단군도 또한 서자인데 다시 무슨 적자가 있겠는가. 또 혹시 환웅이 죽자 단군이 형을 이어 임금이 된 것인가. 단군이 아들 부루에게 전하여 가섭으로 옮겼는데 해모수가 와서 옛 도읍에 살았다면 단군은 어디로 갔단 말인가?

역사 기록에 또 일컫기를 "단군이 아사달산(阿斯達山)에 들어가 신이 되었다" 하였는데, 아사(阿斯)를 우리말로 새기면 아홉[九]이요, 달(達)을 우리말로 새기면 달[月]이니, 이것이 곧 현재의 구월산(九月山)이다. 황해도 문화현(文化縣)의 당장경(唐藏京)은 기자(箕子)가 책봉된 곳으로 단군이 바로 이곳으로 옮겼다고 한다.

구월산에 있는 삼성사(三聖祠)에서 환인·환웅·단군 세 사람을 제사지내는데, 봄·가을로 향(香)을 내려 제사를 지낸다. 그렇다면 단군은 아주 여러 해를 머물러 있다가, 중국 주 무왕(周武王) 때에 이르러 비로소 당장경으로 옮겼단 말인가?

또 혹시 단군은 아사달로 들어가 신이 되고 부루가 도읍을 옮겼는데, 옛 도읍에 머문 자는 해모수의 후예일까? 해모수가 옛 도읍에서 왕노릇을 하고 있는데 그 아들 주몽이 동부여로 재난을 피해 갔다면 어찌 그 아버지에게로 돌아가지 아니하고 다른 곳으로 갔단 말인가. 기자가 책봉되었다면 바로 해모수를 대신한 것이요, 단군을 대신한 것은 아니다. 기자는 성인인데 어찌 그 왕을 쫓아내고 스스로 왕이 될 수가 있겠는가?

단군이 천신의 아들이고 해모수도 또한 천제의 아들이라 한다면, 하늘에 두 신이 있단 말인가. 단군이 하백의 사위가 되고, 해모수도 또한 하백의 사위가 되었으니 동일한 하백이란 말인가. 황당무계하여 믿을 수 없음이 이와 같다.

대체로 우리나라 역사서로서 김관의(金寬毅)의 《편년통록(編年通錄)》 따위는 야비하고 속된 것을 뒤섞어 채집하여 더욱더 허무맹랑한데도 역사를 저술하는 자들은 이를 취해 쓰고 있으니 견문과 지식의 하찮음이 이와 같다.

스승의 이름 쓰기
先儒書名 선유서명

아비 앞에서는 자식 이름을 부르고, 임금 앞에서는 신하 이름을 부르는 것이 예이다. 사람이 세 분, 곧 임금·스승·아버지에게서 태어났으므로 섬기기를 한결같이 하는 것이니, 문하생이 선생의 앞에서도 이와 같은데 하물며 공자·맹자는 만세의 스승이 되어 사람으로서 임금과 같이 받들고 아비와 같이 친하게 여기는 것인즉 경서(經書)를 주석(註釋)한 문자에는 이름을 쓰는 것이 마땅하며, 자(字)나 벼슬 따위는 쓰지 않아야 마땅함은 분명한 일이라 하겠다.

주자 《집전(集傳)》에 '유빙군(劉聘君)·장경부(張敬夫)'라는 등의 말이 있기 때문에 지금 《주자대전》의 세주(細註)에서는 호(號)와 씨(氏)로 칭하였다. 나의 소견으로는 마땅히 죄다 고쳐야 하며 그 호·씨에 대해서는 별도로 기록하여 참조에 대비하는 것이 좋겠다.

《주자어류》에는 여러 문인을 이름으로 쓰고 성은 쓰지 않았으니, 대개 그 문답의 사연이 마치 함석(函席)에 있는 것과 같다 하여 《논어》 가운데 "유

라, 점이라[由也點也]" 한 예와 같이 했으니, 그 스승을 높이는 도에 있어
더욱 친근감을 깨닫게 되므로 이를 바꾸어서는 안 되겠다.

기자의 후손
箕子之後 기자지후

세상에서 하는 말이 '우리나라 한씨(韓氏) 성은 바로 기자(箕子)의 후손
이다. 기준(箕準)이 위만(衛滿)에게 쫓겨나와서 마한(馬韓)의 왕이 되었기
때문에 기준의 뒤가 그대로 성이 되었다' 하는데 이는 전혀 그렇지 않다.

기준이 마한 왕을 쫓아내고 스스로 왕이 되었다면 기준 이전에 이미 한
(韓)이 있었던 것이다. 《동사》에 이르기를, "위만의 손자 우거(右渠)가 망
할 적에 조선의 상(相) 노인(路人)·한음(韓陰) 등이 우거를 죽이고 한나라
에 항복하자 한나라는 한음을 봉하여 적저후(荻苴侯)로 삼았다" 하였으니,
그렇다면 조선의 옛 땅에 본시 한씨 성이 있었던 것이다.

《사기》에 이르기를 "한종(韓終)이 서복(徐福)과 동행하여 돌아오지 못했
다" 하였으니 혹시 한종의 후예이던가? 또 기(奇)의 성이 기(箕)와 음이 같
으며, 선우(鮮于)의 성은 조맹부(趙孟頫)가 중[僧] 선우추(鮮于樞)에게 준
시에 의거하면,

기자의 후손은 염옹이 많다
箕子之孫多髯翁

라고 한 것이 증거가 되니, 이는 알 수 없는 일이지만 만약 기준(箕準)을 한
씨의 조상으로 삼는다면 단연코 그렇지 않다. 《한서》에서는 한음이 한도(韓
陶)로 되어 있다.

선우추는 어양(漁陽) 사람으로 벼슬은 태상전부(太常典簿)를 지냈으며,
시문을 잘 짓고 더욱 서한(書翰)에 뛰어났다. 우집(虞集)은 "어양·오흥(吳
興)의 한묵(翰墨)이 한 시대를 독차지했다" 하였는데 선우추와 조맹부를 두
고 한 말이다. 선우추는 저술로서 《곤학재집(困學齋集)》이 있다.

공자의 《춘추》와 경전

春秋經傳 춘추경전

공자가 《춘추》를 지음으로써 나라를 어지럽히는 신하나 도적이 두려워했거니와 오늘날 정경(正經)을 살펴보면 단지 한두 글자만을 첨가했을 뿐이요, 도무지 사실이 없으므로 천 년이 지나서 어슴푸레 억측할 따름이니, 그 작고 큰 일을 징계하여 행동을 바꾸고 생각을 고칠 것을 생각할 수 있겠는가.

생각건대, 당시 《노사(魯史)》에 서술된 사실이 혹은 의심스럽고 난잡하여 옳고 그름이 뒤섞여 있으므로 공자가 그 가운데서 정실을 살피고 따져 표제(標題)를 만들되 마치 지금의 《자치통감》이 강(綱)만 세워 두고 사실의 자취에 이르러서는 본사(本史)에 붙여 두는 것과 같이 했을 따름이요, 그 전(傳)을 버리고 그 경(經)만 단독으로 행함을 이른 것이 아닌데, 뒷사람이 마침내 성인의 붓〔筆〕을 뽑아내어 이것이면 충분히 백대의 사람을 위협하고 벌할 수 있다 여기니, 이는 공자가 《춘추》를 지은 의도가 아니다.

좌구명(左丘明)이 또 본사(本史)를 파고들어 가 보태고 빼며 《춘추좌씨전》을 만들었는데, 비록 잘못 전재하고 진실을 놓친 것이 있을지라도 좌씨가 아니었으면 무엇으로 그 뜻을 미루어 찾을 수 있겠는가. 그러므로 《춘추》의 학문은 좌씨에게 제일의 공이 있는 것이다.

공자는 "말을 교묘하게 하고 얼굴빛을 좋게 꾸미고 공순을 지나치게 하고 원망을 숨기고 그 사람과 친한 체하는 것을 좌구명이 부끄러워했는데 나도 또한 부끄럽게 여긴다(《논어》 공야장 편(公冶長篇))" 하였으니, 사람들이 이에 대하여 성(姓)이 단·복(單複), 곧 '좌'와 '좌구'의 구별에 있다고 이르는 것은 그릇된 것이다.

사마천의 《사기》에 이르기를 "좌구(左丘)가 실명(失明)했다" 하였고, 두예(杜預)는 〈좌씨전서(左氏傳序)〉에 이르기를 "구명(丘明)이 소신(素臣)이 된 셈이다" 하였으니, 이로써도 징험할 수 있는 것이다.

공자가 그 무렵에 아첨을 잘하여 두루 용납되는 자를 보고서 문득 말하기를 "오직 좌구명만이 부끄러워한다" 하였으니, 그 사람됨을 알아볼 수 있다. 이는 결단코 강하면 뱉으며, 부드러우면 삼키고 사사로움을 부려 곡필(曲筆)을 할 자가 아니니, 그가 역사를 기록할 재주를 지녔음은 공자가 이미 인정하였은즉 조금 과장되었다 해서 소홀히 여길 수 없다.

죄에서 구명하려 지은 노래
何滿子 하만자

장우(張祐)의 궁중시(宮中詩)에

고국은 멀어라 삼천 리인데
깊은 궁궐 지루하게 이십 년일레.
한 가락 하만자 노래 소리에
두 눈의 눈물 임의 앞에 떨어지누나.
故國三千里　深宮二十年
一聲何滿子　雙淚落君前

하였으니, 장우는 까닭이 있어 이 시를 발표한 것이다.
　살펴보니 하맹춘(何孟春)의 《여동서록(餘冬序錄)》에, "당 문종(唐文宗)이
감로(甘露)의 사변*1이 있은 뒤에 기분이 좋지 않아서 왕왕 눈을 부릅뜨며
혼자서 '모름지기 이놈들을 죽여야 한다'고 외쳤다. 뒤에 시를 짓기를,

연 가던 길에 봄 풀이 우거지고
상림 숲엔 꽃이 가지에 가득하구나.
높은 데 기대 있는 한없는 뜻은
시신들을 다시 알 사람이 없네.
輦路生春草　上林花滿枝
憑高無限意　無復侍臣知

---

*1 감로의 사변이란, 당 문종(唐文宗) 때 재상 이훈(李訓)·왕애(王涯) 등이 환관을 살해할 계책으
　로 금오청사(金吾廳事) 뒤 석류나무에 감로가 있다고 말하고 임금에게 청하여 이곳에 가볼 때
　환관들이 수행할 그 기회를 노려 복병시켰다. 그런데 결국 환관들에게 복병한 일이 사전에 발각
　되어 이훈·왕애 등이 모두 죽임을 당한 변고를 말함. 《舊唐書》文宗紀.

하였다. 이튿날 모란꽃을 구경하고 부(賦)를 외고 나서 비로소 서원여(舒元興)의 사(詞)를 기억하며 탄식하고 눈물을 삼았다. 그리고 명하여, 악(樂)을 만들어서 스스로 위안을 삼았다. 궁인(宮人) 심교교(沈翹翹)란 자가 하만자를 노래하는데

뜬구름이 밝은 해를 뒤덮고 있다
浮雲蔽白日

는 글귀가 있었다. 그런데 그 소리가 가냘프므로 임금은 그 노래를 듣다 탄식하며 묻기를 '네가 어떻게 이 시를 아느냐? 이 시는 《문선》의 옛 시 가운데 맨 첫수인데 충신이 간사한 무리들에게 가려져 있는 것을 그린 것이다' 하고 금팔찌까지 하사하며 그 내력을 물었다. 그 대답이 자신은 본디 오 원제(吳元濟)의 딸로서 액정(掖庭)에 들어오면서부터 성을 심씨로 바꾸고 악적(樂籍 : 장악원 악공의 등록 원부)에 배정되었다는 것이다. 그는 또 아뢰기를, '저는 본디의 악기가 방향(方響 : 당악기(唐樂器)에 속하는 타악기)이온데 바로 백옥(白玉)이라 두드리면 소리가 되며, 무소 가죽으로 만들었사옵니다. 원컨대 저에게 하사하여 주시옵소서' 하므로 임금은 명하여 주게 하였다. 그 악기를 가지고 들어오자 명령에 따라 양주곡(涼州曲)을 연주하는데 음운(音韻)이 밝고 빼어나서 이를 듣고 슬퍼하지 않는 이가 없었다. 지금 이 이야기로 비교해 보면 합치되지 않는 것이 없다. 분명히 장우(張祐)가 그때에 이 일을 보고서 시를 지었을 것이다.

그의 시에서 고국(故國)이란 회채(淮蔡)를 가리킴이다. 원제가 패한 뒤로부터 감로의 사변 뒤에까지 이른다면 역시 20여 년이 된다. 《지봉유설(芝峯類說)》에 "당나라 무종(武宗)이 병이 몹시 위독하여 맹재인(孟才人)이 노래와 피리로써 친밀히 좌우에 모시었다. 무종은 그를 바라보며 말하기를 '나는 으레 더 살지 못할 것이다. 너는 어찌하겠느냐?' 하자 재인은 울며 아뢰었다. '청컨대, 죽음으로 나아가겠습니다' 하고 드디어 한 가락 하만자를 노래하다가 기절을 하여 그 자리에서 죽었다. 장우의 시는 바로 이 일을 두고 이른 것이다" 하였다. 그러나 이는 그렇지 않다. 맹재인이 노래한 것은 곧 장우가 심교교를 두고 읊은 시였는데, 기가 막혀서 당장에 죽었다. 그러므로 장우의 시에 또

도리어 한 가락 하만자를 위하여
황천이라 옛 궁인을 조상한 거로세.
却爲一聲河滿子　下泉湏吊舊宮人

하였으니, 장우의 궁중시는 심교교를 가리킨 것이요, 맹재인은 아니었다.
　하만자는 곡의 명칭으로, 백낙천(白樂天)은 말하기를 "창주(滄州) 사람인
데, 성은 하(河)요, 이름은 만(滿)이다. 개원(開元) 중에 죄를 범하여 옥중
에 갇혀 있으면서 이 곡을 지었다. 옥을 심문하는 자가 민망히 여겨 명황(明
皇)에게 아뢰었으나, 허락하지 아니하여 마침내 죄를 받았다" 하였다.

중국에 들어간 우리나라 사람들
東人入中國 동인입중국

　우리나라 사람으로 중국에서 뜻을 편 자는 금나라 선조로서, 역사가는 평
주(平州) 사람이라 일컬었는데, 평주는 곧 오늘날 영흥(永興)이다. 어떤 이
는 말하기를 "바로 평산(平山)에는 황제의 묘소라 전해져 오는 것이 있다.
그것이 곧 금나라 황제의 선묘(先墓)이다" 하였다.
　여자로 중국에 들어가 존귀하게 된 자는 원나라 순제(順帝)의 황후 기씨
(奇氏)와 명나라 태종(太宗)의 왕비 권씨(權氏)·한씨(韓氏) 같은 이들이다.
이에 대해서는 사람들이 다 알고 있거니와 명나라 선종(宣宗)의 황후 오씨
(吳氏) 같은 이는 알고 있는 자가 드문데 오씨는 진천(鎭川) 사람이다. 《고
사촬요(攷事撮要)》를 살펴보면 "선덕(宣德 : 명 선종 의 연호) 2년(1427)에, 우군사정
(右軍司正) 오척(吳倜)의 딸 등 일곱 사람을 뽑아 차사에 딸려 보내 진상했
다" 하였는데 바로 이 사람일 것이다.
　처음에는 후궁이 되어 경제(景帝)를 낳았고 뒤에 경제가 높여서 태후로
삼았다. 태후가 본국을 그리다 못해 자기 화상을 우리나라에 보냈는데, 우리
나라에서는 어떻게 처치할 수 없어 이를 절간에다 두었다. 그래서 나무꾼이
나 목동들이 마음대로 구경할 수 있었고, 그 화상은 현재까지 보존되어 있
다. 《속문헌통고(續文獻通考)》에 이르기를 "어미는 단도(丹徒) 사람인데 도
독(都督) 오언명(吳彦名)의 딸이다" 하였다.

그러나 화상을 본국으로 돌려보낸 일이 참으로 있었다면 이는 어찌 속일수 있는 일이겠는가. 생각건대 《명사(明史)》에는 외국이라 해서 기록하기를꺼렸을 것이다. 혹은 "황후의 아버지가 벼슬이 참판에 이르렀다" 하였고,《해동명신록(海東名臣錄)》에 이르기를 "여비(麗妃) 한씨는 청주(淸州) 한영정(韓永矴)의 딸이다" 하였다. 한영정이 딸 둘을 낳아서 함께 명나라 조정의 간선(揀選)에 응하여 큰딸이 태종(뒤에 성조로 고쳤다)의 후궁으로 들어가 여비로 봉해졌으니,곧 영락(永樂 : 명 성조 의 연호) 15년(1417)에 간선한 것이다. 여비의 오라버니 한확(韓確)은 나이 19세였는데, 태종(성조)이 불러서 베이징에 이르자 은총과 대우가 특수함과 동시에 광록시 소경(光祿寺少卿)을 제수했다.

우리나라에서 세종이 즉위하게 되자, 한확은 책봉정사(册封正使)가 되었는데 머물러 있으라는 황제의 뜻에 따라 돌아오지 아니하고 부사 유천(劉泉)으로 복명(復命)하게 했다.

그 뒤에 또 불러들여 인종(仁宗)의 딸을 아내로 삼으려 했으나 어머니가늙었다는 이유를 들어 사양하여 이루어지지 않았다. 살펴보건대 "선덕(명 선종 의 연호) 3년(1428)에 지순창군사(知淳昌郡事) 한영정의 딸을 간선하여 진상했다" 하였다. 그런데 선종은 바로 태종(성조)의 손자로서 한씨의 둘째딸이 함께 들어가 후궁이 되었다. 한확은 바로 서원부원군(西原府院君)이고, 그 딸이 또 우리 장순왕비(章順王妃)였다. 한씨의 존귀함이 이와 같았다.

어떤 이들이 말하기를 "청나라 강희제(康熙帝)의 태후도 또한 우리나라사람이다. 지난날에 장정매(張庭梅) 등이 태후의 유교(遺敎)를 받들어 우리나라에 왔다. 그런데 그 유교에 이르기를 '16세에 선황제(先皇帝)를 섬겼고,19세에 선제가 승하하여 이제 나이 80세가 넘었다' 하였다" 했다.

태후가 유교로써 외국에 반포한 것은 무슨 뜻인가. 그는 반드시 뜻이 있어서였다. 왕세정(王世貞 : 왕엄주 (王弇州))의 《별집(別集)》에 이르기를 "영락 연간(1403~1424)에 권귀비(權貴妃)·임순비(任順妃)·이첩여(李婕妤)·최부인(崔夫人)이 모두 조선 사람이다. 권비의 아버지 광록경(光祿卿)·권영균(權永均) 등이 모두 고귀하게 되어 경상(卿相)의 반열에 오르고 아직 본국에살아 있다" 하였다. 그러나 권영균은 바로 귀비의 오라버니이다.

영락 6년(1408)에 권집중(權執中)·임첨년(任添年)·이문명(李文命)·여귀진(呂貴眞)·최득비(崔得霏)의 딸을 간선하여 진상하였고, 7년에 또 정윤후

(鄭允厚)의 딸을 간선하여 올렸다. 12년에 본국의 역관을 불러들여 만나보고 선유(宣諭 : 임금의 훈유를 백성에게 널리 포고함. 곧 황제의 말을 전한 것)하기를 "황후가 서거한 뒤로부터 권비(權妃)로 하여금 육궁(六宮)의 일을 관장하게 하였는데 너희 나라 여씨(呂氏)가 호도차에 비상을 타서 권비에게 먹여 독살했다. 그래서 짐은 여씨를 불로 지져서 1개월 만에 죽였다. 권영균에게 전하여 알게 하라" 하였다.

그러나 왕세정은 오히려 한비의 사실에는 미치지 않았으니 미비한 점이 있고, 권영균 등도 벼슬이 광록경이었다는 것을 듣지 못했으니, 또한 필시 서원부원군의 일로 인하여 잘못 전해진 것이리라.

서자가 치이를 따라감
西子逐鴟夷 서자축치이

《주자어류(朱子語類)》에 "범려(范蠡)가 서시(西施)를 배에 싣고 갔다" 하였는데, 왕성지(王性之)는 "아무리 살펴보아도 이런 일은 없다. 그 근원이 두목(杜牧)의 시에 있으니 곧,

서자가 오회를 하직하고서
배 하나로 치이를 따라갔구나.
西子下吳會
一舸逐鴟夷

라는 것이다" 하였다. 왕성지가 이를 풀이한 것도 또한 그렇지 않다. 주자가 또 일찍이 왕성지의 글 읽는 것이 학구열이 높아서 얻는 것이 심히 정밀하다고 했었지만 그러나 그가 상세히 살핀 것도 오히려 넓지 못하다.

양용수(楊用修)가 "묵자(墨子)는 말하기를 '오기(吳起)의 그 공을 깨뜨려 버렸고 서시의 그 아름다움을 침몰시켰다'고 했다" 하였으니, 이는 오나라가 망한 뒤에 서시도 역시 물에 빠져 죽었다는 증거이다. 《수문어람(修文御覽)》에는 《오월춘추》의 일편(逸篇)에 이른 '오나라가 망한 뒤에 월나라가 서시를 강에 띄워 치이(鴟夷 : 말가죽으로 만든 술담는 자루)를 따라서 끝마치게 하였다'를 인용하였다. 자서(子胥)가 참소당하여 죽게 된 것은 서시가 힘이 되었던 때문인지

라, 자서가 죽자 치이에다 담아서 강에 띄웠는데, 지금 서시를 띄운 것은 자서의 충성에 보답하자는 것이었다. 그러므로 '치이를 따라서 끝을 마치게 하였다'고 이른 것이다.

범려도 치이자(鴟夷者)라는 호(號)를 가졌으므로 두목이 마침내 범려의 치이로 여겨 짐작만 대고 이 일을 서술했으니, 범려는 불행히도 두목을 만나서 천고에 모함을 받았는데, 또 나를 만나서 그 누명을 씻게 되었으니 얼마나 다행이냐 하였다.

내 생각에는 범려의 안(案)은 왕성지를 만나서 이미 분풀이를 한 지 오래되었으나 오히려 그 모함을 받게 된 연유를 밝히지 못했었는데, 양용수에 이르러서 비로소 자세한 조사를 거쳐 안건이 뒤집어져 정돈됨을 얻었다고 본다. 그래서 사람들이 감히 다시는 이의를 다는 이가 없었다. 또 그 사실을 그릇되게 전한 것은 어찌 유독 두목만 그랬겠는가?

송지문(宋之問)의 완사편(浣紗篇)에

한번 가서 구천을 패에 떨어지게 했고
두 번 가서 부차를 넘어뜨렸네.
하루아침 구도로 돌아와서
분단장은 약야를 찾는군 그래.
一行霸句踐　再往傾夫差
一朝還舊都　靚粧尋若耶

라고 하였다. 이것은 다시 구도로 돌아왔다 했으니 비록 두목의 시 가운데 나타난 뜻은 아니지만 《오월춘추》와는 또 합치되지 않는다.

생각건대 그 무렵 온갖 서적이 흩어져 나와서 저마다 듣고 보는 것을 기록한 것이 한 종류가 아니었으므로 시인이 저마다 붓 가는 대로 썼던 것이 아닌가 싶다.

9대에 걸친 모든 친족

九族 구족

《서경》에 "구족(九族)을 친(親)하다" 하였고, 그 주(註)에 '위로 고조(高祖)에서부터 아래로 현손(玄孫)에 이르기까지와 고조를 함께하는 시복(緦服)이, 다하지 아니한 친이다' 하였다. 그러나 아홉 가지 속에 자기가 하나를 차지했는데 또한 족(族)이라 칭하여 친할 수 있겠는가? 이 설은 소기(小記)에 이른바, "친(親)을 친(親)하는 것은 삼(三)으로써 오(五)를 만들고 오로써 구(九)를 만들어 위가 쇠하고, 아래가 쇠하고 곁이 쇠하면 끝난다"는 데에서 비롯된 것이다. 진(秦)나라는 삼족의 죄가 있고, 한(漢)나라는 오족의 벌이 있고, 형가(刑家)는 칠족을 망한 것으로부터 구족에까지 이르니 차츰 쇠하는 의(義)이다.

삼족은 부·모·형제 및 아들을 가리킨 것이고, 구족이란 것은 위로 고조에서부터 곁으로 삼종형제에 미치고 아래로 현손에 이르러 무릇 석 달 복을 입는 자가 아홉이다. 그 사이 오족이나 칠족은 미루어 알 수 있다.

《백호통(白虎通)》에는 부족(父族) 넷과, 모족(母族) 셋, 처족(妻族) 둘로써 해당시켰다. 그러나 모족·처족을 세는 것이 자기 족을 세는 것과 예가 다르므로 통론(通論)으로 삼을 수 없는 것이다.

명 태종(明太宗)의 정난(靖難) 때에 방효유(方孝儒)에게 말하기를 "마땅히 네 십족(十族)을 없애겠다" 하고 마침내 그 종파와 지파를 다 뽑아 내어 죽이니 종족이 연좌되어 죽은 것이 873명이었다. 매번 뽑아낼 적마다 그 사람을 끌고 가서 방효유에게 보여 주었으나 그래도 방효유는 순종하지 아니하므로 끝내 그 모족과 처족에게까지 미쳤었다. 구족을 다 죽였으나 그래도 역시 굴복하지 아니하므로 마침내 친구와 문생(門生)에게까지 미쳐 또한 연좌되어 죽은 자가 많았다. 이를 보면 모족과 처족도 다 구족의 범위 안에 드는 것이다.

한 사람의 유복지친(有服之親)만으로는 응당 800여 명에까지 이르지는 못할 것이니 반드시 세 성(姓)을 몰수하여 다 죽여서 외형제 및 사위, 외손 따위도 포함시킨 것이다. 그 도의(道義)가 이미 옛날에 말한 것과는 어긋나는 것이다. 구경산(丘瓊山)은 삼족의 법을 따져서 말하기를 "어떤 사람의 집에 여자 하나를 두었다가 그 겨레붙이가 몰살당했다" 하였으니 그 무렵에는 반드시 외가와 처가의 종족을 다 죽였던 것이다.

그런데 구족 속에 이미 다 포함되었는데 또 어찌 이른바 십족이란 것이 있겠는가? 이는 특별히 분김에서 나온 말로 그 무리함을 깨닫지 못한 것이다. 급기야 처형할 때 구족을 이미 다 죽였다 하였으니 그 밖에 다시 십족이란 없다는 것을 짐작할 수 있다.

일본도 노래
日本刀歌 일본도가

구양공(歐陽公) 수(脩)의 일본도 노래에

듣자니 그 나라가 한 바닷속에 있어	傳聞其國居大海
토지도 비옥하고 풍속도 좋다 하네.	土壤肥沃風俗好
전조에 조공 바쳐 왕래가 잦았으니	前朝貢獻屢往來
그곳 선비 이따금 시문도 지어왔네.	士人往往貢詞藻
서복이 갈 적에는 시서가 타지 않아	徐福行時書未焚
백 편의 일서가 지금도 남았다오.	百篇逸書今尙存
중국에 전하지 말란 엄한 명령 내려	令嚴不許傳中國
온 세상이 고문을 아는 사람 없다마다.	擧世無人識古文
선왕의 큰 법전이 오랑캐 땅에 숨었는데	先王大典藏夷貊
파도는 넘실넘실 통할 길이 아득하네.	蒼波洗蕩無通津
사람을 감격시켜 눈물짓고 앉았는데	令人感激坐流涕
서슬 파란 단도쯤 족히 일러 무엇하리.	鏽澁短刀何足云

이라 하였는데, 이는 대개 전문(傳聞 : 오거나 가는 사람 편을 통한 물음)의 잘못된 것이다. 우리나라 지역이 일본과 가깝게 있으므로 그 나라 일본에서 간행된 서적은 왕왕 얻어서 본다. 진북계(陳北溪)의 《성리자의(性理字義)》 같은 책도 중국에서는 구할 수도 없는데 일본에서 구했고, 또 우리나라 《이상국집(李相國集)》 같은 책도 본국에서는 사라졌는데 그쪽에는 전해지고 있다.

그러나 일본의 풍속이 무비(武備)를 숭상하고 문예(文藝)를 뒤로 미루며 요즘에 와서는 무척이나 문장에 나타나는 말을 과장하려고 하나 오히려 옛 경전들이 보존되어 있다는 것을 보지 못하였다. 만약 있다면 그들이 반드시 청구해 오기를 기다리지 않고 자랑삼아 전파한 지가 오래되었을 것이다.

그 "명령이 엄하여 전하지 못한다" 한 것은 과연 무슨 모계(謀計)가 있어서 그처럼 단속한 것일까? 중국에서 동떨어진 지역과의 유전(流傳)에서 현혹되기 쉬움이 이 같았으니 심히 가소로운 일이다. 한무구(韓無咎)의 말에 "고려에서 일찍이 불타지 않은 육경을 진상하자 신종(神宗)이 곧 발간하여 반포하려고 했는데, 왕개보(王介甫)가 그 신경(新經)이 파괴될 것을 두려워하여 중지토록 하였고 판본 또한 전해지지 못했다" 하였다.

주자는 이에 대하여, 반드시 이런 일이 있지 않았다고 했었지만 우연지(尤延之)는 "《맹자》의 '인(仁)이란 바로 인(人)이다'의 장(章) 아래에, 고려본(高麗本)에는 '의(義)란 의(宜)요, 예(禮)란 이(履)요, 지(智)란 지(知)요, 신(信)이란 실(實)인데, 합하여 말하면 도(道)이다'라고 했으니 주자는 도리어 이 말이 근사하다 하여 금주(今註) 속에 채택해서 기록하였다"고 말했다. 이로써 보면 고려의 진본(眞本)이 반드시 없었던 것도 아닌데 지금은 볼 수 없으니 어찌 한탄스럽지 않겠는가?

《상서전》의 형벌 내용
尙書傳刑義 상서전형의*1

《상서전》에 "관문(關門)과 교량(橋梁)을 헐거나 성곽을 넘어서 노략질과 도둑질하는 자는 정강이뼈를 베는 빈형(臏刑)에 해당하며, 남녀가 올바르게 어울리지 못한 자는 생식기를 도려내는 궁형(宮刑)에 해당하며, 임금의 명령을 거스르거나 변조하고 예복(禮服) 제도를 개혁하거나 간통 또는 도둑질하고 사람을 죽인 자는 코를 베는 의형(劓刑)에 해당하며, 일거리가 되지 않는데도 일거리로 만들거나 출입을 도의로써 하지 아니하고 상서롭지 못한

---

*1 상서전형의(尙書傳刑義) : 《상서전(尙書傳)》에 있는 형에 대하여 말함.

말을 외는 자는 이마나 팔뚝에 먹줄로 죄명을 써넣는 묵형(墨刑)에 해당하며, 항반(降叛: 항복하여 배반함)·구적(寇賊: 침입한 외적)·겁략(劫略: 협박이나 폭력으로 남의 것을 빼앗음)·양탈(攘奪: 억지로 빼앗음)·교건(矯虔: 윗사람의 명령을 빙자해 남의 물건을 강탈함)하는 자는 사형(死刑)에 해당한다" 하였다. 그런데 이는 전기(傳記)들 가운데 나타난 것과 합치되지 않는 것이 많다.

후세에는 오직 도둑질이나 겁탈, 뇌물을 주고받는 자만 묵형을 썼는데, 《서경》에 "신하가 바로잡지 못할 경우에는 그 형이 묵이다(서경 이훈(伊訓))" 한 것은 또 무엇인가? 흔히 "우리 임금이 좀처럼 하지 못할 것이라 하는 자는 적(賊)이라 이른다(맹자 이루 상(離婁上))" 하였으니, "그 형이 묵이다" 한 것은 적으로써 다스린다는 뜻이다. 또 임금의 명령을 거스르거나 변경하는 등의 죄는 형이 코를 베는 형이므로 《서경》 반경(盤庚)에 "코를 베는 의형을 쓰거나 모조리 없앤다"는 것이 이것이다.

우리나라 풍속에 자기 뜻을 기어이 실천하는 자를 가리켜 "콧대가 세다" 하는데, 대개 집요하고 억세어 임금의 명령에 순종하지 않는 자는 그 콧대가 반드시 우뚝하기 때문에 이른 것이다. 그렇다면 형을 제정한 뜻도 혹시 이런 까닭인지 모르겠다.

또 《북당서초(北堂書鈔)》를 살펴보면 "죄인의 목을 베는 형벌은 물이 불을 없애는 것을 본받았고, 생식기를 도려내는 궁형(宮刑)은 흙이 물을 막는 것을 본받았고, 정강이뼈를 분지르는 빈형은 쇠가 나무를 이기는 것을 본받았고, 코를 베는 의형은 나무가 흙을 뚫는 것을 본받았다" 하였다. 형벌을 제정한 의의가 제나름대로 그 바탕이 된 것이 있는데 묵형은 언급된 것이 없으니, 혹시 불이 쇠를 녹이는 것을 본받은 것이 아닐는지?

곽박과 이순풍
郭璞李淳風 곽박이순풍

곽박(郭璞: 진(晉)나라 풍수지리 학자)과 이순풍(李淳風: 당나라 천문학자)은 성명학(星命學)으로 세상에 이름이 났는데, 뒷사람이 이들을 방기(方技)와 소수(小數)로 일컬었다. 그러나 곽박이 전주(箋注)한 문자는 심오했으므로 그것을 보면 알아보는 자가 있으나, 이순풍만은 깜깜하여 드러나지 않았다. 그가 찬술한 《수서(隋

書)》경적지(經籍志)는 의론이 뛰어나 가히 경전을 우익(羽翼)할 수 있음과 아울러 넉넉히 될 만한 것인데 그보다 작품에 눌린 셈이 되어 조금도 세상에 나타나지 못했으니 애석한 일이다.

아무튼 사람들은 의약·복서와 성명(星命)의 말기(末技)에도 모두 경훈(經訓 : 경서의 뜻풀이)에 근본을 두고, 하늘과 사람 사이를 비교하였으니 모두 본(本)과 말(末)이 있으므로 길이 성취되었다는 것을 알겠다. 우리나라의 여러 선비들이 어떻게 일찍부터 그 밑바닥을 엿보았겠는가?

수양산에서 고사리를 따먹다
首陽采薇 수양채미

《사기》에 이르기를 "백이(伯夷)와 숙제(叔齊)가 주나라의 곡식을 먹기가 부끄러워 수양산(首陽山)에 숨어 고사리를 캐서 먹다가 마침내 굶어 죽었다" 하였다. 그런데 대개 속(粟)을 먹는다는 것은 조교(曹交)가 말한 '식속(食粟)'과 같은 것으로서 녹속(祿粟)을 먹지 않는 것을 이름이니, 어찌 몸소 농사지은 곡식마저 같이 없었다는 것이겠으며, 그가 스스로 곤궁하여 굶어 죽었다는 것이 어찌 먹지 않고 바로 죽었다는 것을 말하는 것이랴. 만일 농사지은 곡식을 먹지 않고 고사리를 먹었다면 그 어리석음이 지나치니, 어찌 성인의 지혜라 일컬을 수 있겠는가.

위(魏)나라 미원(糜元)이 백이와 숙제를 조상한 글에 말하기를 "수양(首陽)이 누구의 산이기에 그대가 숨었으며, 저 고사리는 누구의 나물이기에 그대가 먹었는가?"라고 했으니, 이는 곧 어리석은 자 앞에서 꿈을 말할 수 없다는 격이다. 《대대기(大戴記)》에 말하기를 "백이와 숙제가 봇도랑 사이에서 늙어 죽었다" 하였다. 이는 직접 농사를 짓다가 죽은 것을 뜻한다.

성우 위에 세운 작은 누각
城隅 성우

《시경》패풍(邶風) 정녀(靜女)에

정숙한 고운 아가씨

성우에서 나를 기다린다

靜女其姝　俟我於城隅

하였는데 주자 주에는 '성우는 깊숙하고 외진 곳이다' 하였으나 이는 아무래도 정확하지 못한 것 같다. 《고공기(考工記)》를 살펴보면 "왕궁(王宮) 문우(門隅)의 제도는 오치(五雉)요, 궁우(宮隅)의 제도는 칠치(七雉)요, 성우(城隅)의 제도는 구치(九雉)이다" 하였다. 그리고 그 주에 '궁우와 성우는 각(角)에 위치한 부사(浮思)를 말하는 것이고, 치(雉)는 길이가 세 길, 높이가 한 길이다' 하였다. 또 소(疏)에는 '궁우의 제도는 높이가 일곱 길이요, 궁장(宮墻)은 높이가 다섯 길이요, 성우의 제도는 높이가 아홉 길이요, 성신(城身)은 다섯 길이다' 하였다.

한(漢)나라 시대에 "동궐(東闕)의 부사(浮思)가 화재를 만났다" 하였으니 화재라고 말한 것을 보면 부사란 작은 누각이다. 《예기》 명당위(明堂位)의 소병(疏屛)에 대한 주에도, "지금의 부사인데, 벌레나 짐승의 모양으로 새기기를 지금의 대궐 위에 새기듯 한다"고 하였으니, 그렇다면 부사는 문병(門屛 : 정면 문의 안쪽에 가로막아 놓은 널빤지)에 지붕이 있어 덮어진 것이다. 즉 성각(城角)의 위에다 또 두어 길을 쌓아 단을 만들고 단 위에 작은 누를 만든 것을 성우라 이르니, 지금의 문루(門樓)와 같은 것이다.

유향(劉向)의 《설원(說苑)》에 "기량(杞梁 : 춘추시대의 제(齊)나라 대부)이 싸우다 죽자 그의 아내가 이 소식을 듣고 곡(哭)하는 바람에 성이 내려앉고 우(隅)가 무너졌다" 하였으니, 이것도 증거가 될 만하다. 또 당나라 어떤 이의 시에

성우에서 한 번 이별한 뒤로

어느 날에나 서로 만나 볼지.

城隅一分手　幾日還相見

라고 하였으니, 대개 성각(城角)에 있는 누 위에서 송별한 것이며, 또 《시경》 당풍(唐風) 주무(綢繆)에도 "세 별이 우(隅)에 있다" 하였으니 이 또한 같은 뜻일 것이다.

좌웅이 효렴에게 묻다

左雄問孝廉 좌웅문효렴

한 순제(漢順帝) 때 상서령(尙書令) 좌웅(左雄)이 건의하기를 "효렴(孝廉 : 중국 전한 때에 시행한 관리 임용 전형)은 나이가 만 40세가 되기 전에는 천거할 자격을 얻지 못하는데 만일 훌륭한 재주와 독특한 행실이 있다면 꼭 나이에 구애될 필요가 없습니다" 하였다. 그런데 광릉(廣陵)에서 천거된 서숙(徐淑)이 아직 만 40세가 못 되었으므로 대랑(臺郎)이 이를 지적하자, 그는 대답하기를 "조서(詔書)에 안회(顔回)와 자기(子奇) 같은 이가 있다면 나이에 구애되지 않는다고 하였기에 본군(本郡)에서 신(臣)을 선발하여 충당한 것이다" 하자 대랑은 더는 말을 잇지 못하였다.

좌웅이 꾸짖기를 "안회 같은 이는 하나를 들으면 열을 알았는데 효렴은 하나를 들으면 몇이나 아는가?" 하자, 서숙이 대답할 바를 몰랐다. 그래서 마침내 다 그만두고 말았다.

나는 이에 대하여 좌웅이 잘못한 것이라고 생각한다. 서숙의 재주가 반드시 높은 등수는 아니지만, 좌웅이 물은 것도 어진 사람을 뽑는 방법이랄 수가 없다. 실제 일을 예로 들어 물어보아도 그 지식의 깊고 얕음을 짐작할 수 있을 것인데, 다짜고짜 몇 개를 아느냐는 식으로 묻는다면 비록 안연(顔淵)의 재주가 있다 할지라도 어느 누가 선뜻 내가 얼마를 알 수 있다고 대답할 수 있겠는가. 서숙으로 하여금 도리어 "나는 오히려 안연보다 더 많이 안다"라고 대답하게 한들 좌웅이 그 말을 믿어 주겠는가. 비록 하나를 들으면 열까지는 모른다고 할지라도 자공(子貢)의 둘을 아는 것(논어공야장편)도 버려야 한단 말인가?

세상에 오로지 용렬하고 유치하고 무뚝뚝한 자가 옛것만 훌륭하다 하고 지금 것은 고루하게 여겨 앞뒤 생각하는 바도 없이 선뜻 말하기를 "네가 어찌 감히 그럴 수 있느냐?" 한다면, 이것은 당장 남의 말을 굴복시킬 수는 있을망정 속 깊은 남의 마음까지 굴복시킬 수는 없는 것이다. 재상이 인재를 뽑는 권한을 쥐었으므로, 권장하여 칭찬하고 우대하여 진출시킨다 해도 선비가 오지 않을까 두려워하는 법인데, 더군다나 말로써 꾸짖어 쫓아버린단 말인가?

범엽(范曄)이 "한(漢)나라 초기에 제후가 천자에게 인재를 천거하는 방법에는 현량(賢良)·방정(方正)·효렴(孝廉)·수재(秀才)가 있었는데, 중흥한 뒤에 다시 순박(淳朴)·유도(有道)·인현(仁賢)·직언(直言)·독행(獨行)·고절(高節)·질직(質直)·청백(淸白)·순후(淳厚) 등의 전형을 증설하여 영진(榮進)의 길이 더욱 넓어지자, 이름을 도적질하는 거짓된 일들이 갈수록 경쟁적으로 흐르고 권문(權門)과 귀사관(貴仕官)에게는 청탁이 빈번하였다. 그런데 좌웅이 일을 맡고서부터 연령을 제한하고 인재를 시험하는 일은 시기를 따라 알맞고 마땅하게 했으므로 천하가 함부로 선발하지 못하였으니, 이 또한 한때의 권변(權變)으로서 굽음을 바로잡으려다가 너무 곧아진 것이다" 하였다.

지금 《통감강목(通鑑綱目)》에 이 한 토막을 실었는데, 서숙이 대답할 바를 몰랐다고 하니 그가 과연 몰라서 대답을 못하였던 것일까?

만물이 생성하는 도
玄牝 현빈

노자는 말하기를 "곡신(谷神 : 헤아릴 수 없이 깊고 미묘한 도(道))은 죽지 않으니 이를 현빈(玄牝)이라 이르며, 현빈의 문(門)은 이를 천지(天地)의 근(根)이라 이른다. 끊임없이 있는 듯 없는 듯하면 아무리 써도 다하지 않는다(《노자》 제6장)" 하였다. 곡(谷)이란 비고 넓은 땅을 말한다. 그런데 하늘과 땅도 반드시 그 뿌리가 있으니, 그 동(動)과 정(靜)을 보아서 그 뿌리를 알 수 있다. 동은 정에서 근본하고 정은 극(極)에 있으니, 도대체 하늘은 어떻게 운행(運行)하는가? 양극(兩極)이 그 추(樞 : 근원이나 본질)가 되는 것이나 극은 추마다 축(軸 : 굴대)이 있어 받침이 되는 것은 아니다.

그렇지 않다면 비록 천지라 할지라도 무엇을 관통〔貫串〕하여 들 수 있겠는가? 추도 또한 둘이 있으나 그 심(心)은 오직 하나이니, 곧 땅 가운데의 한 점이 그것이다. 이는 땅의 중심이 되는 동시에 하늘의 중심도 되는 것이다. 땅은 하늘의 범위 안에 있는 것이니 어찌 두 심(心)이 있겠는가?

두 추는 돌고 도는 공이 있지만 그 근(根)은 또 천지의 일점의 심에서 나와 그 땅속에 갖추어져 있기 때문에 곡(谷)이라 이르고, 그 두 추(樞)의 공을 고

동 발양하므로 신(神)이라 이르며, 그 미묘(微妙)함 때문에 현(玄)이라 이르고, 그 만 가지 조화(造化)의 모체(母體)가 되기 때문에 빈(牝)이라 이르며, 만 가지 조화가 추를 말미암고 추는 또 마음에 근본하기 때문에 이르기를 "현(玄)하고 또 현한 것이 모든 묘(妙)의 문(門)이다(노자제1장)" 한 것이다.

무엇으로써 그렇다는 것을 분명히 아는가? 하늘이란 지극히 건(健)하여 돌고 돌아 멈추지 않으므로, 모든 하늘 안에 있는 것 치고 심(心)을 향해 모여들지 않는 것이 없다. 마치 물건을 선반(旋盤)에 두면 모두 함께 사탕(射糖)으로 돌아가는 것과 같다.

이렇기 때문에 땅은 가장 중(中)에 있어 올라갈 수도 내려갈 수도 없고 바른편으로나 왼편으로도 못 가고 기둥처럼 떡 버티고 움직이지 않는 것이다. 그러나 그 한 길의 두 추의 축(軸)은 남북으로 서로 떠받아서 이 버티는 기둥이 없는 것이다.

땅은 어찌하여 남·북으로 옮기지 못하는가? 천복(天腹)이 크고 천추(天樞)가 고요하기 때문에 하늘의 안에 있는 것은 유독 지심(地心)에만 모이는 것이 아니라 또한 두 추에 모이는 것이니, 추가 만약 둘이 아니고 하나라면 땅도 달아나서 한 추로 돌아갈 것은 필연적인 것이다. 오직 그 하나의 심에 추는 둘이 되는 까닭에 지구가 남으로도 못 가고 북으로도 못 가는 것이다.

이 때문에 심의 1푼 위에 있는 것은 그 형세가 아래로 향하고, 심의 1푼 아래에 있는 것은 그 형세가 위로 향하며, 좌우에 있어서도 역시 그러하여 심의 일 푼 북에 있는 것은 그 형세가 북으로 향하며, 심의 일 푼 남에 있는 것은 그 형세가 남으로 향하여 사방은 안으로 몰리고 남·북은 밖으로 몰린다. 이 이치는 불에 비친 듯이 너무도 분명하다.

보통 천지의 만 가지 조화는 한번 생장하면 한번 소멸하는 법인데, 그 심이 있음으로 말미암아 곡(谷) 속의 신(神)은 늘 보존되어 죽지 않으므로, 잇고 이어 떨어지지 않으며 낳아서 다함이 없는 것이다. 신이란 지극히 고요한 속에 처하여 자연의 기(機)를 쥐고 대기(大氣)를 모으고 묘용(妙用)을 고동시키는 것이니, 비유하자면 하나의 둥근 물건이 제아무리 큰 것일지라도 사방이 아주 근소한 차이조차 없이 추를 한가운데 세워 미끄럽게 구를 수 있게 한다면 비록 한 손가락의 힘으로도 움직이게 하여 막힘이 없게 할 수 있는 것과 같으니, 천지의 큰 것 또한 이와 마찬가지이다.

또한 회오리바람이 갑자기 불어와서 사면이 안으로 몰리게 되면, 동에 있는 것은 서로 가지 못하고 서에 있는 것은 동으로 가지 못하며 남·북에 있어서도 역시 그러하여 그 형세가 돌고 돌아 멈추지 아니하며, 중심의 한 길은 꼿꼿이 선 채로 바로 올라가서 바람이 잠잠해져야만 마침내 그치는 것과 같다. 이것도 또한 이러한데 하물며 우주(宇宙)에 가득한 것이 합쳐서 가운데 축(軸)으로 몰리어 계속 움직여 쉬지 않으므로 그 이치로 미루어 알 수 있는 것이니, 축이 구르면 추가 따르는 것에 대해 무엇을 의심하겠는가? 어떤 사람이 말하기를 "비유하자면 사람이 동그란 모양의 그릇을 굴리는 것은 그 그릇 밖에서 굴리기 때문이다. 만약 사람으로 하여금 그 그릇 안에서 굴리게 한다면 다시 운전을 못할 것이다. 기(氣)란 바로 하늘 안에 있는 물(物)이니, 그 형세가 쉽게 그 밖을 운전할 수는 없다" 한다.

그러나 보통 하늘 안에 있어 상하·좌우의 구별이 없는 것은 오직 두 극(極)에 하나의 축(軸)이 있는 것이다. 비록 축의 1푼 땅이라도 위와 아래가 있지 않은 것은 없으므로 지상의 동그란 모양의 기구는 위아래가 이미 정하여졌으니 사람이 그 안에 들어갈 경우 한쪽이 무겁게 눌리는데 어떻게 운전하겠는가? 예컨대 그릇이 양쪽 극(極)의 축에 있게 하고 사람이 안의 축을 밟는다면 어찌 쉽게 회전하여 운행하는 형세를 이루지 못할 리가 있겠는가?

사람을 들어 비유한다면, 신체는 하늘과 같아 몸에 충만된 기(氣)는 좁다란 심(心)을 전체적으로 다스려, 마음과 기가 한번 움직이면 온갖 체(體)가 따라 달려 뜻과 같이 되는 것이니, 하늘이나 사람은 한결같은 이치이므로 큰 데에서 터득하지 못한 것은 마땅히 작은 데에서 살펴보아야 하는 것이다. 그러므로 말하기를 "천지의 사이는 불을 일으키는 대장간의 풀무와 같다 할까? 허해도 굴하지 않고 동할수록 더욱 나간다(노자/제5장)" 하였다. 오직 허하기 때문에 기가 밖으로부터 들어오고 소리가 안으로부터 나가는 것이다.

또 이르기를, "천문(天門)이 열리고 닫히는데 어찌 자(雌 : 암컷)가 없겠느냐(노자/제10장)" 하였으니 자(雌)란 곧 빈(牝 : 암컷)이요, 개합(開闔 : 변화하고 운동함)이란 곧 서흡(舒翕)이며, "30개의 폭(輻)이 한 곡(轂)을 함께하여 그 있고 없음에 해당하게 함은 수레의 용(用)이다(노자/제11장)" 하였으니, 폭(輻)이란 흡(翕)하여 닫히는 것이요, 용이란 퍼서 열리는 것이다.

장주(莊周)는 말하기를, "하늘은 그 운행하는 것인가? 땅은 그 막혀 있는 것인가? 해와 달은 그곳을 경쟁하는 것인가? 누가 이를 주장하며 누가 이를 강유(綱維)하며 누가 무사(無事)한 데 머물러 미루어 이를 행하는 것인가? 생각건대, 그 기함(機緘 : 기관(機關)이 닫혀지는 것)이 있어서 말고자 해도 말 수 없는 것인가? 생각건대, 그것이 운전하여 능히 스스로 그치지 않는 것인가? (장자)천운편)" 하였는데, 이에 대하여 주자는 일찍이 말하기를, "이 몇 마디 말이 매우 좋다. 이는 그의 지혜가 바야흐로 이에 다다랐음을 말해 준 것이다" 하였다.

무릇 장자의 학문이 노자의 학문에서 나왔으므로 그 귀추를 구명하면 이것이 바로 그 말이다. 이는 서양의 하늘은 영원히 정하고 동하지 않는다는 말과는 같지 아니하니, 아는 자는 어느 것을 취할는지 모르겠다. 어떤 이는 "길이 정(靜)하기만 하면 하늘은 반드시 떨어지고 만다"고 말한다. 그 말도 또한 일리가 있으나 이는 아는 자와 더불어 할 말이다.

치세의 능신, 난세의 간웅
曹操 조조

진(晉)나라는 위(魏)나라의 뒤를 이었기 때문에 진나라의 여러 선비들은 남김없이 아만(阿瞞)을 존앙(尊仰)하였으니, 우선 그 한 가지를 들면, 육사형(陸士衡)이 위 무제(魏武帝 : 조조의 시호)를 조상한 글에, "무릇 하늘을 돌리고 해를 거꾸러뜨릴 힘으로도 쉽게 육체의 범위 내에서 떨쳐나가지 못하고,[1] 세상을 구제하고 위난을 평정할 지혜로도 조정으로부터 곤욕을 받았으며,[2] 상하를 부격(孚格)하던 것도 구구한 목관(木棺) 속에 감추었고, 천하에 빛나던 것도 조그마한 흙무더기에 가리었다" 하였으니, 어찌 그리도 지나치단 말인가?

당나라 이전으로부터는 누구도 적신(賊臣)이라 지목한 자가 없었고, 무릇 말을 하게 되면 반드시 무제(武帝)라 하고 이름을 부르지 아니하였다. 오직 갈호(羯胡)의 말 한마디가 그 복심(腹心)을 뚫어보다시피 하여 사람의 뜻을 조금 분발케 하니, 자못 진(晉)나라와 당나라의 여러 선비들이 부끄러움을 알게 되었다.

---

[1] 조조가 비록 위대한 힘과 지혜가 있었으나 육체의 테두리를 벗어나지 못했다는 뜻.
[2] 조조가 비록 큰 공로가 있었으나 한실(漢室)의 신하로 있었다는 뜻.

더구나 그 무렵에 있어서도 호걸들을 넘어뜨리고 한 세상을 농락하여, 그 슬기로운 생각과 꾀는 심지어 제갈공명으로 하여금 "손빈(孫臏)·오기(吳起)에 비교할 정도이다"라고 탄복하게 하였으니, 아마도 깊은 산, 큰 늪[澤]과 같아서 헤아릴 수 없는 것이 있었던 모양이다.

그러나 모든 역사책들을 살펴보면 하나의 경솔하고 조급한 소인에 지나지 않는다. 본전(本傳 : 조만전(曹瞞傳))"을 살펴보면, "태조(太祖)의 사람됨이 진중하지 못하고 가벼워 위엄과 무게가 없으며, 사람과 담론(談論)을 할 때면 장난을 치고 헐뜯으며, 좀처럼 삼가는 일이 없었다. 기분이 좋을 때는 크게 웃으며 머리를 물그릇에 처박기도 하여 상에 놓인 술과 안주가 모두 관에 젖곤 하였다" 하였으니, 그 경솔하고 천박함이 이와 같았다. 그러나 그가 필부(匹夫)로 있을 적에 이미 능신(能臣)·간웅(奸雄)의 지적이 있었으니, 사람을 관찰하여 말할 때 어찌 가볍게 말할 것인가?

유향과 동중서
劉向董仲舒 유향동중서

명나라 가정 연간에 태학사(太學士) 장총(張璁)이 소(疏)를 올려 유향(劉向)을 성묘(聖廟)에 종사(從祀)하는 것은 합당하지 않다고 주청하였다. 그 상소에 이르기를, "유향은 신선(神仙)의 방술(方術)을 외우기 좋아하여 일찍이 임금께 말씀을 올리되, '황금을 만들 수 있다' 하므로 '그럼 만들어 보라' 한 결과 말대로 되지 않아서 하옥되어 죽게 되었습니다. 그런데 그때 그의 형 양성후(陽城侯)가 구원 활동을 벌여 풀려나게 되었사옵니다. 그가 저술한 《홍범오행전(洪範五行傳)》은 더없이 뒤틀리고 난잡하며 이것저것 뒤섞여 잡되기 이를 데 없어 기자(箕子)의 세상을 다스리는 뜻깊은 말로 하여금 음양술가의 잔재주로 흐르게 만들었습니다" 하였다.

살펴보건대 《한서》에 하후승(夏侯勝)이 창읍왕(昌邑王)에게 말씀하기를 "하늘이 오래도록 그늘지고 비가 내리지 않는 것은 신하로서 임금을 꾀하는 자가 있기 때문입니다" 하므로, 곽광(霍光)이 하후승을 불러 물으니 하후승은 《홍범오행전》을 올려 말하기를 "황(皇)이 극(極)을 못하면 그 벌(罰)은 상음(常陰)이라 하였으니, 아마도 현재 소인이 상(上)을 치려는 자가 있는 모양입니다" 하였다.

그렇다면 이 전은 이미 서경(西京)의 초기부터 있었던 것인데, 뒷사람이 깊이 살펴보지 않고서 전적으로 유향의 작용(作俑 : 좋지 못한 예를 처음으로 만드는 것)이라 이른다. 저 협제(夾漈) 정어중(鄭漁仲) 같은 박식한 이도 오히려 "유향이 처음으로 전한 것이지 이미 이전에 만들어졌다는 것은 잘못이다" 하였다. 유향이 오랫동안 《오행전》을 연구하여 지은 바가 있을 뿐인데, 동중서(董仲舒)를 올리고 유향을 물리친다는 것도 원만하지 못하다. 동중서는 《춘추》나 홍범의 학문을 하면서 전적으로 천재(天災)와 지이(地異)만을 말하여 낱낱이 일을 지적하여 응험(應驗 : 드러난 징조가 맞음)으로 삼지 아니한 것이 없다. 또 그 합하기 어려운 데에 미쳐서는 곁엣것을 끌어들이고 이리저리 꿰맞추어 그 이야기를 미루고 지체시켰으니, 성인(聖人)의 본뜻을 잃어버리게 한 것은 유향의 부자(父子)와 같은 세력 범위라고 하겠다.

무제(武帝) 건원 무렵에 요동(遼東)의 고묘(高廟)가 화재를 만나고 고원(高園)의 편전이 불에 타자, 동중서는 또 《춘추》에 나타난 박사(亳社)·양관(兩觀)·환묘(桓廟)·희묘(僖廟)의 화재를 인용하여 말하기를 "이 네 곳은 모두 설립해서는 안 되는 것이므로 하늘이 다 설립해서는 안 되는 것을 불태워서 노나라에 보여 준 것입니다. 지금 고묘는 절대로 요동에 있어서는 안 되며 고원전 또한 능 곁에 있어서는 안 되므로 노나라가 재화를 당한 것과 같습니다" 하였다. 심지어 이르기를 "하늘은 재화를 내려 폐하에게 제후로 있는 친척붙이로서 정도(正道)를 멀리한 자들을 사정없이 베기를, 내가 요동의 고묘를 불태우듯이 하고, 근신(近臣)으로서 나라 안에 있거나 곁에 있는 자와 귀하고 부정한 자를 살펴 사정없이 베기를, 내가 고원전을 불태우듯이 하라 한 것입니다" 하였다. 대략 황제를 권하여 살육(殺戮)을 많이 행하게 한 것이다. 그래서 황제는 자못 그 주장을 채택하였고, 그 뒤에 중서의 제자 여보서(呂步舒)로 하여금 회남(淮南)의 감옥을 철저하게 다스리도록 하여 마침내 연좌되어 죽은 자가 극히 많았었다.

그러므로 평론하는 자는 동중서의 이 임금님에 대한 대답이 족히 제임금의 인내심을 열어 놓았을 뿐이며, 조금도 한(漢)나라의 실례(失禮)를 개혁하지 못하였다고 이르는 것이다. 또 그가 저술한 《춘추결사비(春秋決事比)》란 것도 그 삼책(三策)에 이른바, 덕(德)에 맡기고 형(刑)에 맡기지 않는다는 것과는 서로 반대되고 있을 뿐이다.

처음에 동중서가 늙고 병들어 벼슬을 사양하고 물러나자 임금은 자주 정위(廷尉) 장탕(張湯)을 보내어 그 득실을 물으니, 이에 이 글을 지었다. 제가 아래를 거느리는 것은 심각(深刻)함으로써 밝음을 삼고, 장탕이 옥(獄)을 결단하는 것은 참혹함으로써 충성을 삼았는데, 동중서는 마침내 경솔로써 부회한 것이다.

왕하(王何)가 노자와 장자의 뜻으로써 경전을 풀이하자 옛사람이 "그 죄가 걸주(桀紂)보다 오히려 더하다" 하였는데, 하물며 경솔로써 음란한 형벌의 도구로 겉치레하여, 임금을 많이 죽이는 것으로써 인도한단 말인가? 그 죄는 또 왕하보다 더하다 하겠다.

그 전(傳)에 이르기를 "처음에 고묘와 고원이 재화를 만나자, 동중서는 집에 들어앉아 그 뜻을 미루어 설명하여 초고를 만들어 미처 올리지 못했는데, 주보언(主父偃)이 사사로이 보고 미워하여 미리 훔쳐내어 임금께 주달하니, 임금은 여러 선비를 불러서 그 글을 보이자, 제자 여보서는 그것이 자기 스승의 글임을 알지 못하고 크게 어리석은 자의 짓이라고 말하였다. 이에 동중서를 하옥시켜 죽게 되었는데, 이때 마침 조서를 내려 특사했다. 동중서는 드디어 감히 다시 재이(災異)를 말하지 못하였다" 했다. 이것이 그 평생의 줄거리이다. 동중서의 학문은 확실히 유학(儒學)의 종맥(宗脈)을 얻은 것이 있으니, 제사 지내는 예전(禮典)에 두더라고 부끄러울 것이 없다. 실로 유향 따위에 비할 바가 아니라는 것은 사실이지만, 그렇다고 하여 만약 단지 유향의 홍범(洪範)에 대한 천박한 의논을 들어서 유향을 물리치고 동중서만을 올린다면 어찌 명쾌 적절한 논의가 되겠는가?

나라를 망친 장준
張浚亡國 장준망국

옛일에 나라를 무너뜨리려 하다가 나라를 일으킨 일이 있으니, 중국 정나라의 경우가 바로 그런 예이고, 나라에 충성을 하려다가 나라를 망친 자가 있으니 장준(張浚)의 경우가 바로 그런 예이다.

장준은 정성을 바치고 힘을 다하였으나 재주와 지혜가 짧고 얕으며, 경박

하고 예민하며 의심이 많아 스스로를 헤아리지 못하고 일을 벌이기를 즐겨
하였으니, 그 충성은 그야말로 보잘것없었다. 사람을 알아보는 데는 어둡고
사람을 죽이는 데는 과감하여 이강(李綱)이 그 때문에 물러나고 진회(秦檜)
가 그 때문에 진출하였으며, 곡단(曲端)이 죄 없이 독살당하고 악비(岳飛)
가 원통히 죽어도 구원해내지 못하였으니, 크게 세상의 여망을 저버린 것이
다.

송나라가 망한 것은 모두 그 수중에서 결정된 것이니, 소흥(紹興) 원년
(1131)에 오로(五路)의 군사 40만 명과 말 11만 필이 모조리 함락당했으며,
부리현(符離縣)에서 패하자 사상자는 물론 국가의 비축된 군량과 기계가 땅
을 쓸어버린 듯 다 사라졌으니, 비록 다시 회복을 꾀하려 해 본들 무엇으로
일으켜 세우겠는가?

고종(高宗)은 위축될 대로 위축되어 싸울 수 있는데도 싸우지 않았으니,
지사(志士)가 분하게 여기고 한탄하므로 장준은 분격한 나머지 토벌할 생각
만으로 전진하여 한창 더운 여름에 군사를 일으키자, 모두들 그가 반드시 실
패할 것을 알면서도 함부로 말을 하지 못하였다.

사호(史浩)·진준경(陳俊卿)의 무리가 비록 입이 닳도록 힘써 말하였으나
모두 듣지 않았고, 급기야 일을 그르치고서야 명령을 기다리는 소(疏)를 올
렸으니, 어찌 그 큰 죄를 용서할 수 있겠는가.

남도(南渡)*¹한 이래로 임금의 수라가 두어 접시에 그쳤고 비빈(妃嬪)과
재인(才人)도 두세 사람뿐이었다. 그런데 이(李)·장(張)·조(趙) 등 여러 상
신(相臣)들의 사치함과 분수의 지나침은 끝이 없었으며, 이강은 개인 재산
이 국고(國庫)보다 더 많았다. 그는 손님을 접대하는 안주와 반찬이 언제나
백 가지에 이르렀고, 장준이 부름을 받고 길을 떠날 때 송별연에 들여온 것
이 120그릇이었는데, 그때의 그릇은 모조리 은그릇이었다.

장준은 가난한 집안에서 출세하여 갑자기 교만해지고 사치스러워져서 따
로 큰 집을 짓고 집의 네 군데 구석마다 큰 화로를 설치하여 향기를 무럭무
럭 피우고서 이것을 향운(香雲)이라고 하였다. 그런데 그 값으로 하루 수천
민(緡 : 돈을 꿴 꿰미)이 들었으며, 급기야 벼슬이 떨어지자 도독전(都督錢) 17만 민

---

*1 송나라 휘종(徽宗)과 흠종(欽宗)이 금나라에 사로잡힌 뒤 고종(高宗)이 변량(汴梁)에서 강을
건너 임안(臨安)으로 천도(遷都)한 것을 뜻함.

을 훔쳐 썼고, 격상고전(激賞庫錢) 70여 만 민을 몰래 썼으며, 임안고(臨安庫)의 집물(什物) 3천여 건을 가로챘다.

아아! 이 물건이 어디에서 나오게 된 것인가. 바로 백성에게서 나온 것이다. 백성은 죽음에서 헤어나기도 힘겨운데, 그들에게 윗사람과 친하게 지내고 어른을 위해 죽음을 구하기조차 어려운 일이다. 장수의 재주란 반드시 사졸들과 함께 고락을 같이하는 것을 상책으로 삼는 것임은 지난 일을 보아도 알 수 있다.

지금 실컷 욕심을 부려 거리낌 없이 혼자서 안락만 누리고 쇠잔한 백성을 위협하여 끌기를 성낸 염소 끌 듯하고, 몰기를 빠져나간 돼지처럼 몰아 승냥이와 호랑이에게 먹여주니, 군졸 하나가 달아나자 온 군대가 무너져서, 마치 사슴 하나가 화살을 맞자 모든 사슴이 일제히 달아나는 것처럼 되었다.

이러고서도 나라가 바로 멸망하지 않은 것은 다만 금(金)나라 사람들도 역시 쇠약해지는 운을 만나서 승승장구할 기세가 없어졌기 때문이다. 실로 그때를 맞아 극기(克己)하면서 스스로 낮추고 사민(士民)을 두텁게 어루만져 인심 얻기를 저 전횡(田橫)의 500장사*2와 제갈탄(諸葛誕)의 몇백 군졸*3 같이 하였다면 어찌 성공하지 못할 것을 걱정하겠는가.

뒤에 권세를 휘두르는 간신배들이 정권을 농락하여 헛되이 북벌의 명분만 믿고 함부로 강성한 나라에 도발하여 마침내 멸망에 이르렀으니, 굽은 것을 바로 펴다가 너무 곧게 하면 반드시 꺾어지고 끊어지는 데 이르고 만다는 말은 장준을 두고 이른 말이라 하겠다.

---

*2 한 고조(漢高祖)가 항우(項羽)를 멸한 뒤 팽월(彭越)을 양왕(梁王)으로 삼자 제왕(齊王)인 전횡(田橫)은 죽음을 염려하여 무리 500명을 이끌고 해도(海島)로 피신하였다. 그 뒤 고조가 그를 부르자 전횡은 자살하였다. 고조는 왕자(王者)의 예로써 장례를 지내 주었는데 장례를 마친 다음 그의 부하 두 사람은 전횡의 무덤 옆을 파고 자살하여 전횡에게 충성을 표하였다. 해도에 남아 있던 500명도 전횡이 죽었다는 소문을 듣자 모두 자살하여 전횡을 따랐다. 《사기》 전횡전.

*3 삼국 시대 위(魏)나라의 제갈탄이 결사대 수천 명을 이끌고 반역하자 사마소(司馬昭)가 토벌하여 탄을 죽였다. 그러나 그의 부하들은 한 사람도 항복하지 않고 "제갈공(諸葛公)을 위하여 죽는 것은 유한이 없다"고 하였다. 《삼국지》 위서 제갈탄전.

봉건제도

封建 봉건

민중을 얻으면 나라를 얻게 되고, 민중을 잃으면 나라를 잃게 되는 것은 천자나 제후가 다 마찬가지다. 중국의 주나라가 일어나자 제후로 봉한 나라가 72개나 되었는데, 그 가운데 희(姬)씨 성을 가진 나라가 52개나 되었으니, 정신만 제대로 박혀 있는 자라면 출세하여 제후가 되지 않은 자가 없었다. 그들의 계획은 오직 희씨가 혹시라도 오래가지 못할까 걱정함에 있었으니, 그들 자신을 위하여 꾀한 것은 치밀하다 하겠으나, 덕 있는 이를 제후로 봉하여 임명하는 의리만 못한 것이다. 이에 대해서도 의심이 없지 않으나 여기에서는 놓아두고 논하지 않겠다.

그러나 천하를 나누어 제후를 봉하되 공적 있는 자와 함께하는 것은 사사로움 가운데 공평함이요, 천하를 주(州)와 군(郡)으로 만들어 천자 한 사람을 받들게 한 것은 사사로움 가운데 더욱 사사로움인 것이니, 그것이 당연한 천리(天理)는 아니다. 뒷사람이 그 잘잘못을 가릴 때는 다만 그 연조의 길고 짧은 것만을 말했으나, 이것은 지나간 자취를 들어 증명한 것에 지나지 않는다. 저 역대의 임금들은 어찌 일찍이 지나간 자취를 들어 증거하지 않았던가.

대개 덕에는 높고 낮음이 있고, 세력에는 강하고 약함이 있고, 시기에는 유리하고 불리함이 있고, 일에는 다행하고 불행함이 있으니, 그 가볍고 무거움과 느리고 급작스런 사이에 변고(變故)가 끝이 없고 그에 따라 잘잘못도 달라지는 것이다. 이 어찌 하나의 예로 논정(論定)할 수 있겠는가. 이 두 가지가 일치하지 않는 것은 단지 세대가 바뀌면서 자주 변천하기 때문이요, 이름과는 관계가 없는 것이다.

천하가 생겨난 지 오래인데, 어찌 성인이 먼 앞날을 염려하여 일찌감치 정해 놓지 않았겠는가. 만일 제후로 봉해진 나라가 작으면, 오랜 세대를 전해 가더라도 반란이 일어날 수 없을 것이고, 만일 그 제후로 오래 있도록 한다면 비록 목(牧)이나 수(守)같이 낮은 지위라도 반드시 능히 백성을 길러 외적을 막을 수 있다. 그러기에 나의 생각으로는, 진실로 제후로 봉하는 제도에 따라 목·수의 의의를 시행한다면, 이 두 가지로 모든 폐단을 막을 수 있다고 본다.

옛날에는 작위를 매길 때는 5등급으로 하고, 토지를 나누어 봉할 때는 3등급으로 하였다. 제후에게 나라를 봉하는 제도는 공(公)이 100리를 넘지 못하고, 후·백(侯伯)이 70리, 자·남(子男)이 50리였는데, 후세에 와서는 간혹 천 리의 먼 땅을 차지하고 있었으니 이는 예(禮)가 아니다. 벼슬에 임명하는 제도는 3년 만에 치적을 고사하고 3회에 걸친 고사〔三考〕에 의하여, 밝은 자를 승진시키고 어두운 자를 내쳤으니, 이는 벼슬을 한 지 오래고 빠른 시기에 알맞도록 한 조치였다^(《서경》순전).

《맹자》 고자(告子)에 이르기를 "주공(周公)이 노나라에 봉함을 받았을 때에 사방 100리였으니 땅이 부족한 것이 아니나 100리로써 만족하였고, 태공이 제나라에 봉함을 받았을 적에도 또한 사방 100리여서 땅이 부족한 것이 아니나 100리로써 만족했다" 하였고, 또 이르기를 "천자가 제후에게 가는 것을 순수(巡狩)라 이르고, 제후가 천자를 조회하는 것을 술직(述職)이라 하였다. 천자가 순수하여 제후 영토에 들어갔을 때, 토지가 개척되고 전야(田野)가 다스려지고 늙은이를 봉양하고 어진 이를 높이며 재주와 지혜가 뛰어난 사람이 직위에 있으면 상이 있으니 땅으로써 상을 주고, 반면에 토지가 황폐하고 늙은이를 버리고 어진 이를 잃고 탐관오리가 직위에 있으면 책망이 있었다.

제후가 한 번 조회 오지 아니하면 그 작위를 떨어뜨리고, 두 번 조회 오지 아니하면 그 땅을 삭감하고, 세 번 조회 오지 아니하면 육사(六師)로써 옮겨버린다" 하였으니, 이것이 제후를 봉하는 옛 제도이다.

땅을 너무 크게 떼어 주어 강성해서 참람함을 양성하며, 음란하고 혼암한 자에게 전하는 것을 내맡겨 그 포악함을 마음대로 부리게 한다면, 이 어찌 법을 제정한 애초의 뜻이겠는가. 이른바 밝은 자를 승진시키고 어두운 자를 내친다는 것을 어떻게 이해해야 할 것인가?

또한 옛날의 주석에는 '3회에 걸친 고사'라는 기간을 9년으로 잡았으나, 내 생각으로는 그렇지 않다. 3년 만에 치적을 조사한다는 그 3년은 곧 2주년이니, 그렇다면 3고란 6주년이 되는 것이다.

자·남의 나라는 사방이 50리라 했은즉 두 나라를 합치면 사방 70리가 되니, 후·백의 나라에 준하여 절장보단(絶長補短 : ^{긴 것을 끊어
짧은 것을 기움})한 것이요, 두 후

의 나라를 합하면 공(公)의 나라에 준하여 100리가 되니, 역시 절장보단한
것이다. 과연 올려 줄 만한 치적이 있을 때, 곁에 있는 나라엔 내치고 삭감
할 죄가 있다면 그것을 통합하여 공의 나라로 만들고 후·백의 나라로 만들
므로, 이른바 땅으로써 상을 주는 것이다. 그러나 역시 공의 소유지인 100
리를 넘어설 수 없는 것이다.

또한 좋은 치적이 있으되 옮겨줄 수 없는 자에게는 그 임직을 그대로 두어
6회 고사와 9회 고사에 이르도록 그 임직에서 종신하게 하는 것도 옳은 일이
며, 제후의 자제가 경·사(卿士)가 되어 반드시 봉해 주어야 할 자는, 나라
를 가봉(加封)해 주어서 아비의 나라를 계승하지 못하게 한다.

그 치적 고사의 득실은 또한 토지를 개척하고 백성을 편안케하고 늙은이
를 봉양하고, 어진 이를 선발하는 것으로 공과 죄를 삼는 것에 지나지 않으
니, 어찌 천하로 하여금 고무하게 할 수 없겠는가.

그러나 나라를 분봉해 주는 데는 변병(藩屏 : 왕실을 수호
하는 제후)을 만드는 것이 요점
인데, 후세에 이르러 오랑캐의 재난이 더욱더 심했으니, 차라리 그 토지를
보호하고 지켜 제각기 외적을 막게 하는 것만 같지 못하여, 변방에 위치한
여러 나라는 귀양지나 야만의 구역이 되어 있으니, 마땅히 시기를 살펴 중용
으로써 처세하는 도리가 있어야 할 것이므로, 한 가지로 단정해 말할 수 없
는 것이다.

조괄과 조사 부자
趙括父子 조괄부자

조괄(趙括)의 모친이 임금에게 글을 올려 "조괄을 장수로 삼아서는 안 됩
니다" 하였는데, 역사가는 "조괄은 한갓 아비의 병서만을 읽었기 때문에 마
치 비파의 기둥을 고정시켜 놓고 비파를 타는 것과 같아 융통성이 없다"고
만 기록했으니 그것은 사실을 제대로 기록한 것이 아닌 듯싶다.

흔히 장수가 되는 것은 싸움을 잘하기 때문이요, 싸움은 군사로써 하는 것
이다. 그런데 실로 군심(軍心)을 잃는다면 어떻게 적군을 당해낼 수 있겠는
가. 조괄의 모친이 한 말에 따르면 "그 아비 조사(趙奢)는 장수가 되어서도
몸소 음식을 받들어 올리는 자가 10여 곳이나 되었고, 벗으로 지내는 자는

백여 명이나 되었으며, 상(賞)을 받은 것은 모두 군리(軍吏)나 사대부(士大夫)에게 나누어 주고 명을 받은 날부터는 집안일을 묻지 않았습니다. 그런데 지금 조괄은 하루아침에 장수가 되자 동쪽으로 향하고 앉아 문안을 받는데 군리들은 감히 쳐다보지도 못하고, 임금이 내려 준 금백(金帛)은 집 안에 쌓아 두고는 날마다 좋은 전택(田宅)을 골라서 살 만한 것이 있으면 사곤 합니다" 하였다.

그렇다면 재산과 이익만을 탐내고 사졸은 돌아보지도 않는 자이니, 앞으로 어떻게 적을 당해낼 것인가?

고금을 통해 난리를 만나 장수를 뽑을 경우에는 반드시 그 휘하의 편장(偏長: _{한 편쪽의
우두머리})이나 비장(裨將: _{조선시대 감사 등의
일을 돕는 벼슬아치}) 가운데서 뽑았고, 평시에 부귀나 지위나 명망이 있는 자는 참여치 않았으니, 이는 그 아랫사람의 정을 통하지 못하고 사졸과 더불어 고락을 같이하지 못하기 때문이다.

조사는 낮고 천한 데서 일어나 사람들의 사정을 아주 잘 알고 있어서 이졸(吏卒)로 하여금 윗사람을 친애하고 목숨까지도 바칠 수 있도록 하였다. 그런데 조괄은 평소에 지위와 명망이 있는 사람으로서 스스로 뽐내며 교만이 넘쳐서 남의 말을 인정해 받아들이지 않고, 세상에 어려운 일이 있다는 것조차 알지 못하며 헛되이 아비의 병서만 읽어 엄숙한 것을 능사로 삼고 있었으니, 그 아비가 어루만지며 길러준 바탕은 알지 못하였던 것이다. 너그럽게 또는 무섭게 다루는 것도 저마다 그 적절한 시기가 있는 것인즉, 이른바 이들 부자는 그 마음씀이 달랐다 하겠다.

그래서 역사가가 경계를 남긴 것이니 이 사실들을 수집해 세상에 알려야 할 것이다.

노인을 돌봄
養老 양로

삼로(三老)와 오경(五更)을 받드는 예는 성왕(聖王)이 남긴 제도이다. 《문헌통고(文獻通考)》에 따르면, 한 명제(漢明帝) 이후에 위(魏)나라의 고귀향공(高貴鄕公)인 조모(曹髦)가 그 제도를 실행하였으니, 그의 어짊이 때를 만나 정사를 펼쳐 모두가 그 뜻을 따랐다면 세상이 잘 다스려짐을 이루지 못할 까닭이 없었을 것이다. 그런데 불행히도 조모는 찬적(篡賊 : 반역하여 임금의 자리를 빼앗은 신하)의 손에 죽고 말았고, 고귀향공 뒤에도 그런 사람이 있었을 것이지만 상론자(尙論者 : 옛사람의 말과 행동을 평론하는 사람)마저 조모를 묻어버려 들려오는 말이 없음은 무슨 까닭인가?

살펴보건대, 《강목》에, "원위(元魏) 효 문제(孝文帝) 태화(太和) 16년에 명당(明堂)에서 양로(養老)의 예를 거행하여 사도(司徒) 위원(尉元)을 삼로로 삼고, 대홍로(大鴻臚) 유명근(游明根)을 오경으로 삼은 다음, 효문제가 삼로에게 두 번 절하고 친히 옷소매를 걷어 올리고 잡은 고기를 베어 술잔을 전했으며, 오경에게 절하고 또 좋은 말을 들려 달라고 청하였다" 하였다. 또 "북주(北周) 보정(保定 : 주무제의 연호) 3년에 연국공(燕國公) 우근(于謹)을 삼로로 삼고 마침내 태학(太學)에 거둥하였는데, 우근이 문에 들어서자 주주(周主)가 맞아 절하니 우근이 답배하였으며, 유사(有司)가 중영(中楹)에 자리를 설치하고 태사(太師)가 안석을 설치하자, 우근이 자리에 올라 남면(南面)하여 안석에 기대어 앉은 뒤에 대사마(大司馬) 두로영(豆盧寧)이 자리를 반듯하게 정돈하니, 주주(周主)가 부의(斧扆 : 천자의 병풍) 앞에 서면(西面)하여 섰다가 유사가 찬을 올리자 주주가 꿇어앉아 장두(醬豆 : 장을 담는 그릇)를 베풀고 술을 올렸으며, 유사가 상을 물리자 주주가 다시 북면(北面)하여 서서 도(道)를 물었다" 하였다.

이 두 임금은 바로 오랑캐인 여진족에서 나온 뛰어난 인물로서 비록 훌륭한 점이 있었지만 생략하고 기록하지 않았다. 그러나 오랑캐를 중국으로 만드는 것 또한 성인의 뜻이니, 경홀히 여겨서는 안 될 것 같다. 하물며 효 문제의 어짐은 중국으로서도 미치지 못할 바가 있으니, 어찌 얕잡아볼 수 있으랴? 이후부터는 이런 행사가 다시 없었으니, 대개 진·한(秦漢) 이후로는 생각들이 굳어져서 오직 임금이 높지 못하고 신하가 눌리지 않을까만 걱정하여 오만만이 위에서 자라나 그 아래를 무시하며 신료들에게 공경의 뜻을 나타내기 위한 경례를 할 때는 마치 불결한 것을 뒤집어 쓴 것같이 여기니 이뿐만이 아니었다. 그러므로 명예를 좋아하는 임금이 옛 도리를 본떠 행하지 않는 것이 없었으나 오직 경례하는 것만은 빼어 버렸던 것이다.

한 장제(漢章帝)가 장포(張酺)에게 먼저 사제(師弟)의 의를 행하고는 뒤에 군신(君臣)의 의를 맺었으니, 그 아비에 비한다면 아비를 욕되게 하였다

할 것이다. 환영(桓榮 : 한명제 때 삼
로가 되었음)과 이궁(李躬 : 한명제 때
오경이 되었음)이 끝까지 신하의 예로써 명제(明帝)를 뵈었단 말은 듣지 못했다.

임금이란 지극히 높은 존재로되 감히 신하로는 여길 수 없는 스승이 있으니, 곧 덕이 지극히 높은 까닭이다. 지극히 높은 지위로써 지극히 높은 덕을 행하여 만승(萬乘 : 천자 또는 천자의
자리를 이르는 말)의 귀함을 굽혀 필부에게 낮추어 천하로 하여금 그를 본받게 하는 것, 천하에 어찌 이보다 더 큰 일이 있겠는가?

위에서 말한 북조(北朝)의 두 임금은 존대한 대상이 조정의 귀인에서 벗어나지 못했으니, 심히 어긋난 일이다. 즉 삼로와 오경이 아무래도 관명(官名)이 아니고 보면 이미 스승으로 모신 뒤에는 감히 벼슬 자리와 녹봉을 더하지 않는 것이 마땅하다.

《주역》고괘(蠱卦) 상구효(上九爻)에 "왕후(王侯)를 섬기지 아니하고 그 일을 고상하게 한다"라 하였는데, 공자가 이에 대해 밝히기를, "뜻을 본받을 만하다" 하였으니, 왕후를 섬기지 않는다는 것은 신하가 되지 않는 것이다. 오효(五爻)는 바로 임금의 지위인데 상구효는 오효의 위에 있으니 임금이 신하로 삼을 바가 아니다. 이와 같이 한 뒤에야 그 뜻을 본받을 만한 것이니, 한 번 굽혀서 신하가 되었다면 무슨 뜻을 본받을 바가 있겠는가?

맹헌자(孟獻子) 같은 백승(百乘 : 대부(大夫)
를 이름)의 집에서 벗을 취할 때에도 반드시 맹헌자의 세도에 무관심한 사람들 중에서 선택하였다. 맹자가 그들 다섯 사람 중에 세 사람을 잊었다고 말했으니(《맹자》
만장 하), 이는 반드시 맹헌자가 그들을 스승으로 삼은 것이고, 공공(公共)의 조정에 올려서 함께 참예시키지 아니했던 것이다. 대부도 오히려 그랬거늘 하물며 남의 임금이 된 자이랴?

옛날에 황제(皇帝)가 태학에 들어가 스승을 존대하고 도를 물었는데, 묻지 않으면 모르거니와 묻는다면 그 도를 따르지 않을 수 없었다. 이 예를 이따금 한 번씩 거행하는 것도 학문을 높이는 정성이라고는 할 수 없는데, 하물며 이미 스승으로 대하였다가 어떻게 갑자기 신하로 삼겠는가? 내 생각에는, 예전에는 해마다 한 번씩 거행하였던 것이지만 진(秦)나라에 와서 폐지되었고, 명제가 복구는 하였으나 그 예법대로 다하지 못하였던 것 같다.

자사(子思)가 말하기를 "섬긴다고 말은 해도 어찌 벗으로 삼는다고 이른단 말인가?" 하였으니, 벗하는 것도 또한 옳지 못한데 임금의 신분으로써 대한다는 말은 듣지 못하였다. 비단 태학에서만 이런 예가 있는 것이 아니라 군국(郡國)에서도 다 그러하다. 한(漢)나라 초기에 신성(新城)·호관(壺關)에도 다 삼로의 명칭이 있었고 명제의 조서에 이르러서는 "천하의 삼로에게 술과 고기를 내려 주라"는 말이 있었다. 그러나 이런 것은 벼슬 이름이다. 그렇지 않다면 천자가 스승으로 존대할 만한 인물이 어찌 온 천하에 그처럼 많이 있었겠는가? 이는 반드시 옛 도리가 전해 내려오면서 폐기되지 않은 것이니, 임금 된 자가 삼왕(三王)의 정치를 시행하고자 할 때는 마땅히 먼저 이 예를 거행한 연후라야 모든 일이 바르게 될 것이다.

광무제
光武 광무

한(漢)나라 포영(鮑永)이 처음에 광무(光武) 형제와 함께 회양왕(淮陽王) 유현(劉玄)을 섬겼다. 그 뒤에 포영이 현(縣)을 돌아다니다가 회양왕의 무덤 곁을 지나게 되자 말에서 내려 절을 하고 곡을 하며 슬픔을 극진히 표하고 떠나면서 "직접 북면(北面 : 신하로서 임금을 섬긴다는 뜻)하고 섬겼으니, 비록 죄를 얻을지라도 피하지 못할 것이다" 하였다. 광무제가 이를 듣고 불쾌한 생각을 가졌는데 장담(張湛)의 말을 듣고 불쾌함이 풀어졌다 하니, 이는 사람으로 하여금 불쾌감을 갖게 하는 처사이다. 회양왕은 광무와 바로 삼종(三從 : 팔촌) 형제로서 이미 군중(軍中)에서 세운 바 되어 명분이 정해졌을 뿐 아니라 광무가 그의 봉을 받아 소왕(蕭王)이 되었는데 이윽고 그를 배반하고 천자 자리에 올랐으니 비록 어떤 일이건 원칙과 임기응변이 있다고 하지만 광무는 회양왕에게 반란을 일으킨 장수가 된 것이다.

또한 회양왕이 적미(赤眉)의 난(신나라 말기의 농민 대반란)에 살해되었다는 소식을 들었으면 마땅히 나아가 곡하고 시호를 내리고 거두어 장사하되 의식을 따르기를 위 문제(魏文帝)가 산양공(山陽公 : 한나라 헌제)에게 하듯 했어야 마땅할 것인데 스스로 행하지 못하고선 도리어 예를 아는 사람에게 화를 냈다니 이 무슨 일인가?

이보다 앞서 왕랑(王郞)의 간대부(諫大夫) 두위(杜威)가 "왕랑은 사실은 성제(成帝)의 아들이다"라고 말하자, 광무제가 "성제가 다시 살아난다 해도 천하를 얻지는 못할 것이다" 하였으니, 그 말 또한 크게 잘못된 것이다. 왕랑이 성제의 아들이라고 말한 것에 대해서는 거짓인지 사실인지 확인할 수 없지만 성제의 아들들이 수없이 조비연(趙飛鷰 : 성제의 비)에게 살해된 것은 분명한 사실이니, 그가 진짜 자여(子輿 : 성제의 아들)가 아니라는 것을 누가 꼭 알겠는가? 그 점에 대해 광무제로서는 믿지 않음으로써 만족할 것이지만 성제가 다시 살아난다면 어찌 인심이 돌아가지 아니하겠는가. 이는 모두 영웅들이 세상을 농락하는 책략이요, 패권을 도모하는 하나의 술수에 지나지 않으니 따라서는 안 될 일이다.

사람들의 말에 "회양왕은 광무제의 형을 죽인 원수이다" 하지만 회양왕이 광무제의 형제를 한꺼번에 다 죽이지 아니한 것만도 다행이었다. 회양왕을 임금으로 세울 때 부장(部將) 유직(劉稷)이 성내어 말하기를 "군사를 일으킨 것은 본시 백승(伯升 : 광무제의 형) 형제를 위해서였다. 지금 회양왕은 무엇을 하는 자인가?" 하였고, 또 벼슬을 내려주어도 즐겨 받지 않았다. 회양왕이 유직을 옥에 가둬 죽이려 하자 유인(劉縯)이 굳이 항쟁한 것은 여러 장수들이 아울러 유인까지 죽일 것을 권한 것이니, 그의 죽음도 괴상하게 여길 것이 없다. 더욱이 광무제의 신하까지 되었는데 어찌 감히 원수로 본단 말인가.

안영은 이름만 신하일 뿐
晏嬰具臣 안영구신

안영(晏嬰 : 제나라의 명재상)과 숙향(叔向 : 진(晉)의 현자(賢者))은 제나라와 진(晉)나라의 높은 신하이다. 이들은 자신을 알아주는 임금을 만났다고 하겠지만 자기 나라의 흠결을 숨기지 않았으니, 신하의 도리는 이그러진 것이다. 더욱이 경공(景公)은 안영이라면 말하면 듣고 꾀하면 써 주었다 하겠다. 그런데 진씨(陳氏)[1]의 죄는 온 나라 사람이 다 알고 있는데도, 나라일에 대해서는 한 마디도 언급하였다는 말을 듣지 못하였으니, 웬 까닭인가?

이 일은 국가 존망의 기틀이 달려 있으니 말해도 들어주지 않는다면 굳은 마음으로 단호히 떠나 버리면 될 것인데, 끝내 머뭇거리고 앉아 있어 그 나

*1 제의 대부 진항(陳恒)을 말하는데 《좌전》 애공(哀公) 14년에 "진항이 제의 임금 간공(簡公)을 시해했다"고 하였음.

라가 망하도록 내버려두는 것이 어찌 옳단 말인가? 제나라 사람이 오히려 안영더러 그 임금을 나타나게 했다고^{(맹자 공손추 상(公孫丑上))} 말한 것은 무엇 때문인가? 생각건대, 그 무렵에 유학(儒學) 이외에 일종의 이윤(伊尹)의 학이 따로 있었으니, 즉 다스려도 나아가고^{(논어 선진(先進))} 어지러워도 나아가며 흠결을 미봉하여 위로 사귀고 아래로 사귀며, 제후와 외교를 잘하여 임금을 높이는 예를 잃지 않는 것이었다.

공자는 "대신(大臣)이란 도(道)로써 임금을 섬기다가 옳지 않을 경우에는 그만두는 것이다^{(논어 계씨(季氏))}" 하였으니, 공자의 말대로라면 안영은 마침 아무 구실도 못하고 머릿수만 채우는 신하에 불과할 따름이다. 저 염구(冉: 공문십철(孔門十哲)의 한 사람)가 백성의 재물을 마구 거두어들여 계손씨(季孫氏)를 살찌도록 만든 것도 곧 그런 도를 배워서 그릇되게 전락한 것이다.

또한 그 무렵에 바름을 지키고 굽히지 않은 우인(虞人: 동산이나 들판을 지키는 벼슬아치)이 있어 성인도 찬탄한 바 있었는데, 안영은 그를 천거하지 않았고 경공(景公)이 공자를 등용코자 하였는데도 안영은 막아서 못하게 하였으니, 어찌 바른 선비를 시기하고 미워한 것이 아니겠는가? 공자는 "제나라 경공은 말[馬]이 사천 마리나 있었어도 백성들이 그를 칭송한 바가 없었다" 하였으니 그것은 그가 마땅히 소유하지 못할 것을 소유했기 때문이다. 그렇다면 진씨(陳氏)만 근심거리인 것이 아니라 경공 자신이 사치와 교만을 일삼았고, 백성을 학대하여 삼로(三老)*² 가 헐벗고 굶주렸으며, 신은 천하고 용은 귀하게[屨賤踊貴]*³ 되었으니 이는 누구의 허물이겠는가?

묵자의 말에 "금수(錦繡: 수놓은 비단이나 화려한 옷)와 치저(絺紵: 세갈포와 모시)는 어지러운 시대의 임금이 만들어낸 것인데, 그 근본은 모두 제나라 경공에게서 비롯된 것이다" 하였다. 경공은 사치를 좋아하고 검박을 잃었으니 이는 반드시 상고가 있는 말이다. 안영은 비록 지나친 절약으로써 제나라의 풍속을 바로잡았다고 하지만 자신이 능히 임금을 바르게 하여 세도(世道)를 붙잡지 못하였으니 어찌 족히 말할 거리가 되겠는가?

---

*2 여기서 삼로는 전국 시대 사람 순황(荀況)을 말함. 그는 나이 50에 비로소 제나라에 유학하여 좨주(祭酒)가 되었고 사람들이 삼로라 일컬었음.

*3 구(屨)는 보통의 신이고 용(踊)은 월족형(刖足刑)을 당한 자가 신는 신인데, 제나라에 그 형을 받은 자가 워낙 많으므로 보통의 신은 천하고 그 용은 귀하게 되었다는 말.

《사기》를 살펴보자면 "태공(太公)이 영구(營丘)를 봉지로 받았는데 지대가 염전이었고 백성도 적었으므로 이에 부녀자들의 길쌈질을 권장하여 그 기능을 발휘하게 하고 어업과 제염을 사고 팔게 하였으므로 사람과 물건이 모두 몰려들었다. 그 때문에 제나라가 천하의 관대(冠帶 : 관과 띠)와 의리(衣履 : 옷과 신발)가 되었는데, 그 뒤 중엽에 이르러 쇠약해졌다가 관자(管子)가 정사를 닦아 경중구부(輕重九府)*4를 설치하였다. 그래서 환공(桓公)도 패업을 이루었고 관씨도 삼귀(三歸 : 대의 이름)를 두었다" 하였으니, 대개 제나라가 사치에 빠지게 된 것은 태공으로부터 시작되었고 관중의 주전(鑄錢)으로 말미암아 그 정도가 더하게 된 것이다.

무릇 사치로 빠져드는 길은 돈보다 더 편리한 것이 없으므로 흐르는 습속이 이에 이르렀는데, 경공 때에 이르러 더욱 심해진 것이다. 그리고 금수와 치저는 예로부터 있었던 것인데도 묵자가 그렇게 말한 것은 옷감마다 기이한 문양이 너무도 뛰어나게 직조되었던 때문이다. 그런데 전자에 없던 것을 새로 만들어 내는 것은 난망(亂亡)의 행위이다. 안영이 이를 규제하지 못하였는데 이른바 '임금을 나타나게 하였다'는 것은 과연 무엇을 가리켜 말한 것인가?

한 환제(漢桓帝) 때에 안양(安陽)의 위환(魏桓)이 임금의 부름을 받고도 나아가지 아니하며 말하기를 "내가 천(千)으로 헤아리는 후궁(後宮)을 어떻게 줄일 수 있겠으며, 만 필이나 되는 마구간의 말을 어떻게 없앨 수 있겠으며, 임금 좌우에 있는 권세가들을 어떻게 제거할 수 있겠는가?" 하였으니, 안영은 부끄러운 줄 알아야 할 것이다.

《주역》소과 괘의 대상
小過大象 소과대상

우레가 하늘 위에 있는 것이 《주역》대장(大壯) 괘의 대상(大象)이다. 그러므로 "예가 아니면 밟지 않는다" 하였으니, 군자가 도(道)를 실천함에 있

---

*4 경중(輕重)은 돈(錢)을 말하고 구부(九府)는 주대(周代)에 재폐(財幣)를 맡은 구관(九官)으로 대부(大府)·옥부(玉府)·내부(內府)·외부(外府)·천부(泉府)·직내(職內)·직금(職金)·직폐(職幣)이다.

어 오직 예만을 밟아가야 하는 것이요, 산 위에 우레가 있는 것이 소과(小過) 괘의 대상이다. 그러므로 이르기를 "행실에 공손함이 지나치고 초상에 슬픔이 지나치고 씀씀이에 검약이 지나치다" 하였다. 또한 대과(大過) 괘에 대해서 이르기를 "독립하여 두려워하지 아니하며 세상에 숨어 살아도 답답함이 없다" 하였으니, 이는 소보(巢父)·백이(伯夷) 무리의 굳셈이 너무 지나치다는 것이다.

이른바 '소과'란 무엇을 말함인가? 무릇 사람의 행실에는 오만함이 많고 공순함이 부족하며, 사람의 초상에는 태만함이 많고 슬픔이 부족하며, 사람의 씀씀이에는 사치가 많고 검약이 부족하므로 성인이 이를 걱정하여 소과 괘의 풀이에 가르침을 세운 것이다. 조금 지나친 것은 오히려 괜찮지만 부족하면 크게 해롭기 때문에 행실에 공순을 주로 삼고 혹시라도 오만할까 두려워하며, 초상에는 슬픔을 주로 삼고 혹시라도 태만할까 두려워하며, 씀씀이에는 검약을 주로 삼고 혹시라도 사치할까 두려워했다. 이와 같이 한 다음에야 비로소 거의 잘못이 없을 것이다.

그러나 공순이 지나치면 몸이 미천해지고, 슬픔이 지나치면 본성이 없어지게 되며, 검약이 지나치면 예를 등지게 되므로 무엇이건 지나쳐서는 안 되는 것이다. 후세의 풍속이 이 이치를 통하지 못하고 일찍이 공순과 검약에는 유의하지 못하면서 오직 슬픔이 지나치다고만 말하는데, 지나친 슬픔이라는 것도 어찌 마음 가운데로부터 우러나 겉으로 드러났다고 하랴. 또는 울고 뛰는 것이 절도에 넘어서기도 하며, 초상을 치르는 데 풍성한 것만 본받아 살아가기 어려움을 헤아리지 아니하며, 남에게 빚을 얻어 가산을 탕진해 가면서도 오직 남보기에만 화려하게 하는 것은 역상(易象)의 본디 뜻이 아주 아닌 것이다.

내가 보건대, 이는 한 개인을 들어서 말한 것이 아니다. 공순하지 못한 해로움은 몸을 잃고 나라를 잃는 지경에 이르지만, 검약하지 못한 해로움은 그보다 훨씬 크다. 곧 사치하면 반드시 재물을 낭비하게 되므로 탐욕스럽게 거둬들이지 아니하면 얻을 수 없는 것이니, 재물이란 백성에게서 나오기 때문에 천하가 다 그 해독을 입어 멀고 가깝거나, 젊고 늙거나, 남자거나 여자거나, 어질거나 어리석거나를 가리지 않고 먹을 것과 잠자리를 잃고 울부짖으며 가난하고 의지할 곳 없게 되는 것이 어찌 검약하지 않아서 재앙을 불러온 것이 아니겠는가. 그러므로 임금으로부터 서민에 이르기까지 모두 소과 괘로써 실천 규칙을 삼는다면 허물이 적을 것이다.

최고의 영웅 장량
張良英雄 장량영웅

남명 조식 선생의 영사시(詠史詩)에

천하의 영웅도 부끄러울 일 있으니
일평생 노력이 유후로 봉해지기 위해서인가.
天下英雄有可羞 一生筋力在封留

라고 하였다.

이는 아마도 자방(子房) 장량(張良)을 아는 사람의 말이 아닐 것이다. 자방의 영웅됨은 천고를 두고 단 하나요 상대가 없다. 바다 밖에 따로 한(韓)이라는 이름을 지닌 나라가 있었음을 알지 못한다면 그의 깊고 얕음을 측량할 수 없다. 나는 이에 이어 삼절(三絕)의 시를 지은 바 있다.

만금 재산 다 털어 임의 은혜 갚자 하니
한 세상을 채찍질함이 가슴속에 들었다오.
유의 봉지 부질없소, 이름 숨긴 술책이라
적송자(赤松子)를 따른 데서 본마음을 보아야지.
의양이라 교목에 특별한 가지 생겨
동한에서 요리하던 그 계획은 틀림없네.
창해인의 철퇴가 빗나갔다 말을 마소
놀란 혼이 필경 돌아가지 못했는걸.
멋대로 주무른 기이한 술수는 그대가 한 일이라
조용한 그 기상이야 마음으로 알 뿐이지.
적송자나 황석공(黃石公)은 모두 다 헛것이라
천고의 사람들은 감쪽같이 속았구려.

報主忘家破萬金　鞭笞一世入胸襟
封留只是藏名術　辟穀從仙始見心
宜陽喬木別生枝　辦局東韓計不違
莫言滄海人虛擲　椎下魂驚竟未歸
捭闔奇權乃爾爲　從容氣像只心知
赤松黃石聊虛套　千古人皆受厚欺

장량이 만일 저승 구원(九原)에서 다시 살아온다면 반드시 빙그레 웃을
것이다.

관중이 어진 이를 천거함
管仲薦賢 관중천현

《사기》를 읽은 이들은 언제나 관중(管仲)이 삼자(三子 : 수조(竪刁), 개방(開方), 역아(易牙) 등)를 배
척하고도 어진 정승을 천거하지 못했다고 나무란다. 그런데 이것은 그저 사
필(史筆)에만 의존하고 골고루 살펴보지 못한 것이다. 관중이 죽을 무렵에
환공(桓公)이 포숙아(鮑叔牙)에 대해 물으니, "그는 사람됨이 강하고 고집
이 센 데다가 차갑다. 성격이 강하면 포악해져 백성을 범하고 고집이 세면
민심을 얻지 못하고, 차가우면 아랫사람이 쓰임이 되어 주지 않으므로 패자
의 보좌는 아니다" 하였다. 또 수조(竪刁)·개방(開方)·역아(易牙)에 대해
묻자 모두 불가하다고 밝혔다.

환공이 다시 "그렇다면 누가 좋은가?" 묻자, 관중은 "습붕(濕朋)이 좋습
니다. 그는 사람됨이 속은 굳고 겉은 곧으며 욕심이 적고 믿음이 깊습니다.
속이 굳으면 충분히 표본이 될 만하고, 겉이 곧으면 큰 소임을 맡길 만하고,
욕심이 적으면 거뜬히 그 백성을 다스릴 수 있고, 믿음이 깊으면 이웃 나라
와 가까이 지낼 수 있으니 임금은 그를 쓰십시오" 하였다. 한 해가 지난 뒤
에 관중이 죽었다. 환공은 습붕을 쓰지 않고 삼자를 뽑아 썼다. 삼자가 난을
일으켰으며 환공은 굶어 죽고 말았다.

관중은 포숙아에게 덕을 입은 것이 이만저만이 아닌데도 그의 단점을 덮
어주지 않았으며, 환공도 포숙아에 대해서는 잘 알고 있는 터였다.

환공도 관중에게 공이 있을 적에 포숙아에게 먼저 상을 주기도 하였는데, 인재를 씀에 있어서는 어찌 꼭 관중의 말을 기다려야만 하였던가? 그것은 역시 관중 때문이었다.

이런 문제에 있어서도 이와 같이 했거늘, 나라를 위해 정성을 다하는 마당에 어찌 추천을 잘못했을 까닭이 있었겠는가?

관중이 일찍이 환공에게 "논밭을 개간하고 고을을 만들고 토지를 개척하며 곡식을 심는 것은 신이 영척(寧戚)만 못하니, 그를 전관(田官)으로 삼으시고, 승강(升降)과 읍양(揖讓)과 진퇴의 예절에 익숙함은 신이 습붕만 못하오니, 그를 대행(大行)으로 삼으시고, 일찍 들어오고 늦게 나가며 간하는 데 반드시 충성으로 하며 부귀를 무겁게 여기지 않고 죽음을 회피하지 않는 일은 신이 동곽아(東郭牙)만 못하오니, 그를 간신(諫臣)으로 삼으시고, 저 옥사를 결단하는 데 중용을 기하여 죄 없는 사람을 벌주지 않는 것은 신이 현장(弦章)만 못하오니, 그를 대리(大理)로 삼으시고, 평평한 벌판과 넓은 동산에 수레가 궤도를 벗어나지 않고 군사가 발꿈치를 돌리지 않게 하는 것은 신이 왕자 성보(王子城父)만 못하오니, 그를 대사마(大司馬)로 삼으십시오. 만일 나라를 다스리고 군사를 튼튼히 하고자 한다면 이 다섯 사람으로 넉넉할 것이며, 만일 패왕이 되고자 하신다면 이오(夷吾 : 관중)가 여기 있사옵니다" 하였다. 동곽아가 바로 포숙아이니, 관중이 어찌 일찍이 어진이를 추천하지 않았단 말인가?

그 뒤에 안영(晏嬰)이 경공(景公)에게 이르기를 "옛적 선공(先公)인 환공(桓公)이 몸이 나태해지고 사령(辭令)이 민첩하지 못할 때에는 습붕이 모시고 있었고, 좌우가 잘못이 많아 형벌이 중심을 기하지 못할 때에는 현장(弦章)이 모시고 있었고, 거처가 방종해 좌우가 두려워할 적에는 동곽아가 모시고 있었으며, 전야(田野)가 닦이지 아니하고 백성이 편안하지 않을 때에는 영척이 모시고 있었고, 군리(軍吏)가 태만하고 군기가 문란해질 때에는 왕자 성보가 모시고 있었고, 덕의(德義)가 중심을 기하지 못하고 믿음과 행실이 쇠미할 적에는 관자(管子)가 모시고 있었다" 하였으니, 두 가지 말을 비교해 보면 관중의 보필로써 이렇게 만들어진 것이다.

환공이 처음 관중을 만났을 때에는 궁색한 형편에서 벗어나 굳은 다짐으로써 다스리고자 하였으므로 그의 말이라면 듣지 않은 것이 없었고 그의 꾀라면 따르지 않은 것이 없었다. 그러다가 마침내 일이 성공해 뜻을 이룸에 만족하게 되어서는 관중이 물려 준 뜻을 모두 저버렸으니, 백 명, 천 명의 이오가 나온다 해도 어찌할 도리가 없게 되었다.

이것은 저 부견(符堅)이 경략(景略) 왕맹(王猛)을, 당 태종이 현성(玄成) 위징(魏徵)을 대했던 일에서도 알 수 있다. 그러나 공자가 "정나라에는 자피(子皮)가 있고 제나라에는 포숙이 있다"고 하자, 자공(子貢)이 "정나라에 자산(子産)이 없고 제나라에 관중이 없는가?" 하였다. 공자가 이르기를 "스스로 힘을 쓴 것이 낫겠는가, 아니면 어진 이를 천거한 것이 낫겠는가? 자피는 자산을 천거하고 포숙은 관중을 천거했는데, 자산이나 관중은 자기보다 나은 인재를 천거했다는 말을 듣지 못했다" 하였으니, 이 말은 무엇을 뜻하는가? 관중은 패자의 보좌이므로 공자의 문도들은 더불어 견주는 것을 부끄럽게 여겼다.

주나라의 덕이 비록 쇠퇴했지만 옛날과 거리가 멀지 않으니, 암혈 바위굴 사이에 어찌 선왕의 도를 안은 채 쓰이지 못하고 늙어 죽은 자가 없었으랴? 관중이 성공한 뒤로는 대유(大儒)가 나타나지 않았을 뿐 아니라 세도(世道)가 현란해 천하의 일이 다시는 바로잡힐 수 없게 되었으므로 성인이 슬퍼하고 탄식한 것이다.

진나라를 망친 상앙
商鞅亡秦 상앙망진

나라를 부유하게 하고 군사를 강하게 만드는 것이 어찌 좋은 일이 아니랴. 그런데 이것은 곧 사리(私利)의 제목(題目)이 되고 만다. 나라의 부유함을 말하고 강한 군대를 말할 때에는 인의(仁義)는 씻은 듯 그림자도 보이지 않지만 인의를 들고 보면 부국(富國)과 강병(強兵)이란 그 가운데에 있는 것이다.

상앙(商鞅)은 부국과 강병에 뜻을 두어 마침내 이를 이룩했으니, 진(秦) 나라에 공을 세웠다고 일컬을 만하다. 그런데 끝내 진나라를 망친 자 역시 상앙이다. 이는 인의를 외면했기 때문이다. 진나라가 기주(岐周)의 옛 터전을 곡진히 굽어살펴 다시금 문왕(文王)의 정치를 펼쳤더라면 또한 반드시 천하에 왕을 못할 이치가 없었을 것이다.

맹자는 상앙과 더불어 세대가 같았으나 그때 제(齊)·등(滕)의 사이에는 정목(井牧 : 정(井)·목(牧)은 토지 구획단위)의 제도가 흔적조차 없었는데, 오직 상앙만이 천맥(阡陌)을 결렬(決裂)하였으니 성인의 유제(遺制)가 그대로 남아 있었던 모양이다. 그러나 이것은 그 인의와 배치됨의 한 증거이다.

급기야 패업이 이루어져서는 부(富)가 지나쳐 사치하고, 음란이 지나쳐 교만하였다. 사치하면 반드시 무겁게 세금을 거두어들이게 되고, 교만하면 반드시 사람을 학대하게 되어 마침내 시황(始皇)에 이르러 그 전횡이 극도에 이르렀으니, 이는 모두 상앙이 남긴 독이요 하루아침 하루저녁에 이루어진 것이 아니었다.

진나라는 땅 모양이 사방으로 막혀 있어 외침(外侵)이 미치지 못하는 반면, 무력이 습속을 이루고 기강이 문란하지 않아 도리어 한구석에 자리잡게 되었으니, 이는 제갈량이 솥발 모양의 형세로 땅을 나눈 까닭이다. 만일 진나라가 중원에 끼여 있었다면 당연히 시황에게까지 이르지 않았을 것이다.

주나라는 후직에 있다가 중세에 이르러서는 적(狄)의 땅으로 달아났다. 공류(公劉)는 빈(邠)에 살았고, 태왕(太王)은 기(岐)로 옮겼으며, 문왕은 풍(豊)으로 옮겼다가 무왕이 호(鎬)로 옮겨 마침내 천하를 차지해 800년의 문치를 마련하였지만, 사실은 이(夷)로써 중국에 진출한 것이다.

진나라는 본디 백익(伯益)의 후손으로서 서도(西都)의 기내(畿內) 800리 땅에 살았으니, 어찌 이를 이적(夷狄)이라 이르겠는가? 계자(季子 : 춘추시대의 오나라 공자)가 악(樂)을 구경할 적에 진나라의 풍류를 듣고 "이는 하성(夏聲)이라 이른다. 하(夏)라고 하면 대(大)한 것이니, 대의 지극함이다. 그 주나라의 옛것이 아니겠는가?"라 말하였으니 이는 예악이 오히려 민멸되지 않은 것이며, 효공(孝公) 이전에는 정목(井牧)의 제도가 민멸되지 않았으니 정법(政法)이 오히려 남아 있었던 것이다.

이는 진나라가 이(夷)의 예를 가지고 행한 것인데 상앙이 도와서 마침내 옛법을 폐지하고 천맥(阡陌)을 결렬(決裂)시키는 지경에 이르자 문왕의 정치가 땅을 쓸어버린 듯이 모두 없어졌으니, 비록 부강하다 일렀지만 두어 대를 못 가서 멸망하고 말았다. 똑같은 기주 땅이지만 흥하고 망한 결과가 천리의 거리로 어긋나니, 상앙이 어찌 그 죄를 모면할 수 있겠는가.

중국과 오랑캐는 풍속이 다르다

華夷異俗 화이이속

원나라 세조(世祖)가 일본을 칠 적에 태풍을 만나 오랑캐 군사 10만이 죽고 돌아간 사람은 겨우 세 사람뿐이었으니, 포구를 가득 메운 시신을 밟고 바다를 건널 수 있을 정도였다.

사람들의 말이 "조선을 위해서이다. 충렬왕(忠烈王)이 원나라 공주에게 장가들어 특별한 총애가 비할 데 없기 때문이다" 하였다. 그러나 사실은 그렇지 않다.

원 세조가 서쪽으로 원정한 지 4년 만에 인도에 이르렀고, 면전(緬甸 : 버마)과 과와(瓜哇 : 자바)를 쳐 성을 점령하고도 전쟁을 멈추지 않고 무력을 자행하였으니, 진시황이나 한 무제(漢武帝)도 하지 않았던 일이다.

저 서역(西域)과 해도(海島)는 재화와 보물이 나는 곳으로서 중국의 진귀하고 기이한 물건들이 모두 서남쪽에서 오므로 그의 사치하는 마음은 끝이 없었고 탐내는 마음 또한 날로 더해만 갔다. 이러하고도 나라를 100년이나 누린 것은 정말 이상한 일이다.

세조가 죽고 성종(成宗)이 즉위하여서는 공자의 사당을 다시 세우고 시호를 높였는데, 중등 현인(賢人)의 시호를 바꾸어 대성지성(大成至聖)이라고 하였다. 굶주린 자는 먹을 것을 가리지 않고, 목마른 자는 마실 것을 가리지 않는 법이니(《맹자》 공손추상(公孫丑上)), 그 뒤로 여러 대를 이어가게 된 것은 모두 성종의 힘이었다. 그러나 순제(順帝) 때에 이르러서는 사치하기를 전례없이 하다가, 끝내는 그 때문에 망하게 되었다.

살펴보건대 인정은 검약을 사치만 못하게 여기고, 물품은 북방이 남방만 못하며, 사치하는 방법은 청렴한 것이 탐하는 것만 못하므로, 내지(內地)에 살게 된 뒤로는 궁실이며 의복, 음식 모든 것이 심신을 다하여 일하고 용맹으로 싸우던 기풍을 유약하고 나태한 것으로 일변시켰고, 내외 고을 수령도 저의 종족이 아니면 쓰지 아니하였으니, 이른바 '달로화적(達魯花赤 : 원나라 때의 관직 명칭. 몽고어로 장관이라는 뜻)'이 이것이다.

홀로 이익을 독차지하여 천하의 인심을 크게 잃었으므로, 그가 허둥지둥 달아나자 지켜주는 병사 외에는 아무도 그를 따라가지 않았으니, 이것이 이른바 사씨(史氏)가 말한 "비단 중국만 잃어버린 것이 아니라 아울러 본디의 부락마저 모두 잃어버렸다"는 것이다.

대개 중국 본토에서 태어나 자라면서 사치하는 풍속에 물들었다면 중국 사람이 다 되었다 할 것인데, 하루아침에 저 괴로운 추위의 북방 땅, 담요나 두르고 소나 양의 젖이나 먹는 고장으로 쫓겨났으니 견디어 낼 수 있었겠는가?

그러므로 겨우 건덕문(建德門)을 나가자 곧 설사병을 앓다가 죽고 《원사(元史)》순제본기 《(順帝本紀) 28년 조》, 그 자식은 정처 없이 떠돌아다니다가 요동(遼東) 심양(瀋陽)에 겨우 자리잡았으니, *¹ 이는 필시 음산(陰山 : 인산산맥, 원나라 이전 몽고족이 유목 하던 몽골고원 남쪽에 있는 산맥)의 옛 소굴을 편히 여기지 않았기 때문일 것이다.

이러므로 북방의 풍속은 반드시 무력으로 이기기를 노린다 하는 것이다. 그런 까닭에 나라를 가로채기도 반드시 돌연히 하게 되고, 잃기도 아무런 조짐 없이 잃게 되니, 이는 모두 사치가 심하여 힘이 쇠하였기 때문이었다. 이들도 오히려 이러한데, 더구나 본디부터 중국에 사는 사람은 어떻겠는가?

필부의 속임수
李施愛 이시애

이시애의 난은 그 기세가 대나무를 쪼개듯〔破竹〕하였는데, 조정에서는 어찌할 바를 알지 못했다.

한 조신(朝臣)이 반열(班列)에서 나서며 아뢰기를, "신은 말씀드릴 것이 있다" 하자, 모든 신하들이 눈을 부비며 그의 좋은 계책을 기대하였다. 그러나 그는, "이시애를 사로잡지 않을 수 없다" 할 뿐이었으니, 그때에 모두들 얼마나 겁을 냈는지 짐작할 수 있다.

요사이 북쪽〔北路〕에서 온 사람이 말하기를, "북쪽 사람들은 모두 당시에 단종(端宗)을 폐위(廢位)하였기 때문에 이시애가 구실을 삼아 난을 일으킨 것이라고 여긴다" 하였다.

---

*1 이 말은 《원사》 소종본기(昭宗本紀)에 의하면, 순제가 죽자 그의 장자 애유식리달랍(愛猶識理達臘)이 응창(應昌)에 즉위하였으니 이가 바로 소종(昭宗)이다. 응창이 함락되자 화림(和林)으로 도망되었다가 금산(金山)에서 죽었다 함.

그러나 이시애는 한낱 필부(匹夫)로서, 혼자 뽐내고 큰소리를 치며 가는 곳마다 휩쓸었는데, 이는 지혜와 힘으로 그런 게 아니라 사람들이 그에게 속임을 당한 것이었다. 그때 만약 이시애가 이천[利城]에서 주색에 빠지지 않았다면 그처럼 쉽사리 소탕될 수는 없었을 것이다.

왕건의 족보
王建世界 왕건세계

《고려사》를 살펴보면 "왕태조(王太祖)의 아버지인 세조(世祖)의 이름은 융(隆)이고, 조부는 의조(懿祖)이며 증조는 원덕대왕(元德大王)이니 실로 시조가 되고 비(妃)는 정화왕후(貞和王后)이다" 하였으니, 모두 태조가 추존한 것이다.

《송도지(松都志)》에 따르면, "성골장군(聖骨將軍 : 호경(虎景)의 자호(自號)) 호경(虎景)이 아간(阿干) 강충(康忠)을 낳고, 강충이 거사(居士) 보육(寶育)을 낳으니 이가 국조(國祖)인 원덕대왕이며, 대왕이 딸 진의(辰義)를 낳아 당나라 귀성(貴姓)에게 시집보내 아들 작제건(作帝建)을 낳으니 이가 의조이고, 의조가 용건(龍建)을 낳으니 이가 세조이다" 하였는데, 이른바 귀성이란 당 선종(唐宣宗)을 가리킨 것이다.

그러나, 보육(寶育)의 딸이 정화공주(貞和公主)라는 말이 《목은집》에 나타나 있는데, 원덕(元德)의 비(妃)가 바로 정화후(貞和后)이니, 이는 아마도 틀린 말인 듯하다. 그렇다면 귀성이란 원덕을 가리킨 것으로서, 《송도지》가 틀렸음은 의심할 것이 없다.

그리고 작제건이 의조가 되고 용건이 세조가 되었는데, 융(隆)이라 한 것은 융(隆) 자와 용(龍) 자의 발음이 서로 비슷하여 잘못 전해진 것이다. 삼대(三代)가 모두 건(建)으로써 이름하였으니, 왕건(王建)의 '왕' 자가 성이 아니고 '왕' 자 한 자로서 이름임을 알 수 있다.

태조가 출생하기 전에 도선(道詵)이 세조에게, "명년에는 반드시 성자(聖子)를 낳을 것이니, 마땅히 이름을 왕건이라 하라" 하고는 이어 봉서[實封]를 만들고 그 피봉에, "삼가 이 글을 받들어 백배(百拜)하며 앞으로 삼한을 통합할 임금 대원군자 족하에게 올린다[謹奉書百拜獻于未來統合三韓之主 大

原君子足下」라고 썼으니, 왕건 두 글자가 이름임이 더욱 분명하며, 제후(諸侯)는 사대(四代)까지 제사하는 것인데 삼대에 그친 것은, 원덕 이상은 알 수 없기 때문인 것이다.

즉 정화(貞和)의 아버지 보육 이상의 삼대는 이성(異姓)인 조상이므로 대수(代數)에 넣을 수 없었던 것이다. 또한 장군이나 아간(阿干)은 미천한 신분이 아닌데, 딸이 객상(客商) 따위에게 시집갔으므로, 그 이가(李哥) 성을 무릅쓰지 아니한 것은 혹 수치스러워서 드러내지 않으려고 한 까닭이 아니었는지?

그러나 귀성이라고 하였으니, 마땅히 종실(宗室)의 후예일 것이지만 당 선종이라고 한 것은 우리나라 사람들이 외람되게 끌어댄 것이다. 선종은 그 자취를 감추어 겨우 생명을 보존하였는데, 어찌 감히 우리 동방과 더불어 통상하였겠는가?

김관의(金寬毅)의 《편년통록(編年通錄)》에, "당 숙종(唐肅宗)이 객선(客船)을 따라 개주(開州)의 전포(錢浦)에 이르렀다" 하였는데, 충선왕(忠宣王)이 원나라에 있을 적에 어떤 학사가 왕에게, "일찍이 듣건대, 왕의 선조가 당 숙종에게서 나왔다고 하니, 숙종이 언제 동방에 나가 놀았으며 아들까지 두게 되었는가?" 하였다. 왕이 대답하지 못하자, 민치(閔漬)가 옆에 있다가, "우리나라 역사를 잘못 쓴 것이다. 숙종이 아니라 바로 선종이다" 하였다. 그제야 학사가, "선종은 오랫동안 밖에서 고생하였으니 혹 그랬을 듯도 하다" 하였다.

그렇다면 국사에 전해 오는 바로는 실로 숙종인데, 그 대수(代數)가 멀기 때문에, 민치가 억견(臆見)을 내세워 대답한 것이며, 이제현(李齊賢)의, 금계수류(金鷄垂柳)라는 유(類)도 도무지 근거가 없는 것으로서, 원덕왕은 외국 사람임이 사실이다.

이미 귀성을 따르지 않은지라, 신승(神僧 : 도선(道詵)을 이름)이 명명한 것에 의하여 성으로 삼았으므로 성을 왕(王), 이름을 건(建)이라고 한 것이 아닌지?

나옹화상
懶翁 나옹

고려 우왕(禑王) 원년(1375)에 승려 나옹이 양주 회암사(檜巖寺)에서 문수회(文殊會)를 열었다. 그러자 서울과 시골의 선비와 아낙네들이 구름처럼 몰려들어 도무지 감당할 수가 없었다. 그래서 하는 수 없이 나옹을 경상도 밀양(密陽)으로 쫓아버렸다. 그런데 밀양으로 가던 나옹이 여주(驪州) 신륵사(神勒寺)에 이르러 죽고 말았다. 그래서 역사를 쓰는 사람들은 "나옹을 밀성(密城)으로 추방했다" 하였다.

나는 일찍이 그 절에 갔다가 나옹의 사리탑비(舍利塔碑)를 본 일이 있다. 법명은 혜근(惠勤) 또는 보제(普濟)라고도 하고 속성은 아씨(牙氏)로, 나옹은 이른바 그의 호였다. 그런데 어찌 당당해야 할 사필(史筆)이 승려의 호를 써야만 했는지 우리 동방 사람들의 엉성하기가 늘 이와 같다.

보제가 죽고 나서, 사리를 155알이나 찾아냈는데, 그것을 두들겨 부수어서 그 숫자를 558개로 늘렸다. 또 사방에 있던 군중들이 재 속에서 사리를 찾아내어 숨긴 탓에 정확한 개수를 알 수 없었다고 한다.

몇해 전에 신륵사의 동쪽 탑과 축대가 무너진 적이 있다. 그때 내가 우연히 그곳에 갔다가 그곳에 소장돼 있던 사리를 보게 되었다. 크기가 기장알만한 것이 2개였는데, 쇠로 집을 만들고 그 안에 쟁반에다 칠보를 올려놓았더라. 또 수정을 호리병박 속에 저장해 두었는데 빛깔이 약간 푸르며 모양은 모래알이나 다름없었다.

을사사화
乙巳獄 을사옥

조선 중종(中宗) 때에 대윤(大尹)·소윤(小尹)의 혐오와 원망이 차츰 깊어져서, 윤원로(尹元老)가 밖으로는 역수(易樹 : 세자를 바꾸어 세우는 것) 한다는 말을 길거리에 퍼뜨리고, 안으로는 대군(大君 : 명종)에게 불리하다는 말로 자전(慈殿 : 임금의 어머니)을 현혹하니, 중종이 대군을 무릎 위에 앉히고 쓰다듬으며 말하기를 "네가 만일 공주였다면 어찌 신명을 보존하기 어려울 근심이 있겠느냐" 하면서 더러 눈물을 흘리기까지 했다.

뒤에 인종(仁宗)이 왕위를 잇자, 자전이 갑자기 "나와 약자(弱子 : 명종의 이름)가 보존되기 어렵다"는 전교를 내렸다. 이에 인종이 여러 번 땅에 엎드려 위안 시켰었는데, 이로부터 걱정이 생겨 병환이 나게 되었다. 당시에 소인의 무리들이 틈을 타 시기하고 혐오함이 날로 심해지므로 내전(內殿)의 의아심과 좌절 또한 병환을 부추긴 것이다.

을사사화가 있은 뒤에 인심이 복종되지 않았는데, 명종의 병이 위독해지자 선조(宣祖)에게 부탁하여 반드시 윤임(尹任)의 원통함을 씻어주기 위해 통곡하게 된 것이니, 이는 대개 까닭이 있었던 것이다.

을사사화가 일어나던 처음에 대비(大妃)가 내전에서 언문 편지 한 장을 내놓았는데 그 대략에 이르기를 "요사이 나랏일을 살펴보건대, 인심이 차츰 수상하게 되어 내가 앉아서 죽을 날만을 기다리게 되었다. 판서(判書)도 또한 이렇다는 것을 듣고 임금 자리를 공처(公處)로 옮기려고 하였으나 협력하는 사람이 적어 실행하지 못한 것이다. 전날에 분부한 일은 행하기에 형세가 어려우니 말씀드린 일이나 속히 해결하기 바란다. 이렇게 머뭇거리면 마침내 애매하게 죽을 사람이 얼마나 될지 모를 것이다. 윤원로(尹元老)를 귀양 보낼 때에 아울러 윤원형(尹元衡)까지 귀양 보냈더라면 인심의 갈라짐이 반드시 이렇게 되지는 않았을 것이다" 하였다.

이는 윤임이 여종 모린(毛麟)을 시켜 공의전에 비밀히 전달한 일이며, 판서란 유인숙(柳仁淑)을 가리킨 것이요, 공처란 봉성군(鳳城君) 이완(李岏)을 가리킨 것인데, 전달할 때에 잘못해 궁중 뜰에 빠뜨려 잃어버린 것을 마침 대비전(大妃殿)의 궁인이 발견한 것이다. 그러나 이 일은 비밀리에 한 것인데, 누가 알아내어 누가 밝힌 것인가. 공의전이 반드시 윤임의 원통함을 씻어주고자 한 것은 윤임의 처지만을 위한 것이 아니었다. 퇴계 이황(李滉)이 일찍이 말하기를 "윤임이 진실로 죄가 있다" 하였으니, 이는 반드시 증거할 만한 데가 있는 것이다. 그러나 조정에서 죄준 것이 인심을 복종시키지 못하였다. 봉성군 이완의 계사(啓辭 : 논죄(論罪)에 관하여 임금에게 올리던 글)는 김명윤(金命胤)에게서 발론된 것인데, 그는 봉성군의 고모부이다. 봉성군은 어리고 유약했으니, 반드시 따져 다스리려고 한다면 역시 궁중을 뒤흔들어 놓을 일이었다. 신하로서 이런 위험하고 두려운 때를 맞아, 아부하면 역사에 죄를 얻게 되고, 이의

(異議)를 내세우면 곧바로 큰 재앙이 닥치게 되었으니 어찌 어렵지 않았겠는가.

퇴계 같은 현명한 분 또한 전례에만 따라 서명(署名)한 일이 있었고, 또 수렴청정(垂簾聽政)하자는 의론에 찬성하는 입장이었다가 마침내 무거운 죄를 받은 것은 곧 이림(李霖) 등이었으니 애처롭게 여겨질 뿐이다.

안시성주 양만춘
安市城主 안시성주

고려 김부식이 유공권(柳公權)의 《소설》을 인용해 말하였다.

"태종의 수레가 머물러 있던 전역에 고구려와 말갈의 연합군이 사방 40리에 뻗쳤으므로, 태종이 바라보고 두려워하는 기색이 있었다."

또 이렇게 말하였다.

"당나라 육군(六軍)이 고구려에게 제압당하여 거의 앞으로 떨쳐나가지 못하게 되었을 때, 척후병이 '이적(李勣)의 군사가 포위되었다' 하자 태종이 크게 두려워하였다. 마침내 스스로 포위를 벗어나기는 했지만 두려워함이 그와 같았다."

그러나 《신당서》《구당서》와 사마광(司馬光)의 《자치통감》에 이 사실이 수록되지 않은 것은 나라를 위해 기록하는 것을 꺼린 것이 아니겠는가? ^{(삼국사기) 권22 보장왕 본기 8년조의 논(論)} " 하였다.

또 말하기를 "태종이 영명(英明)하고 신무(神武)한 불세출의 임금으로서 오랫동안 안시성을 포위하고 온갖 계책으로 공격하였으나 이기지 못했다. 그 성주 또한 보통이 아닌 장수였다고 할 수 있다. 그런데 안타깝게도 역사에서 그의 이름이 빠졌다^{(삼국사기) 권21 보장왕 본기 3년조의 논} " 하였다.

내가 하맹춘(何孟春)의 《여동서록(餘冬序錄)》을 살펴보니 "안시성장(安市城將)은 곧 양만춘(楊萬春)이다" 하였다.

목은 이색의 시를 보면 "누가 흰깃 화살로 태종의 눈알을 떨어뜨렸는지 알까(誰知白羽落玄花)"라고 했다. 세상에서 "당 태종이 빗나간 화살에 맞아 눈이 멀어서 이렇게 말한 것이다" 하였다. 이 모두가 곰곰이 생각해 봄직한 일이다.

당나라 숙종

唐肅宗 당숙종

이백의 시 〈원별리(遠別離)〉는 분명히 그 무렵에 있었던 사실을 말한 것인데, 그 주석(註釋)에서 실제 사실을 모두 포착하지 못하였다.

현종(玄宗)·숙종(肅宗) 무렵에 별의별 일들이 다 있었다. 온도(溫韜)의 난에 당나라 대대의 모든 능을 파헤쳤는데, 명황(明皇)의 유해는 두개골이 부서져 구리철사로 동여매어져 있었다. 그런데 그 아들이 함께 궁중에 있었으니, 어찌 이것을 알지 못하였겠는가? 이는 틀림없이 장후(張后)와 이보국(李輔國)의 소행인데 그 아들(숙종)이 금지하지 않은 것이다. 이것으로 보아 그 망측함이 어느 정도인지 알 수 있다.

또한 현종(玄宗)이 돌아온 지가 오래였는데, 그 동안에 어찌 가까이에 모시는 궁녀가 없었겠는가? 고역사(高力士)를 억지로 귀양 보낸 것으로 미루어 보더라도, 여시(女侍)를 멀리 귀양 보내 상비(湘妃)와 같은 비애(悲哀)가 간절했던 일도 있었을 듯하다. 역사책에서 전하는 내용은 좀처럼 믿을 수가 없다.

뒤에 이보국이 장후를 죽였으나 환히 내놓고 말하지 못하였고, 대종(代宗)이 도적을 시켜 이보국을 죽이고도 섣불리 그 죄를 밝히지 못했는데, 《통감강목》에는 모두 '죽였다'고만 씌어 있으니 이 또한 의심스럽다. 생각하건대, 구리철사로 두개골을 동여맨 것은 숙종(肅宗)이 장후·이보국과 한마음으로 한 것이나 드러내어 말할 수 없는 점이 있으므로, 역사가가 꺼린 것이고 후세에도 폭로할 수 없었던 것이다.

이백의 시에서 가리킨 것과 같은 내용이라면 분명히 하늘에 사무칠 죄가 있는 것인데, 단지 야사에만 대충 실려 있을 뿐이다. 그러므로 내가 지금 꼬집어 지적한 것은 숙종이 시역(弑逆 : 부모나 임금을 죽임)하였음을 알리고자 한 것이다.

그렇게 된 이유는 현종의 곤궁함이 그 지경에 이르렀으므로 반드시 원망하고 노여워하는 마음이 없지 않은 데다가 또 곁에서 권하는 말이 현종을 다시 임금 자리에 앉히자는 데까지 이르러 마침내 기어코 서내(西內)로까지 옮긴 사실에서 짐작할 수 있는데, 역사가들이 모두 밝히기를 꺼려서 덮어 버린 것이다.

적군의 머리를 베어오면

首級 수급

진(秦)나라 법에, 적군의 머리 하나를 베어 오면 벼슬 한 등급씩을 올려 주었는데, 해설자는 "후세에 잔인한 마음으로 공을 탐한 자들이 평민(平民)을 속이고 죽은 시체의 머리를 잘라서 공을 세우는 지경에까지 이른 것은 모두 진나라에서 말미암은 화이다. 바야흐로 전투가 절정에 이르렀을 때에는 진격이 있을 뿐 후퇴할 수 없는 것인데, 아무리 적의 머리를 베었다고 한들 어느 틈에 모아 두었다가 가지고 올 수 있겠는가?" 하였다.

전투란 적을 죽이는 것으로 공을 삼으니, 쏘아 죽이건 찔러 죽이건 때려 죽이건 발로 차서 죽이건 그 공은 다 마찬가지인데, 한창 기세를 타서 이겨 갈 때에 꼭 머리를 베어 챙겨오려 하다가는 도리어 적에게 피해를 입게 될 것이다.

싸움에서 이긴 다음 논공하는 것은 모두 대장의 보고에 의하되, 장수는 언제나 군중에 있으니 마땅히 대오 안의 병졸들이 눈으로 본 것에 의하여야 한다. 오(伍)에는 오장(伍長)이 있고, 십(什)에는 십장(什長)이 있으며, 백(百)에는 백장(百長)이 있으니, 진중(陣中)에서 잘하고 못한 것은 반드시 전령으로 알려지게 될 것이다. 그 사이에 어쩌다 분명하지 못한 것이 있다면 "공(功)이 의심스러운 것은 더 중한 편을 따른다"는 원칙대로 할 뿐이요, 이 밖에 다른 방법은 없는 것이다.

송나라 장영(張詠)이 유우(劉旰)의 난을 평정한 뒤 어떤 자가 적군의 머리를 가지고 와서 상을 내려줄 것을 청하자 장영이 말하기를, "돌격하여 교전하는 와중에 어떻게 적군의 머리를 베어 올 수 있겠는가? 이는 반드시 전쟁이 끝난 뒤에 잘라 온 것이다" 하였고, 또한 《적무양전(狄武襄傳)》에는, "수급은 진나라와 한(漢)나라 뒤부터 있었는데, 군사들이 수급을 다투느라 서로 죽이고 재물을 받고 공이 없는 사람에게 머리를 팔기도 하니, 모두 혁파하고 공이 있으면 그 공로대로 등급을 매겨 온 군사에게 상을 주고, 공이 없으면, 그 죄를 헤아려 온 군사에게 벌을 주라" 하였으니, 그 뜻이 또한 훌륭하다.

미자가 주나라로 간 까닭

微子 미자

미자는 은나라 임금의 원자(元子)인데, 은나라가 망하게 되자 희생(犧牲 : 제사를 지낼 때 제물로 바치는 산 짐승)을 도둑맞아 제사에 혈식(血食)을 올리지 못하게 되므로, 미자가 그 제기(祭器)를 안고 떠난 것이니, 그 뜻은 제사를 폐지하지 않기 위함에 있었던 것이다.

그때 천하가 이미 크게 어지러워져 더 이상 은나라를 종주(宗主)로 삼지 않았으니, 미자가 떠난 곳이 어디인지는 알 수 없으나, 은나라의 옛 신하나 나이 많은 어른들과 더불어 한 구석에서 은나라의 제사를 이어갔다면, 주(紂 : 은나라 마지막 왕)로서도 금할 수 없는 일이요, 주(周)나라에도 물을 것이 없는 일이었을 것이다.

무왕(武王)의 명에, "내가 그 덕을 아름답게 여겨 돈독함을 잊지 못하겠다. 상제(上帝)가 이에 흠향하며 아래 백성들은 조심하여 협력한다(《서경》 미자지명(微子之命))" 하였는데, '상제가 이에 흠향한다' 한 것은, 앞으로의 일을 미리 헤아린 것이 아니라 이미 경험한 것을 말한 것이니, '잊지 못한다'는 것에서 이를 알 수 있다. 그렇다면 미자가 제사 도구를 안고 간 것이 어찌 교천(郊天 : 하늘의 제사)까지 아울러 행하였음을 뜻하는 것이 아니라 하겠는가?

무성(武成 : 정벌을 이룸)한 뒤에 독부(獨夫 : 주(紂)를 가리킴)는 이미 죽었으나, 오직 미자의 어진 소문은 남아 있었으니, 신명과 사람에게 엄숙하고 공손하며 교·묘(郊廟)의 제사를 폐지하지 않았다면 과연 무슨 명목으로 다시 천토(天討 : 천명에 따른 정벌)를 가하겠는가? 그 사세는 한(漢)나라의 유비(劉備)와 같았을 것이요, 은나라의 제사 또한 끊어지지 않았을 것이다.

그러나 천하가 통일되어 나라를 보존할 수 없었기 때문에, 미자가 제기를 안고 주나라로 돌아간 것인데, 주나라에서는 반드시 높이고 봉작(封爵)하여 그 세계(世系)를 끊어지지 않도록 할 것임을 알고 있었던 것이다. 그러므로 중국의 봉작을 받아 오래도록 한이 없이 전하여, 주나라의 8백 년 국운과 그 화복을 같이한 것이니, 쇠잔하고 미미하여 떨치지 못한 채 두어 대를 전하다가 멸망한 자에 비한다면 그 득실이 어떻다 하겠는가? 이는 신라 경순왕의 일과도 비슷하므로 갖추어 적어 두는 바이다.

새나 짐승, 풀이나 나무의 이름

鳥獸草木名 조수초목명

《시경》을 읽음으로써 덤으로 얻을 수 있는 것은 갖가지 새나 짐승, 풀이나 나무의 이름을 알게 되는 것이므로 주남(周南)·소남(召南) 25편 가운데만도 사물의 이름이 42종이나 된다. 맹자는 이르기를 "백성을 어질게 대하고 무리를 사랑한다" 하였으니, 백성은 동포와 같고 무리 또한 나와 같은 것이다. 새나 짐승은 지각이 있기로는 사람과 같으면서도 의리가 없을 뿐이고, 풀이나 나무는 생장하는 마음이 있기로는 사람 또는 새나 짐승과 같으면서도 지각이 없을 뿐인데, 사람은 이 세 가지가 다 갖춰져 있으니 이 때문에 사람이 모든 무리의 주인이 되는 것이다.

이 세 가지는 모두 하늘과 땅이 부여한 것으로서 하늘과 땅 사이에 함께 자라나면서 편벽되거나 완전함의 차이만이 있을 뿐인데 사람이라 하여 이런 것들을 멀리하여 잊어버려서야 되겠는가. 잊지 않으려면 반드시 그 이름을 알아야 할 것이니, 식구가 아무리 많더라도 모두 어루만져 사랑하려면 반드시 먼저 그 이름을 알아야 하는 것과 같다.

《시경》에 있어서 비(比)·흥(興)을 귀중하게 여기는 것도 반드시 그 종류를 인용한 것이기 때문이니, 만일 이름을 들지 않는다면 무엇으로 구분하겠는가. 더구나 종류가 있으면 법칙이 있고 법칙이 있은 다음에 이름이 있는 것이니 나는 그 형상이 없다면 그 뜻 또한 찾을 수는 없으리라고 생각한다. 《시경》 가운데 먼저 다른 종류를 말하고서 그 형상을 가린 것이 없다고 한다면 그것은 반드시 오늘날 사람들이 그 종류를 자세히 살피지 않았기 때문이니, 어찌 공연히 관계되지 않는 종류를 끌어다 그 뜻을 찾았겠는가.

그 이름을 알면 그 성품과 기질의 어떠함도 알게 되리니, 이것이 어찌 《시경》을 읽는 이가 얻게 될 중요한 비법이 아니겠는가.

하늘과 땅의 이치

神理在上 신리재상

《주역》에 이르기를, "하늘에 근본한 것은 위와 친하고, 땅에 근본한 것은 아래와 친하다〔本乎天者親上 本乎地者親下〕" 하였으니, 기운은 하늘에 근본하고 형체는 땅에 근본하므로 기운은 올라가지 않는 것이 없고 형체는 내려가지 않는 것이 없다. 공자는 "뼈와 살은 아래로 들어가 흙이 되고, 기운은 위로 발양하여 밝고 향기롭고 신령스럽게 되니 이것이 백물의 정기요 신(神)의 드러남이다" 하였다. 이것은 한갓 사람의 죽은 귀신만을 가리킨 것이 아니고 금수·곤충·초목일지라도 다 그러하다는 것이다.

무릇 땅 위는 다 하늘이니 하늘이 땅 바깥을 포섭하여 거듭 둘러싼 것이 마치 파의 머리〔葱頭〕와 같아서 그 청명한 기운을 덮거나 가릴 수는 없다. 술가(術家)들이 해·달·별을 증거 삼아, 아홉 겹〔九重〕이라고도 했으나 몇 겹으로 더 둘러싸여 있는지는 알 수 없다.

사람이나 동물이 죽으면 반드시 남은 기운이 있고 그 기운은 반드시 위로 올라가는데, 그 오름에 높고 낮음에 저마다 한계가 있다. 대개 땅이 만물을 이룩하긴 하지만, 반드시 하늘로부터 내려짐을 기다려 만물을 이룩하는 것이니 이른바, "천지의 사귐으로 만물이 화하여 자라난다〔天地姻縕萬物化醇〕"는 말이 그것이다. 본디 사람이 느끼는 것에도 강하고 약함의 차별이 있으므로 비교하건대, 서리와 이슬은 사람에게 침투하는 느낌이 약하지만 비나 눈은 그 느낌이 강한 것과 같으니, 이것으로 증험할 수 있을 것이다.

그러므로 초목·곤충의 물류는 그 느끼는 것이 가장 약하기 때문에 그 기운의 솟아오름도 그러하고 금수에 이르러서는 또 약간의 차별이 있으며, 사람의 죽은 기운은 그 가운데 가장 강한 것이다. 그러나 사람 안에서도 강하고 약함의 차별이 있는데, 하늘의 해와 별을 느낀 자는 반드시 그곳으로 돌아가니 성현(聖賢)이 곧 그러하다. 《시경》에, "문왕이 오르고 내리면서 상제의 좌우에 있다〔文王陟降在帝左右〕" 한 것이 그것이며 이 밖에도 저마다 하늘의 느낀 바에 따라 돌아가는 것이다.

무릇 귀신은 기운의 정령(精靈)이어서 기운은 언젠가는 다 하는 것이므로 귀신도 영원히 남아 있을 리 없고 다만 오래냐 잠시냐의 차별이 있을 뿐이다. 성현의 귀신은 본디 태어날 때부터 타고남이 다르기 때문에 그 사라짐도 가장 더디어서 간혹 천백 년을 연장하기도 하므로, 보통 사람들과 같지 않으니 금수에 있어서도 이것을 미루어 알 수 있다.

저 하나의 둥근 형〔一圓〕을 하늘이라 하고, 하늘을 주재하는 것을 상제(上

帝)라 하는데, 하늘이라 하고 상제라 하는 것 모두가 그것들을 헤아려 붙인 이름이다. 신령의 밝음이 현저히 감응하여 복을 내리기도 하고 화를 내리기도 하는 것이 마치 사람이 좋아하고 싫어하는 것과 같다는 것이다. 그러나 후세에 와서는 꼭 그렇지도 않으니 그 이유는 무엇일까? 하늘과 땅이 생겨난 지가 오래인데 어찌 얼마의 세월로써 다름이 생겼겠는가?

"하늘이 늙어서 신령스럽지 않다"는 것은 자못 우물 안 개구리와 같은 편협한 소견일 것이다. 땅 위의 사람으로 논한다면, 옛적엔 신성(神聖)한 사람이 있어 그가 왕(王)이 되고 제(帝)가 되었으며, 주공(周公)과 공자(孔子) 뒤로는 신하가 되었는데, 주공, 공자도 똑같은 신(神)이고 성(聖)이건만 요·순·문왕·무왕과 같지 않으니 이것은 그 수에 높고 낮음이 있어서이다.

그렇다면 후세에는 마땅히 상제의 좌우에 오르고 내리는 이가 없을 것이다. 하늘이 만물을 화생하는 것이 마치 사람이 자식을 배태하는 것과 같기 때문에 동맥·정맥의 혈기가 서로 운행하면 자연히 화생하기 마련이거늘 어찌 그것이 지각이나 힘으로써 이겠는가? 천도 또한 마찬가지이니 하늘이 무슨 지각의 심장이 있으랴? 만물에 따라 문득 응하여 생성(生成)하기를 좋아하는 이치가 있을 뿐이니, 그 이치를 따라 재단하여 만들고 보좌하여 돕는 것이 사람이다.

그러므로 성왕(聖王)이 상제의 좌우에 올라 하늘과 함께 복을 짓기도 하고 위엄을 짓기도 하여 인간 세계를 깨치게 하는 것은 다 신귀(神鬼)의 선포이다.

그런데 삼대 이후에는 이미 위쪽에 그러한 것이 없었으니 어찌 아래에 응하는 자취가 있겠는가? 비유컨대, 어진 임금은 단정히 팔짱만 끼고 앉아 아무 하는 일이 없어도 보좌하는 여러 신하들이 순종하여 정치를 잘하면 온 천하가 모두 임금의 명이라 일컫는 것과 무엇이 다르겠는가? 말세에 와서는 신리(神理)에 이런 기상이 없으니, 혹시 악귀가 중간에서 권세를 부려 이미 바른 이치를 번복케 하니 하늘도 어쩔 수 없는 것인가?

진 도공이 유일하다

悼公一人 도공일인

　사람을 벼슬에 앉히는 일은 진 도공(晉悼公 : 진(晉)나라 28대 군주. 재위 BC 573~558)이 잘하였다. 그가 처음 즉위하여 육관(六官)의 장을 모두 백성들의 칭찬에 따라 채용했는데, 그 채용에 있어 도를 잃지 않고 벼슬이 자리를 바꾸지 않고 작위가 덕을 넘지 않고 장수가 정군(正軍)을 업신여기지 않고 군사가 장수를 괴롭히지 않으므로, 백성의 원망이 없었다.

　뒤에 초나라가 진(晉)나라를 도모하려 하자, 자낭(子囊)이 말하기를, "불가능한 일이다. 현재 우리로서는 진나라와 다툴 수 없다. 진나라 임금이 인재를 모아 쓰되 그 채용이 방법을 잃지 않고, 벼슬이 자리를 바꾸지 않고, 경(卿)이 자기보다 훌륭한 이에게 양보하고, 대부(大夫)가 지킬 바를 잃지 않고, 선비가 교육에 힘쓰고, 서민들이 농(農)·공(工)·상(商)에 힘쓰고, 미천한 자들이 그 업을 옮길 줄 모르며, 한궐(韓厥)이 늙자 지앵(知罃)이 품신하여 정치를 했고, 범개(范匄)가 중항언(中行偃)보다 젊으므로 중항언을 올려 그로 하여금 중군(中軍)을 보좌하게 하고, 한기(韓起)가 난염(欒黶)보다 젊으므로 난염을 올렸으나 난염과 사방(士魴)이 다시 그로 하여금 상군(上軍)을 보좌하게 하고, 위강(魏絳)이 공로가 많았으나 조무(趙武)를 훌륭하다 하여 그를 위해 보좌했으니, 이는 참으로 현명한 임금이요 충성한 신하이므로 그들과 맞서 싸울 수는 없으며 섬긴 뒤에야 가능할 것이다" 하였다.

　초나라는 강했지만 오히려 이러했으니 온 천하의 통론을 알 수 있다. 신하의 충성은 임금의 현명함에 달린 것이니, 다스려지는 조정에야 능한 이도 많고 바르게 간하는 이도 있겠지만, 그 훌륭한 이를 추대하여 올려놓고 자신이 그 밑에 있기를 부끄러워하지 않은 일은 좀처럼 듣지 못했는데, 진실한 덕은 사람을 감화시키는 것을 여기에서 볼 수 있다.

　또 장수를 임명하면서 먼저 군사를 면(綿) 땅에 집합시킨 것은 그 일로써 책임을 지우기 위해서이니 후세 임금들이 사랑과 미움으로 벼슬을 주었던 것과는 다르다. 임금과 신하가 서로 물러나 그 어질고 유능함만을 살필 뿐이지 뛰어오르는 것을 꺼리지 않았고, 재능에 따라 맡길 뿐이지 일정한 규격에 구애하지 않았다. 그리고 신군(新軍)에 장수가 없었으나 그 적임자를 어렵게 여겨 마침내 하군(下軍)에 소속시켰으니 이는 그 사람이 아니면 맡기지 않는다는 뜻에서이다.

처음에 한기에게 상군(上軍)을 맡기려 하자 한기가 조무에게 양보하였고, 또 난염을 시키려 하니 난염이 사양하기를, "제가 한기보다 못하거늘 한기가 조무를 올리기를 원했으니 군주께선 그 말을 받아들이소서" 하므로, 드디어 조무로 하여금 네 등급을 승격시켜 상군을 맡게 하고 한기로 하여금 그를 보좌하게 하였으며, 난염에게 하군을 맡기고 또 그에게 신군을 소속시켰으니, 이 모두가 사양하는 것을 귀하게 여김이다. 그러다가 이듬해에 드디어 신군을 없애고 장수도 없앴으니, 차라리 그 군을 두지 않을망정 장수의 지위를 억지로 충당할 수는 없었던 것이다. 이 다섯 가지 훌륭함을 갖추었으니 어찌 벼슬자리에 있어 사람을 잃을 걱정이 있었겠는가?

또 백성 구제하기를 급하게 여겨 쌓여 있는 곡식을 풀어 대여하되 공실(公室)로부터 축적한 것이 있으면 모두 방출했으니 국가에는 과다한 축적이 없어 곤궁한 국민이 없었고, 관청에서 이(利)을 금하는 일이 없어도 탐하는 백성이 없었으며, 기도[祈]에는 폐백으로 바꾸고 빈례[賓]는 특생(特牲)으로만 하고 기명(器皿)은 쓰지 않았으며 거복(車服)은 등급에 따라 공급했는데 이렇게 한 지 9년 만에 국가에 비로소 절제가 생겼고, 세 번 출전하니 초나라가 맞서 경쟁할 수 없게 되었다.

무릇 나라를 보존하는 요체는 적당한 사람을 쓰고 백성을 넉넉하게 하는 데에 있으므로 그 정치가 이러했으니, 춘추 242년 사이에 있어 단 한 사람을 꼽는다면 마땅히 도공을 꼽아야 할 것이다. 계속 패왕 노릇을 한 것이야 뭐 논할 필요가 있겠는가?

정은 동의 근본
主靜 주정

하늘은 움직이고 땅은 고요하니, 정(靜)은 동(動)의 근본이다. 마치 사람의 형체는 외형이요 마음은 내용인 것과 같으니 마음은 형체의 근본이 된다. 사람을 논하면서 하늘에 바탕하지 않으면 도는 근본이 없어지므로 주자(周子)는 주정설(主靜說)을 만들고 인극(人極)을 세웠다(주돈이(周敦頤)의 태극도설(太極圖說)). 그것은 마치 밤에 다니는 자가 사도(四到)를 분간할 수 있게 해주는 북극성과 같다. 정부자(程夫子) 형제는 함께 염계(濂溪)의 문인으로 오직 인극만을 말하였고 간혹 드나듦이 있었을 뿐이니 어찌 한쪽으로 치우치거나 갈래가 생겼다고 하겠는가? 퇴계 선생이 특히 염계의 학설을 찬양하면서 "양정(兩程)의 의론은 조금 어긋남을 면하지 못하였다(퇴계집 답이굉숙문)목(答李平叔問目)"고 한 것은 잘못이다. 다만 주정(主靜)을 말했다 하여 사람들은 곧 이것을 좌정(坐靜)하여 선정(禪定)에 들어간다는 것으로 보고 있으니 이것은 보는 사람이 의심을 하는 것이지 본말에 결점이 있는 것은 아니다. 백사(白沙) 진헌장(陳獻章)과 의려(醫閭) 하흠(賀欽)이 어찌 두 선생에게 누를 끼치겠는가? 쪼개진 것을 한데 묶을 때에는 아무리 더해도 모자라고, 나뭇가지와 잎이 많은 것도 꺼리지 않는 법이나, 오히려 대의(大義)는 어두워지는 것이 아니겠는가? 그러므로, 뒷 세상에 태어난 학문하는 사람은 더욱 말참견을 하기가 어렵다.

경재잠(敬齋箴 : 주자가 지은 것으로 공경하고 삼가하는 잠문)에 대해서는 주자가 남헌(南軒)에게 답한 편지에 그 뜻이 밝혀져 있다. 남헌은 오로지 주정(主靜)만을 하였는데, 주자는 주경(主敬)으로 바꾸었으니, 주정하여 정(靜)한 가운데 물(物)이 있으면 곧 주경(主敬)이 된다. 주자가 받은 편지의 뜻을 인용하여 말하기를, "반드시 정(靜)하여야 동(動)의 근본하는 바를 포함할 수 있고, 동을 살펴야 한가운데 정이 있는 것을 볼 수 있다. 동과 정이 서로 작용하여 체(體)와 용(用)이 한 덩어리가 된 뒤에라야 삼루(滲漏 : 액체가 스며 나옴)함이 없다" 하였으니, 이 몇 마디 말은 훌륭하여 그 뜻이 완벽하다. 이러한데, 주정이란 것이 어찌 털끝만큼이라도 선미(禪味)에 관계되겠는가?

내가 전에 외암(畏庵) 이경숙(李敬叔) 선생을 뵈니 남헌의 주정설에는 하자가 없다고 말하면서, "정(靜)한 가운데 물(物)이 없으면 이것은 바로 선(禪)이 되는 것이다. 이미 학(學)을 알고 있었으니 어찌 이럴 리가 있었겠는가? 다만 경(敬)으로 말하자면 초학자가 갑자기 진리에 다다르기가 어렵기 때문에, 우선 주정 공부를 하여야 결국에 경(敬)과 합치하게 될 것이다" 하였다.

내가 돌아와서 생각하니 주정에 대한 학설은 다만 이와 같을 뿐이다.

지나간 역사의 성공과 실패
陳迹論成敗 진적론성패

사람들은 늘 옛날의 자취만으로 성공과 실패를 논하기 때문에 잘못 논하는 경우가 많다. 그것은 마치 약제로 병을 치료하는 것과 같아서, 사람의 질병에는 깊고 얕음의 차이가 있고, 약효 또한 맹렬함과 헐함이 같지 않은데 어찌 모든 병을 똑같은 방법으로 치료할 수 있겠는가.

"옛날에 한(漢)나라 문제(文帝)로 하여금 한신(韓信)·팽월(彭越)·영포(英布)가 있던 당시에 즉위하게 한다 해서 반드시 천하가 태평하리라 기대할 수 없고, 무제(武帝)도 문제(文帝)·경제(景帝)의 뒤를 잇지 않았다면 반드시 온전하지는 못했을 것이다"라고 한 학증산(郝甑山)의 말은 역사를 읽는 높은 식견이다.

내가 고찰하기에 고금을 막론하고 흥망은 시대의 추세에 따라서 이루어지지 않은 것이 없고, 반드시 사람의 재덕(才德)에서 말미암는 것만도 아니다. 역사의 기록에 나타난 것에는, 선을 좋아하고 악을 미워하는 편견에서 나온 것이 많다. 거기에서 말하는, 인덕(仁德)이 널리 세상에 미친다는 것도 실상은 그렇지 않다.

시주(柴周 : 시영(柴榮))는 기개가 세상을 뒤덮는 영웅으로 위엄과 은혜가 온 백성에 고루 미쳤으나, 마침 오대(五代) 말기의 나라가 뒤엎어지던 때를 만나 송나라 태조(太祖)가 권신의 신분으로, 그의 아들이 나이가 아직 어린 기회를 틈타 하룻밤 만에 팔을 걷어 올리고 나라를 빼앗았다. 그는 형세와 지위를 얻자 탐욕이 끝이 없어져 곧바로 사해(四海)를 몽땅 삼키고자 했다.

남당(南唐)의 이욱(李煜 : 이주(李主)를 이름. 나라 이름을 강남국(江南國)이라 칭했음)은 나라 영토는 비록 작았으나 정령(政令)을 베풂에 조금도 이지러짐이 없으니 훌륭하고 현명한 임금이었는데도, 송나라 태조가 곧바로 무력으로 뒤집어 엎었으니 이 일은 사람들로 하여금 의분심이 용솟음치게 하고 불평을 터뜨리게 하였는데, 어디서 '하늘의 뜻에 따르고 인심에 순종했다'는 뜻을 찾아볼 수 있는가? 다만 이 한 가지 일로써 유추해 보아도 모두가 그런 것이다.

진시황(秦始皇)이 현상금을 걸고 후생(侯生)을 잡자, 후생은 꼭 죽을 줄로만 알고 고개를 들고 그 죄를 자백했으나, 시황은 묵묵히 있다가 "네가 살아날 수 있는 길이 있느냐?"고 물었다. 후생은 "이미 돌이킬 수 없으니 앉아서 죽기만을 기다릴 뿐입니다" 하였으니, 이는 또한 변통을 알지 못한 것이다.

가의(賈誼)의 〈과진론(過秦論)〉에는, 진(秦)나라가 천하의 원한을 삼이 극도에 이르렀다고 했으나, 예컨대 이세(二世)가 중주(中主: 평범한 임금)의 보좌를 얻어서 전철을 뒤집고 나라를 망치는 원인을 모조리 제거하여, 백성들과 함께 휴식하기를 남들의 반만 했어도 그 공(功)은 배가 되었을 것이니 꼭 나라를 재건하지 못할 것도 아니었다.

유종원(柳宗元)이 찾아냈다는 기자묘비(箕子廟碑)에 이르기를 "주(紂)는 악행이 쌓이기 전에 먼저 죽었고, 무경(武庚)은 반란을 꾀하여 보존을 도모했다" 하였으니, 이 일도 혹 있음직한 일이다. 산동(山東)이 아직 어지럽기 전에 자영(子嬰)이 능히 위(衛)나라 문공(文公) *¹과 연나라 소왕(昭王) *²의 정치를 행했다면, 천하가 어찌 생각을 바꾸어서 그에게로 돌아오지 않았으리요.

임금께 올리는 글주머니
上書囊 상서낭

《사기》에서는 한(漢)나라 문제(文帝)의 검약을 말하면서 오로지 노대(露臺)의 일화 한 가지만을 들었으나 이것만으로는 부족하다. 100금은 중인(中人) 열 집의 재산이니, 그 비용이 많다고 한 것은 중흥주(中興主: 쇠약해진 나라를 다시 일으킬 수 있는 임금) 정도로 헤아린 것이다. 문제본기(文帝本紀)에 그 총희 신부인(愼夫人)의 옷이 땅에 닿아 끌리지 않도록 했다고 하였으니, 이것은 대수롭지 않은 일로 이로움이나 해로움과 그다지 관계가 없는 것 같지만, 한편으론 옷이란 사람마다 다 입는 것이니, 임금의 총희가 소중히 여긴다면 하물며 일반 백성들이야 더 말할 나위가 있겠는가. 옷이 땅에 끌리는 것도 아까워했는데 하물며 비단이나 소중한 보물에 있어서랴.

---

*1 위나라 20대 임금(BC 659~635). 제나라 환공(桓公)의 지원을 받아 거의 망한 위나라를 재건함.

*2 연나라 41대 왕(BC 311~279). 유능한 인재를 등용하여 제나라의 침공으로 일시에 멸망한 연나라를 재건함.

이것으로 날마다 쓰는 사물을 미루어 보면, 빗방울이 모여서 못물을 이루고 모깃소리가 모여서 우레와 같은 소리가 나는 것이니, 헛되이 소모하고 낭비한다면 모르는 사이에 차츰 자라서 마침내는 천하의 큰 좀벌레가 되는 것이 어느 정도인지 알 수도 없게 될 것이다.

문제가 임금께 올린 글주머니를 모아서 궁전의 휘장을 만든 것에 이르러서는 더욱 그 기특함을 볼 수 있으니, 문제의 뜻은 이것으로 백성들에게 모범을 보이려는 뜻이었다. 쓸모없는 것으로써 유익한 것을 채우는 것은 세상 모든 사람이 실천하고 지켜야 할 도리이다. 썩은 것에서 새롭고 기이한 것이 생겨나고, 새롭고 기이한 것은 다시 썩은 것으로 돌아가는 것이니, 대체로 천하에 버릴 물건은 없다.

도공(陶工)은 새끼줄을 버리나 수레를 끄는 사람은 이것을 줍고, 백정은 쟁개비(무쇠나 양은으로 만든 작은 냄비)를 버리나 대장장이는 이것을 줍는다. 남는 것으로써 모자람을 대비하는 것이 하늘의 도리이다.

그러므로 옛사람이 이 모두를 합쳐서 이름짓기를 '천물(天物)'이라고 하였으니, 사람들이 도리를 깨닫지 못하고 함부로 없앨까 두려워한 것이다.

문제와 같은 이는 마음속에 검소한 미덕이 있어 정성이 바깥에까지 나타나서 하늘이 준 물건을 보호하고 아끼며 백성들의 아픔을 근심하고 두려워했다. 마치 몸이 가려우면 몸 어딘가에 물건이 닿은 것을 깨닫는 것처럼 자잘한 한 가지 일일지라도 그 은혜가 천하에 두루 미쳤으니 어찌 다만 열 집의 재산뿐이겠는가. 누가 감히 이것을 가지고 궁궐에 훈계할 것인가.

양관의 시험제도
楊綰試法 양관시법

당나라의 양관은 승상으로서의 업적이 그다지 빛나는 것은 없으나, 나는 그를 오래도록 승상의 자리에 있게 했다면, 마땅히 요숭(姚崇)[1]과 송경(宋璟)[2]의 업적을 넘어섰을 것이라 생각한다. 원재(元載)가 권세를 부릴 때 그

*1 요숭은 중국 당나라의 명재상(650~721). 당의 황금시대를 이루는 데 공헌함.
*2 송경은 중국 당나라 현종 때의 명재상(663~737). 요숭과 함께 재상으로서 소위 '개원의 치(治)'를 행하였음.

는 홀로 자신의 소신을 지키며 굴복하지 않았으며, 처음으로 국정을 맡았을 때에도 어사중승(御史中丞) 최관(崔寬)이 호화스럽고 사치하므로 그날로 사람을 보내 그 지관(池觀)과 당황(堂隍)을 헐어 버렸고, 경조윤(京兆尹) 여간(黎幹)이 따르는 기마가 백을 헤아렸는데, 그 수를 줄여서 10여 기만 두도록 하였고, 중서령(中書令) 곽자의(郭子儀)가 빈주(邠州)의 행영(行營)에서 대회를 베풀었을 때에 제서(除書 : 임금의 명령을 적은 문서)가 이르자 음악도 네다섯 곡만 연주하고 그만두었으니, 그 소문을 듣고 풀이 바람에 쓸리듯이 스스로 감화된 자가 이루 셀 수 없을 정도였다. 이는 양관의 검약함이 사람들을 신복(信服)하게 한 결과였다. 비록 특별한 기능은 없었으나 자기 몸을 바로잡고 남을 바로잡아 주는 것만으로도 그 명망의 반 이상은 이루었다 하겠다.

또한 그는 과거시험이 급선무라고 건의하였다. 대개 당나라는 수양제(隋煬帝)가 남긴 고루한 법식을 이어받아 사람을 속이는 한 구멍을 열어놓고서 천하 사람들로 하여금 머리를 숙이고 발을 밟아가면서 서로 뒤엉켜 그 구멍 속으로 들어가게 하였으나 오히려 인재를 얻는 방법은 시책(試策 : 과거에서, 책문하여 시험하던 일)뿐이었다.

고종(高宗) 때에 이르러 고공랑(考功郎) 유사립(劉思立)이 비로소 진사시에 잡문을 더하고, 명경과에 첩괄(帖括)*3을 더하도록 아뢰었는데, 이로부터 풍속이 되어 공경은 이것으로 선비를 대우하고, 장로는 이것으로 아들을 가르치게 되었다. 명경과는 곧 첩괄을 외워서 요행을 기대하고, 또 과거 응시자로 하여금 투첩(投牒 : 관아에 공문서를 내는 것)을 하여 응시하게 하였으니 그 순박한 풍습으로 돌아가 염치와 사양을 숭상하고자 한 것이나 큰 기대를 할 수 있었겠는가? 과거를 베풀어서 선비를 구하는 것은 앞으로 정치를 맡기려는 것인데, 잡문·시부의 종류가 치체(治體)에 무슨 관계가 있는 것인가? 첩괄의 폐단을 기다릴 것도 없이 이내 민풍은 투박해질 것이다.

지금 우리나라는 칠서(七書)를 모조리 외우게 하고 아울러 우리말로 해석하게 하니, 장순(張巡 : 당나라 때 기억력이 좋았다는 장수)과 같은 기억력이라 할지라도 도저히 해낼 수 없다. 그러므로 격식에 얽매여서 걸음을 옮길수록 어긋나고 헷갈리니, 밝은 것을 구하나 도리어 어둡고, 식견을 넓히고자 하나 도리어 좁혀지니, 지

---

*3 중국 당나라 때 진사 시험에서 경서(經書) 가운데 어떤 글자를 따서 쓴 종이쪽지 문제에 대해 그 경서의 글을 총괄하여 답안을 만드는 것을 말한다.

금 경과(經科)에 급제한 사람 열에 아홉은 글을 못 하는 자들이다.

더구나 응거(應擧 : 추천을 받아 선거시(選擧試)에 응시함)라는 명칭은 아직 남아 있으나 그 실상은 자거(自擧 : 스스로 응시함)하는 것으로 허실이 뒤섞여 도리어 거짓으로 꾸미는 일이 더욱 많으니 분별할 수가 없다. 이 일체는 풍교(風敎)를 해치는 것인데 편의만을 따라 제도를 만들어서 양광(楊廣 : 양제(煬帝))을 위한 향도(嚮導)가 되었으니 통한스럽다 할 만하다.

양관은 효렴과(孝廉科)를 둘 것을 임금께 아뢰었는데 "현령으로 하여금 행리에서 행실이 뛰어나고, 학문은 경술을 아는 자를 택하여 주자사(州刺史)에 천거하면, 자사는 시험하여 성(省)에 올리는데, 임의로 한 경서를 택하게 하되 경의(經義) 20조항과 대책(對策) 삼도(三道 : 국체(國體)·인사(人事)·직언(直言))를 물어서 상급 합격자는 관리로 임명하고 중급 합격자는 출신시키고 하급 합격자는 돌려보낸다. 그리고 그 이외의 명경·진사과는 모두 그만두어야 한다(신당서(新唐書) 선거지)" 하였으나, 반대하는 자가 있어서 끝내 시행되지 못하였다.

일의 옳고 그름은 사람에게 달려 있지만 시행되거나 그렇게 되지 못하는 것은 시운에 달려 있는 것이니, 사람이 시운에 대해 할 수 있는 일이 무엇이 있겠는가. 이것이 만일 시행되었다면 어찌 당나라 왕실에만 다행스러운 일이었겠는가. 백성들은 오늘에 이르기까지 그것에 힘입었을 것이다.

먼저 의로움으로써 사람을 뽑으면 백성들은 자중함을 알 것이고, 과거에만 응시할 수 있을 뿐 스스로 천거하지 못하게 하면 서로 다투는 일도 그치게 될 것이다. 향리에서 천거하고, 주(州)에서 가려 성(省)에 올린다면, 여러 번 천거를 거치므로 요행이 없을 것이고, 한 경전을 임의로 택하게 한다면 학문이 깊이를 더하여 범람(汎濫)을 모면할 것이며, 20조항의 경의(經義)를 묻고 책(策) 삼도(三道)를 시험하여 저마다 직접 써서 답하도록 한다면 거짓과 간사스런 일이 생길 수 없을 것이니, 그의 말은 모두가 법에 맞게 된다. 그런 뒤 3년마다 한 번씩 있는 과거시험 이외에 모든 대소의 잡과를 혁파한다면 모든 선비들에게 독서로써 학문을 닦을 수 있는 여가가 생길 것이다.

명나라의 석사(席舍) 규정에 따라 한 방에 한 사람만을 있게 하여 남의 글을 자기의 글인 양 써내는 것을 금하고, 별도로 어사를 보내 두루 돌아다니며 거짓으로 천거된 자와 억울하게 천거되지 못한 자를 조사하게 하고, 이미 천거된 사람 중에서도 아둔하고 아는 게 없는 자와 도리에 어긋나는 몇 사람을 가려내 방을 붙여 여러 사람에게 보이고 추천한 사람에게 책임이 묻는다면 어리석은 자라도 함부로 행동하지 않을 것이다. 이같이 한다면 어찌 인재를 얻지 못할 까닭이 있겠는가.

그러나 이것은 끝내 재능 있는 자를 뽑는 방법이지 덕 있는 사람을 뽑는 방법은 아니다. 반드시 옛날처럼 삼물(三物 : 육덕(六德)·육행(六行)·육예(六藝))로써 흥기시키고 고동시킨 다음이라야 가능하다. 세상에는 본디 선비를 구하지 않는 임금은 있을 수 있으나 구할 만한 선비가 없는 것은 아니다. 불러주기를 기다리는 것은 선비의 본성으로 "선비는 자리 위에 보배가 있다"고들 한다.

후세에는 식견이 여기까지 이른 사람이 없고 다만 송나라 희령(熙寧) 연간에 요나라에서 현량과(賢良科)를 시행한 것을 송나라가 본떠 시행하다가 얼마 안 가서 그만두었다. 그 뒤 철종(哲宗) 때에 이르러 다시 회복하였다가 곧 폐지해 버렸다. 요나라는 다시 그만두었다는 기록이 없으니 오래도록 시행한 듯하다.

우리나라의 현량과는 정암(靜菴) 조광조(趙光祖) 선생이 시작한 것으로 양관의 효렴과에 비하면 크게 미치지 못한다. 현량은 다만 경부(京府)의 천거에 의지할 뿐이었고, 효렴은 향거(鄕擧)와 이선(里選)*4에 가깝다. 현량과는 다만 한 번 천거에 의하여 입대(入對)하고, 효렴과는 먼저 대의(大義) 20조를 물어서 요행을 용납하지 않으니, 아마도 정암의 생각이 이런 폐단까지는 미처 생각지 못한 듯하다.

그 무렵 현량과의 파방(罷榜 : 급제한 사람의 이름을 취소함)은 다만 소인배들의 무고(誣告)를 교묘히 이용한 것이고 현량과를 설치한 것이 잘못된 것은 아니었다. 그 뒤에 옥사(獄事)가 거듭되어 화를 입은 자가 포상되지 않은 이가 없었고, 무고를 꾸민 자들이 도리어 죄인이 되었으며, 방(榜)은 곧 바르게 회복되었다. 국시(國是)가 크게 정해졌으나 다만 현량과에 있어서는 한 사람도 임금에게 아뢰지 않았는데 이것이 거행된 것은 기이하다고 할 만하다. 현량과도 그러하였거늘 효렴과를 따져 말하여 무엇하랴.

---

*4 향거는 주나라 때 지방에서 재덕 있는 사람을 추천하면 조정에서 그 기량에 따라 벼슬을 시키던 인재등용법이고, 이선은 향리에서 유능한 인재를 뽑아 중앙에 올리던 법.

상앙의 변법

商鞅變法 상앙변법

상앙이 법을 고칠 때에 "어리석은 자는 이루어진 일에도 어둡고, 지혜로운 자는 아직 싹이 트기 전임에도 알아본다. 백성은 다 같이 처음을 도모하지는 못하지만 일이 이루어졌을 때는 함께 즐길 수 있다(《사기》 상군열전(商君列傳))" 하였으니 이 말은 참으로 당연한 말이다. 진(秦)나라는 쇠약해진 주나라의 옛터를 지키면서 오직 활쏘기와 사냥을 일과로 삼고, 아직 부국강병(富國强兵)의 방책에는 다다르지 못했으니, 옛날의 습관을 개혁해 새로이 바꾸지 않으면 부국강병을 이룰 수 없었으므로 상앙은 곧 과거의 자취를 단호히 없애버리고 새롭게 바꿀 것을 권하였다. 그렇게 하지 않았다면 진나라는 여전히 하나의 작은 나라에 지나지 않았을 것이다.

감룡(甘龍)은 "성인은 백성을 바꾸지 않고서 가르치고, 지자(知者)는 변법(變法)을 하지 않고 다스리며, 백성에 따라서 가르치면 수고를 하지 아니하고 성공하며, 법에 따라서 다스리면 관리는 익숙하고 백성은 편안하다(《사기》 상군열전)" 하였다. 그 말은 본디 당연한 말이다. 민속과 법령이 괴리(乖離)하지 않았다면 진실로 때에 따라서 편안히 행하는 것이 마땅하다. 이것이 "옛 관습을 이어받음이 옳다"고 이르는 것이다. 이러한데 무엇 때문에 고칠 필요가 있겠는가. 따라서 은나라가 하나라의 정치를 개혁하고, 주나라가 은나라의 정치를 개혁할 때 당연히 고쳐야 할 것을 고치지 않은 것은 없었다.

두지(杜摯)는 "이익이 100배가 못 되면 법을 바꾸지 않고, 공적이 10배가 되지 않으면 기구를 바꾸지 않는다(《사기》 상군열전)" 하였다. 이 말은 두지가 처음으로 한 말이 아니고, 본디 우찬(牛贊)이 조왕(趙王)에게 올린 말로서 《전국책》에 보인다. 이 말은 그때로서는 불후의 명언이었던 것 같다. 그 뜻을 가만히 생각해 보니 "이익이 100배가 아니면 법을 바꾸지 않는다" 하였으므로 만일 100배의 이익이 있다면 법을 바꿀 수 있다는 말이 된다. 그러나 다만 그 가볍고 무거움의 분별을 정확히 하려는 것뿐이다.

이익이 적고 해가 많은 것은 웬만한 지혜로도 분별할 수 있는 것인데, 어찌 10배의 공과 100배의 이익을 기다리겠는가?

쇠해진 형세를 일으켜 왕성하게 하고, 무너지려는 형세를 지켜내는 것은 손바닥을 뒤집는 사이에 동기가 결정되고 성패가 판가름 나는 것이다. 그 일이 어찌 10과 100 사이뿐이겠는가?

태자가 법을 어기자 그 사부를 죽이는 데에까지 이르렀으니, 이것은 반드시 그 죄가 무겁고 커서 죽이지 않을 수 없었던 것 같다. 이것을 그 뒤의 일로 보아 짐작할 수 있다.

태자의 사람됨이 사치하고 경망스러워서 상앙의 일에 반대만 하였다면 상앙은 성공할 수 없었다. 상앙은 공을 탐하는 사람이었으므로 공을 위해 죽었으니, 죽고 사는 문제를 꺼렸겠는가.

여관집 주인이 증명서가 없는 나그네를 숙박시키면 죄를 주는 법은 명도(明道)도 진성(晉城)에서 시행하였는데, 상앙은 어찌 후회하였던가? 그러나 변법이란 것은 곧 법을 지키는 폐단의 극단을 말한 것이다.

《시경》에 "어기지도 않고 잊어버리지도 않아 선왕(先王)의 법을 따른다"라고 하였으니, 이는 선왕의 법에는 모든 것이 다 구비되어 있음을 말한 것이다. 피폐하다는 것은 선왕의 법이 피폐해 모두 없어진다는 것이니, 그 피폐한 것을 변혁해 선왕의 법을 따르는 것이 무슨 해로움이 있겠는가마는 상앙은 그러지 못하고 오로지 이익을 늘리는 것에만 주력하고 각박함을 급한 일로 삼았으므로 끝내 실패하게 된 것이다.

법령이 너그러우면 풍속은 더욱 사치스럽게 되고, 풍속이 사치스러워지면 권력자는 좋으나 오히려 백성에게는 해가 된다. 태자와 사부는 깊은 사려도 없이 호사스러움만을 중요하게 여기는 자들로 상앙을 원수로 여겨 반드시 그 법이 시행되지 못하게 하려 해 상앙의 뜻을 반대하였을 것이다. 그러나 백성들은 틀림없이 좋아하였으므로 끝내는 상앙의 법에 힘입어 천하를 병합하게 되었다.

송나라의 왕안석 같은 이는 변법을 했는데도 백성들이 좋아하지 않았으니 상앙에는 훨씬 미치지 못하였다. 대체로 두 사람의 본령은 재리(財利)에서 벗어나지 않았으니 선왕의 법을 따르는 것에 비하면 과연 어떠한가.

송나라의 사마광(司馬光)은 신종(神宗)에게 "예컨대 3대의 임금이 언제나 우·탕·문·무의 법을 지켰다면 오늘날까지 존속되었을 것입니다" 하였으니, 이것 또한 어기지도 않고 잊어버리지도 않는다는 뜻이다. 어긴다면 옛 선왕의 법은 갈수록 사라지고, 잊으면 수리하여 거행하는 일은 생각지도 않을 것이다. 연대가 오래되면 혹시 인멸되기를 면치 못해 일으키지 못할 것이나 법령을 기록하여 남기는 사람이 잊지 않고 처음에 만들었던 것을 그대로 이어간다면 마치 큰집이 썩어 무너지는 근심이 있다 하더라도 썩은 것을 바꾸어서 새롭게 하고 무너진 곳을 고쳐서 완전하게 한다면 백 년 천 년이라도 이 집은 보전할 수 있는 것과 같을 것이다. 그런데 어찌 반드시 개혁하는 것만 옳다 하겠는가.

공자는 "은나라는 하나라의 예를 이어받았으며, 주나라는 은나라 예를 이어받았으니, 손익은 좀 있었으나 이어받은 것은 고치지 않았다. 고치지 않았으므로 백대(百代)까지라도 예측할 수 있다_{(논어 위정(爲政))}" 하였으니, 이로써 말한다면 3대 또한 옛법을 이어받은 것이다. 《주역》의 이른바 변통이란 것도 이와 같은 것이다.

농사를 장려함
勸農 권농

권농에 대해 사람들은 평상시 무사한 때에만 힘써야 하는 것으로 알고, 전쟁 시기에 더욱 급선무로 힘써야 한다는 것은 모른다.

옛날 유곤(劉琨)[1]이 진양(晉陽)에 있을 때에 백성들은 방패를 짊어지고 밭을 갈았으며, 동개(筒介)를 메고 김을 맸으니_{(진서(晉書) 권62)}" 그 예비함이 이와 같았다.

그러나 우리나라는 7년 동안의 임진 병란에서 농사일을 경영하지 않았으니 백성들은 무엇으로 목숨을 유지했으며, 국가는 무엇으로 경비를 댔으며 동정(東征)한 대소 전사들은 무엇으로 대접했던 것인가? 그 무렵의 유사(遺事)가 모두 기록되어 있으나 이에 대해 언급한 것은 보지 못하겠으니 이것이야말로 큰 결함인 것인데, 하물며 우리 백성들은 많이 먹어야 일을 할 수 있고 배가 부르지 않으면 허기증을 느끼게 되니 어찌 적과 맞서 싸울 수 있겠는가?

---

[1] 유곤은 진 혜제(晉惠帝) 때 어가(御駕)를 맞은 공으로 광무후(廣武侯)에 봉해졌다. 회제(懷帝) 때 병주자사(幷州刺史)가 되고, 진위장군(振威將軍)이 더해졌다. 민제(愍帝)가 즉위하자 대장군에 임명되어 병주의 군사를 통솔했다.

옛사람이 군사를 논함에 "배부른 군사로 굶주린 군사를 기다리는 것이 가장 좋은 전략이 되니, 그 쉬는 틈을 타서 농사짓는 일을 권장하여 조금도 방심하지 말아야 한다" 하였다.

소하(蕭何)*2의 공은 오로지 군량을 공급한 데 있었으니, 군량의 보급이 끊어지지 않은 것이 한나라가 초나라를 이긴 이유가 되었다. 소하가 아무리 재능 있는 인물이라 해도 언제부터 이와 같이 해야 한다는 것을 알고 있었을까? 그는 본디 패(沛)나라의 하급관리였기 때문에 이를 미리 알 수 있었던 것이다. 진(秦)나라에 있을 때에 그는 먼저 하상새(河上塞)를 수축하여, 백성들로 하여금 옛 진(秦)나라의 원유(苑囿 : 대궐 안의 동산)와 원지(園池 : 정원과 옷)를 밭으로 만들게 하였다. 진나라는 본디 농사일을 숭상하여 그 재산이 제후의 배가 넘었으니, 소하가 본받아 근본에 힘씀이 이와 같았다. 출전해서 진지를 구축하고는 서둘러 길을 닦아 오창의 곡식을 운반해다 먹었고, 항우는 마침내 식량이 떨어져서 패망하였으니, 그 정묘함을 알 수 있다.

그 뒤에 그 중함을 안 사람은 조충국(趙充國)*3뿐이었다. 그가 자천(自薦)하기를, "노신을 능가할 이가 없습니다. 젊은이부터 늙은이까지 대소의 군신이 오로지 번다(繁多)한 일에만 힘쓰고 있을 뿐 도무지 농사가 근본임을 모릅니다" 하였다.

그러므로 둔전을 만들 것을 아뢰자 처음에는 그르다고 했으나 나중에는 옳게 여기니, 과연 천 마리의 양이 한 마리의 여우만 못한 것이다. 그 무렵 이것을 힘써 주장한 사람은 위상(魏相) 한 사람이었으나 역사를 논하는 이들은 오히려 그가 중인이 우러러보는 지위가 없다 하여 남에게 사양한 것을 한스럽게 여긴다.

---

* 2 소하는 중국 전한 때 고조 유방의 재상. 한나라 유방과 초나라 항우의 싸움에서 양식과 군병 보급을 확보했으므로, 고조가 즉위할 때에 논공행상에서 으뜸가는 공신이라 하여 찬후로 봉해졌다.

* 3 조충국은 전한 농서현(隴西縣) 사람. 말타기와 활쏘기를 잘 했으며, 지략을 갖춘 데다 변방의 정세에 대해서도 해박했다. 여러 차례 황제에게 상소를 올려 둔전의 중요성을 강조했는데, 특히 "기병 1만 명을 장군의 계획대로 둔전병(屯田兵)으로 전환할 경우 흉노와의 전쟁을 언제쯤 승리로 이끌 수 있겠느냐?"는 황제의 질문에, 싸워서 이기는 것보다는 싸우지 않고 이기는 것이 중요하다고 역설하면서, 출병을 하지 않고 금성(金城) 일대에서 둔전을 실시하는 것이 유리하다는 것을 구체적으로 12가지 조항을 들어 제시했다.

임금의 직분에 백성을 기르는 것이 첫째라고 하나 임금을 돕는 재상의 임무 역시 백성을 지도하고 기르는 것에 지나지 않는다. 백성에게 농사는 권장하지 않으면서 곡식을 거두어들이는 데에만 힘쓴다면 그것은 괴이한 일이다.

제5부

시문문

詩文門

한자의 사성
韻考 운고

운(韻)의 《사성보(四聲譜)》*¹는 심약(沈約)*²에서 시작되고, 글자의 반절(反切)*³은 신공(神珙)*⁴에서 시작되었다. 후세의 자서(字書)*⁵는 고열(考閱)의 편의를 위하여 부분별로 편방(偏旁 : 편(偏)은 한자의 왼쪽, 방(旁)은 오른쪽)을 나누었지만, 역시 반절에 따라서 그 운을 알 수 있게 되었다.

매응조(梅膺祚)의 《자휘(字彙)》*⁶는 번거로운 것을 깎아버리고 요점만을 간추린 것으로서 도합 3만 3,179자이니 이것으로 충분했다.

현재 세상에 나도는 《운고(韻考)》 한 권은 심약의 《사성보》에다가 덧보탠 것이다. 살펴보건대 사가(四佳) 서거정(徐居正)의 《필원잡기(筆苑雜記)》에 이르기를 "우리 세종대왕께서 유신(儒臣)을 명하여 찬집하여 책을 만들었다" 하였는데, 바로 이것을 두고 말한 것인 듯하다. 9,827자인데, 주문(籀文 : 종정(鐘鼎) 문자로서 대전(大篆)이라고도 함)・고문(古文 : 과두문자(蝌蚪文字) 등을 일컬음)을 계산하여 위와 같은 것을 또 479자를 덜어내고 보니, 단지 9,348자로서 1만 자에도 미치지 못한다.

장경(長卿) 도륭(屠隆)*⁷이 심약의 운서를 들어 "부분별로 나눈 것이 근거한 바가 없는데도 후인이 오히려 그대로 따라 쓰고 있다" 하며 비웃었는데, 그 말 또한 옳다.

나는 이따금 경서를 읽으면서 낱낱이 교감(校勘)하여 보는데 《시경》이나 《서경》 속에 있는 글자에서도 빠진 것이 매우 많으니 어찌 부끄럽고 안타까

---

*1 《사성보》 : 한자의 상성(上聲)・평성(平聲)・거성(去聲)・입성(入聲)을 분류한 책으로 총 1권임.

*2 심약은 중국 양나라 때의 시인으로 육조시대를 통해 정치・문학에서 뛰어남을 보였다. 시를 지을 때 운율 문제를 연구하여 4성 8병설을 주장하였음.

*3 반절 : 한자의 두 자음을 반씩 따서 한 음을 만들어 읽는 법. 예를 들면, 문(文)자의 음은 무(無)의 'ㅁ'과 분(分)의 '운'을 합쳐 '문'이 된다는 뜻으로 "無分反" 또는 "無分切"이라 함과 같음.

*4 신공은 당나라 때의 서역 승려. 쌍성자(雙聲字)를 종류대로 분류하고 사성(四聲)・질운(迭韻)과 결합시켜 반절의 방법으로 풀었음.

*5 자서 : 자체(字體)의 구성을 해석하고 성음(聲音)과 훈고(訓詁)를 자세히 풀이한 책.

*6 《자휘》 : 자전(字典)・사전(辭典)과 같은 것임. 명나라 매응조가 편찬했음.

*7 장경은 명나라 문인. 그는 희곡에 능했으며, 저서에는 《고반여사(考槃餘事)》・《유구잡편(游具雜編)》 등이 있음.

운 일이 아니겠는가.

나는 늘 육경에 나오는 글자 가운데 빠진 글자를 지금 《운고》에 편입시키고자 하나 아직 힘이 미치지 못한다. 또 육서 가운데는 형성(形聲)으로 된 것이 열에 아홉인데, 이른바 형(形)은 후세에 와서 그 편방을 늘린 것에 지나지 않는 것이고 성(聲)은 일찍이 변하지 않았다.

예를 들면 동(東)·동(冬) 두 운에 있어, 동(罿)·동(瞳)의 무엇이 동(童)과 구별되기에 동(冬)의 운에 들어 있으며, 농(籠)·농(瓏)의 무엇이 용(龍)과 구별되기에 동(東)의 운에 들어 있는 것일까. 생각건대, 예로부터 내려오는 운(韻)이 이와 같은 것이 있어서 드디어 구별해 놓은 것이리라. 만일 그렇다면 정론이 될 수 없는 것은 확실하다.

정인홍의 시
鄭仁弘詩 정인홍시

정인홍은 어렸을 때 산사(山寺)에서 글을 읽었다. 그때 마침 그 도의 감사(監司)가 그곳에 왔다가 밤에 글 읽는 소리를 듣고 따라가보니, 바로 과부 집 어린아이였다. 신통하게 여기고 그 아이를 데려다가 "네가 시를 잘 짓느냐?" 물으니, 어린 정인홍은 글을 잘 짓지 못한다고 겸손하게 대답하였다.

감사는 탑 부근에 있는 키가 작은 소나무[矮松]를 글제목으로 내고 운(韻)자를 불러 짓게 하였더니, 정인홍은 곧바로

짧고 짧은 외로운 솔이 탑 서쪽에 서 있으니	短短孤松在塔西
탑은 높고 솔은 낮아서 서로 가지런하지 않네.	塔高松下不相齊
오늘날 외로운 솔이 짧다고 말하지 마오	莫言今日孤松短
솔이 자란 다른 날엔 탑이 도리어 짧으리.	松長他時塔反低

라고 지었다. 감사는 문득 깨닫고 감탄해 마지않으며 말하기를 "뒷날 반드시 크게 출세하리라. 그러나 뜻이 너무 지나치니 부디 경계하라"고 하였다.

그 뒤에 정인홍은 남명 조식의 문하에서 공부하여 세상에서 존대 받는 위치가 되었다. 그가 패하여 죽게 되었을 때 그의 문도들이 참으로 많았는데,

그들은 오히려 비분강개하여 한결같이 나아가 벼슬하는 것을 수치로 여겼다. 이 때문에 합천(陜川) 등지의 여러 고을에서는 벼슬아치의 대가 끊어지고 선비의 기풍이 떨치지 못하였으니, 이는 정인홍으로부터 비롯된 것이다.

정승 윤지완의 시
尹相公詩 윤상공시

정승 윤지완(尹趾完)이 인동(仁同)의 원님이 되어 부임 행차가 새재〔鳥嶺〕를 지나는데 떨어진 옷에 낡은 갓을 쓴 한 가난한 선비가 길가에 말을 멈추더니 원님을 수행하던 하인을 불러 말하기를 "아뢰고 싶은 말씀이 있다" 하므로, 윤지완은 그를 위하여 잠깐 멈추었다. 그 선비가 말하기를 "우연히 시 한 연을 지었는데, 귀공에게 사뢰어 가르침을 받고자 합니다" 하므로, 윤지완이 "어떻게 지었는가?"라고 묻자 그는 다음과 같이 외었다.

서린 뿌리 땅에 솟으니 뱀이 길에 당도한 듯   盤根迸地蛇當逕
늙은 돌이 시내에 우뚝하니 범이 숲에서 나온 듯.   老石蹲溪虎出林

윤지완은 여러 번 칭찬을 하고 나서 "주막이 멀지 · 않으니 그곳으로 찾아와 주지 않겠는가?" 하였다. 선비는 그렇게 하겠노라 약속하고 떠났는데, 주막에서 아무리 기다려도 그는 나타나지 않았다.

윤지완은 번번이 사람들에게 말하기를 "그 때에 갈 길을 멈추고 다정히 이야기를 나누지 못한 것이 한이다. 그는 틀림없이 나를 같이 이야기 나눌 만한 사람이 못 된다고 여겼던 모양이다" 하였다. 나중에 윤지완의 지위가 우뚝하여 시어(詩語)에 꿀릴 것이 없게 되자, 마침내 미담으로 전하게 되었다.

내가 살펴보건대, 이규보(李奎報)의 시에

대 뿌리 땅에 솟으니 용 허리 구부러지고   竹根迸地龍腰曲
파초잎 창에 닿으니 봉의 꼬리 길쭉하여라.   蕉葉當牕鳳尾長

라 하였고, 총산(蔥山) 정언눌(鄭彥訥)의 시에

괴석은 한밤이면 호랑이로 변하고 　　　　　　　　怪石夜能虎
키 작은 솔은 가을이면 거문고 줄 구실을 하려 하네. 　　矮松秋欲絃

라고 하였다. 모두 아름다운 시구라 하겠는데, 이 시는 다시 점화(點化 :
옛사람이 지은 시문의 격식을 취하되 그것을
새로이 고쳐 더 훌륭한 시문을 지음) 하여 신기한 맛을 얻었고, 또 그 뜻을 보니 재주나
기능을 자랑하려고 지은 시도 아니므로, 역시 천하의 선비를 제대로 알아보
았다고 하겠다.

두견의 새끼
業工 업공

두보 시 〈두견행(杜鵑行)〉에 "업공(業工)은 깊은 숲속에 엎드려 있다〔業
工竄伏深樹裏〕" 하였는데, 이제 《사문유취(事文類聚)》*1를 살펴보니 '업공
(業工)'은 '업업(業業)'으로 되어 있다. *2 대개 한 글자를 거듭 쓸 때에는 두
점만 찍으니 '공(工)'자의 모양과 비슷하므로, 이것이 잘못 전해진 것이리
라. '업업'은 곧 공구(恐懼)의 뜻이다.
오산(五山) 차천로(車天輅) *3의 《오산설림(五山說林)》에 "업공은 두견의
새끼이다. 내가 젊었을 적에 어떤 책에서 보았는데, 어느 책인지 지금 기억
이 나지 않는다" 하였다.

---

*1 《사문유취》는 전(前)·후(後)·속(續)·별(別)·신(新)·외(外)·유(遺)집 총 236권으로서 전·후·
　속·별집은 송나라 축목(祝穆)의 찬이고, 신·외집은 원나라 부대용(富大用), 유집은 축연(祝淵)
　의 찬임. 축목이 편찬한 것은 부류를 나누어 군서(群書)의 요어(要語)·시구(詩句)·고금(古今)
　의 사실·고금 문집의 순으로 배열했다. 그는 《사문유취》 서(序)에서 당나라 구양순의 《예문유취
　(藝文類聚)》와 서견의 《초학기(初學記)》의 체제를 따랐음을 밝히고 있다. 부대용과 축연의 것은
　축목의 체제를 그대로 따르고 그것을 증보한 것임.
*2 이 대문은 후집(後集) 44권 우충부(羽虫部)의 두견(杜鵑) 조에 인용된 두보의 두견행(杜鵑行)
　에 "業業竄伏深樹裏 四月五月偏號呼"라고 나와 있음.
*3 조선 시대의 문인으로 서경덕(徐敬德)의 문인이다. 그는 문명(文名)이 명나라에까지 떨쳐 동방
　문사(東方文士)라는 칭호를 받았으며, 특히 한시에 뛰어나 한석봉(韓石峯)의 글씨, 최립(崔岦)
　의 문장과 함께 송도삼절(松都三絶)이라 일컬어졌다. 저서에 《오산집》·《오산설림》이 있다.

두 이씨의 금강산시
二李金剛詩 이이금강시

이민구(李敏求 : 조선 선조~현종 시대의 문인)가 금강산에 가서 머물 때, 89세 된 스님에게 다음과 같이 시를 지어 주었다.

쓸쓸한 절간에서 형(瑩)스님 다시 만나니   蕭寺重逢瑩上人
의연히 수월(水月)인 양 옛날의 정신이로세.   依然水月舊精神
명년에 다시 와서 유마실(維摩室 : 유마거사의 방)을 두드릴 땐   明年再叩維摩室
이야말로 선문의 구십춘(九十春)이 되오리다.   政是禪門九十春

그 후에 문사(文士) 이(李) 아무개가 보고서, 그 명년의 일을 먼저 읊은 것이 흠이라 하여 차운(次韻)하기를

이 스님의 나이를 만약 서로 묻는다면   此僧年紀如相問
아흔 살 앞머리에 봄 하나 모자란다네.   九十前頭少一春

라 하였는데, 사람들은 이 시가 더 친절하다고 이르지만, 내가 보기에는 의미나 풍운(風韻)이 앞의 것에 월등히 미치지 못한다. 시를 논평하기란 참으로 어려운 모양이다.

봉래 양사언의 시
蓬萊詩 봉래시

봉래 양사언(楊士彦)은 신선(神仙) 축에 드는 인물이다. 그 글씨도 그 인물과 같은데, 사람들은 그 글씨가 진속(眞俗 : 세상에서 일반적으로 인정하는 진리의 이치를 통틀어 이르는 말)을 벗어난 줄만 알고 그 시가 세상 사람의 말이 아니라는 것을 알지 못한다. 그가 옥류협(玉流峽) 비선교(飛仙橋)에서 원(遠) 스님에게 준 시는 다음과 같다.

하늘가라 한 동이 술로   天涯一樽酒

해가 진 찬 시내 가운데서. 落日寒澗中

된서리 하얗고 검은 초구 해어지고 霜華嚴黑貂弊

만리라 관산은 길조차 멀고 먼데 萬里關山路不窮

날아가는 저 기러기 새벽달에 슬피 울고 征鴈哀於曉月

떨어지는 잎사귀 서풍에 우수수. 落葉響於西風

친척이랑 벗님들 이쪽저쪽 다 끊어지니 親舊絕於左右

어허! 나는 뉘랑 함께 덮인 것을 벗기리요. 嗟我誰與發蒙

걷고 걸어 학성관에 당도하자마자 行行鶴城舘

갑자기 천일옹 만나보았소. 忽逢天逸翁

시가 천일옹 앞에선 잘 되기가 어렵더라. 詩到天逸難爲工

청랑간 값진 물건 손에 쥐고서 手持靑琅玕

은근히 혜원공을 찾아왔다오. 來訪惠遠公

해맑은 종소리에 벽전은 가려 있고 鍾淸碧殿掩

학이 날아가자 요대도 비었어라. 鶴去瑤臺空

나그네여! 나그네여! 하루를 머무르오 旅人兮旅人淹留一日

돌아갈 생각 전혀 잊고 동에서 다시 동으로. 忘却歸心東復東

내일 아침 철령관 밖에서 바라볼 적에는 明朝鐵嶺關外望

다만 저 바다 위 붉은 노을만 보이리다. 相思惟見海霞紅

또 그 풍악(楓嶽)의 돌에 새긴 시는 다음과 같다.

백옥경 봉래도*¹는 白玉京蓮萊島

넓은 연파 예스럽고 浩浩烟波古

밝은 풍월 좋구나. 熙熙風日好

벽도화 꽃 밑을 한가로이 오락가락 碧桃花下閑來往

한 가락 생학*² 소리 천지가 늙도록…… 笙鶴一聲天地老

---

*1 백옥경은 천상의 서울을 말한 것이고, 봉래도는 삼신산(三神山)의 하나로서 선인이 산다는 곳.

*2 생학 : 주 영왕(周靈王)의 태자 진(晉)이 7월 7일에 후산(緱山)에서 학을 타고 생(笙)을 불며 세상 사람과 작별하고 하늘로 떠났다는 고사를 인용한 것.

금수정(金水亭)의 돌에 새긴 시는 다음과 같다.

녹기금 백아*³의 마음   綠綺琴伯牙心
한 번 타고 또다시 한 번 읊노라니   一鼓復一吟
종자기가 바로 지음을 하는구려.   鍾子是知音
허뢰*⁴는 선들선들 먼 봉우리서 일어나고   虛籟起遙岑
강 달은 곱고 고와 강물은 깊고 깊네.   江月涓涓江水深

나는 이곳에서 노닌 지가 이미 수십여 년이 지났는데, 몽상이 오히려 괴롭다. 두자미가

어쩌면 생각이 저 도·사*⁵의 솜씨 같아서   焉得思如陶謝手
그네들의 술작과 함께 끼어를 볼거나.   令渠述作與同遊

하였는데, 이 한 글귀가 다시 먼 생각을 일깨우게 한다.

박정길의 시
朴鼎吉詩 박정길시

백 길 깊은 강물에 1만 길의 높은 산   百丈深河萬仞山
지금껏 사적에는 핏자국이 아롱졌구려. 至今沙磧血痕斑
강 위에서 영혼일랑 부르질 마소   英魂且莫招江上
오랑캐를 없애지 않고선 결코 돌아오지 않으리. 不滅凶奴定不還

이 시는 박정길이 장군 김응하(金應河)를 두고 지은 만시(挽詩)이다. 박정길은 이이첨(李爾瞻)과 같은 당으로 인조반정 때 사형을 받았으니 그 사람됨은 족히 말할 것 없지만, 이 시만은 만인의 입에 오르내리며 전해지고

---

*3 녹기금은 거문고 이름이고, 백아는 춘추 시대 거문고 잘 타는 사람임.
*4 허뢰 : 공산(空山)에서 바람 없이 일어나는 소리.
*5 시인 도잠(陶潛)과 사영운(謝靈運)을 이름.

있으니, 사람이 보잘것없다고 하여 글까지 없앨 수는 없는 것이다.

유희분·박승종·이이첨의 시
三昌詩 삼창시

광해조에 문창부원군(文昌府院君) 유희분(柳希奮)은 중궁의 오라비였고,
밀창부원군(密昌府院君) 박승종(朴承宗)은 폐세자빈(廢世子嬪)의 할아버지
였는데, 광창군(廣昌君) 이이첨(李爾瞻)과는 물과 불 사이보다도 심한 원수
사이였으니, 삼창(三昌)이라 일컬었다.
하루는 세 사람이 모여서 잔치를 벌이고 더불어 마음을 같이하기로 굳은
맹세를 하려고 하는데, 이이첨은 시에서

봄을 찾는 즐거운 일 바빠서가 아니라　　　　　不是尋春樂事忙
다만 서로 모여 심장을 의탁하려는 것이오.　　　只要相會託心腸
매화 역시 우리들 의사를 알아채고　　　　　　梅花亦解吾人意
좋은 날을 먼저 가려 암향을 보내주네.　　　　先占天和送暗香

하였고, 박승종은 시에서

열흘을 서로 찾아 아흐레가 바빴어라　　　　　十日相尋九日忙
지난날의 쌓인 심사 얼마나 애태웠나.　　　　向來懷抱幾回腸
찬 매화 여원 대는 청표(淸標 : 깨끗하고 기품이 있음)는 한가지라　梅寒竹瘦同淸標
향기로운 궁중 술에 모두 함께 취해 보세.　　盡醉芳樽內醞香

하였으며, 유희분은 시에서

한망이 다르다고 행여나 말을 마소　　　　　憑君休道異閒忙
철석같은 심장을 더욱더 굳히자꾸나.　　　　但願彌堅鐵石腸
복사꽃 붉고 오얏꽃 흰 건 도무지 상관 않고　李白桃紅都不管
향기로운 성명을 늦도록 보전하세.　　　　　歲寒期保姓名香

하였다. 그러나 세력과 지위가 서로 기울자, 마침내 그 화합을 보전하지 못하고 패망의 지경에 이르게 된 것이다. 그래도 승종만은 죄도 가벼웠을 뿐아니라 죽으면서도 그 마음을 저버리지 않았으니, 가상하다 할 만하며, 그 시 역시 유희분·이이첨보다 낫다고 하겠다.

술을 찬미하는 노래
酒德頌 주덕송

옛날과 오늘날의 서책의 전주(箋注)는 사실과 어긋나는 것이 많다. 경서에서도 그렇거늘, 하물며 제가(諸家) 시문 따위들에 있어서랴.

유령(劉伶)의 〈주덕송(酒德頌)〉*1 같은 것도 《문선육신주(文選六臣注)》*2로 살펴보아도 어세(語勢)가 혼란스러워 귀착되는 바가 없어 거의 읽을 수 없다. 그런데 지금 사람들이 장단을 치면서 외어 익히곤 하며 아름다운 작품으로 여기는 것은 무엇 때문일까. 거기에 "대인(大人) 선생이 있다"*3라는 것은 반드시 지목한 사람을 두고 한 것이니, 그가 곧 완적(阮籍)이었다.

유령이 완적·완함(阮咸) 숙질과 더불어 죽림(竹林)에서 놀이를 하는데, 완적이 더욱 술을 즐기고 방탕하여 그 무렵 사람들로부터 미움의 대상이 되었다. 그러므로 유령은 이 〈주덕송〉을 지어 물의를 물리치면서 찬탄해 마지 않은 것이다.

《삼국지》완적전(阮籍傳)을 살펴보면 다음과 같다.

"완적은 그 어머니가 죽어 있는데도 손님을 상대하여 바둑을 두며 술을 마시고 삶은 돼지고기를 먹었다. 배해(裴楷)*4가 찾아가서 조상하자, 머리를

---

*1 술을 찬미하는 노래는 진(晉)나라 유령이 지었다. 유령은 죽림칠현〔竹林七賢 : 완적(阮籍)·산도 (山濤)·상수(尙秀)·혜강(嵆康)·유영(劉伶)·완함(阮咸)·왕융(王戎). 이들은 난세를 피해 죽림 에 은둔하였음〕의 한 사람으로 노장학(老莊學)을 숭상하였음. 성호는 이 〈주덕송〉을 품평하고 있음.

*2 《문선》은 양나라 소명태자(昭明太子)의 찬으로, 내용은 진한(秦漢)으로부터 양·제(梁齊)에 이 르기까지의 시문을 선록(選錄)한 것인데 총 60권임. 그 주석서에는 당 고종(唐高宗) 때 나온 이선(李善)의 주가 있고, 그 뒤 당 현종(唐玄宗) 때에 여연조(呂延祚)가 여연제(呂延濟)·유양 (劉良)·장선(張銑)·여향(呂向)·이주한(李周翰) 등의 주를 모아 《오신주(五臣注)》라 했는데, 남송(南宋) 이후에 〈이선주(李善注)〉를 합쳐 《문선육신주》라 하였음.

*3 이 대문은 〈주덕송〉의 앞 부분임.

풀어헤치고 다리를 벌리고 앉아 술에 취하여 똑바로 쳐다보기까지 하였으며, 혜강(嵇康)*5이 술을 싸들고 거문고를 끼고 찾아가니, 완적은 크게 기뻐서 바로 청안(靑眼)*6을 보였다. 이로 말미암아 예법을 숭상하는 선비 하증(何曾)*7 등이 완적을 원수처럼 미워하였다.”

지금 유령의 〈주덕송〉 가운데 보이는 사연은 모두 이를 드러내기 위한 것이다. 그 이른바 ‘대인선생이란 무엇인가. 완적이 일찍이 소문산(蘇門山)에 손등(孫登)*8을 찾아가서 고금을 대략 이야기함과 아울러 서신(棲神)·도기(道氣)*9의 술법을 토론하니, 손등은 모두 응답하지 않았다. 완적이 휘파람을 길게 불며 물러나와 반령(半嶺)의 사이에 당도하자, 소리가 들리는데 마치 난새와 봉새의 소리가 바윗골에 울리는 것과 같았다. 이것이 바로 손등의 휘파람이었다. 드디어 돌아와 대인선생전(大人先生傳)을 지었는데 그 대략은 다음과 같다.

“세상에서 이른바 군자란 법만 닦고 예만 준수하며, 손은 옥구슬을 잡은 듯이 공순하고 발은 먹줄을 받은 듯이 신중하며, 행동은 목전의 검식(檢式)이 되고자 하고, 말은 무궁한 장래의 법칙이 되고자 하며, 젊어서는 향당(鄕黨)에 칭찬받고 장성하면 이웃 나라에 소문나며, 위로는 삼공(三公)의 지위를 도모하고자 하고, 아래로도 구주(九州)의 수령을 놓치지 아니하려 한다.

홀로 바지 안에 몰려 있는 이 떼를 보지 못하였는가. 깊이 솔기 틈으로 달아나고 해진 솜 속에 숨으면서 스스로 좋은 터전으로 여기고, 다녀도 감히 솔기 틈을 떠나지 않고 움직여도 감히 바짓가랑이를 벗어나지 아니하면서 스스로 바른 길을 얻었다고 여기지만, 염상(炎上 : 타오르는 불)의 불이 흘러 읍도

---

*4 배해는 진나라 학자이자 정치가. 《주역》에 밝고 벼슬이 중서령(中書令)에 이름.

*5 혜강은 문학가. 노장학을 숭상하여 《양생편(養生篇)》을 지음.

*6 청안은 청·백안(靑白眼)을 이르는 말인데, 무릇 안청(眼靑)이란 빛이 푸르고 그 곁의 빛은 희므로 기쁠 때에 바로 푸른 빛이 나타나고, 성이 날 때에 흘겨보게 되면 흰빛이 나타나는 것이다. 완적은 예교(禮敎)에 구속되지 않고 청·백안을 잘하여, 예속(禮俗)의 선비를 보면 백안으로 대하고, 혜강이 술과 거문고를 가지고 찾아오면 기뻐하여 청안으로 대하였던 것이다. 그러므로 지금 세상 사람을 중시하는 것은 청안이라 이르고 사람을 경시하는 것을 백안이라 이름.

*7 하증은 진나라 정치가. 자는 영효(穎孝). 벼슬이 태위에 이르렀음.

*8 손등은 위·진(魏晉)시대의 은사(隱士).

*9 서신·도기는 모두 도가(道家)의 술어로서, 서신은 마음을 통일시켜 신(神)이 엉기게 하는 것이고, 도기는 도가의 기풍(氣風)을 말함.

(邑都)를 초토화하는 날이면, 이 때가 바지 안에 박혀 있어 선뜻 나올 수 없는 것이다. 군자가 그들 지역 안에 살고 있는 것이 저 이가 바지 안에 살고 있는 것과 무엇이 다르겠는가."

또 소문생(蘇門生)의 논평을 빌려 다음과 같은 노래도 지었다.

부주산 서쪽으로 해는 떨어지고	日沒不周西
단연이라 못 속에서 달은 솟아오르네.	月出丹淵中
태양(太陽)의 정이 가려 보이질 않으니	陽精蔽不見
태음(太陰)의 빛이 대신하여 내로라 하네.	陰光代爲雄
휘영청 저 달빛은 잠깐밖에 남지 못하고	亭亭在須臾
고요한 저 햇빛은 장차 다시 성해지리.	厭厭將復隆
부귀도 쳐다보고 내리보는 그 사이라	富貴俯抑間
빈천하다 하여 어찌 꼭 끝까지 가리오.	貧賤何必終

또 한탄한 노래는 다음과 같다.

천지가 열리고 육합이 열리었건만	天地闢兮六合開
별과 별이 떨어지려나 해와 달이 무색하여라.	星辰隕乎日月頹
이 몸 날아 올라가면 장차 무엇을 생각하리요.	我騰而上將何懷

완적은 손등으로 인하여 대인선생전을 만들어서 자기를 비유한 것이다. 그러므로 유령이 완적을 찬송하면서 이를 서두로 삼은 것이다.

그 천지(天地)·만기(萬期) 따위의 말*10은 그 가슴속의 회포를 스스로 말한 것이다. 그리고 이른바 귀개공자(貴介公子)나 진신처사(搢紳處士)*11는 반드시 그 무렵 예법을 숭상하는 선비 하증(何曾)의 무리를 가리킨 것이니, 완적의 이른바 오직 법[惟法]과 오직 예[惟禮]라는 따위의 표현*12 또한 반

---

*10 이 대문은 《주덕송》에 "以天地爲一朝 以萬期爲須臾"라 한 것을 가리킨 말인데, 《고문진보(古文眞寶)》에 실린 〈주덕송〉 주에 의하면, "천지개벽 이래로 하루아침을 삼고 만 년의 기간으로 잠깐을 삼음이다" 하였음.

*11 귀개공자나 진신처사는 다 같이 귀한 집의 자제와 높은 벼슬아치를 말함.

드시 서로 미워했기 때문에 말한 것이다.

그 이른바 이호(二豪)란 무엇인가. 완적의 아들 완혼(阮渾)의 자(字)는 장성(長成)인데, 아비의 기풍이 있어 젊어서부터 통달(通達)한 이를 사모하고 소소한 예절 따위는 꾸미지 않았다. 완적은 일찍이 말하기를 "중용(仲容)이 이미 나와 함께 이런 흐름 속에 참여했는데, 네가 다시 또 이러해서는 안 된다"*13고 하였으니, 그 사람됨을 상상할 수 있다. 완혼(阮渾)·완함 두 사람은 모두 집안의 아들과 조카로서 그 덕이 완적을 꼭 닮았다. 그러므로 '이호(二豪)가 곁에 모셨다'라고 이른 것은, 칭찬하기를 대단히 하여 유풍(流風)이 미쳐 간 데까지 언급한 것이다. 강한(江漢)·과라(蜾蠃)는 완적에 비유한 것이요, 부평(浮萍)은 세상 사람에 비유한 것이요, 명령(螟蛉)*14은 완함·완혼의 무리에 비유한 것이니, 저 예법(禮法)을 자세히 말하는 무리들이 비록 옷소매를 휘날리며 눈을 부릅뜨지만, 마침내는 대인의 도량 속에 포용되어, 마치 마름이 물 위에 떠서 어지럽게끔 혹은 서쪽으로 혹은 동쪽으로 갈지라도 일찍이 한 걸음도 강물의 흐르는 물결을 떠나지 못하는 것이다. 그 '여(與)'란 한 글자는 마땅히 나와 같다는 말로 보아야 하니, 부형이 잘 인도하고 교화함으로써 자제가 빨리 부형을 닮는다는 뜻이다.

머리를 덮고 자는 해로움
夜臥覆首 야와부수

머리란 모든 양기(陽氣)가 모이는 곳이다. 모든 음맥(陰脈)은 목과 가슴 속까지 왔다가 도로 내려가지만, 유독 양맥은 다 올라가서 머리에까지 오르므로 얼굴이 추위를 견딜 수 있는 것이다.

이 때문에 아이 기르는 자는 그 아이의 머리털을 깎아 주어야 하고, 양생(養生)하는 자는 곤륜(崑崙 : 도가의 술어로 머리(頭) 또는 뇌(腦)를 가리킴)을 다듬어야 한다. '곤륜을 다듬

---

*12 이 대문은 그의 〈대인선생전〉 나오는데, 예법만을 고수한다는 뜻.

*13 이 대문은 《진서(晉書)》 완적전(阮籍傳)에 나옴. 중용(仲容)은 완함(阮咸)의 자(字).

*14 이상 성호가 문제로 다루고 있는 부분을 〈주덕송〉 중에서 초록하면 다음과 같다. "俯觀萬物 擾擾焉如江浮萍 二豪侍側焉 如蜾蠃之螟蛉" 과라는 토봉(土蜂)의 일종인데, 명령이란 벌레를 물어다 길러서 제 새끼로 삼는다는 말이 있음. 그래서 세상에서는 양자를 들어 명령이라 칭함. 《시경》 소아(小雅) 소완(小宛)에 "螟蛉有子蜾蠃負之"라 하였음.

는다' 함은 언제나 두부(頭部)를 씻고 빗질을 하는 것을 이르는 것이다. 이렇게 하면 풍상(風霜)이 뼈를 도려내는 듯해도 밖을 나다닐 적에 얼굴을 싸맬 일은 없다. 밤에 자면서 얼굴을 덮는 사람이라면 물어볼 것도 없이 양기가 부족한 까닭이다. 응거(應璩 : ^{위 문제(魏文帝)} ^{때의 문장가})의 시에서

옛날에 길가는 사람이 있어	古有行道人
언덕 위에서 세 늙은이 만나보았네.	陌上見三叟
나이는 저마다 백 살이 넘는데	年各百餘歲
서로들 벼 밭에서 가라지를 뽑고 있거든.	相與鋤禾莠
수레를 멈추고서 세 늙은이에게 물었더라네	住車問三叟
어찌하여 이토록 오래 살게 되었느냐고.	何以得此壽
상늙은이 앞으로 나와 일러 주되	上叟前致辭
안방의 마누라 얼굴이 몹시 추했다오.	內中嫗貌醜
중늙은이 앞으로 나와 일러 주되	中叟前致辭
배 속을 헤아려서 먹는 것을 조절했다오.	量腹節配受
아랫늙은이 앞으로 나와 일러 주되	下叟前致辭
밤에 잠잘 적에 이불을 머리까지 덮지 않는다오.	夜臥不覆首
긴요하도다, 이 세 늙은이 이르는 말이여!	要哉三叟言
그 까닭에 남들보다 오래오래 사는 거로세.	所以能長久

하였으니, 이에 의하면 생명을 해치는 데에는 머리까지 이불을 덮고 자는 것이 음식과 여색 다음인 것이다.

꿈에 송도 시를 짓다
松都夢詩 송도몽시

필선(弼善) 이국휴(李國休)는 나의 재종질이다. 그가 언젠가 대궐 안에서 숙직하면서 꿈에 시를 지었다.

무너진 성 성가퀴는 울퉁불퉁 드러나고	荒城廢雉樓樓出

고목의 갈까마귀 이따금 찾아온다.   古木寒鴉往往來

그러나 이것이 무슨 징조인지 알지 못하였다. 그 뒤 며칠이 지나서 개성
경력(開城經歷)으로 제수되어 나갔더니, 개성은 옛날의 도읍지라 과연 사실
과 부합되는 것들이다.

이 글귀는 의태(意態)가 고고(孤高)하여 자못 신(神)의 도움이 있어 보이
니, 어찌 사가청초(謝家靑草)*1의 시만 못하랴. 이국휴가 시를 짓는 일에 게
을러서 한 번 끝 글귀를 지어 완성하려 하면서도 아직 손대지 않고 있었는데
나는 이 글귀가 대단히 아까워 완성하고자 보충하여 서한을 보내 허락해 주
기를 요청하였으나, 이국휴는 또한 들어주지 않았다. 아마 그도 아깝게 여겨
서이리라. 얼마 못 가서 그는 병들어 죽었으니, 오늘날 생각하면 처량하여
애가 끊기는 듯하다.

그가 한번은 나를 위해 배를 타고 가면서 지은 연구 하나를 외어 주는데

돛은 산빛을 거느리고 바쁜 마음으로 떠나고   帆將岳色忙心去
비는 여울 소리 휩쓸고 급한 걸음으로 몰아오네.   雨捲灘聲急脚來

라고 하였다. 이 또한 아름다운 시구로서 전할 만하다. 그는 또 산골로부터
돌아와서 그가 지은 율시(律詩) 한 편을 외었다.

하늘 닿도록 높던 거기가 어딘지 모르겠네.   去天不遠曾何境
종일토록 다녀도 또 다시 이 산일세.   終日而行又此山
성낸 용처럼 골짜기 밀고 내려가는 냇물 기세 웅장하고 排壑怒龍川勢壯
비탈에 매달린 사나운 범과 석반이 우람하구나.   隱崖咆虎石盤頑
아침이면 시험삼아 깊고 깊은 골을 벗어나   朝來試出深深洞
평지의 세상에서 연화를 밟자꾸나.   平地烟花踏世間

---

*1 사가청초 : 진(晉)나라 사혜련(謝惠連)이 10세에 글을 잘 지으니, 그 족형(族兄) 영운(靈運)은
늘 글을 지을 적에 "혜련을 만나기만 하면 문득 좋은 글귀를 얻게 된다. 일찍이 영가(永嘉) 서
당(西堂)에서 시를 사색하다 이루어지지 못했는데, 갑자기 꿈에 혜련을 보고서 곧 '지당에 봄 풀
이 돋아난다(池塘生春草)'라는 글귀를 얻었다" 하였음.

이 시 또한 첫 연구가 없어서 한 편이 이루어지지 못하였으므로, 나는 시험 삼아 빠진 곳을 채워 넣었다.

산골 형세 높고 높아 푸른 빛이 에웠는데.	峽勢巑岏碧四環
나그네는 한 필 말로 고갯마루 오르누나.	征人匹馬陟孱顔

그러나 이는 우선 채우기에 급급하여 불두(佛頭)를 더럽힌다는 것*²을 잊어버렸고, 또 개성(開城)*³에게 구태여 채우지 못하는 것은 그 뜻을 따름이다.

죽은 벗 상사(上舍) 권자우(權子羽)는 채학사 중기(蔡學士仲耆)에게 시를 배웠는데, 그 시에

시든 꽃은 제 가지가 그리워서 얽매어 있고	殘花戀樹羈縻在
가랑비는 봄을 거느리고 쓸쓸하게 돌아가누나.	小雨將春寂寞歸

라고 하였다. 그래서 이 시는 채학사에게 크게 칭찬을 받았다.

상사 오유청(吳幼淸)이 시를 잘한다는 명성이 높았는데, 자기 시를 가지고 송곡(松谷: 이서우(李瑞雨))를 찾아가 뵈니, 송곡은 경탄해 마지않으며 심지어 고려 때 목은(牧隱) 이색(李穡), 신라 때 최치원(崔致遠)에게 비유하였다. 또 오상사는 일찍이 송세시(送歲詩)를 지었는데 그 시에

산중에서 이해가 다 가는 걸 또 보게 되니	山中又見歲華徂
먼길 가는 나그네를 보내는 심정이로세.	似送征人赴遠途
촛불 닳고 술잔 비우며 만류해도 아니 머무니	燭盡盃殘留不住
오경의 닭울음은 바로 이구(驪駒)*⁵라오.	五更鷄唱是驪駒

---

*2 이 말은, 본질은 선(善)한데 좋지 못한 것이 붙어 있다는 것을 비유함. 《전등록(傳燈錄)》에 "鳥雀 於佛頭上放糞"이란 말이 보임.
*3 여기의 개성은 위에 보인 개성경력을 지낸 성호의 재종질 국휴(國休)를 이름.
*5 이구는 검은 말. 이구는 가곡(歌曲)의 이름인데, 객(客)이 떠나려 하면 이구가(驪駒歌)를 노래한다.

라고 하였다. 송곡 또한 이 시를 격찬하였다. 그러나 이 사람들은 모두 오래 살지 못했다. 지금 그 시를 보면 말을 만든 것이 능숙하고 치밀하지 않은 바는 아니나, 풍신(風神)이 쓸쓸하여 개성(開城)의 한 연구와 같다. 이는 시원(詩苑)의 참부(讖符 : 참서(讖書)와 같음. 즉 중요한 보배라는 뜻)라 하겠다.

술 마시는 신선
飮仙 음선

이백(李白)이 신선에 대해 잘 말하고 술을 잘 설명한 것은, 굴원(屈原)이 전혜(荃蕙 : 향초)·균계(菌桂 : 향목)를 말한 것처럼 그것에 자신의 뜻을 의탁하였기 때문이다. 두보는 음중팔선가(飮中八仙歌)를 지었지만, 본디 신선이란 수명을 기르는 것인데[養壽] 술을 마셔서 수명을 재촉했고, 신선이란 기호(嗜好)를 끊는 것인데 술을 마셔서 생명을 상하게 했다. 두보도 이러했는데 앞서 언급한 저 사람들이라고 해서 신선과 무슨 특별한 연관이 있겠는가?

이백이 신선을 칭한 것은 시로써요 술로써가 아니다. 대개 그 좋아하는 바를 따르기만 할 뿐 세상맛으로써 마음에 두지 않는 자는 오직 신선뿐이다. 또한 두보는 자신이 나라를 근심한다 해도 어차피 도움됨이 없으매, 차라리 막연히 서로 잊어버리고자 했지만 생각대로 되지 않았다.

그리하여 마침내 술 마시는 자를 지칭하여 신선이라 한 것이다. 속담에, "웃으면서 성내는 것이 눈을 부릅뜨는 것보다 더하고, 긴 노래의 슬픔이 통곡하는 것보다 심하다" 하였는데, 두보가 이러함을 지녔다 할 것이다.

소동파의 시
東坡詩 동파시

소동파의 시에 이런 것이 있다.

문 앞을 나서니 한길이 파릇파릇	葱蒨門前路
걷고 걸어 푸른빛 짙은 속을 뚫었노라.	行穿翠密中
집 위에 문득 와서 앉았노라니	却來堂上坐

한 바위 한 골짜기 무궁한 뜻 지녔구려.　　　　　　　　巖谷意無窮

　이 시는 도(道)에 비유할 만하다. 모름지기 높고 밝은 지역을 실지로 밟아보아야만 바야흐로 한 바위 한 골짜기의 생김생김의 유별남을 보고 얻을 수 있고 지난날의 탐험과 어려움이 모두 진실이 아니라는 것을 알게 된다. 그러나 이는 다만 산속으로 들어가서 마음과 눈으로 직접 본 바를 들어 말한 것이다. 비록 집이 높은 데 자리 잡았더라도 여러 봉우리들이 집 위를 겹겹으로 에워싸고 있으니, 한쪽에서는 모두 볼 수가 없는 것이다.
　그의 시에

가로 보면 고개가 되고 곁으로 보면 봉우리라　　　　横看成嶺側成峯
멀고 가깝고 높고 낮아 하나도 같은 것 없네.　　　　遠近高低各不同
여산의 참 면목을 알지 못하니　　　　　　　　　　不識廬山眞面目
다만 몸이 이 산속에 있는 탓이로세.　　　　　　　只緣身在此山中

라고 하였다. 이는 의리가 무궁무진하니, 한때의 소견만을 따라 통쾌하게 여기고 더 이상 아무 것도 없다고 해서는 안 된다는 것을 깨달은 증거이다.
　그래서 정자(程子)는 "학문은 이르지 못하였으나 말은 이른 것이 있다. 동파가 이 경지에는 이르지 못하였지만, 가져다 비유한 것은 유감할 것이 없으니 마땅히 학자로서는 살펴볼 일이다" 하였다. 내가 살펴보면, 근세 선비들의 의론이 분열되어 저마다 붕당을 이루어 저쪽에서 옳다 하면 이쪽에선 그르다는 식으로 서로 다투고 겨루며, 그 붕당의 소용돌이 속에 있는 자는 자자손손 전하면서 시비를 혼동하지 않는 일이 없는데, 절대 억지로 하는 말이 아니라 그 마음이 실제로 그러하다. 굴원이

백성들은 좋아하고 싫어함이 서로 같지 않지만　　　民好惡其不同兮
오직 이 당파 사람은 혼자 다르구나.　　　　　　　惟此黨人其獨異

라고 하였거니와, 인심이 같지 아니함이 저마다 그 얼굴과 같으니, 마땅히 천 사람 만 사람을 대함이 같지 아니할 터인데, 유독 당인(黨人)들만은 이와 다

르다. 한 사람이 외치면 만 사람이 부화뇌동하니, 괴상하고도 한탄스러운 일이다. 어찌 소동파의 이 두 시를 취하여 스스로 경계 삼지 않는 것일까.

우리나라 시의 도습
東詩蹈襲 동시도습

우리나라 사람들의 시에는 번번이 옛말을 그대로 쓴 것이 많은데도 절창(絶唱)이라고 잘못 알려진 경우가 많다. 이를테면 정지상(鄭知常)의 부거시(赴擧詩) 같은 것은 본디 당나라 위승구(韋承矩)에게서 나온 것으로서 《사문유취》에 나와 있으며 윤효손(尹孝孫)의 시에

정승은 해가 둥실 뜨도록 잠에 빠지고	相國酣眠日正高
문 앞에 널린 자지(刺紙 : 명함)는 구겨져 털이 났네.	門前刺紙已生毛
꿈속에서 만일 주공을 뵙거들랑	夢中若見周公聖
그 때 토악(吐握)*1의 노고를 물어보소서.	須問當年吐握勞

라고 하였는데, 이 시는 송나라 이청신(李淸臣)에게서 나왔으니, 그 시를 보면

공자가 한가로이 붉은 휘장 안에 누웠으니	公子乘閒臥絳幬
백의의 늙은 아전 가난한 선비 업신여기네.	白衣老吏慢寒儒
알지 못한 사이 꿈속에서 주공을 뵈었는지	不知夢見周公否
그해 토포(吐哺)의 노고 말하지 않던가.	曾說當年吐哺無

라고 하였다. 이런 따위가 몹시 많아서 비록 사재(思齋) 김정국(金正國) 같은 어진 이라 해도 때로는 이런 흠이 있었다. 그가 중에게 준 시에

---

*1 주공(周公)은 밥을 먹을 적에도 세 번이나 머금은 밥을 뱉고, 머리 한 번 감을 적에도 머리칼을 세 번씩 걷어 쥐며 일어나서 선비를 대접하였는데, 그러면서도 오히려 천하의 어진 사람을 잃을까 두려워했다고 한다.

삶에 허덕이며 많은 근심했건만 무엇을 했을까.　　勞生憾憾竟何能
세상일 뒤숭숭 이겨내지 못했을 듯　　　　　　　世事紛紛若不勝
달팽이 뿔에선 만(蠻)과 촉(觸)*²이 영웅을 다투는데　蝸角鬪雄蠻與觸
꿈속에선 등(滕)과 설(薛)*³이 어른을 다툰다네.　　南柯爭長薛與滕
집 위 제비집에 날아든 제비가 가련하고　　　　　可憐堂上投巢燕
창문 사이에서 창호지에 부딪치는 파리도 우습다오.　堪笑窓間打紙蠅
어떠하다냐 저 시방 삼세계에　　　　　　　　　何似十方三世界
맑은 허공에 지팡이 날리는 소승과.　　　　　　清空飛錫小乘僧

라고 했는데, 이 시는 소동파(蘇東坡)의

왼쪽 뿔에선 초나라 깨뜨리는 것 보고　　　　　左角看破楚
꿈속에선 등나라 어른 됨을 듣누나.　　　　　　南柯聞長滕
주렴을 올려매고 젖주는 제비 기다리며　　　　　鉤簾待乳燕
창문 종이 구멍 뚫어 어리석은 파리 내보내라.　　穴紙出癡蠅
쥐를 위해 노상 밥을 남겨두며　　　　　　　　爲鼠常留飯
나비가 가엾어서 등불을 아니 켜네.　　　　　　憐蛾不點燈
기구한 신세라 참으로 가소로우니　　　　　　　崎嶇眞可笑
나야말로 소승의 중이로세.　　　　　　　　　我是小乘僧

라고 한 시에서 나왔다.
　근래에 어느 재상 하나가 시를 지었는데, 그 시에

녹수 시끄러워라 성을 냈는가?　　　　　　　綠水喧如怒
청산은 화가 난 듯 말이 없구나.　　　　　　　靑山默似嗔
산수의 뜻을 고요히 살펴보니　　　　　　　　靜看山水意
응당 왕래가 잦다고 비웃으리.　　　　　　　　應笑往來頻

---

*2 만과 촉은 아주 작은 것을 일컫는 말임. 《장자》에 달팽이 왼쪽 뿔에 있는 나라가 촉, 오른쪽 뿔
　에 있는 나라가 만이다.
*3 등은 중국 춘추시대 약소국, 설은 전국시대의 약소국으로 큰 나라 틈에 끼여 있었다.

라고 하였는데, 이는 또 고려 위원개의 시에서

흐르는 물은 시끄러워라 성낸 듯하고	流水喧如怒
높은 산은 말없으니 화가 났는가.	高山嘿似嗔
두 남자의 오늘날 뜻을 살펴보니	兩君今日意
티끌 세상 향해 가는 내가 싫은 게로군.	嫌我向紅塵

이라고 한 것을 그대로 썼으니, 어찌 가소롭지 아니하랴.

위원개는 장흥(長興) 사람이다. 처음에 중이 되었다가 뒤에 모친의 뜻에 따라 환속(還俗)하였다. 이 시는 바로 산을 떠나면서 지은 것이다. 두어 해 뒤에 장원급제했고, 그 아우 위문개(魏文凱) 또한 오래지 않아 문과에서 장원급제했다. 이에 대한 시가 있는데

황금방 첫머리를 내 일찍 차지했는데	黃金榜首吾曾占
계수나무 높은 가지 그대 또한 얻었구려!	丹桂嵬枝子亦收
천만 년 이래 드물게 있는 일이라	千萬古來稀有事
한 집안이 두 개의 용두를 낳다니.	一家生得兩龍頭

라고 하였다. 지금 장흥읍 북쪽에 장원봉(壯元峯)이 있는데, 그가 살던 터라 한다. 위원개는 벼슬이 한림(翰林)에 이르렀고, 어머니가 죽은 뒤에 다시 머리를 깎았다고 한다.

일두 정여창의 시
鄭一蠹詩 정일두시

일두 정여창(鄭汝昌)의 시에

바람 탄 부들잎 나붓나붓 하느작거리는데	風蒲獵獵弄輕柔
사월이라 화개(花開 : ^{경상남도} _{화개면})에 보리 이미 가을일레.	四月花開麥已秋
두류산 천만 겹을 남김없이 다 구경하고	看盡頭流千萬疊

외로운 배로 또 큰 강을 따라 내려가노라.　　　　　　　孤舟又下大江流

라고 하였고, 송나라 승려 참료(參寥)의 시에도

바람 탄 부들잎 나불나불 하느작거리니　　　　　　　風蒲獵獵弄輕柔
잠자리 날아 앉으려도 자유롭지 못하다오.　　　　　　欲立蜻蜓不自由
오월이라 임평 땅 산 밑의 길에　　　　　　　　　　　五月臨平山下路
하 많은 연꽃들이 물가를 어지럽히네.　　　　　　　　藕花無數亂汀洲

라고 하였다. 정여창의 기구(起句)는 생각이 있어 쓴 것이니, 서로 같다고
하여 해로울 것이 없고, 끝 글귀의 거두어들임이 매우 좋으니 이야말로 백달
보검(白獺補臉) *1의 솜씨라 하겠다. 중 참료의 시로 말하면, 제2구가 비열
(卑劣)하여 호정교(胡釘鉸) *2·장타유(張打油) *3의 투를 벗어나지 못하였으
니 소동파의 이른바

시가 저광희 같아야만　　　　　　　　　　　　　　　詩似儲光羲
소순의 기(탁한 육식의 맛 이 없다는 뜻임)를 씻어버리게 된다.　　　洗去蔬筍氣

라는 것도 꼭 정확한 논평은 못 된다.

---

*1 중국 삼국시대 오나라의 손화(孫和)가 등부인(鄧夫人)을 총애하였는데, 어느 날 술에 취해 유
쾌히 춤을 추다가 등부인의 뺨을 상하게 하였다. 의원이 백달(白獺)의 뼈를 구하여 옥(玉)가루
와 호박(琥珀)가루를 섞어서 바르면 상처가 없어진다고 하니, 손화는 당장에 백금(百金)을 내
어 이를 구해 발라서 나았다 한다.

*2 《남부신서(南部新書)》에 따르면 호생(胡生)이란 자는 만두를 만들어 팔며 백빈주(白蘋洲) 가에
서 사는데, 그 곁에 고분(古墳)이 있어서 매번 차를 마시게 되면 반드시 한 잔씩 올리곤 하였
다. 하루는 꿈에 어떤 사람이 말하길 "나의 성은 유(柳)인데, 평생에 시를 잘하고 차 마시기를

즐겼다. 그대가 차를 나누어 준 은혜를 감사하고 있으나 갚을 길이 없으므로 그대에게 시를 가
르쳐 주고자 한다" 하므로 호생은 시를 잘 하지 못한다고 사양하였으나 유(柳)는 강권하며 "다
만 그대 뜻대로만 하면 된다" 하여 호생은 마침내 시를 잘 짓게 되었다. 그래서 호생의 시작법
을 후인들이 '호정교체(胡釘鉸體)'라고 일렀다 한다.

*3 저속한 시를 뜻한다. 당나라 장타유가 눈[雪]에 대한 시를 짓기를 "누런 개는 몸 위가 하얗게 되
고, 하얀 개는 몸 위가 부어오른다(黃狗身上白 白狗身上腫)"라고 하였다고 함.

목은 이색의 시

牧隱詩 목은시

내가 어느 시골 마을에서 비에 길이 막힌 적이 있었는데, 처음에는 매우 답답하더니 시간이 좀 흐르자 마음이 오히려 편안해졌다. 그때 문득 목은 이색의 시 한 구가 떠올랐으니 그 시에

밭전 자(田) 창이 입구 자(口) 뜰에 다다라 있으니   田字牕臨口字庭
밥 짓는 연기가 아침저녁 허청(^{헛간으로}_{된 집채})을 묻는구려!   炊烟朝暮鎖虛廳

라고 하였다. 목은은 귀근(貴近 : ^{귀족 또는 왕의 측근으}_{로서 세력이 있는 자})한 경재상(卿宰相)이었는데, 말년에 귀양살이로 이리저리 떠돌게 되어 편할 날이 없었으니, 이 시는 대개 그때 사정을 기록한 것이다. 따라서 나는 이 시를 나누어 두 절구(絶句)로 만들었다.

말 모양의 집이 소반 모양의 들에 있고   斗形廬在盤形野
밭전자 창문이 입구자 뜰에 다다랐네.   田字窓臨口字庭
머리 부딪고 무릎 겨우 펼 만한 거처라 괴히 여기지 마소.   休恠打頭容膝足
이 몸 편한 곳에 마음 역시 편안하다오.   此身安處便心寧

담이라야 바람도 못 막고 부엌 옆의 창이라서   墙不防風窓近堗
밥 짓는 연기 아침저녁 허청을 묻는구려.   炊烟朝暮鎖虛廳
눈 감고 묵묵히 앉아 한가히 조식(調息 : ^{고요히 앉아}_{숨 쉬는 양생법})하며   閉眉默坐間調息
허물 견디고 오로지 마음 모아 성령을 기르노라.   耐過心專養性靈

목은은 또 언젠가는

몸은 병의 적이 되어 오래 버티기 어렵고   身爲病敵難持久
마음은 벌써 가난과 함께 편안하도다.   心與貧安已守成

라고 하는 시를 지었으니, 역시 대단히 상심하고 탄식한 끝에 시로서 표현한 것이다. 나는 또 이를 나누어 두 절구를 아래와 같이 지었다.

몸은 병의 적이 되니 오래 버티기 어려워라.	身爲病敵難持久
온갖 괴악 몰아치니 무너질 징조가 많네.	百怪交攻敗兆多
막아내는 잔재주가 아무리 있다지만	縱有遮羅殘技在
모양이 피로하고 뜻이 쇠미해진 데야 어쩌리.	其如形弊志衰何

마음은 이미 가난과 함께 편안하여라.	心與貧安已守成
몸 가리고 배 채워 죽음을 면하였으니.	蔽形充腹免傷生
분에 넘치는 일 따위는 아예 끊어 버렸지만	孰知蹈分營爲絶
바깥 비난 분분하니 문 닫고 있을 뿐일세.	外侮紛紛只閉城

이는 바로 옛날을 사모하는 한 가닥 마음에서 나온 것일 뿐, 시 짓는 일을 즐겨서 나온 것은 아니었다.

고옥 정작의 시
鄭古玉詩 정고옥시

검각산(劍閣山) 밖에서는 황제라 일컫고	劍外稱皇帝
속세에선 자규에 의탁했네.	人間托子規
옛절이라 배꽃 핀 밝은 달 아래	梨花古寺月
울어울어 온 밤을 지새는구려.	啼到五更時

이는 고옥 정작(鄭碏)의 시다. 이 시가 당초에는 아래에 또 두 연구(聯句)가 있었으니

나그네들은 천 년의 눈물을 짓고	遊子千年淚
외로운 신하는 재배(再拜)한다는 시를 썼구려.	孤臣再拜詩
시름겨운 창자라 한 번 울어도 끊길 텐데	愁腸一叫斷

이라 하였는데, 경정(敬亭) 이민성(李民宬)이 군더더기라 지적하자, 고옥이
곧 수긍하였다고 한다.

이상은의 잡찬
雜纂 잡찬

　사람들은 의산(義山) 이상은(李商隱 : 당 말기의 정치가·시인)의 《잡찬》에 살풍경한 몇 마
디 말만 있는 줄로 알고, 그 밖에 허다한 내용이 있는 줄은 알지 못한다. 비
록 그 사람이 어질지는 못할지라도 속요(俗謠)에서 채집하고 인심에서 징험
한 바에는 때로는 경계하고 반성할 것이 있다. 이를테면 "제 자식 악함을 알
지 못하고 자기 곡식 자람을 알지 못한다(《대학》전 (傳) 제8장)"는 따위는 거리에 떠도는
속담에 불과하지만 군자는 가려 씀이 있으니, 소리를 들으면 마음이 통하게
되어 유익하지 않은 것이 없다.

　나는 예전에 《백언해(百諺解)》를 지은 적이 있었는데, 그 사물의 모양을
형용한 것이 백성들 정서에 절실히 가까워서 참으로 없애서는 안 될 것도 있
었으니, 이상은의 《잡찬》이 이와 무엇이 다르랴.

　그 불여불해(不如不解)에는 "부인이 시를 해득하면 물의를 일으키게 된
다" 하였다. 저 부인들의 직무란 음식을 만들어 받들고 누에 치고 길쌈하는
일에서 벗어나지 않고, 행실은 부드럽게 순종함을 귀히 여길 따름이니, 이것
으로 벌써 부인이 할 일의 반이 넘는 것이다. 《내훈(內訓)》《여계(女戒)》 따
위도 만에 하나 도움이 될 수 있겠지만 한결같이 탐독하기만 하고 실천하지
않으면 역시 대단히 해로운데, 하물며 무익한 시율(詩律)의 공부에 있어서
랴. 이와 같이 하는 자는 길쌈에만 소홀해지는 것이 아니라, 반드시 장차 안
사람의 행실이 순수치 못하다는 나무람까지 듣게 된다. 그러므로 중이 술을
마시면 계율을 범하고, 용렬한 종이 글을 알면 허물을 짓는다는 것과 한가지
니, 마땅히 규문에서 마음에 새겨두어야 할 것이다.

　악불구(惡不久)에는 "뇌물을 지나치게 받는 수령이 공인(公人)을 두들기
고 꾸짖는다" 하였다. 고을을 맡아 다스리는 자에 대해 얘기하자면 무릇 관

부(官府) 안에 저장되어 있는 물화(物貨)는 다 국가에 소속되어 있으니, 일정한 봉급 이외에는 털끝만큼도 손댈 것이 없는 것이다. 옳지 않은 것을 함부로 취하고자 할진대, 아전들이 함께 보고 손가락질하는 것이니 비유하자면 중방 밑을 뚫고 담장을 넘다가 들킨 좀도둑이 사람을 대하면 감히 기를 펴지 못하는 것과 같다. 그러므로 뇌물을 지나치게 받는 자는 반드시 아전들과 공모하게 되며, 공모하게 되는 날이면 더욱 꺼리고 조심하게 될 것이다. 그래서 겉으로는 가벼운 벌을 내릴지라도 속으로는 실로 엄호하며, 한때 꾸짖는 체하다가는 조금 지나면 흔적조차 없다. 승니(僧尼)를 간음(奸淫)하려면 총각〔童〕을 나무란다는 것과 한 예가 되니, 한번 웃음을 터뜨릴 만하다.

그 의상(意想)에는 "귀신 사당에 들어가면 귀신이 보이는 것 같고, 짐승 잡는 집을 지나가면 털방석이 생각나고, 매화를 보면 이가 시큼거린다" 하였다. 이는 《열자》의 쇠도둑질〔竊鐵〕에 대한 비유이다. 어떤 사람이 쇳덩이를 도둑맞고서 그 이웃집 아들이 범인이란 생각이 들자, 그 걸음걸이를 보니 쇠도둑이 분명하고, 그 하는 말씨를 들어도 쇠도둑이 분명하고, 동작이나 태도가 어디로 보아도 쇠도둑이 아닌 것이 없었다. 얼마 뒤에 그 쇳덩이를 찾아내고서 다시 그 이웃집 아들을 보니, 그 동작과 태도가 쇠도둑질한 자와 같은 점이 없었다는 것이다. 이러므로 군자는 하류(下流)에 있기를 싫어하는 것이니, 한번 그 뜻에 빠져들게 되면, 역시 그것에서 스스로 솟아 나올 길이 없기 때문이다.

또 그 《집찬》의 '왕굴(枉屈 : 억눌려 굴복하다)'에는 "돈을 아끼는 자는 병이 들어도 고치지 아니하며, 맛있는 음식이 있어도 아끼다가 끝내 썩히고 만다" 하였다. 무릇 재물이란 인색하지 않으면 모이지 않는다. 인색하다 보니 그것이 마음의 버릇이 되어서 늘 자기보다 나은 자와 비교하며 오직 부족한 것만을 깨닫는다. 그러므로 천성이 인색한 사람은 남에게 베푸는 것이 없을 뿐만 아니라, 또한 자신의 소용도 넉넉하지 못하고 또한 자신의 병에도 약을 구하려 하지 아니하며, 그러다 그대로 죽으면 자신이 아끼던 것들은 나중에 다른 사람의 소유물이 된다는 것을 알지 못한다. 더구나 맛있는 음식이 아무리 많을지라도 배가 부르면 더 먹을 수 없는데도, 자기 배는 부를 대로 부르고서도 썩혀서 버릴망정 음식을 남에게 나누어 주지 않는 자 또한 많다. 사람들 가운데 좋은 음식을 보게 되면 얻어먹기를 바라는 자가 허다한데, 어찌 몹시 원망하고 성내지 않겠는가.

《시경》 소아(小雅) 벌목(伐木)에 "백성들에게 인심을 잃는 것은 마른 밥 한 덩이로 마음이 달라지는 탓이다" 하였으니, 이것은 저 화원(華元)^{*1}·자가(子家)^{*2}에게서도 볼 수 있다. 내가 언젠가 여종들이 제 주인을 욕하는 것을 가만히 들어 보니, 무릇 제사나 잔치 끝에 남은 음식을 썩도록 쟁여두고 나누어 줄 줄을 모른다 해서 두고두고 흉보는 것이었다. 이 두 가지 일은 더욱 기억해 두어야겠다.

또 그 '무견식(無見識)'에서는 "일의 원인도 설명하지 않고 먼저 남을 꾸짖으며, 도리를 물어보지도 않고 남이 하는 대로 일을 한다" 하였다. 이는 실로 군자도 마땅히 살펴야 할 바이며, 미련하고 사나운 사람에게는 정침(頂鍼)이 되는 것이다. 나는 평소 이에 대한 경계를 가졌지만, 오히려 왕왕 소홀해짐을 면치 못하는 상태이다.

그 뒤로 송나라 왕질(王銍)이 《속찬》을 지었는데, 그 '노비상(奴婢相)'에서 이르기를 "탁자를 옮기려 하면서 물을 더 높이 부으니, 가득차 흘러서 물건들이 흩어져 길을 막는다" 하였고, 그 '불상칭(不相稱)'에서는 "헤엄 잘 치는 자는 물에 채어 죽고, 왕무당은 신벌을 맞아 죽는다" 하였으며, 그 부제사(不濟事)에는 이르기를 "사람을 죽인 뒤에 술을 경계하고, 죽음에 이르러서야 선(善)을 닦고, 목마르자 샘을 판다" 하였다.

동파 소식이 두 번째 속찬하고, 황윤교(黃允交)가 세 번째 속찬했으나 대부분 해학의 기풍을 면하지 못하니 모두 이상은만큼 평가받지 못한다.

두보의 장유시
壯遊詩 장유시

당나라 숙종(肅宗)이 태자를 바꿔 세우려 할 때에 두보는 굳세게 간하여

---

*1 화원은 춘추시대 송나라 대부(大夫). 어느 날 염소를 잡아서 그 부하 군사를 먹이는데 그의 말을 부리던 자 양짐(羊斟)은 먹지 못하였다. 승강이가 벌어지자 양짐이 말하기를, "지난 날 염소는 그대 마음대로 했으니, 오늘날 일은 내 마음대로 하겠다" 하였음.
*2 자가는 정나라의 대부. 자공(子公)과 함께 자신들만 임금에게 자라고기를 얻어 먹지 못했다고 말을 꾸며 후에 정 영공을 시해함.

이를 중지시킨 공이 있었다. 그러므로 그의 시 장유편(壯遊篇)*¹에는

| 이때에 청포(靑蒲 : ^{푸른 부들로}_{만든 자리})에 엎드려서 | 斯時伏靑蒲 |
| 조정에서 간쟁하여 임금 자리 지켜냈네. | 廷爭守御床 |

라고 하였다. 그러나 관직이 낮은 까닭에 사실이 드러나지 않아 사람들이 보고 알 길이 없었다. 그러므로 "소신의 의론이 끊어졌으니〔小臣議論絶〕"라고 하였으니, 비록 극도로 유리(流離)하고 고통스러웠을지라도 스스로 몸을 깨끗이 하고 그 공을 말하지 않았다. 그러므로 자신을 개지추(介之推)*²에 비유하였던 것이다.

그 무렵 임금의 공을 가로채어*³ 영화와 공훈이 아울러 높아진 자를 두보는 실로 더럽게 보고 위태롭게 여겼기 때문에 "해가 저물면 엄한 서리가 있게 마련이다〔歲暮有嚴霜〕"라고 하였으며, 오직 업후(鄴侯) 이필(李泌)만이 저위(儲位)를 정하고서 초연히 산으로 돌아갔으므로*⁴ 그를 치이자(鴟夷子)*⁵에 비유하였다. 요컨대 두보의 사람됨이 없는 것을 꾸며대며 자기를 자랑하는 자는 아니었다. 그렇다면 반드시 그럴 만한 까닭이 있어서 그런 말을 했을 것이다.

태자의 자리가 이미 안정된 뒤에는 조정의 높은 벼슬아치들이 남의 아름다움을 빼앗고 은혜를 베풀어서 자기의 힘이라고 과시하는 자도 또한 반드

---

*1 이 시는 두보가 장년(壯年) 시절에 여기저기로 돌아다니며 놀던 것을 서술한 것임.

*2 춘추 시대의 은사(隱士). 개자추(介子推)라고도 함. 그는 진 문공(晉文公)이 공자(公子)의 신분으로 망명할 당시 함께 19년을 모셨는데, 문공이 귀국 후에 봉록을 주지 않았으므로 면산(綿山)에 숨으니, 문공이 잘못을 뉘우치고 그 산에 불을 질러 자추가 나오도록 하려 하였으나, 그는 끝내 나오지 않고 타 죽었음. 장유시에 "之推避賞從 漁父濯滄浪"이라고 보임.

*3 원문의 탐천지공(貪天之功)은, 임금의 성덕으로 이루어진 공을 자기 공으로 삼는다는 뜻임. 《좌전》에 "貪天之功 以爲己力乎"라는 것이 나옴.

*4 이 대문의 저(儲)는 부(副)의 뜻이니, 저군(儲君)이란 말은 태자(太子)를 칭한 것인데, 임금의 다음이 되는 까닭임. 업후(鄴侯) 이필(李泌)이 저위를 정하고 물러난 일을 말한 것.

*5 치이자는 춘추시대 초나라 사람 오원(伍員). 그의 아버지 사(奢)와 형 상(尙)이 초평왕(楚平王)에게 피살되자, 오나라로 망명하여 초나라의 원수를 갚았음. 그 뒤 오왕(吳王) 부차(夫差)는 간신(姦臣)인 태재(太宰) 비(嚭)의 말만 믿고 오원에게 촉루검(蜀鏤劍)을 주어 자살하게 한 다음, 그의 시체를 치이(鴟夷 : 가죽 주머니)에 넣어 강물에 띄웠으므로 그를 치이자(鴟夷子)라 일컬음. 장유시에 "吾觀 鴟吏子 才格出尋常"이라고 나옴.

시 있었을 터이지만, 역사가가 그것을 모두 쓰지 않았으므로, 후세에 그 득실을 면밀히 따져 볼 수 없는데, 두보의 이 시에 근거하여 그 득실을 살펴볼 수 있게 되었다.

굴원의 가사
屈原歌辭 굴원가사

굴원의 가사에

> 휘날리는 저 가을바람이여,　　　　　　　　　　嫋嫋兮秋風
> 동정호에 물결 일고 나뭇잎 떨어지는도다.　　　洞庭波兮木葉下

하였는데, 이는 천고에 볼 수 없는 비장 감개한 것이어서, 소인(騷人)과 운사(韻士)들은 흠모하여 본받고자 해도 본받을 수 없는 것이다. 이백(李白)은 이것을 시로 표현하며

> 어젯밤 가을바람 천상에서 불어오자　　　　　　昨夜秋風閶闔來
> 동정호에 잎이 지니 소인(騷人 : 시인과 문사(文士))이 슬퍼하네.　　洞庭木落騷人哀

하였고, 두보는 율시로 표현하여

> 한없이 지는 잎은 우수수 떨어지고　　　　　　無邊落木蕭蕭下
> 그치지 않는 긴 강은 줄줄 흘러내리네.　　　　不盡長江滾滾來

하였는데, 오직 이 두 사람의 글귀가 그럴듯하다.

늦은 가을, 싸늘한 바람에 나뭇잎은 떨어지고 물결은 솟는 그것이 모두 처량한 세계로서, 몇 글자뿐인데도 사람의 혼이 녹아나게 한다. 이백은 '바람이 불어와 나뭇잎이 진다'고만 말했지만 그 속에 강 물결이 담기니 풍신(風神)이 사람을 감동시키고, 두보는 '강물이 줄줄 흘러내린다'고만 말했지만 역시 파랑(波浪)의 의사를 띠어서 그 속에 근골(筋骨)을 품고 있으니 탄복

할 만하다. 그러나 끝내 굴원의 간장을 꿰뚫는 애절한 하소연에는 미치지 못하니, 이는 고금이 다르고 인정이 같지 않은 때문이다.

사륙문
四六 사륙

옛적에는 시가 모두 네 글자로 되어 있었으며, 시뿐 아니라 《서경》의 이전(二典)·삼모(三謨)도 대개 넉 자로 한 글귀가 된 것이 많고 갱재가(賡載歌)도 그 사이에 기록되어 있으니 더욱 아중(雅重)함을 보여 준다.

또 주서(周書)의 '우리 무력을 드날린다〔我武維揚〕'는 따위는 노래나 시와 분별이 없었다. 그런데 후세에 와서 변하여 오언(五言)이 되었고, 또 두 글자를 더해서 칠언(七言)이 되었다. 오언시와 칠언시는 겉치레만 숭상하고 실상을 짐짓 감추게 되는가 하면 음독(音讀) 방법도 달라지니, 이것은 문(文)과 시(詩)가 서로 이끌어 줄 수 없게 된 것이다.

역사책에 나타난 바, 당나라 태종(太宗)이 요동을 칠 때 지은 글귀와 사영운(謝靈運)이 "한(韓)이 망하였느니 진(秦)이 황제가 되었느니" 하는 말은 거칠고 속되어서, 비유하자면 "진중에 여자가 있으면 군사의 사기가 드날리지 않는다"는 것과 같다. 실지에 의거하여 사적을 나타냄에 있어서도 오히려 이와 같거늘, 하물며 방대한 장편(長篇)의 사이에 끌어다 말할 수 있겠는가.

우리나라는 삼국 이전은 말할 것도 없고 고려는 사륙(四六)을 숭상했고 조선조에 와서는 단율(短律)을 숭상하여 그 가운데는 진실로 발전을 빨리 이룩한 훌륭한 자도 많았지만, 모두가 단지 한 시대 사장(詞場)의 문한(文翰)에 그쳤을 뿐이며, 끝내는 쓸데없는 것이 되고 말았다.

지금 《고려사》를 살펴보면, 주전(奏箋)의 문자가 많이 실려 있어 그 변려(騈儷 : 중국 한(漢)나라 때에 발생한 문체로, 육조와 당나라 때 유행한 글씨체)로 짝을 맞춘 것이 익숙하기는 하지만, 이는 이른바 "대분으로 장사를 꾸며내고, 생포로 고취를 돕는다〔黛粉飾壯士 笙匏佐鼓吹〕"는 격이라, 어찌 천하의 웃음거리가 되지 않겠는가.

채학사 시
蔡學士詩 채학사시

학사 채팽윤(蔡彭胤)이 쓴 경종(景宗) 만사(輓詞 : 죽은 사람을 위해 지은 글)의 한 연구(聯句)에

청구(靑丘 : 우리 나라)엔 단군이 두 번째 내려오고   青丘檀再降
현덕(玄德 : 속 깊이 간직한 덕)은 순임금과 나란히 떠올랐네.   玄德舜齊升

라고 하였는데, 이 글귀가 사람들의 입에 오르내렸다. 단군께서 무진년에 강생하였다 하는데, 경종이 또 무진년(1688)에 탄생하였으며, 더구나 순(舜)은 나무 이름으로 곧 "낯이 순(舜)의 꽃과 같다(《시경》 정풍(鄭風) 유녀동거(有女同車) 편)"라는 그것이니, 단(檀)과 적절한 대구가 되어서 더욱 좋다.

그 밖에도 사람을 놀라게 할 만한 글귀가 매우 많았다. 대략 율시 두어 수를 다음과 같이 열거한다.

옥황상제의 향안(香案)을 맡아 보던 몸으로   玉皇香案早周旋
봉래산을 내려오니 나이 이미 늙었다오.   來管蓬萊已暮年
인갑(印匣)을 열어 놓으니 하얀 새는 뜰에 내리고   白鳥下庭開印後
발을 거두니 해가 바다에 솟아오르네.   金鴉騰海捲簾前
총림(叢林)의 고각소리 구름에 묻힌 관리라면   叢宵鼓角雲棲吏
주수의 누대에 화식(火食)하는 신선일세.   珠樹樓臺火食仙
한 됫박 현명(玄明 : 약의 이름)만을 얻었으면 만족하지. 但得玄明一升足
벼슬 급료쯤이야 날로 줄어도 무방하다네.   不妨官俸日蕭然

신선의 배 궁중의 촛불 한꿈이 아득한 채   仙舟宮燭夢依然
세상 만사 뜨락잠기락 열아홉 해로세.   萬事升沈十九年
북쪽으로 가면 하늘 높이 뜬 새매 변새에 비껴 있고 北去塞橫天際鶻
남쪽으로 오면 안개 속의 솔개 바다에 떨어지네.   南來海跕霧中鳶
나그네 시름은 거울 속의 하얀 머리털   羈愁曉鏡三分雪

고향 생각은 강가의 두 이랑 밭이로세.　　　　　鄕思淸江二頃田

양관이라 쌍결(雙玦)의 원망 돌이켜보면　　　　　回首陽關雙玦怨

좌어(左魚 : ^{좌어부}
(左魚符)) 달린 것이 오히려 부럽다오.　　　可憐猶羨左魚懸

산과 물
山水 산수

　물은 바다로 돌아가서 통하지 않는 바가 없고, 산은 악(嶽 : ^큰_산)을 종(宗)으로 삼아 이어지지 않는 것이 없다. 물은 동(動)적이라면 산은 정(靜)적이기 때문에 물의 근원과 흐름은 땅의 형세에 의거하여 분별할 수 있거니와, 산의 시작과 끝점은 차분히 찾아보지 아니하면 알기가 어려우니 역시 물이 모인 곳을 찾아야 한다. 그 모인 곳이 곧 산이 끝나는 곳이다.

　여기에 산이 가로 뻗어서 전방에 있고 남북으로 모두 물이 있다면, 물은 반드시 흘러 모이는 것이니, 동쪽에 모이면 산이 서쪽에서 일어났다는 것을 알고, 서쪽에 모이면 산이 동쪽에서 일어났다는 것을 알게 된다. 이로 인하여 미루어 본다면 산과 물이란 음과 양이다. 음양이 짝이 되어 하나는 순(順)이요, 하나는 역(逆)이어야 바야흐로 조화를 이루는 것이다. 만약 물이 아래로 흘러가는데 산도 또한 함께 간다면 만 가지 것이 모두 생성(生成)을 얻지 못하는 법이다. 그러므로 산이 악(嶽)에 모이는 것이 물이 바다에 모이는 것과 같아서, 형체는 비록 움직이지 않지만 기운은 언제나 돌아가는 것이다.

　무릇 산 밖에는 물이 있고 물 밖에는 산이 있어, 겹겹이 서로 사이지고 순과 역이 서로 배합하여, 물은 두 산의 사이에 뿌리박고 산은 두 물의 합치는 곳에 그치므로, 높은 데 올라 바라보면 마치 두 손의 열 손가락이 서로 어울려서 풀어지지 않는 것과 같으니, 악(嶽)과 바다는 팔목〔腕〕이 된다. 나는 일찍이 시 짓기를

산은 물에 다다라 그치니 원래 극이 없고　　　　山臨水止原無極

물은 산으로부터 오니 흐름이 다함 없네.　　　　水自山來流不窮

산과 물을 보고 또 보니 본시 묘한 합이라　　　　二箇看看元妙合

고금의 낳고 기름 어느 것이 공 아니리.　　　　　　　古今生養孰非功

라고 하였다. 이 이치는 마땅히 감여가(堪輿家 : 풍수지리에 관한 학문을 하는 사람)와 함께 논함직하다.

퇴지 한유의 〈남산시〉
南山詩 남산시

나는 우연히 남산시*1를 열람하고서 한퇴지(韓退之)가 과연 무슨 뜻으로 이 시를 지었는지는 알지 못하나, 결단코 이것이 만흥 희필(漫興戱筆)은 아니라는 것은 알았다.

대개 천지 사이에 이치를 갖추지 않은 것은 없기 때문에 물(物)마다 이치를 갖추지 않은 것이 없다. 초목(草木)으로 징험하고 금수(禽獸)로 징험해도 특이한 품성(品性)과 기괴한 형태, 대소 장단과 경중 강약이 있고, 색깔도 옅고 짙은 것이 있고 기(氣)도 좋고 추한 것이 있어서, 모조리 갖추지 않은 것이 없다. 내가 모두 보지는 못했으니 의거할 수 없다 하여 반드시 그럴 리 없다고 할 수 있겠는가?

인심과 세도(世道)에 미루어 보더라도 선악이 저마다 얼굴처럼 다르고 변고가 백억 가지로서, 그 어렵고 쉽고 느리고 급한 사이에 놀랄 만하고 슬퍼할 만하고 기뻐할 만하고 수심할 만한 것이 모두 갖추어져 있지 않은 것이 없으며, 문장(文章)과 사조(詞藻)에 미루어 보더라도 그 편안하고 무거움은 산과 같고 활동함은 물과 같고 세밀함은 실[絲]과 같고 빼어남은 꽃과 같고 변하는 형상은 구름과 같고 힐굴(詰屈 : 길 등이 비뚤고 꼬불꼬불함. 글씨나 글이 어려워서 이해하기가 어려움)함은 등(藤)과 같고 아슬함은 신선과 같고 황홀함은 귀신과 같고 밝음은 일월과 같고 높음은 별과 같고 깊음은 구덩이와 같고 굳음은 금철(金鐵)과 같고 장건함은 준마가 치달리는 것과 같고 조용함은 어여쁜 규중처녀와 같고 넓고 멀기는 바다와 같고 다함없이 번성함은 수죽(脩竹)이 포기 지어 나는 것과 같으며, 공교함[巧]이 있으면 졸렬함[拙]이 있고 온전함[全]이 있으면 치우침[偏]이

---

*1 남산시 : 총 204구로 일대(一代)의 일을 서술한 한유(韓愈)의 시. 왕안석은 남산시가 두보(杜甫)의 북정시(北征詩)보다 좋다고 하였음.

있어서, 대개 다 갖추지 않은 것이 없다.

한공(韓公)이 이것을 붓끝으로 묘사해 내려 했으니, 산(山)*²이 아니면 그렇게 할 수 없다. 그 시를 읽어 보면, 거문고·피리의 곡박(曲拍)과 같아서 나아가고 물러감이 단락과 맞아 떨어져 섬말(纖末)이 다 구비하지 않은 것이 없으니, 시가(詩家)의 묘(妙)가 지극한 데 이르렀다 하겠다.

대개 일생의 물(物)을 거스르는 성품을 다 드러낸 것이다. 50개의 혹(或)자 속에 사람의 정상이 갖추어져 있는 것이니, 구원(九原)에서 다시 살아온다면*³ 반드시 빙그레 웃을 것이다.

노봉 김극기의 시
金克己詩 김극기시

고려 노봉(老峰) 김극기의 황룡사 시에

높고도 넓은 오후(五侯 : 귀족 세가들을 말함)의 집들은	五侯耽耽宇
여름에도 더위를 받지 않으니	當夏不受暑
염관(炎官 : 불을 맡은 신(神))이 위엄 잃자 부끄러워서	炎官恥失威
공연히 누옥에다 화풀이하네.	陋屋煩遷怒
마음 태워서 수심은 불과 같고	焦心愁似火
몸뚱이 내려쬐니 땀방울이 비오듯 하누나.	爍體汗如雨
이내 소원 엽정능(葉靜能 : 고대의 선인(仙人))을 뒤따라	願隨葉靜能
청허부로 날아들어서	飛入淸虛府
몸소 청요의 두꺼비를 타고	身騎靑瑤蟾
손으로 백옥의 토끼를 희롱했으면.	手弄白玉兎
애틋하게도 비린내 나는 범골이라서	可惜凡骨腥
높은 하늘에 돌아갈 길을 잃었단 말인가.	雲霄失歸路
아서라, 깊숙이 사는 사람을 찾아가서	不如叩幽人

---

*2 산(山)자는 공(公)자로 바로잡아, '공이 아니면, 그렇게 지을 수 없다'라고 해야 할 듯함. 산자와 공자는 초서로 쓰면 비슷하므로 잘못 전사한 듯함.

*3 원문의 구원가작(九原可作)이란 말은 죽은 사람이 다시 살아난다는 뜻.

연어(軟語 : 부드럽고
순수한 말)를 들으며 답답함을 씻어보자. 　　霶灑淸軟語

새벽에 일어나서 지팡이를 챙겨 들고 　　曉起理枯藤

서사(西社)의 주인을 찾아왔노라. 　　來尋西社主

달팽이 침은 이끼 낀 섬돌을 두르고 　　蝸涎繞砌苔

지저귀는 새들은 숲속으로 돌아가네. 　　鳥嘖歸雲樹

전각이 장려함을 자랑하여 　　殿閣誇壯麗

공중으로 날아가려 하네. 　　尋空欲飛去

한 방 안의 만다화(曼陀花 : 만다라 꽃
1년생 화초임)는 　　一室曼陀花

수없이 옥주(玉塵 : 손잡이가 옥
으로 된 총채)에 떨어지고 　　繽紛落玉塵

오래 앉았노라니 황금압(黃金鴨 : 누런
향로)에서는 　　坐久黃金鴨

묽은 연기 실올처럼 비끼었구나. 　　湛烟橫篆縷

산 불에다 향차를 달여 시험을 하니 　　活火試芳茶

꽃자기에 옥유(玉乳)가 둥둥 떴구려. 　　花甆浮玉乳

향기롭고 달아서 맛이 더욱 오래가니 　　香甜味尤永

한 번 마시자 온갖 시름이 다 사라지네. 　　一啜空百慮

저무는 빛이 평림(平林)에 깃들어 오자 　　暮色入平林

장랑(長廊)에선 법고를 울리누나. 　　長廊鳴法鼓

재주는 부족하고 만상(萬象)은 설레니 　　才微萬象驕

붓대 쥐고 시 읊기 더욱 괴로워라. 　　把筆吟尤苦

라고 하였다. 이 시는 읊을 만하고 구상〔命意〕 또한 기교한 것이, 대체로 세속일에 분개하고 미워하는 내용의 작품이다. 부귀와 권세는 높고 높아서 사람이 좀처럼 어쩌지 못할 뿐 아니라, 빈천한 사람으로서 곤궁함을 편히 여기는 자도 도리어 그 해독을 받는다는 것이며, 평범한 사람이 길을 잃었다는 말에 이르러서는 하늘에 부르짖어도 통하기 어렵다는 뜻이 담겨 있으니, 아는 자라야 그러한 것을 알 수 있을 것이다.

또 김해(金海) 황산원(黃山院)의 한·연구에

놀라 일어나는 물결 소리가 바람의 의기라면 　　驚起浪聲風意氣

씻고 나오는 산빛은 비의 공부로세. 　　洗開山色雨工夫

라고 하였는데 이 또한 그 말이 매우 기묘하다. 이 사람은 파도가 넘실거리는 기세를 지닌 대가라 불리어 마땅하다. 《동국여지승람》에 실린 그의 시 또한 이와 같은 종류가 많으니, 그 시 모두를 얻어 보지 못한 것이 매우 아쉽다.

송곡 이서우의 시
松谷詩 송곡시

송곡 이서우(李瑞雨)의 시는 사물을 읊는 데 특기가 있었다. 그가 씨아를 바라보며 지은 시를 보자.

쌍이 비끼고 쌍이 서서 춤추는 모습 같으니	雙橫雙立形如舞
양 끝을 잡고 그 가운데에 목화를 넣고	執厥兩端用厥中
손으로 돌리니 씨 빠지는 소리 삐걱삐걱	揮手攪來聲軋軋
흰 구름 맑은 우박이 서쪽 동쪽으로 내리누나.	白雲晴雹各西東

씨아란 지금 세간에서 쓰는 목화씨 빼는 기구이다. 비록 교묘하기는 하지만 배해(俳諧 : 남을 웃기려 하는 소리)에 가깝다. 또 흰 제비를 두고·지은 시의 한 연구(聯句 : 한시의 대구)는

진주의 발 위에선 소리 듣고 분별하고	眞珠箔上聞聲別
흰 연꽃 핀 못가에선 그림자만 희미하네.	白藕池邊過影迷

라 하였다. 이 또한 옛날 사람을 본뜨는 습성을 벗어나지 못하였다. 해오라기를 읊은 당시(唐詩) 하나를 보자.

푸른 풀과 마주 서니 사람이 먼저 보고	立當靑草人先見
흰 연꽃 곁으로 가니 고기는 알지 못하네.	行傍白蓮魚未知

이 또한 저속하다 하겠으며, 그 흰 호도〔白胡桃〕를 읊은 시는

붉은 비단 소매 속에선 분명히 보이더니   紅羅袖裏分明見
하얀 옥소반 위에선 보이다 문득 사라졌네.   白玉盤中看却無

라 하였다. 이 시는 조금 고상한 듯하지만, 홍(紅)·백(白)·간(看)·견(見)의
글자를 모아 놓았으니, 너무 얕게 드러남을 깨닫겠다.

송곡의 글에서는 '소리 듣고 분별한다〔聞聲別〕'는 세 글자가 자못 정채(精
彩)가 있어 다른 시에 비할 바 아니지만, '백(白)'자 하나가 도리어 흔적이
있어서 싫증이 난다. 이런 따위는 거의 저 호정교(胡釘鉸)나 장타유(張打
油)에 가까우니 역시 숭상할 것이 못 된다. 일찍이 이 노인이 어떤 사람의
강정(江亭)을 두고 지은 한 대구(對句)를 보았는데 거기에는

아슬아슬한 난간의 낙조는 봄 낚시에 달리고   危欄落照懸春釣
높은 기둥의 뜬 빛은 밝은 은하수를 대었구나.   高棟浮光接曙河

라고 하였다. 이는 거의 신이 도운 듯하다.

네 구로 된 한시
絶句 절구

양용수(楊用修)가, "절구란 것은 한 글귀에 한 절이라야 하는데, 절구의
네 글귀가 반드시 각각 한 절이 되지는 않는다 하겠다. 오언 같은 것으로는

노란 꾀꼬리를 두들겨 일으켜   打起黃鶯兒
가지 위에서 울어대지 못하게 해다오.   莫敎枝上啼
울 적에 혹시 첩의 꿈을 놀라게 하면   啼時驚妾夢
요서를 가려도 갈 수 없잖나.   不得到遼西

와 칠언으로는

횡강관 앞에서 진리가 마중을 하며	橫江舘前津吏迎
나를 향해 구름 이는 동쪽을 가리키네.	向余東指海雲生
낭은 지금 무슨 일로 건너가려 하는가?	郞今欲渡緣何事
이와 같은 풍파에는 가지를 못한다네.	如此風波不可行

라는 것이 모두 위아래가 서로 이어져 있다" 하였다.

나는 절구라는 이름은 뒤에 와서 생겼다고 본다. 당나라 사람의 시에 절구라는 제목을 붙인 것이 있으니, 이 이름은 당나라 시대에 이미 있었던 것이다. 아마도 고시(古詩) 장편이 반드시 다 아름답지는 못하기 때문에 그 가운데 욀 만한 것의 네 글귀를 끊어서 표하여 내놓은 것을 절구라 이른 모양이다. 지금 《당유함(唐類函)》*¹ 가운데는 전편(全篇)을 기록하지 않고 그중에서 전할 만한 것만 뽑아서 전한 것이 허다하니, 족히 증거가 될 만하다.

또 섭이중(聶夷中 : 당나라 시인)의 전가시(田家詩) 같은 것도 진신안(陳新安)의 《고문진보(古文眞寶)》에는,

한낮을 당하여 벼를 호미질하자니(당나라 이신(李紳)의 민농시(憫農詩)),	鋤禾日當午

로부터 이하 네 글귀만을 잘라냈는데, 그 위에 본시,

아비는 벌 위의 밭을 갈고 있는데	父耕原上田
아들은 산 아래 거친 덤불을 베네.	子斸山下荒
유월이라 벼는 아직 패지 못했는데	六月禾未秀
관가에선 벌써 창고를 수리하누나.	官家已修倉

라는 네 글귀가 있다. 그리고 송지문(宋之問)의 한식시(寒食詩)로 말하더라도 지금 세상에서 단지,

낙교의 사람을 보지 못한다.	不見洛橋人

---

*1 명나라 유안기(兪安期)의 찬으로 총 200권. 내용은 《예문유취(藝文類聚)》·《초학기(初學記)》 등의 유서에서 중복되는 것을 제거, 분류별로 수록한 것임.

는 이상의 네 글귀만을 택하였으나 그 아래에 본시,

> 북극을 향해 밝은 임금을 그리면서　　　　　　北極懷明主
> 남명으로 축신(逐臣 : 쫓김을 당
한 신하)이 되어 왔노라.　　　　南溟作逐臣
> 내 고향 내 동산 애끊는 곳에　　　　　　　　故園腸斷處
> 낮과 밤으로 버들개지 새로우리라.　　　　　日夜柳條新

는 네 글귀가 있으니, 이것이 그 예다. 이미 이 명목이 있었으므로 비록 절취하지 않은 것이라도 그대로 네 귀가 되었으니, 대개 율이란 것은 번다한 사연을 깎아 버린다는 것을 이르는 말이다.

소총자 홍유손의 시
洪裕孫 홍유손

홍유손이란 이는 남양인(南陽人)으로 매월당(梅月堂) 김시습(金時習)의 친구로, 점필재(佔畢齋) 김종직(金宗直)에게서 시 짓기를 배웠다. 별호는 소총자(篠叢子)이며, 무오년(1498) 사화(士禍)에는 걸리지 않았고 사람됨이 세속을 벗어난 듯 고결했다. 그가 일찍이 시 짓기를

> 콸콸 솟는 샘물에 머리를 감노라니　　　　　濯髮飛泉落不收
> 눈 같은 머리칼이 바다를 향해 흘러가네.　　雪莖隨向海東流
> 봉래산 신선님네 만약에 만나본다면　　　　蓬萊仙子如相見
> 인간에 백두가 있다 비웃을걸세.　　　　　應笑人間有白頭

라 하였다. 이 시는 뜻이 매우 높고 밝아 외워둘 만하다. 그의 아들은 학식이 풍부하여 천 명의 제자를 가르쳤고, 손자 홍천찬(洪天贊)에 이르러서는 삼대가 170여 세를 지냈다고 한다.

만호의 시
晩湖詩 만호시

징사(徵士) 신무(愼懋 : 조선 숙종 때의 학자)는 신씨의 서출로서 식견이 고명하고 행실이 뛰어나 그 무렵에 이름이 있었다. 일찍이 소(疏)를 올려 국가의 대계를 논한 바 있었으며, 벼슬이 내려졌으나 나아가지 않고 돌아와 영동(嶺東)에서 늙었다. 그의 시에

한스럽다 형산의 읍옥(泣玉) *1 하던 사람이여!	常恨荆山泣玉人
그날에는 초왕과 가깝지도 못했다오.	楚王當日未曾親
그렇지만 번거로운 수고를 아니 꺼렸기에	雖然不憚頻繁苦
끝내는 연성(連城) *2 과 바꿀 만한 보배를 만들었구려.	終作連城萬世珍
성긴 울타리 초라하여 닫을 문조차 없는데	疎籬草草閉無扉
새 낚싯대를 시험코자 물가 돌을 쓸었노라.	欲試新竿掃舊磯
일생 동안 겪은 일들 조용히 헤아려 보니	默算一生多少事
중년이 지난 뒤로 계획이 틀어졌네.	中年以後計非非

라고 하였다. 대개 한평생을 위아래로 나누어서 보는 것도 그 또한 좋은 뜻이다. 또 일찍이 매화를 두고 시를 지은 것이 있는데

곧기에 다툼 없고 겸손하기에 물러서니	貞故無爭謙故退
세상에서 어느 누가 매화 같은 사람 알아볼까.	世間誰是識梅人

---

*1 초나라 사람 화씨(和氏)가 형산(荆山)에서 박옥(璞玉)을 얻어서 여왕(厲王)에게 바치니, 옥공(玉工)이 보고서 옥이 아니라 돌이라고 하였다. 왕은 자기를 속였다 하여 그의 왼쪽 발꿈치를 베었다. 그는 다시 그 옥을 무왕(武王)에게 바치니, 옥공이 보고서 역시 돌이라고 하였다. 그래서 왕은 그의 오른쪽 발꿈치를 베었다. 그 뒤 문왕(文王)이 즉위하자 화씨는 그 박옥을 안고 형산 아래서 사흘 밤낮을 울어서 눈물이 말라 피가 흐를 지경이었다. 왕이 사람을 시켜 물으니, 화씨의 말이 "나는 발꿈치가 없어져서 서러운 것이 아니다. 옥을 돌이라 하는 것이 서러운 것이다" 하니, 왕은 마침내 옥공을 시켜 그 박옥을 쪼개고 다듬어 보옥(寶玉)을 얻었다.
*2 《사기》 인상여전에 '조(趙)나라가 초(楚)의 화씨벽(和氏璧)을 얻으니, 진 소왕(秦昭王)이 조왕(趙王)에게 글을 보내어 연성과 바꾸자고 청하였다'고 하였음.

음(陰)이 녹고 양이 자란 지난해 일 못다 했으니 　　　　消長未了年年事

이른 봄이라 이르지 마오, 바로 늦은 봄이 될 것을. 　　　莫道先春是後春

라고 하였다. 그의 시에는 이와 같은 것이 많았다.

시의 문채
詩家藻繪 시가조회

시(詩)란 뜻이 겉으로 드러난 것이다. 말이 있고 뜻이 있는데 뜻은 깊고
말은 얕으므로, 말은 끝낼 수 있지만 뜻은 다할 수 없는 것이다. 《시경》에
실린 300편의 시는 대체로 모두 사언(四言)으로 되어 있으므로 읽어보면 그
말이 쉽게 이해된다. 그런데 사람들은 그 말이 너무 움츠러진 것을 꺼려서
한 글자를 더 보태 오언(五言)을 만들었다. 오언의 근원은 사부(詞賦)로부
터 비롯되었으니, 사부는 위에다 한 글자를 더 보탠 것이요, 오언은 중간에
다 한 글자를 더 보탠 것이다. 오직 그 뜻을 발표할 때는 어느 정도의 여지
가 있었으나 세상이 갈수록 교묘해져서 조직과 문체가 이르지 못할 곳이 없
게 된 것이다.

후세 사람들은 또 더 보태서 칠언(七言)을 만들었으니, 더욱더 옛 시와는
동떨어지게 되었으며, 성률(聲律)이니 배려(配儷)니 하는 말이 나오게 됨에
이르러서는 시도(詩道)가 깎이고 말았다. 사언으로 말하면, 비록 심전기(沈
佺期)·송지문(宋之問)·소식(蘇軾)·황정견(黃庭堅) 같은 무리들의 능숙 치
밀한 솜씨라도 어찌 그 재간을 용납할 수 있으랴. 이로 말미암아 온 천하의
선비들은 그 무딘 발자국을 이 길로 내디뎌 일생의 정력을 다 바치며 늙어
죽도록 스스로 깨닫지 못한다.

동중서는 "모든 것이 육예(六藝)의 과정과 공자의 도술에 있지 않은 것은
다 그 도를 끊어버린 다음이라야 근본 규칙이 하나로 되어 법도가 밝아져서
백성들이 좇을 바를 알게 될 것이다" 하였거니와, 나의 생각으로는 왕도정
치를 할 분이 나왔을 경우, 반드시 소무(蘇武)와 이릉(李陵)(소무와 이릉 두 사람 다 한
무제의 신하로, 소무는 흉
노에 사신으로 갔다가 억류되었고, 이릉은 흉노와 싸우다가 항복했는데, 두 사람은 흉노국에서 서로 만나게 되었다. 그
뒤 한 소제(漢昭帝)가 흉노와 화친하자 소무는 고국으로 돌아가게 되니 이릉은 한 편의 이별시를 지어 소무에게 주었다) 이하의 것
은 엄중한 법으로 금하고 억제한 다음이라야 비로소 풍습이 조금 변할 것이

라고 생각한다. 왜냐하면 오늘날 문벌의 자제들은 품행은 전혀 바르지 않으면서 단편(短篇)이나 장률(長律)만 잘 지으면, 좋은 평가를 받아 아름다운 선비라고 불리는데, 행실이 질박한 선인(善人)들은 도리어 천하고 더럽다고 여겨지니, 어찌 습속이 투박해지지 않을 수 있겠는가.

비록 분명히 그러한 줄을 알면서도 자식을 낳으면 능히 세속의 숭상을 벗어나지 못하고, 반드시 먼저 오언을 외고 여러 대가의 작품을 두루 열람하여 심지어 원·명(元明)의 이름난 사람들의 작품에까지 미치게 된다. 이렇게 익히지 않으면 조롱을 받게 되니, 실로 남은 힘이 경(經)과 사(史)에 이를 겨를이 없는 것이다.

나는 역사서나 옛날 문사(文詞)를 볼 때에 시 300편을 인용한 것에는 감탄하고 분발하지만, 오언시·칠언시에 이르러서는 해괴해 보이는 것 이상이었으니, 시도(詩道)가 차츰 잘못되어감을 더욱 깨닫겠다.

소식이 읊은 적벽부
赤壁賦 적벽부

소자첨(蘇子瞻 : 자첨은 소식의 자(字))의 〈적벽부(赤壁賦 : 소식(蘇軾)이 귀양가 있을 때 지은 후적벽부를 말함)〉에,

"'손님은 있건만 술이 없고 술은 있건만 안주가 없구나' 하니, 손님은, '오늘 저물녘에 그물을 들어 고기를 낚았는데, 입은 크고 비늘은 가늘어서 형상이 송강(松江)의 농어와 같다. 그렇지만 어느 곳에서 술을 얻어오지?' 했다. 돌아가서 아내에게 상의했더니, 아내가, '내가 술 한 말을 마련하여 간직해 둔 지 오래예요. 당신이 갑자기 마시고 싶어할 것을 대비해서요' 했다. 그래서 술과 고기를 가지고 다시 적벽강 아래에서 노닐었다"고 하였다. 이는 오로지 《시경》 소아(小雅) 어리(魚麗) 장에만 나오는 것이다.

'큰 입과 가는 비늘[鉅口細鱗]'이라고 한 것은 날치와 모래무지[鱨鯊] 등과 조응되고, '내가 한 말의 술을 두다[我有斗酒]'라는 것은 '군자가 술을 두다[君子有酒]'라는 것과 조응되고, '형상이 송강의 농어와 같다[狀如松江之鱸]'라는 것은 '그 아름답다[維其嘉矣]'와 조응되고, '술과 고기를 가지고[携酒與魚]'라는 것은 '함께로다[維其偕矣]'와 조응되고, '불시의 수용[不時之需]'이라는 것은 '그때로다[維其時矣]'와 서로 조응된다. 그리고 이미, '맛있

다〔旨〕', '많다〔多〕'라고 이르고, 또 '두었다〔有〕' 하였으니, 두었다는 것은 곧 '간직한 지가 오래다〔藏久〕'라는 뜻이다 (이상은 적벽부의 문체와 어 리장의 문체를 비교한 것).

오랜 기간 기다려서 이루어진 술은 그 맛이 반드시 독한 법이다. 이는 《주례》의 삼주(三酒)*1와 같은 것인데, 정씨(鄭氏 : 정현(鄭玄))의 이른바, "추(酋 : 익은술)가 오래되면 역(醳 : 독한술)이 된다"라는 것은 이를 이름이다. '두었다'고 일렀은즉, 독하다는 건 그 가운데 있다. 《주례》에는, 먼저 오제(五齊)*2를 말하고 뒤에 삼주(三酒)를 말했으니, 제(齊)란 것은 쉽게 이루어져서 맛이 단 것이다. 무릇 예(禮)에 예(醴)를 먼저 하고 주(酒)를 뒤로 했으니 지주(旨酒)의 지(旨) 자는 달다는 뜻이다 (《시경》 소아(小雅) 녹명(鹿鳴)장). 이래서 지(旨)를 먼저 하고 유(有)를 뒤로 한 것이다. 그렇다면 '한 말의 술을 간직한 지 오래다'는 것 또한 이와 조응 되는 것이니, 소동파는 그야말로 문자(文字)를 잘 보았고 시의 뜻을 잘 연역했다고 이를 만하다.

낙천 백거이의 풍유시
樂天諷諭 낙천풍유

낙천(樂天) 백거이(白居易)는 풍유(諷諭)하는 시를 매우 많이 남겼는데, 그 가운데 경계함에 절실한 것이 있으므로, 대략 간추려 기록한다.

신풍절비옹(新豊折臂翁 : 출정을 기피하려고 스스로 어깨를 부러뜨린 신풍에 사는 늙은이를 보고 읊은 시제. 《백장경집(白長慶集)》 제3권 풍유(諷諭)에 나옴.)이란 것은 변방의 전쟁을 경계한 시이다. 그 시는 다음과 같다.

사람들 모르게 깊은 밤을 이용하여	夜深不敢使人知
큰 망치로 팔목을 부러뜨렸네.	偸將大石鎚折臂
활 당기고 기 흔들기 모두 능력 없으니	張弓簸旗俱不敢
이로부터 비로소 운남 출정 면했다오.	從玆始免征雲南

---

*1 《주례》 천관(天官) 주정(酒正)에, "주정(酒正)이 삼주(三酒)의 물(物)을 분변하는데, 하나는 사주(事酒), 둘은 석주(昔酒), 셋은 청주(淸酒)다" 하였고, 그 주에 '사주(事酒)는 일이 있어 마시는 술이요, 석주(昔酒)는 일 없이 마시는 술이요, 청주(淸酒)는 제사술이다' 하였음.

*2 오제 : 옛날 술 만드는 법인데, 청탁(淸濁)의 정도로 다섯 등급을 만든 것임. 《주례》 천관 주정에, "오제(五齊)의 이름을 변(辨)하는데, 1은 범제(汎齊), 2는 예제(醴齊), 3은 앙제(盎齊), 4는 제제(緹齊), 5는 침제(沈齊)라" 하였음.

뼈 부서지고 힘줄 상해 어찌 아니 괴로우리만	骨碎筋傷非不苦
뽑혀 나와 고향으로 돌아갈 계획이었네.	且圖揀退歸鄕土
이 팔목이 부러진 지 육십 년이 지났어라	此臂折來六十年
팔목 하나 버렸지만 한 몸은 온전하다오.	一肢雖廢一身全
이제껏 비바람 치는 음침하고 싸늘한 밤	至今風雨陰寒夜
잠 못 이루고 날이 밝도록 신음만 하네.	直到天明痛不眠

또 도주민(道州民 : 도주(道州)의 백성)이란 백성이 밝은 임금을 만난 것을 아름답게 여겨 읊은 시이다.

도주 백성에는 난장이가 많으니	道州民多侏儒
장성한 사람들도 석 자 남짓에 지나지 않네.	長者不過三尺餘
왜노로 매매되어 해마다 진상하니	市作矮奴年進送
도주를 맡은 신하의 조공이라 불러왔네.	號爲道州任土貢
양성(陽城 : 당나라 때 사람)이 이 고을을 지키러 오면서는	一自陽城來守郡
왜노를 진상 않아 조서 문책 잦았도다.	不進矮奴頻詔問
양성은 아뢰되, 신이 육전서(六典書(주례))를 상고하니	城云臣按六典書
수령은 그 고을 토산품만 조공한다 했소.	任土貢有不貢無
도주의 수토에 생산되는 것이라면	道州水土所生者
왜민만 있고 왜노는 없습니다.	只有矮民無矮奴
우리 임금 깨닫고서 칙서를 내리시어	吾君感悟璽書下
해마다 바치는 왜노는 다 없애는 게 좋다 했네.	歲貢矮奴宜悉罷
백성들 지금까지 그 은혜를 받으니	民到于今受其賜
사군(使君 : 양성을 말함)을 말하려면 눈물 먼저 내린다오.	欲說使君先下淚
또한 아들 손자 사군을 잊을까 두려워서	仍恐兒孫忘使君
사내를 낳으면 양으로 이름을 지었다네.	生男自以陽爲名

순서(馴犀 : 길들인 무소)란 것은 정사를 하는 데는 끝마무리를 잘하기가 어려움을 이르는 시이다. 남해(南海)에서 길들인 무소(犀)를 진상하는데 겨울이 너무 차서 무소가 죽으니, 되놈이 포박했다는 것은 궁민(窮民)의 정을 통한 것이

다. 그 시는 다음과 같다.

스스로 하는 말이 관향은 양원인데   自云鄕貫本涼原

대력 연간 잘못되어 번 땅에 떨어졌네.   大曆年中沒落蕃

고향에 돌아갈 날을 마음속으로 정하고   誓心密定歸鄕計

처자들도 모르게 가만히 떠나와서   不使蕃中妻子知

낮에는 숨고 밤에 걸어 대막을 지나자니   晝伏夜行經大漠

구름은 깜깜 달은 침침 풍사는 사나웠네.   雲陰月黑風沙惡

한군의 전고 소리 갑자기 들려오기에   忽聞漢軍鼙鼓聲

길가로 뛰쳐나가 절을 하고 마중하니   路旁走出再拜迎

유격대는 능숙한 한나라말 들어주지도 않고   遊騎不聽能漢語

장군은 바로 포박하여 토번 사람으로 만들었네.   將軍遂縛作蕃生

동·남쪽 비습한 땅으로 유배되어도   配向東西卑濕地

돌봐 줄 이 하나 없어 속절없이 방비만을.   定無存恤空防備

양원의 고향 땅을 얻어볼 길이 없으니   涼原鄕井不得見

되땅의 처자들만 헛되이 내버렸다오.   胡地妻兒虛捐棄

청석(靑石)이란 것은 충렬왕(忠烈王)을 격려하여 읊은 시이다. 그 시는
다음과 같다.

새파란 돌이 남전산에서 나오는데   靑石出自藍田山

돌은 말을 할 수 없으니 내가 대신 말하리라.   石不能言我代言

남의 집 무덤 앞의 신도비 되길 원치 않소   不願作人家墓前神道碣

봉분 흙이 마르기 전에 이름 벌써 사라졌는걸.   墳土未乾名已滅

관가의 길가 덕정비 되길 원치 않소   不願作官家路傍德政碑

실적은 아니 새기고 헛된 말만 새기는걸.   不鐫實錄鐫虛辭

소원이라면 안씨나 단씨*¹의 비가 되어   願爲顏氏段氏碑

---

*1 안씨·단씨 : 안씨는 태사 안진경(顏眞卿)을 가리킴. 안진경이 이희열(李希烈 : 당 덕종 때 반란
을 일으킨 역적)을 토벌하러 갔다가 도리어 희열에게 잡혔다. 그러나 조금도 굴하지 않자, 희열
은 사람을 시켜 그를 목 졸라 죽였다. 단씨는 태위 단수실(段秀實)을 가리킴. 당 대종 때 주차

태위 태사 행적을 빠짐없이 들추어 　　　　　雕鏤太尉與太師
이 두 조각 견정의 바탕에다 각을 해서 　　　刻此兩片堅貞質
저 두 분 충렬의 모습 그려 봤으면. 　　　　狀彼二人忠烈姿

간저송(澗底松)이란 출세하지 못한 준재(儁才)를 안타깝게 여겨 지은 시이다. 그 시는 다음과 같다.

백 자의 낙락장송 크기는 열 아름이라 　　　有松百尺大十圍
시냇가에 나 있으니 차고도 낮게 보이네. 　　生在澗底寒且卑
시내는 깊고 산은 험하고 길조차 끊기어 　　澗深山險人路絕
늙어 죽도록 대장을 못 만났구려. 　　　　老死不逢工度之
천자의 명당(正殿)에 대들보 감이 없으니 　　天子明堂欠梁木
이쪽에선 구하고 저쪽에선 모르고 있네. 　　此求彼有兩不知
아득한 조물주의 뜻을 뉘라 알리요 　　　誰喻蒼蒼造物意
재목만 주고 땅은 주지 않았으니. 　　　　但與之材不與地

자호필(紫毫筆 : 신하들이 자신의 직분에 충실치 않은 것을 기롱한 시)이란 신하들이 자신의 직분에 충실치 않은 것을 기롱한 시이다. 그 시는 다음과 같다.

강남이라 돌 위에 늙은 토끼 있으니 　　　江南石上有老兎
대를 씹고 샘물 마셔 붉은 털이 돋아났네. 　喫竹飮泉生紫毫
선성 고을 사람들이 가려서 붓을 만드는데 　宣城之人採爲筆
천만 개 터럭 속에 한 개만을 뽑았다네. 　千萬毛中選一毫
헛되게 써서 탄핵에 실수도 하지 말고 　　愼勿空將彈失儀
함부로 제사를 기록하지도 말라. 　　　　愼勿空將錄制詞

아구검(鴉九劍 : 장아구(張鴉九)가 만든 칼)이란 막힌 데를 파서 트일 것을 생각한 시이다. 그 시는 다음과 같다.

───────
(朱泚)가 반란을 일으키자 단수실이 그를 토벌하게 되었다. 단수실은 거짓으로 주차에게 항복하여 기회를 노리다가 끝내는 주차에게 죽음을 당했다.

구야자(^{상고 때 칼 잘}
^{만드는 사람})가 세상을 떠난 천 년 뒤에　　　　　歐冶子去千年後

신령이 가만히 장아구를 주었네.　　　　　　　精靈闇授張鴉九

아구는 오나라 산중에서 칼을 지으니　　　　　鴉九劍鑄吳山中

하늘이 일시를 주고 귀신이 기술 주었네.　　　天與日時神借工

손님이 돈 가지고 사려고 한 번 보니　　　　　有客持金買一觀

석 자의 청사(^칼_{이름})는 선뜻 서리질 않네.　　　三尺青蛇不肯蟠

손님은 속이 있고 칼은 입이 없으니　　　　　　客有心劍無口

칼 대신 아구에게 말을 하네.　　　　　　　　客代劍言告鴉九

그대는 내가 능히 옥돌을 벤다 자랑 말고　　　君勿矜我玉可切

내가 능히 쇠북을 깎는다 자랑 마소.　　　　　君勿誇我鍾可削

나를 가져다 저 뜬 구름 갈라치어　　　　　　不如持我決浮雲

밝은 해를 가리지 않도록 해다오.　　　　　　無令漫漫蔽白日

해만만(海漫漫 : ^{바다가 망망}
^{하다는 뜻})이란 신선을 구함을 경계한 시이다. 그 시는 다음
과 같다.

현원황제(^{노자}_(老子)) 성조께서 말씀하신 오천 글자　　　玄元聖祖五千言

약도 말하지 않고 신선도 말하지 않고　　　　不言藥不言仙

대낮에 하늘을 오른다는 말도 아니했네.　　　不言白日昇青天

이는 뇌를 쪼개고 뿌리를 뽑는 비유이다.

백발이 삼천 길이나 되네
白髮三千丈 백발삼천장

이태백의 추포가(秋浦歌) 17수 가운데 "백발이 삼천 길이 되네[白髮三千
丈]"라는 한 절을 사람들은 이상하게 여기면서도 그 실상을 터득하지 못한
다. 소사빈(蕭士贇)은 이에 대하여, "그는 형용을 극도로 한 것이므로 형적
(形迹)에 사로잡힌 자로서는 이해할 바가 못 된다"하였지만, 사람이 늙으
면 터럭이 짧아지는 법이니 심장(尋丈 : ^{심은 8척,}
^{장은 10척}) 또한 과할 것인데, 어찌하여

3천 장으로써 비유를 하는 데 이르렀을까? 이는 반드시 그렇지 않았을 것이다. 그 제1수에

추포라 언제나 가을 같아서　　　　　　　　　　　　　秋浦長似秋
소조하다 사람에게 시름을 던져 주네.　　　　　　　　蕭條使人愁

하였으니, 이는 반드시 추포란 이름을 얻은 까닭이 있는 것이요, 제2수에

추포라 원숭이 밤중에 우니　　　　　　　　　　　　　秋浦猿夜鳴
황산이 견디어 백두 되었네.　　　　　　　　　　　　黃山堪白頭

하였으니, 산이 머리가 흴 리는 만무한데 백두라 일렀은즉, 이 역시 반드시 목적한 바가 있을 것이며, 제8수에

추포라 일천 겹의 잿길 가운데　　　　　　　　　　　秋浦千重嶺
수차령이 가장 신기하다오.　　　　　　　　　　　　水車嶺最奇
하늘이 기울어 돌이 떨어지고자 하는데　　　　　　天傾石欲墜
물에 스쳐 산 가지를 기탁하누나.　　　　　　　　　水拂寄生枝

하였으니, 이는 이른바 수차령이란 것이 필시 물에 다다라 떨어지려는 듯 물결 사이에 비쳐 있는 것일 게다. 송나라 곽상정(郭祥正 : 당나라 사람. 그의 어머니가 이백 (李白)의 꿈을 꾸고 낳았다고 함. 시에 뛰어났음)의 시에,

만 길의 높이라 저 수차령을 보소　　　　　　　　　萬丈水車嶺
도리어 아홉 첩 병풍과도 같구려.　　　　　　　　　還如九疊屛
북풍이 끊임없이 불어오니　　　　　　　　　　　　　北風來不斷
유월에도 얼음이 얼어 붙는다네.　　　　　　　　　　六月亦生冰

하였으니, 그렇다면 이른바 수차령이란 위급하고 험준함이 이와 같을 뿐더러, 또 반드시 샘물과 폭포가 어울려 쏟아져서 바람이 차갑고 기운이 써늘하

며 얼음과 눈이 녹지 않아 언제나 백두와 같은 모양이다. 이와 같은 형상으로 물 가운데 비쳐 있으니, 마치 머리털이 거울 속에 비치는 것과 같으므로, "저 머리털의 하얀 것도 역시 시름을 인연하여 얻어진 것 같다" 하였으니, 즉 황산이 견디어 백두가 되었다는 뜻이다. 또 '추포 백가피에 노닐면서〔遊秋浦白筍陂〕'라는 제목으로 지은 시가 있는데 거기에

| 산빛은 쌓인 눈에 흔들리는데 | 山光搖積雪 |
| 원숭이 그림자는 싸늘한 가지에 걸렸네. | 猿影掛寒枝 |

하였으니, 이 또한 방증(旁證)이 될 수 있다. 그런데 고금인을 막론하고 그 뜻을 깨닫지 못하고서 참으로 이와 같은 머리털이 있다고 생각하여, 굳이 모사(摸寫)하려 드니 이는 사람이 웃을 일이다.

도연명의 시는 자신의 창작품
陶詩自做 도시자주

옛사람의 시는 시골 구석 촌사람과 같아서, 관(冠)도 스스로 만든 것이요, 띠도 역시 제 손으로 만든 것이요, 옷과 신발도 모두 제 손으로 만든 것이요, 생활 기구도 역시 제 손으로 만든 것이라, 참된 마음이 표현되어 교묘함과 엉성함을 구별할 수 있었다. 요즘 사람의 시는 서울 선비와 같아서 관은 바로 빌린 것이요, 띠도 바로 빌린 것이요, 옷과 신발 또한 빌린 것이요, 생활 도구도 빌린 것이라, 비록 아름답고 우아하여 볼 만한 것은 있을지라도 모두 자기의 소유물이 아니요, 동쪽 이웃에게 빌리고 서쪽 이웃에서 빌려 쓰는 것이니 무엇을 떳떳이 내놓고 말할 수 있으랴.

내가 《정절집(靖節集)》을 살펴보니, 이것은 직접 지어낸 것이니 이 때문에 배우기가 어려운 것이다. 요즘 세상에서 논평하고 있는 시는 남의 물건을 빌려서 벌여 놓기를 빈틈없이 잘한 것에 지나지 않고, 또 더러는 남의 물건을 빌려서 앞뒤가 뒤바뀌고 본말이 뒤틀리어 어지럽게 된 것도 있으니, 더욱 가소로운 일이다.

까마귀는 밤에 운다

烏夜啼 오야제

　이백(李白)의 시 오야제(烏夜啼 : '까마귀는 밤에 운다'는)는 자세히 볼수록 다시금 맛이 있다. 그래서 다음과 같이 풀이를 한다. 하늘 기운 푸르고 푸르기에 '청운(靑雲)'이라 이르고, 땅 기운은 어둡고 노랗기에 '황운(黃雲)'이라 이른 것이다. 이백의 시 가운데 흔히 이런 글귀를 썼는데 모두가 다 이런 뜻이다.

　'오서(烏棲)'는 봄이 저문 시절이요, '귀비(歸飛)'는 해가 늦은 황혼이니, 바로 출정(出征)한 집안의 아낙네가 남편을 생각하는 때이며, '직금(織錦)'이란 것은 소혜(蘇蕙)의 선기도(璿璣圖)[1]에 관한 고사를 쓴 것인데, 다만 '격창어(隔窓語)'라 이른 것은 그 말이 무엇인지 알 수 있다. 틀림없이 새소리를 듣고서 유독 하는 말이 "이러한 미물(微物)의 새 또한 돌아올 줄을 아는데, 사람은 홀로 그렇지 않으니 어찌하랴!" 했을 것이니, 그 원망하고 꾸짖는 실정과 아름답고 고운 태도가 완연히 눈에 보이는 것 같다. '억원인(憶遠人)'이란 세 글자는 곧 파제(破題 : 시의 첫머리에서 그)의 말이니, 이는 천고를 통하여 연정시(戀情詩)의 으뜸인 동시에 깊은 뜻이 담겨 있다. '귀신을 울린다'는 말이 있는데, 이 또한 그렇지 않겠는가.

긴 머리

長鬣 장렵

　소동파가 초산(焦山) 윤장로(綸長老)의 벽에 쓴 시는 다음과 같다.

그대 머리와 발을 좀 보소	君看頭與足
그전에는 관과 신발 편안했었네.	本自安冠屨
비유하자면 수염이 긴 사람이	譬如長鬣人
긴 것을 괴롭게 여기지 않았는데.	不以長爲苦

---

*1 《진서(晋書)》 열녀전(烈女傳)에 의하면, "소혜(蘇蕙)는 두도(竇滔)의 아내이다. 두도가 일찍이 죄를 입어 유사(流沙)로 귀양 가자, 소혜는 남편을 생각하다 못해 비단을 짜서 회문선도(回文旋圖)를 만들어 시를 써서 주었는데, 그 시가 몹시 처량하였다" 한다.

하루 아침 어느 사람이 물어오기를	一朝或人問
매양 잠잘 때는 어디다 두느냐고.	每睡安所措
돌아오니 위로 덮이고 아래로 덮이어	歸來被上下
하룻밤 내 안착할 곳 전혀 없었네.	一夜着無處
이리 뒹굴 저리 뒹굴 마침내 새벽이 되니	展轉遂達晨
다 뽑아 버리고 싶은 생각이 들더군.	意欲盡鑷去
이 말이 비록 야비하고 천박하지만	此言雖鄙淺
그대로 심오한 취지가 들어 있어라.	故自有深趣
이를 가져 법사에게 물어보니	持此問法師
법사는 한 번 웃고 허락을 하네.	法師一笑許

동파는 이로써 선법(禪法)을 깨우쳤지만 나는 이를 가지고서 도(道)를 깨우친다면 좋지 않겠는가?

공자는, "백성들은 날마다 쓰고 있으면서도 알지 못한다^{(주역) 계사}" 하였고, 맹자는, "행하지만 드러나지 못하고 익히지만 정하게 알지 못하고 종일토록 경유해도 그 길을 알지 못하는 자가 퍽이나 많다^{(맹자) 진심 상(盡心上)}" 하였다. 대개 모든 일은 생각을 쏟아서 해봐야만 비로소 그 어려움을 깨닫게 되는 것이다. 사람의 호흡(呼吸)이란 밤이건 낮이건 휴식이 없는 것이지만 평상시에는 스스로 깨닫지 못하니 마치 손으로 갖고 발로 밟는 것처럼 여겨졌는데, 마음을 두고 묵묵히 살피면 한 번 들이쉬고 한 번 내쉬는 것에도 힘이 쓰여 노고가 되는 것을 면치 못하며, 조식(調息 : 정신을 평안하게 하는 일종의 호흡법)에 자리잡히는 공부까지 이르기로 하면 이야말로 정밀해야 한다.

긴 수염 같은 것도 위로 덮으나 아래로 덮으나 다 불안을 깨닫게 된 뒤에 오래가면 마침내 습관이 되어서 깨닫지 못하던 지난날과 같이 되니, 이는 곧 힘쓰지 않고도 적중한 것이다. 눈에 보이는 것에는 모두 도(道)가 존재하므로 무슨 일인들 그렇지 아니하리요?

동파의 주에는, 단지 소설이라고만 일렀는데, 근자에 《농암집(農巖集)》^{(김창협(金昌協)의 문집)}을 뒤져 보니 자상하게 나타나 있다. 묻는 자는 바로 송나라 인종(仁宗)이었다.

유혁연 대장의 시
柳大將詩 유대장시

거센 바람 눈보라가 새벽녘에 퍼부으니	獰飈驅雪曉來深
병들어 누운 장수 이불 속이 차가워라.	寒透將軍病臥衾
밝은 아침 억지로 일어나 활을 퉁기느라니	平明强起彈弓坐
음산의 밤 사냥하던 마음 아직도 있어라.	尚有陰山夜獵心

이 시는 대장 유혁연(柳赫然)의 시이다. 근세 무인(武人)으로서 시와 글씨에 뛰어난 이들 가운데 유대장은 제일로 꼽힌다. 유혁연은 재기(才器)로써 발탁되어 지위가 숭반(崇班 : 높은 지위 또는 벼슬)에 이르렀는데, 경신년 옥사(獄事)*1로 원통하게 죽으니, 편비(褊裨 : 각 군영에 둔 부장)와 사졸들이 눈물을 흘리지 않는 이가 없었다.

나는 일찍이 어떤 사람의 집 벽에 써붙인 최현(崔鉉)의 시 한 수를 본 적이 있는데 그 시는 이러하였다.

하늘가의 심담(심지와 담력)이지만 책상머리 몸인지라	天邊心膽架頭身
날아보고 싶지마는 인연이 있어야지.	欲擬飛騰未有因
만리라 푸른 하늘 끝내 한번 갈 터인데	萬里碧空終一去
쇠줄을 끌러 줄 사람 누구인지 모르겠네.	不知誰是解絛人

필세(筆勢)가 힘차고 광채가 눈을 찌른다. 이 시와 이 글씨는 기고대루(旗鼓對壘 : 서로 필적한다는 뜻. 《삼국지》관로전)한 듯하다.

송곡(松谷) 이서우(李瑞雨)의 만시(挽詩)에

단도제(檀道濟)*2가 죽어지니 장성이 무너진 듯	檀亡可惜長城壞

---

*1 경신년 옥사는 조선조 숙종 6년에 서인 김석주·김만기 등이 당시 영의정인 허적의 서자 허견이 복선군(福善君)을 추대하고 역모를 꾀한다고 고발하여 남인 일파를 몰아낸 사건.

*2 단도제는 남북조 시대의 송나라 사람으로, 무제에서 문제 때에 걸쳐 태위(太尉)가 되어 여러 번 큰 공을 세우면서 위엄과 명망이 매우 높았으나 조정에서 의심하고 두려워하여 죽였다. 단도제

이촬(李繓) *³이 죽으니 짧은 팔의 지탱을 뉘 밝히리.　　　繵死誰明短臂支
새 무덤을 바라고자 서호로 낯을 돌리니　　　　　　　欲向西湖望新塚
물빛이랑 산빛에도 슬픔을 못 이기네.　　　　　　　　水光山色不勝悲

라 하였다. 촬은 바로 이목(李牧)의 이름이다. 이 사적은 《전국책(戰國策)》
에 실려 있다. 끄트머리의 한 글귀는 순전히 조맹부(趙孟頫)가 악비(岳飛)
를 조상하였던 말을 인용했다. 그러나 생각이 이르러 한 말이니 서로 옛것을
좇아 그대로 했다 하여도 이상할 것이 없다. 유대장은 뒤에 원통하고 분함을
깨끗이 씻게 되니 인심이 크게 기뻐하였다.

고려의 문인 임춘
林西河 임서하

　서하 임춘(林椿)은 자가 기지(耆之)이며, 고려 때의 학사 임종비(林宗庇)
의 조카이다. 그는 《서하집(西河集)》 6권을 남겼는데, 이인로(李仁老)가 서
문에 쓰기를 "의종(毅宗) 말년에 온 집안이 화를 입었을 때 홀몸으로 겨우
벗어나 강 남쪽으로 가서 피신했다가, 여러 해 뒤에 서울로 돌아와 자나 깨
나 삼분(三奔)의 치욕을 씻을 일만 생각했으나 끝내 단 한 사람도 대갚음하
지 못했다. 해동(海東)에서 포의(布衣)로서 세상을 주름잡는 시문을 지은
이는 이 한 사람뿐이었다" 하였다. 뒤에 그의 문집(文集)은 끝내 사라져버
리고 전해지지 않았는데, 근래에 청도 운문사 승려 인담(印淡)이 꿈에 한
도사를 만났는데, 그 도사가 손으로 어딘가를 가리키며 "여기를 파면 세상
에 기이한 보물을 얻을 수 있을 것이다" 하였다. 꿈에서 깨어나서 그가 말한
대로 했더니, 바로 그곳에서 동탑(銅塔)이 나오고 그 탑 속에 구리로 만든
항아리가 있었는데 그 항아리 속에서 《서하집》을 얻었다. 그리고 그 탑에 승
려 담인(淡印)이 소장자라고 새겨져 있었다. 소장자는 담인이요, 발굴자는

　는 잡히게 되자 투구를 벗어 땅에 내던지며 "마침내 너희들이 만리장성을 무너뜨리려느냐(乃壞
汝萬里長城)"고 고함을 친 일이 유명하다.
* 3 이촬은 춘추시대 조나라 북쪽 변두리에서 활약한 명장으로, 몸은 장대하였으나 팔이 짧았다고
함.

인담이니 어찌 이리 신기할까!

　내가 이 시문집을 얻어서 읽어보니, 기격(氣格)이 그다지 고상하지 못하고 말의 꾸밈도 그다지 치밀하지 못하니, 한때의 시인에 지나지 않았을 뿐, 영원히 전할 불후의 작품은 아니다. 그러나 오히려 불감(佛龕 : 불상을 모셔 두는 방이나 집)에 비장되어 거의 500여 년이 지나 다시 나왔으니, 이는 우연한 일이 아닌 듯하다. 이것이 바로 이치를 깊이 연구할 수 없는 점이기도 하다.

두보의 선함과 너그러움
子美善寬 자미선관

두보(杜甫)의 시에

문에 들어서자 울부짖는 소리 들리니	入門聞號咷
어린 자식이 굶어서 벌써 죽었다네.	幼子飢已卒
내 어찌 한번 애통을 그만둘 수 있으랴	吾寧捨一哀
온 마을 사람도 오히려 흐느껴 우는데.	里巷猶鳴咽
부끄러운 바는 사람의 아비 되어	所愧爲人父
먹일 것이 없어서 일찍 죽게 하다니.	無食致夭折
어찌 알리 가을 벼도 풍년이건만	豈知秋禾登
가난으로 갑작스런 화를 당할 줄이야.	貧窶有倉卒

라고 하였으니, 이는 너무나도 고통스러워 거의 견딜 수 없음을 극단적으로 표현한 것이다. 또

살아서는 언제나 조세를 면하고	生常免租稅
이름도 정벌하는 일에 예속되지 않았건만.	名不隸征伐
자취를 더듬어 보면 신산하기만 한데	撫迹猶酸辛
평민이야 참으로 처량할 수밖에.	平人固騷屑

라고 하였으니, 두보는 비록 이처럼 고통스러웠으나 그래도 조세를 면하여

실업자의 무리와도 다르고, 군역에 예속되지 않았으니 먼 곳에서 수자리하며 사는 군졸과도 달랐다. 그렇지만 그의 발자취를 더듬어 볼 때 오히려 쓰라리고 고됨이 이와 같았는데, 더구나 평민에게는 재산을 빼앗기고 칼날에 죽는 근심이 있었음에랴. 그 처량할 것은 참으로 당연한 일이었다.

무릇 사람의 심정은 우환을 당할 때마다 반드시 상층의 자기보다 나은 자를 끌어다가 비교하여, 오직 그 나은 환경을 얻을 수 없다는 것만 한탄할 뿐, 반대로 하층에 또 자기만 못한 자가 있다는 것을 알지 못한다.

옛말에 "덕업(德業)의 입장에서는 앞쪽의 사람을 바라보아야 하고, 명위(名位)의 입장에서는 뒤쪽의 사람을 돌아보아야 한다" 하였으니, 이와 같은 마음을 갖는다면 어찌 분수에 편안하지 못할 이치가 있으리요. 또

가고 가서 스스로 분주하게 다투니	冉冉自趨競
걸음마다 얽매이고 묶이기만 하네.	行行見覊束
귀족이 없으면 비천해도 슬프지 않고	無貴賤不悲
부자가 없으면 가난해도 또한 만족한다네.	無富貧亦足

라고 하였으니, 또한 스스로 위안하기를 잘 한다 이를 만하다.

야호 소리
邪許 야허

《회남자》 도응훈(道應訓) 편에 "책전(翟煎)이 양 혜왕(梁惠王)에 대해 말하기를, 무릇 큰 나무를 드는 자들이 앞에서 야허(邪許)라고 부르면 뒤에서도 또한 응답한다" 하였고, 《여씨춘추》에도 또한 이 사실을 기재하여 말하기를 "앞에서 여우(輿謣)를 부른다" 하였고, 《시경》 소아(小雅)에 이르기를 "나무를 베며 '허허' 소리를 낸다〔伐木許許〕" 하였는데, 주자의 《집주(集註)》에는 《회남자》를 인용하여 이르기를 '무거운 것을 들 때 힘쓰도록 권하는 소리다' 하였다.

대개 힘을 쓰도록 하는 소리는 온 천하가 똑같은 까닭에 오늘날 우리 나라 풍속에도 이 소리가 있으니 '여야우(輿邪謣)'라 이른다.

누워서 글 읽는 서가
臥讀書架 와독서가

어느 집에 가서 책상에 측면으로 세워진 판자가 있는 것을 보고 그 이유를 물었더니 누워서 글 읽는 책상이라고 하는 것이었다.

나의 생각으로는, 글 읽을 적에 정신을 가다듬고 단정히 앉아도 잠이 오는 것을 막지 못하는데, 하물며 눕는 것이랴? 벌리고 앉거나 비스듬히 기대는 그 자세는 이미 글을 읽는 본의가 아니라고 여겨진다. 우연히 고서(古書)를 펼쳐 보니, 양형(楊炯)*¹의 와독서가부(臥讀書架賦)에

하염없이 존다면 뭐 옳겠니?	高眠孰可
변자의 조소를 끼칠 터인데	詎遺邊子之嘲
낮잠을 달게 자면 어찌하리?	甘寢則那
책망 당한 재여(공자의 제자)가 부끄러울걸.	寧恥宰予之責

하였으니, 아! 사람이 어질고 어질지 않은 것은 예나 지금이나 마찬가지이다. 어떤 이는 "조조(曹操)에게 측면으로 된 책상이 있어 누워서 글을 읽을 수 있었다(태평어람(太平御覽))" 하니, 양형의 부(賦 : 위에 언급된 와독서가부)는 아마 이를 근본함이리라.

세속에서 전하기를, "어느 부인이 어린애를 재우고자 책으로 아이의 얼굴을 덮어 주면서, '일찍이 보니, 어떤 장부(丈夫)가 누워서 책을 얼굴에 대고 보다가 이윽고 바로 잠이 들더라. 때문에 나도 이렇게 한다'라고 했다" 하니, 이 말 또한 사람을 웃길 만하다. 일찍이 왜인이 오수(午睡)라는 글제로 지은 다음과 같은 시를 보았다.

천성이 게을러서 온갖 일이 생소하니	懶性由來百事踈
대낮에 글을 읽다 잠에 취해 누웠다오.	午窓貪睡讀書餘
부끄러운 일이라면 부끄럽게 알아야지	堪慚愧須處慚愧

---

*1 양형은 당(唐)나라 사람. 그는 어려서 신동(神童)으로 천거되어 교서랑(校書郞)이 되었음. 당시에 왕발(王勃)·노조린(盧照隣)·낙빈왕(駱賓王)과 함께 사걸(四傑)로 칭해졌음.

왜 선현에도 재여(宰予)가 있다 말을 하는가.　　　　　何須先賢有宰予

이는 양형의 뜻과는 정히 상반된다. 과연 누가 득(得)이며 누가 실(失)인
지, 누가 문명이며 누가 야만인지 모를 일이다.

이백의 오언 절구
李白五言絶句 이백오언절구

이태백의 오언 절구는 매우 아름답다. 먼저 한두 편을 들어 말해 보겠다.
그 경정산(敬亭山) 시에,

> 뭇 새는 높이 날아 사라지는데　　　　　　　　　　　衆鳥高飛盡
> 외로운 구름 홀로 한가히 떠가네.　　　　　　　　　　孤雲獨去閒

하였는데, 이 시는 도연명(陶淵明)의 빈사시(貧士詩)에

> 온갖 물건 제각기 의탁하지만　　　　　　　　　　　萬族各有託
> 외로운 구름 홀로 붙을 데 없네.　　　　　　　　　　孤雲獨無依
> 아침노을에 묵은 안개 걷히니　　　　　　　　　　　朝霞開宿霧
> 뭇 새는 서로 더불어 나누나.　　　　　　　　　　　衆鳥相與飛

라고 한 데서 나왔다.

이 시를 풀이한다면, 뭇 새는 뭇 사람들이 저마다 경영하는 바 있음을 비
유한 것이요, 외로운 구름이란 도연명 자신을 이름이다. 다시 말해서, 뭇 사
람들은 매우 어리석어서 한낱 잇속만 생각하며, 도(道) 있는 자를 보면 문
득 떠나버리고 그와 종유(從遊)하지 않는다. 그는 마치 《장자》에 이른바,
"새가 보고서는 높이 날아가 버린다(^{장자} 제물
론(齊物論))"라고 한 말과 같은 유이다. 이
런 까닭으로 나만은 외로운 구름과 같이 오락가락하며 스스로 한가하다라는
뜻이다. 또

일만 집 수양버들 늘어진 속에   萬戶垂楊裡

그대 집은 어디에 있는고?   君家阿那邊

라고 하였는데, 양용수(楊用修)는 이영(李郢)의 시를 인용하여

사공이 유상함은 산곡이 불러서니   謝公留賞山谷喚

생가가 어울리니 아나곡이 분명하이   知入笙歌阿那明

라고 하였은즉, 아나는 곧 그 무렵의 가락 이름으로 범패(梵唄 : 부처의 공덕을 찬양하는 노래. 《양고승전》경, 사련론에 나옴)를 고쳐서 염가(艶歌 : 비파의 곡조. 《악부시집》슬조곡)를 만든 것이며, 아나(阿那) 두 글자가 다 상성(上聲)에 맞는데 지방의 음(音)에 따라 전이(轉移)된 것이라 하였다. 그런데 나는 이 설이 자상하지 못하다고 여긴다. 《시경(詩經)》에

아나한 그 가지로다(《시경》회풍(檜風) 습유장초(隰有萇楚)장)   猗儺其枝

라고 하였는데, 윗글자는 음이 어가(於可)의 반(反)이요, 아랫글자는 음이 내가(乃可)의 반으로서, 바로 아나(阿那)와 같다. 나부(羅敷 : 곡명(曲名). 금주 (고)의 음악조)의 염가에

아래위로 굽어보는 그 태도 유연도 하다   俯仰紛阿那

라고 하였으니, 이는 다 부드럽고 연약한 표현이다. 《시경》에 또

언덕의 뽕나무 아름답게 빼어나니   隰桑有阿

그 잎사귀 기름지게 곱구나(《시경》소아 습상(隰桑)장).   其葉有難

라고 하였고, 그 주에, '아(阿)는 아름다운 모양이요 나(難)는 성한 모양이다' 하였으니 모두 가지와 잎이 내리드리운 형상을 말함이다. 아나(阿那)는 바로 아나(阿難)와 통하는 동시에 아(阿)와 나(那) 또한 뜻이 다른 점이 있는 것이니, 그렇다면, 여기에 말한 아나(阿那)는 수양버들 가지가 유약하여

휘청거리는 형상을 지적한 것이다. 생가(笙歌 : 생황 연주)로써 말한다면 그 소리가 가늘게 뽑아져 끊어지지 않는 그것이다. 뒤에 와서 혹시 변하여 곡(曲)의 이름이 되었을지라도 그 본의는 이와 같은 데 지나지 않는 것이다.

건궤명과 이와 비슷한 금인명
巾几金人銘 건궤금인명

황제(黃帝 : 중국 고대 전설상의 제왕)의 건궤명(巾几銘)에

벌을 파서 언덕에 붙이려도 말고	無掘野而附丘
근본을 놓아두고 끝을 다스리려도 말고	無舍本而治末
대낮의 햇볕은 반드시 쬐고	日中必熭
칼을 쥐었으면 반드시 베어야 하고	操刀必割
도끼를 잡았으면 반드시 찍어야 한다.	執斧必伐
대낮의 햇볕을 쬐지 않는다면	日中不熭
이를 일러 때를 잃었다 하는 것이요.	是謂失時
칼을 쥐고도 베지 못한다면	操刀不割
이를 일러 이로움을 잃었다 하는 것이요.	是謂失利
도끼를 잡고도 찍지 못한다면	執斧不伐
도적놈이 들어오게 되는 것이요.	賊人得來
졸졸 흐르는 물줄기를 막지 않으면	涓涓不塞
장차 강과 바다가 되는 것이요.	將爲江河
반짝이는 불씨를 잡지 않으면	熒熒不救
활활 타오르는 기세를 어찌하리요.	炎炎奈何
두 잎 붙은 움 가지를 제거하지 않으면	兩葉不去
장차 큰 도끼를 쓰게 되나니.	將用斧柯

하였는데, 이 말과 아주 유사한 것이 있다. 금인명(金人銘)에

처음 불붙을 때 끄지 않으면	焰焰不滅

활활 타오르는 그 기세를 어찌하리.   炎炎奈何

졸졸 흐르는 물줄기를 아니 막으면   涓涓不壅

마침내는 강과 내가 되느니라.   終爲江河

면면히 이어진 실오라기를 아니 끊으면   綿綿不絶

더러는 그물이 이루어지고   或成網羅

털끝 같은 움싹도 미리 제거하지 않으면   毫末不札

장차는 큰 도끼를 찾게 되거든.   將尋斧柯

하였으니, 어느 것이 과연 먼저 나왔는지 알 수 없다. 또《사기》소진전(蘇秦傳)에는《주서》에,

면면히 이어진 가는 덩굴 끊어 버리지 않으면   綿綿不絶

뻗고 뻗어 넌출질 때 어찌하며   蔓蔓奈何

털끝 같은 나무 순도 베어 버리지 않으면   毫末不伐

마침내는 큰 도끼를 써야 한다오.   將用斧柯

라고 한 것을 인용하여

일에 앞서 생각이 정해지질 못하면   前慮不定

뒷날에 큰 걱정이 있기 마련이니   後有大患

그때 가선 장차 어찌할 건고.   將奈之何

라고 하였다.

이처럼 금인명과 대의(大意)는 같으면서 약간 다를 뿐이니, 모두 방증이 될 만하다.

유몽인의 청상과부시
孀婦詩 상부시

유몽인(柳夢寅 : 명종·인조 시절의 문장가)은 광해군의 유신(遺臣)이었는데, 청상과부시를 지은 죄로 사형을 당하였다. 그 시의 뜻은 대개 원나라 때 양염부(楊廉夫)의 노객부요(老客婦謠)를 본받은 것이었다. 명나라 고황제(高皇帝)가 양염부를 불러들여 원나라 역사를 편수할 작정으로 그에게 벼슬을 주려 하니, 양염부가 이 시를 지어 굽히지 않을 뜻을 보이므로 곧 석방하여 돌려보냈다.

안타까운 것은 이 두 사람의 취지는 같았으나 결과는 다르게 되고 만 것이다. 명나라 성조(成祖)가 정난(靖難)한 뒤에 제태(齊泰)·황자징(黃子澄)·연자녕(練子寧)·방효유(方孝孺)의 무리들이 모두 멸족의 화를 입었다. 명나라 혜제(惠帝)의 유신 한 사람이 아미정(蛾眉亭)에 시를 짓기를

한 사람의 충신 때문에 구족이 화를 입으니
몸을 보전하고 해를 멀리 하는 것도 상도이지만
백이와 숙제가 죽은 뒤에 군신의 의리가 박하니
군왕을 위해 힘써 수양산의 절개를 굳혔다오.
一箇忠臣九族殊 全身遠害亦天常
夷齊死後君臣薄 力爲君王固首陽

이리 읊었다. 이 말이 다시 처절(凄切)하여 사람들로 하여금 저절로 눈물이 쏟아지게 한다.

송파 이공의 시
松坡詩 송파시

나의 선배 송파(松坡) 이공(李公)은 과천(果川) 별장에 물러나 있었다. 내가 관례를 마치고 처음 찾아가 뵈었더니, 공이 나의 시를 보여달라고 청하므로, 그를 위해 한 편을 외었더니, 공은 바로 그 자리에서 차운하여 나에게

시를 주었다.

그 시는 아래와 같다.

곤산에 용 같은 매화가 있어	崑山有梅龍
늙은 몸뚱이 흉한 불길에 타버렸다네.	老幹炳凶燄
봄바람이 비의 혜택 아끼어	春風靳雨澤
가지랑 잎이랑 시들고 꺾였네.	枝葉瘁以歛
거듭 오는 번영을 내 진작 점쳤으니	重榮吾曾筮
신령스런 시초〔蓍〕가 어찌 징험 안 되리.	靈蓍詎不驗
하얀 꽃이 가지 끝에 피어나니	仙葩發梢末
옥 같은 빛이 먼지에 물들지 않았네.	玉色謝塵染
맑고도 싸늘하여 뼛속에 사무치니	淸寒逼人骨
도리어 속된 사람 구경할까 두렵네.	却恐世賞厭
검고 희기는 제 지키기에 달렸으니	緇白在自守
아, 그대여 부디 집념하시라.	嗟嗟爾自念

이와 같이 시로써 권면하는 것은 선배의 도타운 뜻이다. 그러므로 기록하
여 스스로 경계하는 바이다.

깊고 먼 모양과 서성거리는 모양
窈窕徘徊 요조배회

소동파의 적벽부에

명월의 시를 외고	誦明月之詩
요조(깊고 먼 모양)의 장을 노래하노라니.	歌窈窕之章
이윽고 달이 동산 위에 떠올라서	少焉月出於東山之上
두·우성의 사이를 돌고 돈다.	徘徊於斗牛之間

라고 하였는데, 혹자는, "명월(明月)과 요조는 《시경》의 동방지일(東方之

日 : 제풍(齊風)에 실린)과 관저(關雎 : 주남(周南)에 실린)에서 채용한 것이다"라고 한다.
장명. 2장(章) 5구(句) 장명. 3장 20구
그러나 나는 그렇지 않다고 본다. 이는 사장(謝莊 : 남송 사람, 사부(詞) 로 유명하였음)의 월부(月賦)에

> 제풍(齊風 : 《시경》 국풍 (國風)의 편명)의 장에 침음하고,　　　　　　　　沈吟齊章
> 진풍(陳風 : 《시경》 국풍 (國風)의 편명)의 편에 은근하도다.　　　　　　　　殷勤陳篇

라고 한 데에서 나온 것이다.
　상고하건대, 제풍 계명(鷄鳴)에

> 동방이 밝은 것이 아니라　　　　　　　　　　　　　　　　　　非東方則明
> 달이 돋아 오는 빛이랍니다.　　　　　　　　　　　　　　　　月出之光

라고 하였으니, 이른바 '명월의 시'란 것이요, 진풍 월출(月出)에

> 저 달이 하얗게 떠오르니　　　　　　　　　　　　　　　　　月出皎兮
> 아름다운 여인이 더욱더 고와 뵈네.　　　　　　　　　　　佼人僚兮
> 깊숙이 맺힌 시름을 풀어 볼거나　　　　　　　　　　　　舒窈糾兮
> 마음이 죄어져서 절로 근심이 되네.　　　　　　　　　　勞心悄兮

라고 하였으니, 이것이 이른바 요조의 장이라고 말한 것이다. 이 두 편이 다 월출 두 글자의 장본이 된 것이며, 요조는 깊고 먼 뜻이 되므로 요규(窈糾) 또한 근심의 깊고 먼 것을 지적함이니, 이 시를 인용한 예를 보면 확실히 통용한 것이 많다. 조(窈)는 조(篔)라고도 쓰고 혹은 규(糾)라고도 쓰는데, 다 같은 뜻이다.
　소동파가 기생에게 준 사(詞)에

> 이지러진 달이 사람을 향하니 그윽한 시름 풀리고　　　缺月向人舒窈窕
> 세 별이 문에 이르니 은근히 비치누나.　　　　　　　三星當戶照綢繆

라고 하였으니, 이는 분명히 서요규(舒窈糾)를 서요조(舒窈窕)라 한 것이니 증거로 삼을 만하다. 그리고 그 아래에

　하얀 이슬은 강에 비끼고　　　　　　　　　　　白露橫江
　물빛은 하늘에 높이 연접했도다.　　　　　　　　水光接天

라고 한 것도 역시 《월부》의,

　깨끗한 이슬은 공중에 자욱이 찼는데　　　　　　白露曖空
　하얀 달은 하늘에 흘러가네　　　　　　　　　　素月流天

라는 것에서 나왔다. 이것은 모두 절경이요 아름다운 대목이지만, 사장에 비하면 동파는 한 격 낮음을 면할 수 없다.
　배회(徘徊 : 서성거리는 모양)란 글자는 조자건(曹子建)의 칠애시(七哀詩)의,

　밝은 달이 높은 다락을 비추니　　　　　　　　　明月照高樓
　흐르는 그 빛이 정히 배회하도다.　　　　　　　　流光正徘徊

라는 데에서 나왔는데, 그 주에, ‘달 바퀴의 비춤이 걷힐 새 없으니, 남은 빛이 사라지지 않아 마치 서성대는 것 같은 느낌이 있다’ 하였고, 평론하는 자는 이것을 들어, “글월로 형용할 수 없는 정경이다” 하였다.
　강문통(江文通 : 남조(南朝) 때 문인)의 시에

　이슬 빛깔 바야흐로 곱게 떠오르니　　　　　　　露彩方泛艶
　달 그림자 비로소 서성대누나.　　　　　　　　　月華始徘徊

라고 하였으니, 아마 그 고운 빛깔이 유동하여 비치는 곳을 지적한 것이요, 달 자체에 이것이 있다고 이른 것은 아니리라.

허목이 지은 동해비문
東海碑 동해비

두자미의 시는 학질 귀신을 내쫓고[1], 한퇴지의 글은 악어(鱷魚)를 몰아냈으니[2], 문장이란 조화(造化 : 만물을 창조하고 기르는 대자연의 이치)에 참여할 수 있는 것이다. 근세로 말하더라도 허미수(許眉叟)[3]의 전문(篆文)은 종정(鍾鼎)의 고문[4]과 거의 다르지 않다. 세상에 참된 안목을 가진 자가 없으니, 신(神)에 이르지 않았다는 것을 어찌 알랴?

공(公)이 동해비(東海碑)를 지어 자필로 쓴 일이 있었는데, 어떤 사람이 귀신에 홀려 병들었을 적에 그 비문 한 본을 가져다 곁에 두었더니, 귀신이 감히 다가오지 못하고, 또 가져다 문병(門屛) 사이에 두었더니, 귀신이 또 한 문 밖에 그치고 문 안을 넘어들지 못했다고 한다. 이로써 실제로 학질 귀신을 내쫓고 악어를 몰아낸 것에 이치가 있음을 비로소 알게 되었다.

허목의 동해비문은 은 다음과 같다.

한 바다 아득아득	瀛海漭瀁
온갖 냇물이 모두 모이니[5]	百川朝宗
위낙 커서 끝이 없네.	其大無窮

동북쪽의 사해(沙海)[6]라서	東北沙海

---

[1] 이 말은 송나라 갈입방(葛立方)의 《운어양추고금시화(韻語陽秋古今詩話)》에, "두보가 학질 앓는 사람을 보고, '나의 시를 외면 병이 치료될 것이다' 하고, 시구를 외게 했더니, 얼마 안 가서 병이 완치되었다"고 한 것을 말함.

[2] 이 말은 한유가 조주 자사(潮州刺史)로 있을 때 악계(惡谿)의 악어가 인축(人畜)을 해치므로 글을 지어 제사하고 퇴거하기를 명하니, 악어가 사라져 재해를 면했다는 것을 말함.

[3] 미수는 조선조의 학자이자 정치가인 허목(許穆)의 호. 벼슬이 우의정에 이르렀고, 서화에 능했으며, 특히 전서(篆書)에서는 동방의 제1인자로 칭해진다. 저서에는 《미수기언(眉叟記言)》·《경설(經說)》·《방국왕조례(邦國王朝禮)》 등이 있음.

[4] 중국 은·주 때 종(鐘)과 솥 등의 철기에 씌어진 고문과 주문(籀文)을 말함.

[5] 원문의 조종(朝宗)은, 물이 바다로 돌아가는 것이 마치 제후가 천자에게 조회하는 것과 같다 하여 비유한 것임. 《시경》 소아(小雅) 면수(沔水)에 나옴.

[6] 사해는 《계신잡지(癸辛雜誌)》에, "서역국에 사해(沙海)가 있는데, 바로 요진(要津)을 점거하였

밀물도 없고 썰물도 없으니	無潮無汐
이름하여 대택(사방이 천 리나 된다는 중국의 호수)일레.	號爲大澤

쌓인 물이 하늘에 닿아	積水稽天
끓고 솟고 깊고 넓으니	浡潏汪濊
바다가 흔들리면 그늘이 지네.	海動有曀

밝고 밝다 양곡(暘谷) *7이여	明明暘谷
태양의 문이라서	太陽之門
희백*8이 손님을 맡았네. *9	羲伯司賓

석목(析木) *10의 위차요	析木之次
빈우의 궁이라	牝牛之宮
해는 본디 동이 없도다.	日本無東

교인(鮫人) *11의 보배에다,	鮫人之珍
바다에 잠긴 온갖 산물	涵海百産
이루 다 셀 수 없네.	汗汗漫漫

기이한 동물들의 변화여	奇物譎詭
서리고 서린 그 상서로움	宛宛之祥
덕을 일으켜 빛나도다.	興德而章

고, 그 물 역시 뜨거워서 끓어오를 정도다. 하늘이 이 물로써 화(華)와 이(夷)를 한계한 것이
다" 하였음.

＊7 양곡은 해 돋는 곳을 이름. 《서경》 요전 (堯典)에, "희중(羲仲)을 분명 (分命)하여 우이 (隅夷)에
택(宅)하게 하니 이른바 양곡(暘谷)이다" 하였음.

＊8 희백(羲伯)은 요(堯)나라 임금의 신하로 역상(曆象) 등을 맡아 보았음.

＊9 원문의 사빈(司賓)도 역시 《서경》 요전에 "돋는 해를 큰 손님처럼 공경한다" 하였음.

＊10 석목은 성차(星次)의 이름인데, 기(箕)·두(斗) 두 별과 서로 마주 있음. 《이아》 석천 (釋天)
에, "석목(析木)의 진(津)과 기·두(箕斗)의 사이가 한진(漢津)이다" 하였음.

＊11 교인 : 《술이기 (述異記)》에 "교인 (鮫人)은 물고기와 같이 물속에 살면서 베짜는 일을 멈추지
않고, 눈에서 떨어진 눈물이 모여 구슬을 이룬다" 하였음.

소라의 태에 밴 구슬이 　　　　　　　　　　　蚌之胎珠
달과 더불어 차고 줄곤 하여*12 　　　　　　　　與月盛衰
대기를 따라 김을 올리네. 　　　　　　　　　　旁氣昇霏

머리 아홉 개 달린 천오(天吳)*13 　　　　　　天吳九首
외발 달린 괴이한 기(夔)*14 짐승이 　　　　　怪夔一股
바람 일으키고 비를 내리도다. 　　　　　　　颷回且雨

솟은 해의 아침 햇살이 　　　　　　　　　　　出日朝暾
휘황찬란 얽히고 얽혀 　　　　　　　　　　　轇軋炫煌
자줏빛 붉은빛 창창도 하네. 　　　　　　　　紫赤滄滄

삼오야 밝은 달 둥실둥실 　　　　　　　　　　三五月盈
원령(圓靈 : 하늘)의 수경이라 　　　　　　　圓靈水鏡
뭇별이 광채를 감추도다. 　　　　　　　　　列宿韜光

부상의 사화와 　　　　　　　　　　　　　　　扶桑沙華
이를 검게 칠하는 마라와 　　　　　　　　　黑齒麻羅
상투 튼 보가*15와 　　　　　　　　　　　　撮髻莆家

선만(蟬蠻)*16의 굴조개와 　　　　　　　　蟬蠻之蠔
조와(爪畫)*17의 원숭이와 　　　　　　　　爪畫之猴

＊12 이 글귀는 구설(舊說)에, "소라가 구슬을 잉태하는 것이 마치 사람이 아기를 밴 듯하므로 방태
(蚌胎)라 하는데, 그 소라의 구슬은 달과 함께 찼다 줄었다 한다"라고 나옴.

＊13 천오 : 해신(海神)을 말함. 《산해경(山海經)》에, "조양(朝陽)의 골짝에 천오(天吳)라는 신이
있으니, 그 생김새는 사람의 낯에다 머리는 아홉이고 발과 꼬리는 여덟이다" 하였음.

＊14 기는 짐승의 이름임. 《산해경》에 "기(夔)라는 짐승은 형상은 소와 같은데 뿔이 없고 몸은 푸른
빛이며 발은 하나다" 하였음.

＊15 사화(沙華) · 마라(麻羅) · 보가(莆家) : 모두 부족(部族)의 명칭임.

＊16 선만은 《조선금석총람(朝鮮金石總覽)》 소재 동해비(東海碑)에는 '蜓蠻'이라고 나옴. 또 한유
(韓愈)의 청하군공방공묘갈명(淸河郡公房公墓碣銘)에는 '林蠻洞蜒'이라 하였음.

＊17 조와의 와(畫)는 와(蜑)와 통하므로 조와(爪蜑)인 듯함. 조와는 지금의 자바섬임.

불제(佛齊 : 나라
이름임)의 소로다.　　　　　　　　　　　　　佛齊之牛

바다 밖의 잡종들이　　　　　　　　　　　　海外雜種
무리도 다르고 풍속도 다른데　　　　　　　絕黨殊俗
한데 모여 다 같이 자라나네.　　　　　　　同圉咸育

옛 성왕의 덕화가 멀리 미쳐　　　　　　　古聖遠德
여러 되놈의 나라 중역(重譯 : 여러 번 통
역을 거침)으로 들어오니　　　　　　　百蠻重譯
굴복하지 않는 곳이 없네.　　　　　　　　無遠不服

크고도 빛나도다　　　　　　　　　　　　皇哉熙哉
다스림이 넓고 넓어　　　　　　　　　　　大治廣博
유풍이 까마득하도다.　　　　　　　　　　遺風邈哉

이 한 편을 이따금 한 번씩 외고 나면 정신이 늠름하다. 귀신이 지각이 있
다면 어찌 감히 두려워서 피하지 아니하랴.

옛 사람의 시를 모방함
奪胎換骨 탈태환골

시(詩)는 이당(李唐) 시대보다 성한 적이 없었다. 국가에서는 매진(媒
進 : 시를 매개로
진출하는 일)의 길을 열어놓고, 사람들은 점개(沾丐 : 후세에 끼쳐 준 은덕. 《당서》
두보전(杜甫傳) 찬(贊))의 소원
을 품었으니, 사해(四海) 안에 이 같은 이가 무릇 몇 사람인지 알 수 없었
고, 한 사람의 저작이 무릇 몇 편인지 몰랐다. 이후로 송나라를 지나고 명
(明)나라를 거쳐 몇 세대가 지났지만, 시를 짓는 대요(大要)는 다섯 자나
일곱 자로 글귀를 만드는 것에 지나지 않았으며, 모두 그 재료를 인정(人
情)·물태(物態) 사이에서 취해 왔으니, 어찌 그 시에 무한정한 이치가 있다
하겠는가? 오늘날 재사(才思 : 재치있
는 생각)를 자부하는 무리들이 수염을 쓰다듬으
며, 괴롭게 사색하여 제딴엔 새로운 뜻으로 만들었다고 자랑을 하지만, 어느
시대 어느 지역 어느 사람이 되었건 간에 반드시 이 말을 먼저 발견하여 무엇을 지어도 지었을 것으로, 뒷날의 창작을 기다리고만 있지는 않았을 것이다.

그래서 나는 일찍이 사람들에게, "무릇 시(詩) 치고 진부(陳腐)하지 않은 것은 없다. 혹시라도 이것이 옛날에 없었던 것이라 한다면 그야말로 우물 안 개구리가 하늘 이야기하는 격이다" 하였다.

하루는 아이들과 시를 논하면서, 탈태환골(奪胎換骨 : 뼈대를 바꿔 끼고 태(胎)를 바꿔 쓴다는 뜻으로, 옛 사람이 지은 시문의 취지를 취하여 어구나 결구만을 바꾸는 것)의 법에 의거하여 시험 삼아 두어 연구를 만들어 보았다. 이를 테면 도연명의 시로서,

봄물은 사택에 가득 차고   春水滿四澤
여름 구름은 기이한 봉우리가 많도다.   夏雲多奇峰

라고 한 것은, 수(水)·택(澤)·운(雲)·봉(峯)만이 실(實)자요 나머지는 모두 허(虛)자이므로 이에 허자는 남겨 두고 실자만 바꾸어,

봄 그늘은 사방 들에 가득하고   春陰滿四野
여름 숲에는 기이한 꽃 많도다.   夏樹多奇花

라고 하였고, 또 실자만을 남겨 두고 허자를 바꾸어

흐르는 물은 돌아가서 못을 이루고   流水歸成澤
갠 구름은 머뭇거려 봉우리를 만든다.   晴雲逗作峯

라고 하였다. 지금도 연명의 시와 비교해 보면, 확실히 교졸(巧拙)과 진안(眞贋 : 진짜와 가짜)의 구별이 있다 하겠다.

저 충동한우(充棟汗牛 : 쌓으면 들보까지 차고, 실으면 소가 땀을 흘린다는 뜻. 많은 장서를 가리킴)의 서적에 이르는 것을 누가 일일이 검토하고 고증할 수 있으랴? 그러므로 시 짓기가 어렵지 않은 것이다. 이들을 본떠 끌어 대기도 하니 이것 또한 잘 되지 않을 리 없다. 후세의 시는 대개 모두가 다 이러하다.

묘계와 질서
妙契疾書 묘계질서

　주자가 지은 《장횡거화상찬(張橫渠畫像贊)》에 '묘계질서(妙契疾書)'라는 말이 있는데, '묘계'는 잘하기 어려운 것이지만 '질서'는 바로 그 단점인 것이다. 횡거(橫渠) 장재(張載)가 《정몽(正蒙)》을 지을 적에 기거하는 곳에 따라 붓과 벼루를 놓아두고, 또는 밤중이라도 깨달은 것이 있으면 일어나서 촛불을 켜고 써놓았으니, 이는 빨리 써두지 않으면 바로 잊어버릴까 두려워서였다. 그러자 정자(程子)는 "장재가 이와 같이 숙달하지 못하다"라고 조롱하였으니, 대개 숙달하면 반드시 빨리 써놓지 않더라도 스스로 잊어버리지 않는다는 것이다.

　나는 경서를 보다가 마음에 해득된 바가 있으면 곧바로 의문표를 붙여 기록하고 제목을 '질서(疾書)'라 하였는데, 사람들은 묘계(妙契)라는 문자까지 합해서 보며 겸손하지 못한 태도라고 의심하니, 이는 지나친 일이다.

　윤동규(尹東奎)가 듣고 다음과 같이 말하였다. "호굉(胡宏)의 '지언(知言)'은 겸손의 뜻이 아니지만 주자는 이것을 그르다 하지 않았는데, 하물며 '질서' 가운데 묘계의 의사가 어찌 없으리오."

돌고 도는 불행과 행운
倚伏 의복

　"화에는 복이 기대어 있고 복에는 화가 엎드려 있다(노자 《도덕경》 58장)"는 말을 사람들은 가의(賈誼)의 부(賦)에서 나온 줄만 알고 가의 보다 앞서 노자가 한 말이었음은 알지 못한다.

　이 말은 꼭 추위와 더위, 밤과 낮이 돌고 돈다는 것이 아니라, 화를 당했을 때 두려워하고 반성하면 생각이 깊어지고 행실이 단정해지니 이는 복의 길이요 복이 왔을 때 교만하고 사치하면 올바름을 버려 도리에 어그러지니, 곧 화를 빚어낸다는 말이다.

　그러나 기대고 있다는 것은 곁에 있음이요, 엎드려 있다는 것은 안에 감추어진 것이니, 마음을 단단히 먹고 조심스럽게 제 몸을 닦으면 경사를 이룰 수 있고, 멋대로 사치하고 경망스럽게 굴면 틀림없이 재앙이 싹트게 된다. 그러므로 군자는 더욱 힘쓰며 소인도 이를 삼가는 것이다.

그런데 말세에 이르러서는 불변의 천리(天理)라 해도 반드시 세상과 들어맞는 것이 아니요, 거스른 사람이 많은 자가 흔히 이기게 되니, 화와 복이 선과 악에 매이지 않은 지 오래되었다. 천하가 모두 그러나 더욱 심한 곳이 우리나라인데, 이미 전부터 그러했지만 오늘날에 이르러 더욱 심한 것은 왜인가. 귀한 자는 한 번에 정해지며, 어리석음과 지혜로움의 구분이 없고, 길 잃은 자는 항상 펴지를 못하며, 세력을 탄 자는 대대로 그 세력이 연장되어, 마침내 어리석은 속류들은 의심이 깊숙한 곳까지 미쳐서 하늘도 소용이 없다고 말하게 하니, 참으로 악(惡)과 이(利)만을 따르게 한다면 누가 탐욕스러운 짓을 하지 않을 것이며, 선(善)을 등지고도 해로움이 없게 된다면 누가 사리에 거스르는 짓을 꺼리겠는가.

부처가 이것을 걱정하여, 귀신의 설(說)을 빌려 두려워하도록 하였으나, 마침내는 공허해져 어리석은 민중의 마음은 매혹할 수 있었으나 범속한 식자들의 생각은 움직일 수 없었다. 그러니 정치로써 이끌고 형벌로써 가지런히 하는 방법뿐이다.

백성이란 비록 표범이나 승냥이의 무리와 같다가도 힘으로 위협함을 무서워하고 죄를 적게 짓자는 생각은 가지고 있으니, 이른바《주역》의 혁면(革面 : 허물을 고침)이 이를 뜻하는 것이다. 그러나 정치가 피폐하고 형벌이 어긋나서 기린과 봉황 같은 이는 숨어버리고 표범과 이리 같은 자가 벼슬을 하는 경우에 이르면, 복은 뇌물을 따라서 얻어지고 화 또한 거슬러 미칠 수가 있으니, 역시 어쩔 도리가 없다.

옛사람의 말에 "외람된 짓이 천하에 가득한데도 죄는 박복한 사람에게만 씌워진다〔奸濫滿天地 罪羅薄福人〕" 했으니, 이 또한 뼈를 찌르는 말이다. 아아! 슬프다.

죽은 이의 혼을 부름
招魂 초혼

초혼부(招魂賦 : 《초사》의 편명)는 송옥(宋玉)이 굴원을 위하여 지은 것이라 이르는데, 그렇다면 그 첫머리에 말한

짐(朕 : 나(我)라는 뜻 굴원을 가리킴)은 어려서부터 맑고 염결했다.　　　　　　　朕幼淸以廉潔

는 것은 어떤 사람이 스스로를 짐이라 했단 말인가? 진자연(陳子淵)은 굴원의 우언(寓言 : 교훈적이나 풍자적인 내용을 지닌 짤막한 말)이라고 단정하였는데, 역시 맞는 말인 듯하다. 굴원은 구가(九歌)·구장(九章)을 지은 뒤에 별도로 원유부(遠遊賦)를 지었는데, 이들 역시 우언이었다. 즉

본바탕이 비박하여 인연이 없음이여　　　　　　　質菲薄而無因兮
무엇을 의탁하여 높이 떠 가느냐.　　　　　　　焉託乘而上浮

하였으니, 이는 이미 날아오를 자질이 아니어서, 창공을 치솟으며 멀리 노닐 인연이 없다는 것을 이름이요. 또

밤이면 근심으로 잠 못 이룸이여　　　　　　　夜耿耿而不寐兮
넋은 허둥지둥 새벽이 되는구려!　　　　　　　魂營營而至曙
정신이 아득아득 돌아오지 않음이여　　　　　　神焂忽而不返兮
형체가 마르고 말라 홀로 남았도다.　　　　　　形枯槁而獨留

라고 하였으니, 이 뜻은 형체만 남고 혼은 형체를 떠나 상하 사방을 두루 노닌다는 것이다.

이에 또 무양(巫陽 : 고대의 유명한 점쟁이)에게 청탁하여 혼을 불러들이는 사(辭)를 만들어 스스로 위안한 것이니, 그 부르는 것은 혼백이 몸으로부터 분산됨을 위함이라, 곧 실제의 부름이요 죽어서 부르는 것이 아니다.

그 이른바

세속에 끌리어 무예함이여 　　　　　　　　　　牽於俗而蕪穢
노상 화에 걸리어 수고를 한다. 　　　　　　　　長離殃而愁苦

라는 것은 곧 원유부(遠遊賦)에 나오는

침탁한 세상을 만나 오예됨이여 　　　　　　　遭沈濁而汚穢
홀로 가슴 답답 뉘와 함께 말을 하리. 　　　　獨鬱結其誰語

와 같다.

　이미 원유부에, "동으로는 태호(太皥)를 지나고 서로는 욕수(蓐收)를 만
나고, 남으로는 염제(炎帝)를 지향하고, 북으로는 전욱(顓頊)을 따랐다" 하
였으므로, 혹시라도 두루 사방으로 이른바 "내가 보좌하고자 한다"는 그 사
람을 잃을까 염려한 것이며, 또 상제(上帝)에게 청탁하여 "그 사람에게 이
미 거룩한 덕이 있다면, 내가 보좌해서 죽음을 면하게 하고 싶다"라는 뜻으
로 말한 것이다.
　이소에

하느님은 사사로움이 없어 　　　　　　　　　皇天無私阿兮
백성의 덕을 살펴 도와 주는구나. 　　　　　　覽民德焉錯輔

라는 것이 곧 이를 이름이다. 이와 같이 보아야만 바야흐로 그 뜻이 통하며,
그렇지 않으면 끝내 짐이란 한 글자가 해석이 되지 않는다. 또 어떤 이는 송
옥이 굴원에게 의탁하여 자신의 이야기를 한 것이 아닌가 하고 의심하기도
하는데 이는 알 수 없는 일이다.

이백·두보·한유의 시
李杜韓詩 이두한시

　굴원이 《이소경》을 지었는데 그 뜻이 매우 조촐하였다. 그 대상을 묘사한
것도 꽃다워서, 난초·혜초·죽순·창포·걸차(揭車 : 마)·족두리풀 따위들이 이

와 뺨 사이로 무르익음과 동시에, 그 향기가 문득 사람에게 스며드는 것을 느끼게 된다. 이러기에 맑고 아득하며 홀로 뛰어나서 충분히 가슴속에 쌓여 있는 열 가지 원망과 아홉 가지 생각을 쏟아낸 것이다.

이 뒤로는 오직 이백(李白)이 그 뜻을 터득하여 온갖 사물 사이로 나아가 그 청명하고 화사하고 향기롭고 뛰어난 것을 취하고 도야(陶冶)하여 시의 재료로 삼았으니, 한 번만 보아도 그 가슴속의 물거울을 볼 수 있고 그가 세상 밖의 신선임을 알 수 있다. 진실로 그 사물이 아닐진대 비록 굴원과 이백 같은 특이한 재목일지라도 무슨 인연으로 이러한 말을 솜씨 좋게 만들어 내겠는가.

뛰어난 시는 흔히 오언시에 있으니, 시험삼아 두어 연구를 예로 들까 한다.

오봉은 달빛 따라 굴러가는데	五峯轉月色
백 리를 솔바람 속에 다니는구려.	百里行松聲
냇물에 비친 보릿고랑 조촐하고	川光淨麥隴
햇빛은 밝아라 저 뽕나무 가지 위에	日色明桑枝
거문고 소리 맑아라 달은 문에 마주치고	琴淸月當戶
인적은 고요하고 바람은 방으로 들어오네.	人寂風入室
새벽이라 맑은 서리 귀 밑에 깃들고	淸霜入曉鬢
하얀 이슬 옷과 두건에 생겨나누나.	白露生衣巾
구름 산은 바다 위에 솟아나고	雲山海上出
인물은 거울 속에 다니는구려.	人物鏡中行
산은 지는 해를 따라가려 하는데	山將落日去
물은 맑은 하늘과 어울리네.	水與淸空宜
홀로 천지 사이에 우뚝 서니	獨立天地間
맑은 바람 난설이 쇄락하도다.	淸風灑蘭雪
창파의 나그네가 한번 되고 나니	一爲滄波客
붉은 연꽃 핀 가을 열 번이나 보았다.	十見紅蕖秋
산이 새파라니 먼 숲이 스러지고	山靑滅遠樹
물이 쪽빛이라 찬 연기 한 점 없네.	水綠無寒烟

탑 그림자 바다 달 더듬는다면   塔影摽海月

다락 형세는 강 연기로 솟아났구려.   樓勢出江烟

쓸쓸한 귀뚜라미 푸른 풀을 사랑하고   寒螿愛碧草

울어대는 봉황새는 오동나무에 깃들었네. 鳴鳳棲靑梧

언제든 한 조각 달이 머물러서   長留一片月

동쪽 시냇가 소나무에 걸려 있구나.   掛在東溪松

가을이라 사수에 파도가 치니   秋波落泗水

조래산(徂徠山)에 바닷빛 밝게 비치네. 海色明徂徠

물은 운모 확에 방아를 찧고   水春雲母碓

바람은 석남꽃을 쓸어가누나.   風掃石楠花

오동잎 금정에 떨어지니   梧桐落金井

한 이파리 은상에 날아들도다.   一葉飛銀牀

이와 같은 것을 모두 기록할 수 없다. 비유하자면 옥병과 밝은 구슬이 궤석(几席 : 안석과 자리)에 어울려 빛나고, 상서로운 난새나 봉황새가 섬돌 난간에서 춤을 추는 것과 같은데, 어찌 티끌 한 점이 문간 안으로 날아들 수 있으랴. '선방에서 잠륜을 그리워한다[禪房懷岑倫]'라는 한 편은 가장 깨우침과 절실함이 가장 많아 늘 읊조리고 욀 적마다 허공을 가로질러 걸어가는 듯한 느낌을 갖게 하니, 이백이 옛사람에게서 터득한 것을 알 만하다.

완적(阮籍)의 "푸른 물에 넓은 물결이 드날린다[綠水揚洪波]"와 사조(謝朓)의 "맑은 강은 조촐하다 무명 누인 것같이[澄江淨如練]"와 사영운(謝靈運)의 "구름과 노을은 저녁 안개 거두었네[雲霞收夕霏]" 같은 것도 다 기운(氣韻)이 서로 발동하여 폐(肺)와 장(臟)을 고취하여 나온 것이라 하겠다.

두보(杜甫)의 시는 곧 글귀마다 기력이요 글자마다 정신으로서, 마치 충거(衝車)·괴마(拐馬)*1가 끝모퉁이로 연결된 것과 같으나, 다만 삼오기변

---

*1 충거는 전쟁할 때 쓰는 수레의 이름. 《회남자》 남명훈(覽冥訓)의 주에 "충거는 큰 철판으로 원(轅)의 끝을 입혀서 무기를 나열하고, 말도 갑옷을 입혀서 적의 진을 마구 충돌하는 것을 이름이다" 하였다. 괴마(拐馬)는 곧 괴자마(拐子馬)인데 《송사》 악비전(岳飛傳)에 "올출(兀朮)이 경군(勁軍)을 가졌는데, 모두 철갑을 입고 가죽끈으로 꿰매서 세 사람이 한 패가 되어 그 칭호를 괴자마라 했다. 악비는 보병에게 훈련하되 칼을 가지고 진중에 들어가서 쳐다보지 말고 말의 다리를 베라고 하여 한 말이 넘어지면 세 말이 가지 못하므로 관군이 쳐서 크게 깨뜨렸다" 하였음.

(參伍機變)*²의 기술이 모자란다고 하겠다. 저 삼대편(三大篇)*³ 같은 것은 장강(長江)·대하(大河)와 같아 의론할 여지가 없으며 〈팔애시(八哀詩)〉에 이르러서는 역시 여러 구(句)가 끼어 있는 듯도 싶으나 역시 큰 강물이라 썩은 고깃덩이가 좀 흘러든다 해도 걱정되지는 않는다.

또 한유(韓愈)의 필력으로 말하자면 가끔가다 용비(冗卑)·하승(下乘)의 어휘도 있지만, 자세히 살펴보면 한유가 아니고서는 미칠 수 없는 것임을 깨닫게 된다. 그가 일부러 이와 같이 만들어 기맥(氣脈)을 연면하게 하여 격앙(激昂) 분발할 기회를 대비한 것이니, 비유하자면 뻗어가는 산 형세가 높고 험하고 가파르면 반드시 낮은 데가 있으며 골짜기를 지나가면 우뚝 솟아서 자연의 빼어남이 스스로 드러나는 것과 같다. 그렇지 않으면 그저 칼등 같이 보이거나 뱀장어가 기어가는 것과 같아서 조화의 묘함과 서로 같지 않다. 이렇게 보아야만 비로소 한유의 세계를 터득하게 되는 것이다.

남명 선생의 글
南冥先生文 남명선생문

남명 조식 선생이 지은 글이 매우 특이하므로 퇴계 이황은 그 계복당(鷄伏堂) 등의 명(銘)을 보고서 "《장자》 가운데서도 일찍이 이런 것은 보지 못했다" 하였는데, 이는 대체로 조롱하는 말이다.

남명이 일찍이 "내 글은 비단을 짜서 필(匹)을 이루지 못한 것이요, 퇴계의 글은 포목을 짜서 필을 이룬 것이다" 하였으니 역시 그 스스로도 알았던 모양이다. 일찍이 그의 친구 삼족당(三足堂) 김대유(金大有)의 갈명(碣銘)을 지었는데 다음과 같다.

"노부(老夫)가 남을 보증하는 일이 대체로 적은데, 유독 김공에게만은 천하의 선비로써 인정한다. 갑(甲)이 보기에는 크고 고상하게 날고 있다고 토론하고 경륜하는 큰 학자일 것이요, 을(乙)이 보기에는 큰 키로 활쏘기와 말 모는 데 서툴지 아니한 호쾌한 선비라고 할 것이다.

---

*2 《주역》 계사상에 "삼오(參伍)로써 변하여 그 수효를 착종(錯綜)한다" 하였는데, 《설문》에 "세 사람이 서로 섞인 것을 삼(參)이라 하고 다섯 사람이 서로 섞인 것을 오(伍)라 한다" 하였음.

*3 두보가 지은 작품으로 〈북정(北征)〉〈봉선현영회(奉先縣詠懷)〉〈장유(壯遊)〉를 말한 것임.

홀로 서당에 머물며 길게 노래하고 느리게 춤추어, 집안 사람도 그 뜻을 엿볼 수 없으니, 이는 본 성품에 즐거움이 있어 영가(詠歌)·무도(舞蹈)하는 때요, 산수(山水)에 몸을 맡겨 낚시질하고 사냥하여, 그 무렵 사람들이 오히려 방탕한 자로 인식하니, 이는 세상에 은둔(隱遯)하여도 답답함이 없이 침명(沈冥)하고 도회(韜晦)하는 일이다. 우리 동덕자(同德者)들이 본다면, 국량이 크고 깊은 것은 힘쓰는 그 인(仁)이요, 언론이 격렬하고 뛰어난 것은 굳센 의(義)이다. 선(善)을 좋아하여 스스로 선한 데 그치고, 널리 구제하려다가 자신만을 구제하고 말았으니, 운명이냐 때를 잘못 만난 탓이냐.”

이 한 편으로도 그 대략을 볼 수 있는 것이다.

젊은 시절에 지은 민속부
憫俗賦 민속부

우연히 이지러진 서축(書軸 : 글씨를 쓴 족자)을 뒤지다가 내가 젊을 적에 지은 민속부를 발견했으므로 부질없으나 여기에 기록하여 본다. 그 부는 다음과 같다.

두려워해야 할 것은 후생이 아니며	可畏非後生
헤아려야 할 것은 전각이 아니겠나.	可絜非前覺
두려움도 역시 믿음직하지 못하고	畏亦不足恃
헤아림도 역시 힘대로 하질 못하네.	絜亦不終力
바쁘고 시끄러워 질서가 없음이여	悶紛總其無章
노상 뭉쳤다 나뉘고 이어졌다 끊기어	恒離合而斷續
바람 거스른 배가 치로 나아가 자로 물러나고	如船逆風進寸退尺
언덕 오르는 수레가 힘을 잃어	如車上阪失勢便落
밑으로 떨어지는 것 같네.	
처음에는 느리고 급한 것만 다르더니	始焉緩急而殊情
종경에는 등과 낯이 되어 서로 헐뜯네.	終似偝面以噂沓
풍부하고 인색하게 타고 남은 것 다르지 않지만	匪豊嗇其異稟
이윽고 걸음이 군색하여 끝없이 핍박하도다.	俄窘迫而頓迫
번음(繁淫 : 번잡하고 음탕한 악(樂)을 이름)이 귀에 닿으면	

종률(鍾律 : 황종(黃鍾)의 율
(律)을 말함)을 폐할 수 있고   繁淫接而鍾律可廢

현채가 눈에 붙으면 소박이 자취 없네.   眩彩寓而素樸無迹

비록 틈새의 빛이 조금 보인다 할지라도   雖些見於隙光

겹겹의 그늘 속에 외로운 촛불 같으이.   若重陰之孤燭

만약 해 없이 온 것이라면

반드시 해를 입어 가나니   若因無害而來者必將有害而去

무익한 요구를 하지 않기에

모름지기 유익한 득을 보리로다.   不爲無益之求故須看有益於得

내가 백 번 말을 해도 남이 입술

한번 까딱하는 만큼 빠르지 못하고   余有言百兮不如人也一反唇之速

남이 천만 가지 마음을 지녔어도

쓸쓸한 나 하나 지키는 것만 못하네.   人有心千萬兮不如守吾之幽獨

그렇지만 새 짐승은 본시 무리가 다르니   然鳥獸之異羣

오로지 대중과 함께 해학하도다.   聊與衆而詼謔

천천히 걸어가며 내 인생 마치노라니   終吾生而倘佯

어느 뉘가 나의 훌륭한 타이름을 알아들으리오.   孰知吾之善告

박광우의 월정사 시

朴光佑詩 박광우시

사간(司諫) 박광우는 호가 잠소당(潛昭堂)인데, 바로 을사(乙巳)의 풍모
가 있는 곧은 사람이었다. 그가 강릉(江陵) 월정사(月靜寺)를 두고 지은 시
가 있다.

솔그늘 우거진 속 한 가닥 길 뚫렸는데   松檜陰森一逕通

문 앞에 다다르니 문득 홍살문이 보이누나.   入門初見殿扉紅

일천 층 보탑에는 나는 새가 맴돌고   千層寶塔回飛鳥

팔각의 방울 소리 반공에 메아리치네.   八角神鈴響半空

불경은 부질없이 왕자의 자취만 전해라.   法帙漫傳王子迹

여기 사는 승려들 세존 공덕 어찌 알리.   居僧那識世尊功

종 울리자 갑자기 문수법회 시작되니   鐘鳴忽作文殊會
옥좌의 향 연기는 만 골짝의 바람일레.   玉座香烟萬壑風

이로써도 그 기개를 넉넉히 엿볼 수 있다.

홍우정의 시
洪宇定詩 홍우정시

사문(斯文) 홍우정이 청풍(淸風) 고을의 한벽루(寒碧樓)에 올라 다음과 같은 시를 지었다.

우주 사이 하나의 사나이 대장부   宇宙一男子
청풍 한벽루에 올라 있노라.   淸風寒碧樓
난간에 다다라 긴 파람 불고 나니   臨軒發長嘯
가을 달 강을 비치는 오경일러라.   江月五更秋

그 높이 뛰어나서 얽매이지 않음이 이와 같았다. 그 뒤에 또 다음과 같은 시를 지었다.

대명 천하에 집 없는 나그네요   大明天下無家客
태백산 산중에 머리 달린 중이로세.   太白山中有髮僧

그리고 경상도로 들어가 머물러 살며 돌아오지 아니하였다. 그 자손은 순흥(順興)에 산다.

구름이 뭉치고 해가 감싸다
雲唪日抱 운매일포

두보의 시에

갈라진 골짜기 구름 검으니 용과 범이 누워 있고,　　　峽坼雲霾龍虎臥

강 맑으니 해는 원타(黿鼉 : ^{큰 자라}_{와 악어})를 안고 노니네.　　　江淸日抱黿鼉遊

라고 하였는데, 양용수(楊用修)는 이에 대해, "의사(疑似 : ^{비슷하여 분간}_{하기 어려움})한 형상을 형용한 것으로서 벌어진 골짜기에 구름이 머물러 산수가 서리고 엉킨 것이 마치 용과 범이 누워 있는 듯도 하고, 해가 맑은 강을 안으니 여울과 돌이 물결에 부딪혀 정녕 자라와 악어가 노니는 것과 같다는 것이니 곧

강 빛깔은 원타의 굴에 은은히 나타나고　　　江光隱見黿鼉窟

돌 형세는 오작교마냥 얽히었구려.　　　石勢參差烏鵲橋

라는 것과 같은 구절(句節)이다" 하였으나 전혀 그렇지 않다.

나의 생각으로는 깊은 산과 큰 늪은 용과 범이 누워 있는 곳이요, 물가와 모래톱은 원타가 노니는 곳이니, 이는 헐후체(歇後體 : ^{어떤 성어(成語)의 뒷말을} _{약하고 그 윗부분만으로} _{전체의 뜻을 나타} _{내는 일종의 은어})와 비슷한 것이다. 대개 구름이 산택(山澤)의 사이에 뭉치고 해가 사수(沙水)의 언저리를 감쌌다는 것을 말하는 것이요, 참으로 이들이 존재해 있다는 것은 아니다.

두보의 시에 또,

한 겹과 한 가림은 나의 폐부라면　　　一重一掩吾肺腑

산새와 산꽃은 나의 우우로세.　　　山鳥山花吾友于

라고 하였는데, 이는 형제를 우우(友于)라 만들었으니, 폐부는 곧 친척을 의미한 것이다. 《한서》 조왕전(趙王傳)에, "신이 폐부(肺腑)의 은혜를 입게 되었다"는 것이 이것이다. 옛사람이 글자 쓰는 데는 더러 이런 예가 허다하다.

이를테면, 오작교·원타굴은, 높은 것은 위로 하늘을 능지를만 하고 낮은 것은 깊이 감담(坎窞 : ^{구덩}_이)에까지 미칠 만하다는 것에 지나지 않는다. 어찌 다른 뜻이 있겠는가? 그 말은 절대 은암(隱暗)하지 않은데 후대 사람들이 천착(穿鑿)하여 이상하게 만든 것이다.

뾰족한 봉우리 칼끝과 같아라

尖峰劍鋩 첨봉검망

유자후(柳子厚)의 시에

바닷가 뾰족한 산 칼끝과 비슷하여 　　　海畔尖山似劍鋩
가을이라 가는 곳곳마다 시름시름 창자를 끊네. 　秋來處處割愁腸
어찌하면 이 몸이 천이나 억으로 만들어져 　若爲化得身千億
흩어진 봉우리마다 맨꼭대기에 올라 고향 바라볼꼬. 散上峰頭望故鄉

라고 하였는데, 이는 글자마다 눈물이 흐르게 한다. 뒷날에 와서 비록 "몸이
도산에 있었다〔身在刀山〕"라는 조롱은 있었지만, 읽을수록 슬프고 원망스러
움을 자아내는 것은 자못 소한림(蕭翰林)·허경조(許京兆)에게 답장한 편지
와 서로 안팎이 된다.

첨산(尖山)은 기봉(奇峯)이다. 시름하는 자가 보면 문득 창자를 베는 칼
날이 됨과 동시에 어지러운 봉우리가 쫑긋쫑긋 빼어나서 아무리 바라보아도
과연 어느 곳에서 바라보아야 고향이 보일 것인지 알지 못할 정도이니, 죄악
의 가볍고 무거움을 따질 것 없이 사람으로 하여금 빈축을 사게 한다. 또 그
등산(登山) 시에

어찌하여 고향을 바라보는 곳에 　　　如何望鄉處
융주가 서북으로 있단 말인가. 　　　西北是融州

라고 하였으니, 이는 처음에 생각한 것으로는 여기에 오르면 고향을 거의 볼
수 있으리라 여겼었는데, 막상 목적지에 이르러서는 단지 융주(融州)가 서
북쪽에 있는 것만 보일 따름이었다는 것이다. 융주는 본디 동남쪽으로 동떨
어진 지역인데, 한 번 더 넘어가서 도리어 서북에서 바라본다는 것이니, 뜻
이 더욱 깊고 말이 더욱 간절하다.

그런데도 고병(高棅 : 명나라 학자. 박학다식하고 문장에 뛰어났으며 특히 시로 이름을 날렸음)은 시에 대한 안목이 없어서《당
시품휘(唐詩品彙)》를 편집할 때에 문득 앞의 한 절구를 빼놓고 다만 이 시

만을 채록하였으니, 새가 날개 하나를 잃은 격이다. 육유(陸游 : 남송의 대표적 시인)의 시에

어찌하면 이 몸이 천이나 억으로 만들어져　　　何方可化身千億
매화나무 하나에 방옹(放翁 : 육유의 야호)도 하나씩을.　　一樹梅花一放翁

라고 하였다. 저는 하나씩 얻을 것을 바라고 이는 하나씩 잃을 것을 염려한 것이니, 곧 하나의 환골(換骨 : 환골탈태를 이름)인 것이다.

《회남자》에 이르기를 "슬픔을 지닌 자는 노래를 들어도 울고 즐거움을 지닌 자는 곡성을 들어도 웃는 법이니, 마음속에 지닌 것이 시켜서 그러는 것이다"라고 하였으니 이를 두고 하는 말이다.

양포 최전의 경포대시
鏡浦臺詩 경포대시

양포(楊浦) 최전(崔澱) *¹의 경포대시에

봉호*²로 들어간 지 삼천 년이라　　　　蓬壺一入三千年
은해는 아득아득 물은 맑고 얕네.　　　　銀海茫茫水淸淺
난생*³은 떠나가고 오지 않으니　　　　　鸞笙今日去不來
사람은 아니 뵈고 벽도화만이.　　　　　碧桃花下無人見

라고 하였는데, 사람들이 이것을 고금의 절창(絶唱)이라 일렀으므로 감히 뒷사람이 속작(續作)하지 못한다.

송나라 때에 위중선(魏中先)의 시에

---

*1 최전 : 조선조 명종~선조 연간의 문인(文人). 율곡(栗谷)의 문인으로 시·서·화(詩書畵)에 모두 능했으며 저서로 《양포유고(楊浦遺稿)》가 있음.
*2 봉호 : 바다 가운데 있는 삼신산(三神山)으로 봉래(蓬萊)·방호(方壺)를 말함.
*3 난생 : 난(鸞 : 봉황)을 타고 피리를 부는 신선을 이름.

진경 찾다 빗나가서 봉래로 들어가니   尋眞誤入蓬萊島
향풍은 일지 않고 송화만 늙었구려.   香風不動松花老
어디에서 지초 캐고 돌아오질 않는 건가 採芝何處未歸來
흰 구름 땅에 가득 길 쓰는 사람 없네.   白雲滿地無人掃

하였으니, 최씨의 시는 이 시를 날로 벗겨 생으로 삼킨 것이라 하겠다.

동인(東人)은 매양 옛 시를 본떠 자신의 작품으로 삼고 있는데, 사람들은 판별해 내는 일이 없으니 때때로 이와 같은 경우가 있게 되는 것이다.

퇴계 선생의 시
退溪先生詩 퇴계선생시

퇴계 이황은 시짓기를 좋아하였는데 지금 문집 속에 나타난 그의 시를 보고 체재가 서툴다고 여기는 사람이 많다. 그 무렵에도 송계(松溪) 권응인(權應仁) 같은 이는 "퇴계 선생은 시를 애써 짓지 않았으며 초서 같은 것은 남보다 뛰어났다" 하였으니, 남다르지는 않았을망정 능숙하지 못함은 아니라는 것을 알지 못한 것이다.

옛날에 한유(韓愈)가 소술(紹述) 번종사(樊宗師)의 묘지명(墓誌銘)을 짓고, 사마천(司馬遷)이 사마장경(司馬長卿)의 전을 지었는데, 모두 그 사람과 똑같이 만들었다. 옛사람이 시나 문을 지을 때는 반드시 마음으로 표준하고 뜻으로 상상하여, 정신이 일치된 다음이라야 바야흐로 붓대를 들었으니, 마치 한 사람을 그리자면 반드시 그 사람과 똑같게 해야 하는 것과 같다. 문의 모사(模寫) 또한 이와 다를 것이 있겠는가.

퇴계가 금호(錦湖) 임형수(林亨秀)에게 준 두 편의 율시는 다음과 같다.

마음대로 여닫는 꾀를 지닌 한나라 장량은 捭闔奇謀漢子房
황석공(黃石公)의 방법을 일찍이 받았도다. 當年曾受石公方
미처 오랑캐의 소굴을 쓸어내기 전에   未龥巢窟龍庭界
동해(東海)까지 장성(長城)을 만들었구려. 先作長城鰈海疆
먼 이역에 병든 것은 하늘의 불란(拂亂)이라. 絕域病攻天拂亂

황성(荒城)의 벼락소리 귀신도 놀라 달아나리.   荒城雷鬪鬼驚忙
백 편의 읊은 시는 능운(凌雲) *¹의 기상이라   豪吟百首凌雲氣
묘한 글귀 굳센 간장에 무엇이 방해되랴.   妙句何妨鐵石腸

요동이라 변방에선 되놈이 달을 쏘고   狂胡射月遼東塞
낙랑의 옛터에선 장사가 병(兵)을 찾네.   壯士搜兵樂浪墟
지휘하는 위령은 범과 표범을 몰아내고   指顧威靈驅虎豹
풍류에 겨운 담소는 시서로 발산되네.   風流談笑發詩書
바다에서 병이 들자 용왕이 약 보내고   海航病得龍王藥
강변 누각에서 읊은 시는 제자거를 엿보네.   江閣吟窺帝子居
단정코 공명이 봉후(封侯)에 돌아가고   唾手功名歸燕頷
태평을 노래하며 나는 어초에서 늙으리.   太平容我老樵漁

이 시는 글귀마다 생동감 있고 비약하며 재주가 뛰어나고 활달하여 비록 화악(華岳)의 날카로운 봉우리에 날아가 앉아 들판을 내려다보는 독수리의 기세라도 이에 지날 수 없으니, 저 금호(錦湖)의 일평생 호방하게 부른 노래도 반드시 미치지 못할 줄 안다.

요컨대 상대방이 금호가 아니었다면 퇴계 또한 끝내 규각(圭角)을 드러내지 않았을 것이다.

그 〈탁영담 뱃놀이(汎濯纓潭)〉라는 제목으로 지은 시에

물과 달은 아득아득 밤 기운 청명한데   水月蒼蒼夜氣淸
조각배 바람 따라 강물을 거슬려라.   風吹一葉泝空明
표주박 술잔의 하얀 술은 은작을 번뜩이고   匏樽白酒飜銀酌
계수나무 노의 흐르는 빛은 옥횡(玉橫) *²을 끄는구려.   桂棹流光掣玉橫
채석강(采石江)의 전광(顚狂) *³은 득의가 아니거니   采石顚狂非得意

---

*1 중국 한(漢)나라 때 사마상여(司馬相如)가 〈자허부(子虛賦)〉를 지었는데, 무제(武帝)가 읽고서 "휘날리고 휘날려서 능운(凌雲)의 기개가 있다"고 하였다.
*2 횡은 배의 좌우에 놓여 있는 노를 말하고, 옥은 노를 아름답게 꾸미는 말이다.
*3 이백(李白)이 채석강에서 농월(弄月)한 고사.

낙성의 점롱은 정이 가장 끌리는걸.	落星占弄最關情
모르괘라 백 년이 지난 통천(通泉)의 뒤에	不知百歲通泉後
어느 사람 다시 있어 정성(正聲)을 이을 건지.	更有何人續正聲

라 하였으니, 이야말로 의리(義理)의 진경은 물론이요, 먹줄(먹통에 딸
린 실줄)과 자귀(나무를 깎아 다듬
는 연장의 하나)의 힘을 빌리지 않고도 쟁그랑거리며 욀 만함과 동시에 가벼운 바람이 물을 스쳐서 물결이 생기고 영양(羚羊)이 뿔을 걸친 것처럼 흔적이 없으니, 저 《예원자황(藝苑雌黃)》에 놓아둔들 무엇이 흠이 되겠는가. 근래에 사간(司諫) 홍여하(洪汝河)가 퇴계의 시를 주해하였는데, 역시 대단히 좋다고 한다.

심약이 원창루를 읊은 여덟 편의 시
沈約八詠 심약팔영

심약(沈約 : 양나라 때
의 시인)의 팔영 중 수산동(守山東)이란 제목으로 지은 시는 다음과 같다.

산동을 지킴이여	守山東
산동의 만 봉우리 푸른빛이 무럭무럭.	山東萬嶺鬱靑葱
두 시내 한데로 뭉쳐 흐르는데	兩溪共一瀉
그 물이 하도 맑아 텅 빈 것 같네.	水潔望如空
봉우리 곁에는 청사가 덮이었고	峯側靑莎被
바위 사이엔 단계가 엉겨 있구려.	巖間丹桂叢
위로 쳐다보니 울울창창 무성하고	上瞻旣隱軫
아래로 굽어봐도 역시 아득아득.	下睇亦冥濛
아련한 저 숲에는 짐승 소리 메아리치고	遠林響咆獸
가직한 이 나무엔 벌레 울음 시끄러워라.	近樹咶鳴虫
야계의 바른 편으로 길은 나고	路出耶溪右
금화의 동쪽으로 물은 지고.	澗吐金華東
만 길의 돌은 아슬아슬 기울어 있고	萬仞側危石

일백 길 매달려 폭포는 쏟네.	百丈注懸漾
끌고가니 흐르는 번개와도 같고	掣曳瀉流電
달아나니 하얀 무지개와도 같구면.	奔飛似白虹
뚫린 우물은 맑은 기운 머금었고	洞井含淸氣
터진 구멍은 빠른 바람 토해내고	漏穴吐飛風
옥두에는 진액이 뚝뚝 떨어지고	玉竇膏滴瀝
석실에는 종유가 영롱하구려.	石室乳空籠
나는 평소에 몹시도 사랑했는데	余平生之素愛
늙어서 갑자기 이를 만나다니.	颼暮年而此逢
한번 떠나 돌아오지 않고 싶지만	欲一去而不還
임금이 아니 들어 한스러워라.	恨邦君之未褫
임기가 찼건마는 흰 구름 어루만지며	秩滿撫白雲
머물러 있어 지수*1를 일삼는다오.	淹留事芝髓

이 한 편의 시는 어의(語意)가 초월하고 모사가 핍진하여 글귀마다 외울 만하다. 이백의 망여산폭포(望盧山瀑布)라는 한 편은 바로 이 시를 환골(換骨)하고 전신(傳神)*2한 것이니, 그의

공중에서 물줄기 어지러이 쏘아대어	空中亂漾射
푸른 벽을 좌우로 씻어 내리네.	左右洗靑壁

라는 것은, 심약의 '위석(危石)·현종(懸漾)'의 글귀에 비하면 이백이 심약보다 낫다 하겠고

빠르기는 나는 번개가 오는 듯하고	颼如飛電來
은은히 흰 무지개 이는 것 같네.	隱若白虹起

라는 것은, 심약의 '철예(掣曳)·분비(奔飛)'의 글귀에 비하면 심약이 이백보

---

*1 지수(芝髓)는 지초(芝草)의 골수를 이름.
*2 전신은 붓과 먹으로 사람의 상모(狀貌)를 그려서 능히 그 정신을 얻는다는 말임.

다 낫다 하겠으며,

나는 물방울 가벼운 놀에 흩어지고 　　　　　　　飛珠散輕霞
흐르는 거품 우뚝한 돌에 엉기네.　　　　　　　流沫漯穹石

라는 것은 이백의 기교가 나타난 것이라 하겠다.

요컨대, 심약은 숨은 종적을 현상(玄賞 : 예술화(藝)하는 느낌을 주고 이백은 金骨 : 귀중한 물건 또는 속세를)을 헛되이 좇는 듯하다.
금골(金骨 : 벗어난 고상한 풍채와 골격)을 헛되이 좇는 듯하다.

우리나라의 비문
東方石刻 동방석각

우리나라에는 석각(石刻)된 고적 또한 많으나 삼한 이전의 옛것은 없다. 근세에 와서 왕손인 낭원군(朗原君) 이간(李侃)이 편집한 《대동금석서(大東金石書)》는 거의 빠진 것이 없다.

경주에는 신라 태종무열왕릉비(太宗武烈王陵碑)가 있고, 또 대각간 김유신의 묘비가 있고, 삼수현(三水縣)에는 초방원비(草房院碑)가 있는데 이는 신라 진흥왕(眞興王)이 순수(巡狩)한 기록이다. 생각건대, 실직(悉直)이 처음에는 신라에 속하였으니, 그렇다면 옛날에는 영동 땅도 모두 신라의 소유였던 동시에 철령(鐵嶺) 밖에까지도 이 또한 그 순수가 미쳤던 모양인데, 그 뒤에 고구려가 땅을 개척하여 바닷가까지 미치게 되어서는 다시 이 땅을 지니지 못했던 것이다.

부여현(扶餘縣)에는 백제를 평정한 탑명(塔銘)이 있으니 당나라 소정방이 세운 것이요, 또 백제를 평정한 비가 있는데 이 또한 당나라 유인원(劉仁願)이 세운 것이다.

진주 지리산 단속사(斷俗寺)에 있는 신행선사비(神行禪師碑)는 승려 영업(靈業)이 쓴 것이다. 그 글씨가 좋아서 많은 사대부들이 탁본하여 감상한다. 그리고 쌍계사(雙溪寺)에는 진감국사비(眞鑑國師碑)가 있는데, 최치원이 비문을 짓고 아울러 글씨를 쓴 것이다. 양양 설악산에는 홍각선사비(弘覺禪師碑)가 있는데 왕희지의 글씨를 집자한 것이며, 합천 가야산 홍류동(紅流洞)

에는 최치원의 시각(詩刻)이 있고, 보령 성주산에는 낭혜화상비(朗慧和尙碑)가 있는데, 최치원이 비문을 지은 것이다. 광양 백학산 옥룡사(玉龍寺)에는 도선비(道詵碑)가 있고, 봉화 태자산에는 낭공대사(朗空大師)의 백월서운탑비(白月棲雲塔碑)가 있는데 김생의 글씨를 집자한 것이며, 문경 희양산에 지증선사비(智證禪師碑)는 최치원이 비문을 지은 것이다. 이상은 모두 신라의 고적이다.

원주 건등산 흥법사(興法寺)에는 진공대사비(眞空大師碑)가 있는데, 당문황(唐文皇)의 글에 고려 태조(太祖)의 글씨로 새긴 것이요, 영암 월출산에는 도선(道詵)의 창사비(創寺碑)가 있고, 직산 소사평(素沙坪)에는 홍경사비(弘慶寺碑)가 있다. 금산 황악산 직지사(直指寺)에 대장당기비(大藏堂記碑)가 있는데 왕희지의 글씨를 집자한 것이요, 의흥(義興) 화산(華山) 인각사(麟角寺)에 보각국사비(普覺國師碑)가 있는데 민지(閔漬)의 글에 왕희지의 글씨를 집자한 것이다. 고성 삼일포에 매향비(埋香碑)가 있으며, 양주천보산 회암사(檜巖寺)에 나옹화상비(懶翁和尙碑)와 지공대사비(指空大師碑)가 있는데 모두 이색의 글이다. 또 본조의 무학의 비도 있다. 임천(林川) 보광사(普光寺)에 원명국사비(圓明國師碑)가 있는데 원나라 사람 게법(揭法)의 글씨에 위소(危素)의 글로 된 것이다. 대략 채집하여 기록해서 옛것을 좋아하는 자에게 자료를 제공하는 바이다.

흙 만두
土饅頭 토만두

범석호(范石湖) *¹의 시에

아무리 천추에 철문한(鐵門限) *²이 있다지만   縱有千秋鐵門限

---

*1 범성대(范成大)의 호가 석호임. 송나라 오현(吳縣) 사람. 문장으로 유명하고 34권의 《석호집(石湖集)》이 전해짐.

*2 쇠로 문지방을 씌운 일. 중국 남조(南朝) 진(陳)나라 때 지영선사(智永禪師)가 오흥(吳興) 영흔사(永欣寺)에 갔었는데, 글씨를 청해 오는 사람들이 워낙 많이 모여들어서 그의 방 문지방이 모두 닳아 없어지므로 쇠로 문지방을 씌웠다는 고사가 있음.

끝내는 한낱 흙 만두가 되고 마는걸.　　　　　　　　　　終須一介土饅頭

라고 하였는데 흙 만두는 무덤이다. 이를테면 흙으로써 떡을 만들고 고기로써 도(餡 : 만두의소)를 만들었다는 것이다. 당(唐)나라 시대에 한 늙은 약장수가 사람을 꾸짖으며 "돈을 두고 약을 사먹지 않으면 모두 흙 만두가 되고 만다" 하였고, 또 불교 시에

흙 만두는 성 밖에 있다지만　　　　　　　　　　　城外土饅頭
만두소*3은 성 안에 있는걸.　　　　　　　　　　　餡草在城裡
한 사람이 한 개씩을 먹고야 마니　　　　　　　　　一人喫一箇
행여나 맛이 없다 싫어하지나 마오.　　　　　　　　莫嫌無滋味

라고 하였으니, 범성대는 아마 이 말을 인용한 것이리라. 옛시에

사람은 백 년을 살 수 없는데　　　　　　　　　　　人無百年期
구태여 천 년의 일을 만드네.　　　　　　　　　　　强作千歲調
쇠를 부어 문턱을 만들었지만
귀신이 보고 손뼉 치며 웃고 있네.　　　　　　　　　鬼見拍手笑

라고 하였다. '철문한'을 '흙 만두'와 대구(對句)로 만들었으니 너무도 절묘하다 하겠다.

강극성의 시
姜克誠詩 강극성시

명종 때의 수찬 강극성이 파직을 당하자 이런 시를 지었다.

조복은 모두 술집에다 전당을 잡혔으니　　　　　　朝衣典盡酒家眠

---

*3 흙 만두는 무덤을 말하고 만두소는 무덤 속에 들어갈 사람을 말함.

내려주신 말을 팔아 두어 이랑 밭을 사고　　　　　賜馬將謀數頃田
진중한 나라 은혜 보답을 못 했으니　　　　　　　珍重國恩猶未報
꿈은 저 달에 실려 임금께 조회드리네.　　　　　夢和殘月獨朝天

임금이 이 시를 듣고서 다시 서용(敍用)하였다.
숙종(肅宗) 때 제학(提學) 채팽윤(蔡彭胤)이 처음으로 벼슬자리에 임명되자 다음과 같은 시를 지었다.

평생에 임금과 면식이 없었지만　　　　　　　　平生不識君王面
꿈속에선 언제나 대궐 앞에 서성대네.　　　　　一夢尋常繞玉墀

그가 나중에 입시하자, 임금은 그에게 명하여 머리를 들고 용안을 바라보게 하였으니, 어진 임금의 시대에 내려진 은혜는 예나 지금이나 다르지 않았다. 영조가 즉위하자 재상 가운데 이 사실을 아뢴 자가 있었는데, 특명으로 품계를 올려서 승지(承旨)를 제수하였다.

비단을 다듬이질하며
搗素賦 도소부

양나라 유운(柳惲) *1의 도의시(搗衣詩)에

풍파로 여행길 막혀 버리니　　　　　　行役滯風波
나그네 머물고 가지 못하네.　　　　　遊人淹不歸
정고에는 나뭇잎 떨어지고　　　　　　亭皐木葉下
농수에는 가을 쑥 날리네.　　　　　　隴首秋蓬飛
학의 울음 긴 한탄을 괴롭히는데　　　鶴鳴勞永歎
녹*2을 캐며 저문 때에 상심하노라.　　採綠傷遲暮

---

*1 유운은 양나라 때의 시인. 자는 문창(文暢). 시·척독(尺牘)·바둑·거문고 등에 모두 능함.
*2 녹(綠)은 풀 이름. 일명 왕추(王芻)라고도 함.

그대는 바야흐로 멀리 노는데	念君方遠遊
천첩은 흰 비단을 매만진다오.	賤妾理紈素
가을바람 푸른 못에 불어오고	秋風吹綠潭
밝은 달은 높은 나무에 매달렸구려.	明月懸高樹
다락 높아 저녁 방아 소리 흩날고	軒高夕杵散
기운이 상쾌해라 밤 다듬이 울리네.	氣爽夜碪鳴
빛나는 구슬 걸음 따라 쟁그랑거리고	瑤華隨步響
소매 속의 유란은 향기 풍기네.	幽蘭逐袂生

그중 목엽(木葉)·추봉(秋蓬)의 한 연구는 지금까지도 회자(膾炙)되거니와 대체로 가작(佳作)이었다.

뒤에 이백의 한 수가 규방(閨房)의 정태를 가장 잘 얻었다 하지만, 반희(班姬)의 도소부*³*¹에는 미치지 못한다. 그 대략은 다음과 같다.

넓은 뜰 매달린 달빛	廣除懸月
물에 어리 비쳐 맑은 기운 흐르누나.	暉水流淸
아침이자 계수 이슬은 가득하고	桂露朝滿
저녁에는 가슴이 후련하다네.	涼衿夕輕
얼굴을 단장하고 명을 상보며	改容餙而相命
흰 비단 말아들고 뜰을 내려가네.	卷霜帛而下庭
곱고 빛나는 비단 치맛자락을 끄니	曳羅裙之綺靡
맑고 밝은 구슬 패물이 흔들려라.	振珠佩之精明
눈을 흘려 바라보면 자태가 나고	眄睞生姿
용모를 움직이면 풍치가 많네.	動容多致
연약한 맵시는 부끄럼을 머금고	弱態含羞
요풍은 치미하고 화려하구려.	妖風靡麗
향기로운 방망이 던져 옥다듬이 두들기고	投香杵叩玫砧
난새 소리 가리고 봉의 소리 다투네.	擇鸞聲爭鳳音

---

*1 도소부(擣素賦)는 한 성제(漢成帝)의 후궁인 반첩여(班倢伃)가 지은 시로, 내용은 흰 비단을 다듬이질하는 것을 읊은 것임.

오동마냥 허로 인해 곡조가 멀고	梧因虛而調遠
계수처럼 정으로 말미암아 소리 잠기네.	桂由貞而響沈
곡조는 풍성하고 경첩하다면	散繁輕而浮捷
절주는 소량하고 청심하여라.	節疏亮而清深
가락은 평상한 율이 아니요	調非常律
소리도 일정한 표본이 없네.	聲無乞本
떨어지는 손의 엇갈림에 맡기고	任落手之參差
바람 소리의 멀고 가까움을 따르네.	從風飆之遠近
혹은 연달아 뛰다 다시 던져지고	或連躍而更投
혹은 잠깐 폈다 다시 말아가네.	或暫舒而更卷
장수는 연매보다 크게 하고	侈長袖于妍袂
반달을 난금에다 얽었어라.	綴半月於蘭襟
가는 손으로 곱디곱게 호아 놓으니	表纖手於微縫
아마도 자취 보면 마음을 알리.	庶見迹而知心
머나먼 노정을 헤아려 보니	計脩路之遐夐
분방이 누설되기 쉬워 걱정이로세.	恐芬芳之易泄
편지 이미 봉하고서 거듭 또 쓰고	書旣封而重題
상자도 이미 묶고서 또다시 맺노라.	笥已緘而更結

읽을수록 사람을 위축되게 하는 시이다.

소무와 이릉의 시
蘇李詩 소리시

오언은 소무(蘇武)와 이릉(李陵)으로부터 시작되었는데, 지금 전하는 것은 단지 5편이요, 이밖에 또 6편이 있다. 대개 소통(蕭統: 양나라의 문학평론가, 양 무제의 장남으로 황태자가 되었으나 즉위하기 전에 죽었음)이 정리한 것이다. 오언의 시초라 할 것이니 갖추어 적지 않을 수 없다.

유신(庾信)의 부(賦)에

이릉의 쌍부는 가지 못하는데　　　　　　　李陵之雙鳧未去
소무의 일안은 속절없이 돌아가도다.　　　蘇武之一鴈空飛

하였는데, 널리 살펴보지 않으면 쌍부(雙鳧)·일안(一鴈)이 무엇을 가리킨
것인지 알 수 없을 것이다.
　　당의 《유함(類函)》을 고찰하면 이능의 증시(贈詩)에

신풍(晨風 : 새매)은 북녘 숲에서 우는데　　　　晨風鳴北林
습요(熠燿 : 반딧불이)는 동남으로 날아가네.　　熠燿東南飛
그리운 사람을 바라고 바라느라　　　　　　　　願言取相思
날이 저물도록 장막을 내리지 않네.　　　　　　日暮不下帷
밝은 달이 높은 누에 얼비치니　　　　　　　　明月熙高樓
남은 빛이 휘황함을 스쳐보노라.　　　　　　　想見餘光輝
제비가 밤에 뜰을 지나가니　　　　　　　　　　玄鳥夜過庭
다시 능히 날아갈 수 있으려나.　　　　　　　　翩翩能復飛
옷자락 걷어잡고 길가로 거닐면서　　　　　　　襃路踟躕
서성대느라 선뜻 가지를 못하누나.　　　　　　彷徨不能歸
뜬구름은 하루면 천 리를 가니　　　　　　　　浮雲日千里
내 마음 슬픈 줄을 어찌 알리요.　　　　　　　安知我心悲
만약에 경수 가지를 얻는다면　　　　　　　　思得瓊樹枝
지루한 이 기갈을 풀어보련만.　　　　　　　　以解長渴飢

하고 또

저 남산 모퉁이에 올라　　　　　　　　　陟彼南山隅
그대를 기수 남쪽으로 보내네.　　　　　　送子淇水陽
네 걸음은 서남쪽으로 노니는데　　　　　爾行西南遊
내 홀로 동북쪽으로 달려가노라.　　　　　我獨東北翔

원마가 돌아보고 슬피 울면서　　　　　　轅馬顧悲鳴
다섯 걸음에 한 번씩 방황하누나.　　　　五步一彷徨
두 오리가 서로 등지고 날아가니　　　　雙鳧相背飛
서로 이별한 날이 하마 길다오.　　　　　相違日已長
운중의 저 길을 멀리 바라며　　　　　　遠望雲中路
규장이 오리라 상상해 보네.　　　　　　想見來珪璋
머나먼 만 리 길이 서로 같으니　　　　萬里遙相似
홀로 마음 상한들 보탬 있으랴.　　　　何益心獨傷
때를 따라 햇볕이나 사랑을 하며　　　　隨日愛景曜
서로서로 잊지나 말았으면은.　　　　　願言莫相忘

하고 또

반짝반짝 세 별이 벌여 있는데　　　　　燦燦三星列
성스럽다 달이 처음 돋아나누나.　　　　拳拳月初生
싸늘한 기운 철따라 이르러 오니　　　　寒涼應節至
귀뚜라미 밤중에 슬피 울어라.　　　　　蟋蟀夜悲鳴
새벽 바람 교목을 흔들어대니　　　　　晨風動喬木
가지와 잎이 밤낮으로 떨어지네.　　　　枝葉日夜零
나그네 해 저물자 돌아갈 생각에　　　　遊子暮歸思
귀를 막고 능히 듣지를 못할레라.　　　　塞耳不能聽
멀리 바라보니 정히도 쓸쓸하고　　　　遠望正蕭條
백 리에 사람의 소리 전혀 없네.　　　　百里無人聲
하늘의 한 구석에 처해 있으니　　　　遠處天一隅
괴롭고 곤한데 고독마저 찾아오네.　　　苦因獨零丁
친한 사람 바람따라 흩어져 가니　　　　親人隨風散
낱낱이 흐르는 별과 같구려.　　　　　瀝滴如流星
내 소원, 훤초 가지를 얻어서　　　　　願得萱草枝
주리고 목마른 심정 풀고지고.　　　　一解飢渴情

하고 또

종의는 남음을 노래 부르고, *¹   鍾子歌南音
중니는 귀여(歸歟) *²를 한탄했느니.   仲尼歎歸歟
융마가 북변에서 용솟음치고   戎馬北邊鳴
나그네는 옛집을 그리워하네.   遊子戀故廬
기러기는 돌아가서 구름에 날고   陽鳥歸飛雲
교룡은 숨어 사는 것을 즐기네.   蛟龍樂潛居
사람이 한 세상 사이에 태어나서   人生一世間
소원이 이루어짐을 귀히 여기네.   貴與願同俱
이 몸이 사흉(四凶) *³의 죄가 없는데   身無四凶罪
어째서 하늘 한 구석에 있는 건가.   何爲天一隅
구태여 근력을 괴롭게 하여   與其苦筋力
기필코 영달을 하고 싶다면   必欲榮薄軀
청명한 시대를 놓치지 말고   不如及淸時
조정에 책명(策名) *⁴함만 같지 못한 걸.   策名於天衢

소무가 이릉에게 준 시에

두 오리는 북으로 함께 나는데   雙鳧俱北飛
외기러기 홀로 남으로 가네.   一鴈獨南翔

*1 이 말은 《좌전》에 "진후(晉侯)가 군부(軍府)를 시찰하다가 종의(鍾儀)를 보고서, 유사(有司)에
게 묻되 '남관을 쓰고서 얽매어 있는 자는 누구냐' 하니 대답이, 정나라에서 바친 초나라 죄수입
니다' 하였다"는 대목이 있다. 종의는 진(晉)에 있으면서 남음(南音)을 노래하였음.

*2 귀여 : 중니는 공자의 자. 《논어》 공야장(公冶長)에, 공자가 진(陳)에 있으면서 말하기를, "돌아
가야겠다(歸歟). 우리 당(黨)의 소자(小子)들이 광간(狂簡 : 뜻은 크고 일에는 소략함)하여 비
연(斐然)히 문리가 성취되었으나 재단할 바를 알지 못한다" 하였음.

*3 사흉은 요(堯) 임금 시대의 흉악한 네 신하인 환도(驩兜)·삼묘(三苗)·공공(共工)·곤(鯀). 이
들이 조정을 어지럽히므로 요 임금이 모조리 먼 곳으로 내쳤음.

*4 책명은 신하된 자를 기록한 간책(簡策)에다 이름을 기입한다는 말임. 《좌전》에, "책명(策名),
위지(委質)하고서 두 마음을 가지면 죄를 받는다" 하였음. 이릉이 소무에게 답한 편지에, "勤宣
令德 策名淸時"라 하였음.

그대는 당연히 이 집에 머물고	子當留斯舘
나는 의당 고향으로 돌아가야지.	我當歸故鄕
한번 이별 아득하여 진과 호 같으니	一別如秦胡
만나볼 기약이 언제려나.	會見何渠央
슬픈 한이 가슴속을 치밀어 오니	愴恨切中懷
모르는 사이 눈물이 옷을 적시네.	不覺淚霑裳
원컨대 그대는 길이 노력을 하여	願子長努力
담소를 서로 잊지나 말아다오.	談笑莫相忘

하고 또

원정 가는 사람이 갈 길을 생각하여	征夫懷往路
밤이 얼마나 되었나 일어나 보네.	起視夜何其
삼성 신성 벌써 다 사라졌으니	參辰皆已沒
가고 간다 이로부터 하직하노라.	去去從此辭
이 걸음 싸움터에 일이 있으니	行役在戰場
서로 볼 기약이 있지를 않네.	相見未有期
손을 잡고 한 번 길게 탄식을 하니	握手一長歎
눈물이 생이별 위해 불어나누나.	淚爲生別滋
노력하여 춘화를 사랑할지니	努力愛春華
행여 즐거운 때 잊지 맙시다.	莫忘歡樂時
살면 의당 다시 돌아올 테고	生當復來歸
죽으면 길이 서로 생각할 걸세.	死當長相思

하였다. 또 이능이 자경(子卿 : 소무(蘇武)의 자(字))에게 준 제일의 서한과 소무의 답서가
있는데, 세상에 드물게 전하는 것이라 다 기록하지 못한다.

상사 이복운의 시
李上舍詩 이상사시

상사 이복운(李復雲)의 시에

나촌의 거사가 촌정을 꾸어오니	懶村居士借村丁
말 끌기를 소 끌 듯, 하니 말이 가지를 않네.	牽馬如牛馬不行
가고 가서 화산에 당도하고서야 가깝고 먼 것을 아니	行到華山知近遠
석류꽃 핀 담장 위에선 낮닭이 우네.	石榴墻上午鷄鳴

라고 하였으니, 이 시는 화보(畫譜)에 들어갈 만하다. 한번 읊고 노래하는 동안에 정신이 깨고 눈이 환해져, 바로 그 참모습이 보이는 것 같다. 이씨는 또 함경도 도사(都事) 최모(崔某)를 전별하는 시에

가을볕에 머리 쬐며 다북쑥 속에 누웠으니	秋陽晞髮臥蓬蒿
세상에선 그대만이 꿈속에 남아 있네.	世上惟君在夢中
푸른 물에 연꽃 피자 북쪽에서 처음 보았고	綠水芙蓉初北地
청문의 버들숲엔 서풍이 불었다오.	靑門楊柳又西風
십 년이라 서울에선 돈없이 살더니만	十年京口無錢活
만세교 머리에 길 있어 통하는군.	萬歲橋頭有路通
주성(姝城)에 당도하면 응당 말 멈추리니	行到姝城應駐馬
변방 구름 관산 달에 동이 술 함께 드세.	朔雲關月一尊同

라고 하였는데 역시 사람들의 입에 오르내렸다. 이복운은 바로 아계(鵝溪) 이산해(李山海) 정승의 후손으로 때를 잘못 만나 불우했다고 한다.

술안주
安酒 안주

왕세정(王世貞)은 "육기(陸機)의 〈초목소(草木疏)〉에 '안주(按酒)할 만

하다' 하였고, 매요신(梅堯臣)의 시에도 안주란 글자를 많이 썼다. 지금 시속에 첨안(添按)이라 말하는 것은 거의 여기서 나왔다" 하였고, 《지봉유설(芝峯類說)》에도 역시 끌어대어 증거로 삼았으니, 모두 깊이 살피지 않은 것이다.

사혼례(士昏禮)의 친영부지조(親迎婦至條)에 "찬(贊)이 간(肝)으로 따라가서 다 진제(振祭)를 하고 간을 맛본다(《주례》변구제(辨九祭) 제5제)"고 하였고, 정현(鄭玄)의 주에 "간(肝)은 간적(肝炙)이다. 술을 마시면 마땅히 안주[肴]가 있어야 하니, 그로써 속을 편하게 하자는 것이다" 하였다.

오늘날 세상에서 주효(酒肴)를 안주라 말하는데, 한(漢)나라 시대로부터 이미 이 말이 있었다. 왕세정의 박식으로도 오히려 이에 미치지 못하였단 말인가.

한산의 아름다운 경치
韓山八景 한산팔경

문효공 가정(稼亭) 이곡(李穀)과 문정공 목은(牧隱) 이색(李穡) 부자는 본관이 한산(韓山)이다. 문효공이 이미 과거에 급제하여 예문관 검열이 되었는데, 뒤에 원나라 정동행성(征東行省)*1의 향시에 제일로 합격하고 마침내 제과(制科 : 경문(經文)으로 과제(科題)를 내어 뽑는 과거)의 제2갑(第二甲)으로 뽑혔다. 이에 앞서 본국 사람이 제과에 합격은 하였지만, 대부분은 뒷줄에 있었으며, 우등으로 급제하기는 이로부터 비롯되었다.

문정공 또한 이미 괴과(魁科)에 뽑혔었고 또 정동행성의 향시에 제일로 합격하여, 서장관(書狀官)이 되어 원나라에 가서 응시하였는데, 고관(考官) 구양현(歐陽玄)*2이 크게 칭찬하여 제이갑의 제이명(第二名)에 두었었다. 이에 따라 "바다 밖으로 의발(衣鉢 : 가사와 바리때, 곧 전법(傳法)의 표시가 되는 물건)을 전수했다"는 말이 있

---

*1 중국 원나라가 우리나라 개경에 두었던 관아. 원 세조(元世祖)가 외국을 정벌할 때에는 정동행중서성(征東行中書省)이라 하였고, 그 뒤에는 정동행성이라 하여 원나라 관리를 내주(來駐)시키고 고려의 내정을 감시하였음.

*2 원나라 용생(龍生)의 아들로서 문장에 능했으며, 벼슬은 한림학사승지(翰林學士承旨), 호는 규재(圭齋)이며 문집(文集)이 전해짐.

었던 것이다.

한산은 바닷가의 작은 고을로서 산천의 아름다운 경치는 전혀 없는 곳이었으나, 문정공은 이르기를 "부자(父子)가 제과에 올라 천하 사람이 조선(朝鮮)에 한산이 있다는 것을 알게 하였으니, 불가불 드러내지 않을 수 없다" 말하고 이에 한산 팔경(八景)의 시를 지었다고 한다.

고려 말기에 이르러 홍륜(洪倫 : 고려 때 무신)이 임금을 죽이고, 김의(金義 : 고려 때 무신)가 명나라 사신(使臣)을 죽임으로 말미암아 드디어 우리나라 사람들이 그네들의 과거에 응시하는 규례를 폐지하게 되자, 이로부터 문학을 하는 선비들의 마음과 뜻이 나라 안으로 국한되고 따라서 재주조차 쭈그러들게 되었다.

그러나 중국에서 우리나라에 사신을 보낼 때는 반드시 명망이 높은 자를 가려 회유(懷柔 : 어루만져 잘 달램)의 뜻을 보여 왔다. 우리나라의 접반사(接伴使) 또한 반드시 글 잘하는 선비를 뽑아서 종사관(從事官)으로 삼아 창수(唱酬 : 시가나 문장을 지어 서로 주고받음)한 시문이라면 이루어지는 대로 주워모아 《황화집(皇華集)》을 편성하여 과장하고 키우니, 한 시대 문필에 종사하는 무리들이 얼굴을 쳐들고 기염을 토하며, 그 《황화집》에 자기 시문이 수록되는 것을 다행으로 여기지 않는 자가 없었는데, 이 길조차 끊어진 지도 이미 100여 년이 되었다.

지금의 사대부는 밤낮으로 도모하는 것이 과거를 따져 이권을 얻는 데 지나지 않으며, 시문의 기예에 이르러서는 역시 손을 저어 경계하니, 혹시 과거 보는 데에 방해가 될까 해서이다. 이 때문에 유도(儒道)와 경학(經學)은 놓아두고 논하지 않더라도, 비록 시율 같은 말단 기예를 가진 사람도 차츰 없어지니 안타까움을 이루다 말할 수 있으랴.

도본준의 선본초
禪本草 선본초

도본준(屠本畯 : 명나라 문신)의 선본초(禪本草)는 비록 희극(戲劇) 같은 것이지만 역시 요긴한 점이 있다. 나는 어리석고 어두움을 경계하여 바로잡고 싶으므로 기록하여 스스로 규계(規戒)하는 바다. 그 약관(藥觀)에,

농통한 간장을	龐統肝腸
사람을 향하여 다 털어 놓은들	向人披歷
누가 능히 미덥고도 진실하여	誰能信諒
자비의 마음에 힘을 다하리요.	喫緊婆心
미덥지 못한 사람을 대한다면	對不信人
뉘 능히 의심 더하지 아니하리.	誰不增疑
생각 없이 경솔하게 일을 맡고도	率爾任事
책임질 줄도 회피할 줄도 전혀 모르면	不知引避
뉘라서 원망하고 허물하지 않으리.	誰不惡咎
편벽됨과 사사로움을 알지 못하고	不解偏私
저와 부르고 쫓곤 하면서	從彼徵逐
나를 향기로운 미끼로 삼으려네.	以我爲餌
군자는 의를 행하되 책비(責備 : 완전하기를 요구함)로 하고	君子行義責備
소인은 요긴을 몰각하길 좋아하네.	小人好沒要緊
마음이 비뚤어지고 아첨하므로	險陂側媚
능히 공경하여 멀리 하지 못하면	不能敬遠
마침내는 그 술책에 떨어지며	終落圈套
말을 듣고 행실을 살펴보곤 하여	聽言觀行
오로지 마음을 구명하지 않으면	全不究心
종말에는 농락을 입게 되나니.	終被簸弄
부수(膚受 : 남을 참소함)의 하소연을 듣고 믿어	聽信膚訴
남의 보복을 대신 받는다면	代彼報復
무슨 내력이 있겠는가?	着甚來由
기밀에 속한 일을 누설하면	密事漏泄
거의 네 일을 무너뜨리어	幾敗乃公
화를 끌어들이고 허물을 부르며	攬禍招尤
좋은 꾀도 허술하게 다루면	好謀踈畧
열 가지 일에 아홉을 실패하여	十事九隳
스스로 자신을 그르치고 마느니.	自誤自家
길에서 들은 것을 돌아서서 말하면	道聽塗說

스스로 근심을 끼칠 뿐 아니라	自貽伊慼
사람의 평론을 끌어오거든.	惹人駁証
망령되이 스스로 잘난 척하여	妄自標致
자기보다 나은 자에게 견주려 해도	擬倫勝己
칭량과 척도는 사람에게 있다네.	秤尺在人
간함을 막고 그름을 바로 맞추어	拒諫飾非
사람들의 지적을 불러들이면	致人指摘
마침내 개도하기 어려우며	終難開導
의론이 어물어물 분명치 못하여	議論含糊
이랬다 저랬다 산만해져서	依違枝蔓
예전 것에 의탁하길 잘하며	善於託故
단지 검소하고 인색함에 힘쓰다가	但務儉嗇
결국은 부질없이 힘만을 허비하고	遂致徒費
도리어 편의를 잃어버리며	失却便宜
서로 각축하기를 숭상하여	好尙互異
억지로 자기 이론에 맞추며	强齊己論
스스로 자기를 해치나니.	自伐自家

라 하였고, 약경(藥鏡)에는 "분란을 풀 계책이 없어 마침내 양편의 원망을 사게 되는 것은 부지(不智)의 병이요, 일을 처리함에 있어 거슬림이 많아 수고롭기만 하고 공효가 없음은 불사(不思)의 병이요, 일을 당하면 문득 발설하여 경솔하고 조급함은 불인(不忍)의 병이요, 곧은 말로 바로잡기에만 급급하여 혐의를 멀리 하지 않는 것은 자신(自信)의 병이요, 창황하게 일에 대응하다가 남에게 속는 것은 불의(不疑)의 병이요, 의기(義氣)가 기색에 나타나며 마침내 악착(齷齪 : 도량이 좁고 마음이 너그럽지 못함)을 이루는 것은 불량(不量)의 병이다" 하였다. 이는 글자마다 법도에 맞아 한 마디 군말도 없으니, 이 말을 가지고 세상에 응한다면 어찌 여유 있지 않으랴? 다만 좋고 궂은 것이 너무도 분명하여 외물과 어울리지 못할까 걱정일 따름이다.

옛날과 오늘의 문장

古今文章 고금문장

옛날과 오늘날의 문장을 수목(樹木)에 비유한다면, 요순과 하·은·주 삼대의 문장은 바야흐로 여름에 꽃과 잎이 대단히 무성하여 가지 하나도 시들거나 말라붙은 것이 없이 모두 찬란해서 볼 만한 것과 같고, 진(秦)·한(漢)시대의 문장은 가을과 겨울 이후에 꽃도 지고 열매도 떨어져 꾸밈 없는 모습 그대로 있는 것과 같고, 후세의 문장은 단청(丹靑)과 회화(繪畫)로써 모양을 그려낸 것처럼 비록 근사하다 하겠지만 생생한 맛은 사라진 것과 같으며, 우리나라의 문장은 향사(鄕社)의 화사(畫師)가 실지의 사물은 보지 못한 채로 단지 비슷하게 옮겨 베끼기만 하여, 어렴풋이 복숭아나무에 버드나무 가지와 살구나무 잎과 아가위나무 꽃을 그려서 둥글고 길쭉함이 실물과 다르고 채색에도 기준이 없으므로 결국 무슨 사물인지 알아볼 수 없는 것과 같다.

남명 선생의 시

南冥先生詩 남명선생시

남명 조식 선생은 과거를 거치지 않고 벼슬에 제수되었으나 곧 사퇴하였는데, 한낱 낮은 벼슬에 지나지 않았다. 그러나 그가 병이 나서 급하게 되었을 때 감사가 장계를 올려 아뢰자, 어의(御醫)에게 약을 가지고 가서 돌보게 하였고, 급기야 세상을 떠나자 특례로 대사간(大司諫)을 증직하였다. 그를 예우함이 이토록 극진하였으니 한 세상을 충분히 감화시킬 만하였다. 참으로 그런 분이 아니었다면 또 어찌 이와 같은 일이 있었겠는가.

옛사람의 인격과 언행을 다루는 이들이 모두 그를 만길 절벽처럼 우뚝 솟은 분으로 지목하는 것은 바로 이 때문이다.

나는 그의 〈뇌룡명(雷龍銘)〉과 〈계복명(鷄伏銘)〉을 보고서 그 사람됨을 상상해 보았거니와 또 그의 시에

청컨대 천 석의 종을 좀 보소 　　　　　　　　　　請看千石鍾

크게 치질 않으면 소리가 안 나.　　　　　　　　　　　非大叩無聲
더더구나 만고의 천왕봉이랴　　　　　　　　　　　　萬古天王峯
하늘이 울려도 울지 않거든.　　　　　　　　　　　　天鳴猶不鳴

이라 하였으니, 이 얼마나 놀라운 역량과 기백인가. 비록 퇴계의 일월춘풍
(一月春風)의 인격과는 비교할 수 없겠지만, 사람들로 하여금 가슴이 절로
부풀게 한다.

백사 이항복의 시
白沙詩 백사시

백사 이항복 정승이 광해군 때에 항쟁하는 상소를 올리고 북청(北靑)으로
귀양 가게 되자 길을 떠나면서 지은 시에

맑은 날이 흐려져 대낮이 캄캄한데　　　　　　　　白日陰陰晝晦微
북녘 바람 불고 불어 멀리 귀양 가는 내 옷 찢네.　北風吹裂遠征衣
요동의 성곽은 응당 옛날과 같을 것이나　　　　　遼東城郭應依舊
정영위(丁令威)는 가고 아니 돌아올까 걱정이네.　只恐令威去不歸

라 하였다. 그런데 끝내 북쪽 변방에서 세상을 떠나고 말았으니 이 시를 읽
을 적마다 사람들로 하여금 눈물을 흘리게 한다.

매계 조위의 시
曹梅溪詩 조매계시

매계 조위(曺偉)의 시에

우뚝하다 쌍으로 높은 저 마이봉　　　　　　　　突兀雙高馬耳峰
구름 끝에 벽부용이 솟아났구려.　　　　　　　　雲端擎出碧芙蓉
언제나 제 충천의 날개를 얻어　　　　　　　　　何時揷得衝天翼

봉우리 위에 날아올라 가슴 한번 풀어볼까.　　　　　飛上尖頭一盪胸

라 하였고, 소총(篠叢) 홍유손(洪裕孫)의 시에

깊고 깊어 산에는 꽃이 없으니　　　　　　　　　深復深山無主花
등한하다 벌 나비도 찾지를 않네.　　　　　　　　等閒蜂蝶不曾過
스물네 번 봄바람 불어 다하니　　　　　　　　　春風卄四吹將盡
신록이 그늘 이루어 어찌하리오.　　　　　　　　嫩綠成陰可奈何

라고 하였으니, 매계는 훨훨 날아서 티끌을 벗어날 생각을 가졌고, 소총은
물러나 숨어서 시대를 애석히 여기는 뜻이 들어 있으니 모두 외울 만하다.
읊어본 나머지 기록하는 바이다.

박연폭포 시
瓢淵詩 표연시

청한자(淸寒子) 김시습(金時習)의 박연폭포 시에

엎딘 용이 자다 깨어 노기를 못 참으니　　　　　蟄龍睡起怒不禁
만 가마니 밝은 구슬 푸른 벽에 쏟아지네.　　　　明珠萬斛瀉蒼壁

라고 하였거니와 표연이란 것은 지금 천마산의 박연폭포를 가리키는 것이
다.
　세속의 전설에 "옛날에 박진사(朴進士)라는 사람이 있었는데 이 박연폭포
에서 피리를 불자, 그 소리에 반한 용녀(龍女)가 그를 끌고 들어가 남편으
로 삼았다. 그러므로 이름을 박연이라 했다" 한다.
　문순공 이규보(李奎報)의 시에는

용녀가 피리 소리에 반해 선생께 시집오니　　　　龍娘感笛嫁先生
백 년을 함께 즐겨 성정에 맞았도다.　　　　　　百載同歡適性情

라고 하였다.

이것은 곧 '표(瓢)'의 우리말이 '박'이기 때문에 이런 이름이 되었을 것이다. 세상에서 전하는 바는 그 폭포를 여산폭포(廬山瀑布)에 비유하고 있다. 나는 일찍이 그곳을 지나가면서 다음과 같은 시를 지었다.

거꾸로 공중에 걸린 것이 상쾌하구나.	倒掛空中方見快
천하를 주류해도 이보다 기이한 게 없으리.	周流天下更無奇
뒤집힐 듯 휘날려 용왕굴을 바로 쏘고	掀飜直射龍王窟
천둥소리 부딪쳐 직녀피가 기울어라.	震薄疑傾織女陂

그리고 나의 서종숙(庶從叔) 진사 이기진(李基鎭)도 또한 다음과 같은 시를 지었다.

서남의 산빛은 은무지개 꿰어 있고	西南岳色銀虹貫
위아래 하늘에는 옥기둥이 잇닿았구나.	上下天光玉柱連

《동국여지승람》에는 이영간(李靈幹)이 용을 채찍질한 고사가 있고,《죽천한화(竹泉閒話)》에도 신물(神物)과 풍우(風雨)의 괴이함을 기록한 바 있다. 대체로 그 물이 몹시 검어서 사람들로 하여금 놀라게 하니, 용이 잠복해 있다는 말 또한 그럴 듯하다.

석봉 한호
韓石峰 한석봉

우리나라의 필예(筆藝 : 서예(書藝))는 신라·고려 시대에는 김생(金生)·문공유(文公裕)·설경수(偰慶壽) 등이 가장 유명했고, 성조(聖朝 : 조선시대)에 들어와서는 안평대군 이용(李瑢)·양사언(楊士彦)·한호(韓濩)와 우리 종조부(從祖父)인 청선당(聽蟬堂 : 이지정(李志定)의 호)이 모두 뛰어난 기예라는 일컬음을 받았다.
살펴보자니 《송도지(松都志)》에 "한호의 자는 경홍(景洪)으로 정묘년(1567)에 진사에 합격하였고 호는 석봉이었다. 임진년(1592)에 명나라 장수

이여송(李如松)·마귀(麻貴)·북해(北海)·등계달(滕季達) 및 류큐(琉球)의 양찬지(梁粲之)의 무리가 모두 석봉의 글씨를 구해 가지고 갔다" 하였다. 또 왕세정(王世貞)이 "동국에 한석봉이라는 이가 있는데, 그 글씨는 성낸 사자가 돌을 긁는 것과 같다" 하였고, 주지번(朱之蕃) 또한 "마땅히 왕희지·안진경과 더불어 우열을 다툴 만하다" 하였다.

선조(宣祖)는 그로 하여금 한가한 곳에 나아가 서예를 익히도록 해주려고 특별히 가평군수를 제수하고 "게으르게 하지도 말고 조급하게 하지도 말고 심신이 피곤한 때는 쓰지 말라"고 교서를 내렸다. 그리고 또 "붓끝이 조화를 빼앗았다〔筆奪造化〕"라는 글을 써내려 주었다.

한호는 나이 63세로 세상을 떠났다. 지금도 한석봉체라고 일컬으며 항간에 유행하는 것이 있으나 사대부들에는 그 글씨체를 익히려는 이가 드물다. 아들인 한민정(韓敏政)이 아버지의 학문을 물려받아 그 기풍이 그대로여서 사람들이 얼른 구별하지 못했다고 한다. 이는 비록 조그마한 기예지만 한 번 떨친 이름은 사라질 수 없는 것이고, 또한 세대가 그다지 멀지도 않았는데 까마득하게 되어 어떤 줄도 모르고 있으니, 역시 이 나라 습속이 예능을 천하게 여기는 한 가지 증거이기도 하다. 따라서 이에 채록하는 바이다.

미수 허목의 시
眉叟詩 미수시

예송(禮訟)*1이 일어난 뒤 미수 허목(許穆)은 시론(時論)에 크게 거슬렸다. 그래서 이(李)씨 성을 가진 재상이 임금에게 아뢰어 그의 자체(字體)를 금지시키고, 또 〈동해비(東海碑 : 허목이 지어 세운 시비로 귀신의 접근을 막았다 함)〉를 쳐부수어 버리게 하였다. 허목에게는 다음과 같은 시가 있다.

아침 해가 동산에 솟아오르니	朝日上東嶺
구름 연기 뭉게뭉게 창에 서리네.	雲烟生戶牖
산 밖의 일일랑 알 까닭 없고	不知山外事

---

*1 예송은 조선조 효종 기해년(1659)에 효종이 승하하자, 장렬왕후(莊烈王后)의 복제로 인한 예송 (禮訟)이 허목(許穆)과 송시열(宋時烈) 사이에서 일어났음.

제5부 시문문 1029

갈필에 먹을 찍어 과두(科斗 : 서체의 일종임)를 쓰네.   墨葛寫科斗

백사의 만인시
白沙挽人詩 백사만인시

1589년 기축옥사(己丑獄事 : 선조 22년 정여립의 모반을 계기로 일어남)에 정승 정언신(鄭彦信)이 조정에서 매를 맞고 갑산(甲山)으로 귀양을 가게 되자, 그의 아들 정률(鄭慄)이 단식 끝에 피를 토하고 죽었다. 이때에 자칫하면 연줄연줄 걸려들게 되므로 사람들은 모두 두려워하였고, 심지어 집안 사람들이 장례조차 예법대로 치르지 못하였다.

백사 이항복은 그때에 문사랑(問事郞 : 죄인의 취조서를 작성해 읽어 주는 임시 벼슬)이 되었던 까닭으로 그 원통함을 알고서 바야흐로 관 뚜껑을 덮을 순간에 만시(輓詩) 한 수를 지어 몰래 관 속에 넣었는데, 집안 사람들도 미처 알지 못하였다. 급기야 그 아들이 장성하여 묘를 옮기게 되어 관을 열어보니, 세월이 이미 30년이 흘렀는데도 종이와 먹빛이 그대로였다.

그 시의 내용은 이러하였다.

입을 가지고도 좀처럼 말을 못하고	有口不敢言
눈물이 있어도 좀처럼 울지 못하네.	有淚不敢哭
베개를 어루만지면서도 누가 엿볼까 두려워하니	撫枕畏人窺
소리를 삼키며 몰래 눈물만 머금네.	吞聲潛飮泣
그 누가 날선 칼날을 가지고서	誰將快剪刀
굽이굽이 맺힌 간장 잘라내 줄꼬.	痛割吾心曲

이 말을 전해 듣는 이들은 코끝이 시큰거리지 않는 이가 없었다. 이 시는 애초에 본집(本集 : 《백사집(白沙集)》) 속에 실려 있었는데 금본(今本)에는 삭제되었으며, 구집(舊集)이 세상에 간혹 있는데도 몹시 꺼리게 되었다. 나는 광주(廣州)에 사는 송(宋)씨 성을 가진 사람이 집에 깊이 간직하고 있다는 말을 듣고서 사람을 시켜 기록하게 하였으니 세상의 변괴에 이와 같은 일이 허다하다.

주자와 퇴계 이황의 시

朱子退溪詩 주자퇴계시

　　주자의 방당시(方塘詩)는 다만 마음의 본체를 들어 말한 것이니, 본말(本末)을 널리 논한다면, 고요할 때는 적고 움직이는 곳이 많다. 나는 감히 이에 따라 다음과 같이 이어서 지어 보았다.

방당의 움직이는 물 끊임없이 솟지만	方塘活水自源源
바람 거세 물결치면 흐려지기 쉬운걸.	風蕩波驚便易渾
고요한 때 만나면 먼지가 가라앉으니	到得靜時塵滓定
맨 처음 그 광경은 응당 보존되었으리.	原初光景始應存

이는 뭇 사람들이 공부처(工夫處) 삼는 처소를 들어서 말한 것이다.
퇴계 이황의 시에

이슬 젖은 고운 풀이 물가를 둘렀는데
방당의 움직이는 물은 조촐하여 모래 없네.
구름 날고 새 지나니 원래 서로 얽매어라
때때로 물결 차는 제비가 두렵구나.
露草夭夭繞水涯　方塘活水淨無沙
雲飛鳥過元相管　只怕時時鷰蹴波

이라 하였다. 물결이란 것은 외물(外物)을 가리킴이니, 외물이 이르러 온다 하여 어찌 성인이 미워하겠는가. 다만 나의 심체(心體)가 움직이지 않을 따름이다. 물건을 가지고 마음을 비유할 것으로는 오직 '밝은 거울(明鑑)'과 '고요한 물(止水)' 등이 아주 가까울 뿐이다.
　　그러나 거울의 몸체는 움직이지 않아서 사물에 응하는 형적이 없고, 물의 태세는 움직이기 쉬워서 속이 밝은 징험이 없으니, 모두 정확한 입증이 아니며, 이 밖에는 다시 형용할 만한 물건이 없다. 나는 일찍이 다음 시를 지었다.

못이 비어 한 점의 티끌도 아니 받고　　　　　　　池虛不受一塵輕
움직이는 물이 괴어 있어 철저히 맑네.　　　　　　活水停泓澈底淸
물건에 부딪쳐 물결 살짝 일어난들 어떠리　　　　不妨物觸波微動
구름 그림자 예와 같이 저절로 밝은걸.　　　　　　依舊天雲影自明

이는 감히 선현과 뜻을 달리하자는 것이 아니라, 바로 그 남긴 뜻을 기술한 것이다.
또 〈재거감흥(齋居感興)〉 시에

삼가 생각건대 천 년의 마음은　　　　　　　　　　恭惟千載心
가을 달이 찬물에 비추는 것.　　　　　　　　　　　秋月照寒水

라 하였는데 달이 곧 마음인지 물이 곧 마음인지, 두 물건을 합쳐서 맑고 밝음을 비유한 것인지 모르겠다. 달이 물에 비칠 적에는 그림자가 물 가운데 있지만 그 광명은 밖으로 흩어지므로 혹시 이 때문이었던가. 늘상 의심을 갖고 있던 것이기에 부질없이 기록하는 바이다.

백주 이명한의 시
李白洲詩 이백주시

이이첨(李爾瞻)이 중요한 자리에 있을 적에 어명을 받들고 관서(關西)로 나가는데, 그 아들 이대엽(李大燁)이 수행하게 되자, 백주(白洲) 이명한(李明漢)이 시를 지어 주었다.

문성이 덕성과 더불어 같이 가니　　　　　　　　　文星還與德星俱
천 리라 강산의 흥취 외롭지 않으리.　　　　　　　千里湖山興不孤
상상컨대 관서의 새로운 악부에는　　　　　　　　想得關西新樂府
봉장추(鳳將雛 : 중국 고대 악곡 이름)의 가락을 일시에 부르리라.　　一時爭唱鳳將雛

그런데 급기야 이이첨이 넘어지자 여론이 이를 들어 부족하다고 여겼다.

그러나 나는 그렇지 않다고 생각한다. 이이첨의 악함이 드러나지 않았을 적에는 그 명망이 백주의 아래에 있지 않았을뿐더러 같은 왕의 신하가 된 처지이니, 한 번의 추천이 있었다 해서 어찌 다른 일이야 있었겠는가.

세상 도리가 아침저녁으로 뒤집히니 흑백(黑白)이 서로 다투지만, 사람이 지닌 처음의 선(善)을 끝의 악으로써 덮어버릴 수 없는 것인데, 하물며 시인이 전하는 정표(情表)에 있어서랴. 이 시의 말이 대단히 아름다우니, 역시 없애 버릴 수 없는 것이다.

성호 이익의 생애와 사상

성호(星湖) 이익(李瀷)

"숲은 밖에서 보아야만 그 전체 모습을 알 수 있다"는 말이 있다. 객관적인 통찰이 아니고서는 그것을 제대로 파악할 수 없다는 뜻이다.

여기에 그 뛰어난 재능을 펼쳐 보지 못하고 져 버린 고고한 선비가 있다. 학문은 실제 사회에 유용한 것이어야 한다고 생각했던 그는 그러한 점에서는 율곡(栗谷) 이이(李珥)와 반계(磻溪) 유형원(柳馨遠)을 조선에서 가장 뛰어난 학자로 꼽았다. 그 무렵 사회 현실을 가장 올바르게 인식하고 비판한 그들의 높은 식견과 포부는 어지러웠던 나랏일을 능히 바로잡을 만한 것이었으나, 유감스럽게도 권력에 억눌려 그 진실을 펼치지 못하거나 또 헛되이 묻혀 버리고 말았음을 그는 한탄하여 마지않았다. 그런데 그 자신의 처지도 그들과 궤도를 같이하게 되었다.

성호 이익은 평생을 초야에 묻혀 체념 속에서 오직 학문에만 전념했다. 그러한 중에도 그 무렵 사회 현실에 대하여 예리한 비판과 넓은 포부를 술회하곤 했다. 나라의 장래가 위태롭게만 생각되는 그로서는 사회 현실에 무관심할 수가 없었다. 아니, 학문 자체가 그럴 수 없는 것이라고 믿었다. 그러나 조정은 그의 포부를 들어줄 만한 여유가 없었다. 그리하여 그가 저들 선유(先儒)에게 대하여 품었던 한탄을 그의 문인(門人)이나 후세 선비들로 하여금 또다시 되풀이하지 않을 수 없게 했던 것이다. 그가 바로 실학(實學)이라고 일컬어지는 조선 후기 경세치용(經世致用)의 학(學)을 대성(大成)한 성호(星湖) 이익(李瀷)이다.

이익은 1681년(숙종 7) 10월 18일 아버지의 유배지인 평안북도 운산에서 태어났다. 본관은 여주(驪州). 자는 자신(子新), 호는 성호(星湖). 아버지는 이하진(李夏鎭), 어머니는 안동권씨(安東權氏)로 권대후(權大後)의 딸, 처는 고령신씨(高靈申氏) 신필청(申必淸)의 딸과 사천목씨(泗川睦氏)

목천건(睦天健)의 딸이다. 이
익의 집안은 명문이었다. 병
조판서를 지낸 이익의 8대조
이계손(李繼孫)이 집안을 일
으켰고, 그 후손들도 대대로
요직을 두루 거치며 이름을
떨쳤다. 그러나 아버지 이하
진 때에 이르러 가운이 기울
고 말았다.

이익이 태어나기 1년 전인
숙종 6년에 조선 정계에는 거
센 폭풍이 몰아쳐 수많은 남
인들이 벼슬을 내려놓고 물러
나야 했다. 이익의 아버지 이
하진도 대사간(大司諫)에서
물러나 진주목사로 옮겼다가

이익(1681~1763)

파직을 당하고 말았다. 그러고는 뒤이어 평안도 운산으로 유배되고 만다.

이익이 태어난 바로 이듬해인 1682년 아버지 이하진은 55세의 나이로 세
상을 떠났다. 첫째부인 이(李)씨에게서 3남 2녀, 둘째부인 권(權)씨에게서
2남 2녀를 남긴 채였다. 겨우 두 살 때 아버지를 여읜 이익은 선영이 있는
안산의 첨성리(瞻星里 : 현 경기도 안산시 상록구 일동)로 돌아와 어머니 권씨 슬하에서 자라났
다. 권 부인은 청약(淸弱)하고 다질(多疾)한 이익을 몹시 사랑해 훌륭하게
키우고자 애를 썼다. 이익은 조금 자라서 철이 들자, 누가 시키지 않아도 스
스로 분발하여 손에서 책을 놓지 않았다. 권 부인은 그 모습을 보고 "저 아
이가 저렇듯 할 수 있으니 이제 나는 근심이 없다"며 기뻐했다. 이익은 뒤에
둘째형 이잠(李潛)에게서 글을 배웠다.

이익은 25세 되던 1705년 증광시(增廣試 : 나라에 큰 경사가 있을 때 실시하던 임시 과거시험)에 응했으나, 이
름을 서식(書式)에 맞지 않게 써 넣는 바람에 회시(會試)에 나아가지 못했
다. 더군다나 1706년 둘째형 이잠이 진사(進士)로서 임금에게 상서하여 장
희빈을 두둔하다가, 역적으로 몰려 매를 맞아 죽음을 당했다.

형의 죽음에 이익은 엄청난 충격을 받았다. 그때까지는 벼슬길에 올라 이름을 떨치는 데 삶의 목적을 두었으나, 이제는 출세와 인생의 무상함을 깨닫고 두문불출 독서에만 몰두하는 삶을 택했다. 그는 평생을 첨성리에 칩거했다. 집 인근에 성호(星湖)라는 호수가 있었는데 그의 호도 여기에서 연유했고, 그의 논밭도 성호장(星湖莊)이라 일컬어졌다. 이익은 이곳에서 조상에게 물려받은 재산을 토대로 생활했다.

이익의 집에는 아버지가 1678년 사신으로 중국에 다녀올 때 구해 온 고서(古書)들을 비롯하여 수천 권의 책이 있었다. 이익은 아침저녁으로 어머니께 문안을 드리는 것 말고는 언제나 서재에 단정히 앉아서 책을 읽었다. 그폭넓고 깊은 지식과 더불어 사람을 대하는 훌륭한 예도로서 그는 널리 존경을 받았다.

이익은 그 무렵의 생활을 이렇게 돌이켰다.

"천하의 백성이 일 년 내내 일해도 입에 풀칠하기 어려운데, 나는 다행히 조상이 남겨 주신 은덕으로 인하여 배고픔을 면하고 조용하고 한가하게 살수 있었다."

"내가 관직 없는 선비로서 토지와 노비를 갖고 경목초급(耕牧樵汲)을 하지 않고 사령(使令)과 기승(騎乘)을 갖추어 저들 서민이 미치지 못하는 생활을 하고 있으니 이것이 모두 선조가 내려 준 은혜의 여택(餘澤)이다."

이익이 늙고 병들기 전에도 체념 속에서 불행한 생활을 했던 것은 아니다. 때로는 산 높고 물 깊은 명승지를 찾아, 남북 천 리 길을 한가로이 두루두루 구경하고 다녔다. 그는 사람이 들끓는 도회지보다는 깊은 산골짝 외딴 촌락의 풍속이 훨씬 더 순박하고 아름답다고 했다. 사대부가 사는 곳은 물론이요 지방관이 있는 군읍은 시골보다 못하고, 한양에 이르면 더더욱 미치지 못해 민속(民俗)은 더욱 투박해진다고 했다. 도읍지를 비롯한 도시에서는 사치와 명리만을 따르는 폐풍이 만연하여 인재를 기를 만한 곳이 못 된다는 것이었다.

35세 되던 1715년에 어머니 권씨마저 여의자 이익은 복상을 마치고는 노비와 집기를 모두 종가(宗家)로 돌려보냈다. 그런 뒤 지주(支柱)로서 집안의 법도를 엄히 세워 두루 보살피고 예절을 준엄히 여기며 사치를 일절 금했다. 아들과 조카들을 정성껏 가르치며, 장성하면 짝을 지어 혼례를 치러 주었다.

성호기념관 안산시 상록구 성호로 소재

이익의 아들 맹휴(孟休)는 22세에 진사(進士)가 되고, 그 7년 뒤인 영조 18년에는 정시(庭試)에 장원으로 급제하여 육순의 이익을 기쁘게 했다. 이익은 뒤에 수령(守令)이 된 아들에게 다음과 같은 훈계 팔조(訓戒八條)를 지어 보냈다.

첫째, 일할 때는 반드시 똑똑히 살펴야 한다.

둘째, 온유하게 백성을 가까이하되 작은 허물은 용서해야 한다.

셋째, 폭노(暴怒)함을 경계하고 하리(下吏)에 죄가 있으면 담소(談笑)로써 이를 다스려야 한다.

넷째, 지방의 부로(父老)를 대접하고 그 질고(疾苦)를 찾아보아야 한다.

다섯째, 관장(官長)에 대하여서는 부형과 같이 모셔야 한다.

여섯째, 소송(訴訟)에 거짓이 있는 자는 그 이름을 기록해 두어야 한다.

일곱째, 서도(胥徒)에게 허물이 있는 성싶으면 경솔하게 그것을 누설하지 말고 가만히 두고 보아야 한다.

여덟째, 백성을 다스리는 데 마음을 쓸 것이요, 집안일로써 그 일에 폐를 끼치지 말라.

육순이 지난 이익이 아들에게 내린 이 인자하고 엄숙한 교훈은 실로 그의 성품과도 같이 중정 간중(中正簡重)한, 이를테면 요약된 하나의 '목민심서'였던 것이다.

이익이 47세 되던 해에 조정에서 그의 학문적 능력을 높이 사 선공감가감역(繕工監假監役)을 제수했으나 그는 나가지 않았다. 그러나 그가 벼슬길에 나서지 않고 일족을 돌보며 학문에만 깊이 빠져 있는 사이에 가세는 차츰 기울어 갔다. 이익이 71세 때인 1751년, 일찍이 문과 장원으로 급제해 예조정랑과 만경현감을 지낸 외아들 이맹휴마저 지병을 앓다 죽었다.

그동안에 가산도 소진되어 만년에 가진 것이라곤 머슴 하나 말고는 송곳을 세울 만한 전지도 없으리만큼 영락했다. 이익은 늘 신병으로 고통받아야 했고, 노년에 들어서면서는 더욱 그러했다. 아들을 잃고 난 이익은 시력도 나빠져 글도 마음대로 읽지 못했다. 거듭되는 굶주림으로 일가족이 몰락하는 형편이었다. 이익 자신의 가세도 예외일 수 없었다.

83세 되던 1763년(영조 39) 조정에서는 우로예전(優老例典)에 따라 이익에게 첨지중추부사로서 승자(陞資)의 은전을 베풀었으나, 그해 12월 17일 지병을 앓다 죽었다.

1867년(고종 4) 우의정 유후조(柳厚祚)의 건의로 이조판서에 추증되었다.

피폐해진 조선 개혁의 열망

동서분당(東西分黨)으로 발단된 지배층의 분열은 임진왜란 이후로 사회가 크게 피폐해지면서 더욱 격화되어 갔다. 인조(仁祖) 때에 북인(北人)이 몰락하고 숙종(肅宗) 초에 남인(南人)이 꺾이면서 서인(西人)이 정권을 잡았으나, 서인은 노(老)·소(少)로 갈라져 서로 맞섰다. 그 와중에 노론(老論)의 세력은 갈수록 확고부동해져, 영조(英祖) 때에는 그 권세가 절정에 이르렀다.

당쟁격화의 풍조 속에서 인재의 등용은 제대로 이루어지지 않았다. 오로지 문벌과 당색(黨色)만이 출세를 좌우하여, 과거시험에 합격한들 권세의 배경 없이는 요직으로 나아가기 어려운 현실이었다. 또 과거시험 자체도 그저 문장을 잘 짓는 것만을 중시하여, 사회문제에 무지하거나 정치와 업무 능력이

성호 이익 흉상
배경은 다산 정약용의 〈성호선생 찬〉

부족한 사람들이 관직에 앉는 일이 늘어남에 따라 그 폐단 또한 컸다.

　임진왜란으로 국토는 황폐해지고 그 복구는 지지부진했다. 나라 재정이 어려워졌으나 당쟁의 여파로 정치기강은 문란하기 이를 데 없어, 백성들을 쥐어짜 마지막 한 푼까지 거두어들일 궁리만 했다. 과중한 부역과 세금에 백성들의 생활은 차츰 구렁텅이에 빠져들었다.

　16세 이상 60세 이하의 정남(丁男)에게서 거두어들이는 군포(軍布)는 그 중에서도 가장 어려운 농민의 부담이었다. 한 집안의 정남 수에 따라 그 부담은 몇 갑절로 늘게 마련이어서, 이 때문에 민호(民戶)가 흩어지게 되면 일가친척이나 이웃 사람에게까지 그 책임을 떠넘기고, 죽은 사람이나 갓난

애에게서도 군포를 거두어 갔다.

관에서 통제해 온 공장(工匠) 수공업 체제도 해이해져서 차츰 고용화(雇用化)되어 갔다. 수공업자들은 본디 관가의 관리 아래 영리행위를 할 수 있었으나, 갈수록 독점적 특권 대신에 과다한 부담을 져야 했고 관가와 세가(勢家)의 침탈(侵奪)을 받게 되었다.

화폐는 오로지 재정적인 조처를 위해서만 주조되었고, 서울이나 지방에서의 자유로운 상업 행위는 억압되었다. 그리하여 화폐는 일반 농민의 손에는 좀처럼 들어갈 수가 없었으며, 관리들만이 중간에서 농간하여 고리대금을 일삼아 화폐의 악순환을 자아냈다.

나라의 재정은 주로 환곡(還穀)에 의존했으나, 그 본디 뜻과는 달리 관가의 영리사업으로 변질되어 갔다. 심지어는 억지로 주고 억지로 거두어들이는 무리한 정책을 써서 농민들의 부채를 더욱 늘게 했다.

유교적인 정치는 더는 지탱하기가 어려웠다. 사회의 기반이 뒤흔들린 지 오래였으나 다른 새로운 체제와 이념도 갖추어지지 못했다. 위정자는 전통적인 테두리에서 조금도 벗어나지 못하고, 종래의 체제를 더욱 경화(硬化)하는 수밖에 없었다. 그리하여 봉건적 신분체제를 고집하면서 토지경제에만 얽매여 있는 동안 나라의 번영을 기대할 수는 없는 일이었다.

이제 사회체제의 전면적인 개편이 없이는 정치기강이나 사회의 피폐를 바로잡기가 어려웠다. 여기에 일부 학자들 사이에서는 청나라를 통해 들어온 새로운 학풍과 식견을 받아들여 견문이 확대되고, 사회 현실에 대한 비판과 반성의 싹이 트기 시작했다. 그 변화의 물결을 앞장서서 이끌어 간 인물이 바로 이익이었다.

이익의 학문과 사상

이익은 사회 비판에 있어서 어떤 주관적 가치관을 앞세워서는 안 된다고 강조했다. 사회 현실은 역사적으로 인식되어야 하며, 시비의 관념을 앞세워서는 안 된다는 것이다. 그의 말에 따르면 역사적 사실에 대한 이해는 실증적(實證的)이고 비판적인 태도로서 고증적(考證的)인 노력을 바탕으로 이루어져야 한다. 그러므로 역사적 현실은 각기 개별적인 사실에 대한 시비 판단에서가 아니라 그 역사적 현실이 나타나게 된 필연적인 시세, 즉 역사적 정

《성호사설》 전5권

세에서 파악되어야 한다는 것이었다. 이와 같은 이익의 기본 태도는 사회 현상을 이해하고 분석하는 데 남달리 예리할 수 있었던 바탕이 되었다. 그것은 또 그의 식견과 포부가 깊고 넓었던 때문이기도 하다.

이익은 일찍부터 선현의 언행을 샅샅이 기억하고 시나 문을 잘 외었다. 《맹자孟子》, 《대학大學》, 《소학小學》, 《논어論語》, 《중용中庸》, 《근사록近思錄》 등을 읽고, 다시 《심경心經》, 《역경易經》, 《서경西京》, 《시경詩經》을 거쳐 정주(程朱)와 이황의 학문을 탐독해 통하지 않은 것이 없었다.

그러나 한편으로 허목(許穆), 윤휴(尹鑴) 등의 뒤를 이어 주자(朱子)에게로만 치우치는 폐풍에서 벗어나 수사학(洙泗學 : 공자가 사수(泗水)에서 제자를 가르친 데에 서 유래한 명칭으로 원시유학을 지칭함)적인 수기치인(修己治人)의 부흥을 기했다. 또 이이와 유형원의 학풍을 존숭해 사회 실정에 깊은 관심을 가지게 되어 세무(世務)에 실효를 거둘 수 있는 재구(材具)의 준비가 있어야만 실학(實學 : 진정한 학문 이라는 뜻)이라 보고, 사장(詞章) 및 예론(禮論)에 치우치거나 주자의 집전(集傳)과 장구(章句)에만 구애되는 풍조, 종래의 주자학적으로 경화된 신분관과 직업관에서 벗어나고자 했다. 그는 학자들이 공자와 맹자를 담론하지만, 조금도 그들의 뜻을 받들어 지키려는 생각없이 명예와 이익에만 정신을 팔고 있다고 비판했다. 그가 만년에 조카 이병휴(李秉休)에게 보낸 편지에는 이렇게 씌어 있다.

"너는 이미 실학에 종사하였으므로 마땅히 사무(事務)에 유심(留心)하여 헛된 일을 천착(穿鑿)하게 하여서는 안 될 것이다."

한편 그 무렵 중국을 통해 들어온 서양 학문에 큰 관심을 기울여 천문, 역산(曆算), 지리학, 천주교 등에 관련된 한역서학서(漢譯西學書)를 널리 열람하고《만국전도萬國全圖》, 시원경(視遠鏡), 서양화(西洋畫) 등 서양 문물에 직접 접하면서 그는 세계관과 역사의식을 확대하고 심화할 수 있었다. 이로 인해 중국 중심의 화이관(華夷觀), 성인관(聖人觀)에서 탈피해 보다 합리적이고 실증적인 시야를 지닐 수 있게 되었다.

이익은 역사관에 있어 다른 일반 주자학자들과는 다른 인식을 보였다. 그는 역사가들이 무엇보다도 먼저 파악해야 할 것은 '시세(時勢)', 곧 역사적 추세이며, 시비를 앞세워서는 안 된다고 했다. 또 정치적으로 고질화된 당쟁 문제를 해결하고 나라와 사회를 안정시키려면, 한편으로 인재 등용의 방법을 고쳐서 문벌이나 당색 중심의 정치를 타파해야 하고 다른 한편으로는 관료기구를 개편하는 동시에, 생업에 종사하지 않고 사치한 소비 생활을 하는 양반들의 생리를 고쳐 나가야 한다고 주장했다.

또 신분제적 사회구조를 고쳐서 점진적으로나마 노비의 신분을 해방하고 사농합일(士農合一)과 같이 양반과 천민도 합일해야 함을 아울러 주장하여 근대적인 직업관, 신분관에 접근하고 있다.

이익은 본디 사람이 타고나면서부터 차등(差等)이 있는 것은 아니라고 생각했다. 사회적 신분은 후천적인 것이라 했다.

"사람은 타고나면서부터 관작이나 부귀를 몸에 지니고 나오는 것은 아니다. 천자(天子)에서부터 서민에 이르기까지 애초에 빈천(貧賤)하기는 매양 일반이다."

또한 재부를 차지하고 덕을 잃느니보다는 차라리 재부 없이 덕을 지니는 편이 낫다고 이익은 생각했다. "흔히 부(富)는 사람의 원망을 사서 망신하기 쉬우며 모든 일을 가능케 하므로, 자연히 이것을 낭비하고 사치하게 되어 끝내 나라까지도 쇠망하게 한다. 그러므로 군자는 이 같은 이해와 인부(人富)와의 사이를 잘 헤아려서 좇을 바를 잃지 않아야 한다."

그런데 이것은 사대부와 양반의 경우이고, 일반 서민에 대한 그의 생각은 어땠을까.

"서민들은 그저 몸 누일 집과 옷가지가 있고 배를 곯지 않기만을 바란다. 그보다 더 큰 부를 쌓는 일 따위는 감히 생각지도 않는다. 이들 서민들을 쓰러지지 않게 하려면 정부와 관가가 절약 근검에 힘써 농민들에게서 빼앗아 거두어들이는 일을 그만두어야 한다. 백성의 고혈로써 무위도식하는 자가 없어야 하며 치산치수(治山治水), 제언(堤堰)을 잘 돌보아 산천의 이로움을 잘 이용해야 한다. 덧붙여, 지방관리가 사사로이 농민을 부리지 말아야 한다."

또 그는 왕도정치(王道政治)의 실현을 위해 덕치(德治)로써 인정(仁政)을 베풀어야 한다는 본원적 유교정치를 지표로 삼으면서도, 현실적으로는 17세기 이래 조선의 사회 변동에 따른 개혁을 지향했다.

이익의 저서로는 《성호사설》 외에 《곽우록藿憂錄》, 《성호선생문집星湖先生文集》, 《이선생예설李先生禮說》, 《사칠신편四七新編》, 《상위전후록喪威前後錄》, 《사서삼경질서四書三經疾書》, 《근사록질서近思錄疾書》, 《심경질서心經疾書》, 이황의 언행록인 《이자수어李子粹語》 등이 있다. 문집의 경우 일차적으로는 1917년에 간행된 50권 27책의 퇴로당본(退老堂本)과 1922년에 간행된 70권 36책의 모렴당본(慕濂堂本)이 있다.

《성호사설》은 유형원의 《반계수록》의 사상적 계승이요, 정약용(丁若鏞)의 학문과 사상의 연원(淵源)이라고 흔히 말한다. 유형원, 이익, 정약용은 분명 사상적으로 볼 때 서로 관련되어 있다. 그러나 《반계수록》이 이익에게 끼친 영향에 비해서 《성호사설》이 정약용에게 끼친 영향은 절대적이라고 해도 지나친 말이 아니다.

《성호사설》에서 다룬 여러 분야의 참신한 생각은 이익의 뒤를 이은 실학자들에 의해서 전해졌다. 영조·정조 시기는 그 앞뒤의 시기보다 정치적으로 비교적 안정되었으며 사상적으로도 자유로웠다. 당색(黨色)을 뛰어넘어, 이익의 학문과 사상은 그 무렵 학계의 주도적 역할을 했다. 물론 이 새로운 학풍에 앞장섰던 사람들 가운데에는 남인 학자들이 많았다.

아들 이맹휴는 《예론설경禮論說經》, 《춘관지春官志》, 《접왜고接倭考》 등을 남겼고, 손자 이구환(李九煥)은 조업(祖業)을 이었다. 그 위에 종자(從子)

이병휴(李秉休)는 예학(禮學)으로, 종손(從孫) 이중환(李重煥)은 인문지리로 이름을 남기고, 이가환(李家煥)은 정조의 은총을 받아 벼슬이 공조판서에 이르렀으나 천주교를 신앙해 1801년(순조 1) 신유사옥 때에 옥사했다.

이 밖에도 경학(經學)의 이삼환(李森煥), 문학의 이용휴(李用休), 지리의 윤동규(尹東奎), 사학(史學)의 안정복(安鼎福), 산학(算學)의 신후담(愼後聃) 등이 있으며, 영향을 받은 학자로 이벽(李檗)·권철신(權哲身)·권일신(權日身)·한치윤(韓致奫)·이기양(李基讓)·이학규(李學逵) 등이 있다. 한편 그 영향력에 속했던 박지원(朴趾源)·박제가(朴齊家)·홍대용(洪大容)·신경준(申景濬) 등도 있다. 모두 그 무렵 대표적 석학이면서 학계를 이끌어 가던 인물들이다. 그러다가 마침내 정약용에 이르러서 그들의 학문과 사상을 집대성하게 되는 것이다.

균전법(均田法) 실시를 위한 명론(名論)

이익은 다른 실학자들과 마찬가지로 '위로부터의 개혁'을 기대했다. 이것은 《곽우록》 첫머리에 〈경연經筵〉이란 항목을 두고 "나라의 흥망은 왕의 한 마음에 달려 있다"고 한 데서도 명시되어 있다. 정치의 근본은 군심(君心)에 달려 있다고 생각한 그는 자신이 '정사의 근본'이라 중시했던 토지제도의 개선방안을 다음과 같이 주장하고 있다.

"정전제(井田制 : 모든 농민에게 일정한 면적의 땅을 均分하는 제도)는 이미 현실적으로 실시하기 어렵다. 어떤 이는 정전법을 실시하면 많은 사람이 기뻐할 것이라 하지만 기뻐하는 자가 백이요, 달갑지 않게 여기는 자가 하나라도, 유력한 한 사람의 힘은 백 사람을 누를 수 있으니 그것은 도저히 실현되기 어려운 것이다. 또한 오늘날의 형편을 살펴보면 부자의 땅은 거대한 규모에 이르렀고, 가난한 자는 송곳 만한 땅도 없으니 부익부 빈익빈의 형세는 날로 더하다. (……)

나는 이 문제를 일찍부터 생각하여 마침내 한 방도를 생각해 냈다. 그것은 토지매매에 다소의 제약을 두어 토지소유를 점차 고르게 해 가는 것이다. 그리하여 이것은 오랜 시일에 걸쳐 실시하면 적지 않은 효과가 있을 것이다. 나라에서는 매 호당 얼마씩의 영업전(永業田)을 정하여 이 영업전은 절대로 매매하지 못하게 한다. 땅을 사려는 자는 몇백 결(結)이라도 살 수 있지만 그 땅은 영업전이 아닌 것이라야 한다. 만약에 영업전을 매매한다면 쌍방을 처벌하며 땅을 산 사람은 곧 그 땅을 반환하여야 하고, 땅을 판 사람이 관아에 자수하면 자기 땅을 반환 받고 면죄된다. 이와 같이 하면 당장에는 효과가 나타나지 않는다 하더라도 차차 민생은 안정되어 갈 것이다.

무릇 땅을 파는 자는 반드시 가난한 자들이다. 지금 간사한 아전이나 큰 상인들은 거액의 돈을 풀어 하루아침에 많은 빈민들의 땅을 사들여 호부(豪富)를 즐기지만, 빈민들로 하여금 땅을 못 팔게 하면 사는 자도 적어질 것이요, 한 사람이 넓은 땅을 차지하는 일도 줄어들 것이다. 또 비록 땅을 많이 소유하고 있다 하더라도 여러 자식들이 나누어 갖고, 또는 못난 자식이 있어 재산을 다 탕진해 버리게 되면 불과 몇 대 안에 상민과 같아질 것이다. 이와 같이 하면 점차로 균전에 가까운 상태가 이루어질 것이다.

이 법을 실시하면 빈자는 물론 좋아할 것이요, 부자도 자손의 가산 유지를 근심하는 이는 역시 찬성할 것이다. 그것은 만일 후대에 집안이 몰락하여 가산이 파탄지경에 이른다 하더라도 생명을 유지할 영업전은 남게 되기 때문이다. 따라서 이것은 별로 마찰도 없이 쉽게 시행할 수 있을 것이며 효과는 반드시 나타날 것이다."

이것이 곧 이익이 균전법 실시를 주장한 골자이다. 이 균전론은 그의 체험에서 우러나온 것으로, 도탄에 빠진 민생을 구할 수 있는 가장 구체적 방안을 제시한 명론이다

박지원(朴趾源)이 정조에게 올린 《과농소초課農小抄》의 부록 〈한민명전의限民名田議〉는 백성들의 안토낙업(安土樂業)을 위한 조건을 추궁한 명론으로서 정평이 있는데, 이 〈한민명전의〉는 이익의 균전론에서 그대로 나온 것이니 이로써 이익과 박지원 사이의 학통을 알 수 있다.

어찌하여 당파가 생기나

이익의 붕당론(朋黨論)·당쟁관(黨爭觀)은 명론 가운데 명론이다. 그는 당쟁의 기본성격에 대하여 다음과 같이 논했다.

"당파는 싸움에서 생기고 그 싸움은 이해(利害)에서 생기니, 이해가 절실할수록 당파는 심해진다. 가령 열 사람이 모두 굶고 있는데 한 상의 밥을 같이 먹게 되었다고 하자. 밥도 다 먹기 전에 반드시 싸움이 일어날 것이며 왜 싸우느냐고 하면 불손했다거니 태도가 건방졌다거니, 손을 쳤다거니 할 것

이다. 그리하여 모르는 사람은 싸움이 말이나 태도나 동작에서 비롯하였다고 생각하나 실상 문제는 밥에 있는 것이다. 가령 그럴 때 여러 사람에게 각기 한 상씩 자기 몫을 정하여 먹게 한다면 의좋게 먹을 것이 아닌가. 요는 배고픈 사람은 많고 밥은 한 그릇밖에 없는 데에 문제가 있는 것이며 여기에서 싸움은 가지각색의 구실과 더불어 그칠 줄을 모르는 것이다.

당쟁의 시초는 한 사람의 선악, 한 가지 일의 처리를 가지고 논란하는 데서 비롯하여 당파가 대치하여 혈전을 벌이게 된다. 지금 정부에서 백관을 모아 인물이나 일의 시비를 묻는다면 각자 옳다고 생각하는 의견과 그르다고 생각하는 의견이 백출할 것이되, 당파를 이루어 배척하는 일은 없을 것이다.

그러면 어찌하여 당파가 생기는가. 그것은 과거(科擧)를 너무 자주 보아 많은 사람을 급제시켰기 때문이요, 관도에 오른 다음에는 인사 처리에 있어 일정한 원칙이 없이 정실에 좌우되어 함부로 진퇴를 결정짓기 때문이다. 과거라는 것은 나라가 선비를 찾는 것이 아니고 선비가 벼슬을 구하는 것이다. 과거 이외에도 조상의 덕으로 관직에 임명되는 음보(陰補) 등이 있어, 벼슬할 사람은 무한히 많은데 벼슬자리는 적고 보니(官員少而應調多) 여기에 문제의 핵심이 있는 것이다. 이에 궁여지책으로 사람을 빈번하게 바꾸어 번갈아 벼슬을 하게 하였고, 그 결과 좋은 자리에서 나쁜 자리로 좌천되거나 또는 관직에서 파직되면 여기에 불만과 원망이 싹트게 마련인 것이다. (……)

이권(利權)이 하나고 사람이 둘이라면 당은 둘이 되고, 이권이 하나고 사람이 넷이면 당은 넷이 된다. 이권은 하나고 사람이 많아질수록 당파는 더욱 갈리는 것이니, 설사 당파를 다 몰아내고 오직 한 당에게만 정권을 맡긴다 해도 그것이 하나의 쇠나 돌이 아닌 이상 다시 어떤 계기로 삼분오열될 것이다. 왜냐하면 그들은 뜻대로 되면 또 과거를 통해 정실로써 많은 사람을 뽑을 것이고, 당파를 규합하면 자기 파는 현우(賢愚)를 가리지 않고 요직에 배치하여 당파세력을 조성하기 때문이다.

그런데 정해진 관직은 정승 셋에 판서가 여섯이요, 기타 청화스러운 벼슬도 한정되어 있으니 또 벼슬자리는 모자라게 될 것이며, 그 결과 당파는 새로운 내분이 생긴다. 일단 당파가 갈리면 당인의 눈에는 자파(自派)의 이익만이 있고 국리민복은 생각할 여유가 없으며, 당파를 위하여 용감히 싸우다 죽는 자를 명절(名節)로 치고, 공정한 입장을 취하려는 자는 못났다고 하니 당쟁의 형세는 더욱 치열해 가는 것이다.

이에 대한 대책은 과거의 횟수를 줄이고 벼슬길을 엄격히 제한하고, 근무 성적을 보아 무능한 자를 도태할 것이고 승진을 신중히 하며, 요직은 아무에게나 함부로 맡겨서는 안 되며 적재를 적소에 배치하여 오래 유임시키고, 사람들이 각자의 본분을 지키도록 뜻을 정하게 하는 데 있다."

이 얼마나 사태의 근본을 파헤친 명철한 이론인가. 이익은 당쟁의 소용돌이 속에서 자라났다. 부친의 유배가 그렇고 형의 비명의 죽음이 또한 그렇다. 따라서 그는 마땅히 적대 당파에 대하여 원한을 품고 그들의 부정 불의를 공격해야 할 것이었다. 그러나 그는 조금도 당파색이 없는 객관적인 관점에서 예리하게 당쟁을 논하고 있는 것이다.

오늘의 온갖 정치적·사회적 현상을 이해하는 데 있어서도 이익의 이 명론은 그대로 큰 뜻을 지니고 있다.

농본주의에 입각한 경제관

이익에게 있어서 재(財)란 주로 농산물을 가리킨다. 그는 농산물의 증산 내지는 모든 생산의 장려를 위해 다음 네 가지 방법을 역설하고 있다.

"첫째는 생중(生衆)이니, 생중이란 놀고먹는 사람이 없이 많은 사람이 생산에 종사하는 것을 말한다. 우리나라에서는 놀고먹는 무리가 많으며 벼슬이나 학식이 없는 자도 양반신분이면 아무리 가난하여도 일하지 않으며, 만약에 반족(班族)으로서 몸소 농사짓는 이가 있으면 멸시받기가 일쑤이고 그 사람과 사귀는 것을 수치로 안다. 그러므로 앞으로 벼슬길을 엄격히 제한하고 노비전세법(奴婢傳世法)을 고쳐 점차로 그 수효를 줄여감으로써 누구나 몸소 농사를 짓게 해야 한다.

둘째는 식과(食寡)이니, 식과란 백성들이 애써 농사지은 것을 좌식(坐食)하는 관리의 수효를 줄인다는 것이다. 우리나라는 땅은 작고 나는 것은 박한데 각 관아에 있어서 벼슬자리의 수효는 거의 중국과 비슷한 정도이다. 마땅히 기구와 인원을 줄여서 경비를 절약하여야 한다.

셋째는 위질(爲疾)인데 위질이란 농번기에 부역을 시켜 농사를 방해하지 않는 것을 말하며, 또 산택(山澤)의 이(利)를 모두 거두어들이는 것을 말한다. 나라의 경제를 풍족하게 하는 길은 나라에 공광지(空曠地)가 없도록 개

간사업을 추진하는 데 있다. 지금 개간이 부진한 것은, 편벽된 고장에서 살면 도둑의 해가 있기 때문이다. 군사를 독려하여 도둑을 잡고, 포도자(捕盜者)에게는 관작·상사를 주며, 공사 노비인 경우에는 면역(免役)의 특전 등을 주어, 도둑의 연루자를 엄벌하여 치안확보에 힘써야 한다.

또 각처의 둔전(屯田)의 세(稅)는 국고에 들어가지 않고 각 관아에서 임의로 수세하여 낭비하고 있는데, 둔전에도 사전(私田)의 예를 따라 전세(田稅)를 부과하여야 하며, 둔전의 제도를 쇄신하여 황무지를 골라 땅 없는 가난한 자와 유식자를 모아 농구를 대주어 개간하도록 하되, 개간한 땅은 각자의 소유가 되도록 하고 유능한 개간 지도자를 표창하면 10년이 못 되어 온나라의 황무지는 기름진 옥토로 변할 것이다.

넷째는 용서(用徐)인데 용서란 절약·절검(節儉)하는 것이다. 땅이 있은 연후에 백성이 있는 것이니, 땅에서 나는 것으로 족히 생활해 나갈 수 있도록 농부는 힘써 일하여 배를 채우고 여자는 부지런히 옷감을 짜서 몸을 가리면 되는 것이다. 또 시골의 장은 물자의 교류상 있어야 하겠지만, 상업을 억제하지 않으면 해가 농사에 미칠 것이다. 장사가 성하면 호미와 전지를 버리고 장사하는 자가 늘 것이니, 관아에서는 이삼십 리 안에 시장이 중접해서 열리는 일이 없도록 제한해야 한다."

이익은 농업과 상업의 관계를 적대적으로 보고 농본(農本)을 위하여는 억말(抑末) 즉 상업에 대한 제약을 둘 것을 주장했고, 안정된 농촌을 기반으로 하는 봉건체제 안정을 꿈꾸었다.

선경지명의 일본관

이익은 일본에 대하여 회유책을 쓸 것과, 경제적 원조를 주고 국교를 돈독히 하여 그들의 침략을 막고, 나아가서는 우리가 일본의 문화를 지도하여 야만의 풍을 없애고 문풍(文風)을 일으켜 시문을 숭상하도록 원대한 문화적 심리적 정략을 쓰는 것이 일본 문제의 근본 해결책이라고 주장했다. 이것은 일본의 지도적 지식층이었던 유학자들이 우리나라의 주자학을 배워 무사(武士)들에게 가르치고 우리를 선진국으로 생각하던 시절의 대일정책인 것이다.

이익의 일본관은 일본의 내정을 자세히 알 수 없었던 제약 밑에서 이루어진 것이기 때문에 현실과는 좀 거리가 있긴 하지만, 그는 간략한 소식에서 일본의 장래 움직임을 다음과 같이 정확하게 예견 통찰하고 있다.

"근래 듣건대 일본에서는 충성스러운 지사들이 막부(幕府)의 독재와 서경(西京)의 쇠약을 분개하고 개혁을 뜻하고 있다 한다. 서경은 왜황(倭皇)이 있는 곳이고 막부는 관백(關白)이 있는 곳이다. '관백'은 동쪽 끝에 있어 정이대장군(征夷大將軍)이라 칭하며, 그 동북쪽에는 하이국(蝦夷國)이 있어 그들은 매우 사납고 다스리기 어려운 백성들이다. 정이(征夷)라 하는 것은 이 '하이족'을 진압한다는 뜻이다. 왜황(倭皇)이 정권을 잃은 것은 불과 600여 년밖에 안 되고 이런 상태는 국민이 바라는 바도 아니므로, 충의 인사들이 나와 왕정복고(王政復古)를 주장하면 명분 있는 일로서 반드시 그 영향이 클 것이다. 만약에 지사들이 '하이'와 연결하고 왜황을 받들고 일어나면 66주 태수(太守) 가운데 어찌 호응하는 자가 없으랴. 그렇게 되면 혁명은 성공할 것이고, 저쪽은 황제이고 우리는 국왕이니 국서(國書)의 양식과 문체도 큰 문제가 될 것이다. 우리는 '관백'이 왕이 아닌 것을 모르고 오늘에 이르고 있는 것이다."

이는 도쿠가와막부를 쓰러뜨리고 왜황이 정권을 잡은 이른바 왕정복고를 가져온 '메이지유신'을 예언한 것이자, 메이지유신 이후에 일본이 보낸 국서의 접수가 (황조(皇朝)니 황상(皇上)이니 하는 문자 때문에) 거부되어 일본에서 '정한론(征韓論)'이란 일대 국내문제를 야기케 한 사태까지도 통찰한 선견지명이라 할 것이다.

《성호사설》

이익은 몹시 부지런한 학자였다. 비록 몸은 약하고 생활은 궁핍했지만, 그럴수록 밝은 예지와 통찰력으로 사회를 직시하고 비판했으며, 돈독한 학문에 대한 열의로써 공부하고 교수하며 저술했다.

《성호사설》은 이익이 나이 마흔이 가까워질 무렵부터 평생을 두고 자기 나름의 생각으로 학문과 사물의 이치를 깨친 바가 있으면 이를 지체 없이 써 놓은 쪽지 기록들임과 동시에, 제자들이 어떤 문제를 물어올 때 그 답변으로 적어 준 쪽지들을 한 책으로 엮은 것이다. 처음부터 그 자신이 책으로 엮기 위해서 적어 놓은 것이 아니라, 그의 나이 80세에 이르렀을 때에 집안 조카들이 정리한 책이다.

따라서 《성호사설》은 그때그때 떠오른 순간의 기지(機智)요, 문답잡기(問答雜記)였다. 이에 이익은 그 서문에서 스스로 희필(戲筆)이라고 했다. 책의 내용이 아무 쓸모없는 이야기로만 되어 있다는 뜻이다. 그러나 이는 참으로 겸손하게 말한 것이요, 사실은 조선시대 학자의 저술로서 손꼽히는 명저임은 두말할 나위가 없다. 또 이 책은 이익이 평생을 두고 적어 놓은 것이기 때문에 이익의 학문과 사상을 그대로 집약해 놓은 것이라고 보아도 좋다.

성호(星湖)는 이익의 호이며, 사설은 '세쇄(細碎 : ᵐ우가늘ᵍ)한 논설'이라는 뜻으로 하나의 잡저를 의미한다. 이는 저자가 겸사로 붙인 서명이다. 현전하는 저술의 규모는 30권이지만, 저자가 처음 남겨 놓은 것은 이보다 더 규모가 컸던 것으로 추정된다.

《성호사설》은 〈천지문天地門〉·〈만물문萬物門〉·〈인사문人事門〉·〈경사문經史門〉·〈시문문詩文門〉의 다섯 문으로 크게 분류해 모두 3007편의 항목에 대한 글이 실려 있다. 그러나 분류가 엄정하게는 이루어지지 못했다.

⑴ 천지문

〈천지문〉은 모두 223항목이며 우주 속의 자연과 자연 현상인 해와 달과 별들, 바람과 비, 이슬과 서리, 조수와 역법(曆法), 산맥 및 옛 국가의 강역에 대해 다루고 있다.

이익은 본디 천문학을 익히지는 않았지만 《천문지天文志》·《율력지律曆志》·《칠정서七政書》 등과 중국의 고전(古典) 등을 참고하여 일월(日月)·성신(星辰)·풍우(風雨)·노상(露霜)·뇌진(雷震)·조석(潮汐) 등을 다루었다. 그 밖에 역법과 태양의 궤도·세차·동지(冬至)·하지(夏至)·춘분(春分)·추분(秋分)·일식(日蝕)·일구(日晷) 등에 대해서도 실려 있다. 그는 천재지변에 자연의 '시운(時運)'이 따른다고 보았다.

이익이 가장 큰 관심을 두었던 것은 역사와 지리의 고증이었다. 그는 단군조선, 기자조선의 영토가 요심(遼瀋) 지방에 있었다 추정하고 기자의 동래설(東來說)을 믿었던 한편으로, "동방풍화(東方風化)는 기자 이전에 이미 인물이 있었다" 하여, 단군시대를 역사에 당당히 내세웠다. 또한 백두산에서 태백산, 지리산으로 이어지는 한국의 지맥(地脈), 수세(水勢)와 이에 따른 인문(人文)까지 논하고 있다.

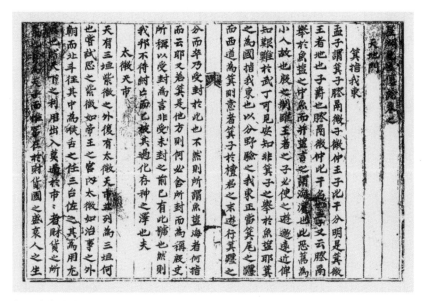

《성호사설》천지문 부분

　우리나라 영토 문제와 관련되는 지리 고증에 깊은 관심을 보여서, 삼한
(三韓)·한사군(漢四郡)·예맥(濊貊)·옥저(沃沮)·읍루(邑婁)·패수(浿水)와
살수(薩水)·비류수(沸流水)·울릉도(鬱陵島)·안시성(安市城)·발해　황룡부
(渤海黃龍府)·철령위(鐵嶺衛)·윤관비(尹瓘碑)·가도(椵島)·동삼성(東三城)·
폐사군(廢四郡)·여진(女眞)·대마도정벌(對馬島征伐)　등의　소재와　문제점
등을 거론하고 있다. 그 밖에 중국의 강하(江河)에 대해서도 약간의 기술이
있다.

　〈천지문〉에는 이익이 그 무렵 중국을 거쳐 들어온 문물인 천문·역법·시원
경(視遠鏡)과 서양서적《만국전도萬國全圖》등 서양의 과학지식에 대해 해
박한 견문을 가지고 있었음이 잘 드러나 있다. 예수회 선교사 마테오 리치
(Matteo Ricci：$^{1552\sim}_{1610}$)의《만국전도》는 이익에게 세상을 새로운 시각으로 바라
볼 수 있게 해 주었다. 이익은 지구는 둥글고 위아래에 모두 사람이 살고 있
다 했고, 드넓은 들판이나 저 멀리 수평선을 바라보면 스스로 그것을 깨달을
수 있다고 했다.

　이익은 특히 중국에서 활동한 독일 예수회 신부 아담 샬(Adam Schall：
$^{1591\sim}_{1666}$)의 서양역법에 매우 감탄했다. 이에 따르면 일식과 월식에 조금도 오차

가 없으며, 실로 역법의 극치로서 중국의 것도 미치지 못하고, 동양의 옛 성인(聖人)들도 이를 반드시 따랐을 것이라고 했다. 서양의 육편방성도(六片方星圖)나 혼천전도(渾天全圖)도 그 규모와 정밀함을 높이 평가했다.

예수회 선교사 디아즈(Emmanuel Diaz : $^{1574\sim}_{1659}$)의 《천문략天問略》, 아담 샬의 《주제군징主制羣徵》($^{해부}_{학}$), 알레니(Giulio Aleni : $^{1582\sim}_{1649}$)의 《직방외기職方外記》, 페르비스트(Ferdinandus Verbiest : $^{1623\sim}_{1688}$)의 《곤여도설坤輿圖說》등도 논했다. 《주제군징》에 대해서는, 인체에 대한 서양의학이 중국의 그것에 비해 더욱 상세하여 무시할 수는 없으나 그 규모와 언어가 너무 달라서 이해할 수 없는 점도 있다고 했다. 그 밖에 서양에는 시원경(視遠鏡)이 있다 하니, 이것으로 일월·성신의 크기까지 능히 관찰할 수가 있는 것일까 하고 호기심을 드러내기도 했다.

이로써 이익은 고대 성인만능(聖人萬能) 사상과 중국 중심의 세계관에서 벗어나 조선에 대한 새로운 의식을 갖게 되었다. 그리고 서양에는 용미거(龍尾車)라는 수차(水車)가 수리에 이용되고 있으며, 지도 제작에 정간작법(井間作法)이 이용되면 축소·확대가 가능하다는 사실도 알고 있었다. 그 밖에는 귀신(鬼神)과 사회 풍속에 관한 항목도 있다. 전제(田制) 등에 관련된 항목도 눈에 조금 띄는데 이것은 아직 정확히 분류되지 못한 까닭이다.

(2) 만물문

〈만물문〉은 모두 368항목으로 이루어졌고, 생활과 직간접으로 관련 있는 여러 가지 사물에 대하여 이익이 평소에 꼼꼼히 검토하고 연구한 것들이 분류되지 않은 채 수록되어 있다. 복식(服飾)과 각종 음식, 농상(農桑), 소·말·돼지·닭 등 가축에 대한 항목이 가장 많다. 그 밖에 충류(蟲類)와 묘서류(猫鼠類), 화조(花鳥)와 초목(草木), 전화(錢貨)와 도량(度量), 악률(樂律)과 서화필묵(書畵筆墨), 용봉(龍鳳)과 귀신(鬼神), 병기(兵器)와 서양기기(西洋器機) 등 여러 항목이 실려 있다.

복식에 대한 항목들을 예로 들어 살펴보면, 면(綿)·포(布)·견(絹)·마(麻) 등 직물(織物), 각종 의복 두발(頭髮)의 장식과 삿갓(笠), 신발과 단장[杖]·침(枕)·선(扇), 보옥(寶玉)과 지환(指環) 등 몸치장과 관련 있는 물건들이 들어 있다.

이익은 일찍이 《천문략》, 《직방외기》 등의 서적을 통해 서양의 기기에 견문이 넓었다. 〈만물문〉에서는 이탈리아 예수회 선교사 우르시스(Sabatino de Ursis : $^{1575\sim}_{1620}$)의 《간평의설簡平儀說》, 네덜란드의 홍이포(紅夷砲), 서양인의 수차(水車)·안경(眼鏡) 등을 언급하고 있다. 그는 이탈리아에서는 동포(銅炮)로써 대군(大軍)을 포격할 수 있고, 큰 거울을 주조해 태양빛을 이용하여 적선(敵船)을 불태울 수 있다고도 했다. 서양화(西洋畫)의 원근법에 따른 입체적인 묘사를 보고 그림 기술의 묘를 볼 수 있었다 하고, 마테오 리치의 기하원본(幾何原本)에서 그 원근법의 이치를 엿볼 수 있다고도 했다. 이렇듯 사물에 대한 이익의 관심은 넓고 정밀했다.

그는 중국이나 조선의 여러 가지 물종에 대해서는 그의 해박한 문헌적 고증을 시도했으며, 화훼(花卉)에 대해서는 흔히 고시(古詩)를 인용해 보았다. 또 벌레[蟲]와 같은 생물에 대해서는 세밀히 그 생태를 관찰하여 그 증험을 얻고 해충(害蟲)과 익충(益蟲)을 살피는 실험적 태도를 보이기까지 한다.

한편 치용에 있어서는 숭검 금사(崇儉禁奢)의 정신을 강조하여, 중국으로부터의 사치품 유입(流入)과 이에 따른 은화(銀貨)의 유출을 막을 것을 강조하고 있다. 그는 또 사물을 접하면서 인간관계를 관조(觀照)하기도 하는데, 닭이 먹이를 놓고 싸우는 것을 보고 작록(爵祿)을 놓고 싸우는 당쟁(黨爭)의 이치를 알 수 있었다고 한 것은 그 한 가지 예이다.

이익의 관심은 윷놀이·장기·줄타기 등 잡기에서부터 동굴(洞窟)·화석(化石)에까지 미쳤으며, 도깨비[獨脚]·새타니[兒鬼] 등 귀신에 대해서도 수록하고 있다.

(3) 인사문

〈인사문〉은 정치, 제도, 사회, 경제, 학문, 사상, 혼인관계, 제례(祭禮) 그리고 관련 인물이나 사건 등에 따른 고사 등 모두 990항목으로 이루어져 있다.

이익은 환곡제도의 폐지와 상평창 부활 등을 통해 중농정책을 펼 것을 주장한다. 또한 노비제도의 개혁안, 불교·도교·귀신에 대한 견해, 음악에 대한 논의, 혼인·상제와 관련하여 폐습적 문제의 개선책 등을 논술하고 있다.

그 무렵 조선의 정치, 경제, 사회구조를 전면적으로 손봐야 한다고 생각했던 것이다.

〈인사문〉에서 이익은 먼저 국왕에 대한 진강(進講) 곧 경연(經筵)을 형식적으로 치르지 말고, 왕세자를 엄격히 교육하며, 환관과 궁녀의 수를 줄여 막대한 녹(祿)으로 재정을 낭비하지 말고 왕정(王政)의 근본 기틀을 바로잡아야 한다고 했다. 관직에 있어 서얼(庶孽)의 차별을 금하고, 과거시험에 조상의 내력을 따지지 말고 부정행위를 엄격히 단속할 것이며, 또한 관리의 수도 대폭 줄이고, 중앙과 지방의 모든 관리에 대해 개인의 재능과 성격에 기준한 승진·증봉(增俸)·출퇴(黜退)·감봉의 제도도 엄격히 이행되기를 바랐다. 그 관리 감독을 위해 총장국(總章局) 설치를 주장했다.

제도적으로는 의정부(議政府)의 본디 기능을 되살리고 사간원(司諫院)을 철폐하여 언로(言路)를 확대하고, 모든 관리는 권섭(權攝: 시보(試補))직을 거쳐서 성적을 보고 정직(正職)으로 옮겨야 한다고 했다. "문관과 무관의 차별을 없애고 무관도 재질에 따라 문관 직에 취임할 수 있게 하며, 감사(監司)는 병사(兵使) 위에서 군통솔권을 장악해야 한다. 병농합일(兵農合一)을 실현하고 군(郡)마다 무학(武學)을 설치, 향병(鄕兵) 조직을 다시 편성한다. 관련있는 관청 두셋을 하나로 합쳐 대폭 간소화하여 효율을 높인다. 또한 주변국이 호시탐탐 조선을 노리고 있으므로, 문(文)에만 치우치지 말고 국방태세를 한시도 게을리해선 안 된다"고 강조했다.

이익은 경제면에서도 과감한 개편이 이루어져야 한다고 보았다. 국가의 재정은 물론 재부(財富)의 원천은 토지일 수밖에 없으므로, 나라의 토지가 소수의 권문세가(權門勢家)에 의해 독차지되어서는 안 된다 생각했다. 그래서 토지 점유의 균형을 유지하고 소전주(小田主)의 몰락을 막으려면 균전법, 즉 한전제(限田制)를 실시해야 한다고 주장했다.

또한 이익은 화폐가 유통되면 관리의 탐욕과 부정이 심해지고 고리대업만 활성화되리라 보았다. 농촌이 퇴폐하는 것을 막으려면 무본억말(務本抑末)·숭검금사(崇儉禁奢)의 풍토를 조성해야 하며, 더욱이 청(淸)과의 교역은 청의 사치품이 흘러들어 오는 대신에 조선의 귀한 은화(銀貨)가 유출되는 결과를 가져온다고 보았다. 화폐 사용을 점차적으로 억제하여 자급자족적 농촌경제의 부활을 꾀하는 것이 국민 대다수인 농민이 토지를 버리고 떠도는 것을 막는 길이라고 생각했다.

한편 이익은 노비종모법(奴婢從母法)을 반드시 철폐되어야 할 천하의 악법으로 여겼다. 한 사람이 거느릴 수 있는 노비의 수를 100명으로 제한하고 그 수를 넘는 노비는 해방해야 하며, 다섯 살 이하의 어린아이는 노비적(奴婢籍)에 올리지 못하게 하고 노비 매매 금지, 노비신분 세습제 폐지를 내세워 점차적으로 노비가 사라지기를 기대했다.

그는 또한 선비가 평생 생업에 종사하지 않고 오로지 책만 읽으며 지내, 집안일은 물론 세상일에 대해 아는 것이 없어 고리타분하고 쓸모없는 존재로 지탄받아서는 안 된다고 했다. 양민과 천민은 물론 선비와 농사꾼에도 신분적인 구별을 지을 필요가 없다면서, 사농합일(士農合一)과 더불어 양천합일(良賤合一)도 주장한 것이다. 여기에 덧붙여 실제 생업에 종사하는 선비 가운데 효제(孝悌)의 정신을 갖춘 인재를 뽑아 등용하며, 선비들은 문장이나 시가(詩歌)에만 힘쓰지 말고 실제 경세치용(經世致用)의 재구(材具)를 준비하는 실효성 있는 학문에 주력해야 한다고 강조했다.

〈인사문〉에는 불도(佛道) 등 이단(異端)과 민간신앙에 대한 이익의 견해가 담긴 항목이 들어 있다. 그는 불교의 천당지옥설(天堂地獄說)이나 윤회환생(輪回還生)을 믿지 않으면서도, 승려들이 스승을 극히 존경하고 공불(供佛)에 정성을 다함이나, 서로 공경하고 일에 부지런함, 회식(會食)의 엄격함이 성왕(聖王)의 가르침과 다름이 없다고 여겼다. 부녀자들이 여승이 되는 것은 금해야 하며, 미륵강림을 믿고 미신화(迷信化)된 미륵신앙에 반대하여 곳곳에 있는 그 석상(石像)을 없애야 할 것이라고 하고, 무위도식하는 승려의 수는 제한해야 한다고 했다. 이익은 또 음양가(陰陽家)·감여설(堪輿說)·무속(巫俗) 등이 세상에 널리 유행되고 있는 말폐를 논하고, 여무(女巫)가 나라 안에 널리 퍼져 있으나, 법으로 이를 금하지 못한다기보다는 무세(巫稅)의 수입 때문에 도리어 관(官)에서 이를 권장하는 것이나 다름없다고 비판했다.

그 밖에도 〈인사문〉에는 국조악장(國朝樂章)·대성악(大晟樂)·향악(鄕樂)·포구락(抛毬樂) 등 악률(樂律)에 대한 것과 수연장(壽延長)·오양선(五羊仙)·연화대(蓮花臺)·헌선도(獻仙桃)·동동곡(動動曲) 등 구체적인 악곡에 대한 논의도 들어 있다. 그리고 혼인과 상제에 관한 기술과 가족관계 및 습속(習俗)에 관한 기술을 통하여 이익의 예설 일단과 그의 가족관과 여성관(女性觀)도 엿볼 수가 있다.

〈인사문〉은 이익의 문집과 《곽우록》 등과 아울러 그의 경세론을 자세히 연구하는 데 기본 자료가 된다.

(4) 경사문

〈경사문〉에는 육경사서(六經四書)와 중국·우리나라의 역사서를 읽으면서 잘못 해석된 부분에 대한 구체적인 설명과 그에 대한 자신의 견해를 실은 논설, 그리고 역사 사실에 대한 자신의 해석을 붙인 1048항목의 글이 실려 있다. 특히 역사에서 정치적 사건에 도덕적 평가를 앞세우는 것을 비판하고 당시의 시세 파악이 중요함을 주장했다. 또한 역사서에 기술된 신화는 믿을 수 없다고 하여 역사 서술에서 신화의 배제를 논해, 근대적인 역사학적 방법론과 역사관을 보여 준다.

이익의 학문은 경사(經史)에 대한 정확하고 분명한 지식을 바탕으로 하고 있다. 그가 경의(經義)·시무(時務)를 중요시한 이유는 성현(聖賢)의 책을 읽어 의리를 추구하고 장차 이로써 치용(致用)의 실효를 거두자는 뜻이었다.

이익은 《시詩》·《서書》·《악樂》·《역易》·《예禮》·《춘추春秋》 등 육경(六經)의 주지(主旨)를 다음과 같이 설명하고 있다.

"《시》는 형금(刑禁)으로서가 아니라, 풍효자득(諷曉自得)케 하여 온유돈후(溫柔敦厚)를 위주로 하고, 《서》는 치란(治亂)의 명험(明驗)에 통달케 하여 미래의 득실을 미리 깨닫게 하여 소통지원(疏通知遠)을 위주로 하고, 《악》은 모든 사람으로 하여금 같이 화순(和順)에로 돌아가게 하여 광박이량(廣博易良)을 위주로 하며, 《역》은 상수(象數)를 강구하여 음양성쇠(陰陽盛衰)의 이(理)와 진퇴존망(進退存亡)의 의(義)를 얻어서 결정정미(潔靜精微)를 위주로 하고, 《예》는 겸손 절약케 하여 선행(善行)의 긍지를 갖게 함으로써 공검장경(恭儉莊敬)을 위주로 하고, 끝으로 《춘추》는 경적(經籍)을 존중하여 그 일언일행(一言一行)을 비감(比勘)하여 속사비사(屬事比事)를 위주로 한다."

이와 같은 취지로 이익은 〈경사문〉에서 육경(六經)·사서(四書)를 위주로 하여 그 밖의 고전과 중국과 우리나라의 역대 사서(史書)나 사실(史實)·인물·제도·풍속 등에 대하여 주석(註釋)·논평하고 있다. 그리고 이 〈경사문〉의 내용은 사서·삼경 질서(疾書)를 비롯하여 《소학》·《가례》·《근사록》·《심경》 등 이익의 여러 질서와 더불어 그의 경학사상을 이해하는 데 훌륭한 기본 자료가 된다.

이익은 주자·퇴계의 학을 따르고 존숭하지만 이를 그저 따르기만 하자는 것은 아니었다. 《가례》의 경우처럼 시세속상(時世俗尙)이 같지 않은 우리나라에서는 이에 적절한 예설이 시행되어야 한다고 생각한다든가, 《강목綱目》의 서목(書目)에 대하여 비판한다든가, 또는 주자의 시(詩)에 대해서 논평하는 것과 같이, 자기 자신의 주견을 내세우고 있다.

또한 이익은 맹자의 성선설(性善說)에 따르고, 순자의 성악설(性惡說)에 대해서는 '현자지실(賢者之實)'이라 했다. 그는 또 양명학(陽明學)에 대해서는 그것이 편벽된 바가 없지 않으나, 양명의 주장 가운데 어떤 점은 실시할 만한 것도 있다고 했다. 역시 이익으로서는 '선지후행(先知後行)'의 논리를 가진 것처럼 보인다.

〈경사문〉에도 불교와 노자·장자의 도가(道家)에 대한 설명과 민간신앙에 대한 견해가 여러 항목에 걸쳐 실려 있다. 복점(卜占) 등에 종사하는 음양 방술은 폐지해야 하며, 도참에 의한 참부(讖符) 그리고 귀신신앙과 주술(呪術) 등도 불신하며 배척하고 있다.

특히 〈경사문〉에서 역사에 대한 부분은 이익 자신의 사론(史論)이 담겨 있어 중요하다. 그 밖에 중국이나 조선의 역사적 사실(史實)과 제도·인물·풍속 등에 관한 방대한 변증은 후학에게 귀한 가르침이 아닐 수 없다.

역사 서술이란 본디 무척이나 어려운 일이다. 역사적 사실에 대한 진가(眞假)의 판별과 인식이 쉽지 않으며, 더욱이 우리나라는 수많은 외세의 침략과 약탈로 사료(史料)가 많이 남아 있지 않다. 그럴수록 더더욱 억측이나 요량으로 역사를 서술해서는 안 되며, 진실을 기피하거나 화(禍)를 두려워해서는 안 된다. 또한 역사가는 자료를 다룸에 있어 문헌을 철저히 비판하며 고증을 확실히 해야 한다고 이익은 주장한다. 이 같은 이익의 사론은, 역사가는 실증적이고 비판적이며 객관적으로 고증에 충실해야 함을 강조하고 있다.

이익의 역사인식 태도는 단순히 권선징악적인 과거의 그것과 기본적으로 달랐다. 그것은 개인의 선과 악 혹은 현명함과 우둔함에서보다도 역사적 현실의 추세 속에서 발견해야 한다고 생각했다. 단적으로 말해 '세(勢)'가 가장 중요하며, 행(幸)·불행(不幸)이 그 뒤를 잇고, 시비(是非)는 그다음의 문제가 되어야 한다는 것이다.

〈경사문〉에서도 이익은 단군·기자의 고조선에 대해 언급했다. 요심(遼瀋) 근방이라고 요동서설(遼東西說)을 내세우고 있으며, 특히 마한정통론(馬韓正統論)을 주장하여 그의 화이관(華夷觀)과 사대론(事大論)을 엿볼 수 있게 한다. 또 발해(渤海)에 관심이 있어 허미수(許眉叟)가 간략한 발해열전(渤海列傳)을 지은 사실을 소개했다.

이익은 좋은 국사책을 펴내 널리 보급해야 하며, 과거시험에도 국사과목을 넣어야 한다고 주장했다. 그 뜻은 제자 안정복이 《동사강목東史綱目》을 펴냄으로써 이루어졌다.

(5) 시문문

마지막으로 〈시문문〉에는 시와 문장에 대한 평가로서 378항목의 논문이 실려 있다. 중국의 시문이 3분의 2 이상이나 차지하고 있어서 이익의 관심이 어디에 있는지를 드러내 주고 있다. 특히 시의 역사와 형식 등에 대한 논의라든가 각 시대의 위대한 인물들의 시를 통해 그 인물의 내면세계를 평가하는 혜안이 엿보인다. 그 밖에 시체·문체·운율에 대한 논지와 서체·필법에 관한 폭넓은 견해도 나타나 있다.

수록된 중국의 시문에서도 절반 이상이 시문의 교감과 시어(詩語)나 시구(詩句)의 고증 내지 변증으로 채워져 있어서, 경적(經籍)을 읽을 때와 마찬가지로 한 자구(字句)도 소홀히 넘기지 않고 의심나는 곳은 일일이 고증·교감하는 평소의 독실한 그의 학문 태도를 잘 보여 준다.

중국의 시문에 대한 논의는 한대(漢代)의 동중서(董仲舒)·사마천(司馬遷)의 부(賦)와 소무(蘇武)·이능(李陵)의 시(詩)로부터 도연명(陶淵明)·이태백(李太白)·두보(杜甫)·왕유(王維)·한퇴지(韓退之)·유자후(柳子厚)·백낙천(白樂天)·소동파(蘇東坡)·구양수(歐陽修) 그리고 명대(明代)의 왕세정(王世貞) 등에까지 미치고 있다. 그중에서도 역시 이태백·두보의 시에 관한 것이 대부분이다.

이익은 시의 능사(能事)는 흔히 오언에 있다 하고, 이태백의 오언절구는 특히 아름답다고 했다. 그는 굴원(屈原)의 이소경(離騷經)을 찬탄해 마지않았지만, 오직 이태백만이 그 뜻을 터득했다고 했다. 다시 말해 굴원이 난(蘭)·혜(蕙)·균(菌)·손(蓀)·게거(揭車)·두형(杜衡) 같은 물(物)을 마치 꽃의 무르익은 향기와도 같이 스며드는 것을 느끼게 한다면, 이태백은 청명(淸明)하고 화치(華侈)·형향(馨香)·기고(奇高)한 것을 시의 대로를 삼아서 심정(心情)과 세정(世情)을 잘 표현했고, 또 모든 작품을 반드시 금옥(金玉)·화조(花鳥)·금수(錦繡)·운하(雲霞) 같은 물건으로 수식하여 색태를 돋보이게 했다는 것이다.

한편 두보의 시에는 자자구구(字字句句) 그의 기력과 정신이 넘쳐흐르지만, 역시 쌍대(雙對)나 시어 배치(詩語配置)의 기술이 모자란다고 보았다. 이익은 주자가 "이백의 시는 법도에서 이탈하지 않았으니 참으로 시성(詩聖)이다"라고 하였음을 말하고, 지금 세상에서 두보만을 시성으로 삼는 것은 상고하지 못한 탓이라고 생각했다. 그리고 이익은 두보의 시에 대한 퇴계의 논평을 들기도 하고 또 주자 자신의 두 시(詩)에 대해서는 나라가 무도하다고 할 수 있지만 역시 말을 공손히 하는 기상은 모자란다 비판하여, 자신의 시정(詩情) 일면을 보여 주기도 한다.

이익은 근세 조선의 학문은 과거(科擧) 위주였기 때문에 유술(儒術)·경학(經學)도 논하지 않고 시율(詩律)의 말예(末藝) 또한 만만히 여겨 이에 능한 사람이 없는 것이 가석하다고 했다.

신라 때만 해도 계림(鷄林)의 상인(商人)이 중국에 가서 원진(元稹)·백거이(白居易)의 시집(詩集)을 사려고 했다는 사실을 중국 서책에서 보았다 하고, 우리나라에 전적이 구비되지 못해서 비록 본국의 고사라 할지라도 매양 중국 사람들의 이야기로 증거를 삼고 있는 것이 가소롭다고 했다. 그는 또 이규보(李奎報)에 와서 그 전례를 볼 수 없던 300운(韻)의 율시(律詩)가 있게 되고, 영설(詠雪)이라는 제목으로 30운의 칠언율시가 나왔다고 했다. 이익은 여대(麗代) 임유정(林惟正)의 시는 《동문선東文選》에 실린 것도 많아서, 그중에는 칠언으로 7운(韻)의 배율이 있어, 이 같은 시형(詩形)은 고금에 없는 것을 우리나라 사람이 처음으로 발명한 것이라고 했다.

〈시무문〉에는 이렇게 한국의 시문과 관련된 30여 명에 대한 견해가 수록

되어 있으나 고려시대의 시문에 대한 언급은 많지가 않다. 김극기(金克己)의 황룡사시와 《여지승람》의 여러 시들은 대부분 세속을 분개하고 미워하는 것이 많으며, 임춘(林椿)의 시문은 해동(海東)의 포의(布衣)로서 세상을 주름잡은 자의 유일한 것이라고 했다. 이익은 또 가정(稼亭)과 목은(牧隱) 부자(父子)에 대해서도 그들이 원(元)에 가서 과거에 갑과(甲科)로 합격할만큼 문재(文才)가 뛰어났었다는 것을 말하고 있다.

그러나 당대(唐代)에 시작되어 송대(宋代)에 극성했던 사륙병려문(四六騈儷文)은 명(明)에 와서는 금지되었는데, 우리나라는 고려 때부터 사륙(四六)을 숭상해 왔고, 조선조에 와서도 율·부(律賦)에 의한 과시(科試) 때문에 그 폐해가 더욱 심해졌다고 했다. 이익은 중국 고금의 문(文)을 그림에 비유하여 후세의 것이 마치 단청(丹靑)과 회화(繪畫)처럼 근사한 것 같으나 생생한 맛이 없다 했고, 우리나라의 글은 향사(鄕社)의 화사(畫師)가 실지의 물건은 보지 못하고 단지 전모(傳模)만을 의방하여 어렴풋이 복숭아나무에다 버드나무 가지·살구나무 잎·아가위나무 꽃을 그려서, 결국 무슨 물건인지 알 수 없는 것 같다며 문운(文運)의 쇠퇴를 토로하고 있다.

이익은 퇴계의 시를 언급하여 사람에 따라 시의 체재가 서툴다고 여기기도 하지만, 그의 율시 중에는 글귀마다 생동비약(生動飛躍)하고 준랑상쾌(俊朗爽快)하여 날카로운 봉우리에 날아 앉아 들을 내려다보는 독수리의 기세에 못지않은 것도 있다고 했다. 그가 마음의 본체를 말한 주자의 시에 따라, 그리고 퇴계의 시에 따라 각각 속편(續篇)의 시를 지은 것은 전현(前賢)과 뜻을 달리하는 것이 아니라, 바로 그 남은 뜻을 기술한 것이었으며, 명경지수(明鏡止水)의 경지를 읊은 것이기도 했다.

또 이익은 남명(南冥)의 시에는 놀라운 역량과 기백이 들어 있으나 퇴계의 시에는 비교하여 논할 수 없다 했고, 남명 자신이 "내 글은 비단을 짜서 필(匹)을 이루지 못한 것이요, 퇴계의 글은 포목을 짜서 필을 이룬 것"이라고 했듯이, 자신의 글 역시 퇴계에 미치지 못하는 것으로 여겼다.

시를 논하면서는 홍유손(洪裕孫)의 고절(孤節), 박광우(朴光佑)의 기백(氣魄), 은사(隱士) 홍우정(洪宇定)의 탁락불기(卓犖不羈 : 탁월하게 뛰어나 구속을 받지 않음)를 칭송하고, 유혁연(柳赫然)을 무인(武人) 시인의 제일인자라고 했다. 그 밖에 정인홍(鄭仁弘)·이항복(李恒福)·허목(許穆) 등의 시와 함께, 이익의 자작시

(自作詩)도 몇 편 실려 있다.

그리고 이익은 몇 편의 시를 발굴하여 후세에 전하려 했다. 이익의 백씨(伯氏 : 이해(李瀣))의 《구루비가岣嶁碑歌》는 그 가운데 하나로서, 이익은 842자나 되는 이 시를 우리나라 장편시 가운데 가장 우수한 것이라 했다.

〈시문문〉에는 이익 시체(詩體)·문체(文體)·운율(韻律)에 대한 논의도 찾아볼 수 있다. 이익은 또 서체(書體)와 필법(筆法)에도 관심이 깊어서, 왕희지(王羲之)의 필진도(筆陣圖) 등 법첩(法帖)에 관한 것과, 고려·조선의 서예에 관해서도 빠뜨리지 않고 논했다. 그의 관심은 음악[律樂]이나 회화에까지도 미치고 있다.

또한 〈시문문〉에는 이익의 한시(漢詩) 형식과 운률(韻律)에 대한 논고와 시평 그리고 시어 시구에 대한 고증 등이 주로 실려 있다. 노자·장자를 비롯하여 불교·선도(仙道)·음양설(陰陽說)에까지 미치는, 중국 전적에 대한 그의 해박한 지식이 돋보인다. 이들 시론·시평은 《성호문집》에 수록된 이익 자신의 시문과 더불어 성호 시문학을 연구하는 데 중요한 자료가 된다.

《성호사설》에 담긴 이익의 사상이 한국 사상사에서 갖는 의의를 대체로 추려보면 다음의 몇 가지로 지적할 수 있다.

첫째, 성호의 사상은 조선왕조의 사회변천에 따른 사회 내부적 모순에서 자각된 의식(意識)의 심화(深化)와, 외래(外來) 서학(西學) 사상에서 계발된 의식의 확대로 말미암아 주체적인 비판의식과 자각으로 나타났다.

둘째, 사상의 기조(基調)는 중국의 경적에, 다시 말하면 과거에 두었음에도 비판의 대상은 조선 사회였으며, 사상의 방향은 미래를 지향하고 있었다.

셋째, 유교적인 범위를 아주 벗어난 것은 아니로되, 근세 조선왕조 초기의 기본적인 사회구조에 대해서는 반규범적(反規範的) 의식에서 근대적인 사상에로 한 걸음 가까이 다가서게 되었다.

넷째, 그의 사론(史論)은 시대와 사회변천을 보다 더 배려하고 시세론적 관점을 명확히 하여 설화적 내지는 종교적 역사인식 태도에서 실증적 역사인식 태도를 진전시켰다.

다섯째, 의식의 확대에 따라 문화 전면에 걸친 그의 관심은 학문의 분화와 발달에 크게 기여했다.

그러나 이익의 학문은 그 무렵 사회 저류(底流)의 학문·사상으로서, 당대에는 경세(經世)의 실효를 거둘 수 없었으며, 한 걸음 더 나아가 근대적인 학문·사상에로 발전되지는 못했다는 점은 무척이나 안타까운 일이다.

《성호사설유선》

《성호사설》은 미리 충분한 검토 결과로 편찬된 것이 아니어서 항목이 더러는 중복되었을 뿐만 아니라, 제대로 세밀하게 분류되지도 않았다. 그리하여 이익이 아직 살아 있을 때 그의 제자 순암(順庵) 안정복(安鼎福)이 이의 재분류와 정리를 자청해 《성호사설유선星湖僿說類選》을 편찬했다. 여기에서는 중복되는 것은 합치고 그다지 중요하지 않다고 생각되는 것은 빼서 모두 1332편의 글을 수록했다. 또한 '문'을 '편'으로 바꾸고 '편' 아래의 구분으로 '문'을 설정했으며, 〈만물문〉을 〈경사문〉 다음에 두었다.

이익은 안정복에게 《성호사설》의 전면적인 재분류와 가감을 일임했으나, 그럼에도 안정복은 신중에 신중을 기했다. 이익이 세상을 떠나기 1년 전에 《성호사설유선》은 완성되었다. 이익은 크게 기뻐하며, 안정복에게 보낸 편지에 이렇게 심정을 술회하고 있다.

"마침내 백순(百順 : 안정복의 자)의 간정을 보게 된 것은 나의 행(幸)이오. 매번 편지에 너무나 신중해하는 그 뜻이 느껴져 놀라고 의아해했었소. 그곳의 벗들과 함께 마음대로 깎아 버리고, 의심스러운 것은 모두 고치고 나에게 물을 것도 없소. 그중에 혹 의(義)에 어긋나지 않는 것도 없지 않으리니, 이를 의논하여 간추려 남겨 둔다면, 이것은 나의 저술이 아니라 그대들의 저술이 될 것이오. 이 점에 유의하여 주오."

《성호사설》과 《성호사설유선》과의 편차와 칙수를 비교해 보면 아래와 같다.

이처럼 《성호사설유선》에서는 《성호사설》의 문을 편으로 고치고 〈만물편〉을 〈시문편〉 위로 옮겼다. 그리고 편은 문으로 다시 세분했다. 〈인사편〉을 비롯하여 〈경사편〉·〈천지편〉은 《성호사설》 해당 부분 편 수의 2분의 1을 넘게 수록했고, 〈시문편〉은 3분의 1에도 미치지 못하며, 〈만물편〉은 10분의 1도 못 될 만큼 삭제하거나 항목을 다시 조정·안배했다.

《성호사설》	《성호사설유선》
천지문(223)	천지편(113)
만물문(368)	인사편(559)
인사문(990)	경사편(31)
경사문(1048)	만물편(579)
시문문(378)	시문편(114)
계 3,007	계 1,396

《성호사설유선》 목차의 분류 세목은 안정복 자신의 안목을 잘 나타내고 있다. 비록 근대적인 분류에는 미치지 못하지만, 《성호사설》 내용의 범위와 성격을 이해하는 데 안내 구실을 한다.

여러 판본들

1776년 이익의 조카 이병휴가 중심이 되어 《성호사설》을 30책으로 정리했으나 당시 《성호선생문집》이 그랬듯이 간행되지는 못했다. 이어 순조 대에 30책으로 전하는 재산루장본(在山樓藏本)이 등사된 것으로 보아 이때 1차적인 간행이 있었지만 그 뒤에는 간행되지 못했다.

조선시대에는 여러 필사본이 있었으나 인쇄되지 못하다가 1915년 조선고서간행회에서 안정복의 정리본인 《성호사설유선》을 상·하 2책으로 인쇄했다(조선군서대계속 제19·20집). 이후 《성호사설》에 대한 관심이 높아져 1929년에는 이 책을 다시 문광서림(文光書林)에서 정인보(鄭寅普)가 교열해 선장본(5책)과 양장본(상·하 2책)으로 동시에 출판했는데, 이 대본도 《성호사설유선》이었다. 문광서림본에는 저자의 자서, 변영만(卞榮晚)의 서문과 정인보의 서문이 덧붙여졌다. 그리고 부록으로 《곽우록》이 추가되었다.

그 뒤 1967년에 이익의 조카 이병휴의 후손인 돈형(暾衡)이 소장한 30책 원본의 《성호사설》이 경희출판사(慶熙出版社)에서 상·하 2책으로 영인, 출판되어 학계에 널리 보급되었다. 번역본으로는 1977년 동화출판공사에서 이익성(李翼成)이 부분적으로 번역한 《성호사설》(한국사상대전집 제24권)이 있는데, 이것은 1981년 삼성출판사에서 《성호사설》로 재출판되었다. 그리고 1977~1979년에 민족문화추진회에서 전문을 번역하여 《국역성호사설》(전11권)을 간행했다.

조선시대의 필사본으로는 국립중앙도서관본·재산루 소장본·규장각본, 일본의 도요문고본·와세다대학소장본 등이 있다. 이 가운데 국립중앙도서관본

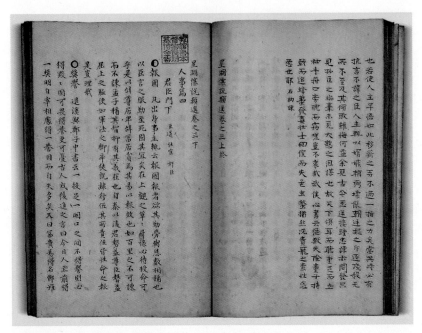

《성호사설유선》권3하 인사편 부분

은 내용의 일부가 다른 본과 약간 다르며 일부만이 전하는 영본인데, 국립중앙도서관 측 해제에 의하면 이익 자신의 자필 원고로 추정된다.

서울대학교 규장각본과 재산루본이 완질본으로 판단되는 30권 30책 분량으로 되어 있다. 일본 동양문고에서 전하는 사본은 30권 30책이고, 일본 와세다대학본 30권 17책, 국립중앙도서관에서 판본이 다른 2책이 전하고 있다. 문광서판본은 10권 5책이다. 완질본의 형태는 국립중앙도서관본이 전형인 것으로 판단된다. 필사본으로는 낙질 형식으로 여러 질이 전하고 있다. 근대에 들어와 신활자본으로 간행된 낙질본도 권과 책을 달리하여 전하고 있다.

의의와 평가

이익 스스로도 밝혔듯이 《성호사설》의 내용을 보면 그가 시무에도 관심이 많았음을 알 수 있고, 경사(經史)는 물론 경제·군제·시문·지리·관제·역산(曆算)·예수(禮數) 등에 이르기까지 광범한 분야에 걸친 해박한 지식과 비판을 엿볼 수 있다. 이는 이익의 학문적 넓이와 견문의 깊이, 고증의 명확함을 잘 보여 주는 측면이라 하겠다.

이 책은 기록을 내용별로 구분해 싣는 유서학(類書學)의 저술 또는 백과전서적인 책으로 보기도 한다. 이러한 서적의 선례로 이수광(李睟光)의 《지봉유설芝峰類說》을 들 수 있다. 《지봉유설》도 서양에 대한 기록이나 광범위한 분야를 다룬 점에서는 《성호사설》과 유사하다. 그러나 현실 개혁의식은 《성호사설》이 훨씬 강렬한 편이다.

이익은 서양의 새로운 지식을 적극적으로 받아들였으며, 사물과 당시의 세태 및 학문의 태도를 개방적인 자세로 파악하고 있다. 그는 학문을 현실에 이용하려는 관점을 가지고 있었고, 묵수적인 태도가 아닌 비판적인 태도를 견지했다. 또한 조선 국토와 백성에 대해 애정을 가지고 살피는 자아의식이 뚜렷했다.

이 책에 쓰인 모든 항목의 서술에 이익의 뚜렷한 의식이 반영된 것은 아니지만, 현실 문제를 다룬 항목에 있어서는 그의 사상이 분명하게 표현되어 있다. 그 가운데 중요한 몇 가지 특징을 들어보면 다음과 같다.

지구가 둥글고 달보다는 크지만 해보다는 작다는 인식, 서양의 기술이 대단히 정교하다는 인식, 지도 작성에 정간목법(井間目法)을 쓰면 정확하게 그릴 수 있다는 인식, 단군과 기자조선의 강역이 요서지방에까지 미쳤다는 주장, 과거시험에 국사(國史) 과목을 넣어야 한다는 것 등을 들 수 있다.

이 밖에 학문에서 문학보다 실용적인 현실 구제책이 중요하다고 주장한 점, 당시 유교 이외의 다른 사상의 의미를 인정한 점, 생존이 어려운 하층민의 생활 보장을 적극 주장한 점, 붕당의 원인에 대한 현실적인 분석 등도 그 한 예라 할 수 있다.

한편 《성호사설》에 담긴 사상은 실학의 분수령으로 여겨지기도 한다. 이는 유형원 이래 발전되어 온 실학이 그의 저술에 이르러 모두 통합되었다가 그 뒤 각 분야의 전문 학자에 의해 더욱 분화되어 심층적으로 연구된 것을 뜻한다.

《성호사설》은 이익의 사회개혁안인 《곽우록》의 내용과 깊은 관련을 가진다. 《성호사설》에 담긴 내용을 현실개혁안을 중심으로 다시 체계적으로 정리한 것이 《곽우록》이다. 그러므로 이익의 사상을 이해하는 데에는 《성호사설》

이 《곽우록》보다 더 중요한 기본 자료이다.

또한 《성호사설》이 취하고 있는 체제를 따라 〈천지편〉·〈인사편〉·〈경사편〉·〈만물편〉·〈시문편〉 등 5편으로 구성한 이규경(李圭景)의 《오주연문장전산고五洲衍文長箋散稿》 역시 이 책의 영향을 크게 받은 것으로 보인다.

《성호사설》에서 보는 것과 같이 이익의 학문 범위는 넓고도 또 넓었다. 중국의 전통적 학술과 사상, 조선의 전통문화, 그리고 서양의 새로운 학문까지 섭렵하고 탐구했다. 학문이 될 수 있는 것은 모두 연구 대상으로 삼았다. 그 무렵 평범한 선비로서는 차마 다루기 꺼렸을 속된 풍속까지도 서슴지 않고 학문 대상으로 삼았다. 또 그는 사사로움을 뛰어넘은 학문을 추구했다. 남인인 당색에 있으면서 노론의 학문인 이이의 주장까지도 깊이 공부했다. 그러면서도 확고한 자기중심의 학문으로 정리해 갔다. 그는 늘 자아에 입각하고 있었다.

학문을 닦는 것은 실용에도 뜻이 있겠지만 자기완성을 위해서도 목적이 있음은 오늘날의 학문관이다. 그러나 자기완성과 실용도 어떤 목표가 있어야 한다. 이익의 목표는 새로운 조선적 가치관을 세우는 것이었다. 하지만 이익은 종래와 같이 중국 것을 무조건 받아들이는 것이 아니라, 조선의 관점에서 쓸 것은 쓰고 버릴 것은 버려야 한다고 했다. 제도와 예제(禮制)를 말할 때 특히 그러했다.

그러기에 불합리한 낡은 제도와 사회현상을 예리하게 파헤치고 비판하여 그 단점을 경신하고자 했다. 이 비판 정신은 파괴적인 것이 아니라, 보다 건설적인 의욕에서 복받쳐 나온 것이다. 그때의 고루한 집권층으로서는 생각조차 하지 못한 일들에 대해 비판을 쏟아냈다.

이와 같은 자아비판 정신은 경세제민(經世濟民)의 신조에서 나왔는데, 그 신조는 이익의 학문과 사상의 기둥이었다.

《성호사설》은 현대인의 안목으로 보면 절대적인 것이 못 된다. 중국을 통해서 들어온 서양의 학문과 과학 및 종교를 모두 서양학이라는 하나의 범주로 묶었으며, 그것을 이익 자신의 주관에 맞대어 놓고 본 것이 더욱 그러하다. 아울러 몇 가지 오자(誤字)도 있고 편견과 독단도 없지 않다.

그러나 어떤 저술이든 그 시대의 산물인 만큼, 훨씬 후대의 관점에서 그 저술을 시비할 수는 없는 일이다. 우리는 《성호사설》에서 이익의 학문적 열의와 투철한 자아의식, 그리고 비판정신을 특히 높이 평가해야 하고, 이러한 이익의 정신적 유산을 이어받아야 할 것이다.

우리는 어떤 것을 배우고 받아들이면 그것을 자기 자신과 우리나라(한국)의 관점에서 재음미하고 비판해서 선택된 것을 유리하게 수용할 줄 아는 슬기로움과 주체적인 자세가 있어야 한다. 더욱이 한 번 받아들인 뒤에도 그것에 만족하지 말고 늘 비판적인 눈으로 따져 보고, 혹시 불합리한 점이 있으면 기탄없이 개선해 나갈 수 있는 태도가 필요하다.

이익이 《성호사설》에 쏟은 정신들이 당시에는 소용되지 못했지만, 우리는 그 정신을 본받아서 보다 밝은 한국을 건설하는 데 충분히 이용해야 한다. 온고지신(溫故知新)은 바로 이를 두고 하는 말이리라.

이익 해적이

1681년(숙종7) 10월 18일 이하진의 막내아들로 평안북도 운산에서 태어남.

1682년(2세) 생후 1년 만에 아버지 이하진이 향년 55세로 유배지에서 죽음. 이익은 선대부터 살던 경기도 안산 첨성리로 돌아와 홀어머니 슬하에서 자라게 됨.

1689년(9세) 기사환국(1689)으로 아버지 이하진의 직책을 되돌려받았으나 1694년 갑술옥사로 남인이 숙청당하면서 다시 추탈됨.

1704년(24세) 당쟁으로 벼슬을 잃고 학문 연구에 전념하던 송곡(松谷) 이서우(李瑞雨)를 찾아가 문하생이 됨.

1705년(25세) 증광 문과에 응시하여 초시에는 합격했으나 주제가 격식에 맞지 않고 답안지에 적은 이름[錄名]의 서식이 잘못되었다는 이유로 회시(會試)에 응할 수 없게 됨.

1706년(26세) 9월, 둘째형 이잠(李潛)이 노론집권당을 공격하는 격렬한 상소를 올렸다가 국문(鞠問) 끝에 장살(杖殺)됨. 이익은 이 사건으로 충격을 받아 과거를 단념하고 셋째형 이서(李溆)와 사촌형 이황(李況) 아래에서 평생 독서에 전념하며 첨성리에서 칩거를 시작함. 집 인근에 성호(星湖)라는 호수가 있어 이곳에서 그의 호가 연유함.

1709년(29세) 문하생이 된 지 5년 만에 송곡 이서우가 죽음. 이익은 홀로 독서와 학문 연구에 전념함.

1713년(33세) 저서 《맹자질서孟子疾書》 완성. 이해 아들 이맹휴가 태어남. 본격적인 저술활동을 시작함.

1715년(35세) 어머니를 여의자 3년 간 상복을 입음. 복상을 마치고 노비와 집기를 모두 형님댁으로 되돌려 보냄.

1727년(47세) 이익의 학문적 명성이 알려지자 조정에서 선공감가감역(繕工

監假監役)을 제수했으나 거절함.

1728년(48세) 이인좌의 난으로 남인 당원이던 그의 문인과 제자들 가운데 일부가 화를 당함.

1729년(49세) 그의 학문과 덕행을 듣고 나라에서 벼슬을 내리고자 몇 차례 불렀으나 이에 응하지 않고 성포동에서 농사를 지으면서 학문에 정진함.

1751년(71세) 외아들 이맹휴, 오랜 병을 앓다가 38세의 나이로 죽음.

1760년(79세) 1720년대부터 독서 잡기 및 흥미로운 사실을 기록해 온 것을 문중 조카들이 정리하여 백과사전식 저서 《성호사설》을 펴냄.

1763년(83세) 우로예전(優老例典)에 따라 조정에서 첨지중추부사(僉知中樞府事)의 자급을 내렸으나 그해 12월 17일, 83세로 생애를 마침. 그가 죽은 뒤 조정에서는 증직으로 자헌대부 이조판서 (資憲大夫 吏曹判書)를 추증하여 생전의 공로를 추모함. 경기도 안산군에 두 부인 고령 신씨, 사천 목씨와 함께 합장됨.

고산고정일(高山高正一)

서울에서 태어나다. 성균관대학교국어국문학과졸업. 성균관대학교대학원비교문화학과졸업. 소설 「청계천」으로 「자유문학」 등단. 1956년~ 동서문화사 창업 발행인. 1977~87년 동인문학상운영위집행위원장. 1996년 「한국세계대백과사전 총31권」 편찬주간. 지은책 대하소설 「폭풍속으로」 「매혹된 혼 최승희」 「얼어붙은 장진호·불과 얼음」 「이중섭」 「한국출판 100년을 찾아서」 「愛國作法·新文館 崔南善·講談社 野間淸治」 「망석중이들 잠꼬대」 자유문학상수상 한국출판학술상수상 한국출판문화상수상 아동문예상수상.

World Book 241

李瀷

星湖僿說

성호사설

이익/고산고정일 옮겨엮음

1판 1쇄 발행/2015. 1. 15
1판 3쇄 발행/2020. 9. 1
발행인 고정일
발행처 동서문화사
창업 1956. 12. 12. 등록 16-3799
서울 중구 마른내로 144(쌍림동)
☎ 546-0331~6 Fax. 545-0331
www.dongsuhbook.com
잘못 만들어진 책은 바꾸어 드립니다.
*

ISBN 978-89-497-0904-8 04080
ISBN 978-89-497-0382-4 (세트)